D1727059

Hans-Christoph Steinhausen

Psychische Störungen bei Kindern und Jugendlichen

Lehrbuch der Kinder- und Jugendpsychiatrie

5., neu bearbeitete Auflage
mit 29 Abbildungen und 123 Tabellen

URBAN & FISCHER
München · Jena

Zuschriften und Kritik an:
Urban & Fischer Verlag, Lektorat Medizin, Karlstraße 45, 80333 München

Verfasser:
Professor Dr. med. Dr. phil. Hans-Christoph Steinhausen
Zentrum für Kinder- und Jugendpsychiatrie
Universität Zürich
Neumünsterallee 9
CH-8032 Zürich
Schweiz

Wichtiger Hinweis für den Benutzer
Die Erkenntnisse in der Medizin unterliegen laufendem Wandel durch Forschung und klinische Erfahrungen. Herausgeber und Autor dieses Werkes haben große Sorgfalt darauf verwendet, dass die in diesem Werk gemachten therapeutischen Angaben (insbesondere hinsichtlich Indikation, Dosierung und unerwünschten Wirkungen) dem derzeitigen Wissensstand entsprechen. Das entbindet den Nutzer dieses Werkes aber nicht von der Verpflichtung, anhand der Beipackzettel zu verschreibender Präparate zu überprüfen, ob die dort gemachten Angaben von denen in diesem Buch abweichen und seine Verordnungen in eigener Verantwortung zu treffen.

Die Deutsche Bibliothek – CIP Einheitsaufnahme
Ein Titeldatensatz dieser Publikation ist bei Der Deutschen Bibliothek erhältlich.

ISBN 3-437-21561-2
Alle Rechte vorbehalten
5. Auflage, 2002
© 2002 Urban & Fischer Verlag • München • Jena

Projektmanagement und Lektorat: Elke Klein, München
Redaktion: Karin von der Saal, Weinheim
Herstellung: Kadja Gericke, Arnstorf
Zeichnungen: Henriette Rintelen, Velbert
Cover: prepress ulm GmbH, Ulm
Satz, Druck und Bindung: Laupp & Göbel, Nehren

Printed in Germany

Aktuelle Informationen finden Sie im Internet unter der Adresse:
http://www.urbanfischer.de

Vorwort zur 5. Auflage

Dank der erfreulichen, stetig ansteigenden Nachfrage nach diesem Lehrbuch hat sich der Zeitabstand zur letzten Auflage beträchtlich verkürzt. Mit nur zwei Jahren Abstand zur letzten liegt hiermit eine erneute Überarbeitung vor.

Diese 5. Auflage hat an der bewährten Grundstruktur keine Änderungen vorgenommen. Sämtliche Kapitel wurden überarbeitet und ergänzt, um mit dem aktuellen Wissenstand in Einklang zu stehen. Erfreulicherweise ist dabei erneut die dynamische Entwicklung des Faches der Kinder- und Jugendpsychiatrie zu konstatieren, die sich bei großer Kontinuität in den Kernaussagen auch in einer Fülle von Erweiterungen unseres Detailwissens zur Theorie und Praxis psychischer Störungen bei Kinder und Jugendlichen niederschlägt.

Bei der Überarbeitung wurden zunächst einzelne Kapitel inhaltlich ausgebaut und komplettiert. Ferner wurden wichtige und praxisrelevante neue Erkenntnisse der Forschung integriert und die Gesichtspunkte einer weiteren didaktischen Verbesserung, der Ergänzung durch zusätzliche Tabellen und Diagramme und der Aktualisierung der Literatur für ein vertieftes Studium einzelner Bereiche berücksichtigt. Wenngleich in klassifikatorischer Hinsicht durchgängig auf die ICD-10 Bezug genommen wurde, basiert dieses Lehrbuch auf einer eigenständigen Konzeption und zeigt auch die Defizite der ICD-10 am gegebenen Ort auf. Der Praxisbezug wurde nicht nur in den klinischen Kapiteln sondern auch durch die Aufnahme neuer Materialien für die Diagnostik im Anhang weiter ausgebaut.

Zur Illustration trugen diesmal Kinder der Tagesklinik des Zentrum für Kinder- und Jugendpsychiatrie an der Universität Zürich bei, denen ich ebenso danke wie Frau Elke Klein vom Urban & Fischer-Verlag für die stets aufgeschlossene Begleitung des Lehrbuches.

Zürich, Mai 2002

Hans-Christoph Steinhausen

Vorwort zur 1. Auflage

Die Kinder- und Jugendpsychiatrie befindet sich in jüngster Zeit in einem Entwicklungsprozess, der zu einem relativen Bedeutungsrückgang allgemeiner theoretischer Entwürfe und einer zunehmend empirischen Orientierung der Ansätze in Wissenschaft und Praxis geführt hat. Dieser Entwicklung fühlt sich das vorliegende Lehrbuch verpflichtet. Es ist gleichermaßen aus der Lehre wie aus der Weiterbildung entstanden, bei der es darum ging, Studenten verschiedener Fächer, wie Medizin, Sonderpädagogik und Psychologie, sowie Assistenten und Praktiker in die Kinder- und Jugendpsychiatrie einzuführen. Um für den klinisch tätigen Kinder- und Jugendpsychiater informativ und handlungsanleitend zu werden, waren Erweiterungen erforderlich, die gleichwohl auf einer bereits vorliegenden Struktur fußten.

So werden die einzelnen Störungen jeweils unter definitorischen, klassifikatorischen und epidemiologischen Aspekten einleitend vorgestellt. Es schließt sich jeweils die Erörterung des klinisch-diagnostischen Bildes und der Ätiologie an. Schließlich endet die jeweilige Darstellung mit einer Erörterung der therapeutischen Möglichkeiten und einer Darstellung der vorliegenden Erkenntnisse zum Verlauf. Bei sämtlichen Abschnitten wurde Wert darauf gelegt, Erkenntnissen der Forschung, die für die Praxis wichtig sind, Rechnung zu tragen. Damit sollte sichergestellt werden, dass in der Diagnostik und Therapie psychischer Störungen bei Kindern und Jugendlichen die faktenorientierte Sicht über die meinungsorientierte dominiert.

Der Darstellung der einzelnen Störungen wurden einleitend einige Kapitel zu den Grundlagen der Kinder- und Jugendpsychiatrie vorangestellt. Angesicht der Fülle des Materials und der Notwendigkeit zur Beschränkung mussten diese Kapitel zu den wichtigsten therapeutischen Elementen einen eher einführenden Charakter erhalten. Der Verfasser verbindet mit diesem Buch die Hoffnung, nicht nur eine Strukturierungshilfe für die praktische Arbeit zu geben, sondern auch das noch junge Fach der Kinder- und Jugendpsychiatrie einem breiteren Kreis von Lesern näher zu bringen.

Bei der Abfassung des Manuskriptes, die notwendigerweise Zeit und Person in besonderer Weise forderte, habe ich viel Toleranz und wohlwollende Unterstützung gefunden. Dafür bin ich ebenso dankbar wie für die Übertragung des Textes, die Frau Karin Galler, Frau Renate Ihle und Frau Regine Lassen übernahmen.

Zürich, November 1987

Hans-Christoph Steinhausen

Inhaltsverzeichnis

II Spezielle Kinder- und Jugendpsychiatrie

II Spezielle Kinder- und Jugendpsychiatrie

III Therapie und Rehabilitation

IV Weiterführende Literatur und Anschriften

V Anhang   317

I Grundlagen der Kinder- und Jugendpsychiatrie

1 Entwicklungspsychologie und -psychopathologie

Ohne die Kenntnis normaler Entwicklungsabläufe beim Kind und Jugendlichen ist ein Verständnis psychischer Störungen in diesem Lebensabschnitt nicht möglich. Daher muss ein kurz gefasster Abriss von Entwicklungsabschnitten und -funktionen am Anfang dieses Buches stehen. Der Schwerpunkt soll dabei auf psychischen Funktionen liegen, während hinsichtlich der körperlichen Reifungsvorgänge in Kindheit und Jugend auf die einschlägigen Lehrbücher der Kinderheilkunde verwiesen sei. Betont sei allerdings, dass biologische Reifungsprozesse vielfach die Basis für die Entwicklung psychischer Funktionen abgeben.

Dies gilt ganz besonders für das zentrale Nervensystem (ZNS), welches im Normalzustand wie in abweichender Struktur und Funktion den biologischen Hintergrund für eine Vielzahl psychischer Störungen abgibt. Aus der Tatsache, dass 80 % der nachgeburtlichen Hirndifferenzierung innerhalb der ersten vier Lebensjahre ablaufen, wird zugleich ein besonderes Risiko für die Entwicklung deutlich, welches als **Vulnerabilität** bezeichnet wird. Beispielsweise sind Infektionen beim Säugling gefährlicher als beim älteren Kind, weil der Säugling sich in der Phase des schnellsten Wachstums und damit der höchsten Vulnerabilität des Gehirns in den ersten beiden Lebensjahren befindet. Nach entsprechenden Verletzungen kann sich die Hirnfunktion andererseits jedoch wegen der höheren **Adaptationsfähigkeit** und der noch nicht erfolgten Spezialisierung einzelner Funktionen auch relativ schneller erholen. Das Kind besitzt offensichtlich eine höhere Kompensationsfähigkeit als der Erwachsene. Gleichwohl können bleibende Beeinträchtigungen resultieren. Ein derartig geschädigtes oder aus anderen Gründen reifungsverzögertes Gehirn bildet die Basis für eine Verzögerung der psychischen Entwicklung, wobei sowohl eine globale als auch eine isolierte Entwicklungsverzögerung in Teilbereichen resultieren kann.

Darüber hinaus ist festzustellen, dass biologische Reifung und psychische Entwicklung des Gehirns und seiner Funktionen nicht in einer einseitigen Abhängigkeitsbeziehung zueinander stehen. So richtig es einerseits ist, dass höhere kognitive Funktionen wie Sprache und Denken nicht ohne die Ausdifferenzierung entsprechender kortikaler Hirnareale verfügbar sind, so falsch wäre es andererseits, die Auswirkungen psychischer Faktoren auf das morphologische Hirnsubstrat zu übersehen. Sowohl Beobachtungen an Kindern wie vor allem experimentelle neuropathologische Tierstudien im Rahmen von Deprivationsversuchen haben gezeigt, dass die Hirnreifung gehemmt bzw. beschleunigt werden kann. Extreme Deprivationsbedingungen im Tierversuch führen zu einer ungenügenden Differenzierung des Hirngewebes im Sinne geringerer Verdrahtung und eines geringeren Dendritenbesatzes der Neurone. Damit nehmen die Komplexität der Informationsverarbeitungsmöglichkeiten, die Funktionstüchtigkeit und die Anpassungsfähigkeit des ZNS deutlich ab.

Nach dieser Vorbemerkung über die Wertigkeit biologischer Reifungsvorgänge des Gehirns soll im folgenden eine Darstellung einzelner Entwicklungsabschnitte, gegliedert nach Alter und Funktionsbereichen, gegeben werden.

1.1 Das Säuglingsalter

- **Phase der Bindung**
- **Motorische Entwicklung:** Sitzen, Stehen, Gehen mit Unterstützung
- **Sprachentwicklung:** Plaudern, erste Worte
- **Entwicklung der Wahrnehmung:** Sehen, Hören
- **Soziale Entwicklung:** Lächeln, Fremdeln, Zuwendung
- **Spiel:** Funktions- und Tätigkeitsspiel
- **Problembereiche:** Behinderungen und Missbildungen, Deprivationsstörungen, Entwicklungsstörungen

Neugeborene und Säuglinge verfügen bereits über Fertigkeiten mit sozialem Charakter und zeigen aktives Verhalten. Zwischen der primären Bezugsperson (der Mutter) und dem Säugling entwickelt sich eine wechselseitige Kette von Handlungen, die ihren deutlichsten Niederschlag in dem Problem der Trennung von Mutter und Kind in bestimmten sensiblen Phasen dieser Entwicklung findet (vgl. Kap. 19, Deprivationsstörungen). Zugleich ist der Säugling auch bereits zu visueller und auditorischer Diskrimination fähig. Hierbei bestehen beträchtliche individuelle Unterschiede. So unterscheiden sich Säuglinge und Neugeborene hinsichtlich des Ablaufs bestimmter physiologischer Funktionen, ihrer muskulären Aktivität, der Reaktion auf Reize, des Schlaf-Wach-Rhythmus, der Art und Intensität emotionaler Reaktionen, der Wahrnehmungsschwellen u.a.m.

Von psychoanalytischer Seite wird diese Phase als die orale Phase bezeichnet. Damit soll betont werden, dass Saugen und Erfahrungen mit dem Mund das zentrale Verhaltensmuster und die Hauptquelle von sinnlicher Befriedigung seien. Dieses Konzept ist dahingehend kritisiert worden, dass der Säugling sehr viel mehr Zeit mit explorierendem Spiel nicht-oraler Art verbringt. Wichtigstes Moment in der emotionalen Entwicklung des ersten Lebensjahres ist die soziale Bindung, welche nicht primär vom Saugen und Füttern abhängt. Daher wird die Bezeichnung „orale Phase" der Komplexität der Entwicklung auf dieser Altersstufe nicht gerecht. Eine bessere Bezeichnung wäre **Phase der Bindung.**

Für diese Bindung sind bestimmte kognitive Fertigkeiten eine Voraussetzung. Der Säugling muss fähig sein, das Gesicht des Erwachsenen aufmerksam beobachten zu können, und zwischen Bezugspersonen in der zweiten Hälfte des ersten Lebensjahres differenzieren können. Daraus entsteht dann auch die Phase des Fremdelns. Die erste Bindung wird etwa um den siebenten Lebensmonat entwickelt. Dabei sind Fütterung und Versorgung nicht die wesentlichen Faktoren, auch muss die Bindung nicht zu der Person entstehen, die die meiste Zeit anwesend ist. Wahrscheinlich ist vielmehr die Intensität der Interaktion im Sinne von Spiel, Aufmerksamkeit für das Kind und Anregung der wichtigste Faktor. In der Regel ist die Mutter die erste Bindungsperson. Jedoch haben die meisten Kinder multiple Bindungen, die möglicherweise auch nach einer Rangreihe gruppiert sind. Diese frühen Bindungen sind – wie die Erkenntnisse aus Deprivationsstudien ergeben – Vorläufer für die spätere soziale Beziehungsfähigkeit.

Motorische Entwicklung

Im Verlauf des ersten Lebensmonats kann das Kind den Kopf aus der Rückenlage für einen Augenblick anheben und bei Stützung im Sitzen den Kopf einen Moment aufrechthalten. Eine endgültige Kopfkontrolle ist jedoch erst am Ende des vierten Lebensmonats erreicht. Im fünften Monat kann das Kind sich in der Bauchlage auf die Unterarme oder Handflächen aufstützen, ab dem achten Monat gelingt dies bereits mit Stützung auf nur eine Hand, wobei die andere zum Greifen frei ist. Zu diesem Zeitpunkt kann das Kind einen Moment frei sitzen, und es versucht, durch Anklammerung am Laufgitter oder an seinem Bett die sitzende Haltung zu bewahren. Mit etwas Unterstützung kann das Kind auch stehen. Wenn man das Kind in stehender Haltung unterstützt, so setzt es einen Fuss vor den anderen, als ob es gehen wollte.

Ab dem neunten Monat kann das Kind einige Minuten frei sitzen und sich dabei auch nach vorne beugen, ohne das Gleichgewicht zu verlieren. Nun beginnt es, sich am Laufgitter oder an Möbeln hochzuziehen und festzuhalten. Ab dem zehnten Monat sitzt es recht gut frei und in seinem Kinderstuhl besonders sicher. Im elften Monat kann es stehend einen Fuss anheben, ohne umzufallen, und kriecht nun mit von der Unterlage abgehobenem Bauch. Am Ende des ersten Lebensjahres, im zwölften Monat, beginnt das Kind zu gehen, wobei es an beiden und später auch nur an einer Hand festgehalten wird oder sich selbst an Möbeln bzw. am Laufgitter festhält.

Sprachentwicklung

Beim Neugeborenen ist das Schreien monoton, erst am Ende des ersten Monats lassen sich verschiedene Formen des Schreiens mit unterschiedlicher Intensität unterscheiden. Im zweiten Monat können Lautäußerungen, die als Plaudern bezeichnet werden, neben dem Schreien beobachtet werden. Erste Lautverbindungen können herausgehört werden, insbesondere R-Laute in Kettenform (r-r-r-r). Die Vielfalt des Plauderns und der geäußerten Laute nimmt ab dem dritten Monat weiter zu, es werden Kettenbildungen gleicher Silben (z.B. ga-ga-ga-ga) vorgenommen. Im vierten Monat treten die Vokale u und i als Laute sowie vielfältige Konsonanten auf (g, gl, b, m, n). Das Plaudern wird im fünften Lebensmonat hinsichtlich des Tonfalls melodiöser und differenzierter, wobei die Tonhöhe variiert wird.

Ab dem sechsten Monat erhalten die Silbenketten einen deutlichen Rhythmus, und es werden auch Lippenverschlusslaute (b, m) deutlicher. Im siebenten Monat nimmt die Vielfalt der Laute weiterhin zu (d, t, n, w), und ab dem achten Monat beginnt das Kind mit der sogenannten Selbstnachahmung, indem es seine eigenen Lautäußerungen beachtet und wiederholt. Nun verfügt es auch über Ruflaute, mit denen es den Erwachsenen aufmerksam macht, und bildet Doppelsilben in der Form von späteren Worten wie Mama, Papa, dada. Diese Verbindungen haben für das Kind aber noch keine bestimmte Bedeutung und werden nicht in Beantwortung des Erwachsenen geäußert. Erst ab dem zehnten Lebensmonat beginnt das Kind, den Erwachsenen nachzuahmen, was vor allem bei Nachahmung der Plaudersprache durch den Erwachsenen gelingt. Am Ende des ersten Lebensjahres treten die sprachlichen Nachahmungen des Säuglings immer deutlicher hervor, wobei eine charakteristische Echolalie besteht. Seine Lautäußerungen begleitet das Kind mit Gesten, und in einzelnen Fällen werden jetzt auch bereits die ersten Worte mit Bedeutungsgehalt erworben.

Wahrnehmungsfunktionen (Sehen und Hören)

Das Neugeborene kann hell und dunkel, Umrisse und auch Farbunterschiede unterscheiden. Es beachtet vorwiegend Dinge in einer Entfernung von etwa 8 bis 30 cm. Anhaltende melodische Geräusche werden ebenfalls beachtet. Ab dem zweiten Lebensmonat folgt das Kind einem Gegenstand, den man vor seine Augen bringt, eine Strecke weit mit dem Blick. Auf verschiedene Gehörreize antwortet es unterschiedlich. In der zweiten Hälfte des zweiten Lebensmonats kann das Kind mit beiden Augen einen Gegenstand fixieren. Ab dem dritten Monat kann es einem bewegten Gegenstand mit den Augen von rechts nach links folgen und sucht bei Musik aufmerksam mit den Augen nach der Tonquelle. Ab dem vierten Lebensmonat wird ein Gegenstand mit den Blicken abgetastet, und das Kind kann nun auch in Bauchlage einen sich bewegenden Gegenstand mit den Augen verfolgen. Im fünften Lebensmonat beginnt das Kind zumindest für kurze Zeit umhergehende Personen mit seinem Blick zu begleiten. Im siebenten Lebensmonat wendet das Kind sehr rasch seinen Kopf auf Geräusche oder auf das Rufen seines Namens und richtet sich auf, um einen Gegenstand zu sehen. Insgesamt vollzieht sich im ersten Lebensjahr ein deutlicher Übergang in der Wahrnehmungsfunktion von den so genannte proximalen Sinnen (Kontakt mit dem Mund) auf die distalen Sinne (Sehen und Hören).

Die soziale Entwicklung

Im ersten Monate beruhigt sich der Säugling, wenn man ihn auf die Arme nimmt. Gerät das Gesicht des Erwachsenen in das Blickfeld des Säuglings, so bleibt sein Blick kurz daran haften. Spätestens um die Mitte des zweiten Monats tritt das antwortende Lächeln in Reaktion auf das Gesicht der Mutter auf. Im vierten Monat wird das Lächeln des Säuglings noch ausdrucksvoller, und es gerät in freudige Erregung, wenn man sich mit ihm spielend beschäftigt. Ab dem fünften Monat wendet er den Kopf sprechenden oder auch singenden Personen zu, und erste Anfänge sozialer Nachahmung, z.B. mit Gebrauchsgegenständen (Tasse oder Löffel), können ab dem siebenten Monat beobachtet werden. Um diese Zeit zeigt das Kind gegenüber fremden Personen auch eine ausgeprägte Zurückhaltung (Fremdeln). Im neunten Monat können erste Formen der Zusammenarbeit beobachtet werden, wenn das Kind die Tasse hält, aus der es trinkt. Einen Monat später werden die Gebärden des Erwachsenen sinngemäß beantwortet (Winken), und im elften Monat kann das Kind seine Zuwendung beispielsweise durch Umarmen ausdrücken.

Spiel

Im ersten Vierteljahr wendet sich das Kind aktiv der Umwelt zu, indem es zu fixieren beginnt. Vom dritten Monat an beginnt das Kind zu greifen und immer mehr die Oberflächenbeschaffenheit, die Form und die Funktion der Dinge auszuprobieren. Bei seinem spielerischen Umgang mit den Dingen liegt das Schwergewicht auf dem Entdecken von Funktionsweisen. Man spricht vom Funktions- oder Tätigkeitsspiel. Es spielt auch mit den eigenen Händen und später mit den Zehen und mit anderen Körperteilen. Zu beobachten ist ferner ein Spiel mit Lauten, wenn das Kind vor sich hin plappert und auf seine eigenen Laute horcht. Mit dem Kriechen und Gehen lernt das Kind neue Räume und neue Gegenstände kennen und probiert sie aus. Am Ende des ersten Jahres spielt es mit dem Erwachsenen einfache, sich wiederholende Spiele, wie „Kuckuck". Es räumt aus einer Schachtel aus und ein, spielt mit Knöpfen und anderen Teilen an seinen Kleidungsstücken und hat Freude an einfachen rhythmischen Vers- und Fingerspielen.

Problembereiche

Beim Säugling können bereits einige schwer wiegende Probleme vorliegen, die sich im Gefolge von **körperlichen Behinderungen** oder **Missbildungen,** als **Deprivationsstörungen** aufgrund von Misshandlung und Vernachlässigung sowie als **Entwicklungsstörungen** manifestieren.

1.2 Das zweite Lebensjahr

> ☐ **Motiv der Autonomie**
> ☐ **Motorische Entwicklung:** freies Gehen
> ☐ **Sprachentwicklung:** Sprachverständnis, Entwicklung von Wortschatz und Zweiwortsätzen, Beginn des Fragealters
> ☐ **Soziale Entwicklung:** Befolgen einfacher Anweisungen, Äußerung von Bedürfnissen, erste Ansätze von Gruppenfähigkeit
> ☐ **Sauberkeitsentwicklung:** Entwicklung von Stuhlsauberkeit
> ☐ **Geistige Entwicklung:** sensomotorisches Stadium
> ☐ **Problembereiche:** Deprivationsstörungen, Entwicklungsstörungen, Schlafstörungen

Dieser Lebensabschnitt ist durch eine Intensivierung der Bindung gekennzeichnet. Die Nähe der Mutter wird gesucht, weil sie Sicherheit bedeutet. Das Kind wird durch Veränderungen leicht irritiert; die Anwesenheit einer vertrauten Person ist wesentlich. Die in der zweiten Hälfte des ersten Lebensjahres beobachtete Zunahme von Ängsten und Furchtsamkeit baut sich nunmehr ab. Das Kind im zweiten Lebensjahr entwickelt zunehmend ein selbstständiges Handeln und dokumentiert ein ausgeprägtes **Autonomiebedürfnis,** welches mit den Erziehungszielen der Eltern kollidieren kann.

Emotional ist das Kind dieser Entwicklungsstufe durch eine Neigung zu heftigen Affekten der Wut und des Ärgers sowie der Irritabilität gekennzeichnet. Es können sich typische Dominanzkämpfe mit den erwachsenen Bezugspersonen ergeben, die dann als Beginn der Trotzphase interpretiert werden. Die zunehmende Bindung kann sich in erstmalig auftretenden Trennungsängsten manifestieren.

In psychoanalytischer Betrachtungsweise ist dieser Lebensabschnitt als anale Phase bezeichnet worden. Der Begriff bezieht sich auf die Annahme, dass die Darmentleerung im Zentrum des sexuellen Erlebens dieses Entwicklungsabschnittes stehe. Zugleich wird auf die nunmehr einsetzende Sauberkeitserziehung Bezug genommen. Kritisch ist hinsichtlich dieser Konzeption angemerkt worden, dass weitgehend unklar bleibt, warum der Anus der Brennpunkt sexueller Gefühle und Interessen sein solle. Auch haben sich die Erziehungsinhalte hinsichtlich der erwarteten Sauberkeit bei Kleinkindern erheblich verändert. Schließlich sind entgegen psychoanalytischer Annahme der Zeitpunkt und die Art des Sauberkeitstrainings für die Entwicklung der Erwachsenenpersönlichkeit vollständig bedeutungslos. Auch wird das Thema der nunmehr im Kinde aufkeimenden Autonomiebedürfnisse nicht nur über die Sauberkeitserziehung ausgehandelt.

Motorische Entwicklung

Zu Beginn des zweiten Lebensjahres steht das Kind ohne Hilfe und geht frei. Eine Treppe kann es nur hinaufkriechen. Zwischen dem 16. und 18. Monat geht es dann die Treppe hinauf und hinunter, wenn es sich am Geländer festhalten kann. Das Kind kann sich jetzt allein hinsetzen, sich bücken und auf einen niedrigen Stuhl klettern. Am Ende dieser Periode kann es auch rückwärts gehen. Die Bewegungen sind allerdings noch steif. Zwischen dem 19. und 21. Lebensmonat werden die Bewegungsleistungen sicherer und präziser ausgeführt. Manche Kinder erreichen sie auch erst in diesem Lebensabschnitt. Im letzten Viertel des zweiten Lebensjahres kann das Kind im Stehen Gegenstände vom Boden aufheben, ohne zu fallen, und einen Ball mit dem Fuss stoßen, ohne dabei das Gleichgewicht zu verlieren. Der Gang ist noch nicht ganz gerade: Knie und Ellbogen sind bei Gehen leicht gebeugt, die Schultern eingezogen, die Arme stehen leicht nach hinten gestreckt etwas vom Körper ab.

Sprachliche Entwicklung

Im ersten Vierteljahr des zweiten Lebensjahres hat das Kind seine eigene Babysprache mit mehreren, dem Erwachsenen gut verständlichen Worten. Es antwortet mit Gebärden. Das Kind versteht nunmehr Aufforderungen einfacher Art wie z.B.: „Komm zu mir!" Oft kann es einen bestimmten Gegenstand benennen und auf einem Bild zeigen, wenn man es dazu auffordert. Ab dem 16. Lebensmonat verfügt das Kind über einen Wortschatz von drei bis höchstens 50 Wörtern. In sprachlichen Äußerungen werden Einwortsätze verwendet, die sprachliche Mitteilungsbereitschaft ist noch begrenzt. Nach dem 19. Lebensmonat kann man erwarten, dass das Kind nun über bestimmte Wörter verfügt, mit denen es nach Essen oder Trinken verlangt. Es verfügt jetzt über eine beschränkte sprachliche Kommunikationsfähigkeit. Gegen Ende des zweiten Lebensjahres kommt es zu einem raschen Fortschreiten der Sprachentwicklung. Das Kind besitzt jetzt einen Wortschatz von mindestens 50 Wörtern und beginnt, Sätze mit zwei Wörtern zu bilden. Neben Hauptwörtern werden Tätigkeitswörter verwendet und später Eigenschafts- und Beziehungswörter. Das Kind beginnt nach dem Namen der Dinge zu fragen (Fragealter).

Soziale Entwicklung

Diese ist deutlich mit der Sprachentwicklung dieses Lebensabschnittes verknüpft. Zu Beginn des zweiten Lebensjahres beginnt das Kind, alltägliche Handlungen nachzuahmen. Um die Mitte dieses Lebensjahres führt es einfache Aufträge aus wie z.B.: „Gib den Ball der Mutter!" Das nachahmende Spiel wird weiter ausgebaut. In der Gruppe von Altersgleichen (Kinderkrippe) kann sich das Kind jetzt etwas einfügen. Beim Einschlafen versucht es, die Beziehung zum Erwachsenen aufrechtzuerhalten, nachdem es zu Bett gebracht worden ist. Gegen Ende des zweiten Lebensjahres wendet sich das Kind an Erwachsene bei bestimmten Bedürfnissen (Durst, Essen, Toilette). Bei entsprechender Aufforderung bringt es bestimmte Dinge herbei. Es kennt sich im Haus und in der nächsten Umgebung aus und lernt sich auch in einer neuen Umgebung zurechtzufinden. Teilen mit anderen Kindern kann es noch nicht.

Sauberkeitsentwicklung

Im ersten Lebensjahr kann man durch regelmäßiges Abhalten die Harnentleerung im Sinne einer Reflexbildung antrainieren, bei der das Kind ohne Willenskontrolle zu einer gewissen Sauberkeit gebracht wird. Von diesem frühen Training wird jedoch abgeraten, weil es später zu hartnäckigen Rückfällen kommt, wenn die Sauberkeitsentwicklung der Willenskontrolle unterstellt wird. Im ersten Viertel des zweiten Lebensjahres gibt das Kind Hinweise darauf, dass es eingenässt hat, indem es beispielsweise auf die nassen Windeln zeigt. Um die Mitte des zweiten Lebensjahres macht es dann schon einen Erwachsenen aufmerksam, kurz bevor oder während es bereits einnässt. Die Möglichkeit, den Urin zurückzuhalten, ist jedoch noch sehr begrenzt. Gleichwohl kann man in dieser Phase mit der Sauberkeitserziehung beginnen.

Um den 19. bis 21. Lebensmonat sind die meisten Kinder stuhlsauber. Will man gegen Ende des zweiten Lebensjahres die Sauberkeitserziehung abschliessen, so muss das Kind regelmäßig nach den Mahlzeiten auf die Toilette gesetzt werden. Dabei kann es im Rahmen der Trotzphase zu starken Auseinandersetzungen kommen. Ab dem Alter von zwei Jahren kann das Kind seine Ausscheidungsfunktionen selbst kontrollieren. Im Verlauf dieses dritten Lebensjahres übernimmt es fast die ganze Verantwortung für seine Sauberkeit. Einnässen bis in das Vorschulalter hinein ist jedoch ein häufiges Ereignis, dem noch nicht unbedingt eine pathologische Wertigkeit zukommen muss.

Die geistige Entwicklung in den ersten beiden Lebensjahren

Zur Beschreibung der intellektuellen und kognitiven Entwicklung im Kindesalter muss kurz auf die Theorie von Piaget eingegangen werden. Der Zentralbegriff dieser Theorie ist die **Operation**. Darunter wird eine besondere Art der geistigen Routine verstanden. Sie ist hauptsächlich dadurch gekennzeichnet, dass sie reversibel ist. Die Regel, dass 4 x 4 = 16 ergibt, ist Teil einer Operation. Es lässt sich auch die umgekehrte Operation vornehmen, indem die Wurzel aus 16 gezogen wird. Auch die Einsicht in den Umstand, dass eine bestimmte Menge Wasser sich nicht ändert, wenn wir sie in einen anders geformten Behälter umfüllen, ist eine Operation. Wir wissen, dass wir durch Zurückgießen in das ursprüngliche Gefäß den Originalzustand wieder herstellen können. Die Operation gestattet dem Kind also, geistig dahin zurückzukehren, wo es begann. Das Erlernen von Operationen ist nach Piaget das zentrale Moment des intellektuellen Wachstums.

Weitere wichtige Begriffe sind Assimilation und Akkommodation. Unter **Assimilation** wird das Einfügen eines neuen Objektes oder Gedankens in einen bereits vorhandenen Gedanken oder ein Schema verstanden. Unter einem **Schema** versteht Piaget die Koordination von Wahrnehmung und Bewegung beim Kind, z.B. beim Suchen eines Gegenstandes oder beim Ziehen an einer Schnur. In jedem Alter verfügt das Kind über eine Reihe von Aktionen oder Operationen. Neue Objekte oder neue Ideen werden älteren assimiliert. Hat das Kleinkind beispielsweise ein Schema für Gegenstände erworben, zu dem das für das Alter typische Beißen und In-den-Mund-Nehmen gehören, so reagiert es auch auf alle neuen kleinen Objekte zunächst mit diesem Schema. Unter **Akkommodation** wird die Tendenz verstanden, sich an ein neues Objekt anzupassen. Das Zweijährige wird beispielsweise auf einen kleinen Magneten zunächst im Sinne der Assimilation mit dem bereits vorhandenen Schema reagieren und ihn in den Mund nehmen. Sobald es aber die besondere Eigenschaft des Magneten entdeckt hat, wird es diesen Gegenstand an verschiedenen Metallobjekten ausprobieren, um seine Haftwirkung zu testen. Assimilation und Akkommodation sind also einander ergänzende Prozesse in der Anpassung an die Umwelt. Die anfängliche Assimilation wird durch die Akkommodation erweitert und damit die intellektuelle Entwicklung vorangetrieben. Diese fortschreitende Adaptation im Sinne einer Fortentwicklung besser passender Schemata wird von Piaget **Äquilibration** genannt.

Im Rahmen der Piagetschen Theorie werden vier Hauptstufen der geistigen Entwicklung unterschieden: ein **sensomotorisches Stadium** (0 bis 18 Monate), ein **präoperationales Stadium** (18 Monate bis sieben Jahre), ein **Stadium der konkreten Operationen** (sieben bis zwölf Jahre) und ein **Stadium der formalen Operationen** (ab dem zwölften Lebensjahr). Jede Stufe baut auf der früheren auf, so dass eine kontinuierliche Abfolge entsteht. Die für den hier abgehandelten Entwicklungsabschnitt der ersten beiden Lebensjahre charakteristische sensomotorische Phase stellt das handlungsgebundene Denken des Kindes heraus. Die geistige Aktivität besteht im wesentlichen in der Koordination einfacher motorischer Handlungen mit entstehenden Wahrnehmungen. So werden beispielsweise Schemata koordiniert, indem das Kind nach gesehenen Gegenständen greift. Die beiden ursprünglich getrennten Schemata für Ansehen und Greifen werden also integriert.

Diese sensomotorische Phase ist in sechs Entwicklungsstadien für die ersten 18 Lebensmonate gegliedert. Zunächst bestehen im ersten Lebensmonat ausschließlich Reflexe wie Saugbewegungen u.ä.m. im zweiten Stadium der primären Zirkulärreaktionen werden einfache Akte ausschließlich um ihrer selbst willen wiederholt (z.B. wiederholtes Saugen, wiederholtes Öffnen und Ballen der Fäuste). Im dritten Stadium der sekundären Zirkulärreaktionen werden vom Kind Reaktionen wiederholt, die interessante Resultate erbringen. Beispielsweise wird das Kind wiederholt mit den Beinen strampeln, um ein über dem Bettchen aufgehängtes Spielzeug in schwingende Bewegung zu versetzen. Im vierten Stadium, dem der Koordination der sekundären Verhaltensschemata, im Alter von sieben bis zehn Monaten, beginnt das Kind mit der Lösung einfacher Probleme. Es benutzt eine Reaktion, die es bereits beherrscht, um ein bestimmtes Zielobjekt zu erlangen. So wird es z.B. ein Kissen hinunterschubsen, um an ein dahinter verstecktes Spielzeug zu kommen. Im vorausgegangenen Stadium der sekundären Zirkulärreaktionen dagegen mag das Kind ein Kissen nur deshalb wiederholt hinunterstoßen, weil es das Fallen erleben möchte. Im fünften Stadium, dem der tertiären Zirkulärreaktionen, zeigen sich beim Kind die ersten aktiven Versuchs-Irrtums-Experimente. In dieser Periode, im Alter von 11 bis 18 Monaten, variiert das Kind seine Reaktionen auf das gleiche Objekt oder versucht neue Reaktionen zu demselben Zweck. So probiert das Kind neue Problemlösungen aus, indem es nun versucht, das vorher mit der Faust hinuntergestoßene Kissen nun mit dem Fuß oder einem Spielgegenstand hinunterzustoßen, um an das Spielzeug zu gelangen. Im sechsten Stadium der sensomotorischen Phase werden schließlich neue Mittel durch geistige Kombinationen erfunden, wobei das Kind bereits eine primitive Vorstellung von Problemlösungen hat. Im Sinne von Versuch und Irrtum wird beim Fehlen gewohnter Mittel nach neuen Lösungen gesucht.

Im Verlauf der sensomotorischen Phase vollzieht sich außerdem die Entwicklung der **Objektpermanenz**. Im ersten Lebensvierteljahr hat das Kind nur eine Reihe flüchtiger Bilder ohne Permanenz. Im Alter von drei bis sechs Monaten greift das Kind unter Koordination von Sehen und Handbewegungen nach Gegenständen seines unmittelbaren Sehfeldes. Gegen Ende des ersten Lebensjahres beginnt das Kind bereits nach Gegenständen zu greifen, die seinen Blicken verborgen sind, wenn es den Gegenstand zuvor beim Verstecken gesehen hat. Im Verlauf der sensomotorischen Phase entwickelt sich die Objektpermanenz dahingehend, dass Gegenstände nunmehr für das Kind nicht mehr zu existieren aufhören, wenn sie aus dem Blickfeld entschwinden.

Problembereiche

In den ersten beiden Lebensjahren kann es zu einer Manifestation erster Auffälligkeiten und kinderpsychiatrischer Störungen kommen. Hierzu zählen zunächst einmal die Bindungsstörungen, die sich in Form von **Deprivationsstörungen** (vgl. Kap. 19) manifestieren können. Ferner können Entwicklungsabweichungen und -störungen Anlass für eine Konsultation geben. Schwergradige **Entwicklungsstörungen** können den Verdacht auf eine **geistige Behinderung** (vgl. Kap. 5) oder einen **frühkindlichen Autismus** (vgl. Kap. 6) begründen. Bisweilen werden Säuglinge auch wegen **Schlafstörungen** (vgl. Kap. 15.7) vorgestellt.

1.3 Das Kleinkindalter

- **Phase der Ausformung der Grobmotorik, der Sprachdifferenzierung, des Spiels, der Identifikation, der Gewissensentwicklung, der Geschlechtsidentität**
- **Motorische Entwicklung:** zunehmende Körperbeherrschung
- **Sprachliche Differenzierung:** Zunahme des Wortschatzes, Lernen grammatikalischer Strukturen, sog. physiologisches Stammeln
- **Soziale Entwicklung:** Identifikation mit Eltern und Geschwistern, Entwicklung von prosozialem und gruppenbezogenem Verhalten: Kindergartenfähigkeit
- **Spiel:** Phantasiespiel, Neugierverhalten, Rollenspiel
- **Persönlichkeitsentwicklung:** Geschlechtsrolle und -identität, Affektlabilität, Geschwisterrivalität
- **Psychische Auffälligkeiten:** externalisierte und internalisierte Störungen, Ess- und Schlafstörungen, Entwicklungsverzögerungen

Dieser Entwicklungsabschnitt von zwei bis fünf Jahren ist die Phase der Sprachentwicklung, des Spieles, der Identifikation mit erwachsenen Bezugspersonen, der Entwicklung von Schuld, Gewissen und Geschlechtsidentität sowie der Ausformung der gesamten Grobmotorik. Die Feinmotorik bleibt noch begrenzt in ihrer Entwicklung. Zugleich findet eine Differenzierung der Wahrnehmung statt. Eine Betrachtung der einzelnen Funktionen ergibt folgendes Bild.

Motorische Entwicklung

Das Kind im Alter von zwei bis zweieinhalb Jahren läuft umher, hüpft mit beiden Beinen gleichzeitig in die Höhe und kann für einen Moment auf einem Bein stehen. Im Alter von drei Jahren kann es auf den Zehenspitzen gehen und die Treppe abwechslungsweise mit dem rechten und dem linken Fuß hinaufgehen. Es lernt nun, Dreirad zu fahren, seine Körperbewegungen werden flüssiger und ausgewogener. Im Alter von etwa drei bis vier Jahren kann das Kind über ein niedriges gespanntes Seil springen und einen Ball mit den Armen auffangen. An einfachen Klettergerüsten kann es nun turnen und ist insgesamt in seinem Bewegungsverhalten äußerst lebhaft und unternehmenslustig. Ab dem Alter von etwa vier bis fünf Jahren kann man eine wesentlich fortgeschrittene Körperbeherrschung beobachten. Das Kind ist nun geschickt beim Auffangen eines kleinen Balles; es verwendet dabei mehr die Hand als die Arme, greift aber noch oft daneben. Mit fünf bis sechs Jahren ist der Körper bei verschiedenen Spielen gut ausbalanciert, und das Kind übt einfache Turnübungen.

Sprache

Hinsichtlich der Entwicklung sprachlicher Funktionen ist dies die stärkste Entwicklungsphase überhaupt. Der Umfang des Vokabulars nimmt beträchtlich zu, es werden grammatikalische Strukturen gelernt. Zugleich verbessert sich die Aussprache deutlich, und das Kind ist in einem intensiven Fragealter. Im Einzelnen kann man folgende Sprachentwicklung beobachten: Um die Wende zum dritten Lebensjahr beginnt das Kind von sich als „Ich" zu sprechen. Die Sätze werden grammatikalisch korrekter, wobei neben Hauptsätzen auch Ausrufe- und Fragesätze vorkommen. Die Babysprache ist nun kaum noch zu beobachten. Das Kind bemüht sich jetzt um sprachliche Mitteilung an Erwachsene und ist bei mangelnder Verständlichkeit seiner Sprache enttäuscht. Der Erwachsene, der sich nicht mit Kindern dieser Altersstufe eingehend beschäftigt, versteht das Kind verhältnismäßig schlecht. Die Sprache ist jedoch bereits zu einem Werkzeug geworden, mit dem die Beziehung zum Erwachsenen und zu anderen Kindern aufgenommen wird. Gegen Ende des dritten Lebensjahres kann das Kind durch entsprechendes Satzgefüge einzelne Gedanken über- oder unterordnen. Es benutzt bestimmte Redewendungen, kennt jetzt auch Vorwörter (beispielsweise etwas *unter* oder *auf* einen Stuhl legen). Gegen Ende des dritten Lebensjahres tritt häufig ein leichtes Stottern bzw. Stammeln auf, vor allem am Satzanfang (sog. Initialstottern oder physiologisches Stammeln mit Verwechslung von bestimmten Konsonanten, z.B. Ersatz des K durch T).

Im Alter von drei bis vier Jahren spricht das Kind ständig über alles und mit großer Intensität. Es spielt mit Worten und verwandelt einfache Antworten in lange Erzählungen. In diesem Alter besteht eine große Freude an Kinderreimen, die Aufmerksamkeit liegt besonders beim Klang und Rhythmus der Sprache. Beim Austeilen von Schimpfworten wird die fehlende Kritikfähigkeit gegenüber dem Inhalt solcher Worte deutlich. Erst mit dem Alter von vier bis fünf Jahren lernt das Kind, seine Äußerungen zu kontrollieren und sozialen Normen anzupassen. Es entdeckt nun die Möglichkeit, Geschichten zu erzählen und auch etwas auszuschmücken. Auch hört es gerne und ausdauernd einfache Geschichten. In den eigenen Erzählungen vermischen sich Phantasie und Wirklichkeit. Im Vorschulalter schließlich verbessert sich die Sprache des Kindes deutlich und ebenso die grammatikalische Form.

Soziale Entwicklung

Dieser Entwicklungsabschnitt ist durch die vor dem Schulalter zunehmende Identifikation mit Eltern und Geschwistern gekennzeichnet. Am stärksten identifiziert sich das Kind mit mächtigen, kompetenten und geliebten Personen und dabei besonders stark jeweils mit dem gleichgeschlechtlichen Elternteil, wobei es in seinem Wunsch nach Ähnlichkeit mit diesem Elternteil moralische Normen, Verhaltensweisen und Verbote aufnimmt. Aus dieser Identifikation stammt ein wesentlicher Bestandteil der Gewissensentwicklung. Die bereits im zweiten Lebensjahr begonnene Demonstration des Autonomiebedürfnisses und des eigenen Willens kann sich nun in den typischen Trotzreaktionen fortsetzen, die häufig Anlass zu Erziehungsproblemen sind. Für die Ausbildung dieser Trotzreaktionen spielt die Art der Umweltreaktionen eine bedeutsame, wenn nicht sogar führende Rolle.

Zugleich können jedoch im Sinne der Identifikation auch deutlich prosoziale Aktivitäten wie Hilfen für den Erwachsenen (z.B. Tischdecken) beobachtet werden. Auch beginnt das Kind nun, mit Gleichaltrigen in Beziehung zu treten, wobei sich diese Beziehung noch vornehmlich auf das gemeinsame Spielzeug oder Spiel richtet. Im Alter von drei Jahren kann sich das Kind nun deutlich in einer Gruppe Gleichaltriger anpassen. Intensive Freundschaftsbeziehungen entwickeln sich im Alter von drei bis vier Jahren, wobei die Gesellschaft anderer Kinder oft der Erwachsener vorgezogen wird. In Kindergärten können bereits Gruppen gebildet werden. Regelmäßige Erziehungsanforderungen, wie das Händewaschen vor der Mahlzeit o.ä., werden nun selbstständig ausgeführt. Der Aktionsradius des Kindes erweitert sich auf die Nachbarschaft. Die soziale Einordnung dokumentiert sich in der Fähigkeit, Spielregeln zu befolgen und an einfachen Spielen teilzunehmen.

Im Alter von etwa fünf bis sechs Jahren beginnt eine etwas distanzierte Beziehung zu den Eltern, und das Interesse für die soziale Umwelt nimmt deutlich zu. In dieser sozialen Entwicklung kann eine wichtige Voraussetzung für die Schulreife gesehen werden.

Spiel

In diesem Entwicklungsabschnitt ist das Spiel durch eine rege Phantasietätigkeit mit vielfältigen imaginären Spielgefährten gekennzeichnet. Im Phantasiespiel erprobt das Kind Gefühle, reduziert Ängste und handelt kompensatorisch im Sinne des Wunschdenkens. Durch die wiederholende Funktion des Spieles entwickelt es zugleich Verständnis für Funktionszusammenhänge. Wie bereits angedeutet, kann das Kind seine Kontaktebene im Spiel deutlich ausweiten, indem es zunehmend mit anderen Kindern spielen kann. Sein Lieblingsspielzeug schleppt das Kind mit sich überall hin. Dieses so genannte Übergangsobjekt ist ganz sicherlich nicht der Mutterersatz im psychoanalytischen Sinne, zumal das Kind dieses Lieblingsspielzeug gleichermaßen auch in ihrer Anwesenheit benutzt. Die Funktion ist noch weitgehend unklar und dürfte im wesentlichen eine symbolische Bedeutung haben.

Insgesamt zeichnet sich das Spiel des Kindes durch zunehmende Neugierde und Exploration aus. Die Untersuchung von Gegenständen weitet zugleich die Lernmöglichkeiten aus. Dabei bestehen ausgeprägte Wiederholungsbedürfnisse und Rituale. Rollenspiele können schon im Alter von zwei bis drei Jahren beobachtet werden, wobei das Kind die Eltern und auch fremde Leute nachahmt. Die Beschäftigung mit Spielsachen ist sehr vielfältig und deckt sowohl feinmotorische wie auch grobmotorische Aktivitäten ab. Gegen Ende des Kleinkindalters und im Übergang zum Vorschulalter werden die Spiele reicher und differenzierter, wobei Gemeinschaftsspiele einen immer größeren Raum einnehmen.

In der klinischen Untersuchung von Kindern dieses Altersabschnittes nimmt das Spiel eine bedeutsame Rolle ein. So wird man die Art und den Umgang mit Spielen zu erfassen versuchen, um die Funktionsgerechtigkeit, explorierendes oder stereotypes bzw. neugieriges Verhalten zu beurteilen. Zugleich können daraus Rückschlüsse auf das Sprachverhalten sowie die Imitationsfähigkeit gezogen werden. Ferner gibt das Spiel Aufschluss über die Gefühle und Erlebniswelt sowie die soziale Beziehungsfähigkeit und das Verhältnis von Phantasie und Realität beim Kind dieses Alters.

Persönlichkeitsentwicklung

Hinsichtlich der **psychosexuellen Entwicklung** sind verschiedene Aspekte zu berücksichtigen. Die **Geschlechtsrolle**, d.h. die Identifikation mit sich selbst als Junge oder Mädchen, wird in der Regel im Alter von drei bis vier Jahren etabliert. Eine Differenzierung anderer Personen ist hingegen erst später möglich. Von der Geschlechtsrolle ist die **Geschlechtsbevorzugung** abzugrenzen. Jungen entwickeln eine gleichgeschlechtliche Präferenz früher und deutlich einheitlicher als Mädchen. Schließlich entwickelt sich in diesem Altersabschnitt auch das **geschlechtstypische Verhalten**. Im Alter von etwa vier bis sechs Jahren nimmt zugleich das sexuelle Interesse des Kindes deutlich zu. Im psychoanalytischen Sprachgebrauch wird daher auch von der genitalen Phase gesprochen. Dabei wird angenommen, dass Kastrationsängste und der Ödipuskonflikt zu durchstehen seien. Die Universalität und Bedeutsamkeit dieser Konflikte muss jedoch aufgrund vielfältiger kulturanthropologischer und psychologischer Befunde als zweifelhaft betrachtet werden.

In **emotionaler Hinsicht** neigt das Kleinkind zu sehr intensiven und zugleich labilen Gefühlen. Die Stimmung kann schnell wechseln, die Affekte sind ungehemmt, zumal der sozial akzeptierte Ausdruck noch nicht erlernt wurde. Typisch für das Alter sind die heftigen Streitigkeiten und Kämpfe kleiner Kinder, wobei die körperliche Aggressivität der Jungen besonders zum Ausdruck kommt. Charakteristisch ist ferner die ausgeprägte Geschwisterrivalität, die ihr Maximum im Alter von zwei bis vier Jahren hat. Dabei ist jedoch das Verhalten der Eltern eine wichtige Bedingung der Entstehung von Geschwisterrivalität. Die mehrfach angesprochene Trotzphase mit negativistischem und oppositionellem Verhalten findet ihren stärksten Ausprägungsgrad im Alter von 18 bis 30 Lebensmonaten. die Angstinhalte des Kindes zeigen einen deutlichen Wandel, indem zunächst eine Zunahme der Angst vor Tieren und dann im späteren Kleinkindalter eine zunehmende Angst vor imaginären Objekten, wie z.B. Geistern, zu verzeichnen ist. Häufig sind derartige Ängste durch das Verhalten der Eltern oder anderer Bezugspersonen bzw. durch unangenehme Erfahrungen bedingt.

Geistige Entwicklung

Das Kleinkindalter überschneidet sich weitgehend mit dem präoperationalen Stadium der Intelligenztheorie von Piaget, die den Zeitraum von eineinhalb bis sieben Jahren umfasst. In diesem Stadium verfügt das Kind über Sprachfertigkeiten, und es kann mit Objekten und Ereignissen manipulieren. Die Verhaltensschemata bekommen jetzt symbolischen Charakter, indem z.B. ein Holzklotz wie ein Auto behandelt wird, wobei das Kind gleichzeitig Motorgeräusche imitiert. Diese Fähigkeit des symbolischen Umgangs mit Objekten ist ein wesentliches Merkmal des präoperationalen Stadiums. Die Bildung von Kategorien oder Klassifikationen gelingt nach Piaget auf dieser Altersstufe noch nicht.

Psychische Auffälligkeiten

In diesem Alter können **externalisierte Störungen** in Form von Wutanfällen, Ungehorsam, Aggressivität sowie Hyperaktivität beobachtet werden. Individuelle Charakteristika des Kindes, elterliches Verhalten und elterliche Erwartungen sowie Entwicklungsverzögerungen sind die häufigsten Ursachen. Weitere Probleme können in **internalisierten Störungen** mit ausgeprägten Ängsten und Befürchtungen bestehen, die häufig mit **Ess- und Schlafstörungen** einhergehen. Schließlich bezieht sich ein dritter Problemkreis auf **Entwicklungsverzögerungen**, die von Retardierungen einzelner Funktionsbereiche über globale Entwicklungsverzögerungen bis zum Autismus reichen.

1.4 Die mittlere Kindheit

> - **Multiple Einflüsse aus Elternhaus, Schule, Gleichaltrigengruppe und Medien**
> - **Soziale Entwicklung:** Orientierung an und Austausch mit Eltern, Lehrern, Gleichaltrigen
> - **Persönlichkeitsentwicklung:** internale Verhaltenssteuerung (Gewissen)
> - **Geistige Entwicklung:** Stadium der konkreten Operationen (Konzept- und Regelbildung)
> - **Psychische Auffälligkeiten:** Störungen des Sozialverhaltens, emotionale Störungen, psychosomatische Reaktionen, Zwangsstörungen, Ticstörungen, Lern- und Leistungsstörungen

In diesem Entwicklungsabschnitt vollziehen sich mit Eintritt in das Schulalter bedeutsame Veränderungen, die durch neue Einflüsse aus dem Bereich von Schule, Gleichaltrigen und auch neuen Informationsquellen (die verschiedenen Medien) entstehen. Gleichwohl sind die Eltern weiterhin besonders wichtige Beziehungspersonen. Sie üben den größten Einfluss auf die Persönlichkeitsentwicklung des Kindes aus.

Die Zusammenhänge von elterlichem Verhalten und kindlicher Persönlichkeitsentwicklung sind in einer Vielzahl von Studien der Entwicklungspsychologie und pädagogischen Psychologie erfasst worden. Das **elterliche Verhalten** lässt sich dabei am besten durch die Dimensionen der „Warmherzigkeit vs. Feindseligkeit" und „Kontrolle vs. Autonomie" beschreiben. Es scheint, dass ein Erziehungsstil der Eltern, der durch Warmherzigkeit und Förderung von Autonomie gekennzeichnet ist, zu einer Persönlichkeitsentwicklung des Kindes im Sinne von Aktivität, Selbstständigkeit, Freundlichkeit und sozial positiver Einstellung wesentlich beiträgt. Eine adäquate und konsequente Haltung der Eltern bei der Festsetzung von altersgerechten Verhaltensnormen trägt zu Verantwortungsbewusstsein, Selbstvertrauen und zielgerichtetem Verhalten bei. Eine Konstellation von positiver Emotionalität bei den Eltern und Restriktivität scheint hingegen in stärkerem Maße zu abhängigem, weniger kreativem, stärker anpassungsbereitem und weniger dominantem und wettbewerbsorientiertem Verhalten bei Kindern beizutragen. Feindselige Haltungen der Eltern behindern die Anpassung des Kindes und geben zugleich ein Modell für die Entwicklung von feindseligem Verhalten beim Kind ab. Die Kombination von Restriktivität und feindseligem Verhalten gegenüber dem Kind von Seiten der Eltern zeigt Verbindungen zu autoaggressivem Verhalten mit sozialem Rückzug und intrapsychischen Konflikten beim Kind. Permissivität oder Vernachlässigung in Verbindung mit feindseligem Verhalten von Seiten der Eltern ist eine vielfach gefundene Konstellation bei dissozialen und delinquenten Kindern.

Diese Dimensionen des Erziehungsverhaltens unterliegen sozioökonomischen und damit auch epochalen Einflüssen. Der früher deutlich zu beobachtende Unterschied hinsichtlich der Erziehungspraktiken von Eltern aus der Mittelschicht mit stärker zuneigungsorientiertem Erziehungsstil und Eltern der Unterschicht mit stärker strafend orientiertem Erziehungsstil scheint sich zunehmend zu nivellieren.

Soziale Entwicklung

Die mittlere Kindheit ist die Phase der größten Erweiterung des sozialen Umfeldes. Dabei rückt die **Schule** in den Mittelpunkt des außerfamiliären Lebens, der **Lehrer** wird zur wichtigen Beziehungsperson. Sein Verhalten beeinflusst die schulischen Leistungen sowie das Selbstvertrauen und die Selbsteinschätzung des Schülers. Die Leistungsfähigkeit des Kindes hängt jedoch nicht ausschließlich von diesen Bedingungen, sondern auch wesentlich von der Einstellung des Elternhauses zu Schule und Leistung ab. Sozioökonomische Benachteiligungen sind ebenfalls für die Schulentwicklung bedeutsam.

Parallel zu den schulischen Kontakten weitet sich der soziale Austausch mit den **Gleichaltrigen** aus. Dabei werden soziale Fertigkeiten erworben und über die Erfahrung der eigenen Position in der Gruppe Persönlichkeit und Selbsterleben bedeutsam geprägt. Zu Beginn der mittleren Kindheit tritt dabei zugleich eine zunehmende Geschlechtsrollendifferenzierung auf, indem Verhalten, Spiele, Aktivitäten und Freizeitbeschäftigungen deutlich an den jeweiligen soziokulturellen Erwartungshorizonten ausgerichtet werden. Kinder beginnen, sich primär an den gleichgeschlechtlichen Gleichaltrigen zu orientieren, und bilden dementsprechend geschlechtstypische Interessen und Aktivitäten aus. Es entwickeln sich intensive, vielfach aber auch nur kurzfristige Freundschaften, die sich auf gemeinsame Interessen und soziale Fertigkeiten gründen. Die Beliebtheit in der Gruppe ist eine Funktion vielfältiger Einflussgrößen, zu denen intellektuelle Fertigkeiten, bei Jungen auch motorische Fertigkeiten (Sport), die körperliche Reife und verschiedene Persönlichkeitsmerkmale gehören, die je nach Alter, Geschlecht und Sozialschicht deutlich variieren.

Persönlichkeitsentwicklung

Die mittlere Kindheit ist hinsichtlich der Persönlichkeitsentwicklung besonders durch die **Ausbildung des Gewissens** gekennzeichnet. In dieser Phase vollzieht sich eine zunehmende Ablösung von der externen Verhaltenskontrolle über unmittelbare erzieherische Konsequenzen. In zunehmendem Maße wird eine interne Steuerung des Verhaltens ermöglicht, wobei die jeweilige motivationale Situation des Kindes ebenso wie situationsspezifische Bedingungen bedeutsam sind. Der Ausgangspunkt für die Entwicklung des Gewissens ist die im Vorschulalter bereits vollzogene Identifikation mit den Eltern, wobei deren Konsistenz im Handeln und der Beziehungsqualität zwischen Kind und Eltern besondere Bedeutung zukommt.

Die **psychosexuelle Entwicklung** dieses Altersabschnittes wird in der psychoanalytischen Theorie von Freud mit dem Begriff der Latenzphase bezeichnet. Damit soll verdeutlicht werden, dass in diesem Altersabschnitt angeblich keine psychosexuelle Entwicklung ablaufe. Diese Annahme ist ganz sicherlich falsch, da eine Vielzahl von empirischen Studien und Erkenntnissen darauf verweisen, dass die sexuellen Interessen in diesem Altersabschnitt deutlich zunehmen. Diese betreffen das Spiel- und Neugierverhalten gegenüber dem anderen Geschlecht, sexuelle Aktivitäten sowie sexuelle Vorstellungen, Konzepte und die sexuelle Moral. Die **emotionale Entwicklung** zeigt einen deutlichen Rückgang der Ängste gegenüber früheren Jahren, wenngleich Ängste damit nicht unbedeutsam werden. Das Kind beginnt nun auch entgegen den stärker unrealistischen und z.T. magischen Vorstellungen eine stärker realistische Vorstellung von der Irreversibilität des Todes zu entwickeln.

Geistige Entwicklung

Mit dem beginnenden Grundschulalter fällt der Übergang vom präoperationalen Stadium zum **Stadium der konkreten Operationen** nach der Theorie von Piaget zusammen. Im Alter von sieben Jahren vollzieht sich das Lernen nicht mehr nach Versuch und Irrtum oder intuitiv, sondern nach allgemeinen Regeln. Es werden Konzepte und vor allem auch seriale Beziehungen gebildet. Dementsprechend kann das Kind Objekte z.B. nach Gewicht oder Größe in eine Rangreihe bringen. Ferner entwickelt das Kind nunmehr geistige Vorstellungen von Handlungsreihen und kann sich im Sinn eines geistigen Planes z.B. seinen Schulweg als Route und Richtungsveränderung vorstellen. Ein neues Element der kognitiven Entwicklung ist ferner das so genannte **Invarianz- oder Erhaltungsprinzip**. Das Kind kann nun erstmalig erkennen, dass Länge und Gewicht sowie Anzahl unabhängig von Veränderungen des äußeren Erscheinungsbildes konstant bleiben. Weitere Merkmale dieser Entwicklungsstufe sind in der Fähigkeit zu sehen, relationale Begriffe wie „dunkler, größer u.a.m." zu verstehen und damit Beziehungen zwischen zwei oder mehreren Objekten herzustellen. Außerdem beginnt das Kind, nunmehr über das Ganze und seine Teile simultan nachzudenken, und kann Objekte nach Gewicht und Größe in eine Rangreihe bringen. Diese Fähigkeit, seriale Beziehungen herzustellen, ist eine wichtige Voraussetzung für das Erlernen mathematischer Zusammenhänge. Sämtliche Fertigkeiten sind jedoch nicht ausschließlich Entwicklungsfunktionen im Sinne eines biologischen Reifungsprozesses, sondern in großem Umfang auch lern- und erfahrungsabhängig.

Psychische Auffälligkeiten

In diesem Altersabschnitt sind **Störungen des Sozialverhaltens** überaus häufig. **Emotionale Probleme und Störungen** können sich aus sozialem Rückzug und Isolation, gestörtem Selbstbewusstsein und **Schulängsten** sowie **Schulphobie** ergeben. Auch können **depressive Reaktionen** beobachtet werden, die jedoch im Vergleich zum Kind in Pubertät und Adoleszenz deutlich labiler, kürzer und möglicherweise auch eher durch körperliche Reaktionen maskiert auftreten. Deutlich wird diese Neigung zu **psychosomatischen Reaktionen** bei Belastungen und Konflikten. **Zwangsstörungen** und **Ticstörungen** können im Gefolge der **Angst** auftreten. Die meisten Zwangshandlungen sind jedoch vorübergehend und haben vielfach auch eher einen spielerischen und noch nicht psychopathologischen Wert. **Lern- und Leistungsstörungen** sind ein häufiger Grund für die Vorstellung in der Kinder- und Jugendpsychiatrie.

1.5 Das Jugendalter

- **Biologisches Wachstum und sexuelle Reifung**
- **Zentrale psychologische Themen:** Identität, Sexualität, Autorität
- **Soziale Entwicklung:** Gruppen- und Paarbildung, Ablösung von den Eltern
- **Persönlichkeitsentwicklung:** Wahrnehmung sexueller Bedürfnisse, Aufnahme sexueller Beziehungen, emotionale Labilisierung
- **Geistige Entwicklung:** Stadium der formalen Operationen (Abstraktionsfähigkeit, logisches und hypothesenprüfendes Denken)
- **Psychische Auffälligkeiten:** Delinquenz, Drogenabhängigkeit, Affektstörungen, Suizidalität, Angststörungen, psychische Störungen mit körperlicher Symptomatik, Zwangsstörungen, Schizophrenien

Dieser mit der Pubertät beginnende Entwicklungsabschnitt ist durch charakteristische **Wachstumsvorgänge** im Sinne eines Wachstumsspurts, die sexuelle Reifung mit der Entwicklung von sekundären Geschlechtsmerkmalen und Veränderungen der Hormonausschüttung gekennzeichnet. Dieser Prozess beginnt bei Mädchen in der Regel zwei Jahre früher als bei Jungen und dauert etwa drei bis vier Jahre, während er sich bei Jungen über den Zeitraum von vier bis fünf Jahren erstreckt. Für die Beurteilung des biologischen Entwicklungsstandes ist die Ausprägung der sekundären Geschlechtsmerkmale bestimmend. Störungen der biologischen Reifung manifestieren sich als Entwicklungsverzögerungen, unter denen die so genannte konstitutionelle Entwicklungsverzögerung mit familiärer Häufung und harmonischer Retardierung die häufigste Erscheinungsform ist. Das Gegenteil stellt die abnorm frühe Pubertätsentwicklung dar, welche als „Pubertas praecox" bezeichnet wird. Dabei handelt es sich um krankhafte Prozesse, die durch hormonale Störungen bedingt sein können. Vielfach sind die Ursachen jedoch nicht zu eruieren. Eine verfrühte Pubertätsentwicklung führt zu einem frühzeitigen Schluss der Epiphysenfuge und damit zu einem begrenzten Wachstum. In **psychologischer Hinsicht** ist der Entwicklungsabschnitt der Adoleszenz mit den Fragen der persönlichen Identität und des Idealismus verknüpft. Zu keiner Zeit des Lebens ist der Mensch so stark mit moralischen Werten Standards und Fragen beschäftigt. Dieser Entwicklungsabschnitt führt vielfach auch zur Verwerfung gesellschaftlicher Normen und Werte.

Soziale Entwicklung

Die Entwicklung dauerhafter und enger Freundschaftsbeziehungen ist für diesen Altersabschnitt besonders charakteristisch. Dabei kommt es auch zur Ausbildung von Gruppen, Cliquen und Banden mit der Gefahr von dissozialen Gruppenaktivitäten. Zu Beginn der Adoleszenz sind derartige Gruppen noch vornehmlich gleichgeschlechtlich strukturiert, sie werden dann später durch gemischte Gruppen abgelöst. Am Ende der Adoleszenz handelt es sich bei derartigen Gruppierungen meist nur noch um sehr lockere Verbindungen von jeweils heterosexuellen Paaren.

Gemessen an dem intensiven Eltern-Kind-Kontakt während der früheren Phasen, nimmt der Austausch zwischen Eltern und Kind im Jugendalter relativ ab. Gleichwohl ist die vielfach zitierte Entfremdung zwischen Eltern und Kind aufgrund der Erkenntnisse von epidemiologischen Studien kein typisches Phänomen des Jugendalters. Ausgeprägte Entfremdungssituationen scheinen eher für psychisch auffällige Jugendliche zu gelten, bei denen in der Regel jedoch diese Entfremdung bereits vorher, d.h. in der Kindheit, einsetzte. Ausgeprägte Entfremdungen von Eltern und Kind finden sich außerdem bei Jugendlichen in der späten Adoleszenz, die trotz erreichter biologischer Reife noch in Abhängigkeitspositionen sind, zumal sie weiter ihre schulische Ausbildung absolvieren. Für die Entwicklung der Entfremdung sind weiterhin eine zunehmende Schulunlust in den unteren Sozialschichten mit fortschreitendem Alter und die daraus folgenden intrafamiliären Spannungen und Auseinandersetzungen verantwortlich.

Persönlichkeitsentwicklung

Im Zentrum des Selbsterlebens des Jugendlichen steht die Wahrnehmung sexueller Bedürfnisse, Interessen und Reifung. Das tatsächliche **sexuelle Verhalten** unterliegt dabei vielfältigen soziokulturellen und familiären Erwartungen sowie Restriktionen. Das sexuelle Verhalten manifestiert sich in diesem Entwicklungsabschnitt auf vielfältige Weise. Autoerotisches Verhalten im Sinne von Masturbation kommt bei Jungen in allen Gesellschaften und allen Sozialschichten vor und ist bei Mädchen lediglich relativ seltener. Beide Geschlechter fühlen sich häufig durch gleichgeschlechtliche Personen angezogen, wenngleich eine offene Homosexualität bei beiden Geschlechtern relativ selten und dann vielfach auch nur vorübergehend ist. Homosexuelles Verhalten bei Jugendlichen stellt mehrheitlich eine Durchgangsphase dar, die wenig Vorhersage über eine fortdauernde Homosexualität im Erwachsenenalter zulässt. Ob es überhaupt zu homosexuellen Kontakten kommt, hängt sehr wesentlich von den Möglichkeiten zu heterosexuellen Beziehungen ab. Für die Mehrheit der Jugendlichen lässt sich im Verlauf des Jugendalters eine deutliche Zunahme heterosexueller Interessen und Aktivitäten feststellen.

Die emotionale Entwicklung ist in einer traditionellen Betrachtungsweise immer wieder als die Phase des inneren Aufruhrs und ausgeprägter emotionaler Schwierigkeiten bezeichnet worden. Tatsächlich lassen sich auch ausgeprägte Stimmungsveränderungen, häufig Gefühle der Selbstentwertung, diskrete Beziehungsideen sowie depressive Zustände feststellen, die mehrheitlich nicht von den erwachsenen Bezugspersonen erkannt werden. Schwere Depressionen sind sehr selten, gleichwohl jedoch häufiger als im Kindesalter. Entsprechend gibt es in diesem Altersabschnitt auch eine ansteigende Tendenz, an Selbsttötung zu denken und auch suizidale Handlungen zu vollziehen. Ferner steigt mit der Adoleszenz die Rate

für Schulphobien wieder deutlich an und beinhaltet zugleich eine schlechtere Prognose als in der mittleren Kindheit. Auch soziale Ängste werden häufiger.

Geistige Entwicklung

Mit dem Alter von etwa zwölf Lebensjahren beginnt nach der Theorie von Piaget die Periode der formalen Operationen. Kennzeichen dieser Entwicklung ist die Fähigkeit zu abstraktem, logischem und Hypothesen-prüfendem Denken. Der Jugendliche kommt in die Lage, mögliche Lösungshypothesen für Probleme aufzustellen und systematisch auf die wahrscheinliche Gültigkeit zu überprüfen. Das formale Denken erschließt die Methode der Deduktion sowie die Möglichkeit, komplexe Operationen höherer Ordnung zu organisieren. Damit werden z.B. verschiedene mathematische Operationen erst ermöglicht. Ähnliches gilt für die Ausbildung der Kombinatorik.

Mit dieser Entwicklung wird es dem Jugendlichen möglich, eine allgemeine Problemlösungsstrategie zu entwickeln. Bei dieser Orientierung lernt er, Problemelemente zu isolieren und verschiedene Lösungshypothesen systematisch zu testen. Damit wird das formale Denken rational und zugleich systematisch. Diese Fähigkeit, über Regeln und eigene ablaufende kognitive Prozesse zu reflektieren, ist daher zugleich eine wichtige Quelle des Selbsterlebens und der Reflexion über die eigene Person.

Psychische Auffälligkeiten

Eine Reihe von psychischen Störungen nehmen ihren Beginn im Jugendalter. Dies gilt vor allem für **delinquente Handlungen,** die gleichwohl nur für eine kleine Gruppe der Jugendlichen zutreffen und dabei häufiger von Jungen als von Mädchen vorgenommen werden. Die Manifestation derartiger Auffälligkeiten in der Adoleszenz findet in der Regel ihre Wurzeln in den Entwicklungsabschnitten der frühen und mittleren Kindheit. Aus ersten Erfahrungen mit dem Gebrauch von Drogen kann eine ausgeprägte **Drogenabhängigkeit** resultieren. Wiederum handelt es sich um eine Problematik, die eher wenige Jugendliche betrifft. Typischer für die Adoleszenz ist die Entwicklung von **affektiven Störungen** mit oder ohne **Suizidalität.** Im Vergleich zu depressiven Reaktionen der Kindheit nimmt dabei der Bezug des Symptoms zu familiären Problemen eher ab. Hingegen treten offensichtlich Bedingungen in den Vordergrund, die in den biologischen und psychischen Veränderungen dieser Entwicklungsphase begründet sind. Im Bereich der **Angststörungen** kommt es zu spezifischen **Phobien** (z.B. Agoraphobie oder Claustrophobie), und **Schulphobien** können sich sowohl erstmalig manifestieren wie auch rezidivieren. Unter den **psychischen Störungen mit körperlicher Symptomatik** kommt es relativ selten zu **dissoziativen Störungen,** während **Essstörungen** (Anorexia nervosa und Bulimia nervosa) erstmalig und typischerweise in der Adoleszenz auftreten. Schließlich manifestieren sich in der Adoleszenz eher als im Kindesalter **Zwangsstörungen** und psychotische Erkrankungen, wobei sich das Erscheinungsbild der **schizophrenen Psychosen** deutlich der Symptomatik bei Erwachsenen zu nähern beginnt. Gleichwohl sind derartige Erkrankungen äußerst selten.

1.6 Entwicklungsstörungen

Kinder- und jugendpsychiatrische Störungen sind immer in einen Entwicklungskontext eingebettet, der sie formt und verständlich macht. Wie in Kapitel 2 dargestellt wird, ist die Möglichkeit der Interferenz mit den ablaufenden Entwicklungsprozessen ein wesentliches Merkmal der Definition einer psychischen Störung. In dieser Betrachtungsweise ließen sich nahezu alle psychischen Störungen

Tabelle 1-1 Entwicklungsprofile verschiedener Formen von Entwicklungsstörungen und Behinderungen.

	Geistige Behinderung	Autismus	Motorische Störungen	Sprach- störungen	Spezifische Lernstörungen	Sehstörungen/ Blindheit	Hörstörungen/ Taubheit
Motorik							
Grobmotorik	V	N	R	N	N	R	N
Feinmotorik	V	N	R	N	V	R	N
Sprache							
expressiv	R	R	V	R	V	N	R
rezeptiv	R	R	N	R/N	V	N	R
Intelligenz							
generell	R	R/N	N	N	N	R/N	N
partiell		N	N	R	R		
Sozial- emotionale Persönlichkeit	R	R	N	N	V	R	V

N = normal; R = reduziert-verzögert; V = variabel

des Kindes- und Jugendalters als Entwicklungsstörungen verstehen. Aus einer stärker auf einzelne Entwicklungsfunktionen abstellenden Perspektive lassen sich allerdings einige Störungen als ein spezieller Formenkreis der Entwicklungsstörungen im engen Sinn identifizieren, bei denen einzelne oder mehrere **Entwicklungsfunktionen** beeinträchtigt sind.

Zu diesen so verstandenen Entwicklungsstörungen gehören die geistige Behinderung, der Autismus, die motorischen Störungen, die Sprachstörungen, die spezifischen Lernstörungen sowie die Behinderungen durch Blindheit und Taubheit. Während die entwicklungs-psychopathologischen Kennzeichen und Details dieser einzelnen Störungen in den jeweiligen Kapiteln dargestellt werden, soll an dieser Stelle auf die charakteristischen Entwicklungsprofile hingewiesen werden, die in Tabelle 1-1 schematisch dargestellt sind. Dieses Schema verdeutlicht, dass den einzelnen Entwicklungsstörungen und Behinderungen jeweils eine unterschiedliche Beeinträchtigung der vier zentralen Entwicklungsfunktionen der Motorik, Sprache, Intelligenz sowie der sozial-emotionalen Persönlichkeit eigen ist. In diesen Kernbereichen können teilweise normale, teilweise variable und teilweise reduziertverzögerte Entwicklungsprozesse beobachtet werden.

1.7 Entwicklungspsychopathologische Verläufe

Die Entwicklungspsychopathologie ist ein Bestandteil der theoretischen Kinder- und Jugendpsychiatrie. Sie beschäftigt sich als eine Forschungsrichtung in der Entwicklungsperspektive mit den Kontinuitäten und Diskontinuitäten psychischer Störungen über die Zeit und in der Perspektive der Psychopathologie mit der Spannweite von Verhaltensvarianten. Die zentralen Forschungsschwerpunkte der Entwicklungspsychopathologie sind in Tabelle 1-2 zusammengefasst und werden spezifischer in Kapitel 3 zur Ätiologie dargestellt.

Tabelle 1-2 Forschungsschwerpunkte der Entwicklungspsychopathologie.

- normale und abweichende Entwicklung sowie ihre Zusammenhänge
- Kontinuität und Diskontinuität von Verhalten und psychischen Störungen
- alterspezifische Manifestation psychischer Störungen
- Modellentwicklungen für Entstehung und Verlauf psychischer Störungen
- Risiko- und Schutzfaktoren
- Vulnerabilität und Resilienz

Störungsspezifische Verläufe

Als Ergebnis der Forschung aus Klinik, Epidemiologie und vor allem aus Längsschnittstudien haben sich Erkenntnisse über charakteristische entwicklungspsychopathologische Verläufe für eine Reihe von Störungen ableiten lassen.

Die Gruppe der **unspezifischen emotionalen Störungen** ist durch eine hohe Prävalenz im Kindesalter gekennzeichnet und zeigt im Jugendalter keinen weiteren Anstieg. Insgesamt besteht in Kindheit und Jugend eine hohe Remissionsneigung für diese Gruppe von Störungen. Jungen und Mädchen sind im Kindesalter etwa gleich häufig betroffen, in der Adoleszenz dominieren hingegen die Mädchen. Sofern emotionale Störungen über das Jugendalter hinaus persistieren, handelt es sich in der Regel um eine so genannte homotype Kontinuität, indem die emotionalen Störungen in Angststörungen oder dysthyme bzw. depressive Störungen übergehen. Die Prognose der nosologisch noch wenig differenzierten emotionalen Störungen des Kindesalters ist somit in der Regel gut. Allerdings haben einzelne **Phobien** eine schlechtere Prognose als generalisierte Angststörungen. Für eine im Kindes- und Jugendalter diagnostizierte **Depression** ist das Risiko einer erneuten Depression im Erwachsenenalter einschließlich der Entwicklung von Suizidalität, Substanzmissbrauch sowie Persönlichkeitsstörungen deutlich erhöht. Auch für **Zwangsstörungen** ist eine hohe Persistenzneigung bzw. ein flukturierender Verlauf mit unvollständiger Remission ohne starke soziale Funktionseinbußen festzustellen.

Die zweite große Gruppe kinder- und jugendpsychiatrischer Störungen, die **dissozialen Störungen** (bzw. Störungen des Sozialverhaltens), haben in Kindheit und Jugend eine beträchtlich höhere Prävalenz als im Erwachsenenalter, die insbesondere am Übergang zum Erwachsenenalter deutlich abnimmt. Unter den verschiedenen Symptomen zeigt das Merkmal der Aggressivität eine hohe Kontinuität. Nur eine im Vergleich dazu geringere Quote – nämlich etwa ein Drittel – von Kindern und Jugendlichen mit dissozialen Störungen entwickelt sich zu einer antisozialen Persönlichkeit im Erwachsenenalter. Während bei Jungen eine homotype Kontinuität im Sinne eines Fortbestehens der dissozialen Symptome vorliegt, zeigen die insgesamt sehr viel seltener betroffenen dissozialen Mädchen eine heterotype Kontinuität. Sie weisen zwar in erster Linie Probleme mit Drogen, Alkohol und Antisozialität auf, entwickeln andererseits aber auch in beträchtlichem Umfang emotionale Störungen. Bei Jungen, welche früh beginnende Störungen des Sozialverhaltens in Verbindung mit Hyperaktivität und gestörten Sozialbeziehungen zu Gleichaltrigen zeigen, besteht eine besonders hohe Persistenz der dissozialen Störungen. Antisoziale Persönlichkeitsstörungen im Erwachsenenalter haben fast immer Vorläufer in dissozialen Störungen der Kindheit und des Jugendalters. Hingegen beginnt die schwere Kriminalität erst im Erwachsenenalter.

Die **schizophrenen Psychosen** haben in der Kindheit eine äußerst niedrige Prävalenz: 4 % der Gesamterkrankungen beginnen vor dem 14. Lebensjahr und nur 1 % vor dem 10. Lebensjahr. Für die Erkrankungen vor der Adoleszenz ist die Prognose noch ungünstiger als bei Erkrankungen im Erwachsenenalter: Etwa 25 % Totalremissionen und 25 % Besserungen stehen 50 % Chronifizierungen gegenüber. Einige Verlaufsstudien weisen sogar noch ungünstigere Verhältnisse auf. Die Prognose wird mit zunehmend jüngerem Alter bei Erkrankungsbeginn (insbesondere unter 10 Jahren) ungünstiger. Etwa die Hälfte der im Erwachsenenalter Erkrankten zeigen Auffälligkeiten in der Kindheitsentwicklung. Diese haben keinen psychiatrischen Charakter, sondern beziehen sich auf Auffälligkeiten in den interpersonalen Beziehungen, auf neurobiologische bzw. neuropsychologische Entwicklungsdefizite und Unreifezeichen sowie Defizite der Aufmerksamkeitssteuerung.

Auch die **affektiven Psychosen** haben im Kindesalter eine sehr niedrige Prävalenz. Nur etwa 15 bis 20 % der Erstmanifestationen liegen vor dem 20. Lebensjahr. Depressionen im Erwachsenenalter haben nur selten psychiatrische Vorläufer im Kindesalter. Es gibt hier keine spezifischen Muster der Verläufe. Hingegen haben eine Reihe anderer kinderpsychiatrischer Störungen charakteristische Verläufe. Die Prognose der **geistigen Behinderung** ist bei einem IQ unter 50 ungünstig. Auch der **frühkindliche Autismus** zeigt bei einem nonverbalen IQ von 50 bis 60, d.h., bei etwa zwei Drittel, der betroffenen Patienten, ferner bei starker Sprachbeeinträchtigung und bei einer am ehesten im Jugendalter auftretenden Epilepsie eine ungünstige Prognose. Für **organische Psychosyndrome** besteht die Gefahr der Ausbildung von Residualsyndromen. **Hyperkinetische Störungen** remittieren nur ungenügend. Entwicklungen mit schlechter psychosozialer Anpassung, Drogenmissbrauch und Kriminalität im Jugend- und frühen Erwachsenenalter sind häufig. Schließlich gilt für die im Jugendalter beginnende **Anorexia nervosa**, dass nur etwa die Hälfte der Fälle im Verlauf als symptomatisch geheilt betrachtet werden kann.

Literatur

Flammer, A., Alsaker, F. D.: Entwicklungspsychologie der Adoleszenz. Huber, Bern 2002.

Haggarty, R. J., L. R. Sherrod, N. Garmezy, M. Rutter (eds.): Stress, Risk and Resilience in Children and Adolescents. Cambridge University Press, Cambridge 1994.

Keller, H. (Hrsg.): Lehrbuch Entwicklungspsychologie. Huber, Bern 1998.

Mussen, P. H., J. J. Conger, J. Kagan, A. C. Houston: Lehrbuch der Kinderpsychologie, Bd. 1. Klett-Cotta, Stuttgart 1993.

Oerter, R., L. Montada: Entwicklungspsychologie. 3. Auflage. Psychologie Verlagsunion, Weinheim 1995.

Piaget, J.: Psychologie der Intelligenz. Rascher, Zürich 1996.

Resch, F.: Entwicklungspsychopathologie des Kindes- und Jugendalters. Psychologie Verlagsunion, Weinheim 1996.

Rutter, M., L. A. Sroufe: Developmental psychopathology: concepts and challenges. Development and Psychopathology 12 (2000), 265–296.

Rutter, M., M. Rutter: Developing Minds. Challenge and Continuity across the Life Span. Basic Books, New York 1994.

Steinhausen, H.-C. (Hrsg.): Entwicklungsstörungen im Kindes- und Jugendalter. Ein interdisziplinäres Handbuch. Kohlhammer, Stuttgart 2001.

Steinhausen, H.-C., F. Verhulst (eds.): Risks and outcomes in developmental psychopathology. Oxford University Press, Oxford 1999.

Trautner, H. M.: Lehrbuch der Entwicklungspsychologie. Bd. 1 u. 2, 2. Aufl. Hogrefe, Göttingen 1992.

2 Definition, Klassifikation und Epidemiologie psychischer Störungen bei Kindern und Jugendlichen

Es gibt nur wenige psychische Auffälligkeiten, die sich im Sinne einer Krankheit deutlich von der Normalität abheben. Ein Beispiel dafür ist der frühkindliche Autismus. Die meisten Störungen und Auffälligkeiten lassen sich vom Normalzustand lediglich quantitativ hinsichtlich des Schweregrades und der begleitenden Beeinträchtigung abheben. Eine leichtere Ausprägung oder Variation des jeweiligen Phänomens lässt sich auch bei ganz normalen Kindern finden.

Wenn also Auffälligkeit und Normalität so relativ dicht nebeneinander liegen, muss nach den Kriterien psychischer Störungen gefragt werden. Sind diese bekannt, so verlangt jede wissenschaftliche Betrachtung, dass die derart definierten Störungsbilder in ein Ordnungssystem gebracht werden. Es stellt sich also die Frage nach der Klassifikation psychischer Auffälligkeiten. Schließlich lassen sich Aussagen über die Wertigkeit psychischer Störungen und Auffälligkeiten nicht ausschließlich aus der Perspektive der Klinik bzw. Sprechstunde machen. So sind Aussagen und Zahlen aus derartigen Institutionen nicht geeignet, das tatsächliche Ausmaß von psychischen Auffälligkeiten bei Kindern und Jugendlichen in der Bevölkerung zu erfassen. Dementsprechend sind Felduntersuchungen erforderlich, um die Raten an psychisch gestörten Kindern und Jugendlichen zu bestimmen. Mit diesem Gegenstand befasst sich die kinder- und jugendpsychiatrische Epidemiologie. Auf diese drei Bereiche soll im folgenden kurz eingegangen werden.

2.1 Definition psychischer Störungen

> Eine psychische Störung bei Kindern und Jugendlichen liegt vor, wenn das Verhalten und/oder Erleben bei Berücksichtigung des Entwicklungsalters abnorm ist und/oder zu einer Beeinträchtigung führt.

Ausschließlich naturwissenschaftlich orientierte medizinische Modelle sind selten geeignet, psychische Auffälligkeiten bei Kindern und Jugendlichen zu erklären bzw. gegenüber dem Normalzustand abzugrenzen. Da die meisten psychischen Auffälligkeiten in diesem Entwick-

lungsabschnitt des Lebens sehr wesentlich von der Wechselwirkung zwischen Kind und sozialer Umgebung beeinflusst und darüber hinaus vielfach stark situationsspezifisch sind (z.B. Bettnässen nie außer Haus oder Aggressivität nur in der Schule), sind für die Diagnostik wie auch die Therapie interaktionelle Modellbetrachtungen erforderlich.

Ob ein Verhalten oder Erleben als abnorm bezeichnet wird oder nicht, hängt daher auch sehr weitgehend von der Berücksichtigung sozialer Komponenten ab. Wenn im Folgenden die Kriterien der Abnormität sowie der Beeinträchtigung sozialer Funktionen als die zentralen Bestimmungsgrößen einer psychischen Störung angesehen werden, so sind damit im wesentlichen soziale Bewertungen impliziert. Dabei unterliegt das Kriterium der Abnormität einer Bewertung gleichermaßen im statistischen wie auch im normativen Sinne.

Kriterien der Abnormität

- **Angemessenheit hinsichtlich Alter und Geschlecht.** Unangemessen sind z.B. Trennungsängste jenseits des Kleinkindalters oder effeminiertes Verhalten bei Jungen.
- **Persistenz.** Ein Durchgangsphänomen der normalen Entwicklung wie z.B. vorübergehende Schulunlust muss gegenüber einer persistierenden Schulverweigerung abgegrenzt werden.
- **Lebensumstände.** Vorübergehende Verhaltensfluktuationen sind häufig, zumal die Entwicklung kein linearer Prozess ist. Belastungsphasen stellen z.B. im kindlichen Leben die Geburt eines Geschwisters dar, welche mit der Entwicklung regressiver Symptome einhergehen kann. Ebenso stellten Schulbeginn oder Klassenwechsel entsprechende Belastungsfaktoren dar und beinhalten das Risiko einer Zunahme von emotionalen Störungen und Verhaltensstörungen.
- **Soziokulturelle Gegebenheiten.** Dieser Faktor verweist auf die Tatsache, dass die meisten Bewertungsmaßstäbe für normales und abnormes Verhalten vermittelt sind. Verschiedene Kulturen und soziale Schichten bewerten bestimmte Verhaltensmerkmale recht unterschiedlich. Gleichwohl darf darüber nicht

vergessen werden, dass die Variation normativer Werte und Setzungen innerhalb bestimmter Kultursysteme begrenzt ist.

- **Ausmaß der Störung.** Isoliert auftretende Symptome bei Kindern und Jugendlichen sind häufig ohne psychiatrische Relevanz. Störungscharakter bekommt mehrheitlich erst die Kombination von Symptomen.
- **Art des Symptoms.** Bestimmte Symptome sind eher mit einer allgemeinen psychischen Fehlfunktion verbunden. So ist beispielsweise das Nägelbeißen als isoliertes Phänomen relativ unproblematisch, während gestörte Beziehungen zu Gleichaltrigen sehr viel stärker in die Entwicklung und das Leben des Kindes eingreifen.
- **Schweregrad und Häufigkeit der Symptome.** Schwere und häufig auftretende Symptome kommen insgesamt seltener vor. Für die klinische Beurteilung von Symptomen ist die Bestimmung von Schweregrad und Häufigkeit des Auftretens eines oder mehrerer Symptome unabdingbar.
- **Verhaltensänderung.** Ein Verhalten kann erst dann Symptomwert bekommen, wenn es nicht im Einklang mit der Reifung und Entwicklung des Kindes steht.
- **Situationsspezifität.** Ein von situalen Auslösern unabhängiges, überall vorhandenes Problem eines Kindes und Jugendlichen zeigt in der Regel eine stärker ausgeprägte Störung an. Allerdings ist dies das schwächste Kriterium der Abnormität. Die Situationsspezifität kann aber wichtige Aufschlüsse über interaktionelle Bezüge des Kindes und die Symptomentwicklung vermitteln.

Um die Abnormität eines Verhaltens zu beurteilen, reicht in der Regel nicht eines der genannte Kriterien aus. Mehrheitlich ist eine Kombination der genannten Merkmale erforderlich, um sicher zu sein, dass tatsächlich eine psychische Auffälligkeit vorliegt. Als ergänzendes Kriterium muss jedoch das Ausmaß der Beeinträchtigung des Kindes durch sein Symptom bzw. sein auffälliges Verhalten bestimmt werden.

Kriterien der Beeinträchtigung

- **Leiden.** Dieses insbesondere in der Psychotherapie schon lange benutzte Kriterium für die Indikation zur Durchführung von Maßnahmen muss auch bei der Beurteilung des Vorliegens einer Störung berücksichtigt werden. Es muss allerdings in Bezug zur Temperamentstruktur und Persönlichkeit des Kindes gesetzt werden, um Fehlurteile zu vermeiden. So muss beispielsweise geklärt werden, ob ein geringer Sozialkontakt Ausdruck von Selbstzufriedenheit oder Ängstlichkeit ist.
- **Soziale Einengung.** Viele Störungen der Befindlichkeit von Kindern und Jugendlichen sind durch einen deutlich verringerten Sozialkontakt gekennzeichnet. Dabei kann die Entwicklung wichtiger Aktivitäten und sozialer Funktionen beeinträchtigt werden.
- **Interferenz mit der Entwicklung.** Bei jeder Symptomatik ist zu prüfen, inwiefern sie ablaufende Bindungsprozesse stört, Freundschaftsbeziehungen unmöglich macht, die Ablösung von den Eltern verzögert und ganz allgemein die emotionale, kognitive und sprachliche Entwicklung des Kindes verzögert oder beeinträchtigt. Es ist also zu fragen, inwieweit die normalen, immer progressiven Entwicklungsabläufe durch ein Symptom gestört werden. Beispielsweise ist zu prüfen, inwieweit sozialer Rückzug und Isolation oder ausgeprägte Aggressivität die prosoziale Entwicklung des Kindes oder Jugendlichen gefährden.
- **Auswirkungen auf andere.** Insbesondere bei aggressiven Verhaltensweisen sind andere Personen sehr schnell durch das kindliche Verhalten beeinträchtigt. Für die meisten Störungen bei Kindern und Jugendlichen gilt die Feststellung, dass sie seltener im persönlichen Verhalten des Kindes allein als in fehlangepassten Interaktionen mit anderen Menschen begründet sind. Entsprechend ist die soziale Umwelt nicht nur Verursacher, sondern zugleich auch Leidtragender der Probleme des Kindes und Jugendlichen.

2.2 Klassifikation

- Kinder- und jugendpsychiatrische Störungen werden in der von der Weltgesundheitsorganisation (WHO) herausgegebenen internationalen Klassifikation psychischer Störungen (ICD-10, Kapitel V [F]) erfasst.
- Eine Ergänzung und Differenzierung erfolgt durch das ebenfalls von der WHO speziell für die Kinder- und Jugendpsychiatrie entwickelte multiaxiale Klassifizierungsschema (MAS).
- Das MAS berücksichtigt jeweils eine separate Achse für die klinisch-psychiatrische Störung, für Entwicklungsstörungen, für das Intelligenzniveau, für begleitende somatische Störungen, für aktuelle abnorme psychosoziale Umstände und für eine Globalbeurteilung der psychosozialen Anpassung.

Der Feststellung einer psychiatrischen Störung nach den diskutierten Kriterien folgt die Formulierung einer Diagnose. Die gemeinsame Bezeichnung für ein Störungsbild im Sinne der Diagnose ermöglicht die Zusammenfassung von abnormen Verhaltensweisen und stellt daher den ersten Schritt jeglicher wissenschaftlicher Klassifikation dar. Zugleich ist eine derartige Etikettierung für die Forschung von Ursachen und Behandlungsmöglichkeiten von großer Bedeutung. Diagnosen haben dabei, wie die klinische Praxis zeigt, eindeutig handlungsstrukturierende Funktionen, zumal die therapeutischen Maßnahmen bei unterschiedlichen Diagnosen auch sehr verschieden gehandhabt werden müssen.

Schließlich ermöglicht das Klassifizieren und Diagnostizieren erst weitgehend die Kommunikation über psychische Störungen und Auffälligkeiten. Dabei muss allerdings immer das Spezifische an der Symptomatik des Kindes zum Ausdruck gebracht werden. Entsprechend sollen also durch die diagnostische Formulierung möglichst Annahmen über die psychologisch und biologisch wirksamen Faktoren, die eventuell zugrunde liegenden Ursachen, die vorausgehenden Ereignisse, die symptomunterhaltenden Faktoren und die wahrscheinlich wirksamen Therapiemethoden für das jeweilige Kind zum Ausdruck gebracht werden.

Voraussetzungen

Um entsprechend erhobene Diagnosen zugleich auch in ein Ordnungssystem bringen zu können, müssen nach Rutter (1977) bestimmte **Prinzipien der Klassifikation** erfüllt sein. Zu diesen Voraussetzungen gehört (1) die Forderung, Klassifikationen nur durch Fakten und nicht durch ungenügend empirisch ausgewiesene Konzepte ohne operationale Definition zu begründen. Es sollen (2) Störungen und nicht Kinder als Personen klassifiziert und (3) trotz der Altersabhängigkeit einiger Störungen keine altersabhängigen Klassifikationen vorgenommen werden, weil die Kindheit keine scharf getrennten Entwicklungsendpunkte hat. Das Klassifikationssystem sollte sodann (4) zuverlässig sein, d. h., verschiedene Diagnostiker sollten die Begriffe in gleicher Weise gebrauchen. Ferner sollte (5) die Klassifikation angemessen zwischen Störungen differenzieren, und es sollten (6) keine bedeutsamen Störungen ausgelassen werden. Darüber hinaus sollten (7) die Differenzierungen gültig sein, d.h., nicht nur theoretisch begründet, sondern empirisch hinsichtlich Ätiologie, Symptomatik, Therapieergebnissen etc. differenzierbar sein. Weitere Forderungen richten sich (8) auf die logische Konsistenz und (9) auf die klinische Relevanz sowie schließlich (10) auf die Praktikabilität in der klinischen Praxis.

Validität

Wenngleich kein Klassifikationssystem bisher sämtliche dieser Forderungen erfüllt, so lässt sich hinsichtlich der Forderung nach einer **gültigen Differenzierung** feststellen, dass sich tatsächlich einige Klassen von psychischen Auffälligkeiten bei Kindern und Jugendlichen hinsichtlich bestimmter Merkmale voneinander unterscheiden. Derartige Merkmale, welche das Prinzip der **differentiellen Validität** psychiatrischer Störungen begründen, sind z.B. das **Alter bei Beginn der Störung**, die **Geschlechtsverteilung**, die **Beeinträchtigung schulischer Leistungen**, **ursächliche Faktoren**, der **Behandlungserfolg** und der **Verlauf von Störungen** (vgl. Tab. 2-1).

Bestimmte Störungen, wie z.B. der frühkindliche Autismus oder die schizophrene Psychose, beginnen zu ganz unterschiedlichen Zeitpunkten; lediglich die emotionalen Störungen und die dissozialen Verhaltensstörungen können jederzeit auftreten. Auch die Geschlechtsverteilung zeigt Charakteristiken in dem Sinne, dass die meisten Störungen deutlich knabenwendig sind. Lediglich emotionale Störungen und Psychosen des schizophrenen Formenkreises kommen gleichverteilt bei beiden Geschlechtern vor. Mit Ausnahme der emotionalen Störungen gehen viele Auffälligkeiten – jedoch mit unterschiedlicher Intensität – mit Störungen der schulischen Leistungsfähigkeit und Ausbildungsfunktionen einher. Sie sind besonders stark ausgeprägt bei hyperkinetischen, autistischen und entwicklungsgestörten Kindern.

Grundsätzlich gilt, dass eine Beteiligung hirnorganischer Funktionsstörungen das Risiko für psychiatrische Störungen erhöht. Derartige Auffälligkeiten sind jedoch nur sehr selten bei emotionalen und dissozialen Auffälligkeiten sowie bei der Schizophrenie. Am ausgeprägtesten sind entsprechende Beeinträchtigungen hingegen bei Autisten, hyperkinetischen Kindern sowie entwicklungs-

Tabelle 2-1 Merkmale der differenziellen Validität psychischer Störungen.

	Alter bei Beginn	Geschlechts-bevorzugung	Schulleistungs-störungen	Hirnfunktions-störung	Verbindung mit familiärer Disharmonie	Behandlungs-erfolg	Mögliche Beeinträchtigung im Erwachsenenalter
Emotionale Störungen	unspezifisch	=	Ø	(+)	Ø	+++	Emotionale Störungen
Störungen des Sozial-verhaltens	unspezifisch	♂	++	(+)	++	+	Delinquenz/ Persönlichkeitsstörung
Hyperkine-tische Störungen	< 5 Jahre	♂	+++	+	+	+	Persönlichkeits-störungen/ Dissozialität
Autismus	< 2½ Jahre	♂	+++	++	Ø	+	Sprachliche und soziale Beeinträchtigung
Schizo-phrenie	> 7 Jahre	=	+	(+)	(+)	+	Rückfall oder Chronifizierung
Entwick-lungs-störungen	Säuglingsalter	♂	+++	+	Ø	++	Ausbildungsprobleme

verzögerten Kindern. Familiäre Beziehungsstörungen, wie anhaltender Partnerstreit, haben die stärkste Verbindung mit dissozialen Verhaltensauffälligkeiten. Für die Entwicklung emotionaler Störungen sind wahrscheinlich elterliche Haltungen der Überprotektion und neurotische Störungen bedeutsam.

Über die bisher genannten ursächlichen Faktoren hinaus ergeben sich zwischen den aufgeführten Kategorien auch hinsichtlich der Behandlungserfolge deutliche Unterschiede. Emotionale Störungen haben mit Abstand die beste Chance – möglicherweise auch ohne ausgedehnte therapeutische Maßnahmen – zu heilen. Auch für eine Reihe von Entwicklungsstörungen gibt es differenzierte Therapieansätze mit zumindest partiellem Erfolg. Die Erfolge bei anderen Störungen wie frühkindlichem Autismus, Schizophrenien, Dissozialität und Hyperaktivität sind vergleichsweise bescheidener.

Schließlich geben die Erkenntnisse über den langfristigen Verlauf bis in das Erwachsenenalter hinein weitere Argumente für eine Differenzierung von kinder- und jugendpsychiatrischen Störungen. Bei der relativ kleinen Anzahl von Kindern mit anhaltenden, therapieresistenten emotionalen Störungen sind im Erwachsenenalter ängstliche oder depressive Symptome zu erwarten. Dissoziale Verhaltensauffälligkeiten bei Kindern gehen, sofern sie sich nicht zurückbilden, im Erwachsenenalter in delinquente Verhaltensweisen und Persönlichkeitsstörungen über. Ehemals hyperaktive Kinder können Persönlichkeitsstörungen und Dissozialität als Erwachsene aufweisen, und autistische Kinder haben in der Regel erhebliche Beeinträchtigungen der sozialen Funktionen und Kompetenz sowie anhaltende Sprachprobleme. Psychosen können nach vorübergehender Heilung in Rezidive oder kontinuierlich in Chronifizierungen übergehen. Schließlich ist für die Kinder mit Entwicklungsstörungen festzuhalten, dass schwere Ausprägungen einer Störung oft zu anhaltenden Problemen, z.B. im Umgang mit den Kulturtechniken des Lesens und Schreibens führen.

Diese Darstellung macht deutlich, dass Forschungsergebnisse klar auf die Sinnhaftigkeit und Notwendigkeit einer Klassifikation von kinderpsychiatrischen Störungen verweisen (vgl. Steinhausen 1990). Diese werden gemäß der primär dem medizinischen Denkmodell verpflichteten Orientierung der Kinder- und Jugendpsychiatrie **kategorial** geordnet. Entsprechende Klassifikationssysteme wie die ICD-10 oder den DSM-IV betrachten psychische Störungen als klar voneinander abgegrenzte, diskrete Einheiten.

Multiaxiale Klassifikation

Nach der Darlegung der Notwendigkeit von differenzierenden Diagnosen in der Kinderpsychiatrie und der Darlegung der wissenschaftlichen Voraussetzungen für Klassifikationssysteme können diese nunmehr inhaltlich dargestellt werden. Sowohl das US-amerikanische Diagnostic and Statistical Manual (DSM) wie auch das in Europa vornehmlich eingesetzt multiaxiale Klassifikationsschema (MAS, deutsche Bearbeitung durch Remschmidt u.

Schmidt 1994) der World Health Organization (WHO) bilden die Symptomatik auf mehreren getrennten Achsen ab.

Die Internationalen Klassifikation psychiatrischer Störungen (ICD-10 Kapitel V [F]) enthält auf der ersten Achse die klinisch-psychiatrischen Syndrome und auf der zweiten Achse die Entwicklungsstörungen. Die dritte Achse des MAS, welche das Intelligenzniveau erfasst, überschneidet sich partiell mit der Kategorie der Intelligenzminderung (F7) der ICD-10. Die vierte Achse betrifft die körperliche Symptomatik und wird ebenfalls durch verschiedene Kapitel der ICD-10 repräsentiert. Ferner werden auf der fünften Achse aktuelle psychosoziale Umstände abgebildet. Die sechste Achse dient der Globalbeurteilung der psychosozialen Anpassung. Eine Übersicht des Kapitels V (F) der ICD-10 gibt Tabelle 2-2. Schließlich sind in Tabelle 2-3 eine Übersicht der Kategorien der Achse aktueller psychosozialer Umstände und in Tabelle 2-4 die Globalbeurteilung der psychosozialen Anpassung dargestellt.

Tabelle 2-2 Überblick über die diagnostischen Kategorien der ICD-10.

F0	Organische einschließlich symptomatischer psychischer Störungen
F00	Demenz bei Alzheimerscher Erkrankung
F01	vaskuläre Demenz
F02	Demenz bei sonstigen, andernorts klassifizierten Erkrankungen
F03	nicht näher bezeichnete Demenz
F04	organisches amnestisches Syndrom, nicht durch Alkohol oder psychotrope Substanzen bedingt
F05	Delir, nicht durch Alkohol oder psychotrope Substanzen bedingt
F06	sonstige psychische Störungen aufgrund einer Schädigung oder Funktionsstörungen des Gehirns oder einer körperlichen Erkrankung
F07	Persönlichkeits- und Verhaltensstörungen aufgrund einer Erkrankung, Schädigung oder Funktionsstörung des Gehirns
F09	nicht näher bezeichnete organische oder symptomatische psychische Störungen
F1	**Psychische und Verhaltensstörungen durch psychotrope Substanzen**
F10	Störungen durch Alkohol
F11	Störungen durch Opioide
F12	Störungen durch Cannabinoide
F13	Störungen durch Sedativa oder Hypnotika
F14	Störungen durch Kokain
F15	Störungen durch andere Stimulanzien einschließlich Koffein
F16	Störungen durch Halluzinogene
F17	Störungen durch Tabak
F18	Störungen durch flüchtige Lösungsmittel
F19	Störungen durch multiplen Substanzgebrauch und Konsum anderer psychotroper Substanzen
F2	**Schizophrenie, schizotype und wahnhafte Störungen**
F20	Schizophrenie
F21	schizotype Störung
F22	anhaltende wahnhafte Störungen

F23	akute vorübergehende psychotische Störungen
F24	induzierte wahnhafte Störung
F25	schizoaffektive Störungen
F28	sonstige nicht-organische psychotische Störungen
F29	nicht näher bezeichnete nicht-organische Psychose

F3	Affektive Störungen
F30	manische Episode
F31	bipolare affektive Störung
F32	depressive Episode
F33	rezidivierende depressive Störung
F34	anhaltende affektive Störungen
F38	sonstige affektive Störungen
F39	nicht näher bezeichnete affektive Störung

F4	Neurotische, Belastungs- und Somatoforme Störungen
F40	phobische Störungen
F41	sonstige Angststörungen
F42	Zwangsstörung
F43	Reaktion auf schwere Belastungen und Anpassungs-störungen
F44	dissoziative Störungen (Konversionsstörungen)
F45	somatoforme Störungen
F48	sonstige neurotische Störungen

F5	Verhaltensauffälligkeiten mit körperlichen Störungen und Faktoren
F50	Essstörungen
F51	nicht-organische Schlafstörungen
F52	nicht-organische sexuelle Funktionsstörung
F53	psychische und Verhaltensstörungen im Wochenbett, nicht andernorts klassifizierbar
F55	Missbrauch von nicht abhängigkeitserzeugenden Substanzen
F59	nicht näher bezeichnete Verhaltensauffälligkeiten mit kör-perlichen Störungen und Faktoren

F6	Persönlichkeits- und Verhaltensstörungnen
F60	spezifische Persönlichkeitsstörungen
F62	kombinierte und sonstige Persönlichkeitsstörungen
F62	andauernde Persönlichkeitsänderungen, nicht Folge einer Schädigung oder Krankheit des Gehirns
F63	abnorme Gewohnheiten und Störungen der Impulskontrolle
F64	Störungen der Geschlechtsidentität
F65	Störungen der Sexualpräferenz
F66	psychische und Verhaltensprobleme in Verbindung mit der sexuellen Entwicklung und Orientierung
F68	sonstige Persönlichkeits- und Verhaltensstörung
F69	nicht näher bezeichnete Persönlichkeits- und Verhaltensstörung

F7	Intelligenzminderung
F70	leichte Intelligenzminderung
F71	mittelgradige Intelligenzminderung
F72	schwere Intelligenzminderung
F73	schwerste Intelligenzminderung
F78	sonstige Intelligenzminderung
F79	nicht näher bezeichnete Intelligenzminderung
F8	Entwicklungsstörungen
F80	umschriebene Entwicklungsstörungen des Sprechens und der Sprache

F81	umschriebene Entwicklungsstörungen schulischer Fertigkeiten
F82	umschriebene Entwicklungsstörungen der motorischen Funktionen
F83	kombinierte umschriebene Entwicklungsstörung
F84	tiefgreifende Entwicklungsstörungen
F88	sonstige Entwicklungsstörungen
F89	nicht näher bezeichnete Entwicklungsstörung

F9	Verhaltens- und emotionale Störungen mit Beginn in der Kindheit und Jugend
F90	hyperkinetische Störungen
F91	Störung des Sozialverhaltens
F92	kombinierte Störung des Sozialverhaltens und der Emotionen
F93	emotionale Störungen des Kindesalters
F94	Störungen sozialer Funktionen mit Beginn in der Kindheit und Jugend
F95	Ticstörungen
F98	sonstige Verhaltens- und emotionale Störungen mit Beginn in der Kindheit und Jugend
F99	nicht näher bezeichnete psychische Störung

Tabelle 2-3 Assoziierte aktuelle abnorme psychosoziale Umstände (Achse 5).

Abnorme intrafamiliäre Beziehungen

Mangel an Wärme in der Eltern-Kind-Beziehung
Disharmonie in der Familie zwischen Erwachsenen
feindliche Ablehnung oder Sündenbockzuweisung gegenüber dem Kind
körperliche Kindesmisshandlung
sexueller Missbrauch (innerhalb der Familie)
andere

Psychische Störung, abweichendes Verhalten oder Behinderung in der Familie

psychische Störung/abweichendes Verhalten eines Elternteils
Behinderung eines Elternteils
Behinderung der Geschwister
andere

Inadäquate oder verzerrte intrafamiliäre Kommunikation Abnorme Erziehungsbedingungen

elterliche Überfürsorge
unzureichende elterliche Aufsicht und Steuerung
Erziehung, die eine unzureichende Erfahrung vermittelt
unangemessene Anforderungen und Nötigungen durch die Eltern
andere

Abnorme unmittelbare Umgebung

Erziehung in einer Institution
abweichende Elternsituation
isolierte Familie
Lebensbedingungen mit möglicher psychosozialer Gefährdung
andere

Akute belastende Lebensereignisse

Verlust einer liebevollen Beziehung
bedrohliche Umstände infolge von Fremdunterbringung
negativ veränderte familiäre Beziehungen durch neue Familienmitglieder

Ereignisse, die zur Herabsetzung der Selbstachtung führen
sexueller Missbrauch (ausserhalb der Familie)
unmittelbare beängstigende Erlebnisse
andere

Gesellschaftliche Belastungsfaktoren

Verfolgung oder Diskriminierung
Migration oder soziale Verpflanzung
andere

Chronische zwischenmenschliche Belastung im Zusammenhang mit Schule und Arbeit

Streitbeziehung mit Schülern/Mitarbeitern
negative Auseinandersetzungen mit Lehrern/Ausbildern
allgemeine Unruhe in der Schule bzw. Arbeitssituation
andere

Belastende Lebensereignisse/Situation infolge von Verhaltensstörungen/Behinderung des Kindes

institutionelle Erziehung
bedrohliche Umstände infolge Fremdunterbringung
abhängige Ereignisse, die zur Herabsetzung der Selbstachtung führen
andere

Die ICD-10 ist in den 90er Jahren weltweit zum führenden Klassifikationssystem nicht nur im Bereich der Psychiatrie geworden. Nordamerika ist seine eigenen Weg mit dem DSM-IV gegangen, das wie seine Vorgänger DSM-III-R und DSM-III besondere Auswirkungen auf die Forschung hat und nach den Erfahrungen in den 80er Jahren möglicherweise schneller Revisionen unterzogen sein wird, als sie für die ICD-10 geplant sind. Angesichts der weltweiten Verbreitung und der medizinisch-politischen Bedeutung dieses Klassifikationssystems für Kostenträger und Gesundheitsplaner wird in den klinischen Kapiteln dieses Lehrbuches nur auf die ICD-10 Bezug genommen.

Allgemein kann für die ICD-10 festgestellt werden, dass sie durch die besondere Berücksichtigung der Kapitel F7 über Intelligenzminderung, F8 über Entwicklungsstörungen und F9 über Verhaltens- und emotionale Störungen mit Beginn in der Kindheit und Jugend dem spezifischen Spektrum kinder- und jugendpsychiatrischer Störungen hinlänglich Rechnung trägt. Insbesondere die Kapitel F8 und F9 enthalten nur für die Kindheit und Jugend spezifische Störungen. Die altersunabhängigen Störungen, z.B. die affektiven Störungen, die Ess- oder die Schlafstörungen, werden andererseits in der Regel eher in der Orientierung an dem klinischen Bild bei Erwachsenen definiert. Hier wirkt sich die fehlende Berücksichtigung kinder- und jugendpsychiatrischer und damit entwicklungsunabhängiger Kriterien ungünstig für die Anwendung aus.

Insgesamt ist die Klassifikation der psychischen Störungen im Rahmen der ICD-10 mit wenigen Ausnahmen – z.B. den Anpassungsstörungen (F 43) und den Bindungsstörungen (F 94.1 und 94.2) – an der Idee der Deskription statt der Ätiologie als Ordnungsprinzip orientiert.

Tabelle 2-4 Globalbeurteilung der psychosozialen Anpassung (Achse 6).

Diese Skala bezieht sich auf die psychosoziale Anpassung des Patienten zum Zeitpunkt der klinischen Untersuchung. Mit Ausnahme von sehr akuten Störungen (bei denen nur die letzten Tage oder Wochen beurteilt werden) sollten die letzten drei Monate vor der klinischen Untersuchung eingeschätzt werden. Die Kodierung sollte sich auf folgende Bereiche beziehen:

- Beziehungen zu Familienangehörigen, Gleichaltrigen und Erwachsenen außerhalb der Familie;
- Bewältigung von sozialen Situationen (allgemeine Selbstständigkeit, lebenspraktische Fähigkeiten, pers. Hygiene und Ordnung);
- Schulische bzw. berufliche Anpassung;
- Interessen und Freizeitaktivitäten.

0 Hervorragende oder gute soziale Anpassung auf allen Gebieten. Gute zwischenmenschliche Beziehungen zu Familienangehörigen, Gleichaltrigen und zu Erwachsenen außerhalb der Familie; erfolgreiche Bewältigung aller sozialen Situationen und vielfältige Interessen und Freizeitaktivitäten.

1 Befriedigende soziale Anpassung insgesamt, aber mit vorübergehenden oder geringgradigen Schwierigkeiten in lediglich einem oder zwei Bereichen.

2 Leichte soziale Beeinträchtigung. Adäquate Anpassung in den meisten Bereichen, aber leichte Schwierigkeiten in mindestens einem oder zwei Bereichen, die sich z.B. in Schwierigkeiten im Kontakt zu Gleichaltrigen, eingeschränkten sozialen Aktivitäten/Interessen, Schwierigkeiten im Umgang mit den Familienmitgliedern, ineffektiver Bewältigung von sozialen Situationen oder Problemen in den Beziehungen zu Erwachsenen außerhalb der Familie zeigen können.

3 Mäßige soziale Beeinträchtigung in mindestens einem oder zwei Bereichen.

4 Deutliche soziale Beeinträchtigung in mindestens einem oder zwei Bereichen, wie z.B. ausgeprägter Mangel an Freunden oder Unfähigkeit, neue soziale Situationen zu bewältigen.

5 Deutliche und übergreifende (durchgängige) soziale Beeinträchtigung in den meisten Bereichen.

6 Tiefgreifende und schwerwiegende soziale Beeinträchtigungen in den meisten Bereichen. Benötigt manchmal Beaufsichtigung/Anleitung durch andere, um alltägliche Anforderungen zu bewältigen; unfähig, alleine zurechtzukommen.

7 Braucht beträchtliche Betreuung. Entweder unfähig zu minimaler körperlicher Hygiene oder braucht zeitweise enge Beaufsichtigung/Betreuung, um Selbst- oder Fremdgefährdung zu vermeiden, oder schwere Beeinträchtigung der Kommunikationsmöglichkeiten.

8 Braucht ständige Betreuung (24-Stunden-Versorgung). Durchgängig unfähig zu minimaler körperlicher Hygiene und/oder ständiges Risiko der Selbst- oder Fremdverletzung oder völliges Fehlen von Kommunikationsmöglichkeiten.

9 Information fehlt.

Dimensionale Klassifikation

Mit multivarianten Techniken der Datenanalyse, insbesondere über die Methode der Faktorenanalyse, sind ebenfalls empirische Klassifikationssysteme gewonnen worden. Dabei sind vor allem die bereits in der Darstellung der multiaxialen Klassifikationssysteme besprochenen Hauptkategorien der **dissozialen Störungen** und der **emotionalen Störungen** gefunden worden. Bei den dissozialen Störungen stehen Verhaltensmerkmale wie Aggressivität – sowohl körperlich wie auch verbal –, allgemein störendes Verhalten und gestörte soziale Beziehungen mit Erwachsenen und Gleichaltrigen im Vordergrund.

Hier ist das verbindende Merkmal die ungenügende Sozialisation. Neben diesem besonders häufig identifizierten Faktor des **aggressiven Verhaltens** als Ausdruck **ungenügender Sozialisation** ist ein weiterer Faktor weniger häufig gefunden worden. Er beschreibt die sog. **sozialisierten Störungen des Sozialverhaltens.** Unter dieser Bezeichnung werden alle Formen von Gruppendelinquenz bzw. -dissozialität zusammengefasst, die zwar den allgemeinen Normen, nicht jedoch denen einer delinquenten oder dissozialen Subkultur widersprechen. Der Faktor der **emotionellen Störungen** ist auch als Faktor der **Angst,** des **sozialen Rückzugs** und der **Verstimmung** bezeichnet worden. Er ist am zweithäufigsten in der Literatur identifiziert worden. Schließlich gehört zu den relativ gut replizierten Dimensionen ein Faktor der **Hyperaktivität,** welcher auch Aufmerksamkeitsdefizite, Impulsivität, motorische Ungeschicklichkeit sowie Passivität umschreibt.

Der dimensionale Ansatz in der Klassifikation wird in den von Achenbach entwickelten Verhaltensbeurteilungsskalen (vgl. Kap. 4) mit den Dimensionen der **internalisierenden Störungen** (sozialer Rückzug, körperliche Beschwerden, ängstlich-depressiv), der **externalisierten Störungen** (dissoziales und aggressives Verhalten) und der gemischten Störungen (soziale Probleme, schizoid/zwanghaft, Aufmerksamkeitsprobleme) repräsentiert.

Derartige **dimensionale** Klassifikationen stellen ein besonders sparsames Schema dar, welches der Vielzahl von **kategorialen** diagnostischen Unterscheidungen in der Psychopathologie bei Kindern und Jugendlichen entgegensteht. Dabei ist allerdings anzumerken, dass bestimmte Diagnosen der Kinder- und Jugendpsychiatrie in entsprechenden faktorenanalytischen Untersuchungen nicht erscheinen können, wenn die Ausgangsbasis der Daten keine Patienten mit entsprechenden Diagnosen bzw. Verhaltensweisen enthält. Angesichts der niedrigen Prävalenz von Psychosen im Kindes- und Jugendalter ist es daher nicht erstaunlich, dass nur wenige faktorenanalytische Untersuchungen auch Dimensionen der **Psychose** enthalten.

2.3 Epidemiologie

> Internationale epidemiologische Studien haben ergeben, dass etwa jedes fünfte Kind bzw. jeder fünfte Jugendliche unter einer behandlungsbedürftigen psychischen Störung leidet.

Die Epidemiologie setzt sich allgemein zum Ziel, den Gesundheitszustand einer definierten Bevölkerungsgruppe zu untersuchen, die klinische Symptomatik von Krankheiten hinsichtlich des natürlichen Verlaufs, der

repräsentativen Zusammensetzung u.a.m. zu vervollständigen, neue Krankheitsbilder und Syndrome aufzudecken und darzustellen, das individuelle Krankheitsrisiko zu berechnen, historische Trends der Morbiditätsentwicklung festzustellen, nach kausal wirksamen Faktoren zu suchen sowie Gesundheits- und Rehabilitationsdienste zu analysieren. Die kinder- und jugendpsychiatrische Epidemiologie ist eine noch relativ junge Disziplin, die erst durch Studien in den 60er und 70er Jahren zunehmende Bedeutung erlangt hat. Ihre wichtigsten Ergebnisse sollen im Folgenden skizzenhaft dargestellt werden.

Prävalenzen

Hinsichtlich der Häufigkeit kinderpsychiatrischer Störungen gibt es eine beträchtliche Schwankung in internationalen Studien, die von den vielfältigen methodischen Problemen epidemiologischer Forschung beeinflusst sind. Zu diesen gehören u.a. Probleme der repräsentativen Stichprobengewinnung, der Entwicklung zuverlässiger und gültiger Erhebungsinstrumente und der Definition von psychischer Auffälligkeit. Die Ergebnisse der Forschung aus Studien, die an gleichen Kriterien orientiert waren und in neuerer Zeit durchgeführt wurden, sind in Tabelle 2-5 zusammengefasst. Demgemäß muss bei etwa jedem fünften Kind in der Bevölkerung mit einer seelischen Störung gerechnet werden, die behandlungsbedürftig ist.

Die Frage, ob psychische Störungen bei Kindern und Jugendlichen zugenommen haben, ist wegen sehr unterschiedlicher Erhebungsstandards zu verschiedenen Zeiten mit absoluter Sicherheit nicht zu beantworten. Wahrscheinlich sind seit der Mitte des 20. Jahrhunderts nur die Raten für Delinquenz, Substanzmissbrauch, Depression und Suizid angestiegen, wobei die entsprechenden Statistiken sich mehrheitlich auf Jugendliche und junge Erwachsene erstrecken.

Tabelle 2-5 Ergebnisse neuerer internationaler Untersuchungen zur Prävalenz psychischer Störungen bei Kindern und Jugendlichen auf der Basis von DSM-III-R-Kriterien.

Region/Land	Autoren	Jahr	Alter (in Jahren)	Häufigkeit (in %)
Kanton Zürich/ Schweiz	Steinhausen u. a.	1998	6–17	22,5
Niederlande	Verhulst u. a.	1997	4–18	21,8
Dunedin/ Neuseeland	Anderson u.a. McGee u. a.	1987 1990	11 15	17,6 22,0
Ontario/Kanada	Boyle u. a.	1987	4–16	18,1
Puerto Rico/USA	Bird u. a.	1988	4–16	17,9
New York/USA	Velez u. a.	1989	9–18	17,7

Bedingungsfaktoren

Hinsichtlich des **Alters** ist zunächst festzustellen, dass die Verteilung psychischer Störungen bei Kindern und

Jugendlichen zwei charakteristische Gipfel zeigt. Der erste liegt im Altersbereich von sechs bis neun bzw. zehn Jahren und der zweite in der Pubertät und Adoleszenz, also zwischen dem 13. und 16. Lebensjahr. Diese allgemeinen Verteilungen erfahren auf der Ebene einzelner Symptome natürlich noch gewisse Differenzierungen, die im Abschnitt über entwicklungspsychopathologische Verläufe skizziert wurden (vgl. Kap. 1).

Das **Geschlecht** ist insofern bedeutsam, als die meisten psychischen Störungen des Kindesalters ein deutliches Überwiegen von Jungen im Verhältnis von etwa 2:1 aufweisen, während sich die Zahlen für das Jugendalter in etwa einander annähern. Neben dieser Häufigkeitsverteilung lassen sich charakteristische Zuordnungen von psychischen Störungen zu den Geschlechtern beobachten. So fanden sich in verschiedenen Studien mehr emotionale Störungen (Angst und Depression) bei Mädchen und mehr dissoziale Störungen bei Jungen. Ferner überwiegt das männliche Geschlecht bei allen stark organisch determinierten Störungen wie geistige Behinderung, Autismus, Entwicklungsstörungen, Hyperkinetische Störungen, aber auch bei Lernstörungen, Ausscheidungsstörungen sowie Substanzmissbrauchstörungen. Hingegen kommen Essstörungen sowie somatoforme Störungen deutlich häufiger bei Mädchen vor.

Die **Geschwisterposition** ist in ihrer Bedeutung für die Prävalenz psychischer Störungen nur in wenigen Studien erfasst worden. Diese lassen die Feststellungen zu, dass Einzelkinder im Vergleich zu Geschwisterkindern geringere Auffälligkeitswerte zeigen. Unter Geschwisterkindern scheinen jeweils die jüngsten Kinder am wenigsten auffällig zu sein. Die Beurteilung der Bedeutung **sozialer Schichtunterschiede** für die Ausbildung psychischer Störungen bei Kindern und Jugendlichen ergibt angesichts der widersprüchlichen Befunde aus Forschungsstudien kein einheitliches Bild. Deutlich wird allerdings ein Zusammenhang von disruptiven und dissozialen Störungen bei Kindern mit der sozialen Unterschicht. Gleichwohl muss sowohl für diesen Zusammenhang wie auch für den Einfluss der Sozialschicht allgemein festgestellt werden, dass konfundierte Faktoren wie Intelligenz und Schulbildung in den Analysen ungenügend berücksichtigt wurden.

Auch zum **Verlauf** psychischer Störungen bei Kindern und Jugendlichen haben epidemiologische Studien wertvolle Daten geliefert. Insgesamt bestätigen diese Studien die klinische Erkenntnis, dass emotionale Störungen eine deutlich bessere Prognose als dissoziale Störungen haben. Ferner erwies sich in diesen Studien, dass kein Merkmal die Prognose einer psychischen Störung besser zu sichern im Stande ist als die Diagnose.

Literatur

Anderson, J. C., S. Williams, R. McGee, P. A. Silva: DSM-III disorders in pre-adolescent children. Arch. Gen. Psychiatry 44 (1987) 69–76.

Bird, H. R., G. Canino, M. Rubio-Stipec et al.: Estimates of the prevalence of childhood maladjustment in a community survey in Puerto Rico. Arch. Gen. Psychiatry 44 (1988) 1120–1126.

Brandenburg, N. A., R. M. Friedmann, S. E. Silver: The epidemiology for childhood psychiatrc discorders: prevalence findings from recent studien. J. Amer. Acad. Child Adolesc. Psychiatry 29 (1990) 76–83.

Gould, M. S., R. Wunsch-Hitzig, B. Dohrenwend: Estimating the prevalence of childhood psychopatholy – a critical review. J. Amer. Acad. Child Psychiat. 20 (1981) 462–476.

Links, P. S.: Community surveys of the pervalence of childhood psychiatric disorders: a review. Child Develop. 54 (1983) 531–548.

McGee, R., M. Feehan, S. Williams, F. Partridge, P. A. Silva, J. Kelly: DSM-III disorders in a large sample of adolescents. J. Am. Acad. Child Adolesc. Psychiatry 29 (1990) 611–619.

Offord, D. R., M. H. Boyle, P. Szatmar et al.: Ontario Child Health Study. II. Six-month prevalence of disorder and rates of service utilization. Arch. Gen. Psychiatry 44 (1987) 832–836.

Remschmidt, H., R. Walter: Psychische Auffälligkeiten bei Schulkindern. Hogrefe, Göttingen 1990.

Remschmidt, H., M. Schmidt, F. Poustka: Multiaxiales Klassifikationsschema für psychische Störungen des Kindes- und Jugendalters nach ICD-10 der WHO. 4. Auflage Huber, Bern 2001.

Rutter, M., D. J. Smith (eds.): Psychosocial disorders in young people. Wiley, Chichester 1995.

Rutter, M., J. Tizard, K. Whitmore: Education, Health and Behaviour. Longman, London 1970.

Steinhausen, H.-C.: Diagnose und Klassifikation im Spannungsfeld von Beschreibung und Interpretation. Praxis Kinderpsychol. Kinderpsychiat. 39 (1990) 255–260.

Steinhausen, H.-L., C. Winkler, M. Meier, R. Kannenberg: Prevalence of child and adolescent psychiatric disorders: The Zurich epidemiological study. Acta Psychiatrica Scandinavica 98 (1998) 262–271.

Taylor, E., M. Rutter: Classification: Conceptual issues and substantive findings. In: Rutter, M., E. Taylor (eds.): Child and Adolescent Psychiatry. Modern Approaches, 4th ed. Blackwell, Oxford 2002.

Velez, C. N., J. Johnson, P. Cohen: A longitudinal analysis of selected risk factors for childhood psychopathology. J. Am. Acad. Child Adolesc. Psychiatry 28 (1989) 861–864.

Verhulst, F., J. van der Ende, R. F. Ferdinand, M. C. Kasins: The prevalence of DSM-III-R diagnoses in a national sample of Dutch adolescents. Arch. Gen. Psychiatry 54 (1997) 329–336.

Verhulst, F., H. M. Koot (eds.): The epidemiology of child and adolescent psychopathology. Oxford University Press, Oxford 1995.

3 Ätiologie psychischer Störungen bei Kindern und Jugendlichen

Für die Entwicklung von Verhaltensauffälligkeiten und psychischen Störungen im Kindes- und Jugendalter kommt eine Vielzahl von möglichen Einflussgrößen in Frage. Die im Folgenden abgehandelte Darstellung einzelner Faktoren stellt eine theoretische Vereinfachung dar, zumal die Entwicklung von Auffälligkeiten mehrheitlich durch **Wechselwirkungen mehrerer Faktoren** bedingt ist. Die Erkenntnisse über die Wirksamkeit einzelner Ursachenfaktoren gestatten keineswegs für sämtliche Störungen eine befriedigende Aufklärung. Noch dazu birgt jeder individuelle Fall einer psychischen Störung das Problem, Ausmaß und Wechselwirkung der einzeln wirksamen Faktoren nicht immer befriedigend aufklären zu können.

Wie aus **Abbildung 3-1** entnommen werden kann, sind bei der Klärung der Ursachen psychischer Störungen bei Kindern und Jugendlichen zahlreiche Faktoren zu berücksichtigen. Grundsätzlich handelt es sich um ein bio-psycho-soziales **Wechselspiel** von vier Faktoren, nämlich **Risikofaktoren, Vulnerabilitätsfaktoren, kompensatorischen Faktoren** und **Schutzfaktoren**, die sowohl innerhalb als auch außerhalb der Person angesiedelt sind. Die theoretische Differenzierung der vier Faktoren wird in Abbildung 3-2 verdeutlicht.

Während Risikofaktoren und kompensatorische Faktoren unabhängig von zusätzlichen Belastungen generell wirksam werden, benötigen Vulnerabilitätsfaktoren und Schutzfaktoren als zusätzliche Bedingung belastende Ereignisse, um bei der Auslösung oder Pufferung von Symptomen und Störungen wirksam zu werden.Innerhalb des Organismus oder der Persönlichkeit entspricht den Risikofaktoren das Element der **Vulnerabilität,** während den jeweiligen Schutzfaktoren das theoretische Element der **Resilienz** (Widerstandskraft) entspricht. Vulnerabilitäten können biologisch – z.B. in der genetischen Disposition für eine Schizophrenie – oder auch primärpersönlich – etwa in Form von ängstlich-scheuem Verhalten als Vorstufe eines Mutismus – angelegt sein. Vulnerabilitäten bedürfen eines Belastungsfaktors, z.B. intrafamiliärer Spannungen, um eine Störung zum Ausbruch zu bringen.

Als Gegenpol von Risikofaktoren bewirken **kompensatorische Faktoren** generell eine Minderung des Risikos

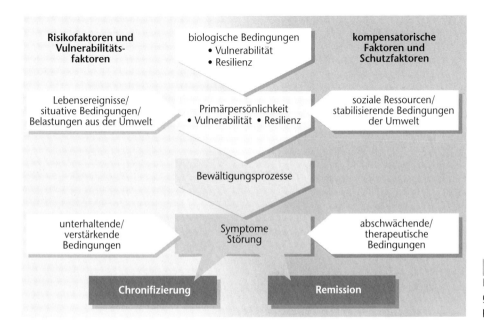

Abbildung 3-1
Entwicklungspsychopathologisches Modell der Ätiologie psychischer Störungen.

für die Entstehung einer Störung. So kann z.B. bei einer schweren Beziehungsstörung eines Elternteils zum Kind die gute Beziehung zum anderen Elternteil kompensatorisch wirken. Hingegen sind **protektive Faktoren** das Gegenstück von Vulnerabilitätsfaktoren, indem sie ebenfalls erst unter Belastung wirksam werden. So besteht Protektivität, wenn im Rahmen von Scheidungsprozessen ein Kind durch die enge Bindung an ein Elternteil vor dem anhaltenden Partnerstreit geschützt ist.

Mit dem Begriff der **Resilienz** wird die personengebundene Protektivität bezeichnet, die sowohl biologisch – z.B. als Immunschutz – als auch persönlichkeitsbezogen als z.B. positives Selbstwertgefühl mit Pufferfunktion gegenüber der Entwicklung einer depressiven Störung in einer Phase besonderer lebensgeschichtlicher Belastungen wirksam wird. Am Ende dieses Kapitels wird noch einmal detailliert auf die Kennzeichen der Resilienz eingegangen.

Die aus der Interaktion von biologischer Ausstattung und Entwicklung hervorgegangene **prämorbide Persönlichkeit** wird auf der Seite der Risiko- und Vulnerabilitätsfaktoren mit Lebensereignissen sowie **situativen Belastungen und Bedingungen** konfrontiert, denen **stabilisierende Bedingungen der Umwelt** im Sinne von Kompensation und Schutz entgegenwirken. Aus den anlaufenden **Bewältigungsprozessen** können **Symptome** und Störungen resultieren, die wiederum je nach Wirksamkeit von **unterhaltenden, verstärkenden Bedingungen** oder abschwächenden, therapeutischen Bedingungen zu entweder **Chronifizierung** oder **Remission** der Störung führen.

In diesen je nach Störung und auch interindividuell unterschiedlich ablaufenden Prozessen sind die folgenden Elemente von spezieller Bedeutung und bedürfen daher seiner detaillierten Abhandlung:
- biologische Risikofaktoren,
- psychosoziale Risikofaktoren,
- soziokulturelle Risikofaktoren,
- Lebensereignisse und situative Risikofaktoren,
- protektive Faktoren und Resilienz.

Da über die Wertigkeit von **Risikofaktoren** deutlich mehr bekannt ist und sie auch von vorrangiger Bedeutung für die Ätiologie von psychischen Störungen sind, nimmt ihre Abhandlung den größten Teil dieses Kapitels ein. Hinsichtlich der Effekte von Risikofaktoren können verschiedene **Wirkmechanismen** differenziert werden. Neben der **Intensität** und **Chronizität** der Einwirkung ist für die Psychopathologie die Tatsache bedeutsam, dass häufig **multiple Risikofaktoren** einwirken. Bei der **Kumulation** sind einzelne Faktoren austauschbar, während bei der **Addition** jeder Faktor von Bedeutung ist. Bei der **Multiplikation** besteht eine Interaktion von Risiko- und Vulnerabilitätsfaktoren. Schließlich bezieht die Perspektive der **Transaktion** die zeitliche Abfolge der Interaktion von Risikofaktoren und Vulnerabilitätsfaktoren mit Belastungen und damit die Entwicklungsperspektive mit ein.

3.1 Biologische Risikofaktoren

- Bei einem Teil der im Kindes- und Jugendalter auftretenden Störungen sind genetische Faktoren in der Verursachung bedeutsam.
- Die konstitutionellen Bedingungen des Geschlechts und des Temperaments sind wichtige Determinanten psychischer Störungen.
- Abweichende Hirnfunktionen sowie körperliche Krankheiten haben einen bedeutsamen Einfluss auf die Entwicklung psychischer Störungen.

Genetische Bedingung

Es gibt nur relativ wenige Krankheiten mit charakteristischen psychopathologischen Kennzeichen, die **ausschließlich genetisch** verursacht sind. Zu ihnen gehören beispielsweise das Down-Syndrom, die Phenylketonurie, bestimmte degenerative Erkrankungen des ZNS (z.B. Tay-Sachs-Syndrom, Spielmeyer-Vogt-Syndrom) und bestimmte Formen der Epilepsien. Bei dieser Zusammenstellung von Beispielen wird bereits deutlich, dass derartige genetisch verursachte Erkrankungen zu deutlichen Beeinträchtigungen zentralnervöser Funktionen führen.

Für eine Reihe von psychischen Störungen kann angenommen werden, dass zumindest **genetische Anteile** wirksam sind. Dies gilt für die Schizophrenie, die manisch-depressive Störung und den frühkindlichen Autismus. Ferner liegen Hinweise dafür vor, dass zumindest ein Teil der Population hyperkinetischer Kinder diese Störung aufgrund einer erblichen Übertragung haben. Für das Tourette-Syndrom und chronische multiple Tics ist eine genetische Ursache ebenfalls sehr wahrscheinlich. Die ausgeprägte homologe Belastung eines Teiles der Familien mit Kindern, die an Enuresis, Lese-Rechtschreib-Schwäche und Stottern leiden, sowie molekularbiologische Befunde belegen die Tatsache, dass genetische Komponenten bei der Verursachung dieser Störungen beteiligt sind. Auch für einen Teil der Patienten mit Essstörungen werden genetische Faktoren diskutiert. Schließlich haben ausgedehnte Studien vornehmlich in Skandinavien über die familiäre Belastung der biologischen und der adoptierten Nachkommenschaft bei Erwachsenen mit Alkoholismus, Persönlichkeitsstörungen und Kriminalität der Diskussion um die Erblichkeitsanteile auch bei diesen Störungen erneut zum Aufschwung verholfen.

Genetische Studien machen deutlich, dass der jeweilige **Phänotyp** über die eng definierten Grenzen psychiatrischer Klassifikationssysteme hinausreicht. So zeigen Familienstudien, dass der Autismus-Phänotyp wahrscheinlich bestimmte Formen der Sprachentwicklungsstörungen und der geistigen Behinderung ebenso einschließt wie den frühkindlichen Autismus. In ähnlicher Weise schließt der Phänotyp für chronische multiple Tics und das Tourette-Syndrom wahrscheinlich einige Formen von Zwangsstörungen ein.

Konstitutionelle Elemente

Unter diesem Gesichtspunkt muss zunächst auf die Bedingung des **Geschlechts** eingegangen werden. Geschlechtsunterschiede manifestieren sich nicht nur in der äußeren Erscheinungsform, sondern auch darin, dass die körperliche Entwicklung bei Mädchen von der Geburt an schneller abläuft als bei Jungen. Dies wird ganz besonders durch den früheren Pubertätsbeginn bei Mädchen dokumentiert. Auch psychische Merkmale zeigen eine deutliche Geschlechtsbindung. So sind Jungen z.B. deutlich aggressiver und weisen im Bereich der kognitiven Funktionen deutlich bessere Leistungen hinsichtlich des räumlichen Vorstellungsvermögens auf, während Mädchen eine ebenso deutliche Überlegenheit hinsichtlich der verbalen Funktionen zeigen. Andererseits sind Jungen insofern das biologisch schwache Geschlecht, als sie trotz ihrer größeren Körperlänge und Muskelkraft für eine Vielzahl von körperlichen Erkrankungen empfänglicher sind. Dies beginnt bei der erhöhten Rate von perinatalen Komplikationen, setzt sich über eine höhere Mortalitätsrate für Infektionen in der Kindheit fort und mündet in die insgesamt geringere Lebenserwartung für das männliche Geschlecht. Dabei scheint diese Benachteiligung wesentlich auf biologische Faktoren und geringer auf höhere kulturelle Belastungen für Männer zurückzugehen.

Analog sind auch die Raten für psychiatrische Störungen bei Jungen deutlich höher (Übersicht bei Steinhausen 1992). Wie in dem Abschnitt über Epidemiologie gezeigt wurde, nähern sich die Morbiditätsziffern für Mädchen erst mit der Adoleszenz der Rate des anderen Geschlechts an. Hinsichtlich einzelner kinderpsychiatrischer Störungen zeigt sich die **Knabenwendigkeit** bei der geistigen Behinderung beim frühkindlichen Autismus, bei organischen Psychosyndromen und Entwicklungsverzögerungen sowie bei hyperkinetischen und dissozialen Störungen. Hingegen sind die emotionalen Störungen bis zur Pubertät bei beiden Geschlechtern etwa gleich verteilt und dominieren erst ab der Pubertät bei Mädchen. Zu den wenigen Störungen, von denen vornehmlich das weibliche Geschlecht betroffen ist, gehören die Anorexia nervosa und die Bulimia nervosa.

Die Ursachen für diese erhöhte psychische Morbidität bei Jungen sind ungenügend aufgeklärt. Hypothetisch können eine erhöhte Vulnerabilität (angeboren oder erworben) oder auch angeborene Temperamentsunterschiede (z.B. hinsichtlich Aggressivität) angenommen werden. Für Geschlechtsunterschiede in der Psychopathologie sind **biologische Faktoren** sicher nicht unbedeutend, wie aus einer Reihe von Hinweisen geschlossen werden kann. Diese bestehen einerseits aus der Erkenntnis, dass geschlechtsspezifische Verhaltensweisen kulturunabhängig vorgefunden werden. Ferner kommen sie nicht nur beim Menschen, sondern auch bei vielen Tierarten vor. Ein weiteres Argument kann in dem Umstand gefunden werden, dass derartige geschlechtsspezifische Verhaltensweisen schon von frühen Lebensphasen an beobachtet werden. Ferner gibt es Hinweise dafür, dass hinsichtlich bestimmter Hirnstrukturen und -funktionen

ein so genannter geschlechtsspezifischer Dimorphismus besteht. Dieser betrifft z.B. einen Kern in der präoptischen Area des Hypothalamus, der wahrscheinlich für die Regulation der Produktion der gonadalen Steroidhormone bedeutsam ist.

In ähnlicher Weise wird angenommen, dass mit dem ab dem dritten Schwangerschaftsmonat vorhandenen Sexualhormon Testosteron beim männlichen Geschlecht spezifische Effekte auf das sich entwickelnde zentrale Nervensystem verbunden sind. Erklärungsansätze für die unterschiedlichen Geschlechtsprävalenzen müssen sowohl neurobiologische Faktoren wie auch sozialisationsspezifische Bedingungen berücksichtigen. Schließlich gibt es Befunde aus der Psychoendokrinologie, welche die Bedeutung der Geschlechtshormone für die Ausbildung von Verhaltensmerkmalen aufzeigen. In Studien über Auswirkungen pränatal zugeführter Androgene konnte gezeigt werden, dass betroffene Mädchen einen insgesamt jungenhaften Verhaltensstil zeigten.

Andererseits kommen eine Vielzahl von Merkmalen – wie z.B. stärker abhängiges, konservatives, empfindsames, emotionales und ängstliches Verhalten bei Mädchen – erst in der späteren Kindheit zur Ausbildung und werden ganz wesentlich durch **soziokulturelle Faktoren** bedingt. In diesen Kontext müssen auch die sozialen Rollenzuschreibungen, elterlichen Erwartungen, Vorurteile und Stereotype eingeordnet werden. Auch die Zunahme der psychiatrischen Morbidität des weiblichen Geschlechts ab der Adoleszenz kann mit der zunehmenden sozialen Diskriminierung des weiblichen Geschlechts in Verbindung gebracht werden. Andererseits können aber auch biologische Faktoren hinsichtlich der psychischen Auffälligkeiten bei Frauen nicht ganz bedeutungslos sein, zumal derartige Störungen gehäuft prämenstruell auftreten. Ein weiterer Beleg sind die postpartal auftretenden Depressionen oder psychotischen Episoden.

Mit dem Begriff des **Temperaments** als dem zweiten konstitutionellen Element wird der Verhaltensstil eines Menschen klassifiziert, d.h. weniger der Inhalt als die Form des Verhaltens. Seit den epochalen Studien von Thomas und Chess (1980) in New York ist ersichtlich geworden, dass bei Kindern schon von Geburt an deutliche Verhaltensunterschiede bestehen. In der New Yorker Longitudinalstudie dieser Autoren wurden unter dem Begriff des Temperaments neun konsistente Verhaltensstile benannt, die relativ zeitstabil, zugleich jedoch nicht fixiert sind. Sie sind in Tabelle 3-1 dargestellt.

Tabelle 3-1 Die neun Dimensionen des Temperamentes nach Thomas und Chess (1980).

1. Aktivität

Die motorischen Abläufe im Leben des Kindes und die täglichen Anteile von Aktivität und Inaktivität (körperliche Bewegung beim Baden, Essen, Spielen, Anziehen und Anfassen, Schlaf-Wach-Rhythmus, Greifbewegungen, Krabbeln und Gehen).

2. Tagesrhythmus (Regelmäßigkeit)

Die zeitliche Vorhersagbarkeit und/oder Unvorhersagbarkeit irgendeiner Funktion oder eines Ablaufes (Schlaf-Wach-Rhythmus, Hunger, Essverhalten und Ausscheidungsgewohnheiten).

3. Annäherung oder Rückzug

Die Art der ersten Reaktion auf einen neuen Reiz. Annäherungsreaktionen sind positiv; sie werden entweder stimmungsmäßig ausgedrückt (lächeln, entsprechende Bemerkungen usw.) oder durch motorische Aktivitäten (neue Nahrung wird rasch verschlungen, ein neues Spielzeug gerne in die Hand genommen). Rückzugsreaktionen sind negativ; sie werden ebenfalls durch Stimmungen ausgedrückt (weinen, lärmen, Grimassen schneiden usw.) oder durch motorische Aktivitäten (das Kind wendet sich ab, spuckt etwas Neues zu essen aus, stößt ein neues Spielzeug von sich fort usw.).

4. Anpassungsfähigkeit

Die Reaktionen auf neue oder veränderte Situationen; nicht die Art der ersten Reaktionen, sondern die Leichtigkeit, mit der sie sich in gewünschte Richtungen lenken lassen.

5. Sensorische Reizschwelle

Das Intensitätsniveau, das ein Reiz haben muss, um eine erkennbare Reaktion hervorzurufen, und zwar ohne Berücksichtigung der spezifischen Art dieser Reaktion oder der betreffenden sensorischen Modalität (Reaktionen auf sensorische Reize, Objekte in der Umwelt und soziale Kontakte).

6. Reaktionsintensität

Die Energie, die in einer Reaktion zum Ausdruck kommt, ungeachtet der Qualität oder Richtung dieser Reaktion.

7. Stimmungslage

Der Anteil angenehmen, freudvollen und freundlichen Verhaltens im Gegensatz zum Anteil unangenehmen, traurigen und unfreundlichen Verhaltens.

8. Ablenkbarkeit

Inwieweit stören unwesentliche Umweltreize ein gerade andauerndes Verhalten.

9. Aufmerksamkeitsdauer und Durchhaltevermögen

Die Zeitspanne, während der eine bestimmte Handlung von dem Kind durchgeführt wird und das Weiterführen einer Aktivität trotz vorhandener Hindernisse, so dass die Richtung der Aktivität erhalten bleibt.

In dieser ausgedehnten Langzeitstudie konnte gezeigt werden, dass Kinder schon im Alter von zwei Jahren hinsichtlich der aufgeführten Merkmalsbereiche differenziert

werden können. Die kinderpsychiatrisch bedeutsame Erkenntnis dieser Studien liegt jedoch in dem in Tabelle 3-2 dokumentierten Umstand, dass Kinder mit irregulären Funktionsmustern im Sinne z.B. eines unregelmäßigen Aufwachens und Einschlafens, langsamer Anpassung an neue Situationen und gewöhnlich hochgradigen und intensiven emotionalen Reaktionen später am ehesten Verhaltensauffälligkeiten entwickelten. Diese so genannten schwierigen Kinder hatten zu 70 % eine entsprechende Konstellation von trauriger Stimmungslage, unregelmäßigen biologischen Funktionen, Rückzugsverhalten bei neuen Situationen und intensiven emotionalen Reaktionen. Hingegen entwickelten die so genannten einfachen Kinder mit hoher Anpassungsfähigkeit, regulären biologischen Funktionen und positiver Stimmungslage in sehr viel geringerem Umfang Verhaltensprobleme.

Die Frage nach den Ursprüngen derartiger Verhaltensunterschiede im Sinne des Temperaments lässt sich noch nicht genügend befriedigend beantworten. Die Annahme genetischer Faktoren kann sich neben neueren molekulargenetischen Befunden zur Bedeutung des Dopamin- und Serotonin-Neurotransmittersystems auf die bereits zitierte Feststellung stützen, dass monozygote, zusammen aufgewachsene Zwillinge eine deutlich höhere Verhaltensähnlichkeit zeigen als dizygote, gemeinsam aufgewachsene Zwillinge. Zugleich muss jedoch erneut auf die wahrscheinliche Interaktion von mehreren Einflussgrößen verwiesen werden. Neben den genetischen Faktoren können andere biologische Kräfte wie die im folgenden Abschnitt zu diskutierenden hirnorganischen Faktoren eine Rolle spielen. Besonders bedeutsam sind aber ganz sicher die vielfältigen Faktoren aus der sozialen Umwelt. Die Möglichkeit der Interaktion zwischen diesen verschiedenen Einflussfaktoren macht die jeweilige Schätzung des isolierten Ursachenfaktors weitgehend unmöglich, zumal auch der Anteil an genetischer Verursachung durch die jeweiligen Umweltbedingungen modifiziert wird. Die biologische Ausstattung kann auch in diesem Bereich lediglich die Grenzen abstecken, innerhalb deren vielfältige psychosoziale Faktoren wirksam werden.

Somatische Faktoren

Ein weiterer Ursachenfaktor für die Entwicklung psychischer Störungen ist in körperlich bedingten Veränderungen und Beeinträchtigungen zu suchen. Für die Klassifikation dieser verschiedenen Einflussfaktoren sind, sofern das **ZNS** betroffen ist, vor allem die Art und der Zeitpunkt der Schädigung bedeutsam, zumal sie in besonderer Weise das Ausmaß der Schädigung einschließlich des psychopathologischen Bildes prägen. Hinsichtlich der Art wirksamer schädigender Einflüsse können beispielsweise Entzündungen, Traumata, Neoplasien, Hypoxämien und Missbildungen unterschieden werden. Kinderpsychiatrisch relevant ist auch in besonderem Ausmaß der Zeitpunkt des Eintretens dieser Noxen. Insbesondere prä- und perinatale Risiko-Ereignisse haben eine nachgewiesene ätiopathogenetische Relevanz für Entwicklungsbeeinträchtigungen

Tabelle 3-2 Temperamentmerkmale von „einfachen" und „schwierigen" Kindern.

Merkmal	Temperament des „einfachen" Kindes	Temperament des „schwierigen" Kindes
Allgemeine Stimmungslage	fröhlich, lächelnd, positiv	traurig, weinend, negativ
Regelmäßigkeit biologischer Funktionen	regelmäßig	unregelmäßig
Reaktion auf neue Situationen	Annäherung	Rückzug
Anpassung an neue Situationen	schnell	langsam
Intensität der Reaktionen	mäßig	ausgeprägt
Spätere Verhaltensprobleme	selten	70 %
Kinder mit Verhaltensproblemen und entsprechendem Temperament	25 %	25 %

und hirnorganische Funktionsstörungen. Analog kommt auch bestimmten postnatalen Faktoren eine Bedeutung für die Entwicklung derartiger Zustandsbilder zu.

Die Gültigkeit der Annahme, dass somatische Substratschädigungen für die Entwicklung psychischer Störungen besonders bedeutsam sind, kann sich wesentlich auf die Psychopathologie hirnorganischer Schäden und Funktionsstörungen stützen. Kinder mit derartigen Störungen haben eine deutlich erhöhe psychiatrische Morbidität, die von keiner anderen diagnostischen Gruppe erreicht wird.

Dabei können verschiedene Mechanismen wirksam sein . So kann der Hirnschaden zu ganz spezifischen oder auch allgemein kognitiven Defiziten im Bereich von Sprache, Wahrnehmung oder Koordination führen. Die daraus folgende intellektuelle Beeinträchtigung mag sich beispielsweise nur diskret in Leseschwierigkeiten äußern, die wiederum zu Schulversagen mit der Folge emotionaler Störungen führen. Ein weiterer Mechanismus besteht in möglichen Verknüpfungen mit dem bereits diskutierten Temperament. Kinder mit Hirnschäden haben möglicherweise häufiger ungünstige Verhaltensstile im Sinne irregulärer physiologischer Funktionen und geringerer Anpassungsfähigkeit sowie Impulsivität und Konzentrationsstörungen. Damit werden die Erfahrungsmöglichkeiten sowie die Beziehung zu anderen und die Anpassungsfähigkeit an neue Situationen deutlich beeinträchtigt, so dass emotionale Störungen und Verhaltensstörungen entstehen können. Weitere Quellen der erhöhten psychiatrischen Morbidität bei hirngeschädigten Kindern liegen in der vorurteilsbehafteten sozialen Reaktion auf eine Behinderung, der Beeinträchtigung des Selbstwertgefühls des behinderten bzw. geschädigten Kindes sowie zu einem geringeren Teil auch in den Nebenwirkungen von therapeutischen Maßnahmen.

Über die Beeinträchtigung hirnorganischer Funktionen hinaus sind aber auch andere **körperliche Erkrankungen** in der Lage, das Risiko für psychische Auffälligkeiten zu erhöhen. Ausgedehnte epidemiologische sowie klinische Studien haben ergeben, dass auch für diese Kinder mit körperlichen Krankheiten ohne Beteiligung des ZNS ein erhöhtes Risiko für die Entwicklung psychischer Auffälligkeiten besteht. Die erforderlichen Adaptationsleistungen sind im Rahmen verschiedener körperlicher Krank-

heiten zum Teil so schwierig zu erbringen, dass Fehlverhalten und psychische Störung resultieren können. Diese Probleme werden ausführlich im Kapitel über psychische Störungen bei chronischen körperlichen Krankheiten und Behinderungen abgehandelt.

3.2 Psychosoziale Risikofaktoren

- Psychosoziale Faktoren nehmen den größten Raum in der Bedingung psychischer Störungen bei Kindern und Jugendlichen ein.
- Individuelle Bedingungsfaktoren sind Vulnerabilität, Persönlichkeitsmerkmale, Erfahrungen, internalisierte Konflikte und fehlangepasste Bewältigungsprozesse.
- Die zahlreichen familiären Faktoren umschließen: Art der Erziehung, elterliche Einmischung und Überprotektivität, Trennung und Verlusterfahrungen, familiäre Disharmonie, abweichende Elternschaft, Bindungsmängel, psychische Störungen der Eltern, mangelnde Anregung, Familienzusammensetzung und sich wiederholende Erfahrungsdefizite im Sinne eines Generationenkreislaufs.
- Aus Merkmalen der Schule und der Gruppe der Gleichaltrigen erwachsen weitere Risikofaktoren.

Unter dem Sammelbegriff psychosoziale Risikofaktoren sollen sowohl die individuell wirksamen Elemente wie, vor allem, die vielfältigen Faktoren der direkten sozialen Umwelt in ihrer Beziehung zur Genese psychischer Störungen diskutiert werden.

Individuelle Faktoren

In diesem Bereich fließen zunächst ganz sicherlich viele der bereits aufgeführten biologischen Faktoren als Bedingungsfaktoren und Ausgangslage der individuellen Entwicklung des Kindes ein. Ein Begriff wie der der individuellen **Vulnerabilität** kann kaum abgehoben von beispielsweise konstitutionellen Elementen diskutiert und verstanden werden. Er wird aber darüber hinaus durch die Tatsache bestimmt, dass das Kind ganz allgemein sich noch in einer Phase der unabgeschlossenen Entwicklung befindet. Darüber hinaus erwachsen für das Kind spezifische Vulnerabilitäten aus den ebenfalls bereits diskutierten somatischen Faktoren wie Behinderung, Krankheit und Missbildung.

Mit diesen Bedingungen sind nicht nur biologische Phänomene, sondern zugleich auch soziale Einstellungsprozesse sowohl auf der Seite der Umwelt wie auch der des Kindes verknüpft. Das Kind entwickelt in der Auseinandersetzung mit diesen Bedingungen Elemente seiner **Persönlichkeit** wie Selbstkonzept, Wahrnehmung, Erleben und Einstellung gegenüber der sozialen Umwelt, die wiederum eine Funktionsgröße in der Entwicklung psychischer Störungen bilden.

Ein weiterer individueller Faktor kann in den abgelaufenen **Erfahrungen** gesehen werden, wobei insbesondere negative Erfahrungen bis hin zur Traumatisierung Spuren hinterlassen, welche die Persönlichkeit und das Verhalten des Kindes nachhaltig prägen. Zu diesen abgelaufenen Erfahrungen gehören auch frühere und zum Teil weiterhin anhaltende **Konflikte,** welche das Kind internalisiert hat. Andererseits können im Gegensatz zu **Belastungen** und negativen Erfahrungen auch personengebundene protektive Faktoren (s.u.) das Kind bzw. den Jugendlichen vor psychischen Störungen bewahren. Viele dieser individuellen Faktoren lassen sich theoretisch in das Konzept der **Bewältigungsfertigkeiten** (coping) integrieren. Diese kann man schwerpunktmäßig in aktive Formen und in vermeidende Formen der Problembewältigung einteilen, wobei nur letzte einen Beitrag zur Entwicklung psychischer Störungen leisten.

Familiäre Faktoren

Störungen in der Funktion der Elternschaft auf den Ebenen von Bindung und Beziehung, Modellfunktion, Anregung und Förderung, Erziehung und Kommunikation gehören zu den wichtigsten Faktoren in der Verursachung kinderpsychiatrischer Störungen. Diese Feststellung soll im Folgenden anhand einiger familiärer Funktionsstörungen verdeutlicht werden.

Aus der Art von **Kindererziehung und Disziplingestaltung** können erste Bedingungsgrößen für die Entwicklung psychischer Auffälligkeiten abgeleitet werden. Hier ist innerhalb recht breiter Grenzen die Form der eingesetzten Disziplin oder der Bestrafung viel weniger bedeutend als gemeinhin angenommen wird. Bedeutsamer ist eher die Häufigkeit der Bestrafung, zumal häufig geschlagene Jungen Aggressivität und antisoziales Verhalten entwickeln. Für die Entwicklung von Verhaltensauffälligkeiten ist jedoch die gestörte Beziehung zwischen Eltern und Kind zentral und weniger die Art der Disziplinierung.

Ferner ist inkonsistentes Handeln entweder zwischen den Eltern oder im Verhaltensrepertoire ein und desselben Elternteiles besonders problematisch. Extrem nachlässige Mütter und starre Väter können in der Entwicklung von Delinquenz bei Jugendlichen gehäuft festgestellt werden. Von Bedeutung sind auch der Zeitpunkt und die Art elterlicher Reaktionen. Eltern von Problemkindern wissen weniger, wann und wie sie intervenieren sollen, geben weniger positive Verstärkung, reagieren zufällig und inkonsistent auf unangemessenes Verhalten und wenden noch dazu viel positive und negative Aufmerksamkeit dafür auf. Die Effektivität von Disziplin scheint also wesentlich vom richtigen Zeitpunkt, von der Konsistenz des elterlichen Verhaltens, der Qualität der Eltern-Kind-Beziehung und dem Ausgleich von Lob und Strafe abzuhängen.

Elterliche Einmischung und Überprotektivität sind eine vielfach zu beobachtende Quelle emotionaler Störungen bei Kindern. Derartige Kinder neigen zu Trennungsängsten, begrenzter Anpassungsfähigkeit und Schulängsten. Für die Entwicklung von Überprotektivität lassen sich eine Reihe von Bedingungen angeben: Sie können zunächst in kindlichen Faktoren wie z.B. einer bedrohten Schwangerschaft oder chronischen und bedrohlichen Erkrankungen bestehen, ferner in eigenen Kindheitserfahrungen der Mutter im Sinne mangelnd erlebter Wärme, in Partnerbeziehungsstörungen, in Reaktionen auf Gefühle der Ablehnung und schließlich in psychischen Störungen der Eltern.

Hinsichtlich der **Qualität** der **Partnerbeziehung** der Eltern untereinander ist festzustellen, dass die Dominanz wahrscheinlich für die Verursachung von kinderpsychiatrischen Störungen relativ unbedeutend ist. Bedeutsam kann allenfalls die Unzufriedenheit eines Partners mit der Dominanzverteilung werden, zumal sie zu Spannungen führt und damit Kommunikationsprobleme schafft. Aus der Familientherapie stammt die Erkenntnis, dass der Mangel an kommunikativer Effizienz, insbesondere der Fähigkeit zur Problemlösung, für die Entwicklung von Störungen bei Kindern und Jugendlichen besonders bedeutsam ist.

Bahnend für die Entwicklung psychischer Störungen bei Kindern und Jugendlichen sind ferner Trennungs- und Verlusterfahrungen. Zu den akuten Belastungsreaktionen bei **Trennung** haben die klassischen Untersuchungen von Bowlby (1951) mit den charakteristischen Verhaltenssequenzen von Protest in der Anfangsphase, depressivem Rückzug in der Übergangsphase und Auflösung der Bindung in der Endphase wichtige Erkenntnisse erbracht. Allerdings nehmen nicht alle Reaktionen stereotyp diesen Verlauf und reagieren auch nicht alle Kinder auf diese Weise. Bedingungselemente sind im Kind insofern zu suchen, als das Risiko für derartige Entwicklungen im Alter von sieben Monaten bis vier Jahren, bei wenig außerhäuslicher Erfahrung des Kindes, bei vorausgegangen traumatischen Erfahrungen, bei Kontaktproblemen, bei schlechter emotionaler Anpassung und beim männlichen Geschlecht besonders hoch ist. Natürlich tragen problematische häusliche Verhältnisse genauso bedeutsam zur Entwicklung derartiger Risiken bei.

Diese Risiken können im Krankenhaus durch die Anwesenheit vertrauter Personen, durch ein stark auf die Bedürfnisse des Kindes eingehendes Personal, durch genügend Spielmöglichkeiten, durch angemessene Vorbereitung, eigenes Lieblingsspielzeug und andere Bedingungen reduziert werden. Dazu gehören auch die Fortsetzung häuslicher Rituale und Routinemaßnahmen sowie die

Reduktion unangenehmer Krankenhausmaßnahmen. Die Belastungsreaktionen sind natürlich schon deswegen nicht vollständig zu vermeiden, weil das Kind Krankheit und Behandlungsmaßnahmen leicht als Bestrafung für Fehlverhalten erleben kann. Eine weitere Bedingungsgröße des Risikos stellen die jeweiligen Aufnahmegründe im Krankenhaus dar. Verbrennungen, Operationen und Narkose haben insgesamt ein höheres psychiatrisches Risiko, weil sie Angst und elterliche Sorge aktivieren.

Die Trennung stellt ganz sicher eine wesentliche Belastung für das Kind dar, üblicherweise ist sie jedoch nicht der Hauptfaktor. Relevant ist die Trennung von Bindungspersonen, zu denen nicht nur die Mutter, sondern die ganze Familie gehört. Ebenso bedeutsam ist das Verhalten der Eltern nach der Rückkehr des Kindes, zumal es das weitere Bestehen der Belastungsreaktionen unterhalten, steigern bzw. mindern kann. Langfristige Störungen sind nach Trennungserfahrungen bei einmaliger Hospitalisierung relativ gering. Bei wiederholter Krankenhausaufnahme steigt das Risiko jedoch deutlich an. Dabei scheinen aber auch wieder nicht die Trennung als solche, sondern eher die unangenehmen Begleitumstände relevant zu sein. Zum Beispiel stammen Kinder mit häufigem Pflegestellenwechsel oft aus gestörten Familien, in die sie wieder zurückkehren. Die Familienstörung ist also der relevante Faktor.

Der **Verlust der Eltern durch Tod** und Trauerreaktionen führt ebenfalls zu einer erhöhten psychiatrischen Morbidität, wenngleich **Scheidung** oder **Trennungserfahrungen** noch ungünstigere Folgen haben. Jüngere Kinder sind noch weniger zu Trauerreaktionen in der Lage, wie sie bei Erwachsenen bekannt sind. Mögliche auftretende psychische Störungen sind jedoch weniger durch die Trauer, sondern durch die Auswirkung der vorausgegangenen elterlichen Krankheit, die Trauerreaktionen des überlebenden Elternteiles, die familiären Veränderungen nach dem Tod und die Probleme im Zusammenhang mit erneuter Heirat bedingt. Beim älteren Kind können Trauerreaktionen wie beim Erwachsenen länger anhalten.

Mit dem Begriff „broken home" ist eine Bezeichnung für ausgeprägte familiäre Störungen insbesondere auf der Partnerebene der Eltern gemeint, die sich in der psychologischen und pädagogischen Fachsprache eingebürgert hat. Derartige Bedingungen chronischer Beziehungsstörungen mit ausgeprägten Streitigkeiten stellen ein erhöhtes Risiko für die Entwicklung dissozialer Verhaltensweisen und Störungen dar. Analoge Beziehungen scheinen nicht für emotionale Störungen, zumindest bei älteren Kindern, vorzuliegen. Ein entsprechendes Risiko ist auch bei Trennungserfahrung und elterlicher Scheidung, nicht jedoch so ausgeprägt beim Tod eines Elternteiles vorhanden. Demzufolge scheint die anhaltende **familiäre Disharmonie** und nicht das Zerbrechen der Familie als solche zu antisozialem Verhalten zu führen.

Die Form familiärer Disharmonie ist dabei durch Ablehnung des Kindes, Sündenbockfunktion und körperliche Vernachlässigung oder Brutalität, schwere Beziehungsstörungen unter den Partnern oder eine Kombination dieser Bedingungen gekennzeichnet. Eine Partnerbezie-

hungsstörung der Eltern ist besonders gefährlich. Wird das Kind in diese Auseinandersetzung hineingezogen, so steigt das Risiko für die Entwicklung von Auffälligkeiten. Ebenso ist die Dauer der Beziehungsstörung ein wichtiger Faktor. Dabei sind die Auswirkungen nicht notwendigerweise irreversibel. Eine weitere Steigerung des Risikos ergibt sich, wenn einer der Eltern eine Persönlichkeitsstörung hat. Besteht zu einem Elternteil eine gute Beziehung, so hat diese einen schützenden Charakter.

Die Mechanismen zwischen familiärer und kindlicher Störung sind noch ungenügend bekannt. Wahrscheinlich handelt es sich im wesentlichen um drei Faktoren, nämlich eine Störung der emotionalen Bindung mit ungünstigen Auswirkungen auf die kindliche Entwicklung, die Modellfunktion des ständigen Elternstreites und die Orientierungsunsicherheit des Kindes angesichts der Inkonsistenz der Erziehung.

Kinder alleinstehender Eltern haben ein etwa zweimal höheres Risiko, Verhaltensauffälligkeiten zu entwickeln. Dabei ist aber weniger sicher, wie weit dies auf den Mangel einer Elternfigur oder auf die vielfältigen ungünstigen Begleitfaktoren zurückgeht. Diese betreffen die vorausgegangenen Umstände, die zum Alleinstehen geführt haben, und die daraus folgenden Umstände. Die Hauptgründe sind nämlich Scheidung oder Trennung und Tod der Eltern. Hierbei sind die vorausgegangenen Spannungen die Hauptbelastung. Unter den Folgen sind das niedrige Einkommen, die schlechte Ausbildung, die Tendenz zu mangelndem Wohnraum mit ungenügender Wohnungsausstattung bedeutsam, d.h. insgesamt also Merkmale der sozialen Benachteiligung.

Spezifisch sind ferner der Mangel an emotionaler, sozialer und materieller Unterstützung des verbleibenden Partners, der soziale Druck auf unverheiratete Mütter bzw. getrennte Eltern, die soziale Diskriminierung des Kindes, die mangelnde Erfahrung einer modellhaft harmonischen Partnerbeziehung sowie bei Fehlen des gleichgeschlechtlichen Elternteils der Ausfall eines Modells des geschlechtsspezifischen Verhaltens und der Geschlechtsrollenidentifikation. Die Auswirkungen all dieser genannten Faktoren sind aber weniger uniform und schwer, als oft angenommen wird.

Entgegen weit verbreiteter Ansicht entwickeln sich Kinder mit **berufstätigen Müttern** nicht notwendigerweise auffälliger als andere Kinder. Bisweilen haben diese Kinder sogar eine günstigere Bedingung des Aufwachsens, zumal die Mutter eventuell mehr Interessen hat und zufriedener ist. Auch aus mehreren Mutterbezugspersonen entstehen keine negativen Folgen, wie dies bisweilen dargestellt wird. Solange die Beziehung zur leiblichen Mutter stabil ist, besteht kein Anlass zu derartigen Annahmen. Die Berufstätigkeit der Mutter kann sich allerdings kumulativ in Verbindung mit wenig befriedigender Tätigkeit, Doppelbelastung in Familie und Beruf, sozioökonomischer Benachteiligung und ähnlichen Faktoren als ein Risikoelement darstellen.

Im **Bindungsmangel** muss ein weiterer Risikofaktor gesehen werden. Eine wenig anregende Umgebung, geringe Interaktionskontakte, Routinemaßnahmen statt individuller Versorgung, mehrfache Versorgungspersonen über längere Zeit ohne regelmäßige Interaktion begünstigen die Entwicklung von Bindungsmängeln. Derartige Prozesse waren in der traditionellen Heimpflege oder bei multiplen Trennungen und Ersatzpersonen ohne Kontinuität häufig zu beobachten. In der Folge konnte man bei den Kindern ein ungehemmtes und distanzloses Verhalten sowie später Mangel an Schuldgefühl, Bindungsschwäche und Regelverstöße beobachten. Es ist daher von großer Bedeutung, dass Bindungen bis zum Alter von drei Jahren geschaffen sind, zumal sie sich später nur sehr schwer entwickeln. Die Reversibilität derartiger ungünstiger Entwicklungen wird mit dem Schulbeginn sehr schwierig. Sie hängt sehr wesentlich von dem Ausmaß der frühen Schädigung und der Qualität der späteren Umgebung ab. Die Plastizität der kindlichen Entwicklung relativiert jedoch viele derartige Prozesse.

Ein weiterer sehr wesentlicher familiärer Faktor für die Entwicklung von psychischen Störungen beim Kind oder Jugendlichen sind **psychische bzw. soziale Auffälligkeiten der Eltern.** Psychisch gestörte Eltern haben eher auch gestörte Kinder mit einer oft ähnlichen oder im gleichen Spektrum angesiedelten psychischen Störung. Die Mechanismen lassen sich über vier Zusammenhänge erklären. Einerseits sind möglicherweise genetische Faktoren wirksam. Beide Störungen haben im Erwachsenenalter hereditäre Elemente. Es ist jedoch nicht sicher, wie weit kindliche emotionale Störungen und neurotische Störungen bei Erwachsenen genetisch ähnlich sind. Außerdem gehen die wenigsten emotionalen Störungen des Kindesalters in Erwachsenenneurosen über. Bedeutsamer ist daher wahrscheinlich die direkte Auswirkung der elterlichen Störung auf das Familienleben im Sinne einer Restriktion kindlicher Aktivitäten und einer Einbeziehung in die Krankheit, z.B. bei Zwängen und Psychosen. Drittens dürfte das Modelllernen ein ganz wichtiger Faktor sein, und schließlich ist bereits dargelegt worden, dass Partnerbeziehungsstörungen gehäuft mit der Entwicklung von dissozialen Verhaltensauffälligkeiten beim Kind einhergehen. So weisen Kinder mit delinquentem Verhalten ein hohes Ausmaß an familiärer Disharmonie als Quelle für die Entwicklung kindlicher Störungen auf.

Insbesondere für die frühe Kindheit ist der **Mangel an Anregung** eine bedeutsame Quelle für Verzögerung der gesamten Entwicklung oder einzelner Funktionsbereiche. Intelligenz und Sprache sind sehr wesentlich von der Stimulation durch Spiele, Spielzeug und verbale Ansprache abhängig. Wenn Eltern diese Prozesse nicht gelingen, kann dies gleichermaßen an mangelndem Wissen wie auch an mangelnder Fähigkeit liegen. Abweichende Wert- und Normsysteme stellen ebenso wie psychische und körperliche Krankheit eine weitere Bedingung dar.

Ferner ist die **Familienzusammensetzung** nicht bedeutungslos für die Entwicklung von Verhaltensauffälligkeiten und psychischen Störungen. Hinsichtlich des **Geburtsranges** ist bekannt, dass Erstgeborene einerseits eine höhere psychische Morbidität haben, weil die Eltern noch unsicher im Umgang mit diesem Kind sind und dieses selbst sich an weitere Geschwister notwendigerweise

anpassen muss, andererseits aber deutliche Leistungsvorteile haben. Weiter ist auch die Familiengröße nicht bedeutungslos. Statistisch nimmt ab dem vierten bis fünften Kind die Wahrscheinlichkeit für niedrige verbale Intelligenz, schlechtere Leseleistung und eine erhöhte Rate an Delinquenz und Verhaltensstörungen zu, und zwar unabhängig von der Sozialschicht. Die niedrige verbale Intelligenz und Leseleistung dürfte durch die veränderte Kommunikation und verbale Stimulation in großen Familien bedingt sein. Das Durcheinanderreden kann beispielsweise Schwierigkeiten in der Bedeutungszuordnung für Kleinkinder schaffen. Außerdem haben die Eltern weniger Zeit für jedes einzelne Kind. Die Delinquenz könnte zum Teil aus dem Leseversagen rühren, da Kinder mit Leseschwäche eher Störungen des Sozialverhaltens entwickeln. Andererseits können die in großen Familien auftretenden Disziplinprobleme und die häufigere Disharmonie bedeutsam sein.

Akute Belastungen können auch aus der **Geburt eines Geschwisters** entstehen. Verhaltensauffälligkeiten ent-

---

Tabelle 3-3 Kriterien zur Einschätzung des psychosozialen Risikos (nach Esser u.a. 1994)

1. **Niedriges Bildungsniveau der Eltern**
   (keine abgeschlossene Berufsausbildung)

2. **Beengte Wohnverhältnisse**
   (> 1,0 Personen/Raum bzw. ≤ 50 m² Gesamtwohnfläche)

3. **Psychische Störungen der Eltern**
   (gemäß gesicherter Diagnose)

4. **Kriminalität/Herkunft aus zerrütteten familiären Verhältnissen**
   (aus Anamnese der Eltern)

5. **Eheliche Disharmonie**
   (häufiger und langanhaltender Streit, Trennung, emotionale Kühle)

6. **Frühe Elternschaft**
   (Alter ≤ 18 Jahre bei Geburt bzw. Dauer der Partnerschaft < 6 Monate bei Konzeption)

7. **Ein-Eltern-Familie**
   (bei Geburt des Kindes)

8. **Unerwünschte Schwangerschaft**
   (von Seiten der Mutter und/oder des Vaters)

9. **Mangelnde soziale Integration und Unterstützung**
   (wenig soziale Kontakte und wenig Hilfe bei der Betreuung des Kindes)

10. **Ausgeprägte chronische Schwierigkeiten**
    (mit einer Dauer von mehr als einem Jahr, wie z.B. Arbeitslosigkeit, chronische Krankheit)

11. **Mangelnde Bewältigungsfähigkeiten**
    (im Umgang mit den Lebensereignissen des letzten Jahres wie z.B. Verleugnung, Rückzug, Resignation, Dramatisierung)

keine Risikobelastung: Risikoindex = 0
leichte Risikobelastung: Risikoindex = 1 oder 2
schwere Risikobelastung: Risikoindex > 2

wickeln sich besonders bei Kleinkindern unter drei Jahren, die erheblich mit dem Geschwisterkind rivalisieren. Beispielsweise wird die bereits erworbene Sauberkeit nach der Geburt eines Geschwisters wieder instabil, zumal das kleine Geschwister gewindelt wird.

Schließlich ist der **Generationenkreislauf** bedeutsam. Eine schlechte eigene Kindheit der Eltern bedeutet Erfahrungsmängel eines normalen Familienlebens. Derartige Beziehungsprobleme der eigenen Eltern können sich auf die Kinder auswirken. Dafür sprechen Forschungsergebnisse über Eltern, die aus geschiedenen Ehen hervorgegangen sind und selbst voreheliche Kinder zeugten bzw. selbst sehr instabile Ehen eingingen. Ferner ist das Phänomen der in Generationen auftretenden Kindesmisshandlung ein weiterer Beleg für diesen Generationenkreislauf. All dies dürfte zum geringsten Teil auf angeborene Persönlichkeitsdefekte zurückzuführen sein.

Ein von Esser und Mitarbeitern entwickelter Index psychosozialer Risiken ist in Tabelle 3-3 dargestellt. Dieser Index lässt sich nicht nur wissenschaftlich, sondern auch klinisch-praktisch sinnvoll einsetzen.

Schulische Faktoren

Bereits aus dem Kapitel über Entwicklungspsychologie ist deutlich geworden, dass der Schule eine wichtige Rolle in der Entwicklung des Kindes und damit auch der Bedingung von Entwicklungsstörungen sowie psychischen Auffälligkeiten zukommt. Untersuchungen in England (Rutter u. Mitarb. 1980) haben beispielhaft gezeigt, dass Leistung und Schülerverhalten wesentlich mit sieben Faktoren zusammenhängen: dem Ausmaß an Lob und Verstärkung durch den Lehrer, der Gestaltung der unmittelbaren Schulumgebung, der Übertragung von Verantwortlichkeit auf den Schüler, der Betonung von Leistung, dem Modellverhalten des Lehrers, dem gruppenbezogenen Verhalten des Lehrers im Gegensatz zum einzelbezogenen Unterricht sowie der Übereinstimmung hinsichtlich der pädagogischen Prinzipien innerhalb der Lehrerschaft.

Hingegen stellte sich in diesen Untersuchungen keine konsistente Beziehung des Lernerfolges und Verhaltens mit der Anzahl der Schüler im Sinne hoher Klassenfrequenzen dar. Natürlich mag es pädagogische Vorteile haben, in kleinen Klassen zu unterrichten. Dieses Prinzip sollte möglicherweise jedoch eher auf Kinder mit Lernstörungen angewandt werden. Auch die Ausstattung mit Lernmaterialien etc. hat sich jenseits einer kritischen Schwelle als unbedeutend erwiesen. Analog zeigte die Organisationsstruktur im Sinne einer Gruppierung der Schüler in verschiedene Leistungsgruppen keine Beziehung zum Lernerfolg und Schülerverhalten. Auch das Ausmaß der Bestrafung und Disziplin war unbedeutend. Lediglich bestimmte Faktoren wie häufige Disziplinierungen zeigten klare Beziehungen zu unangemessenem Schülerverhalten. Gleiches galt für häufige körperliche Züchtigungen durch den Lehrer, der damit ein ungünstiges Modellverhalten bot.

Eine der wichtigsten Feststellungen aus diesen Studien war die Tatsache, dass sowohl hinsichtlich Leistung wie auch hinsichtlich Verhalten zwischen verschiedenen Schulen eine erhebliche Variation besteht. Berücksichtigt man auch die jeweilige soziale Umgebung, so bleibt dennoch der Umstand, dass einige Schulen stärker zur Entwicklung von Verhaltensauffälligkeiten prädestinieren als andere. Sie können beispielsweise sehr unterschiedliche Raten für Delinquenz, Drogenmissbrauch u.ä. aufweisen. In den Untersuchungen konnten Verhaltensauffälligkeiten und schlechte Leistungen häufiger in Schulen mit hohem Lehrer- und Schülerwechsel, mit vielen Kindern aus den armen Bevölkerungsschichten sowie mit hoher Rate an Ausländer- bzw. Einwandererkindern festgestellt werden. Die Relation von Lehrer zu Schüler war hingegen unbedeutend. Demnach mussten also die wesentlichen Faktoren in den Schulen selbst bzw. der Schülerzusammensetzung liegen. Wie jedoch die Schule Verhalten und Leistung im Einzelnen beeinflusst, hat bisher keine Studie genau zeigen können.

Die Gleichaltrigengruppe

Kinder werden vielfach in dem Sinne psychisch auffällig, dass sie in ihrer sozialen Beziehungsfähigkeit gestört sind. Dies gilt, wie oben ausgeführt wurde, geradezu als ein Kriterium psychischer Störung. In dieser Beziehung zu Gleichaltrigen sind vielfältige **Einflüsse** vermittelt. Sowohl das direkte Verhalten wie auch die Einstellungen des Kindes und Jugendlichen werden wesentlich durch die Gleichaltrigen mitbestimmt. Seine soziale Akzeptanz durch die Gruppe ist durch persönliche Merkmale wie z.B. Intelligenz, äußere Erscheinung, emotionalen Ausdruck und Leistung in der jeweiligen Gruppe bestimmt. Fertigkeiten in diesem Bereich sind für den Status innerhalb dieser Gruppe wesentlich.

Zu den spezifischen sozialen Fertigkeiten gehört ferner die Fähigkeit, anderen das Gefühl der Akzeptanz zu vermitteln, Bedürfnisse und Gefühle anderer zu erkennen und für positive Interaktionen in der Gruppe zu sorgen. Gefordert ist also die persönliche und interpersonale Kompetenz. Sie fehlt vor allem bei emotional gestörten Kindern und Jugendlichen, wobei die Entwicklung von sozialer Isolation und psychischer Störung häufig einen wechselseitigen Prozess darstellt. An der anderen Seite des Spektrums ist die Gruppendelinquenz zu lokalisieren, bei der nach den Wertsystemen innerhalb der Gruppe gehandelt wird, die sich deutlich von den Normen der Allgemeinheit abheben. Wie weit allerdings abweichendes Verhalten erst in der Gruppe herbeigeführt wird, ist noch unklar.

3.3 Soziokulturelle Risikofaktoren

Die erweiterte soziokulturelle Umwelt steuert mit der Sozialschicht, städtischen Lebensbedingungen sowie Migration zusätzliche Risiken für die Entwicklung psychischer Störungen bei.

Jenseits der in den vorausgegangenen Abschnitten diskutierten psychosozialen Faktoren als Merkmal der direkten sozialen Lebensumwelt des Kindes und Jugendlichen sind im Rahmen ätiologischer Bedingungsfaktoren auch Merkmale der erweiterten sozialen Umwelt zu erörtern. Zu ihnen zählen vornehmlich drei Elemente, deren Wirksamkeit für die Entstehung psychischer Störungen und Auffälligkeiten bisher nur ungenügend aufgeklärt worden ist. Im Folgenden sollen die Merkmale der **Sozialschicht,** der **Ökologie** im Sinne von städtischer und ländlicher Umgebung sowie der **Migration** kurz erörtert werden.

Sozialschicht

Auf die epidemiologischen Beziehungen von Sozialschicht und Verhaltensauffälligkeiten ist bereits eingegangen worden. Dabei zeigte sich, dass die Forschungsliteratur sehr unterschiedliche Daten geliefert hat, die jeweils für und gegen derartige Zusammenhänge sprechen. Zumindest für den Bereich der dissozialen Störungen und Delinquenz ist allerdings übereinstimmend gesichert, dass derartige Störungen in der Unterschicht tendenziell häufiger sind. Dabei könnten zugleich aber auch Beziehungen zu **erniedrigter Intelligenz** und **schlechterer Schulbildung** in der Unterschicht bestehen. Beide Faktoren sind direkt mit einem erhöhten psychiatrischen Risiko verbunden. Weitere Ursachen könnten in dem generell **schlechteren Gesundheitszustand** von Unterschichtangehörigen liegen. Insbesondere die erhöhte Rate von Schwangerschaftskomplikationen bei geringer Inanspruchnahme von Vorsorgeuntersuchungen mit der Folge einer Überrepräsentation von Hirnfunktionsstörungen und Intelligenzbeeinträchtigungen müssen für das erhöhte psychiatrische Risiko berücksichtigt werden.

Ganz wesentlich sind ferner die ungenügenden psychiatrischen und pädagogischen **Beratungsangebote** für diese Sozialschichten. Vielfach sind Kinder aus den untersten Sozialschichten in beratenden und therapierenden Institutionen deutlich unterrepräsentiert. Dabei scheint nicht nur die Abneigung gegenüber derartigen Hilfsmaßnahmen, sondern auch die ungenügende Information und zu einem nicht unbeträchtlichen Teil auch der Status des Beraters bedeutsam zu sein. Amerikanische Untersuchungen haben gezeigt, dass Kinder aus der unteren Sozialschicht ein hinsichtlich Dauer und Erfolg der Psychotherapie schlechteres Ergebnis haben, wobei die ungünstigere Einstellung des Therapeuten nicht unwesentlich ist.

Schließlich sind die mehrfach diskutierten Probleme der **familiären Disharmonie,** der Elterntrennung in der frühen Kindheit, der erhöhten Rate an **Heimaufenthalten** und des **Kinderreichtums** besonders in den sozialen Unterschichten überrepräsentiert. Hinzu kommen die deutlich ungünstigeren ökonomischen Verhältnisse mit beengtem Wohnraum und niedrigerer Lebensqualität sowie die eher eingeschränkten pädagogischen Fertigkeiten von Eltern dieser Sozialschichten.

Ökologie

Zur Bedeutung der städtischen und ländlichen Umgebung für die Entwicklung von Verhaltensauffälligkeiten und psychischen Störungen hat ebenfalls die Epidemiologie wertvolle Beiträge geleistet. Studien in England sowie in Dänemark haben ergeben, dass die Rate an Verhaltensauffälligkeiten in großen **Städten** deutlich höher als auf dem **Land** ist. Insbesondere gibt es ungewöhnlich hohe Delinquenzraten in den Städten. Aus den englischen Studien ist hervorgegangen, dass diese erhöhte Prävalenz in den Städten im wesentlichen auf familiäre Disharmoniefaktoren, elterliche psychische Störungen und Kriminalität, soziale Benachteiligung und schlechte Lebensbedingungen sowie schließlich unterschiedliche Schulmerkmale zurückzuführen sind. Sämtliche Merkmale sind im Einzelnen bereits diskutiert worden.

Warum derartige Phänomene in den großen Städten häufiger zu beobachten sind, kann bisher nur hypothetisch beantwortet werden. Wahrscheinlich sind die Eltern in einem derartigen sozialen Umfeld eher belastet und beeinträchtigen aufgrund dieser Bedingung auch die Kinder, welche auf engem Raum mit ihnen leben müssen. Das Lernen für die Schule wird zu Hause deutlich erschwert, daher suchen die Kinder vielfach ihre Aktivitäten außer Haus. Bei einem begrenzten Freizeitangebot in der Umgebung können sich Banden bilden, in denen dissoziales und delinquentes Verhalten entwickelt wird.

Vielfach potenzieren die jeweils vorhandenen sozialen Lebensbedingungen die einmal dort entstandenen psychischen Auffälligkeiten. Nach der Drifting-Hypothese kommt es zu einer Zusammenballung im Sinne eines sozialen Abstiegs von Familien mit sozialen und psychischen Auffälligkeiten, die wiederum durch eine Übernahme von Verhaltensrollen und Erwartungen der sozialen Umgebung eher zu Verstärkung als zum Abbau der Auffälligkeiten führen. Dabei ist die soziale Stigmatisierung derartiger Familien durch die übrige Umwelt ein weiterer erschwerender Faktor.

Migration

Mit dem Einströmen großer ausländischer Bevölkerungsgruppen als so genannte Gastarbeiter haben die nordeuropäischen Länder das Phänomen und die Problematik der Migration kennen gelernt. Für die Einwanderer ergeben sich einschneidende Veränderungen ihrer sozialen Strukturen und Bindungen, welche erhebliche Belastungen und Probleme schaffen. Auch die aufnehmende Umgebungsbevölkerung sieht sich mit fremden Wertsystemen und Verhaltensweisen konfrontiert, die nicht unproblematisch aufgenommen und selten konfliktfrei integriert werden können.

Risikofaktoren der psychosozialen Adaptation für die Familien ergeben sich aus Kulturkonflikten, Kommunikationsproblemen, Gettobildung, ungünstigen Wohnverhältnissen, einer belastenden Arbeitssituation der Eltern sowie einer belastenden Schulsituation für die Kinder. Die Probleme werden bei Arbeitsmigranten durch ungewisse

Aufenthaltsdauer im Gastland und eventuelle Trennung von Familienmitgliedern zusätzlich verschärft. Insbesondere familiäre Funktionen als eine vielfältige Determinante des Befindens und der Entwicklung von Kindern erfahren Erschütterungen hinsichtlich kulturell vermittelter Rollendifferenzierungen der Geschlechter, unterschiedlicher Wertvorstellungen über die Erziehung und hinsichtlich der Beziehung von Eltern und Kindern. In diesem Spannungsfeld liegt die Möglichkeit einer psychosozialen Fehladaptation mit dem Risiko der Entwicklung psychischer Störungen bei Kindern und Jugendlichen begründet.

Tatsächlich zeigen empirische Studien, dass in bestimmten Migrantenpopulationen kinder- und jugendpsychiatrische Störungen gehäuft auftreten. Dabei muss jedoch zwischen verschiedenen ethnischen Gruppen differenziert werden, und einiges spricht für die Annahme, dass mit zunehmendem Ausmaß an kultureller Distanz und fehlender Integration das Risiko von Fehlentwicklungen zunimmt. Das Vermittlungsglied zur individuellen Störung des Kindes ist dabei – wie bereits bei der Darstellung ätiologischer Faktoren abgehandelt wurde – die Störung familiärer Funktionen, die bei ausgeprägten Kulturkonflikten ansteigt (vgl. Steinhausen u.a. 1990).

3.4 Lebensereignisse und situative Risikofaktoren

Ein letztes Bündel von Bedingungsfaktoren für psychische Störungen stammt aus belastenden aktuellen Lebensumständen sowie begünstigenden Faktoren des jeweiligen Kontextes.

Neben den bisher erörterten Faktoren der Ätiologie sind in vielen Fällen kinder- und jugendpsychiatrische Störungen zusätzlich Momente wirksam, die sich entweder relativ plötzlich oder aus dem unmittelbaren Kontext der jeweiligen lebensgeschichtlichen Situation des Kindes ergeben. So kann der Tod eines geliebten Haustieres, das Scheitern in der Schule, die Beendigung einer Freundschaft u.a.m. relativ akut psychische Störungen auslösen, die sich unter dem Einfluss weiterer Belastungsfaktoren und dem Fehlen protektiver Faktoren verfestigen können. Derartige Phänomene sind in der Forschung über **kritische Lebensereignisse** in ihrer Wertigkeit für die Entwicklung psychischer und körperlicher Störungen untersucht worden (vgl. Goodyer 1990). Diese werden nicht direkt, sondern erst in Verbindung mit den verfügbaren **Bewältigungsmöglichkeiten** wirksam. Tabelle 3-4 vermittelt einen Eindruck von der Art, der Häufigkeit und dem Belastungspotential von Lebensereignissen in einer Repräsentativstichprobe. Die Daten wurden mit der im Anhang 3.1 abgedruckten Zürcher Lebensereignis-Liste (ZLEL) erhoben.

Darüber hinaus lebt auch das Konzept der reaktiven Störungen bzw. **der Reaktion auf schwere Belastungen und Anpassungsstörung** im Sinne der ICD-10 mit den Subkategorien der **akuten Belastungsreaktion** (F 43.0), der **posttraumatischen Belastungsstörung** (F 43.1) und der **Anpassungsstörungen** sehr wesentlich von der Wertigkeit derartiger aktueller belastender Lebensumstände. So können beispielsweise die Suizidhandlungen eines Jugendlichen aus aktuellen Krisenelementen und Beziehungsstörungen abgeleitet werden. Derartige Belastungsfaktoren können bilanzierend protektiven Faktoren gegenübergestellt werden, die sich z.B. aus einem positiven

Tabelle 3-4 Häufig genannte Lebensereignisse und ihr Belastungspotenzial: Ergebnisse einer Repräsentivbefragung bei 1091 Schülern im Kanton Zürich 1994.

Lebensereignisse innerhalb der letzten 12 Monate	Jugendliche, auf die das Ereignis zutraf (in % aller Befragten):	Prozent der Jugendlichen, die das betreffende Ereignis empfanden als:		
		angenehm	neutral	belastend
Schulische Ereignisse				
Schlechte Prüfung abgelegt	66		16	84
Schlechte Noten bekommen	33		15	85
Familiäre Ereignisse				
Probleme mit den Eltern	34		26	74
Familienmitglied hat Probleme	25		23	77
Arbeitseinstieg der Mutter	26	60	32	8
Freunde und Freundinnen				
Streit mit Freunden	31	3	18	79
Streit mit Gleichaltrigen	23	8	32	60
Ende einer Freundschaft	23	11	19	70
Krankheit, Unfall, Verlust				
Krankheit/Unfall selbst	6		11	89
Krankheit/Unfall Familienmitglied	8		14	86
Krankheit/Unfall Verwandte/Freunde	15		13	87
Krankenhaus selbst	8		14	86
Krankenhaus Familienmitglied	12	7	16	77
Krankenhaus Verwandte/Freunde	21	3	19	78
Tod eines Verwandten/Freundes	20		9	91

Selbstwertgefühl angesichts von Erfolgen in Schule, Sport und Freizeitaktivitäten oder einer positiven emotionalen Beziehung zu den Eltern ergeben können.

Ferner sind psychische Störungen in ihrer Entwicklung auch nicht von **situativen begünstigenden Faktoren** trennbar. Die Verfügbarkeit von Drogen und Alkohol sowie die Werbung für derartige Substanzen tragen nicht unwesentlich zur Entwicklung von Drogenmissbrauch und Abhängigkeit bei. Ebenso kann die Entwicklung von Bandendelinquenz nicht unabhängig von der ökologischen und ökonomischen Deprivation von Wohnvierteln bzw. Stadtteilen gesehen werden. Schließlich ist eine suizidale Handlung bei Kindern und Jugendlichen nicht selten aufgrund der Verfügbarkeit von Medikamenten im Haushalt realisiert worden.

3.5 Protektive Faktoren und Resilienz

> Schützende Faktoren beugen der Entwicklung einer psychischen Störung des Kindes vor. Sie entstammen in der Regel drei Quellen: einer Disposition des Kindes, dem familiären Milieu oder der außerfamiliären sozialen Umwelt.

Die bisher abgehandelten ätiologisch wirksamen Faktoren einschließlich ihrer Wechselwirkungen sind sämtlich einem Modell verpflichtet, das die schädigende Wirkung dieser Faktoren betont. Diese Betrachtungsweise ist unter klinischen Gesichtspunkten, d.h. der Aufklärung von Bedingungselementen für die Entwicklung einer jeweils spezifischen Störung bei einem individuellen Kind oder Jugendlichen, angemessen und legitim.

Unter dem mehr theoretischen Blickwinkel einer **Entwicklungspsychopathologie** stellt sich aber auch die Frage, aus welchen Gründen bestimmte Kinder bei möglicherweise ähnlich ungünstigen Ausgangsbedingungen oder trotz Belastungsfaktoren im Wechselspiel verschiedener Einflussfaktoren keine Störung entwickeln. Diese Frage kann sich auch klinisch dahingehend stellen, warum ein Geschwisterkind trotz ähnlicher Belastungen nicht auffällig wird oder warum ein jeweils betroffenes Kind nicht noch gravierender gestört ist. Offensichtlich müssen neben personenspezifischen Umweltbedingungen an Stelle oder in Kompensation von belastenden Risikofaktoren schützende Bedingungen, also protektive Faktoren, wirksam sein.

Protektive Faktoren sind wahrscheinlich unspezifisch, d.h., sie werden in einer sehr allgemeinen Weise in verschiedenen Kontexten sowie bei unterschiedlichen Belastungen und Risiken wirksam. Sie lassen sich gemäß Tabelle 3-5 in **drei Klassen** der **personellen Ressourcen**, der **familiären Ressourcen** sowie der **extrafamiliären sozialen Ressourcen** einteilen.

Vergleicht man diese Einteilung mit der zuvor vorgenommenen Klassifizierung der Risikofaktoren, so stellen sich Entsprechungen und Ergänzungen ein. In der Konsequenz bedeutet dies, dass z.B. psychosoziale Risiko- und

Schutzfaktoren ebenso wie das am Anfang des Kapitels dargestellte Begriffspaar der **Vulnerabilität** und der **Resilienz** nicht isoliert voneinander betrachtet werden sollten. Damit Schutzfaktoren aber nicht irrtümlicherweise als die Kehrseite oder der Gegenpol von Risikofaktoren – z.B. als familiäre Harmonie und Disharmonie – betrachtet werden, ist ihre spezielle Pufferfunktion unter Belastungsumständen zu beachten, wie am Anfang dieses Kapitels und in Abbildung 3-2 verdeutlicht wurde.

Tabelle 3-5 Protektive Faktoren (nach Laucht u.a. 1997).

Personale Ressourcen
▪ weibliches Geschlecht (nur in der Kindheit)
▪ Erstgeburt
▪ positives Temperament (flexibel, aktiv, offen)
▪ positives Selbstwertgefühl
▪ Überdurchschnittliche Intelligenz
▪ ositives Sozialverhalten mit sozialer Attraktivität

Familiäre Ressourcen
▪ stabile emotionale Beziehung zu einer Bezugsperson
▪ offenes und unterstützendes Erziehungsklima
▪ familiäre Kohäsion
▪ Modelle positiver Bewältigung

Extrafamiliäre soziale Ressourcen
▪ soziale Unterstützung
▪ positive Freundschaftsbeziehungen
▪ positive Schulerfahrungen

Der eingangs in diesem Kapitel vorgeschlagene Begriff der **Resilienz** beschreibt als personengebundenes Merkmal der Protektivität den dynamischen Prozess der positiven Adaptation im Kontext von bedeutsamen Belastungen. In dieser Konzeption sind folgende Charakteristika von zentraler Bedeutung:

- Resilienz bezeichnet sowohl den Erwerb als auch die Verfügbarkeit von Bewältigungskompetenz, die unter belastenden Lebensereignissen die psychosoziale Funktionstüchtigkeit aufrechterhält.
- Resilienz entfaltet sich alters-, situations- und lebensbereichs-spezifisch, d.h. sie ist eine dynamische und nicht eine statische Kompetenz oder ein fixes Persönlichkeitsmerkmal, das jederzeit verfügbar ist.
- Resilienz ist mehrdimensional und manifestiert sich z.B. als kognitive, emotionale oder handlungsorientierte Kompetenz; insofern liegen intraindividuell unterschiedliche Resilienzen in einem jeweils individuellen Profil vor, so dass nicht notwendigerweise eine auf alle Belastungen kompatible Pufferung erfolgt.

Die theoretische Perspektive der Entwicklungspsychopathologie hat mit der Konzeption von Schutzfaktoren und Resilienz eine wichtige Ergänzung der klinischen Ätiologielehre vorgenommen. Der in diesem Bereich angesiedelte Forschungszweig verhilft zu einem besseren Ver-

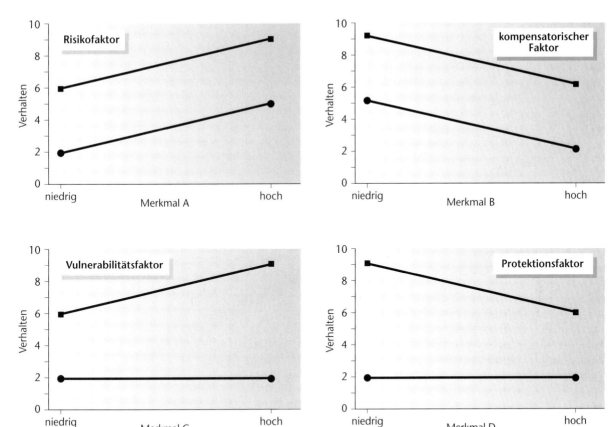

Abbildung 3-2 Schematische Darstellung der Wirkweise von Risikofaktoren, kompensatorischen Faktoren, Vulnerabilitätsfaktoren und Protektionsfaktoren (● wenig Belastung; ■ viel Belastung).

ständnis des komplexen Wechselspiels der zahlreichen Faktoren, die bei der Entstehung psychischer Störungen beteiligt sind.

Literatur

Bowlby, J.: Maternal Care and Mental Health. WHO, Genf 1951.

Garmezy, N.: Stress-resistent children: the search for protective factor. In Stevenson, J. (ed.): Recent Research in Developmental Psychopathology. Pergamon Press, Oxford 1985.

Goodyer, J. M.: Life Exyperiences, Development and Childhood. Psychopathology. Wiley, Chichester 1990.

Hetherington, M. E., E. A. Blechman (eds.): Stress, coping, and resiliency in children and families. Erlbaum, Mahwah, N. J. 1996.

Laucht, M. G. Esser, M.H. Schmidt: Wovor schützen Schutzfaktoren? Ztschr. Entw.psychol. päd. Psychol. 24 (1997) 260–270.

Luthar, S. S., D. Cicchetti, B. Becker: The construct of resilience: a critical evaluation and guidelines for future work. Child Develop. 71 (2000) 543–562.

Rutter, M.: Psychosocial influences: Critiques, findings and research needs. Dev. Psychopathol. 12 (2000) 375–405.

Rutter, M., A. Sroufe: Developmental psychopathology: Concepts and challenges. Dev. Psychopathol. 12 (2000) 265–296.

Rutter, M., B. Maughan, B. Mortimer, J. Guston: Fünfzehntausend Stunden. Beltz, Weinheim - Basel 1980.

Rutter, M., J. Silberg, T. O'Connor, E. Simonoff: Genetics and child psychiatry: II Empirical findings. J. Child Psychol. Psychiat. 40 (1999) 19–55.

State, M. W., Lombroso, P. J., Pauls, D. L., Lechman, J. F.: The genetics of childhood psychiatric disorders: a decade of progess. J. Am. Acad. Child Adolesc. Psyhiatry 39 (2000) 946–962.

Steinhausen, H.-C., C. Winkler Metzke: Risk, compensatory, vulnerability and protective factors influencing mental health in adolescence. J. Youth Adolesc. 30 (2001) 259–280.

Steinhausen, H.-C.: Sex differences in developmental psychopatholy. In: Remschmidt, H., M. H. Schmidt (eds.): Child and Youth Psychiatry: European Perspectives, vol. 2. Hogrefe & Huber, Toronto 1992.

Steinhausen, H.-C., F. Verhulst (eds.): Risks and outcomes in developmental psychopathology. Oxford University Press, Oxford 1999.

Steinhausen, H.-C., E. Edinsel, J. M. Fegert, D. Göbel, E. Reister, A. Rentz: Child psychiatric disorders and family dysfunction in migrant workers' and military families. Eur. Arch. Psychiatry Neurol. Sciences 239 (1990) 257–262.

Thomas, A., S. Chess: Temperament und Entwicklung. Enke, Stuttgart 1980.

4 Diagnostik kinder- und jugend-psychiatrischer Störungen

Jede kinder- und jugendpsychiatrische Untersuchung hat als **Ziel** eine Bestandsaufnahme von Problemen hinsichtlich Verhalten, Symptomen und erlebten Störungen der Befindlichkeit bei Kindern und Jugendlichen in einem jeweils zu spezifizierenden sozialen Kontext sowie vor dem Hintergrund einer jeweiligen Lebens- und Entwicklungsgeschichte. Diese Bestandsaufnahme soll in eine wissenschaftlich begründete Diagnose mit dem Ziel einer Angabe von Maßnahmen münden, die geeignet sind, das jeweilige Problem auf therapeutischem Wege positiv zu beeinflussen. Um dieses Ziel zu erreichen, sind eine Reihe von Informationen unerlässlich, die sich der kinder- und jugendpsychiatrisch tätige Arzt über das Gespräch und die Untersuchung unter Einbeziehung einer Reihe von Zusatzmaßnahmen erarbeiten muss.

Informanten sind in diesem Prozess die Eltern und das Kind selbst – mit zunehmendem Alter das Kind bzw. der Jugendliche möglicherweise mehr als die Eltern – sowie Bezugspersonen aus der für das Kind oder den Jugendlichen bedeutsamen sozialen Umwelt, also Lehrer, Erzieher, Geschwister, Freunde, möglicherweise auch Ärzte, Sozialarbeiter oder andere Vertreter sozialer Instanzen bzw. Einrichtungen.

Der Ablauf im Rahmen des in Abbildung 4-1 dargestellten **diagnostisch-therapeutischen Prozesses** beginnt mit der Exploration, die in Wechselwirkung mit ergänzenden Tests steht, welche in die Formulierung von Befunden und Diagnosen münden, die kategorial oder dimensional (vgl. Kap. 2) erhoben werden. Diese werden sodann einer **Verhaltens- und Bedingungsanalyse** auf die wirksamen Risikofaktoren unterzogen, um anschließend die **Interventionsplanung** vornehmen zu können. Schließlich muss die **Intervention**, die meist mehrere Ebenen einbezieht, mit der Evaluation der Effekte kombiniert werden, aus der möglicherweise wieder diagnostische Schritte bei unvollständiger Wirksamkeit der Intervention erfolgen können.

4.1 Inhalte und Struktur der Untersuchung

Anamnese

Der in Tabelle 4-1 dargestellte kinder- und jugendpsychiatrische Untersuchungsgang legt den Schwerpunkt der Anamneseerhebung bei den Eltern und den aller weiteren Befunderhebungen beim Kind. Im Rahmen der **Anamnese** (Tabelle 4-2) interessiert zunächst, warum und von wem das jeweilige Kind zur Untersuchung gebracht wird. Sind die Eltern beunruhigt oder belastet durch ein Problem, klagt die Schule über auffälliges Verhalten, fühlt sich das Kind beeinträchtigt? Diese und ähnliche Fragen zum Vorstellungsanlass müssen zuallererst abgeklärt wer-

Exploration ⟶ Tests

- Symptome, Verhalten, Befinden
- Entwicklung und Kompetenzen
- Leistungen und Persönlichkeit
- körperliche Funktionen
- psychosozialer Kontext

Befunde und Diagnosen

- kategorial und dimensional

Verhaltens- und Bedingungsanalyse

- Risikofaktoren

Interventionsplanung

- Therapieziele
- Interventionsmethode
- Ressourcen

Intervention und Evaluation

- Mehrebenenansatz

Abbildung 4-1 Der diagnostisch-therapeutische Prozess.

den. Sie sind in der Regel mit einer **Symptomatik** verknüpft, die im weiteren Gespräch auf ihre jeweilige Charakteristik analysiert werden muss: Wo und wann, wie häufig und wie stark manifestiert sich das geklagte Problemverhalten, gibt es vorausgehende Ereignisse oder situative Auslöser, wie reagieren die Bezugspersonen, wie lange dauert die Symptomatik bereits an, und hat sie sich über die Zeit in ihrem Erscheinungsbild verändert? Dies sind weitere Fragen, die sich der Untersucher stellen muss.

Tabelle 4-1 Die kinder- und jugendpsychiatrische Untersuchung.

▢ **Anamnese**
– Vorstellungsanlass/Aufnahmemodus
– **Familienanamnese**
– Eigenanamnese
▢ **Psychopathologische Befunderhebung**
▢ **Körperliche Untersuchung**
– intern-pädiatrischer Befund
– entwicklungsneurologischer Befund
▢ **Psychologische Diagnostik**
▢ **Labordiagnostik/ergänzende Diagnostik**

Der nächste Abschnitt der **Familienanamnese** muss nicht notwendigerweise der Erörterung des Vorstellungsanlasses folgen, sondern kann auch am Ende des Anamnesegesprächs stehen. Hier sind psychiatrische und neurologische Erkrankungen einschließlich Behinderungen, aber auch alle anderen, nicht nur genetischen, sondern die jeweilige Lebensrealität von Familien beeinträchtigenden und prägenden Faktoren von Interesse. Hierzu zählt auch die individuelle Entwicklungsgeschichte der Eltern mitsamt ihren bedeutsamen Ereignissen einschließlich deren Verarbeitung durch die Eltern. Das Ziel dieses Untersuchungsabschnitts ist die Gewinnung eines Eindrucks von den Eltern, ihrer Persönlichkeit, ihrer Einstellungen, ihres Verhaltens und ihrer Fähigkeit in der Ausübung elterlicher Funktionen.

Schließlich sollte die Familienanamnese mit einer Exploration der **familiären Situation** enden. Gegenstand der Untersuchung sind dabei sowohl die äußere Situation, d.h. zum Beispiel die Zusammensetzung der Familie, die sozioökonomische Situation, die Wohnverhältnisse, die Berufstätigkeit der Eltern etc., wie auch das emotionale Klima, d.h. die Qualität der Beziehung der Eltern zueinander, die Beziehungen von Eltern und Kindern einschließlich der darin implizierten Möglichkeiten von Belastung und Störung.

Tabelle 4-2 Gliederung einer kinder- und jugendpsychiatrischen Anamnese.

Vorstellungsanlass und Aufnahmemodus

▢ Tag, Zeit, Begleitung, einweisender Arzt, Zuweisungsgrund
▢ aktuelle Symptomatik: Beginn, situativer Kontext, Intensität, Maßnahmen, Verlauf, Exazerbation

Familienanamnese

▢ von jedem Verwandten (Eltern, Geschwister, ggf. Großeltern usw., evtl. Darstellung über Stammbaum)
▢ Angaben über:
– Alter
– Krankheiten (Fehlbildungen, chronische Krankheiten, psychische Auffälligkeiten, psychiatrische Krankheiten, Klinikaufenthalte)
– soziale Stellung und Beruf
▢ familiäre Situation: sozioökonomische Lage, Persönlichkeit und Entwicklung der Eltern und Geschwister, Geschwisterkonstellation, Beziehung des Patienten zu den übrigen Familienmitgliedern, Interaktion und Aktivitäten innerhalb der Familie

Eigenanamnese

▢ Entwicklung
Schwangerschaftsverlauf, Geburt, Neugeborenenperiode, Säuglings- und Kleinkindentwicklung, Entwicklung in Vorschulalter/Schulalter/Adoleszenz
▢ Schule und Beruf
Einschulung, Schulstand, Leistungen, Schularbeitssituation, Berufspläne, Ausbildung in Lehre und Beruf
▢ soziale Situation
Freundschaftsbeziehungen, soziale Stellung, soziale Aktivitäten, Freizeitunternehmungen
▢ Sexualität
sexueller Entwicklungsstand, Einstellung zur Sexualität, sexuelle Aktivitäten
▢ frühere Krankheiten
Beginn, Maßnahmen und Verlauf
▢ Genussmittel, Drogen und Medikamente
Nikotin, Alkohol, Rauschmittel und Arzneimittel: jeweils gekennzeichnet hinsichtlich Art, Dosis, Frequenz und Dauer der Einnahme
▢ Hobbys und Interessen
▢ Primärpersönlichkeit

In der **Eigenanamnese** (persönlichen Anamnese) wird die Entwicklung des Kindes von der Schwangerschaft bis zum aktuellen Zeitpunkt der Untersuchung exploriert und hinsichtlich einer Vielzahl von Risiko- und Belastungsmomenten bewertet. In einem chronologisch geordneten Untersuchungsgang müssen zunächst alle **prä-, peri- und neonatalen Risikofaktoren** erfasst werden, zumal sie zur Aufklärung über die Bedingungen von Entwicklungsverzögerungen, Behinderungen, organischen Syndromen und Leistungsdefiziten beitragen können. Die Exploration kann sich an einer Liste empirischer Risikofaktoren orientieren, die in dem Schema im Anhang 4.1 wiedergegeben sind.

Die weitere **Entwicklung** des Kindes vom **Säuglings- bis in das Vorschulalter** muss sodann hinsichtlich des Erwerbs von Funktionen (Motorik, Sprache, Sauberkeit, soziale Fertigkeiten), einschneidender Belastungen inner-

und außerhalb der Familie, schwerer und bedrohlicher Krankheiten einschließlich der Verarbeitung durch das Kind und Erstmanifestationen von Verhaltensauffälligkeiten erfasst werden.

Es schließt sich eine Exploration des **Schulverlaufs** unter Berücksichtigung von Einschulungstermin, Schultyp und Klassenstand, Leistungsvermögen und -ausfällen, Beziehungen zu Lehrern und Mitschülern sowie der gesamten Einstellung zu Schule und Lernen an. Damit sind oft die Erörterung von **Sozialkontakten** im Freundeskreis oder in anderen sozialen Gruppierungen sowie die Frage nach **Sexualität,** dem Vorliegen von **früheren Krankheiten,** der Einnahme von **Genussmitteln, Drogen und Medikamenten** sowie den **Interessen und Hobbys** inhaltlich eng verknüpft. Aus dieser Erörterung schält sich meistens eine deutliche Kontur der Primärpersönlichkeit des Kindes heraus, die durch zusätzliche Fragen an die Eltern weitere Prägnanz erhalten kann.

Psychopathologische Befunderhebung

Kernstück der kinder- und jugendpsychiatrischen Untersuchung ist die psychopathologische Befunderhebung. Sie

Tabelle 4-3 Psychopathologische Befunderhebung bei Kindern und Jugendlichen.

Äußerliches Erscheinungsbild

Attraktivität, Größe, Gewicht, Reife, Fehlbildungen, Minor-Anomalien, erworbene körperliche Entstellungen, Kleidung, Sauberkeit

Kontakt- und Beziehungsfähigkeit

Abhängigkeit von der Begleitperson, Aufnahme der Beziehung zum Untersucher, Rapport, Selbstsicherheit, Kooperation

Emotionen

Stimmung, Affekte, Angst, psychomotorischer Ausdruck

Denkinhalte

Ängste, Befürchtungen, Phantasien, Träume, Denkstörungen, Selbst-Konzept, Identität

Kognitive Funktionen

Aufmerksamkeitssteuerung, Orientierung, Auffassung, Wahrnehmung, Gedächtnis und Merkfähigkeit, allgemeine Intelligenz

Sprache

Umfang, Intonation, Artikulation, Vokabular, Komplexität, Sprachverständnis, Gesten

Motorik

Antrieb und Aktivität, qualitative Auffälligkeiten: z.B. Tics, Stereotypien, Automutilation, Jaktationen

Soziale Interaktion

Position/Beziehungen innerhalb von Familie/Schulklasse/Gleichaltrigengruppe/Freundeskreis

stellt das Endprodukt von direkten Verhaltensbeobachtungen, Fragen an das Kind bzw. den Jugendlichen selbst sowie Ergebnissen der Exploration der Eltern oder anderer bedeutsamer Bezugspersonen dar. Die Exploration des Kindes bzw. des Jugendlichen selbst hat dabei einen besonderen Stellenwert, weil eventuell nur auf diesem Weg bedeutsame Informationen gewonnen werden können. Das Kind und der Jugendliche sind möglicherweise die einzige Informationsquelle über internale psychologische Phänomene wie Phantasien, Stimmungen, Zwangsinhalte, Ängste, psychotische Symptome, aber auch dissoziale Handlungen und sexuelle Aktivitäten. Die Beurteilung derartiger Phänomene fällt Eltern nicht nur oft schwer, vielmehr entgeht ihnen manches auch aufgrund der Situationsspezifität kindlichen Verhaltens, wenn ein problematisches Verhalten etwa nur im Kontext der Schule beobachtet werden kann. Eltern übersehen möglicherweise auch das Ausmaß an subjektivem Leiden, über das Schulkinder bereits in einer Vertrauensbeziehung zu einem Untersucher befragt werden können. Schließlich ist in jeder Form von Therapie – sei es Psychotherapie, Verhaltenstherapie oder Pharmakotherapie – die Kenntnis der subjektiven Verfassung des Kindes Voraussetzung für jede effiziente Planung und Überwachung von Maßnahmen.

Für die Erhebung des psychopathologischen Befundes ist eine klare Vorstellung der Inhalte der Exploration erforderlich. In Tabelle 4-3 ist ein Schema wiedergeben, das trotz der Notwendigkeit einer Berücksichtigung des jeweiligen Entwicklungskontextes und der altersabhängigen Manifestation bestimmter kinder- und jugendpsychiatrischer Störungen eine relative Allgemeingültigkeit und dies besonders für das Schulalter hat. Anhang 4.2 enthält das **psychopathologische Befundsystem** (CASCAP-D), das auch eine quantitative Erfassung des Schweregrades von Symptomen ermöglicht. Ohne auf sämtliche in dem Schema aufgeführten Details der psychopathologischen Befunderhebung eingehen zu wollen, sei zusammenfassend festgestellt, dass dieser Teil der Untersuchung der Bewertung des Entwicklungsstandes, der Funktionstüchtigkeit in mehrdimensionaler Beziehung (kognitiv, sprachlich, motorisch, sozial) sowie des Vorliegens diagnostisch relevanter Symptome dient. Nicht unerwähnt bleiben darf in diesem Zusammenhang die Notwendigkeit, die Exploration des Kindes in einer gleichermaßen vertrauensvollen wie störungs- und ablenkungsfreien Atmosphäre durchzuführen und die Beobachtungen und Äußerungen des Kindes angemessen zu dokumentieren.

Probleme der psychopathologischen Befunderhebung ergeben sich trotz der Tatsache, dass Schulkinder mit zunehmendem Alter besser über internale Prozesse und Befindlichkeiten Auskunft geben können, vor allem bei der Bewertung des emotionalen Status. Bei der Beurteilung von Stimmungen und insbesondere depressiven Verstimmungen muss sich der Untersucher der Differenzierung von beobachtbarem Phänomen und Interpretation bewusst sein. Auch die Beurteilung von Ängsten und Befürchtungen kann angesichts der mangelnden Übereinstimmung von Ausdruck und Verhalten, physiologischen Reaktionen sowie subjektivem Bericht schwierig sein.

Der psychopathologische Befund muss neben den beschriebenen Ebenen und Symptomen ferner die diagnostischen Kriterien der jeweiligen Störung in Orientierung an der ICD-10 aufnehmen. Diese sind in den einzelnen Kapiteln dieses Buches zu den spezifischen Störungen dargestellt. Sie sind ferner im Rahmen des Diagnostik-Systems DISYPS-KJ von Döpfner und Lehmkuhl (1998) in Form von Checklisten zusammengefasst.

Körperlicher Befund

In der Regel ist eine kinder- und jugendpsychiatrische Untersuchung ohne eine Erhebung des körperlichen Befundes unvollständig. Dies wird nicht nur durch die enge Verknüpfung von biologischer Reifung und psychischer Entwicklung im Kindes- und Jugendalter, sondern vor allem durch die Wertigkeit biologischer Faktoren in der Verursachung einiger Störungsbilder nahe gelegt. Entwicklungsverzögerungen, Behinderungen und organische Psychosyndrome machen eine sorgfältige körperliche Untersuchung unter besonderer Betonung einer entwicklungsneurologischen Befunderhebung unabdingbar. Der in Tabelle 4-4 wiedergegebene Vorschlag einer **orientierenden körperlichen Untersuchung** setzt nicht mehr als die Notwendigkeit voraus, Schuhe und Strümpfe auszuziehen, und kann somit gerade bei untersuchungsängstlichen Kindern gut eingesetzt werden.

Tabelle 4-4 Die orientierende körperliche Untersuchung.

- Inspektion von Händen, Füßen, dysmorphen Zeichen
- Koordination bei Finger-Daumen- und Finger-Nase-Versuch bilateral, Prüfung auf assoziierte Mitbewegungen, Dysdiadochokinese
- choreoathetoide Bewegungen bei ausgestreckten Händen
- muskuläre Kraft von Händen, Armen, Beinen, Gesicht; Beobachtung von Zungenbewegungen
- Inspektion der Augen einschließlich Augenbewegungen, Gesichtsfeld und Sehschärfe
- Messung des Kopfumfanges
- orientierende Hörprüfung mittels Flüstersprache
- Inspektion des Gangbildes, Zehenspitzenganges, Balancierens, Hüpfens auf einem Bein, Ballkickens (N.B. ungleich abgelaufene Schuhsohlen)
- Prüfung der Sehnen- und Plantarreflexe (bei ausgezogenen Schuhen und Socken)
- Messung von Größe und Gewicht, Einschätzung der Pubertätsentwicklung ohne weitere Entkleidung
- Beobachtung des Wiederanziehens von Socken und Schuhen

Darüber hinaus lässt sich diese Vorgehensweise spielerisch umsetzen. Selbstverständlich muss ihr bei auffälligen Teilbefunden eine detaillierte Untersuchung folgen. Diese orientierende Untersuchung sollte nur besonderen Fällen und Situationen vorbehalten bleiben. Sie ersetzt eine vollständige intern-neurologische Untersuchung nicht. Für die Durchführung der **entwicklungsneurologischen Untersuchung** empfehlen sich hochstrukturierte

Vorgehensweisen, die allerdings auch recht zeitaufwendig sind. Insbesondere bei der Untersuchung von entwicklungsverzögerten und geistig behinderten Kindern ist eine gute Kenntnis von **Dysmorphiezeichen** (körperlichen Fehlbildungen) unerlässlich (vgl. Kapitel 5).

Psychologische Diagnostik

Im Rahmen der kinder- und jugendpsychiatrischen Untersuchung des Schulkindes nimmt die psychologische Diagnostik einen bedeutsamen Platz ein. Dies erklärt sich aus der Tatsache, dass einerseits nicht wenige Kinder wegen Leistungsdefiziten vorgestellt werden und andererseits die Beurteilung internal ablaufender Prozesse sowie der Persönlichkeit des Kindes wesentlich über Verfahren der psychologischen Diagnostik ermöglicht bzw. erweitert wird. Dementsprechend lässt sich die klinische Psychodiagnostik des Kindes- und Jugendalters schwerpunktmäßig in die Bereiche Leistungstests sowie Persönlichkeitstest einteilen. Eine Übersicht der gebräuchlichsten Verfahren ist in den Tabellen 4-5 und 4-6 vorgenommen.

Bei den **Leistungstests** dominiert im klinischen Einsatz die **Intelligenzdiagnostik,** wenngleich immer mehr die **neuropsychologische Funktionsdiagnostik** hinzutritt. Beide Testtypen sind für die differenziertere Erfassung schulischer Leistungsdefizite, klinisch relevanter spezifischer Entwicklungsrückstände sowie spezifischer Teilleistungsstörungen bzw. ihrer Voraussetzungen – z.B. im Sinne gestörter Komponenten wie Aufmerksamkeit, Wahrnehmung, visuomotorischer Koordination etc. – erforderlich. In der **Persönlichkeitsdiagnostik** können sorgfältig konstruierte und normierte Fragebogenverfahren ein differenziertes Bild von Selbsterleben, Identität, Einstellungen, sozialer Orientierung, Befindlichkeit und klinisch relevanten Symptomen von Kindern und Jugendlichen im Schulalter vermitteln.

Die Wertigkeit so genannter **projektiver Tests** wird entgegen ihres großen Stellenwertes in der Vergangenheit heute in der klinischen Psychodiagnostik eher eingegrenzt gesehen. Der Annahme, dass ein Proband seine Gefühle, Stimmungen, Konflikte etc. ungefiltert in das Material des jeweiligen Tests projiziere, steht die Erkenntnis gegenüber, dass hier eher Verbal- als Realverhalten erfasst wird, welche vom Verbalisationsvermögen abhängig ist, und dass derartige Tests durchschaubar und situationsabhängig sowie wenig zuverlässig und gültig sind. Gleichwohl können sie mit einer Vielzahl informeller Tests, wie z.B. die Satzergänzungstests, die zeichnerische Darstellung der Familie in Tieren, die Drei-Wünsche-Probe etc., Hypothesen über internale, im Kind ablaufende Phänomene abgeben, zu denen ohne derartige Techniken schwer Zugang zu finden ist. Darüber hinaus ergeben sich Anknüpfungspunkte für die gezielte Exploration und im Fall des Einsatzes gestalterische Medien (Zeichnen, Malen etc.) Aufschluss über Fertigkeiten und das Entwicklungsniveau des Kindes.

Ferner stammen aus dem Bereich der psychologischen Forschung eine Reihe von Fragebogen und **Beurteilungsskalen für kindliche Verhaltensauffälligkeiten.** Diese entweder mehrdimensional oder für die Erfassung bestimmter Symptome angelegten Fragebogen haben sich praktisch als Ergänzung der Elternexploration, bei der Diagnostik bestimmter Syndrome sowie in der Bewertung therapeutischer Maßnahmen bewährt. Tabelle 4-7 führt einige der bekannteren Verfahren auf, die teilweise auch für die deutschsprachigen Regionen standardisiert worden sind. Im Anhand dieses Kapitels sind einige Beispiele in Bearbeitungen bzw. Übersetzungen durch den Verfasser abgedruckt.

Tabelle 4-5 In der Kinder- und Jugendpsychiatrie häufig eingesetzte psychologische Leistungstests.

Verfahren		Altersbereich (Jahre)	Autoren	Ort und Jahr des Erscheinens, Verlag	Anmerkungen, Funktionsbereich
Tests zur Erfassung der allgemeinen Intelligenz					
Adaptives Intelligenz-Diagnostikum 2	(AID 2)	6–15	Kubinger, D., Wurst, E.	Göttingen 2000, Beltz	
Hannover-Wechsler-Intelligenztest für das Vorschulalter	(HAWIVA-R)	4–6	Schuck, K.-D., Eggert, D.	Bern 2001, Huber	
Hamburg-Wechsler-Intelligenztest für Kinder-Revision	(HAWIK-III)	6–16	Tewes, U., Rossmann, P., Schallberger, U.	Bern 2000, Huber	
Grundintelligenztest, Skala 1	(CFT 1)	5; 3–9; 5	Catell, R. B., Weiss, R. H., Osterland, J.	Braunschweig 1997, Westermann	
Grundintelligenztest, Skala 2	(CFT 20)	8, 7–18	Weiss, R. H.	Braunschweig 1997, Westermann	
Grundintelligenztest, Skala 3	(CFT 3)	≥14	Weiss, R. H.	Braunschweig 1980, Westermann	
Raven-Matrizen-Test	(CPM)	4; 9–11	Becker, P., Schmidtke, A., Schalter, S.	Weinheim 1980, Beltz	
Standard Progressive Matrices	(SPM)	≥ 5	Heller, K. A., Kratzmeier, H., Langfelder, A.	Göttingen 1998, Hogrefe	
Advanced Progressive Matrices	(APM)	15–25	Heller, K. A., Kratzmeier, H., Langfelder, A.	Göttingen 1998, Hogrefe	
Kaufman-Assessment Battery for Children	(K-ABC)	2; 6–12; 5	Melchers, P., Preuss, U.	Frankfurt a. M. 1994, Swets & Zeitlinger	
Differentielle Intelligenztests					
Prüfsystem für Schul- und Berufsberatung	(PSB-R)	9–20	Horn, W.	Göttingen 2001, Hogrefe	10 Untertests, 7 Primärfaktoren
Intelligenz-Struktur-Test 2000	(IST 2000)	≥ 15	Amthauer, R., Brocke, B., Liepmann, D.	Göttingen 1998, Hogrefe	
Tests für Behinderte					
Testbatterie für geistig behinderte Kinder	(TBGB)	7–12	Bondy, L., u. Mitarb.	Weinheim 1975, Beltz	geistige Behinderung, Lernbehinderung
Columbia Mental Maturity Scale	(CMM 1–3)	6–9	Schuck, K.-D., Eggert, D., Raatz, U.	Göttingen 1994, Hogrefe	geistige Behinderung
Bildertest 1–2	(BT 1–2)	6; 1–8; 9	Horn, H., Schwarz, E.	Göttingen 1994, Hogrefe	Lernbehinderung
Bildertest 2–3	(BT 2–3)	6; 9–9; 2	Ingenkamp, K.	Weinheim 1976, Beltz	Lernbehinderung
Testbatterie für entwicklungs-rückständige Schulanfänger	(TES)	5–7	Kornmann, R.	Weinheim 1977, Beltz	Lernbehinderung
Snijders-Oomen Nicht-Verbale Intelligenztestreihe	(SON-R)	2; 6–7	Tellegen, P. J., u. Mitarbeiter	Swets 1996, Frankfurt	geistige Behinderung, Hör- und Sprachbehinderung
	(S.O.N.-R)	5; 6–17	Snijders, J. T., u. Mitarbeiter	Swets 1997, Frankfurt	

Verfahren		Altersbereich (Jahre)	Autoren	Ort und Jahr des Erscheinens, Verlag	Anmerkungen, Funktionsbereich
Entwicklungstests					
Griffiths Entwicklungsskalen	(GES)	1–2; 0	Brandt, I.	Weinheim 1983, Beltz	
Münchner funktionelle Entwicklungsdiagnostik		1–3	Hellbrügge, T., u.a.	München 1994, Urban & Schwarzenberg	
Wiener Entwicklungstest	(WET)	3–6	Kastner-Koller, U., Deimann, P.	Göttingen 1998, Hogrefe	Förderdiagnostik
Entwicklungstest 6 Monate – 6 Jahre	(ET 6-6)	0,6–6	Petermann, F. Stein, I. A.	Frankfurt 2000, Swets & Zeitlinger	
Neuropsychologische Fuktionstests					
Bielefelder Screening zur Früherkennung von Lese-Rechtschreibschwierigkeiten	(BISC)	Vorschule	Jansen, H., u.a.	Göttingen 1999, Hogrefe	Screening für Lesen, Rechtschreibung
Salzburger Lese- und Rechtschreibtest	(SLRT)	1.–4. Klassen	Landerl, K., u.a.	Göttingen 1997, Hogrefe	Lesen, Rechtschreibung
Diagnostischer Lesetest zur Frühdiagnostik	(DLF 1–2)	1.–2 Klassen	Müller, R., Ingenkamp, K. (Hrsg.)	Weinheim 1984, Beltz	Lesen
Zürcher Lesetest	(ZLT)	2.–6. Klassen	Linder, M., Grissemann, H.	Bern 2000, Huber	Lesen
Zürcher Leseverständnis Test	(ZLVT)	4.–6. Klassen	Grissemann, H., Baumberger, W.	Bern 2000 Huber	
Deutscher Rechtschreibtest	(DRT 1)	1. Klassen	Müller, R., Ingenkamp, K. (Hrsg.)	Weinheim 1990, Beltz	Rechtschreibung
Deutscher Rechtschreibtest	(DRT 2)	2. Klassen	Müller, R., Ingenkamp, K. (Hrsg.)	Weinheim 1997, Beltz	Rechtschreibung
Deutscher Rechtschreibtest	(DRT 3)	3. Klassen	Müller, R., Ingenkamp, K. (Hrsg.)	Weinheim 1997, Beltz	Rechtschreibung
Deutscher Rechtschreibtest	(DRT 4)	4. Klassen	Grund, M., u.a.,) Ingenkamp, K. (Hrsg.	Weinheim 1994, Beltz	Rechtschreibung
Deutscher Rechtschreibtest	(DRT 5)	5. Klassen	Grund, M., u.a., Ingenkamp, K. (Hrsg.)	Weinheim 1995, Beltz	Rechtschreibung
ZAREKI		8–12	von Aster, M.	Frankfurt 2001 Swets	Rechenfertigkeiten
Körperkoordinationstest für Kinder	(KTK)	5–14	Kiphard, E. J., Schilling, F.	Weinheim 1974, Beltz	Motorik
Lincoln-Oseretzky-Skala, Kursform	(LOS KF 18)	5–13; 11	Eggert, D.,	Weinheim 1974, Beltz	Motorik
Motoriktest für 4–6-jährige Kinder	(MOT4–6)	4–6	Zimmer, R., Volkauer, R.	Göttingen 1987, Hogrefe	Motorik
Göttinger Formreproduktions-Test	(GFT)	6–15; 11	Schlange, H., u. Mitarb.	Göttingen 1977, Verlag für Psychologie	Visuomotorik
Frostig-Entwicklungstest der visuellen Wahrnehmung	(FEW)	4–7; 11	Lockowandt, O.	Göttingen 1996, Hogrefe	Visuelle Wahrnehmung
Diagnostikum für zerebrale Störungen	(DCS)	≥ 6	Weidlich, S., Lamberti, G.	Göttingen 1993, Hogrefe	Lernen, Gedächtnis
Psycholinguistischer Entwicklungstest	(PET)	3–10	Angermaier, M.	Weinheim 1977, Beltz	Sprache
Heidelberger Sprachentwicklungstest	(HSET)	4–9; 11	Grimm, H., Schöler, H.	Göttingen 1991, Hogrefe	Sprache
Hand-Dominanz-Test	(HDT)	6–10	Steingrüber, H. J., Lienert, G. A.	Göttingen 1976, Hogrefe	Handdominanz
Tübinger Luria-Christensen Neuropsychologische Untersuchungsreihe für Kinder	(TÜKI)	4–14	Deegener, G., u.a.	Göttingen 1997, Hogrefe	Mehrere Funktionen

Tabelle 4-6 Psychologische Persönlichkeitsdiagnostik.

Verfahren		Altersbereich (Jahre)	Autoren	Ort und Jahr des Erscheinens, Verlag	Anmerkungen, Funktionsbereich
Persönlichkeitsfragebogen					
Hamburger Neurotizismus-Extraversions-Skala	(HANES-KJ)	8–16	Buggle, F., Baumgärtel, F. Baumgärtel, F.	Göttingen 1975, Verlag für Psychologie	Extraversion, Neutrotizismus
Angstfragebogen für Schüler (AFS)	(AFS)	9–17	Wieczerkowski, W., Nickel, H., u. Mitarb.	Braunschweig 1980, Westermann	Prüfungsangst, manifeste Angst, Schulunlust
Persönlichkeitsfragebogen	(PFK 9–14)	9–14	Seitz, W., Rausche, A.	Göttingen 1992, Hogrefe	Verhaltensstile, Motive, Selbstbild-Aspekte
Deutscher High School Personality Questionnaire	(HSPQ)	12–18	Schumacher, G., Cattell, R. B.	Bern 1977, Huber	14 Primärfaktoren, 4 Sekundärfaktoren
Hamburger Persönlichkeitsfragebogen für Kinder	(HAPEF-K)	9–13	Wagner, H., Baumgärtel, F.	Göttingen 1978, Hogrefe	6 Faktoren
Offer-Selbstbildfragebogen für Jugendliche	(OSBF)	13–19	Steinhausen, H.-C.	Zürich 1989, Universität (s. Anhang 4.8)	11 Selbstbildaspekte (Persönlichkeit, Sozialbeziehungen, Sexualität, Familie, Außenwelt)
Freiburger Persönlichkeits-Inventar	(FPI)	≥15	Fahrenberg, J., u. a.	Göttingen 1994, Hogrefe	9 Primärfaktoren, 3 Sekundärfaktoren
Depressions-Inventar für Kinder und Jugendliche	(DIKJ)	8–17	Stiensmeier-Pelster, J., u. a.	Göttingen 2000, Verlag für Psychologie	
Persönlichkeitsstil u. Störungsinventar	(PSSI)	≥14	Kuhl, J., Kazen, M.	Göttingen 1997, Hogrefe	
Beck Angstinventar	(BAI)	≥12	Margraf, J., Ehlers, A.	Göttingen 1998, Hogrefe	Angst
Projektive Verfahren/Gestaltungsverfahren					
Rorschach-Test			Rorschach, H.	Bern 1948, Huber	
Sceno-Test			von Staabs, G.	Bern 1997, Huber	
Rosenzweig Picture Frustration Test für Kinder	(PFT)	7–14	Duhm, E., Hansen, J.	Göttingen 1957, Verlag für Psychologie	
Thematischer Gestaltungstest (Salzburg)	(TGT-S)		Revers, W. J., Widauer, H.	Weinheim 1985, Beltz	
Familiendiagnostische Verfahren					
Familien-Systemtest	(FAST)	≥ 6	Gehring, T. M.	Weinheim 1993, Beltz	Kohäsion, Hierarchie
Subjektives Familienbild	(SFB)	≥ 12	Mattejat, F., Scholz, M.	Marburg 1994, Universität	Emotionale Verbundenheit/ indiv. Autonomie
Familieneinschätzungsbogen	(FAM)		Cierpka, M.	Heidelberg 1988, Springer	Mehrdimensional
Familien-Fragebogen nach Olson	(FFBO/FACES)		Thomas, V., in: Cierpka, M. (Hrsg.)	Heidelberg 1998, Springer	Kohäsion, Adaptabilität

Tabelle 4-7 Mehrdimensionale Beurteilungsskalen zur Verhaltensbeurteilung.

Bezeichnung	Autor/Quelle
Fragebogen zu Stärken und Schwächen (SDQ): Fremdbeurteilung	Goodman 1999 (s. Anhang 4.3)
Fragebogen zu Stärken und Schwächen (SDQ): Selbstbeurteilung	Goodman 1999 (s. Anhang 4.4)
Eltern-Fragebogen/Child Behavior Checklist (CBCL)	Achenbach 1993 (s. Anhang 4.5)
Jugendlichen-Fragebogen/Youth Self Report (YSR)	Achenbach 1993 (s. Anhang 4.7)
Lehrer-Fragebogen/Teacher Rating Form (TRF)	Achenbach 1993 (s. Anhang 4.6)
Verhaltensbeurteilungsbogen für Vorschulkinder (VBV)	Döpfner u. Mitarb. 2001

Derartige Beurteilungsskalen stellen geschlossene Merkmalssysteme und damit eine Klasse von **Verhaltensbeobachtungen** dar. Sie können sich auf eine breite Skala von unterschiedlichsten Verhaltensweisen oder auf ganz spezifische Syndrome wie z.B. die hyperkinetische Störung oder die Anorexia nervosa beziehen. Im Rahmen der Verhaltenstherapie bzw. systematischer Verhaltensbeobachtungen werden diese Merkmalssysteme noch stärker auf kleinste Verhaltenseinheiten anhand spezifischer Kategoriensysteme reduziert, wobei Interpretationen und Rückgriffe auf implizite Theorien weitgehend ausgeschlossen werden sollen. So kann z.B. eine systematische Verhaltensbeobachtung auf das Auftreten automutilativer Handlungen, die Einnässhäufigkeit, die Häufigkeit von Blickzuwendungen etc. gerichtet sein. Jedes dieser Ereignisse könnte – auch im Rahmen eines mehrdimensionalen Kategoriensystems – zeitlich im jeweiligen Verhaltensstrom aufgezeichnet und analysiert werden.

Diese hochstrukturierten Methoden der Verhaltensbeobachtung sind in der klinischen Praxis in der Regel eher bei spezifischen verhaltenstherapeutischen Ansätzen angezeigt. Andererseits kann keine Behandlung auf eine Zielorientierung verzichten. Ebenso spielt auch die freie Verhaltensbeobachtung eine wichtige Rolle in der kinder- und jugendpsychiatrischen Behandlung. Entsprechend fließen Beobachtungen des untersuchenden Arztes oder Psychologen oder anderer Mitarbeiter des kinder- und jugendpsychiatrischen Teams in den Behandlungsplan eines jeden Kindes oder Jugendlichen ein.

Schließlich sind in Tabelle 4-6 auch einige deutschsprachige Verfahren der Familiendiagnostik und dabei mehrheitlich Fragebogenverfahren aufgeführt. Darüber hinaus kennt die **Familiendiagnostik** Beobachtungsverfahren, freie oder strukturierte Interviewverfahren sowie Methoden der Interaktionsdiagnostik. Auf einige spezifische Aspekte der Familiendiagnostik wird im Zusammenhang mit der Familientherapie in Kapitel 2.5 eingegangen.

4.2 Methodische Aspekte

Grundhaltung

Das Gespräch mit Eltern und Kind ist das wichtigste Handwerkszeug des Kinder- und Jugendpsychiaters. Es muss daher hinsichtlich der Art der Durchführung erlernt und erworben werden, wobei für die praktische Anwendung Erkenntnisse der Forschung über Interview- und Gesprächsführung außerordentlich wertvoll und hilfreich sind. Hierzu gehört beispielsweise das Wissen aus der non-direktiven Gesprächsführung, dass ein Gesprächspartner sich leichter äußert, wenn auf der Seite des Interviewers oder Therapeuten die Merkmale **Empathie, Wärme, Echtheit und Konkretheit** realisiert werden. Ein derartiger Interviewstil ist durch Sensitivität für die Gefühle des Gegenübers, Anpassung an die Reaktionen des Interviewpartners über Stimmklang, Nicken, Lächeln, Blickkontakt und Körpernähe sowie aufmerksames Zuhören und den Einsatz offener Fragen gekennzeichnet. Er führt in der Tat auch im kinderpsychiatrischen Gespräch zu mehr Ausdruck von Emotionen, wie systematische Interviewstudien ergeben haben.

Aber auch hier sollte beachtet werden, dass es eine interindividuell schwankende Reaktionsbreite gibt. Noch dazu lässt sich ein psychiatrisches Gespräch nicht ausschließlich non-direktiv führen, zumal viele faktenorientierte Fragen gestellt werden müssen. Entsprechend ist eine kombinierte Vorgehensweise sinnvoll, bei der offene Fragen mit wenigen Zwischenfragen am Anfang des Gesprächs stehen sollten. Damit lässt sich zunächst ein Einblick in die Problematik aus der Sicht der Eltern oder des Kindes ebenso wie in den Stil der Darstellung, die Interaktion und den sprachlichen Ausdruck gewinnen. Dieser offene Stil am Anfang muss dann durch mehr **Aktivität** auf der Seite des Interviewers im Sinne einer systematischen und detaillierten Befragung ergänzt werden, wobei eine klare Vorstellung über Ziele und Wertigkeit der Fragen vorliegen muss. Spezifische Details machen geschlossene Fragen erforderlich. Bei vagen Angaben oder Generalisierungen hilft die Frage nach Beispielen für das jeweils erörterte Problem bzw. Verhalten weiter. So kann die Güte der Partnerbeziehung der Eltern, die für die Entwicklung kinderpsychiatrischer Störungen von großer Bedeutung ist, besser über Fragen nach Ausmaß von Streit, offener Spannung, Trennung, Zuwendung, gemeinsamen Aktivitäten u.ä.m. als durch die direkte Befragung erfasst werden.

Da die kinderpsychiatrische Diagnostik sich sehr wesentlich auf inner- und außerfamiliäre Beziehungen einerseits sowie Gefühle und Stimmungen andererseits erstreckt, sei noch einmal betont, dass ohne ein überlegtes, verständnisvolles, ermutigendes und einfühlend warmherziges Interviewverhalten wichtige Ziele der Exploration nicht erreicht werden können. Zugleich ist aber auch ein mittleres Ausmaß an Aktivität und Direktheit erforderlich, das weder vom passiven noch vom ständig redenden Interviewer richtig getroffen wird.

Spezifische Techniken

Während diese allgemeinen Grundsätze sowohl für das Gespräch mit den Eltern oder erwachsenen Bezugspersonen wie auch für das Kind im Schulalter gelten, kommen bei Kindern noch einige spezifische Techniken zur Anwendung. Hierzu zählt in besonderer Weise der Einsatz von **Spieltechniken,** der in Abhängigkeit vom Entwicklungs- und Funktionsniveau des jeweiligen Kindes gewählt werden muss. Im Spiel werden Beziehungsprobleme und emotionale Zustände des Kindes möglicherweise eher deutlich als in der Exploration. **Hilfsmittel** sind dabei z.B. die bereits erwähnten projektiven Techniken in Form der Menschzeichnung, der Zeichnung der Familie in Tieren, der Drei-Wünsche-Probe u.ä.m. Auf diesem Wege werden Hypothesen über die Phantasiewelt des Kindes und Ansätze für das Gespräch mit dem Kind entwickelt. Die dabei mögliche direkte Verhaltensbeobachtung kann durch Beobachtungen in anderen Kontexten ergänzt werden. Hierzu zählen z.B. auch **Berichte** aus der Schule oder dem Hort. Bei spezifischen Problemen – wie z.B. aggressivem Verhalten in der Klassengemeinschaft – kann die gezielte Verhaltensbeobachtung in dem jeweiligen Setting, also der Schule, wichtig und notwendig sein. Insgesamt stellt die kinder- und jugendpsychiatrische Diagnostik des Kindes hohe Anforderungen an das Engagement und den zeitlichen Aufwand bei der Untersuchung.

Besondere Probleme der Diagnostik können darüber hinaus bei Kindern entstehen, die aus den verschiedensten Gründen schlecht kommunizieren. Hierzu zählen nicht nur Kinder mit sensorischen **Behinderungen,** wie z.B. Hörstörungen oder Stummheit, oder mit geistiger Behinderung und Autismus, sondern auch die extrem zurückgezogenen und ängstlich gehemmten sowie depressiven Kinder. Dabei kann die **Hemmung** auch durch überwältigende Ereignisse und Traumen, wie z.B. Misshandlungen und sexuellen Missbrauch, bedingt sein. Für derartige Situationen gilt, dass eine vertrauensvolle Beziehung zwischen Kind und Untersucher hergestellt werden muss, dass Hilfsmittel wie Zeichenmaterialien oder Puppen bereitliegen sollen und der Untersucher fähig sein muss, sehr flexibel mit seinem diagnostischen Werkzeug umzugehen.

Familieninterview

Schließlich stellt sich seit dem Aufkommen familientherapeutischer Ansätze, bei denen simultan mit allen Familienmitgliedern therapeutisch gearbeitet wird, die Frage, ob das gemeinsame Familieninterview (vgl. Tabelle 4-8) das herkömmliche Interview mit Eltern bzw. Kind in zunehmendem Ausmaß verdrängen könnte. Ganz zweifelsfrei kann das Familieninterview wertvolle Beiträge zur kinderpsychiatrischen Untersuchung leisten, indem es über die unmittelbare Beobachtung z.B. die Beurteilung von Familienkonzepten und -einstellungen gegenüber dem jeweiligen Problem, die Klarheit der Kommunikation, die Qualität der emotionalen Bindungen und Bezie-

hungen, das Familienklima, den Umgang mit der Außenwelt, die Machtstrukturen innerhalb der Familie und die Problemlösungsfertigkeiten ermöglicht.

Das Familieninterview gestattet jedoch nicht die Erhebung der Anamnese, vielmehr spart es diese ebenso wie den individuellen psychopathologischen Befund aus. Trotz bisweilen anders lautender Konzepte der Familientherapie sind dies jedoch selten verzichtbare Bestandteile einer sorgfältigen Untersuchung psychischer Störungen im Kindes- und Jugendalter. Auch die hier dargelegte psychiatrisch-psychologische Untersuchung ist in sich nicht Selbstzweck, sondern wesentlich auf ein wissenschaftlich geleitetes Verstehen der jeweiligen Problematik und ihre Veränderung durch therapeutische Maßnahmen orientiert.

Tabelle 4-8 Elemente der Familiendiagnostik.

- Familienstruktur und -interaktionen
- Entwicklungsphase der Familie im Lebenszyklus
- soziokultureller Kontext der Familie
- Entwicklung der Eltern in der Herkunftsfamilie
- Umgang mit dem Symptom des Kindes, Bedeutung des Symptoms für die Familie
- Problemlösungsmöglichkeiten in der Familie

4.3 Ergänzende Labordiagnostik

Die Labordiagnostik spielt – insgesamt genommen – in der kinder- und jugendpsychiatrischen Untersuchung eine untergeordnete Rolle. Gleichwohl gibt es Indikationen für spezifische diagnostische Maßnahmen, die unverzichtbar sind. Mehrheitlich handelt es sich dabei um die diagnostische Abklärung neurologischer Symptome bzw. Ursachen im Rahmen hirnorganischer Syndrome, die häufig eher in neuropädiatrischen als in kinderpsychiatrischen Abteilungen vorgenommen wird. Eine Zusammenstellung der wichtigsten Verfahren gibt Tabelle 4-9. An dieser Stelle sollen nur einige kommentierende Anmerkungen – ohne detaillierte Abhandlung der jeweiligen Technik – zu den einzelnen Verfahren gemacht werden.

Das Elektroenzephalogramm (EEG) zur Erfassung der hirnelektrischen Aktivität hat den Schwerpunkt der Indikation in der Diagnostik und Therapiekontrolle der Epilepsien. Darüber hinaus leistet das EEG wichtige Beiträge zur Reifungsdiagnostik des Gehirns bei spezifischen Entwicklungsverzögerungen und Teilleistungsstörungen. Schließlich spielt das EEG im Verbund mit anderen Verfahren eine Rolle in der Diagnostik von organischen Psychosyndromen, die durch entzündliche Prozesse, Tumoren, Gefäßanomalien, Stoffwechselstörungen, Traumen oder degenerative Prozesse des Gehirns bedingt sind. Eine Untersuchung der evozierten Potentiale ist neben audiologisch-phoniatrischen Störungen vor allem bei neuropsychiatrischen Störungen (z.B. Tumoren, Autismus) indiziert. Die topographische Darstellung der elektrischen Hirnaktivität erfolgt mit dem **Brainmapping.**

Tabelle 4-9 Labordiagnostik.

- Elektrophysiologie
  - Elektroenzephalographie (EEG)
  - evozierte Potentiale (EP)
  - Brainmapping
- bildgebende Verfahren
  - Röntgen-Nativaufnahmen (Schädel, Handskelett)
  - Röntgen-Kontrastmittelverfahren (Gefäßdarstellung, Myelographie)
  - Computertomographie (CT)
  - Kernspintomographie (MRT)
  - Positronenemissionstomographie (PET)
  - Hirnszintigraphie
- Liquoruntersuchung
- Elektromyographie (EMG)
- Nervenleitgeschwindigkeit (NLG)
- Muskel- und Nervenbiopsie
- Chromosomenanalyse
- Stoffwechseluntersuchungen (z.B. Aminosäuren-Screening)
- Audiometrie

Röntgenübersichtsaufnahmen des Schädels gestatten die Beurteilung von Form und Größe, Knochennähten, Kalkgehalt und Struktur der Schädelkalotte, intrakraniellen Verkalkungen, Fehlbildungen, Knochendestruktionen und Verletzungsfolgen sowie Asymmetrien. Ihr Indikationsspektrum kann entsprechend weit gestellt werden, wobei Zielaufnahmen spezifische Abklärungen wie die Darstellung der Schädelbasis (z.B. bei Verdacht auf Fraktur oder basisnahe Tumoren), der Sella oder anderer Regionen leisten können. In der Röntgenuntersuchung des Schädels oder des Handskeletts (zur Erfassung des Knochenalters) jedoch eine unverzichtbare Routinemaßnahme der Kinder- und Jugendpsychiatrie zu sehen, würde eine Überschätzung des organischen Faktors einerseits und ein Abweichen von dem Grundsatz einer indikationsbezogenen Diagnostik in der Kinder- und Jugendpsychiatrie andererseits bedeuten.

Entsprechend kommen **Röntgen-Kontrastmittelverfahren** nur bei im Kindes- und Jugendalter eher selteneren Indikationen zur Anwendung. Beispiele sind die Angiographie zur Darstellung von Hirngefäßen bei Verdacht auf Gefäßmissbildungen bzw. Tumoren oder andere raumfordernde Prozesse oder die Myelographie zur Darstellung von Veränderungen des Spinalkanals des Rückenmarks durch Tumoren.

Bei der Technik der **Computertomographie** werden Röntgenstrahlenbündel in verschiedenen Schichten durch den Körper geschickt, elektronisch verstärkt und mittels Computertechnik gespeichert. Diese Technik vermittelt bei minimaler Strahlenbelastung und geringem Zeitaufwand äußerst informationsreiche Bilder. In Form der kranialen, d.h. auf den Kopf bezogenen Computertomographie können z.B. Tumoren und andere raumfordernde Prozesse oder Atrophien dargestellt werden. Eine Weiterentwicklung dieser Technik stellt die **Kernspintomographie** (oder Magnetresonanztomographie) mit ähnlichem Indikationsspektrum dar. Die **Positronenemissionstomo-**

graphie gestattet sowohl eine strukturelle wie auch eine funktionelle Hirndiagnostik über die Erfassung der Verteilung radioaktiv markierter Substanzen im Hirnstoffwechsel. Diese Methode steht klinisch angesichts des enormen Kostenaufwandes nur an wenigen Orten zur Verfügung. Inwieweit sie auch bei Fragen der kinder- und jugendpsychiatrischen Diagnostik grundsätzlich neue Aufschlüsse erbringen wird, muss sich erst noch erweisen. Schließlich werden auch bei der in der Klinik schon seit geraumer Zeit eingeführten Methode der **Hirnszintigraphie** radioaktiv markierte Substanzen mit geringer Strahlenbelastung injiziert. Die Indikation kann ebenfalls bei Verdacht auf raumfordernde Prozesse oder Gefäßmissbildungen gegeben sein, wenngleich die methodischen Grenzen den Stellenwert dieses Verfahrens ebenfalls zugunsten der Computertomographie eingeschränkt haben.

Die Analyse des **Liquors** hinsichtlich Farbe, Zellzahl, Eiweiß- und Glukosegehalt, Viren- bzw. Erregernachweis ist wesentlich für die Diagnostik von Entzündungen, aber auch von Blutungen, Tumoren und anderen selteneren Erkrankungen des **ZNS**. Einige neuromuskuläre Erkrankungen bedürfen einer Abklärung durch die **Elektromyographie,** d.h. die Aufzeichnung elektrischer Muskelpotentiale, bzw. der **Muskel- und Nervenbiopsie,** einer chirurgischen Entnahme eines kleines Stückes der Muskulatur bzw. von einem Hautnerv mit anschließender histologischer Analyse der Zellstruktur.

Schließlich sind **Chromosomenanalysen** und die **Analyse von Stoffwechselstörungen** besonders bei der ätiologischen Abklärung einer geistigen Behinderung und unspezifischen Entwicklungsverzögerungen indiziert. Hier wie auch bei isolierten Sprachentwicklungverzögerungen ist darüber hinaus die **Audiometrie** häufig angezeigt.

Literatur

Achenbach, T. M.: Empirically based taxonomy: How to use syndromes and profile types derived from the CBCL/4–18, TRF, and YSR. University of Vermont, Dept. Psychiat. Burlington, VT 1993.

Angold, A.: Diagnostic interviews with parents and children. In: Rutter, M., E. Taylor (eds.): Child and Adolescent Psychiatry. Modern Approaches. 4th ed. Blackwell, Oxford 2002.

Döpfner, M., W. Berner, H. Flechtner, G. Lehmkuhl, H.-C. Steinhausen: Psychopathologisches Befund-System für Kinder und Jugendliche (CASCAP-D). Hogrefe, Göttingen 1998.

Döpfner, M., W. Berner, T. Fleischmann, M. H. Schmidt: Verhaltensbeurteilungsbogen für Vorschulkinder, Beltz Test, Weinheim 2001.

Döpfner, M., G. Lehmkuhl: DISYPS-KJ. Diagnostik-System für psychische Störungen im Kindes- und Jugendalter nach ICD-10 und DSM-IV. Huber, Bern 1998.

Döpfner, M., G. Lehmkuhl, D. Heubrock, F. Petermann: Diagnostik psychischer Störungen im Kindes- und Jugendalter. Hogrefe, Göttingen 2000.

Eisler, I.: Family interviewing: Issues of theory and practice. In: Rutter, M., E. Taylor (eds.): Child and Adolescent Psychiatry. Modern Approaches. 4th ed. Blackwell, Oxford 2002.

Kubinger, K. D.: Einführung in die psychologische Diagnostik. Beltz Psychologie Verlags Union, Weinheim 1995.

Practice Parameters for the psychiatric assessment of children and adolescents. J. Am. Acad. Child Adolesc. Psychiatry 36 (1997) 45–205.

Practice Parameters for the psychiatric assessment of infants and toddlers (0–36 months). J. Am. Acad. Child Adolesc. Psychiatry 36 (1997) 215–365.

Steinhausen, H.-C., Lugt, H., Doll, B., Kammerer, M., Kannenberg, R., Prün, H.: Der Zürcher Interventionsplanungs- und Evaluationsbogen (ZIPEB): Ein Verfahren zur Qualitätskontrolle therapeutischer Maßnahmen. Praxis der Kinderpsychologie und Kinderpsychiatrie, 49 (2000) 329–339.

Steinhausen, H.-C.: Handbuch für den Offer-Selbstbild-Fragebogen für Jugendliche von D. Offer, E. Ostrov und K. I. Howard. Psychiatrische Universitätspoliklinik für Kinder und Jugendliche, Zürich 1989.

II Spezielle Kinder- und Jugendpsychiatrie

5 Geistige Behinderung

Die geistige Behinderung ist eine der häufigsten psychischen Störungen bei Kindern und Jugendlichen. Synonyme sind Oligophrenie und Geistesschwäche. Der in der älteren deutschsprachigen Literatur vorherrschende Begriff des Schwachsinns sollte wegen seiner negativen Bedeutung in der Umgangssprache zunehmend aus der psychiatrischen Terminologie getilgt werden. Die englischsprachigen Bezeichnungen sind „mental retardation" bzw. „mental deficiency". Der Begriff der „mental retardation" ist eine beispielhaft positive Formulierung, zumal er die realen relativen Entwicklungsveränderungen bei einem Teil der geistig Behinderten mit einbezieht.

Definition

Gemäß gleichlautenden Definitionen der Weltgesundheitsorganisation und der American Association of Mental Deficiency bezieht sich der Begriff der geistigen Behinderung auf eine unterdurchschnittliche allgemeine Intelligenz, die während der Entwicklungsperiode entsteht und mit einer Beeinträchtigung des adaptiven Verhaltens verbunden ist. Diese Definition enthält drei wesentliche Bestandteile, nämlich die Begriffe der Intelligenz, der **Entwicklungsperiode** und des **adaptiven Verhaltens**. Mit dem Bezug auf den Begriff der Intelligenz soll festgestellt werden, dass bei der geistigen Behinderung eine Beeinträchtigung von Problemlösefertigkeiten vorliegt. Der Hinweis auf den Zeitpunkt der Entstehung der geistigen Behinderung betont die besondere Wertigkeit des lebensgeschichtlichen Zeitraums von Kindheit und Jugend für die Entstehung der geistigen Behinderung. Schließlich wird mit dem Begriff des adaptiven Verhaltens die über die Beeinträchtigung der Intelligenz hinausgehende Begrenzung der praktischen Lebensbewältigung und sozial-kommunikativen Fertigkeiten angesprochen.

Die geistige Behinderung stellt damit eine Sammelbezeichnung für eine Vielzahl ätiologisch sehr unterschiedlicher Minderungen der Intelligenz dar. Der geistig Behinderte erfährt Beeinträchtigungen hinsichtlich der Entwicklung eines eigenen Bildes von der Umwelt, des Vorstellungsschatzes und des logischen Denkvermögens. Er hat zugleich einen Mangel an sozialer Anpassung. Aus seiner fehlenden eigenständigen und altersgemäßen Lebensbewältigung werden die juristische Position der Unmündigkeit und das Fürsorgebedürfnis abgeleitet. Ähnlich führt die Feststellung einer Beeinträchtigung des Lernens zur Ableitung des pädagogischen Standpunktes der Sonderschulbedürftigkeit.

Die geistige Behinderung muss in erster Linie von den **Demenzen** abgegrenzt werden, die einen umschriebenen Abbauprozess bereits ausgebildeter und entwickelter Intelligenzfunktionen bezeichnen. Diese treten beispielsweise im Kontext mit organischen Psychosyndromen oder auch bei neurodegenerativen und genetisch-metabolischen Störungen auf. Im Rahmen organischer Psychosyndrome kann es auch zu vorübergehenden Intelligenzminderungen kommen, die ebenfalls von der geistigen Behinderung unterschieden werden muss. Schließlich ist die geistige Behinderung von den **Teilleistungsschwächen** zu differenzieren, bei denen es zu isolierten Ausfällen einzelner Funktionsbereiche bzw. spezifischen Entwicklungsverzögerungen bei normaler allgemeiner Intelligenz kommt.

Klassifikation

Für die Klassifikation der geistigen Behinderung ist eine Vielzahl von Systemen und Kriterien, z. B. nach klinischen oder ätiologischen Gesichtspunkten, nach dem Zeitpunkt der Schädigung u. ä. m., vorgeschlagen worden. Praktisch am weitesten verbreitet ist die von der Weltgesundheitsorganisation und der American Association of Mental Deficiency gleichsinnig vorgenommene Einteilung nach dem Grad der Intelligenzminderung (Tab. 5-1).

Tabelle 5-1 Klassifikation der geistigen Behinderung nach dem Kriterium der Intelligenz (IQ).

Geistige Behinderung	ICD-10	IQ	Anteile
leichte	F 70	70–50	80 %
mittelgradige	F 71	49–35	12 %
schwere	F 72	34–20	7 %
schwerste	F 73	19– 0	<1 %

Diesen vier Schweregradstufen der geistigen Behinderung entsprechend auch unterschiedliche Anpassungsmöglichkeiten. Während für die zahlenmäßig sehr viel größere Gruppe der **Lernbehinderten** (IQ = 85–70) gilt, dass sie bei angemessener Ausbildung einer normalen Berufstätigkeit in mehrheitlich einfachen Tätigkeitsfeldern nachgehen und mehrheitlich auch Ehen eingehen und Familien gründen können, erfahren die geistig Behinderten hinsichtlich dieser Bereiche des adaptiven Verhaltens Einschränkungen.

Für die **leicht geistig Behinderten** (IQ = 70–50) gilt, dass sie bei entsprechender Überwachung ihrer sozialen und materiellen Belange durch Dritte eine Berufstätigkeit im Sinne sehr einfacher Tätigkeiten erwerben können. Vielfach ist schon bei dieser Gruppe von Behinderten die längerfristige Betreuung in einer beschätzenden Werkstatt bzw. einer besonderen Einrichtung erforderlich. Die **mittelgradig geistig Behinderten** (IQ = 39–35) sind immer von familiärer und institutioneller Fürsorge abhängig und können einfache Tätigkeiten nur in beschützenden Werkstätten realisieren. In der Regel haben sie sehr wenige soziale Kontakte. Sie verfügen über Fertigkeiten der Selbsthilfe und Selbstversorgung unter entsprechender Anleitung bzw. Rehabilitation. Patienten mit einer **schweren geistigen Behinderung** (IQ = 34–20) sind mehrheitlich institutionalisiert, zumal sie eine konstante Überwachung benötigen. Sie zeigen wenig eigenständiges Verhalten und ausgeprägte Kommunikationsmängel. Schließlich sind die **schwerst geistig Behinderten** (IQ = 19–0) überwiegend Pflegefälle mit nur sehr begrenzter statomotorischer Entwicklung. In einer sehr groben Entwicklungsabschätzung kann man den leicht geistig Behinderten ein erreichbares Entwicklungsalter von 15 Jahren, den mittelgradig und schweren geistigen Behinderungen ein erreichbares Entwicklungsalter von sechs Jahren und den schwersten Formen ein erreichbares Entwicklungsalter von ca. 18 Monaten zuordnen.

Die Klassifikation der geistigen Behinderung nach dem Kriterium der Intelligenzminderung ist jedoch auch nicht frei von Problemen. Kritisch angemerkt werden muss, dass Intelligenztests immer nur eine begrenzte Stichprobe von Aufgaben aus dem Bereich des Problemlösungsverhaltens erfassen. Als Konsequenz sind daher für die Bestimmung der geistigen Behinderung mehrere Kriterien zu fordern. Ferner ist festzustellen, dass die tatsächliche soziale Einordnung und Entwicklung nicht immer dem Intelligenzniveau entspricht. Die Grenzwerte der Intelligenzminderung sind willkürlich gesetzt, wobei die gegenwärtige Übereinkunft, einen IQ = 70 als Grenzwert zu betrachten, auf der Überlegung beruht, Extremwerte als Abweichungen von mindestens zwei Standardabweichungen vom Mittelwert zu betrachten. Diese auch bei anderen biologischen Verteilungen getroffene Vereinbarung berücksichtigt im Fall der geistigen Behinderung einen Mittelwert von IQ = 100 mit einer Standardabweichung von IQ = 15 bei den gebräuchlichen Intelligenztests.

Weiter ist festzustellen, dass die Einteilung der Grade der geistigen Behinderung auf den so genannten Staffel-

tests beruhen. Mit diesen Tests zur Erfassung des Entwicklungsalters sind erhebliche Probleme der Metrik verknüpft. Die ungleichen Streuungen auf verschiedenen Altersstufen – die mit dem Alter wachsen – führen dazu, dass zwei gleichlautende Intelligenzquotienten nicht vergleichbar sind, zumal sie aus verschiedenen Verteilungen stammen. Wenngleich diese Problematik durch die Entwicklung des so genannten Abweichungs-IQ, bei dem auf jeder Altersstufe jeweils eine gleiche Standardabweichung von IQ = 15 vorliegt, weitgehend gelöst worden ist, müssen auch diese neueren Testverfahren (z. B. die verschiedenen Formen des Hamburg-Wechsler-Intelligenztests) einer Kritik unterzogen werden. Sie liefern in der Regel relativ wenig Information, zumal sie nur einen Faktor der allgemeinen Intelligenz erfassen und damit ein überholtes Intelligenzkonzept repräsentieren, das differentielle Intelligenzfaktoren unberücksichtigt lässt. Diese Verfahren ermöglichen darüber hinaus keine genügende Differenzierung der Intelligenzminderung und führen zu großen Mess- und Schätzfehlern.

Diese kritischen Überlegungen haben zur Entwicklung differentieller Testbatterien für die Population geistig Behinderter geführt. Das bekannteste Beispiel ist die Testbatterie für geistig behinderte Kinder (TBGB), die in zwei Untertests jeweils die Intelligenz sowie in weiteren Untertests den passiven Wortschatz, die Merkfähigkeit sowie die Fein- und Grobmotorik erfasst (vgl. Kap. 4). Diese Form der Diagnostik relativiert zwar die Wertigkeit der oben geschilderten Klassifikationsgesichtspunkte, nimmt aber andererseits jedoch ansatzweise auf den Aspekt der förderungsbezogenen individuellen Diagnostik besser Bezug.

Hinsichtlich des bereits in der Definition der geistigen Behinderung herausgestellten adaptiven Verhaltens sei auf die Klassifikation verwiesen, die in Tabelle 5-2 dargestellt ist. Auch hier werden vier unterschiedliche Schweregrade der Beeinträchtigung des relativen Verhaltens klassifiziert, wobei auf Fertigkeiten wie Sensomotorik, Kommunikation, Selbsthilfe, Sozialverständnis u. ä. m. Bezug genommen wird.

Häufigkeit

Angaben über die Häufigkeit der geistigen Behinderung in internationalen Statistiken schwanken. Der Anteil der geistig Behinderten an der Gesamtbevölkerung beträgt in internationalen Feldstudien 2–3 %, in Fallregisterstudien eher unter 1 %. Die Schwankungen in den Statistiken können mit den Problemen der mangelnden statistischen Erfassung jeweils in Familien, Heimen oder Anstalten, der Problematik von Mehrfachbehinderungen sowie den unterschiedlichen Klassifikationssystemen begründet werden, bei denen teilweise Lernbehinderte eingeschlossen wurden.

Hinsichtlich der Häufigkeit des Vorkommens besteht eine Dominanz von Land- gegenüber Stadtgebieten, von Unterschicht- gegenüber Mittelschichtpopulationen, von Jungen gegenüber Mädchen sowie im Altersbereich der 10- bis 14-Jährigen. Hinsichtlich der sozioökonomischen

Tabelle 5-2 Klassifikation der geistigen Behinderung nach dem adaptiven Verhalten (Spreen, 1978).

Stufe	Vorschulalter (0–5 Jahre) Reifung und Entwicklung	Schulalter (6–21 Jahre) Erziehung und Bildung	Erwachsenenalter (21 Jahre) Soziale und berufliche Zulänglichkeit
1	grober Entwicklungsrückstand; minimale Fähigkeit zu Leistungen im sensorisch-motorischen Bereich; benötigt Krankenhaus-fürsorge	einige motorische Entwicklung vorhanden; Selbsthilfetraining ohne Erfolg; braucht vollständige Fürsorge	einige motorische und sprachliche Entwicklung; völlig unfähig zur Selbsterhaltung; braucht komplette Pflege und Aufsicht
2	schlechte motorische Entwicklung; Sprache minimal; im Allgemeinen unfähig, Selbsthilfe zu erlernen; geringe oder fehlende Kommunikationsfähigkeit	kann sprechen oder Kommunikationsfertig-keiten erlernen; kann in einfachen Gesund-heitsgewohnheiten angelernt werden; kann keine funktionellen schulischen Fertig-keiten erwerben; lernt mit Hilfe von systema-tischer Verhaltensmodifikation („trainierbar")	kann teilweise zum Selbstunterhalt beitragen unter ständiger Aufsicht; kann bis zu minimal nützlichem Grade Selbstverteidigungsfähig keiten in kontrollierter Umgebung erwerben
3	kann sprechen und Kommunikationsfähig-keit erlernen; schlechtes Sozialverstänndnis; ausreichende motorische Entwicklung; kann Selbsthilfe erlernen; kann unter mäßiger Aufsicht fertig werden	kann funktionelle schulische Fähigkeiten etwa bis zum Niveau des 4. Schuljahres im späten Reifealter erwerben, wenn er Zugang zur Sonderschule hat („erziehbar")	fähig zum Selbstunterhalt in ungelernten oder angelernten Berufen; braucht Aufsicht und Hilfe, wenn er unter leichtem sozialem oder ökonomischem Stress steht
4	kann soziale und Kommunikationsfähigket erwerben; minimaler Rückstand im sen-sorisch-motorischen Bereich; von normalen Kindern erst im späteren Alter unterscheid-bar	kann schulische Fähigkeiten bis etwa zum 6. Schuljahr im späteren Reifealter erwerben. Fähigkeiten zur Oberstufe fehlen. Braucht Schulhilfe, besonders im späteren Schulalter („erziehbar")	mit ausreichender Bildung und Lehre fähig zu sozial und beruflich adäquater Leistung; braucht häufig Aufsicht und Hilfe bei schwerem sozialem oder ökonomischem Stress

Häufigkeitsunterschiede ist unklar, inwieweit Belastungen, die aus der sozialen Umwelt stammen, oder aber der soziale Abstieg als Folge der Intelligenzbelastung für die Konzentration von Behinderten in den unteren sozialen Schichten verantwortlich sind. Die Betonung des männlichen Geschlechts dürfte wahrscheinlich mit der höheren biologischen Vulnerabilität von Jungen zusammenhängen. Der Prävalenzgipfel im Jugendalter kann sowohl auf diagnostische Probleme der Früherkennung im Kleinkindalter wie auch auf die relativ bessere soziale Anpassung im Erwachsenenalter oder verminderte Lebenserwartung bei einigen Syndromen zurückgeführt werden.

Hinsichtlich des Schweregrades und der Häufigkeit der verschiedenen Formen der geistigen Behinderung besteht eine umgekehrte Proportionalität: Von einer schweren geistigen Behinderung werden geringere Anteile der Bevölkerung als von einer mittelgradigen bzw. leichten geistigen Behinderung betroffen.

Klinik und Diagnostik

Die Klinik und Diagnostik der geistigen Behinderung muss unter den folgenden Aspekten schwerpunktmäßig betrachtet werden: den assoziierten klinischen Syndromen, der spezifischen Psychopathologie sowie den Untersuchungsmethoden.

■ Syndrome

Eine Einteilung der Syndrome nach der prä-, peri- und postnatalen Genese ist in Tabelle 5-3 vorgenommen. Die zugehörige Abhandlung dieser klinischen Syndrome ist

bei Neuhäuser (2002) zu finden. Die für die Kinder- und Jugendpsychiatrie wichtigsten Syndrome sind im Anhang 5 zusammengefasst. Die **Psychopathologie** ist mit der definierenden kognitiven Beeinträchtigung nur ungenügend beschrieben. Vielmehr liegen gleichzeitig eine Reihe begleitender **klinisch-psychiatrischer Syndrome** und **Symptome** vor. Dabei gelten für die Verbindung von geistiger Behinderung und Psychopathologie eine Reihe von Gemeinsamkeiten, die auch im Bereich der Normalintelligenz Gültigkeit haben, wie auch eine Reihe sehr spezifischer Beziehungen (vgl. Steinhausen 2002).

■ Psychopathologie

Trotz beträchtlicher Variationen der Schätzwerte für psychiatrische Störungen bei geistig Behinderten in der internationalen Literatur kann festgestellt werden, dass die **Rate psychischer Störungen** bei dieser Klientel deutlich höher als bei normal Intelligenten ist. Geistig Behinderte haben mit Prävalenraten von einem bis zu zwei Dritteln ein um 3- bis 4-mal höheres Risiko für eine psychische Störung, wobei schwer geistig Behinderte häufiger als leicht geistig Behinderte betroffen sind. Bei den leichten Formen der geistigen Behinderung ist das **Spektrum psychischer Störungen** dem bei Normalintelligenz relativ ähnlich. Es dominieren emotionale und dissoziale Störungen. Ferner werden Persönlichkeitsabweichungen und Entwicklungsstörungen diagnostiziert. Bei den schweren Formen der geistigen Behinderung sind organische Psychosyndrome, hyperkinetische Störungen, Psychosen, Stereotypien und Tics sowie autistische Störungen vorherrschend und typisch. Hier ist der organische Hirnscha-

Tabelle 5-3 Einteilung der klinischen Syndrome bei geistiger Behinderung (nach Neuhäuser, 2002).

1	Pränatal entstandene Formen geistiger Behinderung

1.1 Genmutation als Ursache geistiger Behinderung

1 Stoffwechselstörungen
    Phenylketonurie
    Galaktosämie und Mukopolysaccharidosen
    Sanfilippo-Syndrom
    CDG-Syndrom
    Lipidosen
    Störungen von Zellorganellen
    Hormonelle Störungen
        Hypothyreose
    Störungen des Kupferstoffwechsels
        Morbus Wilson
        Menkes-Syndrom
    Störungen des Purinstoffwechsels
        Lesch-Nyhan-Syndrom

2 Dominant vererbte Genmutationen
    Phakomatosen
        Tuberöse Sklerose
        Neurofibromatose
        Sturge-Weber-Syndrom
        Hippel-Lindau-Syndrom
        Louis-Bar-Syndrom

3 X-chromosomal gebundene Störungen mit geistiger Behinderung
    Aquäduktstenose
    X-chromosomal-rezessiv vererbte Formen geistiger Behinderung
        Fragiles-X-Syndrom
    X-chromosomal-dominant vererbte Störungen mit geistiger Behinderung
        Incontinentia pigmenti
        Aicardi-Syndrom
        Rett-Syndrom

1.2 Monogen und multifaktoriell bedingte Störungen als Ursache geistiger Behinderung (Fehlbildungs-Retardierungs-Syndrome)
    Cockayne-Syndrom
    Coffin-Lowry-Syndrom
    Cornelia-de-Lange-Syndrom
    De-Morsier-Syndrom
    Dubowitz-Syndrom
    Hallermann-Streiff-Syndrom
    Kabuki-Syndrom
    Laurence-Moon/Biedl-Bardet-Syndrom
    Lenz-Mikrophthalmie-Syndrom
    Lowe-Syndrom
    Marden-Walker-Syndrom
    Möbius-Syndrom
    Marinesco-Sjögren-Syndrom
    Noonan-Syndrom
    Prader-Willi-Syndrom
    Rubinstein-Taybi-Syndrom
    Smith-Lemli-Opitz-Syndrom
    Smith-Magenis-Syndrom
    Sjögren-Larsson-Syndrom
    Sotos-Syndrom
    Wiedemann-Beckwith-Syndrom
    Williams-Beuren-Syndrom

1.3 Fehlbildungen des Nervensystems
    Dysrhaphische Fehlbildungen
    Fehlbildungen der Holoprosenzephalie-Arrhinenzephalie-Gruppe
    Fehlbildung der Rindenentwicklung des Gehirns
    Zerebelläre Fehlbildungen
    Porenzephalie
    Megalenzephalie (Makrozephalie)
    Mikrenzephalie und Mikrozephalie

1.4 Chromosomenanomalien
1 Trisomien
    Down-Syndrom
    Andere Trisomien

2 Deletionen
    Katzenschrei-Syndrom
    Wolf-Hirschhorn-Syndrom
    18p-Syndrom
    18q-Syndrom
    Syndrome des Chromosoms Nr. 9
    Ringchromosomen

3 Translokationen

4 Gonosomale Aberrationen
    XO-Konstitution (Ulrich-Turner-Syndrom)
    XXY-Konstitution (Klinefelter-Syndrom)
    XYY-Konstitution
    XXX-Konstitution

1.5 Exogen verursachte pränatale Entwicklungsstörungen
1 Infektionen als exogene Ursache pränataler Schädigung
    Zytomegalie
    HIV-Infektion
    Andere Virusinfektionen
    Konnatale Toxoplasmose
    Lues

2 Chemische Einflüsse auf die Entwicklung
    Alkohol (Fetales Alkohol-Syndrom)
    Teratogene Wirkung von Medikamenten

3 Strahlen, Umweltbelastung

1.6 Idiopathische geistige Behinderung

2	Perinatale Komplikationen als Ursache geistiger Behinderung

2.1 Das sog. Geburtstrauma
2.2 Hypoxisch-ischämische Enzephalopathie
2.3 Frühgeburt
2.4 Erkrankungen des Neugeborenen

3	Postnatale Ursachen geistiger Behinderung

3.1 Entzündliche Erkrankungen des Zentralnervensystems
3.2 Schädel-Hirn-Trauma
3.3 Hirntumoren
3.4 Hirnschädigung durch Intoxikation, Hypoxie, Stoffwechselkrisen

den die Ursache für die psychische Störung, wie beispielsweise aus der Verhaltensbesserung nach Hemisphärektomie bei infantiler Hemiplegie bzw. Epilepsie geschlossen werden kann. Gleichwohl sind aber auch weitere Faktoren wirksam, die in der sozialen Ablehnung, intrafamiliären Störungen bzw. Störungen der sozialen Beziehung, niedrigem Sozialstatus, institutioneller Deprivation und Kommunikationsstörungen begründet sind. Diese Faktoren scheinen jedoch nur additiv zu wirken, zumal ein organischer Substratschaden auch bei der Form einer leichten geistigen Behinderung erschwerend wirksam wird.

Vor der Annahme einer spezifischen Beziehung zwischen bestimmten Formen einer geistigen Behinderung und einer besonderen Verhaltens- und Persönlichkeitscharakteristik muss gewarnt werden. Eine Stereotypisierung der Psychopathologie – etwa im Sinne der Feststellung, dass alle Kinder mit Down-Syndrom liebenswert und freundlich seien – wird weder den Spezifika der Diagnostik noch den therapeutischen Maßnahmen gerecht. Andererseits hat sich die Forschung auf die Suche nach speziellen **Verhaltensphänotypen** in Verbindung mit speziellen Syndromen begeben. Besondere Probleme bestehen hinsichtlich einer Reihe von **speziellen psychopathologischen Phänomenen** bei geistiger Behinderung. Hierzu zählen der häufig koexistente Autismus, die desintegrativen und schizophrenen Psychosen, die affektiven Psychosen, Hyperaktivität und Aufmerksamkeitsstörung, Stereotypien und Automutilationen, Enuresis und Enkopresis, Essstörungen sowie Auffälligkeiten im Bereich der Psychomotorik, Stimmungen, Affekte und Triebfunktionen (vgl. Steinhausen 2002).

Untersuchung

Die vollständige Untersuchung eines geistig behinderten Kindes oder Jugendlichen umfasst eine sorgfältige Anamneseerhebung sowie Untersuchungen auf mehreren Ebenen. Hierzu gehören der intern-neurologische Status, der psychopathologische Status, die neuropsychologische Testdiagnostik (vgl. Kap. 4 und Tabelle 4-5) sowie eine Reihe von apparativen und laborgestützten Untersuchungen. Bei entsprechender Indikation kann auch eine körperliche Untersuchung von Eltern und Geschwistern, z. B. zur Identifizierung von Heterozygoten oder anderen Krankheitsträgern, erwogen werden. Ein Schema des Untersuchungsganges ist in Tabelle 5-4 dargestellt. eine ausführliche Abhandlung der klinischen Diagnostik und Früherkennung geben Neuhäuser und Steinhausen (2002). Schwerpunkte für einige klinische Störungsbilder ergeben sich je nach dem Grad der Komplexität. Mehrfachbehinderungen unter Einschluss einer geistigen Behinderung bedürfen besonders einer mehrdimensionalen diagnostischen Abklärung.

Angesichts der Vielfalt der klinischen Syndrome kommt der sorgfältigen **körperlichen Untersuchung** eine große Bedeutung zu. Im Anhang 5.2 wird ein geeignetes Schema vorgestellt, welches natürlich an die jeweilige Untersuchungssituation des jeweiligen Kindes angepasst werden muss. Für die Erhebung der **psychopathologischen Befunde** ist neben den allgemeinen Befunden einer Reihe spezifischer Befunde Rechnung zu tragen, die in Tabelle 5-5 zusammengefasst sind. Eltern und andere Bezugspersonen können ergänzend mit dem im Anhang 5.3 wiedergegebenen Verhaltensfragebogen für Kinder mit Entwicklungsstörungen (VFE) über das Kind befragt werden.

Tabelle 5-4 Übersicht der klinischen Diagnostik bei geistiger Behinderung.

Anamnese

Familienanamnese
(Eltern, Geschwister, Großeltern)
spontane Aborte, Gestationsalter, Totgeburten, Tod im frühen Erwachsenenalter, Inzest-Verhältnisse, Vorkommen geistiger Behinderung, Fehlbildungen, neurologische Krankheiten, familiäre Unterstützung und Belastungen

Schwangerschaft, Geburt und Neonatalperiode
mütterliche Risikofaktoren, Unfälle, Narkose, Krankheiten, EPH-Gestose, Pharmaka, Alkohol, Nikotin, Medikamente, Röntgenstrahlen, Gewichtszuwachs in der Schwangerschaft, fetale Bewegungen, Blutungen, Geburtsverlauf und -gewicht, Apgar-Befund, Komplikationen in der Neonatalperiode

Meilensteine der Entwicklung
motorische Entwicklung, Sprachentwicklung, Sauberkeitsentwicklung, Kindergarten- und Schulbesuch

Frühkindliche Entwicklung
(Geschwistervergleich)
progressiver Abbau, Entwicklungsstillstand, Teilbereiche vs. Gesamtentwicklung

Krankheitsanamnese
Traumen, Infektionen des ZNS, Konvulsionen

Untersuchungen

Psychologische Diagnostik
Entwicklungs- und Intelligenzdiagnostik, spezielle Testverfahren, Arbeitsproben, Prüfung spezieller Funktionen, Verhalten und Persönlichkeit

Intern-neurologischer Status
einschließlich Größe, Gewicht, Kopfumfang und Kopfform, Minor-Anomalien und Dysmorphien, Pigmentierungen, Hautveränderungen, Dermatoglyphen, entwicklungsneurologischer Befund

Psychopathologischer Befund
allgemeine und spezifische Befunde (vgl. Tab. 5-5), komorbide Störungen

Körperliche Untersuchung von Eltern und Geschwistern
bei entsprechender Indikation

Zusatzuntersuchungen
Sprach- und Hörprüfungen, EEG, neuroradiologische und biochemische Untersuchungen (insbesondere Aminosäuren u. a. Stoffwechsel-Parameter), serologisch-immunologische Untersuchungen, Hormonanalysen, Liquoruntersuchungen, zytogenetische und molekulargenetische Untersuchungen, Biopsien

Tabelle 5-5 Allgemeine und spezifische Befunde zur psycho-pathologischen Befunderhebung.

Allgemeine Befunde

- Äußeres Erscheinungsbild
- Kontaktverhalten und Kooperation
- Psychomotorik
- Wachheitsstörungen
- Orientierung
- Denken
- Stimmung und Affekte
- Auffasung
- Konzentration
- Antriebslage
- Gedächtnis und Merkfähigkeit
- Wahrnehmung
- Ich-Störungen
- Zwänge und Phobien

Spezifische Befunde

- Sprachlicher Entwicklungsstand
- Motorischer Entwicklungsstand
- Körper- und/oder Sinnesbehinderung
- Selbstversorgungsfertigkeiten
- Sauberkeitsverhalten
- Essverhalten
- Sozialfertigkeiten
- Kulturtechniken und Alltagsfertigkeiten
- Schlafverhalten
- Stereotypien
- Automutilation

Die neuropsychologische Testdiagnostik sollte weniger normorientierte Anwendungsverfahren als niveauspezifische Testinstrumente berücksichtigen, um vor allen Dingen förderungsrelevante Befunde zu ermitteln (vgl. Sarimski 2002).

Die **Zusatzuntersuchungen** stützen sich auf Anamnese und körperlichen Befund mit Verdachtshinweisen auf das Vorliegen eines bestimmten klinischen Syndroms. Während biochemische Analysen wegen ihrer leichten Durchführbarkeit vielfach die Funktion eines Suchtests (Screening) haben, gelten für andere Zusatzuntersuchungen klar umrissene Indikationen. Diese sind für die zytogenetische Untersuchung in Tabelle 5-6 dargestellt.

Tabelle 5-6 Indikationen für die zytogenetische Untersuchung.

Bekannte Syndrome mit Chromosomenaberration (z. B. Down-Syndrom, Klinefelter-Syndrom, Turner-Syndrom)

Uncharakteristische Syndrome bei Kombination folgender Symptome:
- Anomalien von Kopf und Gesicht (kraniofaziale Dysmorphie)
- Anomalien von verschiedenen Organsystemen (Herz-Kreislauf, Magen-Darm)
- geistige Behinderung
- Wachstumsrückstand

Unklare Geschlechtszuordnung

Verdacht auf fragiles X-Syndrom bei Knaben (Familienanamnese, Aussehen, Verhalten)

Ätiologie

Eine an den Ursachen orientierte Einteilung der geistigen Behinderung stellt die für den Kliniker befriedigendste Klassifikation dar. Eine entsprechende Klassifizierung ist in Tabelle 5-3 vorgenommen, wobei die Einteilung sich primär an dem Zeitpunkt der Entwicklung (prä-, peri- oder postnatal) der geistigen Behinderung und sodann an dem Entstehungsmechanismus bwz. den bekannten Ursachen orientiert. Pränatale Schädigungen können für 70% der mittelgradigen bis schweren bzw. für 50% der leichten geistigen Behinderung angenommen werden, während perinatale Schädigungen bei etwa 5% aller Grade der geistigen Behinderung vorliegen. Postnatale Schädigungen rufen 5 bzw. 1% der beiden Schweregradstufen hervor und 18 bzw. 11% bleiben unaufgeklärt. Bei nahezu allen Formen der mittelgradig bis schweren geistigen Behinderung liegen neurobiologische Störungen vor, während dies nur für etwa 70% der leichten geistigen Behinderung zutrifft.

Der bedeutende Stellenwert **genetischer Faktoren** in der Ätiologie der geistigen Behinderung ist seit geraumer Zeit belegt. Neue Forschungsergebnisse weiten diesen Stellenwert stetig aus. Insbesondere die leichte geistige Behinderung wird über einen **polygen-multifaktoriellen** Erbgang vermittelt und durch familiär-kulturelle Umweltfaktoren beeinflusst. Gegenwärtig sind mehrere hundert **monogene Störungen** mit autosomal-dominanten, autosomal-rezessiven und geschlechtsgebundenen Erbgängen bekannt. Bei den **chromosomalen Störungen** geht nur ein kleiner Anteil der tatsächlich in der Frühschwangerschaft angelegten chromosomalen Störungen mit Lebensfähigkeit einher. Sofern es zum Austragen der Schwangerschaft und zur Geburt kommt, ist das betroffene Kind fast immer intelligenzgemindert. Klassifikatorisch kann zwischen Störungen der Autosomen und Störungen der Gonosomen unterschieden werden. Ein typischer Repräsentant einer Störung der Autosomen ist das Down-Syndrom. Hier ist es aufgrund der Tatsache, dass bei einer Reifeteilung die beiden Chromosomen 21 nicht ordnungsgemäß auseinandergerückt, sondern in einer Eizelle verblieben sind, zur so genannten Trisomie 21 gekommen. Für die Manifestation dieser Störung ist das Alter der Mutter bei Geburt nicht bedeutungslos, zumal mit dem Alter von 35 bis 40 Jahren der Risikofaktor um das 10- bis 20-fache ansteigt. Bei den verschiedenen Störungsmanifestationen der Gonosomen – wie z. B. dem Turner-Syndrom (X0-Konstellation der Geschlechtschromosomen) oder dem Klinefelter-Syndrom (XXY) – ist die geistige Behinderung zwar nicht obligat, jedoch häufiger zu beobachten, als es dem Erwartungswert entspricht.

Das Prinzip der **metabolisch bedingten Oligophrenien** besteht immer darin, dass es durch einen genetisch bedingten Enyzmdefekt zu einer Ansammlung von pathogenen Stoffwechselprodukten kommt. Meist ist der Erbgang autosomal-rezessiv. Ein klassisches Beispiel für diese Störung ist die Phenylketonurie, eine Störung im Aminosäurenstoffwechsel. Träger eines mutierten Gens auf einem Autosom, die so genannten Heterozygoten, sind klinisch gesund. Aus der Verbindung von zwei heterozygoten Eltern können mit einer Wahrscheinlichkeit von 25 % Kinder erkranken. Im Fall der Phenylketonurie handelt es sich um einen Defekt des Enzyms Phenylalaninhydroxylase. Das klassische Beispiel für die Wirksamkeit **endokriner Störungen** ist die Hypothyreose mit dem Bild des Kretinismus, das heute durch Frühidentifizierung und -behandlung vermieden werden kann. Auch hier ist die Ursache der geistigen Behinderung eine Genmutation.

Hinsichtlich der **organischen Verursachung** ist festzustellen, dass pränatale Schädigungen durch virale oder infektiöse Noxen (z. B. Röteln, Toxoplasmose, Lues, Listeriose, Zytomegalie), Intoxikationen (Alkohol, Medikamente, Drogen), Hypoxie, Strahlenschäden etc. nicht regelmäßig zu Oligophrenien führen. Hier sind vielmehr der Zeitpunkt der Schädigung und eine eventuelle Disposition bedeutsam. Typische perinatale Schädigungsmöglichkeiten sind Frühgeburt, niedriges Geburtsgewicht, Blutungen, Asphyxie oder Geburtstraumen. Bedeutsame postnatale Risikofaktoren stellen die Neugeborenenerythroblastose, die chronische schwere Ernährungsstörung, Enzephalitiden und Meningitiden sowie Hirntraumen dar.

Die Gruppe der **ätiologisch unklaren Oligophrenien** macht aufgrund des schnellen Erkenntnisfortschritts vor allem der molekularbiologischen Forschung zunehmend kleinere Anteile aller geistigen Behinderungen aus. Dabei ist fraglich, ob soziokulturelle Faktoren für diese Gruppe der unklaren Ursachen verantwortlich gemacht werden können. Eine familiäre Häufung und Belastung ist bei leichten geistigen Behinderungen häufiger als bei schweren Formen anzutreffen, bei denen organische Faktoren in der Pathogenese dominieren. Erbgenetische Faktoren können insofern nicht unbedeutend sein, als die Konkordanz der Intelligenz für eineiige Zwillinge fast 100 % und für zweieiige Zwillinge nur 30 bis 50 % beträgt. Im vermehrten Vorkommen einer geistigen Behinderung bei Zwillingen ganz allgemein und der hohen Konkordanzrate bei zweieiigen Zwillingen liegen Hinweise auf wirksame Umweltfaktoren im Sinne von Risikofaktoren aufgrund der Zwillingsschwangerschaft vor. Die höhere Konkordanzrate für eineiige Zwillinge spricht hingegen für wirksame Anlagefaktoren.

Denkbar ist schließlich auch ein Prozess der Wechselwirkung zwischen Umweltfaktoren und der Reifung des zentralen Nervensystems. Befunde der psychosozialen Deprivation bei Kindern wie auch, vor allem, experimentelle Untersuchungen an Tieren zeigen, dass mangelnde Anregung in der frühen Kindheit zu einer mangelnden Differenzierung und Substratschädigung des Hirns führen. Gleichwohl muss sich jede Theorie einer soziokulturellen Pathogenese mit dem kritischen Argument auseinandersetzen, dass bei annähernd gleichen äußeren Lebensverhältnissen innerhalb sozioökonomisch deprivierter Familien nicht alle Kinder gleichmäßig beeinträchtigt werden.

Prävention und Therapie

Grundsätzlich gilt auch bei der geistigen Behinderung die Feststellung, dass eine Prävention besser als jegliche Therapie ist. Präventionsmöglichkeiten bestehen in der frühen Erfassung, klinischen Diagnostik und Therapieeinleitung (vgl. die ausführliche Darstellung bei Warnke 2002). Eine primäre Prävention kann sich somit in der frühen Entwicklungsphase nur auf die Erkennung bzw. Vermeidung aller prä-, peri- und postnatalen Schäden aus der Umwelt beziehen. Das Ziel ist also beispielsweise die Verhinderung von Hypoxie, Infektionen oder Traumen. Spezifische präventive Maßnahmen stellen das Aminosäuren-Screening bei Neugeborenen auf Stoffwechselstörungen wie die Phenylketonurie, die Fruchtwasseranalyse durch Amniozentese während der Schwangerschaft und auch die genetische Beratung zur Schwangerschaftsverhütung – beispielsweise über die Identifizierung von Heterozygoten – dar. Indikationen zur genetischen Beratung und zur pränatalen Diagnostik sind in Tabelle 5-7 zusammengestellt. Auch die prophylaktische Immunisierung von jugendlichen Mädchen gegen Röteln zur Verhinderung der Rötelnembryopathie, der Blutaustausch bei der Neugeborenenerythroblastose zur Prophylaxe eines Kernikterus und schließlich die phenylalaninfreie Nahrung bei der Phenylketonurie zur Verhinderung von Schädigungen am zentralen Nervensystem stellen primärpräventive Maßnahmen dar.

Tabelle 5-7 Indikationen zur genetischen Beratung und zur pränatalen Diagnose (Neuhäuser und Steinhausen, 2002).

- Die Eltern haben bereits ein krankes oder behindertes Kind.
- In der Familie ist eine genetisch bedingte Krankheit oder Behinderung bekannt.
- Die Eltern sind gesunde Überträger einer genetisch bedingten Krankheit oder Behinderung.
- Es ist eine Belastung mit Mutagenen oder Teratogenen gegeben.
- Die Eltern sind enge Blutsverwandte.
- Es sind habituelle Aborte vorausgegangen.
- Die Eltern mit Kinderwunsch haben ein höheres Lebensalter.

Eine primäre Prävention psychischer Störungen kann sich nur auf nicht-organische Einflussgrößen beziehen. So könnte durch die Verhinderung sozialer Absonderung von geistig Behinderten, durch die Vermeidung mangelnder sensorischer Anregung, durch kontinuierliche Beratung und Betreuung von Eltern zur Verhinderung intrafamiliärer Störungen der Entwicklung psychischer Störungen bei geistig Behinderten begegnet werden. Die Prävention psychischer Störungen setzt also die Ausschöpfung aller ärztlichen, psychologischen, pädagogischen und administrativen Behandlungs- und Hilfsangebote voraus.

Sämtliche Maßnahmen der Frühdiagnostik und -therapie einschließlich der Behandlung von Störungen und Krankheiten können der Sekundärprävention zugerechnet werden, während Rehabilitationsmaßnahmen zur Tertiärprävention zählen. Die Behandlung des geistig behinderten Kindes und Jugendlichen soll hier durch die Formulierung allgemeiner Grundsätze zusammengefasst werden. Eine ausführliche Darstellung findet sich in dem Handbuch von Neuhäuser und Steinhausen (2002). Das in Abbildung 5-1 dargestellte Flussdiagramm gemäß den fachspezifischen Leitlinien (Steinhausen, Lugt und von Aster 1999) gibt eine Orientierung für die Praxis.

Spezielle Kinder- und Jugendpsychiatrie

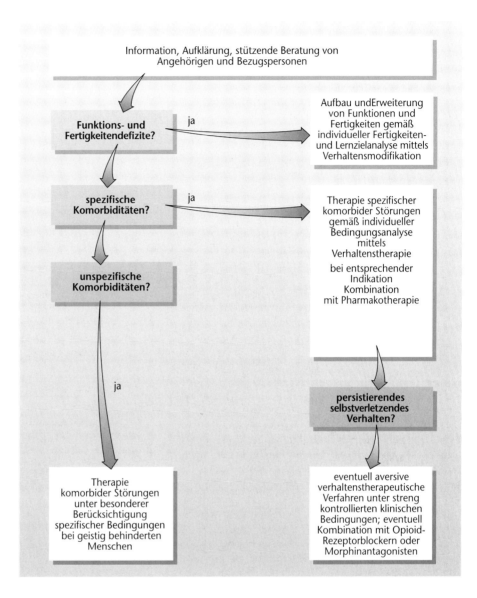

Abbildung 5-1
Interventionen bei geistiger
Behinderung.

Im frühen Kindesalter sollte immer die **familiäre Versorgung** unter Beratung und Hilfe zur Aktivierung der Fertigkeiten und Fähigkeiten wahrgenommen werden. Spätestens ab dem vierten Lebensjahr sollten entwicklungsverzögerte und geistig behinderte Kinder einer **sonderpädagogischen Förderung** in Tageseinrichtungen einschließlich der Förderung ihrer Gruppenfähigkeit zugeführt werden. Derartige Einrichtungen sind beispielsweise die Zentren für pädagogische Frühförderung, die Sonderkindergärten und später dann die Sonderschulen für geistig Behinderte sowie die Werkstätten und Wohnheime für geistig Behinderte. Nur bei ungünstigen familiären Verhältnissen bzw. bei medizinischen Erfordernissen oder einer besonders schweren Behinderung sollte die Unterbringung in **stationären Einrichtungen,** d. h. möglichst in Heimen mit kleinen Gruppen, vorgenommen werden. Ein weiterer Grundsatz, der sich aus der Frühdiagnostik ergibt, besteht im Prinzip der **Frühbehandlung.** Hier sollten beispielsweise neurophysiologische

Therapieformen bei motorischen Entwicklungsrückständen bereits im Säuglings- und Kleinkindalter eingesetzt werden. Schließlich besteht die Notwendigkeit zur **interdisziplinären Zusammenarbeit** verschiedener Berufsgruppen.

Hier sind die **ärztlichen Aufgaben** meist auf die Ursachenklärung und Diagnostik, die Aufklärung und Beratung von Eltern, die Sicherung von Eingliederungshilfen und Therapiemaßnahmen sowie die medikamentöse Therapie bezogen. Die Psychopharmakotherapie ist dabei an dem jeweiligen psychiatrischen Störungsbild orientiert. Insofern kommen Neuroleptika, Antidepressiva, Stimulanzien, Antikonvulsiva und seltener Sedativa zur Anwendung. Insgesamt gibt es für die Pharmakotherapie bei geistig Behinderten einen erheblichen Mangel an wissenschaftlich gut kontrollierten Studien. Einem in der Praxis angemessenen Einsatz der verschiedenen Substanzen (vgl. Kap. 26) dienen die in Tabelle 5-8 zusammengefassten Leitlinien. Problematisch wegen des fehlenden

Wirksamkeitsnachweises sind Behandlungen mit Diäten, Vitaminen und bestimmten Hormonen wie Secretin oder Melatonin. Unwirksam und sogar gesundheitsgefährdend ist die Zelltherapie beim Down-Syndrom. Hingegen wird in der ärztlichen Behandlung geistig Behinderter ungenügend berücksichtigt, dass bei leichten Formen der geistigen Behinderung auch Formen der Psychotherapie einsetzbar sind.

Tabelle 5-8 Leitlinien für den Einsatz von Psychopharmaka bei geistiger Behinderung.

1. Definition einer Psychopharmakatherapie (Substanzen und Effekte)
2. Verhinderung von Missbrauch
3. Multidisziplinärer Versorgungsplan
4. Diagnostische und funktionale Abklärung
5. Aufklärung und Zustimmung
6. Bestimmung von Zielverhalten/-symptomen und Evaluation
7. Kontrolle von Nebenwirkungen
8. Registrierung von Spätdyskinesien
9. Regelmäßige und systematische Überwachung
10. Niedrigste optimal wirksame Dosis
11. Vermeidung von häufigem Wechsel der Substanz und Dosis
12. Vermeidung von langfristigem Einsatz von Sedativa-/Hypnotika, Benzodiazepinen, hohen Neuroleptikadosen, Anticholinergica, Reservemedikation
13. Externe Qualitätskontrolle

Die **Aufgaben des Psychologen** bestehen neben der Diagnostik im Vorfeld der Therapieplanung in Beratungshilfen für Eltern und andere in die Versorgung von geistig Behinderten eingeschlossene Berufsgruppen sowie verschiedenen Formen der Psychotherapie bzw. Verhaltenstherapie. Gerade die Entwicklung der Verhaltenstherapie hat in den vergangenen Jahrzehnten sehr segensreich zur Rehabilitation geistig Behinderter beigetragen. Anwendungsbereiche der Verhaltenstherapie sind Stereotypien, Automutilation, aggressives Verhalten, defizitäre soziale Fertigkeiten, Angst und Phobien, Depression, Sauberkeitstraining sowie lebenspraktische Fertigkeiten, wobei zahlreiche verhaltensmodifikatorische Techniken eingesetzt werden können.

Ferner ist die soziale Eingliederung des geistig Behinderten nicht ohne die Mithilfe von **Sonderpädagogen** durchführbar. Das Ziel besteht hier neben der Vermittlung von Kulturtechniken (z. B. Lesen und Schreiben bei leichten Formen der geistigen Behinderung) vor allem in der Vermittlung lebenspraktischer Fertigkeiten. In diesem Aufgabenbereich sind gleichermaßen Sonderpädagogen wie Heilpädagogen und Erzieher tätig. Weitere ergänzende Versorgungs- und Therapieangebote stammen von **spezialisierten Therapeuten** wie Krankengymnasten, Logopäden, Beschäftigungstherapeuten und Musiktherapeuten.

Schließlich müssen vielfältige administrative Aufgaben durch **Sozialarbeiter** und andere Verwaltungsangestellte wahrgenommen werden, um Fragen des Rechtsschutzes (z. B. hinsichtlich Vormundschaft und Pflegschaft) sowie der Gewährung von finanziellen Unterstützungen einschließlich Steuererleichterungen für die Eltern

und Förderungsmaßnahmen realisieren zu können. Hierzu zählen auch berufsbildende Maßnahmen unter Einschluss von Berufsvorbereitung in der Schule sowie die Findung von Arbeitsplätzen im Anschluss an die Schule.

Zusammengefasst ist also für die Versorgung geistig Behinderter ein hochdifferenziertes System von Dienstleistungen und Einrichtungen erforderlich, um dieser größten Gruppe psychisch beeinträchtigter Menschen bei ihrer Lebensbewältigung zu helfen.

Literatur

Aman, M. G., A. Collier-Crespin, R. L. Lindsay: Pharmacotherapy of disorders in mental retardation. European Child & Adolescent Psychiatry 9 (2000) I/98–I/107.

American Academy of Child and Adolescent Psychiatry: Practice parameters for the assessment and treatment of children, adolescents, and adults with mental retardation and comorbid mental disorders. J. Am. Acad. Child Adolesc. Psychiatry 38 (1999) 55–315.

Dykens, E.M.: Annotation: psychopathology in children with intellectual disability. J. Child Psychol. Psychiat. 41 (2000) 407–417.

Gillberg, C.. Practitioner review: physical investigations in mental retardation. J. Child Psychol. Psychiat. 38 (1997) 887–897.

King, B. H., M. W. State, B. Shah, P. Davanzo, E. Dykens: Mental retardation: a review of the past 10 years. Part I. J. Am. Acad. Child Adolesc. Psychiatry 36 (1997) 1556–1663.

Madrid, A. L., M. W. State, B. H. King: Pharmacologic management of psychiatric and behavioral symptoms in mental retardation. In: Martin, A., L. Scahill (eds.): Psychopharmacology. Child and Adolescent Psychiatric Clinics of North America 9 (1). Saunders, Philadelphia 2000.

Murphy, C. C., C. Boyle, D. Schendel, P. Deconflé, M. Yeargin-Allsopp: Epidemiology of mental retardation in children. Mental Retard. Dev. Disabilities Res. Review 4 (1998) 6–13.

Neuhäuser, G., H.-C. Steinhausen (Hrsg.): Geistige Behinderung. Dritte Auflage. Kohlhammer, Stuttgart 2002.

Neuhäuser, G.: Klinische Syndrome. In: Neuhäuser, G., H.-C. Steinhausen (Hrsg.): Geistige Behinderung. Kohlhammer, Dritte Auflage. Stuttgart 2002.

Neuhäuser, G., H.-C. Steinhausen: Klinische Diagnostik und Früherkennung. In: Neuhäuser, G., H.-C. Steinhausen (Hrsg.): Geistige Behinderung. Dritte Auflage. Kohlhammer, Stuttgart 2002.

Sarimski, K.: Psychodiagnostik. In: Neuhäuser, G., H.-C. Steinhausen (Hrsg.): Geistige Behinderung, Dritte Auflage. Kohlhammer, Stuttgart 2002.

Sarimski, K.: Entwicklungspsychologie genetischer Syndrome. Hogrefe, Göttingen 1997.

State, M. W., B. H. King, E. Dykens: Mental retardation: a review of the past 10 years. Part II. J. Am. Acad. Child Adolesc. Psychiatry 36 (1997) 1664–1671.

Steinhausen, H.-C.: Allgemeine und spezielle Psychopathologie. In: Neuhäuser, G., H.-C. Steinhausen (Hrsg.): Geistige Behinderung. Kohlhammer, Dritte Auflage. Stuttgart 2002.

Steinhausen, H.-C., H. Lugt, M. von Aster: Leitlinien Intelligenzminderungen und grenzwertige Intelligenz. Arbeitsgemeinschaft der Wissenschaftlichen Medizinischen Fachgesellschaften. AWMF online, Universität Düsseldorf 1999.

Steinhausen, H.-C.: Geistige Behinderung. In: Steinhausen, H.-C. (Hrsg.): Entwicklungsstörungen im Kindes- und Jugendalter. Kohlhammer, Stuttgart 2001.

Strømme, P., G. Hagberg: Aetiology in severe and mild mental retardation: a population-based study of Norwegian children. Dev. Med. Child Neurol. 42 (2000) 76–86.

Volkmar, F. (ed.): Mental retardation. Child and Adolescent Psychiatric Clinics of North America 5(4). Saunders, Philadelphia 1996.

von Gontard, A.: Genetische und biologische Faktoren. In: G. Neuhäuser, H.-C. Steinhausen (Hrsg.): Geistige Behinderung. Dritte Auflage. Kohlhammer, Stuttgart 2002.

Warnke, A.: Frühförderung und Zusammenarbeit mit der Familie. In: Neuhäuser, G., H.-C. Steinhausen (Hrsg.): Geistige Behinderung. Dritte Auflage. Kohlhammer, Stuttgart 2002.

Weber, G.: Psychologische Maßnahmen. In: Neuhäuser, G., H.-C. Steinhausen (Hrsg.): Geistige Behinderung. Dritte Auflage. Kohlhammer, Stuttgart 2002.

6 Autismus

Unabhängig voneinander und nahezu gleichzeitig haben der aus Österreich stammende amerikanische Kinderpsychiater Leo Kanner 1943 mit dem **frühkindlichen Autismus** und der österreichische Kinderarzt und -psychiater Hans Asperger 1944 mit der **autistischen Psychopathie** zwei Störungsbilder beschrieben, bei deren Bezeichnung sie sich auf den von Eugen Bleuler eingeführten Begriff des Autismus bezogen. Bleuler hatte mit Autismus ursprünglich ein Merkmal der Schizophrenie zur Kennzeichnung des Rückzugs von der Welt der Realität in eine Binnenwelt benannt; in der Folge geriet der Begriff des Autismus zu einer Bezeichnung für sehr unterschiedliche Formen der Kontaktstörung. Sowohl Kanner als auch Asperger nahmen bei der Erstbeschreibung des frühkindlichen Autismus bzw. der autistischen Psychopathie diesen begrifflichen Bedeutungsrahmen auf, um eine von Geburt an bestehende extreme Isolierung und Beziehungsstörung bzw. die Einengung der Person auf sich selbst zu charakterisieren.

Beide diagnostischen Bezeichnungen sind insofern nicht ganz unproblematisch, als es sich in beiden Fällen nicht um einen Rückzug von der Außen- in die Innenwelt, sondern um eine Beeinträchtigung bzw. ein Defizit der sozialen Kontaktfähigkeit handelt. Gleichwohl haben sich beide Begriffe fest etabliert, wobei der frühkindliche Autismus weitaus mehr Beachtung gefunden hat, wie sich an einer immensen Forschungsliteratur ablesen lässt. Beide Störungen können als Manifestationsformen eines Spektrums autistischer Störungen betrachtet werden.

Unter dem Einfluss der nordamerikanischen Kinderpsychiatrie sind die autistischen Störungen in den Kontext einer größeren Klasse so genannter **tief greifender Entwicklungsstörungen** gerückt worden. Dieser Begriff (pervasive developmental disorders) hat auch in der IDC-10 Eingang gefunden. Dort bezeichnet er eine „Gruppe von Störungen, die durch qualitative Beeinträchtigungen in gegenseitigen sozialen Interaktionen und Kommunikationsmustern sowie durch ein eingeschränktes, stereotypes, sich wiederholendes Repertoire von Interessen und Aktivitäten charakterisiert sind". In diese Kategorie der tief greifenden Entwicklungsstörungen rechnet die ICD-10 neben dem frühkindlichen Autismus (F 84.0) den atypischen Autismus (F 84.1), das Rett-Syndrom (F 84.2; vgl. Kap. 5), desintegrative Störungen des Kindesalters (F 84.3), die überaktive Störung mit Intelligenzminderung und Bewegungsstereotypien (F 84.4) und das Asperger-Syndrom der autistischen Psychopathie (F 84.5).

Die Einführung des Begriffs der tief greifenden Entwicklungsstörungen ist nicht ohne Kritik geblieben. Tatsächlich sind bei Autisten nicht notwendigerweise alle Bereiche der Entwicklung betroffen – z. B. ist ein kleiner Anteil der Patienten normal intelligent. Auch sind einige der eingeschlossenen Störungen eher spezifisch oder partial als tiefgreifend. Ferner sind die definitorischen Grenzen bei den tiefgreifenden Entwicklungsstörungen im Gegensatz zu den autistischen Störungen unscharf und wird die geistige Behinderung unverständlicherweise nicht eingeschlossen. Schließlich sind einige der Subkategorien empirisch besser begründet als der Oberbegriff der tief greifenden Entwicklungsstörungen.

Angesichts dieser Kritik wird der Begriff der tief greifenden Entwicklungsstörungen in diesem Kapitel nicht als Klassifikationsaspekt weiterverfolgt. Das Rett-Syndrom ist in Kapitel 5 über geistige Behinderung dargestellt. Die sogar in der ICD-10 eingeräumte unsichere Validität der überaktiven Störung mit Intelligenzminderung und Bewegungsstereotypien macht eine Abhandlung an dieser Stelle verzichtbar. Die äußerst seltenen **desintegrativen Störungen** sind durch einen Abbau kognitiver und sprachlicher Funktionen nach einer Phase normaler Entwicklung gekennzeichnet, die typischerweise bis zum Alter von 3–4 Jahren reicht. Häufig sind neurodegenerative oder somatische Krankheiten mit ZNS-Beteiligung Ursache einer desintegrativen Störung. Überwiegend resultiert eine schwere geistige Behinderung, wobei sich im weiteren Verlauf je nach assoziierter Grundstörung auch leichte Verbesserungen einstellen können. Eine frühe Beschreibung einer desintegrativen Störung ist die **Dementia infantilis** (Heller). Bei diesem Krankheitsbild kommt es nach einer zunächst normalen Entwicklung im Alter von drei bis vier Jahren zu einer allgemeinen Regression und Desintegration des Verhaltens. Unter den Zeichen von hochgradiger Irritabilität, Ängstlichkeit und motorischer Unruhe kommt es innerhalb von Monaten zu einer allgemeinen Verschlechterung mit Sprech- und Sprachverlust. Die Kinder wirken autistisch zurückgezogen, schwer emotional gestört und vermitteln den Eindruck, als halluzinierten sie. Trotz eines intelligent wirkenden Aussehens (sog. Prinzengesicht) kommt es zu einem dementiellen Abbau und Verlust sozialer Fertigkeiten, Interessenverlust sowie Entwicklung von Stereotypien und Manierismen. Die Störung entwickelt sich bisweilen nach einer Masern-Enzephalitis, häufiger lässt sich jedoch keine klare Ursache nachweisen. Die Prognose ist sehr ungünstig; neben Plateauentwicklungen gibt es progrediente Verläufe.

6.1 Frühkindlicher Autismus

Definition, Häufigkeit und Klassifikation

Bei allen oder nahezu allen frühkindlichen Autisten finden sich drei Symptomgruppen, die zugleich sehr viel seltener bei anderen psychiatrischen Störungen vorkommen und somit sowohl eine universale wie auch eine spezifische Gültigkeit für den frühkindlichen Autismus haben:

- eine spezifische, schwere und allgemeine Störung, soziale Beziehungen einzugehen; dieses grundlegende Defizit äußert sich als unangemessene Wahrnehmung sozioemotionaler Reize, mangelnde Reaktion auf Emotionen Dritter, mangelnde Verhaltensmodulation hinsichtlich des sozialen Kontextes, mangelnder Einsatz sozialer Signale und ein defizitäres soziokommunikatives Repertoire;
- eine spezifische Störung der Kommunikation, die sich eher als Abweichung denn als Entwicklungsverzögerung manifestiert; es liegt ein grundlegendes Defizit des Einsatzes der Sprache für die soziale Kommunikation vor, das sich als mangelnde Synchronizität und Reziprozität in der Konversation, mangelnde Flexibilität des sprachlichen Ausdrucks, mangelnde Kreativität der Denkprozesse und ungenügende Modulation des Sprechens äußert;
- verschiedene eingeschränkte, sich wiederholende und stereotype Verhaltensmuster, Interessen und Aktivitäten; diese manifestieren sich in stereotypen und eingeschränkten Interessen, Bindungen an ungewöhnliche Objekte, zwanghaften Ritualen, motorischen Stereotypen, Fixierung an Teilelementen oder nicht-funktionalen Teilen von Spielmaterialien oder in Zeichen affektiver Belastung bei kleinen Veränderungen der Umwelt.

Früher wurde als weiteres definierendes Kriterium gefordert:
- der Beginn der Symptomatik vor 30–36 Lebensmonaten.

Dieses Kriterium ist jedoch neuerdings umstritten. Es ist zwar in der ICD-10 erwähnt, wird jedoch aus einer Reihe von Gründen nicht als definierendes Kriterium akzeptiert. Hierzu zählen die Tatsache, dass es nicht verhaltensorientiert ist, dass es auch nach dem Zeitpunkt von 2½–3 Jahren zur Ausbildung eines typischen Bildes kommt, dass eine zuverlässige Frühanamnese später oft schwer

fällt und schließlich die Forderung, eine diagnostische Kategorie über die Zeit hinweg konsistent zu gebrauchen, statt sie in frühkindlichen und atypischen Autismus aufzuteilen.

Die **Häufigkeit** des frühkindlichen Autismus wurde aufgrund verschiedener älterer epidemiologischer Studien mit 0,2 bis 0,4 Promille angegeben, d. h., zwei bis vier unter zehntausend Kindern sind frühkindliche Autisten. Neuere internationale Studien gehen jedoch von deutlich höheren Zahlen aus, die von 0,8 bis 1,7 Promille reichen. Das Geschlechterverhältnis weist in einem Verhältnis von 3 bis 6:1 eine deutliche Knabenwendigkeit auf. Die früher angenommene ausschließliche Bindung des frühkindlichen Autismus an die soziale Mittel- und Oberschicht kann nicht weiter festgestellt werden Die Störung kann in allen sozialen Schichten beobachtet werden.

Hinsichtlich der **Klassifikation** wurde der frühkindliche Autismus in der Vergangenheit von vielen Autoren als früheste Manifestation einer Psychose des Kindesalters betrachtet. Entsprechend sind Synonyme wie „early onset psychosis" oder „childhood schizophrenia" im Gebrauch gewesen. In der Zwischenzeit sind jedoch eine Vielzahl empirischer Belege gesammelt worden, welche die Notwendigkeit einer nosologischen Differenzierung von frühkindlichem Autismus und Schizophrenie aufgrund von Unterschieden hinsichtlich Altersverteilung, Familienanamnese, Symptomatik, Verlauf und Verknüpfung mit Epilepsien zweifelsfrei belegen. Daher erscheint die begriffliche Subsumierung des frühkindlichen Autismus unter den Oberbegriff der Psychosen als falsch.

Klinik

Gemäß der Definition des frühkindlichen Autismus sind es vor allem drei Merkmalsbereiche, die das klinische Bild bestimmen: beeinträchtigte Sozialbeziehungen, Kommunikationsauffälligkeiten und ritualistische Phänomene. Ferner zeigen frühkindliche Autisten eine Reihe kognitiver Störungen, die gegenwärtig als basale Störungen betrachtet werden.

Sozialbeziehungen
Hinsichtlich der beeinträchtigten Sozialbeziehung fällt vor allem in den ersten fünf Jahren auf, dass frühkindliche Autisten von sich aus kein Kontakt- und Bindungsverhalten zeigen. Sie wirken emotional nicht erreichbar, reagieren nicht oder kaum auf zärtliche Zuwendung und suchen wenig den Kontakt zu den primären Bezugspersonen. Ferner zeigen sie wenig bzw. einen fehleingesetzten Blickkontakt, indem damit nicht wie üblicherweise eine Aufmerksamkeitssuche verbunden ist. Der Blickkontakt wirkt vielmehr starr und durch Menschen hindurch sehend. Mit beginnendem Schulalter bilden sich diese schweren Kontakt- und Beziehungsauffälligkeiten teilweise zurück. Gleichwohl halten Mängel an kooperativem Verhalten und sozialer Bezogenheit in der Gruppe, Probleme in der Entwicklung persönlicher Freundschaften und eine Störung des Einfühlungsvermögens länger an und können bis in das Erwachsenenalter persistieren.

Dementsprechend selten ergeben sich Partnerschaften, zumal die erforderlichen sozialen Fertigkeiten nicht zur Entwicklung kommen.

Kommunikationsstörung
Die Störung der Sprache und vorsprachlichen Fertigkeiten ist sowohl durch eine Verzögerung der Sprachentwicklung als auch durch eine Störung des Sprachgebrauchs gekennzeichnet. Schon im Bereich vorsprachlicher, basaler Fertigkeiten der Sprache fällt auf, dass frühkindliche Autisten im Gegensatz zum typischen Kleinkinderverhalten weniger soziale Imitation zeigen, Gegenstände erst verzögert sinnvoll und funktional gebrauchen, eher stereotyp und repetitiv statt phantasievoll spielen und in der Säuglingsphase häufig auch weniger plappern als normale Kinder. Sie weisen fast immer Sprachverständnisstörungen auf, befolgen entsprechend nicht die Anweisungen von Bezugspersonen und zeigen einen Mangel hinsichtlich des Einsatzes von Mimik und Gestik.

Bei etwa der Hälfte der frühkindlichen Autisten, insbesondere bei gleichzeitiger geistiger Behinderung, entwickelt sich keine sinnvolle Sprache. Das Sprechverhalten derjenigen, die Sprache entwickeln, ist durch eine Reihe von Eigentümlichkeiten gekennzeichnet. Hierzu zählen die Echolalie (Worte eines Gesprächspartners werden wiederholt) und die verzögerte Wiederholung stereotyper Phrasen, die Pronominalumkehr (frühkindliche Autisten sprechen von sich als „Du" statt „Ich") und ein idiosynkratischer Wortgebrauch, der durch Wortneuschöpfungen (Neologismen) und hochspezifische Bedeutungszuordnungen gekennzeichnet ist.

Das Charakteristikum der Sprache der frühkindlichen Autisten ist also das Versagen, Sprache als soziales Kommunikationsmittel reziprok einzusetzen. Spontansprache und Wechselrede sind reduziert, das Gegenüber ist nicht Partner in einer synchronisierten Interaktion, vielmehr redet der frühkindliche Autist auf sein Gegenüber ein. Mit erweiterter sprachlicher Kompetenz in der späten Kindheit und Jugend bei normal intelligenten Autisten bleiben immer noch sprachliche Auffälligkeiten, wie z. B. ein Mangel an Modulation, sodass die Sprache monoton wirkt, ein häufig anhaltender zwanghafter Fragestil, eine Stereotypisierung der Sprache sowie Schwierigkeiten mit abstrakten Konzepten, Phantasien und Vorstellungsvermögen.

Ritualisierungen
Die ritualistischen und stereotypen Phänomene wurden im Deutschen früher sehr unglücklich mit dem Begriff der so genannten Veränderungsangst in Verbindung gebracht. Tatsächlich handelt es sich um ein zwanghaftes Bestehen auf Gleicherhaltung von Umwelt und Abläufen. Diese Phänomene werden in der frühen Kindheit vor allem in einer **Störung des Spielverhaltens** deutlich. Die Kinder spielen ohne Variation, Phantasie und Imagination in rigider, stereotyper und eingeschränkter Weise, wobei sie z. B. gerne Objekte in Drehbewegung versetzen. Sie entwickeln zu einigen Objekten eine ungewöhnliche Bindung und reagieren mit heftigen Affektdurchbrüchen und Protest auf

deren Entfernung. In der mittleren Kindheit und später bildet sich oft eine ungewöhnliche und ausschließliche Beschäftigung mit Fahrplänen, Busrouten, Farben, Zahlen und Mustern aus. Hinzu treten Rituale und Zwangshandlungen, die im Jugendalter in ausgeprägte Zwangssyndrome übergehen können. Häufig besteht ein starker Widerstand gegen Veränderungen der unmittelbaren Lebensumwelt, sodass es schon beim Umstellen von Möbeln zu heftigen Affektstürmen kommen kann. Spielobjekte sind häufig hinsichtlich ihrer Oberflächenbeschaffenheit oder des Geruchs für das autistische Kind interessanter als hinsichtlich ihrer Funktion. Ähnlich häufig wie bei geistig Behinderten kommt es zur Ausbildung von motorischen Stereotypien wie Händewedeln und Drehbewegungen des Körpers und auch zu Automutilationen.

Kognitive Störungen
Die schweren Sprachauffälligkeiten von frühkindlichen Autisten, die weniger als eine Störung der Syntax und vielmehr als eine des Konzeptes und des Kontextes von Sprache und somit weniger als Verzögerung denn als Abweichung betrachtet werden müssen, verweisen neben der sozialen Kommunikationsstörung auch auf eine Störung des Einsatzes von Sprache im Denken. Tatsächlich haben sich einige kognitive Störungen bei frühkindlichen Autisten nachweisen lassen, die gegenwärtig als charakteristische Basisstörungen betrachtet werden. Sie werden theoretisch als allgemeines Defizit der Fähigkeit verstanden, Sinn- und Bedeutungsgehalte aus sprachlichen Informationen abzuleiten. Dabei ist vor allem das interpersonale Verstehen betroffen. Die Variation der Intelligenz ist beträchtlich; sie liegt allerdings bei drei Vierteln der frühkindlichen Autisten im Bereich der geistigen Behinderung und kann ab der mittleren Kindheit als relativ stabil betrachtet werden.

Sensorische Störungen
Die von einigen Autoren als charakteristisch bezeichneten sensorischen Störungen können gemäß der betroffenen Modalität als visuelle, auditive, olfaktorische, gustatorische, taktile und propriozeptive Symptome klassifiziert werden. Hinweise auf entsprechende Störungen können z. B. Augenbohren, fehlende Reaktion auf Geräusche, Ablehnung von Berührung, Betasten und Beriechen von Oberflächenstrukturen, Bevorzugung bzw. Ablehnung bestimmter Speisen, verminderte Schmerz- und Kälteempfindlichkeit, motorische Stereotypien und Autostimulation sowie allgemeine Hypo- bzw. Hypersensibilität einzelner Sinnessysteme sein.

Körperliche Störungen
Im klinischen Verlauf des frühkindlichen Autismus kann es vornehmlich im Jugendalter zur Manifestation einer **Epilepsie** kommen. Häufig, aber nicht regelhaft, finden sich neurologische Befunde, die mit der Annahme einer hirnorganischen Schädigung vereinbar sind. Die zahlreichen, wahrscheinlich mit dem Autismus verbundenen körperlichen Krankheiten sind in Tabelle 6-1 aufgelistet und betreffen etwa ein Viertel aller Autisten.

Tabelle 6-1 Körperliche Krankheiten und Syndrome, die wahrscheinlich mit Autismus einhergehen (nach Gillberg und Coleman, 1996).

Chromosomenaberrationen
Cytomegalievirus-Infektion
Duchenne-Muskeldystrophie
Enzephalitis
Fragiles X-Syndrom
Haemophilus-influenzae-Meningitis
Herpes-simplex-Enzephalitis
Hypomelanosis Ito
Hypothyreose
Multiple kongenitale Anomalien/Syndrome mit geistiger Behinderung
Moebius-Syndrom
Mukopolysaccharidose
Neurofibromatose
Partiale Tetrasomie, 15T-Syndrom
Phenylketonurie
Purin-Störungen
Rett-Syndrom
Rötelnembryopathie
Sotos-Syndrom
Tuberöse Sklerose
West-Syndrom
Williams-Syndrom

▪ Komorbide Störungen

Im Verlauf der Entwicklung von Menschen mit Autismus können zusätzlich zu ihrer Grundstörung hyperkinetische Störungen, emotionale Störungen mit Angst, Depression und Zwangsstörungen sowie Schlafstörungen auftreten.

Diagnostik und Differenzialdiagnose

Wie bei anderen Störungen umschließt die Untersuchung der autistischen Kinder eine Anamnese, eine psychopathologische Befunderhebung und eine körperliche Untersuchung. Im Rahmen der **Anamneseerhebung** liegen Schwerpunkte bei der Erfassung hereditärer sowie prä- und perinataler Risikofaktoren, bei begleitenden medizinischen Störungen, bei der Entwicklungs- und Sozialanamnese sowie bei der Exploration der Eltern hinsichtlich ihrer Erwartungen und Verarbeitungsformen. Die **körperliche Untersuchung** sollte nach den Gesichtspunkten erfolgen, die für geistig behinderte Kinder gelten (vgl. Kap. 5). Dies schließt auch die Indikationnen für Laboruntersuchungen mit ein. Speziell zu berücksichtigen sind molekulargenetische Untersuchungen, Stoffwechselanalysen und ggfs. auch neuroradiologische Untersuchungen.

In der **Untersuchung** einschließlich Diagnosesicherung und Abgrenzung der differenzialdiagnostischen Möglichkeiten sollten in einem mehrstufigen Prozess zunächst das Intelligenzniveau, dann die Sprachentwicklung, ferner das spezifische Verhalten des Kindes und schließlich mögliche assoziierte Krankheiten sowie evtl. relevante psychosoziale Faktoren bestimmt werden. Angesichts des bei geistig Behinderten auch zu beobachtenden Sprachentwicklungsrückstandes muss die Sprachentwicklung mindestens um ein oder mehrere Jahre unter dem Niveau des geistigen Entwicklungsalters liegen. Schließlich darf das Verhalten des Kindes nicht im Einklang mit seiner übrigen Entwicklung stehen; vielmehr liegt das Charakteristikum des Verhaltens beim frühkindlichen Autismus gerade in der Abweichung der übrigen Entwicklung.

Für die Beurteilung des Verhaltens von frühkindlichen Autisten sind im angloamerikanischen Sprachraum eine Reihe von Instrumentarien entwickelt worden. Dabei handelt es sich um Fragebogen, Systeme für die Verhaltensbeobachtung und komplexe Beurteilungsskalen, die nur teilweise in autorisierter deutscher Bearbeitung vorliegen. Besonderes Interesse haben das ADI (Autismus: Diagnostisches Interview), das ADOS (Autism Diagnostic Observation Schedule) und als orientierender Fragebogen der ASQ (Autism Screening Questionnaire, deutsch: Fragebogen über Verhalten und soziale Kommunikation, VSK) gefunden.

Im Prozess der **Differenzialdiagnose** ist eine Abgrenzung gegenüber anderen Störungen der sozialen Interaktion, der Sprache, des Spiels und anderer Verhaltensweisen erforderlich. Dabei ist zunächst bedeutsam, ob das autistische Syndrom sich bereits von Anfang an in recht charakteristischer Weise entwickelt hat oder zuvor eine Phase normaler Entwicklung abgelaufen ist. Während in ca. 80 % der Fälle sich die Symptome bereits sehr früh manifestiert haben, verläuft die Entwicklung bei ca. 20 % bis zum Alter von zwei bis zweieinhalb Jahren zunächst normal. Derartige relativ späte Manifestationen müssen gegenüber dem **elektiven Mutismus**, den seltenen **Aphasien**, den ebenfalls seltenen **desintegrativen Störungen** (z. B. Dementia infantilis Heller) und **Demenzen** sowie den so genannten **frühkindlichen Schizophrenien** abgegrenzt werden. Hinsichtlich der Symptome Angst und Zwanghaftigkeit kann bei einigen Kindern mit Autismus auch eine Abgrenzung gegenüber **Störungen mit sozialer Ängstlichkeit** oder Zwangsstörungen erforderlich sein.

Die Differenzialdiagnose für den **elektiven Mutismus** lässt sich über die Feststellung des normalen Sprechens in vertrauter Umgebung, fehlende Sprachauffälligkeiten (es sei denn, Merkmale einer leichten Sprachentwicklungsverzögerung), normaler Beziehungsfähigkeit zu mindestens einigen Personen und das Fehlen von ritualisiertem und zwanghaftem Spielverhalten vornehmen. **Aphasien** als in der frühen Kindheit sehr seltene erworbene Sprachabbaustörungen sind zunächst durch eine normale Entwicklung der rezeptiven und expressiven Sprachanteile gekennzeichnet. Gegenüber dem frühkindlichen Autismus tritt bei den Aphasien nicht die massive soziale Beziehungsstörung auf, wenngleich der möglicherweise reaktiv auf den Sprachverlust einsetzende soziale Rückzug die Differenzialdiagnose gegenüber den frühkindlichen Autismus wie auch gegenüber den **desintegrativen Psychosen** und **Demenzen** erschweren kann. Bei der zuletzt genannten Störung kommt es ebenfalls nach einer Phase einer zunächst normalen Entwicklung im Alter von drei bis vier Jahren zu einem Abbau und Zerfall mehrerer, über die Sprache hinaus reichender kognitiver Funktionen einschließlich weiterer Entwicklungsparameter, sodass diese selten erforderliche Differenzialdiagnose ebenfalls eine klare Trennung vom frühkindlichen Autismus gestattet.

Die Frage einer Abgrenzung gegenüber den so genannten **frühkindlichen Schizophrenien** ist eher ein historischer Gegenstand kontroverser Diskussion gewesen, zumal die Gültigkeit dieses Konzeptes (z. B. die sogenannte symbiotische Psychose nach Mahler) äußerst umstritten war. Hingegen besteht aufgrund empirischer Untersuchungen – wie oben dargestellt – Übereinstimmung dahingehend, dass der frühkindliche Autismus nicht mehr als die früheste Manifestation einer Schizophrenie zu betrachten ist.

Für die überwiegende Mehrheit der frühkindlichen Autisten, bei denen die Entwicklung von vornherein abnorm verlaufen ist, sind die bisher erörterten Differenzialdiagnosen bedeutungslos. In diesen Fällen sind vielmehr die **geistige Behinderung, rezeptive Sprachstörungen, Sinnesdefekte, Deprivationsstörungen** sowie die **autistische Psychopathie** auszuschließen.

Die Abgrenzung gegenüber mittelgradigen und schweren Formen der **geistigen Behinderung** (vgl. Kap. 5) kann Probleme schaffen, zumal bei geistig Behinderten auch autistische Züge beobachtet werden können und die Mehrheit der frühkindlichen Autisten zugleich geistig behindert ist. Die Differenzialdiagnose lässt sich dahingehend vornehmen, dass geistig Behinderte nicht das Vollbild des frühkindlichen Autismus und vor allem nicht die Qualität der spezifischen und tief greifenden sozialen Beziehungsstörungen wie bei frühkindlichen Autisten aufweisen. Ferner zeigen sie unterschiedliche Intelligenzprofile mit Ausfällen der Autisten in den Bereichen Abstraktion, Sprache und Verständnis von Bedeutungen. Auch sind die möglicherweise vorhandenen autistischen Sprachauffälligkeiten (Echolalie, Pronominalumkehr etc.) nicht so ausgeprägt und an die Phase des Spracherwerbs gebunden. Die beide Störungen häufig begleitenden Epilepsien manifestieren sich bei geistig Behinderten eher in der frühen Kindheit, bei Autisten hingegen in der Regel erst in der Adoleszenz. Auch die Geschlechtsverteilung lässt eine Differenzierung zu: Sie ist beim frühkindlichen Autismus sehr viel extremer knabenwendig als bei geistig Behinderten. Die Klassifikation der autistischen Züge bei geistiger Behinderung sollte daher als „atypischer Autismus" erfolgen.

Die **Hörstummheit** als eine schwere Sprachentwicklungsbehinderung lässt sich ebenso wie andere Formen der **Sprachentwicklungsstörungen** vor allem über das Fehlen bzw. das sehr viel seltenere und dann geminderte Auftreten der sozialen Beziehungsstörung, über andere Intelligenzprofile sowie über das Spielverhalten vom frühkindlichen Autismus differenzieren. **Rezeptive Sprachstörungen** haben im Vergleich zum frühkindlichen Autismus eine etwa gleiche Geschlechtsverteilung und weniger schwere kognitive Störungen. Sie sind vor allem durch die normale soziale Beziehungsfähigkeit gekennzeichnet.

Auch bei **Sinnesdefekten** in Form von Seh- und Hörstörungen (Taubheit) können autistische Symptome beobachtet werden, wobei als Folge einer Rötelnembryopathie auch das Vollbild eines frühkindlichen Autismus beobachtet werden kann. Sofern es sich nicht um dieses Vollbild und damit bei der Rötelnembryopathie um eine ätiologische Zuordnung des frühkindlichen Autismus handelt, kann die Differenzierung wieder an den zentralen definierenden Merkmalen erfolgen, die bei Sinnesdefekten in der Regel nicht erfüllt sind.

Die in der Folge von interfamiliären oder institutionellen **Deprivationsstörungen** zu beobachtenden Entwicklungsdefizite und Verhaltensauffälligkeiten lassen sich trotz Sprachentwicklungsverzögerung und gestörten Sozialverhaltens gegenüber dem frühkindlichen Autismus klar abgrenzen. Sie sind durch eine im Kern normale Reziprozität sozialer Beziehungen und Interaktionen, die Suche nach einer Bindung, den Einsatz der Sprache als Kommunikationsmittel und das Fehlen der charakteristischen Eigentümlichkeiten des Sprachgebrauchs gekennzeichnet.

Schließlich ist die Differenzierung des frühkindlichen Autismus gegenüber der autistischen Psychopathie des **Asperger-Syndroms** im Prinzip aufgrund einer Reihe von Merkmalen möglich, die in dem entsprechenden Abschnitt über dieses Störungsbild in diesem Kapitel dargelegt werden. Unter den **Persönlichkeitsstörungen** sind ferner die dem Asperger-Syndrom nahe stehende schizoide Persönlichkeitsstörung sowie die ängstlich-vermeidende Persönlichkeitsstörung abzugrenzen.

Ätiologie

Die Ursachen des frühkindlichen Autismus sind noch ungenügend aufgeklärt. Gleichwohl zeichnet sich aus einer Fülle von Befunden die **biologische Basis** der Störung ab. Argumente für diese Feststellung leiten sich aus der Knabenwendigkeit, der Verknüpfung mit geistiger Behinderung und Epilepsien, der Verbindung mit einer Reihe von neurobiologischen Syndromen und Risikofaktoren sowie der Bedeutung genetischer Faktoren ab. Ältere Annahmen, welche in gestörten Familienfunktionen mit emotional kühlen und zwanghaften sowie intellektualisierenden Eltern die Ursachen der Bindungsstörung sahen, haben sich ebensowenig wie die verschiedenen Varianten einer psychodynamischen Interpretation bestätigen lassen. Analog konnten ältere Feststellungen über eine Bindung des frühkindlichen Autismus an die sozialen Mittel- und Oberschichten in kontrollierten epidemiologischen Studien nicht nachgewiesen werden.

Eine Reihe von Befunden verweist auf die Wirksamkeit **genetischer Faktoren** zumindest bei einem Teil der Population. Hierzu zählen die häufig positive Familienanamnese für Sprachstörungen, die überzufällige Häufung von Autismus, Sprachstörungen, Lernstörungen und geistiger Behinderung unter den Geschwistern, die gegenüber der Normalbevölkerung niedrigere Intelligenz (besonders im Verbalbereich) bei Geschwistern von Autisten, die höhere Konkordanz für Autismus und kognitive Auffälligkeiten bei monozygoten gegenüber dizygoten Zwillingen sowie die Verknüpfung mit dem Fragilen-X-Syndrom (einer Geschlechtchromosomenstörung), der Tuberösen Sklerose und anderen genetischen Störungen in einigen Fällen. Die Erblichkeit erstreckt sich wahrscheinlich nicht auf die Diagnose, sondern auf einen breiten Bereich sozial-kommunikativer Defizite bei normaler Intelligenz. Die starke Abnahme des genetischen Risikos von monozygoten zu dizygoten Zwillingen und zu Geschwistern führt zu der Annahme, dass mehrere Gene bedeutsam sind. Anomalien verschiedener Chromosomen (speziell 7, 15 und 16) mit sog. Kandidatenregionen sind bereits beschrieben worden.

Die widersprüchlichen Feststellungen **elektropyhsiologischer Studien** unter Einsatz bezw. Erfassung von EEG, evozierten Potenzialen, Vestibularreaktionen und Hemispährendominanz lassen zumindest nicht ausschließen, dass entsprechende Funktionsstörungen für einige Kinder mit der Spektrumsdiagnose des frühkindlichen Autismus bedeutsam sind. Hingegen ist die Spezifität von Befunden bildgebender Verfahren (z. B. des Computertomogramms) oder von Hirnautopsien als Hinweis auf **morphologisch-neuroanatomische Abweichungen** beim gegenwärtigen Stand des Wissens als gering einzuschätzen. Ebenso legen die Befunde über die verschiedentlich festgestellten erhöhten Raten an **perinatalen Risikofaktoren** nahe, in derartig unspezifischen Belastungsfaktoren nur ein Teilelement im Rahmen mehrfaktorieller Verursachungen bei einem Teil der betroffenen Kinder zu sehen. Infektionen mit Rötelnviren während der Schwangerschaft führen allerdings überzufällig häufig zur Manifestation eines frühkindlichen Autismus. Auch unter den vielfältigen **biochemischen Hypothesen** hat sich bisher keine dieser Annahmen widerspruchsfrei bestätigen lassen. So ist z. B. die Annahme einer Störung des Serotonin-Stoffwechsels durch die mangelnde Spezifität für den frühkindlichen Autismus begrenzt.

Unter den **psychologischen Hypothesen** konkurrieren schließlich zwei Theorien. Die kognitive oder Meta-Repräsentations-Theorie (Baron-Cohen 1991) postuliert, dass bei Autisten die spezifischen Fähigkeiten eingeschränkt sind, ein Konzept von den Gedanken, Überlegungen und Wünschen anderer und damit von sozialen Beziehungen und Interaktionen zu bilden. Die affektive Theorie (Hobson 1991) legt den Schwerpunkt auf ein primäres, unveränderbares Defizit der Fähigkeit, den psychischen Zustand in den körperlichen Ausdrucksformen anderer Menschen zu erkennen. Beide Theorien sind nicht notwendigerweise einander ausschließend.

Zusammengefasst lassen die gegenwärtigen Erkenntnisse zu den möglichen Ursachen des frühkindlichen Autismus erkennen, dass eine wahrscheinlich genetisch vermittelte organische Störung bedeutsam ist, wobei die Ursachenmechanismen im Detail noch unklar sind. Möglicherweise verbergen sich hinter einer gemeinsamen biologischen Basis verschiedene Formen, die gegenwärtig noch unter einer Spektrumsdiagnose zusammengefasst werden.

Therapie

Die Schwerpunkte der Therapie des frühkindlichen Autismus liegen bei verhaltenstherapeutischen und heilpädagogischen Ansätzen, während sich die psychodynamisch orientierte Psychotherapie als ineffektiv erwiesen hat. Aber auch hier gilt der Grundsatz, dass eine nur am Kind orientierte Behandlungsform den klinischen Notwendigkeiten nicht genügend Rechnung trägt und eine kontinuierliche Arbeit mit den Eltern erforderlich ist. Weitere Elemente der Behandlung können in individuell unterschiedlicher Weise in Pharmakotherapie, sensomotorischen Übungsbehandlungen und Musiktherapie bestehen.

Die Ziele der Behandlung müssen – in Orientierung an Lord und Rutter (1994) – darin bestehen,

- die soziale und kommunikative Entwicklung zu unterstützen,
- die allgemeine Lern- und Problemlösefähigkeit des autistischen Kindes zu fördern,
- Verhalten abzubauen, das mit Lernen und Zugang zu Möglichkeiten normaler Erfahrungen interferiert und
- Hilfen zur Bewältigung des Autismus für Familien zu vermitteln.

Die **Schwerpunkte** in der therapeutischen Arbeit mit dem autistischen Kind liegen in dem **Aufbau sozialer und sprachlicher Fertigkeiten**. Eltern müssen detailliert in Form geplanter und strukturierter sozialer Interaktionen unterwiesen werden und diese regelmäßig (d. h. täglich) in einer sehr viel direktiveren Form als bei normal entwickelten Kindern praktizieren. Über Verstärkungsprogramme, allmähliche Ausbildung der Reaktionsformen und Hilfestellungen – also **verhaltenstherapeutische Techniken** – lässt sich der Einsatz von Sprache durch das autistische Kind entwickeln und erweitern, wobei die Möglichkeiten interindividuell variieren. Ferner werden auch Ansätze der Psycholinguistik und der kognitiven Psychologie mit dem Ziel des Aufbaus von Sprachmustern in Therapieprogrammen aufgenommen. Lässt sich ein aktives Sprechen nicht entwickeln, so kann die Unterrichtung in Zeichensprache erwogen werden. Analog zur Sprachanbahnung müssen Eltern und Therapeuten auch bei der **Entwicklung sozialer Fertigkeiten** eine sehr aktive Rolle übernehmen, um das Kind in einer für es selbst möglichst angenehmen Form in Interaktionen einzubeziehen.

Die allgemeine **Lernfähigkeit** des autistischen Kindes lässt sich nur unter Berücksichtigung allgemein gültiger Lerngesetze erweitern. Entsprechend sind die Zerlegung von Lernzielen in kleinste Lernschritte, Verhaltensverkettung, Hilfestellungen einschließlich Ausblenden dieser Unterstützung, Verstärkung und Maßnahmen zur Generalisierung von Lerneffekten erforderlich. Auch die **Reduktion von Rigidität und Stereotypien** lässt sich nur über kleinste Schritte und über ein reichhaltiges Angebot an Spiel, Aktivitäten und sozialen Interaktionen und die Vermeidung von deprivierenden Bedingungen erreichen. Für den **Abbau dysfunktionaler Verhaltensweisen** wie z. B. heftige Wutausbrüche und Aggressivität, Autostimulation oder auch die Enuresis haben sich ebenfalls verhaltenstherapeutische Techniken bewährt.

Im Rahmen dieser Zielsetzung kann auch der Einsatz von **Psychopharmaka** erwogen werden. So lassen sich durch Neuroleptika die motorische Unruhe, Affektdurchbrüche und Erregung des autistischen Kindes oft günstig beeinflussen, während Stimulanzien diese Zielsymptome bei autistischen Kindern eher verschlechtern. Unter den Neuroleptika sind Butyrophenone zwar nachgewiesenermaßen effektiv, andererseits jedoch wegen der dystonen Nebenwirkungen hinsichtlich eines breiten und vor allem langfristigen Einsatzes eingeschränkt, während die niederpotenten Phenothiazine durch ihre Sedierung Lernen und Entwicklung beeinträchtigen können. Im Grundsatz hat die Pharmakotherapie gegenwärtig immer noch den Charakter einer zeitlich befristeten Kriseninvention zur Entlastung. Sie ist weder kurativ, noch hat sie die Funktion einer Basistherapie für die zentralen Symptome des Autismus. Entsprechend zurückhaltend müssen auch die Effekte einer Mega-Vitamin-Therapie eingeschätzt werden. Ebenso haben kontrollierte Studien keinen Wirksamkeitsnachweis für das Hormon Secretin erbracht.

Inwieweit über **sensomotorische Übungsbehandlungen** die sensorischen Störungen beim frühkindlichen Autismus therapeutisch erfolgreich beeinflusst werden können, lässt sich aufgrund des Fehlens systematisch gewonnener Erkenntnisse vorerst nicht beurteilen. Ähnliches gilt für die Bewertung des Einsatzes von **Musiktherapie.** Gleichwohl kann festgestellt werden, dass entsprechende Therapieformen in Ergänzung zu anderen therapeutischen und pädagogischen Ansätzen auf der Basis einer eher individuellen Indikation eingesetzt werden können. Bei einer großen Anzahl von Therapien mit bisweilen beträchtlichem Anspruch ("Wunderheilung") fehlt in der Regel der Nachweis der Wirksamkeit.

Die kontinuierliche **Eltern- und Familienarbeit** ist schließlich ein unverzichtbarer Schwerpunkt der Therapie beim frühkindlichen Autismus. Dabei geht es nicht nur um die wiederholt betonte Notwendigkeit der Entwicklungsförderung und Generalisierung von Therapieschritten in die Lebensumwelt des autistischen Kindes, sondern auch ganz wesentlich um die psychologische Betreuung von Eltern und Familien mit einem autistischen Kind. Hier bestehen die **Ziele** in einer Vermittlung von Verständnis für das abnorme Verhalten des Kindes, in Entlastung von Schuldgefühlen, in Hilfen für den alltäglichen Umgang mit dem Kind und schließlich in konkreten Anleitungen für die Entwicklungsförderung und Verhaltensstabilisierung.

Die Auseinandersetzung und Adaptation der Familie mit einem autistischen Kind hat viele Gemeinsamkeiten mit der Situation von Familien mit entwicklungsverzögerten, behinderten und chronisch kranken bzw. beeinträchtigten Kindern und Jugendlichen. Dabei besteht neben der Erkenntnis einer Reihe von Gemeinsamkeiten dieses Bewältigungsprozesses die Notwendigkeit, die jeweils individuell wirksam werdenden Belastungen, Verarbeitungen, Stützen und Kräfte innerhalb der Familie zu analysieren, um beratend und therapeutisch wirken zu können.

Verlauf

Aus den Beobachtungen der Entwicklung des frühkindlichen Autismus bis in das Erwachsenenalter hinein

stammt die Erkenntnis, das etwa zwei Drittel der Patienten stark behindert und unfähig zur selbstständigen Lebensführung bleiben, während nur etwa jeder sechste Patient eine Entwicklung mit Berufstätigkeit und sozialer Integration nimmt. Aber auch bei diesen können häufig weiterhin anhaltende Beziehungsschwierigkeiten und ungewöhnliche Verhaltensstile beobachtet werden.

Bis zu einem Viertel der Fälle nimmt einen Verlauf zwischen den dargelegten ungünstigen bzw. günstigen Varianten: Die Patienten entwickeln eine relative Selbstständigkeit und Abnahme ihrer Verhaltensauffälligkeiten, brauchen jedoch in vielfältiger Hinsicht weiterhin Fürsorge und Betreuung. Ein nicht unbeträchtlicher Teil von Patienten entwickelt in der Adoleszenz eine Epilepsie. Beobachtete Häufigkeiten reichen bis zu 28 %, wobei vornehmlich die geistig behinderten Patienten betroffen sind. Andere Probleme in der Adoleszenz können in einer allgemeinen oder auf einzelne Symptome beschränkten Verschlechterung bestehen.

Der Intelligenzquotient hat sich als das wichtigste Vorhersagemerkmal des Verlaufs beim frühkindlichen Autismus erwiesen. Ein nicht-sprachlicher IQ im Bereich von 60–50 und niedriger bedeutet beim autistischen Kind eine lebenslange Behinderung. Sofern bei höherer Intelligenz die Beeinträchtigung der Sprache nach dem Alter von fünf Jahren weiterhin stark ausgeprägt ist, muss ebenfalls mit einem ungünstigen Verlauf gerechnet werden. In der Regel entwickelt etwa die Hälfte der autistischen Kinder meist um das Alter von fünf Jahren herum ein ausreichendes sprachliches Repertoire mit verbessertem Sprachverständnis, gleichwohl aber anhaltenden Auffälligkeiten des Sprachgebrauchs, die oben bereits beschrieben wurden.

6.2 Asperger-Syndrom

Definition und Häufigkeit

Auch die von Asperger zuerst beschriebene autistische Psychopathie ist durch eine Störung der Beziehungsfähigkeit gekennzeichnet. Unter den charakteristischen Merkmalen hat Asperger Auffälligkeiten des Blickkontaktes, Mangel an Expressivität, fehlendes Einfühlungsvermögen, isolierten Rückzug, ausgeprägten Egozentrismus, ungewöhnliche und eingeschränkte intellektuelle Interessen sowie Bindungen an Objekte aufgeführt. Er sah in dieser Konstellation eine vererbte Persönlichkeitsvariante und nahm eine entsprechende diagnostische Bezeichnung vor.

In der älteren englischsprachigen Literatur findet auch der Begriff der "schizoiden Persönlichkeit" Anwendung, der sich in diesem Kontext nicht mit der entsprechenden Verwendung in der deutschsprachigen Psychiatrie und der Konzeption in DSM-IV und ICD-10 deckt. Die ICD-10 stellt neben der Beeinträchtigung der gegenseitigen sozialen Interaktionen das Repertoire eingeschränkter und stereotyper, sich wiederholender Interessen und Aktivitäten heraus.

Schwedische epidemiologische Untersuchungen gehen von einer Häufigkeit von 4–7 Kindern mit einem

Asperger-Syndrom unter 1.000 Kindern im Alter von 7–16 Jahren aus. In alten Berichten fällt eine extreme Knabenwendigkeit von etwa 8:1 auf.

Klinisches Bild und Differenzialdiagnose

Die auch für das Asperger-Syndrom charakteristische **Beziehungsstörung** nimmt in der Regel nicht so früh (vor 36 Monaten) wie beim frühkindlichen Autismus ihren Ausgang. Sie erreicht darüber hinaus nicht die Tiefe bzw. den Schweregrad wie beim frühkindlichen Autismus. Der Blickkontakt des Kindes mit einem Asperger-Syndrom ist weniger intensiv und am Gegenüber interessiert und der Kontakt zur unmittelbaren und erweiterten Umwelt deutlich eingeschränkt. Ihre sozialen Defizite äußern sich auch in Humorlosigkeit, Mangel an Einfühlungsvermögen und Distanzlosigkeit. Mehrheitlich werden die Sozialentwicklungen dieser Kinder erst im Schulalter problematisch.

Die **Sprachentwicklung** setzt bei diesen Kindern seltener verzögert, sondern oft eher früh und dann eher auf einem hohen Kompetenzniveau ein, lässt aber Mängel der kommunikativen Abstimmung auf den Gesprächspartner erkennen. Die **Intelligenz** reicht von durchschnittlich bis überdurchschnittlich, und das Denken ist durch Abstraktionsfähigkeit und Originalität gekennzeichnet. Die Patienten sind häufig von ausgefallenen **Sonderinteressen** übermäßig absorbiert und wehren sich mit heftigen Affektdurchbrüchen gegen Einschränkungen. Hinsichtlich der **Motorik** fallen Ungeschicklichkeit und seltener auch Stereotypien auf. **Zwanghaft-pedantische Züge** vervollständigen das klinische Bild. Eventuelle **komorbide Störungen** betreffen Zwangsstörungen, Tics, hyperkinetische Störungen sowie Hirnfunktionsstörungen.

Für die **Untersuchung** von Patienten mit Asperger-Syndrom eignet sich das im Anhang 6-1 wiedergegebene Asperger-Syndrom-Diagnostik-Interview (ASDI). Die **differenzialdiagnostische Abgrenzung** der beiden Autismussyndrome lässt sich am sichersten über die unterschiedliche Sprachentwicklung, aber auch über den Grad der sozialen Beziehungsstörung sowie die verschiedene Intelligenzverteilung vornehmen. Das Bild des frühkindlichen Autismus zeigt gegenüber der Statik der autistischen Psychopathie vergleichsweise mehr Entwicklungsdynamik. Eine sichere nosologische Differenzierung des Asperger-Syndroms vom Bild des frühkindlichen Autismus mit normaler Intelligenz (IQ > 65–70) ist umstritten.

Ätiologie

Die autistische Psychopathie ist wahrscheinlich eine **vererbte bzw. konstituionelle Störung.** Diese Annahme wird durch die homologe familienanamnestische Belastung in der männlichen Linie sowie die ausgeprägte Knabenwendigkeit nahegelegt. Dabei ist offen, inwieweit lediglich eine Disposition vererbt wird, die weiterer Faktoren zur Manifestation bedarf.

Therapie und Verlauf

Die Defizite der Sozialentwicklung können das Kind mit einer autistischen Psychopathie in Probleme und Konflikte mit seiner Umwelt führen, sodass stützende **Psychotherapie, Training von Sozialfertigkeiten** und **Beratung** des Kindes und seiner Eltern erforderlich werden können. Die Einbeziehung der erweiterten Lebensumwelt – insbesondere der Schule – und die **funktionelle Behandlung** von neuromotorischen Funktionsschwächen stellen weitere Ziele einer Behandlung dar.

Die wenigen vorliegenden **Verlaufsbeobachtungen** zeigen, dass Patienten mit einer autistischen Psychopathie später weniger Partnerbeziehungen eingehen, Probleme mit der Empathie haben, emotional weniger bindungsfähig sind und oft an sonderlingshaft wirkenden Interessen und Aktivitäten festhalten. Ferner wurden gehäuft Suizidgedanken und -handlungen sowie auch Übergänge in schizophrene Psychosen beobachtet. Gleichwohl lässt sich die autistische Psychopathie nicht als eine präpsychotische Vorform der Schizophrenie betrachten.

Literatur

American Academy of Child and Adolescent Psychiatry: Practice parameters für the assessment and treatment of children, adolescents, and adults with autism and other pervasive developmental disorders. J. Am. Acad. Child Adolesc. Psychiatry 38 (1999) 325–545.

Bailey, A., W. Phillips, M. Rutter: Autism: towards an integration of clinical, genetic neuropsychological, and neurobiological perspectives. J. Child Psychol. Psychiat. 37 (1996) 89–126.

Baron-Cohen, S.: The development of a theory of mind in autism: deviance and delay? Psychiatric Clinics of North America 14 (1991) 33–51.

Bölte, S., K. Crecelius, F. Poustka: Der Fragebogen über Verhalten und soziale Kommunikation (VSK): Psychometrische Eigenschaften eines Autismus-Screening-Instruments für Forschung und Praxis. Diagnostica 46 (2000) 149–155.

Campbell, M., E. Schopler, J. E. Cueva, A. Hallin: Treatment of autistic disorder. J. Am. Acad. Child Adolesc. Psychiatry 35 (1996) 134–143.

Ehlers, S., C. Gillberg, L. Wing: A screening questionnaire for Asperger syndrome and other high-functioning autism spectrum disorders. J. Autism Dev. Disorders 29 (1999) 129–141.

Gillberg, C.: Autism spectrum disorders. In: Steinhausen, H.-C, F. Verhulst (eds.): Risks and outcome in developmental psychopathology. Oxford University Press, Oxford 1999.

Gillberg, C.: Asperger syndrome and high-functioning autism. Brit. J. Psychiatry 172 (1998) 200–209.

Gillberg, C., E. Billstedt: Autism and Asperger syndrome: coexistence with other clinical disorders. Acta Psychiatr. Scand. 102 (2000) 321–330.

Gillberg, C., M. Coleman: The biology of the autistic syndromes. 3rd edition. Mac Keith Press, London 2000.

Gillberg, C., C. Gillberg, M. Råstam, E. Wentz: The Asperger syndrome (and high-functioning autism) diagnostic interview (ASDI): a preliminary study of a new structured clinical interview. Autism 5 (2001) 57–66.

Gutknecht, L.: Full-genome scans with autistic disorder: a review. Behavior Genetics 31 (2001) 113–123.

Hobson, R. P.: What is autism? Psychiatric Clinics of North America 14 (1991) 1–17.

Howlin, P.: Practitioner review: psychological and educational treatment for autism. J. Child Psychol. Psychiatry 39 (1998) 307–322.

Howlin, P.: Prognosis in autism: do specialist treatments affect long-term outcome? Eur. Child Adolesc. Psychiatry 6 (1997) 55–72.

Klicpera, C., P. Innerhofer: Frühkindlicher Autismus. In: Steinhausen, H.-C., M. v. Aster (Hrsg.): Verhaltensmedizin und Verhaltenstherapie bei Kindern und Jugendlichen. Psychologie Verlags Union, Zweite Auflage, Weinheim 1999.

Klicpera, C., C. Bormann-Kirschkel, B. Gasteiger-Klicpera: Autismus. In: Steinhausen, H.-C. (Hrsg.): Entwicklungsstörungen im Kinder- und Jugendalter. Ein interdisziplinäres Handbuch. Kohlhammer, Stuttgart 2001.

Lauritsen, M. B., H. Ewald: The genetics of autism. Acta Psychiatr. Scand. 103 (2001) 411–427.

Lord, C., A. Bailey: Autism spectrum disorders. In: Rutter, M., E. Taylor (eds.): Child and Adolescent Psychiatry. Modern Approaches. 4th ed. Blackwell, Oxford 2002.

Lovaas, O. I., T. Smith: Intensive behavioral treatment for young autistic children. In: Lahey, B. B., A. E. Kazdin (eds.): Advances in Clinical Child Psychology, Vol. 11. Plenum Press, New York 1988.

Malhotra, S., N. Gupta: Childhood disintegrative disorders. J. Autism Dev. Disorders 29 (1999) 491–498.

Rutter, M.: The Emmanual Miller memorial lecture 1998. Autism: Two-way interplay between research and clinical work. J. Child Psychol. Psychiat. 40 (1999) 169–188.

Tanguay, P. E.: Pervasive developmental disorders: a 10-year review. J. Am. Acad. Child Adolesc. Psychiatry 39 (2000) 1079–1095.

7 Psychosen

Die Psychosen des Kindes- und Jugendalters sind schwere und glücklicherweise relativ seltene Ereignisse mit in der Regel schlechterer Prognose als viele andere Störungen in diesem Entwicklungsabschnitt des Lebens. Klassifikatorisch handelt es sich um die **schizophrenen**, die **schizoaffektiven**, die **affektiven** und die **organischen Psychosen.** Bei den schizoaffektiven Psychosen treten in derselben Krankheitsperiode sowohl schizophrene als auch affektive Symptome auf. Schizophrenie und affektive Psychosen werden auch als endogene Psychosen und organische Psychosen als exogene Psychosen bezeichnet. Dabei steht der Begriff „exogen" für körperlich begründet, während mit „endogen" nach heutigem Verständnis nicht nur „nichtsomatisch begründbar", sondern „hereditär" gemeint ist.

7.1 Schizophrene Psychosen

Definition, Klassifikation und Häufigkeit

Seit Eugen Bleuler wird unter dem Begriff der Schizophrenie im Sinne der so genannten Grundsymptome eine Störung des Denkens, der Affektivität und des Antriebs verstanden. Diesen sich in Zerfahrenheit, Ambivalenz und Autismus äußernden Grundsymptomen hat Bleuler als akzessorische, nicht obligate Symptome Wahn, Halluzinationen und katatone Störungen nachgeordnet. Er hat somit einige der bedeutsamen klinischen Zeichen der Schizophrenie als sekundär eingestuft, zumal sie nicht bei allen betroffenen Patienten und in eigenen Fällen auch nur vorübergehend auftreten.

Die Schizophrenie ist eine schwere Störung des Realitätsbezuges mit verschiedenen klinischen Manifestationsformen, die im Kindesalter eine Reihe entwicklungsbedingter Charakteristika aufweisen. Nach dem Alter der Manifestation lassen sich die Schizophrenien in kindliche (bis zum zehnten Lebensjahr), präadoleszente (zehn bis vierzehn Jahre) und adoleszente sowie schließlich erwachsene Formen einteilen. Die kindlichen Formen werden traditionell in verschiedene Subgruppen unterteilt: die frühkindlichen Psychosen der ersten drei Lebensjahre, die Psychosen des Kleinkind- und Vorschulalters und die Psychosen der mittleren und späten Kindheit.

Tabelle 7-1 Die operationalisierten diagnostischen Kriterien für die Schizophrenie in der ICD-10.

Allgemeine Kriterien für die paranoide, die hebephrene, die katatone und die undifferenzierte Schizophrenie:

Während der meisten Zeit innerhalb eines Zeitraumes von mindestens einem Monat (oder während einiger Zeit an den meisten Tagen) sollte eine psychotische Episode mit entweder mindestens einem der unter 1. aufgezählten Syndrome, Symptome und Anzeichen oder mit mindestens zwei der unter 2. aufgezählten Symptome und Anzeichen bestehen.

1. Mindestens eines der folgenden Merkmale:
   a. Gedankenlautwerden, Gedankeneingebung, Gedankenentzug oder Gedankenausbreitung
   b. Kontrollwahn, Beeinflussungswahn, Gefühl des Gemachten, deutlich bezogen auf Körper- oder Gliederbewegungen oder bestimmte Gedanken, Tätigkeiten oder Empfindungen; Wahnwahrnehmungen
   c. kommentierende oder dialogische Stimmen, die über die Patienten reden, oder andere Stimmen, die aus bestimmten Körperteilen kommen
   d. anhaltender kulturell unangemessener, bizarrer Wahn, wie der, das Wetter kontrollieren zu können oder mit Außerirdischen in Verbindung zu stehen

2. Oder mindestens zwei der folgenden Merkmale:
   a. anhaltende Halluzinationen jeder Sinnesmodalität, täglich während mindestens eines Monats, begleitet von flüchtigen oder undeutlich ausgebildeten Wahngedanken, ohne deutliche affektive Beteiligung oder begleitet von langanhaltenden überwertigen Ideen
   b. Neologismen, Gedankenabreißen oder Einschiebungen in den Gedankenfluss, was zu Zerfahrenheit oder Danebenreden führt
   c. katatone Symptome wie Erregung, Haltungsstereotypien oder wächserne Biegsamkeit (Flexibilitas cerea), Negativismus, Mutismus und Stupor
   d. „negative" Symptome wie auffällige Apathie, Sprachverarmung, verflachte oder inadäquate Affekte (Es muss sichergestellt sein, dass diese Symptome nicht durch eine Depression oder eine neuroleptische Medikation verursacht werden)

Bemerkenswerterweise enthält die ICD-10 im Unterschied zur ICD-9 keine gesonderte Gruppe der für die Kindheit typischen Psychosen. Dies dürfte zum Teil damit zusammenhängen, dass die nosologische Gültigkeit von Psychosen vor dem Schulalter (z. B. die sog. symbiotische Psychose nach Mahler) mehr als zweifelhaft ist. Hingegen wird die sog. desintegrative Psychose des Kleinkindalters in der ICD-10 als desintegrative Störung sinnvollerweise den Entwicklungsstörungen zugeordnet. Die für die Forschung vorgenommene, gleichwohl oder praktisch hilfreiche Operationalisierung der diagnostischen Kriterien nach ICD-10 ist in Tabelle 7-1 dargestellt.

Die Prävalenz für schizophrene Psychosen beträgt bei Erwachsenen 0,5 %. Wegen der relativen Seltenheit liegen keine epidemiologischen Zahlen für das Kindes- und Jugendalter vor. Schizophrene Erkrankungen sind vor der Pubertät und Adoleszenz äußerst selten. Nur 4 % der Gesamterkrankungen an Schizophrenie beginnen vor dem 14. Lebensjahr und 0,1 bis 1 % vor dem zehnten Lebensjahr. Schätzungen besagen, dass ein Kind unter 10 000 an einer Schizophrenie erkrankt. Unter den neu aufgenommenen Patienten in kinder- und jugendpsychiatrischen Klientelen machen Patienten mit einer Schizophrenie etwa 1 bis 5 % der Gesamtklientel aus. Jungen sind knapp dreimal häufiger als Mädchen betroffen.

Klinisches Bild

Schizophrenien im Kindes- und Jugendalter weisen eine Reihe entwicklungsabhängiger Besonderheiten in der Symptomatik auf, die sie von dem Bild der Schizophrenien im Erwachsenenalter abgrenzen. Die folgende Darstellung des klinischen Bildes trägt diesen spezifischen Aspekten Rechnung.

■ Prodromalerscheinungen

Bei etwa der Hälfte der schizophren erkrankten Kinder im Schulalter können im Vorfeld der Erkrankung Prodromalerscheinungen beobachtet werden. Dabei handelt es sich um flüchtige, kurz dauernde präpsychotische Reaktionen. Hierzu zählen eine Reihe von Veränderungen im Verhalten, die mit dem Wesen und der bisherigen Entwicklung des Kindes unvereinbar erscheinen, wie z. B. regressives Verhalten, Verstimmungszustände, plötzliche und unmotivierte dissoziale Handlungen und Aggressionsdurchbrüche, Angst, mutistische Reaktionen, Konzentrationsstörungen, motorische Unruhe u. a. m. Wenngleich diese Phänomene wenig spezifische und damit kaum diagnosebestimmend sind, so heben sie sich dennoch eindrücklich von der bisherigen Persönlichkeitsentwicklung des Kindes ab.

Bei Erkrankungen im Jugendalter können im Vorfeld einer Schizophrenie Leistungseinbrüche in Schule und Lehre, Konzentrationsstörungen, Antriebsminderungen mit Interessenverlust und phasenhaft ablaufende depressive Verstimmungen beobachtet werden. Die diagnostische Würdigung dieser Phänomene ist am Anfang oft schwierig, zumal vieles vor dem Hintergrund der alterstypischen Entwicklung passageren Charakter haben kann. Gleichwohl ist das Ausmaß der prämorbiden Einschränkungen

mit den Symptomen einer schizoiden Persönlichkeitsstörung im Sinne von sonderlingshaftem, kontaktarmem und beziehungsgestörtem Verhalten das beste Vorhersagemerkmal des Frühverlaufs.

■ Psychopathologie

Die **klinische Symptomatik** ist in systematischer Form in ihrer entwicklungsabhängigen Manifestation in Tabelle 7-2 dargestellt. Sie ist bei den **kindlichen Schizophrenien** weniger bzw. kaum von den produktiven Symptomen des späteren Jugend- und Erwachsenenalters gekennzeichnet. Wahn und Halluzinationen sind vor dem Alter von zehn Jahren kaum zu beobachten, während eine Wahnstimmung, Negativismus und katatone Symptome durchaus schon bei jüngeren Kindern vorliegen können. Im Vordergrund der Symptomatik stehen vielmehr Störungen des **Antriebs**, der **Emotionalität**, der **Motorik** und der **Sprache**. Mit dem Verlust des Interesses an Spiel und Aktivitäten verbindet sich eine Abkehrung von der Beziehungswelt mit autistischen Zügen. Zugleich kann eine emotionale Verflachung mit Akzentuierung amorpher Ängste beobachtet werden, die sich selten zu einem Wahn verdichten. Vor dem Alter von zehn Jahren nimmt diese diffuse Angst den Stellenwert der erst später sich entwickelnden Wahnsymptome ein. Hier können neben verschiedenen Wahnideen auch leibhypochondrische Symptome beobachtet werden. Unter halluzinatorischen Phänomenen dominieren die optischen über die akustischen Trugwahrnehmungen. Die Stimmung des schizophrenen Kindes wirkt labil, die Affekte sind inadäquat und reichen bisweilen bis zur Gefühlsarmut und -kälte – ganz im Widerspruch zur bisherigen Entwicklung des Kindes. Die Motorik ist von Stereotypien, Grimassieren sowie bizarren und automatenhaft wirkenden Körperbewegungen geprägt. In der Sprache fallen Logorrhö, idiosynkratische Wortneuschöpfungen oder mutistische Reaktionen auf. Die Störungen können bis zum Sprachabbau und -zerfall reichen. Daneben können **Zwangshandlungen und -gedanken** bestehen, die mit der Psychose koexistieren oder diese auch bei Remission überdauern können.

In der **späten Kindheit** und **Präadoleszenz** kommt es dann zur Ausbildung von Wahnsymptomen, wobei zunächst zönästhetische Symptome, d.h. wahnhaft-halluzinatorische Leibempfindungen und später paranoide Symptome in Form von Beziehungs- und Beeinflussungsideen sowie Verfolgungsideen im Vordergrund stehen. In transitivistischen Depersonalisationserscheinungen identifizieren sich die Kinder bei sich auflösenden Ich-Grenzen mit Objekten ihrer Umgebung oder mit Tieren. Häufig zeigen die Patienten gleichzeitig Symptome von Hirnfunktionsstörungen. Präpuberal können sexuelle Identitätsprobleme in die produktive Symptomatik Eingang finden und neben zönästhetischen Körperhalluzinationen imponieren. Ab dem Beginn der Pubertät finden sich auch sexuelle Themen und Wahninhalte. In der **Adoleszenz** folgen Größenwahn, religiöse Wahnideen, depressive Wahnideen, Selbstbeschuldigungswahn und Liebeswahn. Typischerweise kommt es erst in der Adoleszenz zur Ausbildung von akustischen, optischen, olfaktorischen oder haptischen Hallu-

Tabelle 7-2 Entwicklungsabhängige Manifestation von Schizophreniesymptomen (Neumärker, 1999).

Schizophreniesymptome im Kleinkindalter bis etwa 10. Lebensjahr

■ **Zunehmende Kontaktlosigkeit (Beziehungsstörung)**
Verlust des Beziehungsbedürfnisses; Ersatzkontaktbildungen, bizarre Beziehungsformen; fehlender Blickkontakt; Aversion gegen Körperkontakt; kaum ausgebildetes Anschmiegverhalten; zunächst zunehmende Interesseneinengung, dann Spiel- und Interessenverlust; Isolation (autistisches Syndrom)

■ **Störungen der Motorik**
Stereotypien; Manierismen; Iterationen; Grimassieren, Schaukelbewegungen, Zehengang, gespreizte Bewegungen; Verlust der Bewegungsharmonie

■ **Störungen der Wahrnehmung**
Erfassung der Umwelt über haptische und kinästhetische Abläufe; Veränderung in der „Hierarchie der Sinnesmodalitäten"

■ **Mangelhafte Sprachentwicklung bzw. Sprachabbau**
Wort- und Satzstereotypien (Phonographismus); Agrammatismus; bizarre Wortneubildungen; singender-monotoner Sprachablauf

■ **Affektveränderungen**
amorphe, gegenstandslose Ängste; Verstimmung; zunächst allgemeine Reizbarkeit mit Wutreaktionen, dann Übergang in affektive Gleichgültigkeit, Verarmung und Verödung; negativistisches Verhalten

■ **Antriebsveränderungen**
Apathie oder dranghafte Impulse mit Aggressionen und Autoaggressionen

■ **Assoziationsstörungen**
bizarre Einfälle mit unverstehbarem Verhalten

■ **Reduzierte intellektuelle Leistungen**

Schizophreniesymptome zwischen 10. und 14. Lebensjahr

■ **Störungen der Motorik und Ausdrucksmotorik**
Gestik, Mimik und Willkürmotorik; Körperhaltung: Eckigkeit, Steifheit, zunächst mit zwanghaftem Charakter, dann maniert einschließlich Sprache

■ **Angstsymptome**
mit konkretem Inhalt und elementarem Charakter (z. B. Krankheiten, Tod) oder gegenstandslos mit depressiver Färbung und Ratlosigkeit. Todesgedanken, Todeswunsch, Sterbenssehnsucht mit Suizidversuchen und Suizid

■ **Depersonlisationserscheinungen**
Ich-Störung; die Kinder sprechen von sich in der 3. Person, fühlen sich in Tiere verwandelt und identifizieren sich mit ihnen

■ **Halluzinationen**
eher optischen Inhaltes mit Beziehungen zur Märchenwelt (Hexe, Teufel, schwarzer Mann). Verkennungen bei Kindern mit reger Phantasie (eidetisches Verhalten = Fähigkeit, früher Wahrgenommenes als anschauliches Bild wiederzuerkennen)

■ **Denkstörungen**
Sprunghaftigkeit, bizarre Einfälle; Denkhemmungen; Unkonzentriertheit, eigenständig auch durch Angstsymptome hervorgerufen

■ **Wahnstimmung und Wahnsymptomatik**
mit zönästhopathisch-leibhypochondrischem Inhalt (Zönästhesie = „vitale Leibempfindung", normale Empfindungsfähigkeit der Körperfühlsphäre) paranoide Wahnsyndrome mit Vergiftungs-, Verfolgungs-, Beziehungs- und Beeinflussungsideen, aber auch religiösen und sexuellen Inhaltes einschließlich Selbstbeschuldigungsideen

Schizophreniesymptome im Jugendalter

■ **Zwangssymptomatik**
Zwangsideen, Zwangsimpulse, Zwangshandlungen (Waschzwang, Laufzwang, Grübeln); motorische Stereotypien; Rituale

■ **Angstsymptome**
im Inhalt noch verschiedenartiger, betreffen eigene Gesundheit, sind „leibnah".
Speziell: Dysmorphophobie, d. h. Vorstellungen über angebliche körperliche Fehler, die zu Beziehungsideen und wahnhafter Verarbeitung führen können

■ **Depersonalisationserscheinungen**
Störungen des Ich-Erlebens mit chronischem Charakter und starker Intensität bis zur Ich-Entfremdung. Einhergehend mit Affektstörungen: emotionaler „Versandung", Verschrobenheit; eigenbrötlerische Abkapselung und Rückzug von der Umwelt und Auftreten von

■ **Derealisationserscheinungen**
Einbeziehung der Außenwelt („Daseinswelt") und entsprechender Personen in die Entfremdungssituation

■ **Denkstörungen**
Zerfahrenheit; Inkohärenz, Blockierung (Gefühl der Leere und Starrheit im Denken)

■ **Phantastische Wahnbildungen**
mit Verfolgungs- und Beeinflussungsideen (z. B. „kosmische" Inhalte)

■ **Halluzinationen**
optische, akustische (taktile), mit motorischer Unruhe, unmotiviertem Weglaufen

zinationen, wie sie von erwachsenen Schizophrenen bekannt sind.

Ab der Adoleszenz können auch die aus der Psychopathologie der Schizophrenie bei Erwachsenen bekannten **Untergruppen** beobachtet werden. Am häufigsten ist die **paranoid-halluzinatoirische** Form mit den typischen produktiven Symptomen. Es folgt die Hebephrenie, die durch läppische Stimmung, affektive Verflachung und Enthemmung, soziale Distanzlosigkeit, Manierismen und Antriebsarmut gekennzeichnet ist und typischerweise im Jugendalter auftritt. Entgegen älterer Lehrmeinung geht die Hebephrenie nicht immer in einen Defekt über. Bei der im Jugendalter selteneren **Katatonie** dominieren Störungen der Motorik und des Antriebs, wobei Stupor und Mutismus bei klarem Bewusstsein im Vordergrund stehen, wenngleich es auch zu psychomotorischer Unruhe und Erregung sowie Manierismen und Grimassieren kommen kann. Eine frühkindliche Form der Katatonie ist als Sonderform der kindlichen Schizophrenie der ersten sechs Lebensjahre von Leonhard beschrieben worden, deren Eigenständigkeit bzw. Zugehörigkeit zum Spektrum autistischer Störungen allerdings unklar ist. Eine seltene, aber gefürchtete Komplikation ist die febrile Katatonie.

Äußerst selten ist im Jugendalter die **Schizophrenia simplex** zu beobachten. Hierbei handelt es sich um einen schleichenden Beginn und Verlauf, bei dem autistischer Rückzug und Kontaktverlust sowie Antriebsarmut das Bild bestimmen, aus dem in der Regel ein chronischer Defektzustand hervorgeht.

Diagnose und Differenzialdiagnose

Die äußerst seltenen Schizophrenien des **Kindesalters** können – wie dargelegt – weniger aufgrund der Produktivsymptomatik diagnostiziert werden. Liegt eine entsprechende Symptomatik vor, so ist in diesem Entwicklungsabschnitt eher an eine exogene Genese zu denken, wobei ursächlich in erster Linie Entzündungen, Intoxikationen, Kontusionen, Tumoren, Stoffwechselstörungen und Epilepsien in Frage kommen. Da das aus der Erwachsenenpsychopathologie stammende Leitsymptom der Bewusstseinsstörung bei den exogenen Psychosyndromen des Kindesalters häufig fehlt, ist für die Differenzialdiagnose eine sorgfältige Diagnostik unter Berücksichtigung von kranialem Computertomogramm oder Magnetresonanztomogramm, EEG, Liquoranalyse, neurologischem Befund und weiterer bedeutsamer Laborparameter (Blutbild, Biochemie, Schilddrüsen- und Leberfunktionen, Drogenanalyse des Urins) erforderlich. Andere Differenzialdiagnosen müssen sich auf neurodegenerative Erkrankungen mit der Ausbildung von desintegrativen Störungen, auf den frühkindlichen Autismus, auf die geistige Behinderung sowie auf Zwangsstörungen und Sprachentwicklungsstörungen erstrecken.

Harte klinische **Kriterien** für die Diagnose einer Schizophrenie im **Jugendlichenalter** sind Denkstörungen, Katatonie, affektive Veränderungen und die so genannten **Symptome ersten Ranges** im Sinne von Schneider. Hierbei handelt es sich um Gedankenlautwerden, Hören von Stimmen in Form von Rede und Gegenrede, kommentierende Stimmen, leibliche Beeinflussungserlebnisse, Gedankenentzug und andere Gedankenbeeinflussung, Gedankenausbreitung, Wahnwahrnehmungen sowie Beeinflussung des Fühlens, Strebens und Willens durch andere. Sofern diese Symptome vorliegen und andererseits Bewusstseinsstörungen und amnestische Symptome fehlen, ist die Diagnose der Schizophrenie mit beträchtlicher Sicherheit zu stellen.

In der **Pubertät** und **Adoleszenz** müssen schizophrene Erkrankungen von Reifungskrisen, den seltenen reaktiven Psychosen im Sinne schizophrener Episoden, Persönlichkeitsstörungen, induzierten Störungen des Realitätsbezuges bei schizophrenen Eltern, affektiven und schizoaffektiven Psychosen sowie gegenüber exogen verursachten Psychosen abgegrenzt werden. Die Differenzialdiagnostik gestaltet sich daher oft schwierig und wird nicht selten erst durch den Verlauf möglich.

Ätiologie

Auch für die Verursachung der Schizophrenie gilt angesichts einer noch nicht erfolgten allgemein gültigen und vollständigen Aufklärung die Annahme einer **mehrfaktoriellen Genese,** wobei allerdings **biologische Faktoren** im Vordergrund stehen. Angesichts der hohen homologen familiären Belastung und der Erkenntnisse aus Zwillings- und Adoptionsstudien sowie molekulargenetischen Kopplungsuntersuchungen besteht kein Zweifel an einer **genetischen Disposition** mit einer wahrscheinlich polygenen Übertragung. Möglicherweise sind direkt mit der genetischen Disposition **biochemische Faktoren** verknüpft, welche sich funktionell als Neurotransmitterstörung manifestieren. So könnten – wie beim Modell anderer Stoffwechselstörungen – enzymatische Defekte zu Dysfunktionen des Hirnstoffwechsels führen, die sich bei der Schizophrenie hypothetisch als Überempfindlichkeit dopaminerger Rezeptoren vor allem im Bereich des limbischen Systems niederschlagen. Diese durch experimentelle Befunde gestützte Hypothese ließe sich sowohl mit der Bedeutung des limbischen Systems für die Emotionalität als auch durch die Wirksamkeit bestimmter Psychopharmaka stützen. **Neuroanatomisch** sind zahlreiche Anfälligkeiten hinsichtlich des Volumens der Hirnventrikel, der grauen Substanz sowie der Struktur des Corpus callosum, des Caudatum und des Thalamus gefunden worden. Zu den neurobiologischen Faktoren sind ferner auch die zahlreichen Hinweise auf die Bedeutung von **Hirnfunktionsstörungen** zu rechnen, die sich aus neurologischen, neuropsychologischen und neurophysiologischen Abweichungen im Sinne einer Störung des Gleichgewichts der Wechselwirkungen von Kortex und Subkortex ergeben.

Zu diesen somatisch-biologischen Elementen kommen **psychosoziale Faktoren** im Vorfeld als Auslöser bzw. bei Rückfällen hinzu, wobei es sich z. B. um Störungen der familiären Interaktion oder bedeutsame Veränderungen in der Umwelt handeln kann. Eine negative Affektivität und ein hohes Ausmaß an Emotionsäußerungen (expressed emotions) scheinen sowohl für die Erstmanifestation wie auch für die Rückfallwahrscheinlichkeit bedeutsam zu sein.

Therapie

In Analogie zur mehrfaktoriellen Genese und angesichts des Spektrumcharakters der Schizophrenien ist auch die Therapie von einer **mehrdimensionalen Konzeption** bestimmt, wobei neben pharmakotherapeutischen Maßnahmen die Verhaltenstherapie, die stützende Psychotherapie, die Heilpädagogik, die Musiktherapie und die Beschäftigungs- und Ergotherapie einen besonderen Stellenwert haben. Die Erstbehandlung muss im Kindes- und Jugendalter so früh wie möglich und in der Regel stationär erfolgen und die Familie beratend und stützend einbeziehen.

Basis einer jeden Behandlung von Schizophrenien ist die **Psychopharmakobehandlung** (Abb. 7-1). Die Therapie mit Neuroleptika ist unverzichtbar. Diese Substanzen wirken nicht nur generell antipsychotisch auf die Produktivsymptomatik ein, sondern beeinflussen auch Unruhe, Impulsivität, Aggressivität und Angst im Bild der schizophrenen Psychosen. Sie beeinflussen den Hirnstoffwechsel der Neurotransmitter und hier wahrscheinlich als Hauptangriffspunkt bei der Schizophrenie das limbische System sowie thalamische und hypothalamische Strukturen, indem sie hypothetisch das Gleichgewicht sensorischer und motorischer Funktionen sowie die Emotionalität wiederherstellen. Die einzelnen Substanzen einschließlich Dosierungsvorschlägen sind in Tabelle 26-1 im Kapitel über die Psychopharmakotherapie aufgelistet. Neben der Behandlung mit Standardpräparaten nehmen die sogenannten atypischen Neuroleptika eine immer

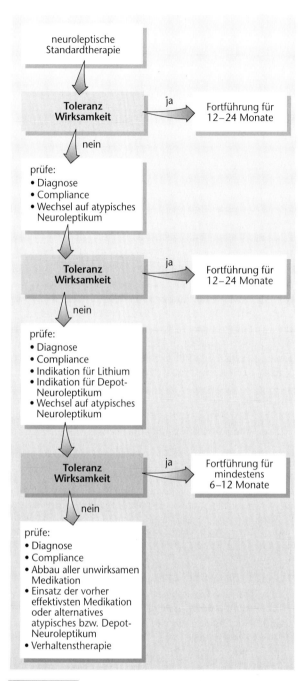

Abbildung 7-1 Therapeutischer Entscheidungsbaum für die Pharmakotherapie der Schizophrenien (modifiziert nach Clark und Lewis, 1998).

wichtigere Rolle ein. In jedem Fall ist eine Erhaltungstherapie über ein bis zwei Jahre erforderlich, um Rückfällen vorzubeugen.

Mit Methoden der **Verhaltenstherapie** unter Einschluss von kognitiven Methoden werden soziale Fertigkeiten, Bewältigung, Problemlösefertigkeiten sowie kognitive Differenzierung trainiert. In der **stützenden Psychotherapie** und der **stationären Milieutherapie** geht es um eine Korrektur der Störungen des Realitätsbezuges

und um Abbau von Angst, sozialer Isolation und Defiziten der Verhaltenssteuerung. Das Medium der Therapie sind das Spiel, gestalterische Tätigkeiten (z. B. Malen und Werken) und Gruppenaktivitäten. Sie kann durch Ansätze der **Musiktherapie** verstärkt werden, die bisweilen eher als verbale Therapieverfahren einen Weg zur Erlebniswelt des psychotischen Kindes und Jugendlichen bahnt. **Beschäftigungs- und Ergotherapie** sind auf jeder Stufe des Krankheitsprozesses wichtige Bausteine des Therapieplanes und sollen vor allem bei chronifizierten Störungen einer Antriebsversammlung entgegenwirken.

Die Arbeit mit der **Familie** hat beratenden, aufklärenden und stützenden Charakter. Der Nachweis, dass eine Reduktion der Emotionsäußerungen in der Familie dem Rückfall des schizophren Erkrankten vorbeugt, stammt aus Studien an erwachsenen Patienten. Replikationen bei Kindern und Jugendlichen dürften schwer fallen, weil in deren Familien kein vergleichbar hohes Ausmaß an Emotionsäußerungen gefunden wurde.

Aufgrund der relativ hohen Chronifizierungsrate ist eine detaillierte **Schul- und Berufsberatung** eine weitere unverzichtbare Maßnahme. Häufig mündet die akute Behandlungsphase in eine längere **Rehabilitation** in speziellen Einrichtungen für diese Patienten.

Verlauf

Der Verlauf der Schizophrenien ist außerordentlich vielfältig. Bei den kindlichen Schizophrenien mit Beginn vor dem zehnten Lebensjahr ist die Prognose angesichts überwiegend schleichender Verläufe ungünstig. In der Präadoleszenz können neben monatelang andauernden Krankheitsphasen auch sehr flüchtige, nur über wenige Tage sich erstreckende paranoid-halluzinatorische Episoden auftreten. Insgesamt ist die langfristige Besserungsrate für die Schizophrenien der Adoleszenz niedriger als im Erwachsenenalter. Verschiedene Verlaufsstudien weisen mehrheitlich ungünstige Verläufe bei deutlich mehr als der Hälfte der Patienten auf. Die Prognose bei Erkrankung vor dem 14. Lebensjahr ist besonders ungünstig.

Damit ist das Lebensalter bei Erkrankung einer der wichtigsten **prognostischen Faktoren.** Bei den kindlichen Schizophrenien haben die familiäre Belastung mit neuropsychiatrischen Störungen und die familiäre Atmosphäre keinen Einfluss auf den Verlauf. Prämorbide Persönlichkeitsmerkmale wie überdurchschnittliche Intelligenz, Kontaktfähigkeit und freundliche Zugewandtheit gehen hingegen mit einer günstigen Verlaufscharakteristik bei Kindern einher. Zwangssymptome finden sich häufiger bei günstigen Verläufen und wirken hier möglicherweise als Abwehr und Schutz gegenüber einem psychotischen Persönlichkeitszerfall. Bei Jugendlichen gelten hohe Intelligenz, normaler EEG-Befund, akuter Beginn, ausgeprägte affektive Symptome und klar identifizierbare auslösende Faktoren als günstige Prognosemerkmale. Hier ist eine homologe Belastung in der Familie als prognostisch ungünstig einzuschätzen. Unter den verschiedenen Untergruppen haben die Hebephrenie und die Schizophrenia simplex eine schlechtere Verlaufsprognose.

7.2 Affektive Psychosen

Definition, Klassifikation und Häufigkeit

Die ICD-10 hat in der Klassifikation die Trennung zwischen affektiven Psychosen und anderen Formen der Depression aufgehoben und statt dessen die Gruppe der **affektiven Störungen** eingeführt, als deren Untergruppe u. a. die manische Episode, die bipolare affektive Störung, die depressive Episode und die rezidivierenden depressiven Störungen gelten. Gleichwohl wird der Begriff der affektiven Psychosen als einer Kategorie von Störungen erhalten bleiben, bei denen eine schwere Affektstörung, meistens in Form von Depression und Angst, aber auch in Form von gehobener Stimmung und Erregung vorliegt. Zusätzlich können Wahnideen, Ratlosigkeit, gestörte Selbsteinschätzung sowie Wahrnehmungs- und Verhaltensstörungen bestehen, die sämtlich im Zusammenhang mit der vorherrschenden Stimmung stehen. Nach Bleuler zählen zu den Grundsymptomen
- die heitere oder depressive Verstimmung,
- die Ideenflucht oder Hemmung des Gedankenganges und
- die abnorme Erleichterung oder Hemmung des Entschließens, Handelns und der Motilität.

Als **akzessorische Symptome** gelten Wahnideen und Halluzinationen. Die operationalisierten diagnostischen Kriterien der ICD-10 für die Manie (ohne akzessorische Symptome) sind in Tabelle 7-3 dargestellt.

Tabelle 7-3 Die operationalisierten diagnostischen Kriterien für die Manie in der ICD-10.

A. Die Stimmung ist vorwiegend gehoben, expansiv oder gereizt und für die Betroffenen deutlich abnorm. Dieser Stimmungswechsel muss auffällig sein und mindestens eine Woche anhalten (es sei denn, eine Krankenhauseinweisung wird notwendig).

B. Mindestens drei der folgenden Merkmale müssen vorliegen (vier, wenn die Stimmung nur gereizt ist) und eine schwere Störung der persönlichen Lebensführung verursachen:
1. gesteigerte Aktivität oder motorische Ruhelosigkeit
2. gesteigerte Gesprächigkeit („Rededrang")
3. Ideenflucht oder subjektives Gefühl von Gedankenrasen
4. Verlust normaler sozialer Hemmungen, was zu einem den Umständen unangemessenen Verhalten führt
5. vermindertes Schlafbedürfnis
6. Überhöhte Selbsteinschätzung oder Größenwahn
7. Ablenkbarkeit oder andauernder Wechsel von Aktivitäten oder Plänen
8. tollkühnes oder leichtsinniges Verhalten, dessen Risiken die Betroffenen nicht erkennen, z. B. Lokalrunden ausgeben, törichte Unternehmungen, rücksichtsloses Fahren
9. gesteigerte Libido oder sexuelle Taktlosigkeit

C. Fehlen von Halluzinationen oder Wahn, Wahrnehmungsstörungen können aber vorkommen (z. B. subjektive Hyperakusis, Wahrnehmung von Farben als besonders leuchtend etc.).

Kennzeichnend für das Krankheitsbild der affektiven Psychosen sind ihr periodischer Verlauf mit **Phasen** der Krankheit und **freien Intervallen.** Bei den Phasen kann es sich jeweils um **depressive** oder **manische** Zustände handeln. Bei **monopolaren affektiven Psychosen** kommt es immer zu gleichsinnigen Verstimmungen, also depressiven oder manischen Zuständen, während bei den **bipolaren Psychosen** sowohl depressive als auch manische Phasen vorliegen. Synonyme für den Begriff der affektiven Psychosen sind **manisch-depressive Erkrankung** oder **Zyklothymie.** Krankheitsphasen treten meist ohne erkennbaren Anlass auf und werden von den betroffenen Patienten im nachhinein als persönlichkeitsfremd erlebt.

Die Häufigkeit der affektiven Psychosen beträgt in der Allgemeinbevölkerung ca. 0,5 bis 3 %. Mehrheitlich liegt das Erkrankungsalter zwischen 20 und 50 Jahren; nur ca. 15 bis 20 % der Patienten erkranken vor dem 20. Lebensjahr. Depressive Phasen treten häufiger auf als manische Phasen. Während vor der Pubertät Jungen ein höheres Risiko haben, sind im Erwachsenenalter Frauen etwa doppelt so häufig betroffen wie Männer. Die Erstmanifestation vor dem Alter der Pubertät ist Gegenstand kontroverser wissenschaftlicher Diskussion. Möglicherweise treten im Vorfeld phasische Verläufe im Sinne von Verstimmbarkeit, Verhaltensauffälligkeiten und Erziehungsproblemen auf. Das typische klinische Bild ist vor der Adoleszenz nur äußerst selten zu beobachten.

Klinisches Bild

Kinder und Jugendliche mit einer affektiven Psychose werden von ihrer Umwelt zu Beginn der Erkrankung meistens verkannt, zumal sich die ersten Krankheitszeichen trotz eines bei Jugendlichen in der Regel akuten bis subakuten Beginns bei Kindern eher in unspezifischen Beziehungsstörungen oder Verhaltensauffälligkeiten und Leistungsabfall in Familie und Schule äußern. Auch können die Patienten selbst ihre Affektveränderung nur ungenügend erkennen oder vermitteln. Entsprechend falsch negative Zuschreibungen (z. B. als hyperkinetische Störung) sind in der Phase der Erstmanifestationen häufig, sofern nicht ein sehr typisches und prägnantes klinisches Bild vorliegt. Andererseits muss auch vor der falsch positiven Zuschreibung gewarnt werden, die in der Periodizität von unspezifischen Verhaltensauffälligkeiten genügend Anlass sieht, die Diagnose einer affektiven Psychose zu stellen.

Das klinische Bild der affektiven Psychosen ist im Gegensatz zum Erwachsenenalter bei Kindern und Jugendlichen durch relativ kürzere Phasen der Verstimmungen und einen rascheren Phasenwechsel gekennzeichnet. In der **depressiven Phase** sind die Kinder und Jugendlichen herabstimmt, freudlos, antriebsschwach und gehemmt. Sie weinen leicht und ohne Anlass, wirken schwunglos und ohne Interessen sowie apathisch und ohne Willen. Es kommt zu vielfältigen Angstsymptomen, die Gedanken kreisen um immer wieder dieselben Themen und bisweilen verdichten sich Schuld- und Versündigungsideen in wahnhafter Weise. Neben hypochondrischen Ängsten kommt es zu Störungen der Vitalsphäre mit Schlafstörungen, Appetitstörungen, Obstipationen sowie anderen vegetativen Symptomen. Denken und Psychomotorik sind verlangsamt, neben Entschlusslosigkeit und Ratlosigkeit können auch Zeichen ängstlicher Agitation beobachtet werden. Es besteht ein erhöhtes Suizidrisiko.

Die sowohl bei monopolaren wie bei bipolaren affektiven Psychosen seltener vorkommenden **manischen Phasen** sind durch Euphorie, Kritiklosigkeit, Leichtsinn, Antriebssteigerung, Impulsivität und Ideenflucht gekennzeichnet. Die Jugendlichen fühlen sich heiter und in ihrem Selbstwertgefühl gesteigert, zeigen einen ausgeprägten Rededrang, sind in ihren Wort- und Gedankenassoziationen aufgelockert, im Verhalten sprunghaft und weisen bei vermindertem Schlafbedürfnis eine erhöhte Betriebsamkeit und Hyperaktivität auf, die sich oft in Planungen und Vielfalt der Ansätze verzettelt. Tabuschranken einschließlich sexueller Verhaltensnormen verlieren ihren Stellenwert. Seltener sind gereizte und hochgradig gespannt-aggressive Symptome im Bild der Manien bei Kindern und Jugendlichen zu finden.

Diagnose und Differenzialdiagnose

Die Diagnose einer affektiven Psychose lässt sich in der Regel erst im Verlauf, d. h. durch die **Periodizität** in der Symptomatik, sichern, wobei eine homologe familiäre Belastung ein weiteres gewichtiges stützendes Kriterium darstellt. Erleichtert wird die Diagnose, sofern Phasen und freie Intervalle sicher abgegrenzt werden können. Sie erhält Bestätigung durch Beobachtungen von typischen Tagesschwankungen der Stimmung mit Morgentief und Abendhoch sowie hypomanischer und manischer Nachschwankungen im Verlauf depressiver Phasen und analog subdepressiver und depressiver Nachschwankungen am Ende einer manischen Phase.

Affektive Psychosen müssen erstens von **organischen Psychosen** und zweitens von **Schizophrenien** abgegrenzt werden, wobei letzteres nicht immer sicher möglich ist. Entsprechend existiert die Diagnose einer **schizoaffektiven Mischpsychose**, bei der über mindestens zwei Wochen neben der Affektstörung auch Halluzinationen und Wahnsymptome vorliegen müssen, um die Diagnose stellen zu können. Ferner sind andere, **nicht-psychotische Depressionen** auszuschließen, zu denen reaktive und agitierte Depressionen, Dysthymien, Depressionen im Rahmen von Deprivationssyndromen sowie im Kontext von organischen Psychosyndromen und bei Epilepsie zählen. Depressive Syndrome können auch bei depressiv erkrankten Eltern induziert werden und sind schließlich im Bild der Anorexia nervosa häufig zu beobachten.

Weitere Differenzialdiagnosen sind **posttraumatische Belastungsstörungen** mit Stimmungslabilität, Irritabilität, dissoziativen Symptomen und Schlafstörungen. Auch die affektive Instabilität und die schlechte Impulskontrolle bei der **emotional instabilen (Borderline-)Persönlichkeitsstörung** kann als affektive Psychose verkannt werden. Die Abgrenzung zur Hyperaktivität, Aufmerksamkeitsstörung und Impulsivität der **hyperkinetischen Störungen** und auch zu den Regelverletzungen im Rahmen von **Störungen des Sozialverhaltens** ist nicht zuletzt dadurch schwierig, dass diese beiden Störungen häufig komorbid mit einer affektiven Psychose auftreten. Die Abgrenzung ist bei der **emotional instabilen (Borderline-)Persönlichkeit**, den hyperkinetischen Störungen sowie den Störungen des Sozialverhaltens am ehesten über den früheren Beginn und die Persistenz dieser Störungen möglich.

Schließlich können Symptome der Manie auch bei einer Reihe von **körperlichen Krankheiten und Bedingungen** wie Hirntumoren und -infektionen oder Temporallappenanfällen, bei Systemerkrankungen wie Hyperthyreose, Urämie, Morbus Wilson und Porphyrie, bei Medikamenten wie Antidepressiva, Stimulanzien und Steroiden sowie bei verschiedenen Drogen (Amphetamine, Kokain, Ecstasy) beobachtet werden.

Ätiologie

Die Ursachen der affektiven Psychosen sind vornehmlich in biologischen Faktoren zu suchen. Dabei sind **genetische Faktoren** von besonderer Bedeutung. Dies wird durch die familiäre Häufung der affektiven Psychosen, die höhere Konkordanz von eineiigen Zwillingen (70%) gegenüber zweieiigen Zwillingen (20%) und Ergebnisse der Adoptionsforschung belegt. Dabei ließ sich nachweisen, dass früh adoptierte Kinder von biologischen Eltern mit affektiven Psychosen und mit Aufwachsen bei Adoptiveltern gehäuft an affektiven Psychosen erkrankten. Während das durchschnittliche Erkrankungsrisiko bei 0,5 bis 3% liegt, beträgt es für Eltern, Geschwister und Kinder in Familien mit einer affektiven Psychose 10 bis 15%. Vererbt wird allerdings nicht die Eigenschaft, sondern die Anlage, die durch das Einwirken unspezifischer Umweltfaktoren zur Krankheitsmanifestation führt. Die Penetranz ist bei den bipolaren Formen höher als bei den monopolar-depressiven Formen. Ein spezifischer Erbgang ist nicht bekannt.

Neben den genetischen Faktoren oder mit ihnen verknüpft sind wahrscheinlich auch **biochemische Faktoren** im Stoffwechsel der biogenen Amine für die Verursachung der affektiven Psychosen bedeutsam. Dabei konzentriert sich die Ursachenforschung auf den Stoffwechsel von Noradrenalin und Serotonin, wobei sowohl Ungleichgewichte der beiden Substanzen wie auch Rezeptorstörungen diskutiert werden. Die Annahme einer ursächlichen Bedeutung der biogenen Amine kann sich auf die Wirksamkeit einiger psychopharmakologischer Substanzen stützen.

Therapie

Im Zentrum der nach Möglichkeit stationär durchzuführenden Therapie der affektiven Psychosen steht die Behandlung mit Psychopharmaka. Ergänzende Maßnahmen bestehen aus stützender Psychotherapie, Elternberatung, familienbezogener Therapie und stationärer Milieutherapie. Insbesondere die zahlenmäßig im Vordergrund stehenden Zustände depressiver Verstimmung bedürfen umfangreicher begleitender Therapieansätze zur Stützung, Ermutigung und Verhinderung suizidaler Handlungen.

Bei den Eltern und der jeweils bedeutsamen Beziehungsumwelt muss auf Verständnis, Toleranz und Akzeptanz des depressiv verstimmten Kindes und Jugendlichen hingewirkt werden. Immer ist Aufklärung und Information über das Krankheitsbild, seine Charakteristika und die Therapiemaßnahmen erforderlich. Die begleitenden therapeutischen Maßnahmen in Form von Physiotherapie, Beschäftigungstherapie und Musiktherapie müssen sich ebenso wie die stützende Psychotherapie an dem individuellen psychopathologischen Bild orientieren und sich vor unrealistischen Überforderungen und Verkennungen des psychotischen Charakters der Verstimmung hüten.

Für die **Pharmakotherapie** der affektiven Psychosen gilt zunächst ganz allgemein, dass die Behandlung mit niedrigen Dosen begonnen wird und durch eine schrittweise Steigerung der Dosis gekennzeichnet ist. Nach Abklingen der Phase wird die Dosis reduziert und das Medikament zunächst noch weiter gegeben. Unter den **Antidepressiva** sind verschiedene Substanzklassen verfügbar. Für alle gilt, dass die volle Wirksamkeit der Antidepressiva in der Regel

erst zwei bis drei Wochen nach Therapiebeginn erreicht wird und daher nicht vorher sicher beurteilt werden kann. Bei ängstlich-depressiven, agitierten und suizidalen Patienten sind aktivierende Antidepressiva kontraindiziert. Bei bipolaren Störungen können Antidepressiva manische Symptome und/oder schnelle Phasenumschwünge (rapid cycling) provozieren. Eine Übersicht und Klassifizierung der Antidepressiva gibt Tabelle 26-2 im Kapitel über Psychopharmakotherapie.

Manische Phasen werden mit **Neuroleptika** sowie **Lithiumsalzen** behandelt. Letztere haben ihren Einsatz in der Behandlung der akuten Phase, in der Prophylaxe der erneuten Manifestation depressiver und manischer Phasen und in der Reduktion der Stimmungsinstabilität zwischen den Episoden. Sie reduzieren nachgewiesenermaßen die Anzahl weiterer Phasen und vergrößern die Zeitdauer der freien Intervalle. Die Steuerung der Medikation erfolgt über den Serumspiegel. Der therapeutische Plasmaspiegel liegt bei 1,2–1,4 mval/l, während für die Rezidivprophylaxe Spiegel zwischen 0,5 und 1,0 mval erforderlich sind.

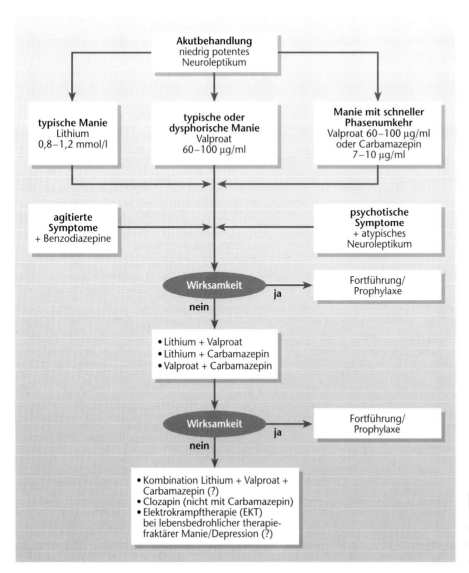

Abbildung 7-2 Therapeutischer Entscheidungsbaum für die Behandlung der Manie (modifiziert nach James und Javaloyer, 2001).

Eine sorgfältige Kontrolle von Nebenwirkungen ist erforderlich (vgl. das Kapitel über Pharmakotherapie). Eine Alternative zur Rezidivprophylaxe mit Lithium ist die Gabe der Antikonvulsiva **Carbamezepin** in einer Tagesdosis von 600–1200 mg und **Valproat** in einer Tagesdosis von 1000–3000 mg für Jugendliche. Sowohl Lithium als auch Antikonvulsiva können in der akuten manischen Phase in Kombination mit **Benzodiazepinen** anstelle von Neuroleptika eingesetzt werden. Ein therapeutischer Entscheidungsbaum ist in Abbildung 7-2 dargestellt. Er berücksichtigt differenzielle Symptomkonstellationen sowie die nicht selten zu beobachtende mangelnde Reaktion der Symptome auf einzelne Stimmungsstabilisatoren.

Gemischte Episoden sowie Zustände mit schnellen Phasenumschwüngen (rapid cycling) sollten nach den Erfahrungen bei Erwachsenen wie manische Episoden behandelt werden. Hier sollten Antidepressiva vermieden und eher Antikonvulsiva statt des weniger wirksamen Lithiums eingesetzt werden.

Zur Vorbeugung eines Rezidivs wird die Erhaltungstherapie mit Lithium oder Antikonvulsiva über mindestens 18 Monate, bei einigen Patienten jedoch lebenslang durchgeführt. Die Behandlung und Prophylaxe mit Stimmungsstabilisatoren macht eine sehr sorgfältige Patientenführung einschließlich Laborkontrollen erforderlich.

Verlauf

Hinsichtlich des Verlaufs der affektiven Psychosen ist zunächst festzuhalten, dass nur 15 % der betroffenen Patienten mehr als fünf Phasen in ihrem Leben durchlaufen. Die Dauer der Phasen und freien Intervalle variiert interindividuell beträchtlich. Die höchste Phasenfrequenz weisen Mischpsychosen mit manisch-depressiven und schizophrenen Symptomen auf. Die Dauer der Phasen nimmt mit zunehmender Anzahl nicht zu, und die Remission nach einer Phase ist in der Regel vollständig.

Im Vergleich zu Erwachsenen haben Jugendliche mit einer bipolaren Störung einen längeren frühen Verlauf und sprechen schlechter auf Therapie an. Die im Frühverlauf häufigeren gemischten und schnell umkehrenden Phasen zeigen einen deutlich schlechteren Verlauf als die rein manischen Episoden. Die Frühmanifestation der Manie mit psychotischen Symptomen im Jugendalter nimmt einen ungünstigeren Verlauf als die Spätmanifestation im Erwachsenenalter. Übergänge in eine schizophrene Psychose sind beobachtet worden. Die größte Gefahr droht dem Patienten durch das erhöhte Suizidrisiko. Während in der Allgemeinbevölkerung etwa 1 % der Menschen durch Suizid sterben, beträgt die Quote bei affektiven Psychosen das 10- bis 15-fache.

7.3 Organische Psychosen

Definition

Unter den organischen Psychosen werden durch körperliche Krankheiten bzw. durch äußerliche Schäden hervorgerufene Psychosen verstanden. **Synonyme** sind „exogene Psychosen", „symptomatische" oder „körperlich begründete Psychosen". Für alle Begriffe gilt die Feststellung, dass im Gegensatz zu den endogenen (schizophrenen und affektiven) Psychosen den organischen Psychosen eine direkte oder indirekte **Erkrankung des Gehirns** zugrunde liegt. Analog zu den Manifestationen im Erwachsenenalter lassen sich die organischen Psychosen auch im Kindes- und Jugendalter in akute und chronische Formen einteilen. Hingegen zeigt das klinische Bild bei Kindern und Jugendlichen einige spezifische Kennzeichen.

Klinisches Bild

Die organischen Psychosen teilen mit den endogenen Psychosen einige zentrale **Merkmale**, nämlich die Störung der Wahrnehmung (Halluzinationen), des Denkablaufs (Inkohärenz, Zerfahrenheit), des Antriebs (Reduktion bzw. Steigerung) und der Stimmung (euphorisch-maniform vs. ängstlich-depressiv). Das in der Psychopathologie des akuten exogenen Reaktionstypus bei Erwachsenen im Vordergrund stehende Leitsymptom der Bewusstseinseinschränkung fehlt bei Kindern recht häufig. Auch muss bei chronischen organischen Psychosen bei Kindern im Gegensatz zu Erwachsenen nicht regelhaft mit einer Demenz bzw. Wesensveränderung gerechnet werden. Hinweiszeichen auf eine organische Psychose sind ferner Orientierungsstörungen sowie Störungen der Merkfähigkeit, wenngleich diese auch – seltener – bei endogenen Psychosen gefunden werden können. Delirante Symptome und Verwirrtheitszustände können vorkommen.

Differenzialdiagnose

Die wichtigste Differenzialdiagnose der organischen Psychose stellt die Abgrenzung gegenüber **schizophrenen Psychosen** dar, was wegen der Ähnlichkeit der Symptomatik bei Kindern und Jugendlichen allein auf der Basis der Psychopathologie nicht immer einfach ist. Organische Psychosen sind in den Wahrnehmungsstörungen in der Regel durch farbigere, näher an der Realität stehende und weniger bizarre, befremdliche Halluzinationen sowie durch eher konkrete und banale Wahnsymptome gekennzeichnet. Ohnehin muss die Abgrenzung gegenüber einer schizophrenen Psychose vornehmlich gegenüber der paranoid-halluzinatorischen Form erfolgen, zumal Symptome der anderen Unterformen, d. h. der Hebephrenie, der Schizophrenia simplex und der Katatonie, praktisch nicht im Bild der organischen Psychosen aufscheinen.

Allgemein gilt, dass eine floride Akutsymptomatik vom Bild der paranoid-halluzinatorischen Psychose des Erwachsenenalters im frühen Kindesalter am ehesten auf eine exogene Genese hinweist, wobei Bewusstseinseinschränkungen und Deliranz fehlen können. Diese Nähe zur schizophreniformen Symptomatik erleichtert die differenzialdiagnostische Abgrenzung gegenüber den **affektiven Psychosen,** wenngleich depressive Verstimmungen und vereinzelt auch maniforme Zustände im Bild chronischer organischer Psychosyndrome vorliegen können.

Die Diagnose muss sich gerade angesichts der differenzialdiagnostischen Schwierigkeiten sehr wesentlich an der Grundkrankheit mit den jeweiligen Symptomen orientieren. Entsprechende Hinweise enthält das Kapitel 8 über die organischen Psychosyndrome.

Ätiologie

Entsprechend der Definition werden organische Psychosen durch **Erkrankungen des ZNS oder interne Krankheiten** bedingt. Eine nach diesen beiden Hauptgruppen aufgegliederte Liste möglicher Ursachen ist in Tabelle 7-4 wiedergegeben. Weitere Erörterungen zur Ätiologie der organischen Psychosen sind in Kapitel 8 vorgenommen. Die Bezüge von Epilepsie und Psychose sind in Kapitel 15 über chronische Krankheiten angeschnitten.

Tabelle 7-4 Ursachen organischer Psychosen im Kindes- und Jugendalter.

Erkrankungen des ZNS

- Entzündungen
  - Enzephalomeningitiden
  - Slow-Virus-Infektionen
  - tuberkulöse Meningitis
  - akutes rheumatisches Fieber
- Traumen
  - Schädel-Hirn-Trauma
- Intoxikationen
  - Pharmaka
  - Chemikalien
  - Drogen
- Gefäßerkrankungen
  - Subarachnoidalblutungen
- Tumoren
- Epilepsien
- heredodegenerative Erkrankungen
  - Chorea Huntington
  - juvenile neuronale Zeroidlipofuszinose

Interne Erkrankungen

- Allgemeininfektionen
  - Masern
  - Mumps
  - Typhus
- Stoffwechselstörungen, Intoxikationen
- Endokrinopathien
- kardiovaskuläre Krankheiten
  - postoperative Krisen
  - Blutungen
  - Schockzustände
- Hepatopathien
  - Hepatitis
  - Atrophie
  - Zirrhose
- Nephropathien
  - terminale Niereninsuffizienz
  - Urämie
- Blutkrankheiten
  - Anämien
- maligne Krankheiten
  - neoplastische und leukämische Terminalzustände

Trotz der führenden Rolle organischer Faktoren in der Genese der organischen Psychosen sind offensichtlich weitere Faktoren für die Krankheitsmanifestation bedeutsam. Hierzu zählen noxenspezifische Merkmale wie der **Schweregrad,** ferner das **Lebensalter** und damit der Reifegrad des Gehirns, das damit eng verknüpfte Entwicklungsniveau sowie **organische Bedingungen** wie die Stoffwechsellage und die Funktion innerer Organe. So haben schwere Noxen eine höhere schädigende Potenz, kann das noch unausgereifte oder vorgeschädigte Gehirn bestimmte Noxen, wie z. B. Entzündungen, weniger gut eingrenzen und ist die Funktionstüchtigkeit von Leber und Niere für die Auswirkungen von Intoxikationen bedeutsam. Schließlich sind Faktoren der **familiären Umwelt** wirksam, zumal sie die Exposition gegenüber schädigenden Noxen begünstigen bzw. mindern können.

Therapie

Die Therapie organischer Psychosen erfolgt sowohl **kausal** wie auch **symptomatisch.** Sie richtet sich zunächst auf die Grundkrankheit und ist somit vornehmlich internpädiatrisch und gegebenenfalls auch neurochirurgisch orientiert. Diese Feststellung lässt sich unschwer aus den verschiedenen in Tabelle 7-4 aufgelisteten Ursachen und Noxen ableiten. Darüber hinaus ist jedoch vielfach eine symptomatische Therapie im Sinne des Einsatzes von **Psychopharmaka** indiziert, die sich an den entsprechenden bereits dargelegten Grundsätzen der Psychosenbehandlung orientieren muss. Demgemäß kommen bei akuten psychotischen Zuständen vornehmlich Neuroleptika, vereinzelt auch Antidepressiva zum Einsatz. Weitere Grundsätze der Behandlung sind in Kapitel 8 dargelegt.

Verlauf

Auch der Verlauf der organischen Psychosen wird wesentlich von der Grundkrankheit bestimmt. Sofern diese ausheilt, bildet sich in der Regel auch die Psychose im Sinne einer reversiblen Funktionspsychose, wie z. B. bei den Endokrinopathien (vgl. Kap. 8), zurück. Hinterlässt die jeweilige Noxe jedoch eine strukturelle Hirnschädigung, so mündet die organische Psychose in ein chronisches organisches Psychosyndrom ein. Auch hier sind die Verläufe noch variabel, wenngleich mit zunehmender Dauer Residualsymptome verbleiben. Die Prognose ist bei desintegrativen Psychosen und heredodegenerativen Erkrankungen besonders ungünstig.

Literatur

American Academy of Child and Adolescent Psychiatry: Practice Parameters for the assessment and treatment of children and adolescents with schizophrenia. J. Am. Acad. Child Adolesc. Psychiatry 40 (2001) 4S–23S.

American Academy of Child and Adolescent Psychiatry: Practice Parameters for the assessment and treatment of children and adolescents with bipolar disorder. J. Am. Child Adolesc. Psychiatry 36 (1997) 1575–1765.

Braun-Scharm, H.: Initialverlauf und Krankheitsverarbeitung der im Jugendalter beginnenden Schizophrenien. Lang, Frankfurt a. M. 2000.

Carlson, G., E.J. Bromet, S. Sievers: Phenomenology and outcome of subjects with early- and adult-onset psychotic mania. Am. J. Psychiat. 157 (2000) 213–219.

Clark, A. F., S. W. Lewis: Practitioner review: treatment of schizophrenia in childhood and adolescence. J. Child Psychol. Psychiat. 39 (1998) 1071–1081.

Eggers, C.: Some remarks on etiological aspects of early-onset schizophrenia. Eur. Child & Adolesc. Psychiatry 8 (1999) Suppl. 1, I/1–I/4.

Eggers, C., D. Bunk: The long-term course of childhood-onset schizophrenia: a 42-year follow-up. Schizophrenia Bulletin 23 (1997) 105–117.

Eggers, C., D. Bunk, G. Volberg, B. Röpcke: The Essen study of childhood-onset schizophrenia: selected results. Eur. Child & Adolesc. Psychiatry 8 (1999) Suppl. 1, I/21–I/28.

Geller, B., J. Luby: Child and adolescent bipolar disorder: a review of the past 10 years. J. Am. Acad. Child Adolesc. Psychiatry 36 (1997) 1168–1176.

James, A.C.D., A.M. Javaloyer: Practitioner review: the treatment of bipolar disorder in children and adolescents. J. Child Psychol. Psychiat. 4 (2001) 439–449.

Kienzle, N., H. Braun-Scharm: Schizophrene Psychosen. In: H.-C. Steinhausen, M. v. Aster (Hrsg.): Verhaltenstherapie und Verhaltensmedizin bei Kindern und Jugendlichen. 2. Auflage. Psychologie Verlags Union, Weinheim 1999.

Lay, B., M. H. Schmidt, B. Blanz: Course of adolescent psychiatric disorder with schizoaffective episodes. Eur. Child & Adolesc. Psychiatry 6 (1997) 32–41.

McClellan, J., J. S. Werry: Schizophrenic psychosis. In: H.-C. Steinhausen, F. Verhulst (eds.): Risks and outcomes in developmental psychopathology. Oxford University Press, Oxford 1999.

Neumärker, K.-J.: Organische Psychosen des Kindes- und Jugendalters. Sozialpädiatrie 15 (1993) 417–420.

Neumärker, K.-J.: Schizophrene Psychosen. In: Palitzsch, D. (Hrsg.): Jugendmedizin. Urban & Fischer, München 1999.

Remschmidt, H. (ed.): Schizophrenia in children and adolescents. Cambridge University Press, Cambridge 2000.

Remschmidt, H., E. Schulz, M. Martin, C. Fleischhaker, G.-E. Trott: Frühmanifestationen schizophrener Psychosen. Z. Kinder-Jugendpsychiat. 22 (1994) 239–252.

Rosenbaum Asarnow, J.: Annotation: Childhood-onset schizophrenia. J. Child Psychol. 35 (1994) 1345–1371.

Rothenberger, A. (Hrsg.): Behandlung von affektiven Psychosen bei Jugendlichen. Zuckschwerdt, München 1992.

Sowell, E.R., A.W. Toga, R. Asarnow: Brain abnormalities observed in childhood-onset schizophrenia: a review of the structural magnetic resonance imaging literature. Ment. Retard. Dev. Disab. Reviews 6 (2000) 180–185.

Schulz, E.: Verlaufsprädiktoren schizophrener Psychosen in der Adoleszenz. Hogrefe, Göttingen 1998.

Weller, E. B., R. A. Weller, M. A. Fristad: Bipolar disorder in children: Misdiagnosis, underdiagnosis, and future directions. J. Amer. Acad. Child Adolesc. Psychiat. 34 (1994) 70–714.

Spezielle Kinder- und Jugendpsychiatrie

8 Organische Psychosyndrome

Unter dem Begriff der organischen Psychosyndrome werden verschiedene psychopathologische Symptomenkonstellationen zusammengefasst, die als Folgezustände von Noxen betrachtet werden können, welche auf das Gehirn eingewirkt haben. Mit dem Zusatz der Exogenität im Begriff der **exogenen organischen Psychosyndrome** wird zusätzlich zum Ausdruck gebracht, dass diese Schädigungen von außen auf das Gehirn eingewirkt haben. Die adjektivische Bezeichnung „organisch" impliziert ferner, dass die jeweils zu beobachtende psychopathologische Symptomatik eine spezifische Reaktionsform des betroffenen Gehirns darstellt bzw. an Funktionen des Gehirns gebunden ist.

Nach der zeitlichen Manifestation lassen sich die **akuten hirnorganischen Psychosyndrome** von den **chronischen Formen** unterscheiden, die als Folgezustände von Schädigungen oder als Begleitsymptome chronischer organismischer Störungen auftreten. Die wichtigsten Noxen sind – in etwa nach der Häufigkeit geordnet – entzündliche Erkrankungen, Schädel-Hirn-Traumen, Intoxikationen und Stoffwechselstörungen, Tumoren und schließlich Endokrinopathien. Im Vordergrund der Ätiopathogenese stehen diese jeweiligen Noxen, wenngleich das zugehörige psychopathologische Bild von weiteren Faktoren wie z. B. dem Alter und damit dem Reifezustand des Gehirns, Persönlichkeitsmerkmalen und Lebensumständen mitgeprägt wird. Wegen der Vorrangigkeit der erwähnten Noxen für die Ätiologie und der entsprechend ätiologisch orientierten Klassifikation der Psychopathologie unter dem Begriff der organischen Psychosyndrome kann in diesem Kapitel eine spezifische Erörterung der Ätiologie entfallen.

Klassifikatorisch lassen sich auch die leichten frühkindlich erworbenen Hirnfunktionsstörungen organischen Psychosyndromen zuordnen. Auch hier wird angenommen, dass die jeweiligen Reaktionsformen und Auffälligkeiten des Verhaltens an Funktionen des Gehirns gebunden sind. Allerdings ist die Annahme nicht unumstritten, dass es sich bei den leichten frühkindlich erworbenen Hirnfunktionsstörungen lediglich um schwächer ausgebildete organische Psychosyndrome handle, die mit diesem auf einem Kontinuum liegen. Darüber hinaus ist bezweifelt worden, dass die Psychopathologie der leichten frühkindlich erworbenen Hirnfunktionsstörungen spezifisch sei und damit ein distinktes Psychosyndrom darstelle. Während die frühkindlich entstandenen Hirnfunktionsstörungen in der ICD-10 in dieser Bezeichnung keine Erwähnung finden, lassen sich organische Psychosyndrome insgesamt in der Kategorie F07 klassifizieren.

Angesichts der weitgehende gleichen Grundzüge der Diagnostik bei den verschiedenen Formen der organischen Psychosyndrome sind diese in Tabelle 8-1 der Abhandlung der einzelnen Manifestationsformen vorangestellt.

Tabelle 8-1 Diagnostik organischer Psychosyndrome.

■ **Anamnese**
- prämorbide Entwicklung, Persönlichkeit und Störung
- Beziehung zwischen Noxe (Art, Schweregrad) und Veränderung von Persönlichkeit, Verhalten und Funktionen
- Auswirkungen auf die Entwicklung des Kindes bzw. Jugendlichen
- Bewältigung durch Patient und Familie

■ **Psychopathologische Untersuchung**
- akute Symptomatik
- chronische und residuale Symptomatik

■ **Psychologische Untersuchung**
- Leistungsdiagnostik
- Persönlichkeitsdiagnostik

■ **Neurologische Diagnostik**

■ **Labordiagnostik**
- Elektrophysiologie (EEG, evozierte Potentiale, Brainmapping)
- bildgebende Verfahren (Kraniales CT, MRT, PET)
- Biochemie (nach Indikation)

8.1 Entzündliche Erkrankungen des Zentralnervensystems

Definition und Häufigkeit

Die entzündlichen Erkrankungen des ZNS sind die durch Bakterien, Viren, Protozoen und Pilze bzw. als Folge von Allgemeinerkrankungen oder Impfungen bedingten Krankheitsbilder **Enzephalitis** und **Meningitis**. Die Häufigkeit derartiger entzündlicher Hirnerkrankungen variiert je nach Erreger. Das psychopathologische Bild zeigt im akuten Stadium andere Kennzeichen als im weiteren Verlauf, der durch die Ausbildung verschiedener Folge- und Defektzustände gekennzeichnet sein kann.

Repräsentative Zahlen für die Häufigkeit akuter und chronischer organischer Psychosyndrome bei entzündlichen Erkrankungen des ZNS im Kindesalter liegen nicht vor. Die Vulnerabilität des kindlichen Gehirns lässt vor allem sehr junge Kinder besonders gefährdet für die Ausbildung von Defektsyndromen erscheinen. Generell sind Jungen häufiger als Mädchen sowohl von entzündlichen Erkrankungen des ZNS überhaupt als auch von deren Folgezuständen betroffen. Nicht selten trifft die Entzündung ein vorgeschädigtes, d. h. genetisch oder perinatal belastetes Gehirn.

Klinisches Bild

Eine Übersicht der vielfältigen Symptomatik in die Tabelle 8-2 vorgenommen.

Tabelle 8-2 Klinisches Bild der ZNS-Entzündungen.

Akut-Symptomatik (individuelle Variabilität)

- Kopfschmerzen, Übelkeit/Erbrechen, Meningismus
- Bewusstseinsstörung unterschiedlicher Tiefe
- Delirante Symptome: Desorientierung, illusionäre Verkennung, motorische Unruhe
- Neurologische Symptome: zerebrale Anfälle, Hirnnervenausfälle, sensorische Ausfälle, Paresen, Ataxien
- Störungen des Schlaf-Wach-Rhythmus
- Psychotische Symptome: Halluzinationen, affektive Störungen

Chronische Symptomatik (mögliche Folgezustände)

- Verhaltensauffälligkeiten (Wesensänderung)
  - Aufmerksamkeitsstörung
  - Antriebsstörungen
  - Leistungsdefizite/-schwankungen
  - emotional-affektive Störungen
  - Triebstörungen
  - Kontaktstörungen
  - Aggressivität, Impulsivität
- Intelligenzminderung
- Teilleistungsstörungen
- Neurologisches Defektsyndrom
  - Paresen (meist als Hemiparese oder Tetraparese)
  - andere Bewegungsstörungen (athetoid, choreatisch, ataktisch)
  - Muskelhypotonie (hypotone Zerebralparese)
  - Störungen an den Sinnesorganen (Amaurose, Taubheit usw.)
  - Sprach- und Sprechstörungen
- Zerebrale Anfälle
- Somatische Störungen
  - Beeinträchtigung endokriner Funktionen (Wachstumsstörungen, Pubertas praecox)
  - vegetative Störungen
  - psychosomatische Beschwerden
  - verminderte Leistungsfähigkeit
  - Störungen des Schlaf-Wach-Rhythmus

Ein organisches Psychosyndrom bei entzündlichen Erkrankungen des ZNS ist häufig, jedoch nicht obligat.

Im raschen Fieberanstieg können sich neben **meningitischen Zeichen** – Kopfschmerzen, Übelkeit und Erbrechen – eine **Bewusstseinsstörung** unterschiedlicher Tiefe sowie **delirante Symptome** im Sinne von Desorientierung, illusionärer Verkennung und motorischer Unruhe manifestieren. Ferner können sich **neurologische Symptome** (z. B. zerebrale Krampfanfälle, Hirnnervenlähmung, sensorische Ausfälle, Paresen, Ataxien) einschließlich EEG-Veränderungen (Verlangsamung der Grundaktivität, Allgemeinstörung) und **Störungen des Schlaf-Wach-Rhythmus** ausbilden.

Während flüchtige, sich rasch zurückbildende Bewusstseinseinschränkungen und delirante Symptome auch als Zeichen einer zerebralen Mitreaktion bei fieberhaften Erkrankungen beobachtet werden können, haben anhaltende und schwere psychopathologische und neurologische Symptome hinweisenden Charakter auf eine primäre Enzephalitis bzw. Meningitis. Diese wird häufig – jedoch nicht immer – durch den pathologischen Liquorbefund diagnostisch gesichert. Da **psychotische Symptome** mit Agitation, affektiven Störungen und Halluzinationen möglich sind, ist die labordiagnostische Abklärung zum Nachweis des exogenen Charakters der psychischen Symptomatik wichtig. Neben der Liquoranalyse sind EEG- und Computertomographie-Untersuchungen wertvoll.

Therapie und Verlauf

Im Rahmen der ursächlich bzw. s**ymptomatisch orientierten Behandlung** der entzündlichen Erkrankungen des ZNS (z. B. Gabe von Antibiotika und Cortison) wird das akute exogene Psychosyndrom gegebenenfalls neuroleptisch oder auch mit Tranquilizern behandelt. Insofern ist eine **psychopharmakologische Behandlung** als Ergänzung der primär neuropädiatrisch orientierten Behandlung zu betrachten.

Der Verlauf der entzündlichen Erkrankungen des ZNS ist je nach Art der Erkrankung bzw. des Erregers recht unterschiedlich. Eine hohe Letalitäts- und Defektrate haben Pneumokokken- und tuberkulöse Meningitiden. Ähnliches gilt für Enzephalitiden, die durch Coxsackie-Viren oder Herpes-Viren bedingt sind. Zu den möglichen chronischen **Folgezuständen** zählen neurologische Defektsyndrome, zerebrale Krampfanfälle, andere somatische Störungen sowie schließlich psychopathologische Auffälligkeiten ebenfalls im Sinne eines Defektsyndroms. Im Rahmen **neurologischer Defektsyndrome** können Hirnnervenstörungen, Beeinträchtigungen der Sinnesorgane (Taubheit, Blindheit), Sprach- und Sprechstörungen, zerebrale Bewegungsstörungen, Paresen sowie eine Muskelhypotonie resultieren. Weitere somatische Folgen können in vegetativen und endokrinen Störungen aufgrund einer Schädigung hypothalamischer Funktionen sowie einer Störung des Schlaf-Wach-Rhythmus bestehen.

Zu den möglichen **psychopathologischen Folgezuständen** zählen Intelligenzminderungen verschiedenen Ausmaßes, Teilleistungsstörungen und eine breite Skala von Verhaltensauffälligkeiten. Im Rahmen der Diagnostik von Teilleistungsstörungen nach einer entzündlichen Erkrankung des ZNS können umschriebene Hirnfunktionsstörungen, Perzeptionsstörungen sowie Störungen der Psychomotorik beobachtet werden, welche der Symptomatik der leichten frühkindlich erworbenen Hirnfunktionsstörungen weitgehend entsprechen. Das Verhalten von Kindern nach einer Enzephalitis oder Meningitis ist vielfach durch Beeinträchtigung von Aufmerksamkeit und Konzentration, motorische Unruhe und Hyperaktivität, Impulsivität sowie schwankende Leistungsfähigkeit bei rascher Ablenkbarkeit und schneller Ermüdbarkeit gekennzeichnet. Antriebsstörungen können auch als weitgehende Antriebsverarmung auffallen. Daneben können sich eine ausgeprägte Stimmungslabilität mit raptusartigen Affektdurchbrüchen, aggressive Handlungen sowie verstärkte Triebhaftigkeit ebenso wie motorische Stereotypien entwickeln. Die gestörte Kontaktfähigkeit sowie die Beeinträchtigung der sozialen Emphathie können erhebliche Probleme für die Umwelt schaffen.

Inwieweit sich diese breite Skala von Verhaltensauffälligkeiten als eine **postenzephalitische Wesensänderung** mit mimischer Bewegungsarmut im Mittelgesicht (sogenannter enzephalitischer Blick), psychischer Starre, wenig beeinflussbarer Stimmungslage und weiteren Zeichen einer Persönlichkeitsdesintegration als ein typisches psychopathologisches Syndrom zusammenfassen lassen, ist umstritten, zumal entsprechende Beobachtungen nicht selektionsfrei entstanden sind. In der Regel liegt ein sehr vielfältiges, individuell hinsichtlich der Symptomatik variierendes Bild vor. Dabei muss zugleich bedacht werden, dass die beobachtbaren psychopathologischen Phänomene auch reaktiv durch die Verarbeitung seitens des Kindes und seiner Eltern überformt sein können.

Die **Therapie der chronischen Folgezustände** wird sich an den Symptomen orientieren und im Sinne einer multimodalen Behandlungsform Indikationen verschiedener Art berücksichtigen. So müssen z. B. zerebrale Krampfanfälle antikonvulsiv und zerebrale Bewegungsstörungen krankengymnastisch behandelt werden. Störungen der Psychomotorik können auch durch psychomotorische Übungsbehandlungen angegangen werden. Unter den psychopathologischen Symptomen lassen sich einige Symptome wie z. B. Antriebssteigerung und motorische Unruhe günstig durch Psychopharmaka – in diesem Fall durch Stimulanzen – beeinflussen, während andere, wie z. B. Aggressivität, durch Behandlung mit Neuroleptika oft nur unter dem Preis von Nebenwirkungen verändert werden können. So kann die Sedierung durch niederpotente Neuroleptika Grenzen für die Behandelbarkeit mit anderen Methoden setzen. Hingegen können Mittel wie potente Neuroleptika mit weniger kurzfristigen Nebenwirkungen (z. B. Dipiperon) häufig erfolgreich im Sinne einer Krisenbewältigung eingesetzt werden. Problematisch hingegen ist ihre Langzeitanwendung wegen der dann zu befürchtenden Spätdyskinesien.

Insgesamt hat die Psychopharmakobehandlung oft nur die Funktion, die schwerpunktmäßig einzusetzenden verhaltenstherapeutischen und heilpädagogischen Maßnahmen zu stützen bzw. in einigen Fällen auch erst zu ermöglichen. Bei Teilleistungsstörungen sind gegebenenfalls die jeweils verfügbaren Behandlungsprogramme einzusetzen.

Angesichts der Variabilität der Symptomatik und der Plastizität des kindlichen Gehirns sind Aussagen zur Prognose sehr schwer zu stellen. Allgemein verschlechtert sich die Prognose, sofern die akute Symptomatik durch eine langanhaltende Bewusstlosigkeit und/oder wiederholte zerebrale Krampfanfälle gekennzeichnet ist.

8.2 Schädel-Hirn-Traumen

Definition und Häufigkeit

Die meisten Schädel-Hirn-Traumen resultieren aus Verkehrsunfällen, welche eine der häufigsten Todesursachen im Kindesalter darstellen. Aber auch der Sturz des Säuglings vom Wickeltisch, der Unfall auf dem Schulhof oder auf der Eisbahn können als Beispiel für die breite Variation von Traumen angesehen werden, welche zu akuten oder persistierenden Folgen für das kindliche Gehirn führen. Aus dem Trauma resultieren ein Hirnödem und weitere Stoffwechselstörungen meist lokalisierter Hirnregionen, wobei die Möglichkeit der Generalisierung besteht. Psychopathologisch können akute und chronische organische Psychosyndrome beobachtet werden. Über Inzidenzangaben einzelner Behandlungszentren hinaus gibt es keine repräsentativen Zahlen über die Häufigkeit von Schädel-Hirn-Traumen im Kindes- und Jugendalter.

Klinisches Bild

Die klinische Symptomatik ist in Tabelle 8-3 zusammengefasst.

Tabelle 8-3 Klinisches Bild der Schädel-Hirn-Traumen.

Akut-Symptomatik
Bewusstlosigkeit
Pseudocoma vigile
Durchgangssyndrome
Kontusionspsychose
Apallisches Syndrom
Neurologische Ausfälle

Chronische Symptomatik
Posttraumatische Wesensänderung
Hirnlokale Psychosyndrome (Agnosie, Aphasie, Apraxie)
Demenz (Intelligenzminderung)
Frontalhirnsyndrom (Antriebsminderung, Denkverlangsamung, Aufmerksamkeitsstörung, Steuerungsdefizit, Stimmungsveränderung); bei Kindern seltener
Psychoreaktive Überformung

Zu den **akuten organischen Psychosyndromen** bei Schädel-Hirn-Trauma sind Bewusstseinsstörungen, Durchgangssyndrome, Kontusionspsychosen und auch das apallische Syndrom zu rechnen. Das Leitsymptom der **Bewusstlosigkeit** variiert in Abhängigkeit vom Schweregrad des Traumas und kann bei Kindern nach Schädel-

Hirn-Trauma auch gänzlich fehlen. Eine nur über Sekunden andauernde Bewusstlosigkeit im Sinne einer **Commotio cerebri** ist bei Wiedererlangen des Bewusstseins durch eine kurze Phase der Desorientierung, Verwirrtheit, motorische Unruhe und eine retrograde Amnesie, d. h. eine Erinnerungslücke für die unmittelbar dem Unfall vorausgegangenen Ereignisse, gekennzeichnet. Die Commotio cerebri heilt nach eventuellen passageren Schwindelgefühlen, Brechreiz und Kreislauflabilität folgenlos aus. Hingegen ist bei einer länger, über Stunden anhaltenden Bewusstlosigkeit eine **Contusio cerebri** anzunehmen, die sich in weiteren Symptomen wie neurologischen Herdzeichen, Lähmungen, EEG-Herden und psychotischen Zuständen äußern mag. Da dem Geschehen eine morphologische Substratschädigung zugrunde liegt, kommt es zur Narbenbildung mit der Möglichkeit von Spätfolgen, wie z. B. einer Epilepsie. Späte Bewusstseinsstörungen legen den Verdacht auf ein subdurales Hämatom und Liquorzirkulationsstörungen mit Hirndrucksteigerung nahe. Als **Pseudocoma vigile** oder Dornröschenschlaf-Syndrom sind postreaktive Schockzustände bezeichnet worden, bei denen angenommen wird, dass angesichts überforderter Verarbeitungsmöglichkeiten durch ein überwältigendes Trauma eine zumindest partielle psychogene Determination der Bewusstlosigkeit beim Kind erfolgt.

Mit dem Begriff der **Durchgangssyndrome** werden posttraumatische Minderungen psychischer Funktionen bezeichnet, welche z. B. das Denken, den Antrieb oder das Gedächtnis betreffen. Hingegen wird das Leitsymptom der Bewusstseinsstörungen nicht zu den Durchgangssyndromen gerechnet, die unterschiedliche Schweregrade ausweisen können. Bei leichten Durchgangssyndromen können Verlangsamung, Initiativeverlust und Vergesslichkeit neben Stimmungslabilität und Reizbarkeit sowie vegetativen Störungen beobachtet werden, während bei den schweren bzw. mittelschweren Durchgangssyndromen ausgeprägte formale Denkstörungen, Amnesien und produktive Symptome (Wahn und Halluzinationen) vorliegen.

Das Bild der **Kontusionspsychose** wird von deliranten Symptomen im Sinne von motorischer Unruhe, Desorientierung, ängstlich-agitierter Stimmungslage, fluktuierender Bewusstseinslage und bei älteren Kindern auch von produktiven Symptomen gekennzeichnet, wobei die Symptomatik über Tage und Wochen anhalten kann. Beim **apallischen Syndrom** liegt eine funktionelle Trennung der Hirnrinde vom Hirnstamm vor. Im Vordergrund der klinischen Symptomatik steht das Coma vigile, bei dem die Patienten mit geöffneten Augen im Bett liegen und ihr Blick ins Leere geht, d. h. das Bewusstsein bei gleichzeitigem Wachsein eingeschränkt ist und weder Tätigkeiten noch Inhalte zeigt. Die Patienten reagieren nicht auf Außenreize bzw. allenfalls mit ungerichteten Abwehrbewegungen bei starken taktischen Reizen. Bei fehlender Möglichkeit der Kontaktaufnahme zur Umwelt sind einige basale Vegetativfunktionen wie Schlucken, Verdauen und Schlaf vorhanden. Dabei kann allerdings der Schlaf-Wach-Rhythmus gestört sein. Weitere neurologische Zeichen wie reflektorische Primitivmotorik, Haltungsanoma-

lien, Haltungs- und Stellreflexe, motorische Primitivschablonen u. a. m. vervollständigen das klinische Bild.

Im Rahmen der akuten Symptomatik bei Schädel-Hirn-Traumen können über die bereits beschriebenen Syndrome hinaus vielfältige **neurologische Folgen** beobachtet werden. Hierzu gehören Hirnnervenlähmungen, Störungen der Motorik (Paresen), hirnlokale Ausfälle (Aphasien, Agnosien, Apraxien), epileptische Anfälle sowie Stamm- und Mittelhirnschädigungen mit tiefer Bewusstlosigkeit, hochgradiger Tonussteigerung der Streckmuskulatur und Streckkrämpfen, zentralen vegetativen Regulationsstörungen sowie Ausfall der optomotorischen und pupillomotorischen Regulationssysteme.

Aus der beschriebenen Akutsymptomatik können sich charakteristische Folgezustände im Sinne chronischer **organischer Psychosyndrome** ergeben, die im Abschnitt über den Verlauf beschrieben werden.

Diagnostik

Die klinische und möglicherweise auch versicherungsrechtliche Abklärung der Folgen eines Schädel-Hirn-Traumas muss die in Tabelle 8-4 zusammengefassten Bedingungselemente berücksichtigen. In der Diagnostik hat neben der psychopathologischen Beschreibung die neuropsychologische Funktionsdiagnostik einen besonderen Stellenwert. Neben der Erfassung der allgemeinen Intelligenz müssen je nach individuellen Gegebenheiten neuropsychologische Funktionen wie Aufmerksamkeit, Gedächtnis, Lernen, Sprache und Kommunikation, visuelle Wahrnehmung und schulrelevante Leistungen wie Lesen, Schreiben und Rechnen mit jeweils speziellen Tests (vgl. Kap. 4) erfasst und zur Grundlage für einen Rehabilitationsplan gemacht werden. Da es sich häufig um einen längeren Prozess der Rehabilitation handelt, sind wiederholte Evaluationen erforderlich.

Tabelle 8-4 Bedingungselemente für das Entstehen psychischer Symptome nach Schädel-Hirn-Trauma.

Merkmale der Verletzung

- Ursache
- Schweregrad
  - Tiefe und Dauer des Komas (problematisch ab 20/30 min.)
  - Dauer der posttraumatischen Amnesie (problematisch ab 7 Tagen)
- Art der Verletzung
  - offen vs. gedeckt

Merkmale des Kindes

- prämorbide Entwicklung und Probleme
  - Lernstörungen
  - Verhaltensauffälligkeiten
- Alter und Entwicklungsstand
- Verarbeitung des Traumas und seiner Folgen

Merkmale der Umwelt

- Erwartungen und Verarbeitung des Traumas bei den Eltern
- Anpassung der schulischen Erwartungen und Anforderungen

Therapie und Verlauf

Die Therapie der Akutsymptomatik zielt neben den indizierten neurochirurgischen Maßnahmen auf eine Bekämpfung des Hirnödems zur Reduktion von Spätfolgen sowie weitere medikamentöse Hilfen zur Förderung der Hirndurchblutung und eine Intensivierung des Hirnstoffwechsels. Bei einer durch die Plastizität des kindlichen Gehirns gewährleisteten hohen Restitutionsfähigkeit kann die Rückbildung der Akutsymptomatik Monate dauern. Dabei muss der Patient nicht nur einzelne Funktionen, wie z. B. Sprache, Lesen, Schreiben oder auch Statomotorik und Sauberkeit, wieder erwerben, sondern er erfährt auch seine Behinderung und Hilflosigkeit und es kann daher zu einer beträchtlichen psychoreaktiven Überlagerung der psychopathologischen Auffälligkeiten kommen.

Die **Rückbildung** der akuten Symptomatik lässt sich am besten aus der Dauer der posttraumatischen Bewusstlosigkeit bzw. Amnesie als Indikator des Schweregrades des Traumas vorhersagen. Nach verschiedenen Untersuchungen ist eine posttraumatische Amnesie bis zu zwei Tagen folgenlos, bis zu sieben Tagen meist folgenlos und bei darüber hinausreichendem Andauern immer folgenreich. Schwere Traumen mit anhaltenden neurologischen Auffälligkeiten haben die höchste Rate an psychiatrischen Störungen. Anhaltende kognitive Folgen können darüber hinaus am ehesten noch durch das Alter zum Zeitpunkt des Traumas vorhergesagt werden, wobei mit dem Säuglingsalter im Vergleich zur restlichen Kindheit eine eher ungünstige **Prognose** verbunden ist. Psychiatrische Folgen im Sinne von Verhaltensauffälligkeiten sind im Vergleich zu den kognitiven Folgen weniger direkt auf die Hirnschädigung bezogen. Neben dem spezifischen Einfluss durch das Trauma sind prämorbide Verhaltensauffälligkeiten, psychosoziale Belastungsfaktoren im familiären Umfeld und die Verarbeitung des Traumas durch die Eltern in der Form des erzieherischen Umgangs mit dem Kind im Rahmen einer mehrdimensionalen Ätiologie bedeutsam. Die Relation von Schweregrad des Traumas und psychiatrischen Auffälligkeiten ist weniger stark.

Als Residualzustände können im **Verlauf** verschiedene chronische Psychosyndrome resultieren. Mit dem Begriff der **posttraumatischen Wesensänderung** wird ein bleibendes Defektsyndrom bezeichnet, das sich nach eineinhalb bis zwei Jahren nach dem Trauma ausbildet. Zeichen sind Antriebsminderung, Merkfähigkeitsstörungen, Affektlabilität, eine bei Kindern eher euphorische und bei Jugendlichen eher gereizt-gespannte Stimmungslage, Stereotypisierung des Verhaltens, Entmodulierung sowie Verlangsamung der Sprache sowie hyperaktives Verhalten. Ferner kann die Symptomatik bedeutsam psychoreaktiv überformt sein. Inwieweit es sich hierbei um ein spezifisches, psychopathognomonisches Muster psychiatrischer Auffälligkeiten handelt, die selektionsfrei beobachtet werden können, muss offen bleiben, zumal einige kontrollierte Studien eine derartige Annahme nicht stützen. Als spezifisch für die Psychopathologie von Kindern nach Schädel-Hirn-Trauma mit einer posttraumatischen Amnesie von mindestens sieben Tagen hat sich lediglich ein ausgeprägtes soziales enthemmtes Verhalten im Sinne von Distanzlosigkeit erwiesen.

Auch hinsichtlich der Möglichkeit der Entwicklung eines posttraumatischen **chronischen hirnlokalen Psychosyndroms** bei Kindern – über die bereits erwähnten neuropsychologischen Funktionsstörungen Aphasie, Agnosie und Apraxie hinaus – gehen die Meinungen auseinander. Gleichwohl gibt es Hinweise darauf, dass es auch bei Kindern vereinzelt, wenngleich sehr viel seltener als bei Erwachsenen, z. B. zur Ausbildung eines **Frontalhirnsyndroms** mit Antriebsminderung, Denkverlangsamung, Aufmerksamkeitsstörungen und weiteren Symptomen kommen kann. Gesichert ist ferner der Zusammenhang von Trauma und **Demenz**, wobei die Dauer der posttraumatischen Bewusstlosigkeit bzw. Amnesie ein gesicherter Prädiktor für die posttraumatische Intelligenz- und Leistungsminderung ist. Das Ausmaß der Intelligenzminderung wird lediglich – wie bereits dargestellt – zusätzlich noch vom Alter des Kindes mitbestimmt.

In Ergänzung zur Ausbildung chronischer organischer Psychosyndrome besteht bei Kindern mit einem Schädel-Hirn-Trauma ein hohes Risiko für die Entwicklung **psychoreaktiver Störungen.** Sowohl epidemiologische Untersuchungen wie auch klinische Studien haben belegt, dass die Rate an psychoreaktiven Störungen bei diesen Kindern um ein Mehrfaches erhöht ist. Trotz der Tatsache, dass der Schweregrad des Traumas mit der Rate an psychiatrischen Störungen positiv korreliert, sei noch einmal daran erinnert, dass die Genese gerade psychoreaktiver Überformungen in der Regel multikausal ist. Vom Erscheinungsbild her kann es zu vielfältigen emotionalen und psychisch überlagerten körperlichen Störungen sowie Leistungsstörungen kommen. Schließlich ist beim Krankheitsverlauf zu berücksichtigen, dass Kinder nach einem Schädel-Hirn-Trauma von einer Reihe **psychosozialer Folgen** betroffen sind, zu denen Beeinträchtigungen der Entwicklung einschließlich Schule und Berufsanbahnung und familiäre Funktionen gehören.

Angesichts dieser Risikobelastung bedarf das Kind nach einem Schädel-Hirn-Trauma vielfältiger **rehabilitativer Maßnahmen,** zu denen im besonderen Maße heilpädagogische, aber auch lerntheoretisch begründete Konzepte der Verhaltenstherapie gehören. So kann beispielsweise ein individualisiert an den Schwierigkeiten des jeweiligen Patienten angepasstes Behandlungsprogramm mit gestuftem Vorgehen und kontinuierlicher Verstärkung versuchen, Leistungsminderungen abzubauen und zugleich den drohenden Versagensängsten entgegenzuwirken. Andere Elemente der Therapie sind Förderungs- und Übungsbehandlungen (z. B. Logopädie, Krankengymnastik, psychomotorische Therapie), Pharmakotherapie (z. B. Stimulanzien zur Beeinflussung von Antriebsdefiziten oder Antikonvulsiva bei Epilepsien) sowie Elternberatung und unterstützende Therapie.

8.3 Vergiftungen und Stoffwechselstörungen

Definition und Häufigkeit

Eine Vielzahl von Substanzen können zu Beeinträchtigungen von Funktionen des ZNS und dabei sowohl zu akuten wie auch zu chronischen organischen Psychosyndromen führen. Die in diesem Zusammenhang wichtigsten Substanzgruppen sind Pharmaka, Drogen und Chemikalien. Bei Kindern kommt es mehrheitlich im Rahmen von Unfällen im Haushalt (z. B. durch ungenügende Verwahrung von Substanzen) zu Vergiftungen, bei Jugendlichen können Suizidabsichten oder Drogenmissbrauch als Auslöser von Vergiftungen beobachtet werden.

Vergiftungen bei Kindern werden außerordentlich häufig beobachtet. Die Symptomatik ist vielfach uncharakteristisch und von vegetativen Symptomen wie Erbrechen und Durchfall beherrscht. Jedoch können auch Zeichen eines akuten exogenen Psychosyndroms mit Störungen des Bewusstseins, der Orientierung, der Wahrnehmung, des Denkens, des Gedächtnisses und der Emotionen beobachtet werden. Chronische organische Psychosyndrome können bei anhaltender Exposition gegenüber den genannten Substanzgruppen und darüber hinaus auch bei einigen Störungen im Bereich des Kohlenhydrat-, Eiweiß-, Fett- und Mineralstoffwechsels auftreten.

Klinisches Bild

In Tabelle 8-5 sind die klinischen Symptome zusammengefasst.

Tabelle 8-5 Klinisches Bild der ZNS-Intoxikationen.

Akut-Symptomatik
Bewusstseinsstörung
Deliranz
Denkstörungen
Gedächtnisstörungen
Sinnestäuschungen
Störungen der Affektivität
Vegetativsymptomatik (Erbrechen, Durchfall)

Chronische Symptomatik
Oligophrenie
Neurologische Defektsyndrome
Zerebrale Anfälle

Das klinische Bild bei Intoxikationen ist vielfältig, wobei Faktoren wie spezifische Auswirkungen einzelner Substanzen auf bestimmte Hirnfunktionen, das Lebensalter und der Reifegrad des kindlichen Gehirns, Stoffwechselmerkmale des Organismus sowie Kennzeichen der psychosozialen Umwelt und Lebenssituation bedeutsam sind. Einige Substanzen haben deutlich psychotrope Wirkungen, die das psychopathologische Bild bestimmen. Das Leitsymptom der Bewusstseinsstörung kann ebenso wie die Deliranz, anders als im Erwachsenenalter, bei Kindern häufiger fehlen. Unter den halluzinatorischen Erlebnissen dominieren bei Kindern die visuellen gegenüber akustischen, haptischen oder olfaktorischen Sinnestäuschungen.

Unter den **Pharmaka** können Vergiftungen mit Atropin, Antihistaminika, Biperiden (Akineton®), Spasmolytika und Anti-Parkinson-Mitteln zu akuten exogenen Psychosen mit Halluzinationen, Agiertheit und deliranten Symptomen führen. Hier spielen nicht nur Unfälle, sondern ebenso wie bei der Intoxikation mit Kortikosteroiden bisweilen iatrogene Faktoren eine auslösende Rolle. Dabei können ebenfalls psychotische Episoden neben Hyperaktivität, Erregbarkeit und Euphorisierung beobachtet werden. Die Bewusstseinsstörung steht bei den Intoxikationen mit Barbituraten und Narkotika im Vordergrund, wobei komatöse Zustände resultieren können.

Vergiftungen mit **Drogen** treten in der Regel selten vor dem Jugendalter auf, wenngleich einige Substanzen entweder im Rahmen eines Unfalls oder auch schon im Sinne der Sucht von Kindern eingenommen werden. Eine führende Rolle spielen die **Psychotomimetika** (LSD, Haschisch, Meskalin, Amphetamine). Intoxikationen manifestieren sich in Form exogener Psychosen mit Störungen der Wahrnehmung, des Denkens, des Antriebs, der Stimmung sowie der Affekte. Bewusstseinsstörungen unterschiedlichen Grades sind häufig. Gleichzeitig sind ausgeprägte vegetative Symptome wie Tachykardie, Übelkeit, Schwitzen, Hyperventilation, Mydriasis und Hautrötungen zu beobachten. Ausgeprägte optische Halluzinationen mit meist hoher Farbintensität sind charakteristisch für LSD-Intoxikationen, wobei Nachhallpsychosen (so genannte Flash-backs) ohne erneute Drogenexposition auftreten können. Die Stimmung kann von euphorisch bis ängstlich-agitiert variieren. Intoxikationen mit Amphetaminen werden wegen ihres von Schizophrenien kaum zu unterscheidenden psychopathologischen Bildes auch als Modellpsychosen bezeichnet.

Jede Form von chronischem Drogenabusus bei Jugendlichen beinhaltet die Gefahr der Entwicklung einer chronischen Psychose mit Wahnbildung, vielfältigen halluzinatorischen Erlebnissen, Entwicklung überwertiger Ideen, Entfremdungserlebnissen, Störungen der Ich-Identität, Derealisations- und Depersonalisationserlebnissen und ängstlich-phobischen sowie zwanghaften Symptomen. Angesichts der weitreichenden phänomenologischen Übereinstimmung mit schizophrenen Psychosen ist im Einzelfall auch zu berücksichtigen, dass die Zuwendung zu Drogen bereits im Kontext einer sich anbahnenden endogenen Psychose stehen kann.

Auch bei Kindern können Intoxikationen schon im Rahmen von Drogenmissbrauch beobachtet werden. So führen die im Rahmen der **Schnüffelsucht** eingenommenen **organischen Lösungsmittel**, die im Haushalt oder Handel leicht verfügbar sind, zu lebhaften visuellen Halluzinationen mit großer Farbintensität und kurzfristigen Euphorisierungen. Bedrohlich ist hier die schwere toxische, zum Teil irreversible Polyneuropathie. Ähnliche psychopathologische Phänomene stellen sich auch beim Einatmen von **Benzindämpfen** ein. **Alkoholintoxikationen** rufen bei Kindern nur kurze Euphorisierungen hervor.

Sie können in schweren Fällen, z. B. bei versehentlicher Einnahme, zu zerebralen Anfällen und Hirnblutungen mit Todesfolge führen.

Schließlich rufen auch **Chemikalien** wie die Schwermetalle Blei, Thallium und Quecksilber charakteristische exogene organische Psychosyndrome mit Bewusstseinsstörungen, Reizbarkeit, motorische Unruhe und deliranten Zeichen hervor, die von jeweils noxenspezifischen neurologischen Symptomen (z. B. Polyneuritis und extrapyramidal-motorische Symptome bei Thallium-Vergiftung) begleitet werden. Einige Substanzen sind auch für chronische organische Psychosyndrome anzuschuldigen. So führt z. B. Blei bei Spiegeln über 40 mg/100 ml zu leichten kognitiven Beeinträchtigungen und erhöht das Risiko für Verhaltensauffälligkeiten, wobei Hyperaktivität und Aufmerksamkeitsstörungen im Vordergrund stehen. Die Annahme, dass künstliche Nahrungsmittelzusätze sie Salizylate und Farbstoffe hyperkinetische Störungen verursachen, wird durch wenig empirische Evidenz gestützt.

Über die bisher diskutierten, nahezu ausschließlich exogen zugeführten Substanzen hinaus kann es im Rahmen von meist genetisch bedingten **Stoffwechselstörungen** zu chronischen Intoxikationen des ZNS mit der Ausbildung von organischen Psychosyndromen kommen. Viele dieser Syndrome gehen mit einer geistigen Behinderung bzw. Demenz einher und sind entsprechend in Kapitel 5 erwähnt worden. Darüber hinaus sind jedoch noch weitere psychopathologische Symptome zu beobachten, die eine Erörterung dieser Syndrome im Rahmen der organischen Psychosyndrome erforderlich machen. So können beispielsweise bei der **Galaktosämie**, einer Kohlenhydratstoffwechselstörung, neben der Intelligenzminderung motorische Unruhe und Aufmerksamkeitsdefizite sowie emotionale und dissoziale Verhaltensauffälligkeiten auftreten. Ferner können bei bestimmten Störungen des Aminosäurenstoffwechsels wie der **Phenylketonurie** oder der **Histidinämie** vereinzelt auch psychotische Episoden beobachtet werden. Gleiches gilt für die Lipidstoffwechselstörungen, wo z. B. bei der **neuronalen Zeroidlipofuszinose** Störungen in den Bereichen von Denken, Konzentration, Motorik, Antrieb, Affekten und Sozialverhalten neben der Demenz auftreten. Entsprechende Feststellungen gelten für viele neurodegenerative Erkrankungen (z. B. metachromatische Leukodystrophie, diffuse Hirnsklerose, Morbus Wilson), wo neben der Demenz weitere Zeichen eines organischen Psychosyndroms vorliegen.

Erwähnt sei in diesem Zusammenhang abschließend auch das **Lesch-Nyhan-Syndrom,** eine Störung im Purinstoffwechsel, wo es neben einer exzessiven Erhöhung der Harnsäure in Blut und Urin zu Demenz, infantiler Zerebralparese und choreoathetotischen Symptomen kommt. Die betroffenen Kinder zeigen im Verhalten eine für das Syndrom charakteristische Automutilation extremen Ausmaßes, die zu erheblicher Gefährdung führt und massive Interventionen im Sinne von Bandagierung, Sedierung und restriktiven Techniken der Verhaltenstherapie erforderlich macht.

Therapie und Verlauf

Die Behandlung der akuten Intoxikationen ist vielfach symptomatisch, zumal das jeweilige Gift nicht immer identifiziert werden kann. In jedem Fall wird primär die Intoxikation und nicht das organische Psychosyndrom behandelt. Die Behandlungsmaßnahmen sind auf Anti-Schocktherapie, Infusionsbehandlung eines drohenden Hirnödems und Entgiftung angelegt. Bei Entgiftungen im Rahmen von Drogenmissbrauch gelten spezifische Leitlinien, die in Kapitel 18 beschrieben sind. Hier ist die Entgiftungstherapie lediglich der erste Schritt, um eine umfassendere psychosoziale Rehabilitation zu ermöglichen. Gleiches gilt auch für die Intoxikationen aus suizidaler Absicht, wo nach der Entgiftung psychotherapeutische Maßnahmen eingeleitet werden müssen (vgl. Kap. 20). Schließlich ist auch bei den unfallbedingten Intoxikationen von Kindern im Haushalt zu fragen, inwieweit kinder- und jugendpsychiatrische Maßnahmen, die auf die Familie gerichtet sind, eingeleitet werden müssen.

Einige der chronischen Intoxikationen, seien sie exogener oder genetisch-metabolischer Natur, lassen sich durch **präventive Maßnahmen** vermeiden. So können z. B. die Ausbildung einer Blei-Intoxikation durch Verhinderung entsprechender Expositionen und die Entwicklung eines psychoorganischen Syndroms bei der Phenylketonurie durch die phenylalaninfreie Diät verhindert werden. Andererseits ist für viele neurodegenerative Erkrankungen die Ätiopathogenese nur so bruchstückhaft aufgeklärt, dass der Entwicklung schwerster organischer Bilder unter Einschluss neurologischer Defektsyndrome und einer meist begrenzten Lebenserwartung keine wirksam therapeutischen Maßnahmen entgegengestellt werden können. Gleichwohl sind auch hier vielfältige symptomatische Maßnahmen von der Pharmakotherapie (z. B. zur Beeinflussung erethischer, psychotischer, aggressiver und antriebsgeminderter Zustände) bis zu physio- und beschäftigungstherapeutischen sowie heilpädagogischen und verhaltenstherapeutischen Maßnahmen indiziert.

Der **Verlauf** von akuten organischen Psychosyndromen nach Intoxikationen bemisst sich vielfach an dem Erfolg der eingeleiteten psychosozialen Maßnahmen. Dabei sind Merkmale der prämorbiden Entwicklung, der Familienstruktur und der Persönlichkeit des Patienten weitere bedeutsame Faktoren. So könnten der psychosozialen Rehabilitation Grenzen durch eine beginnende Persönlichkeitsdepravation gesetzt sein. Andererseits kann die erfolgreiche Aufarbeitung einer intrafamiliären Beziehungskrise einer erneuten Suizidgefährdung oder einer Vernachlässigung mit der möglichen Folge einer Intoxikation entgegenwirken.

8.4 Hirntumoren

Definition und Häufigkeit

Zu den Hirntumoren rechnen gemäß einer an der Histologie orientierten Einteilung neuroepitheliale Tumoren (z. B. Astrozytome, Medulloblastome, Spongioblastome), mesodermale Tumoren (z. B. Meningeome, Sarkome) sowie Hypophysen- und Epiphysentumoren. Im Vergleich zum Erwachsenenalter zeigen Tumoren im Kindesalter ein rasches Wachstum, sind häufiger in der hinteren Schädelgrube lokalisiert und manifestieren sich auch häufiger als Großhirntumoren. Repräsentative Daten zur Prävalenz liegen nicht vor. Am relativ häufigsten treten Medulloblastome oder Kleinhirnastrozytome auf. Im Gegensatz zu Erwachsenen entwickeln nur 3 % der Hirntumoren der Kinder Metastasen.

Klinisches Bild

Psychische Symptome sind bei Hirntumoren häufig. Das jeweilige Bild wird von der Lokalisation und der Größe sowie der Wachstumsgeschwindigkeit des Tumors bestimmt. Bei Kindern kommt es seltener zur Ausbildung einer Symptomatik des akuten exogenen Reaktionstyps. Hingegen können unspezifische Symptome wie Überempfindlichkeit, affektive Labilität und verminderte Leistungsfähigkeit bisweilen Erstsymptome noch vor neurologischen oder ophthalmologischen Zeichen sein. Die Bewusstseinsstörung tritt meist erst später auf. Eine im Rahmen des Tumors sich möglicherweise entwickelnde Liquorabflussstörung wird sich als Hirndrucksteigerung mit Kopfschmerzen, Erbrechen und Stauungspille bemerkbar machen.

Bei einigen Tumoren können in Abhängigkeit von der Lokalisation relativ spezifische Befunde erhoben werden. So kann bei **Kleinhirntumoren** neben der Bewusstseinstrübung ein von Apathie oder Reizbarkeit, regressivem Verhalten, anhaltender Verstimmung und psychoreaktiven Verhaltensweisen überformtes Bild gesehen werden. Sofern **hypothalamische Funktionen** beeinträchtigt werden, erweitert sich die klinische Symptomatik um Wachstumsstörungen, Regulationsstörungen im Bereich von Nahrungsaufnahme und Appetit, Labilisierung der Affekte, Beeinträchtigung des Schlaf-Wach-Rhythmus sowie Triebstörungen. Auch Kinder mit **Hypophysentumoren** (z. B. Kraniopharyngeome) werden wegen der resultierenden endokrinen Funktionsstörungen durch Anorexie und Wachstumsstörungen sowie darüber hinaus durch Triebstörungen auffällig. Tumoren der **Großhirnhemisphäre** gehen wegen des erhöhten intrakraniellen Drucks häufig mit Bewusstseinsstörungen einher. Nicht selten nehmen fokale Epilepsien hier ihren Ausgang. Lokalisatorische Bedeutung haben ferner Okzipitallappentumoren mit der Entwicklung von optischen Halluzinationen, Parietal- und Temporallappentumoren mit der Ausbildung von Werkzeugstörungen wie Agnosien und Aphasien sowie eine persistierende Euphorisierung bei Frontallappentumoren.

Die oft sehr unspezifische Frühsymptomatik der Hirntumoren beinhaltet die Gefahr, die jeweiligen Zeichen als psychogen oder psychoreaktiv zu verkennen. Zusätzlich besteht die Möglichkeit, dass Zeichen eines organischen Psychosyndroms psychoreaktiv überlagert werden, zumal viele Kinder ihre Beeinträchtigungen und Leistungseinbußen als belastend erleben und diese von der Umwelt vielfach verkannt werden. Schließlich können auch nach Therapie Residualsymptome verbleiben.

Therapie und Verlauf

Hirntumoren bedürfen einer kompetenten neurochirurgischen, radiologischen und neuropädiatrisch-onkologischen Therapie. Die Behandlung sollte sich jedoch nicht auf Maßnahmen wie Operation, Bestrahlung, Liquordrainage oder zytostatische Therapie beschränken. Vielmehr bedarf das Kind neben diesen Maßnahmen einer differenzierten psychosozialen Rehabilitation. Heilpädagogische Maßnahmen, Psycho- und Verhaltenstherapie, Elternberatung zur Bearbeitung der elterlichen Ängste und Hilfestellungen für eine angemessene Erziehung des Kindes, Übungsbehandlungen zum Abbau eingetretener Funktions- und Werkzeugstörungen sowie psychopharmakologische Maßnahmen müssen jeweils sehr individualisiert und in einem mehrdimensionalen Behandlungsplan zusammengestellt werden.

Der **Verlauf** ist zunächst von der Art des Tumors abhängig. Langsam wachsende, scharf umrissene Tumoren (z. B. Astrozytome) haben eine deutlich bessere Prognose als rasch und infiltrierend wachsende sowie metastasierende Tumoren wie das Medulloblastom. Für die zuletzt genannte Tumorart konnte eine Überlebensrate von 40 bis 75 % nach fünf Jahren und 30 bis 50 % nach zehn Jahren festgestellt werden. Die kognitiven Defizite sind zum Teil erheblich und hängen von der Tumorlokalisation, der Tumorhistologie und damit verbunden von der Art der Therapie (operativ, chemotherapeutisch, Bestrahlung), dem Alter und der prämorbiden Entwicklung des Kindes sowie eventuellen Komplikationen im Verlauf ab. Unter den Behandlungsfaktoren ist speziell die Bestrahlung ein Risikofaktor. Darüber hinaus sind die Raten von Verhaltensauffälligkeiten als Spätfolgen von Hirntumoren mit etwa 50 % deutlich erhöht.

Auch eine erfolgreiche Totalentfernung eines Tumors muss nicht bedeuten, dass keinerlei psychopathologische Residualsymptome verbleiben, zumal ein länger anhaltender Hirndruck, wie aus der Beobachtung von Kindern mit Hydrozephalus bekannt ist, persistierende Funktionseinbußen zur Folge haben. Andererseits ermöglicht die Plastizität des kindlichen Gehirns angesichts der bis in das Jugendalter noch offenen Entwicklungsdynamik Kompensationsprozesse, so dass eine prognostische Beurteilung einzelner Verläufe vor diesem Lebensabschnitt nicht immer abschließend möglich ist.

Spezielle Kinder- und Jugendpsychiatrie

8.5 Endokrinopathien

Definition

Unter den Endokrinopathien sind Störungen der Regelkreise von Hypothalamus und Hypophysenvorderlappen einerseits sowie Hypophysenvorderlappen und den peripheren Organen mit Hormonsezernierung, also Schilddrüse, Nebennieren sowie weiblichen und männlichen Keimdrüsen, andererseits zu verstehen. Die jeweils entstehenden Hormonstörungen lassen Rückschlüsse auf die Bedeutung der Hormone für Funktionen des ZNS und das Verhalten zu, die angesichts der nicht realisierbaren Humanversuche auf andere Weise nicht zu ermitteln wären. Endokrinopathien bei Kindern sind dabei von besonderem Interesse, weil sie die Rolle der Hormone in der Phase der rapiden Gehirndifferenzierung und Entwicklung beleuchten. Da einige Störungen bereits konnatal vorhanden bzw. pränatal entstanden sind, schafft die Natur mit entsprechenden Störungen einzigartige Modelle.

Klinisches Bild

Die Symptomatik variiert für die einzelnen endokrinen Funktionsstörungen. Ein klassisches endokrines Psychosyndrom im Sinne von Bleuler mit Veränderungen einzelner Triebe, der Stimmung und des Antriebs findet sich bei Kindern eher selten und dann auch eher in verdünnter Form.

Für den **hypophysären Minderwuchs** als Manifestation einer Hypophysen-Funktionsstörung haben eigene Untersuchungen diskrete Hinweise auf ein endokrines Psychosyndrom mit reduziertem Appetit, Auffälligkeiten im Durstempfinden, Antriebsminderungen und Überempfindlichkeit ergeben. Zugleich besteht aber eine beträchtliche reaktive Überformung bei den vielfach gehemmten, psychosexuell entwicklungsverzögerten Kindern, die unter dem Stigma des Minderwuchses und der inadäquaten, oft infantilisierenden Behandlung durch die Umwelt leiden und emotionale Störungen entwickeln können.

Schilddrüsenfunktionsstörungen können sich im Kindesalter sowohl als Unter- wie auch seltener als Überfunktion manifestieren. Bei der unbehandelten angeborenen **Hypothyreose** kommt es zu Hirnreifungsstörungen und Intelligenzminderung, Antriebsverarmung, Sprachstörungen und Verlangsamung psychischer Abläufe. Eigene Untersuchungen haben gezeigt, dass auch das motorische Leistungsniveau sowie die Sozialreife beeinträchtigt sind. Ferner ergab sich, dass Funktionseinbußen bei Symptombeginn innerhalb des ersten Lebensjahres deutlicher ausgeprägt sind als nach diesem Zeitraum. Psychopathologische Symptome treten bei Jungen häufiger als bei Mädchen auf und sind bei subnormaler Intelligenz durch Störungen des Sozialverhaltens und Sprachstörungen gekennzeichnet. Bei der **Hyperthyreose** stehen Zeichen der motorischen Unruhe und Konzentrationsschwäche sowie Übernervosität, Fahrigkeit und Antriebssteigerung im Vordergrund. Zusätzliche körperliche Symptome sind Glanzaugen und Protrusio bulbi. Die insgesamt seltene Erkrankung betrifft am ehesten Mädchen in der Pubertät.

Unter den **Nebennierenfunktionsstörungen** ist das **adrenogenitale Syndrom** (AGS) aufgrund eines Enzymdefektes durch eine Synthesestörung des Cortisons gekennzeichnet. Dabei kommt es zu einem Überschuss männlicher Sexualhormone. Diese Androgene werden bereits intrauterin vermehrt sezerniert und führen neben Auswirkungen auf die Hirndifferenzierung zu einer Virilisierung des Erscheinungsbildes bei Mädchen und einer Pseudopubertas praecox bei Jungen. Außerdem resultiert eine Beschleunigung des Wachstums, so dass die Kinder zunächst größer als die Gleichaltrigen sind. Aufgrund des frühzeitigen, durch die Androgene bedingten Epiphysenschlusses kommt es jedoch später zu einem frühzeitigen Wachstumsstopp, so dass die unbehandelten Patienten schließlich minderwüchsig bleiben. Die Auswirkungen eines fetalen Androgenüberschusses wurden zunächst in einer positiven Stimulation der Intelligenz gesehen; diese Feststellung konnte aber in späteren Replikationsstudien nicht bestätigt werden. Andererseits ist wiederholt festgestellt worden, dass Mädchen mit einem AGS deutlich jungenhafter in ihrem Spielverhalten und in der Geschlechtsrollenidentifikation sind. Hier liegen also Belege für eine verhaltensprägende Funktion der Androgene vor. Zugleich bestehen häufig psychoreaktive Symptome, die auf die Pseudopubertas praecox, die Wachstumsdynamik einschließlich des resultierenden Minderwuchses sowie die Stigmatisierung aufgrund der Virilisierung bei Mädchen zurückgehen.

Bei dem im Kindesalter seltenen, eher iatrogen bedingten **Cushing-Syndrom** ist die Psychopathologie unspezifisch und wahrscheinlich eher sekundärer Genese aufgrund des Symptoms der Adipositas. Hinweise auf ein diskretes endokrines Psychosyndrom im Sinne von Antriebsminderung und verminderter Triebhaftigkeit können vorliegen.

Schließlich gilt für die **Intersexe**, d. h. Syndrome wie testikuläre Feminisierung, Hermaphroditismus und Hypogenitalismus, dass die Psychopathologie wesentlich mehr aus den Rollen- und Erziehungsunsicherheiten für die betroffenen Patienten als auch einem theoretisch denkbaren endokrinen Psychosyndrom resultieren.

Therapie und Verlauf

Ebenso wie die Diagnostik ist die Behandlung der Endokrinopathien eine primär intern-pädiatrische Aufgabe für den endokrinologisch ausgebildeten Spezialisten. Das Ziel der Behandlung von hormonalen Unterfunktionen besteht in der **Substitution,** z. B. des Wachstums- oder Schilddrüsenhormons. Die Synthesestörung des Cortisols beim AGS kann hormonal durch Hydrocortison effektiv über eine Hemmung der Androgenproduktion beeinflusst und die Überfunktion der Schilddrüse kann ebenfalls medikamentös korrigiert werden.

Neben diesen somatischen Maßnahmen sind vor allem wegen der psychoreaktiven Überlagerungen bei vielen Patienten mit Endokrinopathien psychotherapeutische

Maßnahmen einschließlich Elternberatung erforderlich, um eine angemessene Persönlichkeitsreifung und psychosoziale Entwicklung des Kindes zu fördern. Von kompetenten somatischen wie psychosozialen Interventionen ist der Verlauf wesentlich bestimmt. Frühdiagnostik und Frühtherapie im Sinne von Prävention lassen sich als Forderung gleichermaßen auf die endokrine wie auf die psychosoziale Ebene beziehen.

8.6 Frühkindlich entstandene Hirnfunktionsstörungen

Definition und Häufigkeit

Unter dem Begriff der frühkindlich entstandenen Hirnfunktionsstörungen wird nicht ein umschriebenes Syndrom, sondern eine Gruppe heterogener Symptome zusammengefasst, die als Störungen der Entwicklung und Reifung zu betrachten sind. Die Funktionsabweichungen äußern sich ohne regelhafte Verknüpfung auf den Ebenen von neuromotorischen und neurokognitiven Funktionen sowie des Verhaltens. Dabei liegt die Intelligenz als allgemeiner Leistungsindikator in der Regel im Durchschnittsbereich.

Das Konzept dieser Störung hat sich historisch aus theoretischen Annahmen über die psychopathologischen Auswirkungen von Hirnschäden bei Kindern entwickelt.

Synonym gebrauchte Begriffe waren „leichter frühkindlicher Hirnschaden", „frühkindliches exogenes Psychosyndrom", „psychoorganisches Syndrom" (POS), „minimal brain damage" oder später „minimal brain dysfunction" (MCD). Dabei lebte das Konzept von der Annahme, dass frühkindlich entstandene Hirnfunktionsstörungen lediglich eine geringgradig ausgeprägte Variante des schweren, z. B. durch Traumen oder Infektionen des ZNS bedingten Hirnschadens darstellen. Diese Annahme der Kontinuität – die in Abbildung 8-1 graphisch verdeutlicht wird – kann in modifizierter Form aufrechterhalten werden: In der Tat haben gewissermaßen subklinische Schädigungen des Hirns Folgen im Bereich von kognitiven Funktionen und Verhalten. Für diese Folgen sind aber eher relativ schwere Noxen notwendig, so dass Zusätze wie „leicht" und „minimal" in entsprechenden diagnostischen Bezeichnungen ebenso wenig wie eine häufige Zuschreibung der Diagnose gerechtfertigt sind. Als Folge resultiert kein homogenes oder spezifisches psychopathologisches Syndrom, wie früher angenommen wurde.

Angesichts der durch empirische Forschung abgesicherten Kritik am Syndromcharakter sowie an einer spezifischen Psychopathologie nähert sich das Konzept der frühkindlich entstandenen Hirnfunktionsstörungen dem der umschriebenen Entwicklungsstörungen der ICD-10 (F 80–F 83) und dem der spezifischen Lernstörungen bzw. Teilleistungsstörungen (vgl. Kap. 13) an, welche allerdings keinen spezifisch ätiopathogenetischen Bezug implizieren.

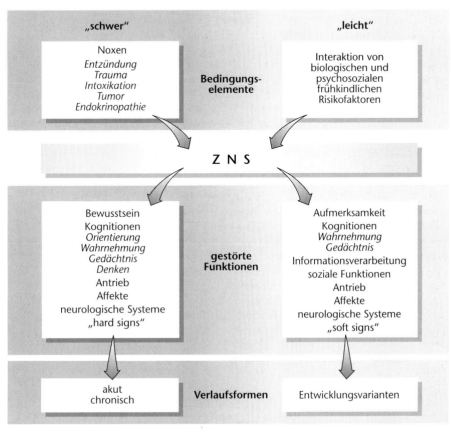

Abbildung 8-1
Das Kontinuum organischer Psychosyndrome.

Andererseits geht der Begriff der frühkindlich entstandenen Hirnfunktionsstörungen weiterhin von der theoretisch begründeten Annahme aus, dass die jeweiligen Funktionsstörungen primär zerebral bedingt sind. Diese Annahme ist vor allem von anglo-amerikanischen Kritikern des Konzeptes als naiv bezeichnet worden, weil klare Verbindungen zwischen bestimmten motorischen, sensorischen und kognitiven Defiziten und Dysfunktionen des Hirns ungenügend nachgewiesen sind. Hier haben z. B. das EEG oder neurologische Befunde in ihrer Reifungs- und Entwicklungsabhängigkeit bisher keine entsprechende Spezifität von Verbindungen aufdecken können.

In der Tat ist einiges an der im deutschen Sprachraum lange favorisierten allgemeinen Annahme hypothetisch, dass frühkindlich entstandene Hirnfunktionsstörungen ihre Ursachen in diffusen Störungen der prä-, peri- und postnatalen Gehirndifferenzierung in der dafür besonders sensiblen Periode vom sechsten Schwangerschaftsmonat bis etwa zur Mitte des zweiten Lebensjahres haben. Hier ist weiterhin offen, welche – auch kumulativen – Risikofaktoren tatsächlich zu jeweils spezifischen Funktionsstörungen führen, zumal die typischerweise erhobenen Risikofaktoren auch bei Kindern ohne Hirnfunktionsstörungen vorkommen.

Über die erforderlichen Ableitungen der Störungen aus zerebralen Funktionen hinaus ist ferner aber auch bei der Theorienbildung zu berücksichtigen, dass sich die Verursachung der frühkindlich erworbenen Hirnfunktionsstörungen nicht monokausal konzipieren lässt. Als Arbeitsmodell kann angenommen werden, dass es sich um eine Interaktion von Auswirkungen bestimmter prä- und perinataler Risikofaktoren, potentieller genetischer Faktoren und Umweltbedingungen auf Entwicklungsfunktionen handelt, welche vom Hirn vermittelt werden. Die Notwendigkeit, ein derartiges Modell interaktiv konzipieren zu müssen, wird durch die Ergebnisse verschiedener Studien gestützt, in denen gezeigt wurde, dass Kinder mit frühkindlich entstandenen Hirnfunktionsstörungen in verschiedenen sozialen Umfeldern unterschiedliche Entwicklungsverläufe nehmen, wobei günstige Sozialverhältnisse biologische Funktionsdefizite kompensieren können.

Die aufgezeigten Probleme der nosologischen Konzepte der frühkindlich entstandenen Hirnfunktionsstörungen machen es verständlich, dass Angaben zur **Häufigkeit** beträchtlich schwanken. Ältere Prävalenzangaben, die auf klinischen Inanspruchnahmepopulationen im deutschen Sprachraum beruhen, variieren zwischen 1,9 und 17,9 %. Epidemiologische Studien an unausgewählten Populationen haben Prävalenzraten zwischen 7 und 13% ergeben. Neben altersbedingten und regionalen Unterschieden können die unterschiedlichen Prävalenzraten auch auf verschiedene Falldefinitionen zurückgeführt werden, was schon angesichts fehlender allgemeingültiger und verbindlicher Diagnosekriterien wahrscheinlich ist.

Klinisches Bild und Diagnostik

Die klinischen Befunde sind nach drei **Symptom- und Funktionsebenen** geordnet in Tabelle 8-6 dargestellt. Für die Ebene des Verhaltens ist dabei festzustellen, dass keines der aufgeführten Symptome zugleich hochgradig spezifisch und universal bei frühkindlich entstandenen Hirnfunktionsstörungen vorkommt. Die resultierenden klinisch-psychiatrischen Störungen können sich auf das gesamte Spektrum emotionaler, dissozialer und psychosomatischer Symptome erstrecken. Diese mangelnde Spezifität macht Bezeichnungen wie MCD oder POS für pathognomische klinisch-psychiatrische Syndrome obsolet.

Die mehrdimensional anzulegende **Diagnostik** sollte die Auffälligkeit des klinischen Erscheinungsbildes auf neuromotorischer, neurokognitiver, neurophysiologischer, intern-pädiatrischer und psychopathologischer Ebene erfassen. Bei der **entwicklungsneurologischen Untersuchung** sind das sensomotorische System, die Körperhaltung, Gleichgewichtsreaktionen, Koordination, Fein- und Grobmotorik, Bewegungsqualität und Dyskinesien sowie das visuelle System auf Abweichungen zu überprüfen. Zu erwarten sind eher reifungsabhängige Symptome im Sinne von sogenannten „soft signs" (z. B. Koordinationsdefizite, assoziierte Bewegungen, Tonus- und Haltungsschwäche) anstelle von ausgeprägten pathologischen Befunden wie z. B. Halbseiten- oder Hirnnervensymptomen. Aber auch hier muss berücksichtigt werden, dass die sogenannten „soft signs" auch bei Kindern ohne Hinweis auf weitere Hirnfunktionsstörungen vorkommen.

Tabelle 8-6 Klinisches Bild der frühkindlich entstandenen Hirnfunktionsstörungen.

Störungen neuromotorischer Funktionen

- Motorisches Reifungsdefizit
  - Koordinationsschwäche
  - Haltungs- und Tonusschwäche
  - Dyskinesien

Störungen neurokognitiver Funktionen

- Aufmerksamkeitsdefizit
- Merkfähigkeitsschwäche
- Störungen der Wahrnehmung und zentralen Verarbeitung:
  - visuelle Gestalterfassung und Figur-Hintergrund-Differenzierung
  - auditive Erfassung und Differenzierung
  - taktil-kinästhetische und propriozeptive Wahrnehmung
  - intermodale und intermodal-sequentielle Verknüpfungen
- Impulsiver kognitiver Stil
- Sprachentwicklungsstörung

Störungen im Verhalten

- Antrieb
  - Hyperaktivität
  - Antriebsminderung
- Soziale Funktionen
  - Distanzstörung
  - Emphathiestörung
- Affektivität
  - Reizbarkeit
  - Stimmungslabilität
  - verminderte Angstbildung
- Handlungsplanung und -kontrolle
  - Impulsivität

Die **neuropsychologische Untersuchung** sollte der Identifizierung von Teilleistungsstörungen dienen, Perzeptionsstörungen im akustischen, optischen und haptisch-kinästhetischen Bereich sowie der intermodalen und serialen Integration aufdecken und in Ergänzung zur **phoniatrisch-pädaudiologischen Untersuchung** Beiträge zur Erfassung von Sprach- und Hörstörungen leisten. Bei der Testdiagnostik ist allerdings immer noch Skepsis hinsichtlich der Validität einiger sogenannter Hirnschaden-Tests (z. B. Benton-Test, Göttinger Formreproduktions-Test, einzelne HAWIK-Untertests) angezeigt.

Aussagen der **neurophysiologischen Diagnostik** sind ebenfalls kritisch zu werten. Im EEG kommt am häufigsten eine Allgemeinveränderung als Zeichen eines Reifungsdefizits zum Ausdruck. Angesichts der großen Variabilität des kindlichen EEG, das neben genetischen Einflüssen auch von Umwelt- und Verhaltenseinschlüssen mitbestimmt wird, kann auch ein Reifungsdefizit eine konstitutionelle Komponente ohne pathologische Bedeutung für eine frühkindlich erworbene Hirnfunktionsstörung sein. Auch die neueren bildgebenden Verfahren der Radiologie haben keine klaren Beziehungen von eventuellen Strukturdefiziten und Hirnfunktionsstörungen ergeben.

Ähnlich unklar ist die Wertigkeit der **intern-pädiatrischen Untersuchung**, die über die Feststellung von Minor-Anomalien oder anderen konstitutionellen Auffälligkeiten – wie z. B. Gesichtsasymmetrie – abweichende Befunde ermitteln kann. Bei entsprechenden Befunden bleibt offen, inwieweit es sich um genetisch oder intrauterin erworbene Belastungen handelt. Schließlich sei noch einmal wiederholt, dass der **psychopathologische Befund** trotz der Vielfalt auffälliger Symptome nicht diagnosebestimmend ist. In der Summation können Störungen der Antriebsfunktion und Distanzlosigkeit am ehesten zur Diagnose beitragen. Unstrittig ist, dass das Risiko für zusätzliche psychiatrische Störungen bei Kindern mit frühkindlich entstandenen Hirnfunktionsstörungen deutlich erhöht ist.

Bei der Integration der mehrdimensional erhobenen Befunde besteht also im klinischen Einzelfall immer wieder das Problem der Wertung und Gewichtung der einzelnen Befunde. Auch die **Differenzialdiagnose** gegenüber den sehr viel selteneren, beginnenden organischen Psychosyndromen bei degenerativen Prozessen oder Tumoren ist nicht immer leicht. Bedacht werden sollte schließlich, dass gerade bei den frühkindlich entstandenen Hirnfunktionsstörungen die Diagnose gleichermaßen eine Bestandsaufnahme wie auch eine Analyse von Förderungs- und Rehabilitationsmöglichkeiten darstellen sollte.

Therapie und Verlauf

Vor jeder Therapie sollte möglichst die Frühdiagnose bei Kindern mit frühkindlich entstandenen Hirnfunktionsstörungen stehen, die vornehmlich durch motorische Defizite und Leistungsprobleme und zusätzlich durch Probleme der Verhaltenssteuerung und sozialen Integration im Kindergarten oder in der Vorschule auffällig werden können.

Entsprechend der Mehrdimensionalität der Diagnose muss auch die Therapie auf mehreren Ebenen angelegt sein, wobei funktionelle Übungsbehandlungen, Psychotherapien, Elternberatung, medikamentöse Behandlungsformen und Heilpädagogik indiziert sein können.

Im Rahmen von **funktionellen Übungsbehandlungen** sollen primär auf die psychomotorischen und neuropsychologischen Defizite zentrierte Behandlungsformen eingesetzt werden. Diese zielen speziell auf eine Beeinflussung von umschriebenen Entwicklungsfunktionen. Entsprechend können Programme einer psychomotorischen Übungsbehandlung bzw. der Mototherapie zur Anwendung kommen. Ferner sind in diesem Kontext auch die logopädische Therapie bei Sprachentwicklungsstörungen sowie Übungsprogramme für Teilleistungsstörungen wie z. B. die Lese-Rechtschreib-Störung zu nennen. Entsprechende funktionelle Übungsbehandlungen (vgl. Kap. 27) nehmen einen breiten Raum in der Therapiepraxis von Kindern mit frühkindlich entstandenen Hirnfunktionsstörungen ein. Gleichwohl darf nicht unerwähnt bleiben, dass über ihre Effektivität relativ wenig aufgrund empirischer Studien bekannt ist und es andererseits kritische Stimmen gibt, welche jegliche, über die Nachreifung hinausgehenden therapeutischen Effekte von Übungsbehandlungen in Zweifel ziehen.

Der Einsatz **psychotherapeutischer Behandlungsformen** sollte sich auf die koexistierenden Symptome im Bereich von Erleben und Verhalten des Kindes erstrecken. Häufig ist ein primär psychotherapeutischer Zugang ohne begleitende Maßnahmen sehr schwierig, weil die betroffenen Kinder z. B. aufgrund ihrer Aufmerksamkeitsstörungen schwer zu fixieren und wenig in der Lage sind, die therapeutische Arbeitsbeziehung einzugehen. Entsprechend groß ist in der Praxis auch die Abstinenz der tiefenpsychologisch oder klientzentriert orientierten Psychotherapie, mit derartigen Kindern zu arbeiten. Verhaltenstherapeutische Techniken können als operante Methoden z. B. im Klassenraum zur Erzielung von Verhaltenskontrolle und Aufmerksamkeit eingesetzt werden, sofern Probleme der Aufmerksamkeit und Hyperaktivität therapeutisch beeinflusst werden sollen.

Auch hier gilt, dass keine Therapieform ohne **Elternberatung** auskommt, welche die Therapie des Kindes begleiten und vermitteln sowie auf außertherapeutische Settings übertragen soll. Darüber hinaus bedürfen die Eltern konkreter Beratung und Hilfestellung für den Umgang mit einem in vielen Funktionsbereichen versagenden und daher in seinem Verhalten schwierigen Kind.

Die medikamentöse Therapie mit **Psychopharmaka** kann sich jeweils nur auf einzelne Zielsymptome orientieren und damit weitere Behandlungsmaßnahmen nur flankieren. Andererseits kann sie aber auch die Basis für diese Maßnahmen abgeben, die ohne medikamentöse Begleittherapie möglicherweise nicht realisiert werden können. So ist eine Behandlung mit Stimulanzien bei einer hyperkinetischen Störung im Kontext einer frühkindlich entstandenen Hirnfunktionsstörung nahezu immer indiziert und symptomatisch meist erfolgreich. Einzelheiten werden in Kapitel 9 im Rahmen der Erörterung der Therapie der Hyperkinetischen Störungen dargestellt. Sehr viel problematischer stellt sich die Indikation für Neuroleptika dar, die vereinzelt für koexistierende Störungen des Sozialverhaltens bei den frühkindlich entstandenen Hirnfunktionsstörungen empfohlen worden sind. Hier und ganz besonders bei der noch fraglicheren Indikation von Nootropika zur Beeinflussung von Leistungsdefiziten über eine angenommene Verbesserung des Hirnstoffwechsels fehlt es an überzeugenden wissenschaftlichen Belegen für die Indikation und Wirksamkeit entsprechender medikamentöser Behandlungen.

Die Vorgehensweisen der **Heil- und Sonderpädagogik** berücksichtigen Sonderklassen, kombinierte pädagogische und therapeutische Betreuung unter Berücksichtigung von psychomotorischer Therapie und Logopädie sowie veränderte Klassenraumstruktur, spezifische Lernmaterialien und Unterrichtsmethoden. Allerdings sind die praktischen pädagogischen Konzepte nicht selten von theoretischen Vereinfachungen oder Missverständnissen gekennzeichnet, wenn z. B. der Aufmerksamkeitsschwäche etwa generell mit Reizreduktion begegnet werden soll. Nicht wenige Kinder mit frühkindlich entstandenen Hirnfunktionsstörungen sind im Sinne der zentralen Aktivierung eher ungenügend gereizt, und ihre Aufmerksamkeitsdefizite und Unruhe sind als ein Zeichen mangelnder Stimulation zu betrachten. Gerade dieses Beispiel macht die nicht unbeträchtlichen Probleme deutlich, vor denen praktisch-therapeutische Ansätze stehen, solange die theoretischen Zusammenhänge noch ungenügend geklärt sind. Um so nötiger sind sorgfältig geplante und gleichzeitig evaluierte Behandlungsansätze – auch im Rahmen der Heil- und Sonderpädagogik.

Der **Verlauf** von frühkindlich entstandenen Hirnfunktionsstörungen ist nicht regelhaft durch Nachreifung, Kompensation und Therapieeffizienz gekennzeichnet. Gegen die Annahme einer regelhaften Rückbildung sprechen nicht nur die klinisch bekannten Risiken der Ausbildung koexistenter psychischer Störungen, sondern Erkenntnisse kontrollierter Verlaufsstudien. Diesen kann entnommen werden, dass im jungen Erwachsenenalter Probleme der Merkfähigkeit, des Gedächtnisses, der Konzentration und der Gestalterfassung persistieren können. Verlaufsuntersuchungen haben ferner gezeigt, dass unter den neuromotorischen Funktionen Probleme hinsichtlich Koordination, Feinmotorik und assoziierter Bewegungen bis in das Jugendalter persistieren.

Im Einklang mit diesen Feststellungen stehen Beobachtungen, dass Hirnfunktionsstörungen auch noch im Erwachsenenalter vorkommen. Gegenwärtig muss die Frage noch offenbleiben, welche frühkindlich entstandenen Hirnfunktionsstörungen sich bis zu welchem Umfang zurückbilden und welche prognostischen Kriterien für diesen Prozess verantwortlich gemacht werden können. Lediglich für die hyperkinetischen Störungen, die mit frühkindlich entstandenen Hirnfunktionsstörungen häufig koexistieren, liegen eine Vielzahl von Verlaufsstudien vor, über die in Kapitel 9 zusammenfassend berichtet wird.

Literatur

Ayres, A. J.: Lernstörungen – sensorisch-integrative Dysfunktion. 3. Auflage. Springer, Berlin – Heidelberg – New York 1998.

Esser, G., M. H. Schmidt: Minimale cerebrale Dysfunction – Leerformel oder Syndrom? Enke, Stuttgart 1987.

Gerring, J. P., B. Slomine, R. A. Vasa et al.: Clinical predictors of posttraumatic stress disorder after closed head injury in children. J. Am. Acad. Child Adolesc. Psychiatry 41 (2002) 157–165.

Goodman, R.: Brain disorders. In: Rutter, M., E. Taylor (eds.): Child and Adolescent Psychiatry. Modern Approaches. 4th ed. Blackwell, Oxford 2002.

Kiphard, E. J.: Psychomotorische Entwicklungsförderung, Bd. 1. Motopädagogik. Modernes Lernen, Dortmund 1990.

Konrad, K., S. Gauggel: Eine Übersicht über kognitive, behaviorale und psychosoziale Langzeitfolgen nach pädiatrischen Hirntumoren. Kindheit und Entwicklung 10 (2001) 78–86.

Lehmkuhl, G., P. Melchers: Hirnfunktionsstörungen. In: Steinhausen, H.-C. (Hrsg.): Entwicklungsstörungen im Kindes- und Jugendalter. Ein interdisziplinäres Handbuch. Kohlhammer, Stuttgart 2001.

Lehmkuhl, G., P. Melchers: Psychische und neuropsychologische Folgen von Schädel-Hirn-Traumen im Kindes- und Jugendalter. Kindheit und Entwicklung 10 (2001) 70–77.

Middleton, J. A.: Practitioner review: psychological sequelae of head injury in children and adolescents. J. Child Psychol. Psychiat. 42 (2001) 165–180.

Neuhäuser, G.: Folgen enzephalitischer Erkrankungen bei Kindern. Enke, Stuttgart 1972.

Rutter, M.: Syndromes attributed to „minimal brain dysfunction" in childhood. Amer. J. Psychiat. 139 (1982) 21–33.

Rutter, M., O. Chadwick, D. Shaffer: Head injury. In: Rutter, M. (ed.): Developmental Neuropsychiatry. Guilford Press, New York 1983.

Snow, J. H., S. R. Hooper: Pediatric traumatic brain injury. Sage, Thomsand Oaks 1994.

Steinhausen, H.-C.: Psychoendokrinologie des Mindeswuchses im Kindes- und Jugendalter. Z. Kinder-Jugendpsychiat. 5 (1977) 346–359.

Steinhausen, H.-C.: Psychopathologie der juvenilen neuronalen Ceroidlipofuszinose (Batten-Spielmeyer-Vogt-Syndrom). Z. Kinder-Jugendpsychiat. 6 (1978) 255–265.

Steinhausen, H.-C. (Hrsg.): Hirnfunktionsstörungen und Teilleistungsschwächen. Springer, Berlin 1992.

Steinhausen, H.-C. (Hrsg.): Hyperkinetische Störungen bei Kindern, Jugendlichen und Erwachsenen. 2. Auflage, Kohlhammer, Stuttgart 2000.

Steinhausen, H.-C.: Entwicklungsstörungen im Kindes- und Jugendalter. Ein interdisziplinäres Handbuch. Kohlhammer, Stuttgart 2001.

Steinhausen, H.-C., A. A. Ehrhardt, G. Grisanti: Die Beziehung von fötalen Geschlechtshormonen und kognitiver Entwicklung. Med. Psychol. 4 (1978) 153–163.

Vasa, R. A., J. P. Gerring, M. Grados et al.: Anxiety after severe pediatric closed head injury. J. Am. Acad. Child Adolesc. Psychiatry 41 (2002) 148–156.

Völger, M., H.-C. Steinhausen, M. Reitzle: A follow-up study of child psychiatric clinic attenders with minor neurological dysfunction. Eur. Child Adolesc. Psychiat. 2 (1993) 136–145.

9 Hyperkinetische Störungen

Definition, Klassifikation und Häufigkeit

Gemäß ICD-10 sind die **Kennzeichen** für hyperkinetische Störungen (HKS):

- früher Beginn,
- die Kombination von überaktivem, wenig moduliertem Verhalten mit deutlicher Unaufmerksamkeit und Mangel an Ausdauer bei Aufgabenstellung sowie
- situationsunabhängige und zeitstabile Verhaltenscharakteristika.

HKS treten gewöhnlich in den ersten fünf Lebensjahrzehnten auf.

Nicht definierende, jedoch häufig **assoziierte Merkmale** sind die zusätzlichen Symptome emotionaler und vor allem dissozialer Störungen sowie Lern- und Leistungsstörungen. Sofern gleichzeitig neuropsychologische Funktionsstörungen als Basis der Lern- und Leistungsstörungen vorliegen, ist an die Koexistenz einer HKS mit einer frühkindlich entstandenen Hirnfunktionsstörung bzw. an eine HKS mit Entwicklungsstörungen zu denken. In diesem Sinne führt die ICD-10 als Begleitmerkmale die Distanzstörung in sozialen Beziehungen, Unbekümmertheit in gefährlichen Situationen, die impulsive Missachtung sozialer Regeln sowie Lernstörungen und motorische Ungeschicklichkeit auf. Insofern besteht die Möglichkeit einer Ergänzung, aber nicht Gleichsetzung von drei unterschiedlich konzipierten und symptomatisch verschiedenen Störungsbildern, nämlich von hyperkinetischen Störungen, frühkindlich entstandenen Hirnfunktionsstörungen und spezifischen Lernstörungen. Wie Abbildung 9-1 schematisch verdeutlicht, können die drei Syndrome einerseits koexistieren, andererseits jedoch auch unabhängig voneinander auftreten.

Die ICD-10 berücksichtigt neben einer einfachen Aktivitäts- und Aufmerksamkeitsstörung (F 90.0) lediglich eine hyperkinetische Störung des Sozialverhaltens (F 90.1). Dem Konzept der HKS gemäß ICD-10 entspricht im amerikanischen DSM-IV die Aufmerksamkeitsdefizit-Hyperaktivitätsstörung (ADHD bzw. ADHS), welche sowohl in der Laienöffentlichkeit als auch unter Fachleuten großes Interesse gefunden hat. Der Begriff ist im Vergleich zu dem der HKS stärker verhaltensorientiert und

angemessener, zumal mit Hyperkinese eigentlich ein Symptom einer neuromotorischen Überfunktion beschrieben wird. Im Vergleich zum Konzept der HKS schließt das der ADHD einen größeren Kreis betroffener Patienten ein. Im Unterschied zur ICD-10 berücksichtigt das DSM-IV drei Untertypen, nämlich den Mischtypus (ADHS), den vorwiegend unaufmerksamen Typus (popularisiert als Aufmerksamkeitsdefizitstörung, ADS) und den vorwiegend impulsiven Typus (HI). Hingegen kennt das DSM-IV den koexistenten Subtypus mit Störung des Sozialverhaltens gemäß ICD-10 nicht, sondern verwendet in diesem Fall zwei separate Diagnosen. Gegen die Klassifikation des DSM-IV ist kritisch einzuwenden, dass die Validität des ADS-Typus problematisch ist.

Die Diagnose hat Spektrumcharakter; dem entsprechend ist die Population heterogen. Durch die Berücksichtigung zusätzlicher diagnostischer Kriterien kann der Überinklusivität des Syndroms bzw. der unter dieser Diagnose zusammengefassten Patienten begegnet werden. Diese Kriterien werden im Abschnitt über Diagnose und Differenzialdiagnose vorgestellt.

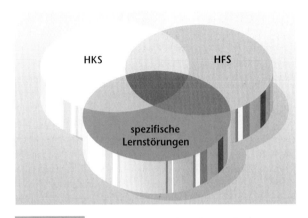

Abbildung 9-1 Schematische Darstellung der Beziehung von hyperkinetischen Störungen (HKS), frühkindlich entstandenen Hirnfunktionsstörungen (HFS) und spezifischen Lernstörungen.

Mangelnde Operationalisierung der definierten Kriterien, unterschiedliche Falldefinitionen, ungenügende Standardisierung von Messmethoden und verschiedene Klassifikationssysteme haben zu beträchtlichen Schwankungen von Häufigkeitsangaben beigetragen. In den USA wurden Prävalenzraten von 3 bis 15 % in verschiedenen Regionen und bei verschiedenen Altersgruppen für ADHD festgestellt, während die Prävalenz für HKS in der britischen Isle-of-Wight-Studie nur ca. 0,1% betrugen. Neuere Prävalenzraten der 80-er und 90-er Jahre in internationalen epidemiologischen Studien variieren zwischen 2 und 9,5 % für ADHD. Trotz dieser Unterschiede hinsichtlich der Prävalenzraten in verschiedenen geographischen Regionen ist festzustellen, dass die HKS ein kulturunabhängiges Phänomen darstellen, von dem Jungen 3- bis 9-mal häufiger betroffen sind.

Klinisches Bild

Das typische Bild der Entwicklung einer HKS weist die charakteristischen Symptome bereits in der **frühen Kindheit** auf. Das Kind fällt nicht selten bereits als leicht irritierbarer und erregbarer Säugling auf, nimmt in der Regel eine frühe motorische Entwicklung, während Sauberkeits- und Sprachentwicklung eher verzögert sein können, und wird dann im Kindergarten durch seine Umtriebigkeit, seine mangelnde Verhaltenssteuerung und Impulskontrolle sowie Regelverletzungen und Störverhalten auffällig. Die Aktivität wird von Eltern und Betreuern als ziellos und dranghaft erlebt, und das Verhalten nicht selten als gefährlich und eventuell zu Unfällen oder Vergiftungen führend beschrieben. Begleitend werden heftige Wutanfälle, Empathiemängel und in der Folge soziale Ausgliederung und Isolation beobachtet.

Im **Grundschulalter** hat die Symptomatik meist schon mehrjährig bestanden. Nun kommt es zu erheblichen Adaptationsproblemen, weil die Kernsymptome – fehlende Konzentrationsvermögen mit Ablenkbarkeit, Zappeligkeit und motorische Unruhe sowie fehlende Arbeitshaltung – aufgrund von zusätzlicher kognitiver Strukturierungsunfähigkeit, mangelhafter Verhaltenssteuerung und Impulsivität mit den Anforderungen des Schulalltages nicht vereinbar sind. In der Regel kommt es in diesem Entwicklungsabschnitt zur klinischen Vorstellung, wobei sich die Kernsymptomatik meist mit einer sekundären Überformung darstellt. Das hyperaktive Kind füllt nun durch zahlreiche Symptome auf: dissoziales Verhalten, aggressive Durchbrüche bei geringfügigen Anlässen, Reizbarkeit, Distanzlosigkeit, Disziplinprobleme oder auch Zeichen einer emotionalen Stigmatisierung mit niedrigem Selbstwertgefühl, depressiver Verstimmung und Affektlabilität. Begleitende neuropsychologische Funktionsstörungen manifestieren sich als Schulleistungsstörungen, die wiederum die soziale Isolation in der Klassengemeinschaft verstärken und den Ausgangspunkt für antisoziale Entwicklungen bis hin zur Bandendelinquenz abgeben können.

Im **Jugendalter** kann nur bei einem Teil der Betroffenen, nicht jedoch der Gesamtheit angenommen werden, dass sich die Hyperaktivität zurückbildet. Aufmerksamkeitsdefizite und Impulsivität sind sogar noch resistenter, während begleitende dissoziale Entwicklungen und Schulleistungsstörungen sowie Merkmale der fehlenden sozialen Akzeptanz in der Gleichaltrigengruppe ebenfalls häufig persistieren. Weitere Angaben werden in dem Abschnitt über den Verlauf vorgenommen.

Diagnose und Differenzialdiagnose

Die drei zentralen Symptome sind in operationalisierter Form gemäß ICD-10 in Tabelle 9-1 dargestellt.

Tabelle 9-1 Die operationalisierten Kriterien der ICD-10 für die drei Kernmerkmale der HKS.

1. Unaufmerksamkeit

Mindestens sechs Monate lang mindestens sechs der folgenden Symptome von Unaufmerksamkeit in einem mit dem Entwicklungsstand des Kindes nicht zu vereinbarenden und unangemessenen Ausmaß. Die Kinder:

1. sind häufig unaufmerksam gegenüber Details oder machen Sorgfaltsfehler bei den Schularbeiten und sonstigen Arbeiten und Aktivitäten
2. sind häufig nicht in der Lage, die Aufmerksamkeit bei Aufgaben und beim Spielen aufrechtzuerhalten
3. hören häufig scheinbar nicht, was ihnen gesagt wird
4. können oft Erklärungen nicht folgen oder ihre Schularbeiten, Aufgaben oder Pflichten am Arbeitsplatz nicht erfüllen (nicht wegen oppositionellem Verhalten oder weil die Erklärungen nicht verstanden werden)
5. sind häufig beeinträchtigt, Aufgaben und Aktivitäten zu organisieren
6. vermeiden ungeliebte Aufgaben, wie Hausaufgaben, die häufig geistiges Durchhaltevermögen erfordern
7. verlieren häufig Gegenstände, die für bestimmte Aufgaben wichtig sind, z. B. für Schularbeiten, Bleistifte, Bücher, Spielsachen und Werkzeuge
8. werden häufig von externen Stimuli abgelenkt
9. sind im Verlauf der alltäglichen Aktivitäten oft vergesslich

2. Überaktivität

Mindestens sechs Monate lang mindestens drei der folgenden Symptome von Überaktivität in einem mit dem Entwicklungsstand des Kindes nicht zu vereinbarenden und unangemessenen Ausmaß. Die Kinder:

1. fuchteln häufig mit Händen und Füßen oder winden sich auf den Sitzen
2. verlassen ihren Platz im Klassenraum oder in anderen Situationen, in denen Sitzenbleiben erwartet wird
3. laufen häufig herum oder klettern exzessiv in Situationen, in denen dies unpassend ist (bei Jugendlichen und Erwachsenen entspricht dem nur ein Unruhegefühl)
4. sind häufig unnötig laut beim Spielen oder haben Schwierigkeiten bei leisen Freizeitbeschäftigungen
5. zeigen ein anhaltendes Muster exzessiver motorischer Aktivitäten, die durch den sozialen Kontext oder Verbote nicht durchgreifend beeinflussbar sind.

3. Impulsivität

Mindestens sechs Monate lang mindestens eines der folgenden Symptome von Impulsivität in einem mit dem Entwicklungsstand des Kindes nicht zu vereinbarenden und unangemessenen Ausmaß. Die Kinder:

1. platzen häufig mit der Antwort heraus, bevor die Frage beendet ist
2. können häufig nicht in einer Reihe warten oder warten, bis sie bei Spielen oder in Gruppensituationen an die Reihe kommen
3. unterbrechen und stören andere häufig (z. B. mischen sie sich ins Gespräch oder Spiel anderer ein)
4. reden häufig exzessiv, ohne angemessen auf soziale Beschränkungen zu reagieren

Das Kardinalsymptom der **Aufmerksamkeitsstörung** manifestiert sich im vorzeitigen Abbrechen und häufigen Wechsel von Aktivitäten, während sich die **Hyperaktivität** in vielfältiger Form zeigt: Im Herumlaufen und -springen, im Zappeln, im unaufgeforderten Aufstehen im Klassenraum oder als Redeschwall und Lärm. Mit Aufmerksamkeitsstörungen und Überaktivität geht vor allem in strukturierten Situationen die Impulsivität als Ausdruck fehlender Verhaltenskontrolle einher. Die Forderung nach einer gültigen Diagnose, die zugleich die überinklusiv ist, macht die Festlegung von **diagnostischen Kriterien** erforderlich. Diese lassen sich folgendermaßen formulieren:

- Eltern und Lehrer klagen über mangelnde Aufmerksamkeit, motorische Unruhe, Impulsivität und fehlende Verhaltenssteuerung gemäß Anforderungen der Situation oder der Erwachsenen.
- Die Symptome sind situationsabhängig.
- In (standardisierten) Skalen zur Verhaltensbeurteilung (siehe Anhang 9.1) weicht das Kind bedeutsam von altersgleichen Kindern ab.
- In Fragebogen zu häuslichen bzw. schulischen Situationen (siehe Anhang 9.2 und 9.3) wird das Kind in mindestens 50% der aufgeführten Situationen als problematisch beschrieben.
- Das syndromspezifische Verhalten liegt gemäß Elternbericht bereits seit dem Alter von mindestens sechs Jahren vor.
- Die Dauer der Symptomatik beträgt mindestens ein halbes Jahr.
- Die Intelligenz ist normal (IQ > 70).
- Differenzialdiagnostische Alternativen zur Erklärung der Symptomatik sind ausgeschlossen.

Die **klinische Untersuchung** macht einen mehrdimensionalen Untersuchungsgang erforderlich, der in Tabelle 9-2 zusammengefasst ist. Dabei sind möglichst unabhängige Urteile von Eltern und Lehrern über spezifische Fragebogen einzuholen, die im Anhang abgedruckt sind. Fragebogen zur häuslichen bzw. schulischen Situation dienen der Absicherung des Ausmaßes der Situationsunabhängigkeit des syndromspezifischen Verhaltens.

In der **Anamnese** muss die Entwicklung der Symptomatik, die möglicherweise schon im Säuglingsalter einsetzt, spezifisch exploriert werden. Eine sorgfältige Familienanamnese unter besonderer Berücksichtigung einer homogenen Belastung mit HKS sowie einer heterologen Belastung mit anderen psychischen Störungen ist unverzichtbar.

Die auf die HKS gerichtete **Exploration** sollte möglichst unabhängig von der Kenntnis der Fragebögen erfolgen. Informanten sind in erster Linie die direkten Bezugspersonen, d. h. die Eltern, aber auch mit zunehmendem Alter das betroffene Kind sowie Lehrer und Kindergärtnerinnen. Im Interview werden störungsspezifische Symptome und koexistente Störungen, die Auswirkungen auf Funktionstüchtigkeit und Selbstwert des Kindes sowie familiäre Probleme und Funktionen erfasst. Die **Verhaltensbeobachtung** in der Untersuchungs- und Spielsituation kann oft zu Fehleinschätzungen verleiten, weil die Zuwendung durch eine Einzelperson häufig verhaltensregulierende Funktion bekommt. Beobachtungen im realen Umfeld des Alltags (Schule, Elternhaus) sind diagnostisch aussagekräftiger.

Tabelle 9-2 Untersuchungsablauf bei hyperkinetischen Störungen (HKS).

Fragebogen für Eltern

- ADHD/ODD Fragebogen (Anhang 9.1)
- Fragebogen zur häuslichen Situation (Anhang 9.2)
- Child Behavior Checklist (CBCL) (Anhang 4.5)

Fragebogen für Lehrer

- ADHD/ODD Fragebogen (Anhang 9.1)
- Fragebogen zur schulischen Situation (Anhang 9.3)
- Teacher Rating Form (TRF) (Anhang 4.6)

Klinische Untersuchung

- Anamnese
- Exploration
- Verhaltensbeobachtung
- entwicklungsneurologische Untersuchung
- neuropsychologische Untersuchung

Wegen der nicht seltenen Koexistenz einer HKS mit spezifischen Entwicklungsrückständen bzw. frühkindlich entstandenen Hirnfunktionsstörungen oder spezifischen Lernstörungen sind häufig eine sorgfältige **entwicklungsneurologische Untersuchung** sowie **neuropsychologische Testuntersuchungen** indiziert (vgl. Kap. 4). Die neuropsychologischen Tests können aber nicht die Diagnose des HKS sichern, weil es keine diagnosespezifischen Verfahren gibt. Ferner muss der Diagnostik begleitender emotionaler und dissozialer Störungen besondere Aufmerksamkeit gewidmet werden. Die Koexistenz von HKS mit einer dieser beiden Störungen ist sehr häufig und bildet zwei valide Subtypen. Andere häufige zusätzliche Diagnosen sind Lernstörungen und Ticstörungen.

Eine Übersicht der **Differenzierungsdiagnosen** ist in Tabelle 9-3 wiedergegeben. Hier stellt zunächst die **entwicklungsbedingte Hyperaktivität** als normale Reifungsvariante vornehmlich im Kleinkind- und Vorschulalter ein besonderes Problem dar. In diesem Entwicklungsabschnitt, der normalerweise mit einem beträchtlichen Zuwachs an motorischer Aktivität und Expansivität einhergeht, ist die Abgrenzung einer pathologischen Antriebsüberschüssigkeit von einem lebhaften Aktivitätsniveau nicht immer leicht und oft erst über den weiteren Verlauf zu entscheiden. Unter den großen Kategorien psychischer Störungen sind zunächst **Störungen des Sozialverhaltens, Angststörungen** und Affektstörungen abzugrenzen bzw. als mögliche komorbide Störung zu diagnostizieren.

Tabelle 9-3 Differenzialdiagnose der hyperkinetischen Störungen.

- Entwicklungsbedingte Hyperaktivität als normale Reifungsvariante, insbesondere im Kleinkind- und Vorschulalter
- Störungen des Sozialverhaltens
- Angststörungen
- Affektstörungen
- Reaktive Hyperaktivitäts- und Aufmerksamkeitsstörung
  – akut bei emotionaler Spannung
  – chronisch bei anhaltenden Konflikten / Spannungszuständen
- Deprivations- / Bindungsstörungen
- Organische Psychosyndrome
  – akut bei Infektionen / Intoxikationen / Traumen / Tumoren
  – chronisch bei Intoxikationen / Residualsymptomen
- Erethie bei schwerer geistiger Behinderung
- Frühkindlicher Autismus / desintegrative Störungen
- Psychosen

Eine **reaktive Hyperaktivität** kann sich als Folge verschiedener Bedingungen entwickeln. Situative Unruhezustände als Ausdruck emotionaler Spannung sind häufig und sogleich in der Regel passagerer Natur. Hingegen können sich chronische Konflikt- und Spannungszustände sowie Angst und Depression in phänotypischer Hinsicht in sehr ähnlicher Weise wie HKS manifestieren, wenngleich sie sich eher lebensgeschichtlich später entwickeln und spezifische ätiopathogenetische Elemente in der bedeutsamen Beziehungsumwelt des Kindes haben. Auch im Bild schwerer **Deprivationsstörungen** (vgl. Kap. 19) können Symptome von motorischer Unruhe, Konzentrationsstörungen und fehlender Verhaltenssteuerung im Vordergrund stehen, wobei die differenzialdiagnostische Abgrenzung über die Genese gelingt.

Im Bild der **organischen Psychosyndrome** sind Symptome der HKS häufig. Dabei ist sowohl an die akuten exogenen organischen Psychosyndrome – z. B. bei Entzündungen, Schädel-Hirn-Traumen und Intoxikationen – wie auch an die chronischen Residualzustände zu denken (vgl. Kap. 8). Delirante Bilder bei Entzündungen des ZNS, aber auch pharmakogene Intoxikationen laufen ebenso wie Kontusionspsychosen nicht ohne ausgeprägte motorische Unruhe ab, wie andererseits auch chronische Intoxikationen, z. B. mit Blei, Hyperaktivität und Konzentrationsstörung als Leitsymptome implizieren. Ebenso kann die **geistige Behinderung** mit schweren Zuständen motorischer Unruhe (sogenannte Erethie) einhergehen.

Schließlich können im Rahmen des **frühkindlichen Autismus** und der seltenen **desintegrativen Störungen** sowie von **Psychosen** des Kindes- und Jugendalters – d. h. exogenen und endogenen Psychosen – häufig Hyperaktivität und Konzentrationsstörung beobachtet werden, wenngleich andere Symptome jeweils diagnosebestimmend sind.

Die differenzialdiagnostische Abgrenzung einer isolierten **Aufmerksamkeitsdefizitstörung** (ADS) ist außerordentlich aufwändig, zumal Aufmerksamkeitsdefizitstörungen in zahlreichen kinderpsychiatrischen Störungen enthalten sind. Diese reichen von der geistigen Behinderung über den frühkindlichen Autismus, die Psychosen, die organischen Psychosyndrome, Lernstörungen, Belastungs- und Anpassungsstörungen bis zu den emotionalen Störungen, den Substanzmissbrauchsstörungen, den Bindungsstörungen und den Persönlichkeitsstörungen. Diese breite Differenzialdiagnose macht deutlich, wie kritisch mit dem Typ der ADS umgegangen werden muss.

Ätiologie

Angesichts des Syndrom- und Spektrumcharakters der Diagnose kann eine spezifische und allgemeingültige Ätiopathogenese der HKS nicht angenommen werden. An der Annahme, dass **neurobiologische Bedingungen** wirksam sind, besteht jedoch kein Zweifel. Die Koexistenz einer HKS mit Zeichen einer frühkindlich entstandenen Hirnfunktionsstörung und das Auftreten von Hyperaktivität mit Konzentrationsstörungen bei hirnorganischen Psychosyndromen, speziell im Bild der Frontalhirnschäden bei Erwachsenen, haben schon seit geraumer Zeit die Annahme einer **hirnorganischen Genese** nahegelegt. Hierzu muss allerdings kritisch festgestellt werden, dass z. B. Risikofaktoren der prä-, peri- und postnatalen Entwicklung ebenso wie Zeichen einer neurologischen oder elektrophysiologischen Reifungsverzögerung bei einer Vielzahl hyperaktiver Kinder fehlen und andererseits auch bei anderen Störungen gefunden werden und somit diagnose-unspezifisch sind. Spezifischere Annahmen basieren auf den Ergebnissen bildgebender Verfahren, welche sowohl strukturelle Anomalien als auch einen verminderten Hirnstoffwechsel in verschiedenen Bereichen von Kortex und Subkortex (speziell der Basalganglien) nachgewiesen haben.

Weitere theoretische Annahmen beziehen sich auf **Störungen neurochemischer Systeme,** welche Störungen in der Metabolisierung der Neurotransmitter postulieren. Sicher ist angesichts der Wirksamkeit verschiedener Psychopharmaka ein isolierter Transmitterdefekt nicht wahrscheinlich. Veränderungen im noradrenergen System erscheinen eine notwendige, gleichwohl nicht hinreichende Bedingung zu sein; ebenso sind Veränderungen im Serotonin-Stoffwechsel nicht auszuschließen. Von zentraler Bedeutung ist die Unterfunktion des dopaminergen Systems, wobei das neurale Substrat wahrscheinlich in Dysfunktion des Frontallappens sowie des Neostriatums und des Accumbens liegt.

Für die Annahme **genetischer** Faktoren lassen sich zahlreiche empirische Tatsachen anführen. So haben **Familienstudien** eine hohe Prävalenz für ADHD, Störungen des Sozialverhaltens sowie gemeinsame Vulnerabilitäten für ADHD und Depression ergeben. Eine Übertragung durch Gene und gemeinsame Umweltfaktoren ist aufgrund dieser Ergebnisse wahrscheinlich. In **Adoptionsstudien** wurde eine höhere Prävalenz von ADHD bei biologischen als bei Adoptiveltern und eine höhere Konkordanz bei biologischen, getrennt lebenden Geschwistern als bei Halbgeschwistern gefunden. Ferner zeigen **Zwillingsstudien**, dass eineiige Zwillinge stärker in ihrem Aktivitätsniveau übereinstimmen als zweieiige Zwillinge. Die Verknüpfung von Alkoholismus, aber auch von dissozialen und anderen psychiatrischen Störungen wie Angst- und Affektstörungen in der Aszendenz mit einer HKS und die erneute Entwicklung von Alkoholismus im Verlauf der HKS haben schon früh Annahmen eines polygenen Erbganges hervorgebracht. Tatsächlich sind in jüngster Zeit **molekularbiologisch** bereits mehrere Kandidaten-Gene vornehmlich des Dopaminsystems, aber auch anderer Neurotransmittersysteme, identifiziert worden. Diese sind sehr wahrscheinlich jedoch nur für einen Teil der betroffenen Kinder ursächlich bedeutsam.

Ferner ist auch eine **allergologische** Hypothese postuliert worden. Hier wurde zunächst angenommen, dass Nahrungsmittelzusätze wie Salizylate, Phosphate, künstliche Farbstoffe oder auch bestimmte Zucker für die HKS ätiopathogenetisch bedeutsam sind. Trotz der Popularität dieser Annahmen, vor allem unter Laien, haben eine Vielzahl sehr aufwendiger und gut kontrollierter wissenschaftlicher Untersuchungen keine überzeugenden Belege für die allgemeine Gültigkeit dieser Annahme erbracht. Vor entsprechend begründeten Therapieansätzen mit sogenannten Eliminationsdiäten muss nicht nur auf Grund möglicher Ineffektivität, sondern auch aus ernährungsphysiologischer Sicht wegen einer möglicherweise resultierenden Mangelernährung und aus psychohygienischen Gründen gewarnt werden, zumal entsprechende Diäten Folgen für das Erleben und die psychische Verarbeitung haben. Lediglich für die oligoantigene Diät liegen überzeugende Wirksamkeitsnachweise aus experimentellen Studien vor. Eine routinemäßige Behandlung ist jedoch nicht möglich.

Andere **Toxine** haben hingegen für einen Teil der Population von Kindern mit HKS durchaus Bedeutsamkeit.

Aus der Kenntnis der Psychopathologie sowie tierexperimentellen Studien kann geschlossen werden, dass mit dem mütterlichen **Alkoholmissbrauch** während der **Schwangerschaft** ein wichtiger biologischer Risikofaktor verbunden ist. Auch **Nikotinmissbrauch** in der Schwangerschaft stellt einen gesicherten Risikofaktor für die Entwicklung von HKS dar. Ebenso ist mit der in Zentraleuropa allerdings niedrigen, in anderen Regionen aber problematisch hohen Bleiexposition ein Risikofaktor für HKS verbunden. Schließlich sind in jüngster Zeit auch Annahmen über strukturelle Veränderungen der Kerne der Basalganglien als Folge von chronischen oder rezidivierenden **Streptokokkeninfektionen** in die Diskussion gebracht worden.

Ein umfassendes Modell der Ätiologie muss neben den dominanten biologischen Faktoren aber auch **psychosoziale Faktoren** berücksichtigen. Dabei können die Kernsymptome der HKS als Temperamentsexpression biologischer Risiken verstanden werden, welche unter spezifischen Umweltbedingungen im Rahmen der Entwicklung zur Manifestation und Aufrechterhaltung der Symptome beitragen. Derartige Umweltfaktoren sind soziale Unterschicht, verschiedene familiäre Risikokonstellationen wie Partnerkonflikte, psychische Störungen der Eltern und Erziehungsdefizite und Störungen der Eltern-Kind-Beziehung. In Abbildung 9-2 ist der Versuch einer Modellbildung vorgenommen. Dabei ist den Verhaltenssymptomen ein zentrales Inhibitionsdefizit vorgeordnet, das gegenwärtig als theoretisches Kernelement in der Verursachung der HKS betrachtet wird.

Therapie

Wie bei den meisten psychischen Störungen von Kindern und Jugendlichen ist die Behandlung der HKS mehrdimensional anzulegen, wie aus Tabelle 9-4 sowie Abbil-

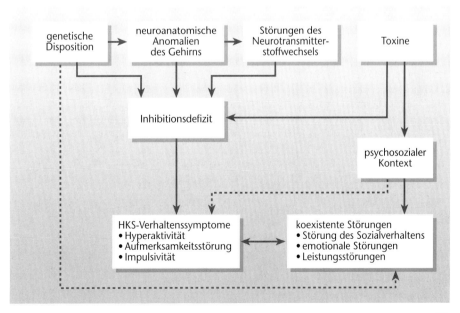

Abbildung 9-2 Schema der Ursachenelemente.

dung 9-3 hervorgeht. Dabei spielt die **pharmakotherapeutische Behandlung** allerdings eine herausragende Rolle, so dass eine ausführlichere Darstellung erforderlich ist. Angesichts einer über mehrere Jahrzehnte reichenden klinischen Erfahrung wie auch einer kaum überschaubaren Vielzahl wissenschaftlicher Untersuchungen ist festzustellen, dass die Behandlung mit **Stimulanzien** als Maßnahme der ersten Wahl gelten muss. Ein entsprechendes Vorgehen ermöglicht in der Praxis vielfach erst den Einsatz weiterer therapeutischer Modalitäten, weil ohne sie ein tragfähiges Arbeitsbündnis, Ausdauer, Fixierbarkeit und Kooperation kaum oder sehr viel weniger aufgebaut werden können. Symptomatisch positive Auswirkungen der Stimulanzien können aufgrund der Literatur bei 60 bis 90 % der Kinder mit einer HKS erwartet werden. Regeln für die Durchführung der Medikation sind in Tabelle 9-5 zusammengefasst.

Die **Wirkungen** der Stimulanzien bestehen **kurzfristig** in einer Besserung der Aufmerksamkeitsleistungen und einer Abnahme der Hyperaktivität und des störenden Verhaltens gemäß Eltern- und Lehrerurteil. Dabei werden weniger die Gesamtaktivität und Expansivität als die ziellose Aktivität, Unruhe und Zappeligkeit beeinflusst. Ebenso kann sich der kognitive Stil der Impulsivität bessern, wenngleich keine direkten Einflüsse auf die Schulleistungen erwartet werden können. Sekundär kommt es

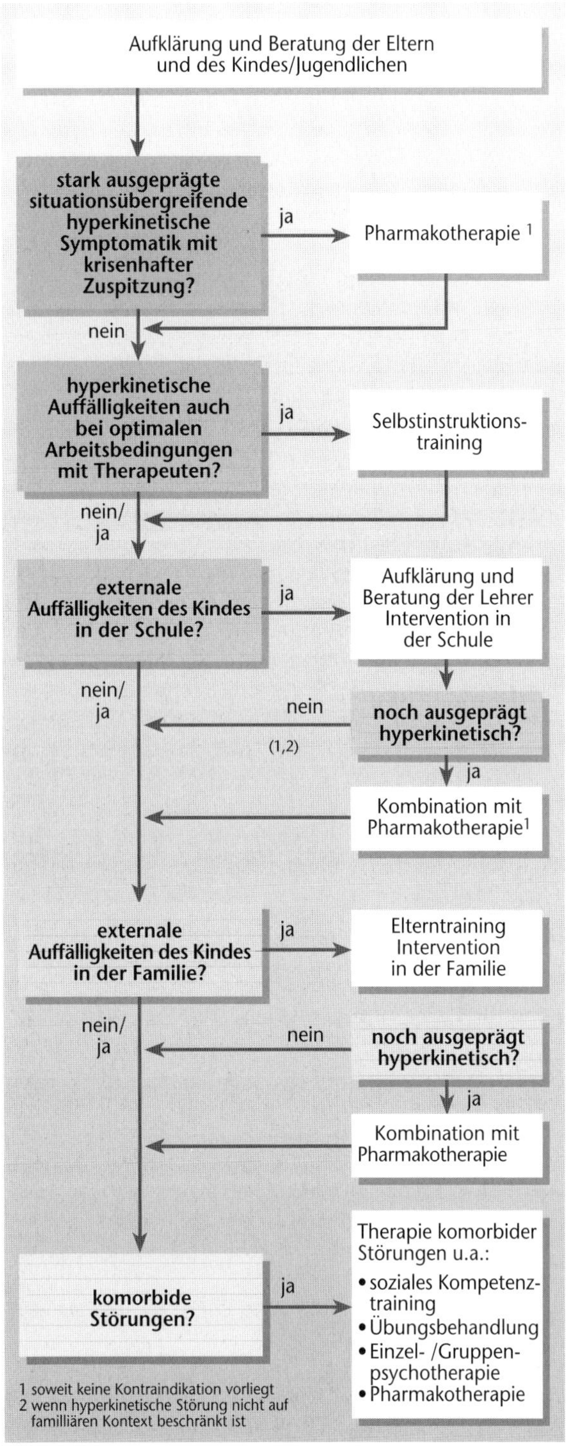

Abbildung 9-3 Multimodale Therapie von Schulkindern u. Jugendlichen mit hyperkinetischen Störungen (modifiziert nach Döpfner und Mitarb. 1999).

Tabelle 9-4 Mehrdimensionale Therapie bei hyperkinetischen Störungen (HKS).

- Pharmakotherapie mit Stimulanzien
- Verhaltenstherapeutische Methoden
  – Kontingenzprogramme
  – Selbstinstruktionsprogramme
  – Elterntraining
- Funktionelle Therapien
  – sensorisch-integrative oder psychomotorische Übungsbehandlung
- Elternberatung
- Sonderpädagogische Maßnahmen

Tabelle 9-5 Regeln für die Durchführung der Medikation.

- Ausschluss von Medikamenten- oder Drogenabhängigkeit in der Familie
- Information von Kind, Eltern und Lehrern über Wirkungen und Nebenwirkungen
- Auflösung von Fehlinformationen (z. B. sedierender Effekt, Abhängigkeitsproblematik etc.)
- Individuelle Dosisgestaltung
- Medikamentenpause in den Ferien
- Regelmäßige Überprüfung der Effekte (z. B. über Eltern- und Lehrerfragebogen)
- Beobachtung der Einstellung des Kindes zur Medikation
- Kontrolle von Größe, Gewicht, Puls und RR
- Beobachtung der Compliance

Tabelle 9-6 Stimulanzientherapie bei hyperkinetischen Störungen (HKS).

Generic name	Handelsname®	Tagesdosis (mg)	mg/kg Körpergewicht
Methylphenidat	Equasym, Medikinet, Ritalin	15– 60	0,30–1,0
Amphetamin	Deanol	10– 40	0,15–0,50
Pemolin	Tradon	20–120	0,5 –2,0

vielfach zu einer Besserung der sozialen Beziehungsfähigkeit und einer Stabilisierung der Persönlichkeit bzw. des Selbstwertgefühls, zumal die Klagen über das Störverhalten und die soziale Zurückweisung abnehmen.

Die **Dosis** und die verfügbaren **Präparate** können Tabelle 9-6 entnommen werden. Dabei sind die optimalen Bereiche der Dosis angegeben. Für **Methylphenidat** gilt, dass ältere Kinder eher geringere Dosen brauchen. Möglicherweise reagieren die sekundär betroffenen Funktionen unterschiedlich auf verschiedene Dosisbereiche. So liegen die optimalen Dosen für kognitive Leistungen eher niedriger, während Verhaltenssteuerung und Sozialverhalten eher von höheren Dosen profitieren. Der Spiegel der höchsten Serumkonzentration wird bei Methylphenidat nach ein bis zwei Stunden erreicht, die Wirkungsdauer ist auf etwa vier Stunden begrenzt, und die Halbwertszeit beträgt sieben Stunden. **Dextroamphetamin** ist als Markenpräparat in Deutschland nicht auf dem Markt, wenngleich eine Zubereitung durch Apotheken möglich ist. **Pemolin** kann im Gegensatz zu den zuvor genannten Substanzen, welche dem Betäubungsmittelgesetz unterliegen, frei rezeptiert werden. Der Wirkungseintritt dieser Substanz ist langsamer, ein endgültig beurteilbarer Effekt stellt sich erst nach drei bis vier Wochen ein. Problematisch ist die Hepatotoxizität, welche eine sorgfältige Kontrolle der Leberfunktionen erforderlich macht. Vorteilhaft ist angesichts der längeren Halbwertszeit die einmalige Tagesgabe morgens. Andererseits gestattet die rasche Metabolisierung von Methylphenidat und Dextroamphetamin kurzfristige Änderungen der Dosis und auch ein Aussetzen der Medikation in den Ferien. Andere Stimulanzien sind entweder weniger gut wissenschaftlich bewertet, wie z. B. Fenetyllin (Captagon®) oder weniger effizient, wie z. B. Coffein.

Zu den im allgemeinen leichten **Nebenwirkungen** der Stimulanzien zählen die initiale Appetit- und Schlafstörung, die auf Dosisreduktion reagiert und der durch gleichzeitige Gabe mit den Mahlzeiten bzw. die Vermeidung einer abendlichen Dosis begegnet werden kann. Eine eher bei Dextroamphetamin als bei Methylphenidat vereinzelt beobachtete geringfügige Wachstumsbeeinträchtigung wird durch einen Rebound-Effekt mit kompensatorischem Wachstum bei Medikationspause ausgeglichen. Langfristige Auswirkungen sind nicht zu erwarten, zumal dieser Effekt eine mehr als dreijährige Behandlung nicht überdauert. Kardiovaskuläre Symptome im Sinne von gesteigerter Herzfrequenz und Blutdruckerhöhung sind nur sehr vereinzelt in inkonsistenter Form beobachtet worden, wobei unklar ist, wie lange diese Effekte anhalten. Die Wahrscheinlichkeit der Provokation eines epileptischen Anfalls ist äußerst gering. Hingegen ist die Auslösung von Tics in Einzelfällen möglich, sofern eine Disposition vorliegt. Diese kann bei familiärer Belastung mit Ticstörungen gegeben sein. Gleichwohl muss eine durch Stimulanzienbehandlung ausgelöste Ticstörung nicht eine Kontraindikation für die Fortsetzung der Stimulanzienbehandlung bedeuten. In diesem Fall kann die Ticstörung gezielt pharmakotherapeutisch mit spezifischen Substanzen (vgl. Kap. 10) und die HKS zusätzlich mit Stimulanzien behandelt werden.

Klinisch können Stimulanzien mit genügender Sicherheit ab dem Schulalter eingesetzt werden, während die Effekte im Vorschulalter – eventuell angesichts der problematischeren Abgrenzung gegenüber Reifungsvarianten – weniger sicher beurteilt werden können. Es gibt keine überzeugenden Belege für eine vermeintliche Suchtgefahr im Jugendalter. Altersbegrenzungen für die Indikation bestehen nicht. **Langfristig** sind Stimulanzien bei HKS ohne Gewöhnung und Abhängigkeit weiterhin wirksam. Die Wirkung bleibt allerdings rein symptomatisch, so dass eine anhaltende Besserung nach Absetzen der Medikation auf Nachreifungsprozesse zurückgeführt werden muss. Stimulanzien sind anderen Substanzen wie den Antidepressiva bei HKS überlegen, wenngleich diese Pharmaka in Einzelfällen bei Ineffektivität der Stimulanzien als Mittel der zweiten Wahl eingesetzt werden können. Barbiturate verschlechtern die Symptomatik und sind daher kontraindiziert. Neuroleptika sind wegen ihrer Nebenwirkungen speziell angesichts der meist längerfristigen Therapiedauer problematisch.

Attributionseffekte der Pharmakotherapie können kausale Zuschreibungen begünstigen und andere Therapiebemühungen in der subjektiven Wahrnehmung entwerten. Dennoch spricht neben der symptomatischen Wirksamkeit der Stimulanzien auch die Tatsache für ihren Einsatz, dass sich langfristig behandelte Kinder im Jugendalter als weniger sozial ausgegrenzt erleben und die Stimulanzien somit im Sinne einer Basistherapie die Adaptation unspezifisch fördern.

Ein weiterer wichtiger Baustein im Rahmen der Behandlung der HKS sind Ansätze der **Verhaltenstherapie.** Während sich die klassische Psychotherapie bei diesen Kindern als ineffizient oder als nicht durchführbar erwiesen hat, konnten vor allem mit **Kontingenzprogrammen** Erfolge nachgewiesen werden. Die auf dem Modell der operanten Konditionierung basierenden Kontingenzprogramme setzen Verstärkung als Mittel zur Entwicklung von Verhaltenssteuerung, Konzentration und ruhigem, zielbezogenem Arbeiten ein. Sie werden daher typischerweise im **Klassenraum** realisiert. Die Erfahrung wie auch kontrollierte Studien haben gezeigt, dass derartige Vorgehensweisen bei hyperaktiven Kindern eine kontinuierliche Verstärkung und damit einen hohen personellen und zeitlichen Aufwand erforderlich machen. Sie sind zudem durch ungenügende Generalisierung auf andere Kontexte und Situationen gekennzeichnet. Die Effekte sind unter einer begleitenden Stimulanzientherapie günstiger, im Vergleich eines eindimensionalen Vorgehens denen der Stimulanzienbehandlung sicher jedoch nicht überlegen.

Ein weiteres wichtiges verhaltenstherapeutisches Element besteht in **Elterntrainings.** Hier werden dysfunktionale Regelkreise in der Interaktion von Eltern und Kind unterbrochen, positive Interaktionen verstärkt und umschriebene Verhaltensprobleme vermindert und ggf. auch negative Konsequenzen eingesetzt, wenn positive Verstärkung nicht hinreichend erfolgreich ist. Die Prinzipien des Trainings bestehen in der Vermittlung von effektiver Kommunikation, dem Einsatz von Verstärkern sowie der

Einbeziehung des Kindes als eines aktiven Teilnehmers am Therapieprozess. Die schwerpunktmäßig auf operanten Prinzipien basierenden Elterntrainings können als klinisch wirksame Interventionen bei HKS betrachtet werden. Sie steigern im Rahmen einer **Kombinationsbehandlung** die Effekte der Stimulanzienbehandlung und gestatten eine niedrigere Dosis der Medikation. Bei Eltern, welche die Medikation für ihr Kind verweigern, sind Elterntrainings die Methode der Wahl.

Die kognitiv orientierten **Selbstkontrollprogramme** basieren auf Selbstinstruktionen, bei denen das Kind Impulskontrolle erlernen soll. Unter Anleitung eines Trainers, Pädagogen oder Therapeuten lernt das Kind zunächst am Modell Handlungsanleitungen bei Problemlösungen. Diese werden in einem ersten Schritt vom Modell im Sinne von Problemdefinition, Entwicklung von Lösungsschritten, Umgang mit Fehlern und Selbstverstärkung verbalisiert. Das Kind lernt über die Beobachtung am Modell einen zunächst laut verbalisierten Prozess der Problemlösung, der dann in Flüstern und schließlich in ein inneres Sprechen ohne Lippenbewegungen, den inneren Monolog, übergeht. Diese Therapiestrategie wurde ursprünglich zu Beginn der Entwicklung kognitiver Therapien als eine bedeutsame und hilfreiche Intervention betrachtet. In der Zwischenzeit haben kontrollierte Studien jedoch gezeigt, dass kognitive Methoden wenig Verhaltensänderungen bei HKS (im Gegensatz zu anderen psychischen Störungen) bewirken und entsprechende Methoden des Problemlösetrainings allenfalls in der Kombination mit mehrdimensionalen Verhaltenstherapien klinisch wirksam werden können.

Der Stellenwert **funktioneller Therapien** ergibt sich aus dem Umstand, dass HKS häufig im Kontext frühkindlich entstandener Hirnfunktionsstörungen bzw. spezifischer Entwicklungsrückstände stehen. Entsprechend ergibt sich eine Indikation für psychomotorische Übungsbehandlungen oder sensorisch-integrative Therapiestrategien.

Der Grundsatz, dass keine Therapie bei Kindern ohne eine begleitende **Elternberatung** durchgeführt werden kann, hat auch bei den HKS seine Gültigkeit. Die Eltern werden durch die Symptomatik ihres Kindes immer wieder an die Grenzen der Belastbarkeit geführt und neigen daher in besonderer Weise zur Dekompensation ihrer erzieherischen Fertigkeiten. Die von dem Kind ausgehende Unruhe erzeugt Irritation, Verärgerung, aggressive Reaktionen und auch emotionale Abwehr, so dass eine gleichermaßen von Verständnis getragene wie konkrete Hilfestellungen vermittelnde Beratungshaltung gegenüber den Eltern erforderlich ist.

Die unter dem Begriff der **Psychoedukation** zusammengefassten Elemente der Information und Beratung müssen sich neben den Eltern auch auf andere wichtige Bezugspersonen des Kindes, speziell Lehrer und ggfs. auch Kindergärtnerinnen erstrecken. Im Bereich der Schule müssen sonderpädagogische Maßnahmen für die begleitenden Lernstörungen sowie die häufig koexistenten Störungen des Sozialverhaltens eingesetzt werden. Dabei speist sich die Sonderpädagogik in nicht unbeträchtlichem Ausmaß aus den Erkenntnissen von Lerntheorie und Verhaltenstherapie.

Verlauf

Die Annahme einer spontanen Remission der HKS mit zunehmendem Alter lässt sich nicht aufrecht erhalten. Verlaufsstudien belegen die Möglichkeit einer Persistenz der HKS über die Adoleszenz hinaus wie auch mögliche Übergänge in andere psychiatrische Störungen. Wie bereits im Abschnitt über die Ätiologie dargelegt wurde, sind Verknüpfungen einer HKS im Kindesalter mit **Substanzmissbrauch** und dabei besonders Alkoholismus und **dissoziale Störungen** im **Erwachsenenalter** möglich, wobei diese wahrscheinlich eher auf begleitende dissoziale Störungen im Kontext einer HKS als auf dieses direkt zurückgeführt werden müssen. Dabei muss es sich nicht notwendigerweise um genetische Zusammenhänge handeln; vielmehr ist das dissoziale Bild vornehmlich die Folge fehlender elterlicher Kontrolle und gestörter intrafamiliärer Beziehungen.

Verschiedene Beobachtungen konvergieren in der Feststellung, dass unter den Kernsymptomen der HKS die motorische Unruhe am ehesten eine Besserungstendenz zeigt bzw. eine weniger störende Form annimmt, während das Aufmerksamkeitsdefizit und die Impulsivität eher persistieren. Entsprechend leiden die Schulleistungen und -verläufe ebenso wie die Möglichkeiten einer störungsfreien sozialen Integration und psychosozialen Adaptation in Schule und Beruf. Darüber hinaus kommt es bei den **Adoleszenten** mit einer HKS der Kindheit häufig zu intensiven Selbstwertkrisen und geminderter sozialer Kompetenz. Hingegen tritt eine Entwicklung von Drogenmissbrauch und -abhängigkeit in der Adoleszenz noch nicht gehäuft auf. Der längerfristige Einsatz von Stimulanzien kann zwar einerseits nicht Probleme der Entwicklung in Schule und Alltag eliminieren, scheint aber andererseits zu einer Stärkung des Selbstwertgefühls beizutragen, zumal die pharmakabehandelten Patienten eine offensichtlich weniger krisen- und konfliktreiche Auseinandersetzung mit der Umwelt nehmen.

Die individuelle **Prognose** einer HKS ist nicht zuletzt auf Grund des Spektrumcharakters der Diagnose schwer bzw. kaum beurteilbar, sofern nicht eine massive dissoziale Symptomatik im Kontext schon früh eine ungünstige Verlaufsform erwarten lässt. Persönlichkeitsmerkmale, soziale und familiäre Merkmale treten offensichtlich in eine komplexe Wechselwirkung ein. Immerhin lassen sich drei **Typen von Verläufen** ausmachen. Nur bei einer Minderheit der Fälle ergibt sich ein völlig normaler Verlauf. Ein kleiner Teil von Patienten entwickelt ausgeprägte psychiatrische, meist dissoziale Störungen einschließlich Drogenmissbrauch, die Behandlungsbedürftigkeit ebenso wie Haftstrafen implizieren. Die mit fast zwei Dritteln größte Gruppe lässt sich als Erwachsene charakterisieren, die auf Grund einer persistierenden HKS deutlich mehr soziale und emotionale Probleme als Kontrollprobanden haben, zugleich aber keine ausgeprägte zusätzliche psychiatrische bzw. dissoziale Pathologie entwickeln. Unter ihnen befinden sich Erwachsene, bei denen das Vollbild oder nur Teilsymptome der HKS persistieren. Diese Patienten werden bisher noch sehr ungenügend erkannt und versorgt. Die Wertigkeit einzelner Therapiefaktoren neben der Stimulanzientherapie für den Verlauf kann noch nicht abgeschätzt werden.

Literatur

American Academy of Child and Adolescent Psychiatry: Practice parameters for the use of stimulant medications in the treatment of children, adolescents, and adults. J. Am. Acad. Child Adolesc. Psychiatry 41 (2002) 26S–49S.

American Academy of Child and Adolescent Psychiatry: Practice parameters for the assessment and treatment of children, adolercents; and adults with attention – dificit/hyperactivity disorders. J. Am. Acad. Child Adolesc. Psychiatry 36 (1997) 85S–121S.

Barkley, R. A.: Attention deficit hyperactivity disorder. A Handbook for Diagnosis and Treatment. Second edition. Guilford Press, New York 1997.

Biederman, J., T. Spencer: Non-stimulant treatments for ADHD. Eur. Child Adolesc. Psychiat. 9 (2000) I51–I59.

Brown, T. E. (ed.): Attention-deficit disorders and comorbidities in children, adolescents, and adults. American Psychiatric press, Washington DC 2000.

Döpfner, M., J. Frölich, G. Lehmkuhl: Hyperkinetische Störungen. Hogrefe, Göttingen 2000.

Döpfner, M., G. Lehmkuhl: Elterntraining bei hyperkinetischen Störungen. In: Steinhausen, H.-C. (Hrsg.): Hyperkinetische Störungen bei Kindern, Jugendlichen und Erwachsenen. 2. Auflage. Kohlhammer, Stuttgart 1999.

Döpfner, M., S. Schürmann, J. Fröhlich: Therapieprogramm für Kinder mit hyperkinetischem und oppositionellem Problemverhalten (THOP). Beltz Psychologie Verlags Union, Weinheim 1997.

Egger, J.: Möglichkeiten von Diätbehandlungen bei hyperkinetischen Störungen. In: Steinhausen, H.-C. (Hrsg.): Hyperkinetische Störungen bei Kindern, Jugendlichen und Erwachsenen. 2. Auflage. Kohlhammer, Stuttgart 1999.

Eisert, H. G.: Kognitiv verhaltenstherapeutische Behandlung hyperaktiver Kinder. In: Steinhausen, H.-C. (Hrsg.): Hyperkinetische Störungen bei Kindern, Jugendlichen und Erwachsenen. 2. Auflage. Kohlhammer, Stuttgart 1999.

Lauth, G. W., P. F. Schlottke: Training mit aufmerksamkeitsgestörten Kindern. 3. Auflage. Psychologie Verlags Union, Weinheim 1997.

Pelham, W. E., T. Wheeler, A. Chronis: Empirically supported treatments for attention-deficit hyperactivity disorder. J. Clin. Child Psychol. 27 (1998) 190–205.

Quay, H. C., A. E. Hogan (eds.): Handbook of disruptive behavior disorders. Kluwer Academic/Plenum Publisher, New York 1999.

Sandberg, S. (ed.): Hyperactivity disorders of childhood. Cambridge University Press, Cambridge 1996.

Santosh, P. J., E. Taylor: Stimulant drugs. Eur. Child Adolesc. Psychiat. 9 (2000) I/27–I/43.

Sergeant, J. A., H.-C Steinhausen: European perspectives on hypercinetic disorder. Eur. Child and Adolesc. Psychiatry 1 (1992) 34–41.

Steinhausen, H.-C.: Klinik und Konzepte der hyperkinetischen Störungen. In: Steinhausen, H.-C. (Hrsg.): Hyperkinetische Störungen bei Kindern, Jugendlichen und Erwachsenen. 2. Auflage. Kohlhammer, Stuttgart 2000.

Steinhausen, H.-C.: Der Verlauf hyperkinetischer Störungen im Jugend- und Erwachsenenalter. In: Steinhausen, H.-C. (Hrsg.): Hyperkinetische Störungen bei Kindern, Jugendlichen und Erwachsenen. 2. Auflage. Kohlhammer, Stuttgart 2000.

Steinhausen, H.-C.: Das hyperkinetische Syndrom – ein allergisches Syndrom? In: Nissen, G. (Hrsg.): Somatogene Psychosyndrome und ihre Therapie im Kindes- und Jugendalter. Huber, Bern-Stuttgart 1989.

Stubbe, D. E. (ed.): Attention-deficit/Hyperactivity Disorder. Child and Adolescent Psychiatric Clinics of North America 9 (3). Saunders, Philadelphia 2000.

Tannock, R.: Attention deficit hyperactivity disorder: advances in cognitive, neurobiological, and genetic research. J. Child Psychol. Psychiat. 39 (1998) 65–99.

Taylor, E.: Hyperkinetic disorder. In: Steinhausen, H.-C., F. Verhulst (eds.): Risks and outcomes in developmental psychopathology. Oxford University Press, Oxford 1999.

Taylor, E., J. Sergeant, M. Döpfner, B. Gunning, S. Overmeyer, H. J. Möbius, H.-G. Eisert: Clinical guidelines for hyperkinetic disorder. Eur. Child Adolesc. Psychiatry 7 (1998) 184–200.

Trott, G.-E., S. Wirth: Die Pharmakotherapie der hyperkinetischen Störungen. In: Steinhausen, H.-C.: (Hrsg.): Hyperkinetische Störungen bei Kindern, Jugendlichen und Erwachsenen. 2. Auflage. Kohlhammer, Stuttgart 2000.

Spezielle Kinder- und Jugendpsychiatrie

10 Bewegungsstörungen

Unter den vielfältigen Störungen der Psycho- und Neuromotorik stellen drei Symptome – Tics, Stereotypien und Automutilation – eigenständige psychiatrische Störungsbilder dar, die sich vor allem im Kindesalter erstmalig manifestieren, aber auch bis in das Erwachsenenalter persistieren können. Tics und Stereotypien lassen sich unter dem Begriff der Bewegungsstörungen zusammenfassen. Sie lassen sich klar von neurologischen Störungen der Motorik, wie z. B. pyramidalen oder extrapyramidalen Störungen, abgrenzen. Die Automutilation hat enge Bezüge zu Stereotypien und wird daher mit ihr gemeinsam abgehandelt.

Tabelle 10-1 Einteilung der Tics nach Art, Beginn, Dauer und Verlauf.

	Art der Tics	Beginn	Dauer	Verlauf
isolierte (einfache) remittierende Tics	muskulär	Grundschulalter	≤ 1 Jahr	fluktuierend, remittierend
multiple (komplexe) Tics	muskulär	gesamtes Kindesalter	mehrere Jahre	fluktuierend, ab Adoleszenz rückläufig
chronisch persistierende motorische Tics	muskulär	Kindesalter	meist lebenslang	chronisch persistierend
Tourette-Syndrom	muskulär und vokal	gesamtes Kindesalter	meist lebenslang < 1 Jahr	chronisch rezidivierend

10.1 Ticstörungen

Definition, Klassifikation und Häufigkeit

Unter Tics werden nichtrhythmische Bewegungen und/oder Lautproduktionen verstanden, die plötzlich einschießen und repetitiv, nicht vom Willen gesteuert, offensichtlich zwecklos und auf einige umschriebene Muskelgruppen beschränkt sind. Tics werden durch Spannung verstärkt und manifestieren sich in der Regel nicht im Schlaf. Sie können sich als isolierte bzw. einfache oder als **multiple** komplexe bzw. generalisierte **Tics** mit Befall mehrerer Körperregionen und wechselnder Lokalisation manifestieren. Ferner können akute von chronisch persistierenden Formen abgegrenzt werden.

Eine Sonderform stellt das Gilles-de-la-Tourette-Syndrom dar (verkürzt zunehmend nur noch **Tourette-Syndrom** bezeichnet), bei dem es als eine chronische Verlaufsform neben den motorischen Tics zur Manifestation von Vokalisationen mit häufig obszönem Inhalt (so genannte Koprolalie) kommt. Eine zusammenfassende Einteilung ist in Tabelle 10-1 gegeben, wobei Beginn und Verlaufscharak-teristika in die Darstellung aufgenommen sind. Die in Tabelle 10-2 wiedergegebene Klassifikation der ICD-10 verzichtet auf die Unterteilung in isolierte und multiple Tics.

Tabelle 10-2 Klassifikation und diagnostische Kriterien der Ticstörungen nach ICD-10.

F95.0 Vorübergehende Ticstörung

A. Einzelne oder multiple motorische oder sprachliche Tics, die die meiste Zeit des Tages auftreten, an den meisten Tagen in einem Zeitraum von mindestens vier Wochen

B. Dauer zwölf Monate oder weniger

C. In der Anamnese kein Tourette-Syndrom, kein Hinweis auf eine organische Verursachung oder eine Medikamentennebenwirkung

D. Beginn vor dem 18. Lebensjahr

F95.1 Chronische motorische oder vokale Ticstörung

A. Motorische oder vokale Tics (aber nicht beides), die die meiste Zeit des Tages auftreten, an den meisten Tagen in einem Zeitraum von mindestens zwölf Monaten

B. In diesem Jahr keine Remission, die länger als zwei Monate andauerte

C. In der Anamnese kein Tourette-Syndrom, kein Hinweis auf eine organische Verursachung oder eine Medikamentennebenwirkung

D. Beginn vor dem 18. Lebensjahr

F95.2 Kombinierte vokale und multiple motorische Tics (Tourette-Syndrom)

A. Während der Störung haben multiple motorische Tics und ein oder mehrere vokale Tics eine Zeitlang bestanden, aber nicht notwendigerweise ununterbrochen

B. Die Tics treten viele Male am Tag auf, fast jeden Tag länger als ein Jahr, ohne Remission, die länger als zwei Monate dauert

C. Beginn vor dem 18. Lebensjahr

Häufigkeitsangaben für die Gesamtheit aller Tic-Manifestationen im Kindesalter schwanken zwischen 5 und 24 %. Jungen sind etwa 3mal häufiger als Mädchen betroffen. Nach US-amerikanischen Schätzungen kann mit drei bis fünf Erkrankungen an einem Tourette-Syndrom pro 10 000 Einwohnern gerechnet werden. In England wurde bei 13- bis 14-Jährigen sogar eine Prävalenz von 0,8 % bestimmt.

Klinik und Diagnose

Die vielfältige Symptomatik der motorischen Ticstörungen ist in Tabelle 10-3 dargestellt.

Tabelle 10-3 Symptomatik einfacher und komplexer motorischer Tics (nach Rothenberger 1991).

Einfache motorische Tics

Rasch, plötzlich einschießend, nicht-zweckgerichtet:

Augenblinzeln, Grimassieren, Nase hochziehen, Lippen spitzen, Schulter hochziehen, Armschleudern, Kopfrucken, Bauch einziehen, Bauch ausstülpen, kicken, Fingerbewegungen, Mund aufsperren, Zähneklappern, Körperanspannungen, rasche Schleuderbewegungen verschiedener Körperteile, Augenbrauen hochziehen, Stirn runzeln

Komplexe motorische Tics

Langsamer, scheinbar zweckgerichtet:

hüpfen, klatschen, Gegenstände/Personen oder sich selbst berühren, Wurfbewegungen, Verwringungen, dystone Körperhaltungen, sich auf die Zunge oder auf die Lippen oder in den Arm beißen, Kopf einschlagen, ausschlagende Bewegungen, sich zwicken oder kratzen, Stoßbewegungen, Schreibbewegungen, krümmende Zuckungen, Augen nach oben rollen, Zunge herausstrecken, küssen, immer wieder den gleichen Brief oder das gleiche Wort schreiben, den Stift zurückschieben während des Schreibens, Papier oder Bücher zerreißen, sexuelle Gestik, immer wieder merkwürdige und ulkige bis abstoßende Körper- und Gesichtshaltungen einnehmen

Motorische Tics manifestieren sich an allen Körperteilen, insbesondere an jenen, die normalerweise mit sinnvollen Handlungen verknüpft sind. Mit absteigender Position am Körper nimmt die Häufigkeit ab. Lokalisationswechsel sind möglich. Selten lassen sich spezifische emotionale Belastungen als vorausgehende Ereignisse identifizieren. Die Entwicklung eines Tics aus primär sinnvollen Reak-

tionen, wie z. B. bei einem sich aus einer Konjunktivitis entwickelnden reflektorischen Tic, ist möglich. Alle Tics können durch bewusste Kontrolle kurzfristig unterdrückt bzw. reduziert werden.

Sowohl für motorische als auch für vokale Tics gilt, dass sie für Minuten bis Stunden willentlich unterdrückt werden können und die Häufigkeit und Intensität fluktuiert. Es gibt langsame Spontanschwankungen der Symptomatik, oft über eine Periode von 6–12 Wochen. Das Erscheinungsbild verändert sich über die Zeit, indem alte Symptome durch neue ersetzt oder ergänzt werden.

Tics treten häufig in Kombination bzw. **Komorbidität** mit anderen psychischen Symptomen auf. Hierzu zählen **emotionale Störungen** wie Angst, depressive Verstimmung, hypochondrische Symptome wie auch **dissoziale Störungen** mit Wutdurchbrüchen und Ungehorsam, wenngleich emotionale Störungen häufiger sind. Viele dieser Symptome können als Reaktion auf eine belastende Störung verstanden werden. Verknüpfungen mit der Symptomatik **frühkindlich entstandener Hirnfunktionsstörungen, hyperkinetischer Störungen, Zwangsstörungen** sowie **Entwicklungsstörungen** wie Sprechstörungen und Enkopresis können ebenfalls beobachtet werden. Schulische **Lernstörungen** und Schlafstörungen treten in der Folge dieser multiplen Belastungen gehäuft auf. Schließlich müssen zusätzliche psychische Symptome auch dahingehend analysiert werden, ob Nebenwirkungen von Medikamenten vorliegen.

Die **Diagnosestellung** bei einfachen oder komplexen **motorischen Tics** verlangt außer einer Kenntnis der charakteristischen Bewegungsabläufe keine besonderen diagnostischen Kriterien. Angesichts der breiten Überschneidung mit zusätzlichen psychischen Symptomen ist eine umfangreiche kinderpsychiatrische Diagnostik geboten. Eine systematische Erfassung von Tic-Störungen einschließlich Quantifizierung sowie Beurteilung von Interferenz und Beeinträchtigung ermöglicht die Yale Globale Tic-Schweregrad-Skala (Anhang 10.1). Für die Diagnose des **Tourette-Syndroms** sind neben den motorischen Tics Vokalisationen zu fordern, die nicht notwendigerweise Worte, sondern auch nur Laute beinhalten können. Entsprechend ist auch das Merkmal der Koprolalie nicht als obligates diagnostisches Kriterium zu betrachten. Beispiele für die Symptomatik sind in der Tabelle 10-4 aufgeführt. Frühmanifestation im Kindesalter, schwankende Intensität über Wochen und Monate sowie eine meist mehrjährige bis lebenslange Verlaufscharakteristik mit rezidivierender, zum Teil auch neuer Symptomatik sind weitere essentielle diagnostische Kriterien des Tourette-Syndroms. Häufige begleitende Symptome dieser Erkrankung sind Kopropraxie (obszöne Gesten), Echolalie (Wiederholung sprachlicher Äußerungen von Kommunikationspartnern), Echokinese bzw. Echopraxie (Imitation der Bewegungen anderer), Palilalie (Wiederholung der eigenen verbalen Äußerungen) und Zwangsgedanken sowie Zwangshandlungen. Eine für die systematische Erfassung des Tourette-Syndroms geeignete Symptomliste ist im Anhang 10.2 wiedergegeben.

Tabelle 10-4 Symptomatik vokaler Tics (nach Rothenberger 1991).

Einfache vokale Symptome

Rasch, plötzlich einschießende Laute:
pfeifen, husten, schnüffeln, spucken, bellen, grunzen, gurgeln, klicken, lutschen, saugen, kreischen, schnalzen, uu, eee, au, oh und vielzählige andere Laute

Komplexe vokale Symptome

Wörter, Sätze, Kurzaussagen:
– Sei still, hör auf, ok ok, ist klar, ist klar, Es geht mir besser – richtig? Richtig.
– Wieso mache ich das? Wie denn.
– Nun hast du es gesehen, in Ordnung, oh nein.
– Das ist richtig, mm, ja ja.
– Wenn, dann, ja ja, so so, aha.

Rituale

Zählende Rituale. Einen Satz so lange wiederholen, bis er „genau richtig" ist.
Sprechstörungen, ungewöhnliche Rhythmen, Intonierungen, Akzente, Intensität des Sprechens, Nicht-Flüssigkeit des Sprechens von Pausenlängen, stockende Wortanfängen usw.

Koprolalie

Obszöne und aggressive Wörter und Kurzäußerungen

Differenzialdignostisch müssen Tics gegenüber choreiformen Bewegungsstörungen, Hyperkinesen, Myoklonien, Tremor, Stereotypien und Zwangsstörungen abgegrenzt werden. Im Gegensatz zu choreiformen Bewegungsstörungen und Hyperkinesen sind Tics mehrheitlich auf eine kleine Gruppe von Muskeln begrenzt. Stereotypien haben nicht den anfallsartigen Charakter wie Tics und stellen häufig komplexere und variablere Bewegungsabläufe dar, in die eventuell Objekte einbezogen werden. Die schwierige Differenzialdiagnose gegenüber Myoklonien kann apparativ durch das EEG bzw. EMG untermauert werden. Eine Abgrenzung gegenüber Zwangsstörungen kann schwierig sein, zumal Tics und Zwänge auch assoziiert auftreten können. Schließlich können sich Tics auch im Kontext anderer psychiatrischer Krankheiten (z. B. bei den Psychosen) manifestieren.

Ätiologie

Zur Erklärung der Ursachen von Tics sind verschiedene konkurrierende Theorien vorgelegt worden. Zum Beleg für eine **hirnorganische Genese** werden gehäufte Auffälligkeiten der Perinatalanamnese, des EEG und der neurologischen Untersuchung (im Sinne der Reifungsverzögerung), eine Häufung von hyperkinetischen Störungen und Anzeichen für Hirnfunktionsstörungen in neuropsychologischen Tests aufgeführt. Sämtliche Symptome sind zwar häufiger als in der Normalpopulation, weisen jedoch in Quantität wie Qualität nicht über die weichen Hinweiszeichen hinaus, wie sie auch bei den frühkindlich entstandenen Hirnfunktionsstörungen und bei anderen psychischen Störungen vorliegen. Die Symptome sind also nicht pathognomonisch.

Die etwas spezifischere Hypothese einer **dopaminergen Überfunktion** der kortikostriatären und nigrostriatären Bahnen des Gehirns stützt sich auf die Wirksamkeit von Neuroleptika. Diese Hypothese wird ganz besonders für das Tourette-Syndrom diskutiert. Offensichtlich haben Haloperidol, Pimozid und Tiaprid stark blockierende Wirkungen auf die Dopamin-Rezeptoren. Auch die Tatsache, dass die dopaminfreisetzenden Stimulanzien eine – wahrscheinlich genetisch vermittelte – Tic-Erkrankung zur Auslösung bringen können, stützt diese Hypothese. Andererseits haben sich nicht durchgängig erhöhte Spiegel von Metaboliten des Dopamins im Liquor von Tourette-Syndrom-Patienten nachweisen lassen und lässt die Wirksamkeit biochemisch ganz anders wirkender Substanzen wie Clonidin auf eine ätiologische Heterogenität der Klientel schließen.

Eine **genetische Verursachung**, die Auswirkungen auf den Hirnstoffwechsel hat, muss für chronisch multiple Tics und das Tourette-Syndrom angenommen werden. Hier haben Familien- und Zwillingsstudien entsprechende Belege erbracht. So ist z. B. die Konkordanzrate für ein Tourette-Syndrom bei monozygoten, erbgleichen Zwillingen beträchtlich höher als bei dizygoten, erbungleichen Zwillingen. Wahrscheinlich liegt ein polygener Erbgang vor. Eine homologe familienanamnestische Belastung mit Tics ist nicht selten – bei Eltern bis zu 20 %, bei Geschwistern bis zu 5 % –, und andere psychiatrische Auffälligkeiten, insbesondere affektive Störungen, aber auch intrafamiliäre Beziehungsstörungen, sind sogar noch häufiger. Inwieweit derartige Störungen über eine Angstverstärkung die Symptomatik beim Kind beeinflussen oder sich erst im Verlauf der Erkrankung des Kindes entwickeln, muss vielfach offenbleiben.

Unter den **psychologischen Theorien** hat historisch zunächst eine psychoanalytische Betrachtungsweise dominiert. Hier wird der Tic als symbolischer Ausdruck von Konflikten verstanden, wobei die Verdrängung aggressiver und sexueller Impulse eine Regression auf die analsadistische Stufe beinhaltet. Tics können in Ähnlichkeit zu Konversionssymptomen oder Zwangsyndromen als eine Organneurose des neuromuskulären Systems aggressiven und sexuellen Impulsen zur Abfuhr verhelfen. Diese theoretische Betrachtung steht – soweit sie empirisch überhaupt prüfbar ist – zumindest mit Erkenntnissen im Widerspruch, dass Tic-Patienten weder einheitlich Persönlichkeitsmerkmale noch uniforme Konfliktmuster zeigen und psychoneurotische Mechanismen bei Kindern mit Tics sehr selten sind.

In **lernmethodischen Modellen** werden Tics unter anderem als Reaktionen betrachtet, die in einer Spannungssituation zufällig eine Angstreduktion bewirkt haben und somit als triebreduzierende Vermeidungsreaktionen fungieren. Die auf dieser Theoriebasis denkbare Überprüfung in Therapieexperimenten steht – möglicherweise aufgrund ethischer Gesichtspunkte – vorläufig noch aus. Andere lerntheoretische Überlegungen stellen ein fehlgelerntes Verhaltensmuster, die Imitation anderer Kinder, die Konsolidierung physiologischer Reaktionen (wie z. B. den Blinzelreflex) oder die überlernten Reaktionen der für Kinder typisch repetitiven und rhythmischen Bewegungsabläufe in den Vordergrund und sind damit sehr viel unspezifischer.

Auch **psychomotorische Theorien,** welche das motorische Defizit oder die motorische Einengung von Kindern mit Tics betonen, lassen sich nur teilweise empirisch stützen. Wenngleich Zeichen von Hirnfunktionsstörungen häufiger mit Tics assoziiert sind, kann andererseits hinsichtlich des Erziehungsstils der Eltern und der Familiendynamik nicht von einer überzufälligen Häufung restriktiver und motorisch einengender elterlicher Verhaltensweisen mit der Folge einer Aggressionshemmung beim Kind ausgegangen werden.

Die Ätiologie der Tics ist somit in vieler Hinsicht noch unaufgeklärt. Die relativ unspezifische Annahme einer Beziehung von Angst- (oder auch nur Erregungs-)Niveau und Tics ist sowohl klinisch wie theoretisch relativ gut gestützt. Wahrscheinlich wirken bei einer ätiologisch heterogen zusammengesetzten Klientel genetische und hirnorganische Vulnerabilitäten sowie psychosoziale Stressoren zusammen, so dass die Symptomatik aus einer Entwicklungsvulnerabilität, situativen Belastungsfaktoren und einem ängstlichen Rückzug entsteht. Für die Annahme, dass partielle Reifungsverzögerungen zumindest bei dem größten Teil, nämlich den transienten Tics, bedeutsam sind, sprechen eine Reihe von Belegen: die phänomenologische Ähnlichkeit von Tics mit den motorischen Abläufen bei Schreckreaktionen von Säuglingen, die Entwicklung von Tics in der Kindheit, ihr meist vorübergehender Charakter sowie die Verknüpfung mit anderen Entwicklungsverzögerungen wie Sprachstörungen und Enkopresis. Insofern kann eine genetisch vermittelte biologische Unreife die Basis für Tics abgeben, die bei hoher Penetranz nur geringfügige Stressoren zur Symptommanifestation braucht, während andererseits eine geringfügige biologische Prädisposition die Wirksamkeit psychosozialer und intrafamiliärer Belastungsfaktoren nicht ausschließen muss.

Therapie und Verlauf

Eine Übersicht der Therapie vermittelt das in Abbildung 10-1 wiedergegebene Flussdiagramm.

Da es sich in der überwiegenden Mehrzahl von Tic-Erkrankungen um isolierte, gut remittierende Tics handelt, reichen meist Aufklärung und **Beratung** der Bezugspersonen aus. Ziele dieser Maßnahme sind die Identifizierung möglicher Spannungen und die Vermittlung von Verständnis für die Symptomatik als einen Ausdruck erhöhter Angstspannung. Wichtig ist in jedem Fall der Hinweis, die Symptomatik nicht zu beachten, zumal die Umwelt mehrheitlich mit Kritik und Zurechtweisungen reagiert.

Psychotherapie ist zur Behandlung begleitender emotionaler Störungen bei Tics indiziert. Ihre auf die Symptomatik der Ticstörung bezogene Effektivität ist wissenschaftlich ungenügend dokumentiert. Psychotherapie ist bei chronischen Ticstörungen und beim Tourette-Syndrom sehr wahrscheinlich wenig effizient bzw. angesichts der fluktuierenden Verlaufscharakteristik nicht sicher von Remissionseffekten abgrenzbar.

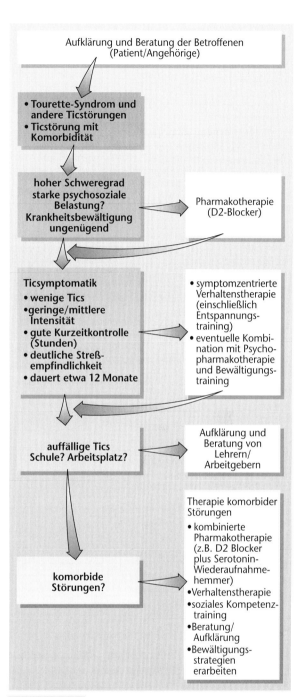

Abbildung 10-1 Therapieablauf bei Ticstörungen (Banaschewski und Rothenberger 1998).

Die symptomorientierte **Verhaltenstherapie** hat verschiedene Behandlungsmodelle entwickelt. Die Vorgehensweise nach dem Modell der negativen massierten Übungen, bei dem der Patient zur exzessiven Produktion der Symptome über längere Zeiträume (d. h. ganze Therapieeinheiten) aufgefordert wird, geht von der Annahme einer konditionierten Hemmung im Sinne einer Erschöpfung aus. Die Resultate entsprechender Therapieexperimente sind nicht einheitlich erfolgreich und hinsichtlich einer differentiellen Indikation ungenügend erforscht.

Selbstbeobachtung und Entspannungstechniken können isoliert eingesetzt nur vorübergehende Symptomminderungen erreichen. Andere lerntheoretisch begründete Verfahren arbeiten über Aufmerksamkeitsentzug nach dem Modell der operanten Konditionierung bzw. mit Selbstkontrolltechniken. Ein breiter klinischer Einsatz ist diesen Verfahren bisher nicht beschieden gewesen.

Erfolgversprechender sind komplexe **verhaltenstherapeutische Kombinationsbehandlungen,** die unter dem Begriff der Reaktionsumkehr Elemente der Selbstwahrnehmung, des Trainings inkompatibler Reaktionen, der Entspannungsverfahren und der positiven Verstärkung verbinden. Das für die Reaktionsumkehr zentrale Element der inkompatiblen Reaktion ist in Tabelle 10-5 mit einigen Beispielen verdeutlicht. Indikationen für die Verhaltenstherapie sind:

▦ hinreichende Behandlungsmotivation;
▦ eine schnelle Symptomreduktion ist nicht erforderlich;
▦ die Symptomatik spricht auf Psychopharmaka nicht an, und
▦ die Pharmakotherapie wird abgelehnt.

Tabelle 10-5 Beispiele für inkompatible Reaktionen in der Verhaltenstherapie von Ticstörungen.

Augenblinzeln:
Öffnen und Schließen der Augen alle drei bis fünf Sekunden. Der Blick wird dabei alle fünf bis zehn Sekunden langsam und intensiv nach unten gerichtet.
Naserümpfen:
Oberlippe etwas nach unten ziehen und Lippen zusammenpressen.
Kopfschütteln:
Langsame, isometrische Kontraktion der Nackenmuskeln. Die Augen bleiben geradeaus gerichtet, der Kopf wird ganz still gehalten. Ist der Kopfschüttel-Tic nur auf eine Körperseite gerichtet, dann kann eine Kontraktion der Nackenmuskeln durchgeführt werden, die den Kopf in die entgegengesetzte Richtung bewegt.

Für die **Pharmakotherapie** gibt es einige absolute **Indikationen.** Hierzu zählen:
▦ das Tourette-Syndrom,
▦ Tics nach Gabe von Stimulanzien ohne Remission nach Absetzen der Medikation,
▦ vokale Tics,
  länger als ein Jahr persistierende motorische Tics und
▦ Tics in Kombination mit Zwangssymptomen bzw. autodestruktivem Verhalten.

Als relative Indikationen können einfache, länger als ein Jahr persistierende Tics und negative Therapieergebnisse gelten. Mittel der Wahl sind hochpotente, die Dopamin-Rezeptoren blockierende Neuroleptika, die in Tabelle 10-6 aufgeführt sind. Als klinisch bewährt können Tiaprid und Pimozide betrachtet werden. Haloperidol kann wegen seiner häufigen unerwünschten Nebenwirkungen nicht als Substanz der ersten Wahl betrachtet werden. Bei koexistenten ausgeprägten Zwangssymptomen kann Sulpirid in einer Dosis von 2–5 mg/kg Körpergewicht eingesetzt oder

Tiaprid in Kombination mit selektiven Serotonin-Wiederaufnahmehemmern bzw. Clomipramin gegeben werden.

Tabelle 10-6 Pharmakotherapie der Ticstörungen.

Tiaprid (Tiapridex®)	5– 6 mg/kg Körpergewicht
Pimozide (Orap®)	1–12 mg/d
Haloperidol (Haldol®)	2–10 mg/d

Grundsätzlich gilt, dass bei einem Einsatz von Psychopharmaka bei Tic-Erkrankungen – wie auch bei anderen Störungen – eine sorgfältige ärztliche Überwachung erforderlich ist. Ebenso ist der allgemeine Grundsatz zu berücksichtigen, dass in vielen Fällen klinisch eine Kombination von Maßnahmen sinnvoll ist.

Der **Verlauf** der Tics ist aus der Darstellung der Klinik bereits deutlich geworden. Die meisten Tics sind vorübergehender Natur und dauern in der Regel lediglich Tage bzw. Wochen. Auch multiple Tics werden häufiger noch im Alter von 12 bis 13 Jahren aufgegeben. Persistierende Tics finden sich häufiger bei retardierten Kindern und bei einer zusätzlichen Epilepsie, bei schweren familiären Problemen und bei Eltern mit ebenfalls persistierenden Tics. Begleitende emotionale Störungen halten eher länger als die Tics selbst an. Der Anteil persistierender motorischer Tics beträgt ca. 6 % der Betroffenen. Eine erste langfristige Verlaufsstudie beim Tourette-Syndrom über die ersten zwei Lebensjahrzehnte zeigte die ausgeprägteste Intensität der Symptome im Alter von 10 Jahren mit oft erheblichen Funktionseinbußen und dann eine stetige Abnahme der Symptomintensität mit Symptomfreiheit bei 50% der Fälle im Alter von 18 Jahren. Der Beginn der Pubertät hat keinen Einfluss auf den zeitlichen Verlauf oder den Schweregrad der Tics.

10.2 Stereotypien und Automutilation

Definition, Häufigkeit und klinisches Bild

Wegen ihrer häufigen Überlappung werden Stereotypien und Automutilation (Selbstverletzung) hier gemeinsam abgehandelt, zumal viele Automutilationen aus Stereotypien resultieren. Beispielsweise kann sich ein Kopfschlagen aus einer rhythmischen Schaukelbewegung des Kopfes entwickeln.

Stereotypien sind repetitive, relativ gleichförmige Bewegungen des Kopfes, Körpers und/oder der Hände, die im Unterschied zu den Tics zumindest eine gesamte Körperregion im Sinne einer integrierten, zweckvollen und offensichtlich willensgesteuerten Bewegung betreffen. Sie haben einen hohen Grad an Autonomie und manifestieren sich z.B. als rhythmische Bewegungen von Kopf und Körper (Jactatio), Automanipulation, Händewedeln, Augenbohren, Ziehen, Kratzen, Beißen und Schlagen am eigenen Körper. Bei schweren **Automutilationen** können sich die Patienten erhebliche Verletzungen (z. B. Schädelfrakturen) bzw. Wunden zufügen. Definierendes Kriterium der Automutilationen ist ebenfalls die wiederholte Durchführung der Handlung.

Stereotypien in Form von Jaktationen sind bei normalen Säuglingen keineswegs atypisch. Sie kommen in diesem Lebensalter bei 15 bis 20 % der Säuglinge vor. Sie sind dann in der Regel kurzlebig und manifestieren sich selten jenseits eines Alters von zwei bis drei Jahren. Später werden sie durch irreguläre Manipulationen am Körper, an der Kleidung und der Umgebung ersetzt. Im Alter zwischen drei und sechs Jahren liegen bei etwa 3 bis 4 % der Kinder motorische Stereotypien vor.

Häufiger als bei normalen Säuglingen und Kleinkindern und länger anhaltend treten **Stereotypien** bei bestimmten **Risikogruppen** auf: bei geistig behinderten, blinden, psychotischen und deprivierten Kindern. Im Unterschied zu den normalen Kindern, wo sie in hochspezifischen Situationen wie z. B. bei sozialer Isolation, in der Krippe, bei Müdigkeit oder Inaktivität vorkommen, sind Stereotypien bei diesen Gruppen von Patienten anhaltend, relativ unabhängig von der Umgebung und nehmen intensive und zum Teil bizarre Formen an. So können Drehbewegungen, zum Teil unter Einschluss kleiner Objekte, Händewedeln, Augenbohren und die verschiedensten Formen autoerotischer und automutilativer Handlungen beobachtet werden. Als allgemeine Regel gilt, dass Stereotypien desto ausgeprägter, resistenter und bizarrer sind, je weniger Stimulation ein Kind erhält.

Auch die **Automutilationen** sind bei den bereits zitierten **Risikogruppen** der redardierten, blinden, psychotischen und deprivierten Kinder und Jugendlichen häufiger zu beobachten. Zusätzliche Verbindungen bestehen zur emotional instabilen (Borderline-)Persönlichkeitsstörung, zur Impulskontrollstörung, zu den Essstörungen der Anorexia bzw. Bulimia nervosa, zu den Depressionen und kombinierten Störungen des Sozialverhaltens und der Emotionen sowie zu den Belastungs- und Anpassungsstörungen. Ein Schema für die klinische Abklärung von Automutilationen ist in Abbildung 10-2 dargestellt, das zugleich ätiologische Bezüge enthält. **Differenzialdiagnostisch** sind suizidale Handlungen und Formen der heimlichen Selbstbeschädigung in Form der artifiziellen Störung (z. B. Münchhausen-Syndrom) zu berücksichtigen.

Ätiologie

Für die Erklärung von Stereotypien und Automutilationen sind verschiedene Therapien vorgelegt worden. In der **hirnorganischen Hypothese** wird angenommen, dass gestörte physiologische Prozesse vorliegen. Hinweise für die Annahme ergeben sich aus der geminderten Schmerzempfindlichkeit bei einigen Formen der geistigen Behinderung. Dies gilt vor allem für das Cornelia-de-Lange-Syndrom, eine Störung mit geistiger Behinderung, und das Lesch-Nyhan-Syndrom, eine Störung im Purinstoffwechsel mit Zerebralparese, geistiger Behinderung und einer obligaten Automutilation. Eine Automutilation mit verminderter Schmerzempfindlichkeit kann aber auch aus einer unerkannten chronischen Mittelohrentzündung bei

geistiger Behinderung resultieren. Bei geistig Behinderten sind wahrscheinlich serotonerge, opiaterge und dopaminerge Mechanismen beteiligt.

Lerntheoretische Hypothesen gehen von der Annahme einer entweder positiven oder negativen Verstärkung aus. Die These, dass eine positive soziale Verstärkung das stereotype und automutilative Verhalten aufrechterhalte, lebt relativ stark von dem experimentellen Nachweis, dass so genannte Time-out-Prozeduren, bei denen die Symptomatik durch Verbringen des Kindes in einem isolierten, reizarmen Raum unterbrochen wird, wirksam sind. Weniger gut nachgewiesen ist die tatsächlich wirksame positive soziale Kontingenz. Ferner ist auch eine positive Verstärkung durch interne propriozeptive Reize denkbar. Eine negative Verstärkung könnte dahingehend vorliegen, dass die Beendigung eines aversiven Reizes wirksam wird, wenn damit z. B. Anforderungen aus der sozialen Umwelt entgangen werden kann.

Die **Autostimulationshypothese** nimmt an, dass Stereotypien und Automutilation eine Methode der sensorischen Stimulation des Organismus darstellen, um eine angemessene Aktivation bei relativer **Deprivation** herzustellen. Der Mangel kann durch Versagen der Umgebung in einer Institution oder durch senorische, kognitive oder

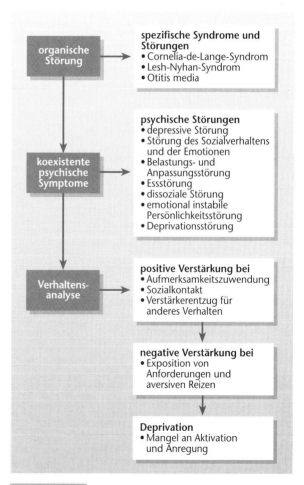

Abbildung 10-2 Diagnostik bei Automutilation.

persönlichkeitsabhängige Verarbeitungsdefizite für Reize bedingt sein. Schließlich nimmt eine **psychodynamische Theorie** an, dass vor allem Stereotypien einen Versuch der Errichtung von „Ich-Grenzen" und „Körperrealität" darstellen. Diese Annahme entzieht sich am stärksten von allen Konzepten einer empirischen Überprüfbarkeit. Die verschiedenen Theorien müssen einander nicht ausschließen und eine multiple Determination ist wahrscheinlich, wobei auch lebensgeschichtliche Ereignisse sowie strukturelle Persönlichkeitsmerkmale (z. B. Impulsivität) von Bedeutung sind.

Therapie und Verlauf

Eine unspezifische Anreicherung der Umgebung bei deprivierten und institutionell untergebrachten geistig behinderten Kindern und Jugendlichen kann effektiv sein. Dabei müssen allerdings geeignete Verstärker identifiziert werden, die mit den selbstgenerierten Verstärkern der Patienten konkurrieren können. Stereotypien und Automutilationen sind bei schwer emotional, körperlich oder intellektuell behinderten Kindern allerdings schwer beeinflussbar. Die **Pharmakotherapie** mit Lithium oder Carbamazepin ist bei geistig Behinderten als Alternative zu den nebenwirkungsreicheren Neuroleptika als erfolgreich beschrieben worden.

Bei der Automutilation sind aversive Methoden der **Verhaltenstherapie** als eine Methode der Abwendung schwerer Selbstverletzungen und Verstümmelungen gerechtfertigt, zumal sie weniger eingreifend als Fixierungen und hochgradige Sedierungen sind, die keinen Raum für die Entwicklung angemessener Verhaltensweisen lassen. Aversive Methoden der Verhaltenstherapie sind in einer Vielzahl von Einzelfallstudien eingesetzt worden, wobei kontingent milde Elektroreizungen der Fingerbeere bzw. vereinzelt auch Ammoniak-Inhalationen gegeben worden sind. Eine positive Verstärkung alternativen Verhaltens ist in Therapiestudien kaum seltener eingesetzt worden. Die berichteten Erfolgsraten sind hoch, wenngleich dabei aber auch konfundierte Effekte vorliegen können, zumal keine Berichte über Versager vorgelegt worden sind. Die therapeutische Beeinflussbarkeit der Automutilation im Kontext von anderen Störungen der normalintelligenten Kindern und Jugendlichen hängt von der Wirksamkeit der Therapie der Grundstörung ab.

In prognostischer Hinsicht ist festzustellen, dass Stereotypien und Automutilationen angesichts ihres Auftretens bei meist schwergestörten Patienten zur Persistenz neigen. Inwieweit die Prognose durch Therapie bzw. Nachreifung gebessert wird, lässt sich beim gegenwärtigen Wissensstand noch nicht abschließend beurteilen.

Literatur

Banaschewski, T., A. Rothenberger: Diagnostische Leitlinien und verhaltenstherapeutische Verfahren bei Tic-Störungen. Kindheit und Entwicklung 7 (1998) 99–11.

Döpfner, M.: Tics. In: Steinhausen, H.-C., M. v. Aster (Hrsg.): Verhaltensmedizin und Verhaltenstherapie bei Kindern und Jugendlichen. 2. Auflage. Psychologie Verlags Union, Weinheim 1999.

Farber, J. M.: Psychopharmacology of self-injurious behavior in the mentally retarded. J. Amer. Acad. Child Psychiat. 26 (1987) 306–317.

Gutermuth Forster, L.: Nervous habits and stereotyped behaviors in preschool children. J. Am. Acad. Child Adolesc. Psychiatry 37 (1998) 711–717.

Hornsey, H., S. Banerjee, H. Zeitlin, M. Robertson: The prevalence of Tourette syndrome in 13–14 year-olds in mainstream schools. J. Child Psychol. Psychiat. 8 (2001) 1035–1039.

Kim, Y., J. F. Leckman: Tic disorders and Tourette syndrome. In: Steinhausen, H.-C., F. Verhulst (eds.): Risks and outcomes in developmental psychopathology. Oxford University Press, Oxford 1999.

Leckman, J. F., D. Cohen: Tic disorders. In: Rutter, M., E. Taylor (eds.): Child and Adolescent Psychiatry. Modern Approaches. 4th ed. Blackwell, Oxford 2002.

Leckman, J. F., H. Zhang, A. Vitale u. a.: Course of tic severity in Tourette syndrome: the first two decades. Pediatrics 102 (1998) 14–19.

Moll, G.H., A. Rothenberger: Nachbarschaft von Tic und Zwang. Nervenarzt 70 (1999) 1–10.

Luiselli, J. K., J. L. Matson, N. N. Singh (eds.): Self-Injurious Behavior. Springer, Berlin – Heidelberg – New York 1992.

Peterson, A. L., R. L. Campise, N. H. Azrin: Behavioral and pharmacological treatment for tic and habit disorders: A review. Develop. Behav. Pediat. 15 (1994) 430–441.

Robertson, M. M., V. Eapen (eds.): Movement and allied disorders in childhood. Wiley, Chichester 1995.

Robertson, M. M., J. S. Stern: Gilles de la Tourette Syndrome: symptomatic treatment based on evidence. Eur. Child Adolesc. Psychiat. 9 (2000) I/60–I/75.

Rothenberger, A.: Tourette-Syndrom und assoziierte neuropsychiatrische Auffälligkeiten. Zeitschr. Klin Psychologie 25 (1996) 25–279.

Rothenberger A.: Wenn Kinder Tics entwickeln. Fischer, Stuttgart 1991.

Scahill, L., P. B. Chapell, R. A. King, J. F. Leckman: Pharmacological treatment of tic disorders. In: Martin, A. L., L. Scahill (eds.): Psychopharmacology. Child and Adolescent Psychiatric Clinics of North America 9 (1). Saunders, Philadelphia 2000.

Wewetzer, G., H.-J. Friese, A. Warnke: Zur Problematik offenen selbstverletzenden Verhalten unter besonderer Berücksichtigung der Kinder- und Jugendpsychiatrie. Z. Kinder-Jugendpsychiat. 25 (1997) 95–105.

Winchel, D., M. Stanley: Self-injurious behavior: a review of the behavior and biology of self mutilation. Amer. J. Psychiat. 148 (1991) 306–317.

11 Störungen der Sprache und des Sprechens

Eine Abhandlung der Störungen der sprachlichen Kommunikation stößt zunächst auf Klassifikationsprobleme, zumal die Heterogenität der Ursachen eine Systematik erschwert. Die Einteilung in Sprach- und Sprechstörungen ist relativ unproblematisch, wenn man unter Sprache die symbolische Kodierung von Informationen und dabei verschiedene Modalitäten wie gesprochene Sprache, Schriftsprache, Zeichen und Gesten versteht. Der Begriff des Sprechens erstreckt sich auf die gesprochene Sprache mit Wort-Klang-Produktion und Artikulationsfertigkeiten.

In diesem Sinne sind die **Sprachentwicklungsstörungen**, die **Sprachabbau- und -verluststörungen** sowie die **Störungen der Schriftsprache** den **Sprachstörungen** zuzurechnen. Gleichwohl soll diese Systematik an dieser Stelle relativiert werden, indem die Störungen der Schriftsprache im Kapitel über spezifische Leistungsstörungen abgehandelt werden. Unproblematisch ist wiederum die Klassifikation der **Sprechstörungen** mit der Berücksichtigung von Artikulationsstörungen, Stottern und Poltern. Schließlich ist die Zuordnung des **Mutismus** eine willkürliche Entscheidung, zumal er mit gleicher Berechtigung und ähnlicher Zuordnungsproblematik auch den emotionalen Störungen zugerechnet werden kann. Wegen des gemeinsamen begrifflichen Nenners und der differenzialdiagnostischen Bezüge soll er jedoch hier abgehandelt werden.

Unter linguistischen Gesichtspunkten werden folgende Komponenten der Sprache unterschieden: die **Phonologie** (das System der Töne), die **Grammatik** (die Syntax und Morphologie), die **Semantik** (die Repräsentation der Bedeutung) und die **Pragmatik** (der Einsatz der Sprache). Jede dieser Komponenten kann sowohl im **expressiven** wie auch im **rezeptiven** Teil der Sprache beeinträchtigt, d. h. in der Entwicklung verzögert oder abweichend sein.

Die klinische **Diagnostik** der Sprach- und Sprechstörungen umfasst logopädisch-phoniatrische, pädaudiologische und psychiatrische Anteile. Die **logopädisch-phoniatrische Untersuchung** erstreckt sich auf Störungen im Bereich der Lautbildung (Dyslalie), des Wortgebrauchs (Dysnomie) und des Satzgebrauchs (Dysgrammatismus). Zugleich werden aber auch Störungen des Redeflusses (Dysfluenz), des Sprachtempos (Dysagogie), der Sprachakzentuierung (Dysprodosie) und der Stimmbildung

Tabelle 11-1 Indikationen und Alter für eine logopädisch-phoniatrische Abklärung.

Auffälligkeiten bei beginnender Sprachentwicklung	
fehlende oder eingeschränkte Reaktion auf Geräusche, Stimmen (Hörprüfung)	ab 0–6 Mon.
Abnahme der Lautproduktion	ab 6–9 Mon.
fehlendes oder eingeschränktes Sprachverständnis	ab 1½ Jahren
weniger als 3–5 Wörter außer Mama und Papa	
– bei Mädchen	ab 2 Jahren
– bei Jungen	ab 2½ Jahren

Auffälligkeiten der Lautbildung (Stammeln, Dyslalie)	
Fehlen oder Falschbildung der meisten Laute, Gesprochenes unverständlich	ab 3 Jahren
Fehlen oder Falschbildung mehrerer Laute, Gesprochenes meist verständlich	ab 4½ Jahren
Fehlen einzelner Laute (z. B. „s" statt „sch")	ab 5–6 Jahren
Falschbildung einzelner Laute (z. B. „s" interdental)	ab 6–7 Jahren

Auffälligkeiten des Satzbaus (Dysgrammatismus)	
keine Zweiwortsätze	
– bei Mädchen	ab 2–2½ Jahren
– bei Jungen	ab 2½–3 Jahren
grammatikalische und syntaktische Fehler in kurzen Sätzen	ab 4½ Jahren
grammatikalische und syntaktische Fehler in längeren Sätzen, Nebensätzen	ab 5–6 Jahren

Auffälligkeiten des Redeflusses (Stottern, Poltern)	
klonisches Wiederholen von Silben und Wörtern	ab 3 Jahren
tonisches Wiederholen von Silben und Wörtern, evtl. Mitbewegungen und Mitgeräusche	beim Auftreten
hastiges, undeutliches Sprechen	ab 4½ Jahren

Bei Kombination von zwei oder mehreren Auffälligkeiten (Sprachentwicklungsstörung) gilt das jüngere Alter.

(Dysphonie) zur Differenzialdiagnose geprüft. Die Indikationen und das Alter für eine logopädisch-phoniatrische Abklärung von Sprachstörungen sind in Tabelle 11-1 zusammengefasst. Ferner müssen im Rahmen der **psychiatrischen Differenzialdiagnose** auch die Pragmatik des Sprachgebrauchs für den Ausschluss von autistischen und psychotischen Syndromen sowie der übrige Entwicklungsstand überprüft werden. Schließlich müssen die auditive Verarbeitung und das Hörvermögen durch die Audiometrie abgeklärt werden.

Die folgende Abhandlung klinischer Störungen der Sprache und des Sprechens orientiert sich wesentlich an ihrer Relevanz für die kinder- und jugendpsychiatrische Praxis. Insofern werden strukturelle oder sensomotorische Defekte des Sprechapparates (Dysarthrien, Dysphonien), die Auswirkungen von Hörverlust auf Sprachstörungen und die Bedeutung einer deprivierenden Umwelt auf die Sprache hier nicht erörtert. Andere Bezüge von Sprachstörungen mit spezifischen psychiatrischen Störungen sind in Kapitel 5 über **geistige Behinderung**, in Kapitel 6 über **Autismus** und in Kapitel 7 über **Psychosen** dargestellt.

11.1 Sprachentwicklungsstörung

Definition, Klassifikation und Häufigkeit

Umschriebene Entwicklungsstörungen des Sprechens und der Sprache liegen gemäß ICD-10 dann vor, wenn die normalen Muster des Spracherwerbs bereits in frühen Stadien der Entwicklung beeinträchtigt sind. Ursächlich dürften die Symptome weder direkten neurologischen Veränderungen noch Störungen des Sprachablaufs, noch sensorischen Beeinträchtigungen, noch einer Intelligenzminderung oder Umweltfaktoren zugeordnet werden. Die Diagnose einer Sprachentwicklungsverzögerung ist berechtigt, sofern ein Kind mit zwei bis zweieinhalb Jahren nur drei bis vier Wörter beherrscht bzw. wenn bis Ende des dritten Lebensjahres keine Sprachentwicklung eingesetzt hat.

In klassifikatorischer Hinsicht unterscheidet die ICD-10 die expressive Sprachstörung (F 80.1) und die rezeptive Sprachstörung (F 80.2). Bei der **expressiven Sprachstörung** ist die gesprochene Sprache auf einem Niveau angesiedelt, die dem Intelligenzalter unangemessen ist. Hier liegt das Sprachverständnis im Normbereich. Bei der **rezeptiven Sprachstörung** liegt hingegen das Sprachverständnis des Kindes unterhalb des seinem Intelligenzalter angemessenen Niveaus. Hier ist die expressive Sprache nahezu durchgängig ebenfalls deutlich gestört. Eine angemessene Klassifikation wäre dabei die **gemischt rezeptiv-expressive Sprachstörung**.

Die diagnostischen Leitlinien der Sprachentwicklungsstörungen gemäß ICD-10 sind in Tabelle 11-2 dargestellt. In der Praxis weisen die meisten Kinder mit einer Sprachentwicklungsstörung sowohl in der Sprachproduktion als auch im Sprachverständnis Defizite auf, während isolierte Schwächen in einer der beiden Bereiche der Sprache selten sind. Das in der älteren Literatur beschriebene Bild der **Audimutitas** (Hörstummheit) stellt nach aktuellem Verständnis eine schwere Verlaufsform einer rezeptiven Sprachstörung dar.

Häufigkeitsangaben variieren wegen definitorischer Unterschiede beträchtlich zwischen 2 und 20% der Schulkinder. In kinder- und jugendpsychiatrischen Kliniken ist die Rate beträchtlich höher. Jungen sind 2- bis 3mal häufiger betroffen als Mädchen.

Tabelle 11-2 Die diagnostischen Leitlinien für umschriebene Entwicklungsstörungen der Sprache gemäß ICD-10.

Expressive Sprachstörung (F 80.1)

- expressive Sprache deutlich unter der Altersnorm und dem Intelligenzalter des Kindes
- keine längeren Phasen mit normaler Sprache
- normales oder nur gering gestörtes Sprachverständnis
- relativ ungestörte nonverbale Kommunikation
- begleitende Verhaltensauffälligkeiten, emotionale Beeinträchtigungen und leichter Hörverlust sind möglich

Rezeptive Sprachstörung (F 80.2)

- Sprachverständnis deutlich unter der Altersnorm und dem Intelligenzalter des Kindes
- meistens zusätzliche Beeinträchtigung der expressiven Sprache und der Artikulation
- begleitende Verhaltensauffälligkeiten, emotionale Beeinträchtigungen und leichter Hörverlust sind möglich

Klinik und Diagnostik

Die charakteristischen klinischen Symptome sind eine verzögerte Sprachanbahnung im Sinne einer Verzögerung der Expressivsprache und des Sprachverständnisses, Dysgrammatismus, eingeschränkter Wortschatz sowie Wortfindungsstörungen.

Unter **Dysgrammatismus** ist eine syntaktische Störung der Wort- und Satzbildung zu verstehen. Bei einer leichten Form fallen lediglich Fehler der Deklination und Konjugation auf. Eine mittelschwere Form ist durch infinitivische Rede und verbindungslose Wortreihen gekennzeichnet. Bei der schwersten Form, dem **Agrammatismus**, redet der Patient in Einwortsätzen und Telegrammstil sowie begleitenden Gebärden.

Neben dem Dysgrammatismus zeichnet sich der Sprachgebrauch durch einen eingeschränkten **Wortschatz**, häufigen Gebrauch einiger weniger Worte und möglicherweise auch begleitende Redeflussstörungen aus. Zusätzlich können im Sinne der rezeptiven Störung das **Wort- und Sprachverständnis** und das Verständnis für subtilere Aspekte der Sprache in der Konvensation und hinsichtlich Ausdruck und Gestik auffällig sein.

Sprachentwicklungsstörungen treten häufig in Kombination mit **multiplen Entwicklungsrückständen** auf. Entsprechend sind auditive Wahrnehmungsstörungen und motorische Koordinationsschwächen zu beobachten und können auch die **Leseleistungen** verzögert sein. Wegen fehlender Sozialfertigkeiten – zumal die Sprache das wichtigste Kommunikationsmittel ist – besteht die Gefahr der Entwicklung von sozialer Isolation und **psychischen Störungen**. Tatsächlich ist das Risiko für die Entwicklung weiterer psychischer Störungen nachgewiesenermaßen deutlich erhöht. **Hyperkinetische Störungen, Störungen des Sozialverhaltens** und **emotionale Störungen** stehen im Vordergrund. Dabei sind Kinder mit einer rezeptiven Sprachstörung am häufigsten von psychischen Störungen betroffen.

Im Rahmen der **Diagnostik** sollte die Anamnese familiäre Belastungen mit Sprachstörungen, die Förderbedingungen für das Kind sowie Mehrsprachigkeit erfassen (vgl. Ätiologie). In der Entwicklungsanamnese muss der Spracherwerb einschließlich eventuell bedeutsamer Hörstörungen, begleitender motorischer Störungen sowie das Vorliegen von koexistenten psychischen Störungen erfragt werden. Die für den Befund zentrale **Sprachdiagnostik** erstreckt sich auf die Kommunikationsfähigkeit und die Spontansprache. Dieser Teil der Diagnostik benötigt spezielle Fachkenntnisse und wird in der Regel eher von Logopäden durchgeführt. Der Vorrat an ergänzenden normierten **Sprachentwicklungstests** ist nicht besonders groß. Am Bekanntesten ist der Hirschberger Sprachentwicklungstest (HSET), mit dem sowohl expressive als auch rezeptive Sprachfunktionen erfasst werden (vgl. Tabelle 4-5).

Ergänzende Untersuchungen können in der entwicklungsneurologischen Untersuchung und dem EEG zur Erfassung des biologischen Reifungsstandes, in neuropsychologischen Tests zur Erfassung weiterer Entwicklungsstörungen sowie in der pädaudiologischen Untersuchung auf Hörstörungen bestehen. Ferner ist ein kompletter entwicklungspsychologischer Befund erforderlich. Die psychiatrische Diagnostik muss sich darüber hinaus auf andere begleitende klinische Syndrome erstrecken.

Die häufigste **Differenzialdiagnose** einer Sprachentwicklungsstörung ist die **geistige Behinderung,** bei der die Sprachentwicklungsverzögerung in eine allgemeine Minderung von Entwicklungsfunktionen eingebettet ist. Andererseits kann es sich bei dieser Ableitung aber auch häufig um eine Fehldiagnose handeln, weil viele Intelligenztests einen hohen Anteil von Verballeistungen erfassen und somit eine Minderung der sprachlichen Leistungsfähigkeit das Gesamtergebnis im Sinne eines Testartefaktes reduziert. In der Regel ist die Korrelation von geistiger Behinderung und Sprachentwicklungsverzögerung hoch, wenngleich eine individuelle Variation besteht und somit auch in dieser Gruppe ergänzende Faktoren der Ableitung notwendig sind.

Auch im Bild des **frühkindlichen Autismus** findet sich eine ausgeprägte Sprachentwicklungsstörung, die ebenfalls differenzialdiagnostisch abgeklärt werden muss (vgl. Kap. 6). Hier bildet die Sprachentwicklungsverzögerung eines der definierenden Kriterien. Ferner müssen ein **Mutismus,** eine **Aphasie,** eine **Hörstörung** sowie das seltene **Landau-Kleffner-Syndrom** (F 80.3) ausgeschlossen werden. Beim Mutismus ist die Sprachkompetenz im Prinzip normal, bei der Aphasie hat sie vor der Erkrankung bestanden. Kinder mit einem Landau-Kleffner-Syndrom haben bei zuvor normaler Sprachentwicklung rezeptive und expressive Sprachfertigkeiten verloren, während ihre allgemeine Intelligenz erhalten bleibt.

Ätiologie

Die hohe familiäre Belastung mit auffälligen Sprachentwicklungen sowie die doppelt so hohe Belastung von monozygoten gegenüber dizygoten Zwillingen sprechen für die zentrale Bedeutung **genetischer Faktoren** in der Verursachung von Sprachentwicklungsstörungen, wobei ein polygener Erbgang zu vermuten ist.

Ferner muss in **psychosozialen Faktoren** ein ätiopathogenetisch moderierender Faktor gesehen werden. Die präverbale Vokalisation und die Sprachanbahnung, weniger hingegen das Sprachverständnis sind von äußerer Anregung abhängig. Intrafamiliäre und institutionelle Mangelanregungen können sich daher nachteilig auf die Sprachentwicklung auswirken. Für Kinder mit anlagebedingten Sprachschwächen wirkt sich auch die familiär bzw. kulturell bedingte **Mehrsprachigkeit** hemmend aus.

Die früher betonte Bedeutung **hirnorganischer Faktoren** wird neuerdings eher gering eingeschätzt. Schädigungen des Gehirns führen in der Regel eher zu zusätzlichen kognitiven Defiziten und nicht zu umschriebenen Sprachentwicklungsstörungen. Wegen der Plastizität des Gehirns mit seiner in der Kindheit noch ausgeprägten Kompensationsfähigkeit führen einseitige Schädigungen einer Hirnhälfte nur zu diskreten Sprachauffälligkeiten. Erst eine Schädigung beider Hemisphären kann zu ausgeprägten und anhaltenden Beeinträchtigungen der Sprachentwicklung führen.

Therapie und Verlauf

In der **Therapie** der Sprachentwicklungsstörungen geht es schwerpunktmäßig um die Vermittlung von Sprachfertigkeiten im Sinne von Sprachverständnis, Spontansprache und Anwendung der Sprache im sozialen Kontext. Die Förderung der Kommunikation macht sich Imitation und Spiel als wichtige Bestandteile der Sprachentwicklung zunutze und bezieht die Eltern in die Behandlung ein, wobei Methoden der Verhaltenstherapie (z. B. nach dem Modell der operanten Verstärkung) Anwendung finden. **Logopädie** und **Sprachheilpädagogik** müssen insofern eher einen Weg der individuellen Förderung beschreiten, als Sprache weniger durch Üben und Leistung als durch lustvolles Erleben bestimmt werden soll. Die Behandlung soll durch eine gemeinsame Förderung von Sprache im Sinne von Verständlichkeit, korrekter Grammatik und Artikulation mit Gefühlserfahrung, Sinneswahrnehmung, Nachahmung und Gedächtnis sowie sprachmotivierenden Situationen gekennzeichnet sein.

Dieser so genannte individuelle Förderungsweg vermeidet negative Signale und Bemerkungen, indem er Teilkonzepte der klientzentrierten Spieltherapie – z. B. Empathie – einsetzt, und fördert Aufmerksamkeit und Imitationsbereitschaft durch Spiele mit Frontalcharakter bei Kindern mit Artikulationsstörungen. Er entwickelt die auditive Aufmerksamkeit durch Bewusstmachen sprachlicher Äußerungen und Töne des Alltags, schafft über Lieder, Gedichte, Theater- und Hörspiele Situationen, die auf emotionaler Basis Spracherwerb, Gedächtnis, Ausdruck und Verständigung erfordern, und verstärkt Zwischenschritte und Erfolge. Schließlich werden Artikulationsübungen im Spiel eingesetzt und das Sprachrepertoire im Rollenspiel und durch den Einsatz von didaktischen und logopädischen Bildmaterialien erweitert. Für zusätzlich bestehende Entwicklungsstörungen können **funktionelle Therapien** erforderlich werden und komorbide psychische Störungen müssen indikationsbezogen **psychotherapeutisch** oder auch **pharmakotherapeutisch** behandelt werden.

Über den **Verlauf** der einfachen Sprachentwicklungsverzögerungen liegen wenige systematische Kenntnisse vor. In der überwiegenden Zahl der Fälle wird der Sprachentwicklungsrückstand noch vor der Einschulung kompensiert. Persistierende Sprachstörungen werden außerordentlich häufig im Schulalter von einer Lese-Rechtschreibstörung begleitet, wobei schlechtere Schulabschlüsse und in einzelnen Fällen auch eine Häufung von dissozialen Entwicklungen resultieren können. Die Prognose ist bei Kindern mit Störungen der auditiven Diskriminationsfähigkeit und der Sprachverständnisstörungen ungünstiger. Auch koexistente psychische Störungen wie z. B. hyperkinetische Störungen beeinflussen die Prognose ungünstig.

11.2 Aphasien

Definition und klinisches Bild

Unter den Aphasien werden Sprachstörungen verstanden, die nach der Entwicklung des normalen Sprachvermögens entstehen und durch einen umschriebenen Krankheitsherd in der dominanten Großhirnhemisphäre (links beim Rechtshänder) bedingt sind. Es handelt sich also um einen Sprachabbau bzw. -verlust. Gemäß klassischer Einteilung wird zwischen einer motorischen Aphasie bei Schädigung im Wernicke-Zentrum im rückwärtigen Abschnitt der ersten Schläfenwindung unterschieden.

Bei der **motorischen Aphasie** besteht eine Störung der Expressivsprache, während das Wortverständnis erhalten ist. Die Spontansprache fehlt oder wirkt telegrammstilartig, Wörter werden entstellt (so genannte Paraphasien) und die Artikulation ist gestört. Eine spontane Schriftsprache ist nicht möglich, während Abschreiben gelingt. Die **sensorische Aphasie** ist eine Störung der rezeptiven Sprache und damit indirekt auch eine Störung der Sprechfähigkeit, so dass es ebenfalls zu Paraphasien, Beeinträchtigung des Nachsprechens, Lesens und der Spontansprache kommt. Diese Reinformen der motorischen oder sensorischen Aphasien sind im Kindes- und Jugendalter eher die Ausnahme, während die **totalen Aphasien** eher die Regel sind.

Eine Sonderform der Aphasien im Kindesalter stellt die erworbene Aphasie mit Epilepsie, das **Landau-Kleffner-Syndrom** dar. Kinder mit dieser Störung verlieren entweder plötzlich oder allmählich über Wochen und Monate nach zuvor normaler Sprachentwicklung ihre expressiven und rezeptiven Sprachfertigkeiten, wobei ihre allgemeine Intelligenz und in der Regel auch ihr Sozialverhalten erhalten bleiben. Der Beginn der Störung ist immer von paroxysmalen EEG-Aktivitäten und meistens auch von epileptischen Anfällen begleitet. Der audiometrische Befund ist in der Regel normal bzw. geeignet, eine Taubheit auszuschließen. Das typische Erkrankungsalter liegt bei 3–7 Jahren.

Diagnose und Differenzialdiagnose

Bei der klinischen Untersuchung von Patienten mit Aphasien müssen Sprachverständnis und Sprachfunktionen geprüft werden. Hierzu dienen die Beobachtungen der Spontansprache und des Sprechverständnisses, das Aufsagen von automatisierten Reihen (Zahlen, Wochentage und Monatsnamen), das Nachsprechen von sinnvollen Wörtern mit zunehmender Silbenzahl, das Benennen von dargebotenen Objekten, das Vollenden angefangener Texte, die Bildung von Ober- und Unterbegriffen, das Verständnis von Bedeutungen durch Zeigen von Gegenständen und Befolgen von Anweisungen, die Wiedergabe einer kurzen vorgelesenen Geschichte sowie das laute Lesen und die Wiedergabe des Inhalts.

Die neuropsychologische Diagnostik kann sich auf Tests zur Erfassung von Intelligenz und Sprachfertigkeiten (z. B. Psycholinguistischer Entwicklungstest PET, Token-Test) stützen. Differenzialdiagnostisch sind Sprachentwicklungsstörungen, ein frühkindlicher Autismus und ein Mutismus auszuschließen, was aufgrund der spezifischen Genese und der charakteristischen Symptomatik der Störungen in der Regel unproblematisch sein dürfte.

Ätiologie

Häufigste Ursachen für Aphasien im Kindes- und Jugendalter sind Schädel-Hirn-Traumen, vor allem durch Verkehrsunfälle (vgl. Kap. 8). Seltener sind andere Noxen wie Tumoren oder Gefäßverschlüsse. Die im späten Kindesalter auch bisweilen ätiopathogenetisch bedeutsamen Enzephalitiden führen meist zu einer ausgedehnteren Symptomatik unter eventuellem Einschluss einer Aphasie.

Therapie und Verlauf

Bei Aphasien ist eine intensive **logopädische Übungsbehandlung** von Phonemen, Buchstaben, Silben, Wörtern und syntaktischen Regeln erforderlich. Nonverbale Anteile, die Motivierung unter Verwendung psychotherapeutischer Elemente wie z. B. Rollenspiel oder Gruppentherapie sowie Bemühungen um eine umfassende psychosoziale Integration in Familie und Schule sind weitere Schwerpunkte der Rehabilitation.

Der **Verlauf** wird von der Ursache der Aphasie und dem Schweregrad, vom Lebensalter bei Schädigung, von Komplikationen und von der initialen Rückbildungsgeschwindigkeit nach der Schädigung bestimmt. Bei Kindern können je nach Alter verschieden schnelle Kompensationen erfolgen, weil entwicklungsbedingt noch keine vollständige Fixierung der Sprachfunktionen an die dominante Hirnhälfte eingetreten ist. Sie können bei Kleinkindern in Tagen bis Wochen und bei jungen Grundschulkindern in Monaten und eventuell nicht mehr vollständig erfolgen. Bei etwa acht Jahren liegt die Grenze, wo die nicht dominante Hemisphäre kompensatorisch noch aktiv werden kann. Diese Kompensationsfähigkeit ist bei diffusen Hirnschädigungen durch Traumen oder Entzündungen schon früher nicht mehr möglich.

11.3 Andere Sprachabbaustörungen

Sowohl bei **Demenzprozessen** als Folge heredodegenerativer Krankheiten oder Stoffwechselstörungen als auch bei **kindlichen Schizophrenien** können neben dem Verfall geistiger Funktionen Zeichen eines Sprachabbaus beobachtet werden. Bei dementiellen Prozessen kommt es neben gesteigertem Rededrang (Logorrhö) zu Dyslalie, Dys- und Agrammatismus, fortschreitender Verkürzung und schließlich Verfall der Spontansprache mit Zunahme von Perseverationen und Echolalie. Dieser Sprachverfall kann – wie die meisten Grundkrankheiten der Demenz des Kindesalters – therapeutisch nicht aufgehalten werden.

Bei den insgesamt seltenen kindlichen Schizophrenien kann der Sprachabbau durch autistische Sprachbenutzung mit wenig Spontansprache und Selbstgesprächen, Dysgrammatismus und Dyslalie sowie eine symbolträchtige, hoch idiosynkratische Privatsprache mit eigener Semantik und Syntax gekennzeichnet sein. Die Therapie zielt wesentlich auf die Grunderkrankung.

11.4 Artikulationsstörung

Definition, Klassifikation und Häufigkeit

Gemäß Definition der ICD-10 handelt es sich bei der umschriebenen Artikulationsstörung um eine primäre Störung der Lautbildung. Die diagnostischen Leitlinien sind in Tabelle 11-3 zusammengefasst. Artikulationsstörungen werden auch als **Dyslalie** oder Stammeln bezeichnet. Das Ausmaß der Störung wird durch die Bezeichnung partielle Dyslalie mit geringfügigen Ausfällen, multiple Dyslalie sowie universelle Dyslalie mit Betroffenheit des gesamten Lautbestandes und zusätzlicher Komplikation durch einen Dysgrammatismus angezeigt. Symptome einer Dyslalie sind z. B. Sigmatismus (Lispeln), Rhotazismus (R-Laut-Störung), Zischlautstörungen oder auch Silben- und Wortstammeln. Typisch für das physiologische, d. h. nicht pathologische Stammeln im Alter von zwei bis vier Jahren ist die Paralalie, bei der ein Konsonant durch einen anderen ersetzt wird (beispielsweise G durch D oder K durch T).

Klinisch bedeutsame Artikulationsstörungen treten bei Vorschulkindern in einer Häufigkeit von 5–8% auf, wobei Jungen drei- bis viermal häufiger betroffen sind. Leichtere Artikulationsstörungen wie z. B. der Sigmatismus kommen deutlich häufiger vor.

Tabelle 11-3 Die diagnostischen Leitlinien für Artikulationsstörungen (F 80.0) gemäß ICD-10.

- Ausmaß der Artikulationsfehler unter der Altersnorm und dem Intelligenzalter des Kindes
- normale expressive und rezeptive Sprachfertigkeiten
- keine sensorischen, organischen oder neurologischen Ursachen
- deutlicher Unterschied zum Sprachgebrauch innerhalb der Subkultur des Kindes

Klinik und Diagnostik

Das Leitsymptom besteht in der Unfähigkeit des Kindes, Laute oder Lautverbindungen altersgemäß auszusprechen. Für die Zuschreibung der Diagnose ist die Diskrepanz zur im Übrigen normalen Entwicklung entscheidend. Hinweise können das Ausbleiben des Lallens beim Säugling im Alter von 10 Monaten sowie die in Tabelle 11-1 zusammengefassten Auffälligkeiten der Lautbildung geben.

Die Diagnostik erstreckt sich in der **Anamnese** auf familiäre Häufungen von Artikulationsstörungen, schlechte Sprachmodelle im Umfeld des Kindes sowie eine detaillierte Erhebung der Entwicklung des Kindes. Die **Sprachdiagnostik** erfolgt über den logopädischen Befund, wobei verschiedene Artikulationstests eingesetzt werden. Zusätzlich muss das Störungsbewusstsein des Kindes erfasst werden und sind Abklärungen der **kognitiven Entwicklungsniveaus** sowie eventuell komorbider **psychischer Störungen** erforderlich. In jedem Fall ist eine **pädaudiologische Untersuchung** einschließlich Überprüfung der **Lautdifferenzierung** erforderlich. Eine **entwicklungsneurologische Untersuchung** muss speziell die oralmotorische Koordinationsfähigkeit überprüfen.

Die **Differenzialdiagnose** erstreckt sich auf Dysarthrien bei Fehlbildungen im Oralbereich oder eine oralmotorische Koordinationsstörung, auf eine audiogene Dyslalie bei Hörstörungen und bezieht die Artikulationsstörungen als Begleitsymptom bei geistiger Behinderung sowie expressiver oder reseptiver Sprachentwicklungsstörung und bei fehlerhaften Sprachmodellen ein.

Ätiologie

Die Ursachen der isolierten Artikulationsstörungen sind noch nicht ausreichend geklärt. Organische Erkrankungen sind nur mit dem Begriff der Dysarthrie, nicht aber dem der Dyslalie vereinbar. Familiäre Häufungen sind nicht ungewöhnlich, wobei offen ist, inwieweit genetische Zusammenhänge bestehen oder Sprachvorbilder wirksam werden.

Therapie und Verlauf

Auch bei den Artikulationsstörungen steht die **Logopädie** im Zentrum der Behandlung. Frühbeginn, eine spielerische Einbettung der Übungsbehandlung, gezieltes Artikulationstraining, Lautdiskriminationsübungen sowie eine begleitende intensive Elternberatung sind die Kernmerkmale dieser Behandlung. Zusätzliche **psychische Störungen** müssen indikationsbezogen behandelt werden.

Ein frühzeitiger Beginn der Logopädie kann oft mit relativ geringem zeitlichem Aufwand zu einer Korrektur der Artikulationsstörung führen. Hingegen können unbehandelte Störungen bis ins Erwachsenenalter persistieren, zumal den betroffenen Kindern und Jugendlichen ihre Störung nicht bewusst ist. Die Prognose ist für multiple und universelle Dyslalien ungünstiger.

11.5 Stottern

Definition, klinisches Bild und Häufigkeit

Das Stottern (Balbuties, Tachyphemie) stellt eine Störung des Redeflusses mit tonischen, klonischen und kombiniert tonisch-klonischen Grundformen dar. Die Primärsymptome lassen sich als eine tonische Pressung von Atmung, Stimme und Artikulation sowie eine klonische Unterbrechung mit Wiederholung von Einzellauten besonders am Wortanfang kennzeichnen. Zu diesen Primärsymptomen gesellen sich als **Sekundärsymptome** Atemverschieben (langes Ausatmen vor dem Sprechen), Schmatz- und Schluckgeräusche, Flickworte, Mitbewegungen von Gesicht und Extremitäten sowie vegetative Symptome. Monotonie der Sprachmelodie und Sprechscheu können ebenfalls den Sekundärsymptomen zugerechnet werden. Die Symptomatik weist eine situative Variabilität auf. Psychische Störungen treten gehäuft auf, wobei emotionale Störungen mit sozialem Rückzug besonders typisch sind.

Etwa 1% der Bevölkerung sind Stotternde, wobei die Symptome in vier von fünf Fällen spontan heilen. Die Entwicklung des Stotterns beginnt meist im Vorschulalter; Jungen sind 2- bis 10mal häufiger betroffen. Das so genannte Entwicklungsstottern ist wie das physiologische Stammeln im Vorschulalter per se nicht pathologisch.

Diagnose und Differenzialdiagnose

Die Diagnose stützt sich auf die Beobachtung der Spontansprache bzw. Nachsprechen, Lesen und Beschreibungen nach entsprechender Aufforderung. Zusätzliche diagnostische Maßnahmen ergeben sich aus der mehrdimensionalen Ätiologie bzw. der Heterogenität ätiologisch bedeutsamer Faktoren. Hierzu gehören die entwicklungsneurologische und -physiologische Diagnostik (EEG) und die Motometrie. Die Exploration sollte einen Sprachschwächefaktor in der Familie, situativ wirksame Elemente, einschließlich der Umweltreaktion auf das Stottern in Familie, Schule und anderen bedeutsamen Kontexten, und intrapsychisch relevante Bedingungen erfassen.

Differenzialdiagnostisch stellt sich in der Praxis am häufigsten die Notwendigkeit, zwischen der noch normalen **Sprechunflüssigkeit** vor allem im Vorschulalter und

Tabelle 11-4 Differenzierung von Sprechunflüssigkeit und Stottern (nach Fiedler und Standop 1986).

Sprechunflüssigkeiten
▪ Pausen (nicht grammatisch bedingt)
▪ Einschieben von Lauten, Silben, Wörtern
▪ Wiederholung von Teilsätzen oder Sätzen
▪ Wiederholung von einsilbigen Wörtern (z. B. „es, es") im normalen Sprechrhythmus
▪ Wiederholung von Satzteilen
▪ Satzwiederholungen im Wort, normaler Sprechrhythmus

Beginnendes Stottern
▪ Wiederholungen von entsprechenden Wörtern, geänderter Sprechrhythmus*
▪ Silbenwiederholungen im Wort, veränderter Sprechrhythmus*
▪ Silbenwiederholungen, die in Dehnungen, Verlängerungen enden
▪ Dehnungen
▪ Dehnungen, die in einer erstarrten Artikulationsstellung enden
▪ anwachsende Spannung während des Sprecheinsatzes, z. B. Zittern der Lippen, Verspannung des Kiefers o. ä.

* Übergang von Sprechunflüssigkeit zu Stottern

dem Stottern zu unterscheiden. In Tabelle 11-4 sind Kriterien für diese Differenzierung zusammengefasst. Ferner ist das **Poltern** auszuschließen, bei dem es zu Silben- oder Wortwiederholungen ohne spastisches Verhalten im Sinne von Perseverationen kommt. Während beim Polterer die Aufforderung, ruhig zu sprechen, zu einer Besserung führt, resultiert beim Stotternden eine Verschlechterung. Weitere differenzierende Merkmale sind das vorhandene Bewusstsein der Störung beim Stotternden gegenüber dem fehlenden Bewusstsein beim Polterer sowie schlechtere gegenüber besseren Sprechleistungen vor Fremden beim Stotterer im Vergleich zum Polterer. Stottern kann allerdings auch vereinzelt mit Poltern kombiniert auftreten (sog. Polter-Stottern).

Ätiologie

Zur Erklärung des Stotterns sind eine Vielzahl von Theorien vorgelegt worden, die zum Teil die Basis für eine ebenso reiche Vielfalt an Behandlungsansätzen abgeben. Zunächst laufen eine Reihe von Annahmen auf **Hirnfunktionsstörungen** hinaus. Entsprechende Bezüge zu abnormen EEG-Befunden, entwicklungsneurologischen Defiziten, motorischer Funktionen und Perzeptionsstörungen treten zwar gehäuft auf, sind jedoch nicht pathognomonisch.

Möglicherweise stellen Hirnfunktionsstörungen ebenso wie **genetische Faktoren** jedoch nur eine Prädisposition dar. Letztere stützen sich auf die Beobachtung einer familiären Häufung des Stotterns bei etwa 40–60% der Verwandten. Spezifische **neurophysiologische Theorien** betonen Störungen des neuromuskulären Kontrollsystems im Sinne einer Dysfunktion der am Sprechvorgang beteiligten neuronaler Strukturen.

Unter den **psychologischen Theorien** wird in psychodynamischer Betrachtungsweise das Symptom des Stotterns als Ausdruck eines frühkindlichen Konfliktes bzw. konflikthaft erlebter zwischenmenschlicher Beziehungen gedeutet. Tatsächlich hat sich Stottern jedoch nur in wenigen Fällen als eine konflikthafte Fehlverarbeitung nachweisen lassen. Stottern ist demgemäß nicht als „Neurose" zu betrachten, wenngleich aus der belastenden Symptomatik emotionale Störungen erwachsen können. In lerntheoretischer Konzeption wird Stottern als gelernte Gewohnheit oder als operantes bzw. respondentes Verhalten erklärt. In neuropsychologischen Konzepten ist schließlich der Versuch unternommen worden, physiologisch-motorische und sozial-kognitive Bedingungen als eine Verkettung von erblichen, auslösenden und aufrechterhaltenden Faktoren zu integrieren.

Viele der insgesamt noch zahlreicheren Theorien bzw. Hypothesen haben für die Praxis relativ wenig Bedeutung, während eine in Tabelle 11-5 wiedergegebene Orientierung an den Ausgangsbedingungen, der Anfangssymptomatik und der Entwicklung des Stotterns wesentlich hilfreicher ist. Diese Typologie berücksichtigt sowohl pathogenetische wie auch symptomatische Differenzierungen und ermöglicht zugleich auch eine differenzielle Therapieindikation, wie zu zeigen sein wird.

Therapie und Verlauf

Für den Stotterer sind eine **Vielzahl von Behandlungsansätzen** entdeckt worden. Sie reichen von suggestiven Verfahren (z. B. Hypnose) über Entspannungstechniken (Schlaftherapie, autogenes Training, systematische De-

sensibilisierung), logopädische Verfahren (rhythmische Übungen, Einsatz von Singen als Übergang zum Sprechen, Atemübungen), Konditionsverfahren (operante Verstärkung flüssigen Sprechens, Biofeedback) und die Behandlung mit technischen Hilfsmitteln bis hin zu Psychotherapie und Medikation mit z. B. Diazepam. Insgesamt ist die Wirksamkeit der meisten Behandlungsmethoden wenig systematisch untersucht.

Das Vorgehen bei Kindern sollte sich zunächst einmal am **Therapieziel** orientieren, das wiederum vom Alter, von der Dauer der Symptomatik und der subjektiven Problematik des Stotterns für das Kind abhängig ist. Dabei ist zwischen beginnendem und chronischem Stottern zu differenzieren. Die Therapie muss sich entsprechend an einer mehrdimensionalen Analyse hinsichtlich der Ausprägung von Stotter-Symptomatik, Sprechangst, situativer Abhängigkeit des Stotterns und psychischen Symptomen orientieren.

Gemäß der in Tabelle 11-5 vorgenommenen Gruppeneinteilung lassen sich, bezogen auf den Einsatz therapeutischer Maßnahmen, folgende **Indikationen** ableiten: Bei Gruppe 1 reicht die Elternberatung aus, bei Gruppe 2 sind Elternberatung und Sprachtherapie und bei der Gruppe 3 und 4 Elternberatung und Psychotherapie für das Kind erforderlich.

Die **Elternberatung** zielt auf einen Abbau der symptomverstärkenden Reaktionen der Umgebung, indem das Kind weniger kritisch und fordernd hinsichtlich seines Sprechverhaltens behandelt wird. Die **logopädischen** und **sprachheilpädagogischen Behandlungsansätze** sind

Tabelle 11-5 Gruppeneinteilung des Stotterns (modifiziert nach van Riper).

	Gruppe 1	Gruppe 2	Gruppe 3	Gruppe 4
Symptom-entwicklung	aus normaler Sprachentwicklung gradueller Beginn zwischen 2,5 und 4 Jahren	aus Sprachentwicklungs-verzögerung gradueller Beginn	aus besonders flüssigem Sprachgebrauch plötzlicher Beginn nach traumatischem Erlebnis	aus besonders flüssigem Sprachgebrauch plötzlicher Beginn, meistens nach dem 4. Lebensjahr
Sprach-symptomatik	variables Stottermuster, Silbenwiederholung, normale Sprache gut integriert	Artikulationsmängel, Silben- und Wortwiederholungen, unauffällige Sprache	festes Stottermuster, stimmlose Verlängerungen, laryngeale Blockierungen, normale Sprache sehr flüssig	konsistentes Stottermuster, normale Sprache sehr flüssig
Begleit-symptome	keine Spannung, kein Störungsbewusstsein, keine Frustration	keine Spannung, kein Störungsbewusstsein, keine Frustration	viel Spannung, starkes Störungsbewusstsein, Frustration, Sprechangst	Spannung, starkes Störungsbewusstsein, keine Frustration, keine Sprechangst
Häufigkeit	50 %	≈ ca. 20 %	≈ ca. 10 %	≈ ca. 10 %
Ursachen	Entwicklung aus der physiologischen Sprechunflüssigkeit	Entwicklung aus einer Sprachentwicklungs-verzögerung	abnorme Erlebnisverarbeitung	neurotische Persönlichkeitsentwicklung mit Versuch, die Aufmerksamkeit der Umgebung zu Erringen
Verlauf	langsame Remissionen, Entwicklung eines tonisch-klonischen Stotterns mit starkem Störungsbewusstsein und Vermeidungsverhalten sind möglich	keine Remissionen, hohe Frequenz von vorwiegend klonischen Symptomen und Sprachgeschwindigkeit, kein Vermeidungsverhalten	wenige kürzere Remissionen; wechselhafter Verlauf; Zunahme an tonischem Stottern, Sprechangst und Vermeidungsverhalten	keine Remissionen, wenig Sprechangst und Vermeidungsverhalten

auch im Kindes- und Jugendalter im wesentlichen übende Verfahren mit und ohne apparative Hilfen (z. B. metrische Sprechübungen, Atem- und Entspannungsübungen etc.). In der **Psychotherapie** können je nach Indikation bzw. Verfügbarkeit spieltherapeutische Verfahren, Gesprächs- und Verhaltenstherapie, Gruppentherapie sowie Rollenspiel und ähnliche Methoden eingesetzt werden. Speziell geeignet sind verhaltenstherapeutische Interventionen wie Entspannungsverfahren, systematische Desensibilisierung und Selbstsicherheitstrainings.

Während mit diesem Verfahren beim beginnenden Stottern das Ziel des flüssigen Sprechens verfolgt wird, sind mit dem **chronischen Stottern** mit Symptomfixierung andere **Therapieziele** verknüpft. Hier nehmen im Verlauf Sekundärsymptome und Vermeidungshaltungen zu. Auch hier muss zunächst nach analoger Analyse wie beim beginnenden Stottern die Indikation für die zentralen Therapiemodalitäten gestellt werden, wobei die **Elternberatung** immer unverzichtbar ist. Die Ziele verändern sich jedoch dahingehend, dass es nun darum geht, die Rolle des Stotternden anzunehmen, gegenüber unangenehmen Situationen zu desensibilisieren, die Form des Stotterns zu modifizieren und die Umgebung auf die Störung einzustellen. Das zentrale Therapieziel besteht darin, über definierte Lernziele der Symptom- und Selbstwahrnehmung sowie Symptommodifizierung nicht ein flüssiges Sprechen, sondern eine Reduktion der Sprechangst und ein so genanntes flüssiges Stottern zu erreichen.

Die Wirksamkeit von **Medikamenten**, insbesondere Psychopharmaka ist mehrheitlich schlecht evaluiert. Für Tiaprid (Tiapridex®) konnte eine deutliche Stotterreduktion nachgewiesen werden. Eine Zuweisung zur **Sonderschule** sollte erst erfolgen, wenn die Normalschule eine Überforderung darstellt.

Der Verlauf des Stotterns ist durch eine Neigung zur Persistenz gekennzeichnet. Minimalschätzungen hinsichtlich einer Heilung liegen bei weniger als einem Drittel der Stotternden, Maximalschätzungen bei 70 %. Sorgfältige prognostische Analysen fehlen.

11.6 Poltern

Definition und klinisches Bild

Unter Poltern wird ein überstürzter, den gesamten Sprechvorgang bestimmender Redefluss mit bisweilen verwaschener Artikulation, Verschlucken und Verstümmeln von Lauten, Wortenden und ganzen Satzteilen, monotoner Sprachmelodie, Stolpern im Redefluss und gelegentlichen zusätzlichen Störungen der Wortfindung verstanden. Poltern ist oft Ausdruck einer impulsiven und motorisch ungeschickten Persönlichkeit und kann als eine Störung der dem Sprechen über- und vorgeordneten Denkprozesse betrachtet werden. Poltern ist bei Jungen häufiger als bei Mädchen und kann auch in Mischform zusammen mit Stottern auftreten. Dyslalie und Dysgrammatismus sind häufige Begleitsymptome. Oft besteht zugleich eine hyperkinetische Störung.

Diagnose und Differenzialdiagnose

Neben der Beobachtung der **Spontansprache** spielt bei der Untersuchung des Polterers die organneurologische und die persönlichkeitspsychologische Untersuchung eine besondere Rolle. Wegen der Koexistenz des Polterns mit anderen Zeichen einer **Hirnfunktionsstörung** im Sinne einer Reifungsverzögerung sind ein entwicklungsneurologischer Status und ein EEG indiziert. Die **Persönlichkeitsdiagnostik** deckt das impulsive, extravertierte Profil mit – im Gegensatz zum Stotterer – fehlendem Leidensdruck und Störungsbewusstsein auf, bei dem sich eine vermehrte Aufmerksamkeitszuwendung verbessernd auf die Symptomatik auswirkt.

Ätiologie

Neben **genetischen Einflüssen** im Sinne einer familiären Sprachschwäche sind **hirnorganische** (auditive Diskriminationsschwäche, Reifungsverzögerung) und **konstitutionelle Faktoren** (Knabenwendigkeit) bedeutsam. **Umweltfaktoren** sind über entsprechende Sprachvorbilder für das Kind mitverantwortlich.

Therapie und Verlauf

Ziele der logopädischen Behandlung sind bei vorhandener Motivation und direkter Arbeit am Symptom eine Verlangsamung des Redeflusses, eine Erhöhung der Konzentration und eine Verbesserung der Artikulation. Eine motorische Übungsbehandlung kann ergänzend sinnvoll sein. Bei entsprechender Motivation lässt sich die die Symptomatik günstig beeinflussen, wenngleich schweres Poltern unbeeinflussbar sein kann. Differenzierte Therapie- und Verlaufsstudien liegen allerdings nicht vor.

11.7 Mutismus

Definition und Häufigkeit

Unter Mutismus wird die Unfähigkeit verstanden, in bestimmten sozialen Situationen zu sprechen, in denen – wie z. B. in der Schule – erwartet wird, dass das Kind redet. In anderen Situationen ist dem Kind das Sprechen möglich, zumal es über einen normalen Sprachausdruck und ein normales Sprachverständnis verfügt. Wenngleich der Mutismus symptomatisch auch im Rahmen hirnorganischer Störungen des Sprechantriebes und bei Psychosen auftreten kann, handelt es sich im überwiegenden Teil der Fälle von Mutismus im Kindes- und Jugendalter um eine ätiologisch mehrfach determinierte Sprechverweigerung. Wie einleitend bereits bemerkt wurde, ist eine nosologische Zuordnung problematisch. Symptomatik, differenzialdiagnostische Bezüge und auch ätiologische Anteile von Sprachentwicklungsverzögerungen in vielen Fällen rechtfertigen die Berücksichtigung des Mutismus in diesem Zusammenhang der Störungen der Sprache und des Sprechens. Aufgrund der Psychopathologie wäre eine Klassifikation als Angststörung ebenfalls möglich.

Klinisch wird zwischen einem **elektiven,** nur auf bestimmte Menschen bezogenen, und einem **totalen Mutismus** differenziert. Verlässliche epidemiologische Zahlen zur Häufigkeit des Mutismus liegen nicht vor. Er ist auch in klinischen Klientelen eine seltene Symptomatik, wobei entgegen der meist knabenwendigen Verteilung von psychischen Störungen vor der Adoleszenz die Geschlechterrate eher ausgeglichen ist bzw. vereinzelt sogar eine Dominanz von Mädchen beobachtet worden ist.

Klinisches Bild

Die Symptomatik manifestiert sich meist früh im Vorschul- oder Einschulalter und beginnt selten nach einem Alter von neun Jahren. Auf den Untersucher wirken die mutistischen Kinder mit gesenktem Kopf, halb geöffneten Augen mit verstohlener, abwartender und abtastender Musterung wie ein Gemisch von ängstlicher Abwehr und passivem Trotz. Psychopathologisch bietet sich ein vielfältiges Bild, dominiert von Scheu, Angst, Furchtsamkeit und Depressivität. In der Regel ist eine nonverbale Verständigung möglich. Kinder mit einem elektiven Mutismus – der häufigeren Form – erhalten die sprachliche Verständigung mit wichtigen Bezugspersonen (z. B. in der Familie) aufrecht, schweigen aber in anderen Kontexten, wie z. B. in der Schule oder in der Öffentlichkeit.

Die **Anamnese** ergibt häufig Hinweise auf Sprachentwicklungsverzögerungen oder auf Beziehungsstörungen sowie eine bereits prämorbid bestehende Scheu und Gehemmtheit. Eine begleitende Enuresie oder Enkopresis kommen häufiger vor. Die familiären Verhältnisse sind öfter durch überprotektive, eng bindende Mütter sowie kommunikationsarme Väter, psychische Störungen und Sprachauffälligkeiten, Partnerbeziehungsstörungen sowie vereinzelt auch durch körperliche Züchtigung und Misshandlung des Kindes auffällig.

Diagnose und Differenzialdiagnose

Die Diagnose stützt sich auf die charakteristische Symptomentwicklung sowie den typischen Befund im Rahmen von Beobachtung, Anamneseerhebung und Exploration. Differenzialdiagnostisch müssen **Aphasien** durch das Vorliegen einer hirnorganischen Schädigung, eine **Hörstummheit,** bei der im Gegensatz zum Mutismus zuvor keine Sprachfähigkeit vorgelegen hat, ein **symptomatischer Mutismus** bei Psychosen, ein **frühkindlicher Autismus** durch den Nachweis der jeweiligen diagnosebestimmenden Merkmale dieser Störungen sowie **Hörstörungen** ausgeschlossen werden. Sprechverweigerungen bei **dissoziativen Störungen** (vgl. Kap. 15) sind situationsübergreifend und weniger persistierend. Schließlich kann ein elektiver Mutismus auch im Kontext einer **Schulphobie** (vgl. Kap 13) stehen.

Ätiologie

Der Mutismus muss aus einem mehrdimensionalen Bedingungsgefüge mit unterschiedlicher Akzenturierung bei einzelnen betroffenen Kindern abgeleitet werden. **Entwicklungsverzögerungen** im Sinne von Sprachentwicklungsverzögerung, Enuresis und Enkopresis sind häufig und stellen offensichtlich bei einigen Kindern eine bahnende Funktion dar. Ein weiterer bedeutsamer Faktor ist die **Primärpersönlichkeit,** zumal viele mutistische Kinder schon vor der Symptommanifestation ängstlich, sensibel, scheu und zurückgezogen sind. Dabei könnten **vererbte Persönlichkeitsmerkmale** im Sinne von Sprechhemmung und Schweigsamkeit eine Rolle spielen. Immigrantenkinder sind ferner gehäuft von der Entwicklung eines Mutismus betroffen, so dass in **kultureller Belastung** ein weiterer Risikofaktor gesehen werden kann.

Die **Familienpathologie** kann in vielfältiger Weise wirksam werden. Hierzu zählen die Modellfunktion bei Sprachauffälligkeiten, die pathologische Bindung, die Sündenbockfunktion des Kindes bei Partnerbeziehungsstörungen sowie die körperliche Misshandlung des Kindes. Vor einer vorschnellen Pathologisierung der Familie muss jedoch gewarnt werden. Eigene Untersuchungen haben Hinweise auf eine familiäre Häufung von Schweigsamkeit ergeben, die mit einem genetischen Erbgang vereinbar ist.

Therapie und Verlauf

Die Erkenntnisse zur Ätiopathogenese, die wahrscheinliche Heterogenität der Klientel und das Fehlen sorgfältig durchgeführter Therapiebewertungen nötigen eine gewisse Zurückhaltung hinsichtlich der Entscheidung auf, welche **Therapiemethode** beim Mutismus die Methode der Wahl darstellt. In der Praxis sind tatsächlich sehr verschiedene, jeweils verfügbare Methoden der Psychotherapie wie Hypnose, Psychoanalyse, Verhaltenstherapie und Familientherapie eingesetzt worden. Ungeklärt ist aber nicht nur die differenzielle Indikation dieser Verfahren, sondern auch die Frage, ob diese Kinder ambulant oder stationär behandelt werden sollten. Dabei spricht einiges für die Möglichkeit, dass die stationäre Aufnahme durch die Herausnahme aus der vertrauten bzw. pathologisch in die Symptomatik verwobenen Umgebung oft erst die Basis für bestimmte, stärker am Kind orientierte Therapiemethoden abgibt. Auch hier gilt natürlich der allgemeine Grundsatz der Notwendigkeit, die Eltern in die Therapie mit einzubeziehen.

In der **psychoanalytischen Therapie** orientiert sich der Arbeitsansatz an der Annahme einer sprachlichen und sozialen Regression auf die orale Stufe. Ziel der Behandlung ist über den Aufbau einer Vertrauensbeziehung die Bearbeitung von Beziehungsstörungen und depressiver Grundhaltung, die gemäß der Theorie frühkindlich determiniert sind. Die Ansätze der **Verhaltenstherapie** sind mehrheitlich an dem Modell der operanten Konditionierung orientiert. Hier wird das Sprechen über Verstärkung, Rollenspiel, Verhaltensverkettung, therapeutische Hilfestellungen und Verhaltensformung allmählich wieder entwickelt. Eine Kombination mit anderen Therapieelementen wird praktiziert, indem z. B. auf die Bedeutung einer klientzentrierten Grundhaltung verwiesen wird. Sowohl im Kontext der Verhaltenstherapie wie auch unabhängig von ihr sind sehr vereinzelt auch **familientherapeutische Vorgehensweisen** gewählt worden. Dabei ist für die Praxis jedoch sorgfältig abzuwägen, inwieweit familientherapeutische Sitzungen mit dem mutistischen Kind auch tatsächlich abgehalten werden können. Eine Ergänzung der Einzeltherapie um familientherapeutische Elemente kann im Einzelfall recht unterschiedlich gehandhabt werden, wenngleich der familienorientierte Bezug der gesamten Therapie angesichts der geschilderten Ätiologie in jedem Fall hergestellt werden muss.

Der mögliche Einsatz von **Psychopharmaka** ist zunächst noch sehr begrenzt, zumal vorerst nur wenige Einzelbeobachtungen über die begrenzte Wirksamkeit der Behandlung mit selektiven Serotonin-Wiederaufnahmehemmern vorliegen.

Über den **Verlauf** des kindlichen Mutismus liegen angesichts der relativ niedrigen Häufigkeit wenige, in ihren Ergebnissen zum Teil widersprüchliche Erkenntnisse vor. Hierzu tragen mangelnde definitorische und nosologische Differenzierungen sowie unterschiedliche Verlaufszeiträume bei, so dass entsprechend breite Schwankungen von knapp 50 bis etwa 80 % Heilungen bzw. deutliche Besserungen resultieren. Das Symptom des Mutismus neigt in einigen Fällen zu hartnäckigem Persistieren und ist nach langem Verlauf auch therapeutisch nur außerordentlich schwer zu beeinflussen. Andererseits erfolgen Remissionen auch unabhängig von der Therapie, wobei ein Umgebungswechsel bedeutsam sein kann. Übergänge in soziale Angststörungen im Erwachsenenalter kommen offensichtlich gehäuft vor.

Literatur

American Academy of Child and Adolescent Psychiatry: Practice Parameters for the assessment and treatment of children with language and learning disorders. J. Am. Acad. Child Adolesc. Psychiatry 37 (1998) 46S–62S.

Baving, L., M. H. Schmidt: Neuropsychologische Interventionsstrategien am Beispiel der umschriebenen Entwicklungsstörungen der Sprache und der Motorik. Kindheit und Entwicklung 10 (2001) 97–104.

Beitchman, J. H., N. J. Cohen, M. M. Konstantareas, R. Tannock (eds.): Language, learning and behavior disorders. Cambridge University Press, New York 1996.

Bishop, D. V. M.: Developmental disorders of speech and language. In: Rutter, M., E. Taylor (eds.): Child and Adolescent Psychiatry. Modern Approaches. 4th ed., Blackwell, Oxford 2002.

Cantwell, D. P., L. Baker: Developmental Speech and Language Disorders. The Guilford Press, New York 1987.

Dow, S. P., B. C. Sonies, D. Scheib, S. E. Moss, H. L. Leonard: Praxtical guidelines for the assessment and treatment of selective mutism. J. Amer. Acad. Child. Psychiat. 34 (1995) 836–846.

Fiedler, P., R. Standop: Stottern. Ätiologie – Diagnose – Behandlung. Urban und & Schwarzenberg, München 1994.

Grimm, H.: Störungen der Sprachentwicklung. Hogrefe, Göttingen 1999.

Hadley, N. H.: Elective mutism: a handbook for educators, counsellors and health care professionals. Kluwer, Dordrecht 1994.

Natke, U.: Stottern. Erkenntnisse, Theorien, Behandlungsmethoden. Huber, Bern 2000.

Rapin, I.: Practitioner review: developmental language disorder: a clinical update. J. Child Psychol. Psychiat. 37 (1996) 643–655.

Rothenberger, A., H. S. Johannsen, H. Schulze, H. Amorosa, D. Rommel: Medikamtente und Stottern. Phoniatrische Ambulanz der Univ. Ulm, Ulm 1994.

Steinhausen, H.-C., R. Adamek: The family history of children with elective mutism: a research report. Eur. Child & Adolesc. Psychiatry 6 (1997) 107–111.

Steinhausen, H.-C., C. Juzi: Elective mutism: An analysis of one hundred cases. J. Amer. Acad. Child. Psychiat. 35 (1996) 606–614.

Toppelberg, C. O., T. Shapiro: Language disorders: a 10-year research update review. J. Amer. Acad. Child Adolesc. Psychiat. 39 (2000) 143–152.

Van Riper, C.: The nature of stuttering. New York – Englewood Cliffs, Prentice Hall 1971.

von Suchodoletz, W.: Sprach- und Sprechstörungen. In: Steinhausen, H.-C. (Hrsg.), Entwicklungsstörungen im Kindes- und Jugendalter. Ein interdisziplinäres Handbuch. Kohlhammer, Stuttgart 2001.

von Suchodoletz, W.: Neurobiologische Befunde bei Kindern mit umschriebenen Sprachentwicklungsstörungen. Z. Kinder-Jugendpsychiat. 25 (1997) 35–45.

Yule, W., M. Rutter (eds.): Language Development and Disorders. Blackwell Scientific Publications, Oxford 1987.

12 Lernstörungen

Schulversagen als Folge von Lernstörungen ist ein häufiger Grund für die Vorstellung von Kindern in der kinder- und jugendpsychiatrischen Sprechstunde. Hinter diesem Phänomen verbirgt sich eine Vielzahl von Ursachen, Defiziten und Störungen, die gegenwärtig noch nicht in ein wissenschaftlich befriedigendes Ordnungssystem gebracht sind. Nicht nur theoretisch, sondern vor allem für die Praxis im Rahmen von Diagnostik und Rehabilitation bedeutsam ist eine Abgrenzung der **Lernstörungen** von der **Lernbehinderung.** Letztere lässt sich als ein in Beziehung zum Altersdurchschnitt allgemein erniedrigtes Leistungsvermögen im Sinne eines Kapazitätsdefizites kennzeichnen. Dabei kommt der normative Bezug in der Definition zum Ausdruck, dass die Lernbehinderung durch eine erniedrigte Intelligenz im Bereich IQ = 70 – 85 definiert wird. Die Lernbehinderung ist das Ergebnis vor allem psychosozialer, aber auch genetischer und in geringem Maße auch neuropsychologischer Belastungsfaktoren. Theoretisch wie praktisch ist sie Gegenstand vor allem der Psychologie und Pädagogik, weniger hingegen der Kinder- und Jugendpsychiatrie. Des weiteren sei darauf hingewiesen, dass Kinder und Jugendliche auch als Folge von chronischen hirnorganischen Psychosyndromen bzw. Psychosen unter einem **Leistungsabbau** leiden, der in den entsprechenden Kapiteln erörtert wurde, so dass eine Darstellung in diesem Kapitel nicht erforderlich ist.

Im Zentrum des wissenschaftlichen Interesses bei der Erforschung von Gründen und Formen des Schulversagens stehen seit geraumer Zeit die **spezifischen Lernstörungen,** die vornehmlich als neuropsychologische Funktionsstörungen konzeptualisiert werden. Sie bilden daher auch den Schwerpunkt der Darstellung dieses Kapitels. Von großer praktischer Bedeutung sind auch die **psychogenen (psychosozial bedingten) Lernstörungen,** die man auch als **Lernhemmungen** bezeichnen könnte. Sie werden daher in einem weiteren Abschnitt abgehandelt.

12.1 Spezifische Lernstörungen

Definition, Klassifikation und Häufigkeit

Trotz des Fehlens einer einheitlichen und verbindlichen Definition lassen sich spezifische Lernstörungen dahingehend charakterisieren, dass die betroffenen Kinder bei normaler Intelligenz und fehlender Sinnesbehinderung in den Bereichen von Lesen, Schreiben und Rechnen in Bezug zur Altersnorm versagen bzw. extrem niedrige Leistungen aufweisen. Die Qualifizierung dieses Versagens kann durch den Lehrer (z. B. in Form der Notengebung) oder – so weit vorhanden – aufgrund standardisierter und normierter Leistungstests erfolgen. Zugleich wird für spezifische Lernstörungen angenommen, dass **neuropsychologische Funktionsstörungen** im Entwicklungsprozess und nicht etwa psychische Störungen wie z. B. emotionale Störungen als primäre Ursachen bedeutsam sind. Gleichwohl können gerade emotionale Störungen koexistieren oder sich als Folge entwickeln.

Eine historisch zentrale Annahme, nämlich die der Diskrepanz zwischen dem jeweils spezifischen Funktionsdefizit und einer im übrigen normalen kognitiven Leistungsfähigkeit – repräsentiert durch den Intelligenzquotienten – ist neuerdings zunehmend Gegenstand theoretischer Einwände geworden. Um der Heterogenität der Erscheinungsbilder von spezifischen Lernstörungen gerecht zu werden, wird beispielsweise von dem normativen Altersbezug im Diskrepranzmodell Abstand genommen. Vielmehr wird auf ein intraindividuelles Diskrepanzmodell im Sinne eines heterogenen Leistungsprofiles und zugleich auch auf ein intrinsisches Defizit im Sinne einer Hirnfunktionsstörung oder Informationsverarbeitungsstörung fokussiert.

Der im deutschsprachigen Bereich der Kinder- und Jugendpsychiatrie favorisierte Begriff der **Teilleistungsstörungen** hebt zwar ebenso auf spezifische und isolierte Leistungsschwächen ab, die primär mit der Entwicklung verbunden sind, findet aber in keinem internationalen Klassifikationssystem Verwendung. Die ICD-10 betont den Aspekt der **Entwicklungsstörungen,** wie aus Tabelle 12-1 hervorgeht. Hier bilden die **umschriebenen Entwicklungsstörungen schulischer Fertigkeiten** eine Untergruppe, die sich mit der hier favorisierten Konzeption der **spezifischen Lernstörung** deckt.

Spezifische Lernstörungen stellen also keine einheitliche diagnostische Kategorie dar, und auch innerhalb der einzelnen Subkategorien besteht eine beträchtliche Heterogenität von Manifestationen bzw. Komponenten des jeweiligen Störungsbildes, wie bei der Erörterung der Lese-Rechtschreib-Schwäche deutlich werden wird. Für die Forschung ist damit die Notwendigkeit gegeben, **Subtypen** einzelner für den schulischen und alltäglichen Bereich relevanter Lern- und Leistungsstörungen zu identifizieren, zumal sich damit auch die Erwartung verknüpfen könnte, differenziale Behandlungsstrategien zu entwickeln.

Entsprechende Forschungsansätze bewegen sich jedoch in einem äußerst schwierigen theoretischen Feld, sofern sie nur methodenabhängige Resultate erbringen wollen. Die Vielfalt der Forschung spiegelt sich in zahlreichen **Konzepten** wider. So betont etwa ein **Prozessmodell der Informationsverarbeitung** die Störungen der Orientierung, Aufnahme, Speicherung, Integration und Expression. Hingegen berücksichtigt ein **neuropsychologisches Entwicklungsmodell** mit Störungen kognitiver Fertigkeiten als notwendige Voraussetzungen für Lernen die Ebenen von

■ linguistisch-konzeptualisierenden Fertigkeiten,
■ visuospatial konstruktive Fertigkeiten,
■ sequentiell-analytischen Fertigkeiten und
■ motorisch planenden, ausführenden und regulierenden Fertigkeiten.

Schließlich wählt ein Modell der **Störungen sensorischer Modalitäten** (z. B. akustisch, visuell, taktil, kinästhetisch) und ihrer intermodalen Verknüpfung (z. B. visuomotorisch) wiederum einen anderen Bezugsrahmen. Die Integration derartig unterschiedlicher Modelle ist bisher theoretisch ungenügend geleistet. Eine einfache Klassifikation kann von verbalen und **nonverbalen Lernstörungen** ausgehen.

Die von Rourke identifizierte und theoretisch begründete **nonverbale Lernstörung** setzt sich im Sinne eines Syndroms aus folgenden Komponenten zusammen:

■ bilaterale taktil-perzeptorische Defizite,
■ bilaterale motorische Koordinationsdefizite,
■ ausgeprägte Defizite der visuell-räumlichen Organisation,
■ starke Defizite der nonverbalen Problemlös- und Konzeptbildungsfähigkeiten,
■ sehr gut entwickelte mechanisch verbale Fertigkeiten,
■ ausgeprägte Probleme der Anpassung an neue und komplexe Situationen,
■ auffallende relative Defizite des mechanischen Rechnens,

■ Weitschweifigkeit mit mechanisch-repetitivem Charakter und
■ bedeutsame Defizite der sozialen Wahrnehmung und Interaktion.

Probleme der Definition und Klassifikation erklären die Tatsache, dass es keine verlässlichen Zahlen zur **Häufigkeit** spezifischer Lernstörungen gibt. Die Schätzungen bewegen sich zwischen 3 und 7 % der Schulkinder, wobei Ergebnisse der kinder- und jugendpsychiatrischen Epidemiologie nahe legen, dass derartige Störungen keine spezifische Sozialschichtbindung zeigen und eher in Familien mit homologer Belastung vorkommen. Die Entwicklungsabhängigkeit impliziert darüber hinaus eine Variation der Häufigkeit mit dem Alter. Jungen sind 4- bis 10mal häufiger betroffen als Mädchen.

Klinik und Diagnostik

Bei Kindern mit spezifischen Lernstörungen werden häufiger als bei Kindern ohne derartige Störungen **komorbide psychische Auffälligkeiten** beobachtet. Dabei handelt es sich in erster Linie um **Störungen des Sozialverhaltens,** aber es kommt auch gehäuft zu Manifestationen von **Hyperaktivität** sowie **Angst,** sozialem Rückzug, **Schulverweigerung, Depression,** Somatisierungen und beeinträchtigtem Selbstwertgefühl. Betroffen sind etwa ein Drittel der Kinder mit spezifischen Lernstörungen, wobei die zu beobachtenden Probleme mehrheitlich ein subklinisches Ausmaß annehmen.

Neben der Möglichkeit einer simultanen Entwicklung handelt es sich vor allem um Reaktionsbildungen auf das schulische Leistungsversagen. Typischerweise entwickeln sie sich mit einer Verzögerung nach wenigen Jahren Schulverlauf und haben ihren Höhepunkt gegen Ende der Grundschulzeit. Häufig werden die psychischen Probleme als Ursache des Schulversagens verkannt. Hingegen können die aus spezifischen Lernstörungen resultierenden psychischen Störungen wiederum das Schulversagen verstärken, wobei die Reaktion der Umwelt (Eltern, Geschwister, Lehrer, Mitschüler) ebenfalls bedeutsame Vermittlungsglieder darstellen können. Negative Reaktionen durch fehlende Unterstützung und Entmutigung beeinflussen Verhalten und Lernen des Kindes ungünstig und verstärken die Problematik.

Therapeutische Maßnahmen setzen eine sorgfältige mehrdimensionale **Diagnostik** voraus. Diese besteht immer aus

■ Interview mit Eltern, Lehrern und Kind,
■ neuropsychologischer Testdiagnostik sowie wenn möglich
■ direkter Verhaltensbeobachtung in der (schulischen) Leistungssituation und
■ direkter Erfassung der sozialen Interaktion des Kindes mit Eltern und/oder Lehrern.

Das **Elterninterview** zentriert sich neben der Erfassung der typischen Details von Anamnese und Befund auf den bisherigen Verlauf der Störung, den Umgang der Eltern mit der Lernstörung des Kindes (z. B. in der Hausaufgabensituation), die Bewertung des Problems durch die

Eltern, das Lernverhalten von Geschwistern sowie die eigene Schul- und Bildungsentwicklung der Eltern. Im **Lehrerinterview** werden die Eindrücke, Beurteilungen und Vorgehensweisen erfasst, die mit den jeweiligen Lernstörungen des Kindes verknüpft sind. Dabei müssen auch die Reaktion der Klassenkameraden und die Stellung des Kindes in der Klassengemeinschaft erfasst werden. Schließlich müssen die **Einstellung des Kindes** zu seinen Problemen, deren Verarbeitung und die Beziehung zu Eltern, Lehrern, Geschwistern und Klassenkameraden vom Kind direkt in Erfahrung gebracht werden.

Das Ziel der **neuropsychologischen Funktionsdiagnostik** besteht in einer Profilanalyse relativer Defizite des Kindes hinsichtlich Intelligenz sowie kognitiver und schulischer Leistungsfunktionen. Neben der Erfassung der Arbeits- und Lösungsstrategien interessieren nicht allein die normenbezogenen Resultate eines Tests, sonder vor allem die relative **Diskrepanz** verschiedener Leistungs- und Funktionsbereiche, zumal sich nicht allein aus dem Defizit, sondern vor allem aus dem gestörten Gleichgewicht beteiligter Funktionen das Entstehen spezifischer Lern- und Leistungsstörungen erklärt. Insofern können auch beim intellektuell hoch begabten Kind isolierte „relative Leistungsdefizite" Anlass für Probleme geben, wenn diese „nur" im Altersdurchschnitt liegen.

Die psychologische **Testdiagnostik** muss neben einem – möglichst für Profilanalysen geeigneten – Intelligenztest jeweils für die individuelle Störung geeignete Testverfahren einsetzen. Eine Darstellung verfügbarer deutschsprachiger Tests ist in Tabelle 4-6 im Kapitel über Diagnostik gegeben, so dass an dieser Stelle eine entsprechende Abhandlung verzichtbar ist. Ergänzt sei lediglich, dass neben normorientierter Testdiagnostik auch ein kriteriumsorientiertes Vorgehen sinnvoll ist, bei dem es z. B. zur Erfassung von Rechenfertigkeiten nicht um den Vergleich zum Altersniveau, sondern um das absolute Leistungsniveau des Kindes geht. Diese dem pädagogischen Vorgehen vergleichbare Erfassung kann eventuell zugleich Ansätze einer pädagogisch-therapeutischen Intervention eröffnen.

Sofern möglich und durchführbar, verschafft die direkte **Verhaltensbeobachtung** Einblick in das Leistungsverhalten des Kindes und Interaktionen mit Lehrern und Klassenkameraden in der Schule sowie mit den Eltern in der Hausaufgabensituation. Bei der Beobachtung des Verhaltens im Klassenraum interessieren neben der Erfassung von Aufmerksamkeits- bzw. Störverhalten vor allem der Umfang und das Niveau der Leistungen des Kindes. Darüber hinaus kann der Untersucher Einblick in frühere Arbeitsergebnisse des Kindes nehmen und sich Aufschlüsse über die Position des Kindes in der Klassengemeinschaft und das Verhalten sowie die Einstellung der Lehrer gegenüber dem Kind verschaffen.

Schließlich ermöglicht die Beobachtung einer **Hausaufgabensituation** die Beurteilung des Umgangs der Eltern mit dem Kind, wobei Hausbesuche eventuell einen direkteren Zugang zur Problematik ermöglichen als die Beobachtungen in der Klinik. Dabei kann die Videoaufzeichnung mit gemeinsamer Analyse des Elternverhaltens erste Ansätze zu einer pädagogisch-therapeutischen Intervention abgeben.

Ätiologie

Angesichts der Heterogenität von spezifischen Lernstörungen kann kein einheitliches Ursachenmodell erwartet werden. Darüber hinaus können zum gegenwärtigen Zeitpunkt angesichts des begrenzten Erkenntnisstandes nur einige Elemente eines wahrscheinlich auch für die spezifischen Lernstörungen gültigen **polyätiologischen Modells** benannt werden. Dabei bildet die Annahme ursächlich bedeutsamer **zentralnervöser Funktionsstörungen**, die wahrscheinlich bereits pränatal entstanden sind, den theoretischen Rahmen für alle Modelle der Ätiologie spezifischer Lernstörungen.

Zusätzlich ist auch von der Möglichkeit auszugehen, dass **genetische Faktoren** im Sinne einer Prädisposition mit Modulation durch Umweltbedingungen bedeutsam sind, während **Umwelt- und Sozialfaktoren** keine primär ursächliche Bedeutung zukommt. Theorien einer psychosozialen Genese von spezifischen Lernstörungen müssten erklären, warum hochgradig spezifische Defizite in isolierten Bereichen und nicht etwa die klinisch geläufigen allgemeinen Entwicklungsverzögerungen resultieren. Umwelt- und Sozialfaktoren können demgemäß allenfalls sekundär und additiv – z. B. bei der Ausbildung psychischer Symptome – bedeutsam sein.

Therapie und Verlauf

Die Behandlung spezifischer Lernstörungen variiert natürlich mit der jeweiligen individuellen Symptomatik. An dieser Stelle können daher nur einige allgemeine Überlegungen angestellt werden.

Zunächst besteht ein erster Schritt der Behandlung in der ausführlichen **Information** der Eltern und Lehrer über Wesen und mögliche Ursachen der jeweiligen Lernstörung. Hier müssen oft Fehldeutungen korrigiert, Verständnis vermittelt und damit zugleich Einstellungsänderungen gebahnt werden, um einen neuen Ansatz im wechselseitigen Umgang zu ermöglichen. Dabei darf allerdings eine realitätsgerechte Aufklärung über die häufig längerfristig persistierenden Lernbeeinträchtigungen nicht fehlen.

Im **pädagogisch-therapeutischen Umgang** mit dem Kind gilt es, an den Leistungsstärken des Kindes anzuknüpfen, indem z. B. zunächst das visuelle Gedächtnis beim Kind mit auditiver Diskriminationsschwäche als Basis einer Lese-Rechtschreibstörung trainiert und nach Erfolgserlebnissen später die phonetische Analyse angegangen wird. Zugleich müssen die Erfolgsmaßstäbe von der Altersnorm herabgesetzt und dem jeweiligen Kind individuell angepasst werden. Entsprechend muss die Motivation durch häufigere positive Verstärkung und Rückmeldung heraufgesetzt werden. Ferner sollen die Spannungen in der Beziehung von Erwachsenen (d. h. Lehrer und Eltern) einerseits und lerngestörtem Kind andererseits reduziert werden. Um die Effekte der durchgeführten Maßnahmen zu erfassen, ist eine regelmäßige

Erfolgskontrolle der Behandlung ebenso wie eine erneute Untersuchung und Bewertung von Lernen und Leistung erforderlich.

Behandlungspläne bei spezifischen Lernstörungen müssen demgemäß in der Regel mehrdimensional sein. Einen Schwerpunkt bilden dabei pädagogisch-trainierende Verfahren. Vielfach werden neuropsychologisch orientierte Trainingsprogramme eingesetzt deren spezifische Effektivität allerdings wenig untersucht bzw. wiederholt auch bezweifelt worden ist. Die Beratung der Eltern ist in jedem Fall unverzichtbar. Wünschenswert und in vielen Fällen notwendig ist die direkte Verhaltensmodifikation, die sich auf das Kind sowie die Eltern erstrecken kann. Dabei kann ein wichtiges ergänzendes Ziel im Abbau bzw. in der Prävention sekundärer psychischer Störungen bestehen.

Der bei den verschiedenen spezifischen Lernstörungen variierende **Verlauf** ist bisher relativ wenig untersucht worden. Die meisten Erkenntnisse stammen aus der Beobachtung des Verlaufs der Lese-Rechtschreib-Schwäche und werden in diesem Zusammenhang dargestellt. Allgemein sind hohe Intelligenz und zunehmendes Alter – als Ausdruck einer entwicklungsabhängigen Nachreifung und Kompensation – sowie non-verbale Lernstörungen ebenso wie eine mit der Sozialschicht ansteigende Behandlungsmotivation günstige prognostische Faktoren.

12.1.1 Lese-Rechtschreibstörung

Definition, Klassifikation und Häufigkeit

Die Lese-Rechtschreibstörung (LRS) ist die am besten untersuchte und häufigste Lernstörung. Sie ist durch ein erschwertes Erlernen des Lesens und ungewöhnlich viele Rechtschreibfehler bei ansonsten befriedigenden schulischen Leistungen und normaler bzw. überdurchschnittlicher Intelligenz gekennzeichnet. Ebenso müssen gemäß Definition der ICD-10 Hör- und Sehstörungen sowie neurologische Störungen ausgeschlossen sein und darf die LRS nicht durch unzureichenden Unterricht bedingt sein. Die ICD-10 berücksichtigt Schreibstörungen ohne Lesestörung. Die Begriffe der **Legasthenie** und der **Dyslexie** können als Synonyme für die spezifische LRS als einer entwicklungsabhängigen Teilleistungsstörung bei normaler Intelligenz betrachtet werden.

Bedeutsam an der Definition ist die **Diskrepanz** zwischen Lese-Rechtschreib-Leistungen und dem übrigen Leistungsniveau im Sinne einer Teilleistungsschwäche. Dieser isolierte Funktionsausfall im sprachlichen Bereich macht eine Abgrenzung gegenüber einer Verzögerung in der Aneignung der Kulturtechniken Lesen und Schreiben im Sinne nicht altersgemäßer Leistungen ohne neuropsychologische Funktionsstörungen – häufig vor dem Hintergrund sozioökologischer Benachteiligungen bzw. Belastungen – erforderlich. Für dieses Störungsbild ist in der anglo-amerikanischen Literatur der Begriff des allgemeinen Rückstands von Lese- und Rechtschreibfertigkeiten (general reading backwardness) eingeführt worden.

Im Sinne der Diskrepanzdefinition muss im Rahmen einer operationalisierten Definition der spezifischen LRS im Einzelfall die signifikante Differenz von Lese- und Rechtschreibfertigkeiten einerseits und Intelligenz andererseits nachgewiesen sein. Dies kann über die pädagogische Feststellung erfolgen, dass bei normaler Begabung die Lese- und Rechtschreibleistungen einen Rückstand von mindestens zwei Jahren aufweisen. In der klinischen Untersuchung wird der Bezug auf die Durchführung standardisierter Tests vorgenommen, wobei sich die Lese- und Rechtschreibleistungen signifikant von den Intelligenzleistungen unterscheiden müssen bzw. mindestens zwei Standardabweichungen (PR 16) unter dem Mittelwert der Eichstichprobe liegen müssen.

Im Sinne der Definition der spezifischen LRS als einer isolierten Teilleistungsstörung auf der Basis gestörter neuropsychologischer Funktionen ist zugleich aber auch der positive Nachweis einer Störung in diesem Bereich zu fordern. Da Kinder mit einer LRS im Sinne der Diskrepanzdefinition sich aber nicht aufgrund neuropsychologischer, heriditärer oder neuroanatomischer Merkmale von Kindern mit einem Entwicklungsrückstand der Lese-Rechtschreib-Fertigkeiten unterscheiden, ist zumindest im anglo-amerikanischen Raum für eine Ausweitung der Diagnose einer Dyslexie plädiert worden.

Angesichts divergierender Definitionen schwanken Angaben zur **Häufigkeit.** Die Prävalenz liegt bei 10 bis 15% im Schulalter, wobei zumindest ältere Jungen 3- bis 4mal häufiger als Mädchen Symptomträger sind. Die Häufigkeit der LRS nimmt mit zunehmendem Alter ab. Isolierte Rechtschreibschwächen finden sich eher in höheren Klassen der Grundschule. Die LRS kommt in allen Sozialschichten vor.

Klinik und Diagnostik

Die Befunde bei LRS sind angesichts der Heterogenität des Störungsbildes vielfältig. Die Annahme eines spezifischen **Fehlerprofils,** dass die Legasthenie von einer Verzögerung in der Aneignung von Lese-Rechtschreib-Fertigkeiten differenziert, ist weitgehend verlassen worden. Dementsprechend sind Buchstabenverwechslungen und -inversionen, Regelfehler, Wahrnehmungsfehler etc. nicht legastheniespezifisch, sondern können z. B. auch bei nicht-legasthenischen Kindern im Prozess der Aneignung von Lesen und Schreiben beobachtet werden, während sie bei Legasthenikern persistieren. Die charakteristischen Symptome der LRS sind in Tabelle 12-2 zusammengefasst.

Auffällig sind vornehmlich **neuropsychologisch-kognitive Defizite** sowohl sprachlich-linguistischer Funktionen wie auch des Gedächtnisses und visuell-räumlicher Fertigkeiten. Zu nennen sind Probleme der akustischen Diskrimination und Identifikation von Phonem, der Lautverbindung, des Wortschatzes sowie der grammatikalisch-syntaktischen Struktur der Sprache. Ferner zeigt das Kind mit einer LRS schlechte Gedächtnisleistungen, wobei sowohl Probleme der Kodierung des Gedächtnismaterials wie auch Defekte im raschen Abrufen von Gedächtnisinformationen und in der Anwendung von Gedächtnisstrategien vorliegen. Schließlich können neben Störungen des visuell-räumlichen Orientierungsvermögens auch Beeinträchtigungen motorischer Funktionen, vor allem in der Sprechmotorik bzw. Artikulation, beobachtet werden.

Tabelle 12-2 Symptomatik der Lese-Rechtschreibstörung.

Lesestörung

- niedrige Lesegeschwindigkeit
- falsche Wiedergabe von Worten bzw. Wortteilen:
- auslassen, ersetzen, verdrehen, hinzufügen
- verzögerter Start oder Zeilenverlust beim Vorlesen
- Wort- und Buchstabenvertauschen
- Leseverständnisstörung

Rechtschreibstörung

- Buchstabenverwechslung und -inversion: (b-d, p-q)
- Reihenfolgefehler der Buchstaben im Wort
- Auslassungen oder Einfügungen von Buchstaben oder Wortteilen
- Regelfehler (falsche Dehnung oder Groß- und Kleinschreibung)
- Wahrnehmungsfehler (Konsonantenverwechslung, z. B. d-t)
- Schreiben gemäß Lautbild
- Wortverstümmelungen
- Fehlerinkonstanz

Im allgemeinen ergibt die **klinische Untersuchung** keine charakteristischen neurologischen Auffälligkeiten; auch der EEG-Befund ist in den der Regel normal. Abweichende Befunde in diesen beiden Bereichen können eher Hinweis auf das **Koexistieren** leichter frühkindlich entstandener **Hirnfunktionsstörungen** sein (vgl. Kap. 9). Im Rahmen der Anamnese lässt sich bei der LRS häufig eine **Sprachentwicklungsverzögerung** feststellen. Besonders charakteristisch ist die sekundäre Überformung des primären Störungsbildes durch Zeichen **psychischer Störungen** und Labilität mit Ängstlichkeit und Depressivität, Auffälligkeiten im Sozialverhalten sowie psychomotorischer Unruhe und Konzentrationsstörungen. Dementsprechend sind **Störungen des Sozialverhaltens** sowie **hyperkinetische Störungen** häufige koexistierende Störungen.

Aus der Interaktion von Primärstörung, Schulversagen und sekundärer Überformung entwickelt sich häufig ein sehr komplexes Störungsbild, das eine kompetente mehrdimensionale **Diagnostik** erforderlich macht. Diese muss sich auf die psychologische **Testdiagnostik** gleichermaßen wie auf eine umfassende **psychopathologische Befunderfassung** erstrecken. Neben standardisierten Lese- und Rechtschreibtests kommen neuropsychologische Tests zur Erfassung sprachlicher Funktionen, visuell-perzeptorischer Leistungen, sensorisch-integrativer Funktionen und zur Messung der Intelligenz zum Einsatz. Beispiele für geeignete Tests sind in Kapitel 4 dargestellt worden. Die psychiatrische Untersuchung geht neben der Erfassung der Entwicklung des Kindes und seiner Symptomatik vor allem der Bedeutung weiterer reaktiv entstandener Symptome und damit der Frage nach, inwieweit Schulunlust und fehlendes Selbstvertrauen auf den gesamten Leistungsbereich generalisiert sind und das Verhalten des Kindes mit einer LRS prägen. Ferner können fachärztliche Überprüfungen der Seh- und Hörfähigkeit indiziert sein.

Ätiologie

Auch für die spezifische LRS muss modellhaft eine mehrdimensionale Ätiologie angenommen werden. Dabei spielen in der Konzeption der LRS als einer spezifischen Teilleistungsstörung bzw. Lernstörung naturgemäß **neuropsychologische Funktionsstörungen** eine besondere Rolle. Eine Ableitung der LRS aus dem Konzept der leichten frühkindlichen Hirnfunktionsstörung hat allerdings wenig zusätzlichen Erklärungswert, zumal sich die Konstrukte der spezifischen Lernstörung und der frühkindlichen Hirnfunktionsstörung sehr weitgehend überlappen. Aktuell wird die LRS auf der Basis der vorliegenden neuroanatomischen und hirnfunktionellen Befunde als eine Störung der sprachlichen und visuellen **Informationsverbreitung** konzipiert. Den Betroffenen gelingt es nicht in hinlänglicher Form, visuell aufgenommene Schriftsprache in akustisch erworbene Sprache zu übersetzen. Bei der sprachlichen Informationsverarbeitung steht im Zentrum eine Störung der phonologischen Bewusstheit, d. h. der Fähigkeit, sprachliche Einheiten wie Wörter oder Laute zu erkennen. Störungen der visuellen Informationsverarbeitung betreffen wahrscheinlich nur einen sehr viel kleineren Anteil der Personen mit einer LRS.

Die Suche nach einer **neuroanatomischen Grundlage** für die LRS hat eine lange Tradition. Zu den aktuelleren Thesen gehört z. B. die Annahme einer atypischen oder defizienten Hemisphärendominanz oder einer atypischen Symmetrie in der Region des Planum temporale und im parietookzipitalen Cortex des Gehirns. Die verschiedenen Befunde lassen sich am Besten als ein linkshemisphärales Defizit kennzeichnen.

Die Annahme von **Entwicklungs- und Reifungsverzögerungen** kognitiver Funktionen als weiterem ätiologisch bedeutsamem Faktor hat ebenfalls eine lange Geschichte in der Legasthenieforschung. Die Schwäche ihres Erklärungswertes liegt in dem Umstand, dass diese Annahme möglicherweise einerseits nur symptomatisch für eine allgemeinere neurologische Funktionsstörung sein könnte und andererseits in Konkurrenz zur Annahme von Defizittheorien steht, welche auf die Irreversibilität einiger Symptomverläufe bei der spezifischen LRS verweisen können.

Ebenfalls seit geraumer Zeit in Diskussion ist die Hypothese der **Erblichkeit**. Die erbliche Komponente ist dabei wahrscheinlich eine der LRS vorausgehende Entwicklungskomponente der gesprochenen Sprache – ein Defizit der Phonemwahrnehmung, das sich in der geschriebenen Sprache als phonologische Koordinierungsschwäche äußert. Dieses Defizit ist auf Chromosom 6 identifiziert worden. Ein weiteres Defizit der visuellen Einzelworterkennung geht mit einer Störung auf Chromosom 15 einher. Zumindest für diesen Befund scheint ein autosomal-dominater Erbgang vorzuliegen.

Hinsichtlich der Wertigkeit **psychosozialer Faktoren** folgt aus der häufigen Koexistenz von spezifischer LRS und psychiatrischen Störungen sowie anderen unspezifischen Merkmalen wie mangelnder Anregung, schulorganisatorischen und didaktischen Defiziten, häuslicher Lernumwelt etc. nicht notwendigerweise eine ätiologische Bedeutsamkeit. Psychische Störungen und Motivationsdefizite sind, sofern sie einmal existent sind, für die Unterhaltung einer spezifischen LRS bedeutsam, und beide Störungen formen die Belastung des Kindes additiv und zugleich sogar interaktiv. Andererseits muss aber angesichts wenig überzeugender Forschungsergebnisse eine primär-ätiologische Bedeutung psychosozialer Faktoren bezweifelt werden.

Therapie und Verlauf

Angesichts der Tatsache, dass Kinder mit einer spezifischen LRS neben dieser Funktionsstörung häufig aufgrund eines mehrjährigen frustranen Schulverlaufs leistungsdemotiviert sind und mit hoher Wahrscheinlichkeit Sekundärstörungen entwickelt haben, sind **integrative Therapiekonzepte** erforderlich; zumal die wünschenswerte Frühdiagnose und Primärprävention in der Regel nicht realisiert werden konnte. Zu mehrdimensionalen Therapieplänen für Kinder mit spezifischer LRS gehören daher **pädagogische** und **klinisch-therapeutische Maßnahmen,** wie in Tabelle 12-3 ersichtlich wird.

Tabelle 12-3 Integrative Therapie bei Lese-Rechtschreibstörung (LRS).

- Spezifisches LRS-Training
- Schulpädagogische Maßnahmen (Förderkurse, leichtere Übungen, Notenbefreiung etc.)
- Verbesserung der Motivation, Abbau der Schulunlust
  - kindzentriert
  - elternzentriert
  - lehrerzentriert
- Psychotherapie der Begleitstörungen

Den **schulischen Fördermaßnahmen** mit gezieltem pädagogischem Vorgehen, Lesetrainings und Lernprogrammen zum Abbau von Lese- und Rechtschreibdefiziten sollten flankierend die Notenbefreiung für Lesen und Rechtschreibung, die Diktatbefreiung und spezielle Versetzungsvorschriften zur Seite stehen, um der Entwicklung und Verfestigung einer Schulunlust als Sekundärstörung zu begegnen.

Im Rahmen **klinisch-therapeutischer Maßnahmen** bilden Lernprogramme und Trainingsmaßnahmen zur Entwicklung von Sprachwahrnehmung und -verständnis, Sprechmotorik, Gedächtnisleistungen sowie weiteren kognitiven Faktoren eine unverzichtbare Säule der Behandlung. Neben diesem **funktionellen Ansatz** sind gegebenenfalls **Aufmerksamkeitstraining** sowie **psychotherapeutische Elemente** zur Verbesserung der Leistungsmotivation und zum Abbau emotionaler Störungen indiziert. Entsprechend haben auch **verhaltenstherapeutische Elemente** zum Aufbau von Lernprozessen und

zum Abbau von unangemessenen Verhalten Einzug in die Behandlung gefunden. Wie immer müssen derartige Behandlungsmaßnahmen durch regelmäßige **Elternberatung** begleitet werden. Der Einsatz von **Psychopharmaka** hat eher eine randständige Bedeutung, zumal es keine Substanz gibt, welche die spezifische LRS bzw. die neuropsychologischen Defizite kausal beeinflussen kann. Für Piracetam sind Verbesserungen der Leseleistungen und des Leseverständnisses experimentell nachgewiesen worden. Offen ist allerdings die Frage, inwieweit diese Veränderungen über denen von Trainingsprogrammen liegen. Hingegen kann sich die Frage stellen, inwieweit begleitende Aufmerksamkeitsstörungen medikamentös positiv beeinflusst werden können und das Kind auf diesem Wege von anderen Behandlungsmaßnahmen eher profitieren kann.

Neuere Erkenntnisse über den **Verlauf** der spezifischen LRS besagen, dass nur etwa ein Viertel der betroffenen Kinder am Ende der Grundschulzeit altersgemäße Leistungen zeigen. Nur 4% der schweren Lese-Rechtschreib-Störungen normalisieren sich jenseits der Grundschulzeit bis zum Ende der Schulzeit. Der Wert therapeutischer Bemühungen für den Verlauf lässt sich noch nicht abschließend beurteilen. Trotz dieser schlechten **Prognose** für die gestörte Funktion liegt der Schulabschluss der betroffenen Kinder in der Regel im Durchschnittsbereich. Hinsichtlich der Entwicklung sekundärer psychischer Störungen sind auch Jugendliche noch Risikofälle. Ungünstig wirken sich ferner ein niedriger Sozialstatus und eine gleichzeitig vorliegende Hyperkinetische Störung aus. Auch bei Erwachsenen lassen sich noch sprachliche Funktionsdefizite finden, wie sie von der kindlichen LRS bekannt sind. Ebenso gibt es unter Erwachsenen Manifestationsformen eines Analphabetismus, der seine Wurzeln in einer spezifischen LRS des Kindesalters hat.

12.1.2 Rechenstörung

Definition, Klassifikation und Häufigkeit

Auch für die spezifische Rechenstörung (Dyskalkulie) bietet sich – in Entsprechung zur spezifischen LRS – eine operationalisierte Definition an. Demnach liegt eine spezielle Rechenstörung vor, sofern bei normaler Intelligenz und im übrigen normalen, altersgemäßen Leistungen die Rechenfertigkeiten in standardisierten Tests mindestens zwei Standardabweichungen unter dem Mittelwert der Altersgruppe liegen.

Eine so als Teilleistungsstörung verstandene spezifische Rechenstörung lässt sich aber auch auf allen Intelligenzniveaus definieren, sofern eine bedeutsame (d. h. statistisch gesicherte) **Diskrepanz** zum Intelligenzniveau vorliegt. Diese Erweiterung der Definition berücksichtigt z. B. die Möglichkeit, dass intellektuell Hochbegabte bei „nur" durchschnittlichen Rechenfertigkeiten eine relative Teilleistungsstörung haben. Schließlich können Rechenstörungen natürlich auch im Rahmen einer allgemeinen Schulleistungsschwäche und damit nicht mehr im Kontext spezifischer Lernstörungen bzw. Teilleistungsstörungen auftreten. Seltener sind Akalkulien als Folge von Hirnschädigungen (z. B. nach Schädel-Hirn-Traumen).

Zur **Häufigkeit** spezifischer Rechenstörungen liegen Prävalenzraten zwischen 1,3 und 6,2 % vor. Insgesamt sind spezifische Rechenstörungen damit weniger häufig als die spezifischen Lese-Rechtschreib-Störungen.

Klinik und Diagnostik

Die symptomatischen Probleme der Rechenstörungen liegen in folgenden Bereichen:

- Zahlensemantik: Rechenoperationen und basale Konzepte werden nicht verstanden (z. B. mehr/weniger), Mengengrößen unzureichend erfasst, und die Fähigkeit des Schätzens von Mengen und Rechenergebnissen ist beeinträchtigt;
- sprachliche Zahlenverarbeitung (Zahlwortsequenz, Speichern von Faktenwissen);
- Erwerb des arabischen Stellenwertsystems, seiner syntaktischen Regeln und der abgeleiteten Rechenoperationen;
- Zahlenübertragung aus einer Kodierung in eine andere (von der arabischen Ziffer in die Wortform und umgekehrt).

Hinsichtlich der Verknüpfung von Rechenstörungen mit anderen psychischen Störungen ist eine spezifische Beziehung zu **emotionalen Störungen** gut belegt. Diese entstehen häufig als Folge des schulischen Leistungsversagens, der erlebten Erschütterung des Selbstwertgefühls und der Interaktionsstörungen mit Eltern, Lehrern und Klassenkameraden. Denkbar ist aber auch, dass die spezifische Rechenstörung und die emotionale Störung jeweils Ausdruck der gleichen neuropsychologischen Basisstörung sind.

Entsprechend muss in typischer Weise eine **mehrdimensionale Diagnostik** realisiert werden. Sie umfasst eine detaillierte Anamnese, Interviews mit Eltern, Lehrern und Kind zur Erfassung der Auswirkungen der Rechenstörung auf die gesamte Adaptation und das Verhalten des Kindes, die neuropsychologische Funktionsdiagnostik unter Einschluss von Intelligenz- und standardisierten Rechentests (sowie gegebenenfalls auch Tests zur Erfassung einer LRS), eine entwicklungsneurologische Überprüfung hinsichtlich Zeichen einer eventuell vorhandenen neuromotorischen Reifungsverzögerung sowie die direkte Verhaltensbeobachtung des Kindes in der Leistungssituation.

Differenzialdiagnostisch müssen allgemeine Leistungs-(Intelligenz-)Minderungen ausgeschlossen und spezifische Rechenstörungen als entwicklungsabhängige Teilleistungsstörungen von hirntraumatisch erworbenen Akalkulien und Dyskalkulien differenziert werden. Beim **Gerstmann-Syndrom** liegen die Symptome der Akalkulie, der Fingeragnosie, der Agrafie und der Rechts-Links-Störung vor, wobei die Ursache in einer Schädigung der unteren Parietalregion (Gyrus angularis) der linken Gehirnhemisphäre besteht. Sofern die vier Symptome ohne vorausgegangene Schädigung des Hirns auftreten, wird von einem „Developmental Gerstmann Syndrome" gesprochen.

Ätiologie

Die bisher nur sehr begrenzten Erkenntnisse zur Verursachung der Rechenstörung gestatten vorerst nur den Entwurf theoretischer Modelle mit vorerst begrenzter empirischer Stützung. Im Mittelpunkt dieser Modelle stehen Annahmen über **neuropsychologische Defizite.** Diese gehen von der Feststellung aus, dass im Kindesalter eigenständige Hirnfunktionen für die Verarbeitung von Zahlen (sog. Hirnmodule) reifen. An diesen Prozessen sind jeweils links- und rechtshemisphärale Basisfunktionen für die Sprache bzw. visuell-räumliche Fähigkeiten beteiligt. Tatsächlich legen empirische Studien die Annahme von zwei Subtypen nahe. Beim ersten eher linkshemisphäralen Typ bestehen gleichzeitig Schwächen im Lesen und Schreiben; die Rechenstörung geht vornehmlich auf eine akustisch-sequentielle Merkfähigkeitsstörung zurück. Beim eher rechtshemisphäralen zweiten Typ liegt ein Defizit im Bereich visuell-räumlicher, motorischer und taktiler Wahrnehmungen vor. Während der erste Typ eine verbale Lernstörung repräsentiert, stellt der zweite Typ eine schwere und vom Verlauf her ungünstigere nonverbale Lernstörung dar.

Ferner ist der Einfluss **genetischer Faktoren** durch eine familiäre Häufung von Rechenstörungen belegt. Offensichtlich sind auch **prä- und perinatale Risikofaktoren** bedeutsam. Die mathematischen und speziell visuell-räumlichen Wahrnehmungsfähigkeiten sind auch beim **Turner-Syndrom** beeinträchtigt. Hinsichtlich der Bedeutsamkeit **soziokultureller und familiärer Faktoren** wie Mängel an Leistungsmotivation, Arbeitshaltung und Ausdauer muss die fehlende ätiologische Eindeutigkeit bemängelt werden. **Schulische Ursachen** – die für die Rechenschwäche und nicht für das Konzept der spezifischen Rechenstörung als einer neuropsychologischen Teilleistungsschwäche Gültigkeit beanspruchen sollten – können in didaktisch-pädagogischen Mängeln begründet sein. Schließlich kann die Rechenschwäche als Zeichen einer allgemeinen Leistungsschwäche natürlich auch durch emotionale Störungen wie Ängstlichkeit und Depressivität bedingt sein, während für das Konzept einer spezifischen Rechenstörung eher eine simultane oder reaktive Entwicklung **emotionaler Störungen** als Folgen des Leistungsversagens anzunehmen ist.

Therapie und Verlauf

Die Behandlung der Rechenstörung ist Aufgabe sonderpädagogischer **Trainingsprogramme.** Sie sollten sich in erster Linie an der Diagnostik der gestörten Funktionen der Zahlenverarbeitung und des Rechnens orientieren und auf bestimmte Stufen des Aufbaus und der Verinnerlichung mathematischer Operationen ausgerichtet sein. Diese Maßnahmen umschließen eine Förderung der anschaulich-praktischen Intelligenzleistungen, ein visuelles Wahrnehmungstraining, die Sicherung des Zahlenbegriffs sowie das Training des anschaulichen Gedächtnisses und der Automatisierung der arithmetischen Grundbeziehungen. Schließlich sollte auf einer Anwendungsstufe über verschiedene Maßnahmen die flexible Verwendung mathematischer Operationen in Problemsituationen ermöglicht werden. Aufbauend auf differenzierten förderdiagnostischen Abklärungen werden die Trainings individuell den jeweiligen Defiziten des Kindes mit einer Rechenstörung angepasst.

Flankierende Maßnahmen können aufgrund entsprechender Befunde der Diagnostik in **Elternberatung** und **psychotherapeutischen Maßnahmen** für die begleitenden emotionalen Störungen bestehen. Der Verlauf der Rechenstörung ist vorerst noch ungenügend erforscht.

12.2 Psychogene Lernstörungen

Definition, Klassifikation und Häufigkeit

Verglichen mit dem großen Forschungsinteresse, das den spezifischen Lernstörungen entgegengebracht wird, können die psychogenen Lern- und Leistungsstörungen als ein Stiefkind wissenschaftlicher Bemühungen betrachtet werden. Sie lassen sich als Hemmungen der Lern- und Leistungsfähigkeit aufgrund von intrapsychischen Konflikten und Spannungen im Kind sowie als Ergebnis von Beziehungsstörungen zwischen Kind und Familie bzw. bedeutsamen Beziehungspersonen kennzeichnen. Betroffen ist vor allem die Lern- und Leistungsmotivation als eine der zentralen Voraussetzungen schulischer und alltagsbezogener Lernprozesse.

Psychogene Lernstörungen werden gegenwärtig in keinem der beiden international weit verbreiteten Klassifikationssysteme berücksichtigt, wenngleich sie in der klinischen Praxis nicht selten festgestellt werden. Angesichts enger inhaltlicher Beziehungen zu Phänomenen wie Anpassungsstörungen, Schulangst, Schulphobie, Identitätskrisen in der Adoleszenz und damit ganz allgemein zu emotionalen Störungen kann natürlich kritisch eingewendet werden, dass psychogene Lernstörungen keine eigenständige diagnostische bzw. nosologische Kategorie darstellen. Gleichwohl gehen die psychogenen Lernstörungen nicht in emotionalen Störungen auf, sondern koexistieren mit diesen wie auch mit anderen psychiatrischen Störungen, die auf ähnliche Weise häufig eine Resultante gestörter (intrafamiliärer) Beziehungsstrukturen sind.

Angesichts der ungenügenden Berücksichtigung psychogener Lernstörungen in internationalen Diagnosesystemen und epidemiologischen Studien liegen keine Zahlen zur **Häufigkeit** dieser klinischen Bilder vor. Im Folgenden soll wegen der engen Verschränkung klinischer Bilder und Bedeutungsfaktoren eine integrierte Abhandlung klinisch-diagnostischer und ätiologischer Faktoren vorgenommen werden.

Klinik und Ätiologie

Hemmung und Versagen im Bereich von Lernen und Leistung kann als das Ergebnis von **Bedingungsfaktoren** im Kind bzw. Jugendlichen einerseits und bei Eltern und Familie andererseits angesehen werden. Bei einer stärker den Akzent auf das Kind bzw. Jugendlichen setzenden Betrachtungsweise ergeben sich **störungsspezifische Beziehungen** von psychogenen Lernstörungen mit

- Anpassungsstörungen,
- Schulangst,
- Schulphobie,
- Entwicklungskrisen der Adoleszenz und
- emotionalen bzw. gemischt emotional-dissozialen Störungen.

Im folgenden sollen zunächst einige Anmerkungen zur Beziehung von Leistungsstörungen und psychischen Störungen vorgenommen werden.

Im Kontext von passageren emotionalen Störungen als Folge psychosozialer Belastungen wie Krankheit, Verlust eines Elternteils durch Trennung oder Tod, krisenhafter sozialer Entwicklung etc. können bei Kindern vorübergehende emotionale, bisweilen auch mit dissozialen Anteilen vermischte Störungen betrachtet werden, die im Kern meist aus ängstlich-depressiven Symptomen bestehen. Diese als **Anpassungsstörungen** klassifizierten psychopathologischen Bilder gehen meistens simultan mit erheblichen Einbrüchen im Bereich der Leistungsfähigkeit einher, die sich parallel zur Rückbildung der Symptome oder mit einer gewissen Verzögerung ebenfalls bessert.

Die beiden psychiatrischen Kategorien der Schulangst und Schulphobie sind ganz wesentlich durch eine Beeinträchtigung der Leistungsfähigkeit gekennzeichnet, wobei dies für die **Schulangst** als eine auf die Schule, d. h. Lehrer oder Schüler oder den Unterricht bzw. die Lerninhalte, gerichtete Angst in besonderem Maße gilt (vgl. Kap. 13). Bei den häufig im Zentrum der Schulangst stehenden Leistungs- und Prüfungsängsten wirken gemäß Abbildung 12-1 angsterzeugende Kognitionen beim Kind bzw. Jugendlichen mit dysfunktionalem Elternverhalten, unangemessenen Arbeitstechniken und ggfs. auch spezifische Lernstörungen im Sinne von Teilleistungsstörungen zusammen.

Wenngleich die **Schulphobie** in ihrem Kern eine Trennungsangst und nicht eine auf die Schule gerichtete Angst ist, hat sie doch ähnliche Auswirkungen, indem die auf die Bezugsperson bzw. die Trennung gerichteten Ängste negativ mit der Lern- und Leistungsfähigkeit interferieren (vgl. Kap. 13).

Die Adoleszenz ist, wie im Kapitel 1 dargestellt wurde, eine Übergangsphase der Entwicklung mit sehr charakteristischen Akzenten, Aufgaben und psychologischen Zentralthemen. Eine Reihe von Jugendlichen reagiert auf die neuen Anforderungen dieses Entwicklungsabschnittes krisenhaft. Das Spektrum dieser **Adoleszenzkrisen** kann sehr weit, von emotionalen Störungen über Dissozialität mit oder ohne Drogenmissbrauch bis zu Psychosen, reichen. Diese Entwicklungskrisen, die mehrheitlich nur passager sind, finden häufig ihren Ausdruck in tief greifenden Lernstörungen. Die Adoleszenz ist gewissermaßen eine Blütezeit schulischer Leistungskrisen und Lernstörungen, und es kommt entsprechend häufig zu Klassenwiederholungen oder Schulwechsel.

Schließlich sind psychogen bedingte Lernstörungen im Bild langfristig bestehender **emotionaler** bzw. **ge-**

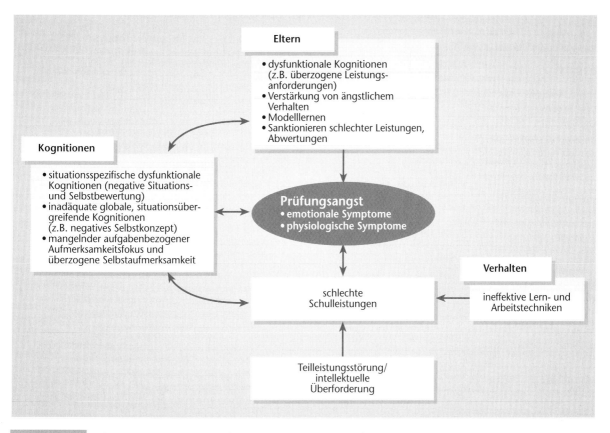

Abbildung 12-1 Pathogenetisches Modell der Prüfungsangst (nach Suhr und Döpfner 2000).

mischt **emotional-dissozialer Störungen** des Kindes- und Jugendalters häufig. Ängstlichkeit und Depressivität sind einer positiven Leistungsmotivation nicht zuträglich. So wie sich in der Familie Entbehrungen, Vernachlässigung und Feindseligkeit in der intrapsychiatrischen Symptomatik niederschlagen, so lassen sie sich auch in der Lern- und Leistungsfähigkeit in der Schule wieder finden. Die geringe emotionale Belastbarkeit des ängstlich-gehemmten Kindes interferiert ebenso wie die intrafamiliär erlebte, auf die Schule übertragene Aggressivität mit den Zielen und Notwendigkeiten des Lern- und Erziehungsprozesses. Verzögerungen der emotionalen Persönlichkeitsentwicklung befördern Ängste vor der Eigenständigkeit und führen zur Anpassung an genormtes Verhalten und Leistungserwartungen, die von der Gruppe der Gleichaltrigen auch in leistungshemmender Weise gesetzt werden können. Ebenso können in perfektionistischen Zügen Reaktionsbildungen auf Ängste identifiziert werden, wenn Kinder bzw. Jugendliche die Auseinandersetzungen mit den eigenen Unzulänglichkeiten vermeiden und entweder immer die Besten sein müssen oder sich überhaupt nicht beteiligen.

Bei einer eher interaktiven, die individuumszentrierte Konzeption notwendigerweise ergänzenden Betrachtungsweise stellen sich eine Reihe von **Bedingungsfaktoren** dar, die mit **Eltern und Familie** verbunden sind. Dabei handelt es sich in erster Linie um drei Störungsbereiche, nämlich (1) Störungen des elterlichen Verhaltens

gegenüber dem Kind, (2) Störungen der intrafamiliären Kommunikation und Identifikation und (3) Störungen der Einstellung gegenüber Erziehung und Schule.

Störungen des elterlichen Verhaltens gegenüber dem Kind können vielfältige Formen annehmen. Bedeutsam sind die Extreme der Zuwendung, nämlich Deprivation und übermäßige Einmischung, sowie das aus unterschiedlichen (ambivalenten) Anteilen zusammengesetzte überbehütende Verhalten. Die Deprivation von elterlichen Zuwendungen und Ablehnung des Kindes ist eine der Hauptquellen von emotionalen, aber auch dissozialen Störungen im Kindes- und Jugendalter, die sich im weiteren auf das Leistungsverhalten auswirken. Dabei muss nicht immer nur an exzessive Deprivationsbedingungen (etwa vor dem Hintergrund sozioökonomischer Belastungen) gedacht werden. Kinder in Geschäftshaushalten mit zwei in dem Betrieb arbeitenden Eltern oder auch Kinder reicher Eltern erfahren nicht selten eine beträchtliche emotionale Deprivation und ungenügende Leistungsmotivierung.

Aber auch die übermäßige Betonung der schulischen Leistungen z. B. auf der Basis ungenügend kontrollierter kompensatorischer Erfolgsbedürfnisse von Eltern kann zu einer Überforderung des Kindes mit dem Erfolg einer emotionalen Blockade der Leistungsfähigkeit führen. Schließlich ist das überbehütende Verhalten durch die Diskrepanz zwischen Verhalten und latenten (unbewussten) Wünschen gekennzeichnet: Während einerseits Leistung betont wird, führen die unbewussten Wünsche, das Kind klein und abhängig zu halten, dazu, dass durch übermäßige Hilfen und Kontrollen bei den Hausaufgaben die Freude an eigener Leistung und selbstverantwortetem Erfolg beim Kind erschwert bzw. verhindert wird. Damit kann die übermäßige Besorgnis um die Gesundheit und in der Folge beim Kind eine zunehmende Somatisierung sowie schließlich eine Trennungsangst im Bild der Schulphobie verknüpft sein.

Das elterliche Verhalten der Überprotektion verhindert somit die Erfahrung von Versagen und Fehlern, von Kritik und Realitätsorientierung und stört damit Lern- und Entwicklungsprozesse einschließlich der Ausbildung eines realistischen Selbstwertgefühls und Selbstkonzeptes. Zugleich entstehen Diskrepanzen zu der ganz andersartig organisierten schulischen Lernumwelt, so dass sich das Lernen beim Kind nur konflikthaft vollziehen kann.

In ähnlicher Weise wirken sich **Störungen der infrafamiliären Kommunikation und Identifikation** ungünstig auf die Leistungsmotivation von Kindern aus. Beispielsweise beeinträchtigen Gefühlsarmut, mangelnde Spontaneität und Verdrängung des affektiven Ausdrucks die emotionale Entwicklung und das Selbstwertgefühl des Kindes als Voraussetzung für Lernprozesse und bringen darüber hinaus das „brave" Kind in Konflikte mit dem so anders gearteten Verhalten der Klassenkameraden. Oder die Lernmotivation wird durch die elterliche Unehrlichkeit und Familienmythen über die eigene Schulzeit und Lernkarriere geschädigt, wenn diese Mythen zerbrechen und damit das Vertrauen des Kindes in die Eltern erschüttert wird. Schließlich kann die Identifikation mit den Eltern und damit ein weiterer Lernanreiz tief greifend gestört sein, wenn die Eltern Leistungsversager oder unerreichbare Vorbilder aufgrund extremer Tüchtigkeit sind.

Unter den letzten Bedingungsfaktoren schließlich, den **Störungen der Einstellung gegenüber Erziehung und Schule,** ist zunächst das fehlende oder ambivalente Interesse an dem aktiven Gestalten des Erziehungsprozesses zu nennen. Diese Bedingung geht verständlicherweise häufig mit Deprivationsbedingungen unterschiedlichen Ausmaßes einher. Gleichwohl bedarf es nicht erst extremer Ausprägung; schon die Absorption der Eltern durch Beruf, Karriere, Aufgabenfelder, persönliche Ziele und die zunehmende Außenleitung und Vorgabe von Lebensinhalten durch Medien und Freizeitindustrie können zu einer Entwertung bzw. Ignorierung des elterlichen Erziehungsauftrages führen. Die mangelnde Übernahme der Elternrolle auf der Einstellungsebene prägt zugleich das pädagogische Realverhalten und damit Lern- und Leistungsprozesse beim Kind; Defizite auf der einen – bedingenden – Seite müssen zwangsläufig Defizite auf der anderen Seite – nämlich beim Kind – nach sich ziehen.

Ähnlich ungünstig wirken sich auch Distanz und Widerstand der Eltern gegenüber Lehrern und Schule aus. Kritik und Verächtlichmachung der Lehrer, bisweilen auf der Basis von sozialem Neid und Unterlegenheitsgefühlen der Eltern oder aber auch aus unbewussten Ängsten vor der intellektuellen Überlegenheit und dem möglichen sozialen Aufstieg des Kindes, unterhöhlen die Leistungs-

bereitschaft des Kindes durch Entmutigung und schaffen Ängste vor dem Verlust familiärer und sozialer Solidarität. Andererseits kann die totale Schuldzuweisung des kindlichen Leistungsversagens auf schulische Bedingungen eine Hemmung der Lern- und Leistungsbereitschaft darstellen, weil sie Selbstkritik, Fehleranalyse und Realitätsorientierung behindern.

Therapie

Die Analyse psychogener Lernstörungen als Ergebnis intrapsychischer und interaktiver Bedingungsfaktoren – wie sie im vorausgegangenen Abschnitt vorgenommen wurde – bedeutet in der Konsequenz eine therapeutische Problembearbeitung mit den klassischen Mitteln der **Elternarbeit** und den verschiedenen Ansätzen kind- und familienzentrierter **Psychotherapien.** Die Ziele bestehen darin, das im individuellen Fall bedeutsame Bedingungsgefüge zu verändern, um Leistungsmotivation und Lernerfolge beim Kind wieder möglich zu machen.

Die Eltern bzw. Bezugspersonen müssen ihren Anteil an den Bedingungen der Lernstörungen des Kindes nicht nur erkennen, sondern unter beratender Hilfestellung auch umstrukturieren und darüber hinaus den therapeutischen Prozess des Kindes verstehen und fördern lernen. Das Kind benötigt je nach Dauer und Umfang der Lernstörung und darüber hinaus in Abhängigkeit von den koexistierenden psychischen Störungen Hilfen für den Aufbau eines angemessenen Selbstkonzeptes und einer realitätsgerechten Lernmotivation sowie für den Abbau lernhemmender psychischer Symptome. Häufig ist also eine frequente kindzentrierte Psychotherapie erforderlich, wobei lernmotivierende Strategien der Verhaltenstherapie einschließlich kognitiver Verfahren integriert werden können. Sofern diese auf den Kern der psychischen Bedingungen gerichteten Maßnahmen der Elternarbeit und Kindertherapie sichergestellt sind, sollte dem Kind die Ausschöpfung seiner Entwicklungs- und Lernmöglichkeiten verfügbar werden.

Literatur

American Academy of Child and Adolescent Psychiatry: Practice parameters for the assessment and treatment of children and adolescents with language and learning disorders. J. Am. Acad. Child Adolesc. Psychiatry 37 (1998) 46S–62S.

Aster, M. von: Neuropsychologie der Dyskalkulie. In: Steinhausen, H.-C. (Hrsg.): Hirnfunktionsstörungen und Teilleistungsschwächen. Springer, Berlin 1992.

Beitchman, J. H., A. R. Young: Learning disorders with a special emphasis on reading disorders: a review of the past 10 year. J. Am. Acad. Child Adolesc. Psychiatry 36 (1997) 1020–1032.

Breitenbach, E., W. Lenhard: Aktuelle Forschung auf der Suche nach neurobiologischen Korrelaten der Lese-Rechtschreib-Störung. Z. Kinder-Jugendpsychiatr. 29 (2001) 167–177.

Esser, G.: Was wird aus Kindern mit Teilleistungsschwächen? Enke, Stuttgart 1991.

Flowers, D. L.: Brain basis for dyslexia: A summary of work in progress. J. Learning Disab. 28 (1995) 575–582.

Greenham, S. L.: Learning disabilities and psychosocial adjustment: a critical review. Child Neuropsychology 5 (1999) 171–196.

Grigorenko, E. L.: Developmental dyslexia: an update on genes, brains and environments. J. Child Psychol. Psychiat. 42 (2001) 91–125.

Neumärker, K.-J.: Rechenstörungen. In: Steinhausen, H.-C. (Hrsg.) Entwicklungsstörungen im Kindes- und Jugendalter. Ein interdisziplinäres Handbuch. Kohlhammer, Stuttgart 2001.

Neumärker, K.-J., M. von Aster (Eds.): Disorders of number processing and calculation disabilities. Eur. Child Adolesc. Psych. 9 (2000) Suppl. 2

Roth, E., A. Warnke: Therapie der Lese-Rechtschreibstörung. Kindheit und Entwicklung 10 (2001) 87–96.

Rourke, B. P.: Nonverbal Learning Disabilities: The Syndrome and the Model. Guilford, New York 1989.

Shaw, S. F., J. P. Cullen, J. M. McGuire, L. C. Brinkerhoff: Operationalizing a definition of learning disabilities. J. Learning Disab. 28 (1995) 586–597.

Stanovich, K. E.: Toward a more inclusive definition of dyslexia. Dyslexia 2 (1996) 154–166.

Steinhausen, H.-C. (Hrsg.): Hirnfunktionsstörungen und Teilleistungsschwächen. Springer, Berlin – Heidelberg – New York 1992.

Steinhausen, H.-C. (Hrsg.): Entwicklungsstörungen im Kindes- und Jugendalter. Ein interdisziplinäres Handbuch. Kohlhammer, Stuttgart 2001.

Suhr, L., M. Döpfner: Leistungs- und Prüfungsängste bei Kindern und Jugendlichen. Ein multimodales Therapiekonzept. Kindheit und Entwicklung 9 (2000) 171–186.

Warnke, A.: Lese-Rechtschreibstörung. In: Steinhausen, H.-C. (Hrsg.) Entwicklungsstörungen im Kindes- und Jugendalter. Ein interdisziplinäres Handbuch. Kohlhammer, Stuttgart 2001.

Warnke, A., U. Hemminger, E. Roth, S. Schneck: Legasthenie. Leitfaden für die Praxis. Hogrefe, Göttingen 2002.

Spezielle Kinder- und Jugendpsychiatrie

13 Emotionale Störungen

Phänomene wie Trennungsängstlichkeit bei Kleinkindern, Dunkelangst im Vorschul- und frühen Grundschulalter, Verstimmungen bei Kindern aller Altersgruppen oder ritualisierte Handlungen mit zwanghaft anmutender Struktur bei jüngeren Kindern sind häufige Phänomene im Verlauf der Entwicklung. Diese meist leichten und vorübergehenden emotionalen Störungen sind nur selten Anlass für die Vorstellung zur kinder- und jugendpsychiatrischen Diagnostik und Therapie und können dann in der Regel durch Beratung in kurzer Zeit erfolgreich angegangen werden.

Von diesen leichten und passageren Störungen unterscheiden sich die psychiatrisch bedeutsamen emotionalen Störungen durch die in Kapitel 2 dargelegten Kriterien der Abnormität und der Beeinträchtigung der persönlichen und sozialen Entwicklung des Kindes. Ferner gründet sich die Diagnose nicht auf isolierte Symptome (wie z. B. Daumenlutschen oder Nägelbeißen), sondern auf ein Symptomenmuster. Typische Merkmale emotionaler Störungen sind demgemäß Konstellationen von Ängstlichkeit und Verstimmtheit, Scheu, sozialer Isolation, Empfindsamkeit und Beziehungsproblemen.

Häufig sind die emotionalen Störungen mit Beginn in der Kindheit und Jugend relativ undifferenziert und schaffen damit besondere Klassifikationsprobleme. Gleichwohl gibt es in vielen Fällen – und dies im Jugendalter relativ häufiger als im Kindesalter – symptomatische Übereinstimmungen mit den entsprechenden Störungen des Erwachsenenalters, d. h. Angststörungen, Phobien, Depressionen und Zwangsstörungen.

Die Einführung des Begriffs der emotionalen Störungen des Kindes- und Jugendalters gründet sich jedoch nicht allein auf die klassifikatorischen Probleme der Einordnung kindlicher Symptomenkonstellation in das traditionelle Konzept der Neurosen des Erwachsenenalters. Hierzu zählt vielmehr ferner der empirisch gesicherte Tatbestand, dass emotionale Störungen des Kindesalters selten in Neurosen des Erwachsenenalters übergehen. Gewichtiger scheint schließlich die Kritik am Neurosenbegriff und Neurosenmodell, das als ein empirisch nicht überprüftes theoretisches Konstrukt der Psychoanalyse ungenügend operational definiert ist, um Klassifikation, Diagnostik und differenzielle Therapie und damit klinisch-praktisches Handeln eindeutig zu strukturieren.

Emotionale Störungen sind der häufigste Anlass für die Vorstellung von Kinder und Jugendlichen zur kinder- und jugendpsychiatrischen Beurteilung und Behandlung. Sie machen in entsprechenden Inanspruchnahmepopulationen von größeren Kliniken in der Regel etwa ein Drittel der Gesamtklientel aus. In epidemiologischen Studien liegen die Raten sehr viel niedriger. Dabei sind die Prävalenzraten von der Definition und der Art der Erfassung der einzelnen Störungen abhängig.

Die meisten emotionalen Störungen des Kindes- und Jugendalters sind altersspezifische Manifestationen. So beginnen z. B. Tierphobien meist in der frühen Kindheit, während eine soziale Phobie oder eine Agoraphobie selten vor dem Jugendalter, in der Regel sogar erst im Erwachsenenalter auftritt. Entsprechend sind Suizidhandlungen vor der Adoleszenz selten und werden depressive Störungen ebenfalls im Kindesalter seltener diagnostiziert. Auch Zwangsstörungen treten typischerweise erst in der Adoleszenz auf.

Ursächlich spielen genetische Faktoren wahrscheinlich nur bei den schweren und persistierenden Formen emotionaler Störungen im Sinne eines Vulnerabilitätsfaktors eine Rolle. Im Gegensatz zu der zweithäufigsten Kategorie der Kinder- und Jugendpsychiatrie, den Störungen des Sozialverhaltens, gibt es keine pathognomonischen familiären Konstellationen oder Muster der Eltern-Kind-Interaktion bei emotionalen Störungen. Nur in einigen Fällen sind Einengung und Überprotektion pathogenetisch bedeutsam. Die Prognose ist insgesamt relativ günstig, zumal viele emotionale Störungen des Kindesalters auch spontan remittieren. Davon sind allerdings einige Phobien und die schweren Depressionen des Jugendalters sowie spät manifeste Zwangsstörungen ausgenommen, zumal hier der Verlauf in einigen Fällen auch ungünstig ist.

Die folgende Darstellung der wichtigsten emotionalen Störungen des Kindes- und Jugendalters gliedert sich in (1) Angststörungen, (2) Phobien, (3) depressive Störungen und (4) Zwangsstörungen. Diese Einteilung der emotionalen Störungen findet keine direkte Entsprechung in der ICD-10, wo einerseits eine recht heterogene Gruppierung in emotionale Störungen mit Beginn in der Kindheit und Jugend (Abschnitt F 9) vorgenommen wird und ande-

rerseits die Bezüge zu den Angststörungen, den Zwangsstörungen und den affektiven Störungen für Kinder und
Jugendliche ungenügend spezifiziert werden.

13.1 Angststörungen

Definition, Klassifikation und Häufigkeit

Kaum ein Konzept der Psychologie kommt ohne die
Berücksichtigung der Angst als einer zentralen Kategorie
aus. Neben der charakteristischen **Emotion** äußert sich
Angst **körperlich** in motorischer Verspannung und vege-
tativ-autonomen Reaktionen wie beschleunigter Herzfrequenz, Schwitzen, Erröten oder Erblassen, Kälte- oder
Hitzewallungen, trockenem Mund etc. Das **Verhalten**
wird durch gesteigerte Aufmerksamkeit (Vigilanz) und
besorgte Antizipation zur Vermeidung Angst provozieren-
der Situationen strukturiert. Derartige Situationen können
bei Kindern (und auch Erwachsenen) aus einer Konfrontation mit Tieren, Trennung von Bezugspersonen, sozialen
Zusammenkünften oder Prüfungen bzw. Notenbewertun-
gen (z. B. in der Schule) bestehen.

Klinisch bedeutsame Angstsyndrome sind entweder
durch ein abnormes Ausmaß diffuser, frei flottierender
Angst gekennzeichnet oder situations- und objektbezo-
gen. Letztere werden häufig als Phobien bezeichnet.
Angstsyndrome werden häufig von depressiven, phobischen und zwanghaften Symptomen oder seltener auch
von dissozialen Symptomen im Sinne einer **Komorbidität** begleitet. Die differenzialdiagnostische Unterscheidung erfolgt aufgrund des jeweiligen Symptomenmusters.

In der Klassifikation nach der ICD-10 werden sowohl
Angststörungen des Erwachsenenalters als auch emotionale Störungen des Kindesalters berücksichtigt. Während
die Validität der Angststörungen als Klasse insgesamt
unzweifelhaft ist, gilt dies für spezifische Angststörungen
weniger. Entsprechend hoch ist die Komorbidität unter
den verschiedenen Angststörungen sowohl in klinischen
als auch in epidemiologischen Stichproben. Die Diagnosen der phobischen Störungen sowie sonstigen Angststörungen des Erwachsenenalters finden auch bei Jugendlichen und seltener bei Kindern Anwendung. Kindheits-
spezifisch sind die **Trennungsangst,** die **phobische Störung des Kindesalters** sowie die **Störung mit sozialer
Ängstlichkeit** des Kindesalters. Ferner wird die Angst im
Rahmen von **Anpassungsstörungen** als Teil eines gemischten psychopathologischen Bildes berücksichtigt.

Eine vollständige Liste aller Angststörungen gemäß ICD-
10 ist in Tabelle 13-1 zusammengestellt.

Tabelle 13-1 Klassifikation der Angststörungen in der ICD-10.

Phobische Störungen	
F 40.0	Agoraphobie
F 40.1	soziale Phobien
F 40.2	spezifische (isolierte) Phobien
F 40.8	sonstige phobische Störungen
F 40.9	nicht näher bezeichnete phobische Störungen

Sonstige Angststörungen	
F 41.0	Panikstörung (episodisch paroxysmale Angst)
F 41.1	generalisierte Angststörung
F 41.2	Angst und depressive Störung, gemischt
F 41.3	sonstige gemischte Angststörungen
F 41.8	sonstige näher bezeichnete Angststörungen
F 41.9	nicht näher bezeichnete Angststörung

Anpassungsstörungen	
F 43.22	Angst und depressive Angst gemischt

Emotionale Störungen des Kindesalters	
F 93.0	emotionale Störung mit Trennungsangst des Kindesalters
F 93.1	phobische Störung des Kindesalters
F 93.2	Störung mit sozialer Ängstlichkeit des Kindesalters

Hinsichtlich der **Häufigkeit** muss zwischen dem Vorkommen von Furcht und Ängsten sowie klinisch bedeutsamen
Störungen mit Angst unterschieden werden. Angst und
Furcht sind ein ubiquitäres Phänomen und treten gemäß
Angaben internationaler epidemiologischer Studien je
nach Alter bei 2 bis 43 % aller Kinder auf. Zur Häufigkeit
klinisch bedeutsamer Angstsyndrome gibt es einige repräsentative Zahlen; gemäß neueren epidemiologischen Studien liegen sie für Trennungsängste bei 1 bis 5 %, für
generalisierte Angststörungen bei 0,5 bis 3,6 % und für
soziale Ängste bei 1 bis 4,6 %. Beziehungen zum Geschlecht haben sich nicht einheitlich nachweisen lassen.

Klinik

Angststörungen haben, wie Tabelle 13-2 verdeutlicht, eine
typische Altersbedingung hinsichtlich des Zeitpunktes
von Entstehung und Manifestation. Dabei haben einige
Störungen mehrere Manifestationsgipfel. So können sich
Trennungsängste im Säuglings- und Kleinkindalter, im
Kindergartenalter, im Einschulungsalter sowie in der
Frühadoleszenz manifestieren und dabei das charakteristi-
sche Bild der Schulphobie prägen.

Tabelle 13-2 Altersbindung der Angststörungen.

Säuglings- und Kleinkindalter	Trennungsangst
Vorschulalter, mittlere Kindheit	Tierphobie, Dunkelangst
Mittlere Kindheit, frühe Adoleszenz	Schulphobie (Trennungsangst) und Schulangst, Sozialphobie
Adoleszenz	generalisierte Angststörung, Panikstörung, Agoraphobie

Mindestens ein Drittel aller Kinder mit einer Angststörung weisen **Komorbiditäten** mit anderen Angststörungen auf. Weitere häufige koexistente Störungen sind vor allem depressive Störungen, aber auch hyperkinetische Störungen.

Trennungsangst

Charakteristisch sind zunächst die bisweilen panikartig wirkenden ängstlichen Symptome in Reaktion auf die Trennung. Hinzu kommen extreme und oft unrealistische Befürchtungen über potentielle, die Familie bedrohende Gefahren beim älteren Kind und nach erfolgter Trennung depressive Gefühle des Verlustes und der Sehnsucht nach Wiedervereinigung mit der Familie bzw. den Bezugspersonen. Extreme Trennungsängste entwickeln sich häufig abrupt und unerwartet bei Kindern mit unauffälligem Verhalten oder aber auch auf dem Boden von Erfahrungen chronischer Trennungsängste mit oft nur subklinischer Intensität. Eine Spontanremission mit vollständiger Normalisierung ist möglich. Die diagnostischen Leitlinien gemäß ICD-10 sind in Tabelle 13-3 dargestellt.

Ein zentrales Symptom der Trennungsangst ist in der Regel die **Schulverweigerung**, die nicht nur sporadisch auftritt, sondern meist seit Wochen oder Monaten persistiert. In diesem Zusammenhang ist eine klare begriffliche Differenzierung erforderlich.

Die **Schulphobie** ist – entgegen der eigentlichen Bedeutung des Begriffs der Phobie – keine auf die Schule gerichtete Angst, sondern im Kern eine Trennungsangst. Das Kind weigert sich (meist längerfristig und nicht nur vorübergehend) in einer übermäßig engen Bindung an eine primäre Beziehungsperson – meist die Mutter – die Schule aufzusuchen. Es reagiert schon morgens vor der Schule mit Befürchtungen, was der Mutter oder ihm während der Abwesenheit zustoßen könnte. Charakteristischerweise bestehen neben extremer Ängstlichkeit und depressiven Verstimmungen körperliche Symptome wie Übelkeit, Bauch- und Kopfschmerzen im Sinne einer Somatisierung – d. h. psychischen und nicht organischen Ursprungs. Zu den häufig beschriebenen Persönlichkeits-

Tabelle 13-3 Diagnostische Leitlinien der emotionalen Störung mit Trennungsangst des Kindesalters (F 93.0), gemäß ICD-10.

Das diagnostische Hauptmerkmal ist eine fokussierte, übermäßig ausgeprägte Angst vor der Trennung von solchen Personen, an die das Kind gebunden ist (üblicherweise Eltern oder andere Familienmitglieder). Sie ist nicht lediglich Teil einer generalisierten Angst in vielen Situationen. Es kommen vor:

- Unrealistische, vereinnahmende Besorgnis über mögliches Unheil, das Hauptbezugspersonen zustoßen könnte, oder Furcht, dass sie weggehen und nicht wiederkommen könnten.
- Unrealistische, vereinnahmende Besorgnis, dass irgendein unglückliches Ereignis das Kind von einer Hauptbezugsperson trennen werde – beispielsweise, dass das Kind verloren geht, gekidnappt, ins Krankenhaus gebracht oder getötet wird.
- Aus Furcht vor der Trennung (mehr als aus anderen Gründen, wie Furcht vor Ereignissen in der Schule) resultierende, überdauernde Abneigung oder Verweigerung, die Schule zu besuchen.
- Anhaltende unangemessene Furcht, allein oder tagsüber ohne eine Hauptbezugsperson zu Hause zu sein.
- Wiederholte Alpträume über Trennung.
- Wiederholtes Auftreten somatischer Symptome (wie Übelkeit, Bauchschmerzen, Kopfschmerzen oder Erbrechen) bei Trennung von einer Hauptbezugsperson, wie beim Verlassen des Hauses, um in die Schule zu gehen.
- Extremes wiederkehrendes Unglücklichsein (z. B. Angst, Schreien, Wutausbrüche, Unglücklichsein, Apathie oder sozialer Rückzug) in Erwartung von, während oder unmittelbar nach der Trennung von einer Hauptbezugsperson.

merkmalen dieser Kinder zählen emotionale Retardierung, Passivität, Gehemmtheit und Abhängigkeit. Differenzialdiagnostisch ist die Schulphobie von der Schulangst und dem im Kontext dissozialer Störungen stehenden Schulschwänzen abzugrenzen. Die einzelnen differenzierenden Merkmale sind in Tabelle 13-4 und Abbildung 13.1 dargestellt.

Die **Schulangst** ist hingegen eine auf die Schule gerichtete Angst. (Im Sinne dieser Objektbezogenheit erfüllt die Schulangst damit eigentlich das zentrale Definitionskriterium der Phobie). Dabei kann das Verhalten von Leh-

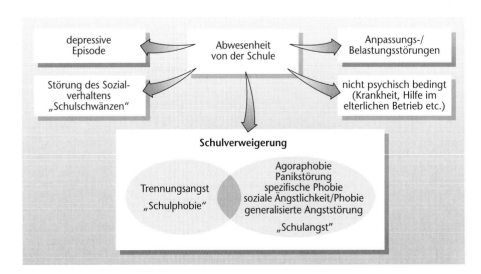

Abbildung 13-1
Differenzialdiagnose der Abwesenheit von der Schule.

Tabelle 13-4 Differenzialdiagnose der Schulverweigerung.

	Schulphobie	Schulangst	Schulschwänzen
Angst in der Schulsituation	eher latent	vorhanden, wechselnde Intensität	fehlt
Somatisierung	stark	wechselnd	fehlt
Persönlichkeit	ängstlich, sensitiv, depressiv	ängstlich, sensitiv	aggressiv, dissozial
Intelligenz	durchschnittlich bis hoch	durchschnittlich, heterogenes Profil	durchschnittlich bis erniedrigt
Lernstörungen	fehlen	häufig vorhanden	häufig vorhanden
Elternverhalten	überprotektiv, bindend	unspezifisch	vernachlässigend
Schulbesuch	mit Wissen der Eltern chronisch unterbrochen	mit Wissen der Eltern sporadisch unterbrochen	ohne Wissen der Eltern sporadisch/chronisch unterbrochen

rern wie von Schülern angstauslösend sein oder die Schulangst Teil einer umfassenderen Angststörung sein. Leistungsängste und teilweise auch psychogene Lernstörungen (vgl. Kap. 12) lassen sich hier ebenfalls subsumieren. Eine Überschneidung von Schulangst und Schulphobie im klinischen Einzelfall ist möglich.

Generalisierte Angststörung

Die in der späten Kindheit und vor allem in der Adoleszenz auftretenden Angstzustände mit diffuser innerer Spannung und Unruhe, die sich bisweilen zu Angstparoxysmen verdichten und von phobischen Akzenten, Somatisierungsneigungen, Befürchtungen, Sorgen und sexuellen Ängsten begleitet sind, entsprechen der generalisierten Angststörung (F 41.1) der ICD-10. Die diagnostischen Leitlinien sind in Tabelle 13-5 zusammengefasst.

Panikstörung

Für die im Kindesalter noch seltenen, ab dem Jugendalter aber häufiger auftretenden episodischen Angstparoxys-

men ist der Begriff Panikstörung geprägt worden. Diese unvorhergesehen auftretenden schweren Angstattacken gehen mit massiven vegetativen Symptomen wie Herzklopfen, Brustschmerz, Erstickungsgefühlen und Schwindel einher und dauern in der Regel meistens nur Minuten. Die Patienten begleitet meist die Furcht vor einer neuen Attacke. Die operationalisierten Kriterien für die Diagnose einer Panikstörung gemäß ICD-10 sind in Tabelle 13-6 dargestellt.

Störung mit sozialer Ängstlichkeit

Neben den altersgebundenen Manifestationen ist die Klinik durch eine Reihe weiterer altersunabhängiger Störungen gekennzeichnet. Hierzu zählen das zurückgezogene Kind, das keine altersgemäßen Sozialkontakte entwickeln kann und gegenüber Fremden befangen ist – das gemäß ICD-10 unter einer **Störung mit sozialer Ängstlichkeit** leidet. Die Kriterien sind in Tabelle 13-7 aufgeführt. Die Störung mit sozialer Ängstlichkeit des Kindesalters findet ihre Entsprechung in der Sozialphobie des Jugend- und Erwachsenenalters. Ebenso ist das sprechscheue, im Extremfall **mutistische Kind** ein Beispiel für die Manifestation von Angst mit behindernden Auswirkungen auf die psychosoziale Entwicklung. Wie in Kapitel 11 dargelegt, lässt sich der **Mutismus** nicht nur als eine Sprachstörung im Sinne der Sprechverweigerung, sondern ebenfalls als emotionale Störung, speziell als Störung mit sozialer Ängstlichkeit klassifizieren.

Diagnostik

Die Diagnostik der Angststörungen im Kindesalter stützt sich wesentlich auf die Exploration und Verhaltensbeobachtung.

Im Rahmen der Exploration der Angstsymptomatik geht es schwerpunktmäßig um die folgenden Aspekte:
- Auslösende Situationen,
- Symptome auf den Ebenen von Verhalten, Empfindungen, körperlicher Zeichen und Gedankeninhalten,
- Folgen der Symptome für Verhalten und Beziehungen zu Familienmitgliedern und erweiterter Umwelt,
- Ausmaß der Beeinträchtigung und des subjektiven Leidens,

Tabelle 13-5 Diagnostische Leitlinien der generalisierten Angststörung (F 41.1) gemäß ICD-10.

Der Patient muss primäre Symptome von Angst an den meisten Tagen, mindestens mehrere Wochen lang, meist mehrere Monate aufweisen. In der Regel sind folgende Einzelsymptome festzustellen:

- Befürchtungen (Sorge über zukünftiges Unglück, Nervosität, Konzentrationsschwierigkeiten usw.)

- Motorische Spannung (körperliche Unruhe, Spannungskopfschmerz, Zittern, Unfähigkeit, sich zu entspannen)

- Vegetative Übererregbarkeit (Benommenheit, Schwitzen, Tachykardie oder Tachypnoe, Oberbauchbeschwerden, Schwindelgefühle, Mundtrockenheit etc.)

Bei Kindern herrschen häufig das Bedürfnis nach Beruhigung und wiederholte somatische Beschwerden vor.

Ein vorübergehendes Auftreten anderer Symptome, besonders von Depression, während jeweils weniger Tage schließt eine generalisierte Angststörung als Hauptdiagnose nicht aus. Der Betreffende darf aber nicht die vollständigen Kriterien für eine depressive Episode (F 32), phobische Störung (F 40), Panikstörung (F 41.0) oder Zwangsstörung (F 42) erfüllen.

Tabelle 13-6 Operationalisierte Kriterien der Panikstörung (F 41.0) gemäß ICD-10.

A. Wiederholte Panikattacken, die nicht auf eine spezifische Situation oder ein spezifisches Objekt bezogen sind und oft spontan auftreten (d. h. die Attacken sind nicht vorhersagbar). Die Panikattacken sind nicht verbunden mit besonderer Anstrengung, gefährlichen oder lebensbedrohlichen Situationen.

B. Eine Panikattacke hat alle folgenden Charakteristika:
   - Es ist eine einzelne Episode von intensiver Angst oder Unbehagen,
   - sie beginnt abrupt,
   - sie erreicht innerhalb weniger Minuten ein Maximum und dauert mindestens einige Minuten.
   - Mindestens vier Symptome der unten angegebenen Liste, davon eines von den Symptomen 1 bis 4 müssen vorliegen.

Vegetative Symptome:
   1. Palpitationen, Herzklopfen oder erhöhte Herzfrequenz,
   2. Schweißausbrüche,
   3. fein- oder grobschlägiger Tremor,
   4. Mundtrockenheit (nicht infolge Medikation oder Exsikkose).

Symptome, die Thorax und Abdomen betreffen:
   5. Atembeschwerden,
   6. Beklemmungsgefühl,
   7. Thoraxschmerzen und -missempfindungen,
   8. Nausea oder abdominelle Missempfindungen (z.B. Unruhegefühl im Magen).

Psychische Symptome:
   9. Gefühl von Schwindel, Unsicherheit, Schwäche oder Benommenheit,
   10. Gefühl, die Objekte sind unwirklich (Derealisation) oder man selbst ist weit entfernt oder „nicht wirklich hier" (Depersonalisation),
   11. Angst vor Kontrollverlust, verrückt zu werden oder „auszuflippen",
   12. Angst zu sterben.

Allgemeine Symptome:
   13. Hitzegefühle oder Kälteschauer,
   14. Gefühllosigkeit oder Kribbelgefühle.

C. **Häufigstes Ausschlusskriterium:** Die Panikattacken sind nicht Folge einer körperlichen Störung, einer organischen psychischen Störung (F 0) oder einer anderen psychischen Störung wie Schizophrenie und verwandter Störungen (F 2), einer affektiven Störung (F 3) oder einer somatoformen Störung (F 45).

Die individuelle Variationsbreite bezügl. Inhalt und Schwere sind so groß, dass zwei Schweregrade – mittelgradig bis schwer – mit der fünften Stelle differenziert werden können:

F 41.00 mittelgradige Panikstörung: mindestens vier Panikattacken in vier Wochen

F 41.01 schwere Panikstörung: mindestens vier Panikattacken pro Woche über einen Zeitraum von vier Wochen

- Vorliegen von komorbiden Störungen,
- Entstehung und Verlauf der Symptome,
- Störungskonzept und Umgang mit der Störung bei Eltern und Kind.

Tabelle 13-7 Operationalisierte Kriterien der Störung mit sozialer Ängstlichkeit des Kindesalters (F 93.2) gemäß ICD-10.

A. Anhaltende Ängstlichkeit in sozialen Situationen, in denen das Kind auf fremde Personen, auch Gleichaltrige trifft, mit vermeidendem Verhalten

B. Befangenheit, Verlegenheit oder übertriebene Sorge über die Angemessenheit des Verhaltens Fremden gegenüber

C. Deutliche Beeinträchtigung und Reduktion sozialer Beziehungen (einschließlich zu Gleichaltrigen), die infolgedessen vermindert sind; in neuen oder erzwungenen sozialen Situationen deutliches Leiden und Unglücklichsein mit Weinen, Schweigen oder Rückzug aus der Situation

D. Befriedigende soziale Beziehungen zu Familienmitgliedern und zu gut bekannten Gleichaltrigen

E. Die Störung beginnt im allgemeinen in der Entwicklungsphase, in der diese ängstlichen Reaktionen als angemessen angesehen werden. Die übermäßige Ausprägung, das zeitliche Überdauern und die begleitenden Beeinträchtigungen müssen vor dem sechsten Lebensjahr manifest werden

Die derart strukturierte Exploration gestattet die Entwicklung von Behandlungszielen.

Fragebögen zur Diagnostik der Angst wie beispeilsweise der Fragebogen zur Erfassung von Kinderängsten (vgl. Kap. 4 und Anhang 13.1) können ergänzend eingesetzt werden, vermögen aber nicht die Exploration bzw. Beobachtung zu ersetzen. Die Grenze der Wertigkeit von Fragebögen ergibt sich aus der Tatsache, dass sie an Konzepten der Persönlichkeitspsychologie zur dimensionalen Beschreibung von Eigenschaften und Zuständen orientiert und nicht für die Identifizierung klinisch bedeutsamer Angststörungen bei Kindern und Jugendlichen entwickelt worden sind.

Ätiologie

Angststörungen können sich aus vollständiger emotionaler Stabilität heraus entwickeln. Häufig handelt es sich jedoch um sensible, auf neue Situationen irritiert reagierende Kinder, so dass ein Ursachenfaktor im **Temperament** des Kindes begründet sein kann. Entsprechend weist die Anamnese im Vorfeld bereits prämorbide Anzeichen von Ängstlichkeit auf. Bedeutsam sind ferner belastende **Lebensereignisse** wie Trennungserfahrungen, Erkrankung oder Verlust von Bezugspersonen durch Tod, Eheprobleme oder Krankenhausaufnahmen des Kindes mit medizinischen Maßnahmen bzw. Operationen oder soziale Veränderungen mit Verfolgung oder Not.

Viele dieser Bedingungen wirken im Sinne von Realängsten auf das Kind ein, das Verarbeitungen nur in Abhängigkeit von seinem **Entwicklungsstand** vornehmen und erst mit zunehmendem Alter phantasierte Ängste von Realängsten zu trennen vermag. Die Verarbeitung von Belastungen wird schließlich nicht nur durch die Qualität der **Familienbeziehungen** bestimmt, sondern auch durch das Ausmaß, inwieweit Eltern **Modellfunktion** für eine adaptive oder pathologische Angstbewältigung sind. Im Rahmen der Trennungsangst spielt häufig eine ängstlich-depressive und überprotektiv-bindende Mutter bei einem gleichzeitig eher passiven Vater in einer nach außen hin isolierten Familie eine pathogene Rolle.

Verschiedene Zwillingstudien, die in jüngster Zeit durchgeführt wurden, zeigen eindrücklich, dass neben spezifischen Umweltbedingungen auch **genetische Faktoren** für die Entstehung eines allgemeinen Verhaltensmerkmals der Ängstlichkeit und speziell auch für Trennungsängstlichkeit bedeutsam sind. Die hohe Rate mit homologen Belastungen in der Familie kann auch in dieser Richtung interpretiert werden.

Psychologische Theorien der Angst betonen entweder Lernen oder psychodynamische Zusammenhänge. Zahlreiche Befunde der frühkindlichen **Bindungsforschung** weisen darauf hin, dass eine im Säuglingsalter bestehende ängstlich-unsichere Bindung möglicherweise in Verbindung mit dem Temperament eine Rolle für die Entwicklung von Angststörungen im Kindes- und Jugendalter spielt.

Therapie und Verlauf

In der klinischen Praxis werden eine Vielzahl unterschiedlicher Behandlungsverfahren wie **Psychotherapie, Verhaltenstherapie, Familientherapie** und **Pharmakotherapie** sowohl im ambulanten als auch im stationären Kontext eingesetzt. Die Frage nach der Indikation und differenziellen Wertigkeit der einzelnen Maßnahmen ist dabei noch weitgehend offen.

Die langfristige **Psychotherapie** ist in ihren Effekten nicht systematisch überprüft worden. Die frühen verhaltenstherapeutischen Berichte beruhten auf Fällen mit monosymptomatischen Phobien anstatt mit komplexen Angststörungen. In der Zwischenzeit liegen jedoch gut kontrollierte Therapiestudien vor, welche zeigen, dass z. B. bei der Schulverweigerung mit **kognitiver Verhaltenstherapie**, d. h. einer Kombination von Expositionsbehandlung für die Wiederaufnahme des Schulbesuchs, Training in Sozialfertigkeiten und Verstärkung, erfolgreich gearbeitet werden kann. Auch für die Behandlung der Störung mit sozialer Ängstlichkeit (Sozialphobie) kann festgestellt werden, dass kognitive Verhaltenstherapie mit sozialem Fertigkeitstraining und Expositionsbehandlung speziell wirksam ist.

Hinsichtlich der in der Praxis häufig unkritisch vorgenommenen **Pharmakotherapie** mit Tranquilizern ist Zurückhaltung geboten. Substanzen wie die Benzodiazepine sollten allenfalls nur zur kurzfristigen Entlastung in Krisensituationen Anwendung finden. Die Wirksamkeit von Antidepressiva bei Schulverweigerung speziell mit Trennungsangst ist für Trizyklika kontrovers zu beurteilen. Neuerdings liegen positive Ergebnisse kontrollierter Studien für die Wirksamkeit selektiver Wiederaufnahmehemmer bei Angststörungen im Kindes- und Jugendalter vor. Antidepressiva sind bei generalisierten Angststörungen bei Jugendlichen zwar wirksam, bedürfen wegen der Nebenwirkungen jedoch einer sorgfältigen Überwachung.

Grundsätzlich hat sich bei allen Angststörungen mit bedeutsamen pathogenen Einflüssen aus der Familie – wie z. B. bei der Schulphobie – die **stationäre Aufnahme** des Kindes bzw. Jugendlichen bewährt. Auf diesem Wege lassen sich am ehesten die notwendige Verselbständigung des Kindes, die Restrukturierung von Beziehungen, die Erweiterung der sozialen Kompetenz und der stufenweise Aufbau des erneuten Schulbesuchs entwickeln. Meist ist eine ambulante Nachsorge zur Stabilisierung der Behandlungseffekte und zur Prävention von Rückfällen erforderlich.

Der **Verlauf** der meisten Ängste des Kindesalters ist eher günstig. Diese Feststellung lässt sich schon aus der Altersabhängigkeit ableiten. Von diesem allgemeinen Trend sind jedoch die Trennungsangst sowie komorbide Störungen ausgenommen. Verschiedene Verlaufsuntersuchungen zu dieser Störung zeigen, dass die betroffenen Kinder bei Nachuntersuchungen häufig psychisch auffällig bleiben, wobei Probleme des Schulbesuchs und andere emotionale Störungen sowie Phobien beobachtet wurden. Offensichtlich besteht auch eine Beziehung von Trennungsangst in der Kindheit mit Agoraphobie und Panikattacken im Erwachsenenalter.

Vorläufig ist noch offen, welche Faktoren **prognostisch** günstig wirken. So haben Verlaufsberichte über die Schulphobie nicht einheitlich festgestellt, dass nur die Spätmanifestationen in der Frühadoleszenz eine ungünstige Prognose haben, zumal einige Frühmanifestationen im Vorschul- und früheren Grundschulalter in der Adoleszenz rezidivieren und therapeutisch dann oft schwer beeinflussbar sind. Generell verschlechtert sich die Prognose mit ausgeprägtem Schweregrad sowie zunehmender Chronifizierung, sodass eine frühe therapeutische Intervention notwendig ist.

13.2 Phobien

Definition, Klassifikation und Häufigkeit

Phobien sind abnorm intensive, auf bestimmte Objekte oder Situationen bezogene Ängste mit folgenden Charakteristika:

- Sie sind nicht situationsangemessen.
- Sie können von dem betroffenen Patienten nicht erklärt oder rationalisiert werden.
- Sie stehen nicht unter willentlicher Kontrolle.
- Sie führen zu einer Vermeidung des gefürchteten Objektes bzw. der gefürchteten Situation.
- Sie erstrecken sich über eine ausgedehnte Zeitperiode und sie sind nicht adaptiv.

Angesichts des ähnlichen phänomenologischen Ausdrucks über Gefühle und begleitende physiologische Reaktionen muss die Phobie von der **Furcht** im Rahmen normaler Entwicklungsprozesse differenziert werden. Furcht ist in der Regel eine situationsangemessene Reaktion auf Bedrohung, sie lässt sich erklären und kann unter Kontrolle gebracht werden; sie muss nicht zu Vermeidungshaltungen führen, sie ist kurzlebig und schließlich als ein Warnsignal zur Mobilisierung von Abwehr- und Bewältigungsstrategien adaptiv.

Die ICD-10 berücksichtigt einerseits unabhängig vom Lebensalter die **Agoraphobie,** die **sozialen Phobien** sowie die **spezifischen (isolierten) Phobien** und andererseits die **phobische Störung des Kindesalters.** Letztere soll nur für die entwicklungsphasenspezifischen Befürchtungen verwendet werden, die sich in

- Angst vor körperlicher Verletzung (z. B. durch bestimmte Nahrung, Bakterien, Operationen etc.), und
- Angst vor natürlichen Ereignissen bzw. Objekten (z. B. Sturm, Dunkelheit, Tiere) gruppieren lassen.

Eine Abgrenzung gegen diffuse und komplexe Angstzustände ist nicht immer möglich, zumal diese von Phobien durchsetzt sein können.

Die unzulängliche definitorische Abgrenzung von Furcht und Phobie sowie die unterschiedlichen Klassifikationen in epidemiologischen Studien erschweren die Beurteilung der **Häufigkeit** von Phobien im Kindes- und Jugendalter. Neuere epidemiologische Studien mit differenzierter Aufgliederung einzelner Diagnosen haben z. B. für die einfachen Phobien Prävalenzraten von 2,4–5,8 % erbracht. Die Werte für soziale Phobien liegen in einem vergleichbaren Bereich, während Agoraphobien eher seltener sind.

Klinik und Diagnostik

Typische Manifestationsformen von Phobien im Kindes- und Jugendalter sind bereits in der Definition und Klassifikation aufgeführt worden. Charakteristisch ist ferner die **Altersbindung** der Symptomatik. Wie in Tabelle 13-2 dargestellt, nehmen **Tierphobien** in der Regel ihren Ausgang im Vorschulalter, fast nie hingegen nach der Adoleszenz. **Soziale Phobien** beginnen meist in der Frühadoleszenz, während die **Agoraphobie** typischerweise nicht vor der späten Adoleszenz einsetzt. Dementsprechend sind die häufigsten spezifischen Phobien des Kindesalters die Angst vor Tieren, vor Dunkelheit, vor Verletzung und vor Tod.

Mit der **Agoraphobie** wird nicht nur die Angst vor offenen Plätzen beschrieben, sondern auch vor Menschenmengen, dem Betreten von Geschäften, dem Reisen in Verkehrsmitteln, also insgesamt die Angst, die eigene Wohnung zu verlassen. In Kombination mit der Angst treten zahlreiche körperliche Symptome auf, wie Tabelle 13-8 entnommen werden kann. Häufig ist die Agoraphobie mit einer **Panikstörung** assoziiert. Die **soziale Phobie** äußert sich vor allem im Bereich der Schule, wo die betroffenen Kinder unfähig zur Mitarbeit und zum Kontakt sind. Im Unterschied zur Störung mit sozialer Ängstlichkeit sind nicht nur soziale Interaktionen mit Fremden betroffen. Die diagnostischen Kriterien sind in Tabelle 13-9 dargestellt.

Die klinische **Diagnostik** muss bei der Bewertung der Störung das Objekt der Angst, das Alter und den Entwicklungsstand des Kindes bzw. Jugendlichen, die Chronizität und den Schweregrad sowie als deren Folge die Beein-

Tabelle 13-8 Operationalisierte Kriterien der Agoraphobie (F 40.0) gemäß ICD-10.

A. Deutliche und anhaltende Furcht vor oder Vermeidung von mindestens zwei der folgenden Situationen:
- Menschenmengen,
- öffentliche Plätze,
- allein Reisen,
- Reisen mit weiter Entfernung von Zuhause.

B. Wenigstens einmal nach Auftreten der Störung rnüssen in den gefürchteten Situationen mindestens zwei Angstsymptome aus der unten angegebenen Liste (eins der Symptome muss eines der Punkte 1. bis 4. sein) wenigstens zu einem Zeitpunkt gemeinsam vorhanden gewesen sein:

Vegetative Symptome:
- 1. Palpitationen, Herzklopfen oder erhöhte Herzfrequenz,
- 2. Schweißausbrüche,
- 3. fein- oder grobschlägiger Tremor,
- 4. Mundtrockenheit (nicht infolge Medikation oder Exsikkose).

Symptome, die Thorax und Abdomen betreffen:
- 5. Atembeschwerden,
- 6. Beklemmungsgefühl,
- 7. Thoraxschmerzen und -missempfindungen,
- 8. Nausea oder abdominelle Missempfindungen (z. B. Unruhegefühl im Magen).

Psychische Symptome:
- 9. Gefühl von Schwindel, Unsicherheit, Schwäche oder Benommenheit,
- 10. Gefühl, die Objekte sind unwirklich (Derealisation) oder man selbst ist weit entfernt oder „nicht wirklich hier" (Depersonalisation),
- 11. Angst vor Kontrollverlust, verrückt zu werden oder „auszuflippen",
- 12. Angst zu sterben.

Allgemeine Symptome:
- 13. Hitzewallungen oder Kälteschauer,
- 14. Gefühllosigkeit oder Kribbelgefühle.

C. Deutliche emotionale Belastung durch das Vermeidungsverhalten oder die Angstsymptome; die Betroffenen haben die Einsicht, dass diese übertrieben oder unvernünftig sind.

D. Die Symptome beschränken sich ausschließlich oder vornehmlich auf die gefürchteten Situationen oder Gedanken an sie.

E. **Häufigstes Ausschlusskriterium:** Die Symptome des Kriteriums A sind nicht bedingt durch Wahn, Halluzinationen oder andere Symptome der Störungsgruppen organischer psychischer Störungen (F 0), Schizophrenie und verwandte Störungen (F 2), affektive Störungen (F 3) oder eine Zwangsstörung (F 42) oder sind nicht Folge einer kulturell akzeptierten Anschauung.

Das Vorliegen oder Fehlen einer Panikstörung (F 41.0) in der Mehrzahl der agoraphobischen Situationen kann mit der fünften Stelle angegeben werden:
F 40.00 Agoraphobie ohne Panikstörung
F 40.01 Agoraphobie mit Panikstörung

Möglichkeiten für eine Schweregradeinteilung: Für F 40.0 kann der Schweregrad nach dem Ausmaß der Vermeidung angegeben werden, unter Berücksichtigung der jeweiligen kulturellen Bedingungen. Für F 40.01 gibt die Zahl der Panikattacken den Schweregrad an.

trächtigung berücksichtigen. So können Ängste vor geschlossenen Räumen wie z. B. vor Badezimmern oder Fahrstühlen je nach der jeweiligen Lebensumwelt eine andere Wertigkeit haben. Ebenso müssen bestimmte Tierphobien wie Angst vor Spinnen oder Fröschen angesichts der relativ seltenen Reiz-Exposition nicht notwendigerweise mit einer bedeutsamen Fehladaptation des Verhaltens einhergehen. Andererseits sind die soziale Phobie und die Agoraphobie in der Regel durch einen höheren Grad der Einengung und Behinderung normaler Lebensvorgänge gekennzeichnet.

Schließlich ist angesichts der Tatsache, dass Angst den Kern vielfältiger psychischer Störungen bildet, zu bedenken, dass Phobien auch in **Koexistenz** oder im Dienste anderer Störungen stehen können. Eine entsprechende Beziehung besteht beispielsweise zwischen Phobie und Zwangsstörungen, wenn etwa Ängste vor bakterieller Infektion zum Waschzwang oder irrationale Befürchtungen zu ritualisierten Handlungen führen.

Phobien lassen sich, sofern die betroffenen Kinder und Jugendlichen bereit sind, über ihre Ängste zu sprechen, im Rahmen der üblichen klinischen **Exploration** diagnostizieren. Häufig verschweigen die Patienten ihre Not jedoch aus Scham, sodass Phobien oft auch den nächsten

Tabelle 13-9 Operationalisierte Kriterien der sozialen Phobie (F 40.1) gemäß ICD-10.

A. Entweder 1. oder 2.:
- 1. Deutliche Furcht, im Zentrum der Aufmerksamkeit zu stehen oder sich peinlich oder erniedrigend zu verhalten,
- 2. deutliche Vermeidung, im Zentrum der Aufmerksamkeit zu stehen oder von Situationen, in denen die Angst besteht, sich peinlich oder erniedrigend zu verhalten.
Diese Ängste treten in sozialen Situationen auf wie Essen oder Sprechen in der Öffentlichkeit, Begegnung von Bekannten in der Öffentlichkeit, Hinzukommen zu oder Teilnahme an kleinen Gruppen, wie z. B. bei Parties, Konferenzen oder in Klassenräumen.

B. Mindestens zwei Angstsymptome in den gefürchteten Situationen mindestens einmal seit Auftreten der Störung wie in F 40.0, Kriterium B, definiert, sowie zusätzlich mindestens eines der folgenden Symptome:
- Erröten oder Zittern,
- Angst zu erbrechen,
- Miktions- oder Defäkationsdrang bzw. Angst davor.

C. Deutliche emotionale Belastung durch die Angstsymptome oder das Vermeidungsverhalten. Einsicht, dass die Symptome oder das Vermeidungsverhalten übertrieben und unvernünftig sind.

D. Die Symptome beschränken sich ausschließlich oder vornehmlich auf die gefürchteten Situationen oder auf Gedanken an diese.

E. **Häufigstes Ausschlusskriterium:** Die Symptome des Kriteriums A sind nicht bedingt durch Wahn, Halluzinationen oder andere Symptome der Störungsgruppen organischer psychischer Störungen (F 0), Schizophrenie und verwandte Störungen (F 2), affektive Störungen (F 3) oder eine Zwangsstörung (F 42), oder sind nicht Folge einer kulturell akzeptierten Anschauung.

Bezugspersonen nicht notwendigerweise auffallen. Wertvolle Informationen kann der im Anhang 13.1 wiedergegebene **Fragebogen** zur Erfassung von Kinderängsten liefern. Je nach Lage der individuellen Problematik kann sich diagnostisch auch ein **Situationstest** anbieten, bei dem der Patient dem jeweilig gefürchteten Reiz exponiert wird. Diese Vorgehensweise kann vor allem im Rahmen einer Verhaltensanalyse mit geplanter Verhaltenstherapie erwogen werden. Dabei kann es notwendig werden, das therapeutische „Setting" den jeweiligen In-vivo-Bedingungen anpassen zu müssen. Entsprechend muss das Therapiezimmer verlassen und eine Realsituation aufgesucht werden.

Ätiologie

Phobien sind das Ergebnis mehrerer auf die Entwicklung und psychische Strukturen einwirkender Faktoren. **Traumatische Erlebnisse** stellen sicherlich einen Teilfaktor, allerdings nicht bei allen Kindern, dar. Offensichtlich müssen individuelle Unterschiede der Aktivation und Habituation im Sinne von **Temperamentsunterschieden** ebenfalls wirksam sein, zumal Kinder unterschiedlich auf äußere Reize mit Angst oder Gleichgültigkeit reagieren. Wahrscheinlich haben Art und Beschaffenheit der **Reize,** welche Phobien auslösen, ebenfalls eine Bedeutung. Damit könnte eventuell auch die Tatsache erklärt werden, dass bestimmte Phobien eine Altersbindung hinsichtlich Manifestation und Verlauf zeigen.

Unter den Umweltfaktoren sind ferner **ängstliche Modelle** bedeutsam, zumal phobische Kinder ungewöhnlich häufig ängstliche Mütter (und seltener ängstliche Väter) haben. Schließlich sind die **Reaktionen der Bezugspersonen** für die Aufrechterhaltung der phobischen Symptome bedeutsam, zumal ein permissives, helfendes oder konfrontatives Verhalten in sehr unterschiedlicher Weise den Verlauf beeinflussen kann.

Theoretische Erklärungsansätze reichen von der **sozialen Lerntheorie,** in der Phobien als gelernte Reaktionen verstanden werden, über **psychoanalytische Annahmen** einer Externalisierung und Verschiebung von Angst aufgrund unbewusster, triebbestimmter Konflikte bis zu **entwicklungspsychologischen Theorien,** in denen Phobien zu einem bestimmten Zeitpunkt der Entwicklung als sinnvolle, später jedoch als sinnlose, nicht mehr adaptive Reaktionen verstanden werden. Das sparsamste und zugleich praktisch bedeutsame Modell ist wahrscheinlich die Annahme, dass Phobien in beträchtlichem Umfang gelernte Reaktionen sind. Andererseits können **genetische Faktoren** aber nicht unbeteiligt sein, zumal Zwillingsstudien neben spezifischen Umweltbedingungen auch einen Faktor der Erblichkeit ausgewiesen haben.

Therapie und Verlauf

Trotz einer Vielzahl eingesetzter therapeutischer Verfahren lässt sich zweifelsfrei feststellen, dass verschiedene Formen der **Verhaltenstherapie** die Methode der Wahl bei den monosymptomatischen Phobien des Kindesalters sind. Dazu gehören speziell die systematische Desensibilisierung, des Modelllernen, die Verstärkung sowie kognitive Interventionen. Allen Methoden liegt die Exposition zugrunde. Das Prinzip der **systematischen Desensibilisierung** besteht in einer allmählichen Annäherung an das angstbesetzte Objekt bzw. die gefürchtete Situation bei gleichzeitiger Gegenkonditionierung durch eine mit Angst inkompatible Reaktion, die körperliche Entspannung. Die graduelle Konfrontation mit dem Angstreiz ist dabei die wahrscheinlich wichtigste Komponente, zumal die Methode der systematischen Entspannung bei der **In-vivo-Exposition** von Angstreizen in der Realität nicht immer nach den Regeln des Laborexperiments durchgeführt werden kann.

Bedeutsam ist bei der In-vivo-Desensibilisierung ferner das angstfreie Verhalten des Therapeuten im Sinne von **Modelllernen**. Insofern ist die Struktur der Beziehung von Therapeut zu Patient im Sinne von Empathie, Verständnis und hilfreichem Beistand auch bei dieser klassischen Behandlungsmethode der Verhaltenstherapie unabdingbar. Angstfrei handelnde Kinder können ebenso als Modelle in die Behandlung einbezogen werden.

Schließlich dürfte die Tatsache, dass monosymptomatische Phobien erfolgreich mit systematischer Desensibilisierung behandelt werden können, auch mit **kognitiven Restrukturierungsprozessen** zusammenhängen, in denen der Patient spontan oder auch therapeutisch angeleitet die phobischen Objekte und Inhalte neu zu definieren lernt. In explizit kognitiven Therapieansätzen wird diese Komponente durch eine Restrukturierung verzerrter Gedanken und Einstellungen beonders betont.

Je komplexer die Phobie ist, desto mehr bietet sich eine **Methodenkombination** an. Neben der kindbezogenen Verhaltenstherapie ist die **Integration der Eltern und Geschwister** im Rahmen von Beratungsmaßnahmen meist unverzichtbar. Hier lassen sich auch **Verstärkerprogramme** für den Aufbau von angstinkompatiblem Verhalten beim Kind entwickeln und umsetzen. Darüber hinaus können sich angstfrei verhaltende Eltern und Geschwister oder auch andere bedeutsame Bezugspersonen, wie z. B. Freunde des Kindes, als außerordentlich wirksame Modelle in die Therapie eingeführt werden. Die Wirksamkeit dieses Prinzips erklärt auch teilweise, warum viele Phobien des Kindesalters ohne therapeutische Maßnahmen remittieren.

Eine nicht direkt am Verhalten und Symptom orientierte **Psychotherapie** ist sicherlich nur bei der Verknüpfung einer Phobie mit anderen psychischen Störungen sowie negativen Auswirkungen auf die Gesamtpersönlichkeit mit erheblicher sozialer Behinderung indiziert. Eine Indikation für eine eindimensionale **Pharmakotherapie** – z. B. mit anxiolytischen Substanzen – gibt es bei Phobien des Kindes- und Jugendalters nicht.

Der **Verlauf** der monosymptomatischen Phobien des Kindesalters ist in der Regel günstig. Die geschilderten Therapieansätze verhelfen darüber hinaus zu stabilen Resultaten. In der **Prognose** weniger günstig sind komplexe und spätmanifeste Phobien wie z. B. die sich erst in der Adoleszenz entwickelnde Agoraphobie. Genauere Angaben über Ergebnisse von Verlaufsstudien sind derzeit nicht möglich. Angesichts der Tatsache, dass der Verlauf vieler Störungen mit Beginn in der Adoleszenz dem bei Erwachsenen ähnelt, lässt die Feststellung, dass nur etwa 30 % der Phobien im Erwachsenenalter ausheilen, auch für Jugendliche eine weniger günstige Prognose erwarten.

13.3 Depressive Störungen

Definition, Klassifikation und Häufigkeit

Der Begriff der Depression findet sowohl in der Alltagssprache als auch in der Terminologie der Psychiatrie Verwendung. Ähnlich wie Angst ist Depression ein allgemeiner Bestandteil der menschlichen Erfahrung und Existenz. Als **Symptom** kann Depression infolge von Enttäuschungen oder Verlusten oder aber auch ohne spezifischen Anlass auftreten. Wenn die der Depression eigentümliche traurige Verstimmung bei psychiatrischen Patienten auftritt, so kann sie Teil eines depressiven Syndroms oder einer Störung bzw. Krankheit sein. Mit der Bezeichnung **Syndrom** verbindet sich die Feststellung, dass ein Symptom (in diesem Falle die Depression) in Verbindung mit anderen Symptomen auftritt und diese Konstellation charakteristisch ist. Schließlich impliziert der Begriff der **Störung** oder **Krankheit,** dass ein charakteristisches klinisches Bild mit typischem Verlauf, spezifischer Behandlung und eventuell weiterer spezifischen Merkmalen vorliegt.

Die Konzeption einer depressiven Störung oder Krankheit im Kindes- und Jugendalter war – im Gegensatz zu jener im Erwachsenenalter – lange Gegenstand von Kontroversen. Die Annahme, dass es in der Kindheit kein dem Erwachsenenalter analoges Syndrom der Depression gebe, ist aber in der Zwischenzeit klar widerlegt. Dabei wurde auch die über lange Zeit sehr weit verbreitete Annahme kritisiert, dass sich depressive Symptome bei Kindern nicht overt, sondern maskiert durch Störungen des Sozialverhaltens, Hyperaktivität, Enuresis, Lernstörungen, somatische Symptome u. a. m. manifestierten. Die Schwäche dieses Konzeptes besteht darin, dass es nicht erklären kann, wie eine zugrunde liegende Depression mit einer Vielzahl von Diagnosen verknüpft sein kann und wie derartige Störungen jeweils mit und ohne Depression differenziert werden können. Das Konzept bedarf einer weiteren begrifflichen Präzisierung und systematischen Erfassung bei Kindern auf verschiedenen Entwicklungsstufen. Klinisch wäre in jedem Fall zu prüfen, ob nicht eine sorgfältige Untersuchung bei einer anderen psychiatrischen Störung eine so genannte sekundäre Depression statt einer maskierten oder larvierten Depression aufdecken kann.

Die **Klassifikation** der affektiven und depressiven Störungen gemäß ICD-10 ist in Tabelle 13-10 zusammengestellt. Sie gilt für alle Altersgruppen und berücksichtigt mit Ausnahme der Störung des Sozialverhaltens mit depressiver Störung keine für Kinder und Jugendliche spezifischen Kategorien. Der Verzicht auf die Angabe spezifischer diagnostischer Leitlinien für diesen Altersbereich muss als ein Mangel betrachtet werden. Die affektiven Störungen werden zunächst unter dem Aspekt der **Episoden** klassifiziert, wobei zusätzliche, nicht in Tabelle 13-10 aufgeführte Spezifikationen der Berücksichtigung des Schweregrades dienen. Während die **Zyklothymie** traditionell den Persönlichkeitsstörungen zugerechnet wird, verbindet sich mit der **Dysthymie** das Konzept einer chronischen depressiven Verstimmung, welche Begriffe wie depressive Neurose, depressive Persönlichkeit und neurotische Depression (mit einer Dauer von mehr als zwei Jahren) umschließt. Die verschiedenen Formen **depressiver Reaktionen** sind als Anpassungsstörungen konzipiert.

Tabelle 13-10 Klassifikation affektiver/depressiver Störungen gemäß ICD-10.

F 30	manische Episode
F 31	bipolare affektive Störung
F 32	depressive Episode
F 33	rezidivierende depressive Störung
F 34.0	Zyklothymie
F 34.1	Dysthymie
F 43.20	kurze depressive Reaktion (Anpassungsstörung)
F 43.21	längere depressive Reaktion (Anpassungsstörung)
F 43.22	Angst und depressive Reaktion, gemischt (Anpassungsstörung)
F 92.0	Störung des Sozialverhaltens mit depressiver Störung

Während die Definitionen der manischen Episode und der bipolaren affektiven Störung sich mit der Konzeption der affektiven Psychose (vgl. Kapitel 7.2) vereinbaren lassen, gilt dies nicht für die **depressive Episode.** Hier werden vielmehr einzelne Episoden der depressiven Reaktion und der psychogenen bzw. reaktiven Depression erfasst. Es handelt sich hier also um eine Kategorie, die auch für Kinder und Jugendliche Verwendung finden soll. Eine mittelgradige bis schwere depressive Episode deckt sich mit dem Konzept der „**major depression**" der US-amerikanischen Klassifikation des DSM. Zu den **Minor-Formen** der Depression zählen sowohl die leichten Formen der depressiven Episode wie auch die depressiven Reaktionen und die Dysthymien. Allerdings wird die Dysthymie hinsichtlich des Beginns gemäß Definition der ICD-10 nicht vor der späten Adoleszenz diagnostiziert.

Epidemiologische Daten zur **Häufigkeit** sind seit den 80er Jahren stark von den US-amerikanischen Klassifikationsansätzen beeinflusst worden. Prävalenzraten liegen für die „major depression" bei Kindern unter 3 %, bei Jugendlichen mit Angaben zwischen 0,4 und 6,4 % in der Regel höher. Reine depressive Störungen sind bei Kindern und Jugendlichen selten; die **Komorbidität** mit Angststörungen ist die häufigste Verbindung. Bis zum Jugendalter sind beide Geschlechter gleich häufig betroffen. Ab dem Jugendalter ist das weibliche Geschlecht dominant bei den Depressionen.

Klinik und Diagnostik

Neben der Feststellung, dass die Depression als Symptom im Kindesalter ebenso existiert wie bei Erwachsenen und viele diagnostische Kennzeichen altersunabhängig sind, hat der Entwicklungskontext der Depression bei Kindern eine besondere Bedeutung.

Beim **Säugling** rufen länger anhaltende mangelnde Zuwendung und psychosoziale Deprivation nach einer Phase von Weinen und protestierendem Schreien schließlich Rückzug und Apathie hervor. Dieses als anaklitische Depression bezeichnete Bild kann durch Schlafstörungen und Jaktationen ergänzt werden; inwiefern es sich dabei tatsächlich um psychosomatische Symptome im Sinne depressiver Äquivalente handelt, ist jedoch weitgehend unklar bzw. empirisch kaum zu klären. Im **Kleinkindalter** können Gehemmtheit und Trennungsängstlichkeit sowie Antriebsminderung die Frage nach dem Vorliegen depressiver Symptome oder Reaktionen aufwerfen, insbesondere wenn sie auf die Zurückweisung der Eltern folgen.

In der **mittleren Kindheit** folgen Traurigkeit und Weinen unmittelbar auf elterliche Zurückweisung oder Einschränkung. Während der depressive Ausdruck des Gesichts gut wahrnehmbar ist, fehlen dem Kleinkind und dem jungen Schulkind noch die Fähigkeit zur Wahrnehmung der eigenen Depression. Gleichwohl wird die Anhedonie in der Spielunlust und dem Rückgang der Phantasiefähigkeit deutlich. Weitere Hinweiszeichen bestehen in sozialem Rückzug von familiären Bezugspersonen oder Freunden, Einschlafstörungen, Appetitstörungen und Gewichtsverlust, Verschlechterung der Schulleistungen und Klagen über Müdigkeit sowie Passivität. Mit zunehmendem Alter können sich aus Todeswünschen und -vorstellungen Suizidgedanken herausschälen. Eine psychomotorische Agitation lässt sich von der motorischen Unruhe in anderen Syndromen durch gleichzeitige Ängstlichkeit, Entschlusslosigkeit, einen besorgten Ausdruck und eventuell beteiligte zwanghafte Rituale unterscheiden.

Ab dem **späten Kindesalter** wird die Depression bereits von einem niedrigen Selbstwertgefühl begleitet, weil nun die kognitive Entwicklung eine Ableitung der Depression aus den jeweiligen Umständen ermöglicht, und ab der **Adoleszenz** verbindet sich die Depression mit oft übersteigerten und verzerrten Gefühlen der Sinnlosigkeit, des Versagens und der Schuld. Typische Symptome depressiver Syndrome des Erwachsenenalters – wie Grübeln, Suizidimpulse und Minderwertigkeitsgefühle – prägen nun das Bild der Depression.

Eine den Diagnosekriterien der ICD-10 für eine mittelgradige bis schwere Depression (Major Depression) oder für die Dysthymie entsprechende depressive Störung ist vor dem Alter von sieben Jahren äußerst selten. Die Major Depression ist durch eine über mindestens zwei Wochen anhaltende Verstimmung oder Reizbarkeit in Verbindung mit anderen typischen Zeichen charakterisiert. Bei der Dysthymie liegt eine weniger schwere, dafür aber länger anhaltende Verstimmung vor. Bei beiden Störungen ist das Funktionsniveau deutlich eingeschränkt. Schwere depressive Störungen sind im Sinne der **Komorbidität** häufig mit anderen psychischen Störungen verbunden. Dazu zählen Angststörungen, Zwangsstörungen, Essstörungen, Störungen des Sozialverhaltens sowie Substanzmissbrauchsstörungen. Bei etwa 30% der Fälle einer Major Depression liegt auch eine Dysthymie vor (sog. Doppel-Depression).

Die klinische **Diagnostik** muss zwischen Depression als Symptom und als Syndrom bzw. Störung differenzieren. Depressive Störungen lassen sich nur anhand klar definierter Kriterien diagnostizieren. In Tabelle 13-11 ist ein praxisbezogener Leitfaden für das diagnostische Vorgehen gegeben. Neben dem freien Interview mit Eltern und Kind bzw. Jugendlichen wird als ein **diagnosespezifisches Interview** die Skala zur Beurteilung der Depression bei Kindern empfohlen, die im Anhang 13.1 wiedergegeben ist. Ergänzend kann auch das in Tabelle 4-6 aufgeführte Depressionsinventar für Kinder und Jugendliche Verwendung finden. Essentiell ist auch hier die an mehreren Quellen orientierte Diagnostik. In der kinder- und jugendpsychiatrischen Praxis ist der Untersucher gleichermaßen auf die Beobachtung des Kindes bzw. Jugendlichen, das Gespräch mit ihm und den Eltern sowie ergänzend eventuell auch weiterer wichtiger Bezugspersonen (z. B. Lehrer, Hortbetreuer, Kindergärtnerinnen usw.) angewiesen. Vielfach ermöglicht erst die Beurteilung der Symptomatik auf der Basis mehrerer Quellen eine zuverlässige Einschätzung.

Aus der Forschung über die biologischen Korrelate der Depression stammen einige klinische **Labortests**. Dabei handelt es sich vornehmlich um neuroendokrine Tests. Beim Dexamethason-Suppressions-Test (DST) wird durch die Gabe von Dexamethason über einen Eingriff in die Hypothalamus-Hypophysen-Nebennieren-Achse normalerweise die Ausschüttung von Kortisol unterdrückt, während sie bei Patienten mit einer Depression im Sinne einer Hypersekretion von Kortisol persistieren soll. Die mangelnde Sensitivität schränkt den DST jedoch bei Kindern und Jugendlichen als diagnostische Routinemaßnahme erheblich ein. Ähnliches gilt auch für die Mindersezernierung von Wachstumshormon nach Injektion von Insulin; auch dieses Phänomen kann nicht durchgängig bei depressiven Syndromen im Kindes- und Jugendalter beobachtet werden. Aus der Forschung über Neurotransmitterstörungen bzw. den Stoffwechsel der biogenen Amine Serotonin und Dopamin lassen sich ebenfalls noch keine genügend sensitiven Labortests für die Diagnostik der Depression bei Kindern und Jugendlichen ableiten.

Die **Differenzialdiagnostik** der Depression wird in ihrer Vielfalt am besten durch das Klassifikationsschema in Abbildung 13-2 wiedergegeben. Abzugrenzen sind vor allem die bipolaren Störungen (manisch-depressive Erkrankungen) bzw. monopolaren Depressionen (vgl. Kap. 7), die im Vorfeld von Schizophrenien bzw. in Form der schizoaffektiven Psychosen auftretenden Depressionen, die „Minor"-Formen vornehmlich im Kontext von Anpassungsstörungen und schließlich – seltener – die Depression in Verbindung mit organischen Psychosyndromen.

Tabelle 13-11 Diagnostik depressiver Störungen.

- Eigenanamnese
  - Entwicklung der Symptome
  - Erstmanifestation vs. Rezidiv
  - Lebensgeschichtlicher Kontext
  - Körperliche Krankheiten (z. B. postinfektiös, endokrin, hämatologisch)
- Familienanamnese
  - Affektive Störungen
  - Andere psychische Störungen
  - Familiensituation
- Psychopathologischer Befund
  - Depressive/dysphorische Stimmung
  - Interessenverlust/Anhedonie
  - Selbstentwertung/Schuldgefühle
  - Suizidalität
  - Energieverlust
  - Schulleistungsveränderungen
  - Sozialer Rückzug
  - Irritabilität/Aggressivität
  - Körperliche Beschwerden
  - Psychomotorische Hemmung/Agitation
  - Schlafstörungen
  - Appetit- und/oder Gewichtsveränderungen
  - Tagesschwankungen
  - Wahnhafte Symptome
- Symptommanifestation
  - saisonal
  - zyklisch
  - prämenstruell
- Skala zur Beurteilung der Depression bei Kindern (CDRS; s. Anhang)
- Selbstbeurteilung (Fragebögen)
- Fremdbeurteilung (Schule, extrafamiliäre Bezugsgruppen)
- Körperliche Untersuchung (ggf. Zusatzuntersuchungen/Labor nach Indikation)
- Testpsychologische Untersuchung
- Diagnostische Klassifikation gemäß ICD-10
  - Erstmanifestation vs. Rezidiv
  - Schweregrad (leicht vs. schwer/Minor- vs. Major-Form)
  - Chronizität

Ätiologie

Trotz einer Vielzahl theoretischer Modelle sind die Ursachen von Depressionen noch ungenügend geklärt. Wahrscheinlich ist eine polyätiologische Ableitung das angemessene Modell, wobei allerdings die Verknüpfung der einzelnen Teilfaktoren noch weitgehend unbekannt ist. Entsprechend den Hauptrichtungen der Forschung lassen sich im wesentlichen **biologische** und **psychosoziale** Modelle unterscheiden. Unter den biologischen Modellen stehen neuroendokrine, biochemische und genetische Hypothesen im Vordergrund der Diskussion.

Für die Beteiligung **neuroendokriner Faktoren** spricht die Verknüpfung von Symptomen im Bereich von Stimmung, Schlaf, Appetit und Sexualtrieb, welche auf

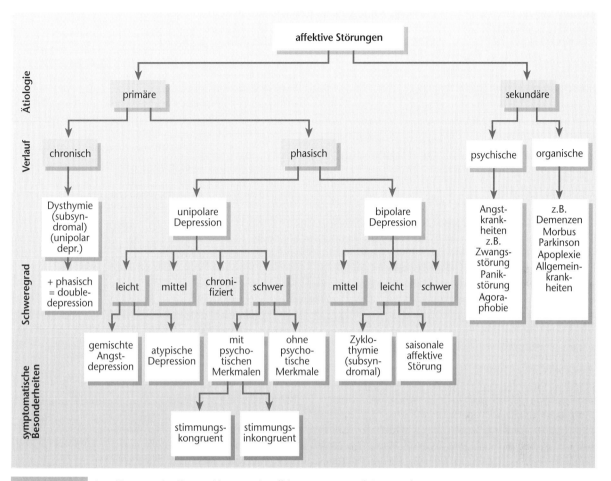

Abbildung 13-2 Klassifikation und Differenzialdiagnose der affektiven Störungen (Fritze 1998).

Störungen im Bereich hypothalamischer Funktionen hinweisen. Da diese Funktionen ihrerseits von den **Neurotransmittern** Noradrenalin und Serotonin reguliert werden, liegt auch die weitere Annahme nahe, dass Störungen im Stoffwechsel dieser Substanzen bedeutsam sind. Darüber hinaus wird angenommen, dass unabhängig von den Auswirkungen auf neuroendokrine Funktionen die Neurotransmitterstörung direkt – z. B. über niedrige Spiegel von Serotonin und Dopamin – zur Manifestation depressiver Syndrome beiträgt. Die empirischen Nachweise über die Wirksamkeit von neuroendokrinen und biochemischen Störungen der Neurotransmitter sind angesichts großer methodischer Probleme, der noch ungenügenden Sensitivität von Labortests und der bisher noch wenig auf das Kindes- und Jugendalter übertragenen Forschungsansätze gegenwärtig noch nicht widerspruchsfrei geleistet.

An der Bedeutsamkeit genetischer Faktoren bei den affektiven Psychosen besteht kein Zweifel. Kinder von Eltern mit einer bipolaren oder unipolaren Störung haben nachgewiesenermaßen ein erhöhtes Risiko für die Entwicklung affektiver Störungen. Ein entsprechender Nachweis für die ätiologische Bedeutung genetischer Faktoren auch bei der Major-Form der Depression des Kindes-alters ist noch nicht zweifelsfrei etabliert. Immer-

hin hat sich in Familienstudien ein gehäuftes Auftreten nachweisen lassen. Zwillingsstudien mit einer deutlich höheren Konkordanz für monozygote gegenüber dizygoten Zwillingen sowie Adoptionsstudien mit dem Nachweis starker familiärer Häufungen für affektive Störungen ergeben weitere Hinweise für die Bedeutsamkeit genetischer Faktoren.

Unter den **psychosozialen Modellen** sind neben die über längere Zeit dominierenden psychoanalytischen Ansätze in der jüngeren Vergangenheit verstärkt verhaltenstheoretische und kognitiv-psychologisch orientierte Modelle getreten. In der klassischen **psychoanalytischen Theorie** wird Depression als eine gegen das Selbst introjizierte Aggression in Reaktion auf Liebesverlust oder Trennung betrachtet. Die psychoanalytische Theorie geriet mit zunehmender Differenzierung ihrer Ansätze hinsichtlich der entwicklungsabhängigen Ausformung intrapsychischer Mechanismen allerdings in zunehmende Schwierigkeiten, die Existenz der Depression im Kindesalter überhaupt anzuerkennen. Sie unterstellte dem Kind, noch nicht über entsprechend differenzierte kognitive, affektive und intrapsychische Mechanismen zu verfügen. Entsprechend wurde von einigen Vertretern der Psychoanalyse argumentiert, es gäbe im Kindesalter keine Depression, während andere das Konzept der „maskierten" Depression entwickelten. Beide Modelle haben sich in der Zwischenzeit als wenig fruchtbar erwiesen.

In bemerkenswertem Kontrast zu der Feststellung vieler psychoanalytischer Autoren, dass eine depressive Reaktion angesichts ihrer Komplexität im Kindesalter nicht auftreten könne, steht das ebenfalls psychodynamische Konzept der **anaklitischen Depression,** welches die Existenz einer depressiven Reaktion schon im Säuglingsalter als Folge von anhaltender Deprivation annimmt. Während es unstrittig ist, dass Verlust- und Mangelerfahrungen bei Säuglingen und Kleinkindern zu Rückzugsverhalten und auffälligen Symptomen führen können (vgl. Kap. 19), ist die Allgemeingültigkeit dieses **Verlustfaktors** für die Erklärung depressiver Syndrome eingeschränkt. Zunächst ist in der Diskussion um die Bedeutsamkeit von Deprivationsbedingungen häufig übersehen worden, dass nicht alle Säuglinge und Kleinkinder mit einer entsprechenden Symptomatik reagieren. Darüber hinaus ist aber auch gesichert, dass es nicht zu irreversiblen Folgeschädigungen kommen muss, sofern diese erst einmal aufgetreten sind. Vielmehr können die Wiedervereinigung nach Trennung von den Bezugspersonen oder auch der Aufbau neuer Bindungen (z. B. über Pflegschaft und Adoption) die aufgetretenen Störungen kompensieren und müssen nicht notwendigerweise z. B. in ein depressives Syndrom des Kindes-, Jugend- und Erwachsenenalters einmünden.

In den **verhaltenstheoretischen Modellen** wird die Depression als ein Mangel an positiver Verstärkung oder an sozialen Fertigkeiten betrachtet. Sie tritt auf, wenn ein Verlust angenehmer Aktivitäten oder ein Nachlassen der Fähigkeit zur Auslösung positiver Verstärkung oder ein Defizit an Sozialfertigkeiten vorliegt. Der depressive Patient verfügt nicht über die Fähigkeiten, seine aktuellen Lebensumstände wirksam zu verändern und die soziale Umwelt auf Verstärker abzusuchen. Defizite der sozialen Kommunikation tragen entsprechend zur Entwicklung von Depressionen bei. Trotz der offensichtlichen Grenzen dieses Modells, das wichtige psychologische Aspekte der Depression nicht berücksichtigt, ist festzustellen, dass diese Konzeption die Existenz der Depression im Kindesalter anerkennt und zumindest bei erwachsenen Patienten zu entsprechenden Therapieansätzen geführt hat.

Die **kognitionspsychologischen Ansätze** zentrieren sich einerseits auf das Modell der **gelernten Hilflosigkeit** und andererseits auf das der kognitiven Verzerrung. Im Modell der gelernten Hilflosigkeit wird der depressive Mensch als jemand betrachtet, der sein Verhalten als unabhängig von Verstärkungen wahrnimmt. Er entwickelt eine kognitive Erwartung, dass er wahrscheinlich das Opfer unangenehmer Ereignisse wird – ganz gleich, wie er sich verhält. Diese Erwartung wird durch die Zuschreibung aufrechterhalten, dass einerseits unangenehme Ereignisse mit inneren, stabilen und allgemein gültigen Gründen und andererseits angenehme Ereignisse mit außerhalb der Person liegenden, instabilen und spezifischen Gründen zusammenhängen. Dieses Konzept ist deutlich entwicklungsabhängig, zumal es eine ausreichen-

de kognitive Differenzierung zur Bewertung des eigenen Selbst und anderer voraussetzt. Möglicherweise hängt mit dieser Entwicklungsabhängigkeit des Modells der gelernten Hilflosigkeit auch die Tatsache zusammen, dass die bisher wenigen empirischen Studien an Kindern und Jugendlichen das Modell nicht gestützt haben.

Schließlich wird im Modell der **kognitiven Verzerrung** angenommen, dass der depressive Mensch durch kognitive Verzögerungen und negative Einstellungen über sich selbst, die Welt und die Zukunft gekennzeichnet ist. Der Depressive interpretiert Ereignisse fehl oder übersteigert, betrachtet sie außerhalb von Kontexten und verzerrt seine persönlichen Erfahrungen dahingehend, dass nur die negativen Seiten bestätigt werden. In der Folge entwickeln sich Gefühle von Wertlosigkeit und Hilflosigkeit, die nicht realitätsgerecht sind. Auch dieses Modell, das einige zentrale Aspekte der Depression wie das niedrige Selbstwertgefühl als Ergebnis der eigenen Einstellung betrachtet, ist entwicklungsabhängig. In Orientierung am Verlauf der normalen kognitiven Entwicklung lässt es sich mit Sicherheit nicht für Kinder im Kleinkind- und Vorschulalter anwenden, während es für ältere Kinder empirisch bestätigt worden ist. Gleiches gilt für die Selbstattribution der Hilflosigkeit und der Defizite hinsichtlich sozialer Fertigkeiten.

Für die verhaltenstheoretischen und kognitionspsychologisch orientierten Modelle muss allerdings aufgrund empirischer Befunde der Forschung bei depressiven Erwachsenen relativierend angemerkt werden, dass offensichtlich eine Reihe der postulierten Ursachen eher Folgen der Depression sind. Damit ist ihre therapeutische Anwendung gleichwohl noch nicht in Frage gestellt.

Therapie und Verlauf

Die therapeutischen Maßnahmen bei Depressionen im Kindes- und Jugendalter müssen sich primär an dem Schweregrad der Störung orientieren und setzen demgemäß eine sorgfältige diagnostische Abklärung voraus. Diese sollte in eine Differenzierung zwischen dem Vollbild der Depression im Sinne der **Major-Form** und eine hinsichtlich Schweregrad und Vollständigkeit nicht die Kriterien des Vollbilds erfüllenden **Minor-Form,** also leichten depressiven Episoden, Dysthymien und Anpassungsstörungen mit depressiven Verstimmungen, münden. Für diese beiden Formen ergeben sich unterschiedliche therapeutische Indikationen, die in Tabelle 13-12 zusammengefasst sind.

Der Hauptunterschied hinsichtlich der therapeutischen Maßnahmen besteht darin, dass bei der Major-Form meist eine stationäre Therapie mit initial supportivem Charakter bei allen Interventionen und erst später – eventuell in Form der ambulanten Nachsorge nach kurzer stationärer Behandlung – eine stärker aufarbeitende, rekonstruktive Therapie realisiert werden sollte. Das **Ziel** besteht immer darin, in einer entwicklungsangemessenen Weise nicht nur auf die depressive Verstimmung bezogen zu behandeln, sondern das Kind im Verbund mit seiner Familie und der bedeutsamen Beziehungsumwelt zu betrachten.

Insofern ist auch bei der Depression des Kindes- und Jugendalters der Behandlungsansatz mehrdimensional.

Tabelle 13-12 Therapie der Depression im Kindesalter.

	Minor-Form	Major-Form
ambulant/stationär	eher ambulant	eher stationär
Einzeltherapie	analytisch/klient-zentriert/verhaltens-therapeutisch	initial stützend, später wie bei Minor-Formen
Pharmakotherapie	kaum indiziert	Antidepressiva
Familie	Familienberatung und/oder -therapie	initial stützend, später wie bei Minor-Formen
Schule	frühe Wiederaufnahme der Beschulung, evtl. flankierende Hilfen	initial reduzierte Beschulung, später wie bei Minor-Formen
Soziale Umwelt	Kontaktaktivierung (Sport, Gruppen etc.)	initial stützend, später wie bei Minor-Formen

Die wissenschaftliche Begründung der einzelnen Therapieansätze bzw. -komponenten kann sich bei Kindern und Jugendlichen in ganz unterschiedlicher Weise auf **empirische Evaluationen** beziehen. Zunehmendes Interesse haben psychopharmakologische und verhaltenstherapeutische Ansätze gefunden, die auch im Zentrum des in Abbildung 13-3 dargestellten therapeutischen Entscheidungsbaums stehen.

Mit dem Nachweis, dass auch im Kindesalter das Vollbild einer Depression auftreten kann und sich zuverlässig diagnostizieren lässt, verknüpfte sich sehr bald die Frage der therapeutischen Wirksamkeit von **Psychopharmaka** und hier besonders der **trizyklischen Antidepressiva**, deren Wirksamkeit bei Erwachsenen in einer Vielzahl gut kontrollierter Studien nachgewiesen ist. Im Vergleich ist die Wirksamkeit bei Kindern und Jugendlichen deutlich schlechter. Klinisch zeigte sich allerdings, dass nur die hochdosierte Behandlung mit Imipramin im Rahmen der stationären Behandlung depressiver Kinder und Jugendlicher wirksam ist. Dosierungen ab der Höhe von 3,5 mg/kg bedürfen wegen der Gefahr von Arrhythmien einer sorgfältigen EKG-Überwachung. Darüber hinaus sind kontinuierliche Blutbildüberprüfungen erforderlich.

Wegen geringerer Nebenwirkungspotenziale werden in jüngster Zeit die **selektiven Serotonin-Wiederaufnahmehemmer** (SSRI) als Mittel der ersten Wahl empfohlen. Die Anzahl kontrollierter Studien ist jedoch noch sehr klein. Dosierungsempfehlungen sind im Kapitel 26, speziell in Tabelle 26-3 gegeben. Die Wirksamkeit und Dosis sollte vier Wochen nach Therapiebeginn evaluiert werden. Ist die Wirksamkeit nach etwa acht Wochen gesichert, sollte die Dosis beibehalten und die Therapie auch nach Rückbildung der Depression über mindestens sechs Monate fortgesetzt werden. Der Abbau der Medikation sollte graduell über sechs Wochen unter sorgfältiger Kontrolle erfolgen.

Bei fehlender individueller Wirksamkeit kann die Dosis verändert, ein Substanzwechsel innerhalb der Klasse der SSRI vorgenommen oder eine Kombinationsbehandlung mit einem weiteren Antidepressivum einschließlich Lithium erwogen werden. Dabei müssen Risiken und Gewinn sorgfältig abgewogen und kontrolliert werden, wobei eine derartige Behandlung dem Spezialisten vorbehalten sein sollte.

Bei der im Kindes- und Jugendalter bisher wenig untersuchten **saisonalen affektiven Störung** mit den typischen Stimmungsveränderungen und vegetativen Symptomen im Winter und vollständiger Remission der Symptome im Frühling und Sommer ist gemäß einer ersten kontrollierten Studie die für diese Störung entwickelte **Lichttherapie** mit 10 000 Lux über 30–60 Minuten am Morgen wirksam.

Die Wirksamkeit von psychodynamisch orientierter **Einzelpsychotherapie** bei der Depression im Kindes- und Jugendalter ist bisher nicht systematisch untersucht worden. Hingegen kann für die aus den verhaltenstheoretischen und kognitionspsychologischen Modellen abgeleiteten Therapien festgestellt werden, dass ihre Wirksamkeit bei Kindern und vor allem bei Jugendlichen gut nachgewiesen ist. Das Ziel der **Verhaltenstherapien** unter Einschluss **kognitiver Verfahren** besteht in der Entwicklung von zwischenmenschlichen Problemlösungsstrategien über den Erwerb sozialer Fertigkeiten, im Aufbau von Selbstwertgefühl, in kognitiven Restrukturierungen und in Veränderungen von sozialen Umweltbezügen. Dabei werden spezifische Techniken der Selbstkontrolle, der systematischen Planung von Aktivitäten, der kontingenten Verstärkung, der Planung angenehmer Aktivitäten, der Zerlegung von Aufgaben in Teilkomponenten und der kognitiven Veränderung von Einstellungen eingesetzt. Auch für die **interpersonale Therapie** liegen Wirksamkeitsnachweise bei Jugendlichen mit einer Depression vor. Die bisher vorliegenden Studien zur Bewertung der **Familientherapie** bei Depressionen weisen hingegen eine ungenügende Wirksamkeit nach.

Angesichts der noch relativ kurzen Entwicklungsphase einer systematischen Erforschung der Depression im Kindes- und Jugendalter gibt es vorerst nur begrenzte Erfahrungen über den **Verlauf** der sich in diesem Lebensalter manifestierenden Depression. Während für die Anpassungsstörungen mit depressiver Stimmung eine insgesamt eher günstige Prognose und ein gutes Ansprechen auf therapeutische Maßnahmen angenommen werden können, ist der Verlauf der Major-Form dadurch gekennzeichnet, dass ein Jahr nach Beginn etwa 70–80% geheilt sind und 10% eine anhaltende Depression haben. Die Persistenz der Depression ist mit dem Schweregrad zu Beginn, einer komorbiden Zwangsstörung, anhaltenden belastenden Lebensereignissen sowie psychoendokrinen Fehlregulationen assoziiert. In 40–80% kommt es zu Rückfällen innerhalb von zwei Monaten nach Remission, bei 50% innerhalb von 3–5 Jahren.

Die Dysthymie hat einen Verlauf von 3–4 Jahren und geht mit hoher psychiatrischer und psychosozialer Morbidität einher. Die Patienten haben ein erhöhtes Risiko für das Auftreten von schweren, wiederkehrenden depressiven Episoden (Major Depression) mit einem typischen Beginn der ersten Episode 2–3 Jahre nach Beginn

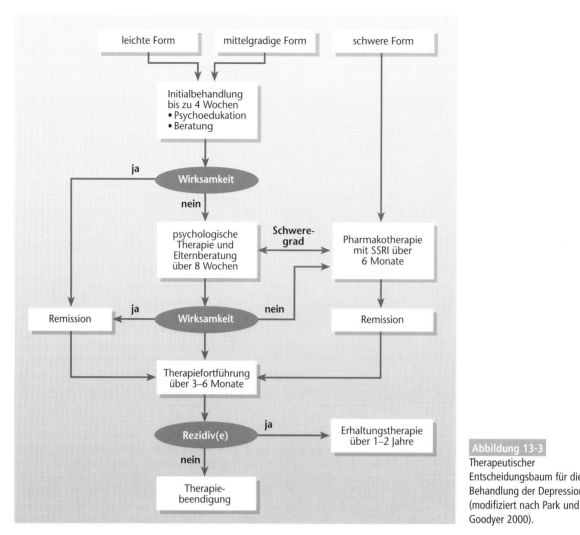

Abbildung 13-3
Therapeutischer
Entscheidungsbaum für die
Behandlung der Depression
(modifiziert nach Park und
Goodyer 2000).

der Dysthymie. Langzeituntersuchungen haben nachgewiesen, dass schwere depressive Störungen des Kindesalters mit einem erhöhten Risiko für affektive Störungen sowie Suizidalität, Suizid, Substanzmissbrauchsstörungen und Persönlichkeitsstörungen im Erwachsenenalter verbunden sind. Insofern besteht eine beträchtliche Kontinuität für affektive Störungen, wobei familiäre Schwierigkeiten zu dieser Kontinuität beitragen.

13.4 Zwangsstörungen

Definition, Klassifikation und Häufigkeit

Unter Zwangsstörungen werden wiederkehrende und anhaltende Ideen, Gedanken, bildhafte Vorstellungen oder Impulse sowie Handlungen verstanden,

▨ die vom Patienten als unsinnig erlebt werden,
▨ den normalen Denk- und Handlungsablauf hemmen und beeinträchtigen und
▨ sich dem Patienten imperativ aufdrängen, ohne dass er sich davon befreien kann.

Zwangsstörungen lassen sich in Zwangsgedanken und in Zwangshandlungen unterteilen. **Zwangsgedanken** drängen sich dem Bewusstsein auf, wobei der Inhalt oft unsinnig ist. Befürchtungen können sich auf Schmutz, Bakterien, Infektionen oder die Entwicklung von Krebs, die Verantwortlichkeit für Verletzungen oder den Tod bei Dritten u. ä. m. erstrecken. **Zwangshandlungen** sind endlos wiederholte und sinnlose Aktivitäten als Folge starker subjektiver Handlungsimpulse, die allerdings unter der willentlichen Kontrolle stehen. Typische Formen umschließen das exzessive Kontrollieren (z. B. Fenster, Schlösser, offenes Gas) oder exzessives Waschen und Säubern, aber auch einfache motorische Abläufe wie Ordnen, Betrachten und Berühren von Gegenständen und Oberflächenstrukturen, Wiederholungsrituale sowie Zählen. Die diagnostischen Leitlinien gemäß ICD-10 sind in Tabelle 13-13 aufgeführt.

Zwangsstörungen führen zu erheblichen **Beeinträchtigungen** der betroffenen Patienten, zumal die Ausführung von Handlungen oder die ständige Wiederkehr von Zwangsgedanken mit normalen Handlungsabläufen interferiert und somit normale Lebensvollzüge behindert. Klinische Zwangsstörungen manifestieren sich selten vor der Adoleszenz und müssen von den häufig auftretenden leichten Ritualen und Zwängen im Kindesalter als Teil der normalen Entwicklung abgegrenzt werden. Im Spiel und Verhalten des Kindes insbesondere vor dem Schulalter gibt es vielfältige ritualisierte Abläufe (z. B. beim An- und Auskleiden, beim Zubettgehen etc.), die sämtlich zeitlich begrenzt auftreten, das Verhalten des Kindes nicht dominieren und nicht als fremdartig und inkongruent erlebt werden.

Tabelle 13-13 Diagnostische Leitlinien der Zwangsstörungen (F 42) gemäß ICD-10.

Für eine eindeutige Diagnose sollen wenigstens zwei Wochen lang an den meisten Tagen Zwangsgedanken oder -handlungen oder beides nachweisbar sein; sie müssen quälend sein oder die normalen Aktivitäten stören. Die Zwangssymptome müssen folgende Merkmale aufweisen:

- Sie müssen als eigene Gedanken oder Impulse für den Patienten erkennbar sein.

- Wenigstens einem Gedanken oder einer Handlung muss noch, wenn auch erfolglos, Widerstand geleistet werden, selbst wenn sich der Patient gegen andere nicht länger wehrt.

- Der Gedanke oder die Handlungsausführung dürfen nicht an sich angenehm sein (einfache Erleichterung von Spannung und Angst wird nicht als angenehm in diesem Sinn betrachtet).

- Die Gedanken, Vorstellungen oder Impulse müssen sich in unangenehmer Weise wiederholen.

Über die **Häufigkeit** von Zwangsstörungen liegen einige epidemiologisch gewonnene Zahlen vor. Während sie im Kindesalter noch selten sind, beträgt die Prävalenz bei Jugendlichen 1 bis 4 %. Das typische Erkrankungsalter liegt bei etwa 20 Jahren; immerhin erkranken aber 80 % der Fälle vor dem Alter von 18 Jahren. Während im Erwachsenenalter die Geschlechterrate ausgeglichen ist, dominieren im Kindesalter die Jungen in einem Verhältnis von 3:2 über die Mädchen, wogegen sich die Geschlechterraten ab dem Jugendalter weitgehend angleichen.

Klinik und Diagnostik

Kinder und Jugendliche mit Zwangsstörungen werden eher als Erwachsene mit entsprechenden Störungen entdeckt und gegebenenfalls auch einer Behandlung zugeführt, weil sie ihre Gedanken und Handlungen weniger verheimlichen (können) und häufig auch ihre Bezugspersonen in ihre Zwangsrituale einbeziehen. So müssen die **Eltern** z. B. im Rahmen von Ritualen zur Vermeidung von Ansteckungen kooperieren oder auf perseveratorisch vorgebrachte zwanghafte Fragen immer wieder mit gleichen Antworten zur Verfügung stehen. Häufig erlischt der initiale Widerstand der Eltern sehr bald, und die Eltern tragen durch ihr „Mitspielen" angesichts er zunehmenden Verhaltenseinengung zur Verfestigung der Symptomatik zusätzlich bei. Andererseits ist die Symptomatik geeignet, bei den Bezugspersonen Gefühle von Ablehnung und Feindseligkeit gegenüber dem Patienten auszulösen.

Die **Symptomatik** entsteht in der Regel nicht aus einer irgendwie charakteristischen prämorbiden Entwicklung. Insbesondere gibt es keine Zusammenhänge zwischen Merkmalen einer so genannten zwanghaften Persönlichkeitsstruktur und Zwangsstörungen. Auslösende Ereignisse sind entweder unspezifisch oder fehlen gänzlich. Der **Beginn** der Symptomatik ist mehrheitlich graduell, bevor sich mit der Zeit eine Zunahme ausbildet. Typische Zwangsgedanken bzw. -handlungen bestehen dann aus einer Reihe von Schritten, die gedacht bzw. ausgeführt werden müssen. Stellt sich ein Fehler ein, so muss die Sequenz von Anfang an wiederholt werden. So müssen serienhaft Feststellungen oder Zahlen aufgesagt oder Gegenstände in eine Ordnung gebracht bzw. benutzt werden. Normalerweise haben diese Gedanken oder Handlungen eine Angst reduzierende Funktion.

Die häufigsten **Symptome** sind zwanghafte Befürchtungen vor Ansteckung, häufig verbunden mit Waschzwängen und Vermeidung „kontaminierter Objekte". Zwanghaft wiederholendes Kontrollieren oder Zählen, Anordnen oder Berühren von Objekten sind ebenfalls häufig.

Der **psychopathologische Befund** ist neben den charakteristischen, diagnosebestimmenden Symptomen überzufällig häufig durch Zeichen einer **Depression** bestimmt. Diese tritt in der Regel verzögert und sekundär in Reaktion auf die Zwangssymptomatik auf, wenn die Patienten ihr Ausgeliefertsein gegenüber ihren Zwängen und ihre zunehmende soziale Einengung erleben. Ferner lassen sich im Sinne von **Komorbidität** Zeichen von **Ängstlichkeit** und gehemmter Introvertiertheit beobachten. Bei jugendlichen Patienten können auch disruptive, d. h. **hyperkinetische** und **dissoziale Störungen** zusätzlich vorliegen. Zwischen **Tics** und dabei in erster Linie dem **Tourette-Syndrom** und Zwangsstörungen besteht überaus häufig eine Koexistenz, wobei phänomenologische Ähnlichkeiten etwa in der zwanghaft wirkenden Symptomatik von Vokalisationen bzw. motorischen Tics bestehen. Schließlich sind im Rahmen der **Anorexia nervosa** nicht nur zwanghafte Persönlichkeiten und ein zwanghafter Umgang mit Nahrungsmitteln und Ernährungsritualen, sondern auch weitere komorbide Zwangssymptome zu beobachten.

Die **Diagnose** muss sich dementsprechend auf eine differenzierte Exploration zur Zwangssymptomatik und deren Auswirkungen auf den Patienten und seine Umwelt sowie weitere psychopathologisch bedeutsame Phänomene erstrecken. Neben dem klinischen Interview mit Eltern und Kind kann der Leyton Zwangssyndrom-Fragebogen die Diagnostik stützten, der im Anhang 13.3 und 13.4 wiedergegeben ist. Für die klinische Exploration und Bewertung empfiehlt sich die im Anhang 13.5 wiedergegebene CY-BOCS, eine Kombination von Checkliste und strukturiertem Interview.

Im Rahmen der **Differenzialdiagnose** sind eine Reihe psychiatrischer Störungen zu bedenken, bei denen ebenfalls Zwangssymptome auftreten bzw. ähnliche Symptome abgetrennt werden müssen.

- Entsprechend sind bei der **geistigen Behinderung** sowohl die **Stereotypien** mit relativ einfachen motorischen Abläufen als auch die **Autostimulation** und die

Spezielle Kinder- und Jugendpsychiatrie

Automutilation von Zwängen zu differenzieren. Letztere dienen dem Spannungsabbau und nicht der Angstreduktion.

▪ Die zwanghaften Rituale beim **Autismus** sind in formaler Hinsicht einfacher und nicht von dem Ich-fremden Gefühl des Ausgeliefertseins begleitet.

▪ Zwangsphänomene können ferner zusammen mit Stereotypien und Tics im Rahmen **organischer Psychosyndrome** (z. B. nach Enzephalitis oder Schädel-Hirn-Trauma) und seltener auch bei **Epilepsien** auftreten, wobei diese Symptome dann nicht die typische angstreduzierende Funktion haben und vom Patienten auch nicht als problematisch erlebt werden, sondern eher Ausdruck beeinträchtigter kognitiver Prozesse sind.

▪ Wahngedanken und Halluzinationen bei der **Schizophrenie** können zwanghaft wirken, werden aber vom Patienten nicht als sinnlos und inkongruent erlebt.

▪ Auch die Grübelzwänge im Rahmen **endogener Depressionen** stellen differenzialdiagnostisch aufgrund des jeweiligen psychopathologischen Kontextes kein besonderes Problem dar.

▪ Hingegen kann wegen der engen psychopathologischen Verbindung die Differenzierung von Zwangsstörungen und **Phobien** Schwierigkeiten bereiten. Phobiker sind gewöhnlich frei von Symptomen, wenn sie nicht mit dem gefürchteten Objekt konfrontiert sind. Dies gilt nicht für Patienten mit Zwängen.

▪ Auf die besondere Nähe von **Tic** und **Zwang** war bereits hingewiesen. Motorische Tics sind im Vergleich zu motorischen Zwangshandlungen weniger komplex und haben nicht die Funktion der Angstreduktion, sondern des Spannungsabbaus.

▪ Bei der **Anorexia nervosa** stehen typischerweise die Zwangssymptome in Dienst der Essstörung und werden im Gegensatz zu Zwangsstörungen nicht als unsinnig erlebt. Zusätzliche Zwangssymptome sind möglich.

Ätiologie

Die Ursachen für die Entstehung von Zwangsstörungen sind noch ungenügend geklärt. Theoretische Modelle beziehen sich in neuerer Zeit zunehmend auf die Bedeutsamkeit **biologischer** und weniger auf die Bedeutsamkeit **psychosozialer Faktoren.** Unter biologischen Faktoren werden genetische, neurophysiologische und biochemische Ursachenelemente diskutiert.

Hinweise auf die Bedeutung **genetischer Faktoren** ergeben sich aus Familien- und Zwillingsstudien. Mangelnde Einheitlichkeit und ungenügende Differenzierung der Diagnose sowie das Fehlen spezifischer genetischer Methoden wie z. B. Segregationsanalysen lassen jedoch keine endgültige Feststellung über den definitiven Stellenwert genetischer Faktoren in der Ätiologie der Zwangsstörungen zu. Trotz dieser Einschränkung ist festzustellen, dass Zwangsstörungen in Familien gehäuft auftreten und die Konkordanz bei monozygoten Zwillingen höher als bei dizygoten Zwillingen ist. Andererseits gibt es keinen Hinweis auf einen klassischen bzw. geschlechtsgebundenen Erbgang, so dass allenfalls eine genetische Prädisposition der Zwangsstörungen diskutiert werden kann.

In ähnlicher Weise ist der Erkenntnisstand über die Wertigkeit **neurophysiologischer Funktionsstörungen** noch begrenzt. Abnorme, aber in sich inkonsistente EEG-Muster ohne klaren Hinweis auf die Lokalisation der Störung und die Annahme einer übermäßigen zentralnervösen Aktivierung sind vorläufige Indizien dafür, dass neurophysiologische Dysfunktionen für die Ätiologie bedeutsam sein können. Diese Hypothesen finden eine relative Stützung auch in neuroanatomischen Studien auf der Basis von psychochirurgischen Eingriffen mit Zielgebiet im limbischen System und im Stirnlappen des Gehirns. Diese operativen Eingriffe werden äußerst selten bei therapierefraktären und behindernden Verläufen eingesetzt und haben gezeigt, dass z. B. Abtragungen von Teilen des limbischen Systems zu einer Reduktion der Symptome bei schweren Zwangssyndromen führen.

Verschiedene **körperliche Krankheiten** können in der Folge gehäuft zu Zwangsstörungen führen. Dazu gehören Kohlenmonoxidvergiftungen, Tumoren, allergische Reaktionen auf Wespenstiche, posturale Enzephalitiden, traumatische Hirnverletzungen, das rheumatische Fieber und die Chorea Sydenham sowie Störungen der Basalganglien. Beim rheumatischen Fieber und der Chorea Sydenham liegt eine Autoimmunreaktion auf eine Infektion mit β-hämolysierenden Streptokokken vor. Der abrupte Beginn einer Zwangsstörung oder Ticstörung im Kindesalter wird mit diesem Wirkprinzip einer Autoimmunreaktion in Verbindung mit einer Streptokokkeninfektion als ein neues Syndrom unter der Abkürzung PANDAS (pediatric autoimmune disorder associated with streptococcal infections) bezeichnet, wobei außerdem ausgeprägte Symptome einer hyperkinetischen Störung (ADHD) vorliegen. Die Zwangssymptome persistieren über etwa 4–18 Monate, die Hyperaktivität möglicherweise über 12–18 Monate. Aktuell wird die Validität des PANDAS-Subtyps der Zwangsstörungen in verschiedenen Forschungsansätzen untersucht.

Schließlich kann auch aus der Wirksamkeit bestimmter Psychopharmaka geschlossen werden, dass **Störungen der Neurotransmitter** ursächlich an der Entstehung von Zwangsstörungen beteiligt sein könnten. Hier hat vor allem die Wirksamkeit des Antidepressivums Clomipramin, welches die Wiederaufnahme des Neurotransmitters Serotonin blockiert, zu der Hypothese geführt, dass bei Patienten mit Zwangssyndromen die funktionalen Spiegel für Serotonin im Synapsenspalt herabgesetzt sind. Diese Hypothese ist durch eine Reihe empirischer Untersuchungen über Serotonin-Metaboliten in Blut, Urin und Liquor recht gut gestützt. Die betroffene Funktionsschleife erstreckt sich zwischen dem orbitofrontalen Kortex, den Basalganglien und dem Thalamus.

Die verschiedenen diskutierten biologischen Faktoren wirken möglicherweise dahingehend zusammen, dass beim Patienten mit Zwangsstörungen eine übermäßige emotionale Aktivierung resultiert. Das hohe Ausmaß an Angst, welches Zwangsstörungen zugrunde liegt, könnte so eine Folge erhöhter genetisch vermittelter Aktivierung in Reaktion auf neue Situationen sein, wobei ein derart präformiertes Individuum sich ungenügend an eine jeweilige Situation adaptieren (habituieren) kann.

Modellannahmen mit der Betonung **psychosozialer Faktoren** leiten sich aus psychoanalytischen oder lerntheoretischen Konzepten ab. In psychoanalytischer Sicht entstehen alle Neurosen aus massiver Angst, die über einen der klassischen Abwehrmechanismen (z. B. Verleugnung, Reaktionsbildung, Isolation) transformiert wird. Entsprechend dienen z. B. Waschzwänge der Vermeidung von Angst vor Ansteckung. Sofern der Zwang nicht ausgeführt werden kann, steigt die Angst, während die Zwangshandlung zu einer vorübergehenden Entlastung führt. Wenngleich Zwänge in der Tat vielfach die Folge von Angst sind, ist dieser Erklärungsansatz viel zu unspezifisch, um ein Ursachenmodell der Zwangsstörungen in Abgrenzung gegenüber anderen psychiatrischen Störungen begründen zu können. Ähnliches muss auch für den lerntheoretischen Ansatz festgestellt werden, in dem Zwänge als gelerntes Vermeidungsverhalten betrachtet werden, welches in der Ausführung die Angst reduziert. Auch auslösenden Faktoren kommt nur eine spezifische Bedeutung zu.

Therapie und Verlauf

Für die Therapie der Zwangsstörungen können gemäß Tabelle 13-14 einige **Grundsätze für die Behandlung** formuliert werden. Angesichts der Tendenz zur Chronifizierung der Störungen müssen essenzielle Maßnahmen ergriffen werden, die sich unter dem Begriff der Patientenführung zusammenfassen lassen. Auf spezifische Therapien darf wegen ihrer nachgewiesenen Wirksamkeit nicht verzichtet werden. Optionale Therapien können zusätzlich eingesetzt werden. Hinsichtlich der Therapieabfolge sollte in der Regel mit der kognitiven Verhaltenstherapie begonnen werden. Bei nicht ausreichendem Therapieerfolg sollte diese durch eine Medikation ergänzt und in eine Erhaltungstherapie über 12 bis 18 Monate überführt werden. Ein differenzialtherapeutischer Entscheidungsbaum unter Berücksichtigung der komorbiden Störung ist in Abbildung 13-4 dargestellt. Wegen der hohen Rezidivrate von Zwangsstörungen müssen auch psychologische Therapien im Sinne einer Erhaltungstherapie genügend lange fortgeführt werden.

Tabelle 13-14 Grundsätze für die Therapie der Zwangsstörungen.

Essenzielle Maßnahmen

- Langfristige Behandlung und Betreuung
- Mehrdimensionale Behandlung
- Psychoedukation

Spezifische Therapien

- Kognitive Verhaltenstherapie (KVT)
- Elterntraining
- Medikation

Optionale Therapien

- Psychodynamische Therapie
- Familientherapie
- Selbsthilfegruppen

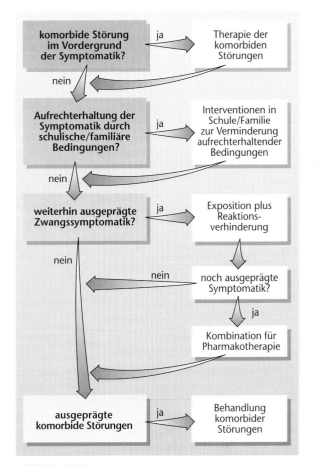

Abbildung 13-4 Differenzialtherapeutischer Entscheidungsbaum für Zwangsstörungen (Döpfner 1999).

Die Behandlung von Zwangsstörungen macht bei den schweren, meist in der Adoleszenz vorgestellten Fällen eine **stationäre Behandlung** erforderlich, während bei den leichteren Formen, die sich im Kleinkind- und Grundschulalter manifestieren, mehrheitlich die Beratung mit dem Ziel einer Veränderung des Erziehungsverhaltens der Eltern bzw. Bezugspersonen ausreicht. Systematische Therapiestudien haben gezeigt, dass sich sowohl beim ambulanten wie beim stationären Vorgehen verhaltenstherapeutische und gegebenenfalls auch pharmakotherapeutische Maßnahmen mit Erfolg anwenden lassen. Über die Wirksamkeit analytisch orientierter Psychotherapie lassen sich angesichts des Fehlens angemessener Therapiestudien keine Aussagen treffen.

Unter den verschiedenen **verhaltenstherapeutischen Verfahren** sind die Exposition sowie die Reaktionsverhinderung gegenüber gefürchteten Reizen und Situationen in vivo und in der Vorstellung wirksam, wobei von einer Kombination dieser drei Elemente die besten Resultate erwartet werden können. Dabei wirkt sich die Exposition in vivo vornehmlich auf die mit Angst und Unbehagen einhergehenden Reizkonstellationen bei Ritualisierungen aus; die Reaktionsverhinderung ist bei Zwangshandlungen wirksam, die Exposition in der Vorstellung bei der Aufrechterhaltung von Behandlungseffekten.

Der Behandlungsplan für die **Expositions-Reaktions-verhinderung** kann bei älteren Kindern und Adoleszenten mit einer eigenständigen Aufzeichnung der Symptome beginnen, sofern die Symptome nicht zu schwer und einengend sind und eine hohe Therapiemotivation besteht. Bei chronifizierten und schweren Zwangsstörungen können die Eltern in die Durchführung von Therapiemaßnahmen integriert werden, indem sie entweder passiv durch Aufgabe ihres Mitwirkens bei Ritualen des Kindes bzw. Jugendlichen oder aktiv durch verbale oder körperliche Verhinderung der Zwangshandlungen mitarbeiten.

Sofern derartige ambulante Maßnahmen nicht ausreichen, werden im Rahmen der stationären Behandlung durch den Therapeuten und die Mitarbeiter die kontrollierten Bedingungen für eine Reaktionsverhinderung geschaffen. In diesem Behandlungssetting können die erwähnten zusätzlichen Elemente, die Exposition gefürchteter Reize und Situationen sowohl in vivo wie in der Vorstellung unter kontrollierten Bedingungen, eingeführt werden. Zugleich können ergänzend Elternarbeit, stützende Psychotherapie – insbesondere bei zusätzlichen ängstlichen und depressiven Symptomen – und Gruppentherapie eingesetzt werden.

Unter den verschiedenen **Psychopharmaka** hat sich zunächst das Antidepressivum Clomipramin bewährt. Dieser Nachweis ist nicht nur bei erwachsenen Patienten, sondern auch bei Kindern und Jugendlichen mit Zwangsstörungen geführt worden. Der Effekt dieser Behandlung ist unabhängig von gleichzeitig bestehenden depressiven Zeichen und in diesem Sinne nicht antidepressiv. Klinisch kommen ganz besonders die verschiedenen selektiven Serotonin-Wiederaufnahmehemmer (SSRI) zur Anwendung und haben aufgrund ihrer geringen Nebenwirkungen einen bedeutsamen Platz in der Behandlung der Zwangsstörungen eingenommen. Sie stellen gegenwärtig die Mittel der ersten Wahl dar.

Bei fehlender oder ungenügender Wirksamkeit eines SSRI sollte zunächst auf eine andere Substanz der gleichen Gruppe von Medikamenten gewechselt werden. Eine Kombination mit kognitiver Verhaltenstherapie sollte in diesen Fällen immer realisiert werden. Über die Wirksamkeit anderer, bei erwachsenen Patienten mit Zwangsstörungen eingesetzter Psychopharmaka – wie Anxiolytika oder Neuroleptika – gibt es für das Kindes- und Jugendalter keine systematisch gewonnenen Erfahrungen. Der klinische Einsatz von Neuroleptika kann bei äußerst schweren, therapiefraktären Zwangssyndromen sowie bei komorbiden chronischen Ticstörungen in Kombination mit einem SSRI wirksam sein.

Der **Verlauf** von Zwangsstörungen lässt sich in **drei Formen** gliedern: chronische Verläufe, phasische Verläufe mit Perioden kompletter Remission und episodische Verläufe mit inkompletter Remission bei normalen sozialen Funktionen.

Entgegen älteren Annahmen hinsichtlich eines eher chronisch-ungünstigen Langzeitverlaufs der Zwangsstörungen ist die überwiegende Mehrzahl der Patienten dem dritten Verlaufstyp zuzurechnen und nehmen nur 10 % einen chronischen, sich verschlechternden Verlauf im Er-

wachsenenalter. Diese Feststellung bezieht sich auf Verlaufsergebnisse von Studien an Patienten mit Erkrankung sowohl im Jugend- wie auch im Erwachsenenalter. Die wenigen vorliegenden Verlaufsergebnisse an Patienten mit ausschließlich frühem Erkrankungsbeginn im Jugendalter kommen zu ungünstigeren Ergebnissen. Sowohl Persistieren der Zwangsstörung wie auch andere psychische Störungen – meist in Form von Angststörungen oder Depression – prägen hier das Bild.

Günstige **prognostische Kennzeichen** sind leichte bzw. atypische Symptome, kurze Symptomdauer vor Therapie und gesunde prämorbide Entwicklung. Hingegen ist die Krankheitsmanifestation vor dem Alter von 10 Jahren eher ungünstig. Bei diesen Fällen liegt zudem eine höhere familiäre Belastung mit Zwangsstörungen vor. Die häufigste Komplikation der Zwangsstörungen ist eine sekundär sich entwickelnde Depression. Das Risiko für Suizid, Alkohol- und Drogenabhängigkeit, Schizophrenie oder dissoziales Verhalten ist nicht erhöht.

Literatur

Angststörungen und Phobien

American Acedemy of Child and Adolescent Psychiatry: Practice parameters for the assessment and treatment of children and adolescents with anxiety disorders. J. Am. Acad. Child Adolesc. Psychiatry 36 (1997) 695–845.

Bernstein, G., C. M. Borchardt, A. R. Perwien: Anxiety disorders in children and adolescents: a review of the past 10 years. J. Am. Acad. Child Adolesc. Psychiatry 35 (1996) 1110–1119.

Dadds, M., P. M. Barrett: Practitioner Review: Psychological management of anxiety disorders in childhood. J. Child Psychol. Psychiat. 42 (2001) 999–1011.

Duda-Kirchhof, K., M. Döpfner: Therapieprogramm für Kinder und Jugendliche mit Angststörungen – Behandlungskonzept und Behandlungseffekt. Kindheit und Entwicklung 9 (2000) 161–170.

Elliott, J. G.: Practitioner review: School refusal: Issues of conceptualisation, assessment and treatment. J. Child. Psychol. Psychiat. 40 (1999) 1001–1012.

King, N. J., G. A. Bernstein: School refusal in children and adolescents: a review of the past 10 years. J. Am. Acad. Child Adolesc. Psychiat. 40 (2001) 197–205.

Klein, R. G., D. S. Pine: Anxiety disorders. In: Rutter, M., E. Taylor (eds.): Child and Adolescent Psychiatry. Modern Approaches 4th ed. Blackwell, Oxford 2002.

Kovacs, M., Devlin, B.: Internalizing disorders in childhood. J. Child Psychchol. Psychiat. 39 (1998) 47–63.

Legrand, L. N., M. McGue, W. G. Iacono: A twin study of state and trait anxiety in childhood and adolescence. J. Child Psychol. Psychiat. 40 (1999) 953–958.

Lichtenstein, P., P. Annas: Heritability and prevalence of specific fears and phobias in childhood. J. Child Psychol. Psychiat. 42 (2001) 927–937.

March, J. S. (ed.): Anxiety Disorders in Children and Adolescents. Guilford, New York 1995.

Ollendick, T. H.: Panic disorder in children and adolescents: new developments, new directions. J. Clin. Child Psychol. 27 (1998) 234–245.

Ollendick, T. H., N. J. King, W. Yule (eds.): International Handbook of Phobic and Anxiety Disorders in Children and Adolescents. Plenum Press, New York 1994.

Seligman, L. D., T. H. Ollendick: Anxiety disorders. In: Steinhausen, H.-C., F. Verhulst (eds.): Risks and outcomes in developmental psychopathology. Oxford University Press, Oxford 1999.

Silverman, W. K., P. D. A. Treffers: Anxiety disorders in children and adolescents. Cambridge University Press, Cambridge 2001.

Schniering, C. A., J. L. Hudson, R. M. Rapee: Issues in the diagnosis and assessment of anxiety disorders in children and adolescents. Clin. Psychol. Review 20 (2000) 453–478.

Velting, O. N., A. M. Albano: Current trends in the understanding and treatment of social phobia in youth. J. Child Psychol. Psychiat. 42 (2001) 127–140.

Warren, S. L., S. Schmitz, R. N. Ende: Behavioral genetic analyses of self-reported anxiety at 7 years of age. J. Am. Acad. Child Adolesc. Psychiat. 38 (1999) 1403–1408.

Depression

American Acedemy of Child and Adolescent Psychiatry: Practice parameters for the assessment and treatment of children and adolescents with obsessive-compulsive disorders. J. Am. Acad. Child Adolesc. Psychiatry 37 (1998) 275–455.

Birmaher, B., N. D. Ryan, D. E. Williamson et al.: Childhood and adolescent depression: a review of the past 10 years. Part I. J. Am. Acad. Child Adolesc. Psychiatry 35 (1996) 1427–1439.

Birmaher, B., N. D. Ryan, D. E. Williamson et al.: Childhood and adolescent depression: a review of the past 10 years. Part II. J. Am. Acad. Child Adolesc. Psychiatry 35 (1996) 1575–1583.

Braun-Scharm, H. (Hrsg.): Depressionen und komorbide Störungen bei Kindern und Jugendlichen. Wissenschaftliche Verlagsgesellschaft, Stuttgart 2002.

Fritze, J.: Antidepressiva. In: Nissen, G., J. Fritze, G.-E. Trott: Psychopharmaka im Kindes- und Jugendalter. Fischer, Ulm 1998.

Goodyer, I. (ed.): The depressed child and adolescent: developmental and clinical perspectives. 2nd ed. Cambridge University Press, Cambridge 2001.

Harrington, R.: Depressive disorders. In: Steinhausen, H.-C., F. Verhulst (eds.): Risks and outcomes in developmental psychopathology. Oxford University Press, Oxford 1999.

Harrington, R.: Kognitive Verhaltenstherapie bei depressiven Kindern und Jugendlichen. Hogrefe, Göttingen 2001.

Harrington, R.: Affective disorders. In: Rutter, M., E. Taylor (eds.): Child and Adolescent Psychiatry. Modern Approaches 4th ed. Blackwell, Oxford 2002.

Harrington, R., J. Wittaker, P. Shoebridge: Psychological treatment of depression in children and adolescents. Brit. J. Psychiatry 173 (1998) 291–298.

Kasen, S., P. Cohen, A. E. Skodal u. a.: Childhood depression and adult personality disorder. Arch. Gen. Psychiatry 58 (2001) 231–236.

Kutcher, S.: Practitioner review: The pharmacotherapy of adolescent depression. J. Child Psychol. Psychiat. 38 (1997) 755–767.

Lewinsohn, P., G. N. Clarke: Psychosocial treatments for adolescent depression. Clin. Psychol. Review 19 (1999) 329–342.

Mufson, L., D. Moreau, M. M. Weissman, G. L. Klerman: Interpersonal Psychotherapy for Depressed Adolescents. Guilford, New York 1993.

Park, R. J., I. M. Goodyer: Clinical guide lines for depressive disorder in childhood and adolescence. Eur. Child Adolesc. Psychiat. 9 (2000) 147–161.

Reynolds, W. M., H. F. Johnston (eds.): Handbook for Depression in Children and Adolescents. Plenum Press, New York 1994.

Riddle, M.: Obsessive-compulsive disorder in children and adolescents. Brit. J. Psychiatry 173 (Suppl. 35) (1998) 91–96.

Wagner, K. D., P. J. Ambrosini: Childhood depression: pharmacological therapy/treatment (pharmacotherapy of chilhood depression). J. Child Psychol. Psychiat. 30 (2001) 88–97.

Zwangsstörungen

American Acedemy of Child and Adolescent Psychiatry: Practice parameters for the assessment and treatment of children and adolescents with depressive disorders. J. Am. Acad. Child Adolesc. Psychiatry 37 (1998) 635–835.

Berg, C. Z.: Behavioral assessment techniques for childhood obsessive-compulsive disorder. In: Rapoport, J. L. (ed.): Obsessive Compulsive Disorder in Children and Adolescents. P. 41–70. American Psychiatric Press, Washington, D.C. 1989.

Berg, C. Z., A. Whitaker, M. Davies, M. Flament, J. L. Rapoport: The survey form of the Leyton Obsessional Inventory – Child Version: Norms from an epidemiological study. J. Amer. Acad. Child Psychiat. 27 (1988) 759–763.

Berg, C. Z., J. L. Rapoport, M. Flament: The Leyton Obsessional Inventory – Child Version. J. Amer. Acad. Child Psychiat. 25 (1986) 84–91.

Döpfner, M.: Diagnostik und funktionale Analyse von Angst- und Zwangsstörungen bei Kindern und Jugendlichen – Ein Leitfaden. Kindheit und Entwicklung 9 (2000) 143–160.

Döpfner, M.: Zwangsstörungen. In: Steinhausen, H.-C., M. von Aster (Hrsg.): Verhaltensmedizin und Verhaltenstherapie bei Kindern und Jugendlichen. 2. Auflage. Psychologie Verlags Union, Weinheim 1999.

Flament, M.: Obsessive-compulsive disorders. In: Steinhausen, H.-C., F. Verhulst (eds.): Risks and outcomes in developmental psychopathology. Oxford University Press, Oxford 1999.

King, R. A., L. Scahill (eds.): Obsessive-compulsive disorder. Child and Adolescent Psychiatric Clinics of North America 8 (3). Saunders, Philadelphia 1999.

March, J. S., M. Franklin, A. Nelson, E. Foa: Cognitive-behavioral psychotherapy for pediatric obsessive-compulsive disorder. J. Clin. Child Psychol. 30 (2001) 8–13.

March, J. S., H. L. Leonard: Obsessive-compulsive disorder in children: a review of the past 10 years. J. Am. Acad. Child Adolesc. Psychiatry 34 (1996) 1265–1273.

Moll, G. H., A. Rothenberger: Verhaltenstherapie bei Kindern und Jugendlichen mit Zwangsstörungen: Verknüpfung von Entwicklung, Verhalten, Neurobiologie und Therapie. Verhaltenstherapie 10 (2000) 120–130.

Rapoport, J. L., G. Inoff-Germain: Practitioner review: treatment of obsessive-compulsive disorder in children and adolescents. J. Child Psychol. Psychiat. 41 (2000) 419–431.

Thomsen, P. H.: Obsessive-compulsive disorder: pharmacological treatment. Eur. Child Adolesc. Psychiat. 9 (2000) I/76–I/84.

Thomsen, P. H.: Obsessive-compulsive disorder in children and adolescents. Clinical Guidelines. Eur. Child Adolesc. Psychiatry 7 (1998) 1–11.

Wewtzer, C., T. Jans, B. Müller u. a.: Long-term outcome and prognosis of obsessive-compulsive disorder with onset in childhood and adolescence. Eur. Child Adolesc. Psychiat. 10 (2001) 37–46.

14 Belastungs- und Anpassungsstörungen

Historisch betrachtet hat die Vorstellung, dass psychische Störungen bei Kindern und Jugendlichen in Reaktion auf widrige Lebensumstände entstehen, eine lange Tradition. Bis zum Aufkommen der ICD-9 hat sie sogar die Nosologie kinder- und jugendpsychiatrischer Störungen dominiert. Insbesondere unter dem Einfluss des psychodynamischen Denkens wurden diese Störungen als Fehlanpassung auf intrapsychische Konflikte verstanden und später um die Bedeutsamkeit möglicher externer Belastungsfaktoren erweitert. Mit dem Aufkommen empirischer Konzepte der Nosologie in den 70er und 80er Jahren erweiterte sich das Spektrum valider Diagnosen. Zugleich wurden zunehmend Fakten für sehr unterschiedliche ätiologische Elemente nachgewiesen, die im Rahmen eines in der Regel mehrdimensionalen Gefüges bei den verschiedenen Störungen zusammenwirken. In der Folge ging das Gewicht der Kategorie der Anpassungsstörungen in der kinder- und jugendpsychiatrischen Klassifikation deutlich zurück.

Mit dem Aufkommen der zeitgenössischen Klassifikationssysteme der ICD-10 und des amerikanischen DSM hat sich weltweit der Leitgedanke einer deskriptiven, weitgehend ätiologiefreien und damit auch relativ theoriearmen Nosologie psychischer Störungen durchgesetzt. Von diesem Prinzip weichen innerhalb des ICD-10-Systems nur die Belastungs- und Anpassungsstörungen sowie die Bindungsstörungen ab. Durch den expliziten Bezug zu belastenden Ereignissen und Erfahrungen wird bei den Belastungs- und Anpassungsstörungen eine ätiologische Beziehung hergestellt. Dieses zentrale Kennzeichen wird durch die Tatsache ergänzt, das die Belastungs- und Anpassungsstörungen durch keine spezifische Psychopathologie gekennzeichnet sind, sondern diese vielmehr von anderen psychischen Störungen des Klassifikationssystems beziehen.

Definition, Klassifikation und Häufigkeit

Hinsichtlich der **diagnostischen Kriterien** sind gemäß ICD-10 die folgenden Aspekte von zentraler Bedeutung:
- Es liegen eine oder zwei ursächliche Faktoren vor. Dabei handelt es sich um belastende Lebensereignisse oder besondere Lebensveränderungen.
- Die Störungen entstehen als direkte Folge einer akuten, schweren Belastung oder eines Traumas als primärem und ausschlaggebendem Kausalfaktor.
- Es handelt sich um Belastungs- und Anpassungsstörungen, weil erfolgreiche Bewältigungsmechanismen verhindert werden und eine Störung der sozialen Leistungsfähigkeit resultiert.

Das Konzept hat eine Reihe ergänzender Kriterien, die in der ICD-10 weniger explizit in der Präambel zur Beschreibung dieser Störungen zum Ausdruck gebracht werden, aber aus den einzelnen Subkategorien abgeleitet werden können:
- Die beobachteten psychopathologischen Phänomene oder Funktionsstörungen liegen außerhalb der Norm.
- Die Symptome sind weniger schwer als bei den spezifischen diagnostischen Kategorien psychischer Störungen.
- Das Auftreten der Symptome steht in einem sehr engen zeitlichen Zusammenhang zum Ereignis, das relativ genau definiert ist.
- Die Dauer der Symptomatik ist klar beschränkt.
- Die Symptome stellen keine Exazerbation einer zuvor bereits bestehenden psychischen Störung dar.

Mit diesen Kriterien sollte einer überinklusiven Benutzung der Diagnose der Belastungs- und Anpassungsstörungen begegnet werden, zumal sie dem Bedürfnis vieler Kliniker nach einer einfachen linearen Kausalität sowie Reduktion der Informationsvielfalt durchaus entgegenkommen. Tatsächlich werden in der Praxis die diagnostischen Kriterien häufig eher großzügig angewandt und die **konzeptuellen Probleme** eher ignoriert.

Zu diesen zählt zunächst der nicht immer einfach zu erbringende Nachweis der **differenziellen Abgrenzung** gegenüber einerseits einem noch normalen Verhalten und andererseits schwer wiegenden psychischen Störungen. Ab wann ist zum Beispiel eine Trauer in Reaktion auf den Verlust einer Bezugsperson nicht mehr normal, aber noch von einer depressiven Episode abgrenzbar? Ebenso problematisch ist die **ätiologische Grundannahme**, welche den Bezug von Belastung und Rektion herstellt. Lebensereignisse spielen im Rahmen einer mehrdimensionalen Genese auch bei verschiedenen anderen Störungen eine auslösende Rolle. Noch bedeutsamer ist aber der Umstand, dass es sich bei der ätiologischen Grundannahme um eine nachträgliche kausal-interpretierende Bedeutungszuschreibung handelt, welche sich insbesondere bei vorgegebenen theoretischen Konzepten anbietet. Tatsächlich kann es sich aber auch um eine eventuell bedeutungslose Koinzidenz handeln. Der Kliniker wird in der Regel die Kriterien der Qualität und Intensität der Symptome sowie die Beeinträchtigung der Funktionsfähigkeit bemühen, um eine sichere Zuordnung von Ereignis und Symptom als Belastungs- und Anpassungsstörung vorzunehmen.

Ein weiteres konzeptuelles Problem resultiert aus den **Zeitkriterien.** Die Forschung hat aufgezeigt, dass möglicherweise ätiologisch bedeutsame Lebensereignisse sich keineswegs auf eine begrenzte Spanne von 4 Wochen, sondern eher von 4 Monaten vor Störungsbeginn gruppieren. Noch dazu sind die besonders pathogenen Störungen familiärer Beziehungen in der Regel im Kindes- und Jugendalter eher chronisch. Nicht nur hinsichtlich des Beginns, sondern auch der Dauer der Störung ist ein Zeitkriterium für das Konzept der Belastungs- und Anpassungsstörungen bedeutsam. Bei der akuten Belastungsreaktion sind ein schnelles Abklingen innerhalb von 48 Stunden und bei den Anpassungsstörungen mit Ausnahme der verlängerten depressiven Reaktion eine Remission innerhalb von 6 Monaten festgelegt. Wenngleich diese Kriterien willkürlich erscheinen mögen, haben sie doch zur Folge, dass die Diagnose jeweils nach Ablauf dieser Fristen reevaluiert werden muss.

Die **Klassifikation** der Belastungs- und Anpassungsstörungen gemäß ICD-10 ist in Tabelle 14-1 wiedergegeben. Bedeutsam sind 3 Untergruppen, die in diesem Kapitel abgehandelt werden. Zur **Häufigkeit** liegen beträchtliche Schwankungen in Untersuchungen aus Inanspruchnahmepopulationen vor. Je nach Klientel und Epoche gehört die Anpassungsstörung zu einer der häufigsten Diagnose, wobei unterschiedliche diagnostische Traditionen und überinklusive Diagnosezuschreibungen die Zuverlässigkeit beeinträchtigen. Eine einzige amerikanische Feldstudie hat eine Prävalenz von ca. 4 % für Anpassungsstörungen ermittelt. Für die posttraumatischen Belastungsstörungen sind Lebenszeitprävalenzen von 1 bis 14 % in den USA ermittelt worden.

Tabelle 14-1 Klassifikation der Belastungs- und Anpassungsstörungen gemäß ICD-10.

F 43.0	akute Belastungsreaktion
F 43.1	posttraumatische Belastungsstörung
F 43.2	Anpassungsstörungen
F 43.20	kurze depressive Reaktion
F 43.21	längere depressive Reaktion
F 43.22	Angst und depressive Reaktion, gemischt
F 43.23	mit vorwiegender Störung anderer Gefühle
F 43.24	mit vorwiegender Störung des Sozialverhaltens
F 43.25	mit gemischter Störung von Gefühlen und Sozialverhalten
F 43.28	mit sonstigen näher bezeichneten vorwiegenden Symptomen
F 43.8	sonstige Reaktionen auf schwere Belastung
F 43.9	nicht näher bezeichnete Reaktion auf schwere Belastung

Ätiologie

Da die Konzeption der Belastungs- und Anpassungsstörungen bereits zentrale Feststellungen über die Ursachen enthält, kann bei einer Darstellung der drei Untergruppen die entsprechende Abhandlung zur Ätiologie entfallen. Wie bereits dargestellt, stehen **Lebensereignisse** und **Lebensveränderungen** im Vordergrund der Ursachen von Belastungs- und Anpassungsstörungen. Eine umfangreiche Liste von Lebensereignissen stellt die im Anhang 3.1. wiedergegebene Zürcher Lebensereignisliste (ZLEL) dar, die neben den aufgeführten Ereignissen auch jeweils einen subjektiven Belastungswert berücksichtigt. Weitere belastende Lebensveränderungen werden durch die in Kapitel 2 dargestellten Merkmale der abnormen psychosozialen Umstände (Achse 5 des multiaxialen Klassifikationssystems) abgebildet. Bei der Bewertung der Auswirkungen von Lebensereignissen müssen die individuell variierenden Merkmale der Intensität, Dauer und Qualität und dabei vor allem die subjektive Bedeutungszumessung berücksichtigt werden.

Zu den auch bei anderen psychischen Störungen des Kindes- und Jugendalters ursächlich bedeutsamen Lebensereignissen zählen herausgehoben der **Tod eines Elternteils, Scheidung der Eltern, Geburt eines Geschwisters** sowie **erworbene körperliche Krankheiten oder Verletzungen.** Dabei ist aber hinsichtlich der Bedeutsamkeit des Ereignisses der Scheidung zu berücksichtigen, dass meist der langanhaltende Partnerstreit pathogen ist und es sich eher um eine chronische Belastung handelt, die nicht die Diagnose einer Anpassungsstörung rechtfertigt. Punktuell bedeutsam können eher die Begleitumstände der Scheidung wie Verlust von Einkommen oder Wechsel von Wohnort bzw. Schule sein. Auch bei der Geburt eines Geschwisters ist Vorsicht vor ursächlichen Fehlzuschreibungen geboten, zumal das Ereignis nicht regelhaft mit regressivem Verhalten einhergeht und sogar als Entwicklungsanreiz dienen kann. Beobachtungen an chronisch kranken Kindern (vgl. Kap. 16) zeigen, dass der Beginn der Krankheit in der Tat erhebliche Anpassungsleistungen erforderlich macht, die häufig in eine passagere, bisweilen aber auch in eine anhaltende psychische Störung münden.

Trotz der zentralen Bedeutung der Lebensereignisse und Lebensveränderungen für das Konzept der Belastungs- und Anpassungsstörungen müssen **zusätzliche Faktoren** im Rahmen einer mehrdimensionalen ätiologischen Betrachtung berücksichtigt werden. In Entsprechung zur unterschiedlichen **Resilienz** (Widerstandskraft) variieren auch **Vulnerabilität (Temperament)** und **Bewältigungsfertigkeiten** unter Kindern und Jugendlichen. Ebenso müssen unterschiedliche **Entwicklungsstufen** sowie die Größe und Funktionalität des **sozialen Unterstützungssystems** innerhalb und außerhalb der Familie berücksichtigt werden. Erst das Zusammenwirken dieser zahlreichen Einflussgrößen lässt ein angemessenes Verständnis für die Manifestation von Belastungs- und Anpassungsstörungen entstehen.

Eine besondere Bedeutung kommt Lebensereignissen von der Qualität eines **Traumas** zu. Unter dem Typ I werden einmalige und unvorhergesehene Traumen wie Katastrophen, Überfälle oder Vergewaltigung zusammengefasst. Sie stehen in einer Beziehung zu akuten Belastungsreaktionen und posttraumatischen Belastungsreaktionen. Dem Typ II werden wiederholte, kontinuierlich als Bedrohung präsente Traumen wie chronische Misshandlung, sexueller Missbrauch, aber auch Krieg und Folter zugerechnet. Diese Art von Trauma hat Bezüge zu dissoziativen Störungen (vgl. Kap. 15) und zahlreichen anderen Störungen.

Für die **posttraumatische Belastungsstörung** sind der Schweregrad des Traumas, die Belastung der Eltern durch das Trauma und die zeitliche Nähe zum Trauma vermittelnde Faktoren für die Entwicklung der Störung. Andererseits kann ein hohes Ausmaß an familiärer Unterstützung die Entwicklung einer posttraumatischen Belastungsstörung abschwächen.

14.1 Akute Belastungsreaktion

Definition und Klinik

Die akute Belastungsreaktion ist gemäß ICD-10 eine vorübergehende Störung von beträchtlichem Schweregrad, die sich bei einem zuvor psychisch gesunden Menschen als Reaktion auf eine außergewöhnliche körperliche oder seelische Belastung entwickelt. Sie klingt in der Regel innerhalb von Stunden oder Tagen wieder ab.

Auslöser sind überwältigende traumatische Erlebnisse mit sicherheitsbedrohendem Charakter – wie Naturkatastrophen, Unfälle, Krieg, Verbrechen oder Vergewaltigung – oder eine plötzliche und bedrohliche Veränderung der sozialen Stellung und/oder des Beziehungsnetzes wie etwa Verlust eines Mitmenschen durch Tod.

Tabelle 14-2 Diagnostische Kriterien der akuten Belastungsreaktion (F 43.0) gemäß ICD-10.

Es muss ein unmittelbarer und klarer zeitlicher Zusammenhang zwischen einer ungewöhnlichen Belastung und dem Beginn der Symptome vorliegen. Die Reaktion beginnt innerhalb weniger Minuten, wenn nicht sofort.

1. Es tritt ein gemischtes und gewöhnlich wechselndes Bild auf; nach dem anfänglichen Zustand von „Betäubung" werden Depression, Angst, Ärger, Verzweiflung, Überaktivität und Rückzug beobachtet. Kein Symptom ist längere Zeit vorherrschend.

2. Die Symptome sind rasch rückläufig, längstens innerhalb von wenigen Stunden, wenn eine Entfernung aus der belastenden Umgebung möglich ist. In den Fällen, in denen die Belastung weiter besteht oder in denen sie naturgemäß nicht reversibel ist, beginnen die Symptome in der Regel nach 24 bis 48 Stunden abzuklingen und sind gewöhnlich nach 3 Tagen nur noch minimal vorhanden.

Diese Diagnose soll nicht zur Beschreibung einer plötzlichen Verschlechterung der Symptomatik von bereits bestehenden Symptomen verwendet werden, welche die Kriterien anderer psychiatrischer Störungen erfüllen, außer solcher aus dem Kapitel F 60 (Persönlichkeitsstörungen). Eine Vorgeschichte mit früheren psychiatrischen Erkrankungen spricht jedoch nicht gegen diese Diagnose.

Die **Symptome** sind bei beträchtlicher Variabilität durch ein initiales Gefühl der „Betäubung", eine Einengung von Bewusstsein, Aufmerksamkeit und Reizverarbeitung sowie durch Desorientiertheit, gelegentlich auch durch Depersonalisation und Derealisation, Apathie und Empfindungslosigkeit gekennzeichnet. In der Folge können sozialer Rückzug bis zum Stupor oder Agitiertheit, Überaktivität mit Flucht oder Fugue auftreten. Ferner können vegetative Zeichen panischer Angst, Gefühle von Verzweiflung und Hoffnungslosigkeit, aber auch Ärger und Aggressivität beobachtet werden. Die Symptome treten innerhalb von Minuten nach dem Ereignis auf und klingen innerhalb weniger Tage ab. Die diagnostischen Leitlinien sind in Tabelle 14-2 dargestellt.

Therapie und Verlauf

Akute Belastungsreaktionen treten in Extremsituationen auf und werden eher selten in der kinder- und jugendpsychiatrischen Sprechstunde vorgestellt. Die Wahl der therapeutischen Intervention kann sich auf keine hinlänglichen Erfahrungsberichte oder Wirksamkeitsstudien stützen. Wirksam dürften am ehesten eine einfühlsame Beratung von Eltern und betroffenem Kind oder Jugendlichen sowie gegebenenfalls der vorübergehende Einsatz von Anxiolytika sein. Hinsichtlich des Verlaufs muss trotz der definitorischen Feststellung der kurzen Dauer der akuten Belastungsreaktion daran gedacht werden, dass möglicherweise ein gelerntes Bewältigungsmuster entsteht, welches in Belastungssituationen im späteren Leben wieder aktiviert wird.

14.2 Posttraumatische Belastungsstörung

Definition und Klinik

Unter der posttraumatischen Belastungsstörung ist eine verzögerte und anhaltende Reaktion auf ein belastendes Ereignis oder eine Situation außergewöhnlicher Bedrohung mit katastrophenartigen Ausmaß zu verstehen. Hierzu zählen natürliche oder von Menschen hervorgerufene Katastrophen, Kriegs- und Kampfhandlungen, schwere Unfälle oder das Erleben des gewaltsamen Todes anderer. Ebenso gehört die Erfahrung dazu, Opfer von Verbrechen, Vergewaltigung, Folterung oder Terrorismus zu werden.

Charakteristisch für die **Symptomatik** sind drei Ebenen: (1) **Wiedererleben**, (2) **Vermeidungsverhalten** und **emotionaler Rückzug** sowie (3) **physiologische Übererregtheit**.

- Das **Wiedererleben** des Traumas drängt sich in so genannten Nachhall-Erinnerungen (Flashbacks) oder Träumen auf. Kinder können sich repetitiv im Spiel mit den traumatischen Themen beschäftigen oder handeln und fühlen, als ereigne sich das Trauma erneut. Dabei können sie Teile des Traumas wie z.B. sexuelle Handlungen im Rahmen eines sexuellen Missbrauchs wieder in Szene setzen. Sie sind massiv durch Hinweise belastet, welche einen Aspekt des Traumas symbolisieren oder ihm ähneln.

- Das **Vermeidungsverhalten mit emotionalem Rückzug** äußert sich in Amnesie für wichtige Aspekte des Traumas sowie Vermeidung von Gedanken, Gefühlen, Erinnerungen oder Unterhaltungen, die sich auf das Trauma beziehen. Ferner sind abnehmendes Interesse oder reduzierte Teilnahme an Alltagsaktivitäten, ein Gefühl der Entfremdung von anderen, ein reduzierter emotionaler Ausdruck sowie das Gefühl einer begrenzten Lebensperspektive zu beobachten.
- Die **physiologische Übererregtheit** äußert sich in Schlafstörungen, Reizbarkeit, Wutausbrüchen, Konzentrationsstörungen sowie Überwachsamkeit und gesteigerter Schreckhaftigkeit.

Bedeutsam ist schließlich die Tatsache, dass die posttraumatische Belastungsreaktion dem Trauma mit einer **Latenz** von Wochen und Monaten – selten mehr als 6 Monate nach dem Trauma – folgt. Die diagnostischen Kriterien der ICD-10 sind in Tabelle 14-3 dargestellt.

Tabelle 14-3 Diagnostische Kriterien der posttraumatischen Belastungsstörungen (F 43.1) gemäß ICD-10.

Diese Störung soll nur dann diagnostiziert werden, wenn sie innerhalb von 6 Monaten nach einem traumatisierenden Ereignis von außergewöhnlicher Schwere aufgetreten ist. Eine „wahrscheinliche" Diagnose kann auch dann gestellt werden, wenn der Abstand zwischen dem Ereignis und dem Beginn der Störung mehr als 6 Monate beträgt, vorausgesetzt, die klinischen Merkmale sind typisch, und es kann keine andere Diagnose (wie Angst- oder Zwangsstörung oder depressive Episode) gestellt werden.

Zusätzlich zu dem Trauma muss eine wiederholte unausweichliche Erinnerung oder Wiederinszenierung des Ereignisses in Gedächtnis, Tagträumen oder Träumen auftreten.

Ein deutlicher emotionaler Rückzug, Gefühlsabstumpfung, Vermeidung von Reizen, die eine Wiedererinnerung an das Trauma hervorrufen könnten, sind häufig zu beobachten, aber für die Diagnose nicht wesentlich. Die vegetativen Störungen, die Beeinträchtigung der Stimmung und das abnorme Verhalten tragen sämtlich zur Diagnose bei, sind aber nicht von erstrangiger Bedeutung.

Späte, chronifizierte Folgen von extremer Belastung, d. h. solche, die noch Jahrzehnte nach der belastenden Erfahrung bestehen, sind unter F 62.0 (andauernde Persönlichkeitsänderung nach Extrembelastung) zu klassifizieren.

Das klinische Bild weist **altersspezifische Variationen** auf. Bei Säuglingen und Kleinkindern wird es von Angstsymptomen, Vermeidungsverhalten, Schlafstörungen, regressivem Verhalten mit Anklammerung an Bezugspersonen und ängstlich-besorgten Reaktionen auf Hinweisreize bzw. Symbole geprägt, die mit dem Trauma in Beziehung stehen oder gebracht werden. Im **frühen Schulalter** können Amnesie und das Gefühl der emotionalen Abstumpfung oder auch die Nachhall-Erinnerungen noch fehlen. Hier kann das Wiederinszenieren des Traumas im Vordergrund stehen und sind Schlafstörungen häufig. **Jugendliche** entwickeln am ehesten das Vollbild

der Symptome auf allen Ebenen mit Wiedererleben, Vermeidungsverhalten, Amnesie für wichtige Aspekte des Traumas, sozialem und emotionalem Rückzug und physiologischer Übererregtheit. In diesem Alter können auch bei längerer oder wiederholter Belastung dissoziative Symptome mit Depersonalisation und Derealisation, automutilativen Handlungen, Substanzmissbrauch und aggressive Affektdurchbrüche auftreten. Ein inkomplettes Bild mit Verleugnung, Abstufung und Dissoziation kann bei Kindern mit langanhaltenden, variablen und multiplen Traumatisierungen wie durch körperliche oder sexuelle Misshandlung beobachtet werden.

Ein erhöhtes **Risiko** für die Entwicklung einer posttraumatischen Belastungsstörung haben Kinder mit einer vorbestehenden psychischen Störung; Mädchen sind eher als Jungen betroffen. Bei hoher Intensität der akuten Stressreaktion sind eher lang anhaltende Probleme zu erwarten. Zum Alter besteht keine spezifische Beziehung.

Posttraumatische Belastungsstörungen können mit zahlreichen **komorbiden Störungen** auftreten. Dazu zählen depressive Störungen, andere Angststörungen, Störungen des Sozialverhaltens und gelegentlich auch hyperkinetische Störungen, mit denen sie verwechselt werden können. Bei Jugendlichen können Substanzmissbrauch und – speziell bei sexuellem Missbrauch – impulsive (Borderline-)Persönlichkeitsstörungen hinzutreten.

Im anglo-amerikanischen Bereich kann sich die **Diagnostik** auf zahlreiche halbstrukturierte Interviews, Beurteilungsskalen sowie Fragebögen stützen, die deutschsprachig nicht verfügbar sind. Die Qualität von Fragebögen zur Selbstbeurteilung oder Beantwortung durch die Eltern wird teilweise sehr zurückhaltend beurteilt. Mangelnde Berücksichtigung der spezifischen Kriterien der posttraumatischen Belastungsstörungen kann Kliniker dazu verleiten, die Diagnose übermässig häufig zu gebrauchen.

Hinsichtlich der **Differenzialdiagnose** müssen vor allem die akute Belastungsstörung sowie die Anpassungsstörungen ausgeschlossen werden. Wegen der wiederkehrenden, sich aufdrängenden Gedanken ist eine Abgrenzung zu Zwangsstörungen erforderlich. Nachhall-Erinnerungen müssen von illusionären Verkennungen sowie Halluzinationen im Rahmen von Psychosen differenziert werden.

Therapie und Verlauf

Die vorliegenden Erfahrungen lassen die folgenden Komponenten der Behandlung als wesentlich erscheinen:
- Wiederherstellung der äußeren Sicherheit,
- Beruhigung, Entspannung und Entängstigung,
- Information über Ereignis und Stressreaktion,
- Aktivierung von Ressourcen im familiären und psychosozialen Netzwerk.

Spezifisch auf die Behandlung der Traumas sind die folgenden Interventionen gerichtet:
- direkte Exploration des Traumas,
- Einsatz von spezifischen Stress-Management-Techniken,

■ Exploration und Korrektur der unangemessenen Attributionen hinsichtlich des Traumas und

■ Beteiligung der Eltern in der Behandlung.

Die direkte Ansprache des Traumas und seiner Auswirkungen gestattet dem Kind, in der Psychotherapie seine Ängste und Trauer zu bewältigen, wobei besonders Situationen genutzt werden müssen, in denen traumatische Erinnerungen oder Vermeidungsverhalten psychische Belastungen hervorrufen. Zu den Stress-Management-Techniken gehören zum Beispiel progressive Muskelentspannung oder Gedankenstopp. Die Fehlattributionen sind am ehesten mit kognitiven Techniken beeinflussbar. Die Erfahrung zeigt ferner, dass die Auflösung von Symptomen der posttraumatischen Belastungsstörung durch Beteiligung der Eltern und Bezugspersonen gefördert wird. Zu berücksichtigen ist, dass nicht alle Symptome Ausdruck der posttraumatischen Belastungsstörung sind, sondern in Beziehung zu prämorbiden oder komorbiden Störungen stehen können.

Als eine spezielle Form der Intervention gilt das sogenannte **Debriefing**. Die Methode ist bei Erwachsenen entwickelt worden und eher auf Jugendliche als auf junge Kinder anwendbar. Das Ziel besteht in einer schnelleren Verarbeitung des Traumas und Neueinordnung des Erlebten und das Prinzip in der Konfrontation mit dem Ereignis, der Verbalisierung sowie der Trennung von kognitiven und emotionalen Anteilen. Debriefing kann in Gruppen oder einzeln erfolgen und sollte möglichst dicht, idealerweise am Tag nach dem Ereignis erfolgen. Dabei wird vom letzten positiven Erlebnis vor dem Trauma ausgegangen, das Trauma in Stufen bearbeitet und die Sequenz mit dem ersten positiven Erlebnis nach dem Trauma beendet. Die Methode des Debriefing wird kontrovers diskutiert; es ist offen, inwieweit die Methode grundsätzlich augewandt werden soll oder ob es Persönlichkeitsindikatoren gibt, für die Debriefing eher weniger geeignet ist.

Der Einsatz von **Psychopharmaka** kann sich nicht auf kontrollierte Studienergebnisse stützen. Es gibt dementsprechend keine gut untermauerten Empfehlungen. Im Einzelfall kann der Einsatz von Anxiolytika und Antidepressiva erwogen werden.

Der **Verlauf** von posttraumatischen Belastungsstörungen ist bisher nur sehr fragmentarisch untersucht worden. Die Raten sowohl für Remissionen als auch für Persistenzen sind beträchtlich, und es liegen keine Erkenntnisse für Risiko- oder Schutzfaktoren hinsichtlich des Verlaufs vor.

14.3 Anpassungsstörungen

Definition und Klinik

Kennzeichen der Anpassungsstörungen sind Zustände von subjektivem Leiden, emotionaler Beeinträchtigung sowie Behinderung der sozialen Funktionstüchtigkeit als Folge von bedeutsamen Lebensveränderungen oder belastenden Lebensereignissen. Derartige Belastungen sind zum Beispiel schwere körperliche Krankheit, Trennungserfahrungen, Todesfälle oder der Verlust wichtiger Bezugspersonen des sozialen Netzes.

Tabelle 14-4 Diagnostische Kriterien der Anpassungsstörungen gemäß ICD-10.

Die Diagnose hängt ab von einer sorgfältigen Bewertung der Beziehung zwischen:

1. Art, Inhalt und Schwere der Symptome,
2. Anamnese und Persönlichkeit und
3. belastendem Ereignis, Situation oder Lebenskrise.

Das Vorhandensein des dritten Kriteriums soll eindeutig nachgewiesen sein, und es müssen überzeugende, wenn auch vielleicht nur vermutete Gründe dafür sprechen, dass die Störung ohne Belastung nicht aufgetreten wäre. War die Belastung relativ gering oder kann eine zeitliche Abhängigkeit (weniger als 3 Monate) nicht nachgewiesen werden, ist die Störung, entsprechend den vorhandenen Merkmalen, an derer Stelle zu klassifizieren.

Wenn die Kriterien für eine Anpassungsstörung erfüllt sind, können das klinische Bild bzw. die vorwiegenden Merkmale mit der fünften Stelle näher gekennzeichnet werden.

F 43.20 **Kurze depressive Reaktion**
Ein vorübergehender leichter depressiver Zustand, der nicht länger als 1 Monat dauert

F 43.21 **Längere depressive Reaktion**
ein leichter depressiver Zustand als Reaktion auf eine länger anhaltende Belastungssituation, der aber nicht länger als 2 Jahre dauert

F 43.22 **Angst und depressive Reaktion gemischt**
sowohl Angst als auch depressive Symptome vorhanden, aber nicht stärker ausgeprägt als bei Angst und depressive Störung, gemischt (F 41.2) oder sonstige gemischte Angststörung (F 41.3).

F 43.23 **Mit vorwiegender Beeinträchtigung von anderen Gefühlen**
Symptome betreffen zumeist verschiedene affektive Qualitäten, wie Angst, Depression, Sorgen, Anspannung und Ärger. Die ängstlichen und depressiven Symptome können die Kriterien für die gemischte Angst- und depressive Störung (F 41.2) oder sonstige gemischte Angststörung (F 41.3) erfüllen, sind aber nicht so vorherrschend, dass andere, mehr spezifische depressive oder Angststörungen diagnostiziert werden können. Diese Kategorie soll auch für Reaktionen von Kindern mit regressivem Verhalten, wie etwa Bettnässen oder Daumenlutschen, verwendet werden

F 43.24 **Mit vorwiegender Störung des Sozialverhaltens**
Die hauptsächliche Störung betrifft das Sozialverhalten, z. B. wenn sich eine Trauerreaktion eines Jugendlichen in aggressivem oder dissozialen Verhalten manifestiert

F 43.25 **Mit gemischter Störung von Gefühlen und Sozialverhalten**
sowohl Störungen der Gefühle als auch des Sozialverhaltens sind führende Symptome

F 43.28 **Mit sonstigen spezifischen deutlichen Symptomen**

Die psychopathologische **Symptomatik** wird von ängstlichen und depressiven Störungen, bei Jugendlichen auch von Störungen des Sozialverhaltens bestimmt. Kinder können darüber hinaus regressive Symptome wie z. B. eine sekundäre Enuresis, Daumenlutschen oder Babysprache zeigen. Die Symptome sind nicht schwer genug, um spezifischere Diagnosen zu rechtfertigen. Sie beginnen gemäß ICD-10 in der Regel innerhalb eines Monats nach dem belastenden Ereignis und bestehen mit Ausnahme der verlängerten depressiven Reaktion meist nicht länger als 6 Monate. Tabelle 14-4 führt die diagnostischen Kriterien gemäß ICD-10 auf.

Therapie und Verlauf

Die Behandlung orientiert sich an dem Ziel, Entlastungen zu schaffen und die Bewältigungsmöglichkeiten des Kindes oder Jugendlichen auszubauen. Je nach Alter kommen **Beratung** und spieltherapeutische oder verbal-kognitive Verfahren der **Psychotherapie** in Frage, um Einsicht in die Belastungen gewinnen, Interpretationen vornehmen und Fehlinterpretationen gegebenenfalls auflösen zu können. In einigen Fällen ist in Abstimmung mit den Eltern und Bezugspersonen aber auch ein aktives Eingreifen erforderlich, um reale, wiederkehrende Belastungen etwa im Zusammenhang mit Schule oder Kameraden abzubauen. Der Einbezug der Eltern kann auch im Rahmen einer **Familientherapie** erfolgen. In der Regel ergibt sich aufgrund des Schweregrades der Störung keine Indikation für eine **Pharmakotherapie**, es sei denn zu vorübergehender Entlastung in einer krisenhaft zugespitzten Situation.

Der **Verlauf** der Anpassungsstörungen ist bisher nur unsystematisch erforscht. Die wenigen vorliegenden Studien zeigen jedoch, dass Angstreaktionen entgegen der definitorischen Kriterien der zeitlichen Befristung bei Kindern und Jugendlichen deutlich länger als 6 Monate anhalten können. Insbesondere chronische körperliche Krankheiten und anhaltende Belastungen tragen zu längeren Verläufen bei. Insgesamt ist die kurzfristige Prognose aber entsprechend dem Konzept günstig, wobei eine weitere komorbide Störung offensichtlich keinen Einfluss auf den Verlauf hat.

Literatur

American Academy of Child and Adolescent Psychiatry: Practice parameters for the assessment and treatment of children and adolescents with posttraumatic stress disorder. J. Am. Acad. Child Adolesc. Psychiatry 37 (1998) 4S–26S.

Delavan Cunningham, S., N. B. Enzer: Adjustment and reactive disorders. In: Wiener, J.M. (ed.) Textbook of child and adolescent psychiatry. 2nd Edition. American Psychiatric Press, Washington 1997.

Fischer, G., P. Riedesser (Hrsg.): Lehrbuch der Psychotraumatologie, Reinhardt, München 1998.

Hill, P. D.: Adjustment Disorders. In: Rutter, M., E. Taylor (eds.): Child and adolescent psychiatry. Modern approches. 4th edition. Blackwell, Oxford 2002.

Kovacs, M., C. Gatsonis, M. Pollock, P. L. Parrone: A controlled prospective study of DSM-III adjustment disorder in childhood. Short-term prognosis and long-term predictive validity. Arch. Gen. Psychiatry 51 (1994) 535–541.

Heemann, A., M. Schulte-Markwort, U. Ruhl, U. Knölker: Posttraumatische Belastungsstörung bei Kindern und Jugendlichen. Kindheit u. Entwicklung (1998) 129–142.

March, J. S., L. Amaya-Jackson, M. C. Murray, A. Schulte: Cognitive-behavioral psychotherapy for children and adolescents with posttraumatic stress disorder after a single-incident stressor. J. Am. Acad. Child Adolesc. Psychiatry 37 (1998) 585–593.

Schepker, R.: Posttraumatische Belastungsstörungen im Kindesalter – Diagnose, Verlaufsprädikatoren und therapeutische Strategien. Z. Kinder-Jugendpsychiat. 25 (1997) 46–56.

Winje, D., A. Ulvik: Long-term outcome of trauma in children: the psychological consequences of a bus accident. J. Child Psychol. Psychiat. 39 (1998) 635–642.

Yule, W. (ed.): Posttramatic stress disorders. Concepts and therapy. Wiley, Chichester 1999.

Yule, W.: Posttraumatic stress disorder in children and adolescents. Intl. Rev. Psychiat. 13 (2001) 194–200.

Spezielle Kinder- und Jugendpsychiatrie

15 Psychische Störungen mit körperlicher Symptomatik

Gesundheit wie Krankheit sind untrennbar sowohl psychische wie auch biologische Tatbestände. Eine derartige ganzheitliche Betrachtungsweise unter Einschluss sozialer Bedingungen und Korrelate sowie der Entwicklungsperspektive ist eines der Kernelemente sowohl der Psychosomatischen Medizin wie auch der Kinder- und Jugendpsychiatrie. Ein derartiges Verständnis verlangt nicht nur nach entsprechend ganzheitlichen Untersuchungs- und Forschungsansätzen (z. B. zur Erfassung der Beziehungen von psychologischen und sozialen sowie physiologischen Funktionen), sondern auch nach einer ganzheitlichen Behandlungsweise unter Einschluss von psychologischen Therapiemethoden. Auch in dieser Hinsicht gibt es keinen grundsätzlichen Unterschied zwischen Konzepten der Psychosomatischen Medizin und der Kinder- und Jugendpsychiatrie.

Der Begriff **„psychosomatisch"** bezieht sich demgemäß auf eine theoretische Betrachtungsweise und Behandlungsprinzipien, die Allgemeingültigkeit für Krankheiten schlechthin beanspruchen. Er ist nicht identisch mit dem Begriff der **„Psychogenese"** als der Betonung kausal wirksamer psychischer Faktoren in der Verursachung von Krankheiten. Die in dem Begriff der „Psychogenese" angesiedelte Annahme, dass psychische Faktoren Krankheiten verursachen, kann heute keine Gültigkeit mehr beanspruchen. Es wird vielmehr angenommen, dass psychische Störungen mit körperlicher Symptomatik im Sinne einer multifaktoriellen Ätiologie durch mehrere Faktoren bedingt sind, wobei psychische Prozesse (wie z. B. Emotionen) als ein Teilelement der subjektiven Informationsverarbeitung in einer Beziehung zu körperlichen Reaktionen stehen.

Bei einer derartigen Konzeption der Begriffe „psychosomatisch" und „Psychosomatische Medizin" lässt sich die Annahme nicht weiter aufrechterhalten, dass bei bestimmten Krankheitsbildern psychische Faktoren eine notwendige und hinreichend kausale Rolle spielen. Damit ist nicht nur der problematische Begriff der „Psychogenese", sondern auch der des so genannten „psychosomatischen Formenkreises" oder der „psychosomatischen Krankheiten" aufzugeben. Er gibt lediglich die psychosomatische Betrachtungsweise bzw. entsprechende Behandlungsansätze für bestimmte psychiatrische Störungen wieder, die mit einer körperlichen Symptomatik einhergehen. Die ICD-10 hat auf den Begriff „psychosomatisch" wegen seiner unheitlichen Verwendung bei der Klassifikation vollständig verzichtet. Damit sind psychische Störungen mit körperlicher Symptomatik in der ICD-10 nicht mehr in einer eigenen Klasse kategorisiert.

15.1 Krankheiten mit Organveränderungen

Unter dieser Bezeichnung werden eine Reihe von Krankheitsbildern zusammengefasst, denen bei unterschiedlichem Organbefall die Tatsache gemeinsam ist, dass nicht nur funktionelle, sondern auch morphologisch-strukturelle Veränderungen auftreten. Dabei handelt es sich um gut abgegrenzte, eindeutig diagnostizierbare Störungen von Krankheitswert und nicht etwa um Symptome oder Syndrome. Für das Kindes- und Jugendalter sind in diesem Zusammenhang das Asthma bronchiale, mit einem gewissen Zweifel das Ulcus pepticum (Magen- und Zwölffingerdarmgeschwür), die Colitis ulcerosa und die atopische Dermatitis bedeutsam. Die ICD-10 erfasst diese Krankheiten in der Kategorie „Psychologische Faktoren oder Verhaltensfaktoren bei andernorts klassifizierten Erkrankungen" (F 54).

15.1.1 Asthma bronchiale

Definition, Klassifikation und Häufigkeit

Das chronisch-entzündliche Krankheitsbild ist durch eine reversible Verengung der peripheren Luftwege mit der Folge einer Behinderung der Exspiration und eine bronchiale Hyperreagibilität auf verschiedene Reize gekennzeichnet. Pathophysiologisch liegen diesem Prozess Ödeme der Schleimhaut, verstärkte Schleimsekretion und Spasmen der Bronchialmuskulatur zugrunde. Die exspiratorische Dyspnoe kann sich sowohl schleichend wie auch abrupt entwickeln und verdichtet sich zu anfallartigen Zuständen, bei denen die Lungenventilation und die Herz-Kreislauf-Funktionen beeinträchtigt werden.

Das häufig in der frühen Kindheit beginnende Krankheitsbild variiert hinsichtlich Schweregrad und Verlauf sowohl intra- wie auch interindividuell. Schwere Asthmaanfälle werden subjektiv als außerordentlich bedrohlich erlebt. Die Unterscheidung zwischen einem extrinsischen (ausschließlich allergisch bedingten) und einem intrinsischen Asthma bronchiale (ohne allergische Komponente) ist praktisch wenig bedeutsam, zumal ca. 90 % der Kinder einem gemischten Typ zugerechnet werden müssen, bei dem mehrere Komponenten eine Rolle spielen.

Die Häufigkeit des Asthma bronchiale im Kindes- und Jugendalter wird in internationalen Statistiken bei steigender Tendenz und regionalen Unterschieden auf etwa 10 % geschätzt, wobei etwa 30 bis 40 % der Patienten vor der Pubertät erkranken und Jungen etwa doppelt so häufig wie Mädchen betroffen sind. Das Asthma bronchiale ist damit die häufigste chronische Erkrankung des Kindes- und Jugendalters.

Klinik und Diagnostik

Im Rahmen der Klinik des Asthma bronchiale sind psychologische Elemente von besonderem Interesse. Sie beziehen sich auf die Psychopathologie des Kindes, Interaktionsstrukturen in der Familie und Zusammenhänge zwischen psychischen und somatischen Faktoren.

Kinder mit Asthma bronchiale haben – wie auch andere Kinder mit chronischen Krankheiten – ein deutlich **erhöhtes Risiko** für die Entwicklung **psychischer Störungen.** Es kann als gesichert betrachtet werden, dass diese um das Doppelte erhöhte Risiko wesentlich auf die (in Kap. 16 dargestellten) Determinanten bei chronischen Krankheiten zurückzuführen ist. Ältere, psychodynamisch orientierte Annahmen über die primäre Bedeutung prämorbider neurotischer Persönlichkeitsstrukturen, die in einer Störung der frühen Mutter-Kind-Beziehung angelegt sind, können keine Gültigkeit beanspruchen. Vielmehr

gibt es keine einheitlichen und zugleich ätiopathogenetisch bedeutsamen Interaktionsmuster, Kernkonflikte oder Persönlichkeitskonstellationen beim kindlichen Asthma bronchiale.

Die **Psychopathologie** wird vornehmlich durch die emotionale Instabilität des Kindes mit Angst- und internalisierten Störungen und die Neigung der Eltern zu inadäquaten Einstellungen im Sinne von Überprotektivität, Perfektionismus oder auch Ablehnung geprägt.

Auch die systemtheoretische Betrachtungsweise, in der das schwere Asthma bronchiale als wesentlich durch dysfunktionale **Familieninteraktionen** bestimmt gesehen wird, ist eher theoriegeleitet als empirisch genügend untermauert, um Allgemeingültigkeit beanspruchen zu können. Schließlich sind Forschungsergebnisse über die **Beziehung von psychischen und somatischen Faktoren** so kontrovers, dass daraus keine Handlungsanweisungen für die klinische Praxis abgeleitet werden können. So gibt es z. B. keine einheitlich gefundenen Beziehungen zwischen Schweregrad und Familienstruktur bzw. Elternverhalten, keine einheitliche Beziehung zwischen Allergie und Psychopathologie und schließlich keine typische Beziehung von klinischem Schweregrad und Psychopathologie.

Die kinderpsychiatrische **Diagnostik** muss sich dementsprechend weniger an theoretisch vorgeprägten Typologien als an der empirischen Vielfältigkeit psychopathologischer Phänomene und Interaktionsmuster orientieren. Erfasst werden sollten vor allem Aspekte der Befindlichkeit, der Einstellung zur Krankheit, der Krankheitsbewältigung und möglicher psychischer Einflüsse im Rahmen eines mehrfaktoriellen Ursachengeschehens. So kann bei einigen Kindern mit Asthma bronchiale festgestellt werden, dass ihre emotionale Befindlichkeit und bestimmte Affekte wie Ärger, Angst, Verstimmung und Erregung in der Lage sind, die Auslösefunktion für Asthmaanfälle zu übernehmen.

Ätiologie

Für das Asthma bronchiale ist nicht eine einzelne Ursache verantwortlich zu machen, vielmehr wirken biologische und psychische Faktoren im Sinne einer **multikausalen Verknüpfung** zusammen, wie Abbildung 15-1 verdeutlicht. Dabei ruft eine **genetische Disposition** zusammen mit einer **Allergenexposition** eine **Sensibilisierung** hervor, wobei allerdings nicht jeder sensibilisierte Patient allergisch krank ist. Aus der Verbindung mit **adjuvanten Faktoren** (z. B. Infekten oder passivem Rauchen) kann sich in der Folge eine **bronchiale Hyperreagibilität** entwickeln, die wiederum nicht mit einem klinischen Asthma bronchiale gleichzusetzen ist. Erst in der Verbindung mit **Auslösefaktoren,** d. h. einer Allergen-Reexposition und/ oder körperlichen Bedingungen, Umweltfaktoren sowie psychosozialen Auslöseereignissen, kommt es zur klinischen Symptomatik der Bronchoobstruktion.

Der Stellenwert **psychischer Faktoren** als einer Klasse von Auslösefaktoren ist vor allem in einer **Mediatorfunktion** zu sehen. Diese Konzeption wird nicht nur durch die enge Verknüpfung von psychischen Faktoren wie den Emotionen mit autonom-vegetativen und zentralnervösen Funktionen (über limbisch-hypothalamische Verbindungen) sowie endokrinen Funktionen (z. B. über die Kortikoidsekretion) nahe gelegt. Sie wird auch durch entsprechende psychophysiologische Studien belegt, in denen sich Veränderungen der Lungenfunktion bei emotionaler Belastung nachweisen ließen. Ein weiterer Mechanismus könnte in der Freisetzung von biologischen Mediatoren in den Mastzellen bestehen, welche durch Endorphine ausgelöst werden, die ihrerseits durch emotionale Stressoren aktiviert werden.

Familiäre Funktionen (z. B. in Form von Störungen der Interaktion und Kommunikation) werden wahrscheinlich eher sekundär von der Entwicklung der klinischen Symptomatik geprägt, als dass sie primär-ätiologisch bedeutsam sind, wie die systemische Familientherapie behauptet. Auch die **Persönlichkeit** wird nicht als primär-neurotisches Strukturelement im Sinne einer „Psychogenese", sondern als ein im Wechselspiel mit Mediatoren bedeutsamer Faktor betrachtet. Dieser wirkt nicht direkt, sondern nur vermittelt über Emotionen und Anpassungsstrategien in Reaktion auf lebensgeschichtliche oder kontextuelle Belastungen auf die klinische Symptomatik ein und wird durch deren Verlauf geprägt. Schließlich besteht ein für die multikausale Genese des Asthma bronchiale erst in zweiter, d. h. vermittelter Linie bedeutsames Wechselspiel zwischen Persönlichkeitsentwicklung und familiären Funktionen, indem Familienfunktionen protektiv oder belastend auf die Persönlichkeit einwirken können.

Therapie und Verlauf

Die Behandlung des Asthma bronchiale verlangt wegen des Stellenwertes psychischer Faktoren in Genese und Verlauf den Einschluss psychologischer Behandlungselemente in ein mehrdimensionales Therapiekonzept, das physikalische, medikamentöse und antiallergische Therapiemaßnahmen als weitere Säulen einschließt. Sämtliche Therapieelemente haben angesichts interindivdueller Variation der Symptomatik variierende Indikationsschwerpunkte.

In der klinischen Praxis stellt sich die Frage nach **psychologischen Behandlungsverfahren** in Abhängigkeit von den jeweils vorliegenden psychopathologischen Phänomenen. Ziel ist dabei weniger die Aufarbeitung postulierter frühkindlicher Konfliktkonstellationen als vielmehr die Herstellung einer positiven Krankheitsadaptation und die Klärung von Familienbeziehungsstörungen, um ungünstige Persönlichkeitsentwicklungen zu vermeiden und Belastungen der Krankheitsverarbeitung zu mindern. Die Wahl des therapeutischen Vorgehens wird sich, so weit wie möglich, an Aspekten der Indikation, aber auch an den jeweils verfügbaren Möglichkeiten orientieren.

Der in der Praxis realisierten Vielfalt von psychologischen Interventionen steht wenig wissenschaftlich abgesicherte Erkenntnis über spezifische Indikationen einzelner Methoden gegenüber. So ist z. B. wenig über die Effizienz von Einzel- und Gruppenpsychotherapie, autogenem Training und Hypnose bekannt. Angesichts der veränderten psychosomatischen Modelle der Krankheit erscheint es

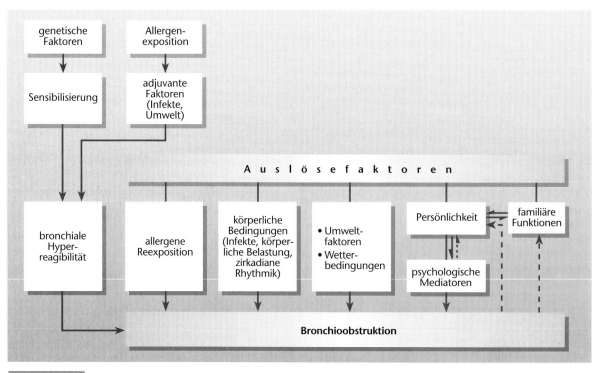

Abbildung 15-1 Ätiologie des Asthma bronchiale.

sinnvoll, Psychotherapie eher als supportives Vorgehen denn als so genanntes aufdeckend-deutendes Verfahren zu realisieren.

Die innovativen Entwicklungen im Bereich psychologischer Therapieverfahren haben zur Integration **verhaltenstherapeutischer Methoden** in die klinischen Behandlungskonzepte beim Asthma bronchiale des Kindes- und Jugendalters geführt. Verschiedene klinische Studien haben gezeigt, dass mit der im Rahmen der systematischen Desensibilisierung eingesetzten **muskulären Entspannung** bei einigen Patienten Verbesserungen der Lungenfunktion erzielt werden können. Analog hat sich das Interesse auch auf den Einsatz von **Biofeedbackmethoden** zur Beeinflussung der Lungenfunktion gerichtet. Eine Vielzahl offener wissenschaftlicher Fragen lässt allerdings den Einsatz dieser Methode in der klinischen Routine noch als verfrüht erscheinen. **Operante Konditionierungstechniken** lassen sich hingegen problemlos in Behandlungspläne integrieren, wenn es zum Beispiel darum geht, über Verstärkung Maßnahmen der Selbstversorgung (z. B. eigenständige Medikationseinnahme oder Benutzung von Inhalationsgeräten) bzw. die allgemeine Compliance aufzubauen oder einen manipulativen Einsatz der Asthma-Symptomatik abzubauen.

Spezielle **Schulungsprogramme** sind zu einem unverzichtbaren Bestandteil der Therapie geworden. Auf verhaltensmedizinischer Basis bezwecken sie neben der Vermittlung von Wissensinhalten eine umfassende Krankheitsbewältigung auf der körperlichen, der emotionalen und der kognitiven Ebene sowie auf der Ebene des praktischen Verhaltens.

Die **Familientherapie** betrachtet die klinische Symptomatik als Ausdruck dysfunktionaler Interaktionen in Familien mit schwacher Grenzziehung, Mangel an Konfliktlösungsmöglichkeiten und überprotektiven elterlichen Verhaltensweisen. Die Therapie zielt in der Arbeit mit der gesamten Familie über Veränderungen der Interaktionsmuster auf die Entlastung des asthmakranken Kindes, Symptomträger als Ausdruck gestörter familiärer Beziehungen sein zu müssen. Die Frage einer differenziellen Indikation für Familientherapie beim Asthma bronchiale des Kindes- und Jugendalters ist ebenso wie die der Effizienz bisher nur sehr begrenzt geklärt. Eine ausschließliche familientherapeutische Orientierung der Psychotherapie beim Asthma bronchiale wird der Heterogenität der psychologischen Aspekte des Krankheitsbildes sicher nicht gerecht.

Der **Verlauf** des in der Kindheit beginnenden Asthma bronchiale ist dadurch gekennzeichnet, dass bei etwa 30 % eine längerfristig stabile Remission und bei ca. 20 % eine Symptomremission eintritt, sofern Allergene gemieden werden. Weitere 20 % entwickeln andere allergische Symptome bzw. Krankheiten und bei etwa einem Viertel chronifiziert die Krankheit, wobei weniger als die Hälfte schwer krank ist. Die **Mortalität** beträgt 1 %. Sofern die klinische Symptomatik nur bei Infekten auftritt, ist die **Prognose** besonders günstig. Ungünstige prognostische Faktoren sind eine hohe Anfallsfrequenz, asthmatische Erkrankungen in der Familienanamnese, begleitende Allergien und Ekzeme sowie schwere Symptome bei Krankheitsbeginn. Inwieweit psychologische Faktoren die Prognose mitbestimmen und psychologische Interventionen den Verlauf beeinflussen können, ist nicht bekannt. Damit wird aber nicht die Notwendigkeit berührt, diesen oft schwer und chronisch kranken Kindern bei der Bewältigung ihrer Krankheit zu helfen.

15.1.2 Ulcus pepticum

Definition und Häufigkeit

Der Begriff des Ulcus pepticum stellt eine Sammelbezeichnung für das Magengeschwür (Ulcus ventriculi) und das Zwölffingerdarmgeschwür (Ulcus duodeni) dar. Im Kindes- und Jugendalter ist das Ulcus duodeni häufiger. Es gibt keine verlässlichen Schätzungen über die Häufigkeit des Ulcus pepticum in Mitteleuropa aus neuerer Zeit. Ältere US-amerikanische Zahlen haben zwischen 1947 und 1961 ein Ansteigen der Prävalenzraten von 0,5 auf 3,6 pro 100.000 Kinder und Jugendliche belegt. Dabei ging die Dominanz der Jungen (im Verhältnis 1,6:1) wesentlich auf einen dysproportionalen Anstieg der Prävalenzrate unter den 15-jährigen Jungen zurück. In klinischen Serien ist ein noch sehr viel stärker ausgeprägtes Dominieren des männlichen Geschlechts festgestellt worden.

Klinik und Diagnostik

In Entsprechung zu klassischen psychoanalytischen Postulaten über die zentrale Bedeutung des oralen Konfliktes, der sich aus dem Wunsch nach Versorgung und der Abwehr dieser infantilen Geborgenheitswünsche bestimmt, ist auch bei Kindern und Jugendlichen mit einem Ulkus die ausgeprägte Abhängigkeitshaltung in klinischen Erfahrungsberichten herausgestellt worden. Entsprechend wurden die Patienten in ihrer **Persönlichkeit** als besonders anlehnungsbedürftig, angepasst, ängstlich-sensibel, subdepressiv, emotional labil, leistungsbetont, unselbstständig, sozial zurückgezogen und wenig kompetent beschrieben. Dieses Bild wird durch ein überprotektives elterliches (meist mütterliches), oft ambivalent mit Feindseligkeit durchsetztes Verhalten ergänzt. In der Folge soll es zu einer Verstärkung der geschilderten kindlichen Persönlichkeits- und Verhaltensanteile und der Ausbildung von Trennungs- und Verlustängsten kommen. Schulphobien bzw. Schulfehlzeiten sind von daher häufige Phänomene.

Hinsichtlich der Allgemeingültigkeit dieser Verhaltens- und Interaktionsmuster müssen jedoch Zweifel angemeldet werden, zumal die einmal eingetretene klinische Symptomatik das Kind z. B. auch die Nähe der Mutter suchen lässt, um in der Krankheit umsorgt zu werden, oder die Schule krankheitsbedingt meiden lässt. Weitere Zweifel an der Allgemeingültigkeit vorliegender Erkenntnisse gründen sich auf die Tatsache, dass es keine selektionsfrei gewonnenen Erkenntnisse über die Persönlichkeit ulkuskranker Kinder mit Abgrenzung gegenüber gesunden Kontrollkindern und ohne Kenntnis der Diagnose gibt.

Entsprechend sollte sich die psychiatrische **Diagnostik** eher frei von Erwartungen hinsichtlich einer typischen Psychopathologie und Konfliktthematik halten. Sie sollte sich vielmehr vordringlich der Frage zuwenden, in welchem Ausmaß das Kind in seiner Krankheitsbewältigung sowohl intrapsychisch wie auch durch intrafamiliäre Belastungen und Beziehungsstörungen beeinträchtigt wird. Für die somatische Diagnostik gilt, dass die Symptomatik sich erst ab der Vorpubertät als das typische, aus dem Erwachsenenalter bekannte Bild des epigastrischen Schmerzes in der Nüchternphase manifestiert. Vorher dominieren eher diffuse Leibschmerzen unabhängig von der Nahrungsaufnahme und erschweren deshalb die Diagnose.

Ätiologie

Erkenntnisse der Grundlagenforschung, dass es sich beim Ulcus pepticum in biologischer Hinsicht nicht um eine einzige Krankheitseinheit, sondern um eine Gruppe heterogener Krankheiten mit verschiedenen Formen handele, machten bereits zu Beginn der 90er Jahre eine Neubewertung aller Studien über psychologische Charakteristika und soziale Kontexte bei diesen Patienten dringend erforderlich. Dabei musste kritisch festgestellt werden, dass die Rolle von belastenden Erfahrungen, Verhalten und Gehirn in der Ätiologie und Pathogenese der Ulkuskrankheit zwar angenommen, jedoch empirisch nicht genügend fest verankert war.

In der Zwischenzeit hat die gastroenterologische Forschung festgestellt, dass bei zahlreichen Fällen ätiologisch eine **Infektion** mit einem spezifischen Keim (Heliobacter pylori) vorliegt, die mit antibiotischer Therapie folgenlos ausheilt. Diese Entdeckung wurde nicht nur in therapeutischer Beziehung als bahnbrechend betrachtet. Sie nötigte zu einer grundlegenden Revision des Krankheitskonzeptes. Im Lichte dieser neuen Erkenntnis wurde die Ulkuskrankheit nicht mehr zwingend als psychosomatische Krankheit klassifiziert. Psychologische Auffälligkeiten sind wahrscheinlich Folgeabheilungen einer belastenden und ungenügend spezifisch (d. h. antibiotisch) behandelten Infektionskrankheit.

An dieser Position hat sich jedoch erneut Kritik entfacht, welche darauf hinweist, dass bei der Heterogenität der Ulkuskrankheit die Infektion mit Heliobacter pylori weder eine notwendige, noch hinreichende Bedingung sei. Zahlreiche Patienten mit einer derartigen Infektion entwickeln kein Ulkus. Die psychosomatische Position betont vielmehr die Wertigkeit von Stressoren, zu denen bei Erwachsenen speziell gesundheitliche Risikofaktoren wie Rauchen, Schlaflosigkeit, unregelmäßige Mahlzeiten und die Einnahme von entzündungshemmenden Medikamenten gehören. Es treten verschiedene pathophysiologische Mechanismen hinzu wie der erhöhte duodenale Säuregehalt, erniedrigte Durchblutung und Schädigungen der Abwehrleistungen der Magendarmschleimhaut. Problematisch an dieser Postition bleiben die sehr stark theoretische und ungenügend empirische Argumentation und speziell für das Kindes- und Jugendalter das nahezu vollständige Fehlen wissenschaftlicher Studien zu diesen komplexen psychophysiologischen Zusammenhängen bei einer seltenen Krankheit.

Therapie und Verlauf

Über den Stellenwert psychologischer Elemente in der Behandlung des ulkuskranken Kindes und Jugendlichen liegen nur sehr spärliche Erfahrungsberichte vor. Sofern im Lichte der Heterogenität der Ulkuskrankheit eine psychologische Intervention indiziert ist, scheint es eher angemessen, einen Beitrag zum Aufbau von positiver sozialer und krankheitsbezogener Adaptation zu leisten statt klassische Ziele einer Psychotherapie zu realisieren.

Der Verlauf der Ulkuskrankheit kann nach der Einführung der antibakteriellen Therapie für zahlreiche Fälle als weitgehend unkompliziert betrachtet werden. Langzeitbeobachtungen stehen allerdings ebenso wie differenziell bewertende Therapiestudien noch aus.

15.1.3   Colitis ulcerosa

Definition und Häufigkeit

Die Colitis ulcerosa ist eine schwere chronisch-entzündliche Erkrankung mit Geschwürsbildungen am Dickdarm (Kolon und/oder Rektum), die durch blutig-eitrige Diarrhöen (Durchfälle) gekennzeichnet ist, wobei pathogene Mikroorganismen fehlen. Das typische Erkrankungsalter liegt bei Kindern zwischen zehn und 14 Jahren, jedoch sind Erkrankungen auch im frühen Kindesalter, im Jugendalter und auch im Erwachsenenalter bis zum 40. Lebensjahr bzw. vereinzelt auch später möglich. Exakte epidemiologische Zahlen fehlen; ebenso gibt es keine allgemein gültigen Angaben zur Geschlechtsrate.

Klinik und Diagnostik

Hinsichtlich der **Psychopathologie** sind Kinder und Jugendliche mit Colitis ulcerosa wiederholt als zwanghaft, depressiv gehemmt im Umgang mit aggressiven Impulsen und abhängig beschrieben worden. Das Merkmal des Rigiden und Zwanghaften ist entsprechend auch bei den Eltern und bei der Beschreibung familiärer Interaktionsstrukturen festgestellt worden. Die Spezifität und Allgemeingültigkeit dieser Feststellungen lässt sich allerdings nicht aufrechterhalten.

Gleichwohl zeigt die Mehrheit der betroffenen Patienten emotionale Störungen unterschiedlichen Ausmaßes, was schon aufgrund des Schweregrades dieser Krankheit erwartet werden kann. Angst- und depressive Störungen stehen im Vordergrund. Tatsächlich gibt es empirische Hinweise dafür, dass die schwere körperliche Krankheit mit Wachstumshemmung und retardierter Pubertät die relevante Bezugsgröße für die Psychopathologie darstellt. Andererseits ist die Variationsbreite aber so groß, dass auch gesunde und adaptive Reaktionen auf die Krankheit beobachtet werden können.

Die **Diagnostik** der Colitis ulcerosa, die mehrheitlich schleichend und nur in etwa 10 % fulminant beginnt, ist eine pädiatrische Aufgabe, wobei die Diagnose rektoskopisch und radiologisch gesichert wird. Die psychiatrische Befunderhebung wird sich angesichts der Unmöglichkeit, zwischen primärpersönlichen und krankheitsbedingten Entwicklungen zu differenzieren, in typischer Weise auf sowohl intrapsychotische Störungen wie interaktive Belastungen zentrieren, um die Hindernisse für eine positive Krankheitsbewältigung zu identifizieren und therapeutisch anzugehen.

Ätiologie

Die Annahme eines drohenden, tatsächlichen oder phantasierten Verlustes einer wichtigen Beziehungsperson als Schlüsselmoment im Sinne einer Psychogenese der Colitis ulcerosa ist zwar wiederholt geäußert worden, greift jedoch zur Erklärung der Ätiologie zu kurz. Auch bei diesem Krankheitsbild ist vielmehr noch recht unspezifisch anzunehmen, dass bei einer **biologischen Prädisposition** auf immunologischer Basis und auslösenden infektiösen Elementen **psychische Faktoren** im Sinne des **Mediatorprinzips** wirksam werden.

Eine kritische Analyse der Literatur zeigt allerdings, dass die postulierte Verbindung von psychiatrischen Faktoren und Colitis ulcerosa angesichts vielfältiger methodischer Fehler vorliegender Studien schlecht gestützt ist. Ferner kann angenommen werden, dass Belastungen und Stressoren über **psychophysiologische Mechanismen,** an denen der Kortex und der Hypothalamus sowie das autonome Nervensystem beteiligt sind, zu Veränderungen am Kolon hinsichtlich Durchblutung, Sekretion und Mobilität führen. Gleichwohl ist damit vorerst noch ein relativ unspezifischer Zusammenhang beschrieben, wie aus der Tatsache ersichtlich wird, dass ähnliche Mechanismen z. B. auch bei chronisch unspezifischen Diarrhöen wirksam werden. Andererseits scheint dieser Mechanismus auch für den Verlauf der einmal entstandenen Krankheit bedeutsam zu sein, zumal emotionale Belastungen mit Exazerbationen und Verschlechterung des Krankheitsbildes einhergehen können.

Therapie und Verlauf

Schon aus Gründen des Schweregrades des Krankheitsbildes mit dem erhöhten Risiko für eine psychische Störung verlangt die Colitis ulcerosa nach der Ergänzung der **Pharmakotherapie** (mit Kortikosteroiden bzw. Immunosuppressiva) durch eine **stützende Psychotherapie.** Diese ist bei den häufig depressiven und verschlossenen Patienten nicht immer einfach realisierbar. Die Ziele bestehen darin, dem Kind bzw. dem Jugendlichen einen angemessenen Umgang mit seinen Gefühlen zu ermöglichen, sein Selbstwertgefühl aufzubauen und die soziale Beziehungsfähigkeit zu stärken.

Diese Arbeit muss notwendigerweise durch die **Beratung** der Eltern ergänzt werden, um über eine Stützung der Familie die Verarbeitung des schweren Krankheitsbildes auch von dieser Seite zu fördern. Dabei werden einer rekonstruktiven **Familienbehandlung** häufig beträchtliche Widerstände durch Konfliktverleugnung und Abwehr entgegengebracht. Um so notwendiger ist auch hier ein stützendes Vorgehen in kleinen Schritten, wobei der Therapeut sich als vertrauensvolle Bezugsperson in einem häufig von Rückschlägen und Verschlechterungen gekennzeichneten Krankheitsverlauf anbieten kann. Derartige Krisen für Kind und Familie können beispielsweise auch aus der Notwendigkeit einer Operation erwachsen. Hier besteht die Aufgabe einer psychologischen Betreuung sowohl in angemessener Vorbereitung auf die Operation wie auch in der postoperativen Nachsorge, wenn es z. B. darum geht, die Belastung durch einen künstlichen Darmausgang (Anus praeter) zu verarbeiten.

Der **Verlauf** der Colitis ulcerosa, die sich gerade bei jungen Kindern besonders ausgeprägt manifestiert, ist durch eine krankheitsbedingte Mortalität von 0,5 % belastet. Etwa 10 bis 25 % der Betroffenen sterben an ihrer Grundkrankheit, wobei ein Drittel dieser Todesfälle auf die Entwicklung eines Karzinoms zurückgeht. Bei nur etwa 10 bis 20 % der betroffenen Kinder kommt es zu einer kompletten Remission. Fulminant akute Verläufe haben eine Mortalitätsrate von mindestens 60 %. Krankheitsbeginn in der frühen Kindheit und chronischer Verlauf über zehn bis 15 Jahre sind häufig mit der Ausbildung eines Karzinoms verbunden. Der ungünstige Verlauf der Krankheit lässt sich offensichtlich auch nicht durch psychotherapeutische Maßnahmen aufhalten. Um so wichtiger ist eine kontinuierliche psychologische Stützung des kranken Kindes und seiner Familie.

15.1.4 Atopische Dermatitis

Definition und Häufigkeit

Die atopische Dermatitis (Neurodermitis) ist eine der häufigsten Hautstörungen und zeigt oft einen chronischen bzw. rezidivierenden Verlauf. Die **Symptome** sind im Säuglingsalter Milchschorf oder eine schuppende entzündliche Rötung beider Wangen. Bei Kindern und Jugendlichen sind typischerweise die Kniekehlen, Armbeugen, Hand- und Fußgelenke sowie der Hals betroffen. Gleichzeitig besteht ein quälender Juckreiz, der schubweise auftritt und gegen Abend zunimmt. Die aufgekratzten Stellen der Haut können sekundär infizieren.

Die **Häufigkeit** ist in den USA mit 0,7 bis 2,4 % ermittelt worden. In 60 % der Fälle beginnt die Erkrankung im ersten Lebensjahr, bei 85 % in den ersten fünf Lebensjahren. Im Alter von drei bis fünf Jahren zeichnet sich eine Tendenz zur Remission ab. Ab dem Jugendalter rezidiviert die atopische Dermatitis seltener, und die symptomfreien Intervalle verlängern sich.

Klinik und Ätiologie

Die Erkrankung tritt häufig in Familien mit allergischer Belastung durch Asthma bronchiale, Heuschnupfen etc. auf. Die Ursachen sind sicher mehrdimensional, wobei allergisch-immunologische, infektiöse und psychische Faktoren vor dem Hintergrund einer hereditären Basis eine Rolle spielen.

Der Stellenwert **psychischer Faktoren** ist theoretisch unterschiedlich veranschlagt worden. Psychodynamische Konzepte, die im Kratzen einen symbolischen Ersatz für einen gehemmten sexuellen Ausdruck postulieren, sind hypothetischer Natur und ohne erklärende Bedeutung geblieben. Eine primär pathogene Beziehung auf Mutter-Kind-Ebene lässt sich aufgrund systematischer Beobachtungsstudien als Erklärungsansatz verwerfen. Unspezifische Theorien sehen in psychischen Belastungen (Stressoren) einen bedeutsamen Faktor der Auslösung bzw. Exazerbation der Symptomatik.

Angesichts der frühen Erstmanifestation der Erkrankung im Säuglingsalter und den damit verbundenen Forschungsproblemen müssen Annahmen über den Beitrag psychischer Faktoren zur Auslösung der atopischen Dermatitis in nicht unbeträchtlichem Umfang hypothetisch bleiben. Hingegen sprechen die klinische Erfahrung wie auch wissenschaftliche Studienergebnisse für die Annahme, dass der Verlauf der atopischen Dermatitis von psychischen Faktoren nicht unbeeinflusst ist. Tatsächlich verstärken Belastungen aus der Umwelt – wie z. B. Störungen in der Eltern-Kind-Beziehung bzw. in der Familie – oder ein erhöhtes Angstniveau das Kratzen und die Hautveränderungen.

Theoretisch kann angenommen werden, dass psychosoziale Belastung mit einer Fehlregulation immunologischer Prozesse einhergeht und die chronische Entzündung andererseits über das Immunsystem Neurotransmitterfunktionen und auf diesem Weg auch die Persönlichkeit beeinflusst.

Therapie und Verlauf

Die **somatische Therapie** umschließt lokale Salbenbehandlungen (mit Kortikoiden, Teerpräparaten und Harnstoffderivaten), Vermeidung von reizenden chemischen Substanzen und Seifen, antibiotische Behandlung der Sekundärinfektionen sowie Klimakuren an der See und im Gebirge.

Die Forderung nach einer **psychosomatischen Behandlungskonzeption** kann sich auf nur sehr wenige systematisch gewonnene Erkenntnisse stützen. Immerhin kann festgestellt werden, dass der Beitrag von Psychotherapie bei Erwachsenen positiv nachweisbar war, wenn Problembereiche identifiziert werden konnten und die Patienten bereit waren, sich im therapeutischen Prozess zu engagieren.

Die Wirksamkeit von **verhaltenstherapeutischen Methoden** ist in Fallberichten dokumentiert worden. So ließ sich das Kratzen bei Kindern durch Verstärken des erwünschten Verhaltens, nämlich nicht zu kratzen, erfolg-

reich beeinflussen. Allgemein lassen sich verhaltenstherapeutische Regeln für die Beratung der Eltern aufstellen. Das Kratzen lässt sich im Sinne des operanten Lernens durch Aufmerksamkeitsentzug bzw. Verstärkung alternativen Verhaltens und gegebenenfalls auch durch Ablenken in seiner Häufigkeit senken.

In integrierten **Schulungsprogrammen** der Verhaltensmedizin für Patienten und Eltern werden verschiedene Komponenten kombiniert. Dazu zählen die medizinische Information, der Umgang mit Juckreiz und Kratzen, die Hautpflege, der Einsatz von Entspannungsverfahren und Selbstkontrollstrategien sowie die Beratung bei Erziehungsfragen.

Über diese Feststellung hinaus wird die Notwendigkeit einer psychologischen Behandlungskomponente auch aus der Tatsache ersichtlich, dass die atopische Dermatitis häufig einen subjektiv äußerst belastenden chronischen Verlauf nimmt.

15.2 Dissoziative Störungen

Definition, Klassifikation und Häufigkeit

Unter dissoziativen Störungen werden der Verlust oder Veränderungen körperlicher Funktionen verstanden, welche eine körperliche Krankheit vermuten lassen, während die Symptomatik tatsächlich Ausdruck eines psychischen Konfliktes oder Bedürfnisses ist. Die Symptome stehen nicht unter willentlicher Kontrolle und lassen sich nicht durch bekannte pathophysiologische Mechanismen erklären. In der ICD-10 wird als das allgemeine Kennzeichen dieser Störungen der teilweise oder völlige Verlust der normalen Integration verstanden, die sich auf Erinnerungen an die Vergangenheit, Identitätsbewusstsein und unmittelbare Empfindungen sowie die Kontrolle von Körperbewegungen bezieht.

Dissoziative Störungen wurden früher als Konversionsstörungen bezeichnet. Semantisch soll mit dem Begriff der Konversion die ursprüngliche psychoanalytische Annahme zum Ausdruck gebracht werden, dass sich ein emotionaler Konflikt in einem körperlichen Symptom ausdrückt, d. h. konvertiert. Synonyme waren Hysterie oder hysterische Neurose.

Typische **Symptome** einer dissoziativen Störung sind motorische und sensorische Funktionsstörungen sowie Bewusstseinsstörungen. Entsprechende Symptome wie Lähmungen, Gangauffälligkeiten (Abasie, Astasie), Blindheit bzw. Verlust von Visus oder Sehschärfe, Taubheit, Aphasie, Schluckstörungen, Anfälle, Sensibilitätsstörungen und Bewusstseinsstörungen lassen neurologische Krankheiten vermuten, von denen dissoziative Störungen sich jedoch durch psychische Wirkfaktoren unterscheiden.

Die Klassifikation der dissoziativen Störungen gemäß ICD-10 ist in Tabelle 15-1 wiedergegeben. Sie enthält im Gegensatz zum DSM-IV nicht die Depersonalisationsstörung, weil gemäß ICD-10 bei Depersonalisation und Derealisation in der Regel nur Teilbereiche der persönlichen

Identität betroffen sind und diese Störungen nicht mit Leistungseinbußen in den Bereichen Wahrnehmung, Gedächtnis oder Bewegung einhergehen.

Tabelle 15-1 Klassifikation der dissoziativen Störungen (Konversionsstörungen) gemäß ICD-10.

F 44.0	dissoziative Amnesie
F 44.1	dissoziative Fugue
F 44.2	dissoziativer Stupor
F 44.3	Trance und Besessenheitszustände
F 44.4	dissoziative Bewegungsstörungen
F 44.5	dissoziative Krampfanfälle
F 44.6	dissoziative Sensibilitäts- und Empfindungsstörungen
F 44.7	dissoziative Störungen (Konversionsstörungen), gemischt
F 44.8	sonstige dissoziative Störungen (Konversionsstörungen)
F 44.80	Ganser-Syndrom
F 44.81	multiple Persönlichkeit
F 44.82	vorübergehende dissoziative Störungen (Konversionsstörungen) in der Kindheit und Jugend
F 44.88	sonstige näher bezeichnete dissoziative Störungen (Konversionsstörungen)
F 44.9	nicht näher bezeichnete dissoziative Störungen (Konversionsstörungen)

Unter diesen verschiedenen **Formen** sind die dissoziativen Bewegungsstörungen, Krampfanfälle sowie Sensibilitäts- und Empfindungsstörungen für die Kindheit und das Jugendalter von besonderer Bedeutung. Die Kategorie der vorübergehenden dissoziativen Störungen in der Kindheit und Jugend erscheint insofern problematisch, als viele Fälle einen schnell remittierenden Verlauf nehmen und die ICD-10 keine definitorischen Abgrenzungen gegenüber den anderen Formen der dissoziativen Störungen leistet.

Die **Häufigkeit** der dissoziativen Störungen hat über die Jahrzehnte abgenommen. In kinder- und jugendpsychiatrischen Klientelen machen sie etwa 1 bis 2 % der Aufnahmen aus. Dissoziative Störungen sind wie somatoforme Störungen generell offensichtlich in vorindustriellen Gesellschaften bzw. Übergangsgesellschaften häufiger. Entsprechend können Konversionsstörungen häufiger bei Migranten (z. B. Gastarbeiterpopulationen) beobachtet werden. Das typische Manifestationsalter liegt im Jugendalter bzw. frühen Erwachsenenalter, wobei das weibliche Geschlecht häufiger betroffen ist.

Klinik und Diagnostik

Die Symptome treten vornehmlich, aber nicht immer akut auf. Vorangehende körperliche Störungen oder gleichzeitig bestehende Krankheiten (z. B. eine Epilepsie als Muster für so genannte hysterische Pseudoanfälle im Rahmen einer Hysteroepilepsie), Modelle mit echten körperlichen Symptomen oder Konversionssyndromen und extreme psychosoziale Belastungen haben eine bahnende Funktion. Familienanamnestische Belastungen durch psychiatrische oder interne Krankheiten sind außerordentlich häufig. Insbesondere nach traumatischer Auslösung kann eine Tendenz der Remission nach Wochen bzw. Monaten beobachtet werden.

Psychopathologisch kann ein ausgeprägter Mangel an subjektiver Betroffenheit („la belle indifference") im Kontrast zu der schweren körperlichen Störung beobachtet werden. Züge einer hysterischen Persönlichkeitsstruktur können vorliegen, sind aber nicht regelhaft anzutreffen. Häufig bestehen gleichzeitig weitere Symptome im Sinne einer Somatisierung. Relevante Probleme oder Konflikte werden in der Regel geleugnet.

Bedeutsam für die Diagnose sind ein „primärer" und ein „sekundärer Gewinn" durch die Erkrankung. Unter dem **primären Gewinn** ist die Tatsache zu verstehen, dass ein innerer Konflikt oder ein inneres Bedürfnis außerhalb des Bewusstseins bleiben. Das Symptom bekommt eine symbolische Funktion, indem z. B. der Konflikt wegen eines schuldhaften Vergehens, eines Affektes oder der Wahrnehmung eines Ereignisses nur als körperliche Funktionsstörung (z. B. Sehstörung, Lähmung, Aphasie) ausgedrückt werden kann. Der **sekundäre Gewinn** besteht in der Rolle des Kranken, die von Verpflichtungen freisetzt, bestimmte Aktivitäten nicht mehr möglich macht und Zuwendung sichert. So kann z. B. die Gangunfähigkeit des Kranken wichtige Bezugspersonen an ihn binden. Allerdings kann ein länger anhaltender Funktionsverlust auch zu erheblichen körperlichen Komplikationen mit Ausbildung einer chronischen Krankenrolle führen.

Diagnostisch wegweisend ist darüber hinaus häufig eine **Inkongruenz** von Symptom und körperlichem Befund. So folgen die Beschwerden nicht den anatomisch-physiologisch vorgegebenen Funktionszusammenhängen, indem etwa normale motorische Funktionen bei einer anscheinend gelähmten Extremität oder normale Pupillenreaktionen und evozierte Potentiale bei einer Konversionsblindheit vorliegen. Ähnlich folgen Sensibilitätsstörungen nicht den anatomischen Gegebenheiten der Innervation, sondern einem subjektiven Bedeutungszusammenhang.

Für die **Diagnostik** dissoziativer Störungen steht als normiertes und strukturiertes Verfahren das Heidelberger Dissoziations-Inventar (HDI) zur Verfügung, das einen Selbstbeurteilungsfragebogen sowie ein strukturiertes klinisches Interview mit Generierung von ICD-10- und DSM-IV-Diagnosen enthält. Ferner müssen komorbide Störungen abgeklärt werden, zu denen depressive Störungen, Angststörungen und somatoforme Störungen gehören.

Dissoziative Störungen werden bisweilen auch fehldiagnostiziert. **Falsch positive Diagnosen** betreffen nach neueren Langzeitstudien aber nur weniger als 10 %; sie haben sich im weiteren Verlauf vor allem bei schleichendem Beginn und dem Vorliegen emotionaler Ereignisse im Vorfeld nachweisen lassen. Fehldiagnostizierte organische Krankheiten betreffen degenerative Leiden und Fehlbildungen des Rückenmarks, der peripheren Nerven, der Knochen, der Muskulatur und des Bindegewebes. So kann z. B. angesichts der zahlreichen relativ undifferenzierten Symptome eine Multiple Sklerose als dissoziative Störung verkannt werden. **Differenzialdiagnostisch** abzutrennen sind ferner Krankheiten und Organveränderungen, bei denen psychische Faktoren beteiligt sind (vgl. Kap. 15.1), die Somatisierungsstörung, seltener auch Schizophrenien, Hypochondrien und vorgetäuschte Störungen.

Dissoziative Erlebnis- und Verhaltensmuster können schließlich auch außerhalb der engeren Klassifikationskategorien beobachtet werden. Sie manifestieren sich bei der emotional instabilen Persönlichkeitsstörung vom Borderline-Typ, häufig in Verbindung mit Selbstverletzung, bei somatoformen Störungen sowie bei der posttraumatischen Belastungsstörung.

Ätiologie

Zur Erklärung von dissoziativen Störungen sind verschiedene theoretische Ansätze vorgeschlagen worden. In der **psychodynamischen Betrachtungsweise** wird die Störung als symbolischer Ausdruck unbewusster Konflikte verstanden, wobei sich Angst über die Vermittlung des normalerweise der Willkür unterliegenden Nervensystems in eine körperliche Funktionsstörung umsetzt. **Begünstigende Faktoren** sind, wie bereits im Abschnitt über die Klinik erwähnt, Modelle mit Krankheiten bzw. dissoziativen Störungen, vorausgehende eigene Krankheiten, bisweilen auch hysterische Persönlichkeitsanteile beim Patienten oder bei bedeutsamen Bezugspersonen, eine erhöhte Suggestibilität und Zeichen einer emotionalen und/oder intellektuellen Retardierung. Schließlich kommt extremen **psychosozialen Belastungen** und **Traumen** eine Auslöserfunktion bei einer möglicherweise bestehenden **genetischen Disposition** und dem Fehlen von protektiven Faktoren und sozialer Unterstützung zu.

Andere theoretische Ansätze beziehen sich darauf, dass im Symptom eine **non-verbale Kommunikation** in der Sprache der Krankheit als ein sozial akzeptiertes Symbol zum Ausdruck kommt. Insofern besteht das Ziel im Verstehen dieses symbolischen Ausdrucks und nicht etwa in der Aufdeckung unbewusster Konflikte. In ähnlicher Weise wird die **Krankenrolle** als ein weiterer theoretischer Erklärungsansatz angeboten. Sie bietet sowohl Verpflichtungen als auch Freisetzungen von anderen Pflichten des Alltags und Vorteile, sodass eine Übernahme dieser Rolle im Sinne des bereits erwähnten sekundären Gewinns Anreize, z. B. der Belastungsvermeidung, bedeuten kann.

Schließlich dürfte der **kulturelle Kontext** nicht bedeutungslos sein, zumal in den vorindustriellen und Übergangsgesellschaften das Phänomen der dissoziativen Störungen häufiger zu beobachten ist, während in den Industriegesellschaften eine epochale Abnahme der Häufigkeit dieser Störungen seit mehreren Jahrzehnten zu beobachten ist.

Therapie und Verlauf

Im Rahmen der in der Regel stationären Behandlung spielen die individuelle **Psychotherapie** und die **Elternarbeit** die bestimmende Rolle. Klinische Erfahrungen mit dissoziativen Störungen im Jugendalter lassen eine Übernahme des Konzeptes der Krankenrolle für die therapeutische Arbeit als sinnvoll erscheinen. In dieser Konzeption lassen sich somatische und psychiatrische Behandlungsanteile kombinieren.

Demgemäß erhält die **Physiotherapie** und Krankengymnastik einen besonderen Stellenwert. Das Ziel aller Maßnahmen besteht in einem allmählichen Abbau der Krankenrolle. Hier sind **verhaltenstherapeutische Techniken** beim Abbau des sekundären Krankheitsgewinns hilfreich, indem die aus der Umwelt stammenden Verstärker in Form von Zuwendung durch andere Patienten, Mitarbeiter der Station und Bezugspersonen unter Kontrolle gebracht werden und in zunehmendem Maße die Übernahme gesunder Funktionen und normalen Verhaltens verstärkt wird.

Der **Verlauf** der korrekt diagnostizierten dissoziativen Störungen ist in der Regel durch eine schnelle Remission innerhalb von Monaten gekennzeichnet. Hingegen kann die Langzeitprognose ungünstig sein, zumal bis zur Hälfte der Fälle chronifiziert, wobei behindernde sekundäre Komplikationen wie z. B. Inaktivitätsatrophien bei Lähmungen entstehen können. Bis zu einem Drittel der Patienten entwickelt andere psychische Störungen. Eine kurze Krankheitsdauer bis zur Diagnosestellung und Therapie ist prognostisch günstig. Unter den verschiedenen dissoziativen Symptomen scheinen psychogene Anfälle eine vergleichsweise ungünstige Prognose zu haben.

15.3 Somatoforme Störungen

Definition, Klassifikation und Häufigkeit

Kennzeichnend für somatoforme Störungen bei Kindern und Jugendlichen sind rezidivierende und vielgestaltige körperliche **Symptome,** die nicht körperlich begründet sind. Die Beschwerden können chronifizieren und Anlass für vielfältige ärztliche Untersuchungen geben. Im Kindesalter stehen Beschwerden des Magen-Darm-Traktes im Vordergrund, in der Adoleszenz können vereinzelt bereits Somatisierungsstörungen, hypochondrische Störungen, somatoforme autonome Funktionsstörungen sowie anhaltende somatoforme Schmerzstörungen auftreten, wie sie in der ICD-10 definiert sind. Die entsprechende **Klassifikation** enthält Tabelle 15-2.

Tabelle 15-2 Klassifikation der somatoformen Störungen gemäß ICD-10.

F 45.0	Somatisierungsstörung
F 45.1	undifferenzierte Somatisierungsstörung
F 45.2	hypochondrische Störung
F 45.3	somatoforme autonome Funktionsstörung
F 45.30	Herz und kardiovaskuläres System
F 45.31	oberer Gastrointestinaltrakt
F 45.32	unterer Gastrointestinaltrakt
F 45.33	respiratorisches System
F 45.34	Urogenitalsystem
F 45.38	sonstige Organe oder Organsysteme
F 45.4	anhaltende somatoforme Schmerzstörung
F 45.8	sonstige somatoforme Störung
F 45.9	nicht näher bezeichnete somatoforme Störung

Da Begriff und diagnostische Kriterien der somatoformen Störungen meist jüngeren Datums sind, gibt es nur wenige Daten zu **Häufigkeiten.** In Deutschland wurden bei Jugendlichen und jungen Erwachsenen eine Prävalenzrate von 2,7 % sowie viermal höhere Häufigkeiten für unterschwellige Syndrome festgestellt. Einzelne Symptome haben ebenfalls deutlich höhere Raten. So sind 10 bis 70 % der Kinder und Jugendlichen von rezidivierenden Kopfschmerzen, 10 bis 25 % von rezidivierenden Bauchschmerzen, 5 bis 20 % von Muskel- und Skelettschmerzen und 15 % der Jugendlichen von Gefühlen der Mattigkeit betroffen. Somatisierungen sind in der späten Kindheit und frühen Adoleszenz am häufigsten, und Mädchen sind mit zunehmendem Alter häufiger betroffen.

Klinik und Diagnostik

Das häufigste rezidivierend auftretende **Somatisierungssymptom** im **Kindesalter** sind die rezidivierenden **Bauchschmerzen**. Sie werden häufig von Erbrechen, Kopfschmerzen, Fieber, Blässe und Müdigkeit begleitet und variieren hinsichtlich der Dauer und Frequenz der Schmerzattacken beträchtlich. Diagnostisch wegweisend ist die Tatsache, dass Kinder mit rezidivierenden Bauchschmerzen ungewöhnlich häufig Zeichen **emotionaler Störungen** (Angst und Depression) und Unreife zeigen. Ähnliche Beschwerden oder andere körperliche Symptome mit psychischer Überlagerung bei den Eltern sind häufig.

Andere rezidivierend auftretende Zeichen einer Somatisierungsstörung im Kindesalter sind gastrointestinale Symptome wie Übelkeit, Erbrechen und Diarrhöen. Kinder mit rezidivierendem **Erbrechen** sind als ungewöhnlich ängstlich und depressiv sowie schnell regredierend, aber auch als irritiert und feindselig sowie abhängig von der Mutter beschrieben worden. Dabei sind neben überprotektiven Haltungen der Mutter auch ablehnend-feindselige Verhaltensweisen beobachtet worden. Die Symptomatik klingt in der Regel nach wenigen Tagen spontan ab und wird mit der Vorpubertät seltener.

Ab der **Adoleszenz** wird das Bild der somatoformen Störungen noch vielgestaltiger. Nunmehr können sich **Somatisierungsstörungen** mit gastrointestinalen Beschwerden, abnormen Hautempfindungen, sexuellen und menstruellen Beschwerden entwickeln. Charakteristisch ist ein chronisch flutuierender Verlauf mit multiplen und unterschiedlichen körperlichen Symptomen. Das weibliche Geschlecht ist weitaus häufiger betroffen. Bei Jugendlichen ist in diagnostischer Hinsicht wahrscheinlich eher die Kategorie der **undifferenzierten Somatisierungsstörung** zu wählen, weil diese Kategorie der ICD-10 eher das weniger vollständige und typische klinische Bild der Somatisierung bei Jugendlichen abbildet. In diesem Zusammenhang ist auch an die Somatisierungsneigung des Kindes bzw. Jugendlichen mit **Trennungsangst (Schulphobie)** und **Depression** zu denken. Angst und Depression sind auch die häufigsten **komorbiden Störungen**, wobei etwa zwei Drittel der Kinder frei von komorbiden psychischen Störungen sind.

Ebenso können sich in diesem Alter **hypochondrische Störungen** entwickeln, deren Kennzeichen die anhaltende besorgte Beschäftigung mit möglichen körperlichen Krankheiten bzw. körperlichen Funktionen oder Organen ist. Hingegen dürften die **somatoformen autonomen Funktionsstörungen,** wie z. B. die sog. Herzneurose, die

psychogene Hyperventilation oder der psychogene Durchfall, ebenso wie die **anhaltende somatoforme Schmerzstörung** seltene Diagnosen im Jugendalter darstellen.

Da die betroffenen Kinder und Jugendlichen sich als krank erleben bzw. von ihren Bezugspersonen und Eltern entsprechend etikettiert werden, setzen meist intensive ärztliche Konsultationen mit häufigem Arztwechsel ein. Dieser Prozess wird durch eine häufig anzutreffende familiäre Krankheitsbelastung oder ängstliche Besorgnis um Gesundheit verstärkt. Um diese Verhaltensweisen, welche die Krankenrolle verfestigen, möglichst vor ihrer Chronifizierung zu durchbrechen, ist die frühzeitige Erkennung der psychischen Dimension des Geschehens erforderlich. Hier muss der lebensgeschichtliche, intrapsychische und familieninteraktive Anteil der Symptomatik diagnostiziert und mit Beratung und psychotherapeutischen Methoden angegangen werden.

Im Rahmen der **Diagnostik** ergänzen sich Anamneseerhebung, Exploration und Beobachtung des Kindes sowie der Eltern und Familie. Sofern noch keine körperlichen Untersuchungen vorgenommen wurden, müssen diese zügig und eher sparsam erfolgen. Bei gleichzeitigen Leistungsproblemen in der Schule ist eine testpsychologische Untersuchung angezeigt.

Differenzialdiagnostisch sind somatoforme Störungen von den nicht rezidivierend und chronifizierend auftretenden psychosomatischen Reaktionen bei unspezifischen Belastungen abzugrenzen. Eine Komorbidität von dissoziativen und somatoformen Störungen ist nicht ungewöhnlich. Weitere Differenzialdiagnosen betreffen Schulverweigerung bzw. Schulphobie, Angststörungen, depressive Störungen sowie gelegentlich auch eine Anorexia nervosa. Koexistente emotionale Störungen machen die Berücksichtigung zusätzlicher psychiatrischer Diagnosen erforderlich.

Ätiologie

Für die somatoformen Störungen gelten ähnliche theoretische Überlegungen für die **multifunktionelle Bedingung** wie bei den dissoziativen Störungen. **Auslösende Faktoren** beim Kind sind nicht selten intrafamiliäre bzw. psychosoziale Belastungen. In einigen Fällen kann ein sexueller Missbrauch bedeutsam sein. Für einige Symptome bei Kindern dürften auch Anteile einer **biologischen Prädisposition** bedeutsam sein. Dies gilt wahrscheinlich für die in diesem Lebensabschnitt häufigen Phänomene des Erbrechens und der gastrointestinalen Symptome. Die Vermittlung zwischen biologischer Prädisposition, auslösenden Faktoren und körperlichen Symptomen dürfte wesentlich über psychophysiologische Mediatoren der jeweils beteiligten Funktionssysteme erfolgen.

Ferner sind **familiäre Faktoren** insofern von Bedeutung, als Somatisierungen, aber auch Angst und depressive Störungen, körperliche Krankheiten und Behinderungen gehäuft in den Familien der betroffenen Kinder und Jugendlichen vorliegen. Auch eine Tendenz zur Überprotektivität sowie Trennungsängste können eine spezielle Vulnerabilität begründen. Somatisierungsstörungen können in Orientierung an elterlichen Modellen oder Überzeugungen gelernt werden und eine Funktion – z. B. der Konfliktvermeidung – in Familien mit defizitären Kommunikations- und Interaktionsformen einnehmen.

Schließlich können **iatrogene Faktoren** für die Entwicklung und Aufrechterhaltung von Somatisierungsstörungen ursächlich sein, indem unnötige medizinische Untersuchungen durchgeführt werden, die Diagnose nicht korrekt gestellt wird und Beratung und Therapie unangemessen sind.

Therapie und Verlauf

Die wichtigste beratende und therapeutische Maßnahme besteht in der Verhinderung ständiger ärztlicher Konsultationen mit der Durchführung einer aufwendigen, ausschließlich somatisch orientierten Diagnostik und einer entsprechend wirkungslosen Therapie. Die kinderpsychiatrische Behandlung, die bei einem chronifizierten und polysymptomatischen Geschehen stationär durchgeführt werden sollte, kann die verschiedenen Modalitäten einer individuums- und familienzentrierten **Psychotherapie** nutzen. Dabei ist zu berücksichtigen, dass die Therapiekooperation der Patienten, insbesondere in der Adoleszenz, oft wenig tragfähig ist. Bei chronischen Schmerzen können verschiedene **verhaltenstherapeutische Verfahren** und Selbsthilfetraining eingesetzt werden. Komorbide Angst- und Affektstörungen sprechen auf Psycho- und Pharmakotherapie an.

Die **Prognose** wird in der Adoleszenz und bei zunehmender Chronifizierung ungünstiger als im Kindesalter. Davon können Schul- und Berufsausbildung beeinträchtigt werden. Die Verordnung von Medikamenten kann die Entwicklung einer Abhängigkeit begünstigen, und die zunehmende Behinderung kann zu depressiven Syndromen und Suizidgefährdung führen. Rezidivierende Bauchschmerzen chronifizieren häufig und bisweilen Vorläufer einer Migräne im Erwachsenenalter.

15.4 Essstörungen

15.4.1 Anorexia nervosa

Definition, Klassifikation und Häufigkeit

Die Anorexia nervosa ist eine Essstörung, die durch die Weigerung gekennzeichnet ist, das Körpergewicht über einem auf Alter und Körpergröße bezogenen minimalen Normgewicht zu halten. Dieser Gewichtsverlust kann, wie die in Tabelle 15-3 aufgelisteten **diagnostischen Kriterien** der ICD-10 verdeutlichen, mit verschiedenen Methoden selbst herbeigeführt werden. Ferner bestehen eine ausgeprägte Körperwahrnehmungsstörung sowie eine intensive Furcht vor dem Dickwerden. Schließlich ist für die überwiegend beim weiblichen Geschlecht auftretende Erkrankung die (meist sekundäre) Amenorrhöe als Ausdruck der endokrinen Störung auf der Hypothalamus-Hypophysen-Gonaden-Achse charakteristisch.

Neben diesen essentiellen vier Kriterien sind für die klinische Klassifikation **zwei Typen** sowie das Koexistieren einer Anorexia nervosa mit einer Bulimia nervosa bedeutsam. Bei der Anorexia nervosa ohne Bulimie (Heißhungerattacken) werden Patienten mit ausschließlicher Restriktion der Nahrungsaufnahme (asketische, passive oder restriktive Form F 50.00) von solchen unterschieden, die zusätzlich Erbrechen sowie Laxanzien oder Diuretika einsetzen und gegebenenfalls auch bulimische Symptome haben (aktive oder bulimische Form F 50.01). Wie Abbildung 15-2 verdeutlicht, handelt es sich um ein Spektrum von Essstörungen mit partiellen Überlappungen einschließlich der in der ICD-10 aufgeführten atypischen Formen, bei denen jeweils eines oder mehrere Kernmerkmale fehlen.

Hinsichtlich der **Häufigkeit** der Anorexia nervosa lässt sich in den letzten Jahrzehnten ein Anstieg der behandelten Fälle feststellen, während eine Zunahme in der Bevölkerung nicht zweifelsfrei gesichert ist. Internationale Statistiken ergeben eine mittlere Prävalenzrate von 0,13 auf 100 Mädchen und Frauen im Alter zwischen 15 und 20 Jahren

Das Alter bei Erkrankung zeigt einen Verteilungsgipfel bei 14 bis 19 Jahren. Erkrankungen vor der Pubertät sind ebenso selten wie ab der vierten oder fünften Lebensdekade. Mädchen und Frauen sind 8- bis 40mal so häufig betroffen wie das männliche Geschlecht. Die früher in klinischen Serien als typisch angesehene Bindung der

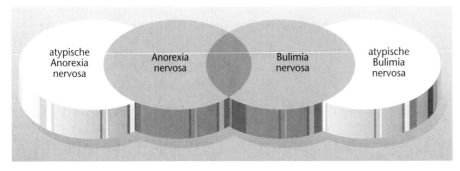

Abbildung 15-2

Das Spektrum anorektischer und bulimischer Störungen.

Anorexia nervosa an die Mittel- und Oberschicht besteht in epidemiologischer Hinsicht nicht. Eine absolute kulturelle und rassische Bindung der Erkrankung besteht nicht. Sie kommt in allen industrialisierten Gesellschaften einschließlich Japan vor.

Tabelle 15-3 Diagnostische Kriterien der Anorexia nervosa (F 50.0) gemäß ICD-10.

- Tatsächliches Körpergewicht mindestens 15 % unter dem erwarteten (entweder durch Gewichtsverlust oder nie erreichtes Gewicht) oder Quetelets-Index* von 17,5 oder weniger. Bei Patienten in der Vorpubertät kann die erwartete Gewichtszunahme während der Wachstumsperiode ausbleiben.

- Der Gewichtsverlust ist selbst herbeigeführt durch:
  - a. Vermeidung von hochkalorischen Speisen und eine oder mehrere der folgenden Möglichkeiten:
  - b. selbst induziertes Erbrechen;
  - c. selbst induziertes Abführen;
  - d. übertriebene körperliche Aktivitäten;
  - e. Gebrauch von Appetitzüglern und/oder Diuretika.

- Körperschema-Störung in Form einer spezifischen psychischen Störung: die Angst, zu dick zu werden, besteht als eine tiefverwurzelte überwertige Idee; die Betroffenen legen eine sehr niedrige Gewichtsschwelle für sich selbst fest.

- Eine endokrine Störung auf der Hypothalamus-Hypophysen-Gonaden-Achse. Sie manifestiert sich bei Frauen als Amenorrhö und bei Männern als Libido- und Potenzverlust. (Eine Ausnahme stellt das Persistieren vaginaler Blutungen bei anorektischen Frauen mit einer Hormonsubstitutionstherapie zur Kontrazeption dar). Erhöhte Wachstumshormon- und Kortisolspiegel, Änderungen des peripheren Metabolismus von Schilddrüsenhormonen und Störungen der Insulinsekretion können gleichfalls vorliegen.

- Bei Beginn der Erkrankung vor der Pubertät ist die Abfolge der pubertären Entwicklungsschritte verzögert oder gehemmt (Wachstumsstopp; fehlende Brustentwicklung und primäre Amenorrhö beim Mädchen; bei Knaben bleiben die Genitalien kindlich). Nach Remission wird die Pubertätsentwicklung häufig normal abgeschlossen, die Menarche tritt aber verspätet ein.

* Quetelets-Index: W/H² (W = Körpergewicht in kg; H = Körpergröße in m)

Klinik und Diagnostik

Das typische **Verhalten** bei der Anorexia nervosa besteht einerseits in einer Restriktion der Nahrungsaufnahme sowie andererseits einer ständigen exzessiven Beschäftigung mit Nahrung, Essen und Dicksein. Die Gedanken kreisen ständig um diese Inhalte, es werden Diäten mit möglichst wenig Fett- und Kohlenhydratanteilen zusammengestellt, und die Patienten weigern sich, mit anderen zusammen zu essen. Sie betrachten ihren Körper ständig im Spiegel, sammeln Rezepte und kochen gerne für andere. Das eigene Essen wird gerne in kleinste Teile geschnitten. Die der Krankheit die Bezeichnung gebende Appetitlosigkeit tritt erst im Stadium schwerer Abmagerung auf. Durchbruchsartig können **Heißhungerattacken** (Bulimien) mit exzessiver Nahrungsaufnahme („Fressattacken") auftreten, die meist in Anschluss ein selbstinduziertes Erbrechen nach sich ziehen. Andere Methoden der Gewichtsreduktion können in **Hyperaktivität** und sportlich-gymnastischen Übungen sowie Missbrauch von **Laxanzien** (Abführmitteln) und Diuretika bestehen. Häufig besteht bei Patienten wenig bis keine Krankheitseinsicht. Neben den exzessiven Ängsten vor Gewichtszunahme besteht eine schwere **Körperwahrnehmungsstörung:** Die Patienten nehmen ihre eigene Abmagerung nicht realistisch wahr, sie halten sich vielmehr für normalproportioniert oder sogar noch zu dick; mit zunehmender Auszehrung nehmen sie auch Hunger und Sattheit schlechter wahr.

Neben diesen spezifischen Verhaltensmerkmalen können weitere, weniger spezifische Zeichen einer allgemeinen **Psychopathologie** wie zwanghafte, unreife und depressive Persönlichkeitsanteile sowie sozialer Rückzug beobachtet werden. Ferner fallen ein rigides Denken in Kategorien des „Entweder-Oder", ein niedriges Selbstwertgefühl, eine Einschränkung der Interessen und Gedanken auf Ernährung und Gewicht, ein Verlust sozialer Kontakte sowie Irritabilität, schneller Stimmungswechsel und Schlafstörungen auf. Die **Komorbidität** mit depressiven Störungen ist beträchtlich, wobei depressive Symptome zumindest zu einem beträchtlichen Teil das Ergebnis des Hungerzustandes sind. Ebenso können Angst- und Zwangsstörungen koexistieren. Mehrheitlich handelt es sich jedoch um eine differenzialdiagnostische Abgrenzung gegenüber diesen Störungen (s. u.). Schließlich können Persönlichkeitsstörungen im Kontext einer Anorexia nervosa vorliegen. Speziell Empathiestörungen mit autistischen Zügen sind beobachtet worden.

Somatische Symptome bestehen neben der Amenorrhö in Hypothermie, Ödemen, Bradykardie, hypotonem Blutdruck und Lanugo-Behaarung. Die Untersuchung von Laborparametern ergibt eine Leukopenie, eine Lymphozytose, einen niedrigen Nüchternblutzuckerspiegel und eine Hypercholesterinämie, die sämtlich Folgen der Auszehrung sind und sich bei Gewichtszunahme normalisieren. Während sich das im Krankheitsstadium vermindert gebildete Wachstumshormon analog verhält, kann die Beeinträchtigung der LH-Sekretion trotz Gewichtsnormalisierung länger anhalten. Als Folge des habituellen Erbrechens können schwere Elektrolytstörungen auftreten.

Die **Anamnese** der Patienten weist häufig Geburts- und Schwangerschaftskomplikationen sowie prämorbide Essstörungen im Kindes- und Jugendalter auf. Hinzu kann auch eine prämorbide Adipositas gehören. Primärpersönlich werden die Patienten meist als angepasst, leistungsorientiert, gewissenhaft und gefügig geschildert. **Krankheitsauslösend** können familiäre Spannungen oder Probleme, Verlust von Bezugspersonen, Hänseleien und Necken wegen einer primären Adipositas u. a. Ereignisse wirken.

Die **Familien** bieten nach außen oft ein Bild der Ordnung, wobei eine sorgfältige Diagnostik Zeichen von vielfältigen Störungen aufdecken kann. Hierzu zählen abnorme Einstellungen gegenüber Essen, Nahrung und Gewicht, Störungen der intrafamiliären Interaktion und Kommunikation sowie Belastungen mit psychischen und körperlichen Krankheiten. So können z. B. depressive Störungen, Alkoholismus, Magen- und Lebererkrankungen sowie Essstörungen gehäuft in der Familienanamnese festgestellt werden. Die von Seiten der systemischen Familientherapie beobachtete Häufigkeit gestörter familiärer Kommunikation im Sinne von Verstrickung, Überprotektivität, Rigidität und Mangel an Konfliktlösungsfähigkeiten ist allerdings nicht für die Anorexia nervosa pathognomonisch.

Manifestationen einer Anorexia nervosa **vor der Präpubertät** oder beim **männlichen Geschlecht** sind selten. Mädchen mit Erkrankung vor Pubertät und Menarche zeigen ein sehr ähnliches klinisches Bild wie bereits beschrieben. Derartige Früherkrankungen bergen das große Risiko einer verzögerten Pubertät, eines Kleinwuchses und einer ausbleibenden Brustentwicklung in sich. Beim männlichen Geschlecht können zusätzlich zur Anorexie eine abweichende Geschlechtsrollenidentifikation und eine schwere Symptomatik zu der insgesamt ungünstigeren Prognose beitragen.

Die **Diagnostik** muss sich angesichts der Krankheitsverleugnung der Patienten in mancher Beziehung auch auf Fremdinformationen durch Eltern und Bezugspersonen stützen, wobei auch diesen Personen vieles an krankheitsspezifischem Verhalten verborgen bleibt. In Orientierung an den eingangs definierten Kriterien muss eine vollständige Diagnostik die Entwicklung von Gewicht, Menstruation, Essverhalten, Aktivität und Methode der Gewichtsreduktion erfassen. Das Gewicht sollte nach den geschlechts- und altersspezifischen BMI-Perzentilen beurteilt werden, zumal das Kriterium BMI < 17,5 vor dem Alter von 18 Jahren nicht pathologisch sein muss. Darüber hinaus müssen eine sorgfältige körperliche Untersuchung unter Einschluss der in Tab. 15-4 aufgeführten **Laborparameter** sowie eine Erfassung bisheriger Therapiemaßnahmen vorgenommen werden. Ferner muss die psychiatrische Untersuchung in typischer Weise den Stellenwert familiärer Beziehungs- und Störungsmuster berücksichtigen. Für die Bewertung des diagnostischen Zustandsbildes und des therapeutischen Verlaufs haben sich eine Reihe von **Beurteilungsskalen** und **Fragebogen** als geeignet erwiesen, die im Anhang 15.1 wiedergegeben sind.

Die psychiatrische **Differenzialdiagnose** muss depressive Störungen, Zwangsstörungen, Somatisierungsstörungen und die Schizophrenie ausschließen. Bei depressiven Störungen fehlt das typische anorektiforme Verhalten. Eine Überlagerung bzw. Koexistenz von Anorexia nervosa und **depressiven Störungen** ist allerdings möglich. **Zwangsstörungen** sind bei zwanghaften anorektischen Persönlichkeiten zu erwägen, wobei die zwanghaften Anteile im Dienst der Nahrungs- und Gewichtspathologie stehen. Bei **Somatisierungsstörungen**, die sich eher in der späten Adoleszenz zu manifestieren beginnen, fehlen in der Regel die Amenorrhö und der massive Gewichtsverlust der Anorexia nervosa. Bei **Schizophrenien** können die Patienten Wahnvorstellungen über Nahrung und Essen (z. B. einen Vergiftungswahn) entwickeln. Sie haben aber kaum die für die Anorexia nervosa charakteristische Angst vor dem Dickwerden und sind z. B. auch nicht auf den Kaloriengehalt von Nahrung fixiert. Neben diesen echten Differenzialdiagnosen muss die Diagnose der Anorexia nervosa im Sinne der oben geschilderten Kriterien die Koexistenz mit einer **Bulimia nervosa** berücksichtigen.

Tabelle 15-4 Laboruntersuchungen bei Anorexia und Bulimia nervosa.

Bei stationärer Aufnahme	
Vollständiges Blutbild	
Elektrolyte, Calcium, Phosphat, Magnesium, Zink	
Lipase, Amylase, Transaminasen	
Gesamteiweiß	
Glukose	
Harnstoff	
Kreatinin, Kreatinin-Clearance	
EKG; T3, T4, TSH; Knochendichte	
Fakultativ: Cortisol, FSH, LH, Östradiol	
Kontrollen bei chronifizierten Fällen der Anorexia nervosa	
Vollständiges Blutbild, Thrombozyten	alle 3 Monate
Harnstoff und Elektrolyte	alle 3 Monate
Leberfunktionstest	alle 3 Monate
Glukose	alle 3 Monate
Schilddrüsenfunktion	alle 6 Monate
Kreatinin-Clearance	jährlich
Knochendichte	jährlich

Hinter diesen psychiatrischen Differenzialdiagnosen treten **interne Krankheiten** in ihrer Wertigkeit zurück. Exogen bedingte Hungerzustände sind im Gegensatz zur Anorexia nervosa durch eine starke Hungerperzeption, fehlende Körperschemastörungen und geringe Aktivität gekennzeichnet. Ferner müssen infektiöse sowie konsumptive Prozesse (z. B. Tuberkulose, erworbene Immunschwäche, Krebserkrankungen) als Ursachen von Appetitstörungen und Gewichtsverlust bedacht werden. Störungen des Hypophysenvorderlappens sind – z. B. als Folge eines Tumors – durch einen breiten Ausfall von Hormonen sowie durch neurologische und vegetative Symptome gekennzeichnet. Ein massiver Gewichtsverlust kann hier nicht durchgängig beobachtet werden. Das gleiche gilt für andere endokrine Störungen (z. B. Hyperthyreose, Diabetes mellitus).

Ätiologie

Die Ursachen der Anorexia nervosa sind sicherlich mehrdimensional. **Prädispositionen** lassen sich auf den Ebenen des Individuums, der Familie sowie soziokultureller und biologischer Faktoren identifizieren. Sobald es unter Mitwirkung **auslösender Ereignisse** zur Krankheitsmanifestation gekommen ist, sind **krankheitsunterhaltende Faktoren** bedeutsam. In Abbildung 15-3 ist das Zusammenwirken dieser Faktoren schematisch dargestellt.

Unter den **individuellen Prädispositionen** ist angesichts der typischen Krankheitsmanifestation in der Adoleszenz der Bezug der Anorexia nervosa zu Störungen der Entwicklung von **Autonomie und Identität** bedeutsam.

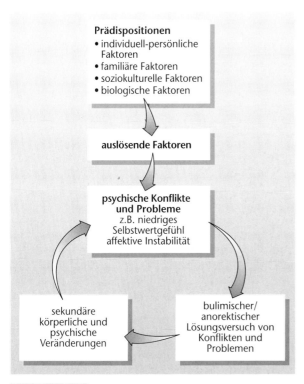

Prädispositionen
• individuell-persönliche Faktoren
• familiäre Faktoren
• soziokulturelle Faktoren
• biologische Faktoren

auslösende Faktoren

psychische Konflikte und Probleme
z.B. niedriges Selbstwertgefühl affektive Instabilität

sekundäre körperliche und psychische Veränderungen

bulimischer/ anorektischer Lösungsversuch von Konflikten und Problemen

Abbildung 15-3 Ätiologisches Modell der Essstörungen.

Diese Patienten haben Probleme der Ablösung von der Familie und der Selbstständigkeitsentwicklung aufgrund eines oft tief verwurzelten Gefühls der persönlichen Wertlosigkeit auf der Basis von strukturellen Persönlichkeitsdefiziten oder Entwicklungsverzögerungen. Diese Defizite lassen sie an dem Übergang von der Adoleszenz zum Erwachsenenalter angesichts der sich manifestierenden psychosexuellen Reifung scheitern.

Weitere prädisponierende Faktoren im Individuum können aus den möglicherweise schon vor der Krankheitsmanifestation und nicht erst in ihrem Gefolge entstandenen **Körperschemastörungen** bestehen. Bahnend sind häufig **prämorbide Gewichtsstörungen** (insbesondere Adipositas) mit möglicherweise frühem Pubertätseintritt und vorzeitiger Konfrontation mit den entwicklungspsychologischen Zentralthemen der Adoleszenz – nämlich Autonomie und Sexualität. Ferner können **prämorbide Persönlichkeitsanteile** wie die häufig, aber nicht durchgängig zu beobachtenden konformistisch-angepassten Züge mit mangelnder Wahrnehmung eigener Bedürfnisse bedeutsam sein.

In einer entwicklungspsychopathologischen Perspektive entsteht die Störung zu einem Zeitpunkt, an dem sich beim typischerweise pubertierenden Mädchen das Köperselbstbild angesichts von Fettzunahme, Menstruation und Körpererleben reorganisieren muss. An diesem Punkt setzt typischerweise die Entscheidung an, zur Verringerung des Körpergewichts eine **Diät** durchzuführen. Aus dem im Ausmaß oft endemischen Diät-halten gehen in Verbindung mit anderen Riskofaktoren eine deutlich kleinere Zahl von subklinischen und schließlich noch einmal weniger klini-

schen Fällen hervor, bei denen das Vollbild der Anorexia nervosa vorliegt. Unter den zusätzlichen Risikofaktoren können prämorbide psychische Störungen eine Rolle spielen. Hingegen ist eine ätiopathogenetische Bedeutsamkeit psychosexueller Faktoren nicht belegt.

Die Annahme, dass ferner **familiäre Prädispositionen** bedeutsam sind, kann sich auf eine Reihe recht unterschiedlicher Feststellungen stützen. In diesen Familien treten **Essstörungen** und **Gewichtsprobleme** gehäuft auf. Ein weiterer Risikofaktor könnte in der Überrepräsentation von **affektiven Störungen, Zwangsstörungen** und **Alkoholismus** in den Familien von Patienten mit einer Anorexia nervosa bestehen, wobei offen ist, ob genetische oder peristatische Transmissionen bedeutsam sind. Weiter können Familien durch die Betonung von Gewicht und Nahrung, von Erscheinungsbild und Jugendlichkeit sowie durch die Abhängigkeit von externen Standards zur Bestimmung von Selbstwert und Identität vielfältige Vorgaben und Modelle für die Jugendlichen bereitstellen. Entsprechend können Übergewicht und Adipositas ebenso wie ständige Gewichtsfluktuationen und Diätansätze sowie Fitness-Programme u. ä. m. einen Stellenwert unter prädisponierenden Faktoren erhalten. Gleiches gilt für die Annahme pathogener **Familieninteraktionen** im Sinne der systemtheoretischen Betrachtungsweise, d. h. die Wertigkeit von Verstrickung, Überprotektivität, Rigidität und Mangel an Konfliktlösungsmöglichkeit für die Entwicklung einer Anorexia nervosa im Jugendalter. Auch diese Störungen haben wahrscheinlich eher prädisponierenden als kausalen Charakter.

Die Bedeutsamkeit **prädisponierender soziokultureller Faktoren** kann sich auf einige epidemiologische Merkmale stützen: Die Krankheit ist in den letzten Jahrzehnten häufiger behandelt worden, kommt vornehmlich beim weiblichen Geschlecht in einer bestimmten Altersgruppe vor und zeigt eine stärkere Bindung an die Lebensstile und kulturellen Werte der westlichen Zivilisation. Diese Phänomene lassen sich auf das in den Industriegesellschaften vorgegebene weibliche **Körperideal** des Schlankseins mit entsprechendem Druck durch Werbung, Medien, Industrie und öffentliche Meinung sowie den allgemeinen Leistungsdruck zurückführen, der auch Frauen zunehmend erfasst hat. Mädchen in der Adoleszenz sind im Verbund mit den bereits beschriebenen prädisponierenden Faktoren möglicherweise gegenüber diesem Druck besonders vulnerabel angesichts stärkerer Körperveränderungen im Rahmen der psychosexuellen Reifung und angesichts eines biologisch möglicherweise geringeren Schutzes aufgrund des Fehlens männlicher Sexualhormone.

Eine entsprechende **biologische Prädisposition** könnte in einer primären hypothalamischen Dysfunktion bestehen, wofür die nicht immer an den Gewichtsverlust gekoppelte, sondern schon vorher beginnende und in einigen Fällen auch nach Gewichtszunahme persistierende Amenorrhö spricht. Ferner legt die Bedeutung der Hypothalamus-Hypophysen-Achse für die Regulierung von Nahrungsaufnahme und Sattheit die Beurteilung dieser Faktoren in der Ätiopathogenese der Anorexia nervosa nahe.

Sicher tragen die Veränderungen in biologischen Systemen zu einer Perpetuierung des Krankheitsbildes bei. Eine mögliche **genetische Prädisposition** ließe sich eventuell aus den Beobachtungen eines erhöhten homologen Erkrankungsrisikos für Geschwister (6 %) und die (allerdings nicht zweifelsfrei gesicherte) höhere Konkordanz hinsichtlich einer Anorexia nervosa unter monozygoten im Vergleich zu dizygoten Zwillingen ableiten.

Sobald es zur Manifestation der Anorexia nervosa gekommen ist, werden **krankheitsunterhaltende Faktoren** wirksam. Neben der veränderten **neurobiologischen Regulation** in verschiedenen Systemen (Endokrinium, Immunsystem, Neurotransmitter, Opioide) sind die durch den Hungerzustand bedingten Effekte bedeutsam, welche nicht nur den pathologischen Umgang mit der Ernährung im Sinne einer Intensivierung betreffen. Sie bedingen auch neben der Bedeutung für das Selbstkonzept und die Selbstkontrolle weitere **psychopathologische Phänomene** wie Konzentrationsschwierigkeiten, Entschlusslosigkeit, Interesselosigkeit, Zwanghaftigkeit, Stimmungslabilität und Schlafstörungen. Weitere krankheitsunterhaltende Faktoren bestehen in dem Einsatz von Erbrechen zur Beibehaltung des jeweiligen Körpergewichts, dem veränderten Sattheitsgefühl aufgrund verzögerter Magenentleerung, der Obstipation im abgemagerten Zustand, persistierenden Störungen der Körperwahrnehmung, der positiven Selbstverstärkung eines erfolgreichen Gewichtsverlustes und der phobischen Vermeidung von Gewichtszunahme. Ebenso können Zwanghaftigkeit, strukturelle Persönlichkeitsdefizite in der Adaptationsfähigkeit bei Belastungen, ungelöste familiäre Konflikte, sekundärer Krankheitsgewinn, das kulturell vermittelte Schlankheitsideal und schließlich auch unangemessene ärztliche Maßnahmen das Krankheitsbild weiter unterhalten.

Therapie und Verlauf

Die Therapie der Anorexia nervosa ist aus mehreren Facetten zusammengesetzt und kann nicht einseitig theoriegebunden realisiert werden. Sie umschließt medizinisch-diätische, psycho- und verhaltenstherapeutische, familientherapeutische und beratende Elemente. Ein derartig **mehrdimensionales Behandlungsarrangement** lässt sich für Jugendliche vorteilhaft im Rahmen einer stationären Behandlung realisieren. Die Aufnahme in eine jugendpsychiatrische Station schafft generell angesichts geringer Therapiemotivation durch eine strukturierte Umgebung mit klaren Zielsetzungen günstige Voraussetzungen für die Gesundung. Kriterien für die Wahl des therapeutischen Setting sind in Tabelle 15-5 aufgeführt. Die ambulante Psycho- und Familientherapie sollte nur bei den ebenfalls in Tabelle 15-5 erfassten Bedingungen in Erwägung gezogen werden. Nach der stationären Behandlung sollte sich eine ambulante Nachsorge anschließen.

Der **medizinisch-diätetische Behandlungsansatz** erstreckt sich auf eine kalkulierte Diät unter Einsatz von Fertigpräparaten zusätzlich zu normaler Nahrung sowie auf eine eventuelle begleitende Behandlung mit **Psychopharmaka** bei individueller Indikation. Von der Ge-

Tabelle 15-5 Therapie von Patienten mit Essstörungen.
Wahl des therapeutischen Setting (stationär vs. ambulant)
▪ **Vorteile der stationären Therapie** – bessere Kooperation – bessere Kontrolle von Komplikationen und Therapie – erweiterte Einflussmöglichkeiten
▪ **Indikationen für stationäre Therapie** – niedriges Körpergewicht (BMI <16) oder rapider Gewichtsverlust – persistierendes Erbrechen – pathologische Laborbefunde (EKG, Leberwerte, Blutwerte, biochemische Parameter) – ausgeprägte Dehydrierung – niedriger Blutdruck (RR < 60 mm Hg systolisch) – Bradykardie – kardiovaskuläre Symptome – Depression – Suizidität – schwere zusätzliche psychische Störung – handlungsunfähige Familie
▪ **Voraussetzungen für ambulante Therapie** – kurze Krankheitsdauer – keine Purgativa oder Erbrechen – kein schwerer Gewichtsverlust – kooperative Familie – therapiemotivierte und kooperative Patientin – Kombination von Diät und Psychotherapie
Prinzipien der stationären Therapie
▪ **Medizinisch-diätetische Behandlung**
▪ **Multimodale Psychotherapie** – Einzelpsychotherapie – Verhaltenstherapie – Familientherapie – Gruppen- und Milieutherapie – Körpertherapie – Gestaltungstherapie
▪ **Pflegerische Bezugspersonen**
▪ **Beratung und Schulung**

wichtsnormalisierung sind nicht nur die Normalisierung körperlicher Funktionen, sondern auch die Rückbildung der psychopathologischen Bilder abhängig. Die Bemessung der Kalorien kann sich an dem Aufnahmegewicht zusätzlich einer 50 %igen Steigerung für Aktivität und eine Erhöhung um weitere 50 % alle fünf Tage orientieren. Derartig flexible Schemata sind einer festen Vorgabe von 3000 bis 5000 Kalorien pro Tag wahrscheinlich überlegen. Das Ziel sollte in einer täglichen Gewichtszunahme von etwa 0,1 bis 0,2 kg bestehen. Eine zu schnelle Gewichtssteigerung führt zu Ödemen und Magenerweiterung.

Bei schwer kranken Patienten ist eine tägliche **Kontrolle** des Gewichts, der Kalorienaufnahme, der Flüssigkeitsbilanz und bei Erbrechen auch der Elektrolyte erforderlich. Bettruhe und Pflege durch die Krankenschwester bis zum Erreichen bestimmter Gewichtsziele können ebenfalls indiziert sein. Das Zielgewicht sollte innerhalb von +/– 5 Pfund bzw. 10 % des altersgemäßen Normgewichts liegen, um eine individuell flexible Anpassung zu ermöglichen. Eine begleitende **Psychopharmakabehandlung** kann sich auf die zwanghaften oder depressiven Anteile erstrecken. Entsprechend können Antidepressiva eingesetzt werden, wenngleich diese Indikation bei jugendlichen Patienten eher seltener ist. Die zentralen Symptome der Anorexia nervosa lassen sich pharmakotherapeutisch nicht beeinflussen, so dass es keine primäre Indikation für eine pharmakologische Behandlung in der Akutphase der Krankheit gibt. Eine Substitution mit Östrogenen sollte vor Abschluss der Wachstumsperiode unterbleiben, weil sie sich durch verfrühten Verschluss der Epiphysen ungünstig auf das Wachstum auswirkt.

Die **individuelle Psychotherapie** hat stützenden, empathischen und den entwicklungsspezifischen Problemen und Konflikten nachgehenden, nicht hingegen aufdeckend-analytischen Charakter. **Verhaltenstherapeutische Verfahren** sind an die stationäre Behandlung geknüpft. Sie erstrecken sich auf die kontingente Verstärkung von Gewichtszunahme durch soziale Verstärker (nach vorausgegangenem Entzug von Privilegien wie sozialen Kontakten, Fernsehen, Rundfunk, Ausgang etc.) sowie den Aufbau von normalem Essverhalten und Selbstkontrolle. Entsprechend kann Erbrechen durch kontrollierende Bedingungen verhaltenstherapeutisch angegangen werden (z. B. kein Zugang zu Toilette und Waschbecken, Bettruhe bzw. Verbleib in der Gruppe nach den Mahlzeiten oder Beseitigung des Erbrochenen durch den Patienten). Für ältere Jugendliche lassen sich auf **kognitive Therapiemethoden** einsetzen, in denen z. B. das verzerrte Denken und die Selbstwertprobleme angegangen werden.

In der **Familientherapie** besteht das Ziel in einer Auflösung pathogener Interaktionsstrukturen, um den Patienten von der Rolle des Symptomträgers zu befreien und ihm altersangemessene Lösungen seines Reifungskonfliktes zu ermöglichen. Auch hier ist wie bei der individuellen Psychotherapie zu bedenken, dass eine Veränderung der Psychopathologie im Zustand eines schweren Untergewichts nicht möglich ist. Schließlich wird das mehrdimensionale stationäre Behandlungskonzept durch den Einschluss von **Gruppen- und Milieutherapie, Körpertherapie** sowie **Gestaltungstherapien** erweitert.

Die persönliche Betreuung durch eine **Bezugsperson** auf der Station – vorzugsweise eine Krankenschwester – ist ein weiteres wesentliches Element der erfolgreichen Behandlung. Die Bezugsperson muss gegebenenfalls bei den Mahlzeiten psychologisch assistieren und im stationären Alltag ein Ansprechpartner für die Nöte und Sorgen des Patienten sein. Ein letztes Behandlungsprinzip besteht in der Bereitstellung von **Beratung** und **Schulung**. Sowohl die Patienten als auch die Bezugspersonen müssen hinsichtlich einer angemessenen Ernährung bzw. Diät unterrichtet und die Eltern darüber hinaus in Erziehungsfragen beraten werden.

Die **ambulante Nachsorge** nach stationärer Behandlung umschließt individuelle Psychotherapie, Elternberatung und eventuell Familientherapie. Es muss als ein Kunstfehler betrachtet werden, wenn im Rahmen der ambulanten Nachsorge keine regelmäßigen Gewichtskontrollen durchgeführt werden.

Der **Verlauf** der Anorexia nervosa ist sehr unterschiedlich und kann von totaler Remission über chronisch-persistierende und chronisch-rezidivierende Varianten bis zu Todesfällen reichen. Eine umfangreiche Analyse vorliegender Erkenntnisse hat erbracht, dass Gewichtsnormalisierungen bei etwa 60 % der Patienten langfristig eintreten, wobei sehr jung erkrankte Patienten sogar höhere Raten eines normalen Gewichts aufweisen. Das Essverhalten normalisiert sich hingegen nur bei 44 % der Patienten. Normale zyklische Menstruationen können im Verlauf bei 55 % der ehemals kranken Frauen beobachtet werden. Von einer **Heilung** lässt sich nur bei 45 % der Fälle sprechen. Eine partielle **Besserung** tritt bei etwa 33 % der Klientel ein, und 20 % zeigen einen **chronifizierten Krankheitsverlauf. Mortalitätsraten** reichen bis zu 21% in einzelnen Patientenserien, sind aber in jüngster Vergangenheit auf weniger als 5 % zurückgegangen. In psychopathologischer und psychosozialer Hinsicht stehen bei den chronifizierten oder nur partiell gebesserten Fällen depressive Störungen und Störungen der psychosexuellen und sozialen Entwicklung im Vordergrund.

Als **positive Prognosefaktoren** können Erkrankungen in der Adoleszenz, hysterische Persönlichkeitsanteile, konfliktfreie Eltern-Kind-Beziehungen, kurze und wenige stationäre Behandlungen, kurze Krankheitsdauer vor stationärer Therapie sowie höherer Bildungs- und Sozialstatus betrachtet werden. **Ungünstige Prognosefaktoren** sind hingegen Erbrechen, Bulimie, hoher Gewichtsverlust, Chronizität, prämorbide Auffälligkeiten im Sinne von Entwicklungsabweichungen und Verhaltensproblemen sowie männliches Geschlecht.

15.4.2 Bulimia nervosa

Definition, Klassifikation und Häufigkeit

Mit dem Begriff der Bulimie werden **Heißhungerattacken** bezeichnet, in denen große Mengen an Nahrung aufgenommen werden. Die Betroffenen wissen zugleich, dass dieses Essverhalten abnorm ist, und fürchten, nicht aus eigenem Antrieb und Willen mit dem Essen aufhören zu können. Depressive Verstimmungen und Schuldgefühle mit Selbstvorwürfen sind die Folge.

Die Bulimie als **Symptom** kann im Kontext einer Anorexia nervosa, bei normalem Körpergewicht und im Kontext einer Adipositas auftreten. Eine Zusammenstellung diagnostischer Kriterien der Bulimia nervosa gemäß ICD-10 gibt Tabelle 15-6.

Die **Häufigkeit** der Bulimie ist bisher nicht sicher und selektionsfrei für alle Altersgruppen bestimmt. Für die Bulimie im Kontext der klinischen Anorexia nervosa reichen die Angaben von 16 bis 50 % der Fälle. Während das Symptom der Bulimie bei adoleszenten Mädchen und Frauen recht häufig sein kann – Prävalenzraten reichen bis zu etwa 8 % der jeweils erfassten Populationen –, liegt die Prävalenz für das klinische Vollbild der Bulimia nervosa in der Adoleszenz und im jungen Erwachsenenalter bei etwa 1%. Damit ist die Prävalenz der Bulimia nervosa höher als die der Anorexia nervosa, die weniger als 1% beträgt. Auch in klinischen Serien sind Frauen in beträchtlichem Maße überrepräsentiert.

Tabelle 15-6 Diagnostische Kriterien der Bulimia nervosa (F 50.2) gemäß ICD-10.

- Eine andauernde Beschäftigung mit Essen, eine unwiderstehliche Gier nach Nahrungsmitteln; die Patientin erliegt Essattacken, bei denen große Mengen Nahrung in sehr kurzer Zeit konsumiert werden.

- Die Patientin versucht, dem dickmachenden Effekt der Nahrung durch verschiedene Verhaltensweisen entgegenzusteuern; selbstinduziertes Erbrechen, Missbrauch von Abführmitteln, zeitweilige Hungerperioden, Gebrauch von Appetitzüglern, Schilddrüsenpräparaten oder Diuretika. Wenn die Bulimie bei Diabetikerinnen auftritt, kann es zu einer Vernachlässigung der Insulinbehandlung kommen.

- Die psychopathologische Auffälligkeit besteht in einer krankhaften Furcht davor, dick zu werden; die Patientin setzt sich eine scharf definierte Gewichtsgrenze, weit unter dem prämorbiden, vom Arzt als optimal oder „gesund" betrachteten Gewicht.

- Häufig lässt sich in der Vorgeschichte mit einem Intervall von einigen Monaten bis zu mehreren Jahren eine Episode einer Anorexia nervosa nachweisen. Diese frühere Episode kann voll ausgeprägt gewesen sein oder war eine verdeckte Form mit mäßigem Gewichtsverlust und/oder einer vorübergehenden Amenorrhö.

Klinik und Diagnostik

Die Symptomatik manifestiert sich in der Regel etwas später als die Anorexia nervosa, am Übergang vom Jugend- zum Erwachsenenalter, zumal sie häufig den als erfolglos erlebten Diätversuchen folgt. Die Auslöser sind ähnlich wie bei der Anorexia nervosa. Therapeutische Hilfe wird offensichtlich sehr viel später gesucht. Das **Gewicht** zeigt über die Zeit beträchtliche Fluktuationen. Auch die Anzahl der **Heißhungerattacken** kann von mehrmals täglich bis zu einmal wöchentlich oder vierzehntäglich variieren. Die aufgenommene **Nahrungsmenge** übersteigt das empfohlene Maß der täglichen Nahrungsaufnahme in grotesker Weise: So sind bis zu 15.000 bzw. 20.000 Kalorien bzw. das 27-fache Quantum der empfohlenen Nahrungsmenge aus Berichten der Patienten errechnet worden. Dabei wird häufig hochkalorische, süße Nahrung von weicher Konsistenz gegessen. Die Nahrungsaufnahme erfolgt meist im Geheimen, wobei mehr geschlungen als gekaut wird. Während der Heißhungerattacken besteht das Gefühl von Kontrollverlust.

Auslöser für die **Episoden** sind Gefühle innerer Spannung, Langeweile und Einsamkeit sowie Angst. Die Heißhungerattacke bringt eine vorübergehende Entlastung von diesen Gefühlen, wenngleich sich im Verlauf Scham, Schuldgefühle und Wut einstellen. Körperliches Unwohlsein, Erschöpfung, das Hinzukommen Dritter, Mangel an weiteren Nahrungsmitteln oder selbstausgelöstes Erbrechen und Schlaf bzw. Aktivitäten beenden

schließlich die Episode. Depressive Verstimmungen bis hin zu Suizidgedanken können schließlich aus diesem wiederholten Zyklus resultieren.

Typisch ist die Verknüpfung mit wiederholten Versuchen, eine **Gewichtskontrolle** mit diätetischen Maßnahmen bzw. Fasten zu erreichen. Während nicht alle bulimischen Patienten erbrechen, ist umgekehrt **Erbrechen** fast immer ein Hinweis darauf, dass eine Bulimie vorliegt. Das Erbrechen kann gemäß klinischer Beobachtungen von einmal bis 14-täglich bis zu 15-mal täglich variieren, wobei erstaunliche Techniken der Entleerung auch der letzten Nahrungsreste entwickelt werden. Begleitet wird es von negativen Gefühlen wie Trauer, Schwäche und Schuld, in der Regel jedoch nicht von Ärger. Seltener als Erbrechen werden **Laxanzien, Diuretika** und **Hyperaktivität** als Methode der Gewichtskontrolle eingesetzt.

Die Bulimie kann zu zahlreichen medizinischen **Komplikationen** führen. Hierzu zählen z. B. Elektrolytstörungen (Hypokaliämie) mit der Folge von Nierenfunktionsstörungen, Herzrhythmusstörungen, Muskelschwäche bzw. -krämpfen bis zu tetanischen Anfällen und in seltenen Fällen auch zerebralen Krampfanfällen sowie lebensbedrohlichen Krisen. Magenerweiterungen bzw. sogar -rupturen sind vereinzelt beobachtet worden. Häufige **Beschwerden** sind Halsentzündungen, Schwellungen der Wangen, Vergrößerungen der Speicheldrüsen und Zahnschäden, wobei letztere zum Teil Folge der Bevorzugung süßer Nahrung und der Einwirkung der Magensäure sind. Weitere **somatische Symptome** umschließen Ösophagitiden, Paryngitiden, Gastritiden und Pankreatitiden sowie Osteoporose und Polyneuropathien. Häufig bestehen auch irreguläre Menstruationszyklen, wenngleich die Patienten nicht notwendigerweise amenorrhoisch werden müssen. Bulimien sind auch gehäuft beim juvenilen Diabetes mellitus zu beobachten.

Psychopathologisch fällt die gleiche Zentrierung der Gedanken auf Nahrung, Gewicht und Figur wie bei der Anorexia nervosa auf. Ferner liegen sehr häufig depressive Züge vor, die sehr wahrscheinlich mehrheitlich eine Folge der Bulimie sind. Mangelnde emotionale Stabilität, Ängstlichkeit, Impulsivität und Orientierung an äußerer Kontrolle sowie Tendenzen zur Zwanghaftigkeit sind weitere charakteristische Persönlichkeitsmerkmale. Häufig kommt es zu Diebstahl, Drogenmissbrauch wie Alkohol, Barbituraten und Amphetaminen. **Komorbide Störungen** umschließen entsprechend dieser vielfältigen Psychopathologie depressive Störungen einschließlich Suizidalität, Substanzmissbrauch und Persönlichkeitsstörungen.

Die **Diagnostik** ist, solange nicht Zeichen medizinischer Komplikationen vorliegen, auf die Angaben der Patienten angewiesen. In der Forschung haben sich verschiedene angloamerikanische Fragebogen als nützlich erwiesen, von denen Beispiele im Anhang 15.1 wiedergegeben sind. **Differenzialdiagnostisch** ist die Anorexia nervosa mit Bulimie von der Bulimie bei Normal- bzw. Übergewicht abzugrenzen. In somatischer Hinsicht müssen eine Reihe von Störungen ausgeschlossen werden: Diabetes mellitus, Insulinom, Hyperthyreose, zerebrale

Neoplasmen sowie postiktale Bulimieattacken nach Temporallappenanfällen.

Ätiologie

Ähnlich wie bei der Anorexia nervosa muss auch für die Bulimie eine **multifaktorielle Ätiologie** angenommen werden. Ein entsprechendes Modell ist in Abbildung 15-3 dargestellt. Psychodynamische Formulierungen heben in gleicher Weise wie bei der Anorexia nervosa auf Störungen der frühen Objektbeziehungen mit schwachen oder gestörten Mutterfiguren und der Folge von Ich- und Charakterstörungen ab. Mehr unter dem Aspekt der Therapieplanung stehen Modelle der kognitiven und verhaltensorientierten Therapien, in denen die Bulimie einer Funktionsanalyse unterzogen wird. So stellen längere Fastenperioden z. B. antezedente Bedingungen für eine Heißhungerattacke dar, der als Konsequenz z. B. die Entlastung von den aversiven Hungergefühlen folgt. Wird die Bulimie schließlich von körperlichen Angstgefühlen begleitet, so entlastet der Einsatz von Erbrechen bzw. Laxanzien. Dieser erhält aber wiederum eine verzögerte negative Bedeutung durch die Entwicklung von Hoffnungslosigkeit, Verstimmung und Schuldgefühlen, welche erneut zu Fasten und Diät führen. Auf diesem Wege kommt es zu einem in sich geschlossenen Kreislauf einander ständig bedingender und verstärkender Reaktionen. Damit ist allerdings nur der Prozess der Perpetuierung des Geschehens, nicht jedoch der Entstehung erklärt.

Diese **psychologischen Elemente** werden ähnlich wie bei der Anorexia nervosa durch Annahmen über die Bedeutung von **Reifungs- und Identitätskrisen** sowie die Wertigkeit von externen **Stressoren** und **auslösenden Ereignissen** ergänzt. Sie können möglicherweise erst im Zusammenwirken mit den ebenfalls erörterten **soziokulturellen Faktoren** der Bewertung von Weiblichkeit und der Rolle der Frau sowie **biologischen Prädispositionen** (z. B. dem aus Zwillingsstudien ableitbaren Erblichkeitsfaktor) das Entstehen der Bulimie in Teilen erklären. Dabei ist die Frage, warum im einen Fall eine Anorexia nervosa und im anderen eine Bulimie resultiert, noch weitgehend ungeklärt. Ein Erklärungsansatz zielt darauf ab, dass die Patientin mit einer Bulimie im Gegensatz zur Patientin mit einer Anorexia nervosa die Konfrontation mit anderen vermeidet. Die vergleichende Analyse von juvenilen anorektischen Patienten mit und ohne Bulimie hat ferner stärker ausgeprägte prämorbide Störungen und familiäre Belastungsmomente sowie Funktionsstörungen bei den bulimischen Patienten ergeben. Hieraus ist abgeleitet worden, dass eine **Prädisposition** für frühe Störungen der Ich-Funktionen und der Persönlichkeitsentwicklung bedeutsam sein könnte.

Therapie und Verlauf

Die Grundsätze der Anorexia-Behandlung haben auch für die Bulimie Gültigkeit. Wenngleich ein großer Teil der vor allem erwachsenen Patienten ambulant behandelt wird, kann der **stationären Therapie** insofern eine gewisse Priorität eingeräumt werden, als es meist nur auf diesem Wege gelingt, den Teufelskreis von Hunger, bulimischen Episoden und Erbrechen früher und wirksamer zu unterbinden. Wie bereits bei der Therapie der Anorexia nervosa erörtert, muss Vorsorge getroffen werden, dass keine Möglichkeit zum Erbrechen besteht. Verhaltenstherapeutische Techniken zum Aufbau normalen Essverhaltens und stützende Psychotherapie sowie Gruppentherapie und Elternarbeit sind weitere Behandlungskomponenten.

Indikation und Stellenwert des Einsatzes von **Psychopharmaka** lassen sich noch nicht abschließend beurteilen. Unter den verschiedenen systematisch überprüften Substanzen sind am ehesten Antidepressiva und dabei speziell die selektiven Serotonin-Wiederaufnahmehemmer indiziert, die kurzfristig die Frequenz der bulimischen Attacken reduzieren. Der Wirkungsmechanismus ist unbekannt; hohe Rückfallquoten nach Absetzen der Medikation und ein häufig erforderlicher Substanzwechsel schränken den klinischen Einsatz ein.

Die **verhaltenstherapeutischen Ansätze** zentrieren sich auf die Kontrolle des Essverhaltens und des Gewichts und schließen dabei Ernährungsinformationen ein. Bei **kognitiven Therapien** geht es darum, den Teufelskreis von Heißhungerattacken und Erbrechen aufzubrechen, die abnormen Einstellungen gegenüber Nahrung, Gewicht und Essen zu verändern, soziale Fertigkeiten zu entwickeln und auszubauen, Problemlösungsfertigkeiten zu verbessern und unangemessene Gedanken und Gefühle zu kontrollieren. Dabei kommen Techniken der Registrierung von Nahrungsaufnahme, pathologischem Essverhalten und begleitenden Gedanken, der Aufklärung über die Gefahren des symptomatischen Verhaltens und der das Essverhalten verstärkenden Mechanismen zum Einsatz. Ferner werden die Patienten zu sozialen Aktivitäten ermutigt, welche inkompatibel mit übermäßigem Essen sind, und werden die so genannten verbotenen Speisen graduell eingeführt. Ergänzend können Methoden des Trainings in Problemlösungsfertigkeiten und der Korrektur von unangemessenen Gedanken und Überzeugungen ebenso wie die Mithilfe von Freunden und Familienmitgliedern eingesetzt werden.

Die kognitiven Therapieansätze sind bei erwachsenen Patienten entwickelt worden. Bisher ist noch weitgehend unklar, inwieweit die eingesetzten Techniken für jugendliche Patienten modifiziert werden müssen. Analoge Feststellungen müssen auch für die Beurteilung der Effekte von **Gruppentherapie** und **Selbsthilfegruppen** gelten. In der therapeutischen Alltagspraxis zeichnet sich zunehmend eine pragmatisch orientierte Kombination von unterschiedlichen therapeutischen Elementen ab. Auch bei der Bulimie ist eine **Diätberatung** unverzichtbar für eine erfolgreiche Behandlung.

Über den **Verlauf** der Bulimie liegen weniger Studien als über den Verlauf der Anorexia nervosa vor. Die **Heilungsraten** liegen mit 47,5 % leicht höher als bei der Anorexia nervosa, während die **Besserungsraten** mit 26 % leicht niedriger und die **Chronifizierungsraten** mit 26 % höher sind. Depressive Symptome wurden bei 25 % und Substanzmissbrauch bei 15 % sowie Angststörungen bei 13 % der Patienten bei Katamnese beobachtet. Klinische Beobachtungen verweisen auf chronisch intermittierende Verläufe über viele Jahre, wobei „Fressphasen" mit Fasten, Diät und normalem Essen alternieren können. Die Prognose der Bulimie ist durch Behandlungswiderstand, körperliche Komplikationen, Alkoholmissbrauch sowie Depression und Suizidgefahr beeinträchtigt.

15.4.3 Adipositas

Definition, Klassifikation und Häufigkeit

Mit dem Begriff der Adipositas (Fettsucht) wird eine ungewöhnliche Ansammlung von Fettgewebe bezeichnet, die zu Übergewicht führt. In der klinischen Praxis sind recht unterschiedliche Kriterien im Einsatz. So wird beispielsweise von mindestens 20 % Überschreitung des alters-, geschlechts- und größenbezogenen Idealgewichts oder der 85. Perzentile als Grenzwert ausgegangen. Diese Kriterien werden jedoch nicht als genügend valide betrachtet. Die Diagnose kann nämlich wegen der entwicklungsbedingten Veränderungen im Kindes- und Jugendalter sowie der individuell unterschiedlichen Körperzusammensetzung hinsichtlich der Anteile von Skelett, Muskulatur und Fettgewebe nicht allein auf das Körpergewicht gestützt vorgenommen werden. Sie muss sich vielmehr auf die Bestimmung der Hautfaltendicke am Oberarm (Trizeps) mit dem Caliper – einem hierfür entwickelten Messinstrument – gründen, wobei alters- und geschlechtsbezogene Normen berücksichtigt werden müssen. Extremwerte oberhalb des 85. Prozentranges für Alter und Geschlecht definieren den Bereich der Adipositas. Andere Definitionen gehen sogar nur von Abweichungen jenseits des 97. Prozentranges aus.

Wegen dieser nicht einheitlich gebrauchten Kriterien variieren Zahlen zur **Häufigkeit** der Adipositas. Deutsche Untersuchungen auf Basis von Bestimmungen der Hautfaltendicke kamen zu Raten von 22 % adipösen Jungen und 20 % adipösen Mädchen. Studien in verschiedenen europäischen Ländern ergaben unterschiedliche Prävalenzraten in Abhängigkeit von Alter (niedriger bei jungen Kindern), Geschlecht und geografischer Region (vermehrt in Süd- und Osteuropa).

Klinik und Diagnostik

Die **Psychopathologie** der Adipositas ist unspezifisch. Es können vielfältige emotionale und sowohl gehemmte wie auch overt aggressive Verhaltensauffälligkeiten beobachtet werden, die sowohl mit den Reaktionen der Umwelt auf die körperliche Störung wie auch mit unangemessenem Erziehungsverhalten der Eltern in der Familie in Beziehung gebracht werden können. Die geradezu stereotype Erwartung, dass adipöse Kinder und Jugendliche psychisch auffälliger als Normalgewichtige seien, ist wissenschaftlich allerdings nicht bestätigt. Übergewichtige Kinder erfahren aber in besonderer Weise ein soziales Stigma, das sie in der Beliebtheit unter Gleichaltrigen noch hinter körperlich behinderten Kindern am Ende der Rangreihe stehen lässt.

Eine vollständige klinische **Diagnostik** muss sich auf eine Bestimmung des Übergewichts, des Essverhaltens, der körperlichen Aktivität, bisheriger Behandlungsmaßnahmen und weiterer möglicher bedeutsamer Bedingungen beziehen. Die Bestimmung des **Übergewichts** muss über die Erfassung des absoluten und normbezogenen Körpergewichts die Hautfaltendicke einschließen. Hinsichtlich des **Essverhaltens** interessiert, inwieweit exzessives Essen und Naschen, phasenweises Fasten, bulimische Episoden und eine kognitive Einschränkung auf Essen und Nahrung vorliegen. Ferner muss analysiert werden, wo (d. h. zu Hause, an Imbissständen, vor dem Kühlschrank etc.) und wann bzw. wie oft gegessen wird. Schließlich ist das Ausmaß der meist vorliegenden **körperlichen Inaktivität** zu bestimmen und sind die hilflosen und ineffizienten Bemühungen um Gewichtsverlust mit ungeeigneten **Diäten** und eindimensionalen Behandlungsansätzen zu erfragen. Letztlich ist eine sorgfältige Analyse der **Persönlichkeit** nicht unbedeutend, weil Behandlungsmaßnahmen Änderungsbereitschaft und Motivation zur Gewichtsabnahme voraussetzen.

Äußerst selten, nämlich höchstens in 3 bis 5 % aller Fälle von Fettsucht, ist **differenzialdiagnostisch** an eine sekundäre Adipositas als Ausdruck einer anderen Grundkrankheit zu denken (z. B. iatrogenes Cushing-Syndrom bei Steroidbehandlung sowie seltene Bilder wie das Prader-Willi-Labhart-Syndrom oder das Lawrence-Moon-Biedl-Bardet-Syndrom, die neben verschiedenen körperlichen Stigmata mit einer sekundären Adipositas einhergehen).

Ätiologie

Für die Entwicklung einer Adipositas sind vielfältige, ineinander greifende Faktoren bedeutsam. Hierzu zählen sowohl genetische, konstitutionelle und physiologische Faktoren wie auch alimentäre, lebensgeschichtliche und psychische Bedingungen.

Für die Wirksamkeit **genetischer Faktoren** sprechen sowohl molekularbiologische Befunde als auch die Tatsache, dass monozygote Zwillinge, die getrennt aufwachsen, hinsichtlich des Körpergewichts ähnlicher sind als dizygote, getrennt aufgewachsene Zwillinge. Eine relative Stützung findet diese Annahme auch in der Feststellung, dass adipöse Kinder häufig von übergewichtigen bzw. adipösen Eltern abstammen, wenngleich hier natürlich auch Umweltfaktoren wirksam werden. Interaktionen von genetischer Prädisposition und Umweltbedingungen sind sehr wahrscheinlich.

Im Rahmen **physiologischer Theorien** sind Annahmen über die Morphologie der Fettzellen und die Setpoint-Theorie von besonderer Bedeutung. Grundsätzlich kann die Gewichtszunahme über eine Zunahme der Anzahl von **Fettzellen** (Hyperplasie) oder eine Vergrößerung der vorhandenen Fettzellen (Hypertrophie) erfolgen. Eine frühe, im Kindesalter beginnende Adipositas kann nun durch eine exzessive Vermehrung der Anzahl von Fettzellen gekennzeichnet sein, während eine spät im Erwachsenenalter sich manifestierende Form eher durch eine Hypertrophie der vorhandenen Zellen gekennzeichnet ist. Zwischenformen sind ebenfalls denkbar. Diese Theorie erklärt zugleich, warum viele Behandlungsansätze frustran bleiben: Die Gesamtzahl der Fettzellen lässt sich nicht mehr reduzieren, es sind nur noch Effekte im Sinne einer Verkleinerung des Umfangs der einzelnen Zellen möglich, die sich andererseits schnell wieder auffüllen.

Auch die **Set-point-Theorie** trägt den oft erfolglosen therapeutischen Bemühungen um eine Gewichtsreduktion Rechnung. Sie nimmt ein individuell jeweils variierendes ideales biologisches Gewicht an, das vom Körper nach dem Prinzip der Homöostase (z. B. wie ein Thermostat) reguliert wird. Entsprechend wehrt der Körper Gewichtsveränderungen ab. Für Adipöse wird demgemäß ein höheres ideales Körpergewicht angenommen. Diese Theorie hat bereits im Verbund mit einer Neubewertung der sekundären körperlichen Schäden durch Übergewicht dazu geführt, dass die Behandlungsbedürftigkeit der Adipositas eher auf eine enger definierte Extremgruppe eingeschränkt wird.

Andere psychologische sowie endokrine Funktionsveränderungen bei der Adipositas sind Folge des Übergewichts und nicht von ätiologischer Bedeutung. Das Verhältnis von **Inaktivität** und Übergewicht ist schwer zu bestimmen, weil beide einander wechselseitig bedingen können. Generell besteht eine inverse Beziehung von Aktivität und Gewicht. Für die Theorienbildung ist aber unklar, ob Inaktivität eine Ursache oder Folge der Adipositas ist.

Die Wertigkeit **alimentärer Faktoren** ergibt sich zunächst aus der Tatsache, dass die Art der Ernährung und das jeweils kulturell vermittelte Nahrungsangebot und Essverhalten bedeutsam sind. Hier sind die Fetthaltigkeit und weniger der Kohlenhydrat- und Zuckergehalt und die Zusammenstellung der industriell gefertigten Nahrung in Form der so genannten Supermarkternährung für das Entstehen der Adipositas bedeutsam. Die Entstehung von Übergewicht im Kindesalter wird möglicherweise auch durch die Art der Säuglingsernährung mitbestimmt. Überernährung und möglicherweise auch der Rückgang des Stillens sind in diesem Zusammenhang angeschuldigte Bedingungen.

Unter den **lebensgeschichtlichen** und **psychologischen Faktoren** konvergieren verschiedene theoretische Positionen in der Annahme von Störungen von Lernprozessen in der frühen Kindheit. Durch unangemessenes Zufüttern von Nahrung bei allen Äußerungen von Missempfindungen wird beim Säugling eine Störung der Wahrnehmung von Hunger und Sättigung sowie des Körperschemas angelegt. Diese gelernte Verbindung von physiologischen und motivationalen Bedürfnissen einerseits und Nahrungszufuhr andererseits kann sich besonders bei Bindungs- und Beziehungsstörungen zwischen Mutter und Kind entwickeln und in eine persistierende Appetit- und Körperwahrnehmungsstörung münden. Sie kann sich später als so genannte **hyperphage Reaktion** äußern, bei der im Rahmen emotionaler Belastungen, Spannungen und Konflikte jeweils auf ein früh erlerntes Muster der Spannungsreduktion durch Nahrungsaufnahme zurückgegriffen wird. Derartige Lernprozesse werden physiologisch über die engen Verbindungen zwischen emotionaler Befindlichkeit und Sättigung bzw. Hungerwahrnehmung über neuroendokrine Regulationsmechanismen des hypothalamisch-limbischen Systems ermöglicht.

Schließlich ist als ein lebensgeschichtlich-psychologischer Faktor auch die **familiäre Belastung** mit Übergewicht bedeutsam. Eltern mit Übergewicht und pathologischem Essverhalten stellen ein Modell für die Kinder dar. De facto sind 40 % aller Eltern adipöser Kinder ebenfalls klinisch adipös und 80 % mindestens übergewichtig.

Therapie und Verlauf

Unter den Behandlungsansätzen für die Adipositas des Kindes- und Jugendalters ragen gegenwärtig die verhaltenstherapeutischen Ansätze als effiziente und zugleich evaluierte Verfahren heraus. Zugleich ist sicher, dass **eindimensionale Behandlungen** mit entweder Diät oder körperlicher Aktivität oder aber auch medizinische Maßnahmen relativ erfolglos bzw. teilweise auch nicht risikolos sind. Sicher ist Psychotherapie im klassischen Sinne, bezogen auf die Grundsymptome, nicht wirksam, wenngleich sie stützenden Charakter bei begleitenden emotionalen Störungen haben kann. Ausschließlich diätetische Maßnahmen führen zu wenig befriedigenden Langzeitergebnissen, und Bewegungstherapie kann nur relativ geringe Effekte setzen. So genanntes therapeutisches Hungern (Nulldiät) lässt sich im häuslichen Milieu kaum realisieren und hat für Kinder einen kaum zumutbaren Zwangscharakter. Ebenso lassen sich chirurgische Interventionen im Sinne der Ausschaltung von Resorptionsabschnitten des Darms (so genannte Bypass-Operationen) bei Kindern nicht rechtfertigen. Schließlich sind appetithemmende Pharmaka mit dem kaum tolerablen Risiko eines Suchtpotentials, mit nur geringfügigen Kurzzeiteffekten sowie mit hohen Rückfallquoten belastet.

Die **verhaltenstherapeutischen Ansätze** zielen zunächst einmal auf die Gewichtsabnahme. Hierzu zählen neben einer intensiven Beratung und Information über Ernährung (z. B. in Kooperation mit einer Diätassistentin) eine Reihe spezifischer Techniken, zu denen die sorgfältige **Selbstregistrierung** von Nahrungsaufnahme, Kalorienwert, Essverhalten, körperlicher Aktivität und Körpergewicht gehört. Ferner zielen die Behandlungsansätze auf die **Veränderung des Essverhaltens** hinsichtlich Ablauf und Geschwindigkeit (z. B. schnelles Beißen und wenig Kauen bei adipösen Kindern) durch spezifische Maßnahmen ab. Ein drittes Prinzip besteht in der **Reizkontrolle,** indem nur noch zu bestimmten Zeiten und an bestimmten Plätzen (z. B. dem Esstisch) ohne gleichzeitig ablaufende Aktivitäten (z. B. Fernsehen) jeweils begrenzte Mengen eventuell auf kleinerem Geschirr gegessen werden können. Der Erfolg der Maßnahme wird schließlich **kontingent verstärkt.**

Ergänzend sind parallel zu der allgemeinen Entwicklung **kognitiver Techniken** in der Verhaltenstherapie auch für die Behandlung adipöser Kinder und Jugendlicher entsprechende Ansätze entwickelt worden. Hierzu zählen die Technik des inneren Monologs mit der Formulierung von Gedanken, welche Essverhaltensänderungen fördern, und Problemlösungsstrategien. Ferner wird in den Behandlungsprogrammen großer Wert auf die **Beteiligung der Eltern** gelegt. Diese ist bei jungen Kindern für die Umsetzung der Therapie unerlässlich. Sie muss die Realisierung diätetischer Maßnahmen einschließlich der damit verbundenen Information, die eventuell notwendige Fremdregistrierung des Essverhaltens, die Mitarbeit bei der Umstrukturierung des Essverhaltens, die Reizkontrolle und schließlich die Verstärkung – somit also alle Komponenten des Therapieprogramms – umschließen. Zusätzlich ist die Modellwirkung des eigenen Verhaltens therapeutisch zu berücksichtigen, und nicht selten müssen Eltern wegen ihrer eigenen Adipositas an einer entsprechenden Behandlung teilnehmen.

Der **körperlichen Aktivität** kommt in diesen Programmen insofern eine ergänzende Funktion zu, als sie dem bei geringerer Nahrungsaufnahme sich verringernden Grundumsatz und damit der Gefahr einer Verlangsamung der Gewichtsabnahme entgegenwirkt. Diese Komponente wird auch im Rahmen von Schulgesundheitsprogrammen in den USA mit Unterrichtung in Ernährung, verhaltensmodifikatorischen Elementen und Berücksichtigung des speziellen Netzwerkes sozialer Unterstützung durch Lehrer, Eltern und Mitschüler betont.

Ebenso wie vorderhand zur Erzielung einer Gewichtsabnahme dienen bestimmte verhaltenstherapeutische Techniken auch der **Erhaltung des erreichten Gewichtsverlustes.** Hierzu zählen Verhaltensverträge mit anteiligem Verlust von deponierten Geldbeträgen bei Verstößen gegen die festgelegten Ziele, die Elternbeteiligung an den Behandlungsprogrammen und regelmäßige körperliche Aktivität in einer möglichst alltagsgerechten Form. Weiterhin müssen die Prinzipien der Reizkontrolle und des strukturierten Essverhaltens beachtet werden.

Mit diesen verhaltenstherapeutischen Techniken kann die Adipositas bei einem beträchtlichen Teil von Kindern und Jugendlichen zumindest kurz- und mittelfristig erfolgreich behandelt werden. Inwieweit davon der längerfristige **Verlauf** der Symptomatik angesichts der multidimensionalen Ätiologie beeinflusst werden kann, lässt sich angesichts fehlender Langzeitstudien nicht abschließend beurteilen. Interventionen im Kindes- und Jugendalter sind schon deswegen wichtig, weil bisher ca. 80 % aller übergewichtigen Kinder auch übergewichtige Erwachsene geblieben sind, während nur 42 % der normalgewichtigen Jungen und 18 % der normalgewichtigen Mädchen später übergewichtige Erwachsene wurden. Die Chancen eines übergewichtigen Jugendlichen, auch als Erwachsener übergewichtig zu sein, sind 28-mal höher als bei einem normalgewichtigen Jugendlichen.

Unter dem Einfluss der Set-point-Theorie verändern sich möglicherweise die Kriterien für die Therapieindikation, zumal eher nur die extrem Adipösen von den klassischen Risiken im Verlauf einer unkorrigierten Adipositas, d. h. Herz-Kreislauf-Krankheiten, Diabetes mellitus, chronische Nephritis, Leber- und Gallenerkrankungen sowie Hirnblutungen, betroffen sind. In **prognostischer Sicht** sind ein zunehmendes Körpergewicht, ein früher Beginn der Adipositas und damit eine zunehmende Chronizität der Störung, männliches Geschlecht, eine homologe familiäre Belastung, mehrere fehlgeschlagene Therapieversuche, ausgeprägte Körperwahrnehmungsstörungen sowie bulimische Episoden die Kennzeichen eines ungünstigen Verlaufs.

15.4.4 Essstörungen des frühen und mittleren Kindesalters

Definition, Klassifikation und Häufigkeit

Zu den für das frühe und mittlere Kindesalter typischen Essstörungen gehören als relativ unspezifische Symptome **Ess- und Appetitstörungen, die frühkindliche Fütterstörung** (ICD 98.2) einschließlich **Rumination** und die **Pica** (ICD 98.3). Mit Rumination wird das willkürliche Heraufwürgen (Regurgitieren) von Nahrung mit erneutem Kauen und Schlucken der Nahrung verstanden. Als Pica wird das ständige Essen ungenießbarer Substanzen bezeichnet. Ferner bestehen Beziehungen zwischen Essstörungen und Deprivationsbedingungen z. B. bei den **frühkindlichen Gedeihstörungen** und dem **psychosozialen Minderwuchs,** die in Kapitel 19 abgehandelt werden.

Unspezifische Ess- und Appetitstörungen manifestieren sich typischerweise im Säuglings- und Kleinkindalter. Ein wählerisches Essverhalten zeigen etwa ein Drittel der 4-jährigen und etwa 20 % der Schulanfänger. Mit zunehmendem Alter fallen die Raten weiter ab. Rumination und Pica sind sehr seltene Phänomene, über deren Häufigkeit keine Zahlenangaben vorliegen. Beide Geschlechter werden gleich häufig betroffen.

Klinik und Diagnostik

Die frühkindlichen **Essstörungen** nehmen in der Regel im Säuglingsalter ihren Ausgang. Die Kinder lehnen einzelne Speisen ab und bevorzugen andere, essen extrem langsam oder verweigern feste Nahrung und bestehen statt dessen auf flüssiger bzw. pürierter Kost. Die Symptomatik kann in chronische Appetitstörungen übergehen und von Entwicklungsverzögerungen z. B. in den Bereichen von Sprechen und Sauberkeit sowie Zeichen emotionaler und auch disruptiver Störungen begleitet sein. Häufig steht die Störung des Kindes im Kontext einer gestörten Beziehung zur Mutter mit begleitenden intrafamiliären Störungen. Aus der Verweigerungshaltung des Kindes resultieren heftigste Machtkämpfe mit der Gefahr einer körperlichen Misshandlung des Kindes durch die Mutter. Bei der **frühkindlichen Fütterstörung** gemäß ICD-10 verlangen die diagnostischen Kriterien das Vorliegen eines angemessenen Nahrungsangebots und einer einigermaßen kompetenten Betreuungsperson. Diese unpräzise Formulierung steht wenig im Einklang mit klinischen Beobachtungen zur Beziehungsqualität bei frühkindlichen Fütterstörungen.

Das Phänomen der **Rumination** ist jenseits des Säuglingsalters nur noch selten und dann eher bei geistig Behinderten zu beobachten. Die Kinder bieten die Symptomatik ohne Zeichen von Übelkeit oder Ekel. Sie wirken beim Ruminieren sichtbar befriedigt und praktizieren die Symptomatik eher, wenn sie allein sind. Zwischen den Phasen können Reizbarkeit und Hunger bestehen. Neben den Kernsymptomen bestehen Gewichtsverlust oder -stagnation. Als Folge können Dehydratation und Elektrolytstörungen mit schließlicher Kachexie auftreten. Das Verhalten wird von depressiven bzw. flachen Affekten, autistischem Rückzug, Jaktationen, autoerotischen Stimulationen und Kotschmieren bestimmt. Die Mütter zeigen häufig Zeichen einer psychischen Störung.

Die Stoffe, die von Kindern mit **Pica** aufgenommen werden, sind sämtlich ungenießbar, wie z. B. Schmutz, Abfälle, Sand, Kot, Farben, Mörtel, Gips, Bindfäden, Blätter, Haare oder Textilstoffe. Pica ist erst ab dem 3. Lebensjahr ein eindeutig pathologisches Symptom und wird später fast nur noch bei geistig Behinderten und schwer deprivierten Kindern gesehen. Ein Bezug zu den Deprivationsstörungen ist insbesondere beim psychosozialen Minderwuchs gegeben (vgl. Kap. 19). Ökonomische Belastungsfaktoren und extreme soziale Benachteiligung begünstigen die Symptomatik ebenso wie Störungen auf der Ebene der Partnerschaft der Eltern. Entsprechend häufig sind Bindungsstörungen und Schwächen bzw. Defizite in der Erziehungskompetenz. Begleitende Symptome beim Kind sind Entwicklungsverzögerungen und autostimulatives Verhalten. Als Komplikationen können Vergiftungen und Darmverschluss auftreten.

Die **Differenzialdiagnose** der unspezifischen Ess- und Appetitstörungen muss rezidivierende Infekte, einen Diabetes mellitus sowie Malabsorptionssyndrome einschließlich cystischer Fibrose und seltene mechanische Behinderungen aufgrund von Missbildungen des Magen-Darm-Traktes bzw. der Speiseröhre berücksichtigen. Organische Bedingungen können ferner in einer pränatalen Alkohol- bzw. Drogenexposition (z. B. Fetales Alkoholsyndrom), Frühgeburtlichkeit, Minderwuchs, oralmotorischen Auffälligkeiten sowie Medikamentennebenwirkungen liegen. Ferner können die Ess- und Appetitstörungen einschließlich von Rumination und Pica im Zusammenhang mit Hirnschädigungen, geistiger Behinderung und Autismus auftreten.

Ätiologie

Für die nicht organisch bedingten Formen einer im frühen Kindesalter auftretenden Essstörung ist eine Störung in der Beziehung zwischen Kind und primärer Bezugsperson, in der Regel also der Mutter, bedeutsam, die bis zum Ausmaß einer **Deprivationsbedingung** reichen kann. Die Störbarkeit der Funktionen von Essen und Appetit und die frühe Manifestation der Symptome ergeben sich aus der Tatsache, dass die Fütterung des Säuglings zugleich eine Situation intensiven emotionalen und sozialen Austauschs ist. Störungen der mütterlichen Persönlichkeit, Belastungen aus der Lebensumwelt, der Partnerbeziehung u. ä. Phänomene wirken sich also relativ unvermittelt auf das Kind aus, das mit zunehmendem Alter, insbesondere mit der Entwicklung von Autonomiebestrebungen, der Nahrungsaufnahme Widerstand entgegensetzen kann. Eigene psychische Störungen der Mutter wie Depressionen oder Essstörungen können eine zusätzliche Rolle in der Genese der kindlichen Essstörungen spielen. Die beiden seltenen Symptome Rumination und Pica stehen eher im Kontext schwerer emotionaler und sozialer Deprivation mit wenig personaler Zuwendung, inadäquater Übernahme mütterlicher und erzieherischer Funktionen und bisweilen ausgeprägten psychischen Störungen der Mütter. Gleichwohl darf bei der interaktiven Betrachtung nicht unberücksichtigt bleiben, dass eine kindliche Essstörung auch erhebliche Belastungen für die Mutter-Kind-Beziehung schafft.

Ergänzende **kindliche Bedingungen** sind insofern anzunehmen, als z. B. Rumination und Pica eher bei geistig behinderten, hirngeschädigten und autistischen Kindern auftreten. Ferner müssen bei frühkindlichen Essstörungen auch **Temperamentsfaktoren** als bedeutsam erachtet werden. Säuglinge mit Schlaf- und Essstörungen, langsamer Akzeptanz neuer Nahrung, fehlender Adaptationsfähigkeit an Veränderungen, Rückzugstendenzen bei neuen Reizen, irregulären biologischen Funktionsabläufen und negativer Gestimmtheit bilden einen besonderen Typus und sind für spätere Verhaltensauffälligkeiten in besonderer Weise prädisponiert. Ein weiterer Risikofaktor kann in **prä- und perinatalen Belastungen** begründet sein, die mit Hyperexzitabilität oder Apathie beim Neugeborenen einhergehen.

Hypothetisch können ergänzende **prädisponierende Faktoren** bedeutsam sein. So ist z. B. für Kinder mit dem Symptome der Rumination eine erniedrigte Reizschwelle und ungewöhnliche Sensitivität des sensorischen Systems bzw. der Sphinktermuskulatur des oberen Gastrointestinaltraktes angenommen worden. Aus lerntheoretischer Sicht ist argumentiert worden, dass der emotional deprivierte Säugling im zufälligen oder bei einem Infekt aufgetretenen Erbrechen ein spannungsreduzierendes und lustvolles Erleben entdeckt, das von ihm in der Folgezeit zu dem willkürlich ausgelösten Symptom der Rumination entwickelt wird. Ferner könnte das Phänomen durch Aufmerksamkeitszuwendung positiv bzw. durch das Vermeiden noch unangenehmerer Zustände (z. B. Hunger und Spannung) negativ verstärkt werden. Bei Pica könnte im Kontext der geistigen Behinderung ein Mangel an Diskriminationsvermögen vorliegen, wobei das Symptom durch das gelegentliche Finden von essbarem Abfall partiell verstärkt wird.

Therapie und Verlauf

Im Zentrum der Therapie der meist noch sehr jungen Kinder muss angesichts der häufig vorliegenden Beziehungsstörung die primäre Bezugsperson stehen. Längerfristige intensive **Beratung** und **psychotherapeutische**

Behandlung der Mutter bilden daher einen Schwerpunkt. Die Kinder sind bisweilen körperlich so stark beeinträchtigt, dass eine stationäre Therapie erforderlich ist. Hier ergeben sich besondere Chancen einer behutsamen und geduldigen Einweisung der oft unerfahrenen und inkompetenten Müttern in den Umgang mit dem Kind insbesondere in der Essenssituation. Das Ziel der Behandlung besteht in der Entwicklung einer vertrauten Beziehung zum eigenen Kind.

Für den Aufbau eines angemessenen Essverhaltens beim Kind haben sich **verhaltenstherapeutische Techniken** bewährt. So muss ein normales Essverhalten über mehrere Zwischenschritte allmählich ausgeformt werden. Ferner werden die Prinzipien der positiven Verstärkung erwünschten und der negativen Verstärkung unerwünschten Verhaltens sowie eines reizarmen strukturierten Therapieumfeldes berücksichtigt. Ergänzende Behandlungskomponenten richten sich auf die häufig begleitenden Entwicklungsdefizite einzelner Funktionen (z. B. Beschäftigungstherapie, Mototherapie etc.). Bei der bisweilen lebensbedrohlichen Symptomatik der Rumination kann der Einsatz aversiver Techniken in Form von wenigen Tropfen Zitronensaft vor dem Brechakt bei gleichzeitiger positiver Verstärkung des erwünschten Verhaltens durch Aufmerksamkeitszuwendung legitim sein. Bei den meist geistig behinderten Patienten mit Pica sind sowohl Time-out-Techniken zur Verhinderung der Aufnahme unessbarer Substanzen wie auch Überkorrektur – in Form ausgedehnten Waschens der Hände und des Mundes sowie Zähneputzens – bei gleichzeitiger Verstärkung adäquaten Essverhaltens mit Erfolg praktiziert worden.

Der **Verlauf** der im frühen und mittleren Kindesalter auftretenden Essstörungen ist schon aufgrund der Altersbindung in der Regel günstig. Dabei darf allerdings nicht unberücksichtigt bleiben, dass die über die Essstörung ablaufenden Auseinandersetzungen und Machtkämpfe zu einer Gefährdung der Persönlichkeitsentwicklung führen können und begleitende Entwicklungsstörungen bzw. Behinderungen ihre eigene Verlaufsdynamik haben. Gefährdet sind vor allem Kinder mit Rumination, bei denen die Erkrankung wegen der sekundären Komplikationen und der Kachexie tödlich verlaufen kann. Schwere und persistierende Essstörungen können die Größenentwicklung und die körperliche Resistenz ungünstig beeinflussen. Die psychische Entwicklung kann durch eine Verlangsamung der geistigen Entwicklung, Verhaltensprobleme und die spätere Entwicklung einer Anorexia nervosa belastet sein.

15.5 Enuresis und funktionelle Harninkontinenz

Definition, Klassifikation und Häufigkeit

Als Enuresis wird das wiederholte (d. h. mindestens mehrmals wöchentlich auftretende) unwillkürliche Einnässen ohne organische Läsion ab einem Alter von fünf Jahren und einem Intelligenzalter von 4 Jahren bezeich-

net. Das in dieser Definition enthaltene Alterskriterium trägt der Tatsache Rechnung, dass im Alter von vier Jahren ca. 85 bis 90 % aller Kinder stabil trocken und sauber sind und die Rate der erst ab dem Alter von fünf Jahren kontinent werdenden Kinder langsamer als zuvor abnimmt. Insofern ist es gerechtfertigt, erst die 5-jährigen und älteren Kinder als behandlungsbedürftig zu betrachten. Die Mindestdauer der Störungen beträgt 3 Monate, die Einnässfrequenz liegt bei mindestens 2-mal pro Monat bis zum Alter von 7 Jahren und 1-mal pro Monat bei älteren Kindern.

Das Einnässen kann sich in Form einer **primären Enuresis,** bei der noch keine andauernde Kontinenz entwickelt wurde, oder einer **sekundären Enuresis** im Sinne eines Rückfalls nach bereits erreichter Kontinenz äußern. Dabei sollte das trockene Intervall mindestens 3 bis 6 Monate betragen. Außerdem werden deskriptiv nach dem Zeitpunkt des Einnässens eine **Enuresis nocturna** (Bettnässen) von einer **Enuresis diurna** und der kombinierten Form einer **Enuresis diurna et nocturna** unterschieden.

Der Bezeichnung **Enuresis diurna** wird kritisch entgegengehalten, dass es sich hier nicht um eine Enuresis im Sinne einer normalen Blasenentleerung am falschen Platz und zur falschen Zeit, sondern vielmehr um mehrere, verschiedene Störungen der **funktionellen Harninkontinenz** im Sinne eines ungewollten Harnabgangs mit Blasendysfunktion handelt. Eine Klassifikation für das **nächtliche Einnässen** ergibt zunächst die folgenden Formen:

- **Primäre monosymptomatische (isolierte) Enuresis nocturna**
  Hier liegt ein nächtliches Einnässen ohne Zeichen einer Blasendysfunktion vor.
- **Primäre nicht-monosymptomatische Enuresis nocturna**
  Neben dem nächtlichen Einnässen bestehen Miktionsauffälligkeiten tagsüber. Hierzu zählen z. B. Drangsymptome, Aufschub oder Dyskoordination.
- **Sekundäre Enuresis nocturna**
  Diese Störung ist durch einen Rückfall der Symptomatik nach einer trockenen Periode von 6 Monaten gekennzeichnet.

Beim **Einnässen tags oder tags/nachts** werden die folgenden Formen unterschieden:
- **Idiopathische Dranginkontinenz**
  Kennzeichnend sind ungewollter Harnabgang, überstarker Harndrang, Pollakisurie, verminderte Blasenkapazität sowie Einsatz von Haltemanövern.
- **Harninkontinenz bei Miktionsaufschub**
  Hier wird trotz Harndrang die Miktion hinausgezögert, bis es zum unwillkürlichen Harndrang kommt (typischerweise in Situationen, wo das Kind eine Aktivität nicht unterbrechen will).
- **Detrusor-Sphinkter-Dyskoordination**
  Diese Störung ist ausschließlich urodynamisch durch eine fehlende Entspannung und unkoordinierte Kontraktion des Sphinkter externus während der Miktion definiert. Sie führt zu einer Verlängerung der Miktions-

zeit und Verminderung der Harnflussrate mit stakkato-artiger und fraktionierter Miktion sowie inkompletter Blasenentleerung.

▪ **Seltene Formen der funktionellen Harninkontinenz**
Zu den seltenen Formen zählen die Stressinkontinenz beim Husten und Niesen, die Lachinkontinenz beim Lachen sowie das „lazy bladder syndrome" als Detrusorkompensation mit seltenen, irregulären Miktionen und großen Restharnmengen.

Vielfältige Untersuchungen zur **Häufigkeit** der Enuresis zeigen methodenabhängige Schwankungen hinsichtlich der Häufigkeitsangaben. Als Orientierung kann gelten, dass im Alter von fünf Jahren maximal 16 % aller Kinder noch nicht trocken sind. Im Alter von sieben Jahren beträgt die Rate nur noch 7 %; für den Zeitraum von sechseinhalb bis 12 Jahren kann eine jährliche Abnahme der Enuretikerpopulation um ca. 13,5 % pro Lebensjahr angenommen werden. Die Enuresis nocturna ist mit 80 % der Fälle die häufigste Form, während eine kombinierte Enuresis diurna et nocturna mit 15 % und eine funktionelle Harninkontinenz mit 5 % eher seltene Ereignisse darstellen.

Die Rückfallwahrscheinlichkeit, d. h. die Entwicklung einer sekundären Enuresis, ist im Alter von fünf bis sechs Jahren am häufigsten und ab elf Jahren selten. Die primäre Enuresis ist in klinischen Serien etwa zweimal so häufig wie die sekundäre Enuresis. Bis zum Alter von sieben Jahren sind beide Geschlechter gleich häufig von einer Enuresis betroffen. Danach steigt die Rate der Jungen an und ist im Alter von elf Jahren doppelt so hoch wie bei Mädchen. Lediglich die selten Formen des Einnässens am Tage zeigten eine Dominanz der Mädchen.

Klinik und Diagnostik

Charakteristisch für die **monosymptomatische Enuresis nocturna** sind der tiefe Schlaf mit schwerer Erweckbarkeit sowie große Einnässmengen. Kinder mit einer **nicht-monosymptomatischen Enuresis** gehen entweder selten auf die Toilette und schieben die Blasenentleerung hinaus oder gehen sehr häufig und plötzlich (Drangsyndrom ohne Einnässen) auf die Toilette. Nur bei diesen Kindern können Pressen und unterbrochener Harnstrahl als Zeichen der Dyskoordination vorkommen.

Die **idiopathische Dranginkontinenz** ist durch folgende Symptome gekennzeichnet: hohe Miktionsfrequenz von mehr als 7x/Tag (Pollakisurie) mit kurzen Miktionsabständen; Drangsymptomatik mit häufigem, plötzlichen, oft imperativem Harndrang, Einnässen von kleinen Urinmengen, bei Ermüdung gehäuft am Nachmittag; auffällige Haltemanöver wie Anspannung der Beckenbodenmuskulatur, Aneinanderpressen der Oberschenkel, Hüpfen von einem Bein auf das andere, Hockstellung, Fersensitz; Vulvovaginitis, perigenitale Hautmazeration; rezidivierende Harnwegsinfekte.

Die typischen Merkmale bei der **Harninkontinenz bei Miktionsaufschub** sind: niedrige Miktionsfrequenz (< 5x/Tag); das Aufschieben der Miktion in bestimmten Situationen (z. B. Heimweg nach der Schule; Ekel vor Toilettenraum; Angst, etwas Spannendes beim Spiel, Fernsehen oder Lesen zu verpassen). Mit zunehmender Dauer eines Miktionsaufschubs wird der Harndrang immer stärker, so dass Haltemanöver eingesetzt werden, die schließlich den Harnabgang nicht mehr zurückhalten können. Häufige zusätzliche Symptome sind Obstipation und Enkopresis.

Charakteristische Zeichen der **Detrusor-Sphinkter-Dyskoordination** sind: wiederholtes Pressen zu Beginn der Miktion gegen den Widerstand des kontrahierten Schließmuskels; intermittierender und stotternder, zum Teil unterbrochener Harnfluss; unvollständige Blasenentleerung mit Resturin und Harnwegsinfekten; Stuhlretention, Obstipation und Enkopresis; vesikoureterale Refluxe. Die klinischen Zeichen der **seltenen Formen der Harninkontinenz** sind bereits in der Definition (s. o.) enthalten.

Die Enuresis kann sich mit zunehmendem Alter zu einem emotionalen Problem für das betroffene Kind entwickeln. Die Symptomatik gibt – möglicherweise im Zusammenhang mit gescheiterten therapeutischen Bemühungen – Anlass zu Enttäuschung, Entmutigung und Auseinandersetzungen mit anderen Familienmitgliedern. Insofern können sich **sekundäre Reaktionen** entwickeln, die eine zusätzliche Belastung darstellen. Andererseits wäre die Gleichsetzung der Enuresis mit einer primären psychischen Störung falsch, wie Ergebnisse vieler Untersuchungen belegen.

Epidemiologische Erhebungen haben nur bei einer Minderheit von Kindern und Jugendlichen mit Enuresis klinisch bedeutsamen **komorbide psychische Störungen** ergeben. Allerdings sind leichtere Zeichen emotionaler Gestörtheit und diskrete Anpassungsprobleme bei einnässenden Kindern aller Altersstufen 2–4mal häufiger als bei Kindern und Jugendlichen, die nicht einnässen. Ein erhöhtes psychopathologisches Risiko besteht für die insgesamt seltener betroffenen Mädchen und bei den seltenen Formen des Einnässens am Tage und der kombinierten Form mit Einnässen tags und nachts. Die bei der sekundären Enuresis häufiger anzutreffenden psychischen Störungen sind schwer daraufhin einzuschätzen, ob sie kausal, reaktiv oder zufällig mit der Enuresis verknüpft sind. Expansive und externalisierte Störungen sind häufiger als emotionale und introversive Störungen. Enkopresis und Obstipation können mit Einnässen am Tage verknüpft sein.

Kinder mit einer Enuresis bedürfen einer sorgfältigen klinischen **Diagnostik**. Eine Übersicht der erforderlichen Maßnahmen ist in Tabelle 15-7 zusammengestellt. Die Anamnese muss neben der Frage einer hereditären Komponente den häufigen Zusammenhängen mit Hirnfunktionsstörungen bzw. Reifungsstörungen ebenso wie den seltenen urologischen Störungen (z. B. Missbildungen am Urogenitalsystem) und anderen Differenzialdiagnosen nachgehen. Ferner muss geklärt werden, ob gleichzeitig eine Enkopresis vorliegt, die wesentlich stärker mit Schamgefühlen besetzt ist und daher eventuell vom Kind und von seinen Eltern verheimlicht wird.

Tabelle 15-7 Praxisleitfaden für die Diagnostik der Enuresis und der funktionellen Harninkontinenz.

Spezifische Exploration der Symptomatik

- Häufigkeit, Menge und Zeitpunkt des Einnässens und der Gänge zur Toilette
- Entwicklung der Symptomatik (Verschlechterungen, Besserungen, trockene Intervalle)
- situative Faktoren (emotionale Belastungen, familiäre Probleme, Zusammenhang mit bestimmten Ereignissen, während des Spiels)
- Haltemanöver
- Drangsymptome
- Hinweise auf eine urologische Störung (Häufigkeit des Urinierens, Harnwegsinfekte, Harnträufeln während und nach Urinieren)
- gemeinsames Auftreten mit Enkopresis
- Schlaftiefe und Schlafplatz
- Symptomatik im außerhäuslichen Bereich
- Art und Erfolg der bisher eingeleiteten Maßnahmen
- Einstellung und Verhalten des Kindes und der Familie gegenüber der Symptomatik und den bisherigen Therapiemaßnahmen

Allgemeine Exploration

- Psychologischer Entwicklungsstand und Persönlichkeit (allgemeine Psychopathologie)
- Beziehungen zu Familie, Freunden, Schule (Leistungsprobleme, Geschwisterbeziehungen etc.)
- Erziehungsverhalten der Eltern und Art des elterlichen Umgangs mit dem Kind
- Homologe familiäre Belastung

Miktionsprotokoll (24–48 h)

- Einnässen und Miktionsmenge
- Drangsymptome
- Stottern
- Pressen
- Trinkmenge

Klinische Differenzialdiagnose

- Sakralnervenstörungen (z. B. Spina bifida occulta, motorische oder sensible Ausfälle)
- Anomalien des Urogenitaltraktes (z. B. zystische Nieren, Genitalmissbildungen)
- Harnwegsinfektionen (z. B. Zystitis, Ureteritis, rezidivierende Harnwegsinfekte)
- Diabetes mellitus
- Epilepsie
- Begleitende Hirnreifungsverzögerung

Laboruntersuchungen

- Urinstatus
- Ggf. Urinbakteriologie
- Blutchemie
- Sonographie der ableitenden Harnwege und Blase

Jeweils nach Indikation und Differenzialdiagnose (s. o.) können bei einer Minderheit von Fällen urologische, neurophysiologische (EEG) und neuroradiologische Zusatzuntersuchungen indiziert sein.

Im Zentrum der **Exploration** steht die Symptomatik hinsichtlich Häufigkeit und Zeitpunkt des Einnässens, situativ wirksamer Faktoren, Schlafplatz (z. B. eigenes Zimmer, bei den Eltern, mit Geschwistern), Verhalten der Symptomatik im außerhäuslichen Bereich (vielfach sistiert die Enuresis vorübergehend bei Umgebungswechsel) und des bisherigen

Verlaufs der Symptomatik mit möglichen Phasen der Kontinenz. Ferner interessieren alle bisherigen Maßnahmen und die Einstellung des Kindes sowie der Familie zur Symptomatik und Behandlung, die eine wichtige Voraussetzung für die Durchführung geplanter therapeutischer Maßnahmen ist. Schließlich sind allgemeine Aspekte wie Entwicklungsstand, Persönlichkeit, Qualität der intrafamiliären Beziehungen und das Erziehungsverhalten der Eltern zu eruieren, weil sie den Kontext des Symptoms bilden und ebenfalls für die Behandlung Berücksichtigung finden müssen. In diesem Zusammenhang kann je nach individueller Notwendigkeit und Konstellation eine erweiterte psychologisch-psychiatrische Diagnostik mit den üblichen Verfahren (vgl. Kap. 4) erforderlich sein.

Die **klinische Untersuchung** dient im wesentlichen dem Ausschluss der seltenen Manifestationen einer neurogen oder durch Anomalien des Urogenitaltraktes bedingten Inkontinenz. Für diese **differenzialdiagnostisch** zu erwägenden Störungen sollte der Begriff der **Inkontinenz** anstelle der Enuresis Verwendung finden. Hinweise auf das Vorliegen entsprechender Störungen hat möglicherweise bereits die Anamnese erbracht. **Blasenentleerungsstörungen** können **neurogen** durch Läsionen der dafür verantwortlichen zerebrospinalen und spinal-peripher-nervösen Strukturen von der Großhirnrinde über die Pyramidenstrangbahn, das Mark, die Spinalwurzeln S2–S4, die peripheren Nn. Pelvici und N. pudendus zu den Ganglienzellen der Blasenwand bedingt sein. Ursächlich sind am häufigsten dysraphische Fehlbildungen am lumbosakralen Übergang in Form der sichtbaren Meningomyelozelen und der schwer sichtbaren Spina bifida occulta. Klinische Zeichen sind ferner neurotrophisch-orthopädische Symptome (z. B. Klauenhohlfuß), Hautsymptome (lokale Pigmentierungen, Angiome, abnorme Behaarungen) sowie motorische und sensible Ausfälle bei einer Schädigung des Lumbalmarks bzw. seiner Wurzeln. Eine neuroradiologische Untersuchung (Röntgen der Wirbelsäule, CT oder Myelographie) kann diese seltenen Differenzialdiagnosen absichern.

Die ebenfalls seltenen **Anomalien des Urogenitaltraktes** sind mehrheitlich auf Missbildungen (zystische Nieren, Urethralklappen, Meatusstenosen) zurückzuführen. Wegen der häufigen Assoziierung von Harnwegsinfekten und daraus resultierenden Nierenerkrankungen muss die klinische Untersuchung auch diesem Aspekt Rechnung tragen. Dem gleichen Ziel dienen die zusätzlichen **Laboruntersuchungen**. Mittelstrahlurin, Blutbild und Sonographie sind einfache, für die Diagnostik unverzichtbare und das Kind wenig belastende Maßnahmen. Hingegen sollten das intravenöse Pyelogramm und die Zystoskopie wegen der subjektiven Belastung für das Kind nur bei entsprechender Indikation durchgeführt und wenn möglich durch die weniger belastende Sonographie ersetzt werden. Bei Anzeichen einer Blasendysfunktion sollte die Uroflowmetrie mit Beckenboden-EMG durchgeführt werden. Hinweise auf Indikationen sind in Tabelle 15-7 aufgeführt.

Schließlich sollte das EEG ebenfalls nur indikationsbezogen und nicht routinemäßig eingesetzt werden, sofern ein Verdachtsmoment auf gleichzeitig bestehende **zerebrale Funktionsstörungen** auf der Basis von Anamnese und neurologischer Untersuchung besteht. Andere pädiatrische Krankheiten wie z. B. ein Diabetes mellitus oder ein Diabetes insipidus müssen ebenfalls ausgeschlossen werden.

Ätiologie

Hinsichtlich der Verursachung der **Enuresis nocturna** sind drei Themenkreise von Bedeutung:
- genetische Aspekte,
- organische Faktoren sowie
- psychologische Gesichtspunkte mit unterschiedlicher Evidenz für ihre jeweilige Bedeutung.

Genetische Faktoren sind insofern anzunehmen, als eine familiäre Häufung mit ca. zwei Dritteln homologer Belastungen bei Verwandten ersten Grades und eine erhöhte Konkordanz bei eineiigen gegenüber zweieiigen Zwillingen vorliegen. Eine familiäre Häufung ist bei der primären und sekundären Enuresis nocturna gleich häufig anzutreffen. In drei Viertel der Fälle liegt ein autosomal dominanter Erbgang vor. Für beide Formen sind genetische Marker auf verschiedenen Chromosomen (Nr. 13, 12, 8) identifiziert worden.

Bezüglich der **organischen Faktoren** sind verschiedene Aspekte zu erörtern. Unter den Störungen des **Urogenitalsystems** kann lediglich den vor allem bei Mädchen mit Enuresis häufig zu beobachtenden Harnwegsinfekten ein gewisser Stellenwert eingeräumt werden, wobei allerdings die Differenzierung zwischen kausaler Bedeutung und reaktiver Entstehung nicht immer sicher möglich ist. Die von urologischer Seite immer wieder betonte ursächliche Bedeutung von kleinen Missbildungen (z. B. der Urethralklappen), der so genannten Blasenhalsschwäche und der Hyperirritabilität des M. detrusor sowie der verminderten funktionellen Blasenkapazität wird in ihrer ätiopathogenetischen Wertigkeit jedoch überschätzt und kaum durch die Erfolge entsprechend begründeter operativer Eingriffe gestützt.

Systematische **Schlafuntersuchungen** haben keine Bindung des nächtlichen Einnässens an bestimmte Schlafstadien erbracht. Kinder mit einer Enuresis nocturna schlafen eigentlich nicht tiefer, sondern werden nicht aktiviert, wenn die Blase gefüllt ist. Ergebnisse umfangreicher EEG-Studien sprechen ferner gegen zentralnervöse Störungen oder die These, die Enuresis stelle ein Epilepsieäquivalent dar. Tatsächlich kommt die Enuresis auch bei Kindern mit Epilepsie nicht häufiger als bei gesunden Kindern vor. Häufig finden sich hingegen bei Kindern mit Enuresis nocturna Zeichen einer Entwicklungsverzögerung, z. B. im sprachlichen Bereich, bzw. Symptome einer Reifungsverzögerung, die sich in neuromotorischen Funktionen bemerkbar macht. Ferner gibt es Hinweise dafür, dass Störungen in der normalen zirkadianen Sekretion mit mangelnder nächtlicher Produktion des **antidiuretischen Hormons** (ADH) und Defizite bei Muskelreaktionen bedeutsam sein könnten, die für die spontane Hemmung des Urinierens erforderlich sind.

Auch bei der Bewertung **psychologischer Faktoren** sind verschiedene Aspekte zu berücksichtigen. Eine eindeutige Beziehung von Art und Zeitpunkt des **Sauberkeitstrainings** und Enuresis lässt sich nicht nachweisen. Ein sehr früh im ersten Lebensjahr begonnenes Sauberkeitstraining führt nach klinischer Erfahrung jedoch häufig zu späten, teilweise sehr hartnäckigen Rückfällen, wenn die reflexhaft etablierte Kontinenz in eine willentliche Kontrolle der Ausscheidung übergeführt werden muss. Im Kleinkindalter können **Belastungen**, z. B. durch Trennung oder Scheidung der Eltern, Krankenhausaufnahme des Kindes oder Geburt eines Geschwisters, zu Rückfällen führen, wobei gleichzeitig bestehende emotionale Störungen oder soziale Benachteiligungen bahnend wirken können. Die bereits dargestellten Bezüge zur **Psychopathologie** lassen sich nicht als primär ätiopathogenetisch wirksame Faktoren interpretieren. Sie sind vielmehr entweder koexistente oder aber auch reaktive Phänomene. Für diese Feststellung sprechen auch Ergebnisse von Therapiestudien. So ist die nicht-symptomzentrierte Psychotherapie bezogen auf die Enuresis ineffektiv, während andererseits ein symptombezogenes verhaltenstherapeutisches Vorgehen unabhängig von begleitenden psychischen Symptomen effektiv ist.

Zusammenfassend spricht vieles für die Annahme, dass die Enuresis nocturna mehrheitlich eine Entwicklungs- und Reifestörung bei genetischer Disposition und bei möglicherweise zusätzlich wirksamen unspezifischen psychologischen Belastungsfaktoren darstellt.

Für die Ätiologie der verschiedenen Formen der **funktionellen Harninkontinenz** gelten recht unterschiedliche Annahmen. Physiologische Faktoren – z. B. im Sinne einer genetisch bedingten peripheren Detrusorinstabilität – bedingen die idiopathische Dranginkontinenz, ungenügend spezifizierte psychische Faktoren werden für die Harninkontinenz bei Miktionsaufschub angenommen, und eine Reifungsverzögerung oder erlerntes Verhalten werden für die Detrusor-Sphinkter-Dyskoordination verantwortlich gemacht.

Therapie und Verlauf

Zur Behandlung der Enuresis nocturna sind über Jahrzehnte eine Vielzahl von Behandlungsmaßnahmen entwickelt worden und immer noch im Gebrauch. Viele als Therapie ausgegebene Maßnahmen sind von fragwürdiger Effektivität, und die Mehrheit der unter einer Enuresis leidenden Kinder erhält überhaupt keine Therapie. Die Entwicklungsabhängigkeit des Symptoms und die hohe Spontanremission lassen auch für diese Kinder einen – bezogen auf die Enuresis – günstigen Verlauf erwarten.

Die Behandlung der **Enuresis nocturna** erfolgt wesentlich mit psychologischen Methoden, wobei verschiedene Techniken der **Verhaltenstherapie** mit Erfolg eingesetzt werden können. **Psychotherapie** ist, bezogen auf das Symptom, wenig effizient und eher bei begleitenden emotionalen Störungen indiziert. Das Spektrum der **Pharmakotherapie** ist sehr eng hinsichtlich Indikation und Wirksamkeit von Substanzen. Als **ineffektiv** und für das Kind oft belastend müssen das unsystematische **nächtliche**

Wecken und die **abendliche Flüssigkeitsrestriktion** angesehen werden. Ein **urologisch-operatives Vorgehen** kann sich weder auf eine überzeugende kausale Ableitung stützen noch auf hinreichende Effekte verweisen. Im Folgenden werden zunächst die verhaltenstherapeutischen und die pharmakologischen Maßnahmen dargestellt. In Tabelle 15-8 sind die Voraussetzungen und Regeln sowie Methoden der Behandlung einschließlich der Kontrolle der Therapie zusammengefasst.

Tabelle 15-8 Praxisleitfaden für die Behandlung der Enuresis nocturna.

Indikationen

Bei der von emotionalen Störungen und Verhaltensauffälligkeiten begleiteten komplizierten Enuresis nocturna kann das Ziel der Behandlung zuerst in der Therapie dieser zusätzlichen Störungen bestehen.

Die unkomplizierte (monosymptomatische) Enuresis nocturna ist eine klare Indikation für verhaltenstherapeutische Maßnahmen.

Voraussetzungen für die Behandlung

- Mindestalter von 6 Jahren
- kein weiteres Tragen von Windeln
- kooperierende Kinder und Eltern (Co-Therapeuten)

Regeln für die Durchführung der Behandlung

- Genaue Instruktion (und Demonstration) von Behandlungsmaßnahmen
- Liste der Einnässhäufigkeit vor und während der Behandlung regelmäßig führen lassen (s. Anhang 15.2.1)
- Normale tägliche Trinkmenge von mind. 1 1/2 l. Dabei auf Trinkgewohnheiten der Eltern achten, die von den Kindern imitiert werden (z. B. sehr geringe Flüssigkeitsaufnahme)
- Positive Verstärkung für jeden Schritt der Therapie und die Zusammenarbeit durch Loben, Vermeiden von Kritik und Sanktionen
- Protokollierung trockener Tage und/oder Nächte (Kalenderführung durch das Kind)
- Beteiligung des Kindes bei allen Schritten (z. B. eigenständiges Wechseln der Kleidung und Bettwäsche)
- Urinportionen messen lassen
- Begleitung der Behandlung durch regelmäßige Gespräche im Abstand von ca. 14 Tagen

Behandlungsverfahren

- Blasentraining (s. Anhang 15.2.2)
- Behandlung mit dem Weckapparat (s. Anhang 15.2.3)
- Intensivnacht-Training (s. Anhang 15.2.4)
- Kombinations-Training (s. Anhang 15.2.5)
- Medikation

Behandlungskontrolle

- Führung einer Liste über die Einnässhäufigkeit, vor Einsatz der Maßnahme beginnend (Grundkurve; Instruktionen s. Anhang 15.2.1)
- Bei einem Rückfall und nach dem Weckapparat-Training ist die erneute Behandlung möglich. Hat das Kind nach Abschluss der Behandlung zwei Nächte hintereinander oder zweimal in einer Woche eingenässt, wird ab der dritten Nacht wieder der Apparat gegeben. Außerdem gibt es bei Rückfällen je nach Kind und bisheriger Behandlungsdauer andere Möglichkeiten der Weiterbehandlung
- Kriterien für eine erfolgreiche Behandlung der Symptomatik sind 14 konsekutive trockene Tage und Nächte.

Die **Verhaltenstherapie** hat eine Reihe unterschiedlich komplexer Behandlungstechniken entwickelt, zu denen Verstärkerprogramme, Blasentraining, apparative Konditionierung und die so genannte Intensivnacht-Behandlung gehören. Die am wenigsten spezifische, in der Praxis gleichwohl sehr häufig eingesetzte Methode ist die mit einer Kalenderführung verbundene **Verstärkung** trockener Nächte bzw. Wäsche. Verstärkt wird mit kleinen materiellen Belohnungen bzw. mit sozialen Verstärkern. Die Effektivität dieser Vorgehensweise wird von Praktikern und Eltern überschätzt. Problematisch ist die populäre Kalenderführung mit „Sonnen" für trockene Nächte und „Regenwolken" für nasse Nächte insofern, als sie dem versagenden Kind ohne eine wirkliche spezifische Therapieintervention sein Problem noch einmal in aller Deutlichkeit zurückmeldet. Sie basiert ferner auf der Fehlannahme, das Kind könne sein Einnässen kontrollieren. Bei der Anwendung des Verstärkungsprogramms besteht ferner die Gefahr, dass die emotionale Beziehung zwischen Kind und Bezugsperson beeinträchtigt wird.

Das **Blasentraining** zielt auf ein bewusstes Zurückhalten des Urins durch das Kind über zunächst wenige Minuten und dann einen zunehmenden Zeitraum (von 3 Minuten bis zu ca. einer halben bis dreiviertel Stunde). Auch hier ist die Mitarbeit der Eltern unerlässlich, die sicherstellt, dass der Gang zur Toilette verzögert und das Kind für seine Erfolge belohnt wird. Der trainierende Effekt dieses **progressiven Anhaltens** oder auch des **unterbrochenen Urinierens** wird durch mehrmaliges tägliches Üben und eine eventuell zusätzlich vorgenommene Flüssigkeitsbelastung unterstrichen. Auch diese Methode ist insofern problematisch, als sie in der Effizienz anderen unterlegen ist und die angestrebte Verbesserung der funktionalen Blasenkapazität tatsächlich nicht nachweisbar ist. Als eine Technik zur Verbesserung der enterozeptiven Wahrnehmung der Blasenspannung hat sie möglicherweise einen unspezifischen Sensibilisierungseffekt, welcher den Lernprozess der Kontinenz stützend beeinflusst. Praktische Instruktionen sind im Anhang 15.2.2 wiedergegeben.

Die **apparative Konditionierung** wird in der Enuresisbehandlung bereits seit mehreren Jahrzehnten praktiziert und kann als die erfolgreichste Therapiemethode bei der Enuresis nocturna betrachtet werden. Das Prinzip aller Weckgeräte besteht darin, das Kind nachts bei den ersten Anzeichen von Einnässen zu wecken. Hierzu wird entweder eine Kontaktmatte in das Bett gelegt oder ein Kontaktläppchen in die Unterwäsche geknöpft. Sowie die Kontaktzone feucht wird, ertönt ein akustisches Wecksignal. Das Kind erwacht, stellt das Wecksignal aus und entleert die Blase auf der Toilette.

Eine Vielzahl kontrollierter Studien haben ergeben, dass mit dieser Methode die besten Therapieresultate und Heilungsquoten erzielt werden können. Eventuelle Rückfälle können durch erneuten Einsatz des Gerätes aufgefangen werden. Für die Wirksamkeit sind verschiedene lerntheoretisch begründete Erklärungsansätze vorgeschlagen worden. Sehr wahrscheinlich handelt es sich um ein **Vermeidungslernen:** Das Kind lernt im Verlauf der Behandlung durch rechtzeitige Kontraktion der Blasenmuskulatur, und hier besonders der Schließmuskel, den Störreiz des Wecksignals zu vermeiden. Das übliche Heilungskriterium von 14 aufeinander folgenden trockenen Nächten erreichen die mit dem Weckgerät behandelten Kinder in der Regel im zweiten Monat der Behandlung. Lediglich bei stark entwicklungsverzögerten und geistig behinderten Kindern ist eine längere Behandlungsdauer erforderlich. In jedem Fall sind eine kontinuierliche Behandlung und eine entsprechende Motivation beim Kind und bei seinen Bezugspersonen unerlässliche Voraussetzungen auch für diese Methode. Weitere Kriterien sind im Anhang 15.2.3 wiedergegeben.

Die apparative Konditionierung ist eine wesentliche Komponente im Rahmen der so genannten **Intensivnacht-Behandlung** (dry bed training), die im Anhang 15.2.4 beschrieben wird. Weitere Elemente dieses ursprünglich für geistig Behinderte mit Enuresis entwickelten Programms sind

▪ wiederholte Flüssigkeitsbelastungen,
▪ stündliches Wecken mit positiver Praxis in Form von schnellem Erwachen, wiederholtem Aufsuchen der Toilette und rollenspielartiger Übung aller beteiligten Verhaltenskomponenten sowie
▪ kontingente Verstärkung sowohl der Durchführung der intensiv praktizierten Programmanteile wie auch der Erfolge.

Dieses in nur einer Nacht durchgeführte Kompaktprogramm setzt verständlicherweise hoch motivierte und belastbare Kinder und Bezugspersonen bzw. eine Hilfsperson als Trainer voraus. Es wird aufgrund verschiedener Untersuchungsergebnisse in der Zwischenzeit unterschiedlich bewertet. Den zunächst beschriebenen hohen Erfolgsquoten bei relativ geringem Zeitaufwand wird entgegengehalten, dass die Methode nicht erfolgreicher als die apparative Konditionierung und ohne dieses Element weitgehend ineffektiv ist und gerade für junge Kinder zu viele aversive Elemente enthält. Die Behandlung durch die Kombination von apparativer Behandlung und Intensivnacht ist im Anhang 15.2.5 beschrieben.

Die vor allem von Kinderärzten häufig praktizierte **Pharmakotherapie** kann sich lediglich auf zwei wirksame Substanzengruppen, nämlich die Antidepressiva und Desmopressin (DDAVP), das Analogpräparat des antidiuretischen Hormons Vasopressin, stützen. Hingegen sind die häufig propagierten Anticholinergika (z. B. Belladonna-Präparate) und auch die Amphetamine, welche die fälschlicherweise ursächlich angeschuldigte Schlaftiefe verändern sollen, wirkungslos. Unter den **Antidepressiva** wird bei weitgehend gleicher Wirksamkeit verschiedener Substanzen in der Praxis Imipramin (Tofranil®) bevorzugt. Die erforderliche Dosis liegt zwischen 1 und 2,5 mg/kg Körpergewicht und wird einmal abends verordnet. Bei individuell variierender Ansprechbarkeit kann als Orientierung dienen, dass Kinder bis zu 30 kg Körpergewicht 25 mg und darüber 35 bis 50 mg erhalten. Eine weitere Dosiserhöhung über 60 mg hinaus ist in der Regel ineffektiv. Der Wirkungseintritt ist meist innerhalb einer Woche festzustellen; nicht selten tritt eine Gewöhnung

mit erneuter Verschlechterung innerhalb von zwei bis sechs Wochen nach Behandlungsbeginn auf.

Die Problematik der Behandlung mit Antidepressiva ergibt sich aus der Tatsache, dass zwar in 85 % eine Reduktion der Einnässfrequenz, aber nur in 30 % eine komplette Symptombeseitigung eintritt und die Rückfallquote innerhalb von drei Monaten beträchtlich hoch ist, wobei die Art des Absetzens der Medikation (abrupt vs. ausschleichend) bedeutungslos ist. Nebenwirkungen in Form von Kopfschmerzen, Schwindelgefühl und Obstipation sind selten, Intoxikationen vor allem mit Beteiligung kardialer Funktionen treten erst ab Dosen von 10 bis 20 mg/kg auf. Wegen möglicher Herzarrhythmien ist eine EKG-Kontrolle ab einer Dosis von 3,5 mg/kg Körpergewicht empfehlenswert. Der antienuretische Wirkungsmodus der Antidepressiva ist weitgehend unklar: Er ist weder spezifisch antidepressiv noch anticholinerg, noch über eine Beeinflussung des Schlafmusters erklärbar.

Desmopressin (DDAVP) führt wahrscheinlich über seinen Wirkungsort, die distalen Tubuli der Niere, zu einer Reduktion der nächtlichen Urinproduktion, so dass die funktionale Blasenkapazität des Kindes nicht erreicht wird. Die empfohlene Dosis beträgt z. B. für Minirin® 20–40 µg intranasal oder 200–400 µg peroral jeweils am Abend. Ähnlich wie beim Einsatz von Imipramin überdauern die Effekte einer Reduktion der Einnässfrequenz häufig das Absetzen der Medikation nicht.

Die **Indikation** der Pharmakotherapie ist angesichts der begrenzten Effektivität auf wenige Möglichkeiten eingeschränkt. Antidepressiva oder Desmopressin können gegeben werden, wenn:

▪ ein schneller Kurzeffekt erforderlich ist (z. B. vor einer Klassenfahrt oder einer Ferienreise),
▪ eine schnelle Entlastung bei beträchtlichen intrafamiliären Zuspitzungen und Belastungen erfolgen muss,
▪ eine effizientere Maßnahme aktuell undurchführbar ist (z. B. fehlendes eigenes Zimmer) und
▪ andere Therapiemaßnahmen nicht durchführbar sind oder versagt haben.

Elemente der Verhaltenstherapie und der Pharmakotherapie spielen auch bei der Behandlung des Einnässens am Tage eine herausragende Rolle. Bei der **idiopathischen Dranginkontinenz** werden in einem kognitiv-verhaltenstherapeutischen Vorgehen die Kontrolle der Drangsymptome ohne motorische Haltemanöver angestrebt und mit Blasentraining sowie apparativer Konditionierung und Pharmakotherapie (Oxybutin) bei ungenügendem Therapieerfolg kombiniert. Die empfohlene Dosis beträgt für Didrase® 0,3 – 0,6 mg/kg Körpergewicht am Tag auf 2 – 3 Einzelgaben bis zu maximal 15 mg verteilt.

Die **Harninkontinenz bei Miktionsaufschub** wird im wesentlichen symptomorientiert mit Kalenderführung zur Einhaltung der Miktionszeiten sowie ergänzenden psychologisch orientierten Interventionen behandelt. Diese können familientherapeutische und einzeltherapeutische Elemente einschließen. Häufig sind tagesklinische oder stationäre Behandlungen erforderlich.

In der Behandlung der **Detrusor-Sphinkter-Dyskoordination** wird neben Elementen der kognitiven Verhaltenstherapie ein spezifisches Biofeedbacktraining eingesetzt. Rückgekoppelt werden visuelle und akustische Signale des Harnflusses über Uroflowmetrie oder des Spannungszustandes der Beckenbodenmuskulatur über EMG. Dieses Training wird unter erhöhter Flüssigkeitszufuhr durchgeführt und zeigt bereits nach wenigen Trainingstagen stabile Effekte.

Mit großer Wahrscheinlichkeit stellen Kinder mit Enuresis oder funktioneller Harninkontinenz, die in kinder- und jugendpsychiatrischen Kliniken vorgestellt werden, eine Selektion besonders schwerer Fälle dar, bei denen häufig sekundäre emotionale Störungen, intrafamiliäre Beziehungsstörungen und psychosoziale Belastungen das Grundsymptom überlagern. Daher ist in der Regel ein **mehrdimensionales Therapiekonzept** unter Einschluss von Psychotherapie und gegebenenfalls auch stationärer Behandlung indiziert.

Zum **Verlauf** der Enuresis sei auf die eingangs getroffene Feststellung der hohen Spontanremission verwiesen. Nur wenige Jugendliche und nur eine sehr geringe Anzahl Erwachsener nässen weiterhin ein. Gleichwohl nimmt die subjektive Belastung mit zunehmender Chronifizierung zu, sodass eine kompetente Behandlung zu einem möglichst frühen Zeitpunkt geboten ist.

15.6 Enkopresis

Definition, Klassifikation und Häufigkeit

Der Begriff der Enkopresis bezeichnet die wiederholte unwillentliche Stuhlentleerung in die Kleidung ohne organische Ursachen ab dem Alter von vier Lebensjahren. Ab diesem Zeitpunkt kann normalerweise eine stabile Stuhlkontinenz erwartet werden. In Analogie zur Enuresis kann auch beim Einkoten zwischen einer **primären Enkopresis** mit kontinuierlich fehlender Stuhlkontinenz und einer **sekundären Enkopresis** im Sinne eines Rückfalls der Sauberkeitsentwicklung differenziert werden.

Im Alter von drei Jahren sind 97 % aller Kinder stuhlsauber. Die Rate der einkotenden Kinder sinkt von knapp 3 % im Alter von vier Jahren kontinuierlich auf 1,5 % im Alter von sieben bis acht Jahren ab. Jungen sind etwa 3- bis 4-mal häufiger betroffen als Mädchen. Bei 10- bis 12-jährigen Jungen beträgt die Prävalenzrate 1,3 %, während sie bei den gleichaltrigen Mädchen bei nur noch 0,3 % liegt.

Klinik und Diagnostik

Die **Symptome** des Einkotens reichen vom mehrmaligen täglichen Absetzen größerer geformter Kotmassen in die Unterwäsche bis zu geringfügigen Schmutzspuren. Äußerst selten wird nachts eingekotet. Die Kinder versuchen die Symptome zu verstecken oder zu verleugnen und geben an, den Stuhldrang nicht wahrzunehmen. Ihre beschmutzte Wäsche verstecken sie an verschiedenen Orten des Zimmers bzw. der Wohnung. Sie zeigen zumindest in klinischen Serien häufig ausgeprägte emotionale Störungen. Ungewöhnlich oft wirken sie aggressiv-gehemmt,

passiv, kontaktgestört, emotional retardiert sowie ängstlich-unsicher. Dabei ist die primärpersönliche Struktur von sekundären, im Verlauf der belastenden Symptomatik entstandenen Persönlichkeitsveränderungen nicht immer sicher zu differenzieren. Unausgelesene Serien weisen eher ein unauffälliges psychopathologisches Profil auf.

Während die Enkopresis in kinderpsychiatrischen Klientelen eher mit einem erhöhten Anteil leicht geistig und lernbehinderter Kinder einhergeht, ist eine entsprechende Akzentuierung bei unausgelesenen Stichproben nicht gegeben. Oft haben die in der Klinik vorgestellten Kinder zugleich eine **Obstipation.** Insgesamt ist die Verknüpfung der Enkopresis mit einer **Enuresis** häufig. Außerdem liegen nicht selten **chronische Bauchschmerzen** sowie **Ess- und Appetitstörungen** bei Kindern mit Enkopresis vor.

Im Kontext der Enkopresis können **Störungen des elterlichen Verhaltens** beobachtet werden, die von ängstlichen und überprotektiven über unzuverlässige bis zu aggressiv-ablehnenden Haltungen mit wenig Einfühlung und teilweise strenger Disziplinierung reichen. Die Problematik kann von Partnerstörungen der Eltern, erzieherischer Distanz der Väter aufgrund starker beruflicher Absorption und einem allgemein disharmonischen Familienklima überlagert sein. Dieses Muster pathologischer familiärer Strukturen und Interaktionen ist nicht spezifisch für die Enkopresis, sondern gilt für viele kinder- und jugendpsychiatrische Störungen.

Die **Diagnostik** muss unter den begleitenden körperlichen Symptomen besonders dem Vorliegen einer **Obstipation** nachgehen, zumal die Enkopresis in diesem Fall als Überlaufinkontinenz zu verstehen ist und bei Chronifizierung mit einer bisweilen exzessiven Erweiterung des Enddarms einhergeht. Zeichen einer begleitenden bzw. bahnenden leichten **Hirnfunktionsstörung** können ebenfalls vorliegen und bedürfen einer sorgfältigen therapiebezogenen Diagnostik. Auch auf die Intelligenzdiagnostik sollte wegen der möglichen Verknüpfung mit einer Intelligenzminderung nicht verzichtet werden.

Eine röntgenologische oder bioptische Diagnostik ist in der Regel nicht erforderlich, weil das seltene aganglionäre Megakolon (Mb. Hirschsprung) oder ein Morbus Crohn **differenzialdiagnostisch** nur sehr selten in Betracht kommt und dann schon zu frühen Auffälligkeiten im Säuglingsalter führt. Die Sicherung der anorektalen Funktionsstörung durch tonometrische Bestimmung ist anzuraten, wobei diese Maßnahme nicht belastend für das Kind sein muss. Eine weitere seltene Differenzialdiagnose betrifft Fehlbildungen im Bereich von Wirbelsäule und Rückenmark.

Der Schwerpunkt der Diagnostik sollte bei der Erhebung des **psychopathologischen Befundes** liegen. Neben allgemeinen Gesichtspunkten sind dabei die Differenzierung zwischen primärer und sekundärer Enkopresis sowie die Abgrenzung gegenüber einem im Kontext von belastenden Ereignissen auftretenden Einkoten wichtig. Der emotionale Entwicklungsstand muss ebenso wie die Qualität intrafamiliärer Interaktionsstrukturen, die Symptomwahrnehmung und der Umgang mit dem Einkoten sowie die Funktion eventuell bedeutsamer Auslöser erfasst und beurteilt werden.

Ätiologie

Bei der Verursachung der Enkopresis wirken physiologische und psychologische Faktoren zusammen, wobei auslösende Faktoren von ergänzender Bedeutung sind. Die **physiologischen Faktoren** können als Elemente einer erhöhten Vulnerabilität betrachtet werden. Sie sind wahrscheinlich jedoch von untergeordneter Bedeutung, zumal z. B. rezidivierende oder chronifizierende Darmerkrankungen bzw. -funktionsstörungen (z. B. Diarrhöen oder Obstipation) ebenso wie Zeichen einer Hirnreifungsverzögerung (z. B. neuromotorische Koordinationsdefizite) nicht bei allen Kindern mit einer Enkopresis vorliegen. Über den potentiellen pathogenetischen Stellenwert funktioneller oder organischer Retentionsstörungen mit abnormen Sphinkterdruckwerten oder Sphinkterdysplasien lassen sich noch keine abschließenden Feststellungen treffen. Es gibt keinerlei Hinweise auf eine ätiologische Bedeutsamkeit genetischer Faktoren.

Von wahrscheinlich größerer Bedeutung sind **psychologische Faktoren**. Hier wird die Bedeutsamkeit eines zwanghaften Reinlichkeitsdressates für die Symptomentwicklung kontrovers beurteilt. Generell stellt eine zwanghafte **Sauberkeitserziehung**, die nicht selten aus ängstlich-gespannten und auch aggressiven Persönlichkeitsanteilen resultiert, eine Überforderung des Kindes und seiner Entwicklungsmöglichkeiten dar. Sie führt zu einer Belastung und Störung der emotionalen Bindung und Beziehung zwischen primärer Bezugsperson und Kind. In diesem Kontext kann sich die Symptomatik des Einkotens erst entwickeln. Tatsächlich können derartige Konstellationen bei Kindern mit Enkopresis auch beobachtet werden; sie sind allerdings nicht durchgängig nachweisbar. Ferner führt nicht jedes rigide Sauberkeitstraining zu einer Enkopresis oder lassen sich funktionale Störungen der Darmentleerung regelhaft auf starre Reinlichkeitsdressate zurückführen.

Ein auf psychologischen Faktoren aufbauendes ätiologisches Konzept bedarf also **weiterer Elemente**. Diese können in Inkompetenz (z. B. bei jungen oder unerfahrenen Müttern), in unangemessenem Erziehungsverhalten (z. B. Überprotektivität, die Entwicklungsschritte sabotiert), in intrafamiliären Beziehungsstörungen (z. B. extreme Rollenverteilung bei den Eltern oder Partnerstreit) sowie im allgemeinen Faktoren einer sozioökonomischen Deprivation bestehen. Aus der Persönlichkeitsstruktur des Kindes lässt sich hingegen kein ätiologischer Erklärungsansatz ableiten; vielmehr stellt sie ein Korrelat der Symptomatik dar. Auch lerntheoretische Ableitungen der Enkopresis im Sinne einer ungenügenden Gewohnheitsbildung bzw. Vermeidungshaltung gegenüber der Stuhlentleerung haben tatsächlich wenig erklärenden Wert im Sinne der Ursachenaufdeckung.

Schließlich sind **auslösende Faktoren** von Bedeutung. Hierzu zählen die verschiedenen Formen von Belastungen durch Trennungserfahrungen, Übergangsperioden der Entwicklung mit neuen Anforderungen oder intensive emotionale Reaktionen auf derartige Krisen, als deren körperliches Korrelat bzw. Residuum die Enkopresis betrachtet werden kann. Für die polyätiologische Betrachtung der Enkopresis ist neben der Wertigkeit physiologischer, psychologischer und auslösender Faktoren letztlich der jeweilige **soziokulturelle Kontext** mit den sich ändernden Reinlichkeitsnormen ein weiterer, wenngleich weniger wichtiger Faktor.

Therapie und Verlauf

Da das Kind mit Enkopresis mehrheitlich erst nach einer Chronifizierung der Symptomatik vorgestellt wird, ist in der Regel die **stationäre Aufnahme** empfehlenswert. Auf diesem Wege kann ein **mehrdimensionales Therapiekonzept** in individuell angepasster Form am ehesten realisiert werden. Dabei können **symptomatische Maßnahmen** in Form von Abführmitteln, Einläufen, Zugaben von Laktulose und Paraffinöl oder manueller Ausräumung und diätetischer Umstellung gerade am Anfang die therapeutischen Bemühungen erleichtern. Sie sind besonders bei der meist vorhandenen chronischen Obstipation und Überlaufenkopresis und bei dem dann oft sekundär erweiterten Megakolon indiziert. Auch die symptomatische Behandlung mit Mutterkornalkaloiden (z. B. Dihydergot®) zur Verbesserung des Tonus der Darmmuskulatur und damit der Passage ist in diesem Zusammenhang zu erwägen.

Diese Maßnahmen müssen jedoch in ein umfassendes **Therapiekonzept** mit **Informationsvermittlung**, individueller **Psychotherapie** des Kindes, d. h. Spiel- oder Gesprächstherapie, mit **Sauberkeits- und Kontinenztraining** unter Verwendung verhaltenstherapeutischer Techniken sowie **Gruppentherapie** und **Elternarbeit** eingebettet sein. In diesem Sinne müssen symptomorientierte Elemente (Verhaltenstherapie) und Verfahren zur Besserung der emotionalen Befindlichkeit (Psychotherapie), der sozialen Fertigkeiten (Gruppentherapie, Heilpädagogik) und familiärer Beziehungsstörungen (Elternberatung, Familiengespräche) als psychologische Interventionen und eventuelle medizinische Maßnahmen einander ergänzen. Dieses allgemeine Therapieprinzip wird in Abhängigkeit vom Alter und Entwicklungsniveau realisiert werden müssen, zumal bei jungen und retardierten Kindern der Anteil an strukturierenden Maßnahmen in Form eines Sauberkeitstrainings relativ größer ist. Nur bei sporadischer Enkopresis – z. B. im Kontext einer leichten Hirnfunktionsstörung – reichen Beratungsmaßnahmen für Eltern und Kind. Generell zielt die Beratung darauf, den Kampf zwischen Eltern und Kind zu entschärfen.

Das Vorgehen beim **Sauberkeitstraining** stützt sich sehr wesentlich auf verhaltenstherapeutische Techniken, die auch in der normalen Sauberkeitserziehung des Kleinkinds Anwendung finden können. Die Zielverhaltensweisen dieses Trainings sind in Tabelle 15-9 dargestellt. Dem eigentlichen Training muss zunächst die Aufklärung des Kindes über den Prozess von Verdauung und Ausscheidung sowie dem geplanten Behandlungsverlauf mit seinen verschiedenen Komponenten vorausgehen. Die

Schwerpunkte der Behandlung liegen sodann bei der Förderung der Aufmerksamkeit des Kindes für interne Reize vor der Stuhlausscheidung und der kontingenten Verstärkung des erwünschten Verhaltens, d. h. der Stuhlentleerung in die Toilette, durch materielle oder soziale Verstärker. Die trainierende Funktion kann durch Elemente der so genannten positiven Praxis, d. h. ein in kurzen Zeitabschnitten (z. B. jede halbe Stunde) erfolgenden Üben, sowie Privilegienentzug bei Beschmutzen der Wäsche verstärkt werden. In ähnlicher Weise kann die Methode der Überkorrektur im Sinne selbstständigen Waschens des Körpers und der Kleidung sowie selbstständigen Ankleidens mit sauberer Wäsche eingesetzt werden. Verschiedentlich sind auch Biofeedback-Methoden, leichte aversive Reize und sozialer Ausschluss (Time-out) nach Einkoten eingesetzt bzw. beschrieben worden. Derartige Vorgehensweisen bedürfen jedoch immer einer individuell zu bestimmenden Indikation.

Tabelle 15-9 Zielverhaltensweisen des Sauberkeitstrainings (nach Berger-Sallawitz 1999).

- Toilette in Begleitung einer Bezugsperson aufsuchen
- Auf dem WC angstfrei sitzen
- 3-mal täglich auf der WC-Brille sitzen: anfänglich für 5 Minuten, später für 10 Minuten
- Bauchpresse betätigen
- Stuhlgang in das WC
- Saubere Unterhosen
- Spontane Wahrnehmung des Stuhldrangs
- Abbau von Stuhlweichmachern und Medikamenten

Der **Verlauf** der kindlichen Enkopresis ist, wie epidemiologische Daten belegen, in der Regel durch ein hohes Ausmaß spontaner Remissionen bzw. Nachreifungen gekennzeichnet. Ab dem Pubertätsbeginn ist eine Enkopresis außer bei geistig Behinderten nur noch äußerst selten zu beobachten. Das Symptom persistiert eher, wenn das einkotende Kind ängstlich-gespannt ist und weitere Anzeichen einer psychischen Störung hat. Ebenso unterhält eine gestörte Mutter-Kind-Beziehung die Symptomatik.

Inwieweit ausschließlich psychotherapeutische Maßnahmen den Verlauf beeinflussen, kann nicht sicher beurteilt werden. Die Kurzzeiteffekte der mehrheitlich ambulant durchgeführten verhaltenstherapeutischen Maßnahmen sind nachgewiesenermaßen positiv. Wahrscheinlich stellen viele der kinderpsychiatrisch stationär behandelten Kinder eine Selektion besonders schwerer Fälle dar. Hier können ein längeres Persistieren der Symptomatik trotz therapeutischer Maßnahmen ebenso wie spätere psychopathologische Auffälligkeiten z. B. in Form depressiver Symptome bei längerfristigen Verläufen beobachtet werden.

15.7 Schlafstörungen

Definition, Klassifikation und Häufigkeit

Das Schlafverhalten des Menschen ist gestört, wenn der Schlaf vermindert (**Hyposomnie** oder **Insomnie**), vermehrt (**Hypersomnie**) oder in nicht physiologischer Weise unterbrochen bzw. gestaltet (**Dyssomnie** bzw. **Parasomnie**) wird. Eine Einteilung der für das Kindes- und Jugendalter bedeutsamen Schlafstörungen gibt Tabelle 15-10, welche in weitgehender Übereinstimmung mit der ICD-10 den überaus häufigen Ein- und Durchschlafstörungen die sehr viel selteneren übrigen Schlafstörungen zur Seite stellt. **Pavor nocturnus** und **Somnambulismus** (Schlafwandeln) sind Parasomnien, die eher für das Kleinkindalter bzw. die mittlere Kindheit und Pubertät typisch sind, während die **symptomatischen Schlafstörungen** bei psychiatrischen Störungen in verschiedenen Altersgruppen vorkommen. **Hypersomnien** treten erst im Jugendalter auf.

Tabelle 15-10 Einteilung der Schlafstörungen im Kindes- und Jugendalter.

Dyssomnien
Insomnie (F 51.0)   – Ein- und Durchschlafstörungen
Hypersomnie   – nicht organisch bedingt (F 51.1)   – organisch bedingt (Schlafapnoe, Narkolepsie, psychotrope Substanzen, Medikation, hirnorganische Störungen, Kleine-Levin-Syndrom, Asthma bronchiale)   – bei psychischen Störungen
Störungen des Schlaf-Wach-Rhythmus (F 51.2)

Parasomnien
Pavor nocturnus (F 51.4)   Alpträume (Angstträume) (F 51.5)   Schlafwandeln (Somnambulismus) (F 51.3)   Reden im Schlaf

Entsprechend variiert auch die **Häufigkeit** der verschiedenen Schlafstörungen. Im Säuglingsalter bestehen irreguläre Schlafmuster bei 25 bis 50 % aller Kinder. Einschlafstörungen werden zwischen zwei und sieben Jahren bei etwa 20 % und nach dem siebten Lebensjahr bei 40 bis 50 % beobachtet. Andererseits nimmt das nächtliche Erwachen von 40 bis 50 % im Vorschulalter auf 20 % im zwölften Lebensjahr ab. Angstträume haben bis zum fünften Lebensjahr etwa 60 % der Kinder, wobei diese Zahl in den folgenden Jahren auf 25 % im Jugendlichenalter absinkt. Der Pavor nocturnus wird bei 3 % der Kinder zwischen 1½ und 6 Jahren beobachtet: Schlafwandeln zeigen 15 % der Kinder; 1 bis 6 % haben 1 bis 4 Anfälle pro Woche. Betroffen sind 4- bis 12-jährige und nur selten Jugendliche.

Klinik und Diagnostik

Klagen über Schlafstörungen sind ab dem Kleinkindalter häufig, führen jedoch nur selten zur kinder- und jugendpsychiatrischen Untersuchung, zumal viele dieser Störungen vorübergehender Natur sind. Bei Kleinkindern können **Einschlafstörungen** eine Fortsetzung der den Tagesablauf bestimmenden Trennungsängste sein oder ängstigende Erlebnisse des Tages zu **Durchschlafstörungen** und **Alpträumen** führen. In der Regel nehmen Alpträume im Schulalter hinsichtlich der Häufigkeit ab. Sie treten beim Übergang von Leichtschlaf (Stufe 1) in Wachheit auf und sind kein Zeichen psychischer Störung.

Bei den unspezifischen **passageren Ein- und Durchschlafstörungen** dieses Alters stehen nunmehr vielfältige Belastungsfaktoren aus Familie und Schule im Vordergrund. So können intrafamiliäre Beziehungsstörungen, Leistungsstörungen, Überforderungen oder auch belastende Erlebnisse in eine Schlafstörung einmünden. Darüber hinaus können **fixierte Schlafstörungen** bei Kindern Zeichen einer emotionalen Störung mit vorherrschender Ängstlichkeit sein. Derartige Kinder weigern sich z. B., getrennt von den Eltern bzw. der Mutter zu schlafen, oder fordern, dass die Tür zu ihrem Zimmer nicht geschlossen und das Licht nicht vollständig gelöscht werden darf. Durchschlafstörungen sind nicht an bestimmte Schlafstadien gebunden.

Die **Parasomnien** haben eine Reihe von Gemeinsamkeiten: Sie treten episodisch auf, die Kindern haben in der Regel eine positive Familienanamnese, Jungen sind 4-mal häufiger als Mädchen betroffen, das Schlafmuster zeigt Zeichen physiologischer Unreife, und es besteht eine Amnesie für das nächtliche Ereignis nach dem Erwachen. Darüber hinaus treten sie zu einem bestimmten Zeitpunkt des Schlafzyklus auf, nämlich etwa 60 bis 120 Minuten nach dem Einschlafen während der NREM-Phase 4 im Übergang zu einer REM-Phase. In dieser Phase sind Kinder besonders schwer weckbar und desorientiert nach dem Aufwecken. Die verschiedenen Parasomnien treten oft gemeinsam auf.

Der **Pavor nocturnus** tritt am häufigsten im Vorschulalter auf und muss von den ängstlich geprägten **Alpträumen** unterschieden werden, an die sich das Kind lebhaft erinnert und nach denen es spontan aufwacht. Hingegen sind Episoden eines Pavor nocturnus dadurch gekennzeichnet, dass die betroffenen Kinder plötzlich aufrecht im Bett sitzen, gellend schreien und glasig in die Luft starren. Sie sind nicht ansprechbar und desorientiert und zeigen eventuell motorische Perseverationen. Begleitende physiologische Reaktionen sind kurzfristiger Anstieg der Herz- und Atemfrequenz und Schweißausbruch sowie erweiterte Pupillen. Die Kinder werden dabei nicht wach und fallen nach 30 Sekunden bis 3 Minuten wieder in Schlaf. Am nächsten Morgen haben sie keine Erinnerung (Amnesie) an das nächtliche Ereignis. Eine Abgrenzung gegenüber Alpträumen ermöglicht Tabelle 15-11.

Episoden von **Schlafwandeln** und **Reden im Schlaf** haben eine ähnliche Charakteristik. Typischerweise setzt sich das Kind plötzlich auf und zeigt bei geöffneten Augen einen glasigen Blick. Die Bewegungen wirken unbeholfen und die Sprache verwaschen und schlecht artikuliert. Schlafwandeln bedeutet eine beträchtliche Gefährdung des Kindes durch Verletzungen. Die Sprache beim Reden im Schlaf ist in der Regel unverständlich und einsilbig. Aus einer sinnvollen Sprache und gezieltem Schlafwandeln ohne Verletzungen kann eher eine psychische Störung als eine physiologische Schlafstörung abgeleitet werden.

In der **Adoleszenz** können folgende Schlafstörungen auftreten:
- die unspezifischen **Ein- und Durchschlafstörungen** mit einer Akzentuierung von Einschlafstörungen und schwerer Erweckbarkeit am Morgen (z. B. als Folge späteren Schlafengehens und eventuell auch endokriner Veränderungen),
- die daraus möglicherweise resultierenden **Störungen des Schlaf-Wach-Rhythmus** mit mangelnder Synchronisation zum Rhythmus der Umgebung,
- die mit exzessivem Schlafbedürfnis und langen Nachtschlafphasen verbundenen **Hypersomnien** sowie
- die **symptomatischen Schlafstörungen** bei verschiedenen psychischen Störungen.

Tabelle 15-11 Differenzialdiagnose zwischen Pavor nocturnus und Alptraum (Wolke 2001).

	Pavor nocturnus	Alptraum
Prävalenz	selten	häufig
Verhalten	starke Vokalisation, Angstausdruck, hohe autonome Aktivität, aufsitzen, schlagen (hohe motorische Aktivität)	weniger intensiv, Vokalisationen, Angstausdruck, motorische und autonome Aktivität
Beginn während der Nacht	im ersten Drittel des Nachtschlafes (< 3 Stunden)	in der zweiten Hälfte des Nachtschlafes
Schlafstadium	NREM-Stadium 3/4	REM-Schlaf
Mentalisierung	gering	lebendige Träume
Erinnerung	keine (Amnesie)	lebhafte Erinnerung
Weckbarkeit	schwer	sehr einfach
Bewusstsein wenn geweckt	desorientiert, verwirrt	orientiert, klar
Potenzial für Verletzung	gering bis mittelhoch, vorhanden	sehr gering
Gewalttätiges Verhalten	bei Jugendlichen, Erwachsenen möglich	nein
Familiäre Belastung	hoch	gering

Spezielle Kinder- und Jugendpsychiatrie

Die zu den Hypersomnien zählende **Narkolepsie** ist durch Schlafanfälle während des Tages, Kataplexie am Tage sowie – nicht durchgängig – hypnagoge Halluzinationen während der Einschlafphase gekennzeichnet. Die Störung tritt typischerweise erstmalig zwischen dem Alter von 15 und 25 Jahren auf und reicht von Schlaflosigkeit über Mikroschlafepisoden bis zum Kurzschlaf. Die plötzliche Hemmung des Muskeltonus führt zur Kataplexie unterschiedlichen Ausmaßes, d. h. der Unfähigkeit zu willentlich gesteuerten Bewegungen. Diese tonische Muskelaktivität wird in REM-Phasen des Schlafes unterdrückt. Aus den gleichen Bedingungen rühren die hypnagogen Halluzinationen und die Schlafparalyse. Unmittelbare Folgen der Narkolepsie im Jugendalter sind Störungen der Lernprozesse und im weiteren Sinn der Informationsaufnahme bis hin zur Amnesie.

Auch die **Schlafapnoe** ist ein seltenes, typischerweise in der Adoleszenz auftretendes Hypersomniesyndrom. Diese Jugendlichen zeigen Nacht für Nacht wiederkehrende apnoische Episoden, die bis zu einer Minute dauern. Hinweissymptom kann ein lautes inspiratorisches Schnarchen sein, das von zahlreichen apnoischen Pausen unterbrochen wird. Begleitende physiologische Reaktionen sind Hypoxämie, Hyperkapnie und eine leichte Azidose. Im Wachzustand lassen sich keine Störungen der Herz-Lungen-Funktionen nachweisen. Möglicherweise als Folge der gehäuften hypoxämischen Zustände ist die Zahl intelligenzgeminderter Jugendlicher bei dieser Störung erhöht.

Schließlich können vor allem in der Adoleszenz **symptomatische Schlafstörungen** bei verschiedenen psychischen Störungen auftreten. Sie sind bei **Angststörungen,** bei **Zwangsstörungen,** bei **depressiven Störungen** unterschiedlicher Genese, bei **Manien,** bei **schizophrenen Psychosen** – meist durch Angst und psychotisches Erleben bedingt – und bei **Substanzmissbrauch** sowie dem **Tourette-Syndrom** zu beobachten. Sie können sich ferner sowohl im Bild der akuten **organischen Psychosyndrome** (z. B. bei Enzephalitis, Tumoren oder Traumen) als Störung der zentralen Regulation des Schlaf-Wach-Rhythmus wie auch in den chronischen Residualzuständen manifestieren. Schließlich zeigen viele **hyperaktive** und auch **dissoziale Kinder** Einschlafstörungen und eine verkürzte Schlafdauer, ohne deswegen am Tag Zeichen eines Schlafdefizits aufzuweisen. Schlafstörungen sind ferner im Zusammenhang mit **Lernstörungen** häufig.

Für die **Diagnostik** der in der Praxis am häufigsten vorgestellten Ein- und Durchschlafstörungen und als Vorbereitung therapeutischer Maßnahmen empfiehlt sich die strukturierte Untersuchung gemäß dem im Anhang 15.3 vorgestellten Vorgehen einschließlich der Führung eines Schlaf-Tagebuches.

Ätiologie

Die altersgebundene Verlaufscharakteristik einiger Schlafstörungen legt die **Reifungsabhängigkeit** der Entwicklung des Schlafs und seiner Störungen als ein wichtiges Grundelement der Ätiologie nahe. Andererseits sind die altersungebundenen unspezifischen Ein- und Durchschlafstörungen sehr wesentlich durch **Umweltbedingungen** im Sinne von psychosozialen Belastungsfaktoren, Erziehungsdefiziten und mangelnden Gewohnheitsbildungen bedingt. Bei symptomatischen Ein- und Durchschlafstörungen ist die Ursache in den jeweiligen Bedingungen der Grundstörung zu sehen.

Die Para- und die Hypersomnien bedürfen zusätzlicher bzw. alternativer Begründungen. Für den **Pavor nocturnus** wird eine mehrdimensionale Ätiologie unter Berücksichtigung der altersgebundenen, möglicherweise verzögerten Reifung des zentralen Nervensystems, psychologischer Belastungsfaktoren und eventuell bedeutsamer physiologischer Faktoren wie z. B. Fieber angenommen. Klare Hinweise auf eine genetische Beteiligung liegen nicht vor. Eine ähnliche Konzeption dürfte auch für den **Somnambulismus** Gültigkeit haben. Hirnorganische Faktoren wie Infektionen oder Traumen des zentralen Nervensystems und zerebrale Anfallsleiden können eine bahnende Funktion haben.

Die **Narkolepsie** ist wahrscheinlich eine genetisch bedingte Störung der den REM-Schlaf regulierenden Mechanismen. Die erhöhte homologe familiäre Belastung legt die Annahme eines multifaktoriellen ätiologischen Gefüges mit variabler Penetranz nahe. Die Ursachen der **Schlafapnoen** sind nicht vollständig aufgeklärt. Ein wichtiger Teilfaktor im Kleinkind- und frühen Kindesalter sind Atemwegsobstruktionen (z. B. hypertrophe Tonsillen und adenoide Wucherungen oder anatomischer Fehlbildungen).

Therapie und Verlauf

Die Behandlung von Schlafstörungen des Kindes- und Jugendalters muss sich an der Diagnose im Sinne der hier vorgenommenen Klassifikation orientieren. Bei den **passageren unspezifischen Ein- und Durchschlafstörungen** reicht meist eine **Beratung** der Eltern zum Abbau von Belastungen und Spannungen in der Familie oder der Schule oder zum Aufbau von Gewohnheitsbildungen im Kleinkindalter. Bei letzteren geht es zum Beispiel um Aufklärung der Eltern über physiologisches Schlafverhalten, die Entwicklung von Ritualen für das Zubettgehen und Einschlafen, Maßnahmen der Entängstigung und den Abbau übermäßig enger Bindungen, welche eine Verselbstständigung des Kindes behindern. Allgemeine Prinzipien der Schlafhygiene sind in Tabelle 15-12 aufgeführt.

In diesem Zusammenhang sind **verhaltenstherapeutische Methoden** wichtige und wertvolle Elemente eines Behandlungs- und Beratungsprogramms. Hierzu zählen die Anwendung der Verhaltensanalyse auf die Schlafstörung mit Klärung der vorausgehenden Bedingungen und der Zielsymptome, die Verstärkung angemessenen Schlafverhaltens (z. B. ohne Klagen, im eigenen Bett, zur angemessenen Zeit) sowie die schrittweise vorgenommene Ausformung des Zielverhaltens.

Die Verordnung von **Schlafmitteln** sollte im Kindes- und Jugendalter generell sehr zurückhaltend praktiziert werden. Sie lässt sich allenfalls vorübergehend als eine passagere Entlastungsmaßnahme rechtfertigen, wobei Benzodiazepine wegen der spezifischen Nebenwirkungen bzw. Gewöhnung nicht bzw. wenig in Betracht gezogen werden sollten. Pflanzliche Präparate (z. B. Baldrian) sind zu bevorzugen.

Tabelle 15-12 Prinzipien der Schlafhygiene (nach Stores 1996).

Die Bedeutung der folgenden allgemeinen Punkte variiert mit dem Entwicklungsstand des Kindes.

- Angemessene Schlafumgebung (d. h. Dunkelheit, Ruhe, keine extremen Temperaturen, keine Störungen durch andere, komfortables und vertrautes Bett verbunden mit Schlaf statt Spiel und Unterhaltung)
- Das Bett sollte kein Platz der Bestrafung oder anderer negativer Konsequenzen sein
- Regelmäßige Zubettgeh-Rituale mit dem Ziel der Entspannung
- Gleiche Schlafens- und Aufstehzeiten für alle Wochen- und Ferientage (mit vernünftigem Ausmaß an Variation)
- Das Einschlafen sollte ohne Gegenwart der Eltern erfolgen
- Jeweils Füttern am Tage und Schlafen in der Nacht sollten früh in der Entwicklung etabliert und aufrechterhalten werden
- Hunger beim Schlafengehen sollten ebenso wie extremes Trinken zu diesem Zeitpunkt oder während der Nacht und schwere Mahlzeiten am späteren Abend vermieden werden
- Vermeidung der Verstärkung von Durchschlafstörungen durch Nachgiebigkeit der Eltern bei nächtlichen Forderungen des Kindes (z. B. nach Getränken, Nahrungsmitteln, Geschichten, Schlafen im Bett der Eltern).
- Der Schlaf am Tage bei kleinen Kindern muss richtig dosiert sein (nicht zu früh oder zu spät, zu kurz oder zu lang)
- Wildes Spiel oder andere stark anregenden Aktivitäten (einschließlich aufregender Videos oder Geschichten) sollten in der Stunde vor dem Schlafengehen vermieden werden
- Stimulierende Getränke (Cola, Kaffee, Tee) sollten mehrere Stunden vor dem Schlaf nicht mehr zu sich genommen und große Mengen am Tage vermieden werden
- Alkohol und Nikotin stören den Schlaf ebenfalls

Die Behandlungsvorschläge für die **Parasomnien** reichen von konservativem, zuwartendem Vorgehen bis zu spezifischen Therapiestrategien mit oft schwer zu beurteilender Allgemeingültigkeit. Beim **Pavor nocturnus** sind symptomatische Besserungen unter Pharmakotherapie mit Imipramin und Diazepam und sogar bei einer Kombination von Methylphenidat und Imipramin beschrieben worden. Diesen Berichten mangelt es jedoch ebenso wie den wenigen Fallbeschreibungen mit psycho- oder verhaltenstherapeutischer Behandlung an systematischer Kontrolle der Therapieeffekte. Für den Pavor nocturnus und das **Schlafwandeln** gleichermaßen gilt die Empfehlung, Belastung und Erschöpfungszustände zu reduzieren und am späten Nachmittag eine 30- bis 60-minütige Schlafpause einzulegen, zumal damit das Ausmaß an NREM-Schlaf in der Phase 4 später im Schlaf vermindert werden kann. Dabei ist aber darauf zu achten, dass aus dem zu langen Nachmittagsschlaf keine Einschlafstörung am Abend resultiert.

Auch die Behandlungsmöglichkeiten für die **Hypersomnien** sind wenig befriedigend. Neben Aufklärung und Beratung kann bei der **Narkolepsie** Methylphenidat zur Verminderung der Schlafanfälle eingesetzt werden. Die übrigen Symptome der Schlafparalyse, der Kataplexie und der hypnagogen Halluzination werden besser durch Imipramin beeinflusst. Bei der **Schlafapnoe** kann die operative Beseitigung von Obstruktionen der Atemwege oder das tagsüber verschließbare, nur nachts funktionierende Tracheostoma Erleichterung von der Symptomatik verschaffen.

Bei den **symptomatischen Schlafstörungen** ist die Therapie an der Grundkrankheit orientiert. Hier ergeben sich klare Indikationen für den Einsatz von Psychopharmaka wie den Neuroleptika bei schizophrenen Psychosen und Manien, den Antidepressiva bei den Depressionen und den Phenothiazinen bei organischen Psychosyndromen. Mit diesen auf die Grundkrankheit gerichteten Substanzen lassen sich in der Regel auch die begleitenden Schlafstörungen bessern.

Der **Verlauf** ist für die Schlafstörung des Kindesalters in der Regel durch eine günstige Prognose gekennzeichnet. Ein später Beginn des Pavor nocturnus oder des Somnambulismus im Erwachsenenalter tendiert hingegen zur Chronifizierung. Bei Erwachsenen sind zugleich psychopathologische Auffälligkeiten in Form von Angststörungen oder Persönlichkeitsstörungen häufiger zu beobachten als bei Kindern.

Literatur

Allgemeine Literatur

Steinhausen, H.-C.: Psychosomatische Störungen. In: Petermann, F. (Hrsg.): Lehrbuch klinische Kinderpsychologie, 4. Auflage. Hogrefe, Göttingen 1999.

Steinhausen, H.-C.: Therapie bei psychosomatischen Störungen. In: Remschmidt, H. (Hrsg.): Psychotherapie mit Kindern, Jugendlichen und Familien, Bd. 2. Enke, Stuttgart 1984.

Krankheiten mit Organveränderungen

Burke, P., V. Meyer, S. Kocoshis, D. M. Ornstein, R. Chandra, D. J. Nord, J. Sauer, E. Cohen: Depression and anxiety in pediatric inflammatory bowel disease and cystic fibrosis. J. Am. Acad. Child Psychiat. 28 (1989) 948–951.

Buske-Kirschbaum, A., A. Geiben, D. Hellhammer: Psychobiological aspects of atopic dermatitis: an overview. Psychother. Psychosom. 70 (2001) 6–16.

Engström, I., B. L. Lindquist: Inflammatory bowel disease in children and adolescents: a somatic and psychiatric investigation. Acta paediat. Scand. 80 (1991) 640–647.

Könning, J., N. Gebert, B. Niggemann, K. Wahn: Asthma bronchiale. In: Steinhausen, H.-C., M. v. Aster (Hrsg.): Verhaltensmedizin und Verhaltenstherapie bei Kindern und Jugendlichen. 2. Auflage. Psychologie Verlags Union, Weinheim 1999.

Könning, J., R. Szczepanski, A. von Schlippe: Betreuung asthmakranker Kinder im sozialen Kontext. Enke, Stuttgart 1994.

Langfeldt, H. P., K. Luys: Mütterliche Erziehungseinstellungen, Familienklima und Neurodermitis bei Kindern – eine Pilotstudie. Praxis der Kinderpsychologie und Kinderpsychiatrie 42 (1993) 36–41.

Levenstein, S.: The very model of a modern etiology: a biopsychosocial view of peptic ulcer. Psychosom. Med. 62 (2000) 176–185.

McQuaid, E. L., S. J. Kopel, J. H. Nassau: Behavioral adjustment in children with asthma: a meta-analysis. J. Dev. Behav. Pediatr. 22 (2001) 430–439.

Miller, D., B. L. Wood: Influence of specific emotional states on autonomic reactivity and pulmonary function in asthmatic children. J. Am. Acad. Child Adolesc. Psychiatry 36 (1997) 669–677.

North, C. S., R. E. Clouse, E. L. Spitznagel, D. H. Alpers: The relation of ulcerative colitis to psychiatric factors: a review of findings and methods. Am. J. Psychiat. 147 (1990) 974–981.

Petermann, F. (Hrsg.): Asthma und Allergie. Hogrefe, Göttingen 1995.

Petermann, F., P. Watschburger (Hrsg.): Neurodermitis. Hogrefe, Göttingen 1999

Steinhausen, H.-C., H. Kies: Comparative studies of ulcerative colitis and Crohn's disease in children and adolescents. J. Child Psychol. Psychiat. 23 (1982) 33–42.

Steinhausen, H.-C.: Allergie und Psyche. Mschr. Kinderheilk. 141 (1993) 285–292.

Wamboldt, M., G. Fritz, A. Mansell, E. L. McQuaid, B. R. Klein: Relationship of asthma severity and psychological problems in children. J. Am. Acad. Child Adolesc. Psychiatry 37 (1998) 943–950.

Weiner, H.: From simplicity to complexity (1950–1990): The case of peptic ulceration – I. Human studies. Psychosom. Med. 53 (1991) 467–490.

Dissoziative Störungen und somatoforme Störungen

Brunner, R., F. Resch, P. Parzer, E. Koch: Heidelberger Dissoziations-Inventar (HDI). Swets Test Services, Frankfurt 1999.

Campo, J. V., S. L. Fritsch: Somatization in children and adolescents. J. Am. Acad. Child Adolesc. Psychiatry 33 (1994) 1223–1235.

Fritz, G. K., S. Fritsch, O. Hagino: Somatoform disorders in children and adolescents: a review of the past 10 years. J. Am. Acad. Child Adolesc. Psychiatry 36 (1997) 1329–1338.

Garralda, M. E.: Practioner review: Assessment and management of somatisation in childhood and adolescence: a practical perspective. J. Child Psychol. Psychiatry 40 (1999) 1159– 1167.

Garralda, M. E., L. A. D. Rangel: Somatoform disorders and chronic physical illness. In: Steinhausen, H.-C., F. Verhulst (eds.): Risks and outcomes in developmental psychopathology. Oxford University Press, Oxford 1999.

Jans, T., A. Warnke: Der Verlauf dissoziativer Störungen im Kindes- und Jugendalter – Eine Literaturübersicht. Ztschr. Kinder- und Jugendpsychiatrie und Psychotherapie 27 (1999) 139–150.

Lieb, R., M. Mastaler, H.-U. Wittchen: Gibt es somatoforme Störungen bei Jugendlichen und jungen Erwachsenen? Erste epidemiologische Befunde der Untersuchung einer bevölkerungs-repräsentativen Stichprobe. Verhaltenstherapie 8 (1998) 81–93.

Pothmann, R., U. Mohn: Chronische Schmerzen. In: Steinhausen, H.-C., M. von Aster (Hrsg.): Verhaltenstherapie und Verhaltensmedizin bei Kindern und Jugendlichen. 2. Auflage. Psychologie Verlags Union, Weinheim 1999.

Putnam, F. W.: Dissociation in children and adolescents. A developmental perspective. Guilford, New York 1997.

Scharff, L.: Recurrent abdominal pain in children: A review of psychological factors and treatment. Clinical Psychology Review 17 (1997) 145–166.

Steinhausen, H.-C., M. v. Aster, E. Pfeiffer, D. Göbel: Comparative studies of conversion disorders in childhood and adolescence. J. Child. Psychol. 30 (1989) 615–621.

Stores, G.: Practioner review: Recognition of pseudoseizures in children and adolescents. J. Child Psychol. Psychiat. 40 (1999) 851–857.

Von Aster, M.: Dissoziative Störungen. In: Steinhausen, H.-C., M. von Aster (Hrsg.): Verhaltenstherapie und Verhaltensmedizin bei Kindern und Jugendlichen. 2. Auflage. Psychologie Verlags Union, Weinheim 1999.

Essstörungen

Brezinka, V.: Adipositas. In: Steinhausen, H.-C., M. v. Aster (Hrsg.): Verhaltensmedizin und Verhaltenstherapie bei Kindern und Jugendlichen. 2. Auflage. Psychologie Verlags Union, Weinheim 1999.

Brownell, K.D., C.G. Fairburn (eds.): Eating Disorders and Obesity. A Comprehensive Handbook. Guilford, New York, 1995.

Coners, H., G.W. Himmelmann, J. Hebebrand, H. Reseker, H. Remschmidt, H. Schäfer: Perzentilenkurven für den Body-Mass-Index zur Gewichtsbeurteilung bei Kindern und Jugendlichen ab einem Alter von 10 Jahren. Kinderarzt 27 (1996) 1002–1007.

Devlin, M. J., S. Z. Yanovski, G. T. Wilson: Obesity: What mental health professionals need to know. Am. J. Psychiatry 157 (2000) 854–866.

Garner, D., P. Garfinkel (eds.): Handbook of treatment for eating disorders. Second edition. Guilford Press, New York, 1997.

Hebebrand, J., H. Heseker, W. Himmelmann, H. Schäfer, H. Remschmidt: Altersperzentilen für den Body-Mass-Index aus Daten der Nationalen Verzehrstudie einschließlich einer Übersicht zu relevanten Einflussfaktoren. Akt. Ernähr.-Med. 19 (1994) 259–265.

Kerwin, M. E.: Empirically supported treatments in pediatric psychology: Severe feeding problems. J. Pediat. Psychol. 24 (1999) 193–214.

Steiner, H., J. Lock: Anorexia nervosa and bulimia nervosa in children and adolescents: A review of the past 10 years. J. Am. Acad. Child Adolesc. Psychiatry 37 (1998) 352–359.

Steinhausen, H.-C.: Anorexia und Bulimia nervosa. In: M. Rutter, Taylor, E. (eds.): Child and Adolescent Psychiatry – Modern Approaches, 4th ed. Blackwell Scientific Publications, Oxford, 2002.

Steinhausen, H.-C.: Multimodale Verhaltenstherapie der Anorexia nervosa im Kindes- und Jugendalter. Verhaltenstherapie 10 (2000) 110–116.

Steinhausen, H.-C.: Anorexia und Bulimia nervosa. In: Steinhausen, H.-C., M. von Aster (Hrsg.): Verhaltensmedizin und Verhaltenstherapie bei Kindern und Jugendlichen. 2. Auflage. Psychologie Verlags Union, Weinheim, 1999.

Steinhausen, H.-C.: Eating disorders. In: H.-C. Steinhausen, F. Verhulst (eds.) Risks and outcomes in developmental psychopathology. Oxford University Press, Oxford 1999.

Steinhausen, H.-C.: Clinical guidelines for anorexia nervosa and bulimia nervosa. Eur. Child Adolesc. Psychiatry 6 (1997) 121–128.

Steinhausen, H.-C.: Annotation: Outcome of anorexia nervosa in the younger patient. J. Child Psychol. Psychiat. 38 (1997) 271–276.

Steinhausen, H.-C. (ed.): Eating Disorders in Adolescence. Anorexia and Bulimia nervosa. De Gruyter, Berlin-New York 1995.

Süss-Burghart, H.: Fütter- und Gedeihstörungen bei kleinen und/oder behinderten Kindern. Z. Kinder-Jugendpsychiatr. 28 (2000) 285–296.

Troiano, R. P., K. M. Flegal: Overweight children and adolescents: Description, epidemiology and demographics. Pediatrics 101 (1998) 497–504.

Enuresis

Butler, R. J.: Annotation: Night wetting in children: Psychological aspects. J. Child Psychol. Psychiat. 39 (1998) 453–463.

Grosse, S.: Enuresis. In: Steinhausen, H.-C., M. v. Aster (Hrsg.): Verhaltenstherapie und Verhaltensmedizin bei Kindern und Jugendlichen. 2. Auflage. Beltz Psychologie Verlags Union, Weinheim 1999.

Houts, A. C., J. S. Berman, H. Abramson: Effectiveness of psychological and pharmalogical treatment for nocturnal enuresis. J. Consult. Clin. Psychol. 62 (1994) 737–745.

Mellon, M. W., M. L. McGrath: Empirically supported treatments in pediatric psychology: Nocturnal enuresis. J. Pediat. Psychol. 25 (2000) 193–214.

Mikkelsen, E. J.: Enuresis and encopresis: ten years of progress. J. Am. Acad. Child Adolesc. Psychiatry 40 (2001) 1146–1158.

Thompson, S., J. M. Rey: Functional enuresis: Is desmopressin the answer? J. Am. Acad. Child Adolesc. Psychiat. 34 (1995) 266–271.

Von Gontard, A.: Einnässen im Kinderalter. Erscheinungsformen – Diagnostik – Therapie. Thieme, Stuttgart 2001.

Von Gontard, A.: Annotation: Day and night wetting in children – a pediatric and child psychiatric perspective. J. Child Psychol. Psychiat. 39 (1998) 439–451.

Von Gontard, A., G. Lehmkuhl: Enuresis nocturna – neue Ergebnisse zu genetischen, pathophysiologischen und psychiatrischen Zusammenhängen. Prax. Kinderpsychol. Kinderpsychiat. 46 (1997) 709–726.

Von Gontard, A., G. Lehmkuhl: „Enuresis diurna" ist keine Diagnose – neue Ergebnisse zur Klassifikation, Pathogenese und Therapie der funktionellen Harninkontinenz im Kindesalter. Prax. Kinderpsychol. Kinderpsychiat. 46 (1997) 92–112.

Enkopresis

Berger-Sallawitz, F.: Enkopresis. In: Steinhausen, H.-C., M. von Aster (Hrsg): Verhaltens-therapie und Verhaltensmedizin bei Kindern und Jugendlichen. 2. Auflage. Psychologie Verlags Union, Weinheim 1999.

Peschke, N., M. Roth, K. Reitzle, A. Warnke: Enkopresis: Ein Literaturüberblick von 1988 bis 1998. Z. Kinder-Jugendpsychiatr. 27 (1999) 267–276.

Steinhausen, H.-C.: Enkopresis. In: Remschmidt, H., M.H. Schmidt (Hrsg.): Kinder- und Jugendpsychiatrie in Klinik und Praxis. Thieme, Stuttgart, 1985.

Steinmüller, A., H.-C. Steinhausen: Der Verlauf der Enkopresis im Kindesalter. Prax. Kinderpsychol. Kinderpsychiat. 39 (1990) 74–79.

Von Gontard, A.: Störungen der Ausscheidung. In: Steinhausen, H.-C. (Hrsg.): Entwicklungsstörungen im Kinder- und Jugendalter. Ein interdisziplinäres Handbuch. Kohlhammer, Stuttgart 2001.

Schlafstörungen

Anders, T. F., L. A. Eiben: Pediatric sleep disorders: A review of the past 10 years. J. Am. Acad. Child Adolesc. Psychiatry 36 (1997) 9–20.

Skuse, D.: Feeding and sleeping disorders. In: Rutter, M., E. Taylor, L. Hersov (eds.): Child and Adolescent Psychiatry. Modern Approaches. 3rd ed. Blackwell, Oxford, 1994.

Steinhausen, H.-C.: Schlafstörungen. In: Steinhausen, H.-C., M. v. Aster (Hrsg.): Verhaltensmedizin und Verhaltenstherapie bei Kindern und Jugendlichen. 2. Auflage. Psychologie Verlags Union, Weinheim 1999.

Stores, G.: A clinical guide to sleep disorders in children and adolescents. Cambridge University Press, Cambridge 2001.

Stores, G.: Practitioner Review: Assessment and treatment of sleep disorders in children and adolescents. J. Child Psychol. Psychiat. 37 (1996) 907–925.

Wolke, D.: Schlafstörungen. In: Steinhausen, H.-C. (Hrsg.): Entwicklungsstörungen im Kindes- und Jugendalter. Ein interdisziplinäres Handbuch. Kohlhammer, Stuttgart 2001.

Spezielle Kinder- und Jugendpsychiatrie

16

Psychische Störungen bei chronischen körperlichen Krankheiten und Behinderungen

Nicht wenige Krankheiten des Kindes- und Jugendalters chronifizieren. Davon sind auch psychiatrische Störungen und Krankheiten nicht ausgenommen. So können z. B. Entwicklungsstörungen, organische Psychosyndrome, Psychosen und autistische Syndrome andauernde Funktionsbeeinträchtigungen und Behinderungen nach sich ziehen. Darüber hinaus entstehen psychische Störungen jedoch auch ungewöhnlich häufig im Zusammenhang mit chronischen körperlichen Krankheiten und Behinderungen. In diesem Kapitel werden zunächst Aspekte der Klassifikation und Häufigkeit sowohl der Krankheiten per se wie auch der psychischen Störungen sowie das Bedingungsgefüge für die Entwicklung psychischer Störungen dargestellt. Im Anschluss wird eine Übersicht über die wichtigsten kinder- und jugendpsychiatrischen sowie -psychologischen Aspekte und die daraus abgeleiteten Schritte gegeben. Das Kapitel schließt mit Grundsätzen für eine psychologische Rehabilitation.

Klassifikation und Häufigkeit

Die Vielzahl chronischer körperlicher Krankheiten und Behinderungen lässt sich am besten in Orientierung an den jeweils betroffenen **Organ- und Funktionssystemen** klassifizieren. Eine entsprechende Zusammenfassung mit Häufigkeitsangaben aus der internationalen epidemiologischen Literatur gibt Tabelle 16-1. Sie weist besonders hohe Häufigkeiten für das Asthma bronchiale, die Körperbehinderung und die Epilepsie aus. Insgesamt muss mit durchschnittlich 10 % chronisch körperlich kranken und behinderten Kindern und Jugendlichen in den westlichen Industriegesellschaften – bei einem Schwankungsbereich von 5 bis 18 % – gerechnet werden. Inwieweit hier eine

Zunahme über die Zeit zu beobachten ist, lässt sich aufgrund fehlender Zahlen nicht sicher beurteilen. Sehr wahrscheinlich dürfte aber aufgrund des medizinisch-technischen Fortschrittes tatsächlich eine **Häufigkeitszunahme** vorliegen, zumal viele Krankheiten erst mit dem Status der Behandelbarkeit chronifizieren können. Insofern ist auch die Zunahme von Behinderungen und chronischen Krankheiten als Kehrseite sinkender Mortalitätsziffern zu betrachten.

Der relative Anstieg dieser Bedingungen bei gleichzeitiger relativer Abnahme akuter und hinreichend heilbarer Krankheiten hat zu einem beträchtlichen Gestaltwandel des kinderärztlichen Aufgabenfeldes geführt. In zunehmendem Ausmaß wird der Patient mit einem chronischen körperlichen Handicap – d. h. also im Durchschnitt jedes zehnte Kind – zum Hauptaufgabenfeld zumindest in großen Krankenhäusern. Gleichzeitig nimmt z. B. der Anteil akuter, bei fehlender Behandlungsmöglichkeit früher oft tödlich verlaufender Infektionskrankheiten ab. Die Klientel der chronisch Kranken stellt **neue Anforderungen** an Ärzte und Behandlungskonzepte, wobei jedoch die Notwendigkeit der Berücksichtigung psychologischer Rehabilitationskomponenten unmittelbar aus dem erhöhten Risiko für die Entwicklung psychischer Störungen resultiert.

Der Nachweis dieses erhöhten Risikos kann sich nicht nur auf klinische Erfahrungen, sondern auch auf epidemiologische Daten stützen. In verschiedenen epidemiologischen Studien konnte nachgewiesen werden, dass die **Rate psychischer Störungen** gegenüber gesunden Kindern um das 2- bis 4-fache erhöht ist. Die Rate ist besonders hoch, wenn hirnorganische Funktionen bei der chronischen Störung bzw. Behinderung beteiligt sind.

Tabelle 16-1 Übersicht, Häufigkeit und Lebenserwartung chronischer körperlicher Krankheiten und Behinderungen.

Organ- bzw. Funktionssystem	Krankheiten	Häufigkeiten einzelne Krankheiten (%)	Häufigkeiten gesamtes System (%)	Lebenserwartung
Lunge	Asthma bronchiale	1,8–4,9	2,3–4,9	normal
Herz	kongenitale Herzfehler	0,07–0,4		reduziert
Magen/Darm	Ulcus pepticum Colitis ulcerosa Morbus Crohn zystische Fibrose	0,05 0,02–0,05		normal evtl. reduziert evtl. reduziert 70% bis zu 21 Jahren
Niere/ableitende Harnwege	chronische Niereninsuffizienz		0,3–0,6	evtl. reduziert
Muskeln/Skelett	rheumatoide Arthritis Missbildungssyndrome/erworbene Funktionsstörungen/ degenerative Krankheiten (Körperbehinderungen)	0,07–0,34 1,7–3,2		70–90% normal reduziert
Haut	atopische Dermatitis Exantheme, Urtikaria	4,1		normal
Blut	Hämophilie Leukämie	0,01	0,08–0,17	relativ normal ≥ 70% normal
Endokrine Drüsen	Minderwuchs Hypothyreos adrenogenitales Syndrom Störungen der Pubertätsentwicklung Intersexualität			normal normal normal normal normal
Stoffwechsel	Diabetes mellitus Phenylketonurie	0,03–0,13		95% bis 20 Jahre normal
Sinnessystem	Blindheit Taubheit	0,03–0,1 0,07–0,9	2,0–2,4	normal normal
Zentrales Nervensystem	Epilepsie Zerebralparese	0,4–0,9 0,1–0,6	0,9–1,6	normal evtl. reduziert

Ätiologie

Die Ursachen psychischer Störungen bei chronischen körperlichen Krankheiten und Behinderungen sind in ein mehrdimensionales Bedingungsgefüge eingebettet, das in Abbildung 16-1 schematisch dargestellt ist. Die wichtigsten Determinanten der **psychosozialen Adaptation** bzw. Bewältigung, die im Rahmen des Ätiologie-Modells für psychische Störungen generell steht, sind demgemäß:

■ **Krankheitsbedingungen,**
■ **lebengeschichtliche Ereignisse und Belastungen,**
■ **Entwicklung der Persönlichkeit**
■ **familiäre Reaktionen sowie**
■ **Reaktionen der sozialen Umwelt.**

Als Resultante wird hier der Begriff der psychosozialen Adaptation gewählt, weil er gleichmaßen die positive Bewältigung wie auch das Scheitern in Form von Krise und psychischer Störung impliziert und damit der Vielfalt von Entwicklungen eher gerecht wird.

Krankheitsbedingungen

Unter den Krankheitsbedingungen ist zunächst der Begriff der **Krankenrolle** als Bezugspunkt bedeutsam. Der von seinen Pflichten aus Alltagsaufgaben befreite Patient erfährt zugleich im Krank- und Behindertsein Verluste der sozialen Funktionsfähigkeit, indem er nicht in üblicher Weise Sozialkontakte halten bzw. eingehen oder der schulischen und beruflichen Ausbildung und Tätigkeit nachgehen kann. Krankheit und Behinderung bedeuten zugleich **Abhängigkeit** von Behandlungsnotwendigkeiten in Form von Medikamenten, Diäten, Operationen, Apparaten und behandelnden bzw. betreuenden Menschen. Zur Abhängigkeit kann sich die durch den jeweiligen Charakter der Krankheit bestimmte Bedrohung gesellen, die möglicherweise neben den körperlichen Funktionseinbußen mit Schmerzen einhergeht. Diese Aspekte wirken auch für das Kind und den Jugendlichen wiederholt sehr erlebnis- und bewusstseinsnah und fordern nach Verarbeitung.

Ferner sind aber auch jeweils **krankheitsspezifische Merkmale** bedeutsame Determinanten der Adaptation. Hierzu zählen beispielsweise der **Manifestationszeitpunkt**, der **Verlauf**, der **Schweregrad** und der Grad der äußerlich sichtbaren **Stigmatisierung**. Früherkrankungen oder hirnorganische Behinderungen sind eine Entwicklungsbedingung von Anfang an und treten erst später – oft schmerzlich – beim Vergleich mit Gesunden in das Bewusstsein des Kindes oder Jugendlichen, während Spätmanifestationen Trauer und Schmerz über den Verlust von

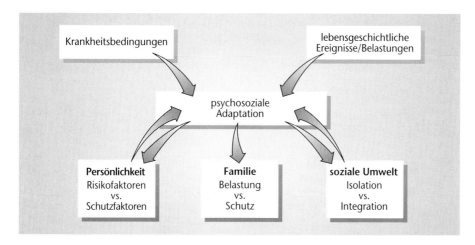

Abbildung 16-1

Modell der psychosozialen Adaptation bei chronischer Krankheit und Behinderung im Kindes- und Jugendalter.

Gesundheit mit möglicher psychischer Traumatisierung bedeuten können. Die verschiedenen **Verlaufscharakteristiken** mit chronischer Persistenz bzw. Rezidivierung bedingen ebenso wie ein variierender Schweregrad jeweils andere Adaptationsprozesse. **Schwere Krankheitsausprägungen** haben nachgewiesenermaßen ein besonders hohes Risiko für psychische Störungen, wenngleich auch leichte Varianten Probleme besonderer Art schaffen, weil die Patienten sich nicht eindeutig der Welt der Gesunden bzw. der Kranken zuordnen können. Auch die **Sicherheit einer Störung** bzw. Funktionsbeeinträchtigung schafft besondere Bedingungen, weil sie soziale Resonanz hervorruft und damit den Prozess einer stabilen Adaptation immer wieder gefährden kann.

Lebensgeschichtliche Ereignisse und Belastungen

Der zweite Faktor der lebensgeschichtlichen Ereignisse und Belastungen ist hier von gleicher Wertigkeit wie generell bei der Entstehung psychischer Störungen. Einschneidende Veränderungen, wie etwa der Verlust einer wichtigen Bezugsperson, können – wie in Kapitel 3 über die Ätiologie dargelegt ist – eine bahnende Funktion für die Entwicklung von Störungen und damit die Lebensbewältigung haben. Bedeutsam können sowohl eine Häufung von alltäglichen Widrigkeiten als auch einzelne schwere Belastungen mit eventuell traumatischer Wertigkeit sein.

Persönlichkeit

Im Gegensatz zu der eher einseitigen Prägung der psychosozialen Adaptation durch Krankheitsbedingungen und lebensgeschichtliche Ereignisse sind die Bezüge zur Entwicklung der Persönlichkeit eher wechselseitig angelegt. Hier müssen besonders der **Prozesscharakter** und die **Altersabhängigkeit** berücksichtigt werden. So verfügt das junge Kind weder über die emotionalen noch über die kognitven Voraussetzungen, um beispielsweise sein Krank- und Behindertsein angemessen verarbeiten zu können. Schuld- und Bestrafungsideen sowie Beschuldigungen der Eltern können daher die Folge sein und Ausgangspunkte für Beziehungsstörungen und Familienkrisen abgeben. Zugleich kann wegen der noch fehlenden kognitiven Differenzierung die Übernahme von Aufgaben und kompetentem Handeln im Rahmen der Krankheitsversorgung begrenzt sein und damit den Bezugspersonen eine erhöhte Verantwortlichkeit zuwachsen.

Umgekehrt können alle Entwicklungsschritte und Aufgaben unterschiedlicher Entwicklungsphasen auch durch die jeweils erreichten psychosozialen Adaptationen an die Krankheitsbedingungen geprägt werden. So kann z. B. eine fehlende Selbstständigkeitsentwicklung als Folge der krankheitsbestimmenden Abhängigkeit die Ablösung in der Adoleszenz und die Identitätsfindung ebenso wie eine normale psychosexuelle Entwicklung behindern. Grundsätzlich ist dieser Faktor aber bipolar angelegt: Er kann sich als ein Element der Vulnerabilität und **Risikobelastung** oder als ein **Schutzfaktor** darstellen, zumal persönlichkeitsgebundene Problemlösefähigkeiten, Verhaltensstile und Adaptationsstrategien sich sowohl positiv wie negativ auswirken können.

Familie

Da die Familie die wichtigste Beziehungsumwelt des Kindes und Jugendlichen darstellt, kommt den familiären Reaktionen eine besondere Bedeutung für die psychosoziale Adaptation zu. Dieser Prozess der familiären Adaptation, der ebenfalls prinzipiell sowohl zur Belastung wie auch zum Schutz des chronisch kranken Kindes beitragen kann, zeigt einige Regelmäßigkeiten, so dass er schematisch in Abbildung 16-2 dargestellt werden kann.

In diesem Prozess wird der **elterlichen Adaptation** eine zentrale Bedeutung zugemessen. Eltern erleben, gleichgültig ob die Einschränkung bzw. Behinderung bereits bei der Geburt vorliegt oder sich erst später manifestiert, am Anfang nahezu immer eine seelische Krise, welche ihre Bearbeitungsmöglichkeiten und ihre Handlungsfähigkeit einschränkt. In diesem **emotionalen Schockerleben** sind sie nur begrenzt aufnahmefähig für Informationen, vielfach verleugnen sie auch die Realitäten. Der Prozess der sich anschließenden Adaptation kann von vielfältigen Gefühlen der Trauer und Schuld, der Angst, der Verärgerung und aggressiven Ablehnung, der Verleugnung und Verdränung sowie der Rationalisierung und Intellektualisierung bestimmt sein. Der Ausgang muss

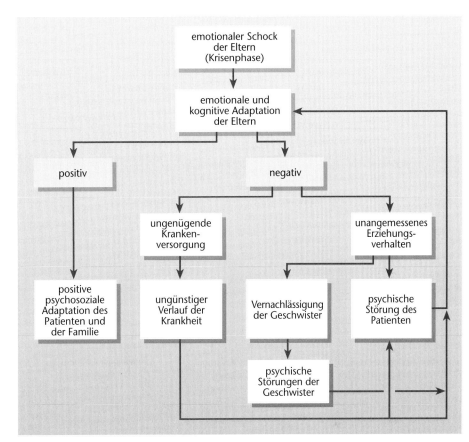

Abbildung 16-2
Familiäre Adaptation bei chronischen Krankheiten und Behinderungen.

jedoch nicht letztlich nur durch Abwehr geprägt sein; vielmehr können elterliche Tatkraft, Handlungsfähigkeit und psychische Stabilität eine positive psychosoziale Adaptation für das kranke Kind und die übrigen Familienmitglieder ermöglichen.

Sofern den Eltern aber die Entwicklung einer möglichst konfliktarmen Adaptation bei eigener intrapsychischer Stabilität und Reife misslingt, sind zugleich auch wichtige Voraussetzungen für psychische Störungen beim kranken Kind gesetzt. Diese werden über ein **unangemessenes Erziehungsverhalten** vermittelt, das von Überprotektivität bis Vernachlässigung reicht und zugleich auch ungünstige Auswirkungen auf Verhalten und Befindlichkeit der gesunden Geschwister haben kann. Eine **Vernachlässigung** des Kindes hinsichtlich der erforderlichen krankheitsbezogenen Versorgung kann den Verlauf der Krankheit in ungünstiger Weise beeinflussen und damit sowohl die Adaptation des Kindes wie auch die der Eltern wiederum in sich selbst beeinträchtigen. Dieser Prozess der familiären Adaptation kann sporadisch bzw. dauerhaft krisenbestimmt sein oder aber in relative Stabilität münden, wobei die Beziehung zur psychosozialen Adaptation des Kindes als eine Wechselwirkung betrachtet werden sollte.

Soziale Umwelt

Schließlich sind die Reaktionen der sozialen Umwelt für die Adaptation des Kindes bedeutsam. Diese lassen sich mit den Polen von Integration und Isolation des Kindes

beschreiben. Das kranke und behinderte Kind ist hier in stärkerem Umfang passives Objekt und bisweilen auch Opfer von sozialen Zuschreibungen und wird gerade dann, wenn es auch äußerlich sichtbar stigmatisiert ist, von sozialer Ausgrenzung bedroht. Von diesen Entwicklungen werden häufig gesamte Familien betroffen, die weitgehend in ihren Sozialbeziehungen zur Umwelt verarmen können.

Diagnostik

Aus den dargelegten Bedingungsfaktoren lassen sich die notwendigen Fragestellungen für eine sorgfältige psychiatrisch-psychologische Untersuchung zu einem großen Teil unmittelbar ableiten. Im Einzelnen handelt es sich um folgende vordringlich abzuklärenden **Fragen:**

▪ Welche allgemeinen Krankheitserfahrungen wirken auf das Kind ein?
▪ Welche Folgen haben die allgemeinen und spezifischen Krankheitsbedingungen, unter denen das Kind heranwächst, für die Teilnahme an gewöhnlichen Lebenserfahrungen?
▪ Bis zu welchem Grad ist das Kind äußerlich sichtbar stigmatisiert, und wie werden dadurch Selbsterleben und Reaktionen der Umwelt geformt?
▪ Wie verarbeitet das Kind krankheitsbedingte Einschränkungen von motorischem Ausdruck und Aktivität?
▪ Auf welche Weise kann das chronisch kranke oder behinderte Kind in Freundeskreis und Freizeit sozial

aktiv sein und an einer normalen schulischen Ausbildung teilnehmen?

- ▓ Wie verarbeitet das Kind bzw. der Jugendliche die Notwendigkeit medizinischer Maßnahmen, wie z. B. Medikation, diätetische Einschränkungen, Operationen, Krankenhausaufenthalte und die Unvermeidbarkeit vom Arzt zugefügter bzw. krankheitsbedingter Schmerzen?
- ▓ Welche Bedeutung haben spezifische Aspekte der jeweiligen Krankheit oder Behinderung?
- ▓ Ist das Kind seit seiner Geburt oder erst seit einem späteren Zeitpunkt seines Lebens erkrankt, und wie wirkt sich dieser Aspekt in seinem Erleben aus?
- ▓ Verläuft die Krankheit stationär oder progredient, und wie wird das Kind davon psychisch betroffen?
- ▓ Liegt eine geringgradige Ausprägung oder ein schweres Krankheitsbild vor, und in welcher Relation steht die psychische Adaptation zu diesen Bedingungen?
- ▓ Welche Einschränkungen der Kommunikation ergeben sich primär aus Sinnes- oder Sprachbehinderungen, welche sind die sekundäre Folge von Krankheit und / oder Fehlanpassung?
- ▓ In welchem Wechselspiel stehen Persönlichkeitsentwicklung sowie kognitive Entwicklung einerseits und psychische Adaptation an Krankheit und Behinderung andererseits? Welche Verarbeitungsmöglichkeiten sind dem Kind aufgrund seines Entwicklungsstandes gegeben, und auf welche Weise wird die seelische Entwicklung durch die erreichte Anpassung bzw. Fehlanpassung beeinflusst?
- ▓ Sind die familiären Reaktionen auf die spezifische Situation des kranken Kindes geeignet, eine Stabilisierung der Adaptation des Kindes herbeizuführen, oder begünstigen sie die Entwicklung von emotionalen Störungen bzw. Auffälligkeiten im Verhalten?
- ▓ In welcher Phase der Krankheitsverarbeitung befinden sich die Eltern? Sind sie noch durch das Schockerleben der Initialphase in ihren Reaktionen beeinträchtigt, oder haben sie die charakteristischen Anpassungsmechanismen der Intermediärphase mit Depression, Schuld- und Angstgefühlen, Affekten der Verärgerung und Ablehnung oder Verleugnung und Verdrängung erreicht? Welche stabilisierenden Reaktionen sind aus dieser krisenhaften Phase hervorgegangen, und in welcher Weise beeinflussen sie Einstellungen, Verhalten und Erziehung? Befindet sich die familiäre Organisation in einem belastbaren oder dekompensierten Zustand?
- ▓ Auf welche Weise tragen die Reaktionen von Verwandten, Freunden und weiterer sozialer Umwelt zu Adaptation und Selbsterleben des chronisch kranken bzw. behinderten Kindes bei?

Die Klärung dieser Fragen ist eine unverzichtbare Voraussetzung für die Planung effizienter Rehabilitationsmaßnahmen.

16.1 Spezifische Aspekte einzelner Krankheiten und Behinderungen

Im Folgenden wird eine an den einzelnen Organ- und Funktionssystemen orientierte Abhandlung verschiedener Störungen und der damit verbundenen psychischen Probleme gegeben. Dabei muss auf einige vorausgegangene Darstellungen verwiesen werden. Diese betreffen das Asthma bronchiale (vgl. Kap. 15.1), das Ulcus pepticum und die Colitis ulcerosa (vgl. Kap. 15.1) sowie die atopische Dermatitis (vgl. Kap. 15.1) und die Anmerkungen zu den verschiedenen psychiatrischen Krankheitsbildern mit chronischem Verlauf wie der geistigen Behinderung (Kap. 5), dem Autismus (Kap. 6), den Psychosen (Kap. 7) und den chronischen organischen Psychosyndromen (Kap. 8).

Die folgende Darstellung nimmt jeweils schwerpunktmäßig eine kurze Darstellung der **Krankheitsbedingungen,** der **psychosozialen Adaptation** des Kindes bzw. Jugendlichen sowie der **Familie** und vereinzelt auch spezieller psychologischer Aspekte vor. Die Grundzüge der psychologischen Rehabilitation werden in allgemeiner Form am Ende des Kapitels dargelegt.

16.1.1 Herzkrankheiten

Krankheitsbedingungen

Die verschiedenen Formen angeborener Herzfehler können unter Berücksichtigung **physiologischer Kriterien** nach dem Blutfluss in den Lungengefäßen (normal, ermehrt, vermindert) und klinisch nach dem Vorliegen oder Fehlen einer Zyanose eingeteilt werden. Kinder mit einer erhöhten Lungendurchblutung ohne Zyanose wie z. B. beim Vorhofseptumdefekt, Ventrikelseptumdefekt und persistierenden Ductus arteriosus können unter kongestivem Herzversagen und Pneumonie leiden. Patienten mit herabgesetzter Lungendurchblutung und Zyanose sind durch rasche Ermüdbarkeit, Verzögerung der motorischen und geistigen Entwicklung und eine stärkere körperliche Behinderung gekennzeichnet. Bei zyanotischen Herzfehlern können zerebrovaskuläre Krisen und Hemiplegien auftreten, und aus Rechts-links-Shunts können zerebrale Embolien und Hirnabszesse resultieren. Die bei allen Kindern mit angeborenen Herzfehlern verzögerte Größen- und vor allem Gewichtszunahme ist bei zyanotischen Vitien besonders ausgeprägt. Diese Bedingungen führen auch zu einer Verzögerung der Pubertät. Mit diesen vielfältigen Auswirkungen von Herzfehlern sind zugleich bedeutsame Einschränkungen bzw. Faktoren der psychischen Entwicklung gesetzt.

Kognitive Entwicklung

Von einer Beeinträchtigung der **Intelligenzentwicklung** kann auch bei Kindern mit zyanotischen Vitien nicht durchgängig ausgegangen werden. Die Retardierung fällt besonders in den ersten drei Lebensjahren auf, wobei die in diesem Altersbereich eingesetzten Testverfahren angesichts der starken Betonung grobmotorischer Fertigkeiten möglicherweise Artefakte liefern, die auf die körperliche Einschränkung zurückzuführen sind. Bei älteren Kindern ist die Gesamtverteilung lediglich etwas in den Bereich geringer Intelligenz verschoben. Dabei dürften andere Einflussfaktoren wie die soziale Umgebung, die Einschränkung sozialer Kontakt, die wiederholten Krankenhausaufenthalte und der unterbrochene Schulbesuch ebenfalls bedeutsam sein. Subklinische Beeinträchtigungen des ZNS können jedoch nicht ausgeschlossen werden.

Insbesondere die früh im Säuglings- und Kleinkindalter durchgeführten korrigierenden Operationen erhöhen die Chance für eine normale Intelligenzentwicklung. Die Verbesserung der Operationstechniken hat die Risiken für die Entwicklung einer Hirnschädigung durch Hypothermie und extrakorporalen Kreislauf deutlich gemindert. Gleichwohl liegen Hinweise vor, dass mit dem Herzstillstand und extraakorporalen Kreislauf im Gegensatz zur Technik des low-flow-kardiopulmonalen Bypass eher niedrige Entwicklungsmaße und höhere Werte für Verhaltensauffälligkeiten bei Kleinkindern verbunden sind. Die geistige Entwicklung nach Herztransplantation ist nur bei Infektionen oder Organabstoßung mit einem Risiko verbunden.

Psychosoziale Adaptation

Angeborene Herzfehler haben sehr häufig auch lang anhaltende Auswirkungen auf die **emotionale Entwicklung.** Im Zusammenhang mit der Krankheit wie auch den Reaktionen und Verhaltensweisen der Eltern kommt es vielfach zu ängstlich-depressiver Verarbeitung oder aggressivem Verhalten. Hiervon sind erneut besonders die Kinder mit körperlichen Leistungseinschränkungen betroffen, bei denen eine Indikation für operative Maßnahmen bis zur Organtransplantation besteht. Andererseits können derartige **Adaptationen** auch so fixiert sein, dass sie über die in der Regel die emotionale Adaptation fördernde und entlastende Operation hinaus bestehen.

Mehrheitlich wird die Verarbeitung der Krankheit mit zunehmender kognitiver Entwicklung im Jugendlichen- und jungen Erwachsenenalter besser. Unmittelbar postoperativ zeigen Kinder im Gegensatz zu Erwachsenen, die Zeichen organischer Psychosen entwickeln können, eher verschiedene emotionale Reaktionen mit apathischen, depressiven und mutistischen oder aggressiven Verhaltensweisen. Auch hier wirkt sich die im frühen Kindesalter durchgeführte Operation günstig auf die psychische Entwicklung aus, indem sie einer psychischen Invalidisierung vorbeugt. Ein Fünftel bis ein Viertel der Kinder erleben im ersten Jahr nach Transplantation Symptome psychischer Belastung, die sich in Form von Angst, Verstimmung oder Störungen des Sozialverhaltens äußern.

Familie

Die emotionale Entwicklung wird sehr wesentlich auch von der Qualität der **Eltern-Kind-Beziehung** sowie den Einstellungen der Familie gegenüber dem herzkranken Kind beeinflusst. Elterliche Angst- und Schuldgefühle bestimmen ebenso wie Ablehnung, Verleugnung und Vernachlässigung die Krankheitsverarbeitung beim Kind. Diese Bedingungen können gewichtiger als die organischen Krankheitsfaktoren werden. Häufig resultiert aus der Belastung und Besorgnis der Eltern eine übertriebene, nicht mehr krankheitsangemessene Einschränkung, die z. B. die psychosexuelle Entwicklung der betroffenen Jugendlichen behindern kann. **Elterngruppen** insbesondere mit professioneller Begleitung haben sich als eine hilfreiche Methode zur Bearbeitung der elterlichen Gefühle von Trauer, Schuld, Hilflosigkeit, verdrängten Todesängsten oder Verletzungen des Selbstwertgefühls erwiesen. Hier ist die Mitarbeit des Kinder- und Jugendpsychiaters bzw. Psychologen ein wichtiger Bestandteil kooperativer multidisziplinärer Betreuung des herzkranken Kindes und seiner Familie.

Spezielle psychologische Aufgaben

Psychologische Hilfen müssen sich besonders auf die mit der Krankenhausbehandlung bzw. -diagnostik und Operation einhergehenden Belastungen erstrecken. Bei Kleinkindern drohen Trennungsängste und Deprivationsschäden (vgl. Kap. 19), sofern nicht präventive Maßnahmen wie z. B. die Mitaufnahme der Mutter (sog. Rooming-in) ergriffen werden. Ebenso muss der Gefährdung der seelischen Entwicklung durch angstprovozierende diagnostische Maßnahmen bei allen Altersgruppen vorgebeugt werden. **Präventive psychologische Maßnahmen** durch altersangemessene Vorbereitung, Aufklärung und Information vor der Durchführung von Herzkatheteruntersuchungen oder Operationnen sind daher unverzichtbar. Dabei spielen Elternaufklärung, eine Besichtigung der Klinik vor der geplanten Maßnahme, eventuelle kindgemäße Informationsschriften oder Bilderbücher und vor allem das Spiel eine herausragende Rolle. Das Unterlassen derartiger vorbereitender Maßnahmen sollte unter psychohygienischen Gesichtspunkten als ein Kunstfehler betrachtet werden. In Ergänzung zu diesen präventiven Funktionen bestehen **weitere psychiatrische und psychologische Aufgaben** in der postoperativen Betreuung bei der psychischen Verarbeitung des Eingriffs und Readaptation sowie in der Therapie von psychischen Störungen des herzkranken Kindes.

16.1.2 Zystische Fibrose

Krankheitsbedingungen

Diese auch als Mukoviszidose bezeichnete Krankheit wird autosomal-rezessiv vererbt und tritt ca. einmal unter 1 500 bis 2 000 Geburten auf. Charakteristisch ist eine fortschreitende Gewebezerstörung und Atrophie in allen Organen mit mukoider Sekretion, von der hauptsächlich die Bauchspeicheldrüse und die Lunge betroffen sind. Die Lebensperspektive der betroffenen Patienten reicht selten über das junge Erwachsenenalter hinaus. Symptome und Folgen des Grundprozesses sind Minderwuchs, Dystrophie, pulmonale Symptome sowie Zeichen einer Malabsorption.

Adaptation

Diese schwere und prognostisch ungünstige Krankheit mit oft sehr aufwendigen therapeutischen Bemühungen stellt erhebliche Anforderungen an die psychosoziale Adaptation des Kindes und seiner Familie. Sie wird überlagert durch die zusätzlichen Probleme, die aus dem Minderwuchs (s. u.) und der eingeschränkten Lebenserwartung resultieren. Ständige physikalische Therapiemaßnahmen (sog. Bronchhialtoilette mit Abklopfen des Brustkorbs), die Notwendigkeit einer Diät wegen der Malabsorption, die Stigmatisierung durch das Erscheinungsbild und die Angst vor Krankheitsverschlechterung und Tod bilden ein Bündel extremer Belastungsfaktoren, die für psychische Störungen prädestinieren.

Als Folge können ängstlich-regressive Entwicklungen, aber auch Krankheitsverleugnung und aggressives Ausagieren beobachtet werden. Repräsentative Untersuchungen belegen die erhöhte Wahrscheinlichkeit einer psychosozialen Fehladaptation mit Ausbildung vornehmlich emotionaler Störungen. Die Entwicklung diskreter Hinweise auf Hirnfunktionsschwächen kann im Zusammenhang der chronifizierten pulmonalen Symptome mit einer verminderten Sauerstoffsättigung und dementsprechender Minderversorgung des Hirns gesehen werden. Es liegen ferner Hinweise dafür vor, dass Schweregrad und Progredienz der Krankheit mit dem Ausmaß psychischer Auffälligkeiten korrelieren.

Familie

Ebenso ist der Zustand **familiärer Reaktionen und Funktionen** für die Psychopathologie des Kindes bedeutsam. Die Eltern sind in ihrer Funktionstüchtigkeit durch Schuldgefühle angesichts des Vererbungsmusters, bei dem zwei heterozygote Anlagenträger für die Krankheitsmanifestation verantwortlich sind, antizipatorische Trauerreaktionen sowie Ängste und Verstimmungen dauerhaft oder wiederholt krisenhaft bedroht. Ein schwerer Krankheitsverlauf macht darüber hinaus eine aktive Mitarbeit bei der physikalischen Therapie und Diät erforderlich. Hier können mangelnde Mitarbeitsbereitschaft von Familie und Patient zu einer Beeinträchtigung des Verlaufs mit Folgen für die psychische Befindlichkeit führen. Partnerbeziehungsstörungen der Eltern oder psychische Störungen bei den sich meist stärker in der Verantwortung fühlenden Müttern können gehäuft beobachtet werden.

16.1.3 Chronische Niereninsuffizienz

Krankheitsbedingungen
Die aus verschiedenen Krankheiten, z. B. chronischen Entzündungen resultierende terminale Niereninsuffizienz ist vor der Entwicklung von **Hämodialyse** und **Organtransplantation** eine infauste Diagnose gewesen. Mit der Einführung dieser Behandlungsmöglichkeiten sind jedoch neue psychologische Probleme entstanden, die zuvor nicht bekannt waren. Sie sind in der Phase der Hämodialyse, die möglicherweise eine sehr lange Phase des Wartens auf eine geeignete Organspende darstellt, durch das Phänomen der Abhängigkeit von maschineller Behandlung und gleichzeitig erheblicher Einschränkungen normaler alltäglicher Lebensvollzüge gekennzeichnet.

Die Abhängigkeit von der **Hämodialyse** ist eine Extremsituation menschlicher Existenz, in der die Verfügbarkeit von Technologien über das Überleben entscheidet. Zugleich werden die sozialen Beziehungen innerhalb und außerhalb der Familie durch die wöchentlich mehrmaligen, über Stunden reichenden Behandlungen belastet. Auch nach erfolgreicher Nierentransplantation sind eine Reorientierung und erneute Adaptation erforderlich.

Psychosoziale Adaptation
Unter diesen Krankheitsbedingungen leiden nicht nur die Beziehungen zu Eltern und Geschwistern, sondern auch zu Freunden und Schulkameraden. Diese extreme Abhängigkeitssituation drückt auch der psychischen Adaptation des chronisch nierenkranken Kindes ihren Stempel auf; entsprechend sind häufiger psychische Störungen zu beobachten. **Emotionale Störungen** mit sozialem Rückzug, depressiven Reaktionen und regressiven Verhaltensmustern stehen im Vordergrund. Sie können von Selbstwertkrisen und Suizidgedanken begleitet sein. Vereinzelt kommt es auch zu phobischen Reaktionen gegenüber der Dialysemaschine. Trotz der erheblich beeinträchtigten Stoffwechselverhältnisse bei der terminalen Niereninsuffizienz sind Symptome hirnorganischer Psychosyndrome bisher nicht beschrieben worden. Die bei Erwachsenen beobachtbaren Leistungseinbußen finden bei Kindern mit dialysepflichtiger Niereninsuffizienz keine Entsprechung in bedeutsamen Störungen der Aufmerksamkeit und des Lernens. Die Effekte könnten allenfalls von subklinischer Intensität sein. Auch das Risiko für die Entwicklung einer Psychose ist bei Kindern mit terminaler Niereninsuffizienz nicht erhöht.

Einige **Adaptationsprobleme** sind alters- und entwicklungsabhängig. Früh erkrankte und noch junge Kinder können angesichts mangelnder kognitiver Verarbeitungsmöglichkeiten, welche sie die medizinischen Maßnahmen möglicherweise als Strafe erleben lassen, nur begrenzt oder schlecht kooperieren und unter der Hospitalisierung vermehrt leiden. Später entstehen besondere Belastungen aus der äußeren Stigmatisierung infolge der krankheitsbedingten bzw. aus der Behandlung resultierenden Symptome, die sich als Minderwuchs, Adipositas und kosmetische Entstellungen aufgrund der Kortikoid-Medikation manifestieren. Hier liegt die Wurzel für schwere Selbstwert- und Identitätsstörungen, von denen besonders Mädchen in der Adoleszenz betroffen sein können. Das Suizidrisiko ist allerdings im Gegensatz zu Erwachsenen nicht erhöht.

Die erfolgreiche **Nierentransplantation** bedingt insofern eine Readaption, als in der Regel eine Phase der Abhängigkeit von der Hämodialyse und permanenten Krankheitskonfrontation vorausgegangen ist. Nunmehr muss das Kind die wiedergewonnene Leistungsfähigkeit und Mobilität ebenso wie die Aufgabe von Abhängigkeit und Passivität verarbeiten. Am Anfang kann diese Phase der Reorientierung noch durch Ängste vor einer Organabstoßung überlagert sein. Sollte dieses Ereignis tatsächlich eintreffen, besteht die Gefahr ausgeprägter depressiver Reaktionen mit erhöhter Suizidgefahr. Ferner kann die permanente Sorge um eine mögliche Organabstoßung die Entwicklung überschatten und ein Verharren in der Krankenrolle bedingen, wobei im Kindesalter vor allem elterliche Fehlhaltungen das Kind in seinem Verhalten bestärken.

Zusätzlich schafft die erforderlich **medizinische Behandlung** und Durchführung einer immunsuppressiven Therapie weiterhin Probleme der Abhängigkeit und stellt die fehlende Kooperation des Patienten eine Gefährdung dar, welche zur Organabstoßung beitragen kann. Schließlich können später auftretende Ambivalenzgefühle und konflikthafte Verarbeitungen beim Organspender vom Kind bzw. Jugendlichen wahrgenommen und mit Schuldgefühlen verarbeitet werden. Trotz dieser Risiken bedeutet die Transplantation in der Regel für die betroffen Kinder und Jugendlichen einen Weg zurück in ein aktives Leben mit wiedergewonnener positiver psychosozialer Entwicklung.

Familie

Die chronische Belastung führt nach systematischen Beobachtungen gehäuft zu bisweilen erheblichen Störungen der Elternbeziehung und stellt die erzieherischen Fähigkeiten der Eltern in besonderer Weise auf die Probe. Dialyse wie Organtransplantation setzen eine hohe Bereitschaft zur Kooperation voraus. Daher besteht die Gefahr, dass die Bedürfnisse der gesunden Kinder ungenügend beachtet werden. Die Nierenspende durch ein Familienmitglied ist emotional stark mit möglicherweise ambivalenten Gefühlen der Hilfe und Sorge um die eigene Gesundheit besetzt und von Ängsten um die Organabstoßung überlagert. Die fehlende Kooperation der Familie kann zu diesem Ereignis beitragen.

16.1.4 Körperbehinderung

Krankheitsbedingungen

Für die Vielzahl von unterschiedlichen Formen der Körperbehinderung gibt es kein allgemein gültiges Klassifikationssystem. Gemeinsam ist ihnen eine Fehlform oder Fehlfunktion des körperlichen Stütz- und Bewegungsapparates, die das Kind der Ausübung altersgemäßer Bewegungsabläufe und motorischer Funktionen behindert.

Sie lassen sich unter dem Aspekt der Genese in drei große **Gruppen** einteilen:
- angeborene Körperbehindnerungen (z. B. infantile Zerebralparese, Dysmelien, Gliedmaßendeformierungen, Systemerkrankungen des Skeletts wie Myelomeningozele, Spina bifida u.a.),
- im nachgeburtlichen Leben auftretende, teilweise progredient verlaufende Erkrankungen oft unklarer Genese (z. B. Muskeldystrophien, Formveränderungen der Wirbelsäule, aseptische Knochennekrosen) und
- erworbene Körperbehinderungen traumatischer oder entzündlicher Genese (z. B. Unfallfolgen, erworbene Lähmungen, Amputationen, Poliomyelitis).

Psychiatrisch wichtig ist die Unterscheidung von Körperbehinderungen mit oder ohne begleitende **Hirnschädigung**. Bedeutsam ist ferner die Tatsache, dass Körperbehinderungen Teil einer **Mehrfachbehinderung** mit zusätzlicher Sinnesbehinderung oder geistiger Behinderung sein können.

Kognitive Entwicklung

Aussagen zur **Intelligenz** müssen berücksichtigen, dass Ergebnisse herkömmlicher Tests insbesondere im frühen Kindesalter durch die Betonung feinmotorischer Fertigkeiten oder für das körperbehinderte Kind inadäquater Zeitvorgaben Verzerrungen unterworfen sind. Unter Berücksichtigung dieser Eigentümlichkeiten bleibt dennoch festzustellen, dass **Zerebralparetiker** nur zu jeweils 20 bis 30% entweder normal intelligent oder lernbehindert sind, während 30 bis 60 % geistig behindert sind. Hier sind der Schweregrad der Zerebralparese und die Intelligenzbeeinträchtigung sehr eng korreliert. Dabei sind die Faktorenstruktur und das Intelligenzprofil deutlich anders als bei anderen Formen der Körperbehinderung: Es dominieren Störungen von Wahrnehmungsleistungen und der sensomotorischen Koordination bei Mangel an Erfahrungswissen. Minderungen der Intelligenz können auch bei Kindern mit **Dysmelie** – hier wohl eher im Bereich perzeptiv-motorischer Fähigkeiten und bei schwerer Behinderung –, mit operiertem **Hydrozephalus**, mit **Fehlbildungen** bzw. **Spaltbildungen des Gesichts** beobachtet werden.

Die praktische Intelligenzdiagnostik muss sich in jedem Fall auf niveauangemessene Tests mit Elimination zu schwieriger motorischer Leistungen sowie der Lösungsgeschwindigkeit als Bewertungskriterium beziehen. Ein Beispiel ist der Intelligenztest für 6- bis 14-jährige körperbehinderte und nicht körperbehinderte Kinder (ITK). Als Folge der meist durch die über organische Schäden gesetzten Intelligenzminderungen sind auch die **Schulleistungen** bei einigen Kindern mit einer Körperbehinderung beeinträchtigt. Dies gilt auch noch für Kinder mit Spaltbildungen des Gesichts. Möglicherweise ist nicht das gesamte Leistungsniveau in Form einer Intelligenzminderung betroffen, sondern sind lediglich Teilfunktionen wie Lesen und Schreiben beeinträchtigt. Auch Auffälligkeiten der **sprachlichen Artikulation bzw. verbalen Expression** können stärker ausgeprägt als das allgemeine kognitive Defizit sein.

Psychosoziale Adaptation

Die **Persönlichkeit** des körperbehinderten Kindes weist unabhängig von Genese und Form der Behinderung einige Gemeinsamkeiten auf. Es sind häufig ängstlich-gehemmte, scheue, zurückgezogene und passive Kinder mit wenige Selbstvertrauen, Problemen in der Anbahnung heterosexueller Kontakte im Jugendalter und beträchtlichen Schwierigkeiten hinsichtlich der sozialen Integration. Die generelle Feststellung, dass Kinder mit hirnorganischen Störungen ein besonders hohes Risiko für die Entwicklung psychischer Störungen haben, hat auch für die Körperbehinderung Gültigkeit. Auch hier wirken allerdings gestörte familiäre Faktoren erst bahnend für die Ausbildung emotionaler und seltener dissozialer Störungen.

Familie

Die **Eltern** körperbehinderter Kinder sind mit einer Reihe schwieriger, für Eltern gesunder Kinder nicht geltenden Aufgaben konfrontiert. Sie sollen ohne Überprotektivität die größeren Versorgungsbedürfnisse des behinderten Kindes erfüllen, ohne Zurückweisung des Kindes die Trauer über die Behinderung des Kindes aushalten, unter Berücksichtigung der besonderen Bedingungen des Kindes eine möglichst normale Erziehung realisieren, einen größeren Einsatz bei meist geringerer Bestätigung als bei anderen Kindern realisieren und ihre Erwartungen an kleinen Fortschritten bei insgesamt begrenzten Möglichkeiten orientieren. Der Widerspruch zwischen Zielen, Ansprüchen und realisierbaren Möglichkeiten lässt viele Eltern scheitern. Neben den eingangs referierten emotionalen Schockreaktionen kommt es zu Enttäuschungsreaktionen, Überbeschützung oder Zurückweisung des Kindes, wobei wiederum die Mütter stärker emotional beteiligt sind und Väter die Realität stärker leugnen.

Als Folge und im Kontext entstehen häufig Partnerbeziehungsstörungen und möglicherweise auch Scheidungen. Oft sind die Familien in ähnlicher Weise wie das Kind sozial isoliert. Für den Entwicklungsprozess des Kindes ist nicht nur dieses Zusammentreffen von allgemeiner sozialer Isolation bedeutsam, sondern auch die wiederholt dokumentierte Beobachtung bei verschiedenen Formen von Körperbehinderungen, dass sich die Mütter noch sehr junger Säuglinge angesichts der fehlenden Verstärkung durch das Kind in dessen Entwicklungsprozess zunehmend affektiv zurücknehmen. Trotz der geschilderten Möglichkeiten beeinträchtigter Adaptationen körperbehinderter Kinder und ihrer Eltern darf nicht übersehen werden, dass es vielen Eltern gelingt, positive Beziehungen zu ihren Kindern aufzubauen.

Soziale Umwelt

Die Entwicklung des körperbehinderten Kindes wird in beträchtlichem Ausmaß von den Reaktionen der sozialen Umwelt mitbestimmt. Hier wirken Rückzugsbereitschaft und fehlende soziale Kompetenz des Kindes mit Enttäuschungsreaktionen und Rückzug der Eltern sowie schließlich soziale Vorurteile gegenüber dem Stigmatisierten in oft verhängnisvoller Interaktion zusammen. Die über die Zeit in beängstigender Weise stabilen gesellschaftlichen Negativstereotype stellen somit einen gewichtigen behindernden Faktor für die Entwicklung des körperbehinderten Kindes dar.

16.1.5 Hämophilie

Krankheitsbedingungen

Unter den verschiedenen Blutkrankheiten mit chronischer Verlaufscharakteristik ist in Mitteleuropa die Hämophilie bedeutsam, während im Mittelmeerraum die Thalassämie und bei Schwarzen die Sichelzellanämie ebenfalls eine Reihe psychischer Probleme implizieren. Die Hämophilie ist eine rezessiv vererbte, in der Manifestation an das männliche Geschlecht gebundene Störung der Blutgerinnung, welche von den nicht erkrankenden Frauen als so genannten Konduktorinnen vererbt wird. Die schwere Form der Erkrankung mit nur 0 bis 1% Gerinnungsfaktoraktivität und die mittelschwere Form führen nahezu regelhaft über die für die Hämophilie typischen Gelenkblutungen zu bleibenden Körperbehinderungen. Diese Beeinträchtigungen entwickeln sich im Verlauf des Lebens als Folge von Verletzungs- und Spontanblutungen.

Nach dem betroffenen Ausfall des Gerinnungsfaktors VIII bzw. IX werden eine Hämophilie A und B unterschieden. Die klinischen Symptome sind weitgehend ähnlich. Etwa 70 bis 80 % der betroffenen Jungen haben eine positive Familienanamnese; der Rest der Manifestationen kommt durch Neumutationen zustande. Die früher dominierende stationäre Therapie ist einer prophylaktischen ambulanten Behandlung und Heimselbstbehandlung unter ärztlicher Überwachung gewichen. Damit hat sich die Problematik möglicher Deprivationsfolgen aufgrund wiederholter Krankenhausaufnahmen weitgehend entschärft.

Psychosoziale Adaptation

Der **Konflikt** zwischen dem Wunsch nach ungehemmter körperlicher Aktivität und Expansivität einerseits und der erhöhten Gefahr von Blutungsereignissen ist von zentraler Bedeutung für die Entwicklung. Diesen Konflikt erlebt vor allem der junge Hämophile anhand von Verletzungen und zwar sowohl schmerzlich im Wortsinn wie mit zunehmendem Alter auch auf der Bewusstseinsebene. Die pathologische Lösung dieses Konfliktes vollzieht sich in Form **psychischer Störungen,** die sich schwerpunktmäßig in der klassischen Dichotomie kinderpsychiatrischer Störungen, d. h. entweder in einer ängstlich-gehemmten Symptomatik oder aber in aggressiv-negativistischem Verhalten, äußern. Für den Krankheitsverlauf ist der zweite Verarbeitungstyp insofern bedrohlich, weil damit ein betont risikosuchendes Verhalten mit Vernachlässigung aller Vorsichtsmaßnahmen zur Vermeidung von Verletzungen und damit Blutungen verbunden ist. Möglicherweise wirken sich darüber hinaus emotionale Belastungsereignisse direkt über einen theoretisch annehmbaren psychophysiologischen Mechanismus als Spontanblutung aus.

Je häufiger Blutungsereignisse zu einer zumindest vorübergehenden Immobilisierung – oder später zu einer frühzeitigen Invalidisierung – führen, desto mehr sind **Schul- und Berufspläne** und darüber hinaus die Teilnahme am normalen **sozialen Leben** beeinträchtigt. Unter diesen Bedingungen können bereits existente Isolationstendenzen zusätzlich Verstärkung erfahren.

Trotz der deutlich gebesserten Lebenssituation Hämophiler sind sie ständig von Verletzungen und Immobilisierung bedroht, so dass sie sich an einen krisenhaften Krankheitsverlauf adaptieren müssen. In den 80er und 90er Jahren ist vor allem für jugendliche und erwachsene Patienten ein bedrückendes Problem hinzugekommen. Wegen der Abhängigkeit von Gerinnungsfaktorpräparaten sind viele Patienten aufgrund von Verunreinigungen durch Blutspender HIV-positiv geworden. Sie wurden damit **Träger des AIDS-Virus** und konnten das Virus über sexuelle Kontakte weitergeben.

Familie

Unter den **elterlichen Reaktionen** nehmen die mütterlichen Schuldgefühle angesichts des spezifischen Erbgangs einen besonderen Rang ein. Entsprechend besteht für die Mutter die Gefahr der Entwicklung unangemessener Adaptationen mit ängstlich-depressiven oder ablehnend-verdrängenden Reaktionen. Übermäßig enge Bindung und Einschränkungen des kranken Sohnes stellen eine Gefahr für die Entwicklung einer autonomen Entwicklung des Hämophilen dar. Sie sind gleichwohl nicht regelhaft oder gehäuft zu beobachten.

16.1.6 Leukämie und maligne Tumoren

Krankheitsbedingungen

Die früher nur auf wenige Monate begrenzte Überlebenswahrscheinlichkeit der häufigsten Form des kindlichen Krebses, der akuten lymphozytären Leukämie (ALL), hat sich angesichts moderner Therapiemöglichkeiten in geradezu dramatischer Form verbessert. Damit hat die ALL zunehmend den Charakter einer chronischen Krankheit bekommen. Nicht mehr die unmittelbare Todesbedrohung, sondern die längerfristige psychosoziale Adaptation ist somit das psychologische Zentralthema bei bösartigen Krankheiten im Kindesalter. Zugleich schafft die mit erheblichen Schmerzen, Nebenwirkungen und auch Entstellungen verbundene Behandlung mit Chemotherapie, Bestrahlung und Knochenmarktransplantation große Probleme. Neben der Leukämie machen auch die vornehmlich im Kindesalter auftretenden embryonalen Tumoren und Sarkome chirurgische Maßnahmen in Ergänzung zu Chemotherapie und Bestrahlung erforderlich. Der Fortschritt in der Behandlung maligner Krankheiten des Kindes- und Jugendalters spiegelt sich in der Tatsache wider, dass 65 % der Betroffenen mindestens 10 Jahre überleben.

Psychosoziale Adaptation

Angesichts der verbesserten Therapiemöglichkeiten lässt sich der psychosoziale Adaptationsprozess wie bei vielen anderen chronischen Krankheiten in verschiedene **Phasen** einteilen: Nach der Diagnosestellung setzt die Behandlung ein, welche zur Remission und Stabilisierung des Krankheitsgeschehens führen kann. Bei einem Teil der Patienten kann die Behandlung erfolgreich abgeschlossen werden, während es bei einem anderen zu einem Rückfall mit Verschlechterung und schließlich terminaler Krankheit und Tod kommt. Für Eltern und Angehörige schließt sich eine Phase der Trauer mit der Notwendigkeit einer Readaptation an. Jede dieser Phasen hat charakteristische psychologische Belastungsmomente und Aufgaben der Verarbeitung.

Die **Phase der Diagnosestellung** am Anfang der Erkrankung stellt in der Regel die größte Belastung für Eltern und Patienten dar, welche mit Schock, Verleugnung, Trauer, Ärger oder Depression reagieren können. Dabei hängen die beim Kind evozierten **Todesvorstellungen** wesentlich von dessen Entwicklungsstand ab. Im Kleinkindalter manifestieren sich diese als Trennungsängste, und die Irreversibilität des Todes ist noch weitgehend unbekannt. Eine Vorstellung von der Irreversibilität des Todes entwickelt sich vielmehr erst im Grundschulalter, wobei gleichzeitig angesichts des Krankheitsprozesses und der therapeutischen Maßnahmen beträchtliche Mutilationsängste vorliegen können. Erst ab der Pubertät entsprechen die Todesvorstellungen von Kindern weitgehend denen Erwachsener und werden nun als Ängste erlebt, abgewehrt oder verschlüsselt dargestellt. Sie verbinden sich mit Realängsten, die aus der Behandlung (z. B. Amputation bei einem Gliedmaßentumor) oder den Nebenwirkungen der Chemotherapie (z. B. Haarverlust bei Zytostatika) resultieren. In dieser Phase brauchen Patient und Familie viel Stützung und Information durch Ärzte behandelndes Personal, wobei die vielfältigen und schwierigen emotionalen Reaktionen bereits zu diesem Zeitpunkt eine psychosoziale Betreuung unabdingbar machen.

Der mit dem **Behandlungsbeginn** einsetzende Handlungsdruck einschließlich der erforderlichen Kooperation von Patient und Familie führt zu einer relativen Entlastung nach der schweren initialen Krise. Besondere Probleme rühren nun aus der körperlichen Entstellung (z. B. Haarverlust). Vor allem Jugendliche leiden erheblich unter dem Verlust der Vitalität und der Abhängigkeit von hochspezifischen Therapieschemata, sodass die Kooperation gefährdet sein kann. Das Ziel für die gesamte Familie besteht gleichwohl darin, so weit wie möglich ein normales Leben wie vor der Krankheit zu realisieren, wozu auch der Schulbesuch gehört.

Mehrheitlich geht der Krankheitsprozess sodann in eine **Remission** über, die sich allerdings nach ganz unterschiedlich langen, von Tagen bis zu Jahren reichenden Zeiträumen einstellt. Anhaltende Ängste und Befürchtungen können auftreten und bedürfen der Beratung. Am **Ende der Behandlung** ist eine Reorientierung und die Aufgabe der Krankenrolle erforderlich. Emotionale Probleme können überdauern. Schwere kognitive Beeinträchtigungen als Folge z. B. der kombinierten ZNS-Bestrahlung und Zytostatikatherapie sind nicht zu erwarten. Gleichwohl können insbesondere bei jungen Kindern Spätfolgen mit diskreten psychomotorischen Verlangsamungen und leichten perzeptorischen Schwächen die Ursache von Lernschwächen sein. Darüber hinaus können zahlreiche körperliche Funktionsstörungen vorliegen.

Mit dem **Rückfall** oder der **Verschlechterung** verbindet sich erneut wie am Anfang des Krankheitsgeschehens eine emotionale Krise, die angesichts in der Zwischenzeit gewachsener Hoffnungen besonders schwer wiegt. Viele durchlebte Ängste werden reaktiviert, und oft richtet sich die letzte Hoffnung auf sog. alternative, experimentelle und in der Effektivität noch unbekannte Therapiemethoden. Ebenso schwer kann die Entscheidung fallen, sämtliche Therapiebemühungen zu beenden.

Schließlich sind **terminale Krankheit** und **Tod** weiterhin die Realität für viele krebskranke Kinder. Nunmehr muss sehr sensibel auf Hinweise geachtet werden, ob und mit wem die Kinder und ihre Familien über den drohenden Tod sprechen wollen. In der Regel ist die Verdrängung dieser Thematik wenig hilfreich und sind auch die betroffenen Kinder und Jugendlichen eher gewillt, über ihren drohenden Tod zu sprechen. Dabei sollten sie selbst die Entscheidung treffen, wann und mit wem sie über dieses Thema reden wollen.

Langzeituntersuchungen zeigen, dass Chemotherapie und speziell die kraniale Bestrahlung eine meist diskrete Minderung kognitiver Leistungen und in der Folge auch der Schulleistungen herbeiführt. Hingegen sind psychische Auffälligkeiten nicht gehäuft zu beobachten und stehen gegebenenfalls eher in einer Beziehung zu familiären Fehlanpassungen.

Familie

Im Rahmen der in den **Familien** ablaufenden Belastungen und Krisen besteht ein erhöhtes Risiko für die Entwicklung emotionaler Störungen bei den **Geschwistern** der Patienten. Dieses Risiko ist möglicherweise noch höher als für das erkrankte Kind selbst und stellt teilweise eine Folge der übermäßigen Konzentration der Eltern auf das kranke Kind dar. Insofern kommen in der sozialen Isolation, den Ängsten und auch den aggressiven Akten der Geschwister die ungenügend beachteten Bedürfnisse nach Zuwendung zum Ausdruck.

Bisweilen bestehen bei den Geschwistern diffuse Konzepte über die Verursachung der Krankheit, für die sich ein Geschwister schuldhaft verantwortlich fühlen mag, sowie eine unangemessene Verarbeitung der sichtbaren Krankheitszeichen, eigene Todesängste, Beziehungsstörungen zu den Eltern, Beeinträchtigungen der Schulleistungen und Somatisierungen, die therapeutisch bearbeitet werden. Gleichzeitig durchlaufen die **Eltern** emotionale Krisenphasen mit antizipatorischer Trauer im Vorfeld des Todes, Schuldgefühlen und Hilflosigkeit.

Spezielle psychologische Aufgaben

Der beschriebene Phasenverlauf bösartiger Krankheiten im Kindes- und Jugendalter einschließlich der begleitenden psychosozialen Prozesse macht eine kontinuierliche Integration psychologischer Beratungs- und Behandlungsmaßnahmen erforderlich. Hierzu zählen in der Therapiephase angesichts sehr aggressiver medizinischer Therapiemaßnahmen und der Folge von Schmerzen und Ängsten, die sich auch als Schlafstörungen und Alpträume äußern können, **Entspannungstechniken** und **Hypnose**. Auch **präventive Maßnahmen** wie die Filmdarstellung anderer Kinder im Sinne positiver Modelle, die sich schmerzhaften medizinischen Maßnahmen unterziehen mussten, sowie die Vorbereitung im Rollenspiel bzw. mit Techniken der emotionalen Vorstellung können hilfreich sein. Wesentlich ist, dass Kinder verständlich und einfühlsam auf jeden Schritt des Behandlungsprogramms bzw. der Diagnostik vorbereitet werden müssen.

Weiterhin stellt in der Behandlungsphase die Mitarbeit (**Compliance**) der Patienten und Familien eine zentrale Aufgabe dar. Insbesondere Jugendliche sind in diesem Zusammenhang eine Risikogruppe, weil sie in den zentralen Themen der Adoleszenz, d. h. Autonomie und Identität, durch den Krankheitsprozess erhebliche Einbrüche erleben und Beeinträchtigungen der sozialen Beziehungen und Ziele der psychosexuellen Entwicklung besonders schmerzhaft erfahren. Aus derartigen Krisen kann in seltenen Fällen auch eine totale Behandlungsverweigerung resultieren, die bei Eltern auch einmal die Folge religiöser Überzeugungen sein kann. Probleme kann auch die aus Hoffnungslosigkeit oder Verdrängung resultierende Vernachlässigung des Kindes aufwerfen. Unter diesen Bedingungen verhelfen Beratung und psychosoziale Maßnahmen – in seltenen Fällen unter Einschaltung von Fürsorgestellen, Jugendämtern und Gerichten – zu einer angemessenen Fortsetzung medizinisch notwendiger Behandlungsprogramme.

Für das **Gespräch mit dem Kind** über seine Todesängste lassen sich einige Grundregeln formulieren. Grundsätzlich sollten Eltern und Therapeuten in die Lage versetzt sein, offen und ehrlich mit dem krebskranken Kind bzw. Jugendlichen zu sprechen. Nur so kann die Vorbereitung auf das Unvermeidliche positiv erfolgen. Voraussetzung sind die Kenntnis der altersabhängigen Todesvorstellungen bei Kindern, der Lebensphilosophie und Todesvorstellungen der Familie, der Erfahrungen mit dem Tod in Familien, der bisherigen Adaptation der Familie an Krisen und das Wissen darum, dass die Art der Mitteilung für das Kind meist wichtiger als der Inhalt ist. Dem Kind sollte vermittelt werden, dass es selbst entscheiden kann, ob, wann und mit wem es über seine Todesängste sprechen will, dass es dafür immer einen Gesprächspartner gibt, dass es im Tod nicht allein gelassen wird und dass der Tod nicht schmerzhaft ist. Das Gespräch mit dem Kind muss sich also an dessen Bedürfnissen orientieren. Mit zunehmendem Alter ist seine Beteiligung an therapierelevanten Entscheidungen gemeinsam mit der Familie denkbar. Angesichts der verbesserten Überlebenschancen darf aber nicht übersehen werden, dass die psychosoziale Adaptation Hilfen erforderlich machen kann, wie sie auch bei anderen chronischen Krankheiten eingesetzt werden. So können beispielsweise Interventionen mit dem Ziel einer Verbesserung sozialer Fertigkeiten sinnvoll sein.

Zugleich bedürfen die bei den Eltern und Geschwistern entstehenden Todesängste einer Bearbeitung. Sofern sich die **Familie** dafür entscheidet, dass der Patient zu Hause stirbt, stellt sich auch hier die Frage, welche Hilfe und Stützung gegeben werden kann. Auch die auf den Tod folgende **Trauerphase** kann psychosoziale Maßnahmen erforderlich machen. Die starke Zentrierung auf das kranke Kind haben das Familienleben und die emotionalen Ressourcen der Eltern möglicherweise so stark absorbiert, dass schwere Krisen die Folge sein können. Die vollständige Handlungsfähigkeit kann sich möglicherweise erst verzögert wieder einstellen und die Reorientierung durch die Erinnerung an das verstorbene Kind beeinträchtigt bleiben.

Für die Familie kann die Einbettung in weitere **soziale Netze,** d. h. Verwandtschaft, Freunde und Bekannte, Stützung und Entlastung bedeuten. Ebenso vermögen Eltern Kraft aus religiösen oder weltanschaulichen Überzeugungen zu beziehen. Ferner sind in Ergänzung zu professionellen Hilfen **Elterngruppen** eine Möglichkeit, aus der Erfahrung gleicher Betroffenheit bei anderen Eltern Hilfen für die eigene Verarbeitung und das eigene Handeln zu gewinnen.

Darüber hinaus kann es nötig sein, auch **Lehrer und Schüler** angesichts von Ängsten, die durch das Zusammensein mit einem kranken Kind hervorgerufen werden, zu informieren. Hierzu zählt z. B. die Aufklärung über die krankheitsbedingte eingeschränkte Leistungsfähigkeit, um einen dem aktuellen Leistungsniveau angemessenen Unterricht sicherzustellen. Auf jeden Fall sollte so weit wie möglich ein kontinuierlicher Schulbesuch realisiert werden. Dabei muss der schulbezogene Beratungsprozess die Lehrer in gleicher Weise wie die Eltern auf die mit dem Krankheitsgeschehen wechselnden Verläufe vorbereiten.

Über die Familie und die Schule hinaus ist ein letztes Betätigungsfeld für Psychiater und Psychologen mit der Notwendigkeit gegeben, Ärzten, Krankenschwestern und anderen Therapeuten des **klinischen Teams** im Rahmen von **Liaisondiensten** Hilfen bei der ständigen Konfrontation mit schwerkranken und sterbenden Kindern zu geben. Der Entwicklung persönlicher Krisen sowie dem Gefühl, emotional ausgebrannt zu sein und diese schwere Arbeit nicht fortsetzen zu können, sollte durch das regelmäßige Gespräch innerhalb des Behandlungsteams unter Beteiligung von erfahrenen Psychiatern und Psychologen begegnet werden.

16.1.7   Endokrine Störungen

Unter den zahlreichen endokrinen Störungen sind vornehmlich vier Themenbereiche von kinderpsychiatrischer und psychoendokrinologischer Bedeutung, nämlich die verschiedenen Formen des **Kleinwuchses,** die **Hypothyreose,** das **adrenogenitale Syndrom** und die **Störungen der Pubertätsentwicklung,** wobei diese Phänomene teilweise miteinander verknüpft sind.

Kleinwuchs
Für Kinder und Jugendliche mit Kleinwuchs gelten unabhängig von der jeweiligen Genese der Störung drei Grunderfahrungen:
- Sie können nicht an der allgemeinen, kulturell vermittelten Gleichsetzung von Körpergröße mit Status sowie positiven sozialen Attributen teilhaben.
- Sie sind durch den Minderwuchs und besonders bei zusätzlichen Missbildungen stigmatisiert.
- Die Umwelt ist nicht für ihre Körpergröße konstruiert, so dass sie z. B. bei der Benutzung öffentlicher Einrichtungen und Transportsysteme oder des ihrer Körpergröße nicht angemessenen Standardmobiliars regelmäßig erhebliche Probleme haben.

Darüber hinaus gehört es zu der zentralen Erfahrung kleinwüchsiger Kinder und Jugendlicher, nicht ihrem Alter, sondern ihrem Erscheinungsbild gemäß behandelt zu werden. Die soziale Umwelt einschließlich der Familie tendiert dazu, die Kleinwüchsigen zu infantilisieren und damit die Entwicklung der betroffenen Kinder und Jugendlichen zu hemmen. Dieser Prozess wird bei den Fällen eines hypophysär bedingten Kleinwuchses zusätzlich durch den Umstand gefördert, dass diese Störung mit bleibenden kindlichen Gesichtszügen einhergeht.

Aus diesen Entwicklungsbedingungen, von denen die Intelligenz nicht ungünstig beeinflusst wird, können auffällige **Entwicklungen** und **Persönlichkeiten** resultieren, wobei mit unterschiedlicher Häufigkeit drei verschiedene **Reaktionstypen** beobachtet werden können.
- Am häufigsten kommt es zur Ausbildung gehemmt-zurückgezogenen und emotional-regressiven Verhaltens bei Sensibilität, Gefühlsbetontheit und weitreichender sozialer Kontaktschwäche sowie Selbstwertproblemen. Entsprechend bestehen in der Adoleszenz erhebliche Probleme einer altersangemessenen psychosexuellen Entwicklung mit heterosexueller Orientierung. Die enthaltenden Selbstwertkrisen können den Schulverlauf beeinträchtigen.
- Sehr viel seltener ist die Übernahme der kulturell tradierten Rolle des Maskottchens und Clowns in der jeweiligen sozialen Bezugsgruppe, die als ein Abwehrmechanismus gegenüber der Entwertung der eigenen Persönlichkeit verstanden werden kann.
- Schließlich ist am seltensten ein aggressiv-negativistisches Verhalten ebenfalls im Sinne einer psychoreaktiven Entwicklung zu beobachten.

Sämtliche beschriebenen Psychosyndrome sind wiederum unabhängig von der jeweiligen Genese des Kleinwuchses. Spezifisch ist lediglich ein möglicherweise beim hypophysischen Kleinwuchs vorliegendes **endokrines Psychosyndrom** mit Störungen des Antriebs und einzelner Triebe wie Appetit, Durst, Temperaturempfindlichkeit und Sexualität, das bei Kindern sicher diskreter ausgeprägt ist als im Erwachsenenalter. Der **psychosoziale Kleinwuchs** stellt ein spezifisches Deprivationssyndrom dar, das einer gesonderten Abhandlung bedarf (vgl. Kap. 19). Erkenntnisse aus Langzeitbeobachtungen zeigen, dass im Erwachsenenalter häufig Beeinträchtigungen der Lebensqualität, Selbstwertprobleme, ökonomische Belastungen und Partnerlosigkeit die Lebensbewältigung bei Kleinwuchs einschränken. Zahlreiche Beobachtungen zur psychosozialen Adaptation bei Kleinwuchs sind jedoch insofern selektiv, als sie aus Behandlungseinrichtungen stammen. Felduntersuchungen stützen die Annahme einer generell erhöhten psychischen Vulnerabilität bei Kleinwuchs nicht.

Gleichwohl sind **psychologische Beratung** und **Therapie** in vielen Fällen erforderlich. Die wichtigsten Ziele sind eine altersgemäße Behandlung durch die Familie und erweiterte soziale Umwelt sowie die Entwicklung eines sozial kompetenten Verhaltens beim kleinwüchsigen Kind und Jugendlichen. Neben Assertivitätstraining, Rollenspielen für die Entwicklung von selbstbehauptendem Verhalten in der Öffentlichkeit und im Freundeskreis muss die Elternberatung auch zu sehr praktischen Fragen Stellung nehmen, wie z. B. ein eher altersgemäßes Aussehen durch Vermeidung kindlicher Kleidung oder durch Kosmetik bei adoleszenten Mädchen mit Kleinwuchs erzielt oder die Förderung der sozialen Integration gestärkt werden kann. Es liegen erste Hinweise vor, dass die Behandlung mit gentechnologisch gewonnenem Wachstumshormon die psychosoziale Entwicklung in Teilbereichen fördern kann.

Hypothyreose

Die unbehandelte Hypothyreose ist heute angesichts weitgehend realisierter Screening-Programme im Säuglingsalter eine Rarität geworden. Bei fehlender Hormonsubstitution resultiert eine Beeinträchtigung der geistigen Entwicklung bis zur Behinderung. Darüber hinaus sind Antriebsminderungen und Sprachstörungen psychopathologische Leitsymptome. Das Vollbild eines Kretinismus wird praktisch nicht mehr beobachtet. Diskretere Beeinträchtigungen der motorischen und kognitiven Entwicklung können als Folge einer zu spät entdeckten Hypothyreose im Säuglings- und Kleinkindalter oder mangelnder Compliance mit der Behandlung auftreten. Damit können auch Störungen des Sozialverhaltens verknüpft sein. Bei frühzeitig eintretender Substitution und angemessenen Spiegeln von Thyroxin verbleibt lediglich eine Gruppe mit schwerer Hypothyreose bei Geburt und pränatalem Beginn, bei der diskrete neuropsychologische Beeinträchtigungen beobachtet werden können.

Adrenogenitales Syndrom

Beim adrenogenitalen Syndrom (AGS) kommt es als Folge eines genetisch vermittelten pränatalen Androgenüberschusses zu einer Virisilisierung mit Klitorishypertrophie bei Mädchen und einer Penisvergrößerung und frühzeitigen Schambehaarung beim Jungen. Die Klitorishypertrophie kann Probleme der Geschlechtsrollenidentifikation im Kleinkindalter mit anhaltenden Identitätsproblemen schaffen. Als Folge des Androgenüberschusses resultiert zunächst im Kleinkindalter ein beschleunigtes Wachstum, sodass die Kinder meist überschätzt und auch überfordert werden. Aufgrund eines verfrühten, androgenbedingten Epiphysenschlusses ist das Wachstum jedoch frühzeitig beendet, sodass schließlich ein bleibender Kleinwuchs am Ende der Kindheit mitsamt den bereits diskutierten psychologischen Adaptationsproblemen resultiert.

Bei Mädchen kann als Effekt der Hormonstörung, insbesondere beim AGS mit Salzverlustsyndrom, ein betont jungenhaftes Verhalten beobachtet werden, das jedoch mit der Entwicklung einer normalen weiblichen Geschlechtsidentität vereinbar ist. Die Annahme, dass der Androgenüberschuss auch zu überdurchschnittlicher Intelligenzentwicklung beitrage, musste relativiert werden. Vielmehr liegen sogar Hinweise vor, dass die erhöhten Androgenspiegel mit einer Häufung von Sprach- und Lernproblemen verbunden sind, die familiär gehäuft auftreten. Offen ist die Frage, ob es sich wie bei der Grundstörung um eine genetische Vermittlung handelt.

Störungen der Pubertätsentwicklung

Die verschiedenen Störungen der Pubertätsentwicklung lassen sich im wesentlichen in drei Formen einteilen, nämlich **verfrühte, verzögerte** und **fehlende Pubertät,** wobei das typische Muster der Entwicklung der sekundären Geschlechtsmerkmale aufgrund der hormonalen Umstellung des Organismus die Pubertät als eine biologische Reifungsphase im menschlichen Lebenszyklus definiert.

Die **Pubertas praecox** (verfrühte Pubertät) kann als sekundäre Folge von Störungen des Hirns bzw. endokriner Drüsen auftreten, ist jedoch in der Regel eher idiopathisch, wobei eine hypothalamische Störung vermutet wird. Mädchen sind doppelt so häufig betroffen wie Jungen. Die Störung führt typischerweise zu einem vorzeitigen Wachstumsspurt, sodass die Kinder älter wirken. Bei Mädchen kommt es zur verfrühten Brust- und Schamhaarbildung, bei Jungen zu vorzeitigem Peniswachstum und Schambehaarung. Die psychosexuelle Entwicklung kann angesichts dieser verfrühten Reifung etwas vorverlegt sein, wenngleich sie stärker unter dem Einfluss kultureller Normierungen und damit auch des Alters liegt. Die Inkongruenz von körperlicher und psychischer Entwicklung begründet ein erhöhtes Risiko für psychische Störungen. Hingegen ist die Intelligenz nicht beeinträchtigt; vielfach kann sogar ein vorübergehender positiver Effekt auf die Schulleistungen beobachtet werden, sodass ein Überspringen von Klassen sinnvoll und zugleich hilfreich angesichts des erlebten Kontrastes im Erscheinungsbild sein kann.

Eine präventive **psychologische Beratung** bei der Pubertas praecox muss den Eltern Verständnis für die Störung und die Notwendigkeit einer frühen Sexualaufklärung vermitteln, die auch im Beratungsprozess direkt aufgenommen werden kann. **Psychotherapie** ist nur bei den seltenen Manifestationen einer emotionalen Störung mit Rückzug von den Gleichaltrigen und Ablehnung des eigenen Körpers sowie Stimmungslabilität erforderlich. Eine Pharmakotherapie (z. B. mit Medoxyprogesteronacetat oder Hemmern der die Gonadotropine freisetzenden Hormone) ist nur bei sehr jungen Kindern indiziert, wo z. B. die Menstruation eine ernste psychische Belastung darstellen kann.

Von einer **Pubertas tarda** (verzögerte Pubertät) muss gesprochen werden, wenn der Pubertätsbeginn zwei bis drei Jahre nach der mittleren Norm erfolgt. Kinder und Jugendliche mit einer verzögerten Pubertätsentwicklung haben zugleich auch eine verzögerte Adoleszenz. In der Regel liegt diesem Prozess eine Verzögerung der Reifung hypothalamischer Strukturen im Sinne einer konstituionellen Variante zugrunde. Jungen erleben sich von diesem Phänomen stärker belastet als Mädchen und leiden besonders unter den bereits skizzierten Problemen des Kleinwuchses. Die Psychopathologie ist unspezifisch; sie kann jedoch Anlass zu der Überlegung geben, ab dem Alter von 15 Jahren bei Jungen mit verzögerter Pubertät eine Androgenbehandlung einzuleiten.

Das **Ausbleiben der Pubertät** kann beim Mädchen durch genetische Störungen der Geschlechtschromosomen wie z. B. beim Turner-Syndrom oder bei der Androgeninsensitivität (testikulären Feminisierung) bedingt sein, sodass die Mädchen mit normalen äußeren Genitalien aufwachsen und eventuell erst durch den fehlenden Pubertätsbeginn auffallen. Bei Jungen sind fehlende oder funktionsuntüchtige Hoden die Ursache. Eine angemessene Pubertätsentwicklung kann nur durch eine Substitutionsbehandlung mit Geschlechtshormonen erfolgen, wobei eine psychologische Beratung begleitend erforderlich ist.

Die am besten untersuchte Störung in diesem Zusammenhang ist das **Turner-Syndrom,** welches durch das Fehlen des zweiten X-Chromosoms oder die so genannten Mosaike bzw. strukturelle Defekte des X-Chromosoms bedingt ist. Die Störung kommt einmal unter 2.000 weiblichen Neugeborenen vor, wobei die Mehrzahl der Feten mit einer entsprechenden Konstellation bereits intrauterin absterben. Die klinische **Symptomatik** äußert sich in Kleinwuchs, fehlender Pubertätsentwicklung und Unfruchtbarkeit aufgrund fehlender Ovarien. Zusätzlich können Organmissbildungen und Stigmata einschließlich einer Hautfalte am Hals (sog. Flügelfell) auftreten.

Mädchen mit Turner-Syndrom sind in der Regel unauffällige Kinder und werden erst im Jugendlichenalter zu einer psychiatrischen Risikogruppe. Eventuell auftauchende **psychische Probleme** können aus dem Kleinwuchs sowie der fehlenden Pubertätsentwicklung mit sekundärer Verstimmung sowie aus Beziehungsstörungen innerhalb der Familie bestehen, sodass psychotherapeutische Hilfen gegeben werden müssen. Die Geschlechtsrollenidentität ist von der Grundstörung nicht berührt. Hingegen treten hyperkinetische Störungen gehäuft auf.

Darüber hinaus zeigt die **kognitive Entwicklung** einige Besonderheiten. Ältere Anschauungen über eine Verknüpfung mit Intelligenzminderungen vom Grad einer geistigen Behinderung sind widerlegt worden, wenngleich der Anteil von Patienten mit einem Turner-Syndrom in Institutionen für geistig Behinderte über der Erwartung liegt. Möglicherweise weisen diese geistig behinderten Patienten einen spezifischen chromosomalen Strukturdefekt (Ring-Chromosom X) auf. In der Regel kann jedoch mit einer normalen geistigen Entwicklung gerechnet werden. Auffällig sind jedoch die spezifischen Defizite in einzelnen Intelligenzfunktionen wie visuomotorische Koordination, motorisches Lernen, räumliches Vorstellungsvermögen und Richtungssinn. Dieses **Defizit visuell-räumlicher Fähigkeiten** könnte auf den genetischen Defekt, den Mangel an Östrogen für die Hirndifferenzierung oder beide Faktoren zurückgehen. Neueste Befunde belegen die Bedeutsamkeit eines genetischen Phänomens, das als Imprinting bezeichnet wird und sich auf die Expression eines normalen Gens in Abhängigkeit vom Geschlecht der übertragenden Eltern bezieht. In diesen Untersuchungen konnte gezeigt werden, dass bei einer väterlichen Übertragung (45, Xp) die soziale Anpassung und die verbale Intelligenz deutlich höher ausfällt als bei der mütterlichen Übertragung (45, Xm).

Jugendliche mit einem Turner-Syndrom brauchen eine **Substitutionsbehandlung** mit Hormonen. Mit gentechnisch gewonnenem Wachstumshormon lässt sich die Grö-

ßenentwicklung und auch die psychosoziale Entwicklung positiv beeinflussen. Ferner sollten Östrogene die Brustentwicklung, monatliche Menstruationsblutungen und die vaginale Lubrikation induzieren. Bestandteil der Beratung im Rahmen der Kooperation mit dem Endokrinologen muss aber auch die **psychosoziale Betreuung** sein. Hier müssen schon früh elterliche Befürchtungen und Fehlverhaltensweisen beeinflusst und korrigiert werden. Aus der Fehlinformation, dass ein Turner-Syndrom zu geistiger Behinderung führe, können erhebliche Beeinträchtigungen der Entwicklung bis zur Pseudodebilität resultieren. Die spezifischen kognitiven Defizite müssen erklärt und Hilfsmaßnahmen angesichts schlechter Mathematikleistungen (insbesondere in Geometrie) oder Orientierungsproblemen eingeleitet werden. Im Alter von zehn bis elf Jahren sollte das Mädchen über seine Störung aufgeklärt sein und in der psychosexuellen Entwicklung gestützt werden, um heterosexuelle Kontakte im Jugendalter zu ermöglichen. Dabei muss sie die Infertilität akzeptieren lernen und bei Kinderwunsch die Alternative der Adoption als Möglichkeit in Betracht ziehen.

16.1.8 Diabetes mellitus

Krankheitsbedingungen
Der im Kindes- und Jugendalter immer insulinpflichtige Diabetes mellitus stellt an die betroffenen Patienten, ihre Eltern und Geschwister, aber auch die erweiterte soziale Umwelt mit Lehrern und schließlich Ärzten hohe Anforderungen im Rahmen der Betreuung. Die Patienten müssen ständig mit Insulin-Injektionen, einer Diät und körperlicher Aktivität leben, um Komplikationen wie auch Spätentwicklungen in Form von Nephro-, Retino- und Neuropathie zu vermeiden bzw. zu verzögern. Nur durch Einhaltung der Therapie können gefährdende Blutzuckerschwankungen vermieden werden. Parallel zur Sicherung der Stoffwechsellage soll zugleich eine emotionale Balance gehalten werden. Beide Ebenen können zusätzlich einander beeinflussen, wobei Einwirkungen der sozialen Umwelt in stützender oder belastender Weise hinzukommen.

Psychosoziale Adpatation
Die Güte der Adaptation des Kindes bzw. Jugendlichen an die Erfordernisse der Krankheitsversorgung wird neben anderen Bedingungen sehr wesentlich von ihm selbst bestimmt. Hierzu gehört zunächst einmal, dass der Patient über hinreichende **Kenntnisse und Informationen** über seine Krankheit in einer altersgemäßen Weise verfügt. Insofern ist jede ärztliche Betreuung eines Kindes mit Diabetes zugleich auch ein pädagogisches Programm, dessen Fehlschlagen sich in schlechter Krankheitskontrolle manifestiert. Dieser Prozess ist natürlich von dem **kognitiven Niveau** des jeweiligen Kindes abhängig. Dieses nimmt mit dem Alter entwicklungsbedingt zu und lässt zwar nach der Einschulung schon die eigenständige Versorgung des Kindes mit Insulin-Injektionen, jedoch noch nicht die volle Verantwortlichkeit zu. So kann man

z. B. die Übernahme der Urin-Kontrollen erst in der Prä-adoleszenz erwarten. Ab diesem Zeitpunkt sollte die zunehmende kognitive Reife zu einer Betonung der eigenen Versorgung und Kontrolle Anlass geben. Zugleich gibt es keinen Hinweis darauf, dass umgekehrt die Intelligenzentwicklung durch die Erkrankung an Diabetes Schaden nimmt oder etwa Hirnfunktionsstörungen als Folge der veränderten Stoffwechsellage resultieren müssen.

Weiter stehen Krankheitsadaptationen und die **Persönlichkeit** in einer Wechselbeziehung. Sicher gibt es keine so genannte diabetische Persönlichkeit; andererseits besteht angesichts der vielfältigen Anforderungen im Rahmen der Behandlung und der Interferenz von normalen Abläufen des Alltagslebens mit der Entwicklung ein erhöhtes Risiko für die Anbahnung und Ausformung psychischer Fehlentwicklungen. Ein langer Krankheitsverlauf und die sich verändernden Entwicklungsziele mit Beginn der Adoleszenz schaffen die Gefahr von emotionalen Fehlanpassungen und Rückständen bei Entwicklungsaufgaben.

Andererseits können Kinder von ihrer initialen Verarbeitung der Krankheit insofern profitieren, als sich initial gefasste Reaktionen möglicherweise auch langfristig stabilisierend auf den Krankheitsverlauf auswirken. Dabei können natürlich auch prämorbide Persönlichkeitsmerkmale und störungsfreie Familienbeziehungen stützend wirksam sein. Bedeutsam für die Krankheitskontrolle sind ferner die **Einstellungen** des Kindes bzw. Jugendlichen zu seiner Krankheit. Probleme können aus dem Gefühl der Stigmatisierung oder einem manipulativen Umgang mit der Krankenrolle resultieren, wenn z. B. eine Somatisierung zur Vermeidung von Pflichten eingesetzt wird. Ebenso schaffen Fehladaptationen die Voraussetzungen für eine schlechte Compliance bei der körperlichen Behandlung.

Möglicherweise wirken sich emotionale Faktoren vor allem im Rahmen von Belastungen auch direkt auf die körperlichen Stoffwechselprozesse aus. Derartige Zusammenhänge sind über neuroendokrine Mechanismen möglich, in denen Emotionen Steroide und Katecholamine freisetzen, welche gegen Insulin gerichtet sind und hyperglykämische Krisen verursachen können. Insofern können sich Belastungen aus dem Alltag und der Familie in die klinische Symptomatik und Stoffwechsellage umsetzen. Hierfür liegen sowohl klinische Beobachtungen wie auch experimentelle Belege vor, so dass **psychosomatische Interdependenzmodelle** für den Krankheitsverlauf des Diabetes mellitus zumindest bei einigen Patienten angemessen erscheinen. Wiederholte Krankenhausaufnahmen wegen ketoazidotischer Stoffwechselkrisen sollten daher Anlass auch zur Suche nach Belastungsfaktoren im familiären und sozialen Umfeld geben. Gleiches gilt für die vermeintlich erforderliche Erhöhung der Insulindosis, welche wiederum über hypoglykämische Krisen die Befindlichkeit beeinträchtigen und damit erneut Spannungen in den Beziehungen hervorrufen bzw. steigern kann.

Familie

Die Bedeutung der Familie ist im Rahmen der bisherigen Darstellung bereits angeklungen. Es liegt im Wesen der chronischen Zuckerkrankheit, dass auch hier ein erhöhtes Risiko für die Entwicklung von Fehlanpassungen, Beziehungsstörungen und persönlichen Krisen besteht. Angesichts tradierter Rollenverteilungen haben Mütter eine größere Wahrscheinlichkeit, Opfer derartiger Entwicklungen zu werden. Erneut stehen Krankheitsverlauf und Störungen der familiären Umwelt in einem Wechselverhältnis. Problematisch sind im wesentlichen überprotektive, permissive, perfektionistisch-kontrollierende und indifferent-ablehnende Einstellungen und Erziehungsstile, die ebenso wie eine mangelnde Rollenidentifizierung in den Familien die Entwicklung des Kindes zu Autonomie und Verantwortlichkeit behindern. Dabei darf nicht übersehen werden, dass der Diabetes aber auch relativ normale Familien scheitern lassen kann.

Soziale Umwelt

Schließlich kann die Entwicklung des Kindes und Jugendlichen mit Diabetes auch Begrenzungen aus den Reaktionen der weiteren sozialen Umwelt erfahren. Die genetische Komponente der Krankheit und die Spätkomplikationen können die Zukunftspläne hinsichtlich Ausbildung und Beruf sowie Partnerschaft und Ehe limitieren und eine relative soziale Isolation begünstigen.

Spezielle psychologische Aufgaben

Kinder und Jugendliche mit einem Diabetes mellitus brauchen eine integrierte ärztlich-psychologische Betreuung. **Aufgaben des Arztes** sind die Aufklärung und Information in einer für das Kind bzw. den Jugendlichen verständlichen Sprache, eine klare Definition der Erwartungen in Abstimmung mit denen des Patienten und seiner Familie, die Betonung der gemeinsamen Verantwortung für die Krankheit und eine positive emotionale Zuwendung.

Die **Aufgaben des Psychiaters bzw. Psychologen** sollten sich nicht nur in der Behandlung ihm zugewiesener Fälle mit offensichtlichen psychischen Störungen erschöpfen. Vielmehr sollte er weitgehend in das Behandlungsteam integriert sein, die Bedürfnisse der Klientel kennen und auch an der Verbesserung des Austauschs zwischen Patient bzw. Familie und dem medizinischen Personal mitwirken. Darüber hinaus können der Psychiater und Psychologe die Selbstkontrolle und Eigenverantwortlichkeit des Kindes im Rahmen der klinischen Behandlung mit verhaltensmodifikatorischen Programmen entwickeln und erweitern.

16.1.9 Sinnesbehinderungen

Krankheitsbedingungen

Unter den eingangs geschilderten Determinanten der psychosozialen Adaptation bei chronischen Krankheiten und Behinderungen wurde bereits Bezug auf die Einschränkung der Kommunikationsmöglichkeiten genommen. Diese gilt in besonderer Weise für die Sinnesbehinderungen, d. h für blinde und taube Kinder. Diese sind für problematische Entwicklungen prädisponiert, wobei erschwerend hinzukommt, dass viele sinnesbehinderte Kinder mehrfachbehindert sind, d. h. unter einer zusätzlichen Körperbehinderung und/oder einer geistigen Behinderung leiden. Insofern kommen die mit diesen Bedingungen verknüpften Adaptationsprobleme hinzu.

Psychosoziale Adaptation

Bei ein bis zwei Dritteln der Kinder mit **Blindheit** liegt eine Mehrfachbehinderung vor, wobei geistige Behinderung, Zerebralparese, Epilepsie und Hörverlust im Vordergrund stehen. Intelligenzminderungen sind also sehr häufig, jedoch nicht obligat zu beobachten. Im Zusammenhang sowohl mit der Blindheit wie auch dem organischen Hirnschaden ist das psychopathologische Leitsymptom der **Stereotypien** zu sehen. Es erfährt vielfältige Ausprägungen als Körperschaukeln, Kopfwerfen, Händewedeln und auch als so genanntes digitookuläres Phänomen (Fingerbohren im Auge).

Derartige Stereotypien sind wie beim geistig Behinderten wahrscheinliche Versuche der zentralen Aktivation bei sensorischer Deprivation. Sie können beim Übergang in autoaggressive Symptome jedoch zur Gefährdung des Kindes führen. Da sie gleichzeitig andere Lernprozesse beeinträchtigen, soziale Interaktionen unterbinden und das Stigma verfestigen, sind Behandlungsmaßnahmen gerechtfertigt.

Die erhöhte Rate an auffälligen Verhaltensweisen und **psychischen Störungen** des blinden Kindes kann jedoch nicht ausschließlich aus den Bedingungen der Behinderung abgeleitet werden. Belastende häusliche Verhältnisse und psychische Fehladaptationen der Eltern tragen ebenfalls bedeutsam bei. Erneut gilt die allgemeine Regel, dass eine organische Hirnschädigung das Risiko für psychische Störungen beträchtlich erhöht. Ängstlichkeit und soziale Isolation sind die am häufigsten zu beobachtenden Bilder, die vor allem mit Ablehnung und emotionaler Deprivation, weniger jedoch mit der sensorischen Deprivation in Verbindung gebracht werden müssen. Bei Kindern und Jugendlichen mit einer **Sehbehinderung** drohen eher Probleme der sozialen Isolation als ausgeprägte psychische Störungen.

Angesichts der Tatsache, dass die Sprache das wichtigste menschliche Kommunikationsinstrument ist, sind Kinder mit **Taubheit und Hörminderung** in besonderer Weise behindert, zumal sie nach einem verzögerten Spracherwerb möglicherweise in ihrer sprachlichen Kompetenz eingeschränkt bleiben bzw. auf anderer, weniger komplexe Kommunikationssysteme (z. B. Zeichensprache) angewiesen sind, die nicht zum allgemeinen Kommunikationsrepertoire gehören. Die damit einhergehende erhöhte Vulnerabilität für **psychische Störungen** findet ihren Niederschlag in den tatsächlich erhöhten Prävalenzraten, die sowohl aus klinischen Beobachtungen wie auch aus epidemiologischen Studien abgeleitet werden können. Dabei ist das Risiko für psychische Störungen bei tauben Kindern etwa 3- bis 6-mal höher als bei nicht hörgeschädigten Kindern. Hingegen zeigen Kinder mit mittelgradigen Hörminderungen keine entsprechend erhöhte psychische Vulnerabilität und ist auch die Rate

psychiatrischer Störungen bei Erwachsenen mit Taubheit nicht erhöht. Insbesondere besteht im Erwachsenenalter – entgegen älteren Spekulationen – kein erhöhtes Risiko für eine Schizophrenie, während paranoide und depressive Symptome häufiger sein mögen.

Bei Kindern lassen sich die **psychopathologischen Auffälligkeiten** schwerpunktmäßig als tiefgreifende Entwicklungsstörungen, hyperkinetische Störungen, Störungen des Sozialverhaltens und emotionale Störungen klassifizieren. Kinder mit Hörbehinderung werden ferner häufig Opfer von sexuellem Missbrauch. Ein besonderes kinderpsychiatrisches Interesse haben taube Kinder mit Rötelnexposition in der Schwangerschaft gefunden, bei denen parallel zur Intelligenzminderung ein hirnorganisches Psychosyndrom mit Impulsivität, Hyperaktivität, Ablenkbarkeit, Perseveration, Rigidität und Unreife dominiert. Ferner können autistische Phänomene bei dieser Störung vorliegen.

Unter den vielfältigen **Bedingungsfaktoren,** die teilweise miteinander in Wechselwirkung stehen, sind Fehladaptationen der Eltern, die beeinträchtigte Kommunikation zwischen Eltern und Kind, das Geschlecht (Dominanz von Jungen), die Genese der Taubheit (erhöhtes Risiko bei ursächlich bedeutsamem Hirnschaden) und Mehrfachbehinderung (als Faktor der Risikoerhöhung) bedeutsam.

Spezielle psychologische Aufgaben

Bei der **Behandlung** der Stereotypen **blinder Kinder** sind Ansätze der Verhaltensmodifikation mit Verstärkung erwünschten Verhaltens und Überkorrektur hilfreich. Weiterhin sollten sich verhaltenstherapeutische Maßnahmen auf die Entwicklung der bei blinden Kindern defizitären Sozialfertigkeiten erstrecken. Dabei können Methoden des Rollenspiels für angemessene Gesten und Mimik sowie Körperhaltung unter Einschluss direkt am Körper arbeitender Konditionierungstechniken eingesetzt werden. Ferner machen die Entwicklungsverzögerungen blinder Kinder mit Essstörungen, verzögerter Motorik und Antriebsschwäche eine generelle **Entwicklungsförderung** notwendig. Hierzu gehören bei gleichzeitiger Intelligenzbeeinträchtigung auch spezifische Techniken, um das eigenständige Essen zu erlernen, sowie ein verhaltensmodifikatorisch strukturiertes Sauberkeitstraining.

Für die Behandlung der psychischen Probleme bei **tauben und hörgeschädigten Kindern** stehen nicht zuletzt wegen der begrenzten bzw. erschwerten Kommunikationsmöglichkeiten noch zu wenige erfahrene Therapeuten zur Verfügung. Vor allem bedürfen die Eltern einer kontinuierlichen **Beratung** und Anleitung zur **Förderung** der Entwicklung und sozialen Kompetenz ihrer Kinder sowie zur Bearbeitung und Reflexion ihrer eigenen Einstellungen und Gefühle. Auch hier können Elterngruppen eine wertvolle Stütze darstellen. Schließlich sollten sowohl in die präoperative Phase als auch in die postoperative Betreuung von tauben Kindern, die ein Kochlear-Implantat zur Herstellung einer technisch noch begrenzten Hörfähigkeit erhalten, psychologische Elemente integriert werden.

16.1.10 Epilepsie

Krankheitsbedingungen

Epilepsien sind Krankheiten des zentralen Nervensystems, gekennzeichnet durch chronisch-rezidivierende zerebrale Anfälle. Der zerebrale Anfall ist eine von vielen pathologischen Reaktionsformen des menschlichen Gehirns, die durch eine Vielzahl primärer oder sekundärer zerebraler Affektionen in Gang gesetzt werden können. Der zerebrale Anfall ist ein unspezifisches Symptom. Jeder Mensch hat eine epileptische Anfallsfähigkeit und kann unter entsprechenden Bedingungen einen Anfall erleiden.

In pathophysiologischer Hinsicht ist der epileptische Anfall der Ausdruck abnormer exzessiver elektrischer Entladungen größerer Neuronenverbände. Die epileptische Entladungsserie basiert auf biochemischen Vorgängen, die zur Störungen der Elektrolytverteilung mit Depolarisation des Membranpotentials führen. Direkt auf das Gehirn einwirkende Noxen führen zu primären zerebralen Anfällen, während z. B. allgemeine Infektionen bei Fieber sekundäre zerebrale Anfälle auslösen können. Im Gegensatz zu den an die akute Krankheitsphase gebundenen **symptomatischen** oder **okkasionellen** oder **Gelegenheitsanfällen** (Neugeborenenkrämpfe, posttraumatische Anfälle, Fieberkrämpfe) wird von einer Epilepsie erst gesprochen, wenn die beschriebenen Funktionsstörungen chronifizieren. In Tabelle 16-2 ist die Klassifikation der Epilepsien dargestellt.

Tabelle 16-2 Klassifikation der Epilepsien.

Primär generalisierte Anfälle (generalisierte Anfälle ohne fokale Symptomatik)
1. Grand mal (großer Anfall)

2. Petit mal (kleiner Anfall)
    a) myoklonisch-astatische Anfälle
    b) Absencen
    c) myoklonisches Petit mal (Impulsiv-Petit-mal)

Anfälle fokaler Genese (partielle Anfälle)

1. Fokale epileptische Anfälle mit elementarer Symptomatik
    a) motorische Herdanfälle (Jackson-Anfall)
    b) (Ad-)Versivkrämpfe
    c) sensible Herdanfälle
    d) sensorische Herdanfälle
    e) benigne kindliche Epilepsie mit sog. Rolandi-Fokus

2. Fokale Anfälle mit komplexer Symptomatik

3. Sekundär generalisierte Anfälle fokaler Genese
    a) Grand mal fokaler Genese
    b) generalisierte kleine Anfälle fokaler Genese
    – BNS-Krämpfe (Propulsiv-Petit-mal, West-Syndrom)
    – myoklonisch-astatische Anfälle fokaler Genese (Lennox-Gastaut-Syndrom)

Psychosoziale Adaptation

Kinder und Jugendliche mit Epilepsie sind in besonderer Weise gefährdet, auch psychische Störungen zu entwickeln. Epidemiologische Studien haben ergeben, dass Kinder mit einer unkomplizierten Epilepsie im Vergleich zu Kindern ohne körperliche Krankheit ein 3- bis 4-fach höheres Risiko für eine psychiatrische Störung haben. Die Probleme der psychosozialen Adaptation sind in Tabelle 16-3 zusammengestellt.

Tabelle 16-3 Probleme der psychosozialen Adaptation bei der Epilepsie.

- **Leistungs- und Funktionsstörungen**
  - Intelligenzminderung
  - Teilleistungsstörungen/Lernstörungen
- **Epileptische Äquivalente**
- **Transitorische kognitive Beeinträchtigungen**
- **Psychosyndrome**
  - organische Psychosyndrome
  - reaktive Psychosyndrome
  - Psychosen
  - episodische psychische Störungen
- **Psychosoziale Probleme**
  - Berufungsplanung und Rehabilitation
  - institutionelle Versorgung
  - soziale Integration

Zu den **Leistungs- und Funktionsstörungen** gehört zunächst die **Intelligenzminderung.** Sie tritt bei der symptomatischen oder komplizierten, d. h. durch eine Schädigung des ZNS bedingten Epilepsie häufiger als bei den sogenannten genuinen Formen auf (50 vs. 20 %). Je früher die Hirnschädigung einsetzt, desto größer ist das Ausmaß der Beeinträchtigung. Dies wird deutlich, wenn man die Blitz-Nick-Salaam-Krämpfe, die in 90 % mit einer Demenzentwicklung einhergehen, den Absencen gegenübergestellt, bei denen die Intelligenzbeeinträchtigung am niedrigsten ist. Da die symptomatischen Epilepsien aber in der Minderheit sind, kann festgestellt werden, dass die Intelligenz bei den Epilepsien mehrheitlich im unteren Normalbereich liegt.

Im Rahmen von **Teilleistungsstörungen bzw. Lernstörungen** sind häufig die Leistungsvoraussetzungen im Sinne gestörter Aufmerksamkeit und vermehrter Ablenkbarkeit betroffen. Sowohl aus derartigen Teilleistungsstörungen wie auch aus der globalen Intelligenzminderung resultieren häufig Lernstörungen sowie Beeinträchtigungen der schulischen Entwicklung.

Das Konzept der **epileptischen Äquivalente** bezeichnet die Beziehungen zwischen paroxysmalen EEG-Auffälligkeiten und Verhalten bzw. Kognitionen bei Fehlen klinischer Anfälle (ein Synonym ist die sog. subklinische Epilepsie). Dieses Konzept wird von Experten kontrovers hinsichtlich seiner Fundierung und der abzuleitenden klinischen Konsequenzen diskutiert. Stützungen erfährt das Konzept aus Erkenntnissen, dass subkortikale Krampfaktivitäten vor allem im limbischen System ohne kortikale Aktivitäten mit Verhaltens- und Affektveränderungen einhergehen.

Bei den sog. **transitorischen kognitiven Beeinträchtigungen** kommt es bei anfallsfreien Patienten im Rahmen von anspruchsvollen psychologischen Tests der Informationsverarbeitung während generalisierter subklinischer EEG-Entladungen zu Leistungsminderungen. Sofern die geschilderten Phänomene der epileptischen Äquivalente über einen Zeitraum von mehr als wenigen Minuten bzw. über Stunden oder Tage anhalten, soll nach Meinung einiger Experten eine antikonvulsive Therapie aufgenommen werden.

Bei einem großen Teil der Kinder mit Epilepsie liegt eine **psychische Ströung** vor. Jungen sind insgesamt häufiger betroffen, wobei keine Beziehung zur Anfallsfrequenz und Medikation besteht. Die Vielzahl der Phänomene lässt sich in eine Reihe spezieller Psychosyndrome einteilen. **Organische Psychosyndrome** sind neben den bereits geschilderten Lern- und Leistungsstörungen vor allem durch Affektlabilität, Aggressivität und Ängstlichkeit gekennzeichnet. Bei Kindern mit BNS-Krämpfen kommt es zu einer dementiellen Entwicklung. Hingegen muss das Konzept einer sog. epileptischen Wesensänderung in allen Altersstufen aufgegeben werden. Neuere Studien zeigen, dass es allenfalls bei schwerer Hirnschädigung und unter Einfluss von Phenobarbital und Primidon gehäuft zu einer hyperkinetischen Störung kommt. Ansonsten gibt es keine spezifische Psychopathologie oder Persönlichkeit.

Darüber hinaus entwickeln Kinder und Jugendliche mit Epilepsie **reaktive Verhaltensauffälligkeiten.** Hierzu gehören krankheitsbedingte Ängste und Vermeidungsverhalten aus Todesfurcht sowie Zwänge. Fehlanpassungen können sich in psychosomatischen Beschwerden wie Kopfschmerzen und Bauchschmerzen, in zusätzlichen Zeichen eines Konversionssyndroms sowie Zwängen manifestieren. Hysterische Anfälle können beispielsweise die Funktion bekommen, den Verlust an Zuwendung bei erfolgreicher antiepileptischer Therapie zu kompensieren. Ferner können die Vorurteile der Umwelt, die soziale Isolation und auch die aggressive Aussonderung des epilepsiekranken Kindes ebenso wie das überprotektive Verhalten und die Befürchtungen der Eltern bzw. eine Vernachlässigung zur Entwicklung von reaktiven Psychosyndromen beitragen.

Besondere **Problembereiche** liegen in pathologischer Abhängigkeit von einer Bezugsperson, Suizidalität (insbesondere bei Phenobarbital-Medikation), mangelnder internaler Kontrollüberzeugung und negativem Selbstkonzept. Schließlich sind Medikamentenwirkungen zu berücksichtigen, zumal neben neurologischen Nebenwirkungen wie Nystagmus, Ataxie und Somnolenz auch Nebenwirkungen auf psychische Funktionen im Sinne von Störung der Aufmerksamkeit und des Lernens sowie Reizbarkeit auftreten können. Bei komplex-partialen Epilepsien sind gehäuft **formale Denkstörungen** im Sinne von unlogischem Denken in Verbindung mit einer leicht erniedrigten Intelligenz beobachtet worden.

Nur 1% aller Epileptiker – und dabei Kinder und Jugendliche seltener als Erwachsene – entwickeln eine **Psychose,** die phänomenologisch das Bild einer paranoid-halluzinatorischen Psychose hat. Psychosen treten bevorzugt bei Absencen und psychomotorischen Anfällen auf und manifestieren sich, wenn die Anfallsfrequenz zurückgeht. Die dabei festzustellende Normalisierung des EEG-Befundes wird als forcierte Normalisierung bezeichnet.

Therapeutisch muss die antiepileptische Medikation meist deutlich reduziert werden, wobei ein Wiederanstieg der Anfälle in Kauf genommen werden muss. Dabei kommt es in der Regel zu einem Rückgang der psychotischen Symptomatik, die durch ausschließliche Behandlung mit Neuroleptika nicht beeinflusst werden kann.

Bei etwa 5% aller Patienten und dann relativ selten können **episodische psychische Störungen** beobachtet werden. Hierzu zählen der Dämmerzustand als Ausruck eines Petit-mal-Status, der durch Bewusstseinseinschränkung, Antriebsverlust, Kontaktstörung und Stupor gekennzeichnet ist. Ursächlich sind eine dichte Häufung von Absencen oder myoklonisch-astatischen Anfällen. Ferner können insbesondere bei schwerer Epilepsie episodische Verstimmungszustände mit dysphorisch-depressiven, selten hingegen aggressiven Verstimmungen beobachtet werden. Häufig treten derartige episodische Verstimmungszustände als Vorboten von Anfallsserien auf. Schließlich sei noch der postparoxysmale Dämmerzustand nach einem Grand mal als episodische psychische Störung vermerkt.

Zu den herausragenden **psychosozialen Problemen** gehören die **Berufsplanung** und die **Rehabilitation;** sie sollten in Kooperation mit Fachkräften wie z. B. den Rehabilitationsberatern bei den Arbeitsämtern erfolgen. Psychisch nicht oder nur gering veränderte Patienten haben ein breites Spektrum von Berufsmöglichkeiten. Ungeeignet sind lediglich Berufe mit erforderlicher Schwindelfreiheit, wie z. B. Dachdecker, Gerüstarbeiter und Maurer. Die Unfallgefährdung wird häufig überschätzt, zumal die Wahl des Arbeitsplatzes auch von der Art der Anfälle abhängt. Die vorhandenen Rehabilitationsmöglichkeiten sollten so weit wie möglich ausgeschöpft werden.

Die Indikation für eine dauerhafte **Institutionalisierung** sollte auf die schweren, nicht behandelbaren Anfallskranken, auf Pflegebedürftigkeit, auf schwere psychische Auffälligkeiten und auf die Notwendigkeit einer erforderlichen Stabilisierung der Familie, welche Schwerkranke nicht mehr versorgen kann, beschränkt bleiben.

Familie und soziale Umwelt

Auch die Eltern epilepsiekranker Kinder gehen durch eine Initialphase des krisenhaften Erlebens mit Aktivierung von Angst und Schuldgefühlen oder Abwehrmechanismen. Aus diesen Haltungen können Überprotektivität oder Vernachlässigung mit ungünstigen Folgen für die psychosoziale Adaptation des Kindes resultieren.

Zusätzlich zu diesen intrafamiliär begründeten Risikofaktoren für die Entwicklung psychischer Störungen bei Epilepsie ergeben sich Probleme aus der Behinderung der **sozialen Integration** durch die Umwelt. Kinder mit Epilepsie werden in Kindergarten und Schule sowie in der Berufsanbahnung vielfach übermäßig stigmatisiert und eingeengt. Oft wird unter Laien das Ausmaß erforderlicher Sofortmaßnahmen bei einem Anfall überschätzt. Auch ist die Besorgnis, dass gesunde Kinder durch die Beobachtung epileptischer Geschehen nachhaltig geschädigt werden können, eine stetige Quelle für die Weitergabe uralter, seit Generationen bestehender Vorurteile.

Hingegen sollte für die Integration des epilepsiekranken Kindes gelten, dass in der **Schule** sowohl eine Unterwie auch eine Überforderung vermieden werden sollte. Dabei darf allerdings nicht übersehen werden, dass angesichts der geschilderten Lern- und Leistungsstörungen die Schulprognose bei einigen Epilepsieformen wie bei den Absencen und beim Grand mal insgesamt ungünstiger ist. Gleichwohl bestehen hier beträchtliche interindividuelle Unterschiede. Hinsichtlich der Teilnahme am Schulsport ist eine kompetente Beratung zur Vermeidung von Risiken einerseits und zur Förderung sportlicher Aktivitäten und Integration des Kindes in die Klassengemeinschaft andererseits notwendig.

16.2 Psychologische Rehabilitation

Nach der Abhandlung spezifischer Aspekte einzelner Krankheiten und Behinderungen, wobei bereits therapeutische Maßnahmen angeschnitten wurden, können nunmehr im Sinne zusammenfassender Schlussfolgerungen allgemeine **Leitlinien für die Betreuung** dieser Klientel skizziert werden. Grundsätzlich sind psychologische Maßnahmen in einen Katalog allgemeiner **Therapie- und Rehabilitationsziele** eingebettet, die in Tabelle 16-4 wiedergegeben sind. Dabei spielt sowohl auf der Ebene körperlicher wie psychischer und auch sozialer Funktionen jeweils nach Möglichkeit die Vorrangigkeit von Prävention gegenüber Therapie eine herausragende Rolle.

Tabelle 16-4 Ziele der Rehabilitation bei chronischen körperlichen Krankheiten und Behinderungen.

- Medizinische Krisenprävention und Symptomkontrolle
- Entwicklung und Durchführung von Behandlungsplänen
- Prävention und Rehabilitation psychischer Störungen und sozialer Isolation
- Psychosoziale Adaptation an wechselnde Krankheitsverläufe und Belastungen durch Selbstakzeptanz und krankheitsbezogene Kompetenz
- sozioökonomische und materielle Sicherung

Die Realisierung eines derartigen Zielprogramms macht neben den erforderlichen Ressourcen vor allem die Bereitschaft und Fähigkeit zur **professionellen Kooperation** unabdingbar. Im Interesse einer möglichen ganzheitlichen Betreuung des chronisch kranken oder behinderten Kindes und seiner Familie ist die Zusammenarbeit von Pädiater, Orthopäde, Chirurg, HNO-Arzt, Humangenetiker und anderen Ärzten sowie ihrer Mitarbeiter einerseits mit dem Kinder- und Jugendpsychiater und Psychologen andererseits Voraussetzung für eine erfolgreiche Betreuung und Rehabilitation.

Für die Effizienz einer derartigen polyprofessionellen Kooperation zum Wohle der Patienten liegen genügend Beweise vor. Dabei sollte sich der Kinder- und Jugendpsychiater bzw. Psychologe als Helfer in allen Fragen der Kommunikation zwischen Patient, Familie und Arzt sowie medizinischen Mitarbeitern verstehen und darüber hinaus sein klinisches Erfahrungs- und Fachwissen zur Korrektur von ungünstigen Adaptationsprozessen einbringen. Damit ergeben sich für die am Rehabilitationsprozess Beteiligten unterschiedliche **Rollen** und **Zielschwerpunkte,** die summarisch in Tabelle 16-5 dargestellt sind.

Tabelle 16-5 Aufgaben der psychologischen Betreuung des chronisch kranken Kindes.

Aufgaben der Eltern

- Entwicklung einer angemessenen Erziehung
  - emotionale Zuwendung
  - angemessenes Maß an Lenkung und Kontrolle
  - Förderung sozialer Integration
  - Förderung angemessener körperlicher Aktivitäten

Ärztlich-psychologische Aufgaben

- Informationsvermittlung
- Aufbau von Krankheitsverständnis
- Sicherstellung des Behandlungsprogramms
  - medizinisch
  - psychologisch
- Beratung der Familie und sozialen Umwelt in:
  - medizinischen Fragen und
  - pädagogisch-psychologischen Fragen
- Psychologische Prävention
  - Angstreduktion bei diagnostisch-therapeutischen Maßnahmen durch Vorbereitung und Aufklärung
- Elterngruppen und Elterntraining
- Psychotherapie
  - Einzelpsychotherapie für das Kind bzw. die Eltern
  - Gruppentherapie für Jugendliche
  - Partnertherapie
  - Verhaltenstherapie
  - Familientherapie

Die **Eltern** sollen eine weitestmöglich normale Erziehung, gleichermaßen fern von übermäßiger Einschränkung wie von Nachlässigkeit und Indifferenz, realisieren. Hier gilt die aus der Erziehungspsychologie ableitbare Maxime, dass ein mittleres Ausmaß an Lenkung und Kontrolle bei hoher emotionaler Zuwendung die besten Voraussetzungen für eine positive psychische Entwicklung beim Kind schaffen. Für chronisch kranke und behinderte Kinder kommt hinzu, dass Eltern der Gefahr sozialer Isolation und Immobilisierung durch Fixierung an die Krankenrolle aktiv begegnen müssen.

Der **Arzt** kann seinen Aufgaben nur dann gerecht werden, wenn er zunächst einmal das Prinzip der persönlichen Kontinuität in der Betreuung realisiert. Er muss darüber hinaus in der Lage sein, bei Wahrung seiner fachlichen Kompetenz und Zuständigkeit kooperativ und frei von Rivalität zusammenzuarbeiten und sich als lernbereit zu erweisen. Von der Übereinstimmung der Ziele und Handlungen wird das Vertrauen des Patienten und seiner Familie wesentlich bestimmt. Diese erwarten vom Arzt angemessene, verständliche und kompetente Informationen, wobei sich die Erwartungen häufig über die unmittelbaren Aspekte der Krankheit auf allgemeinere Fragen ausdehnen.

Schließlich ist bei der Bestimmung des ärztlichen Handelns nicht nur die Frage, was zu tun ist, von Bedeutung, sondern vor allem, wie es getan wird. Einfühlungsvermögen, Verständnis und Anteilnahme sind mindestens genauso wichtig wie die Inhalte der Information. Autoritäre Attitüden und Betriebshektik sind mit einer kompetenten ärztlichen Betreuung in diesem Aufgabenfeld noch weniger als sonst vereinbar. Die besondere psychische Vulnerabilität des kranken Kindes machen es von daher auch unabdingbar, dass der Arzt bei jeder seiner Maßnahmen eine angemessene, für das Kind jeweils verständliche Aufklärung vornimmt und damit psychischen Traumatisierungen vorbeugt. In die gleiche Richtung zielen die psychologisch strukturierten Programme zur Vorbereitung auf jeweils spezifische diagnostische und therapeutische Maßnahmen.

Die spezifischen Aufgaben des **Kinder- und Jugendpsychiaters** sowie **Psychologen** liegen in Ergänzung zu den bereits geschilderten Funktionen in der Durchführung von Psychotherapien, die sich auf das Kind bzw. den Jugendlichen, die Eltern und die Familie erstrecken können. Ziel ist immer eine Stützung und Wiederherstellung adaptativer Funktionen. Darüber hinaus sind die Erfahrung und Kompetenz des Arztes bzw. Psychologen, die sich professionell mit psychischen Störungen befassen, oft eine wertvolle Hilfe in der Gruppenarbeit. Viele **Selbsthilfegruppen** und Gesprächsgruppen von Eltern und betroffenen Jugendlichen, die nicht notwendigerweise gruppentherapeutischen Charakter haben müssen, können von der Mitarbeit von klinisch erfahrenen Ärzten, Psychologen und Psychotherapeuten in ihrer Arbeit profitieren.

Dieses umfangreiche Aufgabenfeld, die gesammelten Erfahrungen und Erkenntnisse und die nicht unbeträchtliche Klientel haben dazu geführt, dass sich innerhalb der Kinder- und Jugendpsychiatrie wie auch der klinischen Psychologie Spezialisierungen und neue Tätigkeitsfelder entwickelt haben. Dies sind einerseits die so genannte **Liasion-Psychiatrie** und andererseits die **Verhaltensmedizin** und dabei speziell die **Verhaltenspädiatrie** (behavioral pediatrics). Beide konvergieren in dem Bemühen um eine gleichermaßen kompetente wie hilfreiche psychosoziale Betreuung chronisch-kranker und behinderter Kinder und Jugendlicher in deren Versuch, trotz vielfältiger Belastungen ein aktives und persönlich befriedendes Leben zu realisieren. Diesem Ziel dienen sowohl Einzelbetreuungen als auch die zahlreichen **Schulungsprogramme,** in denen verschiedene Gruppen chronisch kranker Kinder gemeinsam betreut werden.

Literatur

Allgemeine Literatur

Bauman, L. J., D. Drotar, J. M. Leventhal, E. C. Perrin, B. I. Pless: A review of psychosocial intervention for children with chronic health conditions. Pediatrics 100 (1997) 244–251.

Noeker, M., F. Haverkamp: Chronische Erkrankungen im Kindes- und Jugendalter. Entwicklung einer Typologie und Zuordnung spezifischer pädiatrisch-psychologischer Interventionskonzepte. Monatsschr. Kinderheilkd. 145 (1997) 387–394.

Seiffge-Krenke, I., H.-C. Steinhausen: Chronische Erkrankungen im Jugendalter. In: Palitzsch, D. (Hrsg.): Jugendmedizin, Urban & Fischer, München 1999.

Steinhausen, H.-C.: Chronische Krankheiten und Behinderungen bei Kindern. In: Koch, U., G. Lucius-Hoene, R. Stegie (Hrsg.): Handbuch der Rehabilitationspsychologie. Springer, Berlin 1988.

Steinhausen, H.-C.: Psychologische und psychopathologische Probleme des chronisch kranken Kindes. In: Kisker, K. P., H. Lauter, J. E. Meyet, C. Müller, E. Strömgen (Hrsg.): Psychiatrie der Gegenwart. Kinder- und Jugendpsychiatrie. Bd. 7. Springer, Berlin–Heidelberg–New York 1988.

Wallander, J. L., J. W. Varni: Effects of pediatric chronic physical disorders on child and family adjustment. J. Child Psychol. Psychiat. 39 (1998) 29–46.

Herzkrankheiten

Bellinger, D. C., L. A. Rappaport, D. Wypij, G. Wernovsky, J. W. Newburger: Patterns of development dysfunction after surgery during infancy to correct transposition of the great arteries. J. Dev. Behav. Pediatr. 18 (1997) 75–83.

De Maso, D. R., W. R. Beardslee, A. R. Silbert, D. C. Fyler: Psychological functioning in children with cyanotic heart defects. J. Dev. Behav. Pediat. 11 (1990) 289–294.

Serrano-Ikkos, E., B. Lask, B. Whitehead: Psychosocial morbidity in children, and their families, awaiting heart or heart-lung transplantation. J. Psychosom. Research 42 (1997) 253–260.

Spurkland, I., P. G. Bjørnstad, H. Lindberg, E. Seem: Mental health and psychosocial functioning in adolescents with congenital heart disease. A comparison between adolescents born with severe heart defect and atrial septal defect. Acta Paediatr. 82 (1993) 71–76.

Todaro, J. F., E. B. Fennell, S. F. Sears u. a.: Review: Cognitive and psychological outcomes in pediatric heart transplantation. J. Pediat. Psychol. 25 (2000) 567–576.

Utens, E. M. W., F. C. Verhulst, F. J. Meijboom, H. J. Duivenvoorden, R. A. M. Erdman, E. Bos, J. T. C. Roelandt, J. Hess: Behavioural and emotional problems in children and adolescents with congenital heart disease. Psychological Medicine 23 (1993) 415–424.

Zystische Fibrose

Ievers, C. E., D. Drotar: Family and parental functioning in cystic fibrosis. J. Dev. Behav. Pediatr. 17 (1996) 48–55.

Paerson, D. A., A. J. Pumariega, D.K. Seilheimer: The development of psychiatric symptomatology in patients with cystic fibrosis. J. Am. Acad. Child Psychiat. 30 (1991) 290–297.

Sawyer, S. M. M. J. Rosier, P. D. Phelan, G. Bowes: The self-image of adolescents with cystic fibrosis. J. Adolesc. Health 16 (1995) 204–208.

Thompson, R. J., K. Hodger, K. W. Hamlett: A matched comparison of adjustment in children with cystic fibrosis and psychiatrically referred and nonreferred children. J. Pediat. Psychol. 15 (1990) 745–759.

Chronische Niereninsuffizienz

Offner, G., A. Bökenkamp: Langzeitbetreuung nierentransplantierter Kinder und Jugendlicher. Monatsschr. Kinderheilkd. 147 (1999) 951–960.

Reynolds, J. M., M. E. Gerralda, R. A. Jameson, R. J. Postletwaite: How parents and families cope with chronic renal failure. Arch. Dis. Childh. 63 (1988) 821–826.

Soliday, E., E. Kool, M. B. Lande: Psychological adjustment in children with kidney disease. J. Pediat. Psychol. 25 (2000) 93–103.

Stuber, M. L.: Psychiatric aspects of organ transplantation in children and adolescents. The Academy of Psychosomatic Medicine 34 (1995) 379–387.

Körperbehinderung

Goodman, R.: The longitudinal stability of psychiatric problems in children with hemiplegia. J. Child Psychol. Psychiat. 39 (1998) 347–354.

Kokkonen, E.-R., J. Kokkonen, A.-L. Saukkonen: Do neurological disorders in childhood pose a risk for mental health in young adulthood? J. Dev. Med. Child Neurol. 40 (1998) 364–368.

Wallander, J. L., J. W. Varni, L. Babani, H. T. Banis, C. B. Deltaan, K. T. Wilcox: Disability parameters, chronic strain and adaptation of physically handicapped children and their mothers. J. Pediat. Psychol. 14 (1989) 23–42.

Yude, C., R. Goodman: Peer problems of children with hemiplegia in mainstream primary schools. J. Child Psychol. Psychiat. 39 (1998) 533–541.

Hämophilie

Bussing, R.; R. C. Burket: Anxiety and intrafamilial stress in children with hemophilia after the HIV crisis. J. Am. Acad. Child Adolesc. Psychiat. 32 (1992) 562–567.

Steinhausen, H.-C.: Die Hämophilie: Sozialmedizin und Psychologie einer chronischen Krankheit. Thieme, Stuttgart 1976.

Leukämie und maligne Tumoren

Eiser, C., J. J. Hill, Y. H. Vance: Examining the psychological consequences of surviving childhood cancer: Systematic review as a research method in pediatric psychology. J. Pediat. Psychol. 25 (2000) 449–460.

Eiser, Ch.: Practitioner review: long-term consequences of childhood cancer. J. Child Psychol. Psychiat. 39 (1998) 621–633.

Kusch, M., C. Vetter, U. Bode: Stationäre psychologische Betreuung in der pädiatrischen Onkologie: Konzept einer behandlungsbegleitenden Versorgung. Prax. Kinderpsychol. Kinderpsychiat. 42 (1993) 316–326.

Petermann, F., T. Kroll: Psychosoziale Folgen bei Krebserkrankungen im Kindes- und Jugendalter. Kindheit und Entwicklung 5 (1996) 209–214.

Endokrine Störungen

Dittmann, R. W., M. H. Kappes, M. E. Kappes: Cognitive functioning in female patients with 21-hydroxylase deficiency. Eur. Child Adolesc. Psychiatr. 2 (1993) 34–43.

El Abd, S., J. Turk, P. Hill: Annotation: Psychological characteristics of Turner syndrome. J. Child Psychol. Psychiat. 56 (1995) 1109–1125.

Kranzler, J. H., A. L. Rosenbloom, B. Proctor u. a.: Is short stature a handicap? A comparison of the psychological functioning of referred and nonreferred children with normal short stature and children with normal stature. J. Pediatr. 136 (2000) 96–102.

New England Congenital Hypothyroidism Collaborative: Correlation of cognitive test scores and adequacy of treatment in adolescents with congenital hypothyroidism. J. Pediatr. 124 (1994) 383–387.

Meyer-Bahlburg, H. F. L.: Psychosocial management of short stature. In: Shaffer, D., A.A. Erhardt, L.L. Greenhill (eds.): The Clinical Guide to Child Psychiatry. Macmillan-Free Press, New York 1985.

Plante, E., C. Boliek, A. Binkiewicz, W. K. Erly: Elevated androgen, brain development and language/learning disabilities in children with congenital adrenal hyperplasia. Dev. Medicine Child Neurol. 38 (1996) 423–437.

Siegel, P. T., R. Clopper, B. Stabler: The psychological consequences of Turner syndrome and review of the national cooperative growth study psychological substudy. Pediatrics 102 (1998) 488–491.

Skuse, D. H., R. S. James, DVM Bishop u. a.: Evidence from Turner's syndrome of an imprinted X-linked locus affecting cognitive function. Nature 387 (1997) 705–708.

Stabler, B., L. E. Underwoods (eds.): Growth, Stature and Adaption: Univ. North Carolina at Chapel Hill, Chapel Hill 1994.

Steinhausen, H.-C., H. G. Dörr, R. Kannenberg, Z. Malin: The behavior profile of children and adolescents with short statue. J. Dev. Behav. Pediatr. 21 (2000) 423–428

Winkler, L, S. Bank, U. Bremer-Hübler, J. Brodehl, J. Sander: Körperliche und geistige Entwicklung von Kindern mit konnataler Hypothyreose. Monatsschr. Kinderheilkd. 141 (1993) 799–804.

Diabetes mellitus

Blanz, B., B. Rensch-Riemann, D. Fritz-Sigmund, M. H. Schmidt: Zur Rolle erkrankungsbe-zogener kognitiv-emotionaler Faktoren als Determinanten der Compliance bei Jugendlichen mit Diabetes mellitus. Zeitschr. Klin. Psychol. 12 (1993) 264–275.

Boeger, A., I. Seiffge-Krenke, M. Roth: Symptombelastung, Selbstkonzept und Entwicklungsverzögerung bei gesunden und chronisch kranken Jugendlichen: Ergebnisse einer 41/2jährigen Längsschnittstudie. Z. Kinder-Jugendpsychiat. 24 (1996) 231–239.

Seiffge-Krenke, I.: Entwicklungsrückstände durch chronische Krankheit? Kindheit und Entwicklung 3 (1994) 16–23.

Petermann, F. (Hrsg.): Diabetes mellitus. Hogrefe, Göttingen 1995.

Sinnesbehinderungen

Brown, R., R. P. Hobson, A. Lee, J. Stevenson: Are there „autistic-like" features in congenitally blind children? J. Child Psychol. Psychiat. 38 (1997) 693–703.

Hindey, P. A.: Psychiatric aspects of hearing impairments. J. Child Psychol. Psychiat. 38 (1997) 101–117.

Hindley, P. A., T. van Gent: Psychiatric aspects of specific sensory impairments. In: Rutter, M., E. Taylor (eds.): Child and Adolescent Psychiatry. Modern Approaches. 4th ed. Blackwell, Oxford 2002.

Huurre, T. M., H. M. Aro: Psychosocial development among adolescents with visual impairment. Europ. Child Adolesc. Psychiat. 7 (1998) 73–78.

Matson, J. L., W. J. Helsel: Psychopathology of sensory-impaired children. In: Lahey, B.B. A.E. Kazdin (eds.): Advances in Clinical Child Psychology. Plenum, New York 1986.

Roberts, C., P. Hindley: Practitioner review: the assessment and treatment of deaf children with psychiatric disorders. J. Child Psychol. Psychiat. 40 (1999) 151–167.

Epilepsie

Caplan, R., S. Arbelle, D. Guthrie, S. Komo, W.D. Shields, R. Hansen, S. Chayasirisobhon: Formal thought disorder and psychopathology in pediatric primary generalized and complex partial epilepsy. J. Am. Acad. Child Adolesc. Psychiatry 36 (1997) 1286–1294.

Herman, B. P., M. Seidenberg (eds.): Childhood Epilepsies: Neuropsychological, psychosocial and interventional aspects. Wiley, Chichester 1989.

Martinius, J., M. Pfeiffer: Anfallskranke Jugendliche in der Jugendpsychiatrie. In: Steinhausen, H.-C. (Hrsg.): Das Jugendalter. Entwicklungen – Probleme – Hilfen. Huber, Bern-Stuttgart 1990.

Steinhausen, H.-C., C. Rauss-Mason: Epilepsy and anti-convulsive drugs. In: Rutter, M., P. Caesar (eds.): Biological risk factors for psychosocial disorders. Cambridge University Press, Cambridge 1991.

17 Störungen des Sozialverhaltens

17.1 Allgemeine Merkmale

Nach den emotionalen Störungen sind Störungen des Sozialverhaltens die zweithäufigste Diagnose in der kinder- und jugendpsychiatrischen Klinik und Praxis. Dabei kann angesichts der Vielfalt der Symptomatik und der Begleitumstände die Kinder- und Jugendpsychiatrie nicht die ausschließliche Zuständigkeit für die betroffenen Kinder und Jugendlichen mit Störungen des Sozialverhaltens beanspruchen. Vielmehr sind theoretisch wie auch teilweise praktisch Psychologie, Pädagogik und Soziologie gleichermaßen aus einer jeweiligen Perspektive mit dem Thema befasst. Diese Bezüge sollen in diesem Kapitel nicht unerwähnt bleiben, wenngleich schwerpunktmäßig die kinder- und jugendpsychiatrische Betrachtungsweise mit dem typischen Aspekten der Klinik, Diagnostik und Therapie im Vordergrund stehen wird.

Begriffe

Bei den Störungen des Sozialverhaltens handelt es sich um Verhaltensweisen, mit denen altersgemäße Normen, Regeln und/oder Rechte anderer beeinträchtigt werden. Entsprechend werden sie auch als **Dissozialität** oder **antisoziales Verhalten** bezeichnet. Der Begriff der **Delinquenz** ist ursprünglich juristischer bzw. kriminologischer Herkunft und bezieht sich auf Handlungen, die von Kontrollinstanzen verfolgt werden. Entsprechend auffällige Jugendliche können im Rahmen jugendrechtlicher Bestimmungen für schuldig befunden und bestraft werden. Derartige Rechtsbrüche gelten bei Erwachsenen als **kriminelle Handlungen.** Die Unschärfe des Begriffs der Delinquenz ergibt sich aus dem Umstand, dass damit auch dissoziale Verhaltensweisen bezeichnet werden, die nicht gegen gültige Strafgesetze verstoßen. Der im deutschen Sprachraum eingebürgerte Begriff der **Verwahrlosung** deckt sich nicht vollständig mit dem der Delinquenz, zumal er eine anhaltende und generalisierte Abweichung von sozialen Normen im Sinne einer Störung der Persönlichkeitsentwicklung beinhaltet und den – nicht mehr gerechtfertigten – Anspruch eines eigenständigen psychopathologischen Syndroms erhebt.

Die **Störungen des Sozialverhaltens** werden im Englischen mit dem Begriff der „conduct disorder" bezeichnet. Das deutsche Sprachäquivalent „Verhaltensstörungen" ist insofern keine befriedigende Bezeichnung, weil damit in der Pädagogik und Psychologie eine unscharfe Sammelbezeichnung für psychische Störungen im Kindesalter überhaupt etabliert wurden, die keine kinder- und jugendpsychiatrische Diagnose darstellt und in keinem Klassifikationssystem in dieser Form Berücksichtigung findet.

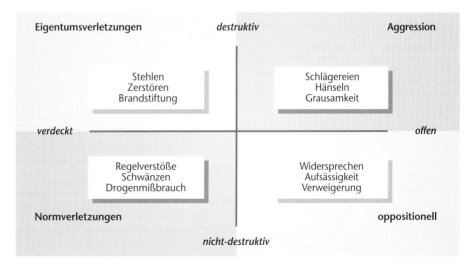

Abbildung 17-1
Zweidimensionales Modell für Störungen des Sozialverhaltens (in Orientierung an Frick u.a. 1993).

Klassifikation

Die vielfältigen Manifestationen der Störungen des Sozialverhaltens sind in den letzten Jahrzehnten wiederholt klassifiziert worden. Ein **Modell**, das sowohl empirisch gestützt als auch praktisch relevant ist, berücksichtigt die zwei Dimensionen des offenen vs. verdeckten Verhaltens und des destruktiven vs. nicht-destruktives Verhaltens und ist in Abbildung 17-1 wiedergegeben. Weniger auf Theorie und Forschung bezogen ist die in Tabelle 17-1 dargestellte Klassifikation der Störungen des Sozialverhaltens gemäß ICD-10. Hier ist nicht nur unklar, ob die verschiedenen Formen tatsächlich gültige, voneinander differenzierbare Einheiten sind, sondern es wurde auch ein bedeutsamer Bruch mit der Forschungstradition vollzogen, welche in der **Sozialisation** ein differenzierendes Kriterium sah. Statt im Einklang mit der Forschung unter Sozialisation die Übernahme von Verhaltensnormen einer delinquenten Gruppe Gleichaltriger zu verstehen hat die ICD-10 die **sozialen Bindungen** jeglicher Art – also zu nicht-delinquenten oder auch delinquenten Gleichaltrigen – zum differenzierenden Kriterium gemacht.

Tabelle 17-1 Störungen des Sozialverhaltens gemäß ICD-10.

F 91.0	auf den familiären Rahmen beschränkte Störung des Sozialverhaltens
F 91.1	Störung des Sozialverhaltens bei fehlenden sozialen Bindungen
F 91.2	Störung des Sozialverhaltens bei vorhandener sozialen Bindung
F 91.3	Störung des Sozialverhaltens mit oppositionellem, aufsässigem Verhalten
F 91.8	Sonstige Störungen des Sozialverhaltens
F 91.9	nicht näher bezeichnete Störungen des Sozialverhaltens
F 92.0	Störung des Sozialverhaltens mit depressiver Störung
F 92.8	Sonstige kombinierte Störung des Sozialverhaltens und der Emotionen
F 92.9	nicht näher bezeichnete, kombinierte Störung des Sozialverhaltens und der Emotionen

Bestimmend für Störungen des Sozialverhaltens gemäß ICD-10 sind ein sich wiederholendes und andauerndes Muster dissozialen, aggressiven oder aufsässigen Verhaltens, das in seinem extremen Auswirkungen gröbste Verletzungen sozialer Erwartungen beinhaltet. Dabei muss jeweils das Entwicklungsniveau des Kindes bzw. des Jugendlichen berücksichtigt werden. Es wird empfohlen, die Diagnose erst bei einer Mindestdauer der Störungen von sechs Monaten zu stellen.

Die Darstellung in diesem Kapitel unterscheidet zwei typische Formen gestörten Sozialverhaltens jeweils im Kindes- und im Jugendalter, zumal das Alter bei Beginn nicht nur für die Symptomatik, sondern auch für den Verlauf bedeutsam ist.

Entwicklungstypen

Störungen des Sozialverhaltens nehmen mit individuellen Variationen eine Entwicklung, die in schematischer Form in Abbildung 17-2 dargestellt ist. Die früheste Manifestation eines späteren Problemverhaltens kann in Form eines schwierigen Temperaments im Säuglingsalter vorliegen (vgl. Kap. 1 und 3). Dieses kann im Kleinkindalter in hyperaktives Verhalten übergehen, mit dem sich offen aggressives und trotziges Verhalten verbinden kann. Beide Manifestationen können auch isoliert auftreten, sind aber in der Kombination besonders problematisch, zumal damit der Verlauf besonders ungünstig wird.

Schon im Vorschulalter zeigen sich die ausgeprägten Defizite hinsichtlich sozialer Fertigkeiten, welche das Kind möglicherweise in der Gruppe der Gleichaltrigen isolieren. Meist im zweiten Schuljahr werden spezifische Lernstörungen sichtbar. Im Grundschulalter werden sodann vornehmlich verdeckte Störungen des Sozialverhaltens begangen. Der Anschluss an deviante Gleichaltrige erfolgt in der Präadoleszenz und delinquente Handlungen – zum Teil zusammen mit anderen dissozialen Jugendlichen – führen dann in der Adoleszenz möglicherweise zu Strafmaßnahmen. Ein Übergang in eine antisoziale Persönlichkeitsstörung mit oder ohne Kriminalität im jungen Erwachsenenalter ist – besonders für Frühbeginn der Störungen des Sozialverhaltens – möglich und findet tatsächlich gehäuft statt, ohne zwangsläufig zu sein.

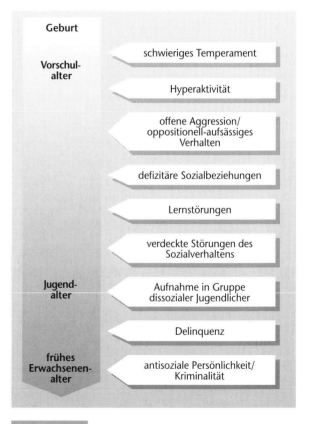

Abbildung 17-2 Entwicklungsmodell für Störungen des Sozialverhaltens (in Orientierung an Loeber 1990).

In klassifikatorischer Hinsicht sind die in Tabelle 17-2 dargestellten Entwicklungstypen bedeutsam.

- Beim aggressiv-impulsiven Typ liegt in der Regel eine lange Entwicklungslinie vor, in der sich aggressives und verdeckt aggressives Verhalten häufig auch mit Zeichen hyperkinetischer Störungen verbindet. Diese Kinder und Jugendlichen haben beträchtliche soziale Beziehungs- und Leistungsstörungen. Ihr dissoziales Verhalten äußert sich in verschiedenen sozialen Kontexten in beträchtlicher Variationsbreite. Hier überwiegt das männliche Geschlecht; die Remissionsrate ist niedrig.

- Der delinquente und dabei nicht-aggressive Typ (B) beginnt in der Regel viel später; hier stehen verdeckte Verhaltensweisen wie Eigentumsdelikte, Lügen, Streunen und/oder Drogenmissbrauch im Vordergrund. Häufig sind die sozialen Beziehungen stabil, wobei viele delinquente Handlungen in der Gruppe erfolgen. Im Vergleich zum aggressiv-impulsiven Typ ist der Anteil von Mädchen höher.

Ursachen

Störungen des Sozialverhaltens mit den Leitsymptomen von Aggressivität und Delinquenz sind durch die klassische Betrachtungsweise der Psychiatrie mit Zentrierung auf das **Individuum,** auf **situative Faktoren** sowie auf das unmittelbare **soziale Umfeld** nur ungenügend erklärt. Hier muss vielmehr, wie Abbildung 17-3 zeigt, die Funktion von **Gesellschaft und Kultur** einbezogen werden.

Tabelle 17-2 Klassifikation und Charakteristika der Entwicklungsverläufe der Störungen des Sozialverhaltens.

Aggressiv-impulsiver Typ (A)

- Beginn der sozialen Probleme im Vorschulalter
- aggressives und verdecktes Problemverhalten
- mehr Probleme im Sinne hyperaktiver Störungen
- ungenügende Sozialfertigkeiten
- schlechte Beziehungen zu Gleichaltrigen
- Schulschwierigkeiten
- hohe Rate neuer dissozialer Handlungen
- niedrige Remissionsrate
- mehr Jungen als Mädchen

Nicht-aggressiver Typ (B)

- Beginn in der späten Kindheit oder frühen bis mittleren Adoleszenz
- vornehmlich nicht-aggressive dissoziale Probleme
- keine deutlichen Probleme im Sinne hyperaktiver Störungen
- Sozialfertigkeiten sind verfügbar
- Verbindung mit devianten Gleichaltrigen
- niedrige Rate neuer dissozialer Handlungen
- höherer Anteil von Mädchen als bei Typ A

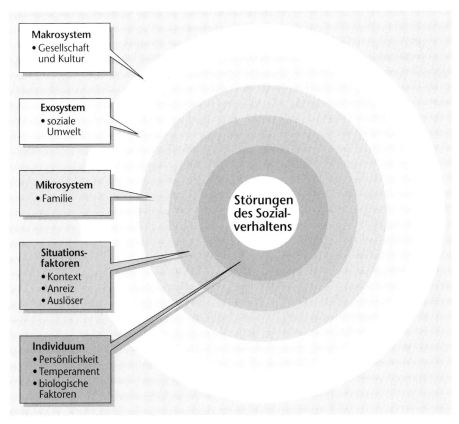

Abbildung 17-3
Ursachenmodell für Störungen des Sozialverhaltens.

Spezielle Kinder- und Jugendpsychiatrie

Tabelle 17-3 Risiko- und Schutzfaktoren im Zusammenhang mit Störungen des Sozialverhaltens.

	Individuum	Familie	Soziale Umwelt	Gesellschaft
Risikofaktoren	Genetische, neurophysiologische und neurochemische Faktoren	Disharmonie der Partner Trennung/Scheidung	Wohndichte und -qualität	Ökonomische Strukturveränderungen
	Prä- und perinatale Risikofaktoren	Vernachlässigung/Misshandlung	Mangel an sozialen Diensten	Arbeitslosigkeit
	Schwieriges Temperament	Dysfunktionale Erziehung	Soziale Desintegration	Armut
	Männliches Geschlecht	Mangelnde Problemlösungsfertigkeiten und Kommunikation	Schlechte Schulen/ niedriges Bildungsangebot	Reduzierte Sozialhaushalte
	Belastende Lebensereignisse	Psychische Störungen, speziell Alkohol- und Drogenmissbrauch	Dissoziale Freunde/ Jugendbanden	Ghettoisierung
	Zeuge von Gewalt	Kriminalität einschließlich Duldung von Delinquenz	Hohe Kriminalitätsbelastung	Unkritische Gewaltdarstellung in den elektronischen Medien
	Drogenmissbrauch	Ökonomische Belastungen	Verfügbarkeit von Drogen	Kulturelle Begünstigung von Gewalt
	Lernstörungen	Familiengröße/dichte Geburtenfolge		
	Niedriges Selbstbewusstsein			
Schutzfaktoren	Autonomie	Stabile Partnerschaft	Versorgung und Unterstützung	Versorgung und Unterstützung
	Soziale Kompetenz	Fürsorge und Unterstützung	Dichtes Netz sozialer Dienste und Angebote	Ökonomische Sicherheit
	Problemlösungsfertigkeiten	Emotionale Zuwendung und Disziplin	Soziale Integration/ Bürgerbeteiligung	Soziale Integration/ Bürgerbeteiligung
	Reflexivität/ Impulskontrolle	Belastbarkeit und positive Kommunikation	Hohe Erwartungen	Wirksame Sozialpolitik
	Anpassungsfähigkeit	Hohe Erwartungen	Niedrige Kriminalitätsbelastung, Fehlender Drogenhandel	Strikte Gesetzesanwendung
	Selbstwert	Stabile finanzielle Verhältnisse		Vermittlung von Gewaltlosigkeit (Medien)
	Intelligenz	Familiengröße < 4 Personen		
	Sensibilität/ Empathie	Genügend Wohnraum		
	Altruismus			
	Höheres Bildungsniveau			

In Orientierung an der in Kapitel 3 vorgelegten allgemeinen Konzeption der Ätiologie psychischer Störungen lässt sich auch für die Störungen des Sozialverhaltens eine Gegenüberstellung von **Risiko- und protektiven Faktoren** vornehmen. Die empirisch ermittelten Faktoren auf den Ebenen von Individuum, Familie, sozialer Umwelt sowie Gesellschaft sind in Tabelle 17-3 zusammengestellt. Hinsichtlich der **biologischen Risikofaktoren** muss angemerkt werden, dass sie bei impulsiv-aggressivem Verhalten eine größere Rolle als bei delinquentem Verhalten spielen, bei dem Umwelteinflüsse wesentlich bedeutsamer sind. Für impulsiv-aggressives Verhalten sind genetische Einflüsse, ein niedriger Funktionszustand des serotonergen Systems, uneinheitliche Befunde im noradrenergen System, widersprüchliche Befunde auch bei der Erhebung von Cortisol- und Testosteronspiegel sowie eine erniedrigte Aktivierung und Reaktivität bei verschiedenen psychophysiologischen Parametern nachgewiesen worden.

Die zahlreichen Risikofaktoren der **psychosozialen Umwelt** auf den verschiedenen Ebenen können ebenfalls Tabelle 17-3 entnommen werden. Auch hier gilt die generelle Feststellung, dass die einzelnen Risiko- und Schutzfaktoren sich in Wechselwirkung untereinander im Entwicklungsprozess entfalten und mit unterschiedlicher Gewichtung im Einzelfall wirksam werden. Eine denkbare Abfolge von auslösenden Elementen mit Betonung individueller und situativer Faktoren, an deren Ende eine aggressive Handlung steht, ist in Abbildung 17-4 dargestellt.

17.2 Störungen des Sozialverhaltens im Kindesalter

Definition, Klassifikation und Häufigkeit

Mit den aggressiven Störungen des Sozialverhaltens verbindet sich eine Reihe von **Symptomen,** die häufig gemeinsam auftreten. In der Regel klagen die Eltern in erster Linie über fehlenden Gehorsam. Ferner wird festgestellt, dass das Kind ständig andere Menschen (Kinder und Erwachsene) anschreie, häufig in Streit und körperliche Auseinandersetzungen verwickelt sei, in der Kindergruppe dominieren und bestimmen wolle und dabei andere Kinder hänsele, tyrannisiere und verächtlich mache. Weiterhin wird geklagt, dass es die Eltern oder andere Bezugspersonen anlüge und vereinzelt auch stehle, wobei es zu Gelddiebstählen im Haushalt oder Entwendung kleinerer Gegenstände in Läden oder Kaufhäusern komme. Schließlich wird auch berichtet, dass das Kind die Schule schwänze, von zu Hause weglaufe und auch zündele bzw. für Brandstiftung verantwortlich sei.

Zu dieser Vielfalt kommen sowohl Symptome des Ungehorsams und Widerstands gegenüber Personen im Sinne eines **offenen Verhaltens** (z. B. Schreien, Schlagen, Hänseln) als auch **verdeckte Verhaltensweisen** mit Regel- und Eigentumsverletzungen (z. B. Schulschwänzen, Stehlen, Lügen, Zerstörungen und Zündeln) zum Ausdruck. Mit zunehmendem Alter kann die Sympto-

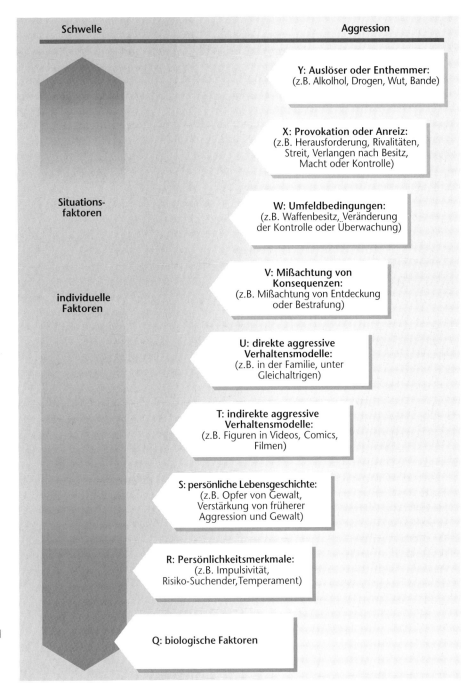

Abbildung 17-4 Ein Modell für die Auslösung von Aggression (modifiziert nach Friedman 1991).

Inhalt der Abbildung:

Schwelle — **Aggression**

Situationsfaktoren

Y: Auslöser oder Enthemmer: (z.B. Alkolhol, Drogen, Wut, Bande)

X: Provokation oder Anreiz: (z.B. Herausforderung, Rivalitäten, Streit, Verlangen nach Besitz, Macht oder Kontrolle)

W: Umfeldbedingungen: (z.B. Waffenbesitz, Veränderung der Kontrolle oder Überwachung)

individuelle Faktoren

V: Mißachtung von Konsequenzen: (z.B. Mißachtung von Entdeckung oder Bestrafung)

U: direkte aggressive Verhaltensmodelle: (z.B. in der Familie, unter Gleichaltrigen)

T: indirekte aggressive Verhaltensmodelle: (z.B. Figuren in Videos, Comics, Filmen)

S: persönliche Lebensgeschichte: (z.B. Opfer von Gewalt, Verstärkung von früherer Aggression und Gewalt)

R: Persönlichkeitsmerkmale: (z.B. Impulsivität, Risiko-Suchender, Temperament)

Q: biologische Faktoren

matik zusätzlich durch destruktive Handlungen (z. B. Vandalismus), körperliche Auseinandersetzungen auch mit Erwachsenen, Einbruchsdelikten, Drogenmissbrauch, Anschluss an ältere delinquente Kinder und Jugendliche sowie wiederholten Schulverweis bedeutsam erschwert werden. In der ICD-10 werden die folgenden Formen der Störungen des Sozialverhaltens unterschieden:

■ Die **auf den familiären Rahmen beschränkte Störung des Sozialverhaltens** ist eine (fast) völlig auf den häuslichen Rahmen oder auf Interaktionen mit Mitgliedern der Kernfamilie oder der unmittelbaren Lebensgemeinschaft eingegrenzte Störung. Außerhalb der Familie sollen sich die sozialen Bindungen des Kindes hingegen im normalen Rahmen bewegen.

■ Die **Störung des Sozialverhaltens bei fehlenden sozialen Bindungen** ist durch das Fehlen einer wirksamen Einbindung in eine Gruppe Gleichaltriger gekennzeichnet. Derartige Kinder sind isoliert und unbeliebt bei anderen Kindern; sie haben keine engen und dauerhaften Freundschaften und oft gespannte Beziehungen zu Erwachsenen. Aggressive Handlungen werden von ihnen typischerweise allein begangen.

■ Angemessene andauernde Freundschaften, die nicht notwendigerweise zur Bezugsgruppe anderer delin-

Spezielle Kinder- und Jugendpsychiatrie

quenter oder dissozialer Gleichaltriger bestehen müssen, sind das definierende Kriterium der Störung des **Sozialverhaltens bei vorhandenen sozialen Bindungen.**

- Die **Störung des Sozialverhaltens mit oppositionellem, aufsässigem Verhalten** ist eher eine leichtere Störung des Sozialverhaltens vornehmlich bei jüngeren Kindern, wobei im Gegensatz zu den anderen Störungen des Sozialverhaltens Gesetze oder Grundrechte anderer nicht verletzt werden.
- In Ergänzung zu diesen verschiedenen Varianten trägt die ICD-10 auch dem Umstand Rechnung, dass gemischt **emotional-dissoziale Störungen** ein häufiges klinisches Phänomen darstellen. Hier können sich dissoziale Anteile mit depressiven, ängstlichen oder auch zwanghaften Symptomen kombinieren.

Die **Prävalenzraten** für Störungen des Sozialverhaltens liegen in epidemiologischen Studien bei 1,5 bis 3,4 %. Aggressives Verhalten ist im Kindesalter häufig zu beobachten, wobei Jungen bis zu 3mal häufiger auffällig sind als Mädchen. Die körperliche Aggressivität nimmt in der Präadoleszenz ab, während die verdeckten Formen dissozialen Verhaltens, wie z. B. Stehlen, ansteigen. Sofern Mädchen aggressiv sind, handelt es sich eher um verbale Aggressivität in Form von Widerspruch, Negativismus und Hänseln. Aggressive Kinder sind typischerweise mittlere und seltener älteste und jüngste Kinder, wobei das Modellernen eine Teilerklärung darstellen könnte. Sie stammen eher aus großen Familien mit hoher Kinderzahl, wobei wiederum der erhöhte Kontakt mit den – möglicherweise ebenfalls dissozialen – Geschwistern bei relativ verhinderter elterlicher Kontrolle und Anregung bedeutsam sein könnte. Aggressives Verhalten ist in den unteren Sozialschichten deutlich häufiger als in den Mittel- und Oberschichten.

Klinik und Diagnostik

Aggressives und antisoziales Verhalten im Kindesalter kann als eigenständiges Syndrom sowie in unterschiedlichen Verbindungen mit weiteren psychiatrischen Störungen auftreten. Allen Manifestationsformen gemeinsam sind die Betonung des kurzfristigen Gewinns durch aggressive und antisoziale Handlungen auf Kosten Dritter, ein Mangel an sozialen Fertigkeiten mit negativer Einstellung gegenüber anderen und eine geringe Reaktionsbereitschaft für soziale Billigung und Missbilligung.

Differenzialdiagnose und Komorbidität

Störungen des Sozialverhaltens im Kindesalter können in Koexistenz einer Reihe von Störungen beobachtet werden, von denen sie teilweise auch differenzialdiagnostisch abgegrenzt werden müssen. Im Einzelnen handelt es sich um:

- gemischte emotionale und dissoziale Störungen,
- hyperkinetische Störungen,
- organische Psychosyndrome,
- spezifische Lernstörungen
- Anpassungsstörungen

- Drogenmissbrauch und
- Psychosen.

Bei **gemischten emotionalen und dissozialen Störungen** lässt sich Angst offen oder verdeckt neben aggressiven und antisozialen Handlungen als eine zentrale psychische Problematik identifizieren. Dabei können auch Trauer- und Verlustreaktionen mit entsprechend **depressiven Symptomen** neben isolierten dissozialen Symptomen vorliegen. Die aus der Umwelt stammenden Ängste und Befürchtungen lassen einige Kinder ihre Verunsicherung nach außen in aggressive Handlungen ausagieren.

Kinder mit einer **hyperkinetischen Störung** (vgl. Kap. 9) zeigen ungewöhnlich häufig auch Störungen des Sozialverhaltens. Verlaufsuntersuchungen zeigen deutlich, dass die Entwicklung hyperkinetischer Kinder ganz wesentlich von koexistierenden Störungen des Sozialverhaltens beeinflusst, d. h. ungünstiger bestimmt wird.

Im Rahmen von Lebensereignissen und Belastungen können **Anpassungsstörungen** mit einer vorherrschenden Störung des Sozialverhaltens auftreten. Im Gegensatz zu den in der Regel länger persistierenden Störungen des Sozialverhaltens haben die Symptome hier nur vorübergehenden Charakter.

Gereizte Irritation und Aggressivität sowie Enthemmung bis hin zu raptusartigen Affektdurchbrüchen ist ferner ein Merkmal sowohl akuter wie auch chronischer **organischer Psychosyndrome.** Auch **spezifische Lernstörungen,** insbesondere die Lese-Rechtschreib-Schwäche sind häufig mit Störungen des Sozialverhaltens verbunden. Die Beziehung zum Drogenmissbrauch beginnt meist erst in der Präadoleszenz und ist dann von der damit einhergehenden Delinquenz bestimmt.

Schließlich findet sich im Kontext der **Psychosen** eine oft aus dem psychotischen Erleben von Angst oder aus Wahninhalten resultierende Aggressivität mit möglicherweise erheblicher Selbst- und Fremdgefährdung bei den Schizophrenien. Ebenso kann eine aus der Antriebssteigerung bzw. Stimmungsveränderung resultierende aggressive Gespanntheit und Gereiztheit einschließlich aggressiver Akte bei den Manien beobachtet werden.

Untersuchung

Wegen der vielfältigen Verknüpfung aggressiven und antisozialen Verhaltens mit weiteren psychiatrischen Störungen muss die **Diagnostik** sehr sorgfältig die Entwicklung des Kindes sowie den aktuellen psychopathologischen Befund erfassen. Eine erste grobe Erfassung relevanter Symptome kann mit den in Kapitel 4 erwähnten **Verhaltensfragebögen** zur Beantwortung durch Eltern und Lehrer erfolgen. Diese Fragebögen enthalten sämtlich eine Subskala zur Bestimmung von Störungen des Sozialverhaltens und gestatten teilweise auch die Erfassung von Symptomen einer hyperkinetischen Störung auf einer separaten Dimension bzw. Skala.

Gleichwohl kann sich die Diagnose nicht allein auf derartige Fragebögen stützen. Erforderlich ist vielmehr gemäß dem in Tabelle 17-4 wiedergegebenen Leitfaden zunächst eine detaillierte **Anamneseerhebung,** die neben den klassischen Elementen vor allem eine funktionale

Analyse des gestörten Sozialverhaltens enthalten muss. Dabei geht es um die Fragen, ob das beklagte Verhalten eher offen im Beisein von Bezugspersonen oder verdeckt in Abwesenheit von Eltern und Lehrern auftritt, wie lange die Symptomatik besteht, welche situativen Faktoren bedeutsam sind und was die Bezugspersonen zur aktuellen Vorstellung des Kindes zum jeweiligen Zeitpunkt veranlasst hat. Ebenso muss in Orientierung an diesem Leitfaden eine differenzierte **Familienanamnese** erfolgen, um sowohl das Funktionsniveau der Familie als auch die verschiedenen Belastungen abzuschätzen. Die Untersuchung der **Psychopathologie** erstreckt sich auf mehrere spezifische Ebenen und schließlich kann eine detaillierte **körperliche Befunderhebung** indiziert sein.

Tabelle 17-4 Diagnostik der Störungen des Sozialverhaltens.

Anamnese

■ **Eigenanamnese**
– prä- und perinatale Risikofaktoren
– Entwicklung mit Betonung von Temperament, Bindungsstörungen und hyperkinetischen Störungen
– Misshandlung oder sexueller Missbrauch
– Krankheiten, speziell mit ZNS-Beteiligung
– Entwicklung der Symptome

■ **Familienanamnese**
– Belastungen, Ressourcen und Bewältigung
– elterliche Erziehungsfertigkeiten
– Belastung mit Dissozialität
– Belastung mit psychischen Störungen, speziell HKS, Lernstörungen, Affektstörungen, Persönlichkeitsstörungen
– Heimaufenthalte, Pflegeverhältnis oder Adoption

Untersuchung

■ **Psychopathologie**
– Bindung, Vertrauen und Empathie
– Impulssteuerung
– Affektkontrolle
– Schuld- und Verantwortungsgefühl
– kognitiver Entwicklungsstand
– Stimmung, Affekte und Selbstwertgefühl
– Realitätsprüfung
– Beziehung zu Gleichaltrigen
– Drogen inklusive Nikotin und Alkohol
– Leistungsstörungen in der Schule

■ **Körperlich (nach Indikation)**
– chronisch interne oder neurologische Krankheiten
– Seh- und Hörvermögen
– bildgebende Verfahren (Schädel)
– Drogenscreening (Urin/Blut)

Therapie und Verlauf

Angesichts der Tatsache, dass Störungen des Sozialverhaltens eine weniger günstige Prognose als viele andere kinder- und jugendpsychiatrischen Prognosen haben, sind effiziente therapeutische Maßnahmen von großer Bedeutung für die betroffenen Kinder und ihre Eltern. Auch hier gilt der Grundsatz einer indikationsbezogenen, auf einer sorgfältigen Diagnostik beruhenden **Therapieplanung**. Ein Beispiel im Sinne eines differenzialtherapeutischen

Entscheidungsbaums ist in Abbildung 17-5 gegeben. Dabei ist der Aspekt der **Komorbidität** zu berücksichtigen: So müssen bei einer Störung des Sozialverhaltens im Zusammenhang mit einer hyperkinetischen Störung oder mit einer spezifischen Lernstörung ein mehrdimensionales Therapieprogramm unter Einschluss funktioneller bzw. neuropsychologisch fundierter Übungsbehandlungen ebenso wie pharmakotherapeutische Maßnahmen berücksichtigt werden. Zusätzlich müssen spezifisch auf die Störungen des Sozialverhaltens gerichtete therapeutische Maßnahmen implementiert werden, und schließlich ist bei einem oft problematisch familiären und psychosozialen Umfeld der Einsatz von Sozialarbeit und Pädagogik unverzichtbar.

Die Methode der Wahl bei der Behandlung dissozialer Störungen im Kindesalter ist die **familienzentrierte Verhaltenstherapie**. Klassische Psychotherapie ist ebenso wie ausschließlich Einzelfallhilfe mit Sozialarbeit und -pädagogik wegen unzureichender Effizienz nicht indiziert. Eine Kombination von Psycho- und Verhaltenstherapie bei gemischt emotional-dissozialen Störungen – z. B. in Form von klientzentrierter Spieltherapie mit dem

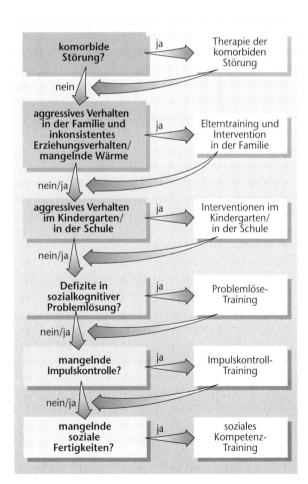

Abbildung 17-5 Differentialtherapeutischer Entscheidungsbaum für Störungen des Sozialverhaltens im Kindes- und Jugendalter (modifiziert nach Döpfner 1998).

Kind und verhaltenstherapeutisch orientierter Elternarbeit – setzt sehr flexible bzw. multimodal vorgehende Therapeuten voraus.

Die familienzentrierte Verhaltenstherapie orientiert sich an den Theorien des sozialen Lernens und Behandlungsprogrammen. Sie setzt eine systematische **Verhaltensanalyse** sowohl vor wie auch während der Therapie voraus, wobei die Eltern wesentliche Aufgaben der Verhaltensregistrierung übernehmen müssen. Entsprechend werden die Eltern von Therapeuten unterwiesen, wie jeweils ein häufig auftauchendes Verhaltensproblem und das gegenteilige angemessene prosoziale Verhalten (z. B. Streit oder körperliche Auseinandersetzungen gegenüber verträglichem Spiel mit anderen Kindern) definiert und in der Realsituation systematisch beobachtet und registriert werden. Damit werden Grundkurven des jeweiligen Verhaltens ermittelt und zugleich die Aufmerksamkeit der Eltern auf das jeweils zu verändernde Verhalten gelenkt.

Die **Hauptziele der Behandlung** sind eine Reduktion des offenen oder versteckten aggressiven und antisozialen Verhaltens des Kindes und zugleich eine Veränderung der unangemessenen und irritierten Reaktionen sowie der negativen Einstellungen der Eltern. Allein durch die systematische Beobachtung des kindlichen Verhaltens lassen sich bereits Veränderungen bewirken, die allerdings nicht sehr stabil sind. Für die Durchführung empfiehlt sich, zunächst eine oder zwei leicht zu beobachtende und häufig auftretende Verhaltensweisen wie z. B. Ungehorsam auszuwählen. Hierfür eignen sich verdeckte Formen dissozialer Störungen wie z. B. Stehlen oder Lügen weniger.

Die eigentliche **Behandlung offener Formen dissozialen Verhaltens** setzt zunächst an der **Verstärkung** erwünschter **prosozialer Verhaltensweisen** über kontingente Verstärkung an, wobei Punkte- bzw. Münzverstärker für genau definierte, zunächst noch relativ einfache vom Kind zu leistende Verhaltensweisen eingesetzt und gegen kleine Belohnungen eingetauscht werden können. Dabei muss vermieden werden, dass die Geschwister des Kindes sich unfair behandelt fühlen oder die Eltern das Verstärkungsprogramm halbherzig einführen bzw. mit dem Kind aushandeln, so dass sie den Erfolg von vornherein gefährden.

Neben der Verstärkung prosozialen Verhaltens stellt die **Bestrafung unangemessenen aversiven Verhaltens** eine zweite Behandlungskomponente dar. Dabei muss das typische und ineffiziente Bestrafungsmuster von Eltern aggressiver Kinder, nämlich die strenge, willkürliche und körperliche ebenso wie die permissive Laissez-faire-Erziehung, vermieden werden. Hier ist die Methode der Wahl der soziale Ausschluss (Time-out), der zu einer Reduktion der Häufigkeit und Intensität dissozialer Verhaltensweisen führt.

Die Voraussetzungen einer einfachen Definition und Registration dissozialer Verhaltensweisen für die Verhaltensmodifikation sind bei den **verdeckten Formen** nicht gegeben. Hier werden Eltern zunächst in einer ersten Phase in typischer Weise mit den Prinzipien der Verhaltensmodifikation bei offenen Formen vertraut gemacht. In einer zweiten Phase wird das verdeckte Verhalten neu

definiert, um es beobachtbar zu machen. So wird Stehlen beispielsweise dahingehend bestimmt, dass dem Kind eine glaubwürdige Erklärung für den Besitz bestimmter Gegenstände nicht möglich ist oder der Vorwurf des Stehlens durch eine für die Eltern glaubwürdige Person vorliegt oder die Eltern selbst den begründeten Verdacht haben. Die Eltern werden instruiert, mit dem Kind über diesen Sachverhalt nicht zu diskutieren, sondern festzustellen, dass sie Gründe für eine entsprechende Annahme haben. Als Konsequenz wird schließlich eine zu erfüllende Aufgabe für das Fehlverhalten, z. B. in Form von Arbeit im Haushalt, auferlegt.

Mit diesen Methoden der Verhaltensmodifikation unter Einschluss von sorgfältiger Beobachtung, Registrierung des jeweiligen Verhaltens, Verstärkung angemessenen und Bestrafung unangemessenen Verhaltens sowie der Veränderung der Ziele im Verlauf von Behandlungen können Eltern und Therapeuten anhand von **Trainingsmanualen** und Büchern vertraut gemacht werden. Die dargestellten Prinzipien der familienzentrierten Verhaltenstherapie sind kontextorientiert und lassen sich auf andere **soziale Kontexte** des Kindes wie Kindergarten, Schule oder Heim unter entsprechenden Einschluss anderer Bezugspersonen, speziell Pädagogen, übertragen.

Der **Verlauf** von Störungen des Sozialverhaltens im Kindesalter ist zunächst einmal ungünstiger als der für andere, insbesondere emotionale Störungen. Langfristige Nachuntersuchungen haben ergeben, dass zwischen Dissozialität und abweichendem Sozialverhalten im Sinne einer Persönlichkeitsstörung bei Erwachsenen eine Beziehung besteht. Dies gilt nicht für aggressives Verhalten im Vorschulalter, wohl aber für entsprechende Störungen im frühen und mittleren Schulalter.

Im Vergleich zu den im Jugendalter beginnenden Störungen des Sozialverhaltens ist die früh beginnende und persistierende Form durch einen höheren Schweregrad der dissozialen und delinquenten Symptome gekennzeichnet. Immerhin 60 % der Erwachsenen mit dissozialen Persönlichkeitsentwicklungen waren bereits als Kinder ausgeprägt dissozial, während andererseits mehr als 50 % der schwer antisozialen Kinder keine antisozialen Erwachsenen wurden. Andererseits muss festgestellt werden, dass Aggressivität bei Jungen eine der stabilsten Verhaltensmerkmale im Kindesalter ist und sich, insbesondere bei Vorliegen von Schulversagen, in der Jugenddelinquenz fortsetzt, während sich nicht-delinquente Störungen des Kindesalters ohne Schulversagen und Begrenzung auf nur ein soziales Setting nicht notwendigerweise derart fortsetzen müssen. Sofern sich später emotionale Störungen entwickeln, handelt es sich eher um Depressionen als um Angststörungen.

17.3 Störungen des Sozialverhaltens im Jugendalter

Definition, Klassifikation und Häufigkeit

Im Zentrum der jugendspezifischen Störungen des Sozialverhaltens steht der Begriff der **Delinquenz**. Er bezeichnet eine Kategorie von dissozialen Handlungen, die von verschiedenen Kontrollinstanzen verfolgt werden, wobei nicht notwendigerweise eine gesetzlich vorgegebene Strafandrohung vorliegen muss. So kann z. B. das Jugendamt bzw. die Schulbehörde beim chronischen Weglaufen von zu Hause, beim Streunen oder beim wiederholten Schulschwänzen tätig werden. Andererseits existiert für viele dissoziale Handlungen im Jugendalter eine **Jugendgerichtsbarkeit**. Entsprechend führen Einbruch, Raub oder Totschlag als kriminelle Tatbestände zur Strafverfolgung durch die Jugendgerichte.

Andere typische Delikte umschließen unerlaubtes Fahren mit einem Kraftfahrzeug, Diebstahl, Drogenmissbrauch einschließlich Alkohol und Prostitution. In der Regel nehmen diese Delikte nicht das gleiche Ausmaß wie kriminelle Handlungen bei Erwachsenen an. Gleichwohl kann aus der Vielzahl von Phänomenen bei der Delinquenz Jugendlicher weder auf den Schweregrad der Handlung noch auf die Persönlichkeit des Jugendlichen zurückgeschlossen werden. Letzteres wird in dem Begriff der Verwahrlosung getan, der sich daher weniger für deskriptive Klassifikationsansätze eignet.

Angaben zur Häufigkeit werden neben der Definition auch durch das Ausmaß der tatsächlichen Strafverfolgung bestimmt. Erst eine erhöhte allgemeine Sensibilität für bestimmte Delikte wie z. B. Drogenmissbrauch bewirkt bestimmte Formen öffentlich-administrativer Sanktionen, schafft Überwachung und führt Jugendliche der Strafverfolgung zu. Während so genannte **Dunkelfelderhebungen**, d. h. anonymisierte Befragungen von Jugendlichen, ergeben, dass ein gewisses Ausmaß an Regelverletzungen und Gesetzesübertretungen bei einer großen Anzahl vor allem männlicher Jugendlicher vorkommt, wird nur ein bestimmter Teil strafrechtlich verfolgt und erscheint im Rahmen von Statistiken der Kriminalitätsbelastung.

Dieser Umstand hat einerseits damit zu tun, dass einige Jugendliche geschickter hinsichtlich des Verbergens ihrer Delikte sind, und ist andererseits auf die Tatsache zurückzuführen, dass die **Kontrollinstanzen** je nach sozialem Hintergrund und Eindruck von Persönlichkeit und Entwicklung des jugendlichen Täters unterschiedlich reagieren. So haben Jugendliche aus desolaten familiären und sozialen Bedingungen nicht nur eine höhere Chance, dissoziale Handlungen zu begehen, sondern auch entdeckt und bestraft zu werden. Gleichwohl zeigen Dunkelfelderhebungen auch, dass delinquente Handlungen generell eher mit **Bedingungen** wie sozial schwachen Familien mit niedrigem Einkommen und Kriminalität bei anderen Familienmitgliedern, Defiziten der Bindung und Erziehung sowie unterdurchschnittlicher Intelligenz korrelieren. Daher müssen die bekannten Kriminalitätsziffern nicht als extrem ungültig und verzerrt durch differenzielle Sanktionsmaßnahmen betrachtet werden.

International wird die Rate von – meist einmaligen – delinquenten Handlungen für das gesamte Kindes- und Jugendalter auf 5 bis 15 % geschätzt, wobei Jungen 4- bis 5-mal häufiger betroffen sind. Delinquenzstatistiken zeigen in der Regel folgende Verteilung: etwa die Hälfte der Kinder wird nur einmal auffällig, d. h. offiziell erfasst, ein Viertel wird mehrfach auffällig – und zwar sowohl im Kindes- wie auch später im Jugendalter –, und ein weiteres Viertel wird einmal im Kindesalter und später wieder im Jugendalter auffällig. Schließt man spätere Auffälligkeiten jenseits des Jugendalters mit ein, so werden etwa 5 bis 7 % der Bevölkerung wiederholt verurteilt.

Klinik und Diagnostik

Die Delinquenz ist aufgrund der eher juristisch-kriminologischen Definition per se noch nicht notwendigerweise eine psychiatrische Diagnose. Sie wird dies erst entweder durch Annahmen zur Persönlichkeit des delinquenten Jugendlichen einschließlich typischer psychosozialer Entwicklungsbedingungen oder durch biologische und psychopathologische Korrelate, die zugleich eine disponierende Funktion für die Entwicklung von Delinquenten bekommen können.

Die Teilhabe an der **Bandendelinquenz** ist häufig stark an den Normen einer devianten Gruppe orientiert und muss nicht notwendigerweise als Ausdruck einer individuellen Störung betrachtet werden. Hingegen kann dissoziales und delinquentes Verhalten des einzelnen Jugend lichen durchaus bei bestimmten Konstellationen als eine Manifestationsform einer **Persönlichkeitsstörung** (vgl. Kap. 22) betrachtet werden. Ein entsprechendes Antisozialitätssyndrom mit impulsivem und aggressivem Verhalten, Alkohol- und Drogenmissbrauch, fehlender Arbeitsbindung, Schulschwänzen, Verkehrsdelikten etc. lässt sich tatsächlich vor allem bei älteren, wiederholt auffällig gewordenen Jugendlichen finden. Die **Vorläufer** liegen oft in impulsivem und aggressivem Verhalten in der Kindheit und beeinträchtigen die Prognose durch eine zunehmende Akkumulation delinquenter Handlungen im Verlauf der Entwicklung. Unterschiede ergeben sich weniger aus der Art als aus dem Ausmaß der Delikte.

Bei einer generellen Zurückhaltung im Umgang mit der Diagnose einer Persönlichkeitsstörung im Kindes- und Jugendalter, welche in ihrer statischen und etikettierenden Funktion der Entwicklungsdynamik in dieser Phase des Lebens wenig gerecht wird, darf die Jugendpsychiatrie jedoch nicht negieren, dass es Fälle mit einem anhaltenden Antisozialitätssyndrom im Jugendalter gibt.

Unter dem Begriff der in den modernen Klassifikationssystemen nicht enthaltenen **neurotischen Delinquenz** wird der individuelle Versuch verstanden, in der delinquenten Handlung ein Bedürfnis zu artikulieren – bei gleichzeitiger Unfähigkeit, sich der Umwelt anders zu vermitteln. Das Delikt wird zum Ausdruck für verdeckte Probleme, wie z. B. der Suche nach Anerkennung und Bewunderung. Oft ist die delinquente Handlung dann so angelegt, dass der

Jugendliche identifiziert wird, und bekommt somit den Charakter eines Hilferufes. Beispielsweise werden die Eltern durch Polizeikontakt und Anzeigenstellung zur Auseinandersetzung mit ihrem Kind gezwungen, oder es werden Hilfsmaßnahmen auf diesem Wege in Gang gesetzt. Diese Funktion des delinquenten Aktes kann bei oberflächlicher Motivlosigkeit geradezu diagnostische Funktion bekommen. Die Entwicklung derartiger Jugendlicher unterscheidet sich von den bisher dargestellten typischen Formen eher durch weniger auffällige Familienverhältnisse, wenngleich Beziehungsstörungen bestehen mögen und die Jugendlichen mit einer neurotischen Delinquenz psychopathologisch eher durch Isolation, Verlustgefühle und depressive Verstimmung gekennzeichnet sind.

Differenzialdiagnose und Komorbidität

Von großer, auch forensisch zu bewertender Bedeutung sind **biologische Risikofaktoren** und **komorbide Störungen.** Jugendliche Delinquente haben in der **Anamnese** bei entsprechend sorgfältiger Erfassung häufiger Krankenhausaufenthalte einschließlich Notfallbehandlung sowie häufiger Verletzungen, Unfälle und Behandlungen wegen verschiedener Krankheiten. Bei schwer Delinquenten lassen sich gehäuft perinatale Risikofaktoren, Kopf- und Gesichtsverletzungen sowie körperliche Misshandlungen nachweisen. Auffälligkeiten des **neurologischen Status,** des **EEG** und auch eine positive Anamnese für eine Epilepsie treten ebenfalls gehäuft auf.

Zu den komorbiden Störungen und Differenzialdiagnosen gehören **Hyperaktivität und Aufmerksamkeitsdefizite** und bisweilen auch präpsychotische Bilder, die durch gedanklich-assoziative Auflockerung und Beeinträchtigung des logischen Denkvermögens gekennzeichnet sind. Wenngleich das Vollbild schizophrener Psychosen äußerst selten ist, so können doch **paranoid-halluzinatorische Symptome** gerade bei schwer Delinquenten beobachtet werden, die dann nicht selten bereits ein- oder mehrmals psychiatrisch behandelt worden sind. Dabei können auch enge Beziehungen zu einem **Drogenmissbrauch** bestehen. Ferner sind spezifische Lernstörungen, insbesondere schwere **Lese-Rechtschreib-Störungen,** häufig zu beobachten, die dem Grad der Delinquenz eng korrelieren. Aggressive Handlungen können im Rahmen von **Manien, organischen Psychosyndromen,** bei **posttraumatischen Belastungsreaktionen** und **Anpassungsstörungen,** im Rahmen von **Impulskontrollstörungen** und bei **Borderline-Persönlichkeitsstörungen** sowie auf Familienmitglieder gerichtet bei **Zwangsstörungen** beobachtet werden. Stehlen ist ferner ein Bestandteil des Untertyps der **multi-impulsiven Bulimia nervosa.**

Untersuchung

Entsprechend dem in Tabelle 17-4 aufgelisteten Bestandteilen muss sich die jugendpsychiatrische **Diagnostik** bei der Untersuchung jugendlicher Delinquenten auf eine Vielzahl von Aspekten erstrecken, wobei die Untersuchung häufig die Form einer gerichtlich in Auftrag gegebenen Begutachtung annimmt. Aus diesem Umstand resultiert eine besondere Verantwortung des untersuchen-

den Kinder- und Jugendpsychiaters. Demzufolge muss die Untersuchung über Anamnese und Exploration alle bedeutsamen Bedingungsfaktoren wie auch die aktuelle Psychopathologie sorgfältig erfassen. Im Rahmen der **Familienanamnese** ist angesichts der Möglichkeit einer hereditären Belastung nach schizophrenen und affektiven Psychosen, Hyperaktivität, Alkoholismus und Epilepsie zu fragen. Aber auch ein hirnorganisches Psychosyndrom, z. B. bei einem gewalttätigen Vater, kann bedeutsam sein.

Bei der Erhebung der **Eigenanamnese** sollte einerseits allen Risikofaktoren Aufmerksamkeit geschenkt werden, welche die Entwicklung des zentralen Nervensystems beeinträchtigen können. Andererseits muss der Akzent ganz besonders auf den vielfältigen Problemen der Familien liegen. Beide Dimensionen können insofern in eine – meist potenzierende – Wechselwirkung treten, als ungünstige biologische Ausgangsbedingungen durch ein belastendes soziales Umfeld nicht kompensiert werden. Mangelndes Gesundheitsbewusstsein, schlechte Kooperation und fehlende Wahrnehmung von Therapie- und Hilfsangeboten können so im Zusammenhang mit familiärer Disharmonie und sozioökonomischer Benachteiligung negativ auf ein (vor)geschädigtes Kind einwirken, dessen Adaptation auf diese Bedingungen sich dann schließlich in Form von Dissozialität und Delinquenz äußert.

Im Zentrum der kinder- und jugendpsychiatrischen Diagnostik bei der Delinquenz steht die **Exploration** des Jugendlichen bzw. Kindes. Hier muss gerade bei der **Begutachtung** sowohl das Ausmaß der Vertraulichkeit wie auch der Offenlegung von Befunden und Informationen gegenüber Gericht und Ämter dargelegt werden, wenn sich eine vertrauensvolle Beziehung entwickeln soll. Natürlich variiert damit auch die Rolle des Jugendpsychiaters, wenn er im Rahmen der Begutachtung oder als ausschließlich klinisch tätiger Arzt untersucht. Zugleich befindet er sich in einer Situation, wo dem Jugendlichen bzw. dem Kind eventuell wenig von seinem dissozialen und delinquenten Verhalten bewusst ist. So werden Gewalttätigkeiten gegenüber Dritten inner- und außerhalb der Familie eher weniger als die eigene Befindlichkeit in Form von Traurigkeit und Verlassenheitsgefühlen kommuniziert. Andererseits ist es der Jugendliche selbst, der allein seine subjektiven Erfahrungen, Gefühle, Handlungen und Zustände authentisch beschreiben kann. Den Eltern bleiben z. B. Bewusstseinspausen oder halluzinatorische Phänomene möglicherweise ebenso verborgen, wie sie eventuell wichtige Ereignisse wie Stürze oder Autounfälle vergessen. Nur der Jugendliche selbst kann Auskunft über den Bewusstseinszustand, z. B. im Falle von Gewalttätigkeit, geben. Entsprechend differenziert muss die Exploration erfolgen.

Konkret **abzuklärende Fragen** müssen sich auf die Affektkontrolle, die Fähigkeit der Verhaltenssteuerung, den Einfluss von Alkohol und Drogen, die Erinnerungsfähigkeit und den Bewusstseinszustand richten und dabei versuchen, sowohl die Umstände der delinquenten Handlung(en) – insbesondere bei gewalttätigen Akten – wie auch die allgemeine Persönlichkeitsentwicklung zu erfassen. Dabei muss der Untersucher sich darüber im klaren sein, dass er z. B. die Orientierung, die Merkfähigkeit und das Gedächtnis sowie das Vorliegen produktiver Symptome nur beurteilen kann, wenn er die Exploration bewusst auf die Aspekte zentriert, zumal das äußere Erscheinungsbild oft trügt. Fragen nach halluzinatorischen Symptomen, Wahnideen und Bewusstseinsstörungen verlangen zugleich viel Sensibilität, zumal sie falsch gestellt entweder angstprovozierend sind oder aber vom Jugendlichen brüsk zurückgewiesen werden und damit die Beziehung zum Untersucher beeinträchtigen. So kann auch die Überprüfung des Kurzzeitgedächtnisses und der Aufmerksamkeit belastend werden, zumal sie möglicherweise an die gescheiterte Schullaufbahn erinnert.

Die Exploration sollte in der Regel durch **psychologische Testuntersuchungen** ergänzt werden. Dabei liefert die Intelligenzuntersuchung nicht nur Aufschluss über das allgemeine kognitive Niveau, sondern eventuell auch Hinweise auf Wahrnehmungs- und Aufmerksamkeitsstörungen, die gegebenenfalls durch weitere neuropsychologische Tests objektiviert werden müssen. Ebenso können erweiterte Überprüfungen des Kurzzeitgedächtnisses erforderlich werden. Psychotische Symptome werden möglicherweise erst aufgrund bizarrer Formdeutungen bei projektiven Tests erkennbar. Da ganz allgemein psychotisches Erleben, Denkstörungen, Perseverationen und kognitive Defizite nicht notwendigerweise in der Exploration schon sichtbar werden müssen, kann die psychologische Testuntersuchung wertvolle Hinweise auf das Vorliegen von organischen Psychosyndromen, Intelligenzminderung und psychotischen Störungen erbringen. Darüber hinaus ist sie zur Erfassung spezifischer Lernstörungen unverzichtbar. Hier sollten die Lese- und Rechtschreibfertigkeiten ebenso wie das Rechenvermögen und gegebenenfalls weitere neuropsychologische Funktionen erfasst werden.

Bei einer derart sorgfältigen Untersuchung des delinquenten Jugendlichen unter Berücksichtigung sowohl psychosozialer Belastungsfaktoren wie auch biologisch-organischer Risikoelemente ist die **neurologische Untersuchung** unverzichtbar. Auch hier fallen eher diskrete Abweichungen in Form von Reifungsdefiziten statt ausgeprägter Störungen auf. Derartige Befunde können Anlass geben, die Anamnese noch einmal hinsichtlich neurologischer Erkrankungen einschließlich Unfällen, Bewusstseinsstörungen, Reaktionen auf Alkohol und Drogen, Wahrnehmungsstörungen etc. zu erweitern. Eine ergänzende **EEG-Untersuchung** ist bei Verdacht auf eine Epilepsie geboten, wobei der Befund allerdings zwischen den Anfällen unauffällig sein kann. Andererseits erfolgen die aggressiven Durchbrüche bei Jugendlichen mit psychomotorischer Epilepsie eher interiktal und scheinen durch das häufige paranoide Erleben dieser Patienten geprägt.

Therapie und Verlauf

Für die Behandlung dissozialer und delinquenter Jugendlicher gilt, dass zunächst **komorbide Störungen** behandelt werden müssen, wie in Abbildung 17-5 dargestellt. So ist eine kompetente medikamentöse Therapie mit Antikonvulsiva bei Epilepsien und mit Neuroleptika bei Psychosen, nicht jedoch generell eine Psychopharmaka-

behandlung bei Delinquenz angezeigt. Insofern gelten **spezifische psychiatrische Maßnahmen** nur für einen kleinen Teil psychisch gestörter Jugendlicher mit einer Delinquenz. Entsprechend hat die **Psychotherapie** ihre Indikation bei den selteneren Manifestationen einer neurotischen Delinquenz bzw. bei den komorbiden Störungen des Sozialverhaltens mit emotionalen Störungen. Ihre Möglichkeiten der Verhaltensbeeinflussung und -änderung sind jedoch deutlich geringer bei jugendlichen Delinquenten, deren Verhalten als Ausdruck einer sich verfestigenden Persönlichkeitsstörung bzw. einer chronifizierten Fehlentwicklung betrachtet werden muss. Hier müssen schwerpunktmäßig **psychologische und pädagogische Maßnahmen** ergriffen werden. Allgemeine Ziele sind:

- eine Verbesserung der Beziehungsfähigkeit und der sozialen Fertigkeiten einschließlich der Bewältigung von Konflikten,
- eine Entwicklung in Richtung auf ein realistisches und angemessenes Selbstkonzept,
- die Erarbeitung von Problemlösungsfertigkeiten,
- die Bearbeitung von Bildungs- und Ausbildungsdefiziten,
- die Ablösung von dissozialen Gruppen und die Integration in Gruppen mit konformem Verhalten sowie
- die Entwicklung von Neuorientierung und Gewissen.

Diese vielfältigen Ziele können nicht durch eine einzelne Methode bei allen dissozialen und delinquenten Jugendlichen sichergestellt werden. **Psychologisch-pädagogische Behandlungsprogramme** müssen daher mit Formen der **Sozialarbeit**, der **Milieutherapie** und der **Gruppenarbeit** sowohl in Form der Heimunterbringung wie auch der familienorientierten Einzelfallarbeit kombiniert werden. Angesichts der häufig schwer gestörten familiären Verhältnisse sollte allerdings bei der Planung der Maßnahmen nicht allzu lange mit der Unterbringung gerade von delinquenten Kindern und Jugendlichen in heilpädagogisch arbeitenden, gut strukturierten Heimen mit möglichst geringer Gruppengröße gewartet werden. Auf diesem Wege können die verstärkten dissozialen Umwelteinflüsse oft eher kontrolliert und abgewendet werden.

Die **Verhaltenstherapie** hat eine Reihe von Strategien und Programmen zur Modifikation delinquenten Verhaltens entwickelt. Hierzu zählen z. B. Programme zur Verbesserung von:

- Arbeitsverhalten,
- Problemlösefertigkeiten,
- Impulskontrolle und
- Sozialkompetenz.

Dabei spielen Techniken des Diskriminationslernens, des Modellernens, der Verhaltensformung und der Verstärkung eine gewichtige Rolle im Behandlungsprozess. Diese Programme haben eine zunehmende Komplexität bekommen und lassen sich auch bei schwer auffälligen Jugendlichen mit Erfolg einsetzen.

In Ergänzung zu den bereits genannten Methoden sind häufig **pädagogisch-fördernde Maßnahmen** einschließlich **funktioneller Therapien** bei spezifischen Lernstörungen notwendig. Ebenso sind die **Sozialarbeit** und die **Familienberatung** in jeder Phase der Betreuung des Kindes bzw. Jugendlichen wichtig. Sie sollten auch in der Phase einer eventuellen Heimunterbringung fortgesetzt werden, um die gestörten Beziehungen innerhalb der Familie zu verbessern und damit die Rückkehrmöglichkeit des Jugendlichen in die Familie zu erhöhen. Entsprechend ist auch eine sozialpädagogische **Nachsorge** nach Heimentlassung unverzichtbar, um möglichen Rückfällen in delinquente Handlungen vorzubeugen.

Jugendliche mit einer Delinquenz bedürfen darüber hinaus einer anhaltenden Unterstützung und teilweise pädagogischen Führung durch die gesamte Adoleszenz hindurch und bisweilen bis in das junge Erwachsenenalter hinein. Insofern sind gestufte rehabilitative Maßnahmen mit zunehmender Eigenverantwortlichkeit in vielen Fällen günstiger als abrupt endende oder zeitlich befristete Interventionen ohne Anschlussmaßnahmen. Eine so verstandene längerfristige Behandlung und soziale Reintegration kann der Entwicklung ungünstiger Verläufe begegnen.

Glücklicherweise ist die **Prognose** der Jugendlichendelinquenz für die überwiegende Mehrheit trotz des im Vergleich zu anderen Störungen eher ungünstigen Verlaufs nicht notwendigerweise schlecht. Ab dem jungen Erwachsenenalter nimmt die Rate insbesondere der straffällig werdenden und verurteilten Täter deutlich ab. Die typische Karriere des delinquenten Jugendlichen weist ein oder zwei Eigentumsdelikte in der Adoleszenz und später keine weiteren Auffälligkeiten auf. Nur eine Minderheit setzt die Delinquenz fort. Umgekehrt beginnt die Karriere eines beträchtlichen Teils erwachsener Krimineller bereits im Jugendalter, die dann meist sehr früh einsetzt und durch eine Vielzahl von Verurteilungen gekennzeichnet ist.

Allgemein steigt das **Risiko** für eine persistierende Delinquenz und Kriminalität mit der Intensität aggressiv-dissozialen Verhaltens im Kindesalter. Langzeituntersuchungen haben gezeigt, dass aggressiv-dissoziales Verhalten im Kindesalter bei mehr als einem Viertel der Fälle in dissoziale Persönlichkeitsstörungen und Entwicklungen im Erwachsenenalter überging, während sich nur für sehr wenige der unauffälligen der emotional gestörten Kinder galt. Andererseits zeigten diese Nachuntersuchungen auch, dass mehr als ein Drittel der früher dissozialen Kinder eine Reihe emotionaler Störungen bzw. Symptome wie Angst, Depression und Konversionssymptome boten. Trotz der möglichen Stichprobenabhängigkeit dieser Beobachtungen und der Tatsache, dass diese Verläufe nur für besonders schwere Fälle gelten, kann festgestellt werden, dass normalerweise auch bei der Jugendlichendelinquenz mit zunehmendem Alter eine Besserung eintritt.

Literatur

Alsobrook, J. P., D. L. Pauls: Genetics and violence. Child and Adolescent Psychiatric Clinics of North America 9 (2000) 765–776.

American Academy of Child and Adolescent Psychiatry: Practice parameters for the assessment and treatment of children and adolescents with conduct disorder. J. Am. Acad. Child Adolesc. Psychiatry, 36 (1997) 122S–139S.

Döpfner, M., S. Schürmann, J. Frölich: Therapieprogramm für Kinder mit hyperkinetischem und oppositionellem Problemverhalten (THOP). 2. Auflage. Beltz Psychologie Verlags-Union, Weinheim 1999.

Döpfner, M.: Übersicht: Verhaltenstherapie bei Verhaltensstörungen im Kindes- und Jugendalter. Verhaltenstherapie und Verhaltensmedizin 19 (1998) 171–206.

Earls, F., E. Mezzacappa: Conduct and oppositional disorders. In: Rutter, M., E. Taylor (eds.): Child and Adolescent Psychiatry. Modern Approaches. 4th ed. Blackwell, Oxford 2002.

Edari, R. P. McManus: Risk and resiliency factors for violence. Pediatric Clinics of North America 45 (1998) 293–305.

Farrington, D. P.: Conduct disorder and delinquency. In: Steinhausen, H.-C., F. Verhulst (eds.): Risks and outcome in developmental psychopathology. Oxford University Press, Oxford 1999.

Fergusson, D. M.: Stability and change in externalising behaviours. Eur. Arch. Psychiatry Clin. Neurosci. 248 (1998) 4–13.

Frick, P. J.: Conduct disorders and severe antisocial behavior. Plenum Press, New York 1998.

Frick, P. J., Y. Van Horn, B. B. Lahey, M. A. G. Christ, R. Loeber, E. A. Hart, L. Tannenbaum, K. Hanson: Oppositional defiant disorder and conduct disorder: A meta-analytic review of factor analyses and cross-validation in a clinic sample. Clinical Psychology Review 13 (1993) 319–340.

Friedlander, B. Z.: Community violence, children's development, and mass media: In pursuit of new insights, new goals, and new strategies. Psychiatry 56 (1993) 66–81.

Hill, J., B. Maughan (eds.): Conduct disorders in childhood and adolescence. Cambridge University Press, Cambridge 2001.

Kazdin, A. E.: Practitioner review: psychosocial treatments for conduct disorder in children. J. Child Psychol. Psychiat. 38 (1997) 161–178.

Kazdin, A. E.: Conduct disorders in childhood and adolescence. 2nd edition. Sage Publications, Thousand Oaks 1995.

Lewis, D. O., C. A. Yeager: Diagnostic evaluation of the violent child and adolescent. Child and Adolescent Psychiatric Clinics of North America 9 (2000) 815–839.

Loeber, R., D. P. Farrington: Young children who commit crime: epidemiology, developmental origins, risk factors, early interventions, and policy implications. Dev. Psychopathol. 12 (2000) 737–762.

Offord, D. R., K. J. Benett: Conduct disorder: Long-term outcomes and intervention effectiveness. J. Am. Acad. Child Adolesc. Psychiatry 33 (1994) 1069–1078.

Petermann, F., U. Petermann: Training mit aggressiven Kindern. 8. Auflage. Psychologie Verlags Union, Weinheim 1997.

Petermann, F., S. Wiedebusch: Aggression und Delinquenz. In: Steinhausen, H.-C., M. von Aster (Hrsg.): Verhaltenstherapie und Verhaltensmedizin bei Kindern und Jugendlichen. 2. Auflage. Psychologie Verlags Union, Weinheim 1999.

Quay, H.-C., A. E. Hogan (eds.): Handbook of disruptive behavior disorders. Kluwer Academic / Plenum Publishers, New York 1999.

Schmeck, K., F. Ponstka: Biologische Grundlagen von impulsiv-aggressivem Verhalten. Kindheit und Entwicklung 9 (2000) 3–13.

Rutter, M., H. Giller, A. Hagell: Antisocial behavior by young people. Cambridge University Press, Cambridge 1998.

Steinhausen, H.-C. u. a.: The Zurich long-term outcome study of child and adolescent psychiatric disorders in males. Psychological Medicine 28 (1998) 375–383.

Stoff, D. M., J. Breiling, J. D. Maser: Handbook of antisocial behavior. Wiley, New York 1997.

Wolff Metternich, T., M. Döpfner: Oppositionelle Verhaltensstörungen im Vorschulalter. Kindheit und Entwicklung 9 (2000) 30–39.

18 Substanzmissbrauchsstörungen

Bevor auf die typischen Formen des Substanzmissbrauchs im Jugendalter eingegangen werden kann sind einige Begriffserklärungen erforderlich. Die **Toxikomanie** (Giftsucht), die immer von einer **Intoxikation** (Vergiftung) begleitet ist, stellt eine Form einer **stoffgebundenen Sucht** dar. **Nicht-stoffgebundene Süchte** sind z. B. die Spielleidenschaft und die Arbeitssucht. Die Sucht ist in erster Linie ein **psychisches Problem,** bei dem in der Regel bald **sekundäre körperliche und soziale Folgen** auftreten. Süchte haben einen eigengesetzlichen Ablauf mit fortschreitendem Verlust der Handlungsfreiheit und Kontrolle. Nach den **Definitionskriterien** der WHO sind sie

- in unbezwingbares Verlangen zur Einnahme und Beschaffung des Mittels,
- eine Tendenz zur Dosissteigerung (Toleranzerhöhung),
- die psychische und meist auch körperliche Abhängigkeit von der Wirkung der Droge sowie
- die Schädlichkeit für den einzelnen und/oder die Gesellschaft gekennzeichnet.

Bei den meisten Formen des Substanzgebrauchs und -missbrauchs werden **legale Substanzen** konsumiert: Alkohol, Nikotin, psychoaktive Medikamente, nicht rezeptpflichtige Medikamente oder Schnüffelstoffe (Inhalanzien). Einen geringen Umfang nahmen die **illegalen Substanzen** ein: Cannabis, Kokain, Halluzinogene und Opiate.

Die kinder- und jugendpsychiatrisch wichtigsten Manifestationsformen sind der Missbrauch psychotroper Substanzen; hierher gehören auch der Alkoholismus und die Schnüffelsucht. Über das Ausmaß einer neuen, nicht-stoffgebundenen Sucht, der Video- und Computerspielsucht, liegen noch keine systematisch gewonnenen Erfahrungen und Erkenntnisse vor. Sie gibt aber bereits zu Besorgnis Anlass. Ein weiteres Kapitel für die Kinder- und Jugendpsychiatrie stellen die Schädigungen dar, denen Kinder suchtkranker Eltern ausgesetzt sind.

18.1 Substanzmissbrauch

Definition, Klassifikation und Häufigkeit

Gemäß einer von der WHO formulierten Definition ist unter Drogenabhängigkeit ein Zustand psychischer und physischer Abhängigkeit von einer Substanz mit zentralnervöser Wirkung zu verstehen, die zeitweise oder fortgesetzt eingenommen wird. Dabei werden nach der eingenommenen Substanz in der ICD-10 neun **Typen** unterschieden, die in Tabelle 18-1 dargestellt sind. Aus dem multiplen Substanzgebrauch, der z. B. als Experimentierphase am Beginn einer Drogenkarriere im Jugendalter steht, kann sich die Mehrfachabhängigkeit (die **Polytoxikomanie**) entwickeln, die durch die wahllose gleichzeitige Einnahme verschiedener Substanzen gekennzeichnet ist.

Repräsentative Zahlen zur **Häufigkeit** der Drogenabhängigkeit im Jugendalter sind aus verschiedenen Gründen nicht sicher zu ermitteln. Hierzu zählen Probleme der Falldefinition, der mangelnden Repräsentanz von Abhängigen in Zufallsstichproben angesichts von Strafandrohung und sozialer Desintegration bei chronifizierter Abhängigkeit sowie die Verzerrung aufgrund von Verfälschungstendenzen bei Befragungen. Die verfügbaren Daten aus Hospitalpopulationen sowie Polizeistatistiken stellen lediglich einen Ausschnitt im Sinne der öffentlich auffällig gewordenen Abhängigen dar.

Internationalen **Statistiken** kann entnommen werden, dass die Zahlen von Substanzmissbrauchsstörungen bei Jugendlichen zunächst bis 1971 innerhalb weniger Jahre sprunghaft angestiegen und dann kontinuierlich bis in die Mitte der 80er Jahre abgesunken waren. Seit den frühen 90er Jahren ist wieder ein Anstieg zu beobachten. Mindestens 5 % der Konsumenten harter Drogen sind Jugendliche. Bei einer Erweiterung des Begriffs der Konsumenten auf alle Jugendlichen, die mindestens eine einmalige Drogenerfahrung (ohne Alkohol) berichten, ergibt sich, dass dies für etwa ein Fünftel bis ein Drittel aller Jugendlichen, mit beträchtlichen regionalen Unterschieden, zutrifft. Dabei haben Jungen häufiger als Mädchen insbesondere mit illegalen Drogen Erfahrungen.

Tabelle 18-1 Klassifikation der Substanzmissbrauchsstörungen gemäss ICD-10.

F 10	Störungen durch Alkohol
F 11	Störungen durch Opioide
F 12	Störungen durch Cannabinoide
F 13	Störungen durch Sedativa oder Hypnotika
F 14	Störungen durch Kokain
F 15	Störungen durch sonstige Stimulanzien einschließlich Koffein
F 16	Störungen durch Halluzinogene
F 17	Störungen durch Tabak
F 18	Störungen durch flüchtige Lösungsmittel
F 19	Störungen durch multiplen Substanzgebrauch und Konsum sonstiger psychotroper Substanzen
	Zusätzliche Codes für jede Störung:
F1 x .0	akute Intoxikation
F1 x .1	schädlicher Gebrauch
F1 x .2	Abhängigkeitssyndrom
F1 x .3	Entzugssyndrom
F1 x .4	Entzugssyndrom mit Delir
F1 x .5	psychotische Störung

Am Ende der Adoleszenz haben mindestens zwei Drittel beider Geschlechter Erfahrungen mit Alkoholgenuss und betreiben mindestens 5 % bis maximal ein Drittel einen Alkoholmissbrauch. In den USA wurden Mitte der 90er Jahre Prävalenztaten von 2 bis 3 % für Missbrauchs- und Abhängigkeitsstörungen generell festgestellt, wobei diese für Alkohol bei 1 bis 3,5 %, für Cannabis bei 1,4 bis 3 % und für so genannte harte Drogen bei 0,4 % lagen. Etwa 2 bis 4 % der Jugendlichen und jungen Erwachsenen (14 bis 24 Jahre) gebrauchten mit steigender Tendenz in den 90er Jahren in Deutschland Ecstasy, Stimulanzien und Halluzinogene, wobei Missbrauchs- und Abhängigkeitsstörungen bei etwa 1% vorlagen. Dabei hat sich das Einstiegsalter zunehmend in jüngere Altersgruppen verschoben.

Klinik und Diagnostik

Eine Übersicht der wichtigsten Drogen einschließlich ihrer Wirkungen und Gefahren ist in Tabelle 18-2 vorgenommen. **Körperliche Gefahren** und **psychische Folgen** können sowohl aus der Intoxikation als auch aus dem Langzeitgebrauch resultieren.

Die **psychische Abhängigkeit** von der Substanz äußert sich in einem unbezwingbaren Drang, mit der Einnahme der Substanz fortzufahren und sie sich um jeden Preis zu beschaffen. Dies gilt für alle Typen der Substanzabhängigkeit, während die **körperliche Abhängigkeit** mit symptomatischen Abstinenzerscheinungen beim **Entzug bzw. Absetzen** nur beim Morphintyp und beim Barbiturat-/Alkoholtyp auftritt. Letztere äußern sich in Form von Schmerzzuständen – z. B. Glieder-, Rücken-, Bauch-, Gelenk- und Nervenschmerzen – und starken vegetativen Symptomen in Form von Zittern, Frieren, Schweißausbrüchen, Speichelfluss, Nasenlaufen, Durchfall, Erbrechen und Übelkeit. **Psychische Entzugserscheinungen** manifestieren sich als Unruhezustände, Angst, depressive Verstimmungen, Suizidgedanken und Drang nach erneuter Drogeneinnahme.

Mit zunehmender kontinuierlicher Zufuhr der Substanz gewinnt der Organismus allmählich die Fähigkeit, giftige Substanzen zu verarbeiten. Dieser organische Umstrukturierungsprozess wird als **Toleranzerwerb** bezeichnet. Er hat zur Folge, dass die Dosis gesteigert werden muss, um gleiche Wirkungen zu erzielen.

Psychopathologie

Die psychopathologischen Phänomene äußern sich als akuter oder protrahierter Rausch, als Intoxikation oder in Form von Psychosen. Der **Rausch** ist an die unmittelbare Wirkung der Droge gebunden und manifestiert sich typischerweise in Antriebssteigerung, Enthemmung und Euphorisierung. Diese Phase ist jedoch kurz, und es schließen sich Ermüdung, allgemeine Verlangsamung und Erschöpfung an. Neben dem euphorischen und eventuell auch ekstatischen Erleben ist die Veränderung des Bewusstseins bedeutsam, die von Bewusstseinstrübung bis zu erhöhter Bewusstseinshelligkeit bei Amphetaminen und Kokain reicht. Im atypischen Rausch dominieren Angst, Panik, Unlust, Horrorgefühle, motorische Erregung, und die Stimmung schlägt in Depression und Dysphorie um.

Sofern die Bewusstseinsstörung das psychopathologische Bild dominiert, wobei die Intensität von der Benommenheit bis zur schweren Bewusstlosigkeit reichen kann, so wird dies in der Regel als **Intoxikation** bezeichnet. Massive Intoxikationen überspringen das Rauschstadium. Im Gegensatz zu der produktiven Gestalt des Rauschs sind Intoxikationen stumpf. Mit zunehmender Dauer der Sucht nimmt der Anteil an Rauschzuständen ab, während der Anteil an Intoxikationen ansteigt. Im Zustand chronischer Intoxikationen kommt es zu einer ausgeprägten Erlebnisverarmung.

Die drogeninduzierten **Psychosen** können sich als Intoxikations- oder Entzugspsychosen manifestieren. Darüber hinaus gibt es eine dritte Gruppe länger andauernder psychotischer, meist schizophrenieformer Psychosen, die in einem theoretisch unklaren Verhältnis insbesondere zu Stimulanzien stehen. Schließlich kann es sich dabei im Einzelfall auch um eine durch Drogenmissbrauch ausgelöste schizophrene Psychose handeln. Hier ist der Missbrauch möglicherweise als Selbstmedikation im Sinne des Versuchs der Abwehr der nahenden Psychose im Prodromalstadium entstanden

Komorbidität

Sowohl epidemiologische als auch klinische Studien weisen für Jugendliche mit Substanzmissbrauchsstörungen hohe Raten komorbider Störungen auf. In der Klinik wird für diese Komorbidität auch der Begriff der **Dualdiagnose** benutzt. Häufige Dualdiagnosen im Zusammenhang mit der Substanzmissbrauchsstörung sind:

- Störungen des Sozialverhaltens einschließlich Delinquenz,
- affektive Störungen und/oder Angststörungen,
- hyperkinetische Störungen, häufig in Verbindung mit einer Störung des Sozialverhaltens,
- Essstörungen, dabei speziell Bulimia nervosa und
- organische Psychosyndrome.

Häufig haben diese Störungen bereits deutlich vor Beginn der Substanzmissbrauchsstörung eingesetzt und komplizieren den Verlauf und die Behandlung

Entwicklung

Die Entwicklung von Substanzmissbrauchsstörungen im Jugendalter folgt heute keinem einheitlichen Muster mehr. Zwar wirken Alkohol und Nikotin in einigen Fällen als Einstiegsdroge, jedoch kann andererseits auch der direkte Einstieg mit harten Drogen oder Schnüffelsubstanzen beobachtet werden. Nur bei einigen Substanzen steht die Orientierung an der Gruppe im Vordergrund; so werden bestimmte Rituale für die Einnahme von Haschisch, Stimulanzien und Halluzinogene geteilt. Eine Orientierung an den Gleichaltrigen ist bei Heroinabhängigen bedeutungslos. Sie befinden sich vielmehr sehr schnell in einem Stadium des **Kohäsionsverlusts** mit fehlenden Gruppenbeziehungen, der in Vereinzelung und Isolation übergeht.

Tabelle 18-2 Wirkungen und Gefahren der einzelnen Drogen.

	Körperliche Gefahren der akuten Vergiftung	Körperliche Gefahren des Langzeitgebrauchs	Psychische Folgen der akuten Vergiftung	Psychische Folgen des Langzeitgebrauchs
Alkohol	bei höherer Dosierung Atemlähmung; Störung von Herz und Kreislauf, Störung des Gleichgewichts, des Sinnes- und Sprechvermögens	Schädigung von Nerven, Leber, Magen und Herz	Kritik- und Urteilsschwäche, Selbstüberschätzung, Wahrnehmungsverlangsamung und -störung, Einschränkung des Blickfeldes, Verlust von Hemmungen, Gewalttätigkeit oder Depression	Wesensveränderung, Demenz, Delirium tremens, Halluzinose, Eifersuchtswahn
Opiate	Lähmung des Atemzentrums, Lungenschädigungen	Einschränkung der körperlichen Abwehrkräfte, verschlechterter allgemeiner und Ernährungszustand; Verstopfung von Blutgefäßen, Leberentzündung und HIV-Entzündung	plötzlich einschießendes starkes Wohlgefühl mit prickelnder Haut, häufig auch nur ein Abklingen des Opiathungers, Schläfrigkeit und Benommenheit	schwere Wesensveränderung, körperliche und psychische Entzugserscheinungen mit langanhaltender innerer Unruhe, chronische Schmerzen
Cannabis	eventuell Störungen der Herztätigkeit, des Magen-Darm-Bereiches und der Schleimhaut der Bronchien	Lungenfunktionsstörung, chronische Bronchitis und Lungenkrebs können früher als beim gewöhnlichen Rauchen auftreten	bei höherer Dosierung Wahrnehmungsverzerrung, Fehlleistungen, ängstliche Erregungszustände bis Panik, vorübergehender Verfolgungswahn, späterer Echorausch (Wiederholung des Rausches ohne Drogeneinnahme)	eventuell Persönlichkeitsveränderungen
Sedativa/ Hypnotika	einschläfernde Wirkung, Absinken des Blutdruckes, Lähmungen, Atemlähmung und Tod bei Überdosis	Bewegungsstörungen, Gleichgewichts- und Sprechstörungen, Leber- und Knochenmarksschädigung, Krampfanfälle	Müdigkeit bis Schlaf oder auch Überwachheit und Enthemmung, Verminderung von Konzentration, Wahrnehmung, Reaktionsfähigkeit und Handlungsfähigkeit	Wesensveränderung mit Gleichgültigkeit, Interesselosigkeit, Reizbarkeit, Leistungseinbuße und Kritikschwäche
Kokain	Störungen des Blutdruckes und der Atmung, Krampfanfälle, Atemlähmung und Tod bei Überdosis	Abmagerung, Abnahme der Abwehrkräfte und der Leistungsfähigkeit, Schädigung der Nasenschleimhaut, Folgekrankheiten durch Spritzen	Bei höheren Dosen Erregung, Verwirrtheitszustände, Sinnestäuschungen	Persönlichkeitsveränderung
Stimulanzien	Weckwirkung, Appetithemmung, Blutdruckerhöhung, vermehrte Atemtätigkeit, Temperaturerhöhung, Krampfanfälle, Tod bei Überdosis	Abmagerung, Schlafstörung, verminderte Abwehrfähigkeit, Folgekrankheiten durch Spritzen	Antriebssteigerung und Anregung, vorübergehende Leistungssteigerung, verminderte Ermüdbarkeit, Unrast, Erregung, Ideenflucht, Verwirrung und Sinnestäuschung	schwere Wesensveränderung, Verfolgungswahn
Halluzinogene	Chromosomenbrüche mit Risiko von Fehlbildungen	nicht bekannt	Wahrnehmungsveränderung, Panikzustände, Fehleinschätzung der Situation, wahnhafte Zustände	Wesensveränderung (selten)
Nikotin	Störung von Herz, Kreislauf, Magen und Darm, Krampfanfälle und Atemlähmung bei Überdosis	Bronchitis, Lungenblähung und Lungenkrebs, Durchblutungsstörungen (Raucherbein, Herzinfarkt)	leicht anregende Wirkung, bei höheren Dosen dämpfend, Verminderung der Konzentration	verminderte Leistungsfähigkeit und erhöhte Ermüdbarkeit

Tabelle 18-3 Risikoprofil der Drogen (nach Uchtenhagen).

	Todesfallrisiko bei Überdosierung	Organschäden bei chronischem Gebrauch	psychische Abhängigkeit	körperliche Abhängigkeit	akute Psychosen	chronische Psychosen	suchtbedingte Wesensveränderung mit sozialen Folgen
Alkohol	+	++	+	+	+	+	+
Opiate	++	++	++	++	–	–	+
Cannabis	–	+	+	–	+	+	+
Sedativa/Hypnotika	+	(+)	+	+	+	–	+
Kokain	+	+	++	–	+	++	+
Stimulanzien	+	+	++	–	+	++	+
Halluzinogene	–	–	–	–	+	+	–
Nikotin	+	++	+	–	–	–	–
Lösungsmittel	+	+	+	–	+	–	+
Mehrere Substanzen	+	++	+	+	+	+	+

++ hohe Wahrscheinlichkeit des Auftretens (+) geringe Wahrscheinlichkeit des Auftretens
+ Wahrscheinlichkeit des Auftretens – nicht nachgewiesen

In diesem **Stadium der Desintegration** kommt es zur süchtigen Entgleisung, zu Kontrollverlust mit Beschaffungskriminalität und sozialem Abstieg. Nunmehr liegen die vielfältigen, in Tabelle 18-2 dargestellten psychischen und körperlichen Symptome und Sekundärerkrankungen vor. Die betroffenen Jugendlichen wenden sich von der Familie ab, brechen Ausbildungen ab und leben entweder von Prostitution und Beschaffungskriminalität einschließlich Drogenhandel und/oder werden zu Sozialhilfeempfängern. Seit der zweiten Hälfte der 80er Jahre ist die hohe Durchseuchung mit **HIV-Infektionen** und Erkrankungen an **AIDS** als ein besonders bedrückendes Problem der Entwicklung von Drogenabhängigen hinzugekommen. Schließlich kann aus Überdosierung oder Suizid – etwa in Form des „goldenen Schusses" bei Heroinfixern – der Tod resultieren.

Untersuchung

Mit dem Drogenmissbrauch sind **körperliche, psychische** und **soziale Gefahren** verknüpft, die nach Art und Konzentration der konsumierten Droge, Dauer und Intensität des Konsums, Abhängigkeitspotential der Droge sowie individuellen und gesellschaftlichen Bedingungen variieren. Die **Diagnostik** muss die in Tabelle 18-2 detailliert dargestellten und in Tabelle 18-3 zusammengefassten **Risiken** bei einer klinischen Untersuchung der Drogenabhängigen erfassen. Die Schwerpunkte der **Exploration** sind in dem in Tabelle 18-4 skizzierten Leitfaden aufgeführt. Zusätzlich bedient sie sich der klinischen Kontrolle der **Urin- bzw. Serumanalyse** zum Nachweis von Drogen bzw. ihren Metaboliten. Wegen der multiplen körperlichen Symptome und Schädigungen ist eine differenzierte **internistisch-neurobiologische Diagnostik** erforderlich. Die psychiatrische Diagnostik dient nicht nur der Erhebung des aktuellen psychopathologischen Bildes einschließlich **Dualdiagnosen** sondern auch der Abschätzung von Möglichkeiten der Behandlung und längerfristigen Rehabilitation.

Tabelle 18-4 Leitfaden für die spezielle Diagnostik von Substanzmissbrauchsstörungen.

Exploration

Die Informationen müssen von allen bedeutsamen Bezugspersonen des sozialen Umfelds und den Jugendlichen selbst eingeholt werden.

- Anlass und Motive für die Zuweisung
- Entwicklung von Substanzgebrauch und -missbrauch: Alter bei Beginn; Verlauf; Mengen, Häufigkeit und Art der Substanz
- Kontext des Substanzmissbrauchs: Situation, Ort und Zeit; Einflüsse der Bezugsgruppe Gleichaltriger; Befindlichkeit und Erwartungen
- Auswirkungen des Substanzmissbrauchs: Befinden und Verhalten, körperliche Symptome, familiäre und soziale Beziehungen, Schule und Beruf
- Kontrollversuche: eigene Bemühungen des Jugendlichen; professionelle Interventionen
- Komorbide Störungen
- Risikofaktoren
- Behandlungsmotivation und Ressourcen

Körperliche Untersuchung

- Internistisch-neurologisch
- Erforderliche Zusatzdiagnostik

Labordiagnostik

- Urin- und Blutproben für Substanznachweis
- Kontrollierte Abnahme der Proben
- Qualifizierte Labortechniken für einzelne Substanzen
- Blutbild und -chemie, HIV-Test, Leberwerte und -diagnostik
- EEG, kraniales CT, MRT
- Sonographie von Leber, Pankreas und Magen-Darm-Trakt

Ätiologie

Zur Erklärung des Substanzmissbrauchs sind verschiedene Theorien und Modelle mit Betonung biologischer, psychologischer und sozialer Faktoren entwickelt worden. Eine Übersicht bedeutsamer Faktoren ist in Tabelle 18-5 vorgenommen.

In **biologischen Konzepten** werden z. B. genetische Faktoren oder neuropharmakologische Eigentümlichkeiten der Drogenabhängigkeit betont. Dabei spielt die Freisetzung von Dopamin im limbischen System durch die Einnahme von Substanzen eine zentrale Rolle. Substanzmissbrauch führt zu einer raschen Veränderung erregender und hemmender Übertragungsvorgänge an den Synapsen des ZNS mit dem Ergebnis einer lang anhaltenden Veränderung der neuronalen Erregbarkeit.

Psychologische Modelle unterstreichen je nach theoretischer Orientierung charakteristische Persönlichkeitsmerkmale und -entwicklungen in jeweils bedeutsamen sozialen Kontexten. Von spezieller Bedeutung sind dabei die Prinzipien von Lernen und Belohnen, indem Drogen zu primären Verstärkern werden. Dieser Prozess wird wiederum biologisch durch das dopaminerge Belohnungssystem vermittelt, wobei drogenspezifische Effekte auf der neuronalen Ebene mit bewusster Wahrnehmung und suchtspezifischem Verhalten verknüpft werden.

Soziologische Theorien sind z. B. Modellen über abweichendes Verhalten und seinen sozialen Determinanten verhaftet. Keines der Modelle ist erschöpfend in seinem Erklärungswert, und selbst das Konzept der multifaktoriellen Genese enthält wahrscheinlich wiederum auch nur Teileelemente, die noch keine hinreichende Ableitung der Drogenabhängigkeit gestatten.

Dieses **multifaktorielle Modell** der Ätiologie muss neben genetischen Faktoren ferner individuelle, soziale und kulturelle Faktoren sowie schließlich Abhängigkeitspotentiale der Substanzen berücksichtigen. Unter den **individuellen Faktoren** sind Persönlichkeitsstrukturen insofern bedeutsam, als z. B. ängstlich-verschlossene und sensitive **Persönlichkeiten** unter den Drogenabhängigen häufig sind. Oft stellt der Drogenmissbrauch am Anfang der Drogenkarriere einen Versuch der Selbstbehandlung von Angst, Hemmung, Kontaktschwäche, Stimmungslabilität und vereinzelt auch endogener Psychosen, insbesondere schizophrener Psychosen, dar. Andere individuelle **Motive** mögen aus dem Wunsch nach mystischer oder intellektueller Erweiterung der Persönlichkeit mit Suche nach neuen Inhalten und Zielen oder aus dem Bedürfnis nach Gruppennähe, Lustgewinn oder aber der Abkehr von einer belastenden Realität stammen.

Das Jugendalter als eine entwicklungspsychologisch eher für Krisen determinierende Phase stellt den Hintergrund für diese vielfältigen individuellen Motive dar. Sie werden ergänzt durch **soziale Bedingungselemente**. Diese sind gerade bei Jugendlichen insofern bedeutsam, als Drogenabhängige dieser Altersgruppe häufig aus sozial schwachen bzw. multipel belasteten Familien mit Disharmonie, Partnerbeziehungsstörungen der Eltern und anderen Zeichen des „broken home" stammen und in ihrer Entwicklung Bindungs- und Beziehungsstörungen sowie Deprivationserfahrungen erlebt haben. Zugleich besteht angesichts dieser Entstehungsbedingungen ein enger Bezug zur Delinquenz.

Darüber hinaus stellen **kulturelle Faktoren** insofern einen Rahmen für die Genese der Drogenabhängigkeit, als bestimmte Substanzen einerseits in einem bestimmten soziokulturellen Umfeld oder in traditionell verankerten Konsumgewohnheiten gedeihen. Andererseits schaffen kulturell-historische Veränderungen und Umwälzungen mit einer Zunahme von Belastungsfaktoren und der Notwendigkeit individueller Reorientierung den Boden für Abhängigkeitsentwicklungen. Ohne diese wäre das Phänomen des Substanzmissbrauchs bei Jugendlichen in den letzten Jahrzehnten schwer verständlich.

Schließlich haben die verschiedenen Substanzen, wie Tabelle 18-3 ausweist, unterschiedliche **Abhängigkeitspotentiale**. Hier schließt sich der Kreis ätiologisch bedeutsamer Faktoren auch insofern wieder, als die Substanzen auf **biologischer Ebene** z. B. die neurophysiologischen und biochemischen Prozesse der Erregungsleitung und Übertragung an den Synapsen der Nervenzellen verändern oder durch Enzyminduktion zu einer schnellen Metabolisierung der Substanz und damit zum Toleranzerwerb führen.

In einer jugendpsychiatrischen Perspektive sind nicht nur diese einzelnen Bedingungsfaktoren, sondern auch bestimmte **Risikogruppen** bedeutsam, die unter Jugendlichen mit einer Substanzmissbrauchsstörung gehäuft anzutreffen sind. Diese sind in Tabelle 18-6 aufgelistet.

Therapie und Verlauf

Strukturelle Elemente

Die Behandlung und Rehabilitation von Drogenabhängigen macht ein **integriertes Versorgungssystem** für kurz-

Tabelle 18-5 Ätiologie des Substanzmissbrauchs.

Biologische Faktoren
Genetisch
Aktivierung des mesolimbischen Dopaminsystems

Psychologische Faktoren
Drogen als primärer Verstärker
Psychische Störungen als Antezedenzien/Komorbidität
Eventuell prädisponierende Persönlichkeitsfaktoren
Nonkonfirmität, Rebellion, Unabhängigkeit
niedrige Schulleistungen und -motivation
neuropsychologische Defizite
dissoziale Aktivitäten
Selbstwertprobleme/depressive Verstimmungen/Ängstlichkeit
Einstellung zu Drogen
Motive für die Einnahme: Beruhigung/Anregung/Berauschung

Soziale Faktoren
Gebrauch/Billigung von Drogen durch Eltern und Freunde
Psychische Störungen der Eltern/familiäre Konflikte
Beziehungsstörungen / Defizite der sozialen Bindung
Sozialer Kontext: Gesetzte und Normen, Verfügbarkeit von Drogen, sozioökonomische Bedingungen

Tabelle 18-6 Risikogruppen für die Entwicklung von Substanzmissbrauchsstörungen.

- Kinder drogenabhängiger Eltern
- Dissoziale Jugendliche
- Jugendliche mit psychischen Störungen
- Misshandelte/vernachlässigte Kinder und Jugendliche
- Kinder und Jugendliche mit traumatisierenden Erfahrungen
- Ökonomisch benachteiligte Kinder und Jugendliche
- Schulverweigerer
- Jugendliche mit spezifischen Lernstörungen

fristige stationäre und langfristige ambulante Therapiemaßnahmen erforderlich. Während Notfälle, Entgiftung und Entwöhnung in der Regel an die **stationäre Therapie** unter sorgfältiger medizinischer Überwachung gebunden sind, können Teile der Beratung und längerfristigen Rehabilitation in erster Linie **ambulant** realisiert werden. Die Therapie der körperlichen Begleiterkrankungen kann je nach den Umständen sowohl stationäre wie ambulante Maßnahmen erforderlich machen. Psychosen bei Drogenkonsumenten erfordern die Unterbringung auf geschlossenen psychiatrischen Stationen, um sowohl Drogenfreiheit und eine neuroleptische Therapie sicherzustellen, die später durch weitere therapeutische Elemente ergänzt wird.

Neben diesen **medizinischen Überlebenshilfen** muss ein integriertes Versorgungssystem ferner **psychosoziale Überlebenshilfen** enthalten. Hierzu zählen die über die Sozialhilfe vermittelten Wohn- und Schlafplätze, die individuell der Belastung angepasste Arbeitsvermittlung, die insbesondere mit den AIDS-Erkrankungen verbundene Hygiene- und Sexualberatung und andere Maßnahmen, welche einer Verschlechterung des gesundheitlichen und psychosozialen Zustandes begegnen sollen.

Strukturell gesehen benötigt ein integriertes Versorgungssystem für Drogenabhängige schwerpunktmäßig eine Reihe von **Spezialeinrichtungen,** zu denen als Bestandteil der ambulanten Langzeitbetreuung die Drogenberatungsstellen und im stationären Bereich die therapeutischen Gemeinschaften, die Suchtkliniken und die Fachkrankenhäuser zählen. Diese Schwerpunktbildungen haben dazu geführt, dass die Betreuung drogenabhängiger Jugendlicher in vielen Regionen nicht mehr in Institutionen der Kinder- und Jugendpsychiatrie erfolgt.

Die Basis eines jeden **Therapieansatzes** besteht in vollständiger Abstinenz, und die Ziele liegen in der sozialen Verselbständigung und eigenständigen Lebensführung. Die methodischen Ansätze zur Erreichung dieser Ziele lassen sich in medikamentöse, psychotherapeutische und soziotherapeutische Vorgehensweisen einteilen. Die **medikamentösen Ansätze** haben ihren Hauptstellenwert in der Phase des klinischen Entzugs und der Entgiftung, wobei Transquilizer (z. B. Diazepam) und einzelne Neuroleptika zum Einsatz kommen. Öffentlich finanzierte Erhaltungsprogramme – z. B. mit opiatähnlichen Substanzen wie Methadon – werden sowohl in der Fachwelt wie in der Öffentlichkeit kontrovers diskutiert. Andere Substanzen wie die Opiat-Antagonisten, welche die Mor-

phinrezeptoren blockieren, haben ihre Indikation ebenfalls eher in der Therapieeinleitung bzw. -unterstützung. Schließlich können chronische Psychosen oder andere komorbide Störungen eine indikationsbezogene Pharmakotherapie erforderlich machen.

Therapieformen

Die psychotherapeutischen Behandlungsansätze stammen aus verschiedenen schulischen Orientierungen. In der Arbeit mit Jugendlichen haben **familientherapeutische Ansätze** einen besonderen Stellenwert, wobei eine zusätzliche Ausweisung auf das erweiterte soziale Netzwerk mit Einschluss von Gleichaltrigen, Lehrern, Nachbarn und Repräsentanten der Strafverfolgung sinnvoll sein kann. Der Schwerpunkt in der Arbeit mit der Familie liegt bei der Verbesserung der Funktionen und Kommunikationsformen sowie dem Bemühen, die Eltern wieder effektive erzieherische Kontrolle ausüben zu lassen.

Ferner können verschiedene Formen von **Einzelpsychotherapie** eingesetzt werden. Während die psychodynamische Therapie mit hohen Abbruchquoten verbunden ist, kann **kognitive Verhaltenstherapie** aufgrund ihrer Problemorientierung über Konditionierung, Modellierung und kognitive Umstrukturierung dem ziellosen Verhalten von Abhängigen entgegenwirken. Die Aufarbeitung lebensgeschichtlicher Zusammenhänge kann meist erst nach einer Phase stützender **Psychotherapie,** in der eine Vertrauensbeziehung aufgebaut wurde, über klientzentrierte Gesprächspsychotherapie oder Gestalttherapie erfolgen. Einen zentralen Stellenwert nehmen **gruppenpsychotherapeutische Methoden** wie z. B. das Psychodrama ein, weil damit innerhalb der Gruppe der Abhängigen Konflikte aktualisiert und durchgearbeitet werden könne, wobei die Methode zugleich Möglichkeit des Ausagierens auch bei geringer Verbalisierungsfähigkeit bereitstellt.

Zu den Ansätzen der **Soziotherapie** gehören schließlich sowohl die klassischen Methoden der Beschäftigungs- und Ergotherapie sowie der Sozialarbeit wie auch vor allem die Arbeit der **Selbsthilfegruppen.** Dieses Prinzip der Selbsthilfe hat geschichtlich seinen Ausgang bei der Bewegung der Guttempler und Anonymen Alkoholikern genommen. Heute werden durch Selbsthilfemodelle zentrale Beiträge zur langfristigen Rehabilitation von Drogenabhängigen geleistet.

Im Kontext der Drogenabhängigkeit im Jugendalter sind **Elterngruppen** von großer Bedeutung, zumal die Abhängigkeit sich im sozialen Umfeld der Familie zum Teil entwickelt und auf diese zurückwirkt. Zusammenfassend machen die gravierenden Folgen der Drogenabhängigkeit bei Jugendlichen eine polyprofessionelle Therapie von erfahrenen Therapeuten und Pädagogen erforderlich.

Verlaufsformen

Der Verlauf der Drogenabhängigkeit lässt sich angesichts deutlich stichprobenabhängiger Ergebnisse der Forschung nicht in allgemeiner Form charakterisieren. Um die Lebensmitte können drei **Entwicklungen** beobachtet werden: ein Herauswachsen aus der Abhängigkeit, der Umstieg auf andere Suchtmittel bzw. psychologische Abhängigkeiten (z. B. von Sekten oder Psychokulturen) oder der Tod im Rahmen der Abhängigkeit.

Unter dem Gesichtspunkt der Effekte von Interventionen hat die stationäre Abstinenztherapie die beste Chance für Verhaltensänderungen, während Freiheitsstrafen nicht nur keine Veränderungen schaffen, sondern mit der höchsten Mortalitätsrate einhergehen. **Prognostisch** ungünstig sind bereits vor dem Drogenmissbrauch bestehende psychische Auffälligkeiten und dabei speziell früh einsetzende dissoziale Störungen des Kindesalters. Delinquenz und Substanzmissbrauch treten nicht nur im Jugendalter gemeinsam auf, sondern tragen sich auch in das Erwachsenenalter fort. Hingegen können eine stabile Beziehung zu einem nicht abhängigen Partner und befriedigende Arbeitsverhältnisse den Verlauf positiv beeinflussen.

18.2 Jugendalkoholismus

Definition, Klassifikation und Häufigkeit

Unter dem Begriff des Alkoholismus lassen sich der im Jugendalter häufige Alkoholmissbrauch und die in diesem Lebensabschnitt noch seltene Alkoholabhängigkeit zusammenfassen. Der **Alkoholmissbrauch** ist einerseits durch täglichen Alkoholkonsum zur Aufrechterhaltung von Anpassungsbelastungen (z. B. in der Schule, unter Gleichaltrigen etc.) und die Abhängigkeit, mit dem Trinken aufzuhören, und andererseits durch alkoholbedingte Beeinträchtigungen im sozialen und beruflichen Feld im Sinne von Intoxikationen, Fehlen am Arbeitsplatz und Auseinandersetzungen in Familie und Freundeskreis gekennzeichnet.

Eine **Alkoholabhängigkeit** liegt vor, wenn neben den auch für den Missbrauch gültigen Kriterien des pathologischen Alkoholkonsums oder der Beeinträchtigung im beruflichen bzw. sozialen Feld zusätzlich eine Toleranzentwicklung oder Entziehungserscheinungen bestehen. In Analogie zu anderen Drogen bedeutet Toleranzerwerb auch hier, dass erwünschte Effekte nur durch eine Dosissteigerung erzielt werden können. Toleranzentwicklung und Entziehungserscheinungen – z. B. in Form vegetativer Symptome – sind Zeichen eines chronischen Alkoholismus.

Typologie

Das Wesen des Alkoholismus kann in der Unfähigkeit zur Kontrolle des Alkoholkonsums vor Eintritt des Vollrauschs bzw. zur vollständigen Enthaltsamkeit gesehen werden. Mit Jellinek können fünf Alkoholikertypen unterschieden werden, die sich auch bei Jugendlichen finden lassen:

- Der **Alpha-Alkoholiker** trinkt in Konfliktsituationen zur Erleichterung; es liegen Zeichen einer beginnenden psychischen Abhängigkeit, jedoch kein Kontrollverlust vor.
- Der **Beta-Alkoholiker** trinkt periodisch bei besonderen Gelegenheiten übermäßige Mengen; eine psychische oder körperliche Abhängigkeit fehlt.

- Beim **Gamma-Alkoholiker** liegen deutliche Zeichen einer psychischen Abhängigkeit mit Kontrollverlust und später auch eine körperliche Abhängigkeit vor.
- Der **Delta-Alkoholiker** ist ein Gewohnheitstrinker, der einen bestimmten Blutalkoholspiegel ohne Rausch und Exzesse bei starker körperlicher Abhängigkeit und wenigen psychologischen Auffälligkeiten aufrechterhält. Abstinenz ist hier nicht mehr möglich. Der gewohnheitsmäßige Alkoholkonsum von Jugendlichen kann in diese Form des Delta-Alkoholismus münden.
- Als **Epsilon-Alkoholiker** wird der sporadische Trinker mit episodischem Kontrollverlust bezeichnet.

In Anlehnung an diese Typologie lassen sich für den **Jugend-Alkoholismus** die folgenden Typen unterscheiden:

- Der **primäre Rauschtrinker** (Alpha-Alkoholiker) als der Prototyp des jugendlichen Alkoholikers mit Bedürfnis nach rauschhaftem Erleben bei primär auffälligen Persönlichkeiten mit Angst, Unsicherheitsgefühlen, depressiven Verstimmungen und Kontaktstörungen. Hier soll der Alkohol der Verbesserung des Kontaktes und der Kommunikation dienen.
- Als eine mit weniger Trinkerexzessen, aber ähnlicher Persönlichkeitsstruktur ausgestattete Variante dieses Typs kann der **Problemtrinker** betrachtet werden.
- Der **beginnende Gewohnheitstrinker** (Delta-Alkoholiker), der stark unter dem Einfluss von Umgebung und sozialen Trinkgewohnheiten steht.
- Von ursprünglichem Drogenmissbrauch **auf Alkohol umgestiegene Jugendliche.** Hierfür können Beschaffungsprobleme, Strafängste, negative Drogenerfahrungen oder auch eine kritische Distanz zu Drogen bestimmend geworden sein.
- Die **polyvalent Süchtigen** (Polytoxikomanen), die neben Drogen auch übermäßig Alkohol zu sich nehmen.

Häufigkeit

Die Häufigkeit des Alkoholismus ist dadurch gekennzeichnet, dass sich unter den 2 bis 3 % Alkoholkranken in der Bevölkerung 20 % Frauen und 10 % Jugendliche befinden. Dabei machen Mädchen nur ein Fünftel der jugendlichen Alkoholiker aus. Auch unter Jugendlichen kann mit einer Prävalenz von 2 bis 3 % Alkoholabhängiger gerechnet werden.

Klinik und Diagnostik

Die klinische Symptomatik des Alkoholismus reicht von der Alkoholintoxikation – dem einfachen Rausch – über die seltenen Formen eines abnormen Rausches bis zum chronischen Alkoholismus. In der Regel ist der Alkoholismus im Jugendalter jedoch noch nicht so chronifiziert, dass es zum Alkoholdelir oder zu einer Alkoholhalluzinose, d. h. einer organischen Psychose kommt.

Psychopathologisch ist der einfache **Rausch** durch Euphorisierung, Antriebssteigerung und Enthemmung gekennzeichnet. Das Denken ist verlangsamt, und es kommt zu Auffassungsstörungen und Kritiklosigkeit. Ferner bestehen Koordinationsstörungen, eine Verzögerung der

Reaktionsfähigkeit und Störungen der Sprechmotorik. Niedrige Dosierungen wirken stimulierend, während mittlere und hohe Dosen sedierend wirken. Jugendliche werden im Rausch schnell leichtsinnig, und es kommt gehäuft zu Verkehrsdelikten oder anderen aggressiven Handlungen. Die Intensität des Rauschzustandes hängt von der Höhe des Blutalkoholspiegels, dem Tempo der Metabolisierung sowie weiteren individuellen Faktoren ab. Die gesetzlich festgelegte Fahruntauglichkeit beginnt bei 0,8 Promille Blutalkoholspiegel, jedoch kann die Dosis mit der Folge einer Verkehrsgefährdung individuell auch sehr viel niedriger liegen.

Bei **abnormen Rauschzuständen** kommt es schon bei geringen Mengen von Alkohol und sehr schnell nach Aufnahme zu schweren Erregungszuständen, wobei im komplizierten Rausch im Sinne einer Intensivierung des einfachen Rausches eine aggressive Gereiztheit, verbunden mit paranoiden Ideen und hysterischen Verhaltensweisen, bisweilen auch mit Suizidimpulsen, das Bild prägt. Der **pathologische Rausch** als die zweite Variante eines abnormen Rausches ist durch eine delirante oder dämmerige Bewusstseinsstörung und den Verlust des Realitätsbezugs gekennzeichnet. Abnorme Rauschzustände sind seltene Ereignisse, die gleichwohl auch bei Kindern und Jugendlichen beobachtet werden können.

Zeichen eines **chronischen Alkoholismus** sind neben der Reizbarkeit und Stimmungslabilität Beeinträchtigungen der Leistungsfähigkeit in den Bereichen von Merkfähigkeit und Gedächtnis sowie ein zunehmender Abbau der Persönlichkeit mit sozialer und beruflicher Desintegration. Die Ausbildung eines chronischen organischen Psychosyndroms steht schließlich am Ende der Entwicklung; sie ist allerdings im Jugendalter noch nicht zu beobachten. Gleichwohl ist der chronifizierte Alkoholismus bereits im Jugendalter vielfach von einer delinquenten Entwicklung begleitet. Zugleich kommt es zu multiplen körperlichen Symptomen, die von Herz-Kreislauf-Störungen über Gastritiden mit Leberaffektionen bis zu neurologischen Ausfällen und Störungen (z. B. Polyneuropathie, Sensibilitätsstörungen, Tremor, Ataxie, Reflexausfälle) reichen.

Anlässe für den Missbrauch von Alkohol können in vielfältigen **Motiven** mit altersspezifischer Akzentuierung liegen. Diese reichen von individuellen Problemlösungsversuchen über intrafamiliäre Beziehungs- und Funktionsstörungen, Orientierung an Normen und Modellen der Gleichaltrigen bis zu soziokulturellen Faktoren, welche das Trinkverhalten prägen. Bedeutsam für die **Diagnostik** ist daher ein umfassender Untersuchungsansatz. Hier geht es zunächst um die Sicherung des Alkoholismus, d. h. den Grad der Abhängigkeit und das Ausmaß an sekundären Organschäden. Der im Anhang 18.1 wiedergegebene Screening-Test AUDIT der WHO dürfte auch im Jugendalter eine wertvolle diagnostische Hilfe für die Identifizierung von Verdachtsfällen darstellen. Zusätzlich ist ein ausführlicher **psychopathologischer Befund** erforderlich, der sich auf

▪ den individuellen Status,
▪ familiäre Beziehungen und Funktionen,
▪ Beziehungen zu Gleichaltrigen,

▪ bedeutsame Modelle und vorgegebene Einstellungen gegenüber dem Alkoholgebrauch im familiären und außerfamiliären Bereich in der jeweiligen Wertigkeit für den Jugendlichen,
▪ den Kontext zu dissozialen Verhaltensweisen und Delinquenz sowie
▪ den Missbrauch anderer Substanzen im Rahmen einer polyvalenten Sucht erstrecken sollte.

Ätiologie

Die wissenschaftliche Diskussion über die Ursachen des Alkoholismus zentriert sich auf

▪ genetische Faktoren,
▪ Persönlichkeitsfaktoren und
▪ soziokulturelle Faktoren.

In neuerer Zeit sind Interaktionsmodelle dieser verschiedenen Faktoren nicht nur theoretisch postuliert, sondern auch in begrenztem Umfang empirisch geprüft worden. Sie bedürfen der Ergänzung durch den Faktor der Eigenwirkung des Alkohols, die weniger die Genese als die Chronifizierung des Alkoholismus erklärt.

Genetische Faktoren

Hinsichtlich der genetischen Faktoren ist zunächst der konstitutionelle Faktor des Geschlechts bedeutsam, zumal aus Familienstudien gut belegt ist, dass mit dem männlichen Geschlecht eine 4- bis 5-mal höhere Alkoholismusrate verknüpft ist. Die Zwillingsforschung hat ferner in einigen Studien eine bedeutsam höhere Konkordanz von eineiigen gegenüber zweieiigen Zwillingen hinsichtlich der Alkoholismusbelastung erbracht. Schließlich zeigen Adoptionsstudien, dass die Inzidenz für Alkoholismus auch bei Kindern von Alkoholikern, die frühzeitig in Adoption gegeben wurden, gegenüber adoptierten Kindern von Nicht-Alkoholikern bedeutsam erhöht ist. Eine erbliche Komponente besteht möglicherweise auch in den neuropsychiatrischen und -psychologischen Defiziten der Hyperaktivität, perzeptiv-motorischer Funktionen, des Gedächtnisses und sprachlicher Funktionen, die sich bei Söhnen von Alkoholikern finden und möglicherweise für Alkoholismus prädisponieren. Diese genetischen Faktoren repräsentieren allerdings nicht mehr als eine Vulnerabilität und bedürfen weiterer ergänzender Bedingungen.

Persönlichkeitsfaktoren

Die Wertigkeit von Persönlichkeitsfaktoren lässt sich nicht sicher beurteilen, weil mehrheitlich keine prämorbiden Beschreibungen, sondern eher Persönlichkeitskorrelate vorliegen. Hierzu zählen Ich-Schwäche, niedrige Frustrationstoleranz, Impulsivität, Abhängigkeit und verschiedenste neurotische Züge und Symptome, während Depression und Dissozialität sicher eigenständige, lediglich häufig mit Alkoholismus koexistierende psychopathologische Phänomene sind.

Auch die für den Alkoholmissbrauch im Jugendlichenalter geltenden **Motive** sind sämtlich keine hinlänglichen ätiopathogenetischen Erklärungselemente. Hierzu zählen

z. B. der Wunsch nach Angleichung an die Gleichaltrigen, der Versuch einer Lösung von intrafamiliären Beziehungskrisen, die Verwerfung von Verhaltensnormen, die Identitätssuche im Rahmen krisenhafter Entwicklungen in der Adoleszenz, die Lösung von Hemmung, Angst oder Depression und die Verbesserung der Befindlichkeit angesichts von Apathie, Langeweile und Leere. Insgesamt hat sich die Suche nach einer spezifischen Persönlichkeit des Alkoholikers als fruchtlos erwiesen. Ebenso sind die verschiedenen Motive für das Trinken bei Jugendlichen bei aller individuellen Bedeutsamkeit zu unspezifisch und spiegeln lediglich die relative Signifikanz des Entwicklungskontextes für die Entwicklung von abweichendem Verhalten allgemein wider.

Soziokulturelle Faktoren

Unter den soziokulturellen Faktoren sind neben dem Geschlecht, mit dem sich außer dem biologischen Aspekt auch geschlechtsspezifisch genormte Verhaltensweisen verbinden, die kulturelle Bewertung des Alkoholgenusses, das Alter, der Beruf, die Sozialschicht, die Subkultur und die religiöse Überzeugung bedeutsam. Während z. B. bestimmte Kulturen des Orients jeglichen Alkoholgenuss verbieten, wird in anderen sogar der Exzess gebilligt. Männer sind jeweils in der Unterschicht und in der Oberschicht besonders gefährdet, während alkoholkranke Frauen eher aus höheren Sozialschichten stammen. Bestimmte Berufe, die mit der Produktion, dem Vertrieb oder dem Ausschank von Alkohol verbunden sind, stellen eine Gefährdung dar.

Die soziale Akzeptanz, das Ausmaß industrieller Werbung und die leichte Verfügbarkeit machen es gerade Jugendlichen leicht, einen Alkoholmissbrauch zu entwickeln. Ferner ist die Familie nicht nur das spätere Opfer im Sinne einer Zerrüttung durch den Alkoholkranken, sondern sie trägt durch Disharmonie, Bindungsstörungen, mangelnde Versorgung sowie Modellwirkung auch zur Entwicklung des Alkoholmissbrauchs bei. Auch mit soziokulturellen Faktoren verbindet sich lediglich eine singuläre Dimension der Ätiologie im Sinne einer Exposition.

Therapie und Verlauf

Teilnehmer und Ziele

Angesichts oft fehlender Therapiemotivation setzt die Behandlung der alkoholabhängigen Jugendlichen häufig bei den bedeutsamen **Bezugspersonen,** d. h. den Eltern oder auch den Lehrern, ein. Über die Beratung dieses Personenkreises gelingt es möglicherweise, später auch den Jugendlichen für eine Behandlung zu motivieren. Umgekehrt kann es genauso nötig sein, den ratsuchenden Jugendlichen erst in seinem Bedürfnis nach Vertraulichkeit anzuerkennen und daher erst später seine Bezugsperson in die Therapie einzubeziehen.

Die allgemeinen **Ziele** der Alkoholismustherapie gelten auch für Jugendliche. Während der Alkoholmissbrauch sich möglicherweise noch mit Methoden einer primären Prävention durch Informationen über Suchtkrankheiten und Beratungsmaßnahmen beeinflussen

lässt, verlangt die Alkoholabhängigkeit nach einem integrierten, polyprofessionellen Versorgungskonzept mit kurz- und langfristigen Rehabilitationsmaßnahmen. Voraussetzung ist, dass der Alkoholkranke die Notwendigkeit einer Veränderung seiner Situation und seines Verhaltens erkennt, sich als hilfsbedürftig erlebt, angebotene Hilfen annehmen lernt, sich als alkoholabhängig begreift und Abstinenzregeln akzeptiert.

Therapiephasen

Die längerfristig anzulegende Rehabilitation umschließt in einer ersten **Kontaktphase** eine sorgfältige diagnostische Abklärung der psychischen und organpathologischen Befunde sowie der sozialen Lebensumstände. In dieser Kontaktphase soll zugleich die Motivation für eine längerfristige Behandlung gelegt werden. Die anschließende **Entgiftungsphase,** welche stationär durchgeführt wird und sorgfältige internistisch-neurologische Kontrollen erforderlich macht, um die Abstinenzerscheinung zu behandeln, zieht auf die Abstinenz gegenüber dem Alkohol. Gegen die durch den plötzlichen und totalen Entzug bedingten Abstinenzerscheinungen in Form von Übelkeit, Erbrechen, Schwitzen und Zittern wird Clomethiazol (Distraneurin) eingesetzt.

Der über Tage bis Wochen dauernde Entgiftungsphase schließt sich die **Entwöhnungsphase** an, in der eine dauerhafte Abstinenz erreicht werden soll. In dieser Phase müssen bei den jugendlichen Abhängigen begleitende sozio- und psychotherapeutische Maßnahmen zur Persönlichkeitsstabilisierung und sozialen Rehabilitation beginnen. Hierfür sind auf diese Ziele und Aufgaben spezifisch ausgerichtete Versorgungseinrichtungen erforderlich, zu denen sowohl ambulante als auch stationäre und Übergangseinrichtungen (z. B. Nachtkliniken und Wohnheime) zählen.

Schließlich muss der Entwöhnungsphase eine längerfristige, d. h. sich über Jahre erstreckende, **Nachsorgephase** folgen, zumal der Alkoholabhängige lebenslang rückfallgefährdet bleibt. Hier bieten die Selbsthilfegruppen der Anonymen Alkoholiker, der Guttempler, des Blauen Kreuzes u. ä. Vereinigungen Betroffenen wesentlichen Rückhalt. Dabei sind vollständige Abstinenz und die Anerkennung der Süchtigkeit im Sinne der „trockenen Alkoholiker" zentrale Merkmale der Identitätsbildung und Lebensbewältigung.

Verlauf und Prognose

Der **Verlauf** des Alkoholismus ist bereits bei der Darstellung bestimmter klinischer Aspekte deutlich geworden. Die typische Entwicklung verläuft zunächst über die **Prodromalphase** mit zunächst heimlichem Trinken und Räuschen, begleitet von einer sich allmählich ausbildenden psychischen Abhängigkeit. Sie setzt sich in der **kritischen Phase** fort über den Kontrollverlust mit sozialem Abstieg und persönlicher Vernachlässigung. Schließlich mündet sie in die **chronische Phase** ein, in der neben den charakteristischen Zeichen der Abhängigkeit Organveränderungen, Persönlichkeitsabbau sowie psychopathologische Symptome in den Vordergrund treten.

Insgesamt ist die **Prognose** für die Alkoholabhängigkeit ungünstig. Es ist bisher nicht gelungen, mehr als 50 % der Alkoholabhängigen dauerhaft zu rehabilitieren. Die insgesamt verkürzte Lebenserwartung geht in 10 bis 20 % zu Lasten eines Suizids. Zu den sozialen Kosten gehören schwere Beeinträchtigungen der Familie und Angehörigen einschließlich der Folgen von Gewaltanwendung, Verkehrsdelikten sowie Dissozialität und Kriminalität. Insofern sind gerade gegenüber Kindern und Jugendlichen **präventive Maßnahmen** angezeigt. Hierzu zählen die pädagogischen Aufgaben der Informationsvermittlung, Begrenzungen der Verfügbarkeit und Veränderungen der gesellschaftlichen Bewertung des erhöhten Alkoholkonsums auf der Ebene der **Primärprävention.** Ferner gelten die durch hinlänglich informierte Fachleute vorzunehmende Frühdiagnose und Frühbehandlung als Maßnahme der sekundären Prävention, um möglichst wenige Spätfolgen als Aufgabengebiet der tertiären Prävention entstehen zu lassen.

18.3 Missbrauch von Cannabis und Nikotin

Definition und Häufigkeit

Cannabis und Nikotin sind auch unter Jugendlichen weit verbreitete Genussmittel. Sie haben beide beruhigende und emotional ausgleichende Wirkungen. Die euphorisierende Wirkung von Cannabis kann von Angst unterlegt sein, während Nikotin auch antriebssteigernd und leistungsverbessernd wirkt. Die Gefahr des Übergangs vom Genussmittel in niedrigen Dosen in schädlichen Gebrauch und Abhängigkeit ist groß. Etwa 10 % aller Personen, die jemals Cannabis zu sich genommen haben und ein Drittel bis die Hälfte derjenigen, die Cannabis täglich konsumieren, haben keine Kontrolle über ihren Verbrauch.

Das Ausmaß von Abhängigkeitsstörungen ist für Cannabis und Nikotin unter Jugendlichen bedrohlich hoch. Es liegt für Cannabis ähnlich hoch wie für Alkohol, also bei internationalen Prävalenzraten von unter 1 bis zu 4 %. Der Konsum von Cannabis und Nikotin durch Jugendliche ist weiterhin im Steigen begriffen. Nikotinabhängigkeitsstörungen werden ungenügend epidemiologisch erfasst.

Klinik und Diagnostik

Cannabis

Bei täglichem Gebrauch in Abhängigkeit von Cannabis können suchtbedingte Persönlichkeitsveränderungen und in seltenen Fällen auch schizophrene Psychosen auftreten. Wenngleich Cannabis einen eigenständigen Beitrag zu ungünstigen Entwicklungsverläufen bei Jugendlichen und Erwachsenen leistet, darf nicht übersehen werden, dass ausgeprägter Konsum bei Jugendlichen in der Regel mit hoher Problembelastung in der Familie, der Gruppe der Gleichaltrigen und beim Jugendlichen selbst einhergeht und auch als fehlangepasster Lösungsversuch für Probleme fungiert.

Cannabis kann den Übergang auf den Konsum anderer Substanzen fördern. Dabei handelt es sich aber nicht um einen pharmakologischen Effekt. Vielmehr dürften

Aspekte der Sozialisation in der Jugendlichenkultur bedeutsam sein. Einerseits werden normabweichende Jugendliche für alle Formen von illegaler Drogeneinnahme früh erfasst und andererseits werden sie innerhalb von Jugendlichengruppen mit Substanzmissbrauch zur Einnahme weiterer Substanzen ermutigt.

Wenngleich die Auswirkungen des langfristigen schweren Cannabis-Missbrauchs dem des Alkohols nicht vergleichbar sind und demgemäß keine schweren organischen Psychosyndrome resultieren, so sind andererseits doch schlechtere neurokognitive Leistungen in den Bereichen von Aufmerksamkeit, Gedächtnis und visuo-motorischen Funktionen festzustellen. Schizophrene Psychosen werden zwar nicht durch Cannabisgebrauch bedingt, wohl aber bei vulnerablen Individuen ausgelöst und bei anhaltendem Gebrauch in ihrer Symptomatik bestärkt.

Die **Diagnostik** des Konsums von Cannabis muss sich vor allem auf Labortests von Urin bzw. Serum stützen. Wegen einer möglichen Polytoxikomanie sollten weitere Substanzen analysiert werden.

Nikotin

Aufgrund des vorhandenen psychischen und körperlichen Abhängigkeitspotentials für Nikotin ist der Anteil von Jugendlichen mit Entzugssymptomen bei Unterbrechung des Konsums hoch. Sie erleben nervöse Unruhe und Anspannung, Konzentrationsstörungen, Reizbarkeit, Hungergefühle und depressive Verstimmungen. Mit dem erneuten Konsum suchen sie Entlastung von diesen Erfahrungen und es schließt sich – wie bei jedem Substanzmissbrauch – der Abhängigkeitszirkel.

Empirische Untersuchungen zeigen, enge Zusammenhänge mit Indikatoren für Störungen der Befindlichkeit und des Verhaltens. Regelmäßiger Nikotingebrauch – häufig in Verbindung mit ebenso regelmäßigem Alkoholkonsum – geht mit externalisierten Verhaltensauffälligkeiten und erhöhten Belastungen speziell im familiären und schulischen Rahmen einher. Außer den begleitenden Störungen des Sozialverhaltens können depressive Störungen vorliegen. Auch der Substanzverlust von so genannten harten Drogen geht nahezu regelmäßig mit Nikotinabhängigkeit einher.

In der **Diagnostik** sollte auf diese Beziehungen zu anderen Substanzen, speziell Alkohol, die beschriebene Komorbidität sowie erfolglose Entwöhnungsversuche geachtet werden. Nikotinabhängigkeiten werden bei Jugendlichen ungenügend diagnostiziert.

Ätiologie

Für den Missbrauch von Cannabis und Nikotin gelten die in diesem Kapitel bereits dargelegten allgemeinen Überlegungen zur multikausalen Bedingung von Substanzmissbrauch. In diesem Gefüge nehmen bei Cannabis und Nikotin kulturelle Faktoren einen speziellen Raum ein. Für **Cannabis** spielt die Beeinflussung aus Elementen der Jugendkultur mit der Betonung eines hedonistischen Lebensgefühls und der Sozialisation der Substanzeinnahme in der Gruppe der Gleichaltrigen eine besondere Rolle.

Dieser Faktor ist auch für **Nikotin** bedeutsam. Hier treten allerdings angesichts der Legalität der Substanz massive wirtschaftliche Interessen der produzierenden Industrie hinzu, der es mit großem finanziellen Aufwand gelungen ist, in den letzten Jahrzehnten auch die Bevölkerungsanteile der Jugendlichen und Frauen als Konsumenten zu erschließen.

Therapie und Verlauf

Das im Vergleich zu anderen Substanzen geringere Abhängigkeits- und Schädigungspotential von Cannabis und Nikotin, die höhere gesellschaftlich Bereitschaft, den Gebrauch dieser Substanzen zu tolerieren, sowie die kulturelle Orientierung auf Lustmaximierung und Konsum schaffen ungünstige Voraussetzungen für die Motivation zum Verzicht auf den Gebrauch dieser Substanzen. Angebote oder strukturierte Programme zur **Entwöhnung** setzen aber eine spezifische Motivation oder einen Leidensdruck voraus. Chancen für die Einleitung derartiger Prozesse könnten professionelle Interventionen bei Gesundheitsproblemen sowie psychischen Krisen und Störungen bieten, sofern die Berater und Therapeuten nicht aufgrund ähnlicher Konsummuster an der Fokussierung auf Substanzgebrauch und -missbrauch gehindert sind.

Langfristige Beobachtungen zum **Verlauf** zeigen, das chronischer Cannabiskonsum im Vergleich zu anderen Substanzen nicht zu schweren Wesensveränderungen führt. Insofern kommt es auch nicht zu einem amotivationalen Syndrom, gleichwohl aber zu einer Reduktion von Interessen, Motivation und Leistungsfähigkeit. Ebenso resultiert keine strukturelle Hirnschädigung wie etwa beim Alkohol. Hingegen kann die Möglichkeit nicht ausgeschlossen werden, dass durch Rezeptorenschädigung Hirnfunktionen beeinträchtigt werden.

Die bedrohlichen Langzeiteffekte des Nikotinkonsums liegen vor allem in den massiven körperlichen Schädigungen einschließlich des hohen Krebsrisikos. Präventive Bemühungen in der wachsenden Zielgruppe jugendlicher Konsumenten können daher nicht intensiv genug sein.

18.4 Missbrauch von Designer-Drogen

Definition und Häufigkeit

Bei den Designer-Drogen handelt es sich einerseits um maßgeschneiderte Drogen der pharmazeutischen Forschung mit einem beabsichtigten spezifischen therapeutischen Effekt. Für den Missbrauch bedeutsamer ist die andere Klasse der Derivate von psychoaktiven Substanzen, die durch eine leichte Veränderung der Molekular-Struktur entstehen. Mit derartigen Veränderungen soll das Verbot der Herstellung der Ausgangssubstanz umgangen werden, zumal neue Substanzen erst verboten werden müssen. Derartige Designer-Drogen werden in Waschküchen-Labors mit legal erhältlichen Rohstoffen in kleinen Mengen hergestellt und über den illegalen Drogenmarkt verteilt.

Entsprechende Substanzen sind zum Beispiel aus der Klasse der Opiate die Fentanyl-Analoge, aus der Gruppe der Anästhetika das PCP (Angel-Dust), das Ketamin oder das mit Backpulver und Wasser gestreckte Kokain, das als Crack vor allem in den USA eine endemische Verbreitung gefunden hat. In Europa ist das Amphetamin-Derivat MDMA oder Ecstasy unter Jugendlichen vor allem in Verbindung mit den nächtelangen exzessiven Technotanz-Partys die am häufigsten konsumierte Designer-Droge. Die folgenden Ausführungen werden sich daher auf MDMA zentrieren.

Angesichts der Tatsache, dass MDMA erst ein relativ neuen Trend des Drogenkonsums widerspiegelt, gibt es vorläufig noch wenig repräsentative Zahlen zur **Häufigkeit**. Verschiedene US-amerikanische und britische Erhebungen deuten auf eine hohe Konsumrate von 5 bis 8 % unter Jugendlichen hin.

Klinik und Diagnostik

Ein eigentliches therapeutisches Potential fehlt bei MDMA oder ist weitgehend umstritten. Wegen seines geringen Abhängigkeitspotentials gilt MDMA unter Jugendlichen als ungefährliche und weiche Droge. Dem steht allerdings sein gefährliches und ausgeprägtes **Nebenwirkungsprofil** entgegen. Überschreitungen der noch sicheren Dosis von 1–2 mg/kg, chemische Verunreinigungen – die aufgrund der Herstellungsbedingungen immer zu fürchten sind – sowie Kombinationen mit anderen illegalen Substanzen schaffen in Verbindung mit den Bedingungen der exzessiven körperlichen Verausgabung bei den Techno-Partys hochgradige Gefährdungen der Gesundheit. Statt der angestrebten so genannten entaktogenen Wirkung von verstärkter Sinnesempfindung, Empathie, Introspektion und intensivierter Beziehungsfähigkeit resultieren vielmehr zum Teil lebensgefährliche Krisen.

Die kurzfristigen **Nebenwirkungen** sind Schwitzen, Tachykardie, Müdigkeit und Muskelkrämpfe, die sämtlich durch die körperliche Dauerbeanspruchung der Techno-Partys verstärkt werden. Lebensgefährliche **Komplikationen** resultieren aus Überhitzung, Flüssigkeits- und Elektrolytverlusten und Störungen der Systeme von ZNS, Herz-Kreislauf, Muskeln, Nieren und Leber. Dabei können fulminante Verläufe mit tödlichem Zusammenbruch dieser Systeme beobachtet werden. Die jugendlichen Konsumenten von MDMA sind sich in der Regel dieser beträchtlichen Risiken nicht bewusst.

Da MDMA ein selektiv-serotonerges Neurotoxin ist, können **Nachwirkungen** im Sinne von Erschöpfung, Verstimmung, Appetitmangel und Schlafstörungen auftreten. Die Auslösung von Panikattacken, paranoiden Psychosen und Depressionen ist möglich. Andere für Substanzmissbrauch typische **Dualdiagnosen** wie Störungen des Sozialverhaltens, hyperkinetische Störungen, Anpassungsstörungen und Lernstörungen liegen ebenfalls vor.

Die Diagnostik kann sich angesichts ungenügender Sensitivität der üblichen toxikologischen Tests für Amphetamine nur begrenzt auf Labortests stützen. Sie sind erst bei hohen Dosen sicher und machen erhebliche zusätzliche technische Aufwendungen erforderlich.

Ätiologie

Der Konsum von Designer-Drogen und speziell von MDMA ist ein weiteres Beispiel für die Einflüsse der Jugendkultur, zumal der Konsum in erster Linie an das Phänomen der Techno-Partys gebunden ist, die sich in Europa seit den 90er Jahren etablierten. Ohne die kriminelle Energie der Produzenten und Verteiler der Substanz wäre dieses Zeitphänomen allerdings ebenfalls nicht erklärlich. Ungenügende Aufklärung und Warnung vor den Gefahren des Konsums leisten einen weiteren Beitrag zur Verfestigung des Missbrauchs.

Therapie und Verlauf

Die **Intoxikation** mit MDMA macht akut intensivmedizinische Maßnahmen erforderlich. Diese bestehen in Rehydrierung, Abkühlung der Kerntemperatur und Ausgleich des gestörten Elektrolythaushaltes. Bei Angst- und Panikattacken, Agitiertheit sowie cerebralen Krampfanfällen werden Benzodiazepine eingesetzt.

Jugendliche müssen lernen, ihren Konsum von MDMA als Substanzmissbrauch und die verschiedenen Komponenten einer auf Entwöhnung abzielenden Behandlung zu akzeptieren. Sowohl aus diesem Grund als auch wegen der häufigen Dualdiagnosen muss diese Behandlung durch Experten für Substanzmissbrauchsstörungen unter Einschluss von Jugendpsychiatern erfolgen.

Der **Verlauf** des Konsums von MDMA ist durch die geschilderten Komplikationen, eine weltweit registrierte Zunahme von Todesfällen sowie die Auslösung von psychischen Störungen überschattet. Auch die im Tierversuch nachgewiesene Schädigung von Hirnzellen gibt Anlass zur Besorgnis hinsichtlich der weiteren Entwicklung von jugendlichen Konsumenten dieser Substanz.

18.5 Schnüffelsucht (Inhalanzienmissbrauch)

Definition und Häufigkeit

Die Schnüffelsucht hat sich in verschiedenen Regionen der Welt mit außerordentlich bedrohlichen individuellen Folgeschäden unter Kindern und Jugendlichen ausgebreitet. Betroffen sind häufig Randgruppen, die sozial destabilisiert oder ausgegrenzt sind: Bei der Schnüffelsucht handelt es sich um den Missbrauch von **lösemittelhaltigen Industrie- und Haushaltsprodukten** wie Klebstoffen und Klebstoffverdünnern, Farb-, Lack- und Nitroverdünnern, Nagellack und -entfernern, Fleckentfernern und Schnellreinigungslösemitteln, verschiedenen Sprays und Aerosolen sowie verschiedenen Gasen und Benzin, um nur die wichtigsten Mittel zu nennen. Chemisch sind Substanzen wie Alkohol, Äther, Aceton, Benzin, Chloroform, Lachgas, Tetrachlorkohlenstoff, Toluol, Trichloräthylen u. a. in derartigen Produkten enthalten. Sämtliche **Mittel** sind **frei zugänglich** und **legal erwerblich**, so dass es praktisch kaum Möglichkeiten einer wirkungsvollen Primärprävention gibt, zumal Aufklärung und Informa-

tion bei den oft noch sehr jungen Kindern bzw. Jugendlichen aufgrund sensationeller Darstellungen in den Medien eher stimulierend wirken.

Die Standardmethode der Einnahme besteht in der **Inhalation des Lösemittels** aus einer kleinen Plastiktüte, wobei wie unter einer Narkosemaske tief über Mund und Nase eingeatmet wird. Auch die direkte Inhalation aus Dosen oder getränkten Lappen oder mit Sprühdosen direkt in Nase oder Mund wird praktiziert, wobei letztere ebenso wie die Methode, sich zusätzlich einen großen Plastikbeutel über den Kopf zu ziehen, zu lebensgefährlichen Wirkstoffkonzentrationen mit Erstickungsgefahr führen kann.

Die Schnüffelsucht ist hinsichtlich der **Häufigkeit** noch nicht hinlänglich erfasst worden. Sie manifestiert sich oft schwerpunktartig in bestimmten Stadtgebieten, wo sie epidemischen Charakter bekommen kann. In den USA ist in der ersten Hälfte der 90er Jahre ein Anstieg des Missbrauchs festgestellt worden. Missbrauch von Schnüffelsubstanzen haben in Deutschland 8 bis 25 % drogenerfahrene junge Menschen im Alter von 12 bis 24 Jahren und 2,6 % der 17jährigen bei Befragung angegeben. Die starke Bindung an sozialen Unterschichten beginnt sich aufzulösen. In jüngster Zeit gehören zunehmend auch Mädchen zu den Schnüfflern, wenngleich Jungen bis zu 10mal häufiger betroffen sind.

Klinik und Diagnostik

Symptomatik

Am Anfang der Inhalation steht die gesuchte Euphorisierung, die wie eine Alkoholisierung wirkt. Mit Zunahme der Intoxikation kommt es zu illusionären Verkennungen, Veränderung der Farbwahrnehmung, akustischen Sinneswahrnehmungen und auch zu halluzinatorischen Erlebnissen, die häufig kleine bewegte Objekte betreffen. Die fortgesetzte Inhalatation führt zu Gang-, Stand- und Bewegungsataxie, psychomotorischer Verlangsamung, Sprachstörungen, Nystagmen und Bewusstseinsstörungen, die einem Dämmerzustand ähneln. Zeichen einer Verwirrtheit sowie affektive Störungen mit Enthemmung und zunehmende Vertiefung der Bewusstseinsstörung – eventuell über die Somnolenz hinaus – schließen sich an. In der Regel besteht für die Phase der Intoxikation eine Amnesie.

Hinweise auf den Missbrauch von Schnüffelstoffen können in Lösungsmittelgeruch in der Atemluft oder in der Kleidung bestehen, die allerdings beim Gebrauch von Gasen fehlen. Andere mögliche Zeichen sind Reizungen von Rachen und Konjunktiven sowie Hautirritationen um Mund und Nase. Intoxikationen im Haushalt sollten den Verdacht auf eine Schnüffelsucht aufkommen lassen.

Komplikationen

Die hohe Wirkstoffkonzentration macht Komplikationen außerordentlich häufig. Zu den **akuten Komplikationen** zählen Verletzungen, Unfälle und Selbstverstümmelung im Stadium der akuten Intoxikation, Verbrennungen nach Explosionen – besonders beim Missbrauch von Gasen –, akute Atemstörungen durch Aspiration von Erbrochenem oder Erstickung, Herzrhythmusstörungen und Herzstillstand mit der Folge einer Sauerstoffmindersättigung des Gehirns und schließlich zerebrale Krampfanfälle. Aus akuten Komplikationen können Todesfälle resultieren.

Von den **chronischen Komplikationen** ist vor allem das Nervensystem mit Schädigung von Hirn, Rückenmark und peripheren Nerven betroffen. Es kommt zu schweren toxischen Enzephalopathien mit hirnorganischen Wesensveränderungen, Pyramidenbahnzeichen, Ataxien, Sprachstörungen und Nystagmen, zu Neuromyelopathien und Polyneuropathien. Einzelne Substanzen führen auch zur Schädigung von Leber, Niere und blutbildenden Organen.

Entwicklung

Die Gruppe der Konsumenten lässt sich in Probierer, Gruppenschnüffler und chronische Einzelschnüffler einteilen. Schnüffelsubstanzen werden von Präadoleszenten ähnlich wie Nikotin und Alkohol probiert. In der Gruppe kann sich bereits ein regelmäßiger Missbrauch mit Einmündung in Abhängigkeit entwickeln. Die abgesonderten chronischen Einzelschnüffler setzen den Missbrauch bis in das Erwachsenenalter fort und steigen vereinzelt sogar auf andere Substanzen um. Typische Umsteigedrogen wie Alkohol und Opiate werden eher von Probierern und Schnüffelgruppen gewählt. Dabei werden die Substanzen auch kombiniert. Die häufigste komorbiden Störungen sind Depressionen und Störungen des Sozialverhaltens.

Später Opiatabhängige mit vorausgegangener Schnüffelsucht stammen häufig aus früh zerbrochenen Familien, haben häufig eine Heimkarriere hinter sich und beginnen in der Regel früh mit der Drogenkarriere. Wie bei allen Drogen entwickelt sich auch beim Schnüffeln ein Toleranzerwerb, so dass höhere Konzentrationen und eine oft über viele Stunden ausgedehnte Inhalation und in der weiteren Entwicklung schwere Beeinträchtigungen aller sozialen Bezüge die Folge sind. Entsprechend bildet sich eine massive psychische Abhängigkeit aus, während körperliche Entzugserscheinungen fehlen.

Ätiologie

Für die Entstehung der Schnüffelsucht gelten ähnliche Bedingungen wie bei anderen Formen der Abhängigkeit. Besondere Akzente werden durch die oft schwer gestörten **familiären Verhältnisse** bzw. das Fehlen der Familie (z. B. bei den Straßenkindern), aber auch durch die **Gruppenkultur** der Gleichaltrigen gesetzt, in der wie in Banden die Probierer in die Techniken der Inhalation und des Missbrauchs eingewiesen werden. Individuelle **Motive**, Neugierverhalten, Suche nach Stimulation und Anregung können jedoch auch bei äußerlich geordneten Verhältnissen Kinder zum Missbrauch führen. In der Regel ist die Schnüffelsucht ein Hinweissymptom auf schwere familiäre Funktionsstörungen und individuelle Entwicklungskrisen. Letztlich tragen die **freie Verfügbarkeit** und die Vielzahl in Frage kommender Substanzen sehr wesentlich zu Missbrauch und Abhängigkeit bei.

Therapie und Verlauf

Kinder und Jugendliche mit Schnüffelsucht bedürfen gemeinsamer rehabilitativer Bemühungen durch Ärzte, Pädagogen und psychologische Therapeuten. Gegenwärtig ist noch unklar, wie eine wirkungsvolle Primärprävention betrieben werden kann. Sicher ist, dass sensationelle Aufmachungen in der Presse mehr Nachahmung provozieren, als dass sie Abschreckung leisten. Angesichts der Tatsache, dass es keine Entzugserscheinungen gibt, beschränkt sich das ärztliche Handeln in erster Linie auf eine sorgfältige organ- und psychopathologische Diagnostik. Ansätze der medizinischen Behandlung von Folgeschäden erfahren vielfach ihre Grenze an der Irreversibilität der Symptome.

Insofern ist die **Prognose** der Schnüffelsucht – insbesondere mit zunehmender Chronifizierung und bei polyvalenter Sucht oder Wechsel auf andere Substanzen – außerordentlich ungünstig und besorgniserregend. Zunehmende soziale Isolation, Persönlichkeitsabbau und Invalidisierung können hier schon relativ früh als Folge des frühen Beginns der Sucht resultieren. Gefragt sind daher frühe Interventionen, die schwerpunktmäßig sozialpädagogisch begründet sein müssen und eine deutlich lenkende und Grenzen setzende Struktur implizieren. Spezielle Einrichtungen für diese Klientel fehlen vorerst noch, sind aber dringend erforderlich. Die gemeinsame Betreuung mit anderen Drogenabhängigen ist eher die Regel. Sie können sich wegen der anderen Altersstrukturen und der möglichen Anreise zum Umstieg auf andere Substanzen als problematisch erweisen. Neben soziotherapeutischen Maßnahmen sollten individuelle psychotherapeutische Behandlungsansätze auf die jeweilige Indikation und Durchführung geprüft werden.

18.6 Kinder drogenabhängiger und süchtiger Eltern

Die große Anzahl Drogenabhängiger schafft nicht nur für die Betroffenen selbst, sondern auch für die Umwelt erhebliche Belastungen und Probleme. Da sich Missbrauch und Abhängigkeit vielfach in der Familie abspielen, sind Kinder und Jugendliche in besonderer Weise betroffen. Eine Schädigung mit unterschiedlicher Bedeutung für jeweils verschiedene Substanzen grundsätzlich

- **genetisch,**
- **teratogenetisch,** d. h. aufgrund der intrauterinen Exposition während der Schwangerschaft, und schließlich
- **peristatisch,** d. h. durch das Zusammenleben mit suchtkranken Eltern erfolgen.

Dabei kann es zu einem Wechselspiel von elterlichen und kindlichen **Risikofaktoren** kommen, die in Tabelle 18-7 aufgeführt sind. Die vorliegenden Erkenntnisse gestatten auch eine **Risikoabschätzung** hinsichtlich der Wertigkeit der prä- und postnatalen Faktoren für die Entwicklung der betroffenen Kinder. Diese ist in Tabelle 18-8 vorgenommen.

Tabelle 18-7 Risikofaktoren für die Entwicklung von Kindern drogenabhängiger Eltern.

Elterliche Risikofaktoren	Kindliche Risikofaktoren
Abzug der Ressourcen Kriminalität Psychische Störungen, Beziehungsbelastung Körperliche Krankheiten Geringe Erziehungskompetenz Nebenwirkungen der Drogen Gewalt in der Familie	Frühgeburt Frühe Trennung → Bindungs- störung Entzugssyndrom → Beziehungs- belastung → Bindungsstörung Verhaltensauffälligkeiten, Entwicklungsverzögerungen

Tabelle 18-8 Risikoabschätzung für die Entwicklung von Kindern mit verschiedenen pränatalen Expositionen.

Exposition	Wertigkeit pränataler Faktoren	postnataler
Alkohol	++	++
Opiate/Kokain	+	++
Psycho-/neutrope Medikamente	+	+/–

Angesichts der Tatsache, dass bei den betroffenen Kindern vor allem Entwicklungsfunktionen betroffen sind, liegt eine besondere Aufgabe der Kinderpsychiatrie vor. Wegen der Häufigkeit des Alkoholmissbrauchs haben vor allem Kinder alkoholkranker Eltern besondere Aufmerksamkeit gefunden. Darüber hinaus liegen Erkenntnisse über die Auswirkungen von Cannabismissbrauch und Heroinabhängigkeit der Eltern auf das Kind vor. Häufig handelt es sich auch um eine Politoxikomanie der Eltern, wobei Kokain eine weitere Rolle spielt.

18.6.1 Kinder alkoholkranker Eltern

Familienstudien bei Alkoholkranken haben die Beziehungen von Alkoholismus der Eltern und Hyperaktivität, dissozialem Verhalten und Delinquenz, Entwicklungsstörungen, emotionalen Störungen, Lern- und Leistungsstörungen bei Kindern und einer möglichen Einmündung wiederum in Alkoholismus im Jugend- und Erwachsenenalter in vielfältiger Weise belegt.

Für einzelne Phänomene wie Hyperaktivität und Dissozialität können sowohl genetische wie auch bzw. vor allem peristatische Faktoren im Sinne der Beeinträchtigung familiärer Funktionen bedeutsam sein, wobei in der männlichen Linie möglicherweise eher dissoziale Störungen vermittelt werden. Ursachen von schulischem Versagen können neuropsychologische Defizite in Form von Störungen perzeptivmotorischer Funktionen, des Gedächtnisses, der Sprache, der Aufmerksamkeit oder der Intelligenz allgemein sein. Dabei ist offensichtlich der Alkoholismus der Eltern bzw. eines Elternteils bedeutsamer als andere Entwicklungsbedingungen wie z. B. die Sozialschicht. Emotionale Störungen entwickeln sich hingegen vornehmlich als Ausdruck gestörter familiärer

Beziehungen, so dass Kinder von rückfälligen bzw. chronisch alkoholkranken Eltern besonders gefährdet sind.

Einen besonderen Risikofaktor für die Entwicklung stellt die intrauterine Exposition gegenüber Alkohol dar. Kinder von alkoholkranken Müttern sind in Abhängigkeit von der Chronizität und Intensität des Alkoholismus geschädigt. Die Folgen reichen von diskreten Zeichen bis zum Bild des **fetalen Alkoholsyndroms** (FAS). Die **Kernmerkmale** sind in Tabelle 18-9 dargestellt. Bestimmend für die Diagnose sind die intrauterine und postnatale Wachstumsverzögerung, eine Mikrozephalus, die Beeinträchtigung der geistigen Entwicklung sowie ein typisches Erscheinungsbild aufgrund der so genannten kraniofazialen Dysmorphie und anderer Missbildungen. Die Ausprägung des fetalen Alkoholsyndroms kann von leicht bis schwer variieren. Subklinische Formen werden als **fetale Alkohol-Effekte** (FAE) bezeichnet.

Tabelle 18-9 Symptome des fetalen Alkoholsyndroms.

Kardinalsymptome
- prä-/postnatale Dystrophie
- Mikrozephalus
- statomotorische/mentale Retardierung
- Muskelhypotonie
- Hyperaktivität

Kraniofaziale Dysmorphie
- Auge
- Epikanthus
  - Blepharophimose/Ptosis
  - antimongoloide Lidachse
  - Stabismus
  - Myopie (selten)
- Ohr
  - Ohrdysplasie
- Nase
  - kurzer Nasenrücken
  - Nasolabialfalten
- Mund
  - schmales Lippenrot
  - hoher Gaumen/Gaumenspalte
- Unterkiefer
  - Retrogenie

Fakultative Symptome
- kardiovaskuläre Störungen
  - Herzfehler
  - Hämangiome
- urogenitale Fehlbildungen
- Genitalanomalien
  - Hypospadie
  - Klitorishypertrophie
- Steißbeingrübchen
- Nierenfehlbildungen
- Hernien
- Skelettanomalien
  - Handfehlbildungen
  - Klinodaktylie
  - Klamptodaktylie
  - Nagelhypoplasie
  - anomale Handfurchen
  - Suppinationshemmung: Finger, Ellbogen
  - Hüftluxation
  - Trichterbrust

Die **Ursachen** der Schädigung durch den Alkohol liegen in teratogenen Mechanismen, die noch nicht bis in das letzte Detail aufgeklärt sind. Möglicherweise spielt die Chronizität des mütterlichen Alkoholismus eine zusätzliche Rolle. Alkoholkranke Mütter können bei Abstinenz in der Schwangerschaft auch wieder gesunde Kinder gebären. Andererseits stehen selbst kleine Mengen Alkohol im Sinne des sozial akzeptierten Trinkens in Beziehung zu diskreten Entwicklungsabweichungen. Eine kritische Schwelle für den Alkoholkonsum während der Schwangerschaft konnte nicht einheitlich nachgewiesen werden, so dass im Sinne der **Prävention** Alkohol während der Schwangerschaft am besten vollständig gemieden werden sollte.

Die **Auswirkungen** manifestieren sich neben der Dysmorphie vor allem in Beeinträchtigungen kognitiver Funktionen sowie einer teilweise recht charakteristischen Psychopathologie. Bei einer großen Zahl von Fällen resultiert eine bleibende **Intelligenzminderung,** die verschiedene Stufen einer geistigen Behinderung einnehmen kann. Das Ausmaß der Intelligenzminderung zeigt eine enge Beziehung zur Menge des in der Schwangerschaft aufgenommenen Alkohols. Weiterhin können auch andere neuropsychologische Funktionen wie Wahrnehmung, Motorik und vor allem linguistische Faktoren beeinträchtigt sein. Die Entwicklung dieser Kinder weist multiple Verzögerungen ab der Neugeborenenperiode einschließlich Ess- und Gedeihstörungen, Krankheitsanfälligkeit sowie Verzögerungen der motorischen und sprachlichen Funktionen im Kleinkindesalter auf.

Psychopathologisch dominiert eine situationsunabhängige Hyperaktivität mit Aufmerksamkeitsdefiziten, welche die Alkoholembryopathie nahezu als Modellfall der hyperkinetischen Störungen erscheinen lässt. Relativ charakteristisch ist auch die hohe Zahl an Sprech- und Sprachstörungen in Form von Dyslalien und Stottern. Andere Auffälligkeiten bestehen in Ess- und Schlafstörungen, Stereotypien, Hörstörungen sowie Beziehungsproblemen und Phobien. Die Psychopathologie lässt sich zum großen Teil als ein organisches Psychosyndrom mit möglichen sekundären Folgen verstehen und wird stärker von dem Grad der morphologischen Schädigung als von Umgebungsfaktoren bestimmt.

Das fetale Alkoholsyndrom ist damit nicht nur ein relativ häufiges Fehlbildungssyndrom, sondern zugleich auch eine schwere Beeinträchtigung der Entwicklungsmöglichkeiten von Kindern. Eigene Untersuchungen zum **Verlauf** haben gezeigt, dass schwer geschädigte Kinder behindert bleiben, während bei mittelgradiger und leichter Schädigung biologische Nachreifungs- und Kompensationsprozesse möglich sind. Trotz relativer Besserung bleiben die Schulentwicklungen ungewöhnlich häufig beeinträchtigt, zumal die Hyperaktivität zu persistieren neigt. Die biologische Maturation scheint für den Verlauf bedeutsamer als Faktoren der Umwelt zu sein. Gleichwohl bedürfen Kinder mit einer Alkoholembryopathie einer sorgfältigen Entwicklungsdiagnostik, um alle Möglichkeiten einer Frühbehandlung vornehmlich mit funktionellen Therapieformen auszuschöpfen.

18.6.2 Folgen des Missbrauchs von Cannabis, Nikotin und Kokain

Bisher wurden die Auswirkungen des Missbrauchs von **Cannabis** während der Schwangerschaft vornehmlich bei Neugeborenen untersucht. Trotz der Schrankenwirkung der Plazenta gehen die Cannabinoide auf den Fetus über. Entsprechend haben Mütter mit Haschischkonsum während der Schwangerschaft eine verkürzte Schwangerschaftsdauer sowie Kinder mit erniedrigtem Geburtsgewicht und Fehlbildungen geboren, die von Herzfehlern und anderen Organfehlbildungen bis zu Minor-Anomalien reichen können. Das dysmorphe Bild ist weniger prägnant als bei der Alkoholembryopathie und tritt offensichtlich erst bei höheren Dosen auf.

Zwar liegen gegenwärtig noch keine Langzeitstudien über die Entwicklung dieser Kinder unter besonderer Berücksichtigung von Entwicklungsfunktionen mit Einschluss von kognitiven, emotionalen und sozialen Faktoren sowie psychopathologischen Symptomen vor. Gleichwohl lassen die begrenzten Erkenntnisse Maßnahmen einer primären **Prävention** im Sinne einer Warnung vor Cannabisgebrauch in der Schwangerschaft geboten erscheinen. Hohe Cannabisdosen sind sicher teratogen.

Nikotin in der Schwangerschaft steht neben Blutungen in einer Beziehung zu gemindertem Geburtsgewicht; eine teratogene Wirkung ist nicht bekannt. Ferner liegen Erkenntnisse über Zusammenhänge von mütterlichem Rauchen in der Schwangerschaft mit verzögertem Größenwachstum, Intelligenzminderung, Störungen des Sozialverhaltens und hyperkinetischen Störungen bei Jungen, Substanzmissbrauch bei Mädchen sowie Delinquenz im Jugendalter und Kriminalität im Erwachsenenalter vor. Der Erkenntnisstand über die Auswirkungen von **Kokain** in der Schwangerschaft und frühen postnatalen Phase ist noch begrenzt. Ungünstige Effekte auf die Hirnreifung sowie Beeinträchtigungen der sozioemotionalen Entwicklung sind nachgewiesen. Langzeitbeobachtungen stehen noch aus.

18.6.3 Folgen des Heroinmissbrauchs

Auch die Auswirkungen eines elterlichen Heroinmissbrauchs sind bisher vornehmlich hinsichtlich der intrauterinen Exposition gegenüber der Substanz untersucht worden. Während junge heroinabhängige Frauen teilweise auch im Zusammenhang mit Beschaffungsprostitution schwanger werden, ist das Phänomen einer protrahierten Abhängigkeit mit gleichzeitiger Einbindung in die Familie im Gegensatz zu Alkoholkranken bei Heroinabhängigen weniger wahrscheinlich. Gleichwohl gibt es sowohl Kinder von Heroinfixern wie auch von Drogenabhängigen mit Substitutionsbehandlung (z. B. mit Methadon). Bedauerlicherweise gibt es bisher keine systematisch gewonnenen Erkenntnisse über die langfristige Entwicklung dieser Kinder.

Die vornehmlich aus den USA stammenden Erfahrungen über den Entwicklungsverlauf von Kindern mit pränataler Exposition gegenüber Heroin zeigen, dass vor allem Neugeborene beeinträchtigt sind. Im Vordergrund steht ein **Entzugssyndrom** innerhalb von 2 bis 4 Tagen nach der Geburt, das sich durch Hyperexzitabilität, Irritabilität, Schreien und Zittrigkeit auszeichnet und in der Intensität das Ausmaß der intrauterinen Intoxikation widerspiegelt. Fehlbildungssyndrome sind ebenfalls beobachtet worden, wenngleich sie wiederum kein spezifisches Syndrom wie etwa bei der Alkoholempryopathie bilden.

Über die weitere **Entwicklung** dieser Kinder ist relativ weniger als über das Neugeborenenverhalten bekannt, zumal sie später nur schwer wieder zu identifizieren sind. Die vorliegenden Erkenntnisse besagen, dass die motorische und geistige Entwicklung in der Regel im Säuglingsalter nicht abweichend ist, wenngleich gegen Ende des ersten Lebensjahres eine vorübergehende Verzögerung der motorischen Entwicklung auftreten kann. Mit dem Heranwachsen werden die Probleme in Form von Sprachentwicklungsstörungen, Auffälligkeiten der sozioemotionalen Entwicklung sowie aggressivantisozialem Verhalten deutlicher. Dies gilt besonders für Heroin, aber auch für die Substitutionsbehandlung mit Methadon während der Schwangerschaft.

Literatur

American Academy of Child and Adolescent Psychiatry: Practice parameters for the assessment and treatment of children and adolescents with substance use disorders. J. Am. Acad. Child Adolesc. Psychiatr. 36 (1997) 140S–156S.

Brook, J. S., M. Whiteman, S. J. Finch, P. Cohen: Young adult drug use and delinquency: Childhood antecedents and adolescents mediators. J. Am. Acad. Child Adolesc. Psychiatr. 35 (1996) 1584–1592.

Brown, R. A., P. M. Levinsohn, J. R. Seeley, E. F. Wagner: Cigarette smoking, major depression and other psychiatric disorders among adolescents. J. Am. Acad. Child Adolesc. Psychiatr. 35 (1996) 1602–1610.

Bukstein, O. G.: Adolescent substance abuse. Assessment, prevention and treatment. Wiley, New York 1995.

Deykin, E. Y., S. L. Buka: Prevalence and risk factors for posttraumatic stress disorder among chemically dependent adolescents. J. Am. Psychiatr. 154 (1997) 752–757.

Dinwiddie, S. H.: Abuse of inhalants: a review. Addiction 89 (1994) 925–939.

Fergusson, D. M., M. T. Lynskey, L. J. Horwood: The short-term consequences of early onset cannabis use. J. Abnorm. Child Psychol. 24 (1996) 499–512.

Gilvarry, E.: Substance abuse in young people. J. Child Psychol. Psychiatr. 41 (2000) 55–80.

Hall, W., N. Solowij: Long-term cannabis use and mental health. Brit. J. Psychiatr. 171 (1997) 107–108.

Kaminer, Y., R. E. Tarter: Substance use disorders. In: Steinhausen, H.-C., F. Verhulst (eds.): Risks and outcomes in developmental psychopathology. Oxford University Press, Oxford 1999.

Neumark, Y.D., J. Delva, J.C. Anthony: The epidemiology of adolescent inhalant drug involvement. Arch. Pediatr. Adolesc. Med. 152 (1998) 781–786.

Rojas, N. L., J. D. Killen, K. F. Haydel, T. N. Robinson: Nicotine dependence among adolescent smokers. Arch. Pediatr. Adolesc. Med. 152 (1998) 151–156.

Schuster, P., H.-U. Wittchen: Ecstasy- und Halluzinogengebrauch bei Jugendlichen – Gibt es eine Zunahme? Verhaltenstherapie 6 (1996) 222–232.

Schwartz, R. H., N. S. Miller: MDMA (Ecstasy) and the rave: a review. Pediatrics 100 (1997) 705–708.

Slade, J.: Adolescent nicotine use and dependence. Adolesc. Med.: State of the Art Reviews 4 (1993) 305–320.

Spohr, H.-L., J. Willms, H.-C. Steinhausen: Prenatal alcohol exposure and long-term developmental consequences. Lancet 341 (1993) 907–910.

Spohr, H.-L., H.-C. Steinhausen (eds.): Alcohol Pregnancy and the Developing Child. Cambridge Univ. Press, Cambridge 1996.

Steinhausen, H.-C.: Pränatale Entwicklungsgefährdungen – Ergebnisse der Verhaltensteratologie. In: Petermann, F., K. Niebank, H. Scheithauer (Hrsg.): Risiken in der frühkindlichen Entwicklung. Hogrefe, Göttingen 2000.

Steinhausen, H.-C.: Children of alcoholic parents. A review. Eur. Child Adolesc. Psychiat. 4 (1995) 143–152.

Steinhausen, H.-C., Ch. Winkler-Metzke: Frequency and correlates of substance use among preadolescents and adolescents in a Swiss epidemiological study. J. Child Psychol. Psychiat. 39 (1998) 387–397.

Steinhausen, H.-C., J. Willms, H.-L. Spohr: The long-term psychopathological and cognitive outcome of children with fetal alcohol syndrome. J. Amer. Acad. Child Adolesc. Psychiat. 32 (1993) 990–994.

Uchtenhagen, A., W. Zieglgänsberger (Hrsg.): Suchtmedizin. Urban und Fischer, München 2000.

Van Baar, A.: Children of drug-addicted parents. In: Steinhausen, H.-C., F. Verhulst (eds.): Risks and outcomes in developmental psychopathology. Oxford University Press, Oxford 1999.

Weinberg, N. Z., E. Rahdert, J. D. Colliver, M. D. Glantz: Adolescent substance abuse: a review of the past 10 years. J. Am. Acad. Child Adolesc. Psychiatr. 37 (1998) 252–261.

Wittchen, H.-U., M. Höfler, A. Perkonigg, H. Sonntag, R. Lieb: Wie stabil sind Drogenkonsum und das Auftreten klinisch-diagnostisch relevanter Missbrauchs- und Abhängigkeitsstadien bei Jugendlichen? Kindheit und Entwicklung 7 (1998) 188–198.

World Health Organization: AUDIT. The Alcohol Use Disorders Identification Test: Guidelines for Use in Primary Health Care. WHO, Genf 1992.

19 Deprivationsstörungen

Die Vernachlässigung oder Beeinträchtigung des Bedürfnisses nach Bindung und emotionaler Zuwendung stellt eines der zentralen Risikoelemente für die kindliche Entwicklung dar. In diesem Sinne können Fehlen oder Verlust der Eltern bzw. eines Elternteils gleichermaßen wie schwere Störungen der Elternschaft in Form von Misshandlung und Vernachlässigung die emotionale, soziale und kognitive Entwicklung des Kindes gefährden. Angesichts dieser gemeinsamen Funktion und auch der phänomenologischen Ähnlichkeit der resultierenden Störungen werden Entbehrungs- und Misshandlungssyndrome in diesem Kapitel gemeinsam unter dem Begriff der Deprivationsstörungen abgehandelt. Allerdings machen die verschiedenen Formen von Deprivationsbedingungen zunächst eine differentielle Darstellung dieser Faktoren erforderlich.

Dabei handelt es sich zunächst weniger um die Darstellung umschriebener klinischer Syndrome als um die allgemeine Charakterisierung der Auswirkungen von verschiedenen Varianten der Deprivation. Im Anschluss werden als zwei herausragende klinische Syndrome die frühkindliche Gedeihstörung und der psychosoziale Kleinwuchs dargestellt, die wiederum inhaltlich enge Bezüge zum folgenden Abschnitt über Misshandlungen und Vernachlässigung haben. Abschließend werden das Münchhausen-Stellvertreter-Syndrom und der sexuelle Missbrauch als besondere Variante der Misshandlung von Kindern dargestellt.

19.1 Varianten der Deprivation

Nicht wenige Kinder und Jugendliche sind von Trennung, Verlust oder permanentem Fehlen einer oder beider elterlichen Bezugspersonen betroffen. Der Begriff der Deprivation bringt aber nicht nur dieses Faktum als solches, sondern vor allem die damit verbundene Verarmung hinsichtlich emotionaler Zuwendung und sozial-kognitiver Anregung zum Ausdruck. Diese Bedingung kann auch dann erfüllt sein, wenn den Eltern die adäquate Ausfüllung der Elternrolle aufgrund von chronischen psychosozialen, interaktionalen oder intrapsychischen Belastungen

unmöglich ist. Insofern gibt es sowohl intra- wie auch extrafamiliäre Deprivationsbedingungen, wobei letztere für Institutionen wie Heime und Krankenhäuser gelten können.

Auf die aus extrafamiliären Deprivationen resultierenden Entwicklungsstörungen ist früher der Begriff des psychischen Hospitalismus geprägt worden, der zugunsten der umfassenderen Bezeichnung der Deprivationsstörung aufgegeben wurde. Die Gleich-setzung der intrafamiliären Deprivation mit dem Begriff der mütterlichen Deprivation ist trotz der großen Bedeutung dieser primären Bezugsperson für die kindliche Entwicklung insofern unglücklich, als er sowohl im Sinne einer vermeintlichen Ursachenzuschreibung wie auch der ungenügenden Berücksichtigung weiterer bedeutsamer Bindungspersonen die Akzente zu einseitig setzt.

Relative Varianten von Deprivationsbedingungen sind:
- kurze Trennungen,
- Verlust der Eltern durch Tod,
- Verlust der Eltern durch Trennung und Scheidung,
- Krankenhausaufenthalte,
- Heimunterbringung,
- Vernachlässigung,
- Misshandlung.

Angesichts zunehmender mütterlicher Berufstätigkeit stellt sich schließlich die Frage, ob mit der **Tagespflege** eine Deprivationsbedingung verknüpft ist. Nach der Erörterung dieser Risikofaktoren wird darzustellen sein, welches die längerfristigen Folgen von Deprivationsbedingungen sind.

Kurze Trennungen

Beobachtungen über die Auswirkungen von kurzen Trennungen sind vor allem im Zusammenhang mit entwicklungspsychologischen Experimenten zum frühkindlichen Bindungsverhalten angestellt worden. Säuglinge und Kleinkinder reagieren mit Weinen und Zeichen von Trennungsängstlichkeit sowie Versuchen, der Mutter bzw. der primären Bezugsperson zu folgen. Die Intensität der Reaktion hängt sehr wesentlich von zuvor ablaufenden Trennungserfahrungen ab. Die wiederholte Erfahrung, dass die Bezugsperson nach kurzer Zeit wieder da ist, beugt belastenden erneuten Erfahrungen vor und erklärt zum Teil auch die individuell variierenden Reaktionsformen. In der Regel haben kurze Trennungen einen eher adaptiven Charakter und führen nicht zu Entwicklungsbeeinträchtigungen.

Elternverlust durch Tod

Dem Elternverlust durch Tod folgt auch bei Kindern und Jugendlichen eine kurze Phase der emotionalen **Belastung,** in der traurige Affekte, Weinen, Verlassensängste gegenüber dem verbliebenen Elternteil oder aber auch oberflächlich unverständliche aggressive Ausbrüche, Schulleistungsstörungen und schließlich regressive Verhaltensanteile (z. B. Rückfall in Inkontinenz) vorliegen können. Dieser meist zeitlich befristeten Phase schließt sich eine kontinuierlich zunehmende emotionale **Stabilisierung** an. Offensichtlich sind Jungen stärker als Mädchen, wahrscheinlich vor allem in der Adoleszenz und bei Verlust des Vaters, betroffen, wobei depressive Reaktionen im Vordergrund stehen, welche selten die Intensität wie bei Erwachsenen annehmen. Der Verlust eines Elternteils durch Tod per se hat nicht notwendigerweise eine längerfristig pathogene Bedeutung für die kindliche Entwicklung; hingegen können die veränderten Lebensbedingungen sehr wohl bedeutsam werden.

Trennung oder Scheidung

Der Verlust eines Elternteils durch Trennung oder Scheidung muss als ein zentraler Risiko- und Belastungsfaktor für die Entwicklung von Kindern und Jugendlichen angesehen werden. In der Regel folgt die Trennung einer längerfristigen Krise und Partnerbeziehungsstörung mit einer kontinuierlichen Beeinträchtigung des Familienlebens. Zugleich setzen eine Reihe von **Konsequenzen** sowohl für die Eltern wie auch die Kinder ein. Die unmittelbare Phase nach der Trennung impliziert eine weit reichende Desorganisation der Familie; die Eltern sind in ihren Adaptationsmöglichkeiten durch ihre eigene emotionale Beteiligung und Verarbeitung in Form von ängstlich-depressiven und verunsicherten Gefühlen sowohl persönlich wie in ihren sozialen Bezügen beträchtlich eingeschränkt. Parallel dazu setzen sie möglicherweise ihren Streit und Kampf gegeneinander weiter fort und untergraben damit wechselseitig die eigene elterliche Autorität wie auch die des Partners. Häufig weicht diese Phase der Desorganisation etwa ein Jahr nach der Trennung einer zunehmenden Adaptation.

Auch die Kinder durchlaufen verschiedene **Phasen der Verarbeitung** und Bewältigung. Unmittelbar nach Trennung bzw. Scheidung besteht eine hohe Wahrscheinlichkeit für die Entwicklung emotionaler und dissozialer Störungen. Die Kinder werden sowohl zu Hause wie in der Schule in ihrem Verhalten auffällig, lassen in ihren Leistungen nach, haben Schwierigkeiten der sozialen Integration und werden entsprechend auch weniger positiv von der Umwelt angenommen. Kinder im **Vorschulalter** neigen eher zu regressivem Verhalten und befürchten, auch den verbliebenen Elternteil zu verlieren; Schlafstörungen, Spielhemmung und weinerlich-depressive Reaktionen können hinzutreten. Bei Kindern im **frühen Schulalter**

stehen depressive Verstimmungen und der Wunsch nach Wiedervereinigung bei gleichzeitiger Furcht vor einer erneuten Partnerschaft im Vordergrund, so dass besondere Loyalitätskonflikte entstehen können. Bei **älteren Schulkindern** findet eher eine Schuldzuschreibung und Parteinahme gegenüber einem Elternteil statt. Die Reaktion von Jugendlichen ist schließlich verhältnismäßig variabel. Neben schweren reaktiven Veränderungen kann ebenso eine zunehmende Reifung mit Übernahme neuer Aufgaben und Pflichten in der Familie wie eine deutliche Abgrenzung gegenüber den Problemen der Eltern beobachtet werden. Für sämtliche Reaktionen auf verschiedenen Altersstufen ist die familiäre Disharmonie vor und nach der Trennung der entscheidende Risikofaktor.

Krankenhausaufenthalte

Beobachtungen über die Reaktionen kleiner Kinder nach Krankenhausaufnahmen standen am Anfang der Deprivationsforschung um die Mitte des letzten Jahrhunderts. Die klassische Dreiteilung in eine Initialphase des Protestes mit heftigem Weinen und Unruhe, eine mittlere Phase des apathischen und hoffnungslosen Rückzugs sowie – bei längeren Aufenthalten – eine dritte Phase der Bindungsauflösung gilt nicht notwendigerweise für alle Kinder und Altersgruppen. Vielmehr handelt es sich auch hier um das Zusammenwirken verschiedener **Risikoelemente,** die zunächst die Gefahr einer psychischen Traumatisierung beinhalten, aus der sich ein Deprivationsschaden entwickeln kann, wie Abbildung 19-1 schematisch darzustellen versucht. Dabei resultiert die Traumatisierung aus Störfaktoren im Krankenhaus, aus personengebundenen Faktoren des Kindes sowie aus dem Elternverhalten.

Zu den **Störfaktoren im Krankenhaus** zählt die Unsicherheit infolge fehlender Aufklärung durch Ärzte und Schwestern. Diese verstärkt das meist bei Krankenhauseinlieferung bereits bestehende Gefühl der Verunsicherung des Kindes. Durch Verhaltensmuster, die in der Betriebsrationalität und Arbeitsroutine begründet sind – wie z. B. die restriktive Festlegung der Besuchszeiten, das frühmorgendliche Wecken der Kinder beim Schichtwechsel der Schwestern, autoritäres Verhalten von Schwestern und Ärzte –, verstärkt sich schließlich das Gefühl eines ohnmächtigen Ausgeliefertseins und Verlassenseins mit ängstlich-herabgestimmten Inhalten.

Wie weit dies in der Struktur des Krankenhauses begründeten Störfaktoren schädigend wirken, hängt wesentlich von persönlichen **Faktoren des Kindes** ab. Zu den bestimmenden Faktoren, die in der Person des Kindes begründet sind, zählen die Art der Erkrankung, der somatische Allgemeinzustand, die Position in der Familie, vorausgegangene traumatische Erfahrungen, die Beziehung des Kindes zu Eltern, vorausgegangene Trennungserlebnisse und Krankheitserfahrungen u. a. m. In diesem Zusammenhang sei auch auf die sich relativ und absolut vergrößernde Gruppe von chronisch kranken Kindern als eine besondere Risikogruppe verwiesen (vgl. Kap. 16), die wiederholt hospitalisiert wird und von daher stärker gefährdet ist. Generell hat das **Alter** des Patienten für das Entstehen von Deprivationsschäden insofern eine beson-

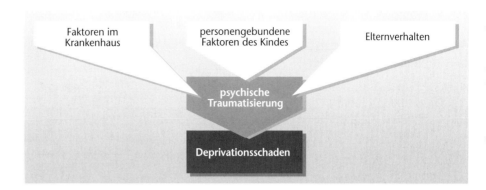

Faktoren im Krankenhaus   personengebundene Faktoren des Kindes   Elternverhalten

psychische Traumatisierung

Deprivationsschaden

Abbildung 19-1
Bedingungsfaktoren für Deprivationsschäden aufgrund von Krankenhausaufenthalten.

dere Bedeutung, als das Kind entsprechend seinem Entwicklungsstand reagiert. Eine besonders gefährdete Altersgruppe sind Säuglinge und Kleinkinder im Alter von 6 Monaten bis zu 4 Jahren, wobei den Säuglingen die Früh- und Mangelgeburten als eine Extremgruppe mit besonders ungünstigen biologischen Voraussetzungen auf Frühgeborenenstationen zuzurechnen sind.

Zu den **elterlichen Bedingungen** zählen schließlich neben der Qualität der Bindung der Eltern zum Kind auch das Ausmaß und die Qualität der Vorbereitung auf den Krankenhausaufenthalt sowie die Verfügbarkeit im Krankenhaus einschließlich der Fertigkeit, mit den trennungsbedingten Belastungen adaptiv umzugehen und dem Kind eine Hilfe bei der Bewältigung krankheitsbedingter Einschränkungen zu sein.

Aus der Darstellung von Risikomomenten für die Entwicklung von Deprivationsschäden aufgrund von Krankenhausaufenthalten lassen sich zugleich Möglichkeiten einer **primären Prävention** ableiten, die zunehmend Einzug in das Denken über die Behandlung von Kindern im Krankenhaus gefunden haben. Dazu zählen die weitgehende Vermeidung von Hospitalisierungen bei Kleinkindern, ein uneingeschränktes Besuchsrecht für Eltern, die Möglichkeit der gleichzeitigen Aufnahme der Mutter in Form des Rooming-in, die angemessene Vorbereitung des Kindes auf diagnostische und therapeutische Maßnahmen jeglicher Art, die kindgerechte Ausstattung von Krankenhäusern und eine möglichst kindgerechte Struktur der Krankenhauspflege und -organisation.

Heimunterbringung

Auch mit den Folgen der längerfristigen Heimunterbringung verbinden sich Feststellungen der klassischen Deprivationslehre. Pioniere dieser Forschungsrichtung wie Spitz, Goldfarb und Bowlby stellten nicht nur eine Reihe von Hypothesen auf, sondern glaubten anhand ihrer Beobachtungen nachgewiesen zu haben, dass in Heimen untergebrachte Säuglinge nach längerem Aufenthalt irreversible physische, emotionale und kognitive Schäden davontragen würden. Ihren Untersuchungen sind später eine Vielzahl methodischer Schwächen nachgewiesen worden; zugleich ist die Allgemeingültigkeit ihrer Feststellungen in Frage gestellt worden. Ihr Denkmodell bedarf einiger Spezifizierungen, um weiterhin für die kinderpsychiatrische Praxis bedeutsam bleiben zu können.

Längerfristige Auswirkungen einer Heimunterbringung sind offensichtlich zunächst einmal vom **Alter** des Kindes abhängig. Nur mit ganz früher Aufnahme im Säuglingsalter einerseits und längerem Anhalten dieser Unterbringung verbindet sich z. B. ein distanzloses Kontaktverhalten von Heimkindern, während andererseits der auf das erste Lebensjahr befristete Heimaufenthalt nicht notwendigerweise überhaupt negative Folgen haben muss. Möglicherweise schirmt eine zunächst in einer sensitiven Phase des Säuglingsalters erworbene Bindung bzw. Bindungsfähigkeit gegen spätere Deprivationsbedingungen ab. Gleichwohl stellen Heimunterbringungen in den ersten zwei bis drei Lebensjahren ein Risiko für die Sozialentwicklung dar.

Ausgedehnte Beobachtungen zum **Verlauf** zeigen, dass ehemalige Heimkinder als Erwachsene eine Vielzahl psychosozialer Probleme entwickeln können. Hierzu zählen Persönlichkeitsstörungen, Delinquenz und Kriminalität, Störungen der Partnerschaft und das Versagen hinsichtlich der Übernahme einer verantwortungsvollen Elternschaft. Dabei ist jedoch zu berücksichtigen, dass derartige Entwicklungen immer das Ergebnis von drei **Bedingungselementen** sind, nämlich den der Heimunterbringung vorausgegangenen ungünstigen Familienverhältnissen, der Heimerziehung und den zum Zeitpunkt der Nachuntersuchung jeweils gültigen Lebensbedingungen. Dabei können diese verschiedenen Bedingungselemente einander sowohl verstärken wie auch in ihren Auswirkungen mindern. Entsprechend gibt es Beobachtungen, wie selbst schwerst deprivierte Säuglinge später unter angemessener Fürsorge und Anregung eine Entwicklungskompensation zeigen oder ehemalige Heimkinder durch die Unterstützung ihrer Partner als Erwachsene nicht notwendigerweise scheitern müssen. Andererseits können sich Ketten der kontinuierlichen Benachteiligung ausbilden, wenn Mädchen und junge Frauen aus Heimen schon als Jugendliche schwanger werden, instabile Beziehungen eingehen, in der Elternrolle scheitern, die Kinder vernachlässigen oder misshandeln und dabei einem Generationenkreislauf in Gang setzen, in dem ihre eigenen Kinder wieder eine neue Heimgeneration bilden.

Tagespflege

Schließlich verbindet sich mit der zunehmenden Berufstätigkeit von Müttern die Frage, ob mit der zunehmend in Anspruch genommenen Tagespflege ein potenzieller Risikofaktor im Sinne der Deprivation verknüpft ist. Auf der Basis gewachsener Erfahrungen und empirisch gewonnener Erkenntnisse lässt sich feststellen, dass die Gleichsetzung von Heimunterbringung und Tagespflege nicht berechtigt ist. Sofern eine gute Pflege gewährleistet ist, die Kinder nicht jünger als drei Jahre alt sind, eine stabile Beziehung aufgrund persönlicher Kontinuität zur Pflegeperson aufgebaut werden kann und keine Zeichen familiärer Disharmonie vorliegen, ergeben sich aus der Tagespflege keine Risiken für die kindliche Entwicklung.

Kinder, die unter diesen Bedingungen aufwachsen, entwickeln eine Hierarchie von Bindungen, bei der die Mutter die primäre Bezugsperson bleibt. Positive Elemente der Tagespflege können ferner in dem stärker auf Gleichaltrige orientierten Verhalten als beim Kind in der Kleinfamilie und auch in der möglicherweise protektiven Funktion der Tagespflege bei Kinder psychisch gestörter Mütter gesehen werden. Natürlich gibt es auch beim Modell der Tagespflege in der Praxis vielfältige Varianten mit mangelnder Erfüllung der genannten positiven Bedingungsfaktoren, so dass die Auswirkungen auf die kindliche Entwicklung sehr variabel sein können.

Folgen der Deprivation

Fragt man sich nach den längerfristigen Auswirkungen von Deprivationsbedingungen in der Kindheit ganz allgemein, so lässt sich feststellen, dass sich viele Annahmen der klassischen Deprivationslehre heute nicht mehr bzw. nur in modifizierter Form aufrechterhalten lassen. Generell sind Vorhersagen der Intelligenzentwicklung auf der Basis des Entwicklungsquotienten im Säuglings- und Kleinkindalter außerordentlich unsicher, was nicht nur für deprivierte Kinder gilt. Darüber hinaus ist die Entwicklung vieler Funktionen, wie z. B. des Sprechens, nicht von der Anwesenheit der Mutter, sondern primär vom Anregungsgehalt der Umwelt abhängig. Die Ableitung von Delinquenz aus der Trennung von der Mutter oder von Depression bzw. Schizophrenie aus dem frühen Elternverlust durch Tod lässt sich durch wissenschaftliche Erkenntnisse nicht stützen. Insgesamt kommt gestörten familiären Verhältnisse eine weit größere Bedeutung für die Entwicklung von abweichenden Verhalten und psychischen Störungen zu als einmaligen Verlusterlebnissen.

Gefährdungen der längerfristigen Entwicklung sind mit früh einsetzender und langanhaltender Heimunterbringung bei häufig wechselnden Bezugspersonen verbunden. Sie können sich in Beeinträchtigung der Intelligenzentwicklung sowie emotionalen und dissozialen Störungen äußern, wobei Distanzlosigkeit und unkritische Kontaktaufnahme keine hochspezifischen oder pathognomonischen Phänomene darstellen. Auch unter diesen ungünstigen Bedingungen sind die Verläufe noch variabel. Eine umfassende Abschätzung der Entwicklungsdeterminanten bzw. Risikoelemente müssten neben den Deprivationsbedingungen mögliche genetische Vulnerabilitäten, prä- und perinatale Belastungen, die vor den jeweiligen Deprivationsbedingungen gültigen Lebensbedingungen sowie die aktuell wirksamen Umstände der Entwicklung berücksichtigen.

Tabelle 19-1 Diagnostische Kriterien der reaktiven Bindungsstörung des Kindesalters (F 94.1) gemäß ICD-10.

- Ein abnormes Beziehungsmuster zu Betreuungspersonen, das sich vor dem Alter von fünf Jahren entwickelt (stark widersprüchliche oder ambivalente soziale Reaktionen, die bei Verabschiedung oder Wiederbegegnungen am besten sichtbar wird; Mischung aus Annäherung, Vermeidung und Widerstand gegen Zuspruch; Beziehungsunsicherheit)
- Emotionale Störung (Mangel an Ansprechbarkeit, Apathie, Unglücklichsein, Rückzugsreaktionen, Furchtsamkeit, Übervorsichtigkeit, Beeinträchtigung des sozialen Spielens)
- Gedeihstörung mit Wachstumsverzögerung (fakultativ)
- Nahezu immer im Kontext von Vernachlässigung und Misshandlung (keine diagnostische Bedingung!)

Die Frage einer **spezifischen Psychopathologie** als Folge von Deprivationsbedingungen wird wissenschaftlich nicht einheitlich beurteilt. Die ICD-10 berücksichtigt allerdings zwei neu aufgenommene diagnostische Kategorien: die **relative Bindungsstörung des Kindesalters** und die **Bindungsstörung des Kindesalters mit Enthemmung.** Die diagnostischen Kriterien dieser beiden Störungen sind in den Tabellen 19-1 und 19-2 zusammengefasst. Während die reaktive Bindungsstörung eher auf die unmittelbare Auswirkungen von Deprivationsbedingungen vor allem beim Kleinkind mit der Betonung des sozialen Rückzugs zielt, stehen bei der Bindungsstörung mit Enthemmung die weiterreichenden Auswirkungen auch beim älteren Kind im Vordergrund, das unselektiv oberflächliche Bindungen sucht.

Tabelle 19-2 Diagnostische Kriterien der Bindungsstörung des Kindesalters mit Enthemmung (F 94.2) gemäß ICD-10.

- Diffusität im selektiven Bindungsverhalten während der ersten fünf Lebensjahre, gefolgt von
- allgemeinem Anklammerungsverhalten im Kleinkindalter oder
- freundlichem, aufmerksamkeitssuchendem Verhalten in der frühen und mittleren Kindheit.
- Schwierigkeiten beim Aufbau enger, vertrauensvoller Beziehungen zu Gleichaltrigen.
- Evtl. begleitende emotionale Störungen bzw. Störungen des Sozialverhaltens.

In der Vorgeschichte meistens mangelnde Kontinuität der Betreuungspersonen oder mehrfacher Wechsel in der Familienplazierung.

19.2 Frühkindliche Gedeihstörungen

Definition, Klassifikation und Häufigkeit

Die frühkindliche Gedeihstörung ist eine Wachstums- und Entwicklungsstörung des Säuglings- und frühen Kleinkindalters auf dem Boden gestörter Bindungsverhältnisse. Die Beeinträchtigung sowohl der körperlichen wie auch der seelischen Entwicklung aufgrund von Vernachlässigung und Misshandlung machen eine psychosomatische Konzeption der Störung in Diagnostik und Therapie für erforderlich. Die **diagnostischen Kriterien** für eine frühkindliche Gedeihstörung sind:

- Das Gewicht des Säuglings bzw. Kleinkinds liegt unter der dritten Perzentile und steigt nach Aufnahme einer angemessenen Anregung und Ernährung an.
- Es liegt eine Entwicklungsverzögerung vor, die sich ebenfalls nach angemessener Anregung zurückbildet.
- Hinweise auf organisch begründete Krankheiten fehlen.
- Es liegen andererseits Hinweise auf Deprivations- oder Misshandlungsbedingungen vor.
- Geburtsgewicht und Gestationszeit liegen im Normalbereich.
- Die Eltern sind nicht kleinwüchsig.

Diese Zusammenstellung von Kriterien enthält sowohl definierte wie auch abgrenzende Bestimmungsmerkmale, auf die differenzialdiagnostisch noch einmal Bezug genommen wird.

Klassifikatorisch lässt sich eine Unterscheidung in vier verschiedene klinische Manifestationsformen vornehmen:

- das klassische, oben definierte Bild der frühkindlichen Gedeihstörung,
- ein analoges Bild mit zusätzlichen klinischen Symptomen wie Rumination, akuten bzw. rezidierenden respiratorischen Störungen, Anämien oder neuromuskulären Störungen,
- die frühkindliche Gedeihstörung in Verbindung mit Kindesmisshandlung und
- eine Manifestationsform, bei der eine primär systemische Erkrankung indirekt zur frühkindlichen Gedeihstörung beiträgt, ohne die Deprivationsbedingungen ausgelöst zu haben.

Empirische Daten zur **Häufigkeit** auf der Basis von Feldstudien liegen nicht vor. Hier wie auch bei Hospitalstudien dürften verlässliche Zahlen wegen der Tendenz zur Verschleierung schwer zu ermitteln sein. US-amerikanische Angaben berichten immerhin von 1,4 bis 5 % Krankenhausaufnahmen aufgrund einer frühkindlichen Gedeihstörung; in Tagespflegeeinrichtungen wurden sogar Raten bis zu 9,5 % festgestellt. Es ist ungewiss, inwieweit diese oft in großstädtischen Ballungsgebieten mit ethnischen Minderheiten ermittelten Zahlen auf mitteleuropäische Verhältnisse übertragbar sind.

Klinik und Diagnostik

Das Alter des Kindes und damit der **Zeitpunkt der Deprivationsbedingungen** prägen das klinische Bild. Säuglinge im ersten Lebensjahr werden schwer kachektisch, zeigen eine ungewöhnliche Aufmerksamkeitszuwendung bei gleichzeitiger Verminderung von Lächeln und Vokalisation und wirken irritabel und störbar. Neben Fütterungsproblemen werden Entwicklungsverzögerungen deutlich. In der zweiten Hälfte des ersten Lebensjahres treten die fehlende Bindung an die Eltern, fehlende ängstliche Reaktionen beim Verlassenwerden und ausbleibendes Fremdeln, mangelnde Vokalisation sowie Apathie in den Vordergrund. Jenseits des ersten Lebensjahres kommt es neben dem Bindungsdefizit und ausgeprägten Entwick-

lungsverzögerungen zu Störungen im Sozialverhalten einschließlich aggressiven Verhaltens gegenüber den Eltern und distanzloser Kontaktaufnahme gegenüber Fremden. Das klinische Bild kann von Zeichen einer körperlichen Misshandlung wie Kontusionen bzw. Frakturen überlagert sein und sich im Kleinkindalter als psychosozialer Minderwuchs fortsetzen.

Der **familiäre Kontext** weist vielfältige Risiko- und Belastungsfaktoren auf. Die Kinder sind ungewöhnlich häufig aus einer ungeplanten und unerwünschten Schwangerschaft hervorgegangen. Ihre **Mütter** sind häufig hinsichtlich Verhalten und Persönlichkeit auffällig und zeichnen sich beispielsweise durch soziale Isolation, Inkompetenz, Selbstwertprobleme, Antriebsschwäche und damit ungünstigen Voraussetzungen für die Übernahme der Mutterrolle aus. Sie sind nicht selten als Kinder Opfer von Vernachlässigung und Misshandlung gewesen und müssen nicht notwendigerweise psychische Störungen im Sinne einer formalen psychiatrischen Diagnose aufweisen, wenngleich aus Depressionen, Alkohol- und Drogenabhängigkeit, Angst, suizidalen Tendenzen und vereinzelt auch aus Psychosen oder einer geistigen Behinderung zusätzliche Gefährdungen für das Kind entstehen können.

Über die Persönlichkeit der **Väter** ist vergleichsweise wenig bekannt. Hier können Arbeitslosigkeit, Alkoholismus, mangelnde Verfügbarkeit und Desinteresse an Erziehungsaufgaben eine zusätzliche Rolle spielen. Bedeutsam erscheinen die meist schwere **Partnerbeziehungsstörungen** im Sinne von Disharmonie, Streit und fehlender Stabilität und die daraus resultierende Unzufriedenheit der Mütter. Ergänzend sind gehäuft Zeichen einer **sozioökonomischen Benachteiligung** bzw. Deprivation mit Armut, schlechten Wohnverhältnissen, großen Familien und Abhängigkeit von Sozialhilfe zu beobachten.

Differenzialdiagnostisch sind organische Ursachen einer Gedeihstörung auszuschließen. Hierzu zählen zunächst chronische Infekte oder Vitaminmangel, ferner Malabsorptionssyndrome, ein vermehrter Substanz- und Energieverlust – z. B. bei anhaltendem Erbrechen oder Durchfall –, seltene Stoffwechselerkrankungen wie ein früh sich manifestierender Diabetes mellitus, Allergien und Wurmerkrankungen sowie schließlich seltene Organerkrankungen mit Befall von Gehirn, Herz, Niere und Leber. Die Diagnose der frühkindlichen Gedeihstörung sollte sich gleichwohl in erster Linie an positiven Kriterien orientieren, zumal eine extensiv betriebene Differenzialdiagnose eine meist lange und potentiell traumatisierende Diagnostik im Krankenhaus ohne ausreichende Einleitung der erforderlichen Therapiemaßnahmen impliziert.

Ätiologie

Im Zentrum ätiologischer Konzepte der frühkindlichen Gedeihstörung steht die Deprivationshypothese, wobei weniger die Theorien einer institutionell bedingten Deprivation – wie z. B. bei Heimkindern – oder ein ungenügender Anregungsgehalt als das Modell der mütterlichen

Deprivation den Bezugsrahmen bildet. Gleichwohl hat auch dieses Modell mit seiner Annahme eines Mangels bzw. einer Störung der emotionalen Zuwendung und Bindung seine Grenzen in dem Umstand, dass es die Wechselseitigkeit in der Beziehung von Mutter und Kind ungenügend berücksichtigt. Tatsächlich müssen auch die Ursachenelemente der frühkindlichen Gedeihstörung als **Zusammenwirken mehrerer Faktoren** konzipiert werden. In Orientierung an psychosomatischen Modellen kann dabei davon ausgegangen werden, dass emotionale und interaktionale Störungen im Rahmen deprivierender Entwicklungsbedingungen zu physiologischen Funktionsstörungen führen, die über neuroendokrine Regulationssysteme vermittelt werden. Eine derartige Konzeption kann sich auf die nachgewiesene Reversibilität der körperlichen Symptomatik durch Aufhebung der Deprivationsbedingungen stützen. Die alternative Ableitung der frühkindlichen Gedeihstörung ausschließlich aus dem Faktor der Mangelernährung ist nicht zweifelsfrei empirisch belegt.

Bei dem Versuch eine Analyse von Teilfaktoren in dem skizzierten mehrdimensionalen Bedingungsgefüge ergibt sich zunächst die Notwendigkeit, **psychologische Faktoren** zu bewerten. Diese betreffen nicht nur die bereits beschriebenen Defizite im mütterlichen Verhalten und in der Übernahme der Mutterrolle. Damit ist vielmehr zugleich auch eine Störung der **Mutter-Kind-Beziehung** impliziert. Die Mütter können sich wenig an die sich im Entwicklungsprozess ändernden Anforderungen durch das Kind anpassen und schreiben darüber hinaus dem kindlichen Verhalten eine einseitige Intentionalität zu, welche den tatsächlichen reziproken Charakter der Beziehung ständig missversteht. Andererseits haben auch kindliche Bedingungen und Verhaltensweisen ebenso wie Krankheiten bzw. Behinderungen sowie kleine oder größere Missbildungen Auswirkungen auf die elterlichen Einstellungen, Verhaltensweisen und Gefühle gegenüber dem Kind. Dieser grundsätzlich wechselseitige Prozess mit unterschiedlichen Rollen und Funktionen kann also nicht nur bei entweder der Mutter oder dem Kind, sondern interaktional gestört sein. Aus mütterlichen Fehlhaltungen und ungünstigen kindlichen Entwicklungsvoraussetzungen kann auf diese Weise ein Kreislauf mangelnder reziproker Verstärkungen resultieren, welcher für beide beteiligten Interaktionspartner in eine zunehmende Beeinträchtigung mündet.

Dieser psychologische Prozess ist in **Umweltbedingungen** eingebettet, die über vielfältige Risiko- und Belastungsfaktoren die Manifestation von Entwicklungsschäden beim Kind begünstigen. Hierzu zählen die sozioökonomischen Beeinträchtigungen in Form von finanzieller Not, beengte Wohnverhältnisse, große Kinderzahl bei schneller Geburtenfolge ebenso wie die Lasten, die aus einer gestörten Partnerschaft oder psychischen Auffälligkeiten der Partner resultieren. Darüber hinaus können zu diesen situationsspezifischen Umweltbedingungen unter Umständen auch die Belastungen gezählt werden, die aus mütterlicher Berufstätigkeit oder längeren Krankenhausaufenthalten resultieren.

Schließlich ist im Rahmen von Ursachenelementen auch die lebensgeschichtliche **Entwicklung der Mutter** von Bedeutung. Vielfach tragen die mit jungem Alter verbundene Unerfahrenheit oder die langfristigen Auswirkungen einer in der eigenen Kindheit erfahrenen Vernachlässigung noch einmal spezifisch zu der Entwicklungsgefährdung des Kindes bei. In diesem Zusammenhang kann sich auch eine soziale Benachteiligung oder eine niedrige Intelligenz nachteilig auswirken. Entsprechend fehlt es diesen Müttern an Fertigkeiten im Umgang mit dem Säugling einschließlich eines entwicklungsangemessenen Fütterungs- und Ernährungsverhaltens, an Kenntnissen der notwendigen körperlichen Pflege sowie an der für das Gedeihen des Kindes unverzichtbaren emotionalen Zuwendung und kontinuierlichen Anregung.

Mit dieser Auflistung von Ursachenelementen sind ganz sicher nur notwendige, aber noch nicht hinreichende Faktoren der Ätiologie beschrieben. So bedarf z. B. die Beantwortung der Frage, warum unter mehreren Geschwistern in der Regel nur ein Kind betroffen ist, immer dann einer zusätzlichen Erklärung, wenn dieser Umstand nicht aus Bedingungen des Kindes – z. B. durch das Vorliegen bestimmter **Risikofaktoren** – oder spezifischer Kontextveränderungen in der Beziehung zur Mutter oder in der Umwelt abgeleitet werden kann. Eine weitere relative Schwäche der Deprivationshypothese besteht ferner in dem Umstand, dass in der Regel aus Symptomen oder Phänomenen, die beim Kind oder bei der Mutter beobachtet werden, auf Deprivationsbedingungen geschlossen worden ist, diese aber bisher in der Familie selten direkt beobachtet worden sind und sich einer entsprechenden empirischen Analyse auch weitgehend entziehen.

Therapie und Verlauf

In Orientierung an sowohl den vielfältigen Symptomen wie auch den verursachenden Faktoren muss sich die Behandlung der frühkindlichen Gedeihstörung schwerpunktmäßig auf die Behebung
- der körperlichen Symptome,
- der Entwicklungsverzögerung und
- der Deprivationsbedingungen zentrieren.

Zunächst ist beim Verdacht auf eine frühkindliche Gedeihstörung die **Krankenhausaufnahme** geboten, wobei organische Ursachen differenzialdiagnostisch ausgeschlossen werden müssen. Nach der Diagnosesicherung muss gleichermaßen das kalorische Defizit ausgeglichen wie das Anregungsdefizit behoben werden. Damit ergeben sich Aufgaben, die über den klassischen pflegerischen Bereich der Krankenschwester hinaus gehen und eine psychologische Anleitung erforderlich machen können. Wünschenswert ist eine frühzeitige Beteiligung der Eltern noch während des Krankenhausaufenthaltes, wobei erneut die Anleitung der oft unerfahrenen Mütter durch erfahrene Mitarbeiter der Station von besonderer Bedeutung ist. Parallel zu diesen Schritten muss eine intensive **Sozialarbeit** einsetzen, die im Verbund mit **psychologischer Beratung** und gegebenenfalls **psychiatrischer Behandlung** auf die Veränderung der deprivierenden Bedingungen und die Einleitung entwicklungsfördernder Maßnahmen zielt.

Von der Kooperation der Eltern während der stationären Behandlung und der Prognose hängt es dann schließlich ab, ob für das Kind eine **Rückkehr in die Familie** unter gleichzeitig meist längerfristiger Fortführung sozialpädagogischer und entwicklungsfördernder Maßnahmen möglich ist oder die elterlichen Rechte ausgesetzt werden müssen. Eine **Heimunterbringung** wird man bei massiver Ablehnung des Kindes durch die Mutter realisieren müssen. Entsprechende Hinweiszeichen können sich aus der Übertragung feindseliger Haltungen gegenüber den Mitarbeitern des Krankenhauses ableiten lassen. Gleichwohl gilt es zu bedenken, dass sich hinter den aggressiven und ablehnenden Affekten der Mutter Gefühle von Schuld und Unzulänglichkeit verbergen können, die einer Aufarbeitung bedürfen. Insofern ist die psychologische **Beratung und Behandlung** immer unverzichtbar, die zugleich auch beim Scheitern der Rückgliederung des Kindes in die Familie dahingehend einen präventiven Beitrag leisten kann, dass in der Zukunft nicht erneut Kinder in der Familie Opfer von Vernachlässigung werden.

Der **Verlauf** der frühkindlichen Gedeihstörungen ist zunächst dadurch gekennzeichnet, dass die Kinder kurzfristig während der stationären Behandlung in allen Entwicklungsfunktionen Fortschritte machen und die klinische Symptomatik reversibel wird. Langfristig bestehen jedoch bedeutsame Risiken, wie die Erkenntnisse von Verlaufsstudien belegen. So wurde noch im Schulalter ein hoher Anteil von Kindern mit persistierendem Untergewicht und vermindertem Wachstum sowie ungewöhnlich häufigen Störungen im Verhalten und in der Emotionalität festgestellt. Darüber hinaus zeigten viele Kinder Schulleistungsstörungen, Sprachentwicklungsverzögerungen und Minderungen der Lesefertigkeiten, wenngleich neuere kontrollierte Studien keinen Hinweis für eine Beeinträchtigung kognitiver Funktionen fanden. Neben diesem breiten Spektrum an Entwicklungsbeeinträchtigungen können Essstörungen langfristig persistieren.

Die bisher vorliegenden Erkenntnisse zum Verlauf der frühkindlichen Gedeihstörungen gestatten vorläufig noch keine sicheren **Schlussfolgerungen,** ob die beobachteten persistierenden Auffälligkeiten direkt auf die frühkindliche Gedeihstörung oder nicht eher auf die – möglicherweise auch noch länger anhaltenden – deprivierenden Bedingungen sowie schließlich auf die Mangelernährung zurückgeführt werden müssen.

Wenngleich die Forschung über die Auswirkungen von Fehl- und Mangelernährung im Säuglingsalter Hinweise ergeben hat, dass die Hirnentwicklung und damit kognitive Funktionen unter entsprechenden Bedingungen beeinträchtigt werden können, so sind diese Feststellungen jedoch durch den Nachweis methodischer Schwächen relativiert worden. Darüber hinaus bleibt – wie in den einleitenden Anmerkungen zu diesem Kapitel bereits dargestellt – der Zweifel, ob Deprivationsbedingungen tatsächlich langfristige und bleibende kognitive Defizite verursachen können und nicht vielmehr Kompensationen im Verlauf des Entwicklungsprozesses einsetzen. Dies scheint mit einiger Sicherheit für jene Kinder zu gelten, bei denen die deprivierenden Bedingungen behoben werden konnten. Unzweifelhaft ist aber die Notwendigkeit, diesen gefährdeten Säuglingen und Kleinkindern sowie ihren Familien mit allen verfügbaren Mitteln der Beratung, Behandlung und Entwicklungsförderung helfen zu müssen.

19.3 Psychosozialer Kleinwuchs

Definition, Klassifikation und Häufigkeit

Der psychosoziale Kleinwuchs ist eine spezifische Deprivationsstörung mit einer Reihe charakteristischer Verhaltens- und Entwicklungsmerkmale und dem bestimmenden Kennzeichen, dass die Wachstumsbeeinträchtigung durch die Aufhebung der pathogenen psychosozialen Bedingungen reversibel wird. Gegenwärtig wird das Syndrom in keinem der international gebräuchlichen Klassifikationssysteme angemessen berücksichtigt. Dieser Umstand gemeinsam mit der Tatsache, dass der psychosoziale Kleinwuchs eher in Kinderkliniken diagnostiziert wird und die wissenschaftliche Diskussion auch eher in der pädiatrischen Fachliteratur stattfindet, mag dazu beitragen, dass der psychosoziale Kleinwuchs ein psychiatrisch ungenügend bekanntes Syndrom darstellt.

Als definierende Merkmale des psychosozialen Kleinwuchses können folgende **Kriterien** betrachtet werden:
- eine ausgeprägte Wachstumsverzögerung mit einer Körpergröße unterhalb der 3. Perzentile und verzögerter Epiphysenreifung,
- eine schwere psychische Störung mit hochgradig abnormem Essverhalten, Störung des Schlaf-Wach-Rhythmus, herabgesetzter Schmerzempfindlichkeit und ausgeprägten Entwicklungsverzögerungen,
- Hinweiszeichen auf eine deprivierende Umwelt, meist in Form einer schweren Beziehungsstörung zwischen Mutter und Kind,
- abnorme endokrine Funktionen, Serumbefunde und radiologische Zeichen,
- Beginn der Störung typischerweise im Kleinkindalter,
- die Reversibilität sowohl der körperlichen wie auch der psychischen Störungen durch Aufhebung der deprivierenden Bedingungen.

Die **Häufigkeit** des psychosozialen Kleinwuchses lässt sich vorläufig angesichts der Tatsache, dass nur kleine Serien bzw. Einzelfälle berichtet worden sind, nicht verlässlich bestimmen. Das Syndrom wird ab dem Kleinkindalter für das gesamte Kindesalter bis in die Adoleszenz beobachtet, wobei keine ausgeprägte Geschlechtsprävalenz vorliegt. Sowohl von den Bedingungen her wie auch symptomatisch bestehen enge Bezüge zu frühkindlichen Gedeihstörungen und zur Kindesmisshandlung. Sehr wahrscheinlich wird der psychosoziale Kleinwuchs ebenso wie diese Syndrome häufig übersehen oder fehldiagnostiziert.

Klinik und Diagnostik

Im Verhalten der Kinder mit psychosozialem Kleinwuchs fällt zunächst ein **abnormes Essverhalten** auf. Trotz Verfügbarkeit normaler Nahrung nehmen die Kinder undifferenziert und in großen Mengen auch Abfälle aus Eimern sowie Wasser aus Spül- und Toilettenbecken, Konservendosen oder Tellern von Haustieren zu sich und stehlen und horten darüber hinaus jegliche Form von Nahrung bzw. Essensresten. Liegt diese Symptomatik vor, so wird auch vom Subtyp des Hyperphagen Kleinwuchses gesprochen. Einige Kinder zeigen ferner schwere **Schlafstörungen**; sie streifen nachts stundenlang durch die Wohnung, oft auf der Suche nach weiterer Nahrung. Eine wiederholt beobachtete **Schmerzunempfindlichkeit** kann mit Symptomen einer **Automutilation** verknüpft sein. Vielfach liegen ausgeprägte **Entwicklungsverzögerungen** mit Beeinträchtigung von Sprache, Motorik und Intelligenz vor. Darüber hinaus können vielfältige **Verhaltensauffälligkeiten** beobachtet werden, die von Enuresis und Enkopresis, sozialem Rückzug und Beziehungsstörungen über aggressive Wutausbrüche bis zu motorischer Unruhe bzw. Apathie reichen.

Die Kontextbedingungen stellen sich ganz ähnlich wie bei anderen Deprivationssyndromen dar. Im Kern liegt eine schwere **Beziehungsstörung** zwischen Mutter und Kind vor, wobei die Mutter in unspezifischer Weise Zeichen einer psychischen Störung aufweisen kann. Diese können von Depressionen über Angstsyndrome bis zu Persönlichkeitsstörungen reichen. Häufig besteht eine schwere Partnerbeziehungsstörung, möglicherweise vor dem Hintergrund von Alkoholismus oder mangelnder Präsenz bzw. erzieherischer Kompetenz des Vaters.

Recht spezifisch sind die bei mehr als der Hälfte der untersuchten Fälle beschriebenen **endokrinen Funktionsveränderungen**. Davon sind vor allem das Wachstumshormon, Cortisol und Somatomedin im Sinne einer Mindersekretion betroffen. Zusätzliche **laborchemische Auffälligkeiten** können in einer länger als 48 Stunden anhaltenden Trübung des Serums bestehen, die mit erhöhten Lipidwerten verbunden ist. Zu den abnormen **radiologischen Befunden** gehören Verdichtungen in Form von transversalen Linien am Ende der langen Röhrenknochen, welche den Wachstumsstopp mit anschließendem erneutem Wachstum widerspiegeln, sowie eine vorübergehende Dehiszenz der Schädelnähte in der Phase des Aufholwachstums unter günstigen Entwicklungsbedingungen; diese radiologischen Zeichen treten nicht obligat auf.

Die **Diagnostik** kann sich neben einer Sicherung dieser klinischen Symptomatik sehr wesentlich auf die Reversibilität der körperlichen und psychischen Zeichen des psychosozialen Kleinwuchses stützen, sobald das Kind aus den deprivierenden Bedingungen entfernt und angemessen versorgt und angeregt wird. Auf diesem Weg lässt sich auch eine sichere **Differenzialdiagnose** gegenüber anderen Formen eines endokrin, zytogenetisch, renal, metabolisch oder konstitutionell bedingten Kleinwuchses vornehmen.

Ätiologie

Auch beim psychosozialen Kleinwuchs steht die Deprivationshypothese im Zentrum ätiologischer Konzepte. Sie kann aber schon deswegen nur eine notwendige, zugleich aber nicht hinreichende Erklärung leisten, weil Deprivationsbedingungen nicht regelhaft zu einer Wachstumsbeeinträchtigung führen. Zugleich bedürfen die nicht bei allen Kindern mit einem psychosozialen Kleinwuchs gefundenen endokrinen, laborchemischen und radiologischen Veränderungen einer zusätzlichen Erklärung. Ergänzende pathogenetische Mechanismen bzw. zusätzliche Annahmen sind offensichtlich erforderlich.

Hier kann zunächst die Annahme weiterführen, dass die Störung der **Mutter-Kind-Beziehung** zwei Elemente enthält, nämlich einen Mangel an positiver emotionaler Zuwendung und einen Exzess an negativ-feindseligen Reaktionen gegenüber dem Kind, wobei diese beiden Anteile in unterschiedlicher Weise vermischt auftreten können. So könnte zeitweise bei vorübergehender Abwesenheit der Mutter oder Abwesenheit protektiver Faktoren bzw. Personen die Belastung für das Kind abnehmen und damit das heterogene Bild hinsichtlich endokriner, laborchemischer und radiologischer Befunde bei verschiedenen Kindern erklären. Analog könnte der Umstand, dass mit dem Aufholwachstum erst eine gewisse Zeit nach der Herausnahme des Kindes aus der Familie gerechnet werden kann, darauf zurückgeführt werden, dass der Aufbau einer neuen emotionalen Bindung für das Kind einen gewissen Zeitraum braucht und nicht unmittelbar einsetzen kann. Tatsächlich scheint das Aufholwachstum sehr viel stärker an die Etablierung einer neuen verlässlichen Bezugsperson als an die angemessene kalorische Ernährung oder bestimmte Hormonspiegel gebunden zu sein.

Für die Aufklärung der außerordentlich schnellen Reversibilität des Wachstumshormonmangels sind weitere **Zusatzhypothesen** vorgelegt worden. So könnte die Störung des Schlaf-Wach-Rhythmus mit der normalerweise nachts verstärkt erfolgenden Sekretion des Wachstumshormons in Verbindung stehen, wobei dem Gewebemediator Somatomedin möglicherweise eine entscheidendere Rolle als dem Wachstumshormon zukommt. Wahrscheinlich bildet eine letztlich noch ungenügend aufgeklärt übergeordnete neurale Regulationsstörung der Wachstumshormonsekretion die verbindende Klammer zwischen deprivierenden Umwelt- und Entwicklungsbedingungen einerseits und klinischer Symptomatik andererseits, wobei neuroendokrine Systemstörungen auf der Ebene von Kortex und Hypothalamus bedeutsam sein dürften. In diesem Kontext sind auch Neurotransmitterstörungen im dopaminergen oder adrenergen System angenommen worden. In ähnlicher Weise ist postuliert worden, dass eine Störung der Endorphine, also vom Hirn produzierter Substanzen mit analgetischer, opiatartiger Wirkung, vorliegen könne. Diese Hypothese könnte die Schmerzunempfindlichkeit von Kindern mit einem psychosozialen Kleinwuchs erklären.

Schließlich haben **nutritive Faktoren** wahrscheinlich eine untergeordnete Funktion im Rahmen der Ätiologie des psychosozialen Kleinwuchses. Diese Feststellung kann sich einerseits auf das Phänomen der außerordentlich schnellen hormonalen Veränderungen nach Beheben der deprivierenden Umweltbedingungen stützen, die bei einer Mangelernährung in dieser Form nicht denkbar wären. Andererseits ist diese Hypothese empirisch außerordentlich schlecht belegt. Dennoch kann die Möglichkeit nicht ausgeschlossen werden, dass gerade im Kontext einer Misshandlung Eltern gegenüber ihrem Kind einen Nahrungsentzug praktizieren, der bei einem Teil der Kinder auch zu einer Fehlernährung führen kann.

Therapie und Verlauf

Wie für alle Deprivationssyndrome besteht auch beim psychosozialen Kleinwuchs das Ziel in einer Aufhebung der Deprivationsbedingungen und in einer umfassenden Entwicklungsförderung. Im Unterschied zur frühkindlichen Gedeihstörung bedarf es hier in der Regel keiner Maßnahmen zum Ausgleich eines kalorischen Defizits. Die **stationäre Aufnahme** wird schon aus Gründen des Schutzes für das Kind und zur differenzialdiagnostischen Abklärung erforderlich sein. Nach Sicherung der Diagnose sollte frühzeitig mit **sozialpädagogischen Maßnahmen** und einem umfassenden **Förderungsprogramm** begonnen werden, das eine sorgfältige Erfassung der Entwicklungsdefizite des Kindes voraussetzt. Mehrheitlich hat sich der familiäre Kontext der Kinder als so schwer gestört erwiesen, dass die **Unterbringung** in einem familiengegliederten Heim oder in einer Pflegefamilie erforderlich wurde. Gleichwohl ist auch hier zu berücksichtigen, dass die Mütter unabhängig vom Verbleib ihres Kindes sozialpädagogischer, beratender und stützend-therapeutischer Hilfen bedürfen.

Die skizzierten kindbezogenen Interventionen sind in der Regel kurzfristig in dem Sinn erfolgreich, dass die körperlichen Funktionsstörungen reversibel werden, das Wachstum wieder einsetzt und bei kompetenter Förderung und Therapie die Entwicklungsdefizite und Verhaltensauffälligkeiten abgebaut werden können. Längerfristige Beobachtungen zum **Verlauf** zeigen, dass die Entwicklung mit Größe und Intelligenz positiv korreliert und beide Merkmale möglicherweise unter dem zumindest partiellen Einfluss übergeordneter hypothalamischer Regelsysteme stehen. Ebenso zeigen längere Verläufe, dass die Intelligenzentwicklung bedeutsam mit den Umweltbedingungen korreliert: Nur Kinder, die aus den Deprivationsbedingungen herauskommen wurden, konnten eine positive kognitive Entwicklung nehmen, während Kinder mit Verbleib in einem misshandelten Milieu an dieser Entwicklung nicht teilhatten.

19.4 Kindesmisshandlung und -vernachlässigung

Definition, Klassifikation und Häufigkeit

Die Misshandlung und Vernachlässigung von Kindern kann vielfältige Formen annehmen, und die begriffliche Differenzierung zwischen Misshandlung und Vernachlässigung muss nicht notwendigerweise bedeuten, dass diese beiden Phänomene in der Realität immer sicher von einander abzugrenzen sind. Für beide Phänomene gilt, dass sie im konkreten Einzelfall eher häufiger übersehen als aufgedeckt werden, wobei die Hinweiszeichen bei der Vernachlässigung diagnostisch noch schwieriger zuzuordnen sind als bei der Misshandlung. In jedem Fall bedeutet die verzögerte Aufdeckung eine Fortsetzung der Gefährdung des Kindes.

Mit dem Begriff der **Kindesmisshandlung** sind strafbare Handlungen verbunden, die sich auf körperliche Verletzungen bzw. schwer wiegende Gefährdungen der körperlichen Gesundheit eines Kindes erstrecken und von Eltern oder Erziehungsberechtigten ausgeführt bzw. zugelassen werden. Sonderformen stellen der sexuelle Missbrauch und das Münchhausen-Stellvertreter-Syndrom dar, die in gesonderten Abschnitten dargestellt werden. Unter dem Begriff der **Vernachlässigung** lassen sich alle Zustände zusammenfassen, in denen wesentliche Bedürfnisse der körperlichen und seelischen Entwicklung des Kindes nicht befriedigt werden. Damit sind sowohl Entbehrungen hinsichtlich Ernährung, Kleidung und Unterkunft – mit der Abgrenzung gegenüber Armut, die koexistieren kann – wie auch Deprivation hinsichtlich emotionaler Zuwendung, erzieherischer Leistung und Anregung sowie hinreichendem Schutz des Kindes vor Gefahren in der Umwelt und fehlende Gesundheitsfürsorge angesprochen.

Die **Klassifikation** der Kindesmisshandlungen in leichte und schwere Formen orientiert sich lediglich an den körperlichen Symptomen und ist von daher nicht unproblematisch. **Leichte Formen** umfassen alle Manifestationen von Quetschungen, Schürfungen und offenen Wunden der Haut und seltener Verbrennungen und Frakturen als Folge von Misshandlungen. Die **schwere** Form der Misshandlung in Form des sogenannten „battered child syndrom" ist durch ein subdurales Hämatom, Frakturen der langen Röhrenknochen und Weichteilschwellungen gekennzeichnet. Trotz der Schwierigkeiten einer klassifikatorischen Differenzierung verschieden schwerer Formen der Kindesmisshandlung ist ein derartiger Ansatz nicht bedeutungslos, weil die leichteren Misshandlungsformen etwa 10mal häufiger als die schweren Formen auftreten und zugleich sehr viel häufiger übersehen werden.

Die damit angeschnittene Frage der **Häufigkeit** von Kindesmisshandlung und -vernachlässigung ist zunächst dahingehend zu charakterisieren, dass angesichts von Verschleierungs- und von Verheimlichungstendenzen durch misshandelnde Täter sowie mangelnde Sorgsamkeit diagnostisch tätiger Personen und Institutionen sowohl im sozialen als auch im medizinischen Sektor nur ein kleiner

Teil von Fällen aufgedeckt wird. Insofern sind alle offiziellen Statistiken nur eine ungenügende Wiedergabe der Realität. In den USA haben Experten geschätzt, dass auf einen aufgedeckten Fall von Kindesmisshandlung etwa 15 bis 20 unaufgedeckte Fälle kommen. Dort wurden in drei nationalen Erhebungen zwischen 1980 und 1993 ein Anstieg der drei Inzidenzraten von 3,1‰ auf 5,7‰ für körperliche Misshandlungen, von 1,6‰ auf 5,0‰ für körperliche Vernachlässigung und von 2,1‰ auf 3,0‰ für emotionalen Missbrauch erhoben. Angesichts des Fehlens einer Meldepflicht und entsprechend geführter Register gibt es keine vergleichbaren Zahlen für den deutschsprachigen Raum.

Unter den aufgedeckten Fällen von Misshandlung dominieren mit mindestens zwei Dritteln **Kleinkinder** unter sechs Jahren, die sowohl mehr – bisweilen belastende – Versorgung brauchen als auch körperlich leichter verletzbar sind und die sich schließlich weniger verteidigen bzw. schwere Bestrafungen weniger vermeiden können. Beide **Geschlechter** sind in etwa gleich häufig betroffen; mit beginnender Pubertät wird die körperliche Misshandlung – möglicherweise als Folge von Konflikten wegen der beginnenden Sexualentwicklung – allerdings bei Mädchen häufiger als bei Jungen. Etwa die Hälfte der aufgedeckten Fälle von Misshandlungen werden **wiederholt** identifiziert, wobei jüngere Kinder erneut häufiger betroffen sind. Die Kindesmisshandlung ist demgemäß außerordentlich häufig in ein allgemein defizitäres erzieherisches Verhalten mit der Gefahr wiederholter Misshandlungen eingebettet, so dass weit reichende und kompetente Interventionen zum Schutz des Kindes erforderlich sind.

Bei etwa einem Drittel bis der Hälfte der Fälle sind mehr als ein Kind Opfer der Misshandlung. Insgesamt stammen misshandelte Kinder häufiger aus einem **Milieu** mit großen, kinderreichen, oft durch Trennung oder Scheidung zerbrochenen Familien, wobei der soziale Hintergrund häufiger – jedoch nicht durchgängiger – durch Merkmale der Unterschicht gekennzeichnet ist. Hier muss man sich allerdings der Tatsache bewusst sein, dass Arbeitsauftrag und -zielrichtung sozialer Agenturen schwerpunktmäßig auf diese Schicht ausgerichtet sind und eher zur Aufdeckung von Misshandlungsfällen in diesem sozialen Milieu beitragen.

Klinik und Diagnostik

Die vielfältigen Phänomene von Kindesmisshandlungen und -vernachlässigung sollen im Folgenden unter der Perspektive des Kinds als des Opfers, der Eltern (im Folgenden auch synonym als Bezeichnung für Ersatzeltern bzw. Erziehungsberechtigte verstanden) als den Tätern und familiär-interaktiver Merkmale dargestellt werden. Die körperlichen und anamnestischen Hinweiszeichen werden abschließend in diesem Abschnitt als zentrale Aufgabe der Diagnostik abgehandelt.

Das misshandelte Kind
Bei der Analyse von charakteristischen Merkmalen der **Entwicklung** misshandelter und vernachlässigter Kinder

fällt zunächst auf, dass der Anteil intelligenzgeminderter und entwicklungsverzögerter Kinder – insbesondere im Säuglings- und Kleinkindalter – deutlich erhöht ist. Die klinischen Zeichen können von der geistigen Behinderung über Verzögerung der sprachlichen und motorischen Entwicklung bis zu begleitenden neurologischen Reifungsverzögerungen reichen.

Psychische Funktionen und **Verhalten** sind bei misshandelten Kindern – wie generell in der Psychopathologie des Kindesalters – bedeutsam vom Alter mitgeprägt. **Säuglinge** sind häufig irritabel, verzögert in der sozialen und motorischen Entwicklung, affektiv flach und zurückgezogen und weisen Essstörungen auf. Sie scheinen ihre Umwelt mit „gefrorener" Aufmerksamkeit zu beobachten, ohne affektiv zu kommunizieren, und zeigen keine oder wenige Anzeichen von Trennungsangst, wenn sie allein gelassen werden. Beim **Kleinkind** stehen neben der Entwicklungsverzögerung Spielunfähigkeit und ziellose, unvorhersagbare Verhaltensweisen mit möglichen aggressiven Durchbrüchen gegenüber Gleichaltrigen oder Betreuern im Vordergrund. Im **Schulalter** können eine Vielzahl psychopathologischer Phänomene beobachtet werden. Neben Defiziten der kognitiven Entwicklung sind viele misshandelte Kinder hyperaktiv, impulsiv und frustrationsintolerant. Sie leiden unter akuten Angstzuständen, Gefühlen der Hoffnungslosigkeit und Entwertung und reagieren häufiger mit ängstlicher Zurückhaltung auf neue Bezugspersonen. Andererseits können sie deutliche Zeichen eines aggressiven und destruktiven Sozialverhaltens im Umgang mit Gleichaltrigen und Geschwistern zeigen und schließlich im **Jugendlichenalter** auch delinquent werden.

In ihrer **Persönlichkeit** weisen misshandelte Kinder zahlreiche Charakteristika auf. Das Selbstwertgefühl der Kinder ist häufig von Gefühlen der Traurigkeit und Wertlosigkeit gekennzeichnet, wobei sie sich mit der negativen Zuschreibung durch ihre Eltern zu identifizieren scheinen. In ähnlicher Weise nehmen sie die Umwelt verzerrt durch Verleugnung und Projektion oder Identifikation mit dem Aggressor wahr, zumal sie an der Integration der liebenden und feindseligen Anteile der Elternfiguren zwangsläufig scheitern müssen. Teilweise setzen sie die an sich selbst erfahrenen Handlungen nicht nur destruktiv in Form von **Aggression** und **Dissozialität** gegen andere, sondern auch gegen sich selbst in Form von **Automutilation, Depression, Substanzmissbrauch** oder **suizidalen Handlungen** um. Häufig provozieren die resultierenden **Beziehungsstörungen** und das gestörte Verhalten des Kindes erneut Schläge, Bestrafung und Misshandlung.

Dieser Teufelskreis schließt sich auch über die Ebene des **Schulversagen**, das als Folge von **Lernstörungen, Hyperaktivität, Aufmerksamkeitsdefiziten** und **Entwicklungsbeeinträchtigungen** resultiert und Quelle weiterer Spannungen ist. Wie sorgfältige Analysen ergeben haben, sind diese Funktionsstörungen ganz offensichtlich weniger das Ergebnis direkter traumatischer Einwirkungen auf das Hirn als das kombinierte Ergebnis der abnormen Entwicklungsbedingungen einschließlich unzulänglicher Fürsorge während Schwangerschaft und Säuglings-

Spezielle Kinder- und Jugendpsychiatrie

zeit, der Defizite hinsichtlich Ernährung und medizinischer Versorgung und schließlich der ungenügenden oder exzessiven sensorischen Stimulation.

Die misshandelnden Täter

Bei der Beschreibung der Täterpersönlichkeit muss zunächst festgestellt werden, dass ganz überwiegend leibliche **Eltern** für Fälle von Kindesmisshandlung und -vernachlässigung verantwortlich sind. Sie zeigen ungewöhnlich häufig selbst Zeichen einer beeinträchtigten Entwicklung in ihrer eigenen Kindheit und Jugend einschließlich der Tatsache, selbst Opfer von Misshandlungen gewesen zu sein oder im Fall von Müttern aktuell durch ihren Partner oder Ehemann misshandelt zu werden. Andere Zeichen einer **deprivierten Sozialisation** können in Scheidung, Trennung oder sozioökonomischen Belastungen des Elternhauses bestanden haben. Neben dieser ungenügenden Vorbereitung auf die Elternrolle können geminderte Intelligenz, belastende Lebensumstände und -ereignisse, disharmonische Partnerschaften, körperliche und psychische Krankheiten (insbesondere Alkoholismus) sowie Armut und Arbeitslosigkeit bei mangelnder schulischer und beruflicher Qualifikation die Rahmenbedingungen des Misshandlungsmilieus bilden. Diese Merkmale gelten in ähnlicher Weise für die familiäre Umwelt des misshandelten wie auch des vernachlässigten Kindes.

Beobachtungen der **Eltern-Kind-Interaktion** sowohl im häuslichen Umfeld wie auch im therapeutischen Kontakt haben ergeben, dass diese Eltern nicht nur weniger, sondern vor allem seltener positiv zugewandt und häufiger über Drohungen und Ermahnungen mit ihren Kindern interagieren. Bei Säuglingen und Kleinkindern mangelt es den misshandelnden Müttern an Blickkontakt, und es fehlt an reziprokem sozialem Austausch zwischen beiden Interaktionspartnern, so dass sich beide wechselseitig negativ verstärken. In die Beziehung der Eltern zu ihrem Kind fließt andererseits vieles aus der eigenen traumatisierten Lebensgeschichte ein, so dass die Beziehung zum Kind der positiven Erfahrung eines beglückenden Austausches zwischen Eltern und Kind ermangelt. Das Kind wird vielmehr zum Projektionsfeld von unangemessenen Rollenzuschreibungen und Identifikationen einschließlich der Verlagerung von Aggressionen, die aus ganz anders begründeten Frustrationen – z. B. der belastenden Partnerschaft – resultieren.

Untersuchung

Für die Diagnostik der körperlichen Kindesmisshandlung ist die Kenntnis sowohl der **anamnestischen Hinweiszeichen** wie auch der **körperlichen Symptome** unverzichtbar, wie sie in Tabelle 19-3 wiedergegeben sind. Nur durch die unverzügliche Diagnosesicherung können die zum Schutz des Kindes erforderlichen Maßnahmen eingeleitet werden. In der Regel werden die Kinder eher beim Kinderarzt als beim Kinderpsychiater vorgestellt, sofern es überhaupt zu einer ärztlichen Vorstellung kommt. Aber auch dann führen Unkenntnis oder Hilflosigkeit allzu oft zu Zurückhaltung oder Verzögerung hinsichtlich der Einbeziehung sozialer Dienste und kinderpsychiatrischer

Konsiliaruntersuchungen. Natürlich müssen **differenzialdiagnostische Überlegungen** angestellt werden; gleichwohl darf die Diagnose nicht nur per Ausschluss der differenzialdiagnostischen Möglichkeiten von Knochenkrankheiten (z. B. Osteogenesis imperfecta, Osteomyelitis, Rachitis), Blutungsstörungen (z. B. Hämophilie, verschiedene Purpuraformen), Unfällen und Misshandlungen durch ältere Geschwister gestellt werden, sondern muss sich auf eine positive Anamnese und die aufgelisteten typischen Symptome stützen.

Tabelle 19-3 Anamnestische Hinweise und Symptome bei Kindesmisshandlung.

Anamnese

- Eine unerklärliche Verzögerung der Behandlungseinleitung nach einer Verletzung.
- Eine nicht plausible oder widersprüchliche Anamnese.
- Eine mit den körperlichen Symptomen nicht vereinbare Anamnese.
- Eine Anamnese mit Verdacht auf wiederholte Verletzungen.
- Die Eltern beschuldigen Geschwister oder Dritte für die Verletzung.
- Die Eltern behaupten, das Kind habe sich die Verletzung selbst beigebracht.
- Das Kind ist bei zahlreichen Ärzten oder Krankenhäusern zur Behandlung von Verletzungen vorgestellt worden.
- Das Kind beschuldigt die Eltern oder Sorgeberechtigten der Verletzung.
- Die Eltern sind als Kind Opfer von Misshandlung gewesen.
- Die Eltern haben unrealistische oder altersunangemessene Erwartungen gegenüber dem Kind.

Symptome

- Typische Zeichen einer körperlichen Bestrafung wie Hautabschürfungen und -schwellungen an Gesäß, Rücken, Genitale oder inneren Oberschenkeln, die eventuell als Strafe für Einnässen oder Einkoten eingesetzt werden.
- Haut- und Weichteilverletzungen in verschiedenen Heilungsstadien.
- Zeichen einer wiederholten Misshandlung
- Hautverletzungen mit einer besonderen Konfiguration, die eine Hand, einen Griff, einen Kniff oder einen Riemen markieren, als Hinweise auf Misshandlung.
- Bestimmte Brandwunden, wie z. B. multiple Zigarettenverbrennungen, Hand- und Fussverbrühungen, Brandwunden an Damm und Gesäß.
- Bauchtrauma mit Leber- oder Milzruptur.
- Subdurales Hämatom mit oder ohne Schädelverletzung.
- Röntgenologische Zeichen wie subperiostale Blutungen, Epiphysentrennungen, metaphysäre Bruchstücke, Auffälligkeiten des Periosts.
- Augenverletzungen, einschließlich Retinablutungen, dislozierte Linsen und Retinaablösungen.

Ätiologie

Die Erklärung des Phänomens der Kindesmisshandlung benötigt ein komplexes mehrdimensionales Modell, das schematisch in Abbildung 19-2 dargestellt ist und sich aus Risikofaktoren beim Kind und beim Täter sowie auf den

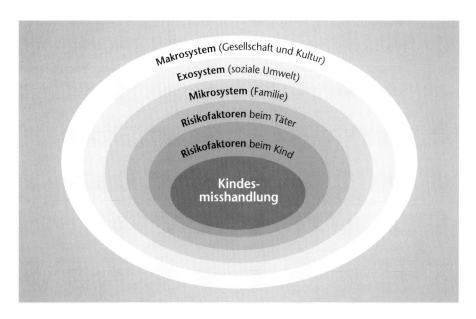

Abbildung 19-2
Ursachenmodell für Kindes-misshandlung.

Ebenen des Mikrosystems der Familie, des Exosystems der erweiterten sozialen Umwelt sowie dem Makrosystem von Gesellschaft und Kultur zusammensetzt.

Zunächst sind **Risikofaktoren beim Kind** im Rahmen einer ätiologischen Ergänzungsreihe insofern bedeutungsvoll, als bestimmte Kinder ein höheres Risiko haben, Opfer von Misshandlungen zu werden. Dies gilt in besonderer Weise für **behinderte, kranke oder frühgeborene Kinder,** welche die elterlichen Erwartungen an eine normale Entwicklung nicht erfüllen können und die möglicherweise ohnehin geringe elterliche Adaption an die Aufgabe der Kindererziehung übersteigen. In ähnlicher Weise sind **uneheliche Kinder, Stiefkinder** oder auch **aus Heimen rückgegliederte Kinder** dem Risiko einer Misshandlung ausgesetzt, weil sie unangemessene elterliche Verhaltenserwartungen und Wünsche nicht erfüllen, mit gleichen negativen Zuschreibungen wie ein früherer Lebensgefährte versehen werden oder aktuelle Lebenspläne stören. Schließlich können kindliche Anteile in den Belastungen begründet sein, die aus ungünstigen **Temperamentsmerkmalen** im Sinne reduzierter Adaptionsfähigkeit, aus Entwicklungsrückständen sowie aus psychischen Störungen resultieren.

Die **Risikofaktoren beim Täter** sind schwerpunktmäßig in der **Lebensgeschichte der Eltern** mit früher in der eigenen Kindheit erfahrenen Entbehrungen, Bedrohungen und Misshandlungen und damit in der ungenügenden Vorbereitung auf die Elternrolle sowie in Störungen der eigenen seelischen Befindlichkeit zu finden. Auf der Ebene der **Familie** können große Kinderzahl mit ungenügender Betreuung der einzelnen Kinder und intrafamiliäre Funktions- und Beziehungsstörungen spezielle Risikobedingungen abgeben.

Wahrscheinlich schaffen durch Armut und materielle Entbehrungen gekennzeichnete **Lebensbedingungen** eher Voraussetzungen für die Kindesvernachlässigung, während für die Kindesmisshandlung weitere ergänzende Bedingungsfaktoren, z. B. in Form bestimmter Persönlich-keitsmerkmale der Eltern oder des aufgezeigten **Generationenzyklus,** erforderlich sind.

Auf der Ebene des **sozialen Umfeldes** lassen sich bei Kindesmisshandlung gehäuft Defizite bei den Wohnverhältnissen und der sozialen Integration sowie bei den ökonomischen Ressourcen – z. B. in Form von Arbeitslosigkeit – und auch den öffentlichen sowie den Dienstleistungsangeboten feststellen. Für eine angemessene Bewertung von **Sozialschichtfaktoren** im Rahmen bedingender Faktoren muss jedoch noch einmal betont werden, dass gesellschaftliche Kontrollinstanzen eher bei Angehörigen unterer Sozialschichten – auch in Form von Sanktionen – tätig werden. Hingegen werden die in den sozialen Mittel- und Oberschichten möglicherweise typischeren Formen der emotionalen Vernachlässigung mit emotionaler Beziehungslosigkeit und Indifferenz, der Entwertung und Überprotektion sowie möglicherweise auch der kompensatorischen Delegation von Erziehungsaufgaben an Kindermädchen und Internate eher seltener als Ausdruck einer Störung der Elternschaft erkannt. Diese Formen von Kindesvernachlässigung geraten nur selten in das Aufgabenfeld öffentlicher Sozialfürsorge. In der Sprechstunde des Kinderpsychiaters oder -psychologen können sie bei genauer Wahrnehmung hinter dem Präsentiersymptom einer emotionalen oder dissozialen Störung des von den Eltern vorgestellten Kindes identifiziert werden.

Schließlich gibt das Makrosystem von **Gesellschaft** und **Kultur** mit seinen Einstellungen zu Gewalt und Körperstrafe, der Vermittlung von Erziehungsnormen und der Prägung familiärer Lebenswelten einen äußeren Rahmen ab, von dem die Ableitung des Phänomens der Kindesmisshandlung nicht unbeeinflusst ist.

Therapie und Verlauf

Die zentrale Aufgabe der Behandlung besteht darin, das Kind vor weiteren Misshandlungen zu schützen und – so weit möglich – die Familie in ihren Funktionen einschließlich der Kindererziehung zu stützen und zu stärken. Wünschenswert sind der Verbleib des Kindes in der Familie und die simultane **rehabilitative Arbeit mit der Familie.** Bei hoher Wiederholungsgefahr für eine Misshandlung muss das Kind zumindest vorübergehend außerhalb der Familie untergebracht werden, bis Behandlungsergebnisse bei den Eltern verbesserte Lebensbedingungen für das Kind geschaffen haben.

Die primären **Ziele** der therapeutischen **Elternarbeit** liegt in folgenden Bereichen:

▨ Krisenintervention zur Entlastung von Familienkonflikten und aus der Umwelt stammenden Belastungen,
▨ Aufbau von Vertrauen in den Therapeuten und andere Bezugspersonen,
▨ Verbesserung des chronisch entwerteten Selbstwertgefühls,
▨ Abbau der sozialen Isolation, um damit zugleich der Notwendigkeit zu bewegen, über das Kind ein Gefühl von Selbstwert aufzubauen,
▨ Bereitstellung eines positiven Modells für die Kindererziehung,
▨ Bearbeitung der elterlichen Fehlwahrnehmungen des Kindes,
▨ Aufbau von Erziehungstechniken einschließlich Disziplinierung ohne Misshandlung,
▨ Information über Kindererziehung und -entwicklung,
▨ Vermittlung von Einsicht in den Generationenzyklus von eigenen Kindheitserfahrungen und Verhalten gegenüber dem Kind und
▨ die Erfahrung von Freude aus dem unmittelbaren Umgang mit dem Kind.

Um diese vielfältigen Ziele der Elternarbeit zu realisieren, ist ein **mehrdimensionales Behandlungsprogramm** erforderlich, das neben Elementen einer stützenden Psychotherapie für die Eltern Beratung, Elterntraining, Gruppentherapie sowie ambulante Nachsorge unter Einschluss sozialfürsorgerischer Maßnahmen umschließen sollte. Hierzu sollte auch die Bereitstellung eines ständig verfügbaren **Krisennotdienstes** gehören, an den sich Eltern wenden können, wenn sie sich erneut überfordert fühlen und Gefahr einer Misshandlung des Kindes droht.

Nach der vorrangigen Berücksichtigung der unmittelbaren Bedrohung richten sich die Ziele in der **Behandlung des Kindes** auf Bemühungen, die mit der Traumatisierung verbundenen emotionalen und kognitiven Schäden abzubauen. Dabei handelt es sich in der Regel um einen längerfristigen therapeutischen Prozess, der altersabhängige Akzente hat. Bei Kindern **im Säuglings- und Kleinkindalter** stehen die angemessene motorische, sensorische, emotionale und soziale Stimulation im Vordergrund, um die entstandenen Entwicklungsdefizite zu beseitigen. In diesem Rahmen müssen die Spielfähigkeit aufbauen und die persönliche Beziehungsfähigkeit zu Erwachsenen und in der Gruppe Gleichaltriger entwickelt werden. Nach Möglichkeit sollten die Eltern in diesen Prozess einbezogen werden, wobei gleichzeitig deren Fehlwahrnehmungen des Kindes korrigiert und eine angemessene Wahrnehmung von Hinweisreizen im Verhalten

des Kindes vermittelt werden können. Auf diesem Wege können zugleich pathologische Interaktionsprozesse in einem wechselseitig verstärkenden Austausch verändern und Beiträge zum Aufbau einer angemessenen Elternrolle geleistet werden.

Bei Kindern im **Schulalter,** die häufig über Jahre das Opfer von Misshandlungen gewesen sind, ist meist eine längerfristige Therapie mit Betonung von Einzelpsychotherapie, Gruppenpsychotherapie und gegebenenfalls auch funktionellen Trainings zur Verbesserung von Lern- und Leistungsstörungen erforderlich. Dabei gibt die Spieltherapie Möglichkeiten, die traumatischen Ereignisse erneut symbolisch zu reaktivieren und zugleich therapeutisch zu bearbeiten sowie Verhalten und Handlungen neu zu strukturieren. Zugleich erfährt das Kind in der Therapie die Möglichkeit, ein Gefühl von Selbstwert und Identität zu entwickeln, welches ihm das Vertrauen in die Verlässlichkeit von Bezugspersonen erst wieder ermöglicht und auch Trennungen überstehen lässt. Schließlich können sozialpädagogische Maßnahmen oder lerntheoretisch strukturierte Förderprogramme über die Beeinflussung von Lernstörungen wesentlich zu einer allgemeinen psychischen Stabilisierung beitragen.

Der **Verlauf** von Kindern mit Misshandlungen und Vernachlässigung bemisst sich sehr wesentlich an der frühzeitigen Identifizierung der bedrohten Kinder, einer kompetenten Diagnostik als Basis geeigneter protektiver und rehabilitativer Maßnahmen und schließlich sicherlich auch einer Reihe noch ungenügend untersuchter Faktoren wie Alter des Kindes, Dauer der Misshandlung und Korrigierbarkeit sowohl der Bedingungsfaktoren wie auch der eingetretenen Schäden. **Wiederholungsgefahr** und **Todesfolge** stellen in einer nicht unbeträchtlichen Zahl von Fällen einer Kindesmisshandlung den denkbar ungünstigen Ausgang dar, den es mit allen Mitteln zu verhindern gilt. Andererseits bestimmen auch die noch fragmentarischen Verlaufsbeobachtungen an Schulkindern besorgt, die als Folgen oder im Kontext von Misshandlungen eine **erniedrigte Intelligenz,** gehäufte **emotionale Störungen** mit Depressivität und geringem Selbstwertgefühl sowie häufig **selbstdestruktives Verhalten** und **mangelnde Impulssteuerung** aufwiesen. Die Notwendigkeit, die elterliche Pathologie im Verhalten gegenüber dem Kind abzubauen, wird letztlich auch aus der sonst gegebenen hohen Wahrscheinlichkeit einer über Generationen weitergegebenen Misshandlung und Vernachlässigung von Kindern deutlich.

19.5 Das Münchhausen-Stellvertreter-Syndrom

Definition und Häufigkeit

Das Münchhausen-Stellvertreter-Syndrom bezeichnet eine besondere Form von Kindesmisshandlung, bei der beim Kind eine körperliche Störung manipulativ erzeugt wird. Der Begriff lehnt sich an das bei Erwachsenen beschriebenen Münchhausen-Syndrom an, bei dem Erwachsene falsche Anamnesen erstellen und körperliche Symptome sowie Laborbefunde produzieren, die unnötige diagnostische Untersuchungen, Operationen sowie Behandlungen nach sich ziehen. Bei den bisher beschriebenen Fällen eines Münchhausen-Stellvertreter-Syndroms haben meistens Mütter oder mütterliche Bezugspersonen bzw. Babysitter eine entsprechende Symptomatik bei ihren Kindern manipulativ hervorgerufen. Das 1976 erstmalig beschriebene Syndrom wird möglicherweise häufig fehldiagnostiziert.

Klinik und Diagostik

Die am häufigsten produzierten bzw. berichteten **Symptome** bei Kindern sind Blutungen, zerebrale Apathie- und Komazustände, Apnoe, rezidivierende Durchfälle, rezidivierendes Erbrechen, unklares Fieber und Hautausschläge. Ferner kommen die Simulation von Laborbefunden durch Beimengen von elterlichem Blut in Sputum oder Urin bzw. von Salz oder Flüssigkeiten in Blutproben hinzu. Andere Methoden bestehen in Gaben von überdosierten Medikamenten, welche den Eltern verschrieben wurden, oder von exzessiven Mengen von Laxanzien. Etwa die Hälfte der für diese Handlungen verantwortlichen Mütter zeigen selbst Merkmale eines Münchhausen-Syndroms.

Im Krankenhaus neigen die **Mütter** dazu, mit dem behandelnden Personal eine enge und unterstützende Beziehung einzugehen, so dass die Verdachtsdiagnose eines Münchhausen-Stellvertreter-Syndroms meist verärgerte Abwehrreaktionen hervorrufen. Sie haben oft gute medizinische Kenntnisse oder sogar eine entsprechende Ausbildung absolviert. Ihre Beziehung zum Kind ist übermäßig besorgt und ungenügend distanziert. In ihrer eigenen Entwicklung haben sie selbst häufig körperlichen und sexuellen Missbrauch als Kinder erlebt und leiden unter depressiven Störungen, Gefühlen der Isolation, Substanzmissbrauch, Essstörungen oder ausgeprägten Persönlichkeitsstörungen.

Zugleich sind die **Väter** meist passiv und emotional für ihre Frauen wenig erreichbar. Sie ignorieren oder verleugnen die Handlungen ihrer Frauen bzw. sind vereinzelt sogar Komplizen. Nicht selten liegt ein Generationenzyklus von Deprivation vor. Vereinzelt können auch Väter als Täter beobachtet werden, die teilweise unter einem Münchhausen-Syndrom oder Somatisierungsstörungen leiden.

Die **Folgen** der induzierten Symptome reichen von umfangreicher, oft schmerzreicher Diagnostik, häufigen und langfristigen Krankenhausaufnahmen bis zu potentiell gefährlichen Behandlungen einschließlich Todesfolge. Die psychologischen Folgen für die Entwicklung der Kinder sind bisher ungenügend untersucht. Die bisher beschriebenen Fälle umfassen Kinder bis zu einem Alter von acht Jahren.

Die Diagnostik kann sich auf die in Tabelle 19-4 zusammengefassten Hinweiszeichen stützen. Weiterhin sind folgende diagnostische Schritte zu empfehlen:

- eine Trennung von Mutter und Kind, um den Symptomverlauf zu erfassen und das Kind zu schützen,
- eine sorgfältige Familienanamnese unter Einschluss von Störungen und dysfunktionalen Beziehungen,
- eine vollständige medizinische Ananmnese des Kindes, seiner Eltern und aller Geschwister einschließlich Überprüfung der elterlichen Angaben durch Krankengeschichten,
- die Klärung der Frage, ob die Symptome in der Vergangenheit nur in Gegenwart des Elternteils auftraten,
- wiederholte toxikologische Überprüfungen von Laborproben,
- Überprüfungen von Laborproben hinsichtlich Blutgruppe und Rh-Faktor und Vergleich mit den entsprechenden Merkmalen bei Eltern und Kind,
- Stuhlanalysen hinsichtlich verdeckter Beimengung von Laxanzien,
- psychiatrische Untersuchungen des verantwortlichen Elternteils und schließlich
- eine sorgfältige Dokumentation sämtlicher Befunde.

Tabelle 19-4 Zeichen des Münchhausen-Stellvertreter-Syndroms (Jones und Mitarbeiter 1986).

- anhaltende oder wiederkehrende Krankheiten ohne identifizierbaren Grund
- Diskrepanz zwischen Anamnese und klinischen Befunden
- Symptome und Zeichen, die bei Trennung von der Mutter nicht auftreten
- ungewöhnliche Symptome, Zeichen oder Verläufe, die klinisch keinen Sinn ergeben
- eine Differenzialdiagnose für Störungen, die seltener als das Münchhausen-Stellvertreter-Syndrom auftreten
- anhaltendes Therapieversagen ohne klaren Grund
- ein im Vergleich zum Arzt weniger beunruhigter Elternteil, welcher das medizinische Personal tröstet
- wiederholte Krankenhausaufenthalte und detaillierte medizinische Untersuchungen von Mutter oder Kind ohne klare Diagnose
- ein ständig am Bett des Kindes sitzender Elternteil, der das Personal übermäßig lobt, sich stark an das Personal bindet und an der Versorgung anderer Patienten beteiligt
- ein Elternteil, welcher sogar schmerzhafte Untersuchungen für sein Kind begrüßt.

Ätiologie

Das Münchhausen-Stellvertreter-Syndrom stellt eine nach außen subtil versteckte Form der **Kindesmisshandlung** dar. Die misshandelnden Mütter bzw. mütterlichen Bezugspersonen sind in der Regel auffällige Persönlichkeiten, die aus ungelösten eigenen Konflikten das Kind durch Vorspiegelung einer Krankheit in eine massive Abhängigkeit binden und an der Individuation hindern. Ungenügend engagierte und sensibilisierte Väter sowie nicht genügend wachsame Ärzte tragen zur Verlängerung der Leidensgeschichte der betroffenen Kinder bei.

Therapie und Verlauf

Wie bei jeder Form von Kindesmisshandlung muss das oberste **Ziel** in der Sicherung des Schutzes für das Kind bestehen. Ärzte müssen den Mut aufbringen, ihre Verdachtsdiagnose frühzeitig zu äußern, um dem Kind belastende Untersuchungen und Behandlungen zu ersparen. Alle weiteren Maßnahmen müssen sich in Entsprechung zu den Darlegungen über den Umgang mit misshandelten Kindern und ihren Familien an den individuellen Indikationen für die Arbeit mit den Eltern und dem Kind orientieren.

Auch hier ist ein mehrdimensionaler polyprofessioneller Ansatz wünschenswert. Erfahrungsbereiche zeigen, dass mit der Aufdeckung dieser Form von Misshandlung bei einem Teil der Fälle keine weitere Wiederholungsgefahr besteht. Andererseits kann aus der temporär zu diagnostischen Zwecken sinnvolle Trennung des Kindes von der Mutter auch die Notwendigkeit einer längerfristigen Unterbringung des Kindes in einer Pflegestelle oder in einem Heim resultieren. Diese Entscheidung kann nicht ohne detaillierte kinder-psychiatrische bzw. -psychologische Konsiliaruntersuchung getroffen werden.

Der weitere **Verlauf** umschließt Wiederholungsgefahr, schwere Beeinträchtigung der körperlichen, seelischen und schulischen Entwicklung, emotionale und dissoziale Störungen, Lernstörungen und schließlich sogar Tötung von Kindern mit einem Münchhausen-Stellvertreter-Syndrom.

19.6 Sexueller Missbrauch

Definition, Klassifikation und Häufigkeit

Bei der Definition des sexuellen Missbrauchs müssen zwei überlappende Handlungen berücksichtigt werden:
- ein gegenüber dem Kind erzwungenes sexuelles Verhalten und/oder
- eine sexuelle Aktivität zwischen einem Kind und einem beträchtlich älteren Menschen, wobei eine pragmatische Feststellung eine Mindestdifferenz von fünf Jahren Altersunterschied zugrunde legt.

In seinem Wesen ist der sexuelle Missbrauch von Kindern die Ausnutzung eines abhängigen, in seiner Entwicklung noch unreifen Wesens, das noch nicht in der Lage ist, seine abgewogene Zustimmung zu diesen Handlungen zu geben. Zugleich wird mit dem sexuellen Missbrauch von Kindern ein wichtiges soziales Tabu verletzt, das entsprechend zur Strafverfolgung Anlass gibt.

Nach der Art des sexuellen Verhaltens lässt sich eine Klassifikation des sexuellen Missbrauchs in vier Formen vornehmen
- die Zurschaustellung von sexuellen Akten, von Pornographie und Exhibitionismus,
- das Berühren der Genitalien des Kindes bzw. die Aufforderung zur Berührung oder Masturbation der Genitalien des Erwachsenen,

- sexueller Verkehr in Form von vaginalem, oralem oder analem Verkehr ohne Bedrohung und häufig über längere Zeiträume sowie
- die Vergewaltigung als akut erzwungener Verkehr.

In der bei weitem überwiegenden Zahl werden Kinder von Angehörigen oder nahen Verwandten und Bekannten der Familie missbraucht. In nur maximal 10 % der Fälle handelt es sich um Täter, die dem Kind nicht bekannt sind.

Die **Häufigkeit** des sexuellen Missbrauchs ist über lange Zeit beträchtlich unterschätzt worden. Seit der Mitte der 80er Jahre hat eine zunehmende Wachsamkeit sowohl der Laienöffentlichkeit wie auch bei Fachleuten ein Bewusstsein für das Ausmaß des sexuellen Missbrauchs von Kindern entstehen lassen. Ähnlich wie bei anderen Misshandlungsformen sind jedoch repräsentative Zahlen über die Verbreitung des sexuellen Missbrauchs wegen der Verschleierungstendenzen in den Familien nur schwer zu ermitteln. Schätzungen auf der Basis aufgedeckter Fälle besagen, dass in Großbritannien mindestens drei unter tausend Kindern zu irgendeinem Zeitpunkt ihres Lebens sexuell missbraucht wurden. Retrospektive Erhebungen in den USA sind sogar zu beträchtlich höheren Zahlen gekommen; demgemäß hatten bis zu maximal ein Drittel aller Kinder und Jugendlichen mindestens eine sexuelle Erfahrung mit einem Erwachsenen, wobei die Spannbreite von Exhibitionismus bis zum sexuellen Verkehr reichte. Wenngleich diese Zahlen angesichts methodischer Probleme (z. B. hinsichtlich der Definition des sexuellen Missbrauchs oder der retrospektiven Durchführung) relativiert werden können, machen sie dennoch deutlich, dass Kinder in sehr viel größerem Umfang Opfer eines meist intrafamiliären Missbrauchs werden, als bisher angenommen worden war.

Das **Geschlecht** ist insofern bedeutsam, als Mädchen ein mehrfach höheres Risiko haben, Opfer eines sexuellen Missbrauchs zu werden. Für Jungen wird die Prävalenz auf 2 bis 5 % geschätzt. Grundsätzlich können alle Altersgruppen betroffen sein; das mittlere **Alter** mit besonderer Gefährdung liegt bei beiden Geschlechtern in der Pubertät. Vergewaltigungen finden häufig in der frühen Adoleszenz statt. Auch das **Milieu** ist nicht unbedeutend. Wenngleich intrafamiliärer sexueller Missbrauch bzw. Inzest auch in Mittelschichtsfamilien vorkommt, ist der Zusammenhang mit niedrigem sozioökonomischem Status, Armut, sozialer Isolation und durch Scheidung gestörten bzw. risikoreichen Familienverhältnissen deutlich stärker.

Klinik und Diagnostik

Das Spektrum an sexuellen Verhaltensweisen, welche den Tatbestand eines Missbrauchs erfüllen, wurde bereits deutlich. Mehrheitlich spielt sich der Missbrauch in der Wohnung des Kindes ab, meist am Nachmittag oder am Abend. Häufig sind Belohnungsangebote, Zwang, Drohung oder körperliche Gewalt beteiligt. Die am häufigsten zur Aufdeckung gebrachte Form des sexuellen Missbrauchs ist der **Inzest** zwischen Vater und Tochter, während der Geschwisterinzest wahrscheinlich die tatsächlich häufigste Form ist. Zur Anzeige kommt der sexuelle Missbrauch hingegen am häufigsten, wenn es sich um einen fremden oder nicht mit dem Kind verwandten Täter handelt und körperliche Gewalt eingesetzt wurde. Jungen werden offensichtlich häufiger als Mädchen außerhalb der Familie sexuell missbraucht.

Die Androhung von weiterer Gewalt einschließlich Todesdrohungen hindert viele Kinder jedoch daran, den oft **chronifizierten sexuellen Missbrauch** aufzudecken. In ähnlicher Weise kann das Kind als Opfer eines intrafamiliären sexuellen Missbrauchs durch die Ankündigung an der Aufdeckung gehindert werden, es werde dann verantwortlich für die Bestrafung des Täters einschließlich Haft. Auf diese Weise kann über Jahre eines fortgesetzten Missbrauchs das Schweigen des Kindes erpresst werden. Oft wird die Fortsetzung des sexuellen Missbrauchs durch die Passivität mitwissender Familienmitglieder ermöglicht. Bei der häufigsten Form, dem Vater-Tochter-Inzest, spielen die Mütter durch ihr Wissen um den sexuellen Missbrauch nicht nur passiv mit, sondern treten ihre Rolle als Ehefrau und Sexualpartner auch an die Tochter ab. Jungen werden im Vergleich zu Mädchen häufiger anal und zugleich körperlich misshandelt.

Untersuchung

Für die Diagnostik sind sowohl körperliche **Symptome** wie auch **Hinweiszeichen** im Verhalten bestimmend. Eine Übersicht gibt Tabelle 19-5. Während die meisten körperlichen Zeichen recht spezifisch auf einen sexuellen Missbrauch hinweisen, andererseits aber gerade bei chronifizierten sexuellen Missbrauch in der Familie nicht immer notwendigerweise vorliegen müssen, bekommen viele Verhaltensmerkmale erst im Kontext von Anamnese und körperlichem Befund eine relative **diagnostische Spezifität.** Ein altersunangemessenes sexuelles Verhalten wird möglicherweise im **Spielverhalten** gegenüber Gleichaltrigen oder im therapeutischen Spiel mit Puppen bzw. in Zeichnungen deutlich. Die übermäßige Bindung an den Täter mag sich als **Trennungsangst** und die Belastung aus der Abhängigkeit und Bedrohung in Form von **regressivem Verhalten, Schlafstörungen** und der Unfähigkeit äußern, vertrauensvolle Beziehungen zu anderen Menschen aufzubauen. Derartige **Beziehungsstörungen** sind typisch für Inzest-Opfer. Als Folge von Konzentrationsschwäche oder Interessenverlust kann die schulische Leistungsfähigkeit deutlich nachlassen. Die Reaktion von Mädchen gegenüber Männern kann sowohl durch ungewöhnliche Angst wie auch durch verführerisches Verhalten gekennzeichnet sein. Für Jungen spezifischer ist die sexuelle Identitätskonfusion. Sie werden auch häufiger als Mädchen selbst zu Tätern.

Bei Inzest-Opfern sind sowohl ein übermäßig angepasstes, willfähriges und durch geringes Selbstbehauptungsvermögen gekennzeichnetes **Verhalten** wie auch dissozial-aggressive Verhaltensweisen gerade bei jenen Opfern zu beobachten, denen die Beendigung des Inzest-Verhältnisses nicht gelingt. Bisweilen verstärkt der Täter den Aufbau einer pseudoreifen Fassade des Verhaltens beim Opfer. Die soziale, teilweise aktiv vom Täter betriebene Isolation lässt Kontakte zu Gleichaltrigen kaum zu, und schließlich kann sowohl der verlängerte Aufenthalt im Schulgebäude zur Vermeidung bzw. Verringerung des Kontaktes mit dem Täter wie auch das gehäufte Fehlen in der Schule ein Hinweiszeichen auf einen fortgesetzten intrafamiliären sexuellen Missbrauch sein.

Tabelle 19-5 Körperliche Symptome und Hinweise im Verhalten bei sexuellem Missbrauch von Kindern und Jugendlichen.

Körperliche Symptome
genitale/rektale Verletzungen oder Entzündungen
Fremdkörper in Urethral-, Genital und/oder Rektalmündungen
Körperverletzungen an Brüsten, Gesäß, Schenkeln oder Unterleib
Geschlechtskrankheiten einschließlich Pilzinfektionen sowie verdachtsweise auch rezidivierende Harnwegsinfekte
Schwangerschaft

Hinweiszeichen im Verhalten
altersunangemessene sexuelle Aktivitäten einschließlich exhibitionistischen Verhaltens, ausgeprägter sexueller Neugierde, zwanghafter Masturbation und Jugendlichen-Prostitution
regressives Verhalten
Angststörungen
depressive Störungen
Schlafstörungen
dissoziative Störungen
Beziehungs- und Kontaktstörungen
dissoziales und aggressives Verhalten
Nachlassen der Schulleistungen, Schulschwänzen
unangemessenes Verhalten gegenüber Männern
übermäßig angepasstes Verhalten
pseudoreifes Verhalten

Eine sorgfältige klinische **Diagnostik** muss nicht nur diese Symptome und Hinweiszeichen angemessen zu deuten verstehen, sondern Informationen über die Tat und das Ausmaß an Belastungen für das Opfer und die Familie erheben und zugleich die Basis für eine therapeutische Bearbeitung legen. Hinsichtlich des sexuellen Missbrauchs sind folgende **Informationen** sowohl für die forensische Begutachtung als auch für die Therapie unabdingbar:

- Art, Beginn und Dauer des sexuellen Missbrauchs,
- die Täterpersönlichkeit und die Qualität der Beziehung zwischen Täter und Opfer,
- Ort und Zeitpunkt des Missbrauchs,
- Art und Ausmaß der beteiligten Gewalt,
- der Entwicklungsstand und die Persönlichkeit des Opfers,
- der Kenntnisgrad und die Einstellung weiterer Familienmitglieder sowie
- der Anlass und Kontakt für die Aufdeckung des sexuellen Missbrauchs.

Die Durchführung der **Exploration** des Kindes bedarf besonderer Sensibilität für die Traumatisierung, welche das Kind erfahren hat. Der Untersucher muss sich nicht nur vorsichtig an diesen für das Kind schwierigen Gesprächsgegenstand nach dem Aufbau einer vertrauensvollen und angstfreien Beziehung heranarbeiten, sondern in Sprache und Darstellung – möglicherweise unter Einsatz von Hilfsmitteln des Spiels mit Puppen oder der freien Zeichnung – auch einen entwicklungsangemessenen Zugang zum Kind finden.

Auch für die **Familie** ist das Thema aufgrund der abgelaufenen Erfahrungen und Interaktionen sowie angesichts der Strafandrohung und der damit möglichen Konsequenzen für die Existenz der Familie in hohem Maße angstbesetzt. Insofern ist der Untersucher in der schwierigen Situation, nicht nur eine sorgfältige Exploration bei häufig eher abwehrenden und zudeckenden Familienmitgliedern durchführen zu müssen, sondern sich potentiell auch als Helfer für die Familie und das Kind einbringen zu müssen.

In Ergänzung zu den üblichen Zielen einer Erfassung familiärer Funktionen, Rollen und Bindungen muss ein weiterer Schwerpunkt der Untersuchung auf die **Reaktion der Familie** nach der Aufdeckung des sexuellen Missbrauchs gerichtet sein. Ferner muss der Untersucher auch gegen das sowohl kulturell vorgeprägte wie auch von Tätern gerne vorgebrachte Stereotyp von der Verführung durch das Opfer als einem möglichen Verzerrungsfaktor seiner Untersuchungen gewappnet sein.

Bei **Begutachtungen,** die sowohl im Rahmen von Strafrechts- als auch von Sorgerechtsverfahren angefordert werden, ist die oft nicht einfach zu beantwortende Frage der Glaubwürdigkeit des Kindes bzw. des Jugendlichen bzw. der Glaubhaftigkeit seiner Aussagen zu beantworten. Besondere Probleme der Begutachtung ergeben sich aus Fehlanschuldigungen durch das Kind oder einen Elternteil – z. B. im Rahmen eines Scheidungsverfahrens – oder aus der Verleugnung eines Missbrauchs bzw. aus der Rücknahme einer Beschuldigung. Angesichts des Anstiegs von Strafverfahren und des Schweregrades der aufzuklärenden Delikte sind die Anforderungen an die Qualität der psychiatrischen Begutachtung beträchtlich.

Ätiologie

Die Wahl der Begriffe „Täter" und „Opfer" impliziert bereits, dass Kinder und Jugendliche nicht für sexuelle Misshandlungen verantwortlich gemacht werden können. Trotz der Tatsache, dass andererseits viele Täter psychiatrisch auffällig sind im Sinne von Persönlichkeitsstörungen, paranoiden Zügen und Alkoholismus, müssen auch sie im Kontext ihrer Lebensgeschichte und aktuellen Lebensbedingungen gesehen werden. Hier können sich die Erfahrungen einer entbehrungsreichen, an Emotionen armen Kindheit mit aktuellen Partnerbeziehungsstörungen einschließlich sexueller Entfremdung zusammenfügen. Alkohol und Gewalt sind bei männlichen Tätern innerhalb der Familie häufig nur die Oberfläche einer über lange Zeit entwickelten Beziehungsunfähigkeit, Verstimmung und Unsicherheit. Insofern kann der Täter, dessen Verantwortlichkeit damit nicht gemindert wird, auch Opfer seiner eigenen Entwicklung und Lebensumstände sein.

Die Nähe des sexuellen Missbrauchs zu anderen Formen der Misshandlung wird über das gemeinsame Auftreten hinaus auch in der ähnlichen Wurzel **sozioökono-**mischer Benachteiligung** deutlich, die bereits erörtert wurde. Schließlich trägt das Schweigen und Tolerieren von Inzest-Beziehungen durch andere Mitglieder der **Familie** bedeutsam zur Perpetuierung des intrafamiliären sexuellen Missbrauchs bei.

Therapie und Verlauf

Die Behandlung des sexuellen Missbrauchs wird zunächst wesentlich von der Art des Missbrauchs bestimmt. In jedem Fall erscheint eine **Krisenintervention** erforderlich, an die sich je nach Problemlage eine mittel- oder längerfristige Therapie anschließen kann. Gerade Fälle von intrafamiliärem sexuellem Missbrauch bedürfen in der Regel einer längeren **Psychotherapie.** Andererseits können ein nur kurzer Kontakt mit einem Exhibitionisten oder geringfügigere sexuelle Manipulationen mit einer dem Kind vertrauten Person bisweilen auch nur eine kurzfristige **Beratung** erforderlich machen: Hier können intensive Explorationen und Verhöre möglicherweise in stärkerem Maße traumatisierend wirken als die sexuelle Handlung selbst. Auch die Haltung der **Eltern** kann wesentlich zur Verarbeitung beitragen, indem Besonnenheit und Verständnis für mögliche psychologische Gründe und Motive beim Täter zu einer nichttraumatischen Reaktion des Kindes beitragen. Entsprechende Elternreaktionen können wesentlich durch Beratungsprozesse geformt werden.

Andererseits macht jede Form von Gewaltanwendung im Rahmen eines sexuellen Missbrauchs eine therapeutische Intervention erforderlich. In der Regel sollte die **Einzelpsychotherapie** am Anfang stehen, die bei Jugendlichen später auch in eine **Gruppentherapie** übergehen kann. Auf diese Weise können die mit der Traumatisierung verknüpften Emotionen geäußert und bearbeitet werden. Dieses Vorgehen setzt allerdings die Fähigkeit zur Verbalisierung voraus, die nicht bei allen Opfern von sexuellem Missbrauch gegeben ist. Bei jungen Kindern können zusätzlich verhaltenstherapeutische Maßnahmen zur Behandlung der Ängste, Essstörungen und autodestruktiven Verhaltensanteile eingesetzt werden. Hier ist die Spieltherapie meist das bevorzugte Medium, um die Verarbeitung des Traumas zu fördern.

Beim intrafamiliären sexuellen Missbrauch stellt sich wie bei allen Formen von Misshandlung zunächst die Frage, ob das Kind in seiner familiären Umgebung verbleiben kann oder zu seinem Schutz aus der Familie genommen werden muss. Ihm droht möglicherweise nicht nur der erneute sexuelle Missbrauch, sondern nun auch die körperliche Misshandlung wegen der Aufdeckung des Missbrauchs und des beträchtlichen Drucks aus der Familie, die sich nur insgesamt angesichts von Kontroll- und Sanktionsmaßnahmen bedroht sieht. Hier können Lösungen wie eine vorübergehende **Fremdunterbringung** des Kindes oder aber auch die Bereitschaft des Täters, die Wohnung zu verlassen, eine Entlastung schaffen.

Die therapeutische Arbeit mit den **Familien** und vor allem den meist als Täter verantwortlichen Vätern kann sich als außerordentlich schwierig erweisen; bisweilen

Spezielle Kinder- und Jugendpsychiatrie

wird sie nur aufgrund von Strafandrohung bzw. gerichtlichen Auflagen möglich. Auch die Bearbeitung der Rolle der passiv mitspielenden Mutter bei Vater-Tochter-Inzests kann ein wesentliches Ziel der Therapie abgeben, wobei die gemeinsame Arbeit mit Mutter und Tochter eine effektive Therapiemodalität abgeben kann. Schließlich kann das Kind bei Haftstrafen für den Täter erneut zum Opfer im Sinne einer Schuldzuschreibung durch die Familie werden. Insofern ist eine therapeutische Begleitung der Opfer und der Familie über längere Zeiträume dringend erforderlich.

Behandlungsprogramme müssen demgemäß eine **multidimensionale Struktur** mit Komponenten der Einzel- und Gruppentherapie, der Elternberatung, der Familientherapie und der Sozialarbeit aufweisen. Sie sollten durch **Notdienste** und **Kriseninterventionsangebote** komplettiert werden. Diese auf sekundäre und tertiäre Prävention ausgerichteten Programme müssen durch **primäre Präventionsprogramme** ergänzt werden, die sich auf die Behandlung von rückfallgefährdeten sexuellen Straftätern, die Aufklärung von Kindern hinsichtlich des Rechts auf die Kontrolle über ihren Körper und die gesellschaftliche Bewertung von Sexualität und deren Folgen für die Entwicklung von Kindern erstrecken müssen.

Verlauf und Prognose

Erkenntnisse über den **Verlauf** der Entwicklung von Kindern und Jugendlichen nach sexuellem Missbrauch belegen die weit reichenden Auswirkungen der erfahrenen Traumatisierung in den Bereichen emotionaler Reaktionen und psychischer Funktionen, der Beziehungsfähigkeit, der sexuellen Entwicklung und der sozialen Funktionen. Unter den **psychischen Folgen** dominieren Depressionen, Ängste, Essstörungen, Spannungszustände, Suizidhandlungen, Gefühle der Isolation und Wertlosigkeit unter Frauen, die als Kind Opfer sexueller Misshandlungen waren. Männer entwickeln häufiger homosexuelle Präferenzen, Drogenmissbrauch sowie antisoziale Persönlichkeitsstörungen und werden häufiger erneut Täter.

Die betroffenen Frauen erleben sich auch ungewöhnlich häufig in ihren zwischenmenschlichen Beziehungen und in ihrem Vertrauen in andere einschließlich ihrer Eltern beeinträchtigt. Sie werden im Sinne einer Wiederholung gehäuft Opfer von Vergewaltigungen oder sexueller Gewalt in Ehe und Partnerschaft. Im Erleben ihrer eigenen Sexualität sind sie gehäuft ängstlich, schuldbeladen und unzufrieden; andererseits zeigen diese ehemaligen Opfer bisweilen auch ein promiskuitives Sexualverhalten, das in nicht wenigen Fällen in Prostitution einmündet. Hingegen besteht keine deutliche Beziehung von sexuellem Missbrauch in der Kindheit und späterer Homosexualität, jedoch zur Entwicklung eines Drogenmissbrauchs.

Sorgfältige Analysen der Verläufe von sexuell missbrauchten Kindern und Jugendlichen zeigen, dass dieses erhöhte **Risiko** für eine beeinträchtigte Entwicklung im Erwachsenenalter wesentlich auf den sexuellen Missbrauch und nicht etwa auf Begleit- und Hintergrundfaktoren zurückgeht. Während unmittelbar nach dem Ereignis des sexuellen Missbrauchs etwa 20 bis 40 % der Kinder als psychisch gestört erscheinen, zeigen knapp 20 % noch im Erwachsenenalter bedeutsame psychische Störungen.

Als bedeutsame **prognostische Merkmale** können die folgenden Faktoren betrachtet werden. In der Regel hat der Missbrauch durch Väter oder Stiefväter ungünstigere Auswirkungen als der durch andere Täter. Der genitale Verkehr scheint ungünstigere Auswirkungen als andere sexuelle Handlungen zu haben. Die psychische Traumatisierung ist bei Anwendung von Gewalt stärker. Ferner ist der sexuelle Missbrauch durch Männer und Erwachsene wahrscheinlich schädlicher als durch Frauen und Jugendliche. Die Prognose verschlechtert sich schließlich, wenn die Familie das Opfer der sexuellen Misshandlungen nicht stützt und/oder die Opfer aus der Familie genommen werden müssen.

Literatur

American Academy of Child and Adolescent Psychiatry: Practice parameters for the forensic evaluation of children and adolescents who may have been physically or sexually abused. J. Am. Acad. Child Adolesc. Psychiatr. 36 (1997) 423–442.

Beichman, J. H., K. J. Zucker, J. E. Hood, G. A. DaCosta, D. Akman: A review of the short-term effects of child sexual abuse. Child Abuse & Neglect 15 (1991) 537–556.

Boddy J., D. Skuse, B. Andrews: The developmental sequelae of nonorganic failure to thrive. J. Child Psychol. Psychiat. 41 (2000) 1003–1014.

Cahill, C., S. P. Llewelyn, C. Pearson: Long-term effects of sexual abuse which occurred in childhood: a review. Brit. J. clin. Psychol. 30 (1991) 117–130.

Cicchetti, D., S. L. Toth: A developmental psychopathology perspective on child and abuse and neglect. J. Amer. Acad. Child Adolesc. Psychiat. 34 (1995) 541–565.

Drewett, R. F., S. S. Corbett, C. W. Wright: Cognitive and educational attainments at school age of children who failed to thrive in infancy: a population-based study. J. Child Psychol. Psychiat. 40 (1999) 551–561.

Drotar, D. L. Sturm: Psychosocial influences in the etiology, diagnosis and prognosis of nonorganic failure to thrive. In: Fitzgerald, H. E., B. M. Lester, M. W. Yogman (eds.): Theory and Research in Behavioral Pediatrics. Vol. 5. Plenum Press, New York 1991.

Egle, U. T., S. O. Hoffmann, P. Jaroschky (Hrsg.): Sexueller Mißbrauch, Mißhandlung, Vernachlässigung. Schattauer, Stuttgart 2000.

Fegert, J. M.: Sexuell missbrauchte Kinder und das Recht, Bd. 2. Volksblatt, Köln 1993.

Finkelhor, D.: The victimization of children: A developmental perspective. Amer. J. Orthopsychiat. 65 (1995) 177–193.

Friedrich, W. N.: Behavioral manifestations of child sexual abuse. Child Abuse & Neglect. 22 (1998) 523–531.

Gilmour J., D. Skuse: A case-comparison study of the characteristics of children with a short stature syndrome induced by stress (hyperphagic short stature) and a consecutive series of unaffected „stressed" children. J. Child Psychol. Psychiat. 41 (2000) 969–978.

Green, W. H.: A theoretical model for classical psychosocial dwarfism (psychosocially determined short stature). In: Holmes, C. S. (ed.): Psychoneuroendocrinology. Brain, Behavior and Hormonal Interactions. Springer, New York 1990.

Hilton, M. R., G. C. Mezey: Victims and perpetrators of child sexual abuse. Brit. J. Psychiatr. 169 (1996) 408–415.

Jones, J. G., H. L. Butler, B. R. Hamilton, J. D. Perdue, H. P. Stern, R. C. Woody: Munchausen syndrome by proxy. Child Abuse & Neglect 10 (1986) 33–40.

Kaplan, S. J., D. Pelcovitz, V. Labruna: Child and adolescent abuse and neglect: A review of the past 10 years. Part I: Physical and emotional abuse and neglect. J. Am. Acad. Child Adolesc. Psychiatry 38 (1999) 1214–1222.

Keller, K. M., M. Noeker, Ch. Hilliges, H.-G. Lenard, M. J. Lentze: Münchhausen-by-proxy-Syndrom. Monatsschr. Kinderheilkd. 145 (1997) 1156–1162.

Knutsen, J. F.: Psychological characteristics of maltreated children: putative risk factors and consequences. Annu. Rev. Psychol. 46 (1995) 401–431.

Marcus, A., C. Ammermann, M. Klein, M. H. Schmidt: Munchausen syndrome by proxy and factitious illness: symptomatology, parent-child interaction, and psychopathology of the parents. Eur. Child Adolesc. Psychiatr. 4 (1995) 229–236.

Martinius, J., R. Frank (Hrsg.) Vernachlässigung, Missbrauch und Misshandlung von Kindern. Huber, Bern 1990.

Meadow, R.: Munchausen syndrome by proxy abuse perpetrated by men. Arch. Disease Childhood 78 (1998) 210–216.

New, M., D. Skuse: Child maltreatment. In: Steinhausen, H.-C., F. Verhulst (eds.): Risks and outcomes in developmental psychopathology. Oxford University Press, Oxford 1999.

O'Donohue, W., J. H. Geer (eds.): The Sexual Abuse of Children. Clinical Issue, Vol. 2. Erlbaum Associates, Hillsdale (N.Y.) 1992.

Reece, R. M. (ed.): Treatment of child abuse. The Johns Hopkins University Press, Baltimore 2000.

Skau, K., S. E. Mouridsen: Munchausen syndrome by proxy: a review. Acta Paediatr. 84 (1995) 977–982.

Steinhausen, H.-C.: Psychosozialer Minderwuchs. In: Remschmidt, H., M. Schmidt (Hrsg.): Kinder- und Jugendpsychiatrie in Klinik und Praxis. Bd. III Thieme, Stuttgart 1985.

Stevenson, J.: The treatment of the long-term sequelae of child abuse. J. Child Psychol. Psychiat. 40 (1999) 89–111.

Watkins, B., A. Bentovim: The sexual abuse of male children and adolescents: a review of current research. J. Child Psychol. 33 (1992) 197–248.

Wolkind, S., A. Rushton: Residential and foster family care. In: Rutter, M., E. Taylor, L. Hersov (eds.): Child and Adolescent Psychiatry. Modern Approaches. 3rd ed. Blackwell, Oxford 1994.

Spezielle Kinder- und Jugendpsychiatrie

20 Persönlichkeitsstörungen

Die Lehre von den sog. Psychopathien bzw. Charakterstörungen hat in der Psychopathologie des Erwachsenenalters traditionell einen breiten Raum eingenommen. Aus ihr ist später der Begriff der Persönlichkeitsstörungen hervorgegangen. Er zielt gemäß Verständnis der ICD-10 auf tief verwurzelte, anhaltende Verhaltensmuster, die sich in starren Reaktionen auf unterschiedliche persönliche und soziale Lebenslagen äußern. Menschen mit Persönlichkeitsstörungen zeigen deutliche Normabweichungen hinsichtlich Wahrnehmungen, Denken, Fühlen und interpersonalen Beziehungen. Derartige Verhaltensmuster sind durch Stabilität gekennzeichnet, betreffen vielfältige Verhaltensbereiche und psychische Funktionen und gehen oft mit subjektivem Leiden und Störungen sozialer Funktionen einher.

Mit dieser Konzeption von stabilen und weitgehend fixierten Verhaltensmustern tritt die Kategorie der Persönlichkeitsstörungen in einen eigentümlichen Konflikt zum Entwicklungsgedanken, der die Kinder- und Jugendpsychiatrie in ihrem Denken sehr zentral bestimmt. Wenn Entwicklung sowohl in psychologisch-normativer wie auch in psychopathologischer Hinsicht als ein offener und unabgeschlossener Prozess verstanden wird, der interaktiv und transaktional ist, dann steht er im Widerspruch zu einer Betrachtungsweise, welche Störung als Ergebnis einer fixierten und eher statischen Struktur betrachtet.

Dieser Widerspruch erklärt weitgehend die Tatsache, dass in der Kinder- und Jugendpsychiatrie nur spärlich von der Diagnose einer Persönlichkeitsstörung Gebrauch gemacht wird. Die Entwicklungspsychopathologie erkennt zwar für das Kindesalter unter anderem die Bedeutung des Temperaments als Beschreibung für Verhaltensstile wie Emotionalität, Aktivität und Soziabilität in seiner Bedeutung für die Entwicklung des Kindes einschließlich der Bahnung psychischer Störungen an; sie betont aber zugleich auch hier das Wechselspiel von Temperament und Reaktionen der sozialen Umwelt in diesem Prozess der Entwicklung von Störungen. So kann ein ungünstiges Temperament, z. B. im Sinne von negativer Emotionalität und sozialem Rückzug, möglicherweise prädisponierend für die Entwicklung von psychischen Störungen wirken. Zugleich müssen jedoch zusätzliche Bedingungselemente, insbesondere aus dem jeweiligen lebensgeschichtlichen und situativen Kontext, hinzutreten. Entsprechende

Risikofaktoren für die Entstehung von Persönlichkeitsstörungen bilden gemäß neueren Forschungserkenntnissen Mangelerfahrungen mit körperlicher und emotionaler Vernachlässigung und Missbrauch in der frühen Kindheit.

20.1 Klassifikation und Klinik

Entsprechend dieser kritischen Distanz zur Diagnose der Persönlichkeitsstörungen kennt die Kinder- und Jugendpsychiatrie für das Kindesalter nur wenige klinische Syndrome, welche die eingangs erwähnten Kriterien für eine Persönlichkeitsstörung erfüllen. Ohne Zweifel ist dies der Fall bei der **autistischen Psychopathie,** dem sog. **Asperger-Syndrom.** Diese Störung ist in Kapitel 6 ausführlich beschrieben. Weniger gesichert hinsichtlich der nosologischen Validität ist der Typus des **scheuen und gehemmten Kindes.** Diese Konstellation von Persönlichkeitszügen hat sehr wahrscheinlich eher die Bedeutung einer Disposition für die Entwicklung von Angststörungen im späteren Leben. In sehr ähnlicher Weise bilden auch andere Störungen des Kindesalters einen **entwicklungspsychopathologischen Vorläufer** für spätere Auffälligkeiten, ohne damit als Persönlichkeitsstörungen betrachtet werden zu müssen. Eine entsprechende Kontinuität besteht etwa zwischen dissozialen Störungen im Kindesalter und der antisozialen Persönlichkeitsstörung des Erwachsenenalters.

Im Kontrast zu der geringen Anwendbarkeit für das Kindesalter kann das Konzept der Persönlichkeitsstörungen für das **Jugendalter** und hier besonders für die fortgeschrittene Adoleszenz eine gewisse klinische Relevanz beanspruchen. Aber auch hier ist jeweils sehr sorgfältig zu prüfen, ob der Entwicklungsgedanke und die damit verknüpfte interaktive Betrachtungsweise der Ableitung von Störungen im klinischen Einzelfall durch die Zuschreibung einer Persönlichkeitsstörung empfindlich verletzt wird.

Die Klassifikation der spezifischen Persönlichkeitsstörungen gemäß ICD-10 ist in Tabelle 20-1 zusammengefasst. Hinsichtlich der **diagnostischen Leitlinien** wird betont, dass die jeweiligen Störungsbilder nicht direkt auf Hirnschädigungen oder -krankheiten oder auf andere psychiatrische Störungen zurückgeführt werden können. Folgende **Kriterien** müssen erfüllt sein:

▓ Deutliche Unausgeglichenheit in den Einstellungen und im Verhalten in mehreren Funktionsbereichen wie Affektivität, Antrieb, Impulskontrolle, Wahrnehmen und Denken sowie in den Beziehungen zu anderen.

▓ Das auffällige Verhaltensmuster ist andauernd und gleichförmig und nicht auf Episoden psychischer Krankheiten begrenzt.

▓ Das auffällige Verhaltensmuster ist tiefgreifend und in vielen persönlichen und sozialen Situationen eindeutig unpassend.

▓ Die Störungen beginnen immer in der Kindheit oder Jugend und manifestieren sich auf die Dauer im Erwachsenenalter.

▓ Die Störung führt zu deutlichem subjektivem Leiden, manchmal jedoch erst im späteren Verlauf.

▓ Die Störung ist meistens mit deutlichen Einschränkungen der beruflichen und sozialen Leistungsfähigkeit verbunden.

Für die **Diagnose** der meisten Untergruppen in Tabelle 20-1 müssen jeweils drei der genannten Eigenschaften oder Verhaltensweisen vorliegen. Die schizoide Persönlichkeitsstörung wird ausdrücklich differenzialdiagnostisch von der schizoiden Störung in der Kindheit – also der autistischen Psychopathie (Asperger-Syndrom) – abgegrenzt. Ebenso müssen gemäß ICD-10 die Störungen des Sozialverhaltens in Kindheit und Jugend von der dissozialen Persönlichkeitsstörung differenziert werden. Bei der Abhandlung dieser Störungen in Kapitel 17 war auf die in Einzelfällen gerechtfertigte Ableitung der Delinquenz Jugendlicher aus einer dissozialen Persönlichkeitsstörung hingewiesen worden. Unter den übrigen in der

Tabelle 20-1 Klassifikation und Kennzeichen der Persönlichkeitsstörungen gemäß ICD-10.

F 60.0	paranoide Persönlichkeitsstörung

1. Übertriebene Empfindlichkeit auf Zurückweisung und Zurücksetzung.
2. Neigung zu ständigem Groll wegen der Weigerung, Beleidigungen, Verletzungen oder Missachtungen zu verzeihen.
3. Misstrauen und eine starke Neigung, Erlebtes zu verdrehen, indem neutrale oder freundliche Handlungen anderer als feindlich oder verächtlich missgedeutet werden.
4. Streitsüchtiges und beharrliches, situationsunangemessenes Bestehen auf eigenen Rechten.
5. Häufiges ungerechtfertigtes Misstrauen gegenüber der generellen Treue des Ehe- oder Sexualpartners.
6. Tendenz zu überhöhtem Selbstwertgefühl, das sich in ständiger Selbstbezogenheit zeigt.
7. Inanspruchnahme durch ungerechtfertigte Gedanken an Verschwörungen als Erklärungen für Ereignisse in der näheren Umgebung und in aller Welt.

F 60.1	schizoide Persönlichkeitsstörung

1. Wenige oder überhaupt keine Tätigkeiten bereiten Vergnügen.
2. Emotionale Kühle, Distanziertheit oder flache Affektivität.
3. Geringe Fähigkeit, warme, zärtliche Gefühle oder auch Ärger anderen gegenüber zu zeigen.
4. Anscheinende Gleichgültigkeit gegenüber Lob oder Kritik.
5. Wenig Interesse an sexuellen Erfahrungen mit einer anderen Person (unter Berücksichtigung des Alters).
6. Übermäßige Vorliebe für einzelgängerische Beschäftigungen.
7. Übermäßige Inanspruchnahme durch Phantasie und Introspektion.
8. Mangel an engen Freunden oder vertrauensvollen Beziehungen (oder höchstens zu einer Person) und fehlender Wunsch nach solchen Beziehungen.
9. Deutlich mangelndes Erkennen und Befolgen gesellschaftlicher Regeln.

F 60.2	dissoziale Persönlichkeitsstörung

1. Herzloses Unbeteiligtsein gegenüber den Gefühlen anderer.
2. Deutliche und andauernde Verantwortungslosigkeit und Missachtung sozialer Normen, Regeln und Verpflichtungen.
3. Unvermögen zur Beibehaltung längerfristiger Beziehungen, aber keine Schwierigkeiten, Beziehungen einzugehen.
4. Sehr geringe Frustrationstoleranz und niedrige Schwelle für aggressives, auch gewalttätiges Verhalten.
5. Unfähigkeit zum Erleben von Schuldbewusstsein und zum Lernen aus Erfahrung, besonders aus Bestrafung.
6. Neigung, andere zu beschuldigen oder vordergründig Rationalisierungen für das eigene Verhalten anzubieten, durch welches die Person in einen Konflikt mit der Gesellschaft geraten ist.

F 60.3	emotional instabile Persönlichkeitsstörung

Eine Persönlichkeitsstörung mit deutlicher Tendenz, impulsiv zu handeln, ohne Berücksichtigung von Konsequenzen, und mit wechselnder, instabiler Stimmung. Die Fähigkeit vorauszuplanen, ist gering und Ausbrüche intensiven Ärgers können zu oft gewalttätigem und explosiblem Verhalten führen; dieses Verhalten wir leicht ausgelöst, wenn impulsive Handlungen von anderen kritisiert oder behindert werden. Zwei Erscheinungsformen dieser Persönlichkeitsstörung können näher beschrieben werden, bei beiden finden sich Impulsivität und mangelnde Selbstkontrolle.

F 60.30   *impulsiver Typus*
Die wesentlichen Charakterzüge sind emotionale Instabilität und mangelnde Impulskontrolle. Ausbrüche von gewalttätigem und bedrohlichem Verhalten sind häufig, vor allem bei Kritik durch andere.

F 60.31 *Borderline-Typus*

Einige Kennzeichen emotionaler Instabilität sind vorhanden, zusätzlich sind oft das eigene Selbstbild, Ziele und „innere Präferenzen" (einschließlich der sexuellen) unklar und gestört. Meist besteht ein chronisches Gefühl innerer Leere. Die Neigung zu intensiven, aber unbeständigen Beziehungen kann zu wiederholten emotionalen Krisen führen mit übermäßigen Anstrengungen, nicht verlassen zu werden, und mit Suiziddrohungen oder selbstbeschädigenden Handlungen (diese können auch ohne deutliche Auslöser vorkommen).

F 60.4   histrionische Persönlichkeitsstörung

1. Dramatisierung bezüglich der eigenen Person, theatralisches Verhalten, übertriebener Ausdruck von Gefühlen.
2. Suggestibilität, leichte Beeinflussbarkeit durch andere Personen oder Umstände.
3. Oberflächliche und labile Affektivität.
4. Andauerndes Verlangen nach Aufregung, Anerkennung durch andere und Aktivitäten, in denen die betreffende Person im Mittelpunkt der Aufmerksamkeit steht.
5. Unangemessen verführerisch in Erscheinung und Verhalten.
6. Übermäßiges Interesse an körperlicher Attraktivität.

F 60.5   anankastische Persönlichkeitsstörung

1. Übermäßiger Zweifel und Vorsicht.
2. Ständige Beschäftigung mit Details, Regeln, Listen, Ordnung, Organisation oder Plänen.
3. Perfektionismus, der die Fertigstellung von Aufgaben behindert.
4. Übermäßige Gewissenhaftigkeit, Skrupelhaftigkeit und unverhältnismäßige Leistungsbezogenheit unter Vernachlässigung von Vergnügen und zwischenmenschlichen Beziehungen.
5. Übermäßige Pedanterie und Befolgung von Konventionen
6. Ridigität und Eigensinn.
7. Unbegründetes Bestehen auf der Unterordnung anderer unter eigene Gewohnheiten oder unbegründetes Zögern, Aufgaben zu delegieren.
8. Andrängen beharrlicher und unerwünschter Gedanken oder Impulse.

F 60.6   ängstliche (vermeidende) Persönlichkeitsstörung

1. Andauernde und umfassende Gefühle von Anspannung und Besorgtheit.
2. Überzeugung, selbst sozial unbeholfen, unattraktiv und minderwertig im Vergleich mit anderen zu sein.
3. Ausgeprägte Sorge, in sozialen Situationen kritisiert oder abgelehnt zu werden.
4. Abneigung, sich auf persönliche Kontakte einzulassen, außer man ist sich sicher, gemocht zu werden.
5. Eingeschränkter Lebensstil wegen des Bedürfnisses nach körperlicher Sicherheit.
6. Vermeidung sozialer und beruflicher Aktivitäten, die zwischenmenschliche Kontakte voraussetzen, aus Furcht vor Kritik, Missbilligung oder Ablehnung.

F 60.7   abhängige Persönlichkeitsstörung

1. Bei den meisten Lebensentscheidungen wird an die Hilfe anderer appelliert oder die Entscheidung wird anderen überlassen.
2. Unterordnung eigener Bedürfnisse unter die anderer Personen, zu denen eine Abhängigkeit besteht und unverhältnismäßige Nachgiebigkeit gegenüber den Wünschen anderer.
3. Mangelnde Bereitschaft zur Äußerung angemessener Ansprüche gegenüber Personen, zu denen eine Abhängigkeit besteht.
4. Unbehagliches Gefühl beim Alleinsein aus übertriebener Angst, nicht für sich allein sorgen zu können.
5. Häufige Angst, von einer Person verlassen zu werden, zu der eine enge Beziehung besteht, und auf sich selbst angewiesen zu sein.
6. Eingeschränkte Fähigkeit, Alltagsentscheidungen zu treffen, ohne ein hohes Maß an Ratschlägen und Bestätigung von anderen.

F 60.8   sonstige spezifische Persönlichkeitsstörungen

Persönlichkeitsstörungen, für die keine der spezifischen Kategorien (F 60.0 bis F 60.7) zutreffen.
Dazugehörige Begriffe:
- exzentrische Persönlichkeit(sstörung)
- haltlose Persönlichkeit(sstörung)
- narzisstische Persönlichkeit(sstörung)
- passiv-aggressive Persönlichkeit(sstörung)
- (psycho)neurotische Persönlichkeit(sstörung)
- unreife Persönlichkeit(sstörung)

F 60.9   nicht näher bezeichnete Persönlichkeitsstörung

F 61.0   kombinierte Persönlichkeitsstörungen

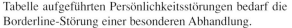

Tabelle aufgeführten Persönlichkeitsstörungen bedarf die Borderline-Störung einer besonderen Abhandlung.

Die ICD-10 berücksichtigt ferner eine Kategorie der **andauernden Persönlichkeitsveränderung** (F 62), die auf die Psychopathologie des Kindes- und Jugendalters wenig anwendbar ist, sowie verschiedene **abnorme Gewohnheiten und Störungen der Impulskontrolle** (F 63), die ebenfalls kurz in einem gesonderten Abschnitt dargestellt werden.

20.2 Borderline-Störungen

Das Konzept der Borderline-Störungen stammt ursprünglich aus der Psychoanalyse, wo es in der Anwendung auf Erwachsene, Jugendliche und Kinder einen Grenzbereich jenseits der sog. psychoneurotischen Störungen beschreiben soll, der gleichwohl noch nicht dem der Psychose zuzurechnen ist. Als charakteristisch werden Defizite in der Entwicklung adäquater und stabiler Funktionen in den Bereichen von Impulskontrolle, Affektmodulation, Aufmerksamkeit, Kognitionen und Objektbeziehungen betrachtet. In psychodynamischer Sicht haben Menschen mit einer Borderline-Störung nicht einmal die relativ stabile Organisationsstruktur der Persönlichkeit gefunden, wie sie bei der klassischen Psychoneurose vorliegt.

Angesichts der mangelnden nosologischen Validität der psychoanalytischen Konzepte sind Bemühungen unternommen worden, die beschriebenen Auffälligkeiten in eine eher deskriptiv gehaltene Begrifflichkeit zu übersetzen. Dabei wurden für Kinder und Jugendliche sechs Gruppe von **Symptomen** herausgestellt:

- intensive, zugleich aber gestörte interpersonale Beziehungen,
- Störungen des Realitätssinnes (Denkstörung),
- ausgeprägte frei flottierende Angst,
- impulsives Verhalten,
- neurotiforme Symptome und eine
- ungleichmäßige oder gestörte Entwicklung.

Unter den neurotiformen Symptomen bzw. in ihrer Ergänzung können auch die Phänomene der heftigen, unintegrierten Affekte, der massiven Regression einschließlich dissoziativer Symptome bei Belastungen, aber auch autodestruktives Verhalten, Missbrauch von Alkohol oder Drogen sowie Schul- und Arbeitsstörungen in die Auflistung aufgenommen werden.

Trotz der Bemühungen um die Ableitung begrifflich klarer Definitionen ist der Gebrauch der Kategorie der Borderline-Störungen auch bei Kindern und Jugendlichen bisher sehr uneinheitlich erfolgt. Das sehr häufig vermittelte Verständnis einer vor allem durch Denk- und Kognitionsstörungen gekennzeichneten psychosenahen Symptomatik wird durch die **ICD-10-Kriterien** nicht abgedeckt. Hier wird der Borderline-Typus vielmehr neben dem impulsiven Typus als eine Unterform der emotional instabilen Persönlichkeit betrachtet, wie aus Tabelle 20-1 ersichtlich wird.

Zugleich hat die ICD-10 mit der Berücksichtigung der Kategorie der **schizotypen Störung** (F 21) dafür gesorgt, dass der psychosenahe Anteil des traditionellen Konzeptes der Borderline-Störung anderweitig definiert und klassifiziert wird. Hierbei handelt es sich um eine Störung mit exzentrischem Verhalten und Anomalien des Denkens und der Stimmung, die zwar schizophren wirken, wenngleich eindeutige schizophrene Symptome fehlen. Die nosologische Unschärfe des Begriffs der schizotypen Störung wird allerdings aus dem Umstand ersichtlich, dass die ICD-10 angesichts unklarer Grenzen zur Schizophrenia simplex bzw. zu den schizoiden und paranoiden Persönlichkeitsstörungen zu einem zurückhaltenden Gebrauch dieser Kategorie mahnt.

Eine ähnlich Zurückhaltung scheint auch hinsichtlich einer breiten Akzeptanz der Diagnose der Borderline-Störungen geboten. Die unklare nosologische **Validität** rechtfertigt diese Diagnose kaum für das Kindesalter. Auch für das Jugendalter erscheint die Anwendung nicht unproblematisch, zumal einerseits die Abgrenzung gegenüber noch normalen Variationen der Entwicklung in der Adoleszenz schwierig ist und andererseits definitorische Überlappungen mit Teilelementen anderer Persönlichkeitsstörungen vorliegen. Dies gilt z. B. für die dissozialen, histrionischen, anankastischen und ängstlichvermeidenden Persönlichkeitsstörungen, wie Tabelle 20-1 entnommen werden kann.

Entsprechend schwierig kann die **Differenzialdiagnose** sein, zumal sie nicht nur schizophrene und dissoziative Störungen einbeziehen muss, sondern auch die Frage einer Komorbidität mit z. B. hyperkinetischen und affektiven Störungen sorgsam prüfen muss. Als stützend für die Diagnose könnte eine hinlängliche Kontinuität der Symptomatik, eine homologe familiäre Belastung und evtl. auch die geringere pädagogische (und therapeutische) Beeinflussbarkeit betrachtet werden.

Trotz der Zweifel an der Gültigkeit des Konzeptes der Borderline-Störungen ist einzuräumen, dass sich über den Einsatz standardisierter diagnostischer Instrumente aus der Forschung Argumente für eine diskrimininante Validität, d. h. eine gültige Differenzierung der Borderline-Störungen von anderen Störungen, ableiten ließen. Diese betreffen die Abgrenzbarkeit von Borderline-Störungen gegenüber Psychosen, emotionalen und expansiven bzw. gemischten anderen psychiatrischen Störungen.

Weitere Stützen für das Konzept der Borderline-Störungen bei Jugendlichen ergeben sich aus Hinweisen der Entwicklungsgeschichte und biologischen Korrelaten. In der **Anamnese** von Jugendlichen mit Borderline-Störung finden sich gehäuft Hinweise auf gestörte frühkindliche Bindungen und Vernachlässigung bzw. Ablehnung, schwere Abweichungen des Elternverhaltens, Misshandlung und zerbrochene bzw. schwer gestörte Familien. Ähnliche Konstellationen sind allerdings auch bei Dissozialität und Bindungsstörungen zu finden. Unter biologischen **Korrelaten** fällt eine hohe Rate von organischen Zeichen im Sinne gestörter Hirnfunktionen auf. Diese können im Zusammenhang mit den aufgeführten Umweltfaktoren die Bahnung einer Borderline-Störung begünstigen.

20.3 Therapie und Verlauf

Persönlichkeitsstörungen werden traditionell als therapeutisch nur begrenzt korrigierbar betrachtet. Gleichwohl gilt es, einem therapeutischen Nihilismus zu wehren. Die begrenzten Möglichkeiten spezifischer Therapieverfahren bedeuten nicht, dass nicht mit einer Kombination von verschiedenen Elementen Erfolge erzielt werden können.

Entsprechend plädieren erfahrene Therapeuten für einen **multimodalen Therapieansatz** unter Einschluss von Psycho- und Verhaltenstherapie, begleitender Eltern- und Familienberatung sowie Medikation. In der Psychotherapie besteht das Ziel in der Entwicklung von Möglichkeiten der Realitätsprüfung und dem Aufbau reiferer Abwehrmechanismen. Dabei sind Modifikationen der psychoanalytischen Interpretationstechnik erforderlich, indem der Therapeut hier stärkere Zurückhaltung wahrt und eher als Hilfs-Ich dient, zumal diese Patienten ein starkes Bedürfnis nach einer verlässlichen und stabilen Objektbeziehung haben. Von anderer Seite ist ein eher direktives Vorgehen mit klarer Grenzziehung und das Fehlverhalten konfrontierenden Elementen, einschließlich einer Modifikation der kognitiven Verzerrungen, empfohlen worden. Derartige Positionen stehen dem korrigierenden Ansatz der Verhaltenstherapie näher. Unter den verschiedenen Psychopharmaka, die zum Einsatz kommen können, befinden sich je nach Zielsymptom Anxiolytika, trizyklische Antidepressiva und niederpotente Neuroleptika.

Sorgfältige Therapiebewertungen, welche die Praxis leiten könnten, fehlen weitgehend. Längerfristige Therapien unter Einschluss von pädagogisch-institutionellen Maßnahmen haben möglicherweise einen prognostisch günstigeren Effekt. Der längerfristige **Verlauf** von Persönlichkeitsstörungen mit Beginn im Jugendalter weist im jungen Erwachsenenalter erhöhte Prävalenzraten für Angststörungen, affektive Störungen, disruptive Störungen einschließlich Gewalt und Kriminalität sowie für Suizidalität auf. Die Wahrscheinlichkeit, dass Jugendliche mit Persönlichkeitsstörungen auch im Erwachsenenalter diese Störung beibehalten, ist trotz einer tendenziellen Abnahme immer noch beträchtlich. Eine Borderline-Störung in der Kindheit scheint einer Reihe von Persönlichkeitsstörungen im Erwachsenenalter, nicht notwendigerweise aber einer Borderline-Störung oder einer anderen psychiatrischen Störung des Erwachsenenalters vorauszugehen.

20.4 Abnorme Gewohnheiten und Störungen der Impulskontrolle

Definition, Klassifikation und Häufigkeit

Zur Kategorie der abnormen Gewohnheiten und Störungen der Impulskontrolle zählt die ICD-10 das **pathologische Spielen** (F 63.0), die **pathologische Brandstiftung** (F 63.1, Pyromanie), das **pathologische Stehlen** (F 63.2,

Kleptomanie) und die **Trichotillomanie** (F 63.4). Kennzeichnend für diese Störungen sind wiederholte Handlungen ohne vernünftige Motivation, die im Allgemeinen gegen die Interessen der eigenen Person oder anderer Menschen gerichtet und schädigend sind. Der Charakter der Unkontrollierbarkeit und des Impulsiven zeigt eine große phänomenologische Ähnlichkeit zu den Zwangsstörungen, weshalb diese Störungen von zahlreichen Autoren auch als Bestandteil eines breiten Spektrums von Zwangsstörungen betrachtet werden.

Analog zu den oben dargestellten Persönlichkeitsstörungen ist mit Ausnahme der Trichotillomanie kritisch zu prüfen, inwieweit die anderen abnormen Gewohnheiten und Störungen der Impulskontrolle überhaupt angemessene Diagnosen für den Entwicklungsabschnitt von Kindheit und Jugend abgeben können. Pathologisches Glücksspiel dürfte ein allenfalls in der fortgeschrittenen Adoleszenz vereinzelt zu beobachtendes Phänomen darstellen, zumal die Rahmenbedingungen einer wirtschaftlichen Unabhängigkeit und Mündigkeit in diesem Alter noch nicht gegeben sind und somit der Entwicklung eines pathologischen Glücksspiels noch enge Grenzen gesetzt sind. Auch die Konzeption der Diagnose der pathologischen Brandstiftung und des pathologischen Stehlens ist für das Kindes- und Jugendalter problematisch, zumal diese Phänomene bei Kindern und Jugendlichen praktisch immer in eine umfassende Störung des Sozialverhaltens eingebettet sind. Einzig die Trichotillomanie ist eine altersüberschreitende, valide Störung der Impulskontrolle, die allerdings – wie bereits erwähnt – auch als Bestandteil des Spektrums der Zwangsstörungen klassifiziert werden könnte.

Zur Häufigkeit der abnormen Gewohnheiten mit Störungen der Impulskontrolle liegen nur sehr wenige Erkenntnisse vor. Die Lebenszeitprävalenz für die **Trichotillomanie** wird auf 0,6–3,4% geschätzt, wobei allerdings keine wirklich überzeugenden Studienergebnisse vorliegen.

Klinik und Diagnostik

Den abnormen Gewohnheiten und Störungen der Impulskontrolle ist ähnlich wie bei den Zwangsstörungen gemeinsam, dass die betroffenen Patienten einen Drang zur Ausführung der jeweiligen Handlung verspüren, den sie nicht unter Kontrolle bringen können. Deshalb werden die Handlungen trotz der schädlichen Auswirkung für die Betroffenen und ihre Umwelt fortgesetzt. Vielfach dient wie bei Zwangsstörungen die jeweilige Handlung der Spannungsabfuhr; nach der Ausführung der Handlung wird Erleichterung und Entspannung gesucht.

Hinsichtlich der **Differenzialdiagnose** und gegebenenfalls auch der **Komorbidität** müssen beim **pathologischen Spielen** die Manie und vor allem die Störung des Sozialverhaltens als für das Jugendalter zutreffendere Diagnosen berücksichtigt werden. Bezüge zu Substanzmissbrauchsstörungen können ebenfalls vorliegen, wobei pathologisches Spielen auch als eine nicht substanzgebundene Abhängigkeit verstanden werden kann. Ähnliche

Konstellationen können auch beim pathologischen **Stehlen** vorliegen. Neben emotionalen Störungen und Substanzmissbrauchsstörungen besteht eine spezielle Beziehung zum Subtyp der multiimpulsiven **Bulimia nervosa**.

Für die Kinder- und Jugendpsychiatrie ist trotz der relativ seltenen Vorstellung betroffener Patienten die **Trichotillomanie** die Störung mit der größten Relevanz innerhalb der Klasse der abnormen Gewohnheiten und Störungen der Impulskontrolle. Kennzeichnend ist das Ausreißen von Haaren, wobei das vor der Handlung bestehende Gefühl der Spannung bei Kindern nicht durchgängig beobachtet wird. Die Störung zeigt keine eindeutige Geschlechterpräferenz und beginnt mehrheitlich im Grundschulalter. Bevorzugt werden die Kopfhaare, Augenwimpern und Augenbrauenhaare ausgerissen, wobei Kombinationen möglich sind. Das Haarausreißen erfolgt bevorzugt vor dem Einschlafen im Bett, bei Hausaufgaben oder anderen sitzenden Beschäftigungen wie Fernsehen. In der Regel sind zu diesen Zeitpunkten keine anderen Personen zugegen. Zu den **komorbiden Störungen** können emotionale Störungen, speziell Zwangsstörungen und vereinzelt auch disruptive Störungen gehören. **Differenzialdiagnostisch** sind Hauterkrankungen wie z. B. die Alopecia areata, das Haarmanipulieren im Rahmen von Stereotypien oder das wahnbedingte Herausreißen von Haaren im Rahmen einer Schizophrenie zu berücksichtigen.

Ätiologie

Während die ICD-10 für die Gesamtgruppe der abnormen Gewohnheiten und Störungen der Impulskontrolle konstatiert, dass die Ursachen unbekannt seien, lässt die insgesamt nicht sehr umfangreiche Forschungsliteratur für die **Trichotillomanie** verschiedene Hypothesen erkennen. Diese reichen von psychodynamischen, nicht diagnosespezifischen Annahmen zu Störungen der frühen Mutter-Kind-Bindung über familiendynamische Hypothesen mit der Betonung defizitärer familiärer Interaktionen bis zu unspezifischen Stresshypothesen und neurobiologischen Ansätzen, in denen z. B. analog zu Zwangsstörungen Störungen im serotonergen Neurotransmittersystem angenommen werden.

Therapie und Verlauf

Die Behandlung von abnormen Gewohnheiten und Störungen der Impulskontrolle ist wenig systematisch erforscht. Am ehesten können verhaltenstherapeutische Techniken erfolgversprechend eingesetzt werden, wobei die systematische Desensibilisierung und Expositionsverfahren sowie kognitive Methoden der Selbstkontrolle Anwendung finden können. Wegen der phänomenologischen Nähe zu den Zwangsstörungen können pharmakologische Substanzen aus der Gruppe der selektiven Serotonin-Wiederaufnahmehemmer verwendet werden.

Diese grundsätzlichen Empfehlungen gelten auch für die Behandlung der **Trichotillomanie**. Unter verhaltenstherapeutischen Methoden sind neben den genannten Verfahren auch die für die Behandlung der Stereotypien entwickelten Techniken der Reaktionsumkehr und Überkorrektur sowie verschiedene operante Techniken mit Verstärkung eingesetzt worden. Die bisherige Erfahrungsbasis über die Wirksamkeit pharmakologischer Behandlungen ist außerordentlich schmal.

Über den **Verlauf** von abnormen Gewohnheiten und Störungen der Impulskontrolle im Kindes- und Jugendalter liegen nur äußerst spärliche Informationen vor. Dieser dürfte von der Verknüpfung mit koexistenten psychischen Störungen und der Dauer der Störung vor Beginn einer wirksamen Behandlung abhängen. Langzeitbeobachtungen fehlen und sind daher dringend erforderlich.

Literatur

Biederman, J., J. Rosenbaum, D. R. Hirshfeld, S. V. Faraone, E. A. Boldue, M. Gersten, S. R. Meninger, J. Kagan, NN. Suidman, S. Reznick: Psychiatric correlates of behavioral inhibition in young children of parents with and without psychiatric disorders. Arch. Gen. Psychiat. 47 (1990) 21–26.

Brent, D. A., J. P. Zelenak, O. Brukstein, R. V. Brown: Reliability and validity of the structured interview for personality disorders in adolescents. J. Amer. Acad. Child Adolescent Psychiat. 29 (1990) 349–354.

Brunner, R., P. Parzer, F. Resch: Dissoziative Symptome und traumatische Lebensereignisse bei Jugendlichen mit einer Borderline-Störung. Persönlichkeitsstörungen 5 (2001) 4–12.

Engellandt-Schnell, A., G. Lehmkuhl, U. Lehmkuhl, J. Bossle, W. Berner: Diagnose und Thereapie von Borderline-Störungen im Jugendalter. In: Steinhausen, H. C. (Hrsg.): Das Jugendalter. Huber, Bern 1990.

Hill, J.: Disorders of personality. In: Rutter, M., E. Taylor (eds.): Child and Adolescent Psychiatry. Modern Approaches. 4th Blackwell, Oxford 2002.

Johnson, J. G., P. Cohen, S. Kasen, A. E. Skordol, F. Hamagami, J. S. Brook: Age-related change in personality disorder trait levels between early adolescence and adulthood: a community-based longitudinal investigation. Acta Psych. Scand. 102 (2000) 265–275.

Johnson, J. G., P. Cohen, E. M. Smailes, S. Kasen, J. M. Oldham, A. E. Skordol, J. S. Brook: Adolescent personality disorders associated with violence and criminal behavior during adolescence and early adulthood. Am. J. Psychiatry 157 (2000) 1406–1412.

Johnson, J. G., P. Cohen, J. Brown, E. M. Smailes, D. P. Berman: Childhood maltreatment increases risk for personality disorders during early adulthood. Arch. Gen. Psychiatry 56 (1999) 600–606.

Johnson, J. G., P. Cohen, A. E. Sohol, J. M. Oldham, S. Kasen, J. S. Brook: Personality disorders in adolescence and risk of major mental disorders and suicidality during adulthood. Arch. Gen. Psychiatry 56 (1999) 805–811.

Lofgren, D. P., J. Bemporad, J. King, K. Lindem, G. O'Driscall: A prospective follow-up study of so called borderline children. Amer. J. Psychiat. 148 (1991) 1541–1547.

Ludolph, P. S., D. Westen, B. Misle, A. Jackson, J. Wixom, C. Wiss: The borderline diagnosis in adolescents – symptoms and developmental history. Amer. J. Psychiat. 147 (1990) 470–476.

Petti, T. A., R. M. Vela: Borderline disorders of childhood: An overview. J. Amer. Acad. Child Adolescent Psychiat. 29 (1990) 327–337.

Spezielle Kinder- und Jugendpsychiatrie

Pinto, A., W. L. Grapeutine, G. Francis, C. M. Picariello: Borderline personality disorders in adolescents: affective and cognitive features. J. Am. Acad. Child Adolesc. Psychiatry 35 (1996) 1338–1343.

Reeve, E.: Hairpulling in children and adolescents: In: Stein, D. J., G. A. Christensen, E. Hollander: Trichotillomania. American Psychiatric Press, Washington 1999.

Steinhausen, H.-C.. Persönlichkeitsstörungen im Kindes- und Jugendalter. In: G. Nissen (Hrsg.): Endogene Psychosyndrome und ihre Therapie im Kindes- und Jugendalter. Huber, Bern 1992.

Swedo, S. E., J. L. Rapoport: Annotation: Trichotillomania. J. Child Psychol. 32 (1991) 401–409.

Wenning, K.: Borderline-children – A closer look at diagnosis and treatment. Amer. J. Orthopsychiat. 60 (1990) 225–232.

21 Sexuelle Störungen

Sexuelles Verhalten ist zweifelsfrei noch stärker als andere menschliche Verhaltensweisen einer gesellschaftlichen, kulturellen und historischen Bewertung unterworfen. Eine zunehmende Liberalisierung, aber auch Kommerzialisierung der Sexualität hat in den letzten Jahrzehnten zumindest in den meisten westlichen Industrieländern für Jugendliche die Grenzen zwischen akzeptiertem und abweichendem Sexualverhalten deutlich verschoben. Parallel ist zugleich eine beeindruckende Entwicklung der Sexualwissenschaft abgelaufen, die sich zunehmend aus vorgegebenen theoretischen Orientierungen gelöst und vornehmlich empirisch begründet hat. Diese Entwicklung hat wiederum wichtige neue Impulse für die klinische Praxis gegeben. In der Folge zeichneten sich deutlich Tendenzen ab, Teile der psychiatrischen Konzeption der so genannten sexuellen Deviationen und Perversionen neu bestimmen zu müssen. Insbesondere das zunehmende Interesse an einer empirischen Fundierung von Krankheitsbildern ließ die Notwendigkeit einer Revision z. B. der Lehre von den Perversionen notwendig erscheinen.

Diese Entwicklungstendenzen haben sich bereits in der diagnostischen Nomenklatur niedergeschlagen, indem z. B. im DSM-III erstmalig die Diagnose einer Störung der Geschlechtsidentität im Kindesalter berücksichtigt wurde. Gleichwohl liegt bisher keine umfassende Klassifikation der sexuellen Störungen im Kindes- und Jugendalter vor. Für einen entsprechenden Ansatz muss die Überlegung bestimmend sein, dass neben einer empirischen Begründung der Gedanke der Entwicklungsabhängigkeit der Sexualität bei Kindern und Jugendlichen für jede Klassifikation grundlegend sein muss. Der prinzipiell offene Charakter von Entwicklung insbesondere im Kindes- und Jugendalter muss dabei zur Zurückhaltung hinsichtlich der Zuschreibung von Störungen der Sexualität gemahnen.

In Orientierung an diesen Überlegungen zentriert sich dieses Kapitel schwerpunktmäßig auf die klinisch und empirisch gut begründeten **Störungen der sexuellen Identität** bei Kindern und Jugendlichen und begnügt sich bei der Darstellung von Störungen der sexuellen Entwicklung und Orientierung sowie den Störungen der Sexualpräferenz (den sog. **Paraphilien**) auf einige klinische Anmerkungen.

21.1 Störungen der sexuellen Identität

In Abhängigkeit vom Lebens- und Entwicklungsalter existieren zwei mit unterschiedlichen Bezeichnungen versehene Störungen der sexuellen Identität: die Störung der Geschlechtsidentität bei Kindern und die Transsexualität bei Jugendlichen und Erwachsenen, deren gemeinsames Kennzeichen die gegengeschlechtliche Identität im Widerspruch zum biologischen Geschlecht ist.

21.1.1 Störungen der Geschlechtsidentität bei Kindern

Definition, Klassifikation und Häufigkeit

Für eine gestörte Geschlechtsidentität im Kindesalter gelten die in Tabelle 21-1 dargestellten und die Leitlinien der ICD-10 (F 64.2) erweiternden **Kennzeichen:**

Tabelle 21-1 Merkmale der Störung der Geschlechteridentität bei Kindern.

- eine anhaltende Verstimmung (Dysphorie) und Unzufriedenheit mit dem anatomischen Geschlecht,
- ein ausgeprägtes Interesse, sich gegengeschlechtlich zu kleiden,
- verbale Feststellungen des Kindes zur gegengeschlechtlichen Identität,
- gegengeschlechtliche Manierismen,
- Bevorzugung von gegengeschlechtlichen Spielkameraden,
- Ablehnung bzw. Bevorzugung von körperbetonten, sportlichen Aktivitäten bei Jungen bzw. Mädchen und
- gegengeschlechtliche Präferenz von Spielsachen. Die Störung geht über eine Ablehnung stereotypen Geschlechtsrollenverhaltens hinaus.

Eine gegengeschlechtliche Identität kann sowohl bei Jungen wie bei Mädchen vorkommen. In Analogie zur Häufigkeit der Transsexualität, des Transvestitismus und auch der Homosexualität sind Störungen der Geschlechtsidentität bei Jungen sehr viel häufiger als bei Mädchen. Die Geschlechterrate beträgt ca. 6:1. Verlässliche Zahlen zur Häufigkeit liegen nicht vor. Als untere Grenze können die Zahlen über erwachsene Transsexuelle angenommen werden, die in internationalen Statistiken unterschiedlich mit 1 auf 30 000 Männer und 1 auf 100 000 Frauen angegeben wurden.

Betrachtet man die Angaben von Eltern in den USA im Rahmen der Standardisierungserhebungen der Child Behavior Checklist von Achenbach (vgl. Kap. 4) nach gegengeschlechtlichem Verhalten – das nicht mit einer Störung der geschlechtlichen Identität gleichzusetzen ist –, so liegen die Zahlen in folgendem Bereich: im Altersbereich von 4 bis 11 Jahren verhalten sich 3 bis 6 % der Jungen und 10 bis 12 % der Mädchen bisweilen oder häufig wie das jeweils andere Geschlecht und möchten 0 bis 2 % der Jungen und 2 bis 5 % der Mädchen bisweilen oder oft dem anderen Geschlecht angehören. Diese Zahlen können allerdings nur die obere Maximalgrenze für eine Störung der Geschlechtsidentität abgeben. Tatsächlich dürften die Prävalenzraten sehr viel niedriger liegen; Kinder mit entsprechenden Störungen werden sehr selten klinisch vorgestellt.

Klinik und Diagnostik

In diesem Abschnitt sollen zunächst die Charakteristika der Störung in einer Verhaltensbeschreibung der bereits dargelegten definierenden Merkmale und sodann die psychologischen Auswirkungen vor einer Erörterung diagnostischer Maßnahmen dargelegt werden.

Verhalten und Symptomatik

Meist beginnt die Symptomatik bereits vor dem vierten Geburtstag. Die für die gestörte Geschlechtsidentität zentrale Ablehnung des anatomischen Geschlechts äußert sich darin, dass die Jungen anstatt eines Penis eine Vagina haben wollen und bisweilen versuchen, ihre Genitalien zu verstecken. Im Spiel versuchen sie, Brüste zu simulieren. Sie setzen sich zum Urinieren hin und äußern Wünsche, ein Kind zu gebären und zu stillen. Mädchen wollen anstatt einer Vagina einen Penis haben. Sie versuchen bisweilen, mit Objekten einen Penis zu simulieren. Urinieren im Stehen und Unzufriedenheit mit den sich entwickelnden Brüsten können beobachtet werden. Sehr junge Kinder verleugnen ihr Geschlecht eventuell auch verbal.

Jungen zeigen Interesse an weiblicher Kleidung. Eventuell tragen sie auch Absatzschuhe, Schmuck und Make-up. Häufig wird auch weibliche Kleidung oder langes Haar simuliert. Mädchen versuchen ihre Kleidung soweit wie möglich der Kleidung von Jungen anzupassen. Sie lehnen Röcke oder Kleider ebenso wie Schmuck und Kosmetika massiv ab und zeigen bisweilen auch eine besondere Vorliebe für sehr kurze Haare. Beide Geschlechter äußern verbal, dem anderen Geschlecht zugehören zu wollen.

Das Bewegungsverhalten und die Stimme nehmen bei Jungen einen effeminierten Charakter an, während Mädchen versuchen, einen übermäßig männlichen Verhaltensstil zu entwickeln. Bei Jungen wie Mädchen besteht eine deutliche Präferenz von Spielgefährten des anderen Geschlechts, wobei mit zunehmendem Alter häufig Zurückweisung und soziale Isolation resultieren.

Jungen lehnen körperliche und sportliche Aktivitäten mit Wettbewerbscharakter ab und haben bisweilen ausgeprägte Ängste vor körperlicher Verletzung. Manche Mädchen haben in der späten Kindheit ein besonders ausgeprägtes Interesse für sportlichen Wettkampf. Beide Geschlechter ziehen Spielaktivitäten und Spielzeug vor, die gemäß kultureller Bewertung eher dem jeweils anderen Geschlecht zustehen. Jungen spielen besonders gerne mit Puppen und weibliche Rollen oder identifizieren sich gerne mit populären Frauen. Umgekehrte Verhältnisse liegen bei Mädchen vor.

Über die **psychologischen Auswirkungen** einer gestörten Geschlechtsidentität einschließlich der Psychopathologie ist bei Mädchen angesichts der geringen Häufigkeit sehr viel weniger bekannt als bei Jungen. Offensichtlich besteht bei Mädchen noch in der Kindheit und Jugend eine stärkere Tendenz, das gegengeschlechtliche Verhalten zugunsten sozialer Konformität aufzugeben. Jungen neigen eher zum Persistieren ihres Verhaltens und geraten daher sehr viel stärker unter sozialen Druck. Entsprechend häufig sind sie kontaktisoliert und leiden nicht nur aufgrund dieser Bedingungen, sondern auch wegen ihrer zwanghaft-rigiden Orientierung an dem gegengeschlechtlichen Verhalten bisweilen unter Gefühlen von Verstimmung und eher internalisierten Störungen. Insgesamt scheinen sie eher belastet und von daher – wenngleich nicht schwer, so doch mittelgradig – psychisch beeinträchtigt.

Untersuchung

Die umfassende **Diagnostik** einer gestörten Geschlechtsidentität muss Informationen auf mehreren Ebenen erheben. Hierzu zählen der **Elternbericht**, die **Beobachtung des Verhaltens** in der Untersuchungssituation und im natürlichen Umfeld, **Test- und Fragebogenuntersuchungen** sowie die **Exploration** von Kind und Eltern. Eine sorgfältige Befunderhebung sollte neben der Anamnese eines **körperliche Untersuchung** einschließlich der äußeren Genitalien und eine Chromosomenanalyse umfassen, damit gegebenenfalls auch Intersexe erkannt werden. Die Verhaltensbeobachtung zentriert sich auf geschlechtsspezifisches Spielverhalten sowie Bewegungsabläufe und Gestik. Fragebogen über Spielaktivitäten und Verhalten können die Diagnostik unterstützen. Beispiele für derartige Fragebogen sind im Anhang 21.1 und 21.2 zu diesem Kapitel wiedergegeben. Im Rahmen der psychologischen **Testdiagnostik** sollten Intelligenzminderungen ausgeschlossen werden, welche eine normale Identifikation und geschlechtsspezifische Lernprozesse beeinträchtigen. Darüber hinaus können Menschzeichnungen oder Tests zur Erfassung familiärer Beziehungen wichtige Aufschlüsse über die Identität leisten.

Ätiologie

Die Ursachen einer gegengeschlechtlichen Identität bei Kindern sind noch sehr ungenügend aufgeklärt. Statt einer einseitigen Ableitung aus biologischen oder sozialen Faktoren des Lernens ist eine Wechselwirkung denkbar. Bisher hat sich die Forschung aber sehr stark auf die Betonung der Lerngeschichte mit Verstärkungen einer gegengeschlechtlichen Identifikation zentriert. Eine **pränatale Prägung** durch Auswirkungen von Geschlechtshormonen auf das sich differenzierende Gehirn ist im Sinne einer prädisponierenden Rolle biologischer Faktoren eine wissenschaftliche akzeptierte Hypothese. Sie kann sich u. a. auf das Analogiemodell der Auswirkungen einer pränatalen Prägung des geschlechtsspezifischen Verhaltens durch Androgene beim adrenogenitalen Syndrom stützen.

Möglicherweise hat das **Temperament** mit z. B. geringem Antrieb und niedriger Angsttoleranz bei gegengeschlechtlich orientierten Jungen eine bahnende Funktion in einigen Fällen. Für die Bedeutsamkeit der **Lerngeschichte** liegen zahlreiche Beobachtungen vor. So kann die Verstärkung von körperlicher Schönheit oder auch die Ermutigung für weibliches Verhalten beim Jungen im Kleinkindalter ebenso wie der heimliche Wunsch der Eltern und dabei besonders der Mutter nach einem Mädchen bedeutsam sein. Bisweilen wird das Kind diesen Wünschen gemäß gekleidet und erzogen und auf diesem Wege in einer gegengeschlechtlichenn Identifizierung bestärkt. Schließlich kann das Fehlen einer gleichgeschlechtlichen Identifikationsfigur bedeutsam sein, die als Modell für das eigene Verhalten wirksam wird. Auch die Ablehnung durch diese erwachsene Bezugsperson ist möglicherweise für die Identitätsbildung von Bedeutung. Weitgehend unerforscht ist der Beitrag, den das Kind selbst zu seiner gegengeschlechtlichen Identität im Rahmen der Entwicklung leistet.

Therapie und Verlauf

Angesichts der weitreichenden kulturellen Bestimmung der Geschlechtsrolle und einer zunehmend liberaleren Einstellung weiter Bevölkerungskreise gegenüber abweichendem Sexualverhalten stellt sich die Frage, aus welchen Gründen eine Störung der Geschlechtsidentität bei Kindern überhaupt behandelt werden soll. Für ein therapeutisches Handeln sind wesentlich Gründe der **Prävention** aufgeführt worden.

Einerseits erleiden die Kinder bereits in der Kindheit beträchtliche soziale Zurückweisungen, die sie besonders vulnerabel für psychische Störungen machen. Ferner gehen Störungen der Geschlechtsidentität im Kindesalter in einem kleinen Teil der Fälle in Transsexualität und Transvestitismus im Erwachsenenalter über. Mit diesen Entwicklungen sind erhebliche sekundäre Probleme verknüpft, zu denen bei der Transsexualität z. B. Depressionen und Suizidversuche, Automutilationen und trotz kostspieliger operativer Geschlechtsumwandlungen häufig psychische Fehlentwicklungen zählen. Auch der Transvestitismus ist mit beträchtlichen Risiken für die Entwicklung psychischer Störungen verknüpft.

Therapeutische Ziele

Das Ziel der Behandlung muss also darin bestehen, den über ihr Verhalten oft unglücklichen Kindern (d. h. meist Jungen) mehr Zufriedenheit mit ihrem anatomischen Geschlecht, ein geschlechts- und altersgemäßes Verhalten im Einklang mit kulturellen Erwartungen und eine positive Vorstellung von ihrer Rolle als Erwachsenen zu vermitteln. Diese Ziele können über eine Kombination von **Beratung der Eltern** und **Therapie des Kindes** erreicht werden. So kann die soziale Ablehnung z. B. feminin wirkender Jungen durch ein aktives Eingreifen der Eltern eingeschränkt werden, indem sie Einfluss auf Kontakte mit Gleichaltrigen nehmen. Häufig geht es auch darum, die Entfremdung zwischen Vater und Sohn abzubauen und über gemeinsame Aktivitäten die Beziehung zu stärken. Ferner können Eltern unterwiesen werden, wie sie bestimmte erwünschte Verhaltensweisen bestärken und andere, unerwünschte unterbrechen.

Therapeutische Methoden

Die unmittelbare therapeutische Arbeit mit dem Kind wird sehr wesentlich von der **Verhaltenstherapie** bestimmt. Dabei liegen die Schwerpunkte der Behandlung bei der Verstärkung geschlechtstypischen Verhaltens hinsichtlich Spiel, Sprache, Bewegungsabläufen und Gestik. Behandlungsprogramme können sowohl im Therapieraum wie auch im häuslichen Umfeld unter Einsatz der Eltern als Co-Therapeuten realisiert werden. Eine Beteiligung der Lehrer oder die Einführung von sportlichen Aktivitäten ist bei derartigen Behandlungsprogrammen ergänzend möglich. Während zumindest für relativ kurze Verlaufszeiträume die Effizienz verhaltenstherapeutischer Interventionen gut belegt ist, lassen sich die wenigen vorliegenden Psychotherapieberichte in dieser Hinsicht nicht nur durchgängig positiv bewerten. In einigen Fällen erscheint auch eine psychodynamisch orientierte Psychotherapie zu einer Verhaltensänderung bei gegengeschlechtlich orientierten Kindern zu führen.

Verlauf

Der Verlauf von Störungen der Geschlechtsidentität bei Kindern ist zunächst, wie bereits angedeutet, eher bei Mädchen als bei Jungen durch eine höhere Wahrscheinlichkeit für eine Umorientierung in der Adoleszenz bestimmt. Beim männlichen Geschlecht ist die psychosexuelle Entwicklung mehrheitlich atypisch. Relativ häufig resultiert eine homosexuelle Orientierung im Erwachsenenalter und nur selten eine persistierende Geschlechtsidentitätsstörung. Über die langfristige Entwicklung von Mädchen mit gestörter Geschlechtsidentität liegen keine Erkenntnisse vor.

21.1.2 Transsexualität bei Jugendlichen

Definition und Häufigkeit

Transsexualität ist durch die Diskrepanz zwischen körperlich-anatomischem Geschlecht und erlebtem bzw. gelebtem Geschlecht gekennzeichnet. Der transsexuelle Mensch denkt und fühlt gegengeschlechtlich, möchte in dieser Rolle anerkannt werden und liebt gleichgeschlechtlich, wobei er sich in seiner gegengeschlechtlichen Orientierung nicht als homosexuell erlebt. Die diagnostischen Kriterien gemäß ICD-10 sind in Tabelle 21-2 dargestellt.

Tabelle 21-2 Diagnostische Kriterien der Transsexualität (F 64.0) gemäß ICD-10.

- Wunsch als Angehöriger des anderen Geschlechts zu leben und anerkannt zu werden,
- Wunsch nach hormoneller und chirurgischer Behandlung,
- Mindestdauer der transsexuellen Identität von zwei Jahren und
- differenzialdiagnostischer Ausschluss von Intersexualität oder genetischen und geschlechtschromosomalen Anomalien sowie anderen psychischen Störungen – wie z. B. einer Schizophrenie wegen der bisweilen überwertig oder wahnhaft wirkenden Überzeugung von der gegengeschlechtlichen Identität.

Genaue Angaben zur **Häufigkeit** im Jugendalter fehlen. Angesichts der bereits zitierten Häufigkeiten von 1 auf 30 000 Männer bzw. 1 auf 100 000 Frauen gilt die Transsexualität als eine sehr seltene Störung bei Jugendlichen.

Klinik

Transsexualität entwickelt sich häufig aus einer Störung der Geschlechtsidentität im Kindesalter. Der Jugendliche bemüht sich, durch gegengeschlechtliche **Kleidung** weitgehend seine äußeren Geschlechtsmerkmale zu verbergen. Männliche Jugendliche versuchen durch Haartracht und Kosmetika diesen Effekt der Kleidung zu verstärken, während Mädchen durch Korsetts Brüste und Hüften zu verbergen und durch Attrappen ein männliches Genitale zu imitieren suchen.

Transsexuelle Jugendliche sinnen auf **operative Geschlechtsumwandlung** bzw. -anpassung durch chirurgische oder hormonale Eingriffe, die sie mit Erreichen der Volljährigkeit umzusetzen planen, zumal sich Eltern vorher in der Regel derartig eingreifenden Maßnahmen verschließen. Sofern die Jugendlichen die Schule bereits verlassen haben, suchen sie sich typischerweise **Berufe,** welche gemäß kultureller Tradition mit dem von ihnen erlebten Geschlecht verbunden sind.

Angesichts ihres Verhaltens geraten transsexuelle Jugendliche in erhebliche Spannungen innerhalb und außerhalb der Familie, die dazu führen, dass vielfach ein **Doppelleben** geführt werden muss. Depressive Entwicklungen mit suizidaler Gefährdung, erhebliche soziale Isolation sowie fehlende sexuelle Befriedigung und instabile Partnerschaften sind häufig die Folge. Die Not des Transsexuellen wird aus dem Umstand ersichtlich, dass es vereinzelt auch zu bedrohlichen Selbstverstümmelungen kommt. Die psychischen Auffälligkeiten sind in der Regel Folge der starken intrapsychischen Konflikte und des sozialen Drucks, nicht jedoch Zeichen einer prämorbiden Persönlichkeitsauffälligkeit.

Ätiologie

Transsexualität ist sicher nicht das Ergebnis von chromosomalen, hormonalen oder hirnlokalen Störungen. Inwieweit körperlich-biologische und umweltabhängige,

lebensgeschichtliche Faktoren zusammenwirken, ist weitgehend unklar. Die beträchtlichen Erkenntnislücken über die Entstehung der Transsexualität sind über lange Zeiträume durch stärker theoriegeleitete Konzepte ausgefüllt worden.

Hierzu gehören etwa Annahmen der Psychoanalyse über einen exzessiven physischen und emotionalen Kontakt männlicher Transsexueller als Kinder zur Mutter, welche als unsicher in ihrer weiblichen Rolle, tendenziell bisexuell und überprotektiv gegenüber dem Kind bei einem gleichzeitig passiven Vater beschrieben wurde. Diese ungenügend spezifische Konstellation ist für eine Vielzahl von psychischen Störungen bei Kindern angenommen worden und hat von daher wenig ätiopathogenetischen Erklärungswert. Möglicherweise werden die vereinzelt begonnenen prospektiven Studien über die Langzeitentwicklung von Kindern mit Störung der Geschlechtsidentität neue Erkenntnisse über die Entstehungsbedingungen der Transsexualität erbringen.

Therapie und Verlauf

Empfehlungen für den therapeutischen Umgang mit Transsexuellen stammen nahezu ausschließlich aus der Arbeit und dem Kontakt mit **Erwachsenen.** Hier hat sich heute international weitgehend übereinstimmend die Überzeugung durchgesetzt, dem Wunsch des Transsexuellen nach einer **Geschlechtsumwandlung** angesichts der unverrückbar fixierten Geschlechtsidentität nachzukommen.

Vorbereitungsphase

Unter der Voraussetzung, dass die Diagnose zweifelsfrei gesichert ist, und aufgrund der gesicherten Erkenntnis, dass der Transsexuelle keine anderen Therapieangebote akzeptiert und statt dessen bei Verweigerung eher in seiner psychischen Adaptation gefährdet ist, wird zunächst eine Phase des **Real-life-Tests** durchgeführt.

Dieser kann von einem Jahr bis zu mehrheitlich zwei und selten mehr Jahren reichen, wobei mit Ausnahme des operativen Eingriffs eine **hormonale, soziale, berufliche und juristische Geschlechtsumwandlung** vorgenommen wird. So kommt es beim biologisch männlichen Transsexuellen unter der Gabe von weiblichen Hormonen zu Brustwachstum und Erlöschen der männlichen Libido und Potenz. Entsprechend führt die Gabe von Androgenen beim biologisch weiblichen Transsexuellen zum Ausbleiben der Menses und männlichem Habitus mit Veränderung der Stimme, Bartwachstum und Vergrößerung der Klitoris. Zugleich wird juristisch auf der Basis von Fachgutachten eine Namens- und Personenstandsänderung durchgeführt. Die begleitende psychotherapeutische Betreuung soll die Adaptation an die neue Rolle ebenso wie die Orientierung im Beruf erleichtern.

In dieser Phase des Real-life-Tests müssen neben der psychosozialen Adaptation an die neue Geschlechtsrolle die Vorbereitung auf die **Operation** und die Einsicht in die Irreversibilität ihrer Ergebnisse ebenso wie die Notwendigkeit einer ständigen hormonalen **Substitutionsbehandlung** vermittelt werden. Dazu gehört auch die Konfrontation mit der Tatsache, dass operativ bei biologisch weiblichen Transsexuellen keine funktionstüchtige, erektive Penisplastik geschaffen werden kann; im Gegensatz dazu kann bei biologisch männlichen Transsexuellen eine kohabitationsfähige Vagina geschaffen werden. Die Betreuung von Transsexuellen in der Phase des Real-life-Tests setzt eine kontinuierliche Betreuung durch Psychiater bzw. Psychotherapeuten, Endokrinologen und schließlich Chirurgen, Urologen und Gynäkologen voraus.

Kontraindikationen gegen eine Geschlechtsumwandlung werden in hysterischen und exhibitionistischen Persönlichkeiten, Suchterkrankungen, Delinquenz, fehlender Unterstützung durch Familie und unmittelbar bedeutsame soziale Umwelt, hohem Alter, Intelligenzminderung sowie einer körperlichen Erscheinung gesehen, die mit der neuen Geschlechtsrolle unvereinbar ist. Ebenso wird in Neurosen und Psychosen eine Kontraindikation gesehen. Zurückhaltung ist auch gegenüber so genannten sekundären Transsexuellen, d. h. Transvestiten und effeminierten Homosexuellen, geboten, die nicht nur eine schlechtere Prognose bei Geschlechtsumwandlung haben, sondern sich auch bei Verweigerung dieser Maßnahme besser entwickeln als die genuinen Transsexuellen.

Diese aus der Erfahrung mit erwachsenen Transsexuellen gewonnenen Grundsätze lassen sich nicht mit absoluter Gültigkeit auf **Jugendliche** übertragen. Zum einen sind diesem Vorgehen schon deswegen Grenzen gesetzt, weil grundsätzlich vor dem Erreichen der **Volljährigkeit** mit 18 Jahren keine operative Geschlechtsumwandlung vorgenommen werden darf. Dies kann aber dennoch bedeuten, dass bereits vorher der Real-life-Test durchgeführt wird. Andererseits impliziert die noch nicht abgeschlossene psychosexuelle Entwicklung des Jugendlichen, dass zumindest bei einigen jugendlichen Transsexuellen eine psychotherapeutische Reorientierung auf das biologische Geschlecht möglich sein sollte. Dies gelingt tatsächlich bei einigen jugendlichen Transsexuellen, wenngleich die Therapiemotivation in der Regel kaum gegeben ist. Der Entwicklung einer auf einen Partner bezogenen Liebesfähigkeit und reifen genitalen Sexualität sind jedoch angesichts der schwachen Libido des Transsexuellen oft gewisse Grenzen gesetzt.

Therapieergebnisse und Verlauf

Der Verlauf der Transsexualität wird sehr wesentlich von der Effizienz der durchgeführten Maßnahmen bestimmt. Angesichts des in der Regel unkorrigierbaren Drängens auf Geschlechtsumwandlung besteht bei Verweigerung dieser Maßnahmen eine beträchtliche Gefahr für psychische Störungen mit Lebensgefährdung sowohl durch Suizid wie auch durch automutilative Handlungen. Die Frage der Wirksamkeit psycho- und verhaltenstherapeutischer Interventionen gerade bei jugendlichen Transsexuellen ist angesichts der niedrigen Prävalenz und praktisch fehlender kontrollierter Langzeitstudien völlig offen. Damit wird die ohnehin außerordentlich schwierige Aufgabe der Begutachtung von jugendlichen Transsexuellen mit dem Wunsch nach einer Geschlechtsumwandlung noch zusätzlich kompliziert.

Andererseits liegen mittlerweile beträchtliche Erfahrungen an mehreren hundert Transsexuellen beider Geschlechter vor, die sich einer chirurgischen Geschlechtsumwandlung unterzogen haben. Dabei werden bei den biologisch männlichen Transsexuellen die äußeren Genitalien und bei den weiblichen Transsexuellen sowohl Brüste wie auch die inneren Genitalien entfernt. Die **Ergebnisse** der plastischen Chirurgie sind bei den männlichen Transsexuellen mit weiblicher Identität insofern günstig, weil aus der Penishaut eine kohabitationsfähige Vagina geschaffen werden kann, die allerdings durch eine Prothese offen gehalten werden muss, um ein Verkleben und Verwachsen der Häute zu vermeiden. Bei den weiblichen Transsexuellen mit männlicher Identität können Hodenprothesen implantiert und die Klitoris unter Hormontherapie vergrößert werden. Damit ist jedoch keine Erektionsfähigkeit verbunden. Alle Versuche, funktionstüchtige Penisplastiken zu schaffen, sind bisher fehlgeschlagen.

Eine systematische Analyse der Verläufe von Transsexualität nach früher Geschlechtsumwandlung bei adoleszenten Transsexuellen ergab in den Niederlanden günstige Befunde bei der Nachuntersuchung. Postoperativ war die dysphorische Verstimmung über das biologische Geschlecht nicht mehr vorhanden und konnte in keinem Fall Bedauern über die Geschlechtsumwandlung festgestellt werden. Diese positiven psychosozialen Entwicklungen gelten für die sorgfältig diagnostizierten Fälle, die von einem Expertenteam begleitet werden und aufgrund ihres jugendlichen Alters eine günstige Prognose als Erwachsene haben, die in der Folge einer Geschlechtsumwandlung nachuntersucht wurden.

21.2 Störungen der sexuellen Entwicklung und Orientierung

Definition, Klassifikation und Häufigkeit

Gemäß ICD-10 werden im Wesentlichen zwei Störungen in Verbindung mit der sexuellen Entwicklung und Orientierung berücksichtigt. Bei der **sexuellen Reifungskrise** (F 66.0) leiden speziell Heranwachsende, die sich ihrer homo-, hetero- oder bisexuellen Orientierung nicht sicher sind, aber auch Menschen mit einer später einsetzenden Veränderung ihrer sexuellen Orientierung, unter einer Unsicherheit hinsichtlich ihrer Geschlechtsidentität oder ihrer sexuellen Orientierung. Dieses Leiden äußert sich in Ängsten oder Depressionen.

Die Form der **ichdystonen Sexualorientierung** (F 66.1) ist dadurch gekennzeichnet, das die sexuelle Ausrichtung zwar klar ist, die betroffene Person aber den Wunsch hat, sie wäre anders. Sie unterzieht sich deshalb möglicherweise einer Behandlung.

Mit zusätzlichen Codes kann in der ICD-10 die sexuelle Orientierung sowie die problematische Entwicklungsphase erfasst werden (heterosexuell F66.x0; homosexuell F 66.x1; bisexuell F66.x2; sonstige einschließlich präpu-

Spezielle Kinder- und Jugendpsychiatrie

bertär F66.x8). Er gibt keine empirisch ermittelten Zahlen zur Häufigkeit dieser Störungen.

Klinik und Diagnostik

Vor der Adoleszenz sind Unsicherheiten der sexuellen Orientierung nur bei Störungen der Geschlechtsidentität zu beobachten. Das typische Manifestationsalter der **sexuellen Reifungskrisen** ist die Adoleszenz, wobei emotionale Störungen mit sozialem Rückzug, ängstlichen und depressiven Symptomen typischerweise zu den Begleitsymptomen gehören. Die häufigste Manifestation besteht in der Angst männlicher Jugendlicher, selbst homosexuell zu sein.

Bei der **ichdystonen Sexualorientierung** entsteht im Rahmen einer bewussten homosexuellen Orientierung Jugendlicher ein starker Leidensdruck, der die Folge von Ablehnung und Kränkung aus der sozialen Umgebung ist und ebenfalls die Entwicklung emotionaler Störungen mit Angst und Depression begünstigt. Derartige Entwicklungen können zu Automutilation, suizidalen Krisen oder auch zu dem Wunsch nach Behandlung zur Veränderung der sexuellen Orientierung einschließlich einer möglichen Geschlechtsumwandlung führen. Die homosexuelle Orientierung selbst wird nicht als Störung betrachtet.

Störungen der sexuellen Orientierung stehen nicht nur im **Kontext** der bereits genannten emotionalen Störungen – speziell Angst und Depression, sondern können auch in Verbindung mit Zwangsstörungen und paranoiden Schizophrenien beobachtet werden.

In der Untersuchung müssen im Rahmen der Exploration **differenzialdiagnostisch** speziell die Geschlechtsidentität und die sexuelle Orientierung im Gespräch mit dem Jugendlichen selbst sowie über seine Bezugspersonen erfasst werden. Während für die Befragung zur Geschlechtsidentität der im entsprechenden Abschnitt dargelegte Bezug zu den geschlechtsuntypischen Interessen und Aktivitäten – auch unter Einbezug von Fragebögen – möglich ist, müssen Jugendliche mit Störungen der sexuellen Orientierung direkt unter Einschluss ihrer möglicherweise stark angst- und schambesetzten sexuellen Phantasien befragt werden. Entsprechend hoch sind die Anforderungen an die Explorationsfähigkeiten des Untersuchers.

Therapie und Verlauf

Störungen der sexuellen Orientierung und Entwicklung benötigen eine mehrheitlich ambulant realisierbare **Psychotherapie**. Das Ausmaß koexistenter emotionaler Störungen einschließlich Suizidalität oder Automutilation kann jedoch eine stationäre Therapie erforderlich machen, um Gefahren abzuwehren. Neben psychotherpeutischen Maßnahmen kann die Indikation für eine begleitende Pharmakotherapie, speziell für eine antidepressive Medikation, gegeben sein. Insbesondere die konflikthaft erlebte homosexuelle Orientierung macht die Integration von Eltern und Bezugspersonen in den Beratungsprozess zwingend erforderlich.

21.3 Störungen der Sexualpräferenz

Definition, Klassifikation und Häufigkeit

Unter Berücksichtigung der eingangs getroffenen Anmerkungen zur kulturell-historischen Bewertung von Sexualität und der bei der Bestimmung von Störungen des Kindes- und Jugendalters bedeutsamen Entwicklungsdimension ist hinsichtlich der Zuschreibung von abweichendem Sexualverhalten bei Kindern und Jugendlichen besondere Zurückhaltung geboten. Gerade angesichts der Tatsache, dass sexuelles Verhalten erprobt und erlernt wird und die sexuelle Entwicklung mit dem Jugendalter eher ein offenes als ein abgeschlossenes Stadium erreicht, ist die Trennung zwischen abnormem und noch entwicklungsgebundenem Verhalten nicht immer leicht.

Somit verbleiben im Kindes- und Jugendalter – und dabei eher in der Adoleszenz – nur sehr seltene Manifestationen eindeutig gestörten sexuellen Verhaltens, die mit dem Begriff der **Paraphilien** bzw. der **Störungen der Sexualpräfenz** im Sinne des ICD-10 (F 65) bezeichnet werden. Ihr gemeinsames **Kennzeichen** ist, dass ungewöhnliche, bizarre Vorstellungen oder Handlungen zur sexuellen Erregung erforderlich sind sowie

- die Bevorzugung eines nichtmenschlichen Objekts zur sexuellen Erregung oder
- wiederholte sexuelle Handlungen mit Menschen, denen reale oder simulierte Leiden oder Demütigungen zugefügt werden, oder
- wiederholte sexuelle Aktivitäten mit Partnern ohne deren Einverständnis.

Der Begriff der **Paraphilie** betont die Abweichung im Objekt, von dem der Betroffene sich angezogen fühlt. Die paraphile Vorstellung oder Handlung ist für die sexuelle Erregung bzw. den Orgasmus erforderlich. In der Regel haben die Betroffenen kein Krankheitsbewusstsein und werden eher im Rahmen strafrechtlicher Maßnahmen begutachtet. In der ICD-10 wird die in Tabelle 21-3 dargestellte **Einteilung** der Paraphilien vorgenommen:

Tabelle 21-3 Klassifikation der Paraphilien gemäß ICD-10.

- Fetischismus (F 65.0),
- fetischistischer Transvestitismus (F 65.1),
- Exhibitionismus (F 65.2),
- Voyeurismus (F 65.3),
- Pädophilie (F 65.4),
- Sadomasochismus (F 65.5),
- multiple Störungen der Sexualpräferenz (F 65.6),
- andere Störungen der Sexualpräferenz (F 65.8),
- nicht näher bezeichnete Störungen der Sexualpräferenz (F 65.9)

Die **Häufigkeiten** der Paraphilien variieren für die einzelnen Formen. Insgesamt handelt es sich um seltene Störungen. Fast ausschließlich sind Männer, vereinzelt auch heranwachsende männliche Jugendliche betroffen. Lediglich beim sexuellen Sadismus und Masochismus können auch Frauen betroffen sein, wenngleich auch hier Männer dominieren. Epidemiologisch gewonnene Zahlen zur Prävalenz fehlen.

Klinik

Im Folgenden sollen die verschiedenen Paraphilien kurz in ihrem Erscheinungsbild gekennzeichnet werden.

Fetischismus
Der typischerweise in der Adoleszenz beginnende Fetischismus ist durch den Gebrauch unbelebter Objekte zur Erlangung sexueller Erregung gekennzeichnet. Typische Fetische sind weibliche Kleidungsstücke wie Unterwäsche und Schuhe. Oft steht der Fetisch zu einer intimen Bezugsperson der Kindheit in Beziehung. Der Fetisch ist nicht auf weibliche Kleidungsstücke beschränkt, die zum Verkleiden (wie beim Transvestitismus) oder der direkten sexuellen Stimulierung (z. B. Vibrator) dienen.

Transvestitismus
Beim Transvestitismus besteht das Hauptmerkmal darin, dass heterosexuell orientierte Männer sich wiederholt oder ständig weiblich kleiden. Das Verkleiden dient zumindest zu Beginn der sexuellen Erregung und kann hinsichtlich Ausmaß und Dauer differieren. Bei einer heterosexuellen Grundorientierung und dem Fehlen einer transsexuellen Geschlechtsidentität sind heterosexuelle Erfahrungen gering und gelegentliche homosexuelle Handlungen möglich. Typischerweise beginnt das Verkleiden in der Kindheit und im frühen Jugendalter. Bevorzugte Kleidungsstücke können sexuelle stimulierend wirken und zunächst bei der Masturbation und später beim sexuellen Verkehr gewohnheitsmäßig eingesetzt werden. Das Verkleiden kann zur Gewohnheit werden; Übergänge in eine sekundäre Transsexualität sind möglich. Psychopathologisch sind bei jugendlichen Transvestiten Störungen des Sozialverhaltens, Schulleistungsstörungen und eine relative Minderung der Verbalintelligenz festgestellt worden.

Exhibitionismus
Der Exhibitionismus ist eine zwischen Frühadoleszenz und mittlerem Lebensalter einsetzende Störung, bei der die sexuelle Erregung durch das wiederholte Entblößen der Genitalien vor unbekannten Personen ohne Versuch weiterer sexueller Aktivitäten gesucht wird. Selten werden die Opfer körperlich bedroht. Bisweilen masturbiert der Exhibitionist bei der Entblößung. Opfer dieser nur bei Männern vorkommenden Störung sind Mädchen und Frauen. Wenngleich der Exhibitionismus zu den strafrechtlich am häufigsten verfolgten Sexualdelikten gehört, ist er bei Jugendlichen ein seltenes Phänomen. In psychotherapeutischer Hinsicht fallen Hemmungen hinsichtlich gegengeschlechtlicher Kontakte, Schüchternheit und psychosexuelle Retardierung auf. Häufig steht im Hintergrund eine sexualängstliche oder -feindliche Erziehung.

Voyeurismus
Beim Voyeurismus wird die sexuelle Befriedigung über die Beobachtung ahnungsloser fremder Frauen im nackten Zustand oder über die heimliche Beobachtung sexueller Handlungen gesucht. Die Störung setzt meist erst im frühen Erwachsenenalter ein und sollte nicht mit der sexuellen Neugier von Kindern und Jugendlichen gleichgesetzt werden. Voyeure sind ähnlich wie Exhibitionisten häufig gehemmt-schüchterne Persönlichkeiten, denen es an Sozialfertigkeiten zur Aufnahme heterosexueller Kontakte mangelt.

Pädophilie
Mit Pädophilie wird die Handlung oder Vorstellung einer sexuellen Aktivität mit Kindern als wiederholte oder ausschließliche Methode der sexuellen Stimulierung bezeichnet. Es handelt sich um eine Störung von erwachsenen Männern mit meist homosexueller Orientierung, bei der die Kinder als Opfer dieses sexuellen Missbrauchs gegebenenfalls einer kinderpsychiatrischen Untersuchung und Behandlung zugeführt werden müssen (vgl. Kap. 19).

Masochismus
Auch der sexuelle Masochismus, bei dem Fesselungen, Schläge und Misshandlungen als bevorzugte oder ausschließlich Methode zur sexuellen Erregung dienen, setzt in der Regel erst im frühen Erwachsenenalter ein, wenngleich masochistische Vorstellung bereits in der Kindheit bestanden haben können. Gleiches gilt für den sexuellen Sadismus, bei dem der Betroffene einem entweder einverstandenen oder nicht einverstandenen Partner psychische oder körperliche, bisweilen auch simulierte Leiden zum Zweck sexueller Erregung beifügt.

Zoophilie
Die Zoophilie ist eine seltene, in der ICD-10 nicht als gesonderte Kategorie berücksichtigte Störung, bei der Tiere zum Zweck der sexuellen Erregung eingesetzt werden. In der Regel handelt es sich um Haustiere oder Tiere in der Landwirtschaft, die oft von gehemmten, auch intelligenzgeminderten Männern in abgelegenen ländlichen Gebieten in sexuelle Handlungen einbezogen werden.

Ätiologie

Die Ursachen der Paraphilien sind weitgehend unaufgeklärt. Lediglich für den Transvestitismus wird als Teilelement angenommen, dass die Demütigung von Jungen, sie zum Zweck der Bestrafung wie Mädchen zu kleiden, prädisponierend wirken kann. Tiefenpsychologische Hypothesen wie etwa die der Partialtriebfixierung auf der analen Stufe bei sexuellem Sadismus und Masochismus sind ohne spezifischen ätiopathogenetischen Erklärungswert.

Therapie und Verlauf

Nach Durchführung einer differenzierten Anamnese und psychopathologischen Befunderhebung muss die jugendpsychiatrische Behandlung der Paraphilien an den individuellen **Defiziten** der Persönlichkeitsentwicklung, der sozialen Kompetenz, der psychosexuellen Entwicklung und der jeweiligen Lebensumwelt im Individualfall ansetzen. Behandlungspläne machen eine Integration von psychotherapeutischen, edukativen, verhaltens- und sozial-

Spezielle Kinder- und Jugendpsychiatrie

therapeutischen Maßnahmen erforderlich. Bei Belastungen, die aus einer sexualrepressiven Familienumwelt stammen, kann ein Milieuwechsel indiziert sein. Bei den bisweilen früh einsetzenden Formen des Transvestitismus und Fetischismus können spiel- und verhaltenstherapeutische Interventionen erfolgreich sein.

Der **Verlauf** der Paraphilien jenseits des Jugendalters ist bei meist geringer Therapiemotivation in der Regel chonisch. Zusätzlich leiden darunter soziale und sexuelle Beziehungen und können in seltenen Fällen die abweichenden sexuellen Handlungen zum Schwerpunkt aller Aktivitäten werden. Darüber hinaus prägt die strafrechtliche Verfolgung der Paraphilien das Lebensschicksal der Betroffenen.

Literatur

Bates, J. E., P. M. Bentler: Play activities of normal and effeminate boys. Develop. Psychology 9 (1973) 20–27.

Bates, J. E., P. M. Bentler, S. K Thompson: Measurement of deviant gender development in boys. Child Develop. 44 (1973) 591–598.

Bradley, S. J., K. J. Zucker: Gender identity disorder and psychosexual problems in children and adolescents. Can. J. Psychiat. 35 (1990 477–486.

Braun, H.: Das transsexuelle Syndrom bei Kindern und Jugendlichen. Z. Kinder-Jugendpsychiat. 13 (1985) 138–154.

Cohen-Kettenis, P. T., L. J. G. Gooren: Transsexualism: a review of etiology, diagnosis and treatment. J. Psychosom. Rev. 46 (1999) 315–333.

Meyer-Bahlburg, H. F. L.: Psychosexual disorders. In: Steinhausen, H.-C., F. Verhulst (eds.): Risks and outcomes in developmental psychopathology. Oxford University Press, Oxford 1999.

Pleak, R. R., H. F. L. Meyer-Bahlburg, J. D. O'Brien, H. A. Bowen, A. Morganstein: Cross-gender behavior and psychopathology in boy psychiatric outpatients. J. Amer. Acad. Child Adolesc. Psychiatry 28 (1989) 385–393.

Rekers, G. A.: Assessment and treatment of childhood gender problems. In: Lahey, B. B., A. E. Kazdin (eds.): Advances in Child Clinical Psychology. Vol 1. Plenum, New York 1977.

Sandberg, D. E., H. F. L. Meyer-Bahlburg, A. Ehrhardt, T. J. Yager: The prevalence of gender-atypical behavior in elementary school children. J. Amer. Acad. Child Adolesc. Psychiatry 32 (1993) 306–314.

Sigusch, V.: Transsexualismus. Forschungsstand und klinische Praxis. Nervenarzt 68 (1997) 870–877.

Smith Y. L. S., S. H. M. van Goozen, P. T. Cohen-Kettenis: Adolescents with gender identity disorder who were accepted or rejected for sex reassignment surgery: a prospective follow-up study. J. Amer. Acad. Child Adolesc. Psychiatry 40 (2001) 472–481.

Thimm, D., E.-M. Kreuzer: Transsexualität im Jugendalter. Literaturübersicht. Praxis Kinderpsychol. Kinderpsychiat. 33 (1984) 70–75.

Zucker, K. J., S. J. Bradley: Gender identity disorder and psychosexual problems in children and adolescents. Guilford, New York 1995.

22 Suizidalität

Selbsttötungs-(Suizid-)Versuche und vollendete Selbsttötung (Suizid) sind im Kindesalter extrem seltene Ereignisse, während andererseits das Jugendalter der Lebensabschnitt mit der höchsten Rate an Suizidversuchen überhaupt ist. Glücklicherweise ist die Adoleszenz andererseits aber nicht eine Phase mit – absolut gesehen – besonders hohen Raten vollendeter Suizide. Insofern muss neben der **Prävention** von Suiziden das Hauptaugenmerk auf den sehr viel häufigeren Suizidversuchen und Sekundärprävention, d. h. der Vorbeugung von Wiederholungshandlungen mit möglicherweise letalem Ausgang, liegen.

Entsprechend dieser für die Praxis bedeutsamen Schwerpunktsetzung steht die Erörterung von Suizidversuchen am Anfang dieses Kapitels. Sie gehören zu den typischen Aufgaben jugendpsychiatrischer Diagnostik und Therapie und müssen daher in allen Aspekten, vor allem dem des klinischen Umgangs, dargestellt werden. Hingegen wird der Kinder- und Jugendpsychiater äußerst selten nach einem vollendeten Suizid, z. B. konsiliarisch, zu Rate gezogen, wenngleich die Auswirkungen auf Angehörige und Familie eine entsprechende Beratung und Intervention in einigen Fällen erforderlich erscheinen ließen.

Der zweite Abschnitt dieses Kapitels über den Suizid im Kindes- und Jugendalter ist angesichts dieser Schwerpunkte in der klinischen Praxis kürzer gehalten. Die getrennte Darstellung von Suizidversuch und Suizid ist letztlich aufgrund unterschiedlicher Alters- und Geschlechtsrisiken, prädisponierender Faktoren und eingesetzter Methoden erforderlich, wenngleich natürlich auch eine beträchtliche Überschneidung besteht. Beispielsweise sind einige tödliche Handlungen nicht als solche intendiert, während andere Suizidversuche fehlgeschlagene Suizide sind. Schließlich erhöht sich das Risiko für einen vollendeten Suizid nach vorausgegangenen Suizidversuchen um ein Vielfaches.

22.1 Suizidversuche

Definition, Klassifikation und Häufigkeit

Suizidversuche können als Handlungen definiert werden, die dem Ziel dienen, das eigene Leben zu beenden. Dazu zählen willentliche Selbstvergiftungen, bei denen eine Überdosis einer pharmakologisch-medizinischen oder einer nicht für die Konsumption bestimmten Substanz eingenommen wird, sowie intendierte Selbstverletzungen. Suizidversuche sind demnach Handlungen, die klar von den sehr viel häufigeren Suizidgedanken unterschieden werden müssen. Die WHO schlägt für den Begriff des Suizidversuchs alternativ den des **Parasuizides** vor, wobei aber (zu) stark auf die appellative Funktion der suizidalen Handlung abgestellt wird.

Trotz des Fehlens einer allgemeinen akzeptierten **Klassifikation** von Suizidversuchen erscheint eine Gruppierung sowohl aus klinischem wie theoretischem Interesse in drei Gruppen geboten.

- **Akut:** Die zum Zeitpunkt des Suizidversuchs festgestellten Probleme bestehen seit weniger als einem Monat; Verhaltensauffälligkeiten fehlen.
- **Chronisch:** Die zum Zeitpunkt des Suizidversuchs festgestellten Probleme bestehen sei einem Monat oder länger; Verhaltensauffälligkeiten fehlen, während die Befindlichkeit meist beeinträchtigt ist.
- **Chronisch mit Verhaltensauffälligkeiten:** Die zum Zeitpunkt des Suizidversuchs festgestellten Probleme bestehen seit einem Monat oder länger; es liegen Verhaltensauffälligkeiten in der unmittelbaren Vergangenheit vor, wie z. B. Stehlen, wiederholtes Weglaufen, Drogeneinnahme, Trinkexzesse, körperliche Auseinandersetzungen oder Konflikte mit der Polizei.

Diese Differenzierung kann sich empirisch auf das von Gruppe zu Gruppe zunehmende Ausmaß familiärer Störungen, die in der ersten Gruppe zentrierten Probleme aktueller Beziehungen und die in der zweiten Gruppe, vornehmlich aber in der dritten Gruppe sich häufenden Fälle mit medizinischen oder speziell psychiatrischen Störungen stützen.

Nationale wie internationale Zahlen zur **Häufigkeit** von Suizidversuchen sind gleichermaßen von einer Reihe von Verzerrungsfaktoren betroffen, zu denen Unschärfe der Definition, mangelnde Differenzierung zwischen Unfällen und Selbsttötungsversuchen, fehlende umfassende Fallregister und andere Faktoren zählen. Auf die Angabe von absoluten Zahlen soll daher an dieser Stelle verzichtet werden. Schätzungen besagen, dass die Relation von vollendetem Suizid und Suizidversuch etwa 1:38 beträgt.

Internationale Statistiken zeigen, dass Suizidversuche in den westlichen Industrieländern seit den 60er Jahren beträchtlich zugenommen haben. Hierfür sind einerseits möglicherweise die zunehmende Verschreibung psychotroper Substanzen und die Verfügbarkeit von Drogen bedeutsam gewesen. Andererseits hat eventuell der zunehmende gesellschaftliche Druck auf die Jugendlichen, die zu einer früheren Übernahme von Verhaltensweisen Erwachsener gedrängt werden, Auswirkungen gehabt. Schließlich können auch Faktoren eines alterstypischen Modellernens einschließlich der breiten Aufmerksamkeit für Suizidhandlungen in den Medien zusätzlich verantwortlich gewesen sein. Seit den frühen 80er Jahren ist in einigen europäischen Ländern, darunter auch Deutschland, ein Rückgang der Häufigkeiten zu beobachten.

Suizidhandlungen sind bei **Kindern** unter 12 Jahren relativ selten, wenngleich bei kinderpsychiatrischen Patienten dieser Altersgruppe Suizidgedanken oder -drohungen recht häufig beobachtet werden können. Sofern es zu einem Suizidversuch kommt, wird es häufiger von Jungen als von Mädchen unternommen. Kinder sind wahrscheinlich durch die geringere Häufigkeit depressiver Verstimmungen, das höhere Ausmaß an familiärer Zuwendung und die Dichte der Beziehung zu den Eltern sowie die noch unabgeschlossene kognitive Entwicklung relativ besser als Jugendliche gegen die Planung suizidaler Handlungen geschützt. Sofern Kinder Suizidversuche unternehmen, stammen sie häufig aus einem sehr belasteten familiären Milieu bzw. den daraus abgeleiteten Pflegschaften und Heimunterbringungen.

Ab der **Präadoleszenz** dominieren Mädchen über Jungen im Verhältnis von 3 bis 9:1, während das Überwiegen des weiblichen Geschlechts im Erwachsenenalter nur noch höchstens das Doppelte beträgt. Für die Dominanz von Mädchen bei Suizidversuchen in der **Adoleszenz** könnten die möglicherweise früher einsetzenden heterosexuellen Beziehungsstörungen, eine höhere Akzeptanz von Selbstvergiftungen und das Fehlen von alternativen Verarbeitungen für Belastungen, wie z. B. aggressive Handlungen oder Alkoholkonsumption bei Jungen, verantwortlich sein. Eine vornehmliche Bindung von Suizidversuchen an eine bestimmte Sozialschicht ist nicht zweifelsfrei nachgewiesen. Ein quasi epidemischer Ansteckungseffekt kann bisweilen in Schulen und psychiatrischen Kliniken beobachtet werden.

Klinik und Diagnostik

In diesem Abschnitt soll nach Anmerkungen zu den typischen Methoden und zum Ort von Suizidversuchen sowie zur Psychopathologie der Schwerpunkt bei der Diagnostik liegen, welche die Basis für die erforderlichen Interventionen bei Suizidversuchen von Kindern und Jugendlichen bildet.

Methoden und Ort

Die am häufigsten von jungen Menschen eingesetzte Methode eines Suizidversuchs ist die **Selbstvergiftung** (Intoxikation). Dies gilt vor allem für Mädchen, während Jungen – insbesondere beim vollendeten Suizid – häufig so genannte harte Methoden wie Erhängen, Sprung vor Verkehrsmittel und schwere Stich- und Schnittwunden einsetzen. Die Intoxikationen erfolgen mehrheitlich durch die impulsive Einnahme von Überdosen von Schmerz- und Beruhigungsmitteln bzw. Psychopharmaka. Bei der Einnahme von Überdosen von Drogen ist die Differenzierung zwischen intendierter und versehentlicher Überdosis oft schwierig.

Die in suizidaler Absicht vorgenommenen **Selbstverletzungen** lassen sich in drei Hauptgruppen einteilen. Die oberflächlich zugefügten Schnittverletzungen sind typischerweise am Handgelenk oder Unterarm lokalisiert und meistens durch eine geringe suizidale Absicht gekennzeichnet. Häufig kommt es zu wiederholten Verletzungen dieser Art, und es bestehen Beziehungen zu Essstörungen, Persönlichkeitsstörungen sowie Alkohol- und Drogenmissbrauch. Typische Auslöser sind drohende oder tatsächliche Verlusterlebnisse, krisenhaft zugespitzte Beziehungsstörungen und Spannungszustände, die durch den Anblick des Blutes bei meist fehlender Schmerzempfindlichkeit gelöst werden können. Zu den schweren Selbstverletzungen gehören die genannten harten Methoden, die eher zu einem Suizid führen. Schließlich sind Methoden der Automutilation mit Verletzung z. B. der Genitalien oder Augen bei jungen Menschen selten und eher die Folge schwerer psychiatrischer Störungen, wie z. B. einer paranoid-halluzinatorischen Psychose.

Der **Ort** von Suizidhandlungen ist überwiegend die familiäre Wohnung. Darin spiegeln sich nicht nur die Abhängigkeit junger Menschen und der möglicherweise appellative Charakter des Suizidversuchs im Sinne eines Hilferufs wider, sondern auch die dominierende Methode der Selbstvergiftung, bei der häufig impulsiv auf die im Haushalt leicht verfügbaren Medikamente zurückgegriffen wird. Anders als die Erwachsenen gibt es beim Suizidversuch von jungen Menschen keine typische jahreszeitliche Bindung.

Psychopathologie

Die Erkenntnisse zur Psychopathologie von jugendlichen Suizidenten sind selektiv gewonnen. Verantwortlich ist vor allem die Tatsache, dass nur ein Bruchteil dieser Klientel einer kinder- und jugendpsychiatrischen Untersuchung zugeführt wird. Analysen kinder- und jugendpsychiatrischer Populationen sind demgemäß nicht repräsentativ. Sehr wahrscheinlich liegt in der Gesamtklientel von Kindern und Jugendlichen mit einem Suizidversuch nur bei einer Minderheit eine psychiatrische Störung vor. Es ist anzunehmen, dass die Verbindung von Suizidversuch und Psychopathologie im Vergleich zum Erwachsenenalter in der Adoleszenz geringer ist und andererseits bei Jugendlichen eine stärkere Bindung der Suizidhandlung an situative und umweltabhängige Faktoren besteht.

Untersuchungen an kinder- und jugendpsychiatrischen Populationen von Suizidenten zeigen, dass affektive und schizophrene **Psychosen** mit einem erhöhten Suizidrisiko einhergehen. Andere häufige Diagnosen sind **Angststörungen, affektive Störungen, Belastungs- und Anpas-**

sungsreaktionen, Entwicklungskrisen, Persönlichkeitsstörungen sowie **Störungen des Sozialverhaltens** und **Substanzmissbrauch.** Wenngleich Zeichen einer depressiven Verstimmung häufig sind – und sei es auch nur im Kontext einer anderen früheren Diagnose wie z. B. der eines gestörten Sozialverhaltens –, ist die Depression weder eine notwendige noch eine hinreichende Bedingung eines Suizidversuchs.

Die Übertragung des so genannten **präsuizidalen Syndroms** nach Ringel aus der Erwachsenenpsychopathologie auf Jugendliche erscheint nicht unproblematisch. Dieses durch Einengung, gehemmte und gegen die eigene Person gerichtete Aggressionen sowie Selbsttötungsphantasien gekennzeichnete Syndrom ist nicht nur als theoretisches, weitgehend psychodynamisch bestimmtes Konstrukt problematisch, sondern in seiner Gültigkeit für das Jugendalter empirisch unzulänglich begründet.

Untersuchung

Hinsichtlich der durchzuführenden Diagnostik müssen die Voraussetzungen, die Ziele und die konkrete Vorgehensweise bestimmt werden. Zu den **Voraussetzungen** sollte zunächst nach Möglichkeit bzw. Notwendigkeit die stationäre Aufnahme zur Durchführung der erforderlichen körperlichen Behandlung gehören. Ferner sollte die Exploration möglichst frühzeitig in einem separaten Raum vorgenommen werden. Ebenso gehört die vollständige Entgiftung zu den unabdingbaren Voraussetzungen, um zuverlässige Informationen zu erhalten. Schließlich sollten die Angaben des Jugendlichen durch die Eltern, Lehrer, Freunde und andere wichtige Bezugspersonen ergänzt werden.

Probleme der Untersuchung, z. B. auf einer Intensivstation oder in einem Allgemeinkrankenhaus, können sich aus der für junge Menschen bisweilen ängstlichen Krankenhausumwelt, der abweisenden Haltung des Personals, den aufkeimenden Scham- und Schuldgefühlen, der Distanz zum Untersucher als eines möglichen Verbündeten der Eltern und der generell hohen Weigerung entstehen, unmittelbar nach dem Suizidversuch angebotene Hilfe anzunehmen. Auch die Zusammenarbeit mit den Eltern kann angesichts sehr wechselhafter und gemischter Gefühle, die von Bedauern und Mitgefühl bis zu Verärgerung und Schuldgefühlen reichen, sehr problematisch sein. Auf jeden Fall muss im diagnostischen Kontakt sowohl mit dem Jugendlichen wie auch mit der Familie bei jedem Suizidversuch einer Tendenz zur Bagatellisierung und Verleugnung entgegengewirkt werden.

Demgemäß orientiert sich die Untersuchung schwerpunktmäßig an folgenden **Zielen:**
- Aufbau einer Arbeitsbeziehung,
- Einsicht in die Ursachen des Suizidversuchs,
- Klärung der individuellen Probleme,
- Diagnostik möglicher psychischer Störungen,
- Bestimmung der individuellen Verarbeitungsmöglichkeiten und Unterstützung sowie
- Klärung der erforderlichen Hilfen.

Die **Inhalte** der Untersuchung sollten die in Tabelle 22-1 wiedergegebenen Aspekte umfassen. Fragen zu vorausgegangenen Ereignissen während der letzten Tage vor dem Suizidversuch eignen sich besonders für den Beginn der Exploration Sie können neben Auslösern zugleich auch einen relativen Aufschluss über das Ausmaß der suizidalen Intention vermitteln. Beim Vorliegen einer psychischen Störung fehlen Auslöser offensichtlich eher. Das Ausmaß der suizidalen Intention und die Gründe für den Suizidversuch sind bisweilen angesichts von Verleugnungs- und Verbergungsstrategien des Jugendlichen und der Familie nur schwer abzuschätzen. **Ernsthafte Suizidabsichten** lassen sich aus folgenden Merkmalen ableiten:
- der Suizidversuch wurde in Isolation ausgeführt,
- der Zeitpunkt macht eine Entdeckung und Intervention unwahrscheinlich,
- es wurden Vorsorgemaßnahmen gegenüber einer Entdeckung ergriffen,
- es wurden Vorbereitungen in Vorausschau auf den Tod getroffen,
- es wurden Dritte vorher über die Absicht informiert,
- ausgeprägte Vorsätzlichkeit,
- hinterlegte Nachricht und
- ausbleibende Alarmierung Dritter nach dem Suizidversuch.

Diese Merkmale sind in der Regel erst mit der späten Adoleszenz bzw. bei Erwachsenen erfüllt.

Tabelle 22-1 Untersuchung bei Suizidversuchen.

Exploration zur Suizidalität

- vorausgegangene Ereignisse und aktuelle Probleme,
- Ausmaß der suizidalen Intention,
- Art und Umstände der suizidalen Handlung,
- individuelle Verarbeitungsmöglichkeiten und Unterstützungen,
- Wiederholungsrisiko,
- individuelle und familiäre Einstellung gegenüber weiteren Hilfen.

Allgemeine Exploration

- Vorgeschichte mit Eigen- und Familienanamnese,
- frühere Suizidversuche,
- frühere psychische Störungen,
- aktuelle psychische Störungen.

Körperliche Untersuchung

- interner und neurologischer Status
- Labordiagnostik nach Indikation

Die **aktuellen Probleme** beziehen sich bei Jugendlichen in der Regel mehrheitlich auf Probleme mit Eltern, Schule oder Freundschaften. Grundsätzlich sollten alle denkbaren **Motive** in die Untersuchung eingeschlossen werden, die im nächsten Abschnitt über die Ätiologie erörtert werden. Unter den **psychischen Störungen** sollten Hinweise auf das Vorliegen einer depressiven Störung ebenso wie Symptome anderer Diagnosen einschließlich Psychosen, Adoleszenzkrisen, Anpassungsreaktionen, emotionaler und dissozialer Störungen sowie Substanzmissbrauch erfasst werden. Ebenso sind die Familienanamnese wegen möglicher genetischer wie auch interaktioneller **Belastungen** und die Eigenanamnese zur Erfassung

Spezielle Kinder- und Jugendpsychiatrie

sowohl allgemeiner als auch spezifischer Risikomomente durch frühere psychische Störungen bedeutsam. Hinsichtlich vorausgegangener Suizidversuche müssen die Umstände, die Ernsthaftigkeit und die Folgen bestimmt werden.

Die dem Jugendlichen zur Verfügung stehenden allgemeinen Verarbeitungsmöglichkeiten und Unterstützung lassen sich über die Exploration der **Bewältigung** früherer Versagenserlebnisse, über seine eigenen aktuellen Vorstellungen zur Krisenlösung und an den verfügbaren stützenden Beziehungen ermessen. Die Abschätzung des **Wiederholungsrisikos** gehört zu den schwierigsten Aufgaben der Untersuchung. Hier lassen sich lediglich relative **Prognosefaktoren** ohne absolute Vorhersage des individuellen Risikos benennen. Zu diesen Prognosefaktoren zählen:

- männliches Geschlecht, insbesondere bei älteren Jugendlichen,
- frühere Suizidversuche,
- psychische Störungen,
- Herkunft aus einer großen Familie,
- Alkoholismus in der Familie,
- gestörte Beziehungen zu Familienmitgliedern,
- Trennung von den Eltern,
- chronische Probleme und Verhaltensauffälligkeiten,
- Substanzmissbrauch,
- soziale Isolation,
- schlechte Schulleistungen und
- depressive Tendenzen.

Schließlich liegt in der Orientierung der Diagnostik an der Planung der erforderlichen und durchführbaren Therapiemaßnahmen eine letzte wesentliche Aufgabe in der Erfassung, inwieweit der Jugendliche und seine Familie zu weiterführenden Interventionen bereit sind. Dazu müssen nicht nur Notwendigkeiten, sondern auch konkrete Maßnahmen und Zielvorstellungen in einer möglichst definierten Zeitperspektive dargelegt werden. Allein auf diesem Wege lässt sich oft brüchige Kooperationsbereitschaft der Beteiligten in ein therapeutisches Arbeitsbündnis überführen.

Ätiologie

Die Forschung über die Ursachen von Suizid und Suizidversuch hat in der Vergangenheit verschiedene Theorien hervorgebracht, die ja nach ihren Ursprüngen von unterschiedlicher Bedeutung für die klinische Praxis sind. Allen Modellen der Soziologie, Psychoanalyse und Verhaltenstheorie ist gemeinsam, dass sie in Orientierung an ihren Grundlagen die Vielfalt bedeutsamer Faktoren und Einzelelemente nur ungenügend berücksichtigen und damit zunehmend weniger handlungsbestimmend im Rahmen der klinischen Tätigkeit sein können. Eine stärker empirisch-pragmatische Orientierung tut daher gut daran, durch die Analyse von **Hintergrundfaktoren, Problemen und Auslösern** sowie **Motiven** die individuellen lebensgeschichtlichen Zusammenhänge beim Suizidversuch von jungen Menschen nachzuzeichnen. Sie muss dabei in Kauf nehmen, dass sich statt einer eleganten Theorie lediglich Bausteine in Form von Ursachenelementen bezeichnen lassen.

Hintergrundfaktoren

Zu den Hintergrundfaktoren gehören schwerpunktmäßig vier zentrale Merkmale, nämlich die Bedeutung von Bedingungen einer gestörten Familienumwelt, psychische Störungen und Suizidhandlungen in der Familie sowie schließlich Kindesmisshandlung. Die Analyse von **Familien** mit jugendlichen Suiziden zeigt, dass Konstellationen wie allein stehende oder fehlende Eltern im Sinne von Scheidungs- und Trennungsfolgen, Kommunikationsdefizite sowie Heimunterbringungen häufig sind. Gegenüber anderen Jugendlichen mit psychischen Störungen, die ebenfalls gehäuft derartigen Bedingungen ausgesetzt sind, differenziert bei Suizidenten möglicherweise der frühe Verlust der Eltern.

Darüber hinaus sind psychische Störungen, insbesondere aber Alkoholismus und Drogenmissbrauch in Familien von jungen Suizidenten häufig. Wahrscheinlich als Folge dieser Bedingungen nimmt auch die Frequenz suizidaler Handlungen in diesen Familien zu. Neben genetischen Vulnerabilitäten für bestimmte psychische Erkrankungen mit einem erhöhten Suizidrisiko steigt damit auch der mögliche Effekt des Modellernens an.

Schließlich sind Kinder und Jugendliche mit Suizidversuchen häufig das Opfer von **Misshandlungen,** einschließlich sexuellen Missbrauchs. Dabei kann der misshandelnde Elternteil möglicherweise wiederum psychisch gestört sein und/oder suizidale Handlungen vorgenommen haben. Insofern schließt sich in vielen Familien ein Kreis von psychischer Störung und Suizidhandlungen bei den Eltern mit Vernachlässigung und Misshandlung für Kinder, die wiederum zu Suizidhandlungen führen. Das verbindende Glied ist die nach innen und nach außen gerichtete Aggression.

Probleme und Auslöser

Unter den Problemen und Auslösern im Vorfeld suizidaler Handlungen dominieren Konflikte mit Eltern, Schule oder Arbeitsplatz sowie mit Freunden bzw. Freundinnen. Die **Konflikte mit den Eltern** beziehen sich typischerweise auf den gegengeschlechtlichen Elternteil; mehrheitlich laufen sie zwischen Tochter und Vater und dabei intensiv und ständig ab. Sie sind sicherlich ein interaktives und nicht nur ein reaktives Geschehen und in ihrem ätiologischen Stellenwert nicht sicher differentiell von ähnlichen Konstellationen bei anderen Jugendlichen mit psychischen Störungen abzugrenzen.

Zu den häufigen **Problemen** in der **Schule** und am **Arbeitsplatz** zählen schlechte Schulleistungen, Beziehungsstörungen zu Lehrern und Mitschülern sowie der Wunsch, die Schule vorzeitig zu beenden. Sowohl Schulprobleme wie auch Schwierigkeiten am Arbeitsplatz scheinen eher im Sinne allgemeiner Probleme der Beziehungsfähigkeit und des Selbstwertgefühls als direkt ätiologisch bedeutsam zu sein.

Störungen im Rahmen heterosexueller **Freundschaftsbeziehungen** sind möglicherweise die Folge übermäßiger Abhängigkeiten in Reaktion auf wenig entwickelte intrafamiliäre Bindungen. Derartige Abhängigkeiten schaffen eine besondere Vulnerabilität, so dass bei Belastungen und Bedrohung suizidale Impulse entstehen mögen. Häufig werden bei der Analyse von Beziehungsstörungen aber auch Probleme in der Geschwisterbeziehung übersehen.

Gegenüber den aufgeführten Problembereichen, die schwerpunktmäßig aus Beziehungsstörungen in der näheren Umwelt bestehen, nimmt die Häufigkeit eine Reihe **weiterer Phänomene** mit auslösender Funktion im Vorfeld von Suizidversuchen relativ ab. Hierzu zählen soziale Isolation, gesundheitliche Einschränkungen, psychische Störungen (möglicherweise liegt die Prävalenz in unausgelesenen Populationen von Suizidenten nicht höher als bei 20 %), sexuelle Probleme, körperliche Krankheiten der Eltern (welche ängstigend durch ihren möglicherweise lebensbedrohlichen Charakter sein können und die Verfügbarkeit der Eltern für das Kind mindern); psychische Störungen bei den Eltern und Drogenprobleme. Oft handelt es sich um eine Häufung derartiger Probleme und Belastungsfaktoren, die zudem über längere Zeiträume bestanden und sich verstärkt haben mögen.

Motive

Die Ergänzung zu Hintergrundfaktoren und Problembereichen werden Motive in der Auslösung von suizidalen Verhalten bedeutsam. Zunächst mag die niedrige Rate von Suiziden im Kindesalter mit der Unreife des Todeskonzepts und der relativen kognitiven Unreife zusammenhängen, welche die Vorausplanung eines Suizidversuchs ebenso wie die Entwicklung von Gefühlen der Hoffnungslosigkeit behindern. Letztere sind als Motiv wahrscheinlich bedeutsamer als die ebenfalls bei Kindern seltenere schwere depressive Verstimmung. Derartige Gefühle können jedoch bei Adoleszenten ebenso wie die der Verärgerung, des Verlassenseins und der Zukunftsängste bedeutsam werden. Grundsätzlich ist jedoch bemerkenswert, dass die weit überwiegende Zahl von Suizidversuchen relativ wenig vorsätzlich, sondern eher impulsiv durchgeführt wird.

Die verbleibende Frage, warum einige junge Menschen die Schwelle von den relativ häufigen Suizidvorstellungen zu Suizidhandlungen überschreiten, hat Hawton (1986) in einem theoretischen **Modell** zusammenzufassen versucht, welches die aufgeführten ätiologischen Teileelemente integriert. Demnach führen Defizite der Sozialisation zu schlechter Impulskontrolle, Stimmungslabilität und gestörtem Realitätssinn. Darüber hinaus kann suizidales Verhalten bei anderen – z. B. in der Darstellung durch die Medien – Modellwirkung haben. Als Folge der beeinträchtigten Lebensgeschichte entsteht ferner für einige Jugendliche eine besondere Vulnerabilität für Gefühle der Hoffnungslosigkeit. Suizidhandlungen werden um so wahrscheinlicher, je unattraktiver das Leben und je attraktiver der Tod werden. Die Handlungsweise wird schließlich durch die enthemmende Wirkung von Alkohol, die Akzeptanz von psychotropen Substanzen zum Zweck der Stimmungsaufhellung sowie die

schnelle Verfügbarkeit von verschriebenen oder nichtverordneten Medikamenten in beträchtlichem Maße erleichtert. Dieses Modell bedarf der Ergänzung durch den entwicklungspsychologischen Kontextfaktor der Adoleszenz als einer Phase mit besonderen Risiken für die Identitätsfindung.

Therapie und Verlauf

Wegen der oft brüchigen Kooperation von jugendlichen Suizidenten und ihren Eltern bzw. Familien ist zu fordern, dass die Therapie nach Möglichkeit von derselben Person durchgeführt wird, welche für die Untersuchung verantwortlich war. Die Therapie kann oft noch während des Krankenhausaufenthaltes begonnen werden. Schon während der Untersuchungsphase ergeben sich wertvolle Einblicke in die individuelle und familiäre Struktur. Vor Einleitung der Therapie müssen jedoch die Fragen der Notwendigkeit und der Modalität geklärt werden.

Hinsichtlich der Abklärung der **Notwendigkeit** einer weiterführenden Therapie erscheint eine Orientierung an den eingangs in der Klassifikation genannten drei Gruppen sinnvoll. Bei der ersten Gruppe mit akuten Problemen lösen sich die Probleme oft als Folge des Suizidversuchs, der den Charakter einer Belastungsreaktion hat. Hier reicht oft eine sorgfältige Untersuchung schon aus. Bei Jugendlichen der zweiten Gruppe mit chronischen Problemen, häufig vorliegenden depressiven Symptomen und anhaltenden Konflikten sowie fehlender familiärer Unterstützung ist sehr wahrscheinlich eine aktivere Therapie erforderlich. In der dritten Gruppe liegen meist chronische Verhaltensauffälligkeiten mit oft dissozialen Anteilen vor, so dass eine weiterreichende Versorgung erforderlich ist.

Die Frage der **Therapiemodalität** impliziert zunächst die Entscheidung für eine ambulante bzw. stationäre Versorgung. Sofern eine weiterreichende psychiatrische Behandlung insbesondere einer schweren Erkrankung und eine ernste Wiederholungsgefahr für einen Suizidversuch bestehen, muss die weitere Behandlung stationär erfolgen.

Das weitere therapeutische Vorgehen – sowohl im ambulanten wie im stationären Kontext – ist eine **multimodale Behandlung** mit Einzelpsycho-, Gruppen- und Familientherapie. Elemente der **Verhaltenstherapie** erstrecken sich auf den Abschluss eines Verhaltensvortrags, in dem der Jugendliche versichert, keine sozialen Handlungen begehen, sowie auf kognitive Verfahren zur Verbesserung von sozialen Fertigkeiten und Problemlösungen. **Psychopharmaka** sind nur in Form von Neuroleptika bei Psychosen und Antidepressiva bei Depressionen angezeigt, während Tranquilizer wegen der Gefahr von Abhängigkeit und erneuter Selbstvergiftung kontraindiziert sind. Die **Einzelpsychotherapie** ist in der Regel eine problemorientierte Krisenintervention, die bei schweren intrapsychischen Problemen und länger bestehender Psychotherapie in eine längerfristige Psychotherapie übergehen kann. Eine **Gruppentherapie** kann nicht vor einer relativen Stabilisierung durch eine Krisenintervention begonnen und eine **Familientherapie** für familiäre Probleme nur dann durchgeführt werden, wenn der

Jugendliche noch in der Familie als Bezugsrahmen lebt und die Familienmitglieder therapiemotiviert sind.

Der **Verlauf** lässt sich über die weitere soziale und psychologische Entwicklung, erneute Suizidversuche und schließlich vollendete Suizide kennzeichnen. Verschiedene im Detail variierende Verlaufsstudien lassen erkennen, dass der überwiegende Teil der Suizidenten psychosozial gebessert wird und nur eine kleinere Zahl als Risikopopulation einzuschätzen ist. Diese Gruppe unterscheidet sich aber von Jugendlichen ohne Suizidversuche durch eine höhere Todesrate – insbesondere bei den Jungen –, eine geringere Rate von Ehen bei erhöhter Scheidungsrate, höhere Kriminalitätsbelastung einschließlich Haftstrafen und eine höhere Rate an Fehlzeiten wegen stationärer Krankenhausbehandlung von psychischen und körperlichen Krankheiten.

Die **Prognose** von jugendlichen Suizidenten wird ferner dadurch begrenzt, dass sie bis zur Hälfte erneut suizidale Handlungen vornehmen. Die Risiken für eine Wiederholung wurden bereits im Abschnitt über die Diagnostik genannt. Schließlich zeigen Langzeitstudien, dass einige Jugendliche mit einem Suizidversuch später an einem vollendeten Suizid sterben.

22.2 Suizid

Wie eingangs begründet, soll der vollendete Suizid kürzer abgehandelt werden. Die folgende Darstellung beschränkt sich daher auf Aspekte der Häufigkeit und der eingesetzten Methoden, der Bedingungsfaktoren und abschließende Anmerkungen zur Prävention

Häufigkeit und Methoden

Eine systematische Erfassung von vollendeten Suiziden ist zwar nicht mit vollständig den gleichen Problemen wie bei Suizidversuchen, gleichwohl aber auch mit Verzerrungen behaftet. Hierzu gehören Fehldiagnosen (z. B. Unfall) bei mangelnder Sensibilität für die Möglichkeit eines Suizides und Zurückhaltung hinsichtlich der Zuschreibung eines Suizides wegen des damit verknüpften Stigmas oder wegen religiöser Überzeugungen, welche im Suizid eine Sünde sehen. Dennoch ist das statistische Material über Suizide sehr viel reichhaltiger als das über Suizidversuche im Kindes- und Jugendalter. Hier ergeben sich in allen Erhebungen deutliche Häufigkeitszunahmen seit den 60er und 70er Jahren in den westlichen Industrienationen. International variierten die Raten für Suizide gemäß Statistiken der WHO für die 11- bis 18-jährigen Jugendlichen zwischen 1980 und 1990 zwischen 0,04 und 0,2 %. Seit den 80er Jahren stagnieren bzw. fallen die Suizidraten für junge Menschen in den meisten Ländern Europas. Eine jahreszeitliche Häufung von Suiziden wie bei Erwachsenen im Frühling gibt es bei Kindern und Jugendlichen nicht.

Bei den vollendeten Suiziden dominieren die so genannten harten **Methoden,** d. h. beispielsweise Erschießen und Erhängen, über die so genannten weichen Methoden in Form von Selbstvergiftungen. Wie bereits aufge-

führt, greifen Jungen stärker zu harten Methoden, während Mädchen weiche Methoden bevorzugen. Hingegen ist das Ausmaß der psychischen Störung bei den Mädchen größer. Die Form des Suizides wird aber auch wesentlich von der Verfügbarkeit von Mitteln bestimmt. So erfolgte wegen der leichten Verfügbarkeit von Waffen in den USA der Suizid meist durch Erschießen und haben die Gasvergiftungen in Großbritannien mit einer zunehmenden Entgiftung des Gases deutlich abgenommen.

Bedingungselemente

Ähnlich wie bei den Suizidversuchen sind auch die vollendeten Suizide das Ergebnis eines Zusammenwirkens von mehreren **Belastungsfaktoren.** Hierzu zählen zunächst eine gestörte Sozialisation durch ein gestörtes familiäres Milieu mit Auflösung der Bindungen sowie familiäre Belastungen durch psychische Störungen und/oder Suizide. **Psychische Störungen** bei anderen **Familienmitgliedern** können sich sowohl genetisch im Sinne wirksamer Prädispositionen für die Erkrankung, ferner durch Mangel an Zuwendung, weiter im Sinne von Modellerneffekten und schließlich auch als Überforderung der Bewältigungsmöglichkeiten der Kinder bzw. Jugendlichen auswirken und damit zum Suizid des Kindes oder Jugendlichen beitragen.

Ferner ist gegenüber den Suizidversuchen die Prävalenz für **psychische Störungen** deutlich erhöht; sie liegt zwischen einem Drittel und der Hälfte der Fälle und ist damit gleichwohl noch niedriger als bei Erwachsenen. Im Vordergrund stehen affektive Störungen, dissoziale Störungen und Substanzmissbrauchsstörungen. Etwas seltener sind Persönlichkeitsstörungen und noch seltener schizophrene Psychosen. Hingegen tragen **körperliche Krankheiten** trotz der damit erhöhten Belastungen und der erhöhten psychischen Morbidität nicht bedeutsam zum Suizidrisiko bei. Wie bereits dargestellt, erhöht ein **früherer Suizidversuch** das Risiko eines vollendeten Suizides. Schließlich entsprechen die **Problemfelder** und auslösenden **Motive** beim Suizid weitgehend denen beim Suizidversuch. Dabei sei aber erneut auf die Merkmale hingewiesen, welche die suizidale Intention abzuschätzen gestatten. Auch auf die allgemeinen gesellschaftlich-historischen Bedingungsfaktoren, welche für die Zunahme von Suizidhandlungen bedeutsam sein könnten, wurde bereits eingegangen.

Prävention von Suizidhandlungen

Wie bei den meisten psychischen Störungen sind die Möglichkeiten einer **primären Prävention** angesichts der beteiligten sozialen bzw. psychosozialen Einflussfaktoren begrenzt bzw. relativ unspezifisch. Sie müssten sich auf eine frühzeitige Identifizierung und Behandlung von sozial schwachen und gestörten Familien sowie von psychischen Störungen bei Kindern und Jugendlichen und eine zunehmende Sensibilisierung für die Probleme junger Menschen erstrecken. Darüber hinaus müssten Informationen über verfügbare Einrichtungen zur Behandlung und Betreuung Suizidgefährdeter vermittelt, die Verfügbarkeit von Medikamenten und Drogen eingeschränkt, die Berichterstattung über Suizide in den Medien verringert und schließlich psychosoziale Versorgungssysteme ausgebaut werden.

Mit einer Betreuung von Suizidgefährdeten und Suizidenten verbindet sich sodann die Hoffnung, durch effektive Interventionen im Sinne der **Sekundärprävention** einen Beitrag zur Verhinderung von Wiederholungen suizidaler Handlungen ebenso wie zur allgemeinen Verbesserung der individuellen Lebensmöglichkeiten dieser jungen Menschen zu leisten. Dies dürfte weniger über hochspezifische Interventionen als eher über eine allgemeine Verbesserung der Fähigkeit zur Lebensbewältigung möglich sein.

Literatur

American Academy of Child and Adolescent Psychiatry: Practice parameters for the assessment and treatment of children and adolescents with suicidal behavior. J. Amer. Adolesc. Psychiatry 40 (2001) 24S–51S.

Apter, A., O. Freudenstein: Adolescent suicidal behaviour: psychiatric populations. In: Hawton, K., K. van Heerington (eds.): The international handbook of suicide and attempted suicide. Wiley, Chichester 2000.

Bell, C. C., D. C. Clark: Adolescence suicide. Pediatr. Clin. North America 45 (1998) 365–380.

Berman, A. L., D. A. Jobes: Adolescent Suicide. Assessment and Intervention. American Psychological Association, Washington D.C. 1991.

Brent, D. A.: Practitioner review: The aftercare of adolescents with deliberate self-harm. J. Child Psychol. Psychiat. 38 (1997) 277–286.

Diekstra, E. F. W., C. W. M. Kienhorst, E. J. de Wilde: Suicide and suicidal behavior among adolescents. In: Rutter, M., D. J. Smith (eds.): Psychosocial Disorders in Young People, Wiley, Chichester 1995.

Gould, M. S., R. King, S. Greenwald, P. Fisher et al.: Psychopathology associated with suicidal ideation and attempts among children and adolescents. J. Am. Acad. Child Adolesc. Psychiatr. 37 (1998) 915–923.

Hawton, K.: Suicide and attempted suicide among children and adolescents. Sage Publications, Beverly Hills – London – New Delhi 1986.

Ivarsson, T., B. Larsson, C. Gillberg: A 2–4 year follow up of depressive symptoms, suicidal ideation, and suicide attempts among adolescent psychiatric inpatients. Eur. Child Adolesc. Psychiatr. 7 (1998) 96–104.

Madge, N.: Youth suicide in an international context. Eur. Child Adolesc. Psychiatry 8 (1999) 283–291.

Pfeffer, C. R.: The Suicidal Child. Guilford Press, New York – London 1986.

Pfeffer, C. R. (ed.): Suicide Among Youth: Perspektives on Risk and Prevention. American Psychiatric Press, Washington 1989.

Shaffer, D., M.S. Gould, P. Fisher, P. Trautman et al.: Psychiatric diagnosis in child and adolescent suicide. Arch. Gen. Psychiatr. 53 (1996) 339–348.

Shaffer, D., J. Gutstein: Suicide and attempted suicide. In: Rutter, M., E. Taylor, L. Hersov (eds.): Child and Adolescent Psychiatry. Modern Aporoaches. 4th ed. Blackwell, Oxford 2002.

Wagner, B. M.: Family risk factors for child and adolescent suicidal behavior. Psychological Bulletin 121 (1997) 246–298.

III Therapie und Rehabilitation

23 Psychotherapie

23.1 Grundlagen

Mit dem Begriff Psychotherapie verbinden sich eine Vielzahl theoretisch unterschiedlich begründeter Behandlungsmethoden, die im Rahmen einer sozialen Interaktion auf die Behebung von Störungen des emotionalen Befindens und des Verhaltens zielen. Wenngleich zwischen den verschiedenen Formen und theoretischen Orientierungen beträchtliche Unterschiede bestehen, zeigt die jüngere Entwicklung der Psychotherapie auch Gemeinsamkeiten, die vor allen in der Ähnlichkeit der Ziele, aber auch in bestimmten Übereinstimmungen des therapeutischen Prozesses sowie in der Beziehung von helfenden Therapeuten und Patienten bzw. Klienten liegen. Hinsichtlich der Grundlagen bestehen jedoch theoriegebundene Unterschiede. Dies soll im Folgenden an den für die kinderpsychiatrische Praxis wichtigsten Psychotherapierichtungen, nämlich der Psychoanalyse bzw. den aus ihr entwickelten Formen dynamischer bzw. tiefenpsychologisch orientierter Psychotherapie und der personzentrierten Psychotherapie, verdeutlicht werden.

Das **psychoanalytische Modell,** dessen historische Entwicklung hier nicht nachgezeichnet werden kann, basiert auf mindestens vier zentralen Grundannahmen:

- der Bedeutung des Unbewussten für seelische Funktionen,
- der Annahme von internalisierten Konflikten, aus denen beobachtbare Symptome entstehen und unterhalten werden,
- der Annahme, dass Symptome eine Bedeutung sowohl für das betroffene Individuum wie auch seine Anpassung an die Umwelt haben, und
- dem Konzept der Übertragung als Methode zum Verständnis und zur Interpretation der Interaktionen zwischen Patient und Therapeut in Form vergangener Erfahrungen mit Eltern und anderen wichtigen Bezugspersonen.

Symptome und gestörtes Verhalten werden im psychoanalytischen Modell wesentlich durch **unbewusste seelische Faktoren** bestimmt. Sie entstehen als eine Kompromissbildung zwischen Wünschen, die auf die frühe psychische Entwicklung im Kleinkindalter zurückgehen, und der Ab-

wehr durch andere, eher den Anforderungen der Realität verpflichteten Wünschen. Für die Ableitung dieser z. B. aus der infantilen Abhängigkeit oder der so genannten ödipalen Konstellation stammenden Wünsche hält die Psychoanalyse sowohl eine Strukturtheorie der Persönlichkeit wie auch eine Entwicklungstheorie bereit. Diese besteht aus einer Vielzahl meist empirisch nicht überprüfbarer Postulate, welche hier nicht im Einzelnen erörtert werden können.

Bedeutsam ist ferner die Annahme, dass die im Symptom kompromisshaft dargestellten **Konflikte** widerstreitender Wünsche internalisiert werden, sich wiederholen und im lebensgeschichtlichen Entwicklungsprozess zur Manifestation drängen, insbesondere wenn Ereignisse die verdrängten Wünsche wieder emporsteigen lassen. Dafür sorgt die Einbindung aller Erfahrungen aus vorausgegangenen Entwicklungsstufen und Erinnerungen. In diesem Sinne werden Symptome – wie z. B. der abgewehrte Wunsch nach Rückkehr zur infantilen Abhängigkeit der oralen Stufe beim Ulkuskranken – bedeutungsvolle Repräsentanten von Konflikten und vergangenen Beziehungen. Aus dem unangemessenen, d. h. mit der aktuellen Entwicklungsstufe nicht in Einklang stehenden Charakter von Symptomen stammen das Gefühl von Störung, der Mangel an Wohlbefinden und die Beeinträchtigung zwischenmenschlicher Beziehungen.

Mit dem Begriff der **Übertragung** werden in der Therapie gezeigte Verhaltensweisen und Einstellungen bezeichnet, bei denen der Patient den Therapeuten als eine Projektionsfläche von Gefühlen gebraucht, die eher in die individuelle Vergangenheit und zu den zentralen Bezugspersonen der frühen Entwicklung gehören. Das Wiederaufleben älterer Interaktionsformen oder die erneute Gestaltung alter unbewusster Konflikte wird in der Therapie aufgegriffen. Der Patient wird mit diesen Inhalten der Übertragung **interpretierend** konfrontiert und zur Wahrnehmung der irrationalen Färbung dieser Abläufe gebracht. Aus diesen Erkenntnissen soll ihm die Hilfe für das Erkennen seines Fehlverhaltens außerhalb der Therapie zuwachsen.

Historisch gesehen haben die Psychoanalyse und die dynamisch orientierte Psychotherapie diesen Faktor der Interpretation und die daraus abgeleitete Einsicht beim Patienten als das heilende Element in der Psychotherapie besonders betont. Mit zunehmender Entwicklung der Psychoanalyse wie auch anderer Modelle wird allerdings auch eingeräumt, dass der spezifische Beziehungsaspekt in der Therapie sowie Reifungs- und Entwicklungsfaktoren ebenfalls bedeutsam sind, wobei die therapeutische Situation auch ein subtiler Lernprozess sein könnte.

In der **Kindertherapie** ist schon früh der stützende Wert der Aufmerksamkeit erkannt worden, welche ein zugewandter Erwachsener dem Kind entgegenbringt und somit dem explorierenden Teil der Therapie hinzufügt. Bei den dynamischen Psychotherapieformen spielt daher in Kontrast zur strengen Reinform der Psychoanalyse der begründete Einsatz von Ermutigung, Lob für Leistung und auch pädagogischer Teileelemente neben der Interpretation eine wichtige Rolle. Mit dieser Orientierung ergeben sich zugleich auch relativ mehr Übereinstimmungen mit anderen Formen der Psychotherapie im Kindes- und Jugendalter.

Die **personzentrierte (non-direktive) Psychotherapie** stellt das **Therapeutenverhalten** als zentrale Voraussetzung für therapeutische Effekte beim Klienten in den Vordergrund der theoretischen Betrachtung wie auch der empirischen Analyse des Therapieprozesses. Sie betont, dass mit der Realisierung von **emotionaler Wärme** und **Akzeptierung, Empathie** und **Selbstkongruenz** wesentliche Voraussetzungen für den therapeutischen, d. h. helfenden Umgang mit Klienten bzw. deren Symptomen und Störungen der Befindlichkeit erfüllt werden. Hingegen wird der analysierenden, interpretierenden und bewusstmachenden Funktion des Gesprächs keine bzw. keine vorrangige Bedeutung zugemessen. Wie die analytische bzw. dynamische setzt auch die personzentrierte Psychotherapie im Kindesalter das Spiel und ab dem Jugendalter das Gespräch als therapeutisches Medium ein.

Im Gegensatz zu Psychoanalyse und auch Verhaltenstherapie basiert die personzentrierte Psychotherapie nicht auf einer Theorie der Entstehung und Bedingung von Symptomen bzw. Störungen. Vielmehr liegt – angesichts ihrer Orientierung an dem Potenzial der **Selbsterkenntnis** und der **Veränderung des Selbstkonzeptes**, der **Einstellungen** und der **Selbstbestimmung des Verhaltens** – der Ansatz bei der therapeutischen Mobilisierung von psychischen Kräften und seelischen Wachstumspotenzialen. Mit der Zentrierung auf das Therapeutenverhalten, welches diese Prozesse im Klienten aktiviert, hat die personzentrierte Psychotherapie in zuvor nicht vergleichbarer Weise die Therapieprozessforschung beflügelt, die u. a. nach den notwendigen und hinreichenden Bedingungen für therapeutische Veränderungen im Erleben und Verhalten fragt. Darauf wird abschließend bei der Erörterung von Aspekten der Evaluation einzugehen sein.

23.2 Ziele und Methoden

Wenngleich die verschiedenen therapeutischen Richtungen hinsichtlich spezifischer Aspekte divergieren, lassen sich für alle Formen psychotherapeutischer Intervention einige allgemeine und übergeordnete Ziele angeben. Allen Psychotherapien (und Verhaltenstherapien) ist gemeinsam, dass sie psychisches Leiden verringern, Verhalten verändern und das Verständnis in die eigene Person erweitern wollen. Etwas weiter spezifiziert, gleichwohl aber noch für alle Formen von Psychotherapie (und Verhaltenstherapie) gültig, besteht ein vorrangiges Ziel in der **Reduktion von Symptomen**, die nicht nur mit Leiden verknüpft sind, sondern zugleich auch die Entwicklung der Persönlichkeit behindern. Insofern ist als ein weiteres bedeutsames Ziel, das über die Symptomreduktion hinausgeht, die **Förderung der normalen Entwicklung** anzusehen, mit der sich insbesondere die Stärkung einer autonomen Persönlichkeit verbindet. Nur über Beiträge zur Verselbstständigung der Persönlichkeit lässt sich schließlich die Generalisierung der in der Therapie erreichten Verhaltensänderung auf andere Situationen und schließlich eine anhaltende Besserung der Symptomatik und des Verhaltens erreichen. Diese Darstellung allgemeiner Ziele macht die weiterreichende Interdependenz der aufgeführten Einzelziele deutlich.

Auch im methodischen Vorgehen gibt es für die verschiedenen Formen von Psychotherapie zunächst eine Reihe von Gemeinsamkeiten. Diese beziehen sich darauf, dass Psychotherapie

- in einem bestimmten Behandlungssetting,
- im Rahmen eines Arbeitsbündnisses,
- unter Verwendung bestimmter Kommunikationskanäle und
- in einer therapeutischen Beziehung realisiert wird, welche den therapeutischen Prozess bestimmt.

Im **Behandlungssetting** sind Zeit und Ort der Behandlung und Grenzen für das Verhalten ebenso wie die Vertraulichkeit und Sicherheit für die Person und das Eigentum definiert. Durch das primär zugewandte und an dem Patienten interessierte Verhalten des Therapeuten werden die Äußerung von Gefühlen und die Selbstexploration ermöglicht. Hinsichtlich der Form des Therapeutenverhaltens unterscheiden sich die verschiedenen Psychotherapien nicht unwesentlich, wenngleich sie noch in einem Aspekt, nämlich einer bei Kindern im Vergleich zu Erwachsenen aktiveren Therapeutenrolle, konvergieren. Auf diese spezifischen Aspekte des Therapeutenverhaltens in der Kinder- und Jugendtherapie wird später noch einmal einzugehen sein.

Das **Arbeitsbündnis** setzt wiederum unabhängig von der Therapieform und auch vom Alter wesentlich drei Bedingungen voraus, die erfüllt sein müssen. Der Patient muss

- unter seinen Symptomen bzw. seinem unangemessenen Verhalten leiden,
- erkennen, dass diese Probleme im Kern mit seiner Person zusammenhängen und von ihm verstanden werden können, und
- bereit sein, eine Beziehung zum Therapeuten als Helfer einzugehen.

Demnach lässt sich kurz gefasst feststellen, dass in der Psychotherapie ein **Arbeitsbündnis** besteht, sofern der Patient unter Leidensdruck steht, introspektionsfähig ist und die therapeutische Beziehung akzeptiert. In der Kinder- und Jugendlichentherapie gehört es zu den besonderen Aufgaben des Therapeuten, das Arbeitsbündnis zu ermöglichen und zu stärken, zumal z. B. Jugendliche defensiv und vorsichtig in eine neue Beziehung eintreten bzw. Kinder ein noch begrenztes kognitives Niveau der Einsichtsgewinnung haben mögen. Insofern muss der Therapeut aktiv daran arbeiten, das Kind bzw. den Jugendlichen für die Wahrnehmung der eigenen Probleme, Gefühle und Verhaltensweisen im therapeutischen Prozess zu sensibilisieren.

Die in der Psychotherapie mit Kindern und Jugendlichen eingesetzten **Kommunikationskanäle** sind das **Spiel** und die **Sprache,** die sich in unterschiedlicher Weise mischen können: Neben der Körpersprache steht das symbolische non-verbale Spiel und neben dem sprachlich-kommentierten Spiel die ausschließlich verbale Kommunikation. In der Therapie mit Kindern wird typischerweise das Spiel unter Verwendung von Puppen, Spielsachen, Malen und Zeichnen als Kommunikationsmitteln eingesetzt. Es ermöglicht den Ausdruck von Gefühlen und Erfahrungen in der Form von Abreagieren und Bewältigung. Zugleich erfolgt über das Spiel des Kindes die Verbalisierung und Kommentierung, wobei der Therapeut die Brücke von Gefühlen und Handeln zu Denken und Reflexion baut.

Für den **Jugendlichen** steht diese Art der Kommunikation in Form des spontanen und kaum zensierten Spiels nicht mehr zur Verfügung. Vielmehr wird der nunmehr wie in der Erwachsenenpsychotherapie vornehmlich verbale Austausch in der Psychotherapie von einer Reihe von Erschwernissen der Kooperation belastet. Dazu zählen neben der fragmentarisch gebildeten Identität die stärker durch Handeln als durch Reflexion bestimmte Ableitung von Spannungen und das Bedürfnis nach Distanz zum Erwachsenen. Insofern stellt der therapeutische Prozess mit seiner Betonung von verbalem Austausch und Reflexion eine potentielle Bedrohung dar und führt in der therapeutischen Arbeit mit Jugendlichen dazu, dass die Kommunikation mit dem Therapeuten häufig von Schweigen, Unvermögen zur Verbalisierung von Gefühlen und Gedanken sowie Widerstand gekennzeichnet ist. Insofern ist der Therapeut gefordert, durch Geduld, Sensibilität und Verständnis einerseits und sorgfältig abgewogene Initiativen und Angebote von Gesprächsthemen andererseits die Kommunikation zu eröffnen und zu stabilisieren.

Schließlich wird Psychotherapie als eine spezifische Methode sozialen Handelns sehr wesentlich durch den **therapeutischen Prozess** bestimmt. Dieser wiederum ist durch die Art der therapeutischen Beziehung und des therapeutischen Handelns gekennzeichnet. Hier liegt das einigende Element aller Psychotherapieformen in der zugewandt-interessierten, zuhörenden und beobachtenden Grundhaltung des Therapeuten, die den Ausdruck von Gefühlen und die Affektentlastung ermöglicht. Auch hinsichtlich der Notwendigkeit, bei Kindern und Jugendlichen unterstützend, ermutigend und strukturierend zu arbeiten, ergeben sich Gemeinsamkeiten bei verschiedenen Therapierichtungen. Hingegen trennen sich die Auffassungen an dem Punkt, wo die Frage des Einsatzes von Konfrontationen und Interpretationen als Strukturelement des therapeutischen Prozesses ansteht.

Diesen Aspekt der **Einsichtsvermittlung** durch Konfrontation, Klärung und Interpretationen betonen in besonderer Weise die dynamischen Psychotherapien. Dabei wird das Ausmaß des Einsatzes derartiger Techniken von dem Ausmaß an Selbstbeobachtung und Distanzierungsfähigkeit des Kindes gegenüber dem Spiel abhängig gemacht. Der Therapeut ist bei diesen Therapieformen angehalten, das kindliche Verhalten hinsichtlich der beteiligten Konflikte und Abwehrmechanismen zu interpretieren und an den Reaktionen zu ermessen, inwieweit das Kind in der Lage ist, von diesen Gedanken Gebrauch zu machen. Dieser interpretierende Anteil der therapeutischen Aktivitäten soll zugleich jedoch immer mit einem stützenden Element der Therapie verbunden sein.

In der personzentrierten Psychotherapie ist, wie eingangs bereits dargestellt, das Therapeutenverhalten und damit der therapeutische Prozess in den Mittelpunkt der Theorie gerückt. Die ursprünglich von Axline begründete **kindzentrierte Spieltherapie** hat im Verlauf der Entwicklung unter Beibehaltung dieser Grundorientierung eine theoretische Vertiefung hinsichtlich der Therapietechniken erfahren, welche die Fruchtbarkeit der in diesem Bereich realisierten Therapieprozessforschung widerspiegeln. Demnach wird der therapeutische Prozess durch folgende **Elemente** strukturiert:

- Techniken zur Beziehungs- und Klimagestaltung wie Akzeptierung und Freundlichkeit, Ruhe und Zuversicht, interpersonale Distanz und partnerschaftliches Sozialverhalten,
- Techniken zur Handlungsdiagnose und Verständigungsdemonstration wie Ansprechen und Erfragen von Wahrnehmungs- und Aktionsprozessen, Gefühls- und Bewertungsprozessen, Denk- und Zielsetzungsprozessen sowie von Wissenskenntnissen und
- Techniken der differenziellen Intervention wie Bekräftigung von angemessenen Handlungsprozessen, Stimulieren zu differenzierenden Verarbeitungsprozessen, Auffordern zu neuen Handlungsprozessen, Hinterfragen von unangmessenen Handlungsprozessen, Informieren über unangemessene Handlungsprozesse im Sinne von Modellgeben und Geben normativer Hilfen in Form von Grenzsetzungen.

23.3 Formen und Indikationen

Alle Formen der Psychotherapie sind aus der Psychoanalyse hervorgegangen, die erst in den 20er und 30er Jahren des letzten Jahrhunderts auch eine Form der Kinderbehandlung entwickelte. Heute wird die klassische **Kinderpsychoanalyse** mit hoher Stundenfrequenz (3 bis 5 Sitzungen pro Woche) und Langzeitverlauf (über 2 bis 4 Jahre) nur noch von sehr wenigen Therapeuten realisiert. Das große Ausmaß der behandlungsbedürftigen Klientel, Kostengesichtspunkte, aber auch Therapieabbrüche, schließlich das Aufkommen anderer Therapieformen sowie die Infragestellung von Indikation und Effizienz haben sowohl theoretisch wie praktisch die langfristig realisierte Kinderpsychoanalyse zu einer eher randständigen Bedeutung reduziert.

An ihre Stelle sind die verschiedenen Formen der **psychodynamisch bzw. tiefenpsychologisch orientierten Psychotherapie** mit meist kürzerer Verlaufszeit getreten. Bei Stundenfrequenzen von selten mehr als zwei Stunden pro Woche und Verlaufsräumen zwischen mehreren Monaten bis zu selten länger als zwei Jahren wird sie bisweilen auch als Kurztherapie oder wegen ihrer Zentrierung auf eine bestimmte Thematik als Fokaltherapie bezeichnet. Das **Indikationsspektrum** der psychodynamisch orientierten Psychotherapie liegt wesentlich im Bereich emotionaler Störungen einschließlich Angst- und Verstimmungszuständen, Anpassungsreaktionen, Schulverweigerung, leichter dissozialer Störungen und Eltern-Kind-Konflikten, zu denen auch die Folgen von Scheidungen mit der Beeinträchtigung des Selbstwertgefühls und der Leistungsfähigkeit des Kindes gehören.

Als **Kontraindikationen** sind schwere dissoziale Störungen, Psychosen und abnorme Entwicklungen (z. B. frühkindlicher Autismus) zu betrachten. Hirnorganische Störungen liegen ebenso wie Intelligenzminderungen und die hyperkinetischen Störungen meist außerhalb des Indikationsspektrums, zumal wichtige Voraussetzungen für die Therapie wie z. B. Introspektionsfähigkeit oder Beziehungsfähigkeit nicht erfüllt sind. Ebenso muss die Effizienz von ausschließlicher Psychotherapie bei den meisten psychischen Störungen mit körperlicher Symptomatik (z. B. Anorexia nervosa, Asthma bronchiale etc.) in Zweifel gezogen werden. Darüber hinaus zeigen bestimmte Störungen wie z. B. schwere Zwangsstörungen in einigen Fällen eine ungünstige Verlaufscharakteristik, so dass die Psychotherapie eher eine stützende als eine heilende Funktion bekommt. Letztlich hat die bei einigen Störungen höhere Effizienz anderer Therapieformen wie Verhaltenstherapie und Familientherapie das Indikationsspektrum der tiefenpsychologisch orientierten psychodynamischen Psychotherapie weiter eingeschränkt.

Das ebenfalls tiefenpsychologisch begründete Verfahren des **katathymen Bilderlebens** beruht auf der Tagtraumtechnik, mit der sich spezifische Konflikte des Patienten ansprechen und einer therapeutischen Bearbeitung zuführen lassen. Die über eine Reihe von Standardmotiven im hypnoiden Zustand ausgelösten optischen Imaginationen erlauben über eine Zentrierung auf die Konfliktthemen eine therapeutische Entlastung und Förderung der Selbstheilungstendenzen, wobei im Gegensatz zum psychoanalytischen Vorgehen der Therapeut sich hinsichtlich der Deutungen abstinent verhält. Das Verfahren lässt sich in seiner Grundstufe bei Jugendlichen mit Somatisierungsstörungen, Angststörungen und Dysthymien sowie Anpassungsstörungen einsetzen. Es findet seine Grenze bei schwereren Störungen wie Phobien und Zwangsstörungen und ist bei Intelligenzminderung, Psychosen, schweren Depressionen, organischen Psychosyndromen und Persönlichkeitsstörungen kontraindiziert.

Die **personzentrierte Spieltherapie** ist ebenfalls eher eine kurz- bis mittelfristig angelegte Therapieform, die bei in der Regel einmal wöchentlich stattfindenden Sitzungen etwa 20 bis 60 Gesamtsitzungen umfasst. Sie gliedert sich in drei **Phasen:**

- die Herstellung einer Beziehung zum Kind unter Einsatz der Basisvariablen zur Beziehungs- und Klimagestaltung,

- das Aufstellen von Therapiezielen und therapeutischen Strategien mit Operationalisierung zur Überprüfung der Effekte und
- die differenzielle Intervention mit den geplanten therapeutischen Strategien.

Prozessorientierung und **Effektkontrolle** sind wesentliche Merkmale dieses therapeutischen Ansatzes. Auch hier umfasst das Indikationsspektrum wesentlich emotionale und leichtere dissoziale Störungen. Spezifische **Indikationen** werden bei Selbstkonzeptdiskrepanzen, verringertem Selbstvertrauen, allgemeinen Ängsten, sozialer Isolation und Scheu gesehen. Zugleich können Anstöße für die seelische Entwicklung, die Verbesserung der allgemeinen Lern- und Leistungsfähigkeit und in Kombination mit anderen Therapien (z. B. Verhaltenstherapie oder funktionelle Übungsbehandlungen) die Motivierung und den Abbau von Defiziten gegeben werden. **Kontraindiziert** bzw. weniger effizient ist die personzentrierte Spieltherapie bei schweren dissozialen Störungen, Intelligenzminderungen und hirnorganischen Störungen.

Nahezu allen Formen der Einzelpsychotherapie mit Kindern und Jugendlichen ist gemeinsam, dass sie parallel beratende **Elternarbeit** leisten. Nur wenige Therapeuten versuchen, sich und das Kind gegenüber Ängsten und Druck von Seiten der Eltern abzuschirmen. In der Regel finden kontinuierlich (z. B. in 14-tägigem Abstand) Gespräche mit den Eltern statt, um nicht nur zusätzliche anamnestische und diagnostisch bedeutsame Informationen zu erhalten, sondern vor allem den Eltern zu einem besseren Verständnis für die Störung und die Entwicklung des Kindes zu verhelfen und eine angemessene Erziehung zu unterstützen. Die Intensität der Elternbeteiligung an der Therapie kann von direkter Beteiligung in den Therapiesitzungen bei sehr jungen Kindern bis zu äußerst geringen Kontakten mit den Eltern im Falle der Behandlung von Jugendlichen reichen, wo der Therapeut der Ansicht sein kann, dass die ausschließliche Arbeit mit den Jugendlichen dem Ziel der Ablösung und Individuation Rechnung trägt.

Zu den zahlreichen weiteren, auch bei Kindern und Jugendlichen eingesetzten Formen von Psychotherapie gehören ferner die verschiedenen Formen **körperbezogener Therapien.** Hierzu zählen die verschiedenen Entspannungstechniken wie das autogene Training und die in der Verhaltenstherapie eingesetzte progressive Muskelentspannung sowie die konzentrative Bewegungstherapie. Ihnen gemeinsam sind die Erfahrung von körperlichen Spannungs- und Erregungszuständen und das Ziel, über eine Sensibilisierung der Körperwahrnehmung emotionales und körperliches Ausdrucksverhalten zu steuern und zu erweitern. Schließlich leiten sich auch die **Gestaltungstherapien** wie z. B. Mal- und Musiktherapie aus psychotherapeutischen Überlegungen ab. Im Gestaltungsprozess können Zugänge zum Erleben, zu Konflikten, zur Beeinträchtigung des Selbstwertgefühls und zu Anteilen der Persönlichkeit gefunden werden, die sich oft einer verbalen Verarbeitung nicht erschließen.

Neben den skizzierten Ansätzen der Einzelpsychotherapie existieren auch verschiedene Formen der **Grup-**

penpsychotherapie, die allerdings eine vergleichsweise kürzere Entwicklungsgeschichte und auch geringere Verbreitung kennzeichnen. In der Praxis werden einerseits nicht-interpretierende Aktivitätsgruppen mit Schwerpunkt auf der Interaktion, die vom Therapeuten lediglich mitstrukturiert wird, realisiert. Andererseits werden Formen der Gruppentherapie durchgeführt, in denen der sprachliche Austausch, die Beziehungen zu den anderen Gruppenmitgliedern, die Übertragung von vergangenen Erfahrungen in der Familie und die emotionalen Erfahrungen in der Gruppe im Vordergrund stehen.

Reflexion, Konfrontation und interpretierende Klärung von Gruppenprozessen dienen als Mittel, um emotionale Erfahrungen zu korrigieren, konflikthafte Anteile der eigenen Persönlichkeit zu erkennen und neue Formen des Umgangs mit zwischenmenschlichen Situationen innerhalb und außerhalb der Gruppe zu erlernen. Gruppentherapien können auf jeder Altersstufe vom Vorschulalter bis zur Adoleszenz durchgeführt werden; oft eignen sich bestimmte Institutionen, in denen die Kinder und Jugendlichen leben, besonders für die Durchführung dieser Therapieform. Dies gilt z. B. für Tagesstätten, heilpädagogische Heime und Kliniken.

Einzel- und Gruppenpsychotherapie setzen **Beziehungsfähigkeit** und ein gewisses Ausmaß an **Vertrauen** sowie eine ausreichende **Differenzierung zwischen Realität und Fantasie** voraus. Ferner sind Toleranz gegenüber starken, im Verlauf der Therapie aktivierten Gefühlen und Ängsten und somit die Fähigkeit zur Kontrolle, Sensibilität und Verbalisationsvermögen für Gedanken und Gefühle sowie die Fähigkeit zur Reflexion und Introspektion erforderlich. In der Gruppentherapie kommt die Fähigkeit hinzu, mehr als eine dynamische Beziehung gestalten zu können. Die differenzielle Entscheidung für die Durchführung einer Einzel- bzw. Gruppentherapie wird in der Regel dahingehend getroffen, dass bei einer intrapsychischen Konfliktthematik schwerpunktmäßig eine Einzeltherapie und bei beziehungsgestörten, sozial isolierten oder übermäßig an die Eltern gebundenen Kindern eher eine Gruppentherapie erwogen wird.

23.4 Evaluation

In zunehmendem Ausmaß ist die Psychotherapie auch bei Kindern und Jugendlichen zum Gegenstand wissenschaftlicher Forschung geworden. Psychotherapieforschung fragt im Rahmen von Ergebnisforschung nach den **Effekten** und im Rahmen von Prozessforschung nach den **Bedingungen** im therapeutischen Prozess, die für Veränderungen verantwortlich sind. Zur Frage der Effektivität von Psychotherapie liegen eine Reihe von Analysen und Übersichtsarbeiten vor. Nahezu regelhaft unterstreichen diese Arbeiten die zahlreichen methodischen Schwächen und Fehler, die zu einer Relativierung der Aussagen Anlass geben könnten. Andererseits ist gezeigt worden, dass mit zunehmender methodischer Sorgfalt eher höhere Therapieeffekte nachgewiesen worden sind.

Eine Reihe von Studien und Übersichtsarbeiten haben die Effizienz verschiedener Therapieformen bzw. der Psychotherapie bei bestimmten Altersgruppen analysiert oder mit der Methode der **Meta-Analyse** verglichen. Aus diesen zusammenfassend in Tabelle 23-1 dargestellten Ergebnissen lässt sich ableiten, dass Psychotherapien bei Kindern und Jugendlichen im Vergleich zu unbehandelten Kontrollfällen tatsächlich effektiv sind. Die Effektstärken sind ähnlich hoch wie bei Psychotherapien von Erwachsenen. Bei einem differenziellen Therapievergleich zeigen die verhaltensorientierten Verfahren höhere Effektstärken als die einsichtsorientierten, psychodynamischen Verfahren. Diese Feststellung muss möglicherweise dahingehend relativiert werden, dass die verschiedenen Brennpunkte und Evaluationsmaße der einzelnen Psychotherapien von der Methode der Meta-Analyse nicht in gleicher Form berücksichtigt werden. Kritisch ist ferner anzumerken, dass die Ergebnisforschung sich bisher schwerpunktmäßig auf kontrollierte Studien unter optimalen Bedingungen mit weniger komplexen Störungen als in der Alltagsrealität der Patientenversorgung gestützt hat. Für klinische Therapien sind die Effektstärken bedeutend niedriger.

Somit kann trotz einer Reihe von methodischen Defiziten vorliegender Studien zweifelsfrei von einer grundsätzlichen **Wirksamkeit** der Psychotherapie für kinder- und jugendpsychiatrische Störungen ausgegangen werden. Die Frage der Ergebnisforschung verschiebt sich damit zunehmend in Richtung **Verbesserung der Effizienz** von Psychotherapie im klinischen Alltag sowie der **differenziellen Indikation,** d. h. der Frage, welche Therapieform bei welchen Störungen angezeigt ist. Hierzu sind gut kontrollierte Studien erforderlich, welche hinsichtlich der Zielgruppen, der Kontrollprobanden, der Beteiligung von Eltern und Familie, der Therapeutenmerkmale, der Ergebnismessung sowie der Dauer und Spezifität der Therapie sorgfältig geplant und realisiert werden müssen. Wenngleich mit diesen Forderungen vorerst eher eine Programmatik zukünftiger Forschungen verbunden ist, liegen doch bereits jetzt einige Erkenntnisse vor.

So hat ein schulbezogenes Interventionsprogramm bei emotionalen und sozialen Störungen im Verhalten für die personzentrierte Gruppentherapie und die Verhaltenstherapie bessere Ergebnisse als für Elternberatung und Lehrerarbeit erbracht. Hier konnten keine Belege für die Effekte differenzieller, spezifischer Therapien für verschiedene Störungen ermittelt werden. Unter den Therapeutenvariablen erwiesen sich Offenheit, Direktivität und Extraversion als positiv mit den Therapieergebnissen korreliert, wobei die Autoren diesen Befund mit dem spezifischen Therapiesetting in der Schule verbinden, wo diese Merkmale eher als in Klinik oder Praxis erforderlich seien (Kolvin u. Mitarb. 1981).

Andererseits hat die Psychotherapieforschung auch dokumentiert, welche Therapieformen bei bestimmten Störungsbildern **ineffizient** sind. Generell sind unfokussierte Langzeittherapien weniger erfolgreich als fokussierte Kurzzeittherapien mit spezifischen Interventionen. Dynamisch orientierte Psychotherapien sind ebenso wie langfristige, ungenügend fokussierte Beratungen bei der

Tabelle 23-1 Ergebnisse von Meta-Analysen zur Psychotherapie von Kindern und Jugendlichen.*

Autoren	Anzahl Studien	Effekt-stärke	Verhaltensorientiert		Nicht verhaltensorientiert	
			Anzahl Studien	Effekt-stärke	Anzahl Studien	Effekt-stärke
Casey und Berman (1985)	64	0,71	37	0,91	29	0,40
Weisz u. a. (1987)	108	0,79	126	0,88	27	0,44
Kazdin u. a. (1990)	64	0,88				
Weisz u. a. (1995)	150	0,71	197	0,76	27	0,35

* Angegeben sind die mittleren Effektstärken, die aus dem Vergleich von behandelter und unbehandelter Gruppe zum Zeitpunkt nach der Behandlung resultierten (Effektstärken zwischen 0,2 und 0,5 sind als klein, zwischen 0,5 und 0,8 als mittel und über 0,8 als groß zu betrachten).

Delinquenz ineffizient. Beratung und stützende Psychotherapie sind ferner bei der Enuresis der apparativen Konditionierung in den Ergebnissen unterlegen. Schließlich ist die dynamische Psychotherapie ebenso wie die ungenügend auf die Generalisierung im häuslichen Umfeld abstellende, in Institutionen durchgeführte Verhaltenstherapie bei Kindern mit frühkindlichem Autismus ohne Effekte.

Die Erkenntnisse aus dem zweiten Schwerpunktgebiet der Psychotherapieforschung, d. h. der **Prozessforschung,** sind noch sehr viel fragmentarischer. Bisher liegen lediglich in der personzentrierten Psychotherapie und in der Verhaltenstherapie (vgl. Kap. 24) Ansätze von Prozessanalysen vor. Für die personzentrierte Psychotherapie bei Kindern ist gezeigt worden, dass neben den theoretisch geforderten Basisvariablen das Therapeutenverhalten von Reflexionstechniken, von Techniken der Interpretation, der Handlungsaufforderung, der Korrektur, des Vorschlägemachens, des Fragens, Lobens, Schweigens, Ignorierens etc. bestimmt wird und das Zeigen positiver Gefühle, die Konzentration auf eine Tätigkeit, das soziale Interesse und die emotionale Nähe am stärksten mit dem Verhalten des Kindes in der Therapie zusammenhängen.

Grundsätzlich hat die Prozessforschung im Bereich der Kinder- und Jugendtherapie noch ein weitgehend unbestelltes Feld vor sich. Schwerpunkt der Forschung müssen sich auf die Spezifität der Therapeut-Patient-Interaktion, d. h. die Spezifität der therapeutischen Prozesse, und damit neben den Therapeutenmerkmalen auch auf die interindividuell verschiedenen Reaktionen auf therapeutisches Handeln beim Kind und Jugendlichen erstrecken. Das Programm der Psychotherapieforschung lautet demgemäß nicht mehr: Ist Psychotherapie überhaupt effektiv? Vielmehr lautet die Fragestellung nunmehr: Bei welchem Patienten mit welchen Problemen sind welche threapeutischen Interventionen erfolgreich, und welcher Art von Therapeut bedarf es dazu? Diese Fragestellung wird zweifelsfrei in der Zukunft größere Aufwendungen für die Psychotherapieforschung bei Kindern und Jugendlichen erforderlich machen.

Literatur

Axline, V. M.: Kinderspieltherapie in nicht-direkten Verfahren. Reinhardt, München – Basel 1972.

Boeck-Singelmann, C., B. Ehlers, T. Hensel, F. Kemper, C. Monden-Engelhardt (Hrsg.): Personzentrierte Psychotherapie mit Kindern und Jugendlichen. Band 1 und 2. Hogrefe, Göttingen 1996 und 1997.

Casey, R. J., J. S. Berman: The outcome of psychotherapy with children. Psychol. Bulletin 98 (1985) 388–400.

Cohen, D.: Psychosocial therapies for children and adolescents: Overview and future directions. J. abnorm. Child Psychol. 23 (1995) 141–156.

Fonagy, P., M. Target: The efficacy of psychoanalysis for children with disruptive disorders. J. Amer. Child Adolesc. Psychiat. 33 (1994) 45–55.

Hibbs, E. D., P. S. Jensen (eds.): Psychosocial treatments for child and adolescent disorders. Empirically based strategies for clinical practice. American Psychological Association, Washington, DC 1996.

Kazdin, A. E.: Psychotherapie mit Kindern und Jugendlichen. Psychotherapeut 39 (1994) 345–352.

Kazdin, A. E., J. R. Weisz: Identifying and developing empirically supported child and adolescent treatments. J. Consult. Clin. Psychol. 66 (1998) 19–36.

Kazdin, A. E., D. Bass, W. A. Ayers, A. Rogers: Empirical and clinical focus of child and adolescent psychotherapy research. J. Consult. Clin. Psychol. 58 (1990) 729–740.

Kendall, P. C., R. J. Morris: Child therapy: issues and recomendations. J. Consult. Clin. Psychol. 59 (1991) 777–784.

Kolvin, I., R. F. Garside, A. R. Nicol, A. Macmillan, F. Wolstenholme, I. M. Leitch: Help Starts Here. The Maladjusted Child in the Ordinary School. Tavistock, London – New York 1981.

Kovacs, M., W. D. Lohr: Research on psychotherapy with children and adolescents: An overview of evolving trends and current issues. J. Abnorm. Child Psychol. 23 (1995) 11–30.

Schmidtchen, S.: Allgemeine Psychotherapie für Kinder, Jugendliche und Familien. Kohlhammer, Stuttgart 2001.

Steinhausen, H.-C. (Hrsg.): Das Jugendalter. Entwicklungen – Probleme – Hilfen. Huber, Bern 1990.

Target, M., P. Fonagy: Efficacy of psychoanalysis for children with emotional disorders. J. Amer. Child Adolesc. Psychiat. 33 (1994) 361–371.

Target, M., P. Fonagy: The efficacy of psychoanalysis for children: Prediction of outcome in a developmental context. J. Amer. Child Adolesc. Psychiat. 33 (1994) 1134–1144.

Weisz, J. R., B. Weiss: Effects of child and adolescent psychotherapy: What we know and what we need to know. Sage Puclications, New York 1993.

Weisz, J. R., G. R. Donenberg, S. S. Han, D. Kauneckis: Child and adolescent psychotherapy outcomes in experiments versus clinics: Why the disparity? J. Abnorm. Child Psychol. 23 (1995) 83–106.

Weisz, J. R., B. Weiss, M. D. Alicke, M. L. Klotz: Effectiveness of psychotherapy with children and adolescents: a meta-analysis for clinicians. J. Consult. Clin Psychol. 55 (1987) 542–549.

Weisz, J. R., B. Weiss, S. S. Han, D. a. Granger, T. Morton: Effects of psychotherapy with children and adolescents revisited: a meta- analysis of treatment outcome studies. Psychol. Bulletin 117 (1995) 450–468.

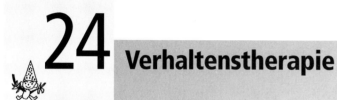

24 Verhaltenstherapie

24.1 Grundlagen

Die Verhaltenstherapie leistet mit einer Vielzahl von therapeutischen Techniken bedeutsame Beiträge zur Reduktion von Symptomen und gestörtem Verhalten sowie zum Aufbau von adaptivem Verhalten bei Kindern und Jugendlichen wie auch bei Erwachsenen. In ihrer Orientierung an der empirischen Psychologie weist sich die Verhaltenstherapie durch vier **Kennzeichen** als einzigartig aus:

■ eine ausgeprägte Verpflichtung gegenüber einer empirischen Bewertung von Behandlungs- und Interventionstechniken,

■ die allgemeine Überzeugung, dass therapeutische Erfahrungen Möglichkeiten des Lernens von adaptivem und/oder prosozialem Verhalten bereitstellen müssen,

■ die Spezifizierung der Behandlung in operationalisierten und damit replizierbaren Konzepten und

■ die mehrdimensionale Bewertung von Behandlungseffekten mit besonderer Betonung von overtem Verhalten.

In dieser Orientierung im Sinne einer angewandten Psychologie liegt eine besondere Betonung auf der objektiven Erfassung messbaren Verhaltens, auf der Bedeutung aktueller Umwelteinflüsse für das Verhalten und auf der Erfassung von messbaren Zielverhaltensweisen beim Individuum bzw. Patienten als Objekt der therapeutischen Intervention. Patienten werden als Individuum mit gesetzmäßigem Verhalten in Situationen verstanden, welche das jeweilige Verhalten bedingen bzw. unterhalten. In Kontrast zu anderen Theorien werden primär keine zugrundeliegenden psychodynamischen, psychopathologischen oder biologischen Prozesse, welche verhaltensbestimmend wirken, angenommen.

Der Prozess einer verhaltenstherapeutischen Intervention ist im Prinzip immer in vier **Phasen** gegliedert:

■ die objektive (d. h. messbare) Problembestimmung,

■ die Hypothesenformulierung,

■ die Intervention im Sinne der Hypothesenüberprüfung,

■ die Bewertung der Ergebnisse.

Mit diesem Paradigma lehnt sich die Verhaltenstherapie eng an Vorgehensweisen der empirisch-experimentellen Psychologie an.

In der Phase der **objektiven Problembestimmung** werden Häufigkeit und Intensität des problematischen Verhaltens sowie die Umstände einschließlich vorausgehender und folgender Ereignisse erfasst. In dieser Phase der Verhaltensdiagnose kann es sinnvoll sein, eine Grundkurve der Häufigkeit des Zielverhaltens und die funktionale Beziehung zu Auslösern bzw. Konsequenzen über eine entsprechende Protokollierung zu erstellen. Zugleich wird mit dieser Zentrierung auf das aktuelle Verhalten die Betonung des gegenwärtigen Problems und nicht der lebensgeschichtlichen Entwicklung des Individuums in der Verhaltenstherapie deutlich.

Der zweite Schritt, die **Hypothesenformulierung,** betont ebenfalls weniger die Entstehung des Problems als die Vorhersage, welche therapeutischen Interventionen zu einer Verhaltensänderung führen. Entsprechende Hypothesen stützen sich auf einige zentrale Paradigma der Lernpsychologie, in denen Verhalten als eine Funktion der sozialen Umwelt betrachtet wird. Auf diese zentralen Paradigmen wird noch zurückzukommen sein.

Im dritten Schritt, der **Hypothesenüberprüfung,** werden Interventionen, systematisch und individuell angepasst, mit gleichzeitiger Registrierung von Verhaltensänderungen durchgeführt. Mit der kontinuierlichen Verhaltensaufzeichnung ist zugleich die Möglichkeit einer Veränderung von Interventionen bei entsprechender Notwendigkeit gegeben.

Schließlich dient die **Bewertung** dazu, nicht nur die Verhaltensänderung im Sinne der Hypothesen, sondern auch ihre Bedingung durch die durchgeführte Intervention nachzuweisen. Hierzu dienen bestimmte Modelle, die der experimentellen Einzelfallforschung entstammen.

Die zentralen **theoretischen Paradigmen,** welche die verschiedenen Formen verhaltenstherapeutischer Interventionen begründen, sind

■ das Modell der klassischen Konditionierung,

■ das Modell der operanten Konditionierung,

■ die soziale Lerntheorie sowie

■ Konzepte der kognitiven Psychologie.

Das Modell der **klassischen Konditionierung** dient der Erklärung von sogenannten respondenten Verhaltensweisen, bei denen eine Reaktion statt durch einen spezifischen bedingenden Reiz auch durch einen neutralen, zunächst unspezifischen Reiz ausgelöst werden kann, sofern der neutrale Reiz nur systematisch mit dem spezifischen Reiz in der Darbietung gekoppelt wird. Im klassischen Experiment des russischen Psychologen Pawlow wird bei einem Hund die Darbietung von Futter (Reiz) mit einem akustischen Signal gekoppelt, welches die zunächst unkonditionierte Reaktion der Speichelbildung nach einiger Zeit selbst ohne Darbietung des Futters auszulösen vermag. Die Speichelbildung auf das akustische Signal wird somit zur konditionierten Reaktion. Das Modell des respondenten Verhaltens wird als Erklärungsbasis für viele erlernte abnorme Verhaltensweisen – insbesondere Ängste – angenommen.

Im Modell der **operanten (instrumentellen) Konditionierung** wird auf die Tatsache Bezug genommen, dass Verhalten durch seine Konsequenzen bestimmt und auch verändert wird. Angenehme Konsequenzen verstärken ein Verhalten in dem Sinne, dass es häufiger auftritt, während unangenehme Konsequenzen die Häufigkeit des Auftretens mindern. Über eine entsprechende (therapeutische oder pädagogische) Kontrolle von Konsequenzen in Reaktion auf ein Verhalten lässt sich dieses also selbst steuern bzw. beeinflussen. Das Verstärkungsparadigma umfasst unter Berücksichtigung der verschiedenen Qualitäten von Konsequenzen vier verschiedene **Modalitäten:**

■ Bei der positiven Verstärkung wird eine angenehme Konsequenz kontingent (d. h. unmittelbar) auf das Zielverhalten gesetzt;

■ bei der negativen Verstärkung wird ein unangenehmer Zustand als Konsequenz auf ein Zielverhalten beendet;

■ bei der positiven Bestrafung wird eine unangenehme Konsequenz auf das Zielverhalten kontingent eingesetzt, und

■ bei der negativen Bestrafung wird eine angenehme Situation (oder ein angenehmer Reiz) in Reaktion auf das Zielverhalten beendet.

Der **Effekt von Verstärkungen** hängt einerseits von individuellen Wertmaßstäben und andererseits von der zeitlichen Beziehung zwischen Verhalten und Konsequenz ab. So mögen Kinder auf unterschiedliche materielle Verstärker wie Süßigkeiten, kleine Geschenke oder Geld ebenso wie auf soziale Verstärker wie Lob, Zuwendung etc. in unterschiedlicher Weise reagieren, und es gehört zu den praktischen Konsequenzen für die Verhaltenstherapie, geeignete Verstärker zu identifizieren. Hinsichtlich der zeitlichen Beziehung von Verhalten und Konsequenz ist zunächst zu beachten, dass eine Konsequenz unmittelbar folgen muss, wenn sie verstärkende Funktion haben soll. Der Entzug von Verstärkern wird zu einer Abnahme des verstärkten Verhaltens führen, das Verhalten unterliegt einer Löschung. Verhalten, das nicht regelmäßig kontingent, sonder intermittierend verstärkt worden ist, ist gegenüber einer Löschung besonders resistent, wie lernpsychologische Experimente zeigen.

Die **soziale Lerntheorie** betont im Kontrast zu den Reiz-Reaktions-Theorien symbolische und selbstbestimmende Prozesse bei der Aufrechterhaltung von Verhaltensweisen und weist dabei auf den besonderen Stellenwert des Modelllernens hin. So wird Verhalten wesentlich durch Nachahmung von Modellen, darüber hinaus aber auch durch Lernen im Sinne eines aktiven, kognitiv gesteuerten Prozesses bedingt verstanden. Problemwahrnehmung, Bewertung von Handlungen, Selbstbekräftigung und Nachahmung sind die motivationalen Bedingungen des Verhaltens in dieser Konzeption. Sie enthält zugleich kognitive Elemente wie Gedanken, Vorstellungen und inneres Sprechen, die in den **kognitiven Ansätzen** im Mittelpunkt stehen. Hier wird ein fehlangepasstes Verhalten als die Auswirkung unangemessener oder ungenügend strukturierter Kognitionen betrachtet. Demzufolge führt eine Restrukturierung der Kognitionen im Rahmen des therapeutischen Prozesses zu Veränderungen im Verhalten.

Diesen zentralen Paradigmen aus der Psychologie des Lernens und der Kognition sind verschiedene Interventionsformen der Verhaltenstherapie zuzuordnen, die weiter unten abgehandelt werden.

24.2 Ziele und Methoden

In ihrer Orientierung an beobachtbarem, messbarem Verhalten und ihrer Abkehr von Persönlichkeitskonstrukten ist die Verhaltenstherapie eher pragmatischen Zielen der **Reduktion von unangepasstem Verhalten** und des **Aufbaus von adaptivem Verhalten** verbunden. Der Verzicht auf ein Persönlichkeitsmodell bedeutet zugleich auch, dass sie nicht vorrangig an der Behebung von psychischem Leid oder der Erweiterung von Verständnis für die eigene Person, sondern vielmehr an Symptomen, Verhalten und Kognitionen arbeitet.

Diese Zielbestimmung hat der Verhaltenstherapie mancherorts zu Unrecht den Ruf einer eher technisch orientierten, abstrahierenden und nicht den Menschen als ganzes Wesen angemessen berücksichtigenden Therapieform eingebracht. Dabei wird aber übersehen, dass Verhaltenstherapie wie jede andere Form von Psychotherapie von einer positiven **Beziehung** zwischen Therapeut und Patient abhängig ist. Insofern ist das Arbeitsbündnis auch die Grundlage des therapeutischen Prozesses in der Verhaltenstherapie. Hier wird der Patient allerdings nicht in einen kontinuierlichen und ausschließlichen Prozess verbaler Reflexion und Interpretation genommen. Das therapeutische Medium ist vielmehr in erster Linie **Handeln** unter der strukturierenden Anleitung durch einen kompetenten Therapeuten. Die Reflexion über die Aktivierung und Restrukturierung von **Kognitionen** wird dabei insofern bedeutsam, als sie für die Veränderung bzw. die Entwicklung von Verhalten hilfreich bzw. notwendig ist.

Das **therapeutische Handeln** in der Verhaltenstherapie basiert auf therapeutischer Kompetenz (d. h. einer fundierten Ausbildung wie auch umfangreicher persönlicher Erfahrung), der Fähigkeit zu individueller Verhaltens- und Problemanalyse, der angemessenen Wahl indizierter Interventionsformen, der Kontrolle des therapeutischen Prozesses und der Bewertung der Therapieresultate. Dabei werden die Interventionsform und der therapeutische Prozess direkt durch die als allgemeingültig betrachteten

Gesetzmäßigkeiten menschlichen Verhaltens bedingt verstanden, deren Gültigkeit sich allerdings in der individuellen Verhaltensanalyse erneut bewähren muss. In diesem Sinne ist die praktische Verhaltenstherapie auch zugleich immer wieder eine empirische Überprüfung psychologischer Theorien.

Die Orientierung an einem bestimmten Zielverhalten bedeutet dabei ferner nicht, dass Therapieerfolge ausschließlich eindimensional an diesem Symptom bzw. Verhalten orientiert erfasst werden. Vielmehr hat sich mit der Ausweitung der Verhaltenstherapie auf zunehmend komplexere Probleme auch die Erkenntnis durchgesetzt, dass jede Intervention mehrdimensional bewertet werden muss. Insofern werden nicht nur das Zielverhalten, sondern darüber hinaus weitere adaptive Funktionen erfasst. Ebenso wird schließlich die Dauerhaftigkeit der erzielten Effekte – zumindest häufiger als bei anderen Therapieformen – als Gegenstand der Bewertung betrachtet.

Neben dieser allgemeinen Kennzeichnung der verhaltenstherapeutischen Methodik sind für die verschiedenen Interventionsformen jeweils spezifische Aspekte bedeutsam, die bei der Darstellung dieser Therapieformen verdeutlicht werden sollen. Die Vielfältigkeit von therapeutischen Techniken bedeutet dabei nicht nur ein **breites Indikationsspektrum,** sondern für den Therapeuten auch die Notwendigkeit, über ein reichhaltiges methodisches Rüstzeug verfügen zu müssen und sich nicht auf eine zentrale Methodik der Strukturierung des therapeutischen Handelns verlassen zu können.

Die Vielzahl der auch bei Kindern und Jugendlichen einsetzbaren verhaltenstherapeutischen Interventionsformen lassen sich allgemein als Methoden zur Behandlung von **Verhaltensexzessen** (gehäuft auftretende Verhaltensweisen in Form von z. B. Aggressivität, Delinquenz etc.) bzw. **Verhaltensdefiziten** (d. h. zu selten auftretende Verhaltensweisen wie z. B. kooperatives Spiel bei einem sozial ängstlichen Kind) charakterisieren. Für die folgende Darstellung der verschiedenen Formen von Verhaltenstherapie sind sowohl diese Klassifikation als auch die Ableitung aus den zentralen Grundlagenparadigmen bestimmend.

24.3 Formen und Indikationen

Die vielfältigen Formen verhaltenstherapeutischer Interventionen können schwerpunktmäßig den eingangs dargestellten Paradigmen
- des respondenten Verhaltens,
- des operanten Verhaltens sowie
- des sozial-kognitiven Lernens
zugeordnet werden. Die Verhaltenstherapie hat darüber hinaus zunehmend komplexere Behandlungsstrategien entwickelt, die Trainingsmethoden für soziale Fertigkeiten, Biofeedback sowie Elterntraining umschließen.

Aus der Feststellung, dass Ängste und Phobien über klassische Konditionierung entstandene **respondente Verhaltensweisen** sind, leiten sich die entsprechenden

Behandlungsstrategien der systematischen Desensibilisierung und der Reizüberflutung ab. Die **systematische Desensibilisierung** basiert auf der allmählichen Annäherung an das gefürchtete Objekt bei gleichzeitiger Gegenkonditionierung durch Entspannung. Diese wird durch ein systematisches Training der Muskelentspannung gewährleistet; bei Kindern kann sie allerdings auch durch andere Maßnahmen wie die Gegenwart einer Bezugsperson, Spielen oder die Aufnahme einer Lieblingsspeise erzielt werden, zumal sich die muskuläre Entspannung eventuell noch nicht vermitteln lässt. Neben der Entspannung ist die allmähliche Einführung des Angstobjektes über eine sogenannte Hierarchie der Angstreize von zentraler Bedeutung. Sie wird bei Kindern meist in vivo durchgeführt, während bei Erwachsenen eine Behandlung in der Vorstellung der Angstobjekte ausreichend sein kann.

Die zweite Technik zur Behandlung von Phobien, die **Reizüberflutung** (In-vivo-Exposition), nutzt das Prinzip der Überflutung mit dem stärksten Angstreiz. Hier wird der Angstreiz vom Therapeuten so lange dargeboten, bis die Angst gelöscht ist. Diese Technik ist bei Kindern sehr viel seltener als bei Erwachsenen eingesetzt worden. Schließlich darf nicht unerwähnt bleiben, dass die Behandlung von Ängsten mit den beschriebenen Methoden auch Elemente des Modelllernens enthält, indem der Therapeut sich angstfrei gegenüber den Angstobjekten des Patienten verhält. Dieser Aspekt kann systematisch ausgebaut werden, indem andere angstfreie Modelle, wie etwa Spielkameraden des Kindes, in den Therapieprozess einbezogen werden.

Der gegenwärtige größte Anteil verhaltenstherapeutischer Interventionsformen bei Kindern gründet sich auf das Paradigma des **operanten Verhaltens.** Über die beschriebenen verschiedenen Verstärkungsmodalitäten lässt sich Verhalten gleichermaßen aufbauen wie löschen. So sind beispielsweise Verhaltensformung und Verhaltensverkettung wirksame Methoden des Verhaltensaufbaus. Bei der **Verhaltungsformung** (shaping) wird ein Zielverhalten durch schrittweise Annäherung aufgebaut. Beispielsweise lernt ein konzentrationsgemindertes Kind über kontingente Verstärkung, sich zunächst für wenige Minuten und dann zunehmend längere Zeit bis schließlich über eine gesamte Schulstunde zu konzentrieren.

Bei der **Verhaltensverkettung** werden komplexe Verhaltensweisen in Teilelemente zerlegt und zunächst einzeln verstärkt, bis chließlich das gesamte Verhaltensmuster über Verstärkung etabliert werden kann. Derartige Techniken bedürfen häufig einer Hilfestellung durch den Therapeuten (sog. prompting), die dann systematisch ausgeblendet wird (sog. fading). Entsprechende Vorgehensweisen finden bei entwicklungsverzögerten und behinderten Kindern ihren Einsatz, wenn z. B. Techniken der Sauberkeitserziehung und Selbstversorgung vermittelt werden sollen. So kann der Gang zur Toilette in einzelne Lernschritte – wie z. B. Öffnen der Kleidung, sich auf die Toilette setzen etc. – zerlegt werden und zunächst in Teilelementen verstärkt werden. Oder es wird beim Auskleiden zunächst der letzte und leichteste Schritt des Überstreifens eines Kleidungsstücks über den Kopf oder einer

Hose von den Knien aufwärts bis in Bauchhöhe geübt. Die dabei gegebenen Hilfestellungen werden sodann ausgeblendet und nur noch bei den verbliebenen Teilen der Handlungssequenz gegeben, mit denen dann entsprechend verfahren wird. Auch hier können Modelllerneffekte wirksam werden, wenn das Kind das Verhalten des Erwachsenen bzw. Therapeuten imitiert.

Die beschriebenen, auf der Basis der operanten Konditionierung beruhenden Techniken eignen sich besonders zur **Behandlung von Verhaltensdefiziten,** d. h. Verhalten, das entweder nicht vorhanden ist oder relativ selten auftritt. Die entscheidende Komponente ist dabei die systematische, d. h. kontingente Verstärkung. Um die Zeitspanne zwischen erwünschtem Verhalten und Verstärkung auszuweiten und damit das Vorgehen praktikabler zu machen, eignet sich die Methode der **Münzverstärkung** (sog. token economy), bei das erwünschte Verhalten jeweils kontingent mit einer Münze (in Form von Plastikchips oder Spielgeld) verstärkt wird und eine vorher vereinbarte Menge dieser Münzen in den eigentlichen Verstärker wie z. B. einen Besuch im Kino, Zoo etc. oder ein kleines Geschenk eingetauscht wird. Die Vereinbarung kann in einem schriftlich zwischen Kind und Eltern/Therapeuten geschlossenen **Verhaltensvertrag** niedergelegt werden. Derartige Methoden der Verstärkung eines erwünschten Verhaltens lassen sich für eine Vielzahl von Problemen im Elternhaus, in der Schule und im stationär-kinderpsychiatrischen Bereich einsetzen und haben eine große Nähe zu pädagogischen Vorgehensweisen.

Andere, ebenfalls dem Modell des operanten Verhaltens verbundene Methoden dienen dem **Abbau von Verhaltensexzessen.** Die zu bevorzugende Methode besteht in der **Verstärkung** des mit dem unerwünschten Verhaltens **inkompatiblen Verhalten.** So wird statt des unruhigen Umherlaufens eines hyperaktiven Kindes im Zimmer dessen Zuwendung zum Spiel verstärkt. Denkbar innerhalb des Verstärkungsparadigmas wäre aber auch die Methode der positiven Bestrafung durch Darbietung eines unangenehmen Reizes/Verhaltens in Reaktion auf das unerwünschte Verhalten oder die Methode der negativen Bestrafung durch Beendigung einer angenehmen Situation bzw. eines Reizes als Folge des Verhaltens. Da Bestrafungstechniken eine ständige Anwesenheit desjenigen voraussetzen, der die Kontrolle über das Verhalten ausübt, die Beziehung zwischen den beiden Partnern der Interaktion beeinträchtigen und schließlich zu einer Eskalation von aversivem Verhalten führen können, sind sie nicht die Methode der ersten Wahl.

Auch die Methode der **Löschung** durch Verstärkerentzug wie z. B. Ignorieren setzt eine sichere Kenntnis der verhaltenswirksamen Verstärker und die Kontrolle über diese Verstärker voraus. Außerdem ist der Prozess der Löschung zunächst mit der Zunahme des unerwünschten Verhaltens verbunden. Hier scheitern Eltern oft, indem sie über erneute Aufmerksamkeitszuwendung eine intermittierende Verstärkung bedingen und damit für eine sichere Etablierung des unerwünschten Verhaltens sorgen.

Verhaltensexzesse sind somit therapeutisch außerordentlich schwierige Probleme. Exzessives Schreien,

aggressive Durchbrüche oder automutilative Handlungen sind andererseits aber Beispiele für Verhaltensexzesse, die nicht regelhaft nur über die Verstärkung inkompatiblen erwünschten Verhaltens angegangen werden können, sondern z. B. zum Schutz Dritter unmittelbare Interventionen erforderlich machen. Hier ist die Methode der positiven Verstärkung wirkungslos, weil das entsprechende Verhalten entweder zu selten auftritt oder der eingesetzte Verstärker nicht mit den vom Kind durch das Verhalten generierten Verstärkern konkurrieren kann. So treten z. B. autostimulative Handlungen bei geistig behinderten Kindern in hoher Frequenz auf und werden zugleich als lustvoll erlebt. Ebenso kann aggressives Verhalten unmittelbar durch gefügiges Verhalten der Spielgefährten verstärkt werden.

Derartige Beispiele machen deutlich, dass analog zum pädagogischen Vorgehen auch Techniken einer kontingenten milden Bestrafung erforderlich sein können. Hierzu zählt die Methode des **Ausschlusses von der Verstärkung** (sog. time out), bei der ein Kind in Reaktion auf ein unerwünschtes Verhalten für einen bestimmten Zeitraum aus der angenehmen Situation herausgenommen wird. Im konkreten Erziehungsalltag bedeutet dies, dass dem Kind ein Ausschluss von höchstens 5 Minuten auferlegt wird, den es in einem reizarmen Raum ohne Spielzeug (z. B. Bad oder Toilette) und ohne aversives Verhalten (z. B. Zerstörung) verbringen muss. Wegen der genannten Probleme der negativen Verstärkung setzt dieses Vorgehen sehr gut eingewiesene Eltern bzw. Therapeuten voraus.

Ebenfalls dem Paradigma der Bestrafung verbunden sind die Techniken der Überkorrektur und der Reaktionsverhinderung. Bei der **Überkorrektur** wird in Reaktion auf das unangemessene Verhalten mit möglichst geringer körperlicher Anleitung das angemessene Verhalten wiederholt praktiziert, indem z. B. auf Einnässen mit zehnmaligem Üben der angemessenen Verhaltenssequenz des Aufsuchens der Toilette reagiert wird. Hier wird neben der Bestrafung zugleich das angemessene Verhalten eingeübt. Bei der **Reaktionsverhinderung** wird über eine externe Verhaltenskontrolle das Auftreten eines bestimmten Verhaltens verhindert. So kann z. B. ein zwangsgestörter Jugendlicher im Rahmen eines stationären Behandlungsprogramms an der Ausführung von Zwangshandlungen gehindert und damit zur Konfrontation mit den auslösenden Ängsten gezwungen werden.

Nach der Etablierung von Techniken auf der Basis von Modellen des respondenten und operanten Verhaltens sind zunehmend Interventionsformen entwickelt worden, welche der sozial-kognitiven Lerntheorie verbunden sind. Hier wird der Mediatoreneffekt von **Kognitionen** für Verhalten betont und entsprechend therapeutisch umgesetzt. Für Kinder und Jugendliche einsetzbar sind die Techniken des **Problemlösens,** der **Selbstinstruktion** und des **kognitiven Modelllernens.** Über diese Techniken lernt das Kind bzw. der Jugendliche bestimmte Strategien des Problemlösungsprozesses mit zunächst verbalen und dann subvokalen Feststellungen im Sinne des inneren Sprechens (z. B.: „Was ist das Problem? Welche Wege zur

Lösung gibt es? Welcher ist der Beste?"), mit geeigneten Formen der Handlungsanleitung (z. B.: „Ich fange erst einmal hier an, dann gehe ich über zu …") und schließlich der Beobachtung eines geeigneten Modells, welches real oder im Film die jeweilige Handlung vornimmt. Dabei können die Handlungsanleitungen vom Modell selbst verbalisiert werden, um dem Kind weitere Hilfen für die Übernahme der Selbstinstruktion zu bieten. Diese Formen kognitiver Verhaltenstherapie sind z. B. in der Behandlung von hyperaktivem und impulsivem Verhalten sowie für die Entwicklung von Problemlösungsverhalten in schulischen Leistungssituationen einsetzbar.

Andere **kognitive Methoden** zielen auf die Korrektur verzerrter Einstellungen und Gedanken, Störungen der Selbstwahrnehmung sowie Selbstwertdefizite. Die auf diese Störungen gerichteten kognitiven Therapiemethoden leiten die Patienten zu einer Überprüfung von Denken und Wahrnehmungen mit ihren Verbindungen zu Emotionen und Überzeugungen an, um auf diesem Wege Modifikationen vorzunehmen. Typische **Indikationsbereiche** sind ängstliche und depressive Störungen sowie Essstörungen des Jugendalters. Zu den kognitiven Verfahren zählen auch die Methoden der **Selbstkontrolle,** bei denen Kinder und Jugendliche Aufgaben wie Selbstregistrierung und -aufzeichnung, Selbstbewertung, -verstärkung und -bestrafung sowie Selbstbestimmung von Zielen und Kontingenzen erlernen. Ein Indikationsbereich ist beispielsweise die Kontrolle des Essverhaltens bei der Bulimia nervosa oder der Adipositas. In ähnlicher Weise basieren **verhaltensmedizinische Programme** zur Bewältigung bei chronischen Krankheiten teilweise auf Selbstkontrollstrategien (z. B. bei der Sicherstellung von Behandlungsmaßnahmen bei Asthma bronchiale oder Diabetes mellitus). Derartige Vorgehensweisen können zusätzlich auch zum Zweck der Aufrechterhaltung von Verhalten eingesetzt werden, das zuvor über Verstärkung aufgebaut worden ist.

Eine teilweise auf diesem Modell des sozialkognitiven Lernens aufbauende komplexe verhaltenstherapeutische Methode ist das **Training sozialer Fertigkeiten.** Entsprechende Programme entwickeln Elemente der sozialen Wahrnehmung, der verbalen Kommunikation und des interpersonalen Verhaltens. Ihr **Anwendungsbereich** liegt bei Patienten mit ausgeprägten Fertigkeitsdefiziten, also z. B. bei sozial gehemmten Personen, depressiven und schizophrenen Patienten. Sie finden aber auch bei aggressiv-dissozialen und delinquenten Jugendlichen in zielorientierter und modifizierter Form Anwendung und haben Ausstrahlungen auf die Rehabilitation von entwicklungsgestörten, geistig behinderten und autistischen Kindern.

Für die Methode des **Biofeedbacks** ist gegenwärtig noch nicht frei von Kontroversen geklärt, ob ihre Wirksamkeit eher auf respondentes oder auf operantes Lernen zurückgeführt werden kann. Es handelt sich dabei um Methoden, bei denen die Kontrolle eines physiologischen Prozesses über eine Verbesserung der Wahrnehmung von Veränderungen dieses Prozesses versucht wird. Die erhöhte Sensibilität wird in der Regel über ein elektronisches Gerät erreicht. Bei Kindern wird meistens der Elektromyograph eingesetzt, um über ein akustisches oder optisches Signal den Spannungszustand bestimmter Muskeln bei der Zerebralparese oder der Stirnmuskulatur beim Kopfschmerz zu verdeutlichen. Die Kinder werden dann aufgefordert, die Muskelaktivität in die gewünschte Richtung, die von dem Signal angezeigt wird, zu verändern. Dieser Prozess kann durch den zusätzlichen Einsatz von Verstärkern unterstützt werden. **Indikationsgebiete** sind neben den genannten Beispielen z. B. auch die Inkontinenz bei neurologischen Störungen (z. B. Spina bifida), wo Feedbacksensoren in den Enddarm eingeführt werden, um Wahrnehmungsprozesse zu stimulieren und die Kontrolle über die Sphinktermuskulatur zu erweitern.

Der Reichhaltigkeit verhaltenstherapeutischer Interventionsformen entspricht ein breites Indikationsspektrum. Dabei ist ein Kennzeichen der Verhaltenstherapie, dass sie im Gegensatz zu anderen Therapierichtungen Bezugspersonen nicht nur berät, sondern vielfach in der Rolle von Co-Therapeuten einbezieht. Noch einen Schritt weiter gehen die **Elterntrainings,** bei denen die Aufgabe des verhaltenstherapeutisch orientierten Psychologen vornehmlich darin besteht, die Prinzipien der Verhaltenstherapie zu vermitteln und bei der konkreten Umsetzung im jeweiligen sozialen Kontext lediglich zu assistieren. Dies gilt in erster Linie für die verschiedenen Interventionsformen, die aus dem Paradigma des operanten Lernens abgeleitet sind, während andere Therapiemethoden in stärkerem Ausmaß den kompetenten Therapeuten benötigen. Die **Indikation** für Elterntrainings liegt besonders bei aggressiv-dissozialen sowie hyperkinetischen Störungen.

Zusammengefasst liegen die **Schwerpunkte der Indikation** für verhaltenstherapeutische Methoden zunächst einmal im Aufbau von Verhalten und der Behandlung von Verhaltensexzessen bei schwer entwicklungsbehinderten bzw. -verzögerten Kindern. Hierzu zählen z. B. der Sprachaufbau, die Sauberkeitsentwicklung, Techniken der Selbstversorgung etc. sowie die Elimination von autostimulativem bzw. automutilativem Verhalten bei autistischen und geistig behinderten Kindern. Ferner sind die Enuresis und die Enkopresis auch bei normal entwickelten Kindern schon seit geraumer Zeit eine Domäne der Verhaltenstherapie. Einen weiteren bedeutsamen Bereich stellen alle Formen aggressiven, dissozialen und delinquenten Verhaltens dar. Hier kommen nicht nur Methoden der operanten Konditionierung, sondern auch Programme zur Entwicklung sozialer Fertigkeiten zum Einsatz. Damit können Probleme der Hyperaktivität verbunden sein, welche über kognitive Ansätze oder Verstärker beeinflusst werden können.

Unter den emotionalen Störungen, die traditionellerweise psychotherapeutisch angegangen werden, sind die Phobien zu einer primären Indikation für die Verhaltenstherapie geworden. Bei Angststörungen und bei Depressionen können zumindest ab dem Jugendlichenalter Methoden der kognitiven Therapie eingesetzt werden, die für Erwachsene entwickelt worden sind. Auch schwere Zwangsstörungen machen verhaltenstherapeutische Interventionen erforderlich.

Schließlich gibt es im Bereich der Versorgung körperlich kranker Kinder eine Vielzahl von Indikationen, die sich neben der Reduktion von Symptomen und unangemessenem Verhalten vornehmlich auf die Kooperation bei Behandlungsplänen und die Entwicklung von angemessenem Gesundheitsverhalten zentrieren. Aus der Beschäftigung mit diesem Aufgabenfeld ist eine eigenständige Disziplin, die **Verhaltensmedizin** bzw. **Verhaltenspädiatrie** (behavioral pediatrics), als psychologischer Tätigkeitsbereich entstanden, die sich z. B. mit der Symptomreduktion beim Asthma bronchiale, der selbstständigen Versorgung mit Insulininjektionen beim juvenilen Diabetes mellitus, der Reduktion von Ängsten vor diagnostischen und therapeutischen Eingriffen im Krankenhaus oder der Vermittlung von angemessenen Verhaltensweisen im Umgang mit chronisch kranken Kindern durch das medizinische Personal befasst.

Neben diesen Schwerpunkten klinischer Indikation gibt es eine Vielzahl von Hinweisen auf den erfolgreichen Einsatz verhaltenstherapeutischer Methoden bei zahlreichen klinischen Störungen, die in den entsprechenden Kapiteln erwähnt wurden. Darüber hinaus eignet sich die Verhaltenstherapie für viele **Erziehungsprobleme** in der Familie, wo Schwierigkeiten in der Disziplingestaltung vorliegen mögen, ohne den Stellenwert eines klinisch bedeutsamen Problems zu haben. Ferner hat sich eine **verhaltensorientierte Familientherapie** entwickelt. In ähnlicher Weise hat die Verhaltenstherapie bzw. -modifikation Eingang in den Schulbereich gefunden.

24.4 Evaluation

Wie eingangs betont, gehört es zu den zentralen Charakteristika der Verhaltenstherapie, dass sie sich empirisch begründet und daher regelhaft eine **Bewertung von Behandlungseffekten** vornimmt. Zu diesem Zweck sind eine Reihe von sehr differenzierten Designs für die Einzelfallanalyse entwickelt worden, welche in der Anlage neben der Intervention zugleich die Evaluation einschließen. So wird beispielsweise im sogenannten ABAB-Design in der Phase A jeweils nur das Verhalten registriert und in der Phase B die Intervention durchgeführt. Durch Aussetzen (A) und Wiedereinsetzen (B) der Intervention wird zugleich der Nachweis der Spezifität der Wirkung der Intervention geführt. Bei komplexeren Zielen mit mehreren Verhaltensaspekten kann nach Aufstellung einer multiplen Grundkurve jedes einzelne Verhaltensziel zum Gegenstand einer jeweils sukzessiv erfolgenden Intervention werden und somit aus der zeitlichen Abfolge von Verhaltensänderungen die Bewertung therapeutischer Interventionen vorgenommen werden.

Neben der eindimensionalen Bewertung hat sich die Verhaltenstherapie zunehmend der **mehrdimensionalen Evaluation** verschrieben, um die Auswirkungen von therapeutischen Maßnahmen auf weitere adaptive Funktionen zu dokumentieren. Sie hat auch mit derartigen Eva-

luationsansätzen die irrige Erwartung entkräftet, dass nach einer symptomorientierten Behandlung eine Symptomverschiebung zu erwarten sei. Irrig musste diese Vorstellung schon deshalb sein, weil sie von zweifelhaften Annahmen über die Determination von Symptomen und von einem empirisch nicht gestützten Modell ausging.

Wie in dem vorausgegangenen Kapitel über Psychotherapie bereits dargestellt, kann die Verhaltenstherapie bei einem evaluativen **Vergleich der Psychotherapien** in der Regel eher günstige Resultate aufweisen. Empirische Indikatoren der Effizienz weisen bei Kindern für verhaltenstherapeutische Interventionen beträchtlich erhöhte Werte gegenüber klientzentrierten und dynamisch orientierten Psychotherapien auf (vgl. Tabelle 23-1). Diese deutlichen Unterschiede hängen aber möglicherweise mit unterschiedlichen Maßen (d. h. der Definition von Besserung) und unterschiedlichen Zielproblemen zusammen, die in der Verhaltenstherapie häufig stärker umschrieben sind als bei anderen Psychotherapien.

Aktuell stellen die meist relativ kurzfristigen Verläufe der Verhaltenstherapie noch eine Grenze der endgültigen Bewertung von Interventionen bei klinischen Problemen dar. Diese Begrenzung teilt die Verhaltenstherapie jedoch mit anderen Therapieformen. Grundsätzlich gibt es kaum Erkenntnisse von unbehandelten Spontanverläufen schwerer psychischer Störungen einschließlich einer möglichen Eigendynamik, vor deren Hintergrund der Wert therapeutischer Maßnahmen abschließend beurteilt werden könnte.

Literatur

Bavig, L., M. H. Schmidt: Evaluierte Behandlungsansätze in der Kinder- und Jugendpsychiatry I/II. Z. Kinder- Jugendpsychiatr. 29 (2001) 189–205/206–220.

Graham, P.: Cognitive-behavior therapy for children and adolescents. Cambridge University Press, Cambridge 1998.

Hasselt, V. B. van, D. J. Kolko (eds.): Inpatient Behavior Therapy for Children and Adolescents. Plenum Press, New York 1992.

Herbert, M.: Behavioral therapies. In: Rutter, M., E. Taylor (eds.): Child and Adolescent Psychiatry. Modern Approaches. 4th ed. Blackwell, Oxford 2002.

Hibbs, E. D., P. S. Jensen (eds.): Psychosocial treatments for child and adolescent disorders. Empirically based strategies for clinical practice. American Psychological Association, Washington D. C. 1996.

Kazdin, A. E., J. R. Weisz: Identifying and developing empirically supported child and adolescent treatments. J. Consult. Clin. Psychol. 66 (1998) 19–36.

Kendall, P. C. (ed.): Child and Adolescent Therapy. Cognitive-Behavioral Procedures. Guilford Press, New York 1991.

Southam-Gerow, M. A., A. Henin, B. Chu, A. Marrs, P. C. Kendall: Cognitive-behavioral therapy with children and adolescents. Child and Adolescent Psychiatric Clinics of North America 6 (1997) 111–136.

Steinhausen, H.-C., M. v. Aster (Hrsg.): Verhaltenstherapie und Verhaltensmedizin bei Kindern und Jugendlichen. 2. Auflage. Psychologie Verlags Union, Weinheim 1999.

Zarb, J. M.: Cognitive-behavioral assessment and therapy with adolescents. Brunner/Mazel, New York 1992.

Therapie und Rehabilitation

25 Familientherapie

25.1 Grundlagen

Die Familientherapie nimmt den für die Kinder- und Jugendpsychiatrie bedeutsamen Kontext der Familie in besonderer Weise in die Diagnostik und Therapie auf. Dabei ist sie keinem individualpsychologischen Paradigma verbunden, sondern betrachtet Probleme eines Kindes oder Jugendlichen in Orientierung an Modellen der Informations- und **Systemtheorie** als Ausdruck dysfunktionaler Beziehungen und Interaktionen in der Familie. Insofern ist der Bezugspunkt nicht die individualpathologische Störung, sondern die Dysfunktion des Familiensystems.

Das **Symptom** des Kindes, das Anlass für die Suche nach professioneller Hilfe ist, dient in seiner Einbettung in familiäre Transaktionen zur Aufrechterhaltung einer bestimmten Familienorganisation, welche wiederum in einem Prozess der Wechselseitigkeit das Symptom des Kindes aufrechterhält. Wenngleich eingeräumt wird, dass Symptome eine Entwicklungsgeschichte haben, an der biologische und soziale Bedingungsfaktoren beteiligt sein mögen, so liegt dennoch der Schwerpunkt der familientherapeutischen Konzeption auf dem Umgang der Familie mit diesem Problem. In dem Prozess der Auseinandersetzung und Bewältigung zeigen sich repetitive Interaktions- und Verhaltenssequenzen in der Familie, die einen eher **zirkulären** als linearen kausalen **Prozess** bestimmen, so dass ein Problem oder Symptom eher einen funktionalen als einen kausalen Stellenwert erhält. So kann ein Symptom, wenn es nicht innerhalb der Familie behandelbar wird, eine systemstabilisierende Funktion für die Familie und besonders die Beziehung der Eltern bekommen, indem sich z. B. die Mutter in eine übermäßig enge Beziehung zum Kind als Symptomträger bei einer gestörten Partnerschaft zwischen den Eltern begibt. Dieser grundlegende Mechanismus der Benutzung einer dritten Person zur Stabilisierung bei Spannungen innerhalb eines Zwei-Personen-Systems wird als Triangulation bezeichnet.

Für die Konzeption der Familie sind zwei nicht vollständig voneinander unabhängige **Dimensionen,** nämlich **Struktur** und **Lebenszyklus,** bedeutsam. Mit der Strukturdimension wird die Organisation der Familie im Sinne von interaktionsbestimmenden Regeln beschrieben. Diese sorgen nicht nur für die Steuerung zugelassener und verbotener Interaktionen, sondern regeln damit auch das Gleichgewicht (die Homöostase) des Familiensystems, das sich auf diesem Wege vor Veränderung bzw. Desorganisation schützt. Zur Beschreibung der **Familienstruktur** dienen im wesentlichen zwei Achsen, nämlich die der Generationshierarchie und Subsysteme (sog. Mehrgenerationenperspektive) und die der Grenzen bzw. der Kohäsion, welche Nähe und Distanz der Familienmitglieder untereinander regeln.

Die **Generationshierarchie** von Großeltern, Eltern und Kindern ist in der funktionstüchtigen Familie in Übereinstimmung mit kulturellen Normen klar definiert. Unklare Statuspositionen mit z. B. einer Auflösung der Differenz zwischen Eltern und Kindern führen hingegen zu Beeinträchtigungen der Familienfunktionen. Die bereits erwähnte Triangulation als Beispiel einer transgenerationalen Koalition in Form der Vereinigung eines Elternteils mit einem Kind gegen den anderen Elternteil ist ein Beispiel für die Störung eines **Subsystems.** In der funktionstüchtigen Familie müssen das eheliche Subsystem, das elterliche Subsystem oder das Subsystem der Geschwister ungestört voneinander, d. h. klar durch jeweils bestimmte Grenzen voneinander getrennt, operieren können.

Die Deutlichkeit der **Grenzen** kann innerhalb von Familien zwischen den Polen der Diffusion und der Rigidität variieren. Im Extrem sind die Grenzen entweder offen und durchlässig und kommt es zu einem Interaktionsmuster der Einmischung und Verstrickung, oder sie sind übermäßig starr und führen zur Bindungslosigkeit. Derartige Extreme können bei individuellen und familiären Störungen beobachtet werden. Als Folge von Einmischung entsteht bei möglicherweise ausgeprägter emotionaler Nähe eine Beeinträchtigung der Autonomie einzelner Familienmitglieder, während rigide Grenzziehungen bei erschwerter Kommunikation, wenig Zusammengehörigkeitsgefühl und geringer Unterstützung zu einem erhöhten Gefühl von Autonomie führen.

In der systemtheoretischen Betrachtungsweise der Familie wird aus dieser Strukturanalyse familiärer Interaktionen und Organisationsformen eine **Typologie** abgeleitet, die zumindest für sogenannte psychosomatische Störungen spezifisch sein soll. Diese Theorie stellt Merkmale wie Überprotektivität, Einmischung, Unfähigkeit zur

Konfliktlösung und Rigidität als kennzeichnend für Familien mit Kindern heraus, die an Asthma bronchiale, Anorexia nervosa oder labilem Diabetes mellitus leiden. Die Spezifität dieser Feststellungen kann jedoch keineswegs als gegeben betrachtet werden. Die beschriebenen Phänomene können in Familien mit psychisch wie körperlich kranken Kindern ubiquitär beobachtet werden.

Die zweite bedeutsame Dimension der Familienkonzeption befasst sich unter dem Begriff des **Lebenszyklus** mit dem sich über die Zeit verändernden Status von Familienmitgliedern einschließlich ihrer Beziehung untereinander. Übergangsperioden der Entwicklung wie z. B. die Adoleszenz mit einer zunehmenden Individuation und Ablösung der Jugendlichen verändern die hierarchische Organisation der Familie ebenso, wie die Familienstruktur von Scheidung, Krankheit oder Tod, beruflichen Veränderungen der Eltern oder anderen äußeren Ereignissen wie z.B. einem Umzug beeinflusst wird. Derartige Anforderungen aus dem Entwicklungsprozess von Individuen oder der sozialen Umwelt können ein rigides Familiensystem in seiner Adaptationsfähigkeit überfordern. Das individuelle Symptom des Kindes kann in diesem Kontext nicht nur die strukturellen Defizite des Familiensystems, sondern auch dessen Unfähigkeit widerspiegeln, eine Veränderung im Lebenszyklus vorzunehmen. So kann sich in dem Unvermögen des Jugendlichen, sich von seinen Eltern abzulösen, die Schutzfunktion für die beeinträchtigte Partnerbeziehung ausdrücken.

25.2 Ziele und Methoden

Das Ziel der Familientherapie besteht gemäß den skizzierten Grundlagen darin, die Störung des Kindes und die symptomunterhaltenden Aspekte des Familiensystems in ihrer Wechselseitigkeit zu analysieren und sodann mit geeigneten Techniken einer familienbezogenen Intervention zu verändern. Insofern setzt die eigentliche Familientherapie jeweils eine **familiensystemische Diagnose** voraus. Diese sollte die folgenden Elemente enthalten:

- die Erfassung der Familienstruktur und -interaktionen, d. h. die Erfassung von Kommunikationsmustern, Hierarchien, Koalitionen und Qualität der Grenzen;
- die Entwicklungsphase der Familie im Lebenszyklus, d. h. die Phase jedes Familienmitglieds zwischen Geburt und Alter und die Auswirkungen von äußeren und inneren Veränderungen der Familienzusammensetzung;
- der soziokulturelle Kontext der Familie einschließlich ökonomischer Verhältnisse und sozialer Veränderungen;
- die Entwicklung der Eltern in ihrer eigenen Familie und mögliche Auswirkungen der Mehrgenerationenebene bis zu den Großeltern;
- der bisherige Umgang der Familie mit dem Symptom des Kindes und dessen Bedeutung für die Familienorganisation;
- die allgemeinen Möglichkeiten der Problemlösung innerhalb der Familie, um die Wahl der geeigneten Interventionen zu begründen.

Diese aufgeführten sechs Elemente einer familiensystemischen Diagnose werden in ihrer Gesamtheit nicht von allen Schulen geteilt, stellen gleichwohl aber den Rahmen der als bedeutsam erachteten Aspekte dar. Auch mag die Reihenfolge etwa dahingehend variieren, dass zunächst die allgemeine Adaptations- und Problemlösungsfähigkeit der Familie erfasst wird, indem z. B. der Familie konkrete Aufträge vermittelt werden. Einige Therapeuten halten sogar separate Explorationen des Kindes oder Jugendlichen über das jeweilige Problem oder der Eltern über die Partnerbeziehung als durchaus vereinbar mit dem familientherapeutischen Konzept. In jedem Fall muss aber bereits der diagnostische Prozess sämtliche Familienmitglieder, die zusammenleben, einschließen.

Die **Techniken** der familienbezogenen Intervention werden schon im Erstinterview deutlich, wobei anzumerken ist, dass Familientherapie in der Regel nur über wenige Sitzungen, d. h. etwa sechs bis acht Termine realisiert wird. Das **Erstinterview** lässt sich in der systemorientierten Schule der Familientherapie in vier Phasen einteilen. Zunächst verhält sich der Therapeut in der **sozialen Phase** wie ein Gastgeber, der in informeller Weise mit der Familie umgeht, die einzelnen Familienmitglieder kurz anspricht und sich erste Beobachtungen verschafft. Die Wahl der zur Verfügung stehenden Sitzmöbel kann hier bereits Aufschluss über Nähe und Distanz der Familienmitglieder zueinander ausdrücken.

Wenn sich die Familie auf diese Weise an die Situation adaptiert hat, beginnt die **Problemphase,** in der meist zuerst die Eltern und dann die übrigen Familienmitglieder direkt auf das Problem angesprochen werden. Der Therapeut achtet dabei auf Inhalte und Form der jeweiligen Aussagen einschließlich der Reaktionen der übrigen Mitglieder der Familie im Sinne von Zustimmung oder Ablehnung. Auf diese Weise erhält er Einblicke in Koalitionen und Hierarchien, die wahrscheinlich auch bedeutsam für die Symptomatik sind. Ebenso gibt die Darstellung des Problems durch die Familie Einblicke, wie sich die Familie um das Symptom des Kindes organisiert hat. In dieser Phase versucht der Therapeut, mit der Familie ein therapeutisches System zu bilden, wobei er bestimmte Techniken der Teilnahme an diesem System (joining techniques) einsetzt. Hierzu zählen eine vorübergehende strategische Akzeptanz der familiären Darstellung, um nicht den möglichen Widerstand der Familie zu mobilisieren (system maintenance), das Eingehen auf den Kommunikationsablauf bei gleichzeitig möglichen Fragen zur Klärung von Aussagen ohne jegliche Herausforderung (tracking) und die Anpassung an Tempo und Stil der Kommunikation (mimesis).

In der sich anschließenden **Interaktionsphase** geht der Therapeut von einer teilnehmend-handelnden Position zu einer die Sitzung leitenden Funktion über. Das Ziel besteht nunmehr darin, die Familienmitglieder in ein wechselseitiges Gespräch zu bringen, um dem Therapeuten die direkte Beobachtung zu ermöglichen. In dieser Phase werden Techniken der Restrukturierung eingesetzt, welche das Familiensystem gleichermaßen herausfordern wie verändern. Diese werden vom Therapeuten aktiv in

Szene gesetzt und zielen schwerpunktmäßig auf Grenzziehung, Störung der Balance und Komplementarität. Techniken der Grenzziehung können z. B. darin bestehen, dass Interaktionen eines Familienmitglieds abgeblockt werden, indem z. B. die Kontrollfunktion eines älteren Geschwisters gegenüber einem jüngeren Kind blockiert und an die Mutter zurückdelegiert wird. Bei der Technik der Störung der Balance verbindet sich der Therapeut mit einem Mitglied eines Subsystems zu Lasten der anderen. Techniken der Komplementarität zeigen die wechselseitige Abhängigkeit von Rollen in der Familie auf, wenn etwa regressives Verhalten eines Kindes bzw. Jugendlichen direkt angesprochen und zugleich auf das Verhalten der Eltern bezogen wird.

Schließlich wird in der **Phase der Zielsetzung** das Resümee aus der abgelaufenen Interaktion und Restrukturierung gezogen, indem der Familie z. B. eine Aufgabe gestellt wird, die bis zur nächsten Sitzung erfüllt werden muss. Dabei kann das Ausmaß, wie weit das familiäre Konzept der Familie in Frage gestellt wird, je nach schulischer Orientierung des Therapeuten variieren. Die Aufgaben für die Familie orientieren sich z. B. an der Notwendigkeit, neue, in der Therapiesitzung gebildete Interaktionen bzw. Koalitionen zu üben, indem z. B. das Gespräch zwischen zwei Familienmitgliedern oder die Übernahme von konkreten Verantwortlichkeiten durch ein randständiges Elternteil für das Problemkind oder aber auch Aufgaben verordnet werden, in denen unangemessene Koalitionen gelöst werden.

Gemäß der theoretischen Konzeption der Familie als homöostatischem System mit stabilisierenden, wenngleich dysfunktionalen Funktionen hat die Familie eigentlich wenig Interesse an Veränderungen. Demgemäß zeigt sie beträchtlichen **Widerstand,** welchem mit geeigneten therapeutischen Mitteln begegnet werden muss. Unter den verschiedenen Techniken sind zwei besonders bedeutsam, die positive Konnotation und die paradoxe Intention. Bei der **positiven Konnotation** wird entgegen aller Offensichtlichkeit einem negativen Verhalten eine positive Absicht unterstellt, indem z. B. das Unterminieren von Disziplinierungsversuchen von Kindern durch den einen Elternteil von dem jeweils anderen als ein Versuch der „Hilfe" interpretiert wird. Auf diesem Wege wird ein offener Widerstand vermieden, der bei einer direkten Deutung oder Blockierung des Verhaltens aufkommen würde. Zugleich kann der Auftrag lauten, die „Hilfe" zu Hause einzustellen, weil der Partner lernen müsse, das Problem selbst in den Griff zu bekommen. Über den Auftrag einer Protokollierung der „Fehler" des handelnden Elternteils durch den interferierenden Elternteil werden zugleich dessen latente Wünsche berücksichtigt, den Partner klein zu halten. Dieses Protokoll kann dann in der nächsten Sitzung Gegenstand neuer Interventionen werden.

Die **paradoxe Intention** bezieht sich direkt auf den Widerstand gegenüber der Therapie, welche sich in dem Umstand äussert, dass die Familie lediglich eine Symptom-, nicht aber eine Systemveränderung wünscht. Der Widerstand gegenüber dem Therapeuten wird bei dieser Intervention dadurch gebrochen, dass der Therapeut der Familie verschreibt, sich nicht zu verändern, sondern vielmehr den aktuellen Zustand beizubehalten. Damit entsteht eine Bindung, in der die Familie entweder der Anweisung des Therapeuten folgt oder sich aber seiner Anweisung widersetzt und sich damit in Richtung auf Veränderung bewegt. Das Ziel dieser Intervention besteht also darin, dass die Familie sich widersetzt und sich damit verändert. Praktisch wird die paradoxe Intention über Verschreibungen vorgenommen, indem das jeweilige Symptom oder Problemverhalten aktiv ausgeführt werden soll.

Schließlich ist für das familientherapeutische Umgehen mit Kindern, welche als Symptomträger präsentiert werden, in der unmittelbaren Therapiesituation bedeutsam, dass in jeder Phase das **Symptom als Familienproblem** deutlich wird und der Therapeut nicht in eine Position gerät, in der ihm die Familie die Verantwortung für das konkrete Problem bzw. Verhalten des Kindes delegiert. Vielmehr muss der Therapeut die Verantwortlichkeit für die Kontrolle des kindlichen Verhaltens in jeder Phase der Therapie bei den Eltern belassen und ihnen dabei beispielsweise verdeutlichen, dass sie in verschiedene Richtungen arbeiten und damit einander in ihren Disziplinierungsversuchen unterminieren.

25.3 Formen und Indikationen

Die internationale Entwicklung der Familientherapie ist durch das Nebeneinander verschiedener **Schulen** und Arbeitsansätze gekennzeichnet. Zu den ersten Familientherapeuten gehörte der New Yorker Psychoanalytiker Nathan Ackerman, der seine familienbezogene Arbeit noch stark in **psychodynamischen** Kategorien (einschließlich interpretierend-konfrontierendem Stil) und unter Einbeziehung von Psychodrama und gruppentherapeutischen Elementen realisierte. Dabei fand die Mehrgenerationenperspektive erstmals Eingang in die Familientherapie. Dieser Aspekt wurde auch von anderen Psychoanalytikern wie Boszormenyi-Nagy besonders betont.

Mit Entwicklungen in den 60-er Jahren wurde sodann die Gruppe von Therapeuten und Forschern am Mental Research Institute in Palo Alto/Kalifornien zu einer besonders einflussreichen Schule der Familientherapie. Eine einzigartige Konstellation von Persönlichkeiten mit unterschiedlichen wissenschaftlichen Werdegängen und entsprechenden Beiträgen schuf eine Richtung, die heute meist unter dem Begriff der **strategischen Familientherapie** zusammengefasst wird. Sie vereinigt mit einer historischen Entwicklungsperspektive zahlreiche Aspekte: die mit einer Kritik an der psychoanalytischen Therapie beginnende Arbeit von Don Jackson mit Familien mit jungen schizophrenen Patienten, die Betonung der Effekte sozialer Systeme durch den Anthropologen Gregory Bateson, die in der Sozialarbeit und der klientenzentrierten Psychotherapie verwurzelte Arbeit von Virginia Satir und vor allem die Beiträge von Paul Watzlawick und Jay Haley. Von beiden Autoren stammt die Betonung der strategischen Orientierung des therapeutischen Prozesses mit

Zielorientierung und Mobilisierung von Interventionsstrategien zum Zwecke des Erreichens von therapeutischen Veränderungen. Von Haley stammt darüber hinaus die Betonung der Entwicklungsdimension des Lebenszyklus und von der Arbeitsgruppe um Watzlawick die Entwicklung von Kurztherapien für Familien mit geringer Kooperationsbeeitschaft.

Eine dritte einflussreiche Schule entwickelte sich in Philadelphia um Salvador Minuchin, die bei einem sehr aktiven therapeutischen Stil den Schwerpunkt bei den in der Therapiesitzung beobachtbaren Interventionen legt und die Entwicklungsgeschichte der Familienorganisation und -interaktion – z. B. im Gegensatz zur psychoanalytischen Konzeption – als wenig bedeutungsvoll bewertet. Im Zentrum der Theorie wie der therapeutischen Intervention steht die Struktur der Familie, die innerhalb der Therapiesitzung selbst und weniger durch Hausaufgaben direkt durch Veränderungen dysfunktionaler Transaktionen verändert wird. Diese Schule wird daher auch als strukturelle Familientherapie bezeichnet. Sie beobachtet unangemessene Koalitionen, Probleme bei der Konfliktlösung und Grenzziehung zwischen den Subsystemen innerhalb der Familie und schafft über ihre Interventionen zumindest zeitlich befristete Destabilisierungen des Familiensystems, um Re-Organisationen vornehmlich im Sinne einer Strukturveränderung zu ermöglichen. Diese stehen – im Gegensatz zu Positionen von Haley oder Watzlawick – noch vor der Notwendigkeit einer Veränderung des Symptoms.

Ferner hat von Europa aus die Arbeitsgruppe von Selvini-Palazzoli in Mailand Einfluss auf die Entwicklung der sog. **systemischen Familientherapie** genommen. In einer psychoanalytischen Tradition stehend, wird in dem Vorgehen dieser Gruppe der Prozess einer sehr sorgfältigen Anamneseerhebung mit Entwicklung einer Hypothese über die Funktion des Symptoms betont, welches in einer Mehrgenerationenperspektive der Familie stabilisiert und kontrolliert. In den gemeinsam jeweils von einer Therapeutengruppe entwickelten verbalen Interventionen stehen Interpretation und paradoxe Intentionen im Vordergrund, die der Familie bisweilen auch schriftlich nach der Therapiesitzung in Briefform mitgeteilt werden.

Die Entwicklung der **Familientherapie in Deutschland** ist sehr wesentlich von den Psychoanalytikern Horst-Eberhard Richter und Helm Stierlin vorangebracht worden. Hier bildete das an der Psychoanalyse orientierte Konfliktverarbeitungsmodell den theoretischen Bezugsrahmen. Der Therapeut arbeitet wesentlich an den Konflikten zwischen einzelnen Familienmitgliedern, die in die Geschichte der Familie mit einer Mehrgenerationenperspektive eingebettet sind, und versucht über die Vermittlung von Einsicht in die Konfliktstruktur Lösungen zu erarbeiten. Für das therapeutische Modell sind nach Stierlin vier Aspekte von besonderer Bedeutung. Mit der **bezogenen Individuation** wird die Fähigkeit zur Selbstdifferenzierung und Selbstabgrenzung gegenüber anderen – frei von Überindividuation, d. h. undurchlässiger Abgrenzung und Unterindividuation im Sinne von Verschmelzung – bezeichnet. Die Begriffe **Bindung** und **Ausstoß**-ßung beschreiben die langfristig wirksamen Interaktionsmodi der Trennung von den Eltern. Über die **Delegation** werden in der Regel unbewusst durch die Eltern Aufträge an die Kinder vermittelt, welche handlungsbestimmend werden; dieser Prozess kann im Falle von Überforderungen, Widersprüchlichkeiten oder der Provokation von Loyalitätskonflikten pathologisch entgleisen. Derartige Delegationen können schließlich als Aufträge bzw. Vermächtnisse über mehrere Generationen im Sinne der **Mehrgenerationenperspektive** überdauern.

Die weitere Entwicklung mit der Etablierung der sogenannten **Kybernetik 2. Ordnung** brachte aus der Mailänder Schule die **systemisch-konstruktivistische Therapie** hervor. Da sich die Familie ihrer Realität über Sprache und Handlung konstruiert, geht es in diesem Ansatz um die Gestaltung konstruktiver Dialoge bzw. darum, starre Kommunikationen im System durch sprachlich bewegliche Angebote zu öffnen und damit mehrere Perspektiven zu erarbeiten. Die Interventionen zielen darauf, das System aus dem Schein-Gleichgewicht zu bringen, welches eine Störung beinhaltet. In diesem Therapieansatz gibt es nicht nur die „eine" Realität, sondern man einigt sich über Sprache, was jeweils gilt. Es werden gemeinsame Wirklichkeiten geschaffen. An den Therapeuten ist damit die Anforderung gestellt, flexibel und kreativ mit den Realitäten anderer Menschen umgehen zu können.

Auch die verschiedenen **narrativen Ansätze** begründen sich wesentlich durch konstruktivistische Ansätze. Demgemäß besteht die Intervention darin, konstruktive und hilfreiche Dialoge zu ermöglichen. Soziale Realitäten werden durch Sprache konstruiert und Sprache wird als zentrales Element und Erklärung menschlichen Verhaltens betrachtet. Die Familie beschafft sich ihre Wirklichkeit und erzählt sie, die Aufgabe des Therapeuten besteht darin, sie neu zu erzählen. Insbesondere die Konzeption der Therapie als **Dekonstruktion** sowie die **lösungsorientierte Kurztherapie** sind stark von zeitgenössischen Sprachphilosophen beeinflusst. Im narrativ-konstruktivistischen Sinne sind Probleme Ansammlungen von Bedeutungen. Sie entstehen in Verbindung mit Handlungen innerhalb einer Sprachgemeinschaft. Die Lösung muss daher im selben Raum stattfinden, dass heißt in der Konversation. Die Problemlösung wird in der Veränderung von Grundgedanken und Interaktionsregeln gesucht und die Kunst des Therapeuten besteht darin, einerseits die Familie in ihrem Vertrauten zu bestätigen und sie andererseits in angemessener Form mit neuen Informationen zu konfrontieren, welche die bestehenden Denk- und Verhaltensweisen in Frage stellen. Dabei wird die Lösung nur im Anstoß verstanden, sodass im Familiensystem neue Möglichkeiten der Selbstorganisation angeregt werden.

In den **verhaltensorientierten Familientherapien** werden verhaltenstheoretische und kognitive Perspektiven mit strategischen und kognitiven Ansätzen verknüpft. Geschichtlich baute diese Entwicklung auf den vor allem von G. Patterson und R. Wahler entwickelten Verfahren des Elterntrainings auf und stellt mit der **funktionellen Familientherapie** der Arbeitsgruppe von J. F. Alexander in Utah eine behavioral-systemische Behandlung mit besonderer Fokussierung auf Probleme von Kindern und Jugendlichen dar. Hier wird Familientherapie als Problemlöseprozess verstanden, der in fünf Phasen abläuft: (1) Einleitung/Eindruck, (2) Diagnostik/Verstehen, (3) Einführung/Therapie, (4) Behandlung/Erziehung und (5) Alltagstransfer/Beendigung. Für jede Phase sind die jeweiligen Ziele, die Therapeutenfunktion sowie die Therapeutenfertigkeiten definiert. Zentrale Elemente sind die dritte und vierte Phase, in der kognitive und verhaltensorientierte Änderungen angestrebt und zugleich über die Analyse der Funktion des Verhaltens in der Familie in ein systemisches Konzept gestellt werden.

Eine Verbindung von Interventionsansätzen der strategischen und strukturellen Familientherapie auf der einen Seite sowie der Verhaltenstherapie andererseits stellt die **multi-systemische** Therapie von Henggeler und Mitarbeitern dar. Diese Form der Therapie interveniert in sehr individualisierter Form im natürlichen Umfeld vor allem bei antisozialem Verhalten Jugendlicher und ist in zahlreichen Studien beeindruckend gut evaluiert.

Die Frage der **Indikation** von Familientherapie ist für zahlreiche Ansätze mangels geeigneter Forschung sehr viel offener, als dies ihre Befürworter jeweils zu erkennen geben. Der globale Systemansatz lässt sich auf den ersten Blick für alle Problembereiche geeignet erscheinen, die in einem familiären Kontext stehen. Hierzu werden alle interpersonellen Schwierigkeiten sowie familiären Kommunikations- und Interaktionsschwierigkeiten gezählt. Tatsächlich fordern einige Familientherapeuten auch eine radikale familientherapeutische Orientierung der Kinder- und Jugendpsychiatrie, womit eine beträchtliche Akzentverschiebung von einer Praxis multimodaler Therapiestrategien in einem familiären Kontext – die gegenwärtig für die Kinder- und Jugendpsychiatrie repräsentativ ist – in Richtung auf ausschließlich systemische Familientherapie verbunden wäre. Diese Forderung lässt sich jedoch angesichts des Mangels an Kenntnissen über differentielle Indikationen nur schwer begründen. Sie lässt sich angesichts der Kenntnis effektiver Alternativen und schließlich auch bei Berücksichtigung der Tatsache nicht aufrechterhalten, dass es keine Therapieform ohne Grenzen gibt.

Hierzu zählt auch die Frage der **Kontraindikation**, zu der es von den Befürwortern der Familientherapie wenig weiterreichende Aussagen als die gibt, dass Motivationsmängel gegen eine Familientherapie sprächen. Aus klinischer Sicht erscheint eine Erweiterung um Dimensionen wie die Art und Dauer der Störung und die psychische Stabilität der Familienmitglieder erforderlich. So sind alle schweren und langfristigen Störungen wie Psychosen und Entwicklungsbehinderungen sicher nicht notwendigerweise eine Indikation für eine systemische Familientherapie, während andererseits Hilfen für die Familie bei der Adaptation von großer Bedeutung sind. Auch der Verweis, dass die familiensystemische Betrachtungsweise historisch teilweise bei der Arbeit mit jungen (erwachsenen!) Schizophrenen ihren Anfang genommen hat, kann nicht dahingehend überzeugen, dass derart schwer gestörte Kinder und Jugendliche primär familientherapeutisch behandelt werden müssen. Dagegen sprechen nicht

nur die Kenntnisse über den Verlauf derartiger Störungen, sondern auch der fehlende Nachweis einer spezifischen Effizienz der Familientherapie bei diesen Störungen.

Generell ist bei Jugendlichen zu prüfen, inwieweit ihre Individuationsprobleme eher innerhalb oder außerhalb der Familie angegangen werden sollen und inwieweit eine individuelle Psychotherapie den Bedürfnissen und Notwendigkeiten des Einzelfalls besser gerecht wird. Schließlich ergeben sich aus psychischen Erkrankungen anderer Familienmitglieder Grenzen für die Realisierung von Familientherapie. Hier wird zugleich erneut deutlich, dass in der klinischen Praxis das individualpathologische Paradigma verdrängt werden darf, sondern beide einander ergänzen müssen.

25.4 Evaluation

Die Familientherapie hat die Frage der Evaluationsforschung erst relativ spät berücksichtigt. Dies hängt einerseits mit der noch kurzen Entwicklungsspanne der Familientherapie üerhaupt, andererseits aber auch mit der Schwierigkeit des Gegenstandes zusammen. Während Ansätze der Ergebnisforschung vorliegen, fehlen Beiträge zur Therapieprozessforschung weitgehend. Letzteres ist um so bemerkenswerter, als unabhängig von therapeutischen Zielsetzungen eine Fülle von sozialpsychologischen und kommunikationstheoretisch orientierten Analysen familiärer Interaktionen bei einer Vielzahl von Problemfamilien (z. B. bei Delinquenz, Psychosen etc.) und Normalfamilien vorliegt.

Eine systematische **Ergebnisforschung** müsste in Analogie zu anderen Formen der Therapieforschung eine Reihe von Kriterien erfüllen. Hierzu gehören
- die Klärung der Beziehung von Familieninteraktionen und individuellen Symptomen,
- eine spezifische Bestimmung der jeweils eingesetzten Form und Technik der Familientherapie,
- die Erfassung des Symptoms bzw. Problems,
- Kontrollen zur Bewertung der Therapieeffekte – z. B. in Form einer parallelisierten Wartegruppe, die später der gleichen Behandlung zugeführt wird –,
- Mehrdimensionale, unabhängig vom Therapeuten durchgeführte Ergebnismessungen und
- Überprüfungen des längerfristigen Verlaufs.

Diese in der Psychotherapieforschung anerkannten Kriterien werden nur von wenigen Studien der Familientherapie erfüllt. Gleichwohl lässt sich für Familientherapien allgemein, d. h. zunächst noch unabhängig von der schulischen Orientierung, auf der Basis von Meta-Analysen feststellen, dass ihre Effektivität auch im Vergleich zu unbehandelten Familien nachgewiesen ist.

Hinsichtlich der Frage, ob Familientherapien erfolgreicher als andere Therapieformen sind, besteht keine endgültige Klarheit. Wie andere Formen der Psychotherapie kann auch Familientherapie schaden; diese seltenen Ereignisse sind in der Regel auf die Wechselwirkung von

Patienten- und Therapeutenmerkmalen zurückzuführen. Hinsichtlich der verschiedenen familientherapeutischen Schulen und Arbeitsansätze ist der Effektivitätsnachweis für die verhaltensorientierten Verfahren überzeugend geführt worden, während er für andere Vorgehensweisen noch aussteht bzw. in methodischer Hinsicht noch unbefriedigend ist.

Literatur

Bommert, H., T. Henning, D. Wälte: Indikation zur Familientherapie. Kohlhammer, Stuttgart 1990.

Broderick, C. B.: Family Process. Basics on Family Systems Theory. Sage, Newbury Park 1993.

Cierpka, M. (Hrsg.): Familiendiagnostik. Springer, Berlin 1988.

Combrinck-Graham, L.: Developments in family systems theory and research. J. Amer. Acad. Child Adolesc. Psychiat. 29 (1990) 501–512.

Fauber, R. L., N. Long: Children in context: The role fo the family in child psychotherapy. J. Consult. Clin. Psychol. 59 (1991) 813–820.

Gurman, A. S., D. P. Kniskern: Handbook of Family Therapy. Brunner/Mazel, New York 1981, 1992.

Haley, J.: Direktive Familientherapie. Pfeiffer, München 1977.

Haley, J.: Ablösungsprobleme Jugendlicher. Familientherapie, Beispiele, Lösungen. Pfeiffer, München 1981.

Heekerens, H. P.: Verhaltensorientierte Familientherapie. In: Steinhausen, H.-C., M. v. Aster (Hrsg.): Verhaltenstherapie und Verhaltensmedizin bei Kindern und Jugendlichen. 2. Auflage. Psychologie Verlags Union, Weinheim 1999.

Henggeler, S. W., C. M. Borduin, B. J. Mann: Advances in family therapy. Empirical foundations. In: Ollendick, T. H., K. J. Prinz (eds.): Advances in Clinical Child Psychology. Vol. 15. Plenum Press, New York 1993.

Höger, C.: Systemische Ansätze in der ambulanten Kinder- und Jugendpsychiatrie. Prax. Kinderpsychol. Kinderpsychiat. 43 (1994) 78–84.

Markus, E., A. Lange, T. F. Pettigrew: Effectiveness of family therapy. A meta-analysis. J. Family Therapy 12 (1990) 205–221.

Minuchin, S.: Familie und Familientherapie. Lambertus, Freiburg 1977.

Satir, V.: Familienbehandlung. Kommunikation und Beziehung in Theorie, Erleben und Therapie. Lambertus, Freiburg 1977.

Schlippe, A. von, J. Schweizer: Lehrbuch der Systemischen Therapie und Beratung. Vaudenhoeck & Ruprecht, Göttingen 1998.

Stierlin, H.: Von der Psychoanalyse zur Familientherapie. Klett, Stuttgart 1980.

Watzlawick, P., J. H. Weakland: Interaktion. Huber, Bern 1975.

Wynne, L. C.: The state of the art in family research: Controversies and recommendations. Family Process Press, New York 1988.

26 Psychopharmakotherapie

26.1 Einleitung

Psychopharmaka haben im Rahmen kinder- und jugendpsychiatrischer Behandlungen keine vorrangige Bedeutung. Gleichwohl gibt es einige unverzichtbare Indikationen, wo keine vergleichbar wirksamen Alternativen der Therapie existieren. Da Psychopharmaka auf Hirnfunktionen einwirken und wenig Erkenntnisse über eine mögliche Einwirkung von Psychopharmaka auf die Entwicklung und Reifung von Hirnfunktionen vorliegen, sollte die Verordnung von Psychopharmaka bei Kindern und Jugendlichen auf die wenigen wissenschaftlich gesicherten Indikationen der Kinder- und Jugendpsychiatrie beschränkt bleiben. Angesichts der häufig ungenügend aufgeklärten ätiopathogenetischen Ursachen von Störungen ist die Psychopharmakotherapie notwendigerweise symptomorientiert. In der Tat beeinflusst bzw. unterdrückt sie lediglich Zielsymptome, die häufig nach Absetzen der Medikation wieder erscheinen, sofern nicht gleichzeitig Adaptations- oder Maturationsschritte vollzogen werden.

Für die **Verordnung von Psychopharmaka** gelten neben der Orientierung an der **Indikation,** die wiederum eine sehr sorgfältige Diagnostik voraussetzt, eine Reihe von **Regeln,** zu denen zunächst die Notwendigkeit zählt, Psychopharmaka grundsätzlich nur durch kompetente Fachleute verordnen und gleichzeitig überwachen zu lassen. Der Experte arbeitet in der Regel mit wenigen, ihm aus der klinischen Erfahrung vertrauten Medikamenten, wobei die Dosierung innerhalb bestimmter Schwankungsbreiten bei niedrigen Anfangsdosierungen eine individuelle Anpassung erfordert. Unterschwellige Dosierungen sind problematisch, während Überschreitungen der Dosis zu gefährlichen Intoxikationen führen. In aller Regel wird jeweils nur mit einer Substanz behandelt, zumal mehrere Mittel in gefährliche Interaktion treten können. Jede Psychopharmakabehandlung setzt eine gründliche Information zumindest der Eltern und nach Möglichkeit auch des Kindes bzw. Jugendlichen voraus.

Diese **Information** muss die Gründe für den Einsatz einer bestimmten Substanz, ihre therapeutischen Auswirkungen einschließlich des Zeitpunktes des Wirkungseintritts, die realistischerweise zu erwartenden Nebenwirkungen, die Dosis einschließlich der Einnahmezeitpunkte und nach Möglichkeit auch die Dauer der Verordnung beinhalten. Bei ambulanten Behandlungen, wo die Verantwortung für die Durchführung der Medikation vornehmlich bei den Eltern oder dem Patienten liegt, muss die Information besonders detailliert erfolgen. Entsprechend sorgfältig muss die Durchführung einer Therapie mit Psychopharmaka durch die Kontrolle von **Wirkungen** und **Nebenwirkungen** überwacht werden. Die Information ist somit ein erster Schritt einer kontinuierlichen **Beratung** der Eltern und des Patienten, ohne die keine Behandlung mit Psychopharmaka bei Kindern und Jugendlichen realisiert werden kann.

Mit der Verschreibung von Psychopharmaka können sowohl beim Kind wie auch bei den Eltern bestimmte **Attributierungen** verknüpft sein, die im Rahmen der Beratung aufgearbeitet werden müssen. So kann das Kind zu der Überzeugung kommen, es sei wegen der Pharmakoverordnung nicht normal oder es könne nur wegen der Medikamente normal und erfolgreich funktionieren. Dadurch, dass die Medikamente über den Tag verteilt eingenommen werden müssen und somit Mitschüler und Spielkameraden eingeweiht sind, kann dieses Gefühl der Stigmatisierung durch Hänseleien und Abwertungen verstärkt werden. Zu den häufigsten elterlichen Sorgen gehört die Befürchtung einer Abhängigkeitsentwicklung, eines Verlustes an Spontaneität und Kreativität und möglicher schädlicher Nebenwirkungen. Jede Besorgnis muss durch den verordnenden Arzt erkannt und aufgegriffen werden, um sich zum Gegenstand einer aufklärenden Beratung zu machen. Dieser Prozess kann gerade bei Jugendlichen schwierig sein, welche in der Psychopharmakotherapie eine Methode der allgemeinen Verhaltenskontrolle und der Beeinträchtigung ihrer Wünsche nach Abgrenzung von der Umwelt sehen mögen.

Schließlich steht die Psychopharmakotherapie neben der obligaten Beratung und Überwachung nahezu regelmäßig im Kontext weiterer therapeutischer Maßnahmen. Insofern werden eher **multimodale Therapiekonzepte** unter Einschluss von Elementen der Psychopharmakotherapie statt einer isolierten Behandlung mit Psychopharmaka durchgeführt. Die ergänzenden therapeutischen Maßnahmen können aus Psycho-/Verhaltenstherapie, funktioneller Therapie, Beschäftigungstherapie, Sozialarbeit und anderen rehabilitativen Maßnahmen bestehen.

Im Folgenden wird ein kurzer Abriss der für die Kinder- und Jugendpsychiatrie wichtigsten Substanzgruppen gegeben. Dabei können nur einige grundsätzliche Feststellungen getroffen werden. Detaillierte Informationen zur Pharmakologie und Biochemie müssen der weiterführenden Literatur entnommen werden.

26.2 Stimulanzien

Die Stimulanzien sind die in der Kinder- und Jugendpsychiatrie am häufigsten eingesetzten Psychopharmaka. Zu ihnen zählen als die wichtigsten Vertreter die Amphetamine und das Methylphenidat; auch Pemolin gehört in diese Gruppe. Stimulanzien führen zu einer psychischen und motorischen Antriebssteigerung sowie Appetithemmung. Sie wirken vorwiegend über das dopaminerge und noradrenerge System, wobei die Katecholamine verstärkt freigesetzt und hinsichtlich der Wiederaufnahme blockiert werden. Über die Aktivation des retikulären Systems wird die Aufmerksamkeit gebessert und der Schlaf beeinträchtigt. Aus Einwirkungen auf das Zentrum für Nahrungsaufnahme im lateralen Hypothalamus resultiert die Appetitminderung. Stimulanzien werden nach oraler Aufnahme rasch resorbiert und passieren leicht die Blut-Hirn-Schranke. Der Gipfel der Pharmakakonzentration wird nach zwei bis drei Stunden erreicht. Die mittlere Halbwertszeit beträgt je nach Substanz bei Kindern nur zwei bis zwölf Stunden. Diese rasche Metabolisierung erklärt die nur kurzfristigen klinischen Effekte.

Die **Indikation** erstreckt sich fast ausschließlich auf die **hyperkinetischen Störungen** (HKS) (vgl. Kap. 10); eine zweite, äusserst seltene Indikation ist die **Narkolepsie.** Ein weiteres Zielsymptom kann ein schweres Aufmerksamkeitsdefizit ohne Hyperaktivität sowie im Kontext einer geistigen Behinderung sein. Zu den **Kontraindikationen** der Stimulanzien gehören Depressionen, die Anorexia nervosa und schizophrene Psychosen sowie Bluthochdruck. Die **Dosierung** kann Tabelle 9-6 im Kapitel der hyperkinetischen Störungen entnommen werden.

Die klinische **Wirkung** bei HKS besteht in einer Steigerung der Aufmerksamkeit, in einer Reduzierung der motorischen Aktivität und einer Abnahme der Impulsivität. Insbesondere kommt es zu einer Abnahme rascher und impulsiv wirkender Bewegungsabläufe. Damit gehen eine Reduktion des Störverhaltens im Unterricht sowie eine Zunahme an Selbstkontrolle und Verhaltenssteuerung einher, sodass im Unterricht das aufgabenbezogene und konzentrierte Arbeiten zunimmt. Während Einzelfunktionen wie die visumotorische Koordination und Merkfähigkeit positiv beeinflusst werden, kann eine generelle und direkte Verbesserung kognitiver und schulischer Leistungen nicht erwartet werden.

Die euphorisierende Wirkung der Stimulanzien bei Erwachsenen kann bei Kindern und Jugendlichen nicht beobachtet werden. Vielmehr treten als **Nebenwirkungen** vereinzelt vorübergehende leichte dysphorische Verstimmungen – vornehmlich zu Beginn der Behandlung – auf. Weitere ebenfalls meist vorübergehende Nebenwirkungen sind Einschlafstörungen, denen durch Vermeidung einer abendlichen Gabe begegnet wird, Appetitlosigkeit, welche durch gleichzeitige Einnahme der Medikation mit den Mahlzeiten vermieden werden kann, sowie eine passagere, geringfügige Hemmung des Größenwachstums ohne Beeinträchtigung der Endgröße im Erwachsenenalter. Tics und Stereotypien können – wahrscheinlich nur bei einer genetischen Vulnerabilität – durch Stimulanzien ausgelöst werden. Im klinischen Verlauf sollten regelmäßige Kontrollen von Herzfrequenz, Blutdruck sowie Größen- und Gewichtszunahme durchgeführt werden.

Die **Wirkweise** des Stimulanzien ist weitgehend unaufgeklärt. Grundsätzlich sind die oben aufgezeigten Wirkungen auch bei Kindern ohne HKS bzw. bei Erwachsenen nachweisbar. Die Annahme einer sogenannten paradoxen Wirkung, dass nämlich ein zentral aktivierendes Stimulans die Hyperaktivität senkt, berücksichtigt ungenügend, dass viele Kinder mit HKS wahrscheinlich zentralnervös ungenügend aktiviert sind und erst unter Stimulanzien ihr angemessenes Aktivationsniveau erreichen. Die Vorhersage der sogenannten Responder, also der Kinder mit positiver Reaktion auf Stimulanzien, ist bisher nicht überzeugend gelungen.

Die beschriebenen klinischen Wirkungen der Stimulanzien sind nicht auf eine bestimmte Altersgruppe von Kindern und Jugendlichen beschränkt. Sie können – mit möglicherweise großer Variabilität der Effekte – schon bei Vorschulkindern eingesetzt werden, und es gibt keine Notwendigkeit, ab der Adoleszenz wegen der unberechtigten Befürchtung einer Suchtentwicklung mit der Behandlung bei HKS aufzuhören. Die kurzfristige, immer nur symptomatische Wirkung der Stimulanzien macht jederzeit Medikationspausen möglich, um die Notwendigkeit der Fortführung der Stimulanzienbehandlung zu überprüfen. Dies sollte bei HKS regelmäßig in den größeren Ferien geschehen. Weitere Grundsätze für die Behandlung dieser Störung sind in Kapitel 9 dargelegt.

26.3 Neuroleptika

Zu den in der Kinder- und Jugendpsychiatrie eingesetzten Neuroleptika zählen im wesentlichen drei pharmakologische Substanzgruppen, nämlich die **trizyklischen Neuroleptika** (d. h. die Phenothiazine und die Thioxanthene), die Butyrophenone und verwandte Substanzen sowie schließlich die **atypischen Neuroleptika.** Der zentrale **Wirkungsmechanismus** der Neuroleptika besteht in einer Hemmung der neuronalen Impulsübertragung, die durch die Monoamine als die so genannten Neurotransmitter erfolgt. In erster Linie kommt es dabei zu einer Blockade der Dopaminrezeptoren und damit zu einer Verminderung der Wirksamkeit des Dopamins als Überträgersubstanz. Bei zahlreichen Substanzen resultiert auch eine Blockade von alpha-adrenergen Rezeptoren mit der

Folge eines kompensatorischen Anstiegs der Dopamin- bzw. Noradrenalinsynthese einschließlich des Turnovers über Feedback-Mechanismen. Einige Substanzen beeinflussen auch die Systeme des Serotonins und Acetylcholins. Die wichtigste klinische Wirkung der Neuroleptika, ihr antipsychotischer Effekt, beruht in erster Linie auf der postsynaptischen Dopaminrezeptorblockade.

Als kinder- und jugendpsychiatrische **Indikationen** für Neuroleptika sind s**chizophrene Psychosen, Manien,** einige Zielsymptome im Bereich **autistischer Störungen, schwere Ticstörungen, schwere Zwangsstörungen** und in Ergänzung zu anderen therapeutischen Maßnahmen **schwere aggressive und antisoziale Störungen** zu betrachten. Neuroleptika sind bei Intoxikationen, bei Herz-Kreislauf-Erkrankungen und bei Epilepsien – mit Ausnahme des Fluoropipamids (Dipiperon®) – **kontraindiziert.** Bei Schädigung von Leber, Niere und hämatopoetischem System gelten besondere Vorsichtsmaßregeln.

Die **klinischen Wirkungen** der Neuroleptika bestehen in einer positiven Beeinflussung psychotischer Symptome wie Halluzinationen, Wahnbildungen, Denkstörungen, Katatonie, Stupor sowie psychomotorischer Agitiertheit. Bei niedriger Dosierung haben Neuroleptika auch eine entspannende, Angst lösende und Schlaf anstoßende Wirkung. Neuroleptika werden sowohl zur Beeinflussung akuter psychotischer Symptome wie auch – z. B. in Form von Depotpräparaten – zur längerfristigen Behandlung bei prozesshaften Verläufen eingesetzt. Beim **frühkindlichen Autismus** können ausgewählte Neuroleptika in einer niedrigen Dosierung bedeutsam dazu beitragen, die betroffenen Kinder besser lenkbar und damit therapierbar zu machen, indem Symptome wie soziale Isolation, Stereotypien, abnorme Objektbeziehungen, Hyperaktivität und Sprachtherapie positiv beeinflusst werden. Schwere **Ticstörungen** einschließlich des **Tourette-Syndroms** zeigen unter niedrigen Dosen von Neuroleptika deutliche symptomatische Besserungen. Die Beeinflussung von **aggressiven und antisozialen Symptomen** durch Neuroleptika im Verbund mit anderen therapeutischen Maßnahmen macht in der Regel hohe Dosen mit entsprechenden unerwünschten Nebenwirkungen erforderlich.

Der meist ebenfalls mit Störsymptomen wie Aggressivität begründete **langfristige Einsatz** von Neuroleptika bei **geistig Behinderten** wirft in besonderer Weise die Frage der **Nebenwirkungen** auf, zumal Neuroleptika in diesem Kontext häufig und unkritisch eingesetzt werden. Neben **vegetativen Symptomen** wie Bauchschmerzen, Mundtrockenheit und Auswirkungen auf die **Herz-Kreislauf-Regulation** sind vor allem **extrapyramidal-motorische Störungen** problematisch. Hier können **Frühdyskinesien** mit dystonen Muskelverkrampfungen vornehmlich im Kopf- und Schulterbereich auftreten, die eine sofortige Intervention mit Biperiden (Akineton®) erforderlich machen; indiziert ist eine langsame Injektion in einer Dosierung von 0,04 mg/kg Körpergewicht.

Ein **Parkinsonoid** mit Tremor, Rigor, Amimie, Brady- oder Akinesie tritt ebenso wie die durch quälende Unruhe, Agitation und Rastlosigkeit gekennzeichnete **Akathisie** allenfalls bei langfristiger Medikation auf. Hier muss der Einsatz von Anti-Parkinsonmitteln erwogen werden, womit gegebenenfalls die antipsychotische Wirkung der Neuroleptika reduziert wird. Symptome einer **Spätdyskinesie** setzen eine längerfristige neuroleptische Therapie voraus und sind daher bei Kindern und Jugendlichen selten. Sie äussern sich schwerpunktmäßig in Grimassieren, oralen Dyskinesien, athetoiden und choreiformen Bewegungen, Tortikollis und Akathisie. Zur Vermeidung von Spätdyskinesien sollten bei Kindern und Jugendlichen vornehmlich nebenwirkungsarme Substanzen, d. h. atypische Neuroleptika ohne extrapyramidale Nebenwirkungen eingesetzt werden.

Häufiger als anhaltende Spätdyskinesien können bei Kindern **Entzugsdyskinesien** beobachtet werden, wenn niedrig dosierte hochpotente Neuroleptika in der Dosis reduziert bzw. abgesetzt werden. Therapeutisch ist oft eine erneute Dosiserhöhung erforderlich; spontane Rückbildungen können in etwa der Hälfte der Fälle beobachtet werden. Das mit 0,2 % äußerst seltene **maligne neuroleptische Syndrom** besteht aus zunehmendem Rigor, Fieber, Bewusstseinsstörung, autonomer Dysregulation sowie Anstieg der Kreatinkinase. Hier können lebensgefährliche körperliche Komplikationen auftreten. Therapeutisch ist ein Absetzen der Neuroleptika in Verbindung mit Intensivtherapie der vitalen Funktionen erforderlich. Unter diesen Maßnahmen bildet sich das Syndrom innerhalb von 10 Tagen zurück.

Schließlich machen denkbare Auswirkungen auf das **blutbildende System** sowie auf **Leber** und **Niere** eine sorgfältige und kontinuierliche Überwachung entsprechender Laborwerte erforderlich. Dies gilt besonders für atypische Neuroleptika (z. B. Clozapin). Zu den **Routineuntersuchungen** sollte zusammengefasst die Kontrolle von Blutbild, Nieren- und Leberwerten, Blutdruck, Puls und EKG gehören. Wegen der krampfschwellensenkenden Wirkung der Neuroleptika sollten zunächst EEG-Kontrollen durchgeführt werden.

Hinsichtlich der Wahl der in Tabelle 26-1 einschließlich ihrer Dosierung dargestellten **Substanzen** im Rahmen des klinischen Einsatzes gelten einige spezifische **Indikationsschwerpunkte.** Bei psychomotorischer Erregtheit werden insbesondere initial stark dämpfende Neuroleptika wie z. B. Laevomepromazin (Neurocil®) eingesetzt, während floride psychotische Symptome wie Trugwahrnehmungen, Wahnbildungen und schizophrene Denkstörungen das Hauptanwendungsgebiet der hochpotenten Neuroleptika mit geringer sedativer Wirkung wie z. B. der Butyrophenon- und Thioxanthenderivate sowie der atypischen Neuroleptika sind. Bei chronisch verlaufenden schizophrenen Psychosen können Depotpräparate eingesetzt werden. Der Beginn einer Neuroleptikabehandlung sollte zur Vermeidung von extrapyramidalmotorischen und vegetativen Nebenwirkungen in Form einer allmählichen, einschleichenden Dosissteigerung erfolgen. Auch nach Besserung der Symptomatik ist eine mehrmonatige Fortsetzung der Medikation erforderlich, die dann langsam ausschleichend abgesetzt wird.

Tabelle 26-1 Substanzen und Dosierungen von Neuroleptika (nach Fritze, in Nissen, Fritze und Trott 1998).

Arzneistoff	Dosis po < 3 Jahre	Dosis po 3–12 Jahre	Dosis po Erwachsene	Bezeichnung der Fertigarzneimittel
A Schwach- bis mittelpotente Neuroleptika				
Phenothiazine				
Levomepromazin	keine Daten	*1(–4) mg/kg	50–300(–600)	Neurocil®
Perazin	keine Daten für Kinder		50–300(–1000)	Taxilan®
Promazin	2 mg/kg	50–100	50–150(–1000)	Protactyl®
Promethazin	< 2 mg/kg	*< 2(–4) mg/kg	25–150	Atosil®; Generika
Prothipendyl	< 40	40–120	40–480	Dominal®
Thioridazin	keine Daten	*1–2(–6) mg/kg	50–600	Melleretten®, Melleril®
Triflupromazin	keine Daten	0,2–2 mg/kg	10–100(–150)	Psyquil®
Thioxanthene				
Chlorprothixen	keine Daten	0,5–1 mg/kg	30–200(–500)	Truxal®
Zuclopenthixol	keine Daten für Kinder		2–100	Ciatyl-Z®
Butyrophenone				
Pipamperon	keine Daten	1–2–6 mg/kg	40–360	Dipiperon®
B Hochpotente Neuroleptika				
Butyrophenone				
Benperidol	keine Daten für Kinder		10–40	Glianimon®; Generika
Bromperidol	keine Daten für Kinder		1–10(–50)	Impromen®, Tesoprel®
Haloperidol	keine Daten	0,025–0,2 mg/kg	3–15(–60)	Haldol®; Generika
Diphenylbutylpiperidine				
Pimozid	keine Daten	* 0,003–0,1 mg/kg	2–8(–16)	Orap®
Phenothiazine				
Fluphenazin	keine Daten	* 0,025–0,3 mg/kg	2,5–15	Dapotum®; Lyogen®; Generika
Perphenazin	nur in Ausnahmefällen	* 4–6	4–12–32	Decentan®
Trifluperazin	keine Daten	* 0,02–0,3 mg/kg	10–50	Jatroneural®
Thioxanthene				
Flupentixol (oral = Razemat!)	keine Daten für Kinder		3–60	Fluanxol®
C Atypische Neuroleptika				
Benzamide				
Sulpirid	keine Daten	5–10 mg/kg	200–1600	Dogmatil®; Generika
Amisulpirid	keine Daten für Kinder		400–800	Solian®
Benzisoxazole				
Risperidon	keine Daten für Kinder		3–16	Risperdal®
Butyrophenone				
Melperon	keine Daten für Kinder		25–300(–600)	Eunerpan®
Dibenzazepine				
Clozapin	keine Daten für Kinder		100–600	Leponex®
Olanzapin	keine Daten für Kinder		5–10(–20)	Zyprexa®
Phenothiazine				
Zotepin	keine Daten für Kinder		75–150(–450)	Nipolept®
Andere				
Sertindol	keine Daten für Kinder		12–24	Serdolect®

* nicht vom BfArM anerkannt

Therapie und Rehabilitation

26.4 Antidepressiva

Die Gruppe der Antidepressiva besteht im wesentlichen aus fünf unterschiedlichen **Typen,** nämlich (1) den trizyklischen Antidepressiva, (2) den tetrazyklischen Antidepressiva (beide werden auch als unselektive Antidepressiva zusammengefasst), (3) den selektiv serotonergen Antidepressiva, (4) den Monoaminooxidasehemmern und (5) einer Restgruppe nicht-klassifizierbarer Antidepressiva. Für die kinder- und jugendpsychiatrische Pharmakotherapie sind die selektiv serotonergen und die trizyklischen Antidepressiva die wichtigsten therapeutischen Mittel. Einige Neuroleptika wie Thioridazin (Melleril®), Chlorprothixen (Taractan®, Truxal®), Levomepromazin (Neurocil®) und Sulpirid (Dogmatil®) haben zugleich auch eine geringe antidepressive Wirkungskomponente.

Der pharmakologische **Wirkungsmechanismus** der Antidepressiva besteht darin, dass bei einem Mangel bzw. einem gestörten Gleichgewicht der Neurotransmitter Noradrenalin und Serotonin oder einer ungenügenden Sensibilität der postsynaptischen Rezeptoren Antidepressiva über verschiedene Mechanismen die Wiederaufnahme der Neurotransmitter hemmen und dadurch ihre Konzentration im synaptischen Spalt vermehren. Die Wirkung der Antidepressiva umschließt gleichermaßen endogene wie lebensgeschichtlich-reaktive (sog. psychogene) Depressionen. Zwar liegen diesen beiden Typen unterschiedliche biochemische Prozesse zugrunde, nämlich Hypersensibilität der Rezeptoren bei endogenen Depressionen und ein Mangel an Neurotransmittern in den präsynaptischen Speichern bei den psychogenen Depressionen; in beiden Fällen führen Antidepressiva jedoch zu einer therapeutisch wirksamen Konzentration der Neurotransmitter im synaptischen Spalt.

Die klinischen **Indikationen** für Antidepressiva sind neben der **Depression** und den **Zwangsstörungen** die **Enuresis nocturna,** die **hyperkinetischen Störungen,** die **Anorexia** bzw. **Bulimia nervosa,** der **Somnambulismus** sowie der **Pavor nocturnus.** Mit Ausnahme der Depression und den Zwangsstörungen handelt es sich bei allen aufgeführten Störungen jedoch um relative Indikationen, die jeweils eingeschränkt bzw. spezifiziert werden müssen. So ist die symptomatische Wirksamkeit von Imipramin bei der **Enuresis nocturna** und bei **hyperkinetischen Störungen** einerseits ungenügend geklärt und andererseits anderen therapeutischen Maßnahmen unterlegen. Bei der monosymptomatischen **Enuresis nocturna** ist nicht nur offen, ob Antidepressiva über periphere Effekte an der Blase oder zentral aktivierende Effekte wirksam werden. Wie in Kapitel 15 dargelegt wurde, sprechen vor allem die hohen Rückfallquoten bei Absetzen der Medikation gegen eine breite Verschreibung der Antidepressiva bei der Enuresis nocturna. In ähnlicher Weise sind Antidepressiva bei **hyperkinetischen Störungen** eher Substanzen zweiter Wahl, weil die Effizienz der Stimulanzien größer ist.

Der Einsatz von Antidepressiva bei der **Anorexia nervosa** lässt sich nur dann rechtfertigen, wenn zugleich depressive Symptome vorliegen. Bei der **Bulimia nervosa** kann die Indikation eventuell auch auf die primäre Symptomatik der Essstörung ausgerichtet sein. In diesen Fällen ist die antidepressive Medikation eine stützende Begleittherapie im Rahmen eines umfangreicheren Behandlungskonzeptes. Hinsichtlich der Behandlung von Zwangsstörungen liegen kontrollierte Studienergebnisse vor, die eine spezifische Wirksamkeit von Clomipramin (Anafranil®) sowie selektiv sterotonergen Wiederaufnahmehemmern belegen (vgl. Kap. 13). Schließlich kann Imipramin als eine kurzfristige Maßnahme zur Unterbrechung des **Somnambulismus** und auch des **Pavor nocturnus** eingesetzt werden. Antidepressiva sind in depressiven Vorstadien schizophrener Psychosen **kontraindiziert,** weil sie über die Antriebssteigerung schizophrene Symptome provozieren können. Ebenso sollten Patienten mit Epilepsie wegen der Krampfschwellensenkung nicht mit Antidepressiva behandelt werden.

Die klinische **Wirkung** der Antidepressiva besteht in einer Besserung und Harmonisierung der Stimmung, der Psychomotorik und des Antriebs. Die verschiedenen antidepressiven Substanzen können danach eingeteilt werden, inwieweit sie die Leitsymptome der **psychomotorischen Gehemmtheit,** der **vitalen depressiven Verstimmung** und der **ängstlich-psychomotorischen Erregtheit** beeinflussen. Das Leitsymptom der depressiven Verstimmung wird besonders durch **depressionslösende, stimmungsaufhellende Antidepressiva** wie z. B. Imipramin, Clomipramin und Maprotilin gebessert, während eine ängstliche Unruhe besonders auf sedierend-anxiolytische Antidepressiva wie z. B. Amitriptylin, Trimipramin und auch Maprotilin reagiert. Bei vorwiegender Antriebsschwäche und psychomotorischer Gehemmtheit sind **antriebssteigernde Antidepressiva** wie z. B. Desipramin und Nortriptylin therapeutisch wirksam.

Zu den unerwünschten, dosisabhängigen **Nebenwirkungen** zählen Auswirkungen auf das Herz-Kreislauf-System (Verlangsamung der Erregungsausbreitung, Frequenzveränderung, Blutdruckabfall), vegetative Symptome (z. B. Trockenheit der Schleimhäute, Schwitzen, Hitzewallungen) und Augensymptome (Pupillenerweiterung, Akkommodationsschwäche und Erhöhung des Augeninnendrucks). Schwere Komplikationen bei Überdosierungen zeigen sich als Kardiotoxizität, Blutbildveränderungen, Kreislaufkollaps, Harnsperre und möglicherweise auch zerebrale Krampfanfälle. Einige Antidepressiva haben Müdigkeit als zentrale Nebenwirkung zur Folge. Die seltener eingesetzten Monoaminooxidasehemmer können nach Aufnahme tyraminreicher Nahrung (d. h. Käse, Joghurt, Fleischextrakte und Wild) zu gefährlichen Blutdruckkrisen und Kopfschmerzattacken führen. Die selektiv serotonergen Wiederaufnahmehemmer haben eine deutlich niedrigere Nebenwirkungsrate als andere Klassen von Antidepressiva.

Die für die Therapie von Kindern und Jugendlichen wichtigsten Substanzen sind einschließlich ihrer empfohlenen **Dosierungen** in den Tabellen 26-2 und 26-3 aufgeführt. Für sämtliche Substanzen gilt, dass die Therapie zunächst mit einer Initialdosis begonnen wird, bevor die Erhaltungsdosis eingesetzt wird. Zugleich sind die Dosen altersabhängig. Nach einschleichendem Behandlungsbeginn sollte die mittlere Tagesdosis innerhalb der ersten Woche erreicht sein. Der Wirkungseintritt ist in der Regel nicht vor zwei bis vier Wochen zu erwarten, sodass vorher über Dosisveränderungen oder Absetzen der Medikation nicht sinnvoll entschieden werden kann. Die klinische Kontrolle muss auf die beschriebenen Nebenwirkungen als Routinemaßnahmen umschließen.

Tabelle 26-2 Dosierungshinweise für unselektive Antidepressiva. Bei der angegebenen Dosierung handelt es sich um die Erhaltungsdosis. Die Initialdosis sollte wegen der Unvorhersehbarkeit der individuellen Reaktion 30% der Erhaltungsdosis nicht überschreiten (nach Fritze, in Nissen, Fritze und Trott 1998).

Arzneistoff	Dosis po < 3 Jahre mg/Tag	Dosis po 3–12 Jahre mg/Tag	Dosis po > 12 Jahre mg/Tag	Bezeichnung der Fertigarzneimittel
Trizyklische Antidepressiva				
Amitriptylin	keine Daten	4–5 mg/kg	75–150(–300)	Saroten®; Generika
Amitriptylinoxid	keine Daten für Kinder		30–120(–150)	Equilibrin®
Clomipramin	keine Daten	10–50	50–150(–300)	Anafranil®
Doxepin	keine Daten für Kinder		50–300	Aponal®; Generika
Imipramin	keine Daten	10–50	100–300	Tofranil®
Desipramin	keine Daten für Kinder		100–300	Pertofran®
Lofepramin	keine Daten für Kinder		70–210	Gamonil®
Dothiepin = Dosulepin	keine Daten für Kinder		75–300	Idom®
Nortriptylin	keine Daten für Kinder		20–150	Nortrilen®
Opipramol	keine Daten	50–100	50–300	Insidon®
Dibenzepin	keine Daten für Kinder		80–720	Noveril®
Trimipramin	keine Daten für Kinder		50–150(–400)	Stangyl®
Tetrazyklische Antidepressiva				
Maprotilin	keine Daten	30–75	75–150(–225)	Ludiomil®; Generika
Mianserin	keine Daten für Kinder		60–200	Tolvin®; Generika
Mirtazapin	keine Daten für Kinder		20–60	Remergil®
Andere Antidepressiva				
Trazodon	keine Daten für Kinder		300–600	Thombran®
Nefazodon	keine Daten für Kinder		400–600	Nefador®

Tabelle 26-3 Dosierungshinweise für selektive Antidepressiva. Angegeben ist die Erhaltungsdosis (nach Fritze, in Nissen, Fritze und Trott 1998).

Arzneistoff	Dosis po < 3 Jahre mg/Tag	Dosis po 3–12 Jahre mg/Tag	Dosis po > 12 Jahre mg/Tag	Bezeichnung der Fertigarzneimittel
Selektiv serotonerge Antidepressiva				
Citalopram	keine Daten für Kinder		20–60	Cipramil®
Fluvoxamin	keine Daten für Kinder		100–300	Fevarin®
Fluoxetin	keine Daten für Kinder		5–80	Fluctin®
Paroxetin	keine Daten für Kinder		20–50	Seroxat®; Tagonis®
Sertralin	keine Daten für Kinder		50(–200)	Gladem®; Zoloft®
Andere Antidepressiva				
Venlafaxin	keine Daten für Kinder		75–375	Trevilor®
Viloxazin	keine Daten für Kinder		200–500	Vivalan®

Die Initialdosis serotonerger Antidepressiva und des sich klinisch analog verhaltenden Venlafaxin sollte zur Vermeidung von Übelkeit und Benommenheit (Schwindel) die minimale Erhaltungsdosis nicht überschreiten. Die Therapie der Zwangsstörung mit serotonergen Antidepressiva (keine Daten für Citalopram und Venlafaxin) bedarf hoher Dosierungen (mit Ausnahme vielleicht von Sertralin).

Einige neuere Antidepressiva – speziell die selektiven Serotoninwiederaufnahmehemmer – sind zur Zeit noch nicht offiziell für die Behandlung von Kindern und Jugendlichen zugelassen. Die Eltern bzw. Sorgeberechtigten müssen daher speziell aufgeklärt und um ihr Einverständnis gebeten werden.

26.5 Lithium

Lithium ist ein Metall, das als Salz in vielen Mineralien, im Seewasser und im Organismus vorkommt. Die pharmakologisch-therapeutische **Wirksamkeit** von Lithiumsalzen ist noch ungenügend geklärt; hypothetisch werden Beeinflussungen des Elektrolytgleichgewichts, wahrscheinlich an der Nervenzellmembran, und des Stoffwechsels der biogenen Amine im Gehirn angenommen. So könnte Lithium präsynaptisch die Konzentration von Dopamin und Noradrenalin vermindern oder deren Effekte postsynaptisch am Rezeptor stabilisieren.

Die **Indikation** für Lithium besteht in der **Rezidivprophylaxe** im Rahmen **affektiver** bzw. **schizoaffektiver Psychosen** sowie in der therapeutischen Wirkung bei akuten manischen und hypomanischen Phasen. Eine relative Indikation können weiterhin schwere **dissoziale und aggressive Störungen** abgeben, bei denen andere therapeutische Maßnahmen einschließlich Pharmakotherapie versagt haben. Dies gilt z. B. auch für die schweren, explosiven Aggressionsdurchbrüche mit Selbst- und Fremdgefährdung bei einigen Fällen mit geistiger Behinderung. Als **Kontraindikationen** müssen schwere Erkrankungen der Niere und des Herz-Kreislauf-Systems, endokrine Störungen wie Hypothyreose und Morbus Addison sowie Krankheiten gelten, die mit Diuretika oder kochsalzarmer Diät behandelt werden.

Die klinisch-therapeutische **Wirkung** von Lithium besteht in erster Linie in der Prävention von Erkrankungsrezidiven bei affektiven Psychosen. Ein Mindesteffekt besteht in der Ausdehnung der erkrankungsfreien Intervalle. Damit trägt Lithium sehr wesentlich dazu bei, die Lebensentwicklung von Patienten mit affektiver Psychose zu verbessern und zu stabilisieren. Unmittelbare psychische Effekte, insbesondere eine Sedierung, können unter der Dauerprophylaxe mit Lithiumsalzen nicht beobachtet werden. An **Nebenwirkungen** können initial ein leichter Tremor, Übelkeit, Magenschmerzen und Durchfälle sowie Müdigkeit und Schwindel auftreten, die jedoch nicht persistieren. Unter Dauertherapie treten bei etwa 10 % der Patienten leichte bis mittelgradige Strumen der Schilddrüse auf.

Für die Behandlung stehen verschiedene **Substanzen** zur Verfügung, bei denen es sich immer um Lithiumsalze handelt. Im Jugendlichenalter können beispielsweise Lithiumacetat (Quilonum®) oder Lithiumcarbonat (Hypnorex® retard) eingesetzt werden. Die **Dosis** orientiert sich am Plasmaspiegel, wobei der prophylaktische Bereich bei 0,5 bis 1,0 mval/l und der therapeutische Bereich bei 1,2 bis 1,4 mval/l liegt. Eine prophylaktische

Behandlung muss sich auf mindestens ein Jahr erstrecken und auch bei Rezidiven in Form manischer oder depressiver Phasen fortgeführt werden. Der Beginn der Behandlung sollte durch einen allmählichen Dosisaufbau mit regelmäßigen Blutkontrollen erfolgen. Weiterhin gehören regelmäßige Überprüfungen der Nierenfunktion, der Schilddrüsenfunktion, des Blutbildes, der Elektrolyte und des EKG sowie des Gewichts zu den Routinemaßnahmen der klinischen Überwachung. Die Dauerprophylaxe mit Lithium setzt eine hohe Kooperationsbereitschaft des Patienten voraus.

26.6 Tranquilizer

Tranquilizer dienen der Lösung von Angst- und Spannungszuständen. Diese Eigenschaften teilen sie mit einigen Neuroleptika bei niedriger Dosierung; jedoch haben sie nicht deren antipsychotische Eigenschaften. Klinisch bedeutsam sind in erster Linie die Benzodiazepine, einen geringen Raum nehmen die Beta-Rezeptorenblocker ein. Tranquilizer haben anxiolytische, sedierende, muskelrelaxierende und antikonvulsive Eigenschaften. Sie beeinflussen den Neurotransmitterstoffwechsel über Benzodiazepin-spezifische Rezeptoren, wobei die inhibitorische Wirkung des Neurotransmitters GABA (Gamma-Aminobuttersäure) verstärkt wird.

Klinische **Indikationen** für Tranquilizer bestehen in **Angst- und Schlafstörungen.** Dabei muss die Indikation jedoch weiter eingeengt werden, zumal Tranquilizer lediglich symptomatisch wirken. So können **schwere Phobien** und **Zwangsstörungen** über die begleitende Gabe von Tranquilizern für spezifische therapeutische Interventionen wie Psycho- und Verhaltenstherapie vorbereitet und angehbar gemacht werden. Gelegentlich können schwere Angstzustände sich gegenüber psychologischen Maßnahmen auch als refraktär erweisen oder schwere anhaltende Zustände eines **Pavor nocturnus** eine pharmakologische Behandlung mit Tranquilizern erforderlich machen. Diazepine haben ferner einen Stellenwert in der antiepileptischen Therapie, insbesondere bei der Unterbrechung von statusartigen epileptischen Anfällen sowie bei der Akathisie und Unruhe im Rahmen der Schizophrenie. **Kontraindiziert** sind Tranquilizer bei Drogenabhängigkeit und Sucht.

Die **Wirkungen** der Benzodiazepine bestehen in Entspannung, Stimmungsaufhellung und Entängstigung. Beta-Rezeptorenblocker wie Oxprenolol (Trasicor®) und Propranolol (Dociton®) haben ganz ähnliche Wirkungen mit Ausnahme der muskelrelaxierenden und antikonvulsiven Wirkungen. In ihren anxiolytischen Effekten sind sie Benzodiazepinen nicht überlegen, sodass sie nicht als Präparate der ersten Wahl anzusehen sind. Sie sind bei Patienten mit Asthma bronchiale, Sinusbradykardie und Herzerregungsleitungsstörungen sowie bei Diabetes mellitus **kontraindiziert.** Hingegen haben Benzodiazepine nur eine geringe Tendenz zu **Nebenwirkungen.** Bei längerfristiger Verschreibung besteht die Gefahr einer Abhängigkeitsentwicklung.

Die **Dosierung** sollte bei Kindern grundsätzlich niedrig und eher häufig erfolgen, um den spezifischen pharmakokinetischen Aspekten gerecht zu werden. Angststörungen, phobische Symptome und Zwangsstörungen sowie Schlafstörungen sollten in jedem Falle nur kurzfristig mit Benzodiazepinen angegangen werden, wobei die jeweilige Dosis je nach Präparat variiert. In Tabelle 26-4 sind die Dosierungen von Anxiolytika und Hypnotika aufgeführt.

Tabelle 26-4 Dosierung (mg, p. o.) von Anxiolytika und Hypnotika (nach Fritze, in Nissen, Fritze und Trott 1998).

Arzneistoff INN	Kleinkinder und Kinder	Jugendliche und Erwachsene Dosierung in der Titrationsphase	Regel-dosis	Max. Dosis	Bezeichnung der Fertigarzneimittel
Anxiolytika					
Benzodiazepine mittellang wirksam					
Alprazolam		0,5–1,5	0,5–2	4	Tafil®
Bromazepam		3–6	3–18	36	Lexotanil®
Clotiazepam		5–15	5–20	30	Trecalmo®
Lorazepam		1–2	1–3	7,5	Tavor®; Generika
Metaclazepam		5–15	5–15	30	Talis®
Oxazepam	0,5–1 mg/kg	10–20	20–30	200	Adumbran®; Praxiten®; Generika
Benzodiazepine lange wirksam					
Clobazam	5–10	20	20–30	60	Frisium®
Chlordiazepoxid		10	10–30	100	Librium®
Diazepam	2–4	2–4	5–10	60	Valium®; Generika
Dikaliumchlorazepat	0,3–1,25 mg/kg	5–10	5–20	200	Tranxillium®
Medazepam		10	10–30	60	Rudotel®
Nordazepam	0,3–1,25 mg/kg	2,5–5	5–15	30	Tranxillium Trpf.®
Oxazolam		10–20	10–30	60	Tranquit®
Prazepam		10–20	20	60	Demetrin®
Hypnotika					
Benzodiazepine					
Flurazepam		15–30	30	60	Dalmadorm®; Generika
Midazolam (nur Op)			7,5–15	15	Dormicum®
Nitrazepam		2,5	2,5–5	10	Mogadan®; Generika
Flunitrazepam		0,5	0,5–1	4	Rohypnol®; Generika
Lormetazepam		0,5	1	2	Loream®; Noctamid®
Brotizolam		0,125	0,25	0,5	Lendormin®
Triazolam		0,125	0,125–0,25	0,25	Halcion®
Lorazepam		0,5	1	4	Tavor®; Pro Dorm®; Punktyl®
Temazepam		10	10–20	40	Planum®; Remestan®; Neodorm SP®
Loprazolam		0,5	0,5–1	2	Sonin®
Hypnotika					
Zolpidem	5–10	10	10–15	20	Bikalm®; Stinox®
Zopiclon	3,75	7,5	7,5	7,5	Ximovan®

Therapie und Rehabilitation

Literatur

Bavig, L. M. H. Schmidt: Evaluierte Behandlungsansätze in der Kinder- und Jugendpsychiatrie I/II. Z. Kinder- Jugendpsychiatr. 29 (2001) 189–205/206–220.

Benkert, O., H. Hippius: Psychiatrische Pharmakotheapie. 6. Auflage. Springer, Berlin-Heidelberg-New York 1996.

Gadow, K.: An overview of three decades of research in pediatric psychopharmacoepidemiology. J. Child Adolesc. Psychopharmacology 7 (1997) 219–236.

Gillberg, C. (ed.): Child and adolescent psychopharmacology. Eur. Child Adolesc. Psychiatry 9 (2000) Suppl. 1.

Green, W. H.: Child and adolescent clinical psychopharmacology. 2nd ed. Williams & Wilkius, Baltimore 1995.

Nissen, G., J. Fritze, G.-E. Trott: Psychopharmaka im Kindes- und Jugendalter. G. Fischer, Ulm 1998.

Riddle, M. A., E. A. Kastelic, E. Frosch: Pediatric Psychopharmacology. J. Child Psychol. Psychiat. 42 (2001) 73–90.

Rosenberg, D. R., J. Holttum, S. Gershon: Textbook of Pharmacotherapy for Child and Adolescent Psychiatric Disorders. Brunner/Mazel, New York 1994.

Werry, J. S., M. G. Aman (eds.): Practitioner's Guide to Psychoactive Drugs for children and adolescents. 2nd ed. Plenum Press, New York 1999.

Wiener, J. (ed.): Diagnosis and psychopharmacology of childhood and adolescent disorders. 2nd ed. Wiley, New York 1996.

27 Funktionelle Therapien

Die Entwicklung funktioneller Therapien kann als Folge des zunehmenden wissenschaftlichen Interesses an den spezifischen **Lern- und Entwicklungsstörungen** betrachtet werden. Dabei versuchen die verschiedenen Verfahren sich neben entwicklungspsychologischen Grundlagen auch teilweise auf der Basis spezifischer Annahmen über neuropsychologische bzw. neurophysiologische Ursachen gestörter Hirnfunktionen zu begründen. Historisch fußen sie damit auf einer Entwicklung, die Ende der 40er Jahre des letzten Jahrhunderts mit der Theorie der frühkindlichen Hirnschädigung begann und sich später in Konzepten der frühkindlichen erworbenen Hirnfunktionsstörungen differenzierte.

Allen Ansätzen gemeinsam ist die Beschäftigung mit Abweichungen bzw. Defiziten entwicklungsabhängiger Funktionen, die für die Adaptation des Kindes bedeutsam sind. Die Differenzierung der verschiedenen Therapieansätze erfolgt wesentlich über die Zentrierung auf einzelne Entwicklungsdimensionen, welche Lernen und Adaptation beeinträchtigen und Kinder in alltäglichen Lebenszusammenhängen scheitern lassen. Wenngleich sich daraus sekundäre Störungen der Befindlichkeit und des Verhaltens entwickeln können, zielt der Ansatz der funktionellen Therapien auf die primären neuropsychologischen Funktionsdefizite. Er betrachtet die sekundären Störungen weitgehend als ein Indikationsgebiet für Psycho-/Verhaltenstherapie, sofern die Behebung von Funktionsdefiziten nicht bereits zu einer Minderung bzw. Auflösung der Sekundärstörungen führt.

Die folgende Skizzierung funktioneller Therapien beschränkt sich auf Ansätze, die einen gewissen Bekanntheitsgrad im deutschsprachigen Raum erworben haben. Dabei handelt es sich zugleich um praktisch verfügbare Behandlungsangebote. Die einzelnen Richtungen sind in nicht unerheblicher Weise mit einzelnen Persönlichkeiten verbunden, welche die jeweiligen Therapieansätze entwickelt haben. In der Praxis hat sich zunehmend eine integrative Verwendung einzelner Bausteine der verschiedenen Ansätze statt einer strikten Anwendung kompletter Programme einzelner Ansätze und Schulen bewährt.

27.1 Psychomotorische Übungsbehandlung

Mit dem Begriff der **Übungsbehandlung** soll gleichermaßen der pädagogische Lernprozess des Übens wie auch der auf die Behebung von Störungen zielende Prozess der Behandlung zum Ausdruck gebracht werden, während der Begriff der **Psychomotorik** den engen Bezug von intrapsychischem Erleben und motorischer Äußerung betont. Damit wird zugleich auch eine Abgrenzung gegenüber der **sensomotorischen Übungsbehandlung** vorgenommen, bei der es um ein elementares Sinnes- und Bewegungstraining geht, um Schwächen oder Störungen in der Funktionseinheit von Sinneswahrnehmung und Bewegungsantwort, der **Sensomotorik**, abzubauen. Sensomotorische Übungsbehandlungen richten sich vornehmlich auf die Wahrnehmungs- und Bewegungsstörungen bei Säuglingen und Kleinkindern, während ab dem Vorschulalter psychomotorische Syndrome wie Bewegungshemmung, Langsamkeit, Ungeschicklichkeit oder fehlende Bewegungskontrolle zum Ziel psychomotorischer Übungsbehandlungen werden.

Auf der Basis der qualitativen wie quantitativen Motodiagnostik (vgl. die in Tabelle 4-6 aufgeführten Tests) setzt die psychomotorische Übungsbehandlung an der jeweiligen Symptomatik an, wobei sie die Wechselwirkung zwischen gestörter Motorik und Persönlichkeitsdimensionen wie Ängstlichkeit, Aggressivität, Demotivierung u. a. m. unterstreicht. Mit dieser Betonung von Wechselwirkungen geht die psychomotorische Übungsbehandlung zugleich über das nur funktionsbezogene Training der Physiotherapie hinaus. Inhaltlich umfasst sie im Rahmen der Gruppentherapieform vorbereitende Sinnes- und Körperübungen, grob- und feinmotorische Trainings sowie Übungen der Behutsamkeit und Selbstkontrolle unter Einschluss von Rhythmik und Kreativität.

Die **Indikation** für die psychomotorische Übungsbehandlung wird neben milieureaktiven psychomotorischen Fehlverhaltensweisen in diskreten sensomotorischen Funktionsdefiziten, motorischer Unruhe, leichten choreiformen und athetoiden Hyperkinesen, feinmotorischen Störungen sowie Mangel an Impulsdosierung gesehen. Zugleich wird auch die sich als Gestalterfassungsschwäche manifestierende Wahrnehmungsstörung zum Ziel visuomotorischer Übungen gemacht. Als behandlungsbedürftig wird dabei nicht das Symptom, sondern die gestörte Gesamtpersönlichkeit des Kindes betrachtet. Dieser individuellen Zielsetzung kann durch Zuordnung des Kindes zu einer bestimmten Leistungsgruppe, durch ein eventuell vorgeschaltetes individuelles Leistungstraining und individuelle Leistungsangebote per Übungsgerät Rechnung getragen werden, um die Interessen und Stärken des Einzelfalls therapeutisch zu nutzen.

Das **therapeutische Vorgehen** lässt sich als das Angebot eines Initialreizes mit einer Bewegungssituation kennzeichnen, auf die das Kind mit einer Bewegungsantwort reagiert und in der Wiederholung sich adaptiert. In dieser psycho- und wahrnehmungsmotorischen Individualentwicklung soll zugleich die kognitive Entwicklung angeregt werden. Das gleichermaßen funktions- wie lustbetonte Vorgehen führt zum Erleben von Möglichkeiten und Grenzen kreativen Handelns und zum intensiven Kennenlernen des Körpers in seinen Sinnes- und Bewegungsmodalitäten. Das Kind erhält die Freiheit, seine Bedürfnisse und Nöte durch seinen ganzen Körper auszudrücken und über die Entdeckung des Körper-Ich seine Funktionsdefizite zu akzeptieren.

Psychomotorische Übungsbehandlungen können vom Vorschulalter bis zur Pubertät eingesetzt werden. Bei kleineren Kindern können im Rahmen sensomotorischer Behandlung die Eltern in das Programm einbezogen werden. Bei Jugendlichen sollten eher sportliche Trainingsangebote vermittelt werden, welche den individuellen Interessen gerecht werden. Mit der Durchführung psychomotorischer Übungsbehandlungen befassen sich nicht nur Krankengymnasten, Sportlehrer und Bewegungstherapeuten, sondern auch die durch ein spezielles Hochschulstudium ausgebildeten Diplom-Motologen und die Motopäden. Als Ergebnis dieser Entwicklung hat sich die Mototherapie als eine eigenständige Therapieeinrichtung entwickelt, die mit ihrer Zentrierung auf spezifische Lernstörungen, Hirnfunktionsstörungen und die begleitenden emotionalen und körperlich-funktionalen Störungen eine Bereicherung von Interventionsmöglichkeiten für die Kinder- und Jugendpsychiatrie bedeutet. Der Entwicklung von Behandlungsansätzen sollten nunmehr auch Bemühungen zur Evaluation der Therapieeffekte folgen, die immer noch weitgehend ausstehen.

27.2 Sensorisch-integrative Therapie

Begriff, Theorie und Praxis der sensorisch-integrativen Therapie sind in erster Linie mit dem Namen der amerikanischen Psychologin und Beschäftigungstherapeutin Jean Ayres verbunden. Sie verstand unter dem Begriff der **sensorischen Integration** den Prozess des Ordnens und Verarbeitens von Sinnesreizen, damit das Gehirn eine brauchbare Körperreaktion sowie sinnvolle Wahrnehmungen, Gefühlsreaktionen und Gedanken erzeugen kann. Hirnfunktionen werden über die sensorische Integration organisiert, die als ein Prozess des Filterns, Sortierens, Integrierens und Verarbeitens von Informationen verstanden wird, um ge-

zieltes Handeln zu ermöglichen. Sensorisch-integrative Störungen können demnach als Dyspraxien verstanden werden, welche die Basis für Störungen des Lernens, der Verhaltensorganisation und komplexerer Hirnfunktionen abgeben. In diesem Sinne handelt es sich eher um eine prädiagnostische Kategorie als um eine Diagnose.

Ayres bemühte sich um eine **neurophysiologische Begründung** ihrer Theorie, wobei sie auf die phylogenetisch bedingten unterschiedlichen Funktionsniveaus des Gehirns Bezug nahm. Integration und Organisation sind sowohl auf den phylogenetisch alten wie auch auf den jüngeren Funktionsniveaus möglich. Die hierarchische Organisation führt jedoch dazu, dass Störungen auf einer primitiveren Funktionsebene zu einer Störung der Differenzierung auf höheren Funktionsniveaus führen. Andererseits tragen die auf der Funktionsebene der Kortex ansetzenden, kognitiv orientierten therapeutischen Maßnahmen nicht zur Integration und Organisation von Funktionen des Mittel- und Stammhirns bei. Entsprechend postuliert die sensorisch-integrative Theorie und Therapie, dass komplexe Funktionsstörungen, wie z. B. die spezifischen Lernstörungen, über Ansätze der Beeinflussung der zugrundeliegenden sensomotorischen Funktionen und neuralen Organisation angegangen werden müssen.

Aufbauend auf dieser theoretischen Grundorientierung, ist für die sensorisch-integrative Therapie zunächst eine **Diagnostik** der sensomotorischen Funktionen bedeutsam. Zu diesem Zweck wurden die Sensorischen Integrations- und Praxie-Tests (SIPT) entwickelt. Die SIPT können in vier sich überschneidende Gruppen eingeteilt werden.

- Die Tests zur **taktilen und vestibulärproprioezptiven sensorischen Verarbeitung** erfassen Kinästhesie, Finger-Identifikation, Graphästhesie, Lokalisation taktiler Stimuli, postrotatorischen Nystagmus sowie Gleichgewicht beim Stehen und Gehen.
- In der zweiten Gruppe von Tests werden **Form- und Raumwahrnehmung und visomotorische Koordination** untersucht. Hierzu zählen Raumvisualisierung, Figur-Grund-Wahrnehmung, manuelle Formwahrnehmung, motorische Genauigkeit, Muster kopieren sowie die Praxis des Konstruierens. Die letzten beiden Tests werden auch der Gruppe der Praxie-Tests zusammen mit posturaler Praxie, der Praxie auf verbale Anweisung sowie der sequentiellen und der oralen Praxie zugerechnet.
- Schließlich werden den Tests zur **bilateralen Integration und zum Sequenzieren** die zuletzt aufgeführten beiden Tests der sequentiellen und oralen Praxie, die Graphästhesie, des Gleichgewichts beim Stehen und Gehen, die bilaterale motorische Koordination und der kontralaterale Gebrauch der Hand sowie die Handpräferenz beim Test der Raumvisualisierung zugeordnet.

Die Testbatterie ist in den USA umfangreichen psychometrischen Untersuchungen unterzogen worden. Aus der Komplexität dieser Testbatterie wird deutlich, dass die Diagnostik die verschiedenen Sinnesmodalitäten (vestibuläres, taktiles, propriozeptives und visuelles System) und darüber hinaus die Bewertung primitiver Stellreflexe und komplexer motorischer Leistungen einschließlich Muskeltonus und Funktionsintegration der beiden Körperhälften berücksichtigt.

Das **Prinzip der Therapie** besteht in der geplanten und kontrollierten sensorischen Stimulation, wobei der Hirnstamm als das niedrigste Niveau und die (angenommene) häufigste Störungsebene Ziel der meisten Interventionen ist. Entsprechend spielen die taktile, vestibuläre und propriozeptive **Stimulation** eine herausragende Rolle im Rahmen der sensorisch-integrativen Therapie. Als spezifische Manifestationen sensorisch-integrativer Störungen beschrieb Ayres die Symptomatik und Therapie der Störungen der Stellungs- und Bilateralintegration, der Entwicklungsapraxie, der Form- und Raumwahrnehmung, taktiler Defensivverhaltungen sowie damit verbundener Verhaltensreaktionen, die Vernachlässigung einer Gehirnseite, Hör- und Sprachstörungen sowie Störungen bei der Ausbildung der Handdominanz. In Überlegungen zur Kunst der Therapie zog Ayres ausdrücklich einige Parallelen zwischen sensorisch-integrativer Therapie und Psychotherapie. Die Theorie und Praxis der sensorisch-integrativen Therapie ist von einer jüngeren Generation von amerikanischen Ergotherapeutinnen und Ergotherapeuten weiterentwickelt worden.

Vorliegende erste Ansätze der Bewertung der **Effekte** der sensorisch-integrativen Therapie kommen zu recht unterschiedlichen Ergebnissen. Eine ältere Übersicht und Metaanalyse der wenigen für eine Evaluation geeigneten Therapiestudien stellte abschließend fest, dass die sensorisch-integrative Therapie tatsächlich effektiv ist (Ottenbacher 1982). Später ist die Nützlichkeit der sensorisch-integrativen Therapie bei Lernstörungen sehr kritisch in Frage gestellt worden (Cummings 1991, Hoehn und Baumeister 1994). Für andere Patientengruppen ist die **Effizienz** der sensorisch-integrativen Therapie vorerst nicht erwiesen (Densen u. a. 1989, Carte u. a. 1984). Eine neuere Metaanalyse fand schließlich in den jüngeren Studien keine positiven Effekte gegenüber unbehandelten Kontrollen und auch keine höheren Effekte als bei alternativen Behandlungsansätzen (Vargas und Camilli, 1999).

Ferner liegen kritische Feststellungen vor, welche z. B. die festgestellten positiven Effekte auf motorische Fertigkeiten bei **geistig Behinderten** als gleichwertig zu anderen Therapien einschätzen und den theoretischen Begründungsrahmen in Frage stellen. Nicht die angenommene neuronale Reorganisation, sondern die Maturation könne die Effekte erklären (Arendt u. a. 1988). Wie in anderen Bereichen der Evaluationsforschung stellt sich auch hier statt eines globalen Effektivitätsnachweises die Frage nach der **differenziellen Wirksamkeit** der Methode bei spezifischen Störungen bzw. bei bestimmten Kindern.

27.3 Wahrnehmungstraining

Mit dem Namen der amerikanischen Psychologin Marianne Frostig verbindet sich ein Trainingsprogramm der visuellen Wahrnehmung, das international beträchtliche Verbreitung gefunden hat. Es geht von der zentralen Bedeutung der visuellen Wahrnehmung, d. h. der Empfindung, Interpretation und Identifikation von visuellen Sinnesempfindungen, für adaptive Leistungen und Funktionen des Menschen aus. Diese erfährt zwischen Vorschul- und frühem Grundschulalter ihre wichtigste Entwicklungsperiode und kann dabei durch leichte Hirnfunktionsstörungen, emotionale Störungen oder Verzögerungen beeinträchtigt sein. Als Folge fällt es den betroffenen Kindern schwer, Gegenstände und ihre Beziehungen im Raum zu erkennen und alltägliche Aufgaben zu erfüllen. Vor allem werden die schulischen Lernprozesse beeinträchtigt. Aufbauend auf dem Leistungsversagen können sich sekundäre psychische Störungen entwickeln.

Das Wahrnehmungstraining zur Behebung dieser primären Störung baut auf der **Diagnostik** auf, die mit Frostigs Test der visuellen Wahrnehmung (FEW) in fünf Bereichen der visuellen Wahrnehmung vorgenommen wird. Dabei handelt es sich um

- die visomotorische Koordination,
- die Figur-Grund-Wahrnehmung,
- die Wahrnehmungskonstanz,
- die Wahrnehmung der Raumlage und
- die Wahrnehmung räumlicher Beziehungen.

Sämtliche Funktionen sind nach Frostig wichtige und notwendige Voraussetzungen für die Prozesse von Lesen und Schreiben. Störungen in diesen Funktionen können sich jedoch auch auf andere Bereiche wie z. B. das Rechnen auswirken. Das Förderprogramm versteht sich als eine möglichst präventive Frühintervention bei Kindern im Vorschul- und frühen Grundschulalter, das in den schulischen Unterricht einbezogen werden kann. Es soll über wahrnehmungsgestörte Kinder hinaus auch bei sozial benachteiligten und behinderten Kindern Anwendung finden.

Störungen im Bereich der **visuomotorischen Koordination**, d. h. der Fähigkeit, das Sehen mit den Bewegungen des Körpers zu koordinieren, werden im Rahmen des Trainings über Arbeitsblätter zur Schulung der Auge-Hand-Koordination sowie fein- und grobmotorischer Koordinationsübungen angegangen.

Die Förderung der **Figur-Grund-Wahrnehmung**, die für die Analyse und das Zusammenfügen von Wörtern, Sätzen und ganzen Absätzen notwendig ist, zielt auf die Ausrichtung der Aufmerksamkeit und die Differenzierung relevanter bzw. irrelevanter Reize. Ihr dienen nach vorangehenden Übungen mit dreidimensionalen Gegenständen und Spielen wiederum spezifische Arbeitsblätter mit Bleistiftübungen.

Den Störungen der **Wahrnehmungskonstanz** hinsichtlich Form, Größe, Farbe und Helligkeit gelten Übungen, bei denen z. B. dieselben oder verschiedene Größen bzw. Formen herausgesucht bzw. sortiert werden oder wiederum Übungen mit mehrdimensionalem Material bzw. spezifischen Arbeitsblättern durchgeführt werden.

Die **Wahrnehmung der Raumlage** wird als die Wahrnehmung der Beziehung eines Gegenstandes zum Beobachter verstanden. Diese Fähigkeit setzt ein Körperbewusstsein voraus, das sich aus dem Selbstbild von Körper (Körperimago), den Kenntnissen über Körperbau und Funktionen (Körperbegriff) sowie die Raumlagebefindlichkeit des Körpers (Körperschema) zusammensetzt. Die Förderung des Körperbewusstseins zielt entsprechend auf die Bewusstwerdung der Körperteile, richtungsmäßige Körperbewegungen, Zeichnen menschlicher Figuren und Rechts-links-Unterscheidung als Aspekten des Körperimagos, das Lokalisieren der Körperteile und Zusammensetzen von Gesichtern und Körperteilen als Übungen des Körperbegriffs sowie Nachahmen von Körperhaltungen und die Beziehung von Körper und Gegenständen als Komponenten des Körperschemas. Zusätzlich werden Übungen an mehrdimensionalen Gegenständen zur Wahrnehmung von Umkehrungen und Rotationen durchgeführt.

Als **Wahrnehmung räumlicher Beziehungen** wird die Fähigkeit verstanden, die Lage von zwei oder mehreren Gegenständen zum Beobachter und in Beziehung zueinander wahrzunehmen. Auch hier sieht das Förderprogramm Übungen mit dreidimensionalen Gegenständen vor, bei denen Aspekte wie Lage und Muster berücksichtigt werden.

Mit der **Förderung** der visuellen Wahrnehmung ist noch nicht impliziert, dass die erlernten Fähigkeiten auch umgesetzt werden. Insofern dienen weitere Übungen der **Umsetzung.** Hierzu zählen die Verbalisierung, das Unterscheiden von Buchstaben und buchstabenähnliche Formen, Übungen zum Gedächtnis für visuelle Reize bzw. die Sequenz akustischer Reize, das visuelle Vorstellungsvermögen sowie Ansätze zur Förderung der kognitiven Umstrukturierung, des Rechnens, Lesens und Rechtschreibens. Das Förderprogramm zielt gesamthaft nicht nur auf schulische Leistungen, sondern auf eine Verbesserung der Interaktion des Kindes mit seiner Umwelt.

Die Frage der **Effizienz** von Wahrnehmungstrainings ist wiederholt kritisch beantwortet worden. Dabei wird schon auf der Ebene der Hypothesen und Diagnostik kritisiert, dass Wahrnehmung eine nicht trainierbare Abstraktion darstelle und die Validierung der Wahrnehmungstests ausstehe. Weiterhin wird die Zentrierung auf die Wahrnehmungsfunktion als eine artifizielle Regression unter ein den Kindern in der Entwicklung bereits verfügbares Niveau komplexer Fertigkeiten gekennzeichnet. Darüber hinaus könnten möglicherweise irrelevante Funktionen trainiert werden, wenn z. B. beim Leseprozess die visuelle Stimulusfixierung statt der kognitiven Dekodierung in den Vordergrund gestellt wird. Ferner sei das visuelle Wahrnehmungstraining irrelevant, weil die Wahrnehmung in jeder Handlung bzw. bei jedem Training adaptiven Verhaltens eingeschlossen sei.

Schließlich wurde bei einem Versuch der **Evaluation** von Studien mit Einsatz des Wahrnehmungstrainings

schon früh auf die mangelnde Effizienz hingewiesen und die Notwendigkeit betont, komplexere adaptive Fertigkeiten zu trainieren (Mann und Goodman 1976). Eine neuere Bewertung der deutschen Untersuchungen zum Training nach Frostig kritisiert die methodischen Mängel und stellt die kritische Frage, ob die beobachteten Effekte nicht hauptsächlich durch die soziale Interaktion mit dem Trainer entstehen und nicht auf Verbesserung der Wahrnehmung, sondern auf vermehrte Aufmerksamkeit zurückgehen (Elsner und Hager 1995).

Literatur

Arendt, R. E., W. E. McLean, A. A. Baumeister: Critique of sensory integration therapy and ist application in mental retardation. Amer. J. Mental Retardation 92 (1988) 401–411.

Ayres, J.: Lernstörungen – Sensorisch-integrative Dysfunktionen. Springer, Berlin-Heidelberg-New York 1979.

Ayres, J.: Bausteine der kindlichen Entwicklung. Springer, Berlin-Hamburg-New York-Tokyo 1984.

Brack, U. (Hrsg.): Frühdiagnostik und Frühtherapie. Psychologie Verlags Union, Urban & Schwarzenberg, München 1986.

Carte, E., D. Morrison, J. Sublett, A. Uemura, W. Setrakian: Sensory integration therapy: a trial of a specific neurodevelopmental therapy for the remediation of learning disabilities. J. Dev. Behav. Pediatrics 5 (1984) 189–194.

Cummings, R. A.: Sensory integration and learning disabilities: Ayres' factor analysis reappraised. J. Learning Disabilities 24 (1991) 160–168.

Densem, J. F., G. A. Nuthall, J. Bushnell, J. Horn: Effectiveness of a sensory integrative therapy program for children with perceptual motor deficits. J. Learning Disabilities 22 (1989) 221–229.

Eggert, D.: Theorie und Praxis der psychomotorischen Förderung. Borgmann, Dortmund 1993.

Elsner, B., W. Hager: Ist das Wahrnehmungstraining von M. Frostig effektiv oder nicht? Prax. Kinderpsychol. Kinderpsychiat. 44 (1995) 48–61.

Fisher, A. G., E. A. Murray, A. C. Bundy: Sensorische Integrationstherapie. Theorie und Praxis. Springer, Berlin 1998.

Frostig, M., D. Horn, P. Maslow: Individualprogramm zum Wahrnehmungstraining. Crüwell, Dortmund 1974.

Hoehn, T. P., A. A. Baumeister: A critique of the application of sensory integration therapy to children with learning disabilities. J. Learning Disabilities 27 (1994) 338–350.

Kiphard, E. J.: Motopädagogik. 4. Auflage. Verlag Modernes Lernen, Dortmund 1990.

Mann, L., L. Goodman: Perceptual training: a critical retrospect. In: Schoepler, E., R. J. Reichler (eds.): Psychopathology and Child Development. Plenum Press, New York 1976.

Ottenbacher, K.: Sensory integration therapy – affect or effect. Amer. J. Occup. Ther. 36 (1982) 571–578.

Vargas, S., G. Camilli: A meta-analysis of research on sensory integration treatment. Am. J. Occup. Ther. 53 (1999) 189–198.

IV Weiterführende Literatur und Anschriften

1 Hand- und Lehrbücher

Cicchetti, D., D. J. Cohen (eds.): Developmental psychopathology. Volume 1: Theory and methods. Volume 2: Risk, disorder, and adaptation. Wiley, New York 1995.

Ghuman, H. S., R. M. Sarles: Handbook of adolescent inpatient psychiatric treatment. Brunner/Mazel, New York 1994.

Hersen, M. C. G. Last (eds.): Handbook of Child and Adult Psychopathology. Pergamon Press, New York 1990.

Hibbs, E. D., P. S. Jensen (eds.): Psychosocial treatments for child and adolescent disorders. Empirically based strategies for clinical practice. American Psychological Association, Washington 1996.

Hooper, S. R., G. W. Hynd, R. E. Mattison: Child psychopathology: Diagnostic criteria and clinical assessment. Erlbaum, Hillsdale, New Jersey 1992.

Lempp, R., G. Schütze, G. Köhnken (Hrsg.): Forensische Psychiatrie und Psychologie des Kindes- und Jugendalters. Steinkopff, Darmstadt 1999.

Lewis, M. (ed.): Child and Adolescent Psychiatry. A Comprehensive Textbook. Williams & Wilkens, Baltimore 1991.

Lewis, M., S. M. Miller (eds.): Handbook of Developmental Psychopathology. Plenum Press, New York 1990.

Mash, E. J., R. A. Barkley: Child psychopathology. Guilford, New York 1996.

Remschmidt, H. (Hrsg.): Psychotherapie im Kindes- und Jugendalter. Thieme, Stuttgart 1997.

Remschmidt, H.: Psychiatrie der Adoleszenz. Thieme, Stuttgart 1992.

Rutter, M., D. J. Smith: Psychosocial disorders in young people. Time trends and their causes. Wiley, Chichester 1995.

Rutter, M., E. Taylor (eds.): Child and Adolescent Psychiatry – Modern Approaches. 4th ed. Blackwell, Oxford 2002.

Walker, C. E., M. C. Roberts (eds.): Handbook of Clinical Child Psychology. 3rd ed. Wiley, New York 2001.

Warnke, A., G.-E. Trott, H. Remschmidt: Forensische Kinder- und Jugendpsychiatrie. Ein Handbuch für Klinik und Praxis. Huber, Bern 1997.

Wiener, J. M.: Textbook of child and adolescent psychiatry. 2nd ed. American Psychiatric Press, Washington 1997.

2 Wissenschaftliche Periodika

2.1 Buchreihen

Advances in Clinical Child Psychology. Ollendick, T. H., R. J. Prinz (eds.), Plenum Press, New York.

Annual Progress in Child Psychiatry and Development. Chess, S., M. Hertzig (eds.), Brunner/Mazel, New York.

Child and Adolescent Psychiatric Clinics of North America, Saunders, Philadelphia.

Child Development – Abstracts and Bibliography. The University of Chicago Press, Chicago-London.

Developmental Clinical Psychology and Psychiatry. Kazdin, A. E. (ed.), Sage Publications, Beverly Hills-London-New Delhi.

Klinische Psychologie und Psychopathologie. Remschmidt, H. (Hrsg.), Enke, Stuttgart.

Monographs in child and adolescent psychiatry. Goodyer, I. M. (ed.), Cambridge University Press, Cambridge.

Wiley Series on Studies in Child Psychiatry. Rutter, M. (ed.), Wiley, Chichester.

2.2 Zeitschriften

American Journal of Mental Deficiency, Washington.

Applied Research in Mental Retardation, Pergamon Press, New York.

Child Development, The University of Chicago Press, Chicago-London.

Child Neuropsychology, Swets & Zeitlinger, Lisse.

Child Psychiatry & Human Development, Human Sciences Press, New York.

Development and Psychopathology, Cambridge University Press, New York.

Developmental Medicine and Child Neurology, Mac Keith Press, London.

European Child and Adolescent Psychiatry, Steinkopff, Darmstadt.

Journal of Abnormal Child Psychology, Plenum Press, New York.

Journal of Adolescence, Academic Press, London.

Journal of Autism and Developmental Disorders, Plenum Press, New York.

Journal of Child and Adolescent Psychopharmacology, M. A. Liebert, Larchmont, N.Y.

Journal of Child Psychology and Psychiatry, Cambridge University Press, Cambridge.

Journal of Clinical Child Psychology, Lawrence Erlbaum Associates, Hillsdale.

Journal of Developmental and Behavioral Pediatrics, Williams & Wilkins, Baltimore.

Journal of Learning Disabilities, PRO-ED publications, Austin.

Journal of Pediatric Psychology, Oxford University Press, Cary NC.

Journal of the American Academy of Child and Adolescent Psychiatry, Lippincott, Williams & Wilkins, Baltimore.

Journal of Youth and Adolescence, Kluwer Plenum Press, New York.

Kindheit und Entwicklung, Hogrefe, Göttingen.

La Psychiatrie de l'Enfant, Presses Universitaires de France, Paris.

Neuropediatrics, Hippokrates, Stuttgart.

Neuropsychiatrie de l'Enfant et de l'Adolescence, Expansion Scientifique Française, Paris.

Praxis der Kinderpsychologie und Kinderpsychiatrie, Vandenhoeck & Ruprecht, Göttingen.

Zeitschrift für Entwicklungspsychologie und Pädagogische Psychologie, Hogrefe, Göttingen.

Zeitschrift für Kinder- und Jugendpsychiatrie und Psychotherapie, Huber, Bern-Stuttgart.

Zeitschrift für Klinische Psychologie, Hogrefe, Göttingen.

3 Anschriften

Deutsche Gesellschaft für Kinder- und Jugendpsychiatrie und Psychotherapie. Geschäftsstelle:
Klinik für Psychiatrie und Psychotherapie des Kindes- und Jugendalters der Philipps-Universität,
Hans-Sachs-Straße 6,
D-35033 Marburg.

Österreichische Gesellschaft für Kinder- und Jugendneuropsychiatrie.
Sekretariat: Prim. Dr. Werner Leixnering
Abteilung für Jugendpsychiatrie
Oö. Landesnervenklinik Wagner-Jauregg
Wagner-Jauregg-Weg 15
A-4020 Linz

Schweizerische Gesellschaft für Kinder- und Jugendpsychiatrie. (Vorsitz und Anschrift wechseln durch Wahl. Weitere Auskünfte beim Verfasser.)

Specht, F., S. Anton: Einrichtungen für Kinder- und Jugendpsychiatrie in der Bundesrepublik Deutschland. Vandenhoeck und Ruprecht, Göttingen 1995.

V Anhang

Anhang 3.1: Zürcher Lebensereignis-Liste (ZLEL)

In diesem Fragebogen werden Ereignisse oder Erlebnisse aus den letzten 12 Monaten angesprochen, die Dir vielleicht passiert sind. Bei jedem Ereignis wirst Du zuerst gefragt, ob es Dir in den letzten 12 Monaten passiert ist.
Du kannst mit „ja" oder „nein" antworten. Falls Du mit „ja" geantwortet hast, wirst Du zusätzlich gefragt, wie
angenehm oder unangenehm dieses Ereignis für Dich war. Jetzt kannst Du eine der 5 Antworten auswählen, die
von „sehr unangenehm" (–2) bis „sehr angenehm" (+2) reichen.

Was ist in den letzten <u>12 Monaten</u> passiert?

1. Hast Du das Schulhaus gewechselt?

2a. Hat sich die Zahl der Menschen in Eurem Haushalt verändert? Ist jemand weggegangen?

2b. Ist jemand dazugekommen?

3. Bist Du umgezogen?

4a. Hat es zuhause irgendwelche Katastrophen gegeben wie Feuer, Überschwemmungen Einbruch?

4b. Ist das mehr als einmal vorgekommen?

4c. Hast Du oder hat irgend jemand aus Deiner Familie oder von Deinen engen Freunden eine schwere Krankheit
    oder einen Unfall gehabt? Wer war das?

5. Warst Du oder war einer aus Deiner Familie oder von Deinen engen Freunden im Krankenhaus?
   Wer war das?

6. Ist irgend jemand aus Deiner Familie oder von Deinen engen Freunden gestorben?
   Wer war das?

7. Hast Du ein Haustier verloren?

8. Hast Du Dich von Freunden unter Druck gesetzt gefühlt?

9. Hattest Du Streit oder Probleme mit einem Freund/einer Freundin?

10. Hast Du Dich verliebt oder eine Beziehung zu einem Freund/einer Freundin begonnen?

11. Hast Du eine Verschlechterung der Beziehung zwischen den Familienmitgliedern oder Freunden erlebt?

12. Hast Du eine schlechte Prüfung gemacht oder eine schlechte Klassenarbeit geschrieben?

13. Kam ein Familienmitglied vor Gericht?

14. Bist Du in der Schule in Schwierigkeiten gekommen oder von der Schule verwiesen worden?

15. Hattest Du Ärger, Streit oder Kämpfe mit andern Schülern oder Gleichaltrigen?

16. Gab es in der Familie finanzielle Schwierigkeiten oder Geldsorgen?

17. Hast Du schlechte Noten oder Beurteilungen bekommen?

18. Hat ein Elternteil neu geheiratet, oder ist ein neuer Partner/eine neue Partnerin in die Familie gekommen?

19. Gab es heftige Streitigkeiten zwischen Deinen Eltern?

20. Gab es eine Veränderung in der Beziehung zum Jungen/Mädchen, mit dem Du gehst?

21. Hattest Du Pläne, die ins Wasser fielen (z. B. eine Reise nicht machen)?

22. Hatte ein Familienmitglied oder Verwandter Sorgen oder Probleme?

23. Hattest Du Streitigkeiten oder Probleme mit dem Jungen/Mädchen, mit dem Du gehst?

24. Ist eine schulische oder berufliche Veränderung bei einem Familienmitglied eingetreten (z. B. Verweis von der
    Schule, eine Berufsanstellung, Wechsel der Arbeitsstelle)?

25. Hattest Du Probleme oder Streitigkeiten mit Eltern, Geschwistern oder anderen Familienmitgliedern?

26. Hattest Du Probleme oder Streitigkeiten mit Lehrern?

27. Hattest Du Sorgen wegen Deiner Gesundheit oder Fitness?

28. Gab es bei einem Familienmitglied / Verwandten Alkohol- oder Drogenprobleme?

29. Hast Du eine Partnerschaft/Freundschaft beendet, oder bist Du von einem Partner / Freund bzw. von einer Partnerin / Freundin zurückgewiesen worden?

30. Hat Deine Mutter oder Dein Vater ihren/seinen Arbeitsplatz verloren?

31. Haben Deine Eltern sich getrennt oder scheiden lassen?

32. Ist ein guter Freund/eine gute Freundin weggezogen?

33. Hat Deine Mutter (wieder) angefangen zu arbeiten?

34. Hast Du eine Klasse wiederholen müssen?

35. Hast Du einen Verweis von der Schule bekommen?

Jedes Merkmal wird auf der folgenden Skala beurteilt:

Wie unangenehm oder angenehm war das für Dich?

Sehr unange- nehm	unange- nehm	weder noch	angenehm	sehr angenehm
–2	–1	0	+1	+2

Bezugsquelle und Copyright: H.-C. Steinhausen

Anhang 4.1: Schema zur Erfassung prä-, peri- und postnataler Risikofaktoren

1. Gab es irgendwelche Besonderheiten während der Schwangerschaft?

1 ○ ja   0 ○ nein, Schwangerschaft verlief vollkommen normal

9 ○ *keine Angaben zum Schwangerschftsverlauf vorhanden; warum?* _____

2. Welche Besonderheiten?

(Bitte jeden Punkt beantworten!)

		ja:	nein; *nicht bekannt:*
a.	Blutungen	1 ○	0 ○
b.	schweres anhaltendes Erbrechen mit Gewichtsverlust u. Spitalaufnahme	1 ○	0 ○
c.	Schwangerschaftsgestose (erhöhter Blutdruck, Ödeme Eiweißausscheidung) mit Spitalaufnahme	1 ○	0 ○
d.	Unfälle	1 ○	0 ○
e.	Infektionskrankheit	1 ○	0 ○
f.	Röntgenuntersuchungen oder Bestrahlungen im 1. Trimenon	1 ○	0 ○
g.	Medikamente *(bitte auch angeben, welche):*	1 ○	0 ○
h.	Alkohol	1 ○	0 ○
i.	Rauchen (≥ 5 Zigaretten/Tag)	1 ○	0 ○
k.	Drogenabusus	1 ○	0 ○
l.	Operation mit Narkose	1 ○	0 ○
m.	versuchte Schwangerschaftsunterbrechung	1 ○	0 ○
n.	schwere seelische Belastung	1 ○	0 ○
o.	Abortgefahr mit Spitalaufnahme	1 ○	0 ○
p.	schwere seelische Belastung	1 ○	0 ○
q.	Schwangerschaft ≥ 5	1 ○	0 ○
r.	frühere(r) Abort(e), Fehl-/Totgeburt(en)	1 ○	0 ○
s.	frühere Schwangerschaftskomplikationen	1 ○	0 ○
t.	andere Auffälligkeiten *(bitte angeben, welcher Art):*	1 ○	0 ○

3. Geburtsgewicht:

1 ○ normal   3 ○ über 4500 g

4. Geburtstermin:

1 ○ normal (38.–41. Wo)   3 ○ übertragen (≥ 42 Wo)

2 ○ frühzeitig (≤ 37 Wo)   9 ○ *keine Angaben*

5. Gab es irgendwelche Besonderheiten bezüglich des Geburtsvorganges?

1 ○ ja   0 ○ nein, keinerlei Besonderheiten

9 ○ *keine Angaben zum Geburtsverlauf vorhanden*

6. Welche Besonderheiten?

*(Bitte **jeden** Punkt beantworten!)*

		ja:	nein; *nicht bekannt:*
a.	Hausgeburt	1 ○	0 ○
b.	Transport in Kinderklinik (Neonat.)	1 ○	0 ○
c.	Intensivmaßnahmen sofort nach der Geburt	1 ○	0 ○
d.	protrahiert (Wehenschwäche)/zu rasch	1 ○	0 ○
e.	Lageabweichung	1 ○	0 ○
f.	Nabelschnurumschlingungen	1 ○	0 ○
g.	Plazenta-Störung	1 ○	0 ○
h.	Zange oder Vakuum	1 ○	0 ○
i.	Sectio	1 ○	0 ○
k.	vorzeit. Blasensprung (> 12 Std.)	1 ○	0 ○
l.	Mekoniumhaltiges Fruchtwasser	1 ○	0 ○
m.	Hydramnion	1 ○	0 ○
n.	Apgar (1 Min. £ 7/5 Min. £ 8)	1 ○	0 ○
o.	Mehrlinge	1 ○	0 ○
p.	pathologisches Kardiotokogramm	1 ○	0 ○
q.	andere Störung während Geburtsvorgang	1 ○	0 ○
	welche? _____		

---

7. Gab es irgendwelche Komplikationen während der Neonatalperiode

1 ○ ja   0 ○ nein, keinerlei Komplikationen

9 ○ *keine Angaben zur Neonatalperiode vorhanden*

8. Welche Komplikationen?

*(Bitte **jeden** Punkt beantworten!)*

		ja:	nein; *nicht bekannt:*
a.	Ikterus mit Fototherapie/Blutaustausch	1 ○	0 ○
b.	Krämpfe	1 ○	0 ○
c.	Trinkschwierigkeiten	1 ○	0 ○
d.	Brutkasten	1 ○	0 ○
e.	Intensivmaßnahmen (Intubation, Beatmung, Schockbehandlung)	1 ○	0 ○
f.	Geburtstrauma (Frakturen)	1 ○	0 ○
g.	pathologische Blutchemie	1 ○	0 ○
h.	lebensgefährdende Erkrankungen (Sepsis, Operation)	1 ○	0 ○
i.	andere Störungen während der Neonatalperiode	1 ○	0 ○
	welche? _____		

Anhang 4.2: Psychopathologisches Befundsystem für Kinder und Jugendliche (CASCAP-D)

Kodierung: Ausprägungsgrad		während der Exploration	anderer Kontext
3 = stark	1 = leicht	9 = nicht bekannt		
2 = deutlich	0 = nicht vorhanden		

1 Interaktion 0 9   0 9

1	Überangepasst	3 2 1 0 9	3 2 1 0 9
2	Scheu/unsicher	3 2 1 0 9	3 2 1 0 9
3	Sozial zurückgezogen/isoliert	3 2 1 0 9	3 2 1 0 9
4	Sprechverweigerung/Mutismus	3 2 1 0 9	3 2 1 0 9
5	Demonstrativ	3 2 1 0 9	3 2 1 0 9
6	Distanzgemindert/enthemmt	3 2 1 0 9	3 2 1 0 9
7	Verminderte Empathie	3 2 1 0	3 2 1 0 9
8	Mangel an sozialer Gegenseitigkeit/ Kommunikation	3 2 1 0	3 2 1 0 9

2 Oppositionell-dissoziales Verhalten 0 9   0 9

1	Dominant	3 2 1 0 9	3 2 1 0 9
2	Oppositionell/verweigernd	3 2 1 0 9	3 2 1 0 9
3	Verbale Aggression	3 2 1 0 9	3 2 1 0 9
4	Körperliche Aggression	3 2 1 0 9	3 2 1 0 9
5	Lügen/Betrügen	3 2 1 0 9	3 2 1 0 9
6	Stehlen	3 2 1 0 9	3 2 1 0 9
7	Weglaufen/Schuleschwänzen	3 2 1 0 9	3 2 1 0 9
8	Zerstören von Eigentum/Feuerlegen	3 2 1 0 9	3 2 1 0 9

3 Entwicklungsstörungen 0 9   0 9

1	Intelligenzminderung	3 2 1 0 9	3 2 1 0 9
2	Artikulationsstörung	3 2 1 0 9	3 2 1 0 9
3	Expressive Sprachstörung	3 2 1 0 9	3 2 1 0 9
4	Rezeptive Sprachstörung	3 2 1 0 9	3 2 1 0 9
5	Stottern/Poltern	3 2 1 0 9	3 2 1 0 9
6	Störung der Motorik	3 2 1 0 9	3 2 1 0 9
7	Spielstörung	3 2 1 0 9	3 2 1 0 9
8	Störung der schulischen Fertigkeiten	3 2 1 0 9	3 2 1 0 9

4 Aktivität und Aufmerksamkeit 0 9   0 9

1	Verminderte körperliche Aktivität	3 2 1 0 9	3 2 1 0 9
2	Gesteigerte körperliche Aktivität	3 2 1 0 9	3 2 1 0 9
3	Impulsivität	3 2 1 0 9	3 2 1 0 9
4	Unaufmerksam/ablenkbar	3 2 1 0 9	3 2 1 0 9

5 Psychomotorik 0 9   0 9

1	Motorische Tics	3 2 1 0 9	3 2 1 0 9
2	Vokale Tics	3 2 1 0 9	3 2 1 0 9
3	Mannierismen/Stereotypien	3 2 1 0 9	3 2 1 0 9
4	Abnorme Gewohnheiten (z. B. Nägelbeißen)	3 2 1 0 9	3 2 1 0 9

Kodierung: Ausprägungsgrad

3 = stark	1 = leicht	9 = nicht bekannt
2 = deutlich	0 = nicht vorhanden	

	während der Exploration	*anderer Kontext*

6 Angst

                            0 9   **0 9**

		während der Exploration	anderer Kontext
1	Trennungsangst	3 2 1 0 9	3 2 1 0 9
2	Umschriebene Phobie (beschreibe):	3 2 1 0 9	3 2 1 0 9
3	Leistungsangst	3 2 1 0 9	3 2 1 0 9
4	Soziale Angst	3 2 1 0 9	3 2 1 0 9
5	Agoraphobie	3 2 1 0 9	3 2 1 0 9
6	Panikattacken	3 2 1 0 9	3 2 1 0 9
7	Generalisierte Angst	3 2 1 0 9	3 2 1 0 9

7 Zwang

  0 9   **0 9**

		während der Exploration	anderer Kontext
1	Zwangsgedanken	3 2 1 0 9	3 2 1 0 9
2	Zwangshandlungen	3 2 1 0	3 2 1 0 9

8 Stimmung und Affekt

  0   **0 9**

		während der Exploration	anderer Kontext
1	Depressiv/traurig	3 . 1 0 9	3 2 1 0 9
2	Reizbar/dysphorisch	3 2 . 0 9	3 2 1 0 9
3	Anhedonie	3 2 1 9	3 2 1 0 9
4	Mangelndes Selbstvertrauen	3 2 0 9	3 2 1 0 9
5	Hoffnungslosigkeit/Verzweiflung	3 2 1 0 9	3 2 1 0 9
6	Schuldgefühle/Selbstanklage	3 2 1 0 9	3 2 1 0 9
7	Affektarm	3 2 1 0 9	3 2 1 0 9
8	Interessenlosigkeit/Apathie	3 2 1 0 9	3 2 1 0 9
9	Affektlabil	3 2 1 0 9	3 2 1 0 9
10	Innere Unruhe/getrieben	3 2 1 0 9	3 2 1 0 9
11	Gesteigertes Selbstwertgefühl/euphorisch	3 2 1 0 9	3 2 1 0 9

9 Essverhalten

  0 9   **0 9**

		während der Exploration	anderer Kontext
1	Selbst herbeigeführter Gewichtsverlust	3 2 1 0 9	3 2 1 0 9
2	Verminderte/auffällig kontrollierte Nahrungsaufnahme	3 2 1 0 9	3 2 1 0 9
3	Heißhunger- und Essattacken	3 2 1 0 9	3 2 1 0 9
4	Erhöhte Nahrungsaufnahme	3 2 1 0 9	3 2 1 0 9
5	Rumination	3 2 1 0 9	3 2 1 0 9
6	Pica	3 2 1 0 9	3 2 1 0 9

10 Körperliche Beschwerden

  0 9   **0 9**

		während der Exploration	anderer Kontext
1	Appetitverlust	3 2 1 0 9	3 2 1 0 9
2	Erbrechen	3 2 1 0 9	3 2 1 0 9
3	Einnässen (tagsüber)	3 2 1 0 9	3 2 1 0 9
4	Bettnässen	3 2 1 0 9	3 2 1 0 9
5	Einkoten	3 2 1 0 9	3 2 1 0 9
6	Schlafprobleme (beschreibe):	3 2 1 0 9	3 2 1 0 9
7	Dissoziation/Konversion (beschreibe):	3 2 1 0 9	3 2 1 0 9
8	Autonome Dysfunktionen (beschreibe):	3 2 1 0 9	3 2 1 0 9
9	Schmerzen (beschreibe):	3 2 1 0 9	3 2 1 0 9
10	Fatigue	3 2 1 0 9	3 2 1 0 9
11	Hypochondrie	3 2 1 0 9	3 2 1 0 9

Anhang

Kodierung: Ausprägungsgrad

3 = stark	1 = leicht
2 = deutlich	0 = nicht vorhanden

9 = nicht bekannt

während der Exploration | *anderer Kontext*

11 Denken

		während der Exploration	anderer Kontext
		0 9	0 9
1	Gehemmt/verlangsamt	3 2 1 0 9	3 2 1 0 9
2	Umständlich/weitschweifig	3 2 1 0 9	3 2 1 0 9
3	Eingeengt	3 2 1 0 9	3 2 1 0 9
4	Perseverationen	3 2 1 0 9	3 2 1 0 9
5	Grübeln	3 2 1 0 9	3 2 1 0 9
6	Ideenflucht	3 2 1 0 9	3 2 1 0 9
7	Inkohärenz/Zerfahrenheit/Paralogik	3 2 1 0 9	3 2 1 0 9
8	Gedankenlautwerden/-entzug/-eingebung/-ausbreitung	3 2 1 0 9	3 2 1 0 9
9	Sensitiv/misstrauisch	3 2 1 0 9	3 2 1 0 9
10	Derealisation/Depersonalisation	3 2 1 0 9	3 2 1 0 9
11	Illusionäre Verkennung	3 2 1 0 9	3 2 1 0 9
12	Halluzination	3 2 1 0	3 2 1 0 9
13	Wahn	3 2 1 0 9	3 2 1 0 9

12 Gedächtnis, Orientierung und Bewusstsein

		während der Exploration	anderer Kontext
		0 9	0 9
1	Merkfähigkeits-/Gedächtnisbeeinträchtigung	3 2 1 0 9	3 2 1 0 9
2	Orientierungsstörung	3 2 1 0 9	3 2 1 0 9
3	Störung der Wachheit/des Bewusstseins	3 2 1 0 9	3 2 1 0 9

13 Andere

		während der Exploration	anderer Kontext
		0 9	0 9
1	Abnorme Bindung an Objekte (beschreibe):	3 2 1 0 9	3 2 1 0 9
2	Abnorme Vorlieben/Interessen (beschreibe):	3 2 1 0 9	3 2 1 0 9
3	Selbstverletzendes Verhalten (beschreibe):	3 2 1 0 9	3 2 1 0 9
4	Suizidgedanken (beschreibe):	3 2 1 0 9	3 2 1 0 9
5	Suizidale Handlungen (beschreibe):	3 2 1 0 9	3 2 1 0 9
6	Alkoholmissbrauch	3 2 1 0 9	3 2 1 0 9
7	Drogenmissbrauch (beschreibe):	3 2 1 0 9	3 2 1 0 9
8	Körperschemastörung	3 2 1 0 9	3 2 1 0 9
9	Geschlechtsidentitäts-/sexuelle Störungen (beschreibe):	3 2 1 0 9	3 2 1 0 9
10	Sexualisiertes Verhalten (beschreibe):	3 2 1 0 9	3 2 1 0 9
11	Nicht andernorts beschrieben (beschreibe):	3 2 1 0 9	3 2 1 0 9
12	Nicht andernorts beschrieben (beschreibe):	3 2 1 0 9	3 2 1 0 9
13	Nicht andernorts beschrieben (beschreibe):	3 2 1 0 9	3 2 1 0 9

M. Döpfner, W. Berner, H. Flechtner, G. Lehmkuhl, H.-C. Steinhausen: Psychopathologisches Befund-System für Kinder und Jugendliche (CASCAP-D). © Hogrefe Verlag für Psychologie, Göttingen 1998. Best.-Nr. 01 102 02

Anhang 4.3: Fragebogen zu Stärken und Schwächen

Fragebogen zu Stärken und Schwächen (SDQ-Deu): Fremdbeurteilung

Bitte markieren Sie zu jedem Punkt "Nicht zutreffend", "Teilweise zutreffend" oder "Eindeutig zutreffend". Beantworten Sie bitte alle Fragen so gut Sie können, selbst wenn Sie sich nicht ganz sicher sind oder Ihnen eine Frage merkwürdig vorkommt. Bitte berücksichtigen Sie bei der Antwort das Verhalten des Kindes in den letzten sechs Monaten beziehungsweise in diesem Schuljahr.

Name des Kindes .... männlich/weiblich

Geburtsdatum ....

	Nicht zutreffend	Teilweise zutreffend	Eindeutig zutreffend
Rücksichtsvoll	☐	☐	☐
Unruhig, überaktiv, kann nicht lange stillsitzen	☐	☐	☐
Klagt häufig über Kopfschmerzen, Bauchschmerzen oder Übelkeit	☐	☐	☐
Teilt gerne mit anderen Kindern (Süßigkeiten, Spielzeug, Buntstifte usw.)	☐	☐	☐
Hat oft Wutanfälle; ist aufbrausend	☐	☐	☐
Einzelgänger; spielt meist alleine	☐	☐	☐
Im Allgemeinen folgsam; macht meist, was Erwachsene verlangen	☐	☐	☐
Hat viele Sorgen; erscheint häufig bedrückt	☐	☐	☐
Hilfsbereit, wenn andere verletzt, krank oder betrübt sind	☐	☐	☐
Ständig zappelig	☐	☐	☐
Hat wenigstens einen guten Freund oder eine gute Freundin	☐	☐	☐
Streitet sich oft mit anderen Kindern oder schikaniert sie	☐	☐	☐
Oft unglücklich oder niedergeschlagen; weint häufig	☐	☐	☐
Im allgemeinen bei anderen Kindern beliebt	☐	☐	☐
Leicht ablenkbar, unkonzentriert	☐	☐	☐
Nervös oder anklammernd in neuen Situationen; verliert leicht das Selbstvertrauen	☐	☐	☐
Lieb zu jüngeren Kindern	☐	☐	☐
Lügt oder mogelt häufig	☐	☐	☐
Wird von anderen gehänselt oder schikaniert	☐	☐	☐
Hilft anderen oft freiwillig (Eltern, Lehrern oder anderen Kindern)	☐	☐	☐
Denkt nach, bevor er/sie handelt	☐	☐	☐
Stiehlt zu Hause, in der Schule oder anderswo	☐	☐	☐
Kommt besser mit Erwachsenen aus als mit anderen Kindern	☐	☐	☐
Hat viele Ängste; fürchtet sich leicht	☐	☐	☐
Führt Aufgaben zu Ende; gute Konzentrationsspanne	☐	☐	☐

Unterschrift .... Datum ....

Vater/Mutter/Lehrer/Sonstige (nicht Zutreffendes bitte streichen)

Vielen Dank für Ihre Hilfe © Robert Goodman, 1999

Auswertung der Fremdbeurteilungsbögen des SDQ-D

Die 25 Items im SDQ umfassen jeweils fünf Skalen mit fünf Merkmalen. Der erste Schritt zur Auswertung des Fragebogens besteht darin, die Werte jeder einzelnen Skala aufzuaddieren. "Teilweise zutreffend" wird mit einer Eins bewertet, aber "nicht zutreffend"oder "eindeutig zutreffend" wird je nach Merkmal bewertet. Das Ergebnis kann auf allen fünf Skalen einen Wert zwischen null und 10 ergeben, falls Angaben zu allen fünf Merkmalen gemacht wurden. Falls ein oder zwei Werte fehlen, kann das Ergebnis hochgerechnet werden.

Emotionale Probleme	Nicht zutreffend	Teilweise zutreffend	Eindeutig zutreffend
Klagt häufig über Kopfschmerzen	0	1	2
Hat viele Sorgen	0	1	2
Oft unglücklich	0	1	2
Nervös oder anklammernd	0	1	2
Hat viele Ängste	0	1	2

Verhaltensprobleme	Nicht zutreffend	Teilweise zutreffend	Eindeutig zutreffend
Hat oft Wutanfälle ...	0	1	2
Im Allgemeinen folgsam	2	1	0
Streitet sich oft	0	1	2
Lügt oder mogelt häufig	0	1	2
Stiehlt zu Hause	0	1	2

Hyperaktivität	Nicht zutreffend	Teilweise zutreffend	Eindeutig zutreffend
Unruhig, überaktiv ...	0	1	2
Ständig zappelig	0	1	2
Leicht ablenkbar	0	1	2
Denkt nach	2	1	0
Führt Aufgaben zu Ende	2	1	0

Verhaltensprobleme mit Gleichaltrigen	Nicht zutreffend	Teilweise zutreffend	Eindeutig zutreffend
Einzelgänger	0	1	2
Hat wenigstens einen guten Freund	2	1	0
Im Allgemeinen bei anderen ...	2	1	0
Wird von anderen gehänselt	0	1	2
Kommt besser mit Erwachsenen aus..	0	1	2

Prosoziales Verhalten	Nicht zutreffend	Teilweise zutreffend	Eindeutig zutreffend
Rücksichtsvoll	0	1	2
Teilt gerne	0	1	2
Hilfsbereit	0	1	2
Lieb zu jüngeren Kindern	0	1	2
Hilft anderen	0	1	2

Um den **Gesamtproblemwert** anzugeben, werden die vier Skalen, die sich auf Probleme beziehen, aufsummiert. Der Gesamtwert liegt zwischen 0–40. Die Skala mit prosozialem Verhalten wird dabei nicht berücksichtigt. Falls Angaben zu mindestens 12 der 20 relevanten Items gemacht wurden, kann das Gesamtergebnis wiederum hochgerechnet werden.

Interpretation der Werte und Definition einer Störung

Die angegebene Verteilung wurde so gewählt, dass ca. 80 % der Kinder als normal, 10 % als grenzwertig auffällig und 10 % als auffällig eingestuft werden. So lässt sich z.B. bei der Fragestellung nach einer Gruppe von Kindern mit hohen Risikofaktoren, bei denen eine größere Anzahl falsch positiver Fälle unproblematisch ist, ein Cut-off bei grenzwertigen Werten wählen. Sollen bei einer Studie möglichst wenig falsch positive Ergebnisse erfasst werden, empfiehlt es sich, nur Kinder mit einem hohen Wert für Auffälligkeiten miteinzubeziehen.

	Normal	Grenzwertig	Auffällig
Eltern-Fragebogen			
Gesamtproblemwert	0 - 13	14 - 16	17 - 40
Emotionale Probleme	0 - 3	4	5 - 10
Verhaltensprobleme	0 - 2	3	4 - 10
Hyperaktivität	0 - 5	6	7 - 10
Verhaltensprobleme mit Gleichaltrigen	0 - 2	3	4 - 10
Prosoziales Verhalten	6 - 10	5	0 - 4
Lehrer-Fragebogen			
Gesamtproblemwert	0 - 11	12 - 15	16 - 40
Emotionale Probleme	0 - 4	5	6 - 10
Verhaltensprobleme	0 - 2	3	4 - 10
Hyperaktivität	0 - 5	6	7 - 10
Verhaltensprobleme mit Gleichaltrigen	0 - 3	4	5 - 10
Prosoziales Verhalten	6 - 10	5	0 - 4

Anhang 4.4: Fragebogen zu Stärken und Schwächen

Fragebogen zu Stärken und Schwächen (SDQ-Deu): Selbstbeurteilung

Bitte markiere zu jedem Punkt "Nicht zutreffend", "Teilweise zutreffend" oder "Eindeutig zutreffend". Beantworte bitte alle Fragen so gut Du kannst, selbst wenn Du Dir nicht ganz sicher bist oder Dir eine Frage merkwürdig vorkommt. Überlege bitte bei der Antwort, wie es Dir im letzten halben Jahr ging.

Dein Name... männlich/weiblich

Geburtsdatum ....

	Nicht zutreffend	Teilweise zutreffend	Eindeutig zutreffend
Ich versuche, nett zu anderen Menschen zu sein, ihre Gefühle sind mir wichtig	☐	☐	☐
Ich bin oft unruhig; ich kann nicht lange stillsitzen	☐	☐	☐
Ich habe häufig Kopfschmerzen oder Bauchschmerzen; mir wird oft schlecht	☐	☐	☐
Ich teile normalerweise mit anderen (z. B. Süßigkeiten, Spielzeug, Buntstifte)	☐	☐	☐
Ich werde leicht wütend; ich verliere oft meine Beherrschung	☐	☐	☐
Ich bin meistens für mich alleine; ich beschäftige mich lieber mit mir selbst	☐	☐	☐
Normalerweise tue ich, was man mir sagt	☐	☐	☐
Ich mache mir häufig Sorgen	☐	☐	☐
Ich bin hilfsbereit, wenn andere verletzt, krank oder traurig sind	☐	☐	☐
Ich bin dauernd in Bewegung und zappelig	☐	☐	☐
Ich habe einen oder mehrere gute Freunde oder Freundinnen	☐	☐	☐
Ich schlage mich häufig; ich kann andere zwingen zu tun, was ich will	☐	☐	☐
Ich bin oft unglücklich oder niedergeschlagen; ich muss häufig weinen	☐	☐	☐
Im Allgemeinen bin ich bei Gleichaltrigen beliebt	☐	☐	☐
Ich lasse mich leicht ablenken; ich finde es schwer, mich zu konzentrieren	☐	☐	☐
Neue Situationen machen mich nervös; ich verliere leicht das Selbstvertrauen	☐	☐	☐
Ich bin nett zu jüngeren Kindern	☐	☐	☐
Andere behaupten oft, dass ich lüge oder mogele	☐	☐	☐
Ich werde von anderen gehänselt oder schikaniert	☐	☐	☐
Ich helfe anderen oft freiwillig (Eltern, Lehrern oder Gleichaltrigen)	☐	☐	☐
Ich denke nach, bevor ich handele	☐	☐	☐
Ich nehme Dinge, die mir nicht gehören (von zu Hause, in der Schule oder anderswo)	☐	☐	☐
Ich komme besser mit Erwachsenen aus als mit Gleichaltrigen	☐	☐	☐
Ich habe viele Ängste; ich fürchte mich leicht	☐	☐	☐
Was ich angefangen habe, mache ich zu Ende; ich kann mich lange genug konzentrieren	☐	☐	☐

Unterschrift .... Datum ....

Vielen Dank für Deine Hilfe

© Robert Goodman, 1999

Auswertung der Selbsteinschätzungsbögen des SDQ-D

Die 25 Items im SDQ umfassen jeweils fünf Skalen mit fünf Merkmalen. Der erste Schritt zur Auswertung des Fragebogens besteht darin, die Werte jeder einzelnen Skala aufzuaddieren. "Teilweise zutreffend" wird mit einer Eins bewertet, aber "nicht zutreffend"oder "eindeutig zutreffend" wird je nach Merkmal bewertet. Das Ergebnis kann auf allen fünf Skalen einen Wert zwischen null und 10 ergeben, falls Angaben zu allen fünf Merkmalen gemacht wurden. Falls ein oder zwei Werte fehlen, kann das Ergebnis hochgerechnet werden.

Emotionale Probleme	Nicht zutreffend	Teilweise zutreffend	Eindeutig zutreffend
Ich habe häufig Schmerzen ...	0	1	2
Ich mache mir häufig Sorgen	0	1	2
Ich bin oft unglücklich	0	1	2
Neue Situationen machen mich nervös	0	1	2
Ich habe viele Ängste	0	1	2

Verhaltensprobleme	Nicht zutreffend	Teilweise zutreffend	Eindeutig zutreffend
Ich werde leicht wütend ...	0	1	2
Ich tue, was man mir sagt ...	2	1	0
Ich schlage mich häufig	0	1	2
Ich lüge oder mogele	0	1	2
Ich nehme Dinge, die ...	0	1	2

Hyperaktivität	Nicht zutreffend	Teilweise zutreffend	Eindeutig zutreffend
Ich bin oft unruhig ...	0	1	2
Ich bin dauernd in Bewegung ...	0	1	2
Ich lasse mich leicht ablenken ...	0	1	2
Ich denke nach, bevor ich handele	2	1	0
Ich mache zu Ende	2	1	0

Verhaltensprobleme mit Gleichaltrigen	Nicht zutreffend	Teilweise zutreffend	Eindeutig zutreffend
Ich bin meistens für mich alleine	0	1	2
Ich habe einen guten Freund ...	2	1	0
Ich bin bei Gleichaltrigen beliebt	2	1	0
Ich werde gehänselt	0	1	2
Ich komme mit Erwachsenen aus ...	0	1	2

Prosoziales Verhalten	Nicht zutreffend	Teilweise zutreffend	Eindeutig zutreffend
Ich versuche, nett zu sein ...	0	1	2
Ich teile normalerweise ...	0	1	2
Ich bin hilfsbereit, wenn ...	0	1	2
Ich bin nett zu jüngeren Kindern	0	1	2
Ich helfe oft freiwillig	0	1	2

Um den **Gesamtproblemwert** anzugeben, werden die vier Skalen, die sich auf Probleme beziehen, aufsummiert. Der Gesamtwert liegt zwischen 0–40. Die Skala mit prosozialem Verhalten wird dabei nicht berücksichtigt. Falls Angaben zu mindestens 12 der 20 relevanten Items gemacht wurden, kann das Gesamtergebnis wiederum hochgerechnet werden.

Interpretation der Werte und Definition einer Störung

Die angegebene Verteilung wurde so gewählt, dass ca. 80% der Kinder als normal, 10 % als grenzwertig auffälligt und 10 % als auffällig eingestuft werden. So lässt sich z.B. bei der Fragestellung nach einer Gruppe von Kindern mit hohen Risikofaktoren, bei denen eine größere Anzahl falsch positiver Fälle unproblematisch ist, ein Cut-off bei grenzwertigen Werten wählen. Sollen bei einer Studie möglichst wenig falsch positive Ergebnisse erfasst werden, empfiehlt es sich, nur Kinder mit einem hohen Wert für Auffälligkeiten miteinzubeziehen.

	Normal	Grenzwertig	Auffällig
Gesamtproblemwert	0 - 15	16 - 19	20 - 40
Emotionale Probleme	0 - 5	6	7 - 10
Verhaltensprobleme	0 - 3	4	5 - 10
Hyperaktivität	0 - 5	6	7 - 10
Verhaltensprobleme mit Gleichaltrigen	0 - 3	4 - 5	6 - 10
Prosoziales Verhalten	6 - 10	5	0 - 4

Anhang 4.5: Eltern-Fragebogen zum Verhalten von Kindern und Jugendlichen (CBCL)

Name und Vorname des Kindes

_____

heutiges Datum | | | | | | |

Geburtsdatum | | | | | | |

Alter in Jahren: | | |

Geschlecht: ○ Junge ○ Mädchen

*Bitte beantworten Sie diesen Fragebogen so, wie **Sie** das Verhalten Ihres Kindes sehen, selbst wenn andere Leute einen anderen Eindruck von Ihrem Kind haben. Bitte schreiben Sie zusätzliche Bemerkungen dazu, wenn es Ihnen erforderlich erscheint.*

I. Nennen Sie bitte die Sportarten, die Ihr Kind am liebsten ausübt, z.B. Fußball, Schwimmen, Rad fahren, Wandern usw.

Wieviel Zeit verbringt Ihr Kind mit dem Sport, verglichen mit Gleichaltrigen?

Wie gut beherrscht Ihr Kind die Sportart, verglichen mit Gleichaltrigen?

	Ich weiß es nicht	weniger	etwa genausoviel	mehr	Ich weiß es nicht	weniger	etwa genausoviel	mehr
○ keine								
A. _____	○	○	○	○	○	○	○	○
B. _____	○	○	○	○	○	○	○	○
C. _____	○	○	○	○	○	○	○	○

II. Nennen Sie bitte die Hobbys, Lieblingsaktivitäten und Spiele ihres Kindes (außer Sport), z.B. Briefmarken sammeln, mit Puppen spielen, Lesen, Klavier spielen, Basteln, mit Autos spielen, Singen usw. (Hier nicht Radio hören oder Fernsehen nennen.)

Wieviel Zeit verbringt Ihr Kind mit diesen Hobbys, verglichen mit Gleichaltrigen?

Wie gut beherrscht Ihr Kind diese Hobbys, verglichen mit Gleichaltrigen?

	Ich weiß es nicht	weniger	etwa genausoviel	mehr	Ich weiß es nicht	weniger	etwa genausoviel	mehr
○ keine								
A. _____	○	○	○	○	○	○	○	○
B. _____	○	○	○	○	○	○	○	○
C. _____	○	○	○	○	○	○	○	○

III. Gehört Ihr Kind irgendwelchen Clubs, Vereinen oder Gruppen an?

Wie aktiv ist er/sie darin im Vergleich zu Gleichaltrigen?

○ keinem

	Ich weiß es nicht	weniger	etwa gleich aktiv	aktiver
A. _____	○	○	○	○
B. _____	○	○	○	○
C. _____	○	○	○	○

IV. Welche Arbeiten oder Pflichten übernimmt Ihr Kind innerhalb oder außerhalb des Haushalts? – z. B. Spülen, Kinder hüten, Zeitungen austragen usw.

Wie gut verrichtet er/sie diese Arbeiten oder Pflichten im Vergleich zu Gleichaltrigen?

○ keine

	Ich weiß es nicht	weniger gut	gleich gut	besser
A. _____	○	○	○	○
B. _____	○	○	○	○
C. _____	○	○	○	○

V.
1. Wie viele Freunde hat Ihr Kind ungefähr? (Geschwister nicht mitgezählt)

keine	1	2 bis 3	4 oder mehr
○	○	○	○

2. Wie oft pro Woche unternimmt Ihr Kind etwas mit Freunden außerhalb der Schulzeit?

○ weniger als einmal pro Woche
○ ein- bis zweimal pro Woche
○ dreimal oder häufiger

VI. Verglichen mit Kindern des gleichen Alters:

	schlechter	etwa gleich	besser	Einzelkind
a) Wie verträgt er/sie sich mit den Geschwistern?	○	○	○	○
b) Wie verträgt er/sie sich mit anderen Kindern oder Jugendlichen	○	○	○	○
c) Wie verhält er/sie sich gegenüber den Eltern?	○	○	○	○
d) Wie spielt oder arbeitet er/sie alleine?	○	○	○	○

VII. 1. Gegenwärtige Schulleistungen (für Kinder ab 6 Jahren)

	ungenügend	unterdurchschnittlich	durchschnittlich	überdurchschnittlich
a) Lesen, Rechtschreibung, Deutsch	○	○	○	○
b) Geschichte oder Sozialkunde	○	○	○	○
c) Rechnen, Mathematik	○	○	○	○
d) Sachkunde, Naturwissenschaft	○	○	○	○

		ungenügend	unterdurch-schnittlich	durch-schnittlich	überdurch-schnittlich
Andere Fächer wie Fremdsprachen,	e) _____	○	○	○	○
Wirtschaftskunde, Computerkurs	f) _____	○	○	○	○
(nicht Fächer wie Kunst, Musik,	g) _____	○	○	○	○
Sport, usw.)					

2. Besucht Ihr Kind eine Sonderschule?

○ nein ○ ja; Genaue Bezeichnung: _____

3. Hat Ihr Kind schon eine Klasse wiederholt?

○ nein ○ ja; Welche und warum: _____

4. Hat Ihr Kind Schwierigkeiten oder andere Probleme in der Schule gehabt?

○ nein ○ ja; Bitte beschreiben: _____
                 Wann fingen die Probleme an? _____
                 Haben diese Probleme aufgehört? _____
                 ○ nein   ○ ja;   wenn ja, wann? _____

VIII. Hat Ihr Kind eine Krankheit, eine körperliche Behinderung oder eine geistige Behinderung?

  nein ja; Bitte beschreiben: _____
_____

IX. Worüber machen Sie sich bei Ihrem Kind am meisten Sorgen?

X. Was gefällt Ihnen bei Ihrem Kind am besten?

Es folgt eine Liste von Merkmalen zur Beschreibung von Kindern und Jugendlichen. Für jedes Merkmal, das Ihr Kind **jetzt oder innerhalb der letzten 6 Monate** beschreibt, kreuzen Sie bitte die **2** an, wenn dieses Merkmal **genau oder häufig** bei Ihrem Kind zutrifft. Kreuzen Sie die **1** an, wenn das Merkmal **etwas oder manchmal** zutrifft. Wenn das Merkmal **nicht zutrifft,** dann kreuzen Sie die **0** an. Bitte beantworten Sie alle Merkmale so gut Sie können, auch wenn Ihnen einige vielleicht ungeeignet erscheinen.

Mein Kind:	stimmt nicht (soweit Ihnen bekannt)	stimmt etwas oder manchmal	stimmt genau oder häufig
1. Verhält sich zu jung für sein Alter	0	1	2
2. Hat Allergien (Welche? Bitte beschreiben: _____ _____)	0	1	2
3. Streitet oder widerspricht viel	0	1	2
4. Hat Asthma	0	1	2
5. Verhält sich wie ein Kind des anderen Geschlechts	0	1	2
6. Kotet ein	0	1	2
7. Gibt an, schneidet auf	0	1	2
8. Kann sich nicht konzentrieren, kann nicht lange aufpassen	0	1	2
9. Kommt von bestimmten Gedanken nicht los; Zwangsgedanken (Bitte beschreiben: _____)	0	1	2
10. Kann nicht stillsitzen, ist unruhig oder überaktiv	0	1	2
11. Klammert sich an Erwachsene oder ist zu abhängig	0	1	2
12. Klagt über Einsamkeit	0	1	2
13. Ist verwirrt oder zerstreut	0	1	2
14. Weint viel	0	1	2
15. Ist roh zu Tieren oder quält sie	0	1	2
16. Ist roh oder gemein zu anderen oder schüchtert sie ein	0	1	2
17. Hat Tagträumereien oder ist gedankenverloren	0	1	2
18. Verletzt sich absichtlich oder versucht Selbstmord	0	1	2
19. Verlangt viel Beachtung	0	1	2
20. Macht seine eigenen Sachen kaputt	0	1	2
21. Macht Sachen kaputt, die den Eltern, Geschwistern oder anderen gehören	0	1	2
22. Gehorcht nicht zu Hause	0	1	2
23. Gehorcht nicht in der Schule	0	1	2
24. Isst schlecht	0	1	2
25. Kommt mit anderen Kindern/Jugendlichen nicht aus	0	1	2
26. Scheint sich nicht schuldig zu führen, wenn es sich schlecht benommen hat	0	1	2
27. Ist leicht eifersüchtig	0	1	2
28. Isst oder trinkt Dinge, die nicht zum Essen oder Trinken geeignet sind. (Keine Süßigkeiten angeben; Bitte beschreiben: _____)	0	1	2
29. Fürchtet sich vor bestimmten Tieren, Situationen oder Plätzen (Schule ausgenommen; Bitte beschreiben: _____)	0	1	2
30. Hat Angst, in die Schule zu gehen	0	1	2
31. Hat Angst, etwas Schlimmes zu denken oder zu tun	0	1	2
32. Glaubt, perfekt sein zu müssen	0	1	2

	stimmt nicht (soweit Ihnen bekannt)	stimmt etwas oder manchmal	stimmt genau oder häufig
33. Glaubt oder beklagt sich, dass niemand es liebt	0	1	2
34. Glaubt, andere wollen ihm etwas tun	0	1	2
35. Fühlt sich wertlos oder unterlegen	0	1	2
36. Verletzt sich häufig, neigt zu Unfällen	0	1	2
37. Gerät leicht in Raufereien, Schlägereien	0	1	2
38. Wird viel gehänselt	0	1	2
39. Hat Umgang mit anderen, die in Schwierigkeiten geraten	0	1	2
40. Hört Geräusche oder Stimmen, die nicht da sind (Bitte beschreiben: _____)	0	1	2
41. Ist impulsiv oder handelt, ohne zu überlegen	0	1	2
42. Ist lieber allein als mit anderen zusammen	0	1	2
43. Lügt, betrügt oder schwindelt	0	1	2
44. Kaut Fingernägel	0	1	2
45. Ist nervös oder angespannt	0		2
46. Hat nervöse Bewegungen oder Zuckungen (Betrifft nicht die unter 10. erwähnte Zappeligkeit; Bitte beschreiben: _____)	0	1	2
47. Hat Alpträume	0	1	2
48. Ist bei anderen Kindern oder Jugendlichen nicht beliebt	0	1	2
49. Leidet an Verstopfung	0	1	2
50. Ist zu furchtsam oder ängstlich	0	1	2
51. Fühlt sich schwindelig	0	1	2
52. Hat zu starke Schuldgefühle	0	1	2
53. Isst zu viel	0	1	2
54. Ist immer müde	0	1	2
55. Hat Übergewicht	0	1	2
56. Hat folgende Beschwerden ohne bekannt körperliche Ursachen			
a) Schmerzen (außer Kopf- und Bauchschmerzen)	0	1	2
b) Kopfschmerzen	0	1	2
c) Übelkeit	0	1	2
d) Augenbeschwerden (ausgenommen solche, die durch Brille korrigiert sind. Bitte beschreiben: _____)	0	1	2
e) Hautausschlag oder andere Hautprobleme	0	1	2
f) Bauchschmerzen oder Magenkrämpfe	0	1	2
g) Erbrechen	0	1	2
h) Andere Beschwerden (Bitte beschreiben: _____)	0	1	2
57. Greift andere körperlich an	0	1	2
58. Bohrt in der Nase, zupft oder kratzt sich an anderen Körperstellen (Bitte beschreiben: _____)	0	1	2
59. Spielt in der Öffentlichkeit an den eigenen Geschlechtsteilen	0	1	2
60. Spielt zu viel an den eigenen Geschlechtsteilen	0	1	2
61. Ist schlecht in der Schule	0	1	2
62. Ist körperlich unbeholfen oder ungeschickt	0	1	2
63. Ist lieber mit älteren Kindern oder Jugendlichen als mit Gleichaltrigen zusammen	0	1	2
64. Ist lieber mit jüngeren Kindern zusammen	0	1	2
65. Weigert sich zu sprechen	0	1	2

	stimmt nicht (soweit Ihnen bekannt)	stimmt etwas oder manchmal	stimmt genau oder häufig
66. Tut bestimmte Dinge und immer wieder, wie unter einem Zwang (Bitte beschreiben:_____)	0	1	2
67. Läuft von zu Hause weg	0	1	2
68. Schreit viel	0	1	2
69. Ist verschlossen, behält Dinge für sich	0	1	2
70. Sieht Dinge, die nicht da sind (Bitte beschreiben:_____)	0	1	2
71. Ist befangen oder wird leicht verlegen	0	1	2
72. Zündelt gerne oder hat schon Feuer gelegt	0	1	2
73. Hat sexuelle Probleme (Bitte beschreiben:_____)	0	1	2
74. Produziert sich gern oder kaspert herum	0	1	2
75. Ist schüchtern oder zaghaft	0	1	2
76. Schläft weniger als die meisten Gleichaltrigen	0	1	2
77. Schläft tagsüber und/oder nachts mehr als die meisten Gleichaltrigen (Bitte beschreiben:_____)	0	1	2
78. Schmiert oder spielt mit Kot	0	1	2
79. Hat Schwierigkeiten beim Sprechen (Bitte beschreiben:_____)	0	1	2
80. Starrt ins Leere	0	1	2
81. Stiehlt zu Hause	0	1	2
8.2 Stiehlt anderswo	0	1	2
83. Hortet Dinge, die es gar nicht braucht (Bitte beschreiben:_____)	0	1	2
84. Verhält sich seltsam oder eigenartig (Bitte beschreiben:_____)	0	1	2
85. Hat seltsame Gedanken oder fremdartige Ideen und Vorstellungen (Bitte beschreiben:_____)	0	1	2
86. Ist störrisch, mürrisch oder reizbar	0	1	2
87. Zeigt plötzliche Stimmungs- oder Gefühlswechsel	0	1	2
88. Schmollt viel oder ist leicht eingeschnappt	0	1	2
89. Ist misstrauisch	0	1	2
90. Flucht oder gebraucht obszöne (schmutzige) Wörter	0	1	2
91. Spricht davon, sich umzubringen	0	1	2
92. Redet oder wandelt im Schlaf (Bitte beschreiben:_____)	0	1	2
93. Redet zu viel	0	1	2
94. Hänselt andere gern	0	1	2
95. Hat Wutausbrüche oder ein hitziges Temperament	0	1	2
96. Denkt zu viel an Sex	0	1	2
97. Bedroht andere	0	1	2
98. Lutscht am Daumen	0	1	2
99. Ist zu sehr auf Ordentlichkeit oder Sauberkeit bedacht	0	1	2
100. Hat Schwierigkeiten mit dem Schlafen (Bitte beschreiben:_____)	0	1	2
101. Schwänzt die Schule (auch einzelne Schulstunden)	0	1	2

	stimmt nicht (soweit Ihnen bekannt)	stimmt etwas oder manchmal	stimmt genau oder häufig
102. Zeigt zu wenig Aktivität, ist zu langsam oder träge	0	1	2
103. Ist unglücklich, traurig oder niedergeschlagen	0	1	2
104. Ist ungewöhnlich laut	0	1	2
105. Trinkt Alkohol, nimmt Drogen oder missbraucht Medikamente (Bitte beschreiben:_____)	0	1	2
106. Richtet mutwillig Zerstörungen an	0	1	2
107. Nässt tagsüber ein	0	1	2
108. Nässt im Schlafen ein	0	1	2
109. Quengelt oder jammert	0	1	2
110. Möchte lieber ein Kind/ein Jugendlicher des anderen Geschlechts sein	0	1	2
111. Zieht sich zurück, nimmt keinen Kontakt mit anderen auf	0	1	2
112. Macht sich zu viele Sorgen	0	1	2
113. Bitte beschreiben Sie hier Probleme Ihres Kindes, die bisher noch nicht erwähnt wurden:_____			

Bitte vergewissern Sie sich, dass Sie keine Frage ausgelassen haben.

Unterstreichen Sie bitte die Merkmale, die Ihnen Sorge machen.

Vielen Dank!

Arbeitsgruppe Kinder-, Jugendlichen- u. Familiendiagnostik (KJFD)
Klinik u. Poliklinik für Psychiatrie und Psychotherapie des Kindes- und Jugendalters der Universität zu Köln, Robert-Koch-Str. 10, 50931 Köln, Fax: 02 21 / 4 78-61 04

Bezugsquelle für Fragebögen, Handbuch und PC-Version (Windows) für die Schweiz: H.-C. Steinhausen

Anhang 4.6: Lehrer-Fragebogen (TRF)

Name und Vorname des Kindes

heutiges Datum ⬚⬚⬚⬚⬚⬚

Geburtsdatum ⬚⬚⬚⬚⬚⬚

_____

Alter in Jahren: ⬚⬚⬚   Geschlecht: ○ Junge   ○ Mädchen

Schulklasse: ⬚⬚⬚   Name der Schule:_____

Schultyp:_____

Ausgefüllt von: ○ Klassenlehrer(in)   ○ Beratungslehrer(in)   ○ anderer

Bitte beantworten Sie diesen Fragebogen so gut sie können, auch wenn Ihnen eine vollständige Information fehlt. Bitte schreiben Sie zusätzliche Bemerkungen dazu, wenn es Ihnen erforderlich erscheint.

I.   Wie lange kennen Sie diesen Schüler/diese Schülerin schon?   _____ Monate

---

II.   Wie gut kennen Sie ihn/sie?   1 ○ nicht gut   2 ○ mäßig gut   3 ○ sehr gut

---

III.   Wie viele Unterrichtsstunden hat er/sie bei Ihnen in der Woche?   _____ Stunden

---

IV.   Was für Unterrichtsstunden sind es? Bitte beschreiben Sie genau, z. B. 3. Schuljahr, Sachkunde; 7. Schuljahr, Englisch E-Kurs usw.)

V.   Ist es schon einmal empfohlen worden, dass er/sie die Sonderschule besuchen, einen Schulpsychologen aufsuchen oder Nachhilfeunterricht bekommen soll?

○ ich weiß nicht   0 ○ nein   1 ○ ja

wenn ja, was und wann:_____

VI.   Hat er/sie schon eine Klasse wiederholt?

○ ich weiß nicht   0 ○ nein   1 ○ ja

wenn ja, welche Klasse und Begründung:_____

VII. Gegenwärtige Schulleistungen – Bitte schätzen Sie den gegenwärtigen Leistungsstand in den einzelnen Schulfächern ein:

Schulfach	1 stark unterdurch- schnittlich	2 etwas unter- durchschnittlich	3 durchschnittlich	4 etwas über- durchschnittlich	5 stark über- durchschnittlich
1. _____	○	○	○	○	○
2. _____	○	○	○	○	○
3. _____	○	○	○	○	○
4. _____	○	○	○	○	○
5. _____	○	○	○	○	○
6.	○	○	○	○	○

VIII. Verglichen mit gleichaltrigen Schülern:

	1 sehr viel weniger	2 deutlich weniger	3 ein bisschen weniger	4 etwa durch- schnittlich	5 ein bisschen mehr	6 deutlich mehr	7 sehr viel mehr
1. Wieviel arbeitet er/sie?	○	○	○	○	○	○	○
2. Wie angemessen verhält er/sie sich?	○	○	○	○	○	○	○
3. Wie lernt er/sie?	○	○	○	○	○	○	○
4. Wie glücklich/zufrieden ist er/sie?	○	○	○	○	○	○	○

IX. Sind Intelligenz-, Leistungs- und Eignungstest durchgeführt worden?

Name des Tests	Datum der Durchführung	Testergebnis

X. Hat dieser Schüler/diese Schülerin irgendeine Krankheit, Körperbehinderung oder geistige Behinderung?

○ nein   ○ ja – Bitte beschreiben:

XI. Was macht Ihnen bei diesem Schüler/diese Schülerin am meisten Sorgen?

XII.   Was gefällt Ihnen bei diesem Schüler/dieser Schülerin am besten?

XIII.   Hier können Sie weitere Bemerkungen über die Leistungen, das Verhalten oder die Begabungen dieses Schülers/dieser Schülerin eintragen und ggf. weitere Seiten beilegen.

Es folgt eine Liste von Aussagen, die Schüler beschreiben. Die Aussagen beziehen sich auf die letzten 2 Monate. Bitte kreuzen Sie die Zahl **2** an, wenn die Aussage genau oder häufig zutrifft. Kreuzen Sie die Zahl **1** an, wenn die Aussage für den Schüler etwas oder manchmal zutrifft. Wenn die Aussage für den Schüler nicht zutrifft, kreuzen Sie bitte die Zahl **0** an.

	stimmt nicht (soweit Ihnen bekannt)	stimmt etwas oder manchmal	stimmt genau oder häufig
1. Verhält sich zu jung für sein Alter	0		2
2. Summt oder macht andere seltsame Geräusche im Unterricht		1	2
3. Streitet oder widerspricht viel		1	2
4. Bringt angefangene Aufgaben nicht zu Ende	0	1	2
5. Verhält sich wie ein Kind des anderen Geschlechts	0	1	2
6. Ist trotzig, ablehnend oder frech zu den Lehrern/Lehrerinnen	0	1	2
7. Gibt an, schneidet auf	0	1	2
8. Kann sich nicht konzentrieren, kann nicht lang aufpassen	0	1	2
9. Kommt von bestimmten Gedanken nicht los; Zwangs- gedanken (Bitte beschreiben:_____)	0	1	2
10. Kann nicht stillsitzen, ist unruhig oder überaktiv	0	1	2
11. Klammert sich an Erwachsene oder ist zu abhängig	0	1	2
12. Klagt über Einsamkeit	0	1	2
13. Ist verwirrt oder wirkt wie hinter einem Schleier	0	1	2
14. Weint viel	0	1	2
15. Ist zappelig	0	1	2
16. Ist roh oder gemein zu anderen oder schüchtert sie ein	0	1	2
17. Hat Tagträumereien oder ist gedankenverloren	0	1	2
18. Verletzt sich absichtlich oder versucht Selbstmord	0	1	2
19. Verlangt viel Beachtung	0	1	2
20. Macht seine eigenen Sachen kaputt	0	1	2
21. Zerstört die Sachen anderer	0	1	2
22. Hat Schwierigkeiten, Anweisungen zu folgen	0	1	2
23. Gehorcht nicht in der Schule	0	1	2
24. Stört andere Schüler	0	1	2
25. Kommt mit anderen Schülern nicht aus	0	1	2
26. Scheint nach Fehlverhalten keine Schuldgefühle zu empfinden	0	1	2
27. Ist leicht eifersüchtig	0	1	2
28. Isst oder trinkt Dinge, die nicht zum Essen oder Trinken geeignet sind. (Keine Süßigkeiten angeben; Bitte beschreiben:_____)			

	stimmt nicht (soweit Ihnen bekannt)	stimmt etwas oder manchmal	stimmt genau oder häufig
29. Fürchtet sich vor bestimmten Tieren, Situationen oder Plätzen (Schule ausgenommen; Bitte beschreiben: _____)	0	1	2
30. Hat Angst, in die Schule zu gehen	0	1	2
31. Hat Angst, etwas Schlimmes zu denken oder zu tun	0	1	2
32. Glaubt, perfekt sein zu müssen	0	1	2
33. Glaubt oder beklagt sich, dass niemand ihn/sie liebt	0	1	2
34. Glaubt, andere wollen ihm/ihr etwas tun	0	1	2
35. Fühlt sich wertlos oder unterlegen	0	1	2
36. Verletzt sich häufig ungewollt, neigt zu Unfällen	0	1	2
37. Gerät leicht in Raufereien, Schlägereien	0	1	2
38. Wird viel gehänselt	0	1	2
39. Hat Umgang mit anderen, die in Schwierigkeiten geraten	0	1	2
40. Hört Geräusche oder Stimmen, die nicht da sind (Bitte beschreiben: _____)	0		2
41. Ist impulsiv oder handelt, ohne zu überlegen	0	1	2
42. Ist lieber allein als mit anderen zusammen	0	1	2
43. Lügt, betrügt oder schwindelt	0	1	2
44. Kaut Fingernägel	0		2
45. Ist nervös oder angespannt	0	1	2
46. Hat nervöse Bewegungen oder Zuckungen (Betrifft nicht die unter 10. erwähnte Zappeligkeit; Bitte beschreiben: _____)	0	1	2
47. Ist überangepasst	0	1	2
48. Wird von anderen Schülern nicht gemocht	0	1	2
49. Hat Lernschwierigkeiten	0	1	2
50. Ist zu furchtsam oder ängstlich	0	1	2
51. Fühlt sich schwindelig	0	1	2
52. Hat zu starke Schuldgefühle	0	1	2
53. Redet dazwischen	0	1	2
54. Ist immer müde	0	1	2
55. Hat Übergewicht	0	1	2
56. Hat folgende Beschwerden ohne bekannt körperliche Ursachen			
a) Schmerzen (außer Kopf- und Bauchschmerzen)	0	1	2
b) Kopfschmerzen	0	1	2
c) Übelkeit	0	1	2
d) Augenbeschwerden (ausgenommen solche, die durch Brille korrigiert sind. Bitte beschreiben: _____)	0	1	2
e) Hautausschlag oder andere Hautprobleme	0	1	2
f) Bauchschmerzen oder Magenkrämpfe	0	1	2
g) Erbrechen	0	1	2
h) Andere Beschwerden (Bitte beschreiben: _____)	0	1	2
57. Greift andere körperlich an	0	1	2
58. Bohrt in der Nase, zupft oder kratzt sich an anderen Körperstellen (Bitte beschreiben: _____)	0	1	2
59. Spielt während des Unterrichts	0	1	2
60. Ist apathisch oder unmotiviert	0	1	2

		stimmt nicht (soweit Ihnen bekannt)	stimmt etwas oder manchmal	stimmt genau oder häufig
61.	Ist schlecht in der Schule	0	1	2
62.	Ist körperlich unbeholfen oder ungeschickt	0	1	2
63.	Ist lieber mit älteren Kindern oder Jugendlichen als mit Gleichaltrigen zusammen	0	1	2
64.	Ist lieber mit jüngeren Kindern zusammen	0	1	2
65.	Weigert sich zu sprechen	0	1	2
66.	Tut bestimmte Dinge und immer wieder, wie unter einem Zwang (Bitte beschreiben:_____)	0	1	2
67.	Stört in der Klasse	0	1	2
68.	Schreit viel	0	1	2
69.	Ist verschlossen, behält Dinge für sich	0	1	2
70.	Sieht Dinge, die nicht da sind (Bitte beschreiben: _____)	0	1	2
71.	Ist befangen oder wird leicht verlegen	0	1	2
72.	Arbeitet unordentlich	0		
73.	Verhält sich verantwortungslos (Bitte beschreiben: _____)	0	1	2
74.	Produziert sich gern oder kaspert herum	0	1	2
75.	Ist schüchtern oder zaghaft	0		2
76.	Zeigt aufbrausendes und unberechenbares Verhalten		1	2
77.	Muss Forderungen sofort erfüllt bekommen, ist schnell frustriert	0	1	2
78.	Ist unaufmerksam, leicht ablenkbar	0	1	2
79.	Hat Schwierigkeiten beim Sprechen (Bitte beschreiben: _____)	0	1	2
80.	Starrt ins Leere	0	1	2
81.	Ist bei Kritik schnell verletzt	0	1	2
8.2	Stiehlt	0	1	2
83.	Hortet Dinge, die er/sie gar nicht braucht (Bitte beschreiben:_____)	0	1	2
84.	Verhält sich seltsam oder eigenartig (Bitte beschreiben: _____)	0	1	2
85.	Hat seltsame Gedanken oder fremdartige Ideen und Vorstellungen (Bitte beschreiben: _____)	0	1	2
86.	Ist störrisch, mürrisch oder reizbar	0	1	2
87.	Zeigt plötzliche Stimmungs- oder Gefühlswechsel	0	1	2
88.	Schmollt viel oder ist leicht eingeschnappt	0	1	2
89.	Ist misstrauisch	0	1	2
90.	Flucht oder gebraucht obszöne (schmutzige) Wörter	0	1	2
91.	Spricht davon, sich umzubringen	0	1	2
92.	Bleibt unter seinen Möglichkeiten, könnte mehr leisten	0	1	2
93.	Redet zu viel	0	1	2
94.	Hänselt andere gern	0	1	2
95.	Hat Wutausbrüche oder ein hitziges Temperament	0	1	2
96.	Scheint sich übermäßig mit Sex zu befassen	0	1	2
97.	Bedroht andere	0	1	2
98.	Kommt zu spät zur Schule oder zum Unterricht	0	1	2
99.	Ist zu sehr auf Ordentlichkeit oder Sauberkeit bedacht	0	1	2

	stimmt nicht (soweit Ihnen bekannt)	stimmt etwas oder manchmal	stimmt genau oder häufig
100. Erledigt aufgetragene Arbeiten nicht	0	1	2
101. Schwänzt die Schule oder fehlt unentschuldigt	0	1	2
102. Zeigt zu wenig Aktivität, ist zu langsam oder träge	0	1	2
103. Ist unglücklich, traurig oder niedergeschlagen	0	1	2
104. Ist ungewöhnlich laut	0	1	2
105. Trinkt Alkohol, nimmt Drogen oder missbraucht Medikamente (Bitte beschreiben: _____)	0	1	2
106. Versucht zu sehr, anderen zu gefallen	0	1	2
107. Mag die Schule nicht	0	1	2
108. Hat Angst, Fehler zu machen	0	1	2
109. Quengelt oder jammert	0	1	2
110. Sieht ungepflegt aus	0	1	2
111. Zieht sich zurück, nimmt keinen Kontakt mit anderen auf	0	1	2
112. Macht sich zu viele Sorgen	0		2
113. Bitte beschreiben Sie hier Problem, die der Schüler/ die Schülerin hat, und die noch nicht erwähnt wurden:			
_____			
_____			
_____			
_____		1	2

Bitte vergewissern Sie sich, dass Sie keine Frage ausgelassen haben.

Unterstreichen Sie bitte die Merkmale, die Ihnen Sorge machen.

Vielen Dank!

Anhang 4.7: Jugendlichen-Fragebogen

Name und Vorname:

heutiges Datum | | | | | | | |

Geburtsdatum | | | | | | | |

_____

Dein Alter in Jahren: | | | Geschlecht:

1 ○ Junge   2 ○ Mädchen

*Bitte beantworte diesen Fragebogen so, wie **Du** dich siehst, selbst wenn andere Leute damit nicht übereinstimmen. Bitte schreibe zusätzliche Bemerkungen dazu, wenn es Dir erforderlich erscheint.*

I. Nenne bitte die Sportarten, an denen Du am liebsten teilnimmst, z.B. Fußball, Schwimmen, Rad fahren, Wandern usw.

Wieviel Zeit verbringst Du, verglichen mit Gleichaltrigen, mit dieser Sportart?

Wie gut beherrscht Du, verglichen mit Gleichaltrigen, diese Sportart?

	weniger	etwa genau- soviel	mehr	weniger	etwa genau- soviel	mehr
○ keine						
A. _____	○	○	○	○	○	○
B. _____	○	○	○	○	○	○
C. _____	○	○	○	○	○	○

II. Nennen bitte Deine Hobbys, Lieblingsaktivitäten und Spiele (außer Sport), z.B. Kartenspiele, mit Autos spielen, Lesen, Klavier spielen, Basteln usw. (Hier nicht Radio hören oder Fernsehen nennen.)

Wieviel Zeit verbringst Du, verglichen mit Gleichaltrigen mit Deinen Hobbys oder Aktivitäten?

Wie gut beherrscht Du, verglichen mit Gleichaltrigen, Deine Hobbys oder Aktivitäten?

	weniger	etwa genau- soviel	mehr	weniger	etwa genau- soviel	mehr
○ keine						
A. _____	○	○	○	○	○	○
B. _____	○	○	○	○	○	○
C. _____	○	○	○	○	○	○

III. Nenne bitte alle Organisationen, Vereine oder Gruppen, denen Du angehörst?

Wie aktiv bist Du dort, verglichen mit Gleichaltrigen?

	weniger	etwa gleich aktiv	aktiver
○ keine			
A. _____	○	○	○
B. _____	○	○	○
C. _____	○	○	○

IV. Welche Arbeiten oder Pflichten übernimmst Du innerhalb oder außerhalb des Haushalts? – z. B. Zeitungen austragen, Babysitting, Betten machen, in einem Geschäft arbeiten (bezahlte und und bezahlte Arbeiten und Pflichten)

Wie gut verrichtest Du, verglichen mit Gleichaltrigen, diese Arbeiten?

	weniger gut	gleich gut	besser
○ keine			
A. _____	○	○	○
B. _____	○	○	○
C. _____	○	○	○

V. 1. Wie viele gute Freunde hast Du? (Geschwister nicht mitgezählt)

keine	1	2 bis 3	4 oder mehr
○	○	○	○

2. Wie oft pro Woche unternimmst Du etwas mit Deinen Freunden?

○ weniger als einmal pro Woche
○ ein- bis zweimal pro Woche
○ dreimal oder häufiger

VI. Verglichen mit Gleichaltrigen, wie gut:

	schlechter	etwa gleich	besser	Einzelkind
a) verträgst Du Dich mit Deinen Geschwistern?	○	○	○	○
b) kommst Du mit anderen Kindern oder Jugendlichen zurecht?	○	○	○	○
c) kommst Du mit Deinen Eltern zurecht?	○	○	○	○
d) kommst Du alleine zurecht?	○	○	○	○

VII. Wie gut sind Deine gegenwärtigen Schulleistungen?

	ungenügend	unterdurch- schnittlich	durch- schnittlich	überdurch- schnittlich
a) Deutsch	○	○	○	○
b) Geschichte oder Sozialkunde	○	○	○	○
c) Mathematik	○	○	○	○

	ungenügend	unterdurch-schnittlich	durch-schnittlich	überdurch-schnittlich
andere Hauptfächer				
e) _____	○	○	○	○
f) _____	○	○	○	○
g) _____	○	○	○	○

VIII. Hast Du eine Krankheit, eine körperliche Behinderung oder eine Einschränkung?

○ nein   ○ ja;   Bitte beschreibe:

IX. Bitte beschreibe Sorgen oder Probleme mit der Schule:

X. Bitte beschreibe, irgendwelche Sorgen, die Du hast:

XI. Was gefällt Dir am besten an Dir selbst?

Es folgt eine Liste von Eigenschaften, die Jugendliche beschreibt. Prüfe bitte, welche Eigenschaften bei Dir **jetzt zutreffen oder innerhalb der letzten 6 Monate** bei Dir zutrafen. Kreuze die **2** an, wenn der Punkt auf Dich **genau oder häufig** zutrifft. Kreuze die **1** an, wenn es **etwas oder manchmal** auf Dich zutrifft. Kreuze die **0** an, wenn dies auf Dich **nicht zutrifft**.

		stimmt nicht	stimmt etwas oder manchmal	stimmt genau oder häufig
1.	Ich verhalte mich zu jung für mein Alter	0	1	2
2.	Ich habe eine Allergie (Welche? Beschreibe: _____)	0	1	2
3.	Ich streite oder widerspreche viel	0	1	2
4.	Ich habe Asthma	0	1	2
5.	Ich verhalte mich wie jemand des anderen Geschlechts	0	1	2
6.	Ich mag Tiere	0	1	2
7.	Ich gebe an, schneide auf	0	1	2
8.	Ich kann mich nicht konzentrieren, kann nicht lange aufpassen	0		2
9.	Ich komme von bestimmten Gedanken nicht los; Zwangsgedanken (Beschreibe: _____)	0	1	2
10.	Ich kann nicht stillsitzen	0	1	2
11.	Ich bin von Erwachsenen zu abhängig	0		2
12.	Ich fühle mich einsam	0	1	2
13.	Ich bin verwirrt oder zerstreut		1	2
14.	Ich weine viel	0	1	2
15.	Ich bin sehr ehrlich	0	1	2
16.	Ich bin gemein zu anderen	0	1	2
17.	Ich habe Tagträumereien	0	1	2
18.	Ich verletze mich absichtlich oder versuche Selbstmord	0	1	2
19.	Ich versuche, viel Aufmerksamkeit zu bekommen	0	1	2
20.	Ich mache meine eigenen Sachen kaputt	0	1	2
21.	Ich mache Sachen kaputt, die anderen gehören	0	1	2
22.	Ich gehorche meinen Eltern nicht	0	1	2
23.	Ich gehorche in der Schule nicht	0	1	2
24.	Ich esse nicht so gut, wie ich	0	1	2
25.	Ich komme mit anderen Kindern/Jugendlichen nicht gut aus	0	1	2
26.	Ich fühle mich nicht schuldig, wenn ich mich schlecht benommen habe	0	1	2
27.	Ich bin auf andere eifersüchtig	0	1	2
28.	Ich helfe gerne, wenn Sie Hilfe benötigen	0	1	2
29.	Ich fürchte mich vor bestimmten Tieren, Situationen oder Plätzen (Schule ausgenommen; Beschreibe: _____)	0	1	2
30.	Ich habe Angst, in die Schule zu gehen	0	1	2
31.	Ich habe Angst, etwas Schlimmes zu denken oder zu tun	0	1	2
32.	Ich glaube, perfekt sein zu müssen	0	1	2
33.	Ich glaube, dass ich nicht geliebt werde	0	1	2
34.	Ich glaube, andere wollen mir etwas antun	0	1	2
35.	Ich fühle mich wertlos oder unterlegen	0	1	2
36.	Ich verletze mich häufig oder	0	1	2
37.	Ich gerate leicht in Raufereien, Schlägereien	0	1	2
38.	Ich werde viel gehänselt	0	1	2

	stimmt nicht	stimmt etwas oder manchmal	stimmt genau oder häufig
39. Ich habe Umgang mit anderen, die in Schwierigkeiten geraten	0	1	2
40. Ich höre Geräusche oder Stimmen, die nicht da sind (Beschreibe: _____ _____)	0	1	2
41. Ich handle, ohne nachzudenken	0	1	2
42. Ich bin lieber allein als mit anderen zusammen	0	1	2
43. Ich lüge, betrüge oder schwindele	0	1	2
44. Ich kaue Fingernägel	0	1	2
45. Ich bin nervös oder angespannt	0	1	2
46. Ich habe nervöse Bewegungen oder Zuckungen (Beschreibe:_____ _____)	0	1	2
47. Ich habe Alpträume	0	1	2
48. Ich bin bei anderen Jugendlichen nicht beliebt	0		2
49. Ich kann bestimmte Dinge besser als die meisten Jugendlichen	0	1	2
50. Ich bin zu furchtsam oder ängstlich	0	1	2
51. Ich fühle mich schwindelig	0	1	2
52. Ich habe zu starke Schuldgefühle	0	1	2
53. Ich esse zu viel	0	1	2
54. Ich bin immer müde		1	2
55. Ich habe Übergewicht	0	1	2
56. Ich habe folgende Beschwerden ohne bekannte körperliche Ursachen			
a) Schmerzen (außer Kopf- und Bauchschmerzen)	0	1	2
b) Kopfschmerzen	0	1	2
c) Übelkeit, Unwohlsein	0	1	2
d) Augenbeschwerden (ausgenommen solche, die durch Brille korrigiert sind. Beschreibe: _____ _____)	0	1	2
e) Hautausschlag oder andere Hautprobleme	0	1	2
f) Bauchschmerzen oder Magenkrämpfe	0	1	2
g) Erbrechen	0	1	2
h) Andere Beschwerden (Beschreibe: _____ _____)	0	1	2
57. Ich greife andere körperlich an	0	1	2
58. Ich bohre in der Nase, zupfe oder kratze mich an anderen Körperstellen (Beschreibe: _____ _____)	0	1	2
59. Ich kann sehr freundlich sein	0	1	2
60. Ich probiere gern etwas Neues aus	0	1	2
61. Ich bin schlecht in der Schule	0	1	2
62. Ich bin körperlich unbeholfen oder ungeschickt	0	1	2
63. Ich bin lieber mit älteren Jugendlichen als mit Gleichaltrigen zusammen	0	1	2
64. Ich bin lieber mit jüngeren Kindern als mit Gleichaltrigen zusammen	0	1	2
65. Ich weigere mich zu sprechen	0	1	2
66. Ich tue bestimmte Dinge immer und immer wieder, wie unter einem Zwang (Beschreibe: _____ _____)	0	1	2
67. Ich laufe von zu Hause weg	0	1	2

	stimmt nicht	stimmt etwas oder manchmal	stimmt genau oder häufig
68. Ich schreie viel	0	1	2
69. Ich bin verschlossen, behalte Dinge für mich	0	1	2
70. Ich sehe Dinge, die nicht da sind (Beschreibe:_____ _____)	0	1	2
71. Ich bin befangen oder werde leicht verlegen	0	1	2
72. Ich zündele gerne oder habe schon Feuer gelegt	0	1	2
73. Ich kann mit meinen Händen geschickt umgehen	0	1	2
74. Ich produziere mich gern oder kaspere herum	0	1	2
75. Ich bin schüchtern oder zaghaft	0	1	2
76. Ich schlafe weniger als die meisten Gleichaltrigen	0	1	2
77. Ich schlafe tagsüber und/oder nachts mehr als die meisten Gleichaltrigen (Beschreibe: _____)	0	1	2
78. Ich habe eine gute Vorstellungskraft	0	1	2
79. Ich habe Schwierigkeiten beim Sprechen (Beschreibe: _____)	0		2
80. Ich setze mich für meine Rechte ein	0	1	2
81. Ich stehle zu Hause	0	1	2
82. Ich stehle anderswo	0	1	2
83. Ich horte Dinge, die ich gar nicht brauche (Beschreibe: _____)	0	1	2
84. Andere meinen, dass ich mich seltsam oder eigenartig verhalte (Beschreibe: _____ _____)	0	1	2
85. Andere meinen, dass ich seltsame Gedanken oder fremdartige Ideen und Vorstellungen habe (Beschrei `` _____ _____)	0	1	2
86. Ich bin störrisch, mürrisch oder reizbar	0	1	2
87. Ich habe plötzliche Stimmungs- oder Ge. 'swech `` el	0	1	2
88. Ich bin gerne mit anderen zusammen	0	1	2
89. Ich bin misstrauisch	0	1	2
90. Ich fluche oder gebrauche schmu `` g Wörter	0	1	2
91. Ich denke darüber nach, m `` zu ringen	0	1	2
92. Ich bringe andere gern zum L hen	0	1	2
93. Ich rede zu viel	0	1	2
94. Ich hänsele andere gern	0	1	2
95. Ich habe Wutausbrüche oder ein hitziges Temperament	0	1	2
96. Ich denke zu viel an Sex	0	1	2
97. Ich drohe, andere zu verletzen	0	1	2
98. Ich helfe anderen gerne	0	1	2
99. Ich bin zu sehr auf Ordentlichkeit oder Sauberkeit bedacht	0	1	2
100. Ich habe Schwierigkeiten mit dem Schlafen (Beschreibe: _____)	0	1	2
101. Ich schwänze die Schule (auch einzelne Schulstunden)	0	1	2
102. Ich habe nicht viel Energie	0	1	2
103. Ich bin unglücklich, traurig oder niedergeschlagen	0	1	2
104. Ich bin lauter als andere Jugendliche	0	1	2
105. Ich trinke Alkohol, nehme Drogen oder missbrauche Medikamente (Beschreibe: _____ _____)	0	1	2
106. Ich versuche, anderen gegenüber fair zu sein	0	1	2

	stimmt nicht	stimmt etwas oder manchmal	stimmt genau oder häufig
107. Ich habe Spaß an einem guten Witz	0	1	2
108. Ich nehme das Leben gerne von der leichten Seite	0	1	2
109. Ich versuche, anderen Menschen zu helfen, wenn ich kann	0	1	2
110. Ich möchte gern jemand des anderen Geschlechts sein	0	1	2
111. Ich ziehe mich zurück, nehme keinen Kontakt mit anderen auf	0	1	2
112. Ich mache mir zu viele Sorgen	0	1	2
113. Bitte beschreibe hier Probleme, die Dich betreffen, die bisher noch nicht erwähnt wurden: _____			
_____			
_____			
_____	0	1	2

Überprüfe bitte noch einmal, dass Du keine Frage ausgelassen hast.

Vielen Dank!

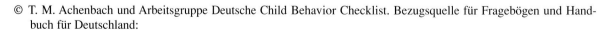

Anhang 4.8: Offer-Selbstbild-Fragebogen für Jugendliche (OSBF)

OSBF M (Fassung für Jungen) (D. Offer, bearbeitet von H.-C. Steinhausen)

Name und Vorname des Kindes:

heutiges Datum: |__|__|__|__|__|__|

Geburtsdatum: |__|__|__|__|__|__|

Dieser Fragebogen wird vertraulich behandelt. Es gibt keine richtigen oder falschen Antworten. Bitte lies jede der folgenden Feststellungen sorgfältig durch und kreuze die Zahl an die angibt, wie genau die Feststellung auf Dich zutrifft. Beantworte bitte jede Feststellung. Vielen Dank für Deine Mitarbeit!

	Diese Feststellung beschreibt mich:					
	sehr gut 1	gut 2	ganz gut 3	nicht ganz 4	nicht richtig 5	überhaupt nicht 6
1. Wenn ich unter Menschen bin, habe ich viel Angst, dass jemand sich über mich lustig macht.	1	2	3	4	5	6
2. Ich glaube, ich werde für meine Eltern in der Zukunft ein Grund zur Freude sein.	1	2	3	4	5	6
3. Ich verliere leicht den Kopf.	1	2	3	4	5	6
4. Meine Eltern stehen fast auf der Seite von jemand anderem, z. B. meinem Bruder oder meiner Schwester.	1	2	3	4	5	6
5. Das andere Geschlecht findet mich langweilig.	1	2	3	4	5	6
6. Meistens fühle ich mich unter Druck.	1	2	3	4	5	6
7. Bei Partys fühle ich mich meistens fehl am Platze.	1	2	3	4	5	6
8. Meine Eltern werden in der Zukunft über mich enttäuscht sein.	1	2	3	4	5	6
9. Manchmal habe ich Wein- oder Lachanfälle, die ich gar nicht richtig kontrollieren kann.	1	2	3	4	5	6
10. Wenn ich mich anstrenge, kann ich fast alles lernen.	1	2	3	4	5	6
11. Ich habe sehr oft das Gefühl, dass ich keinen guten Vater habe.	1	2	3	4	5	6
12. Meistens bin ich durcheinander.	1	2	3	4	5	6
13. Ich fühle mich den meisten Menschen, die ich kenne, unterlegen.	1	2	3	4	5	6
14. Mir gelingt es einfach nicht, meine Eltern zu verstehen.	1	2	3	4	5	6
15. Es macht mir keinen Spaß, Dinge zu ordnen und den Sinn zu erfassen.	1	2	3	4	5	6
16. Im abgelaufenen Jahr war ich über meine Gesundheit sehr beunruhigt.	1	2	3	4	5	6
17. Schmutzige Witze sind manchmal lustig.	1	2	3	4	5	6
18. Ich beschuldige mich oft selbst, auch wenn ich gar keinen Fehler gemacht habe.	1	2	3	4	5	6
19. Meine Geschlechtsorgane sind normal.	1	2	3	4	5	6
20. Meistens bin ich froh.	1	2	3	4	5	6
21. Ich kann Kritik ohne Beleidigtsein annehmen.	1	2	3	4	5	6
22. Manchmal fühle ich mich so beschämt, dass ich mich in der Ecke verstecken und weinen möchte.	1	2	3	4	5	6

	Diese Feststellung beschreibt mich:					
	sehr gut	gut	ganz gut	nicht ganz	nicht richtig	überhaupt nicht
	1	2	3	4	5	6
23. Ich bin sicher, dass ich über meinen zukünftigen Beruf stolz sein werde.	1	2	3	4	5	6
24. Meine Gefühle werden leicht verletzt.	1	2	3	4	5	6
25. Wenn einem meiner Freunde etwas Schlimmes zustößt, fühle ich mich auch traurig.	1	2	3	4	5	6
26. Die Vorstellung von meiner eigenen Zukunft befriedigt mich.	1	2	3	4	5	6
27. Meistens fühle ich mich gefühlsleer.	1	2	3	4	5	6
28. Ich würde eher herumsitzen und bummeln, als zu arbeiten.	1	2	3	4	5	6
29. Unsere Gesellschaft beruht auf Wettbewerb, und ich habe keine Angst davor.	1	2	3	4	5	6
30. Meistens kommen meine Eltern gut miteinander aus.	1	2	3	4	5	6
31. Ich glaube, dass andere Leute mich nicht mögen.	1	2	3	4	5	6
32. Ich finde es sehr schwierig, neue Freundschaften zu festigen.	1	2	3	4	5	6
33. Ich bin sehr ängstlich.	1	2	3	4	5	6
34. Wenn meine Eltern streng sind, meine ich, haben sie Recht, auch wenn ich mich ärgere.	1	2	3	4	5	6
35. Eng mit einem anderen Jungen zusammenzuarbeiten, macht mir nie Spaß.	1	2	3	4	5	6
36. Ich bin stolz auf meinen Körper.	1	2	3	4	5	6
37. Manchmal denke ich darüber nach, welche Art von Arbeit ich in der Zukunft machen werde.	1	2	3	4	5	6
38. Auch unter Druck gelingt es mir, ruhig zu bleiben.	1	2	3	4	5	6
39. Wenn ich erwachsen sein werde und eine Familie haben werde, wird sie zumindest in einigen Dingen meiner eigenen ähneln.	1	2	3	4	5	6
40. Oft habe ich das Gefühl, dass ich eher sterben als weiterleben möchte.	1	2	3	4	5	6
41. Ich habe ganz große Schwierigkeiten, Freunde zu finden.	1	2	3	4	5	6
42. Ich würde für den Rest des Lebens lieber unterstützt werden als zu arbeiten.	1	2	3	4	5	6
43. Ich habe das Gefühl, bei Familienentscheidungen beteiligt zu sein.	1	2	3	4	5	6
44. Mir macht es nichts aus, verbessert zu werden, weil ich daraus lernen kann.	1	2	3	4	5	6
45. Ich fühle mich sehr einsam.	1	2	3	4	5	6
46. Ich habe Freude am Leben.	1	2	3	4	5	6
47. Meistens habe ich eine ausgeglichene Stimmung.	1	2	3	4	5	6
48. Eine gut verrichtete Arbeit vermittelt mir Freude.	1	2	3	4	5	6
49. Meine Eltern sind meistens geduldig mit mir.	1	2	3	4	5	6
50. Offensichtlich muss ich Leute, die ich mag, wie unter Zwang nachahmen.	1	2	3	4	5	6

Diese Feststellung beschreibt mich:

	sehr gut 1	gut 2	ganz gut 3	nicht ganz 4	nicht richtig 5	überhaupt nicht 6
51. Sehr oft verstehen Eltern einen Menschen nicht, weil sie eine unglückliche Kindheit hatten.	1	2	3	4	5	6
52. Ich bin lieber allein als mit Gleichaltrigen zusammen.	1	2	3	4	5	6
53. Wenn ich mich für etwas entscheide, dann mache ich es.	1	2	3	4	5	6
54. Ich glaube, Mädchen finden mich attraktiv.	1	2	3	4	5	6
55. Ich glaube, von anderen viel lernen zu können.	1	2	3	4	5	6
56. Ich sehe mir keinen Sex in Shows oder Filmen an.	1	2	3	4	5	6
57. Ich habe ständig vor etwas Angst.	1	2	3	4	5	6
58. Sehr oft denke ich, überhaupt nicht die Person zu sein, die ich gerne sein möchte.	1	2	3	4	5	6
59. Wenn ich weiß, dass ich einer neuen Situation entgegensehe, versuche ich im voraus, soviel wie möglich darüber zu erfahren.	1	2	3	4	5	6
60. Gewöhnlich habe ich das Gefühl, zu Hause den anderen auf die Nerven zu gehen.	1	2	3	4	5	6
61. Wenn andere mich missbilligen (gegen mich sind), werde ich schrecklich ärgerlich.	1	2	3	4	5	6
62. Ich mag einen Elternteil sehr viel lieber als den anderen.	1	2	3	4	5	6
63. Das Zusammensein mit anderen Menschen gibt mir ein gutes Gefühl.	1	2	3	4	5	6
64. Wenn ich irgendwo versage, versuche ich herauszufinden, was ich zur Vermeidung eines weiteren Versagens tun kann.	1	2	3	4	5	6
65. Ich fühle mich häufig hässlich und unattraktiv.	1	2	3	4	5	6
66. Sexuell bin ich irgendwie zurück.	1	2	3	4	5	6
67. Obwohl ich alles mitmache, scheine ich unfähig zu sein, Dinge zu erledigen.	1	2	3	4	5	6
68. Wenn andere mich ansehen, müssen sie glauben, dass ich wenig entwickelt bin.	1	2	3	4	5	6
69. Meine Eltern schämen sich meiner.	1	2	3	4	5	6
70. Ich glaube, die Wirklichkeit von der Phantasie unterscheiden zu können.	1	2	3	4	5	6
71. Das Nachdenken oder Sprechen über Sex macht mir Angst.	1	2	3	4	5	6
72. Ich fühle mich stark und gesund.	1	2	3	4	5	6
73. Auch wenn ich traurig bin, kann ich mich über einen guten Witz freuen.	1	2	3	4	5	6
74. Ich versuche, meistens von zu Hause weg zu sein.	1	2	3	4	5	6
75. Meiner Meinung nach ist das Leben eine endlose Kette von Problemen – ohne Lösungen in Sicht.	1	2	3	4	5	6
76. Ich glaube, Entscheidungen treffen zu können.	1	2	3	4	5	6
77. Ich habe jahrelang Groll gegen meine Eltern gehabt.	1	2	3	4	5	6
78. Ich bin sicher, dass ich in der Zukunft nicht die Verantwortung für mich selbst werde übernehmen können.	1	2	3	4	5	6

Diese Feststellung beschreibt mich:

	sehr gut 1	gut 2	ganz gut 3	nicht ganz 4	nicht richtig 5	überhaupt nicht 6
79. Ich glaube, überhaupt kein einziges Talent zu haben.	1	2	3	4	5	6
80. Ich probe nicht aus, wie ich mit einem auf mich zukommenden Ereignis umgehen könnte.	1	2	3	4	5	6
81. Meistens sind meine Eltern mit mir zufrieden.	1	2	3	4	5	6
82. Es fällt mir nicht schwer, Freunde zu gewinnen.	1	2	3	4	5	6
83. Es macht mir keinen Spaß, schwierige Probleme zu lösen.	1	2	3	4	5	6
84. Schule und Ausbildung bedeuten mir sehr wenig.	1	2	3	4	5	6
85. Sexuelle Erfahrungen vermitteln mir Freude.	1	2	3	4	5	6
86. Sehr oft habe ich das Gefühl, dass ich keine gute Mutter habe.	1	2	3	4	5	6
87. Es ist wichtig für mich, eine Freundin zu haben.	1	2	3	4	5	6
88. Sich etwas über die Zukunft zu sorgen, hilft dabei, sie besser zu planen.	1	2	3	4	5	6
89. Ich denke oft über Sex nach.	1	2	3	4	5	6
90. Gewöhnlich kontrolliere ich mich.	1	2	3	4	5	6
91. Die meisten Partys, zu denen ich gehe, machen mir Spaß.	1	2	3	4	5	6
92. Ich habe nicht viele Ängste, die ich nicht verstehen kann.	1	2	3	4	5	6
93. Ich fühle mich häufig traurig.	1	2	3	4	5	6

Der OSBF besteht aus folgenden 11 Skalen:

1: Impulskontrolle

2: Emotionalität

3: Körper- und Selbst-Bild

4: Soziale Beziehung

5: Moral

6: Sexuelle Einstellungen

7: Familienbeziehungen

8: Bewältigung der Außenwelt

9: Berufs- und Bildungsziele

10: Psychopathologie

11: Allgemeine Anpassung

Handbuch, Fragebögen für beide Geschlechter und eine PC-Version (Windows) mit Auswertungsprogramm können von H.-C. Steinhausen bezogen werden.

Anhang 5.1: Auswahl und Beschreibung klinischer Syndrome mit geistiger Behinderung (in alphabetischer Reihenfolge geordnet)

1. Cornelia-de-Lange-Syndrom

Symptome:
Kleinwuchs; kraniofaziale Dysmorphie mit Mikrozephalie, buschigen, sich über der Nasenwurzel treffenden Augenbrauen (Synophrys), verbreitertem Augenabstand (Telekantus), schräg nach außen, unten gerichteten Lidachsen, langen Wimpern, breiter, flacher Nase, vorgewölbtem Philtrum, Mikrogenie u. a. m.; häufig Hirsutismus; tiefe, rauhe Stimme; Extremitätenanomalien mit Brachydaktylie; Syndaktylie, Hallus valgus u. a. m.; Augenfehler. Autistische, hyperkinetische und automutilative Symptome. Meist mittelgradige geistige Behinderung, vereinzelt auch normale Intelligenz.

Diagnostik:
Syndromatisch, zytogenetisch.

Ursachen:
Sporadisches Auftreten, vereinzelt auch Chromosomenanomalien.

Therapie:
Symptomatisch, unspezifisch.

2. Down-Syndrom

Symptome:
Gesichtsdysmorphie mit glattem Haar, Brachyzephalie, flachem Gesicht, Epikanthus, kleinen Ohren, vorgestreckter Zunge sowie kurzem Hals mit Hautfalten. Brushfield-Flecken der Iris, kurze und plumpe Finger und Hände, Klinodaktylie des 5. Fingers, Vierfingerfurche, Sandalenlücke zwischen 1. und 2. Zehe. Häufig Herzfehler und Darmatresien, Muskelhypotonie.

Diagnostik:
Syndromatisch, zytogenetisch.

Ursachen:
Trisomie 21, bei 8–10% Translokation von Chromosom 21. Mosaike bei 1–2%.

Therapie:
Symptomatisch, unspezifisch.

3. Fetales Alkohol-Syndrom

Symptome:
Unterschiedlich stark ausgeprägte kraniofaziale Dysmorphie mit kurzen Lidspalten, Epikanthus, Strabismus, kurzer „Steckdosen"-Nase, hypoplastischem Philtrum, schmaler Oberlippe und Mikrogenie. Intrauteriner und postnataler Minderwuchs. Mikrozephalie. Innere Fehlbildungen möglich. Variierende Intelligenzentwicklung mit häufiger geistiger Behinderung aller Schweregrade.

Diagnostik:
Syndromatisch, Alkoholanamnese der Kindsmutter.

Ursachen:
Teratogene Schädigung durch Alkoholexposition während der Schwangerschaft.

Therapie:
Symptomatisch, unspezifisch.

4. Fragiles-X-Syndrom (Martin-Bell-Syndrom)

Symptome:
Gesichtsdysmorphie mit gewölbter Stirn, breiter Nasenwurzel, groben Ohren und Progenie, Hodenvergrößerung, häufig zerebrale Anfälle, häufige geistige Behinderung.

Diagnostik:
Syndromatisch, zytogenetisch.

Ursachen:
X-chromosomal-rezessive Störung mit brüchiger Stelle am langen Arm des X-Chromosoms.

Therapie:
Symptomatisch, unspezifisch.

5. **Galaktosämie**

Symptome:
Gedeihstörung, Lebervergrößerung (später Leberzirrhose) Katarakt, zerebrale Anfälle.

Diagnostik:
Screening, Frühdiagnostik des Enzymdefektes in Erythrozyten.

Ursachen:
Fehlen der Galaktose-1-Phosphat-Uridyl-Transferase mit der Folge von Stoffwechselstörungen. Autosomal-rezessiver Erbgang.

Therapie:
Galaktose- und laktosefreie Diät.

6. **Hypothyreose**

Symptome:
Minderwuchs, Kropf, grober Gesichtsausdruck, dicke Zunge, heiseres Schreien beim Säugling, Obstipation.

Diagnostik:
Screening auf TSH-Erhöhung.

Ursachen:
Schilddrüsenhypoplasie/-aplasie. Enzymdefekte.

Therapie:
Hormonsubstitution.

7. **Katzenschrei-Syndrom**

Symptome:
Katzenähnliches Schreien beim Neugeborenen und Säugling; kraniofaziale Dysmorphie mit Mikrozephalie, rundem Gesicht, Hypertelorismus, Epikanthus, Strabismus, schrägen Lidspalten, flacher Nasenwurzel, tiefsitzenden Ohren mit Anhängseln u.a.m. Fehlbildungen innerer Organe möglich. Mittelgradige bis schwere geistige Behinderung.

Diagnostik:
Charakteristisches Schreien, syndromatisch, zytogenetisch.

Ursachen:
Deletion am Chromosom Nr. 5.

Therapie:
Symptomatisch, unspezifisch.

8. **Klinefelter-Syndrom**

Symptome:
Hochwuchs, eunuchoider Habitus bei ausbleibendem Hodenwachstum in der Pubertät (Tubulussklerose); im allgemeinen normale Intelligenzentwicklung, höherer Anteil von geistiger Behinderung.

Diagnostik:
Syndromatisch, zytogenetisch.

Ursachen:
Gonosomale XXY-Konstitution.

Therapie:
Keine.

9. **Laurence-Moon / Biedl-Bardet-Syndrom**

Symptome:
Adipositas, Poly- und Syndaktylie, Retinitis pigmentosa mit allmählicher Erblindung, Hypogenitalismus und Hypogonadismus. Zahlreiche zusätzliche Symptome (Kleinwuchs, Mikrozephalie, hormonelle Störungen u. a. m.). Leichte geistige Behinderung, vereinzelt normale Intelligenz.

Diagnostik:

Syndromatisch.

Ursachen:

Autosomal-rezessiver, aber auch irregulär-dominanter oder polygen-multifaktorieller Erbang.

Therapie:

Symptomatisch, unspezifisch.

10. Lesch-Nyhan-Syndrom

Symptome:

Hyperurikämie, zerebrale Bewegungsstörungen, Nierensteine mit Hämaturie und Nierenfunktionsstörung, im Verlauf Gichttophie und Krampfanfälle, Selbstverstümmelung (Automutilation) durch Beißen in Lippen, Wangen und Hände. Mittelgradige bis leichte geistige Behinderung.

Diagnostik:

Harnsäurebestimmung, Nachweis des Enzymdefektes an Erythrozyten und Fibroblasten.

Ursachen:

Rezessiv-geschlechtsgebundener Erbgang mit Müttern als Konduktorinnen und Knaben als Symptomträgern. Fehlen des Enzyms Hypoxanthin-Guanin-Phosphoribosyltransferase (HGPRT).

Therapie:

Allopurinol/Probenecid zur Senkung der Harnsäure. Verhaltenstherapie zur Beeinflussung der Automutilation.

11. Neurofibromatose (Morbus Recklinghausen)

Symptome:

Hellbraune Hautflecken (besonders am Rumpf), später fibröse Knötchen an den peripheren Nerven und der Hautoberfläche, gelegentlich Tumoren im Schädelinnern; Blindheit, zerebrale Anfälle und geistige Behinderung möglich.

Diagnostik:

„Café-au-lait"-Flecken der Haut, Neurofibrome, Frecklinge im Achsel- und Leistenbereich, Sehbahntumor, Skelettveränderungen.

Ursache:

Dominant vererbte Störung.

Therapie:

Symptomatisch, unspezifisch.

12. Prader-Willi-Syndrom

Symptome:

Beim Säugling ausgeprägte Muskelhypotonie, langsame statomotorische und geistige Entwicklung. Ab 2. Lebensjahr Adipositas bei Polyphagie, verzögertes Längenwachstum mit resultierendem Kleinwuchs. Hypogenitalismus, Gesichtsdysmorphie, kleine Hände und Füße, später Kyphose. Häufig Diabetes mellitus. Nicht regelmäßig auftretende geistige Behinderung.

Diagnose:

Syndromatisch, zytogenetisch/molekularbiologisch.

Ursachen:

Verschiedene genetische Hypothesen: autosomal-rezessiv, dominant, multifaktoriell, Aberration am Chromosom 15.

Therapie:

Symptomatisch, unspezifisch.

13. Phenylketonurie

Symptome:

Im unbehandelten Zustand ab Geburt rasch fortschreitende schwere geistige Behinderung. Meistens blonde und blauäugige Kinder (Fehlen von Pigmenten), Hautekzeme, Epilepsien.

Diagnostik:

Guthrie-Test bei U2 kurz nach der Geburt.

Ursachen:
Fehlen der Phenylalanin-Hydroxylase mit Folge von hirntoxischen Stoffwechselprodukten. Autosomal-rezessive Vererbung.

Therapie:
Phenylalaninarme Diät bis zum Abschluss der Hirnreifung, bei Frauen auch während Schwangerschaften.

14. **Rett-Syndrom:**

Symptome:
Abbau erreichter motorischer Fertigkeiten ab 2. Lebensjahr, Rückbildung kommunikativer und sozial-emotionaler Fertigkeiten, sekundäre Mikrozephalie, stereotype Bewegungen, speziell der Hände, demenzielle und autistische Entwicklung, häufig Epilepsie. Bisher nur bei Mädchen beobachtet.

Diagnostik:
Syndromatisch.

Ursache:
Verdacht auf X-chromosomal dominante Störung.

Therapie:
Symptomatisch, unspezifisch.

15. **Rubinstein-Taybi-Syndrom**

Symptome:
Kleinwuchs; kraniofaziale Dysmorphie mit Mikrozephalie, prominenter Stirn, buschigen Augenbrauen, langen Wimpern, gebogener Nase, Mikrogenie; zusätzlich Naevus flammeus, Hirsutismus, Kyphoskoliose, Herzfehler, Nierenanomalien, Kryptorchismus, Anomalien an Händen und Füßen. Grobmotorische Defizite, variierender Grad der geistigen Behinderung.

Diagnostik:
Syndromatisch, zytogenetisch.

Ursachen:
Chromosomale Deletion oder Mutation.

Therapie:
Symptomatisch, unspezifisch.

16. **Sturge-Weber-Syndrom**

Symptome:
Naevus flammeus im Bereich des Ausbreitungsgebietes eines Trigeminusastes, Bewegungsstörung, zerebrale Anfälle, eventuell Glaukom.

Diagnostik:
Girlandenförmige Verkalkungen im Röntgenbild des Schädels (enzephalotrigeminale Angiomatose).

Ursachen:
Autosomal-dominanter Erbgang mit wechselnder Penetranz und Expressivität.

Therapie:
Gegebenenfalls operativ (Hemisphärektomie) bei Progredienz.

17. **Tuberöse Sklerose**

Symptome:
weiße (depigmentierte) Hautflecken beim Neugeborenen/Säugling, Anfälle (BNS-Krämpfe), gliomatöse Knötchen an der Ventrikelwand oder im Hirn mit späterer Verkalkung, schmetterlingsförmiger Hautausschlag im Gesicht (Adenoma sebaceum), Chagrin-Haut, besonders am Rücken, subunguale Fibrome an Zehen und Fingern.

Diagnostik:
Dermatologisch, EEG, CT- oder MRT-Untersuchung des Gehirns.

Ursachen:
Dominant vererbte Störung auf Chromosom 9.

Therapie:
Symptomatisch, unspezifisch.

18. **Ulrich-Turner-Syndrom**

Symptome:
Kleinwuchs, Pterygium colli, Schildthorax mit weitem Mamillenabstand, Cubitus valgus, Ovardysgenesie; vereinzelt Herzfehler und Nierenfehlbildungen. Geistige Behinderung eher selten, meist neuropsychologische Defizite der visuell-räumlichen Wahrnehmung.

Diagnostik:
Syndromatisch, zytogenetisch.

Ursachen:
Gonosomale XO-Konstitution.

Therapie:
Symptomatisch, ab Jugendalter Östrogen-Substitution.

19. **Williams-Beuren-Syndrom**

Symptome:
Kleinwuchs, Mikrozephalie und sogenanntes „Elfengesicht" mit breiter Stirn, Strabismus, Epikanthus, sternförmigem Irismuster, eingezogener Nasenwurzel, Pausbacken, breitem Philtrum und vollen Lippen. Herzfehler sowie Veränderungen an Nieren- und Darmgefäßen, gelegentlich Skelettveränderungen. Leichte bis mittelgradige geistige Behinderung.

Diagnostik:
Syndromatisch, zytogenetisch, kardiologisch, Calcium-Bestimmung im Blut.

Ursachen:
Störung auf Chromosom Nr. 7.

Therapie:
Symptomatisch, operativ, Ausgleich der Hyperkalzämie.

Anhang 5.2: Schema und Befunde der somatischen Untersuchung bei geistiger Behinderung und Entwicklungsstörungen

(Neuhäuser und Steinhausen, 1999)

Verhalten bei der Untersuchung	kooperativ/ruhig/indifferent; unruhig/abwehrend/aggressiv/schreiend
Stimme	unauffällig/rau/schnarrend/heiser/krähend/schrill/Katzenschrei
Sprachäußerung	normal/undeutlich/unartikuliert/verwaschen/unvollkommen/fehlend

Haut und Schleimhäute

Farbe	unauffällig/blass/gerötet/ikterisch/zyanotisch (zentral/peripher) – Cutis marmorata/Hämatome/Petechien/Blutungen/Verletzungen
Oberfläche	glatt/rau; feucht/trocken/schuppig; Hyperkeratose/Narben/Kratzeffekte
Pigmentation	hell/mittel/dunkel Vitiligo/Lentigines/Epheliden/Naevi pigmentosi/Café-au-lait-Flecke/white spots
Turgor	normal/pastos/schlaff/vermindert Cutis laxa/hyperelastica/Myxödem/Ödem (Lokalisation: …)
Kopfhaar	blond/braun/schwarz/rot; kurz/lang/dicht/schütter/fein Alopezie/weiße Strähne/Wirbel; glatt/gewellt/kraus/spröde/brüchig Ansatz: Stirn: normal/tief/Glatze, Nacken: normal/tief
Körperbehaarung	normal/vermehrt/vermindert Hirsutismus/Behaarung am Rücken/sakrale Hypertrichose Axillarbehaarung: normal/spärlich/fehlt Bartwuchs:
Finger- und Fußnägel	unauffällig/schmal/hyperkonvex/hypoplastisch Uhrglasnägel/Onycholysis/Onychogryposis/Pachyonychie/ Skleronychie/subunguale Hyperkeratose/Koenen-Tumor trophische Störungen:
Besonderheiten	Naevus pilosus/Naevus flammeus/kavernöse, kapilläre Hämangiome (Lokalisation) Fibrome/Verrucae/Ekzem/andere Exantheme; Lichtempfindlichkeit/Adenoma sebaceum/Teleangiektasien/Keratosis palmoplantaris/Cutis verticis gyrata/Lipome/Foveola cocygea andere: Lymphknoten:

Kopf

Form	symmetisch/asymmetrisch/brachyzephal/dolichozephal/Asynkletismus Besonderheiten:
Kopfhaltung und Beweglichkeit	unauffällig auffällig durch:
Fontanellen	Maße: x cm Vorwölbung/knöcherner Buckel/verzögerter Schluss Enzephalozele/Lokalisation Knochenlücken
Stirn	unauffällig/gewölbt/hoch/Stirnhöcker/fliehend/schmal
Gesicht	oval/rund/asymmetrisch (re/li); Vogelgesicht/Sphinxgesicht; Wangenröte/Gesichtsspalte/Lippenspalte (ob./unt.)/Kieferspalte/Gaumenspalte/Lippen-Kiefer-Gaumen-Spalte; Zwischenkieferprominenz; Mikrognathie/Mittelgesichtshypoplasie; Mikrogenie/Progenie; vorspringende Jochbögen

Augen

Lidachsen	horizontal/geneigt (mongoloid/antimongoloid)
Lidspalten	unauffällig/klein/schlitzförmig/groß; ungleich/Ptosis (rel./li)
	Ektropium/Symblepharon/Blepharitis; Mikrophthalmie/Anophthalmie
Augenbrauen	normal/buschig/schütter/fehlend/Synophris
Augenwimpern	normal/lang/fehlend/Trichiasis
Augeninnenwinkel	unauffällig/stumpf/spitz/verdeckt; Epikanthus/Mongolenfalte
Bulbi	groß/klein/fehlend; Exophthalmus/Enophthalmus
Augenabstand	… mm (normal/eng/weit)
Beweglichkeit	normal/gestört; Strabismus paralyticus (re./li.)
	Strabismus alternans/convergens/divergens
Konjunktiven	unauffällig/gerötet/Teleangiektasien
Skleren	weiß/bläulich/gelblich/Blutung
Iris	hell/mittel/dunkel (Farbe: …)
	Heterochromie/Hypoplasie/Aplasie/Kolombom; Brushfield spots/Seitendifferenz
Cornea	… mm (normal/groß/klein)
Sehvermögen	evtl. ophthalmologischer Befund:

Ohren

Ohrmuschel	unauffällig/groß/klein
	Modellierung: gut/unvollkommen/abweichend
	Überwiegen von Helix/Anthelix/Tragus
	Fehlen von Helix/Anthelix/Tragus/Antitragus
	präaurikuläre Anhängsel/Fisteln/retroaurikuläre Fisteln/Kerbenohr/Satyrohr
	Stellung: normal/tief/anliegend/abstehend
	Rotierung: senkrecht/dorsalrotiert
	Teleangiektasien/Behaarung
	Aplasie/andere Missbildung:
Ohrläppchen	frei/angewachsen/fehlend
Gehörgang	normal/Stenose/Atresie
Hörvermögen	evtl. pädaudiologischer Befund

Nase

Form	groß/klein/schmal/breit/kurz/lang/klobig
	Papageiennase/Steckkontaktnase/Spalte; breite/hohe/eingesunkene Nasenwurzel
Verknorpelung	vollständig/unvollständig; Missbildung
Durchgängigkeit	normal/verlegt; Schleimhaut:
Philtrum	normal/lang/verkürzt/fehlend

Mund

Form	groß/klein/permanent offen/Speichelfluss
Lippen	unauffällig/schmal (O/U)/breit (O/U)/Radiärfurchen/Fisteln/Faulecken/Frenula
Mundschleimhaut	normal/entzündet/Leukoplakie
Gingiva	normal/hyperplastisch/blutend
Zähne	Zahnformel
	Aplasie/Hypoplasie; Anodonntie/Hypodontie/Mikrodontie
	Diasterma/Stellungsanomalie/offener Biss
	Karies/Verfärbunng/Schmelzdefekte
	Formanomalien:
	Sanierung:

Zunge	unauffällig/rissig/belegt/trocken/furchig Makroglossie/Mikroglossie/Protrusion/Lingua scrotalis/geographica/nigra/Haarzunge; Atrophie/Fibrillation/Narben/Schwellung Papillen:
Gaumen	breit/schmal/flach/hoch/spitz/Gaumenspalte (harter/weicher Gaumen/operiert) Uvula: normal/gespalten/fehlend
Rachen	reizlos/gerötet/verschleimt/nicht einzusehen
Tonsillen	normal/vergrößert/zerklüftet/Belag/Sekret/entfernt Besonderheiten:

Hals

Form	normal/verkürzt/lang; Schiefhals
Beweglichkeit	normal/eingeschränkt durch:
Schilddrüse	normal/nicht tastbar/vergrößert:
Lymphknoten	normal/vergrößert:
Besonderheit	Halszysten/Fisteln/Lymphangiom/Pterygium (bds./re./li.)

Wirbelsäule

Form	unauffällig/Lordose/Kyphose/Skoliose (Lokalisation: …) Gibbus/Kryphoskoliose
Muskeln	normal/hypothroph/atrophisch
Bewegung	normal/eingeschränkt
Besonderheit	Spina bifida occulta/Meningozele/Meningomyelozele/Lipom/Nävus/ Hämangiom

Thorax

Form	normal/Hühnerbrust/Trichterbrust/Kielbrust/Spalte/Herzbuckel/ Flankendepression/Harrison-Furche/Glockenthorax/Fassthorax/ Schildthorax
Weichteile	Brustmuskeln: kräftig/hypotroph; Aplasie des Pectoralis Mammae: fehlend/normal entwickelt (Stad. nach Tanner: …) Gynäkomastie/Anisomastie Mamillen: normal/hypoplastisch/vergrößert/akzessorische Mamillen Abstand cm

Schultergürtel

Form	unauffällig/Abweichung: Scapula alata/Schulterblatthochstand/Anomalie (Fehlen) der Clavicula

Obere Extremität

Form	unauffällig/Abweichung:
Gelenke	normal/Abweichung/Streckhemmung/Überstreckbarkeit/Cubita valga Besonderheit:
Hände	klein/groß/kurz/lang/plump, Tatzenhand/Dreizackhand Handfurchen: Vierfinger/Sydney/andere: Finger: Syndaktylie/Schwimmhaut/Polydaktylie/Klinodaktylie/fehlende Beugefalte/Kamptodaktylie/Dubois-Zeichen Daumen (normal/proximal disloziert/breit/verkrümmt) Spinnenfinger/Trommelschlägelfinger/Überkreuzung/andere Besonderheit:

Beckengürtel

Form
normal/asymmetrisch/Darmbeinschaufelhypoplasie/Exostosen/andere
Besonderheit:
Hüftgelenke:
normal/Bewegungseinschränkung/Spreizhemmung/
Beugehemmung/Rotationshemmung (R/L)

Untere Extremität

Form
unauffällig/Abweichung

Gelenke
normal/Achsenabweichung/Streckhemmung/Überstreckbarkeit/
Genua valga/vara/recurvata/Fehlen der Patella/andere Besonderheit:

Füße
unauffällig/klein/groß/breit/schmal
Spreizfuß/Spitzfuß/Hohlfuß/Plattfuß/Knickfuß/Senkfuß/Klumpfuß/Hakenfuß/
Wiegenkufenfuß/andere Besonderheit:
Sohlen: Vierzehenfurche/Sandalenfurche
Zehen: Snydaktylie/Schwimmhautbildung/Polydakylie/Sandalenlücke/
Hammerzehe/Hallux valgus/breite Großzehen/Deviation von Zehen/andere
Besonderheit:

Atmungsapparat
Normalbefund
Besonderheit

Herz-Kreislauf-System
Normalbefund
Besonderheit: Herzfehler

Abdomen
Bauchdecken normal/gebläht/eingesunken/Muskelaplasie
Bruchpforten geschlossen/Hernien (operiert)
Rekturdiastase
Nabel
Leber/Milz: normal/vergrößert
Nieren

Genitale
männlich/weiblich/nicht eindeutig

Penis
normal/auffallend groß/klein/Hypospadie/Epispadie/Phimose/Zirkumzision

Skrotum
normal/hypoplastisch/Hydrozele/schalartige Falte

Hoden
Größe R   ml, L   ml/deszendiert/im Leistenkanal/nicht tastbar

Pubes
fehlend/vorhanden (Stad. nach Tanner: …)

Vulva
unauffällig/Hypoplasie der Labien/Klitorishypertrophie/Hymenalatresie

Anhang 5.3: Verhaltensfragebogen für Kinder mit Entwicklungsverzögerungen

(Einfeld und Tonge 1992, bearbeitet von H.-C. Steinhausen)

Name und Vorname des Kindes:

heutiges Datum | | | | | | |
(Tag, Monat, Jahr)

Geburtsdatum | | | | | | |
(Tag, Monat, Jahr)

Alter in Jahren: | | | Geschlecht:

1 ◯ Junge
2 ◯ Mädchen

Der Fragebogen wurde ausgefüllt von:

1 ◯ Mutter
2 ◯ Vater
3 ◯ anderer Bezugsperson
(Bitte beschreiben: _____)

Einige Kinder mit Enwicklungsverzögerung haben Probleme mit Verhalten und Stimmungen, die manchmal auch Schwierigkeiten für ihre Bezugspersonen hervorrufen. Durch das Ausfüllen dieses Fragebogens helfen Sie uns, diese Probleme besser verstehen zu lernen, um Hilfsangebote zu entwickeln. **Vielen Dank für Ihre Mithilfe!**

		1	2	0
I.	Ist das Kind:	◯ sehbehindert	◯ blind	◯ entfällt
		◯ hörgeschädigt	◯ taub	◯ entfällt
		◯ sprachgestört	◯ stumm	◯ entfällt

II. Hat das Kind eine bekannte körperliche Krankheit oder medizinische Diagnose?
Wenn ja, welche? _____

III. Was kann das Kind am besten? _____

IV. Was mögen andere Leute an dem Kind am liebsten? _____

V. Was sind seine liebsten Beschäftigungen? _____

VI. Gibt es etwas, das das Kind Ihrer Meinung nach besser kann als andere?

VII.	Wird das Kind in einer der folgenden Einrichtungen betreut?	1 ja	0 nein	9 unbekannt
	a) Krippe	◯	◯	◯
	b) Normaler Hort	◯	◯	◯
	c) Sonderhort	◯	◯	◯
	d) Normaler Kindergarten	◯	◯	◯
	e) Sonderkindergarten	◯	◯	◯

VIII.	Welche Schule besucht das Kind?	1 ja	0 nein	9 unbekannt
	a) Normalschule	◯	◯	◯
	b) Sonderschule für Lernbehinderte	◯	◯	◯
	c) Sonderschule für geistig Behinderte	◯	◯	◯

IX. Im folgenden werden Sie um eine Beurteilung der wichtigsten Entwicklungsbereiche gebeten. Kreuzen Sie bitte jeweils für jeden Entwicklungsbereich das zutreffende Kästchen an.

	8 Sehr gut	0 Normal	1 Leichte Einschränkung	2 Mittelgradige Einschränkung	3 Starke Einschränkung	4 Vollständig fehlend	9 Nicht beurteilbar
Sprachverständnis (z. B. versteht die Alltagssprache, befolgt Anweisungen)	○	○	○	○	○	○	○
Aktives Sprechen (z. B. unterhält sich, spricht eine normale Alltagssprache	○	○	○	○	○	○	○
Selbstversorgung (z. B. kleidet sich an, versorgt sich bei Tisch, Körperhygiene usw.)	○	○	○	○	○	○	○
Körperbeherrschung/ Motorik	○	○	○	○	○	○	○
Lesen	○	○	○	○	○	○	○
Schreiben	○	○	○	○	○	○	○
Gedächtnis	○	○	○	○	○	○	○

X. Sofern Ihnen das Ergebnis eines Intelligenztests bekannt ist, geben Sie hier bitte den Intelligenzquotienten (Gesamtwert des Tests) an.

Gesamt-IQ | | | |

Es folgt eine Liste von Verhaltensmerkmalen von entwicklungsverzögerten Kindern. Viele der folgenden Verhaltensmerkmale treffen möglicherweise auf das Kind in Ihrer Betreuung nicht zu. Für jedes Merkmal, welches das Kind in Ihrer Betreuung **jetzt oder innerhalb der letzten 6 Monate** beschreibt, kreuzen Sie die **2** an, wenn dieses Merkmal **genau oder häufig** zutrifft. Kreuzen Sie die **1** an, wenn das Merkmal **etwas oder manchmal** zutrifft. Wenn das Merkmal **nicht** zutrifft, dann kreuzen Sie die **0** an. Dies gilt auch für Merkmale, die auf Ihr Kind gar nicht zutreffen können (z. B. „spricht zu viel") bei einem stummen Kind).

Bitte beantworten Sie alle Merkmale so gut Sie können, auch wenn Ihnen einige vielleicht ungeeignet erscheinen.

Das Kind / die/der Jugendliche:	stimmt nicht (soweit Ihnen bekannt)	stimmt etwas oder manchmal	stimmt genau oder häufig
1. Wirkt verstimmt, niedergedrückt oder unglücklich.	0	1	2
2. Vermeidet Blickkontakt, schaut Ihnen nicht direkt in die Augen.	0	1	2
3. Ist unnahbar, in seiner eigenen Welt.	0	1	2
4. Ist beleidigend, beschimpft andere.	0	1	2
5. Arrangiert Objekte oder Abläufe in einer strengen Ordnung. Bitte beschreiben: _____	0	1	2
6. Schlägt mit dem Kopf.	0	1	2
7. Wird zu aufgeregt.	0	1	2
8. Beißt andere.	0	1	2
9. Kann keine Aktivität über eine bestimmte Zeit ausführen, schlechte Konzentration.	0	1	2

	stimmt nicht (soweit Ihnen bekannt)	stimmt etwas oder manchmal	stimmt genau oder häufig
10. Nimmt Objekte oder Körperteile in den Mund oder kaut darauf.	0	1	2
11. Weint leicht ohne Grund oder bei geringer Aufregung.	0	1	2
12. Bedeckt sich die Ohren oder ist bekümmert beim Hören bestimmter Klänge. Bitte beschreiben:_____ _____	0	1	2
13. Verwechselt die Fürwörter, verwendet z. B. „du" statt „ich".	0	1	2
14. Läuft mit Absicht davon.	0	1	2
15. Hat Wahnvorstellungen: eine feste Überzeugung oder Idee, die unmöglich wahr sein kann. Bitte beschreiben:_____ _____	0	1	2
16. Ist bekümmert, allein zu sein.	0	1	2
17. Zeigt keine Zuneigung.	0	1	2
18. Reagiert nicht auf die Gefühle anderer: zeigt z. B. keine Reaktion auf das Weinen eines Familienmitgliedes.	0		2
19. Ist leicht von seinen Aufgaben abgelenkt, z. B. durch Geräusche.	0	1	2
20. Ist leicht durch andere lenkbar.	0	1	2
21. Isst Dinge, die keine Nahrungsmittel sind, z. B. Schmutz, Gras, Seife.	0	1	2
22. Ist äußerst bekümmert, wenn er/sie von einer vertrauten Person getrennt wird.	0	1	2
23. Hat spezielle Ängste vor Dingen oder Situationen, z. B. vor Dunkelheit, oder Insekten. Bitte beschreiben: _____	0	1	2
24. Hat Gesichtszuckungen oder schneidet Grimassen.	0	1	2
25. Schnippt mit Gegenständen, klopft mit den Fingern oder bringt Objekte ständig zum Drehen.	0	1	2
26. Ist ein wählerischer Esser, lehnt bestimmte Nahrung ab.	0	1	2
27. Verschlingt Nahrung; würde alles tun, um an Nahrung heranzukommen (nimmt z. B. Nahrung aus dem Abfalleimer oder stiehlt Nahrung).	0	1	2
28. Hat zwanghafte Ideen oder Aktivitäten. Bitte beschreiben: _____	0	1	2
29. Knirscht mit den Zähnen.	0	1	2
30. Hat Alpträume, nächtliche Panikanfälle oder Schlafwandeln.	0	1	2
31. Hat Wutanfälle, stampft z. B. mit den Füßen oder schlägt die Türen.	0	1	2
32. Versteckt Dinge.	0	1	2
33. Schlägt oder beißt sich selbst.	0	1	2
34. Brummt, jammert, grunzt, quiekt oder macht andere nichtsprachliche Geräusche.	0	1	2
35. Ist ungeduldig.	0	1	2
36. Hat unangemessene sexuelle Aktivitäten mit anderer Person.	0	1	2
37. Ist impulsiv, handelt ohne nachzudenken.	0	1	2
38. Ist reizbar.	0	1	2
39. Ist eifersüchtig.	0	1	2
40. Tritt oder schlägt andere.	0	1	2

	stimmt nicht (soweit Ihnen bekannt)	stimmt etwas oder manchmal	stimmt genau oder häufig
41. Hat kein Selbstvertrauen, schlechtes Selbstwertgefühl.	0	1	2
42. Lacht oder kichert ohne ersichtlichen Grund.	0	1	2
43. Zündelt, legt Feuer.	0	1	2
44. Hat gerne ungewöhnliche Objekte in der Hand oder spielt damit, z. B. Bindfaden, Zweige; ist übermäßig von etwas fasziniert wie z. B. Wasser. Bitte beschreiben: _____	0	1	2
45. Hat Appetitmangel.	0	1	2
46. Masturbiert (onaniert) oder entblößt sich in der Öffentlichkeit.	0	1	2
47. Hat schnelle Stimmungswechsel ohne ersichtlichen Grund.	0	1	2
48. Bewegt sich langsam, ist ohne Aktivität, unternimmt wenig, sitzt z. B. nur herum und beobachtet andere.	0	1	2
49. Ist lärmend und ungezügelt.	0	1	2
50. Ist überaktiv, rastlos, kann nicht stillsitzen.	0		2
51. Ist übermäßig zärtlich.	0	1	2
52. Atmet anfallsweise schnell und heftig, erbricht, hat Kopfschmerzen oder klagt über Kranksein ohne körperlichen Grund.	0		2
53. Sucht übermäßig die Aufmerksamkeit.	0	1	2
54. Hat ein übermäßiges Interesse daran, mechanische Dinge zu betrachten, ihnen zuzuhören oder sie auseinanderzunehmen (z. B. den Rasenmäher oder den Staubsauger).	0	1	2
55. Hat wenig Sinn für Gefahren.	0	1	2
56. Bevorzugt die Gemeinschaft von Erwachsenen oder jüngeren Kindern; verkehrt nicht mit seiner Altersgruppe.	0	1	2
57. Bevorzugt es, Dinge allein zu tun. Neigt zum Einzelgänger.	0	1	2
58. Beschäftigt sich nur mit ein oder zwei speziellen Interessen. Bitte beschreiben: _____	0	1	2
59. Verweigert den Besuch von Schule, betreuender Einrichtung oder Werkstätte.	0	1	2
60. Zeigt sich wiederholende Bewegungen von Händen, Körper, Kopf oder Gesicht wie z. B. Handwedeln oder Schaukeln.	0	1	2
61. Verweigert sich Liebkosungen, Berührungen oder Umarmungen.	0	1	2
62. Wiederholt wie ein Echo, was andere sagen.	0	1	2
63. Wiederholt dasselbe Wort oder denselben Ausspruch immer wieder.	0	1	2
64. Riecht, schmeckt oder leckt an Objekten.	0	1	2
65. Kratzt oder zupft an seiner Haut.	0	1	2
66. Schreit viel.	0	1	2
67. Schläft zu wenig; hat Schlafunterbrechungen.	0	1	2
68. Starrt Lichter oder sich drehende Objekte an.	0	1	2
69. Schläft zu viel.	0	1	2
70. Kotet trotz Sauberkeitserziehung außerhalb der Toilette ein; schmiert oder spielt mit Kot.	0	1	2
71. Spricht mit flüsternder, piepsiger Stimme oder hat einen anderen ungewöhnlichen Sprachton oder -rhythmus.	0	1	2

	stimmt nicht (soweit Ihnen bekannt)	stimmt etwas oder manchmal	stimmt genau oder häufig
72. Schaltet Licht an und aus, gießt Wasser immer wieder ein oder zeigt ähnliche sich wiederholende Aktivitäten. Bitte beschreiben: _____	0	1	2
73. Stiehlt.	0	1	2
74. Ist stur, ungehorsam oder unkooperativ.	0	1	2
75. Ist schüchtern.	0	1	2
76. Zieht sich aus oder wirft die Kleidung weg.	0	1	2
77. Sagt, er/sie könne Dinge tun, die er/sie gar nicht beherrscht.	0	1	2
78. Rückt anderen zu nahe.	0	1	2
79. Sieht oder hört etwas, was gar nicht da ist. Halluzinationen. Bitte beschreiben: _____	0	1	2
80. Spricht davon, sich zu töten.	0	1	2
81. Spricht zu viel oder zu schnell.	0	1	2
82. Spricht mit sich selbst oder eingebildeten Personen oder Objekten.	0	1	2
83. Lügt.	0	1	2
84. Hat zusammenhanglose Gedanken; verschiedene Ideen sind kunterbunt vermischt, wobei dem Sinn schwer zu folgen ist.	0	1	2
85. Ist verspannt, ängstlich, besorgt.		1	2
86. Schmeißt Objekte umher oder zerbricht sie.		1	2
87. Versucht andere zu manipulieren oder zu provozieren.	0	1	2
88. Reagiert auf Schmerz wenig empfindlich.	0	1	2
89. Ist unrealistisch fröhlich oder gehoben in der Stimmun	0	1	2
90. Zeigt ungewöhnliche Körperbewegungen, eine ungewöhnliche Körperhaltung oder einen ungewöhnlichen Gang. Bitte beschreiben: _____	0	1	2
91. Ist aufgeregt und bekümmert wegen kleiner Veränderungen von Routine-Abläufen oder in der Umgebung.	0	1	2
92. Uriniert trotz Sauberkeitserziehung außerhalb der Toilette.	0	1	2
93. Ist sehr herrisch.	0	1	2
94. Streift ziellos herum.	0	1	2
95. Jammert oder klagt viel.	0	1	2

Schreiben Sie hier bitte Probleme auf, die oben nicht aufgeführt waren:

a) _____

b) _____

c) _____

| 96. Glauben Sie, dass dieses Kind insgesamt Probleme mit Verhalten oder Empfindungen hat – zusätzlich zu seinen Entwicklungsproblemen? Falls nicht, kreuzen sie bitte die **0** an. Wenn ja, aber geringfügig, kreuzen Sie bitte die **1** an. Wenn die Probleme gewichtig sind, kreuzen Sie bitte die **2** an. Hier können Sie noch weitere Kommentare geben: | 0 | 1 | 2 |

_____

_____

Vielen Dank!

Anhang 6.1: Asperger-Syndrom Diagnostik-Interview (ASDI)

Name des Kindes _____ Geb. Datum _____

Informant _____ Interviewer _____

Datum _____

Dieses Interview ist für Kliniker, die mit dem Asperger-Syndrom und anderen Störungen des Autismus-Spektrums gut vertraut sind, wenngleich es kein Expertenwissen voraussetzt. Das Interview verlangt einen Untersucher, d. h. der Beurteiler soll jedes Merkmal erst dann einstufen, nachdem er sicher ist, dass er/sie genügend Informationen für eine qualifizierte Beurteilung gewonnen hat. Das bedeutet, dass alle 20 aufgeführten Bereiche detailliert sondiert werden müssen. Der Informant sollte Beispiele liefern, bevor eine Einstufung vorgenommen wird. Die Fragen sollten nach Möglichkeit dem Informanten wörtlich vorgelesen werden, können aber gelegentlich leicht umformuliert werden, um sicherzustellen, dass der relevante Funktionsbereich angemessen abgedeckt wird.

Bewertung: 0 = trifft nicht zu, 1 = trifft teilweise oder genau zu.

Bereich 1: Schwere Beeinträchtigung der wechselseitigen sozialen Interaktion (extreme Egozentrizität)

1. Zeigt er/sie beträchtliche Schwierigkeiten im sozialen Austausch mit Gleichaltrigen? Wenn ja, auf welche Art? 0   1

2. Ist er/sie wenig besorgt oder offensichtlich wenig interessiert daran, Freunde zu gewinnen oder sich mit Gleichaltrigen auszutauschen? Wenn ja, beschreiben sie bitte. 0   1

3. Hat er / sie Probleme, soziale Zeichen zu erkennen, d. h. kann er/sie Veränderungen der sozialen Konversation / Interaktion nicht erkennen oder sich auf derartige Veränderungen in seiner/ihrer ablaufenden Interaktion mit anderen Leuten einstellen? 0   1

4. Zeigt er /sie sozial oder emotional unangemessene Verhaltensweisen? 0   1

(Zwei oder mehr 1 Antworten = Kriterium erfüllt)

Bereich 2: Vollständig absorbierende enge Interessenmuster

5. Gibt es ein bestimmtes Interessenmuster oder spezifische Interessen, welche seine/ihre Zeit so stark einnehmen, dass die Zeit für andere Aktivitäten klar eingeschränkt ist? Wenn dies so ist, so schreiben Sie bitte. 0   1

6. Sind seine/ihre Interessensmuster oder spezifischen Interessen von einer sich wiederholenden Qualität? Wenn ja, beschreiben Sie bitte genauer. 0   1

7. Basieren seine/ihre Interessenmuster eher auf einem mechanischen Gedächtnis als auf einer wirklichen Bedeutung? 0   1

(ein oder mehr 1 Antworten = Kriterium erfüllt)

Bereich 3: Aufzwingen von Routinen, Ritualen und Interessen

8. Versucht er/sie Routinen, Rituale oder Interessen einzuführen oder
   sich selbst auf eine derartige Weise aufzuzwingen, dass für ihn/sie
   selbst Probleme entstehen? Wenn ja auf welche Weise?   0   1

9. Versucht er/sie Routinen, Rituale oder Interessen einzuführen oder
   sich selbst auf eine derartige Weise aufzuzwingen, dass Probleme
   für andere entstehen? Wenn ja, beschreiben Sie bitte.   0   1

(Ein oder mehr 1 Antworten = Kriterium erfüllt)

Bereich 4: Sprech- und Sprachauffälligkeiten

10. War seine/ihre Sprachentwicklung verzögert? Wenn ja, erzählen Sie bitte mehr.   0   1

11. Ist seine/ ihre Sprache „oberflächlich perfekt" unabhängig davon, ob Verständnisprobleme
    oder andere Sprech- und Sprachprobleme bestehen? Wenn ja, führen Sie dies bitte aus.   0   1

12. Ist seine/ihre Sprache formell pedantisch oder in unangemessener Weise
    so, wie Erwachsene sprechen? Wenn ja, beschreiben Sie bitte.   0   1

13. Gibt es irgendwelche Merkmale seiner/ihrer Stimme (z. B. hoher Ton
    Stimmumfang, Qualität, Stimmmelodie, Redegeschwindigkeit, usw.)
    welche Sie eigentümlich oder ungewöhnlich finden? Wenn ja, in welcher Weise?   0   1

14. Gibt es irgendwelche Verständnisprobleme, einschließlich Fehlinterpretationen von
    wortwörtlichen/abgeleiteten Bedeutungen)? Wenn dies so ist, welche Art von Problemen?   0   1

(3 oder mehr 1 Antworten = Kriterium erfüllt)

Bereich 5: Non-verbale Kommunikationsprobleme

15. Setzt er/sie Gesten nur begrenzt ein? Wenn ja, führen Sie bitte aus.   0   1

16. Ist sein Körperausdruck holperig, unbeholfen, ungeschickt, fremdartig
    oder ungewöhnlich? Wenn ja, führen Sie bitte aus.   0   1

17. Ist sein/ihr Gesichtsausdruck auf ein ziemlich kleines Repertoire eingeschränkt?
    Wenn ja, beschreiben Sie bitte.   0   1

18. Ist sein/ihr allgemeiner Ausdruck (einschließlich des Gesichts)
    bisweilen unangemessen? Wenn ja, beschreiben Sie bitte.   0   1

19. Ist sein Blickkontakt starr, fremdartig, eigentümlich, abnorm oder merkwürdig?
    Wenn ja, beschreiben Sie bitte.   0   1

(ein oder mehr 1 Antworten = Kriterium erfüllt)

Bereich 6: Motorische Ungeschicklichkeit

20. Wurde bei ihm/ihr festgestellt, dass er/sie bei einer Entwicklungsneurologischen
    Untersuchung entweder in der Vergangenheit oder in Verbindung mit dem
    aktuellen Interview schlecht abschnitt? Wenn ja, führen Sie bitte aus.   0   1

(1 Antwort = Kriterium erfüllt)

Anhang 9.1: ADHD/ODD-Elternfragebogen

Name _____

ID-Nummer ⎵⎵⎵⎵⎵⎵⎵

Heutiges Datum ⎵⎵ ⎵⎵ ⎵⎵⎵⎵

Geburtsdatum ⎵⎵ ⎵⎵ ⎵⎵⎵⎵

Ausgefüllt von _____

Abgegeben von _____

Wie zutreffend sind die folgenden Beschreibungen für Ihr
Kind *in den letzten 6 Monaten*

Diese Beschreibung stimmt

	gar nicht	ein wenig	weit- gehend	voll- ständig
1. Beachtet häufig Einzelheiten nicht oder macht Flüchtigkeitsfehler bei Schularbeiten oder anderen Aufgaben.	☐	☐	☐	☐
2. Hat Schwierigkeiten, die Aufmerksamkeit bei Hausaufgaben oder beim Spiel aufrechtzuerhalten.	☐	☐	☐	☐
3. Scheint bei direkter Ansprache nicht zuzuhören.	☐	☐	☐	☐
4. Führt Anweisungen nicht vollständig durch und kann Schularbeiten, Aufgaben oder Pflichten nicht zu Ende bringen.	☐	☐	☐	☐
5. Hat Schwierigkeiten, Aufgaben oder Aktivitäten zu organisieren.	☐	☐	☐	☐
6. Vermeidet oder beschäftigt sich nur widerwillig mit Aufgaben, die eine längere geistige Anstrengung erfordern.	☐	☐	☐	☐
7. Verliert Gegenstände, die für Aufgaben oder Aktivitäten nötig sind (z. B. Spielsachen, Hausaufgabenhefte, Stifte oder Bücher).	☐	☐	☐	☐
8. Lässt sich durch äußere Reize ablenken.	☐	☐	☐	☐
9. Ist bei Alltagstätigkeiten vergesslich.	☐	☐	☐	☐
10. Zappelt mit Händen oder Füßen oder rutscht auf dem Stuhl herum.	☐	☐	☐	☐
11. Steht in der Klasse oder in anderen Situationen, in denen Sitzenbleiben erwartet wird, auf.	☐	☐	☐	☐
12. Läuft herum oder klettert exzessiv in unpassenden Situationen.	☐	☐	☐	☐
13. Hat Schwierigkeiten, ruhig zu spielen oder sich mit Freizeitaktivitäten zu beschäftigen.	☐	☐	☐	☐
14. Ist auf „Achse" oder handelt wie „getrieben".	☐	☐	☐	☐
15. Redet häufig übermäßig viel.	☐	☐	☐	☐
16. Platzt mit den Antworten heraus, bevor die Fragen vollständig gestellt sind.	☐	☐	☐	☐

	gar nicht	ein wenig	weit- gehend	voll- ständig
17. Kann bei Spiel- oder Gruppensituationen nur schwer warten, bis es an der Reihe ist.	☐	☐	☐	☐
18. Unterbricht oder stört andere (platzt z. B. in Gespräche oder in Spiele anderer hinein).	☐	☐	☐	☐
19. Bekommt Wutanfälle.	☐	☐	☐	☐
20. Widerspricht Erwachsenen.	☐	☐	☐	☐
21. Widersetzt sich aktiv oder verweigert Aufforderungen oder Regeln von Erwachsenen.	☐	☐	☐	☐
22. Macht absichtlich Dinge, die andere Leute ärgern.	☐	☐	☐	☐
23. Beschuldigt andere für eigene Fehler oder eigenes Fehlverhalten.	☐	☐	☐	☐
24. Ist empfindlich oder leicht durch andere verärgert.	☐	☐	☐	☐
25. Ist wütend und ärgerlich.	☐	☐	☐	☐
26. Ist boshaft oder nachtragend.	☐	☐	☐	☐

(SNAP-Fragebogen von J. Swanson u. a.; autorisierte Übersetzung durch H.-C. Steinhausen. Bewertung der Antworten: 0 = gar nicht, 1 = ein wenig, 2 = weitgehend, 3 = vollständig. Die Merkmale 1 – 9 werden aufsummiert und durch 9 geteilt. Sie ergeben den Aufmerksamkeitsstörungswert. Entsprechend ergeben die aufsummierten und durch 9 geteilten Merkmale 11 – 19 den Hyperaktivitäts-Impulsivitätswert und die aufsummierten und durch 7 geteilten Merkmale 20 – 26 den Wert für oppositionell-trotziges Verhalten.

Anhang 9.2: Fragebogen zur häuslichen Situation*

Name des Kindes:_____

Der Fragebogen wurde ausgefüllt von:_____

Ist das Kind in einer der folgenden Situationen unruhig und konzentrationsgestört?
Wenn ja, geben Sie bitte an, wie stark die Probleme sind.

Situation	JA/NEIN (Bitte ankreuzen)		leicht								stark
beim Spiel allein	JA	NEIN	1	2	3	4	5	6	7	8	9
beim Spiel mit anderen Kindern allein	JA	NEIN	1	2	3	4	5	6	7	8	9
bei Mahlzeiten allein	JA	NEIN	1	2	3	4	5	6	7	8	9
beim Anziehen allein	JA	NEIN	1	2	3	4	5	6	7	8	9
beim Fernsehen allein	JA	NEIN	1	2	3	4	5	6	7	8	9
wenn Besuch da ist allein	JA	NEIN	1	2	3	4	5	6	7	8	9
wenn Sie jemanden besuchen allein	JA	NEIN	1	2	3	4	5	6	7	8	9
in der Kirche allein	JA	NEIN	1	2	3	4	5	6	7	8	9
beim Einkaufen, im Restaurant, in der Öffentlichkeit allein	JA	NEIN	1	2	3	4	5	6	7	8	9
bei häuslichen Pflichten allein	JA	NEIN	1	2	3	4	5	6	7	8	9
im Gespräch mit anderen allein	JA	NEIN	1	2	3	4	5	6	7	8	9
im Auto allein	JA	NEIN	1	2	3	4	5	6	7	8	9
wenn der Vater zu Hause ist allein	JA	NEIN	1	2	3	4	5	6	7	8	9
bei den Hausaufgaben allein	JA	NEIN	1	2	3	4	5	6	7	8	9

* (Aus: Barkley, R. A. Attention deficit hyperactivity disorder: A handbook for diagnosis and treatment. © 1990 by the Guilford Press. Übersetzt mit Erlaubnis des Copyright-Inhabers, Guilford Press, 72 Spring Street, New York, NY 10012 durch H.-C. Steinhausen)

Anhang 9.3: Fragebogen zur schulischen Situation*

Name des Kindes:_____

Der Fragebogen wurde ausgefüllt von:_____

Ist das Kind in einer der folgenden Situationen unruhig und konzentrationsgestört?
Wenn ja, geben Sie bitte an, wie stark die Probleme sind.

Situation	JA/NEIN (Bitte ankreuzen)		leicht								stark
bei individuellen Arbeiten am Platz	JA	NEIN	1	2	3	4	5	6	7	8	9
bei Kleingruppenaktivitäten	JA	NEIN	1	2	3	4	5	6	7	8	9
beim freien Spiel in der Klasse	JA	NEIN	1	2	3	4	5	6	7	8	9
beim Vortragen des Lehrers	JA	NEIN	1	2	3	4	5	6	7	8	9
bei Ausflügen	JA	NEIN	1	2	3	4	5	6	7	8	9
bei besonderen Versammlungen	JA	NEIN	1	2	3	4	5	6	7	8	9
bei Filmen	JA	NEIN	1	2	3	4	5	6	7	8	9
bei Diskussionen in der Klasse	JA	NEIN	1	2	3	4	5	6	7	8	9

* (Aus: Barkley, R. A. Attention deficit hyperactivity disorder: A handbook for diagnosis and treatment. © 1990 by the Guilford Press. Übersetzt mit Erlaubnis des Copyright-Inhabers, Guilford Press, 72 Spring Street, New York, NY 10012 durch H.-C. Steinhausen)

Anhang 10.1:
Die Yale Globale Tic-Schweregrad-Skala

(Leckmann, J. F., Riddle, M. A., Hardin, M. T., Ort, S. I., Swartz, K. L., Stevenson, J., Cohen, D. J.: „The Yale Global Tic Severity Scale: initial testing of a clinician-rated scale of tic severity". J Am Acad Child Adolesc Psychiatry 1989, 28 (4): 566–73, übersetzt mit Erlaubnis des Copyright-Inhabers von H.-C. Steinhausen)

A Instruktion

Die klinische Beurteilungsskala wurde entwickelt, um den Gesamt-Schweregrad von Tic-Symptomen hinsichtlich einer Reihe von Dimensionen (Anzahl, Frequenz, Intensität, Komplexität und Interferenz) zu beurteilen.

Das Interview ist halbstrukturiert. Der Interviewer sollte zuerst das Tic-Inventar beurteilen (eine Liste von motorischen und vokalen Tics, die während der vergangenen Woche vorlagen, wie von den Eltern/Patienten berichtet und während der Abklärung beobachtet). Es empfiehlt sich dann, mit Fragen zu jedem der einzelnen Merkmale fortzufahren, wobei der Inhalt der Anker-Punkte als Orientierung genutzt wird.

B Tic-Inventar

1. *Beschreibung motorischer Tics* (Prüfe die motorischen Tics, die während der letzten Woche vorlagen)

   a. *Einfache motorische Tics*
      (schnell, einschießend, „bedeutungslos"):
      - ☐ Augenblinzeln
      - ☐ Augenbewegungen
      - ☐ Nasenbewegungen
      - ☐ Mundbewegungen
      - ☐ Gesichtsgrimassen
      - ☐ Kopfschleudern/-bewegungen
      - ☐ Schulterziehen
      - ☐ Armbewegungen
      - ☐ Handbewegungen
      - ☐ abdominale Zuckungen
      - ☐ Bein- oder Fuß- oder Zehenbewegungen
      - ☐ Andere _____

   b. *Komplexe motorische Tics*
      - ☐ (langsamer, „zweckgerichtet"):
      - ☐ Gesten oder Bewegungen der Augen
      - ☐ Mundbewegungen
      - ☐ Gesichtsbewegungen oder Ausdrücke
      - ☐ Gesten oder Bewegungen mit dem Kopf
      - ☐ Gesten mit der Schulter
      - ☐ Gesten mit Arm oder Hand
      - ☐ Schreibtics
      - ☐ dystone Stellungen
      - ☐ Beugen oder sich winden
      - ☐ Rotieren
      - ☐ Bein- oder Fuß- oder Zehenbewegungen
      - ☐ ticähnliche zwanghafte Verhaltensweisen (Berühren, Klopfen, Körperpflege, Gleichheit einhalten)
      - ☐ Kopropraxie
      - ☐ selbstverletzendes Verhalten (beschreibe) _____
      - ☐ Paroxysmen von Tics (Formen) _____ Dauer _____ Sek.
      - ☐ enthemmtes Verhalten (beschreibe) *_____
      - ☐ andere _____
      - ☐ Beschreibe irgendwelche ausgestalteten Muster oder Folgen von motorischem Ticverhalte

2. *Beschreibung von vokalen Tic-Symptomen* (Prüfe vokale Tics, die während der vergangenen Woche vorlagen).

   c. *Einfache vokale Symptome*
   (schnell, „bedeutungslos", „Geräusche"):

   ☐ Geräusche, Lärm (registriere: Husten, Räuspern, Schnüffeln, Grunzen, Pfeifen, Tier- oder Vogellaute).
   Andere (beschreibe) _____

   d. *Komplexe vokale Symptome*
   ☐ (Sprache: Wörter, Wendungen, Feststellungen):
   ☐ Silben (beschreibe) _____
   ☐ Wörter (beschreibe) _____
   ☐ Koprolalie (beschreibe) _____
   ☐ Echolalie (beschreibe) _____
   ☐ Palilalie (beschreibe) _____
   ☐ Blockierungen
   ☐ Atypische Sprachwendungen (beschreibe) _____
   ☐ Enthemmte Sprache (beschreibe) * _____
   ☐ Beschreibe irgendwelche gestalteten Muster oder Folgen von vokalen Tics

   * Dieses Merkmal wird bei der Beurteilung der Ordinalskalen nicht berücksichtigt.

C. Ordinalskalen

1. *Beurteile die motorischen und vokalen Tics getrennt – sofern nicht anders angegeben.*

   a. *Anzahl: motorischer Score ( ) vokaler Score ( )*
   Score-Beschreibung (Anker-Punkte)

   0   keine
   1   einzelner Tic
   2   multiple diskrete Tics (2-5)
   3   multiple diskrete Tics (> 5)
   4   multiple diskrete Tics plus wenigstens 1 gestaltetes Muster von multiplen simultanen oder aufeinander-
       folgenden Tics, wobei es schwierig ist, diskrete Tics zu unterscheiden
   5   multiple diskrete Tics plus mehrere (> 2) gestaltete Muster von multiplen gleichzeitig auftretenden und fol-
       genden Tics, wobei es schwierig ist, einzelne Tics zu unterscheiden.

   b. *Frequenz: motorischer Score ( ) vokaler Score ( )*
   Score-Beschreibung (Anker-Punkte)

   0   *keine.* Kein Hinweis für spezifische Tics
   1   *selten.* Spezifische Tics haben während der vergangenen Woche vorgelegen. Diese sind unregelmäßig
       aufgetreten, häufig nicht täglich. Wenn Serien von Tics auftreten, sind sie kurz und selten.
   2   *gelegentlich.* Spezifische Tics haben typischerweise täglich vorgelegen, aber es liegen während des
       Tages lange ticfreie Intervalle vor. Serien von Tics können gelegentlich auftreten und halten jeweils nicht
       länger als wenige Minuten an.
   3   *häufig.* Spezifische Tics liegen täglich vor. Ticfreie Intervalle bis zu drei Stunden sind nicht ungewöhnlich.
       Serien von Tics treten regelmäßig auf, sind aber möglicherweise auf ein einziges Setting beschränkt.
   4   *fast immer.* Spezifische Tics sind praktisch in jeder Stunde im Wachzustand vorhanden, und es treten
       regelmäßig Perioden anhaltender Tics auf. Serien von Tics sind häufig und nicht auf ein einziges Setting
       beschränkt.
   6   *immer.* Spezifische Tics liegen praktisch den ganzen Tag vor. Ticfreie Intervalle können kaum ausge-
       macht werden und dauern in der Regel nicht länger als 5 bis 10 Minuten an.

   c. *Intensität: motorischer Score ( ) vokaler Score ( )*
   Score-Beschreibung (Anker-Punkte)

   0   *fehlend*
   1   *minimale Intensität.* Tics sind nicht sicht- oder hörbar (sind nur für den Patienten persönlich wahrnehm-
       bar) oder Tics drängen sich weniger auf als vergleichbare willentliche Handlungen und werden typischer-
       weise wegen ihrer Intensität nicht beobachtet.
   2   *leichte Intensität.* Tics drängen sich nicht mehr auf als vergleichbare willentliche Handlungen oder

Vokalisationen und werden wegen ihrer Intensität typischerweise nicht wahrgenommen.

3 *mittelgradige Intensität.* Die Tics drängen sich stärker auf als vergleichbare willentliche Handlungen, liegen aber nicht außerhalb der Bandbreite eines normalen Ausdrucks für vergleichbare willentliche Handlungen oder Vokalisationen. Sie können wegen ihres sich aufdrängenden Charakters auf den Betroffenen aufmerksam machen.

4 *ausgeprägte Intensität.* die Tics drängen sich mehr auf als vergleichbare willentliche Aktionen oder Vokalisationen und haben typischerweise einen „übertriebenen" Charakter. Derartige Tics rufen regelmäßig wegen ihres sich aufdrängenden und übertriebenen Charakters Aufmerksamkeit für den Betroffenen hervor.

5 *schwere Intensität.* Die Tics drängen sich außerordentlich stark auf und sind in ihrem Ausdrucksgehalt übertrieben. Diese Tics machen auf den Betroffenen aufmerksam und können wegen ihres sich aufdrängenden Ausdrucksgehaltes in ein Risiko für körperliche Verletzungen (durch Unfall, provoziert oder selbst beigefügt) münden.

d. *Komplexität: motorischer Score ( ) vokaler Score ( )*
   Score-Beschreibung (Anker-Punkte)

0 *keine.* Wenn vorhanden, sind alle Tics in ihrer Art eindeutig „einfach" (plötzlich, kurz, zwecklos).

1 *Randständig.* Einige Tics sind in ihrer Art nicht eindeutig „einfach".

2 *leicht.* Einige Tics sind eindeutig „komplex" (im Erscheinungsbild zweckgerichtet) und ahmen kurze „automatische" Verhaltensweisen nach wie z. B. Körperpflege, Silben oder kurze bedeutungsvolle Äußerungen wie etwa „ah ja", „hallo", welche leicht verdeckt werden können.

3 *mittelgradig.* Einige Tics sind „komplexer" (zweckgerichteter und anhaltend) und können in gestalteten Serien auftreten, die schwierig zu verdecken sind, aber als normales Verhalten oder normale Sprache rationalisiert oder „erklärt" werden können (Zupfen, Klopfen, Äußerungen wie „genau" oder „Schatz", kurze Echolalie).

4 *ausgeprägt.* Einige Tics sind in ihrer Art sehr „komplex" und tendieren dazu, in ausgedehnten, gestalteten Serien aufzutreten, die schwer zu verdecken sind und wegen ihrer Dauer und/oder ihres ungewöhnlichen, unangemessen, bizarren oder obszönen Chrarakters nicht leicht als normales Verhalten oder Sprache rationalisiert werden können (eine ausgedehnte Verzerrung des Gesichts, Berühren der Genitalien, Echolalie, ungewöhnliche Sprachäußerung, längere Serien von wiederholten Äußerungen wie „was meinst du?" oder obszöne Flüche).

5 *schwer.* Einige Tics erfolgen als langanhaltende Serie von gestaltetem Verhalten oder Sprachäußerungen, die unmöglich wegen ihrer Dauer oder ihres extrem ungewöhnlichen, unangemessenen, bizarren oder obszönen Charakters verdeckt oder erfolgreich als normal rationalisiert werden können (langanhaltende Verhaltensweisen oder Äußerungen, die oft Kopropraxie, selbstbeschädigendes Verhalten oder Koprolalie einschließen).

e. *Interferenz: motorischer Score ( ) vokaler Score ( )*
   Score-Beschreibung (Anker-Punkte)

0 *keine*
1 *minimal.* Wenn Tics vorliegen, unterbrechen sie den Fluss von Verhalten oder Reden nicht.
2 *leicht.* Wenn Tics vorliegen, unterbrechen sie den Fluss von Verhalten oder Rede gelegentlich.
3 *mittelgradig.* Wenn Tics vorliegen, unterbrechen sie den Fluss von Verhalten oder Rede häufig.
4 *ausgeprägt.* Wenn Tics vorliegen, unterbrechen sie den Fluss von Verhalten oder Rede häufig und stören gelegentlich eine intendierte Handlung oder Kommunikation.
5 *schwer.* Wenn Tics vorliegen, stören sie eine detaillierte Handlung oder Kommunikation häufig.

f. *Beeinträchtigung:* Gesamtbeeinträchtigung ( ) (Beurteile die Gesamtbeeinträchtigung für motorische und vokale Tics)
   Score-Beschreibung (Anker-Punkte)

0 *keine*

10 *minimal.* Die Tics sind mit diskreten Schwierigkeiten hinsichtlich Selbstwertgefühl, Familienleben, sozialer Akzeptanz oder Leistungen in der Schule oder am Arbeitsplatz verbunden (gelegentliche Irritationen oder Sorge über die Tics hinsichtlich der Zukunft; periodische leichter Anstieg von familiären Spannungen wegen der Tics; Freunde oder Bekannte können die Tics gelegentlich auf eine irritierende Art bemerken oder kommentieren).

20 *leicht.* Die Tics sind mit kleineren Schwierigkeiten hinsichtlich Selbstwertgefühl, Familienleben, sozialer

Akzeptanz oder Leistungen in der Schule beziehungsweise am Arbeitsplatz verbunden.

30 *mittelgradig.* Die Tics sind mit einigen deutlichen Problemen hinsichtlich Selbstwertgefühl, Familienleben, sozialer Akzeptanz oder Leistungen in der Schule beziehungsweise am Arbeitsplatz verbunden (Verstimmungsphasen, periodische Belastungen und Konflikte in der Familie, häufiges Hänseln durch die Gleichaltrigen oder episodische soziale Vermeidung, phasenweise Beeinträchtigung hinsichtlich Leistungen in der Schule oder am Arbeitsplatz wegen der Tics).

40 *ausgeprägt.* Die Tics sind mit größeren Schwierigkeiten hinsichtlich Selbstwertgefühl, Familienleben, soziale Akzeptanz oder Leistungen in der Schule bzw. am Arbeitsplatz verbunden.

50 *schwer.* Die Tics sind mit ausgeprägten Schwierigkeiten hinsichtlich Selbstwertgefühl, Familienleben, sozialer Akzeptanz oder Leistungen in der Schule bzw. am Arbeitsplatz verbunden (schwere Depression mit Suizidgedanken, Zerbrechen der Familie durch Trennung/Scheidung oder Heimplazierung, Zerbrechen der sozialen Bindungen – schwere Lebenseinschränkungen wegen des sozialen Stigmas und der sozialen Vermeidung, Entfernung aus der Schule oder Arbeitsplatzverlust).

Anhang 10.2: Yale-Tourette-Syndrom-Symptomliste

(Cohen und Mitarbeiter 1985, bearbeitet von H.-C. Steinhausen)

Name: geb.:   Datum:

Beurteilen Sie bitte jedes Symptom, indem Sie die angemessene Zahl für jeden Tag in das zugehörige Kästchen eintragen!

0 = überhaupt nicht oder symptomfrei   Beurteiler: _____ 1. Kind

1 = ein wenig   _____ 2. Mutter

2 = oft   _____ 3. Vater

3 = sehr oft   _____ 4. andere

4 = extrem oft

5 = fast immer

Datum	Mo	Di	Mi	Do	Fr	Sa	So

Einfache motorische Symptome

Summe einfacher motorischer Symptome _____

	Mo	Di	Mi	Do	Fr	Sa	So
Augenzwinkern							
Andere Gesichtstics							
Kopfwerfen							
Schulterwerfen							
Armbewegungen							
Finger- und Handbewegungen							
Bewegungen der Bauchmuskulatur							
Schließende Beinbewegungen							
Gespannte Körperteile							
Andere							
Andere							

Komplexe motorische Symptome

Summe komplexer motorischer Symptome _____

	Mo	Di	Mi	Do	Fr	Sa	So
Berühren von Körperteilen							
Berühren anderer Menschen							
Berühren von Objekten							
Kann Handlungen nicht beginnen							
Verletzt sich selbst							
Klopfen mit Finger oder Hand							
Hüpfen							

Datum	Mo	Di	Mi	Do	Fr	Sa	So
An Gegenständen nesteln (Kleidung usw.)							
Kopropraxie (obszöne Gesten)							
Andere							
Andere							

Einfache Phonationssymptome

Summe einfacher Phonationssymptome _____

	Mo	Di	Mi	Do	Fr	Sa	So
Geräusche							
Grunzen							
Räuspern							
Husten							
Andere							
Andere							

Komplexe Phonationssymptome

Summe komplexer Phonationssymptome _____

	Mo	Di	Mi	Do	Fr	Sa	So
Worte							
Wiederholt eigene Worte/Sätze							
Wiederholt fremde Worte/Sätze							
Koprolalie (obszöne Worte)							
Beleidigt (Mangel an Hemmung)							
Andere							
Andere							

Verhalten

Summe an Verhaltenssymptomen _____

	Mo	Di	Mi	Do	Fr	Sa	So
Streitsüchtig							
Geringe Frustrationstoleranz							
Wutausbrüche							
Provozierend							
Andere							
Andere							

Anhang 13.1:
Fragebogen zur Erfassung von Kinderängsten

(autorisierte Bearbeitung der Fear Survey Schedule for Children [FSSC-R] von T. Ollendick durch H. Lugt und H.-C. Steinhausen)

Name des Kindes / Jugendlichen:

Heutiges Datum: ⎵⎵⎵⎵⎵⎵

Geburtsdatum: ⎵⎵⎵⎵⎵⎵

Angst vor/bei	0 = nein	1 = ja	9 = keine Angabe
1. Alleinsein	0	1	9
2. Alpträumen	0	1	9
3. Anzeichen von Angst bei anderen	0	1	9
4. Arzt	0	1	9
5. Autos	0	1	9
6. Bestrafung durch den Vater	0	1	9
7. Bestrafung durch die Mutter	0	1	9
8. Bestrafung in der Schule	0	1	9
9. Blitz	0	1	9
10. Blut	0	1	9
11. Donner	0	1	9
12. Dunkelheit	0	1	9
13. dunklen Räumen	0	1	9
14. Einbrechern, Räubern, Kidnappern etc.	0	1	9
15. Eisenbahnen	0	1	9
16. Elektrizität	0	1	9
17. Erdbeben	0	1	9
18. Erkrankung eines Familienmitglieds	0	1	9
19. geheimnisvollen, spannenden Filmen	0	1	9
20. Flugzeugen	0	1	9
21. fremden Personen	0	1	9
22. Friedhöfen	0	1	9
23. Geistern, Hexen, Fabelwesen etc.	0	1	9
24. Gewitter	0	1	9
25. Haarewaschen	0	1	9
26. Hänseleien	0	1	9
27. großen Haustieren (Pferde, Kühe etc.)	0	1	9
28. Höhen (auf Bergen, auf Kirchtürmen etc.)	0	1	9
29. Hölle oder Teufel	0	1	9
30. Hunden	0	1	9
31. nicht stechenden Insekten (außer Spinnen)	0	1	9
32. stechenden Insekten	0	1	9
33. Katzen	0	1	9
34. Klassenarbeiten oder sonst. Leistungssituationen	0	1	9
35. körperlichen Verletzungen	0	1	9

Angst vor/bei	0 = nein	1 = ja	9 = keine Angabe
36. Krankenhaus	0	1	9
37. Krankheitserregern	0	1	9
38. Krieg	0	1	9
39. Kritik	0	1	9
40. Lärm oder lauten Geräuschen	0	1	9
41. lärmenden Objekten (Staubsauger, Sirenen)	0	1	9
42. Mäusen oder Ratten	0	1	9
43. ungew. ausseh. Menschen (z. B. verkleidet)	0	1	9
44. großen Menschenmengen	0	1	9
45. schlechten Noten	0	1	9
46. engen Räumen (Fahrstühle etc.)	0	1	9
47. scharfen oder spitzen Gegenständen	0	1	9
48. Schatten	0	1	9
49. Schlangen	0	1	9
50. Schmerzen	0	1	9
51. Schule	0	1	9
52. Spinnen	0	1	9
53. Spritzen	0	1	9
54. Sterben oder Tod	0	1	9
55. Sterben/Tod eines Familienmitglieds	0	1	9
56. Streit der Eltern bzw. Bezugspersonen	0	1	9
57. Sturm	0	1	9
58. Trennung von den Eltern (bzw. Bezugspersonen)	0	1	9
59. Umweltzerstörung	0	1	9
60. unbekannten Situationen	0	1	9
61. uniformierten Personen (Soldaten, Jäger etc.)	0	1	9
62. an einem fremden Ort verlorenzugehen	0	1	9
63. Verlust von Eigentum	0	1	9
64. verrückt zu werden	0	1	9
65. Versagen	0	1	9
66. Vögeln	0	1	9
67. Wald	0	1	9
68. nach vorausgegangenen Warnungen	0	1	9
69. tiefem Wasser	0	1	9
70. „Wilden Tieren" (Wölfe, Bären, Löwen etc.)	0	1	9
71. Zahnarzt	0	1	9
72. Zukunft	0	1	9
73. Sonstige Ängste	0	1	9
74. Sonstige Ängste	0	1	9
75. Sonstige Ängste	0	1	9
76. Sonstige Ängste	0	1	9

Anhang

Anhang 13.2: Skala zur Beurteilung der Depression bei Kindern (CDRS)*

(Elvar O. Poznanski, Linda N. Freeman und Hartmut B. Mokros, mit Erlaubnis übersetzt durch H.-C. Steinhausen)

Beschreibung der Skalen

Die CDRS dient der Erfassung des Vorliegens und des Schweregrades einer Depression bei Kindern im Alter von sechs bis zwölf Jahren. Sie besteht aus siebzehn Merkmalsbereichen. Vierzehn werden auf der Basis von Antworten der Kinder auf eine Reihe standardisierter Fragen beurteilt. Dieses halbstandardisierte Interview kann Kindern im Alter von sechs bis zwölf Jahren, ihren Eltern, Lehrern, Sozialarbeitern oder anderen Informanten in ungefähr dreißig Minuten vorgegeben werden. Die ersten vierzehn Merkmale werden auf der Basis des Interviews beurteilt. Die verbleibenden drei Merkmale werden durch den Interviewer auf der Basis des beobachteten nonverbalen Verhaltens des Kindes beurteilt. Diese drei Merkmale werden nicht beurteilt, wenn statt des Kindes eine andere Person interviewt wird.

Die siebzehn Merkmale werden auf fünfstufigen Skalen für Schlaf, Appetit und Sprachtempo und auf siebenstufigen Skalen für die übrigen Merkmale beurteilt. Die Beurteilung 1 bedeutet keine Auffälligkeit, während die Beurteilung 3 eine leichte Ausprägung bedeutet. Eine Beurteilung von 5 oder höher bedeutet bei allen Merkmalen eine psychopathologische Symptomatik.

Durchführung

Vor der Durchführung sollte sich der Untersucher mit dem Interview vertraut machen, damit das Interview sich frei entwickelt. Obwohl das Interview so aufgebaut ist, dass die Untersuchung von weniger bedrohlichen Fragen zu Themen mit stärkerer emotionaler Beteiligung übergeht, machen Kinder spontan über Merkmalsbereiche außerhalb der Interviewabfolge Angaben. Der Untersucher sollte sich diesem Vorgehen auf eine Weise anpassen, welche den Aufbau eines Rapportes mit dem Kind ermöglicht. Der Untersucher sollte ferner vorhersehen, dass einige Kinder sich erst langsam an dem Interview beteiligen und am Anfang verbindliche und zurückhaltende Antworten geben. Wenn sich der Rapport stärker entwickelt hat, kann es nötig werden, ein derartiges Kind über zurückliegende Merkmale noch einmal zu befragen.

Bei der Interpretation von Antworten auf Fragen der CDRS muss immer der Entwicklungsstand des Kindes berücksichtigt werden. Manche Kinder können Worte wie Schuld, Irritabilität oder Selbstmord nicht verstehen. Das Interview enthält Empfehlungen, wie man diese Konzepte konkret fassen kann, damit das Kind sie besser versteht. Es muss auch die Fähigkeit des Kindes berücksichtigt werden, Zeitkonzepte zu verstehen. Hier sind wiederum konkrete Zeitangaben wie tägliche Aktivitäten oder Mahlzeiten hilfreich, um die Dauer eines unglücklichen oder verstimmten Zustandes zu beurteilen. Der Untersucher muss sich bemühen, eine Sprache und Zeitangaben zu benutzen, die mit den entwicklungsabhängigen Möglichkeiten des Kindes übereinstimmen.

Ferner muss der Untersucher auch die Auswirkungen verschiedener Umgebungsbedingungen berücksichtigen, in denen die CDRS eingesetzt werden. Kinder in psychiatrischen Institutionen geben eher als Kinder in nichtpsychiatrischen Einrichtungen wie Schulen zurückhaltende Antworten oder unterdrücken Informationen. Innerhalb von pädiatrischen Institutionen, wo Kinder beeinträchtigende körperliche Erkrankungen oder Fieber haben, kann der körperliche Zustand des Kindes ein apathisch zurückgezogenes Verhalten, Müdigkeit oder Schlafstörungen fördern. Die Kinder können unter schweren Trennungsängsten leiden und dabei zurückgezogen, weinerlich und sozial isoliert außerhalb der Gegenwart ihrer Mutter wirken, zugleich jedoch fröhlich mit Gleichaltrigen zusammensein, wenn ihre Mutter dabei ist.

Es wird empfohlen, Informationen aus mehreren Quellen zu sammeln, um möglichst valide Beurteilungen vorzunehmen. Es muss jedoch die Quelle der Information bei der Bestimmung des endgültigen kombinierten Scores des CDRS berücksichtigt werden. Zum Beispiel ist die Beschreibung von Schlafstörungen durch das Kind häufig zutreffender als die Beschreibung der Eltern, zumal Eltern oft die Schlafstörungen des Kindes nicht mitbekommen, wenn sie sich selbst zu Bett gelegt haben. Andererseits halten sich Kinder möglicherweise zurück, über Verhaltensweisen zu berichten, welche einen Tadel durch Erwachsene hervorrufen würden. Deswegen werden Verhaltensweisen wie Irritabilität und Essstörungen von Eltern Gemäß Erfahrungen der amerikanischen Autoren mit klinischen Populationen bedeutet ein Gesamtwert von 40 oder höher in der CDRS einen starken Hinweis auf das Vorliegen oder die Möglichkeit für eine ausgeprägte Depression (major depressive disorder). Obwohl der Score von 40 ein zuverlässiger Hinweis auf eine Depression ist, sollte er als Hinweis und nicht als Kriterium für das Vorliegen einer Depression genommen werden. Andere typische Methoden der psychiatrischen Untersuchung wie das unstrukturierte Interview, die Familienanamnese, die pädiatrische Untersuchung, Laboruntersuchungen usw. sollten genutzt werden, um die Diagnose auf der Basis von Klassifikationskriterien (DSM-IV oder ICD-10) zu bestimmen. Wenn die Diagnose einer Depression gesichert ist, kann die CDRS als ein Maß des Schweregrades der Depression und als Basis für Vergleiche über die Zeit genutzt werden.

Skala zur Beurteilung der Depression bei Kindern (CDRS)*
Auswertungsblatt

Name:_____   Vorname:_____

Geb._____   Geschlecht: m/w

Untersuchungsdatum:_____

Schulische Situation	1	2	3	4	5	6	7
Fähigkeit, sich zu freuen	1	2	3	4	5	6	7
Sozialer Rückzug	1	2	3	4	5	6	7
Schlaf	1	2	3	4	5		
Appetit oder Essverhalten	1	2	3	4	5		
Ausgeprägte Müdigkeit	1	2	3	4	5	6	7
Körperliche Beschwerden	1	2	3	4	5	6	7
Irritabilität	1	2	3	4	5	6	7
Schuldgefühle	1	2	3	4	5	6	7
Selbstwertgefühl	1	2	3	4	5	6	7
Depressive Stimmung	1	2	3	4	5	6	7
Todesgedanken	1	2	3	4	5	6	7
Selbstmordgedanken	1	2	3	4	5	6	7
Weinen	1	2	3	4	5	6	7
Depressive Affekte	1	2	3	4	5	6	7
Sprachtempo	1	2	3	4			
Hypoaktivität	1	2	3	4	5	6	7
Stimmungslabilität	1	2	3	4	5		

Gesamtwert:_____

1: keine Auffälligkeit

3: leichte Ausprägung

5: deutliche Ausprägung

7: starke Ausprägung

*© E. O. Poznanski, 1984, bearbeitet von H.-C. Steinhausen, 1989

Schulische Situation

Gefällt dir die Schule, oder gefällt sie dir nicht? Welche Dinge an der Schule gefallen dir, welche gefallen dir nicht?

Welche Noten bekommst du in der Schule? Haben sie sich gegenüber dem letzten Jahr verändert?

Meinen deine Eltern oder deine Lehrer, dass du bessere Leistungen bringen solltest? Was sagen sie? Stimmst du mit ihnen überein oder nicht?

Wenn die Noten ein Problem sind, wird gefragt: Hast du Probleme mit der Konzentration? Warum? Brauchst du für deine Aufgaben länger als andere Kinder? Hast du Tagträume?

Stören dich andere Kinder? Sagt dir der Lehrer häufig, du sollst aufpassen, was er sagt?

Sofern das Kind nicht zur Schule geht, wird über die Konzentrationsfähigkeit beim Fernsehen oder bei einem Spiel gefragt.

Beurteilung

1. Die Leistung stimmt mit der Fähigkeit überein.
2.
3. Abfall der Schulleistungen.
4.
5. Bedeutsame Auswirkungen auf die meisten Fächer.
6.
7. Keine Leistungsmotivation.

Fähigkeit, sich zu freuen

Was tust du gern und aus Freude? *(Notiert werden Interessen, Aktivitäten, Begeisterung. Die individuell benannten Aktivitäten werden besprochen.)*

Wie oft hast du solche Aktivitäten, die dir Spaß machen? *(Es wird notiert, ob die Aktivitäten täglich, wöchentlich oder an eine Saison gebunden oder sehr selten stattfinden.)*

(Bei sehr wenig Aktivität) Was siehst du gerne im Fernseher? *(Die beliebtesten Fernsehsendungen werden erörtert, und es wird festgestellt, ob das Kind eher aktiv oder passiv fernsieht.)*

Beurteilungen

1. Die Interessen und Aktivitäten sind realistisch und angemessen für Alter, Persönlichkeit und soziale Umgebung. Im Zusammenhang mit der gegenwärtigen Störung bestehen keine zu beurteilenden Veränderungen. Gefühle von Langeweile sind vorübergehend.
2.
3. Beschreibt einige Aktivitäten realistisch, die mehrmals in der Woche, aber nicht täglich durchgeführt werden. Zeit Interessen, aber keine Begeisterung.
4.
5. Ist leicht gelangweilt. Beklagt sich darüber, nichts zu tun zu haben. Beteiligt sich an strukturierten Aktivitäten mit einer unbeteiligten Einstellung. Bringt eventuell vornehmlich Interessen an Aktivitäten zum Ausdruck, die tatsächlich täglich oder wöchentlich nicht verfügbar sind.
6.
7. Zeigt keine Initiative, sich bei irgendwelchen Aktivitäten zu beteiligen. Vermehrt passiv. Beobachtet andere beim Spiel oder schaut fern mit wenig Interesse. Braucht gutes Zureden oder Anstoßen, um sich bei Aktivitäten zu beteiligen. Zeigt keine Begeisterung oder wirkliche Interessen. Hat Schwierigkeiten, Aktivitäten zu benennen.

Sozialer Rückzug

Hast du Spielkameraden? Hast du die in der Schule oder zu Hause? Welche Spiele spielst du mit ihnen? Wie oft spielst du mit ihnen?

Hast du jemals einen wirklichen engen Freund gehabt? Hast du jetzt einen?

Hast du Freunde, die nach dir fragen und wo du keine Lust hast, spielen zu gehen? Wie oft?

Hast du irgendwann einmal Freunde verloren? Was passierte dann?

Hacken Kinder auf dir herum? Wie machen sie das? Was machst du? Gibt es jemanden, der für dich eintritt?

Beurteilungen

1. Freut sich über Freundschaften mit Gleichaltrigen in der Schule und zu Hause.
2.
3. Sucht eventuell nicht aktiv Freundschaften, aber wartet darauf, dass andere eine Beziehung beginnen, oder weist gelegentlich Spielmöglichkeiten ohne eine beschreibbare Alternative zurück.
4.
5. Vermeidet oder weist häufig Gelegenheiten für erwünschte Interaktionen mit anderen zurück und/oder schafft Situationen, wo die Zurückweisung unvermeidbar ist.
6.
7. Hat gegenwärtig keine Beziehung zu anderen Kindern. Stellt fest, dass er/sie keine Freunde hat, oder weist aktiv neue oder frühere Freunde zurück.

Schlaf

Hast du Schlafprobleme?

Brauchst du lange Zeit, um schlafen zu gehen? *(Differenzierung gegenüber der Vermeidung zu Bett zu gehen.)*

Wie lange brauchst du? Wie oft kommt das vor?

Wachst du mitten in der Nacht auf? Fällst du dann gleich wieder in Schlaf, oder bleibst du wach? Wie oft kommt das vor?

Wachst du irgendwann früher am Morgen auf, als du musst? Wie früh? Fällst du dann wieder in Schlaf, oder bleibst du wach? Was machst du dann? Wie oft (oder wann) passiert das?

Beurteilungen

1. Keine (oder gelegentliche) Schwierigkeiten. (Fällt innerhalb einer halben Stunde oder weniger in Schlaf.)
2.
3. Hat häufig leichte Schlafprobleme.
4.
5. Mittelgradige Schlafschwierigkeiten fast jede Nacht.
   (Nach Möglichkeit wird der Zeitpunkt der Störung angegeben: a) am Anfang der Nacht, b) in der Mitte der Nacht, c) frühmorgendliches Erwachen.)

Appetit oder Essverhalten

Isst du gern? Hast du bei Tisch Hunger auf einige Mahlzeiten, die meisten Mahlzeiten, alle Mahlzeiten? Bist du nicht hungrig? *(Wenn nicht hungrig, wird festgestellt, wann und wie oft.)*

Beklagt sich deine Mutter über dein Essen?

Hast du an Gewicht zugenommen oder verloren? *(Wenn ja)* Wie kommt das?

Beurteilungen

1. Keine Probleme oder Veränderungen im Essverhalten.
2.
3. Leichte Veränderungen der üblichen Essgewohnheiten mit Beginn der gegenwärtigen Verhaltensprobleme.
4.
5. Definitiv appetitlos. Hat meistens keinen Hunger oder nimmt exzessiv Nahrung auf seit Beginn der gegenwärtigen Verhaltensprobleme oder ausgeprägte Appetitsteigerung.
   (Nach Möglichkeit wird angestrichen: Appetitsteigerung/Appetitminderung)

Ausgeprägte Müdigkeit

(Es werden Alter und Aktivitäten des Kindes berücksichtigt.)

Fühlst du dich irgendwann am Tage müde? Auch wenn du genug Schlaf gehabt hast? *(Langweilige Schulfächer zählen nicht.)* Wie ist es nach der Schule?

Wie oft fühlst du dich nach der Schule müde?

Fühlst du dich irgendwann mal so müde, dass du ein kleines Schläfchen nimmst, auch wenn du es nicht mehr musst? Wie oft kommt das vor?

Beurteilungen

1. Keine ungewöhnlichen Klagen über Müdigkeitsgefühle am Tag.
2.
3. Klagt über Müdigkeit, die ausgeprägt wirkt und nicht auf Langeweile bezogen ist.
4.
5. Tägliche Klagen über Müdigkeitsgefühle.
6.
7. Klagt darüber, sich am Tage meistens müde zu fühlen. Macht freiwillig einen kurzen Schlaf, ohne sich wirklich erfrischt zu fühlen. Beeinträchtigung der Spielaktivitäten.

Körperliche Beschwerden

(Beschwerden auf nichtorganischer Basis)

Hast du manchmal Bauchschmerzen, Kopfschmerzen, Schmerzen in den Beinen?

Hast du andere Schmerzen?

Was sind das für Schmerzen?

Wie oft kommt das vor?

Wenn du diese Schmerzen hast, wie lang halten sie an? Hilft dir irgend etwas, dass sie weggehen? Halten sie dich vom Spielen ab? Wie oft tun sie das?

Beurteilungen

1. Gelegentliche Beschwerden.
2.
3. Die Beschwerden erscheinen leicht ausgeprägt.
4.
5. Klagt täglich über irgendwelche Beeinträchtigungen hinsichtlich der eigenen Fähigkeit, im Alltag zu funktionieren.
6.
7. Vornehmlich mit Schmerzen beschäftigt; mehrmals pro Woche Beeinträchtigung von Spielaktivitäten.

Irritabilität

Was macht dir miese Laune?

Wie stark kann das werden?

Fühlst du dich irgendwann einmal in einer Stimmung, wo dich alles ärgert? Wie lang halten diese Stimmungen an? Wie oft kommt es zu diesen Stimmungen?

Beurteilungen

1. Selten.
2. Gelegentlich.
3. Mehrfach pro Woche mit kurzen Perioden.
4.
5. Mehrfach pro Woche mit längeren Perioden.
6.
7. Durchgehend.

Schuldgefühle

Hast du irgendwann das Gefühl, dass es dein Fehler ist oder du dich selbst beschuldigen musst, wenn etwas Schlechtes passiert?

Hast du jemals ein ungutes Gefühl, oder tut es dir leid wegen bestimmter Dinge, die du getan hast oder die du eigentlich gern getan hättest? Worum handelt es sich? *(Es wird die Handlung notiert und ob die Schuldgefühle dafür angemessen sind.)*

Weißt du, was das Wort Schuld bedeutet? Gibt es bestimmte Dinge, die dir ein Gefühl von Schuld geben?

Beurteilungen

1. Bringt keine übertriebenen Schuldgefühle zum Ausdruck. Angemessen hinsichtlich des vorausgegangenen Ereignisses.
2.
3. Übertreibt Schuld und/oder Schamgefühle unangemessen für das beschriebene Ereignis.
4.
5. Fühlt sich wegen bestimmter Dinge schuldig, die nicht unter seiner/ihrer Kontrolle sind. Die Schuldgefühle sind definitiv pathologisch.
6.
7. Ausgeprägt wahnhafte Schuldgefühle.

Selbstwertgefühl

Gefällst du dir, wie du aussiehst? Kannst du dich selbst beschreiben? *(Bei einem kleinen Kind wird nach den Haaren, den Augen, dem Gesicht, den Kleidern usw. gefragt.)* Würdest du gerne anders aussehen? Wie?

Glaubst du, dass du klug oder dumm bist?

Glaubst du, dass du besser oder schlechter bist als andere Kinder?

Mögen die meisten Kinder dich? Mögen dich einige nicht? Warum?

Wirst du mit Schimpfwörtern oder Spitznamen gerufen? Welche sind es? Machen dich andere Kinder traurig?

Worin bist du gut? Worin nicht so gut?

Fühlst du dich manchmal deinetwegen am Boden?

Würdest du gerne etwas für dich verändern?

Beurteilungen

1. Beschreibt sich vornehmlich positiv.
2.
3. Beschreibt sich mit einem wichtigen Bereich, wo er/sie sich unzulänglich fühlt.
4.
5. Beschreibt sich vornehmlich negativ oder beantwortet Fragen nichtssagend.
6.
7. Beurteilt sich selbst abwertend. Berichtet, dass andere Kinder ihn/sie häufig mit Schimpfnamen belegen und ihn/sie traurig machen.

Depressive Stimmung

Worüber fühlst du dich unglücklich?

Wenn du dich unglücklich fühlst, wie lange dauert das an? Eine Stunde? Wenige Stunden? Einen ganzen Tag? Wie oft fühlst du dich so? Jede Woche? Alle zwei Wochen? *(Bei jüngeren Kindern kann eine Stunde soviel bedeuten wie ein halber Tag oder mehr bei älteren Kindern.)*

Wissen andere Leute Bescheid, wenn du traurig bist?

Fühlst du dich nur zu bestimmten Zeiten traurig, wenn z. B. deine Mutter weg ist?

Wenn du dich unglücklich fühlst, wie elend fühlst du dich dann? Ist es jemals so stark, dass es weh tut? Wie oft passiert das? *(Die Reaktivität ist ein Hinweis auf das Ausmaß depressiver Stimmung.)*

Beurteilungen

1. Gelegentliche Gefühle von Unglücklichsein, die schnell vorübergehen.
2.
3. Beschreibt anhaltende Gefühle des Unglücklichseins, die für die beschriebenen Ereignisse ausgeprägt erscheinen.
4.
5. Fühlt sich die meiste Zeit ohne einen bedeutsamen vorausgehenden Grund unglücklich.
6.
7. Fühlt sich durchgehend unglücklich. Von psychischem Schmerz begleitet (z. B. „Ich kann es nicht aushalten.").

Todesgedanken

Ist dir mal ein Haustier gestorben? Ein Freund? Ein Verwandter? Denkst du noch darüber nach? Wie oft?

Hast du jemals den Gedanken, dass jemand in der Familie sterben könnte? Wer? Erzähl mir? Wie oft denkst du daran?

Machst du dir jemals über eine andere Person Sorgen? Wer ist es?

Hast du je daran gedacht, dass du sterben könntest? Erzähl mir mehr davon.

Wie oft hast du diese Art von Gedanken?

Beurteilungen

1. Keine
2.
3. Hat einige Todesgedanken, die sich sämtlich auf ein tatsächliches Ereignis beziehen, aber übermäßig erscheinen.
4.
5. Beschäftigt sich mehrmals pro Woche vornehmlich mit Todesgedanken. Die Todesgedanken überschreiten die tatsächliche Realität.
6.
7. Beschäftigt sich täglich vornehmlich mit Todesthemen oder Todesgedanken, welche sehr weit entwickelt, ausgedehnt oder sogar bizarr sind.

Selbstmordgedanken

Weißt du, was das Wort Selbstmord bedeutet?

Hast du je daran gedacht, es zu tun? Wann? *(Wenn ja)* Wie hast du gedacht, es zu tun?

Hast du jemals gesagt, daß du dich töten möchtest, obwohl du es nicht gemeint hast? Erzähl mir davon?

(Wenn angemessen) Hast du jemals daran gedacht, dich zu töten?

Beurteilungen

1. Versteht die Bedeutung des Wortes Selbstmord, kann aber den Begriff nicht auf sich beziehen.
2. Klare Verleugnung suizidaler Gedanken.
3. Hat über Selbstmord nachgedacht, gewöhnlich in einem Zustand der Verärgerung.
4.
5. Hat wiederkehrende Suizidgedanken. Lehnt bei mittelgradiger Depression entschieden ab, an Selbstmord zu denken.
6.
7. Hat im letzten Monat Suizidversuche unternommen oder ist tatsächlich suizidal.

Weinen

Musst du manchmal sehr stark weinen?

Hast du manchmal das Gefühl, du möchtest weinen, auch wenn du nicht weinst? Was für Dinge führen dazu, dass du dich so fühlst? Wie oft passiert das?

Hast du dieses Gefühl, weinen zu wollen, häufiger als deine Freunde? Hast du irgendwann einmal das Gefühl, ohne Grund weinen zu wollen?

Beurteilungen

1. Altersgemäß.
2. Deutliche Hinweise, dass das Kind häufiger als seine Alterkameraden weint oder weinen möchte.
3. Das Kind weint etwas mehr als seine Alterskameraden.
4.
5. Weint oder möchte häufig weinen (mehrmals pro Woche). Räumt ein zu weinen, ohne zu wissen, warum.
6.
7. Weint fast täglich.

Die folgenden Merkmale werden auf der Basis des beobachteten nonverbalen Verhaltens des Kindes beurteilt.

Depressive Affekte

Beurteilungen

1. Sicher nicht depressiv. Gesichtsausdruck und Stimme sind während des Gesprächs lebhaft.
2. Leichte Unterdrückung der Affekte. Ein gewisser Spontaneitätsmangel.
3. Durchgängiger Spontaneitätsmangel. Wirkt bei bestimmten Teilen des Interviews ausgesprochen unglücklich. Kann bei nichtbedrohlichen Themen noch lächeln.
4.
5. Mittelgradige Einschränkung der Affekte während der meisten Interviewpassagen. Wirkt über längere Zeit und häufige Perioden ausgesprochen unglücklich.
6.
7. Schwere Ausprägung. Wirkt traurig und zurückgezogen. Minimaler verbaler Austausch während des Interviews. Weint oder wirkt am Rande der Tränen.

Sprachtempo

Beurteilungen

1. Normal.
2. Langsam.
3. Langsam: verzögert das Interview.
4. Schwergradig. Langsam; ausgeprägte Beeinträchtigung des Interviews.

Hypoaktivität

Beurteilungen

1. Keine
2.
3. Leichtgradig. Einige Körperbewegungen.
4.
5. Mittelgradig. Ausgesprochene motorische Retardierung.
6.
7. Schwergradig. Sitzt oder liegt die meiste Zeit im Bett.

Stimmungslabilität

Wechselt das Kind leicht von freundlichem und lebhaftem Ausdruck zu Ernsthaftigkeit oder Traurigkeit (oder umgekehrt)? Treten diese Veränderungen abrupt auf?

Werden diese Veränderungen durch Umgebungsereignisse oder Umstände ausgelöst? Welcher Art sind sie? Sind diese Umgebungsereignisse auf der Basis des klinischen Urteils ausreichend, um diese Veränderung auszulösen?

Beurteilungen

1. Angemessene Stimmung.
2.
3. Verstimmt. Abrupte und etwas inkongruente Stimmungsschwankungen werden ein- oder zweimal während des Interviews beobachtet.
4.
5. Ausgeprägt verstimmt. Abrupte und inkongruente Stimmungsveränderungen charakterisieren das Interview.

Anhang 13.3: Leyton-Zwangssyndrom-Fragebogen – Kinderversion

(Berg und Mitarb. 1986, bearbeitet von H.-C. Steinhausen)

A. Fragen

Gedanken

1. Hast Du oft das Gefühl, Du müsstest bestimmte Dinge tun, obwohl Du weißt, dass Du es eigentlich nicht bräuchtest?
2. Gehen Dir manchmal Gedanken oder Worte immer wieder durch den Kopf?
3. Hast Du manchmal die Idee, dass deine Eltern oder Geschwister einen Unfall haben könnten oder dass ihnen etwas passieren würde?
4. Hast Du Gedanken oder Ideen gehabt, Dich oder jemanden in deiner Familie zu verletzen – Gedanken, die ohne Grund kommen und gehen?

Kontrollieren

5. Musst Du Dinge manchmal überprüfen?
6. Musst Du manchmal Wasserhähne oder Lichtschalter kontrollieren, nachdem Du sie schon abgeschaltet hast?
7. Musst Du Türen, Schubladen oder Fenster überprüfen, um sicher zu sein, dass sie wirklich geschlossen sind?

Schmutz und Ansteckung

8. Hasst Du Schmutz und schmutzige Sachen?
9. Hast Du das Gefühl, dass etwas für Dich verdorben ist, wenn es von jemandem gebraucht oder berührt worden ist?
10. Missfällt es Dir, jemanden zu berühren oder irgendwie berührt zu werden?
11. Glaubst Du, dass Schweiß oder Spucke gefährlich sind und für Dich oder deine Kleidung nicht gut sind?

Gefährliche Objekte

12. Hast Du Angst, dass Stecknadeln, Haare oder scharfe Gegenstände herumliegen könnten?
13. Hast Du Angst, dass Dinge zerbrechen könnten und gefährliche Stücke entstehen lassen?
14. Machen Messer, Beile oder andere gefährliche Dinge im Haus Dich nervös?

Sauberkeit und Ordentlichkeit

15. Hast Du ein wenig Sorge, sauber genug zu sein?
16. Bist Du pingelig, die Hände sauberzuhalten?
17. Putzt Du Dein Zimmer oder deine Spielsachen, wenn sie gar nicht schmutzig sind, um sie besonders sauber zu machen?
18. Achtest Du darauf, dass Deine Kleidung immer ordentlich und sauber ist, was immer Du gerade spielst?
19. Hast Du einen bestimmten Platz, wo Du Deine Kleidung ablegst?
20. Wenn Du Deine Sachen zur Nacht ablegst, müssen sie dann ganz ordentlich weggelegt werden?
21. Achtest Du besonders darauf, dass Dein Zimmer immer ordentlich ist?

Schularbeit

22. Wirst Du ärgerlich, wenn andere Kinder in der Klasse deinen Tisch in Unordnung bringen?
23. Achtest Du besonders darauf, dass Du ordentliche Hefte und eine ordentliche Handschrift hast?
24. Schreibst Du Arbeiten noch einmal, um sicher zu sein, dass sie perfekt sind?
25. Verbringst Du viel Zeit damit, deine Hausaufgaben zu überprüfen, um sicher zu sein, dass sie in Ordnung sind?

Ordnung und Routine

26. Erledigst Du Dinge gerne pünktlich?
27. Musst Du Dich in einer bestimmten Reihenfolge an- oder ausziehen?
28. Ärgert es Dich, wenn Du Deine Hausaufgaben nicht zu einer bestimmten Zeit oder in einer bestimmten Reihenfolge machen kannst?

Wiederholung

29. Musst Du manchmal Dinge immerzu wiederholen, bis sie einigermaßen in Ordnung scheinen?
30. Musst Du manchmal mehrere Male zählen oder Zahlen in Deinem Kopf durchgehen?
31. Hast Du jemals Schwierigkeiten, Deine Schularbeiten oder Pflichten im Haus zu erledigen, weil Du sie immer noch einmal durchgehen musst?
32. Hast Du eine Lieblingszahl oder eine bestimmte Zahl, bis zu der Du häufig gerne zählst oder nach der Du Dinge häufig machst?

Übergewissenhaftigkeit

33. Hast Du oft ein schlechtes Gewissen gehabt, weil Du etwas getan hast, was niemand sonst für schlecht hält?
34. Bist Du sehr besorgt, wenn Du etwas nicht so gemacht hast, wie Du es möchtest?
35. Gibst Du immer schlechte Antworten in der Schule, auch wenn Du vorher überlegt hast, was Du sagst?

Entschlusslosigkeit

36. Hast Du Schwierigkeiten, Dich zu entscheiden?
37. Musst Du Dinge, die Du gemacht hast, häufig noch einmal durchgehen, weil Du nicht sicher bist, dass es die richtige Entscheidung war?

Horten

38. Hebst Du viele Dinge in deinem Zimmer auf, die Du eigentlich nicht brauchst?
39. Ist Dein Zimmer mit alten Spielsachen, Bindfäden, Schachteln, Spielen oder Kleidung angefüllt, nur weil Du meinst, Du könntest sie eines Tages brauchen?

Geiz

40. Hebst Du Dein Taschengeld auf, das Du von deinen Eltern bekommst?
41. Verbringst Du viel Zeit damit, Dein Taschengeld zu zählen und zu ordnen?

Magische Spiele

42. Hast Du bestimmte Spiele, die Du spielst, um Glück zu haben, wie z. B. nicht auf oder in der Nähe von Ritzen auf der Straße oder dem Fußweg zu treten?
43. Bewegst Du Dich oder sprichst auf eine besondere Weise, um Pech zu vermeiden?
44. Musst Du bestimmte Zahlen oder Worte sagen, weil es Pech oder schlechte Dinge von dir forthält?

B. Anleitung

1. Prüfen Sie, dass Sie folgende Teile haben:

    a. Einen kompletten Satz Karten mit den 44 Fragen
    b. Fünf „Widerstands"-Karten mit den Zahlen 1–5 auf der Rückseite
    c. Vier „Interferenz"-Karten mit den Zahlen 1–4 auf der Rückseite
    d. Einen Kasten mit „Ja-Nein"-Abteilungen bzw. -schlitzen
    e. Ein Auswertungsblatt

2. Die Karten sollten in numerischer Reihenfolge mit den Fragen nach oben sortiert sein.

3. Auf dem Antwortblatt sollten Name, Alter, Geschlecht des Kindes sowie Datum und Zeitpunkt des Beginns und Name des Untersuchers vermerkt sein.

4. Kind und Untersucher sollten an einem Tisch einander gegenübersitzen.

5. Die Instruktion lautet:

„Ich möchte Dich bitten, eine Reihe von Fragen zu beantworten, die sich auf Deine Gedanken, Gewohnheiten und Gefühle beziehen. Meiner Meinung nach geht das ganz gut, wenn ich Dir die Fragen auf Karten gebe und Du sie in den Ja-Nein-Kasten legst. Lies Dir jede Frage sorgfältig durch und entscheide dann recht zügig, ob Du mit „ja" oder „nein" antwortest. Vielleicht möchtest Du nicht genau mit „ja" oder „nein" antworten; in diesem Fall leg die Karte da hinein, wo sie am ehesten für Dich hinpasst. Versuche Deine Antwort zu geben, ohne zu lange zu überlegen. Jeder hat verschiedene Antworten auf diese Fragen, und es gibt keine richtige oder falsche Menge an Ja- oder Nein-Antworten."

6. Legen Sie dem Kind die Karten mit den Fingern nach oben gerichtet vor.

7. Bitten Sie das Kind anzufangen. Stellen Sie Fragen, indem Sie die Fragen auf den Karten wiederholen und sagen: „Ich möchte wissen, wie Du darüber denkst – was bedeutet es für Dich? Wenn Du es nicht weißt oder Du Dich nicht entscheiden kannst, dann schätze."

8. Nach Beendigung des Durchgangs vermerken Sie die Ja-Antworten. Jede Ja-Antwort erhält einen Punkt. Nehmen Sie den Kasten weg, und legen Sie die vier „Widerstands"-Karten nebeneinander vor.

Auf den von links nach rechts vorgelegten Karten steht jeweils folgender Text:

Karte 1: **Vernünftig**
Meine Gedanken und Angewohnheiten sind ganz vernünftig.

Karte 2: **Gewohnheit**
Dies ist mir eine Gewohnheit. Ich tue es, ohne darüber nachzudenken.

Karte 3: **Nicht notwendig**
Ich merke oft, dass ich das nicht tun muss, aber ich mache keinen richtigen Versuch, damit aufzuhören.

Karte 4: **Versuch, damit aufzuhören**
Ich weiß, dass dies nicht notwendig ist und dass ich es nicht tun muss, und ich versuche, damit aufzuhören.

Karte 5: **Starker Versuch, damit aufzuhören**
Was ich tue, kümmert mich sehr, und ich versuche sehr, damit aufzuhören.

Sagen Sie zum Kind: „Nun wüsste ich gerne von Dir, wie Du über einige Dinge denkst, zu denen Du ,ja' gesagt hast. Du magst der Meinung sein, dass es ganz vernünftig ist (zeigen Sie die Karte), diese Dinge zu tun, oder dass es nur eine Angewohnheit ist, oder Du magst denken, dass Du einige dieser Dinge nicht tun willst und versuchst, damit aufzuhören. Schau Dir bitte diese Fragen noch einmal an und leg sie vor die Karte, die mit Deinen Gedanken am besten übereinstimmt." Versichern Sie sich, dass das Kind jede Karte gelesen und verstanden hat. Dann geben Sie dem Kind die Ja-Karten, und bitten es, die Karten zuzuordnen.

9. Wenn das Kind fertigt ist, zeichnen Sie die gewichtigen Antworten gemäß der Anzahl von Fragen auf.

10. Sammeln Sie die Karten wieder ein und legen Sie die „Interferenz"-Karten vor.

Die Interferenz-Karten haben folgenden Text:

Karte 1: **Keine Beeinträchtigung**
Meine Angewohnheit hält mich nicht von anderen Dingen ab, die ich tun will.

Karte 2: **Leichte Beeinträchtigung**
Das hält mich ein wenig auf oder nimmt etwas von meiner Zeit in Anspruch.

Karte 3: **Mittlere Beeinträchtigung**
Dies hält mich von anderen Dingen ab und braucht viel von meiner Zeit.

Karte 4: **Starke Beeinträchtigung**
Dies hält mich von vielen anderen Dingen ab und braucht viel von meiner Zeit.

Sagen Sie dem Kind: „Nun möchte ich Dich bitten, mir zu sagen, ob die Dinge, die Du tust, Dich bei anderen Dingen stören oder viel von deiner Zeit brauchen." Erklären Sie die Kartenbedeutungen wie oben, und registrieren Sie die gewichtigen Antworten genauso auf dem Antwortblatt. Nach dem Ende der Durchführung notieren Sie die Zeit. Sammeln Sie die Karten ein, und sortieren Sie die Karten wieder.

11. Auswertung

Der Gesamt-Wert von Zwangssymptomen ergibt sich aus der Zahl der Ja-Antworten. Die Skalengewichte für die Widerstands-Werte betragen:

Vernünftig   = 0
Gewohnheit   = 1
Nicht notwendig   = 1
Versuch, damit aufzuhören   = 2
Starker Versuch, damit aufzuhören = 3

Die Skalengewichte für die Interferenz-Werte betragen:

Keine Beeinträchtigung   = 0
Leichte Beeinträchtigung   = 1
Mittlere Beeinträchtigung   = 2
Starke Beeinträchtigung   = 3

C. Auswertungsblatt

Name des Patienten: _____   Untersucher: _____

Datum: _____   Beginn: _____   Ende: _____

Ja-Antworten: (Bitte die jeweiligen Nummern der Fragen auflisten)

Anzahl
(Gesamt-Wert) [ ]

Zuordnung der Widerstandskarten: (Nummern der Fragen und Punktwerte eintragen; die Summe der Spaltenpunktwerte ergibt den Gesamtpunktwert)

	1	2	3	4	5
Karten					
Anzahl					
Multiplikation	x 0	x 1	x 1	x 2	x 3
Punktwert (Spalte)	0				

Gesamtpunktwert
(Widerstands-Wert) [ ]

Zuordnung der Interferenzkarten: (Nummern der Fragen und Punktwerte eintragen; die Summe der Spaltenpunktwerte ergibt den Gesamtpunktwert)

	1	2	3	4
Karten				
Anzahl				
Multiplikation	x 0	x 1	x 2	x 3
Punktwert (Spalte)	0			

Gesamtpunktwert
(Widerstands-Wert) [ ]

Kommentar:

Anhang 13.4: Leyton-Fragebogen (Kurzfassung)

(nach Berg et al. 1988, bearbeitet von M. Döpfner 1992)

Name: _____ Datum: _____

Du findest auf den folgenden Seiten Fragen über bestimmte Angewohnheiten, die manche Kinder oder Jugendliche haben. Kreuze bei jeder Frage zuerst an, ob Du diese Angewohnheit hast. Wenn Du JA angekreuzt hast, dann gib bitte an, wie sehr diese Angewohnheit Dich von anderen Dingen abhält oder wieviel Zeit sie in Anspruch nimmt. Dazu stehen Dir immer folgende Antwortmöglichkeiten zur Verfügung:

0 Diese Angewohnheit hält mich nicht von anderen Dingen ab, die ich tun will.
1 Das hält mich ein wenig auf oder nimmt etwas von meiner Zeit in Anspruch.
2 Das hält mich von anderen Dingen ab und braucht viel von meiner Zeit.
3 Das hält mich von vielen anderen Dingen ab und braucht sehr viel von meiner Zeit.

Kreuze bitte immer eine der Zahlen von 0 bis 3 an, wenn Du zuvor mit JA geantwortet hast.

---

1. Hast Du oft das Gefühl, Du müsstest bestimmte Dinge tun, obwohl Du weißt, dass Du es eigentlich nicht bräuchtest?
    ☐ NEIN
    ☐ JA:
        0 Diese Angewohnheit hält mich nicht von anderen Dingen ab, die ich tun will.
        1 Das hält mich ein wenig auf oder nimmt etwas von meiner Zeit in Anspruch.
        2 Das hält mich von anderen Dingen ab und braucht sehr viel von meiner Zeit.
        3 Das hält mich von vielen anderen Dingen ab und braucht sehr viel von meiner Zeit.

2. Gehen Dir manchmal Gedanken oder Worte immer wieder durch den Kopf?
    ☐ NEIN
    ☐ JA:
        0 Diese Angewohnheit hält mich nicht von anderen Dingen ab, die ich tun will.
        1 Das hält mich ein wenig auf oder nimmt etwas von meiner Zeit in Anspruch.
        2 Das hält mich von anderen Dingen ab und braucht sehr viel von meiner Zeit.
        3 Das hält mich von vielen anderen Dingen ab und braucht sehr viel von meiner Zeit.

3. Musst Du Dinge manchmal mehrmals überprüfen?
    ☐ NEIN
    ☐ JA:
        0 Diese Angewohnheit hält mich nicht von anderen Dingen ab, die ich tun will.
        1 Das hält mich ein wenig auf oder nimmt etwas von meiner Zeit in Anspruch.
        2 Das hält mich von anderen Dingen ab und braucht sehr viel von meiner Zeit.
        3 Das hält mich von vielen anderen Dingen ab und braucht sehr viel von meiner Zeit.

4. Hasst Du Schmutz und schmutzige Sachen?
    ☐ NEIN
    ☐ JA:
        0 Diese Angewohnheit hält mich nicht von anderen Dingen ab, die ich tun will.
        1 Das hält mich ein wenig auf oder nimmt etwas von meiner Zeit in Anspruch.
        2 Das hält mich von anderen Dingen ab und braucht sehr viel von meiner Zeit.
        3 Das hält mich von vielen anderen Dingen ab und braucht sehr viel von meiner Zeit.

5. Hast Du das Gefühl, dass etwas für Dich verdorben ist, wenn es von jemandem gebraucht oder berührt worden ist?
    ☐ NEIN
    ☐ JA:
        0 Diese Angewohnheit hält mich nicht von anderen Dingen ab, die ich tun will.
        1 Das hält mich ein wenig auf oder nimmt etwas von meiner Zeit in Anspruch.
        2 Das hält mich von anderen Dingen ab und braucht sehr viel von meiner Zeit.
        3 Das hält mich von vielen anderen Dingen ab und braucht sehr viel von meiner Zeit.

6. Hast Du ein wenig Sorge, sauber genug zu sein?
    ☐ NEIN

☐ JA:
- 0 Diese Angewohnheit hält mich nicht von anderen Dingen ab, die ich tun will.
- 1 Das hält mich ein wenig auf oder nimmt etwas von meiner Zeit in Anspruch.
- 2 Das hält mich von anderen Dingen ab und braucht sehr viel von meiner Zeit.
- 3 Das hält mich von vielen anderen Dingen ab und braucht sehr viel von meiner Zeit.

7. Bist Du pingelig, Deine Hände sauberzuhalten?
☐ NEIN
☐ JA:
- 0 Diese Angewohnheit hält mich nicht von anderen Dingen ab, die ich tun will.
- 1 Das hält mich ein wenig auf oder nimmt etwas von meiner Zeit in Anspruch.
- 2 Das hält mich von anderen Dingen ab und braucht sehr viel von meiner Zeit.
- 3 Das hält mich von vielen anderen Dingen ab und braucht sehr viel von meiner Zeit.

8. Wenn Du Deine Sachen zur Nacht ablegst, müssen sie dann ganz ordentlich weggelegt werden?
☐ NEIN
☐ JA:
- 0 Diese Angewohnheit hält mich nicht von anderen Dingen ab, die ich tun will.
- 1 Das hält mich ein wenig auf oder nimmt etwas von meiner Zeit in Anspruch.
- 2 Das hält mich von anderen Dingen ab und braucht sehr viel von meiner Zeit.
- 3 Das hält mich von vielen anderen Dingen ab und braucht sehr viel von meiner Zeit.

9. Wirst Du ärgerlich, wenn andere Klassenkameraden in der Klasse deinen Tisch in Unordnung bringen?
☐ NEIN
☐ JA:
- 0 Diese Angewohnheit hält mich nicht von anderen Dingen ab, die ich tun will.
- 1 Das hält mich ein wenig auf oder nimmt etwas von meiner Zeit in Anspruch.
- 2 Das hält mich von anderen Dingen ab und braucht sehr viel von meiner Zeit.
- 3 Das hält mich von vielen anderen Dingen ab und braucht sehr viel von meiner Zeit.

10. Verbringst Du viel Zeit damit, Deine Hausaufgaben zu überprüfen, um sicher zu sein, dass sie in Ordnung sind?
☐ NEIN
☐ JA:
- 0 Diese Angewohnheit hält mich nicht von anderen Dingen ab, die ich tun will.
- 1 Das hält mich ein wenig auf oder nimmt etwas von meiner Zeit in Anspruch.
- 2 Das hält mich von anderen Dingen ab und braucht sehr viel von meiner Zeit.
- 3 Das hält mich von vielen anderen Dingen ab und braucht sehr viel von meiner Zeit.

11. Musst Du manchmal Dinge immerzu wiederholen, bis sie einigermaßen in Ordnung scheinen?
☐ NEIN
☐ JA:
- 0 Diese Angewohnheit hält mich nicht von anderen Dingen ab, die ich tun will.
- 1 Das hält mich ein wenig auf oder nimmt etwas von meiner Zeit in Anspruch.
- 2 Das hält mich von anderen Dingen ab und braucht sehr viel von meiner Zeit.
- 3 Das hält mich von vielen anderen Dingen ab und braucht sehr viel von meiner Zeit.

12. Musst Du manchmal mehrere Male zählen oder Zahlen in deinem Kopf durchgehen?
☐ NEIN
☐ JA:
- 0 Diese Angewohnheit hält mich nicht von anderen Dingen ab, die ich tun will.
- 1 Das hält mich ein wenig auf oder nimmt etwas von meiner Zeit in Anspruch.
- 2 Das hält mich von anderen Dingen ab und braucht sehr viel von meiner Zeit.
- 3 Das hält mich von vielen anderen Dingen ab und braucht sehr viel von meiner Zeit.

13. Hast Du jemals Schwierigkeiten, Deine Schularbeiten oder Pflichten im Haus zu erledigen, weil Du sie immer noch einmal durchgehen musst?
☐ NEIN
☐ JA:
- 0 Diese Angewohnheit hält mich nicht von anderen Dingen ab, die ich tun will.
- 1 Das hält mich ein wenig auf oder nimmt etwas von meiner Zeit in Anspruch.

    2 Das hält mich von anderen Dingen ab und braucht sehr viel von meiner Zeit.

    3 Das hält mich von vielen anderen Dingen ab und braucht sehr viel von meiner Zeit.

14. Hast Du eine Lieblingszahl oder eine bestimmte Zahl, bis zu der Du häufig gerne zählst oder nach der Du Dinge häufig machst?

    ☐ NEIN

    ☐ JA:

        0 Diese Angewohnheit hält mich nicht von anderen Dingen ab, die ich tun will.

        1 Das hält mich ein wenig auf oder nimmt etwas von meiner Zeit in Anspruch.

        2 Das hält mich von anderen Dingen ab und braucht sehr viel von meiner Zeit.

        3 Das hält mich von vielen anderen Dingen ab und braucht sehr viel von meiner Zeit.

15. Hast Du oft ein schlechtes Gewissen gehabt, weil Du etwas getan hast, was niemand sonst für schlecht hält?

    ☐ NEIN

    ☐ JA:

        0 Diese Angewohnheit hält mich nicht von anderen Dingen ab, die ich tun will.

        1 Das hält mich ein wenig auf oder nimmt etwas von meiner Zeit in Anspruch.

        2 Das hält mich von anderen Dingen ab und braucht sehr viel von meiner Zeit.

        3 Das hält mich von vielen anderen Dingen ab und braucht sehr viel von meiner Zeit.

16. Bist Du sehr besorgt, wenn Du etwas nicht so gemacht hast, wie Du es möchtest?

    ☐ NEIN

    ☐ JA:

        0 Diese Angewohnheit hält mich nicht von anderen Dingen ab, die ich tun will.

        1 Das hält mich ein wenig auf oder nimmt etwas von meiner Zeit in Anspruch.

        2 Das hält mich von anderen Dingen ab und braucht sehr viel von meiner Zeit.

        3 Das hält mich von vielen anderen Dingen ab und braucht sehr viel von meiner Zeit.

17. Hast Du Schwierigkeiten, Dich zu entscheiden?

    ☐ NEIN

    ☐ JA:

        0 Diese Angewohnheit hält mich nicht von anderen Dingen ab, die ich tun will.

        1 Das hält mich ein wenig auf oder nimmt etwas von meiner Zeit in Anspruch.

        2 Das hält mich von anderen Dingen ab und braucht sehr viel von meiner Zeit.

        3 Das hält mich von vielen anderen Dingen ab und braucht sehr viel von meiner Zeit.

18. Musst Du Dinge, die Du gemacht hast, häufig noch einmal durchgehen, weil Du nicht sicher bist, dass es die richtige Entscheidung war?

    ☐ NEIN

    ☐ JA:

        0 Diese Angewohnheit hält mich nicht von anderen Dingen ab, die ich tun will.

        1 Das hält mich ein wenig auf oder nimmt etwas von meiner Zeit in Anspruch.

        2 Das hält mich von anderen Dingen ab und braucht sehr viel von meiner Zeit.

        3 Das hält mich von vielen anderen Dingen ab und braucht sehr viel von meiner Zeit.

19. Bewegst Du Dich oder sprichst auf eine besondere Weise, um Pech zu vermeiden?

    ☐ NEIN

    ☐ JA:

        0 Diese Angewohnheit hält mich nicht von anderen Dingen ab, die ich tun will.

        1 Das hält mich ein wenig auf oder nimmt etwas von meiner Zeit in Anspruch.

        2 Das hält mich von anderen Dingen ab und braucht sehr viel von meiner Zeit.

        3 Das hält mich von vielen anderen Dingen ab und braucht sehr viel von meiner Zeit.

20. Musst Du bestimmte Zahlen oder Worte sagen, weil es Pech oder schlechte Dinge von Dir fort hält?

    ☐ NEIN

    ☐ JA:

        0 Diese Angewohnheit hält mich nicht von anderen Dingen ab, die ich tun will.

        1 Das hält mich ein wenig auf oder nimmt etwas von meiner Zeit in Anspruch.

        2 Das hält mich von anderen Dingen ab und braucht sehr viel von meiner Zeit.

        3 Das hält mich von vielen anderen Dingen ab und braucht sehr viel von meiner Zeit.

Anhang 13.5: Children's Yale-Brown Obsessive Compulsive Scale (CY-BOCS): Beurteilungsskala für Zwangsstörungen bei Kindern

(W. K. Goodman, L. H. Price, S. A. Rasmussen, M. A. Riddle, J. L. Rapoport. Autorisierte deutsche Bearbeitung der dritten Revision 1993 durch H.-C. Steinhausen)

ALLGEMEINE ANWEISUNGEN

Diese Skala wurde entwickelt, um den Schweregrad von Zwangsstörungen bei Kindern und Jugendlichen im Alter von 6 bis 17 Jahren zu beurteilen. Sie kann von Klinikern oder trainierten Interviewern in einer halbstrukturierten Form eingesetzt werden. In der Regel beruhen die Beurteilungen auf dem Bericht von Kindern und Eltern. Die Abschlussbeurteilung erfolgt jedoch auf der Basis des klinischen Urteils des Interviewers. Jedes Merkmal wird für den Zeitraum der vorausgegangenen Woche einschließlich des Zeitpunktes des Interviews beurteilt. Die Werte sollten einen Mittelwert jedes Merkmals über die gesamte Woche wiedergeben, sofern nicht andere Angaben getroffen werden.

Informanten

Die Information sollte aus einem gemeinsamen Interview mit dem Kind und seinen Eltern oder Bezugspersonen gewonnen werden. Bisweilen kann es jedoch sinnvoll sein, das Kind oder seine Eltern allein zu interviewen. Die Interviewstrategien können hinsichtlich Alter und Entwicklungsniveau des Kindes oder Jugendlichen variieren. Die gesamten Informationen sollten kombiniert werden, um den Wert für jedes Merkmal zu schätzen. Sofern die CY-BOCS demselben Kind mehr als einmal vorgegeben wird, wie z.B. bei Mediationsversuchen, kann ein konsistenter Bericht dadurch sichergestellt werden, dass bei jeder Beurteilung derselbe Informant bzw. dieselben Informanten anwesend sind.

Definitionen

Bevor Sie mit den Fragen beginnen, definieren Sie Zwangsgedanken und Zwangshandlungen für das Kind und seine primären Bezugspersonen folgendermaßen (bisweilen wird der Untersucher, insbesondere bei jüngeren Kindern, die Begriffe *Ängste* und *Gewohnheiten* bevorzugen):

„*Zwangsgedanken* sind Gedanken, Ideen oder Bilder, die dir anhaltend in den Sinn kommen, ohne dass du es willst. Sie können unfreundlich, dumm oder auch peinlich sein".

„Ein Beispiel für Zwangsgedanken ist der wiederholte Gedanke, dass Bakterien oder Schmutz Dir oder anderen Menschen schaden könnten, oder dass Dir oder jemandem Deiner Familie oder jemandem, der Dir wichtig ist, etwas Unangenehmes zustoßen könnte. Dies sind Gedanken, die immer und immer wieder zurückkommen."

„*Zwangshandlungen* sind Dinge, die Du meinst, ausführen zu müssen, obwohl Du wahrscheinlich weißt, dass sie keinen Sinn machen. Manchmal versuchst Du vielleicht, damit aufzuhören, aber möglicherweise gelingt es Dir nicht. Eventuell fühlst Du Dich ängstlich, ärgerlich oder frustiert, bis Du beendet hast, was Du tun musst."

„Ein Beispiel für eine Zwangshandlung ist das Bedürfnis, Deine Hände immer und immer wieder zu waschen, obwohl sie überhaupt nicht schmutzig sind, oder das Bedürfnis, bis zu einer bestimmten Zahl zu zählen, während Du bestimmte Dinge tust".

„Hast Du noch irgendwelche Fragen, was diese Worte – *Zwangsgedanken* und *Zwangshandlungen* – bedeuten?"

Symptomspezifität und Kontinuität

Bei manchen Fällen kann es schwierig sein, Zwangsgedanken und Zwangshandlungen von anderen eng verwandten Symptomen wie Phobien, ängstlicher Sorge, depressiven Ruminationen oder komplexen Tics abzugrenzen. Eine separate Untersuchung dieser Symptome kann erforderlich sein. Wenngleich potenziell schwierig, ist die Abgrenzung von

Zwangsgedanken und Zwangshandlungen von diesen eng verwandten Symptomen eine zentrale Aufgabe des Interviewers. (Eine vollständige Diskussion dieser Differenzierung liegt jenseits des Rahmens und Ziels dieser Einleitung). Mit einem Sternchen markierte Merkmale in den folgenden Checklisten zeigen an, wo diese Abgrenzung besonders schwierig sein kann.

Sobald der Interviewer entschieden hat, ob ein bestimmtes Symptom als ein Zwangsgedanke oder eine Zwangshandlung auf der Checkliste erfasst wird, sollte jede Bemühung unternommen werden, die Konsistenz der folgenden Beurteilungen aufrechtzuerhalten. Bei Behandlungsstudien mit multiplen Beurteilungen über die Zeit kann es nützlich sein, sich die ursprüngliche Zielsymptom-Checkliste (siehe unten) zu Beginn der nachfolgenden Beurteilungen erneut vorzunehmen (die vorausgegangenen Schweregradbeurteilungen sollten nicht erneut betrachtet werden).

Vorgehen

Symptomcheckliste
Nachdem dem Kind und den Eltern die Definitionen für Zwangsgedanken und Zwangshandlungen gegeben worden sind, sollte das Interview mit einer detaillierten Befragung der Symptome des Kindes fortfahren, wobei die Checklisten für Zwangsgedanken und Zwangshandlungen als Leitlinie dienen. Es ist eventuell nicht notwendig, jedes Merkmal der Checkliste abzufragen, jedoch sollte jedes Symptomgebiet abgedeckt werden, um sicherzugehen, dass keine Symptome übersehen werden. Für die meisten Kinder und Jugendlichen ist es in der Regel einfacher, mit Zwangshandlungen zu beginnen.

Zielsymptomliste
Nachdem die Checkliste für Zwangshandlungen vollständig ist, sollten die vier am stärksten ausgeprägten Zwangshandlungen auf der Zielsymptomliste aufgelistet werden. Dieses Vorgehen sollte mit dem Auflisten der am stärksten ausgeprägten Zwangsgedanken auf der entsprechenden Zielsymptomliste fortgeführt werden.

Schwergradbeurteilung
Nach Ausfüllen der Checkliste und Zielsymptomliste für Zwangshandlungen sollen die Schweregrad-Merkmale befragt werden: Zeitdauer, Beeinträchtigung, Leidensdruck, Resistenz und Grad der Kontrolle (Fragen 6 bis 10). Das Interview enthält Beispielfragen für jedes Merkmal. Die Beurteilungen dieser Merkmale sollten die beste Schätzung des Interviewers auf der Basis aller verfügbaren Informationen aus der letzten Woche mit besonderer Betonung der Zielsymptome widerspiegeln. Wiederholen Sie das beschriebene Vorgehen für die Zwangsgedanken. Schließlich nehmen Sie die Befragungen und Beurteilungen der Abschnitte 11 bis 19 vor. Die ermittelten Werte können auf dem Auswertungsblatt eingetragen werden. *Sämtliche Beurteilungen sollten in ganzen Zahlen vorgenommen werden.*

Auswertung
Alle 19 Merkmale werden beurteilt, aber nur die Merkmale 1 bis 10 werden für den Gesamtwert herangezogen. Der gesamte CY-BOCS-Wert ist die Summe aller Merkmale 1 bis 10. Die Subskalenwerte für Zwangsgedanken und Zwangshandlungen sind die Summe der Merkmale 1 bis 5 bzw. 6 bis 10. Gegenwärtig werden die Merkmale 1A und 6A bei der Skalenwertbildung nicht berücksichtigt.

Die Merkmale 17 (Gesamtschweregrad) und 18 (Verlaufsbeurteilung) wurden aus der *Clinical Global Impression Scale* adaptiert, um Maße der allgemeinen Funktionsbeeinträchtigung bereitzustellen, die mit dem Vorliegen von Zwangssymptomen verknüpft sind.

Beurteilungsskala für Zwangsstörungen bei Kindern (CY-BOCS)

Name _____ ID-Nummer ⊔⊔⊔⊔⊔⊔⊔

Heutiges Datum ⊔⊔⊔⊔⊔⊔⊔⊔ Geburtsdatum ⊔⊔⊔⊔⊔⊔⊔⊔

0 = nein   1 = ja   9 = k.A.

CY-BOCS-CHECKLISTE FÜR ZWANGSGEDANKEN
(Merkmale mit * sind möglicherweise keine Zwangssymptome)

		Aktuell	Vergangen-heit
1.	ZWANGSGEDANKEN ÜBER ANSTECKUNGEN		
	– Gedankliche Beschäftigung mit Schmutz, Erregern, bestimmten Krankheiten (z. B. Aids)	☐	☐
	– Gedankliche Beschäftigung mit oder Abscheu vor körperlichen Ausscheidungen oder Sekretionen (z. B. Urin, Kot, Speichel)	☐	☐
	– Exzessive gedankliche Beschäftigung mit Umweltgiften (z. B. Asbest, Strahlungen, giftige Abfälle)		
	– Exzessive gedankliche Beschäftigung mit Haushaltsgegenständen (z. B. Reinigern, Lösungsmitteln)	☐	☐
	– Exzessive gedankliche Beschäftigung mit Tieren/Insekten	☐	☐
	– Exzessive Belästigung durch klebrige Substanzen oder Rückstände	☐	☐
	– Sorge, durch ansteckende Substanz krank zu werden	☐	☐
	– Sorge, andere durch Versprühen einer ansteckenden Substanz krank zu machen (aggressiv)	☐	☐
	– Andere (beschreibe)	☐	☐
2.	AGGRESSIVE ZWANGSGEDANKEN		
	– Furcht, sich selbst verletzen zu können	☐	☐
	– Furcht, andere verletzen zu können	☐	☐
	– Furcht, verletzt zu werden	☐	☐
	– Furcht, andere könnten verletzt werden (möglicherweise, weil das Kind etwas tat oder nicht tat)	☐	☐
	– Gewaltsame oder grauenhafte Vorstellungen	☐	☐
	– Furcht, mit Obszönitäten oder Beleidigungen herauszuplatzen	☐	☐
	– Furcht, etwas anderes Peinliches zu tun*	☐	☐
	– Furcht, auf unerwünschte Impulse zu handeln (z. B. ein Familienmitglied niederzustrecken)	☐	☐
	– Furcht, Dinge zu stehlen	☐	☐
	– Furcht, dafür verantwortlich zu sein, dass etwas anderes Schreckliches passiert (z. B. Feuer, Einbruch, Überschwemmung)	☐	☐
	– Andere (beschreibe)	☐	☐
3.	SEXUELLE ZWANGSGEDANKEN (Hast Du irgendwelche sexuelle Gedanken? Wenn ja, kommen sie wie üblich oder sind es wiederkehrende Gedanken, die Du lieber nicht hättest oder die Du störend findest? Wenn ja, sind es:)		
	– Verbotene oder perverse sexuelle Gedanken, Vorstellungen oder Impulse	☐	☐
	– Inhalte bezogen auf Homosexualität*	☐	☐
	– Sexuelles Verhalten gegenüber anderen (aggressiv)	☐	☐
	– Andere (beschreibe)	☐	☐

401

4. ZWANGSGEDANKEN UM HORTEN ODER SAMMELN
    – Furcht, Dinge zu verlieren ☐ ☐
    – Andere (beschreibe) ☐ ☐

5. MAGISCHE GEDANKEN/ABERGLÄUBISCHE ZWANGSGEDANKEN
    – Glücks-/Unglückszahlen, -Farben, -Wörter ☐ ☐
    – Andere (beschreibe) ☐ ☐

6. SOMATISCHE ZWANGSGEDANKEN
    – Exzessive Beschäftigung mit Krankheit* ☐ ☐
    – Exzessive Beschäftigung mit Körperteil oder Aspekt der Erscheinung
      (z. B. Dysmorphophobie)* ☐ ☐
    – Andere (beschreibe) ☐ ☐

7. RELIGIÖSE ZWANGSGEDANKEN (SKRUPULOSITÄT)
    – Exzessive Beschäftigung oder Furcht, religiöse Objekte (Gott) zu verletzen ☐ ☐
    – Exzessive Beschäftigung mit richtig/falsch, Moral ☐ ☐
    – Andere (beschreibe) ☐ ☐

8. VERSCHIEDENE ZWANGSGEDANKEN
    – Bedürfnis, etwas zu wissen oder sich zu erinnern ☐ ☐
    – Furcht, bestimme Äußerungen zu tun ☐ ☐
    – Furcht, nicht immer richtige Äußrungen zu tun ☐ ☐
    – Sich aufdrängende (nicht-gewalttätige) Vorstellungen ☐ ☐
    – Sich aufdrängende Geräusche, Worte, Musik oder Zahlen ☐ ☐
    – Andere (beschreibe) ☐ ☐
    – Aktuell ☐ ☐

ZIELSYMPTOMLISTE FÜR ZWANGSGEDANKEN

Zwangsgedanken (beschreibe in der Reihenfolge des Schweregrades, mit 1. dem schwersten, 2. dem zweitschwersten, usw.):

1. _____

2. _____

3. _____

4. _____

CY-BOCS-CHECKLISTE ZU ZWANGSHANDLUNGEN
(Merkmale mit * sind möglicherweise keine Zwangssymptome)

		Aktuell	Vergangen-heit

1. WASCH- UND REINIGUNGSZWÄNGE
   – Exzessives oder ritualisiertes Händewaschen ☐ ☐
   – Exzessives oder ritualisiertes Duschen, Baden, Zähneputzen,
     Körperpflegen oder Toilettenroutine ☐ ☐
   – Exzessives Säubern von Gegenständen wie persönliche Kleidung
     oder wichtige Objekte ☐ ☐
   – Andere Methoden, um Kontakt mit Verunreinigungen zu vermeiden oder zu entfernen ☐ ☐
   – Andere (beschreibe) ☐ ☐

2. KONTROLLZWÄNGE
   – Kontrollen von Schlössern, Spielzeugen, Schulbüchern/-gegenständen ☐ ☐
   – Kontrollzwänge beim Waschen, Anziehen oder Ausziehen ☐ ☐
   – Kontrollen, dass man andere nicht verletzt hat/verletzen wird ☐ ☐
   – Kontrollen, dass man sich selbst nicht verletzt hat/verletzen wird ☐ ☐
   – Kontrollen, dass nichts Schreckliches passiert ist/passieren wird ☐ ☐
   – Kontrollen, dass man keine Fehler gemacht hat ☐ ☐
   – An körperliche Zwänge gebundene Kontrollen ☐ ☐
   – Andere (beschreibe) ☐ ☐

3. WIEDERHOLUNGSZWÄNGE
   – Erneut lesen, ausstreichen oder erneut schreiben ☐ ☐
   – Bedürfnis, Routinehandlungen zu wiederholen
     (z. B. zur Tür hinein/heraus gehen, vom Stuhl aufstehen/sich hinsetzen) ☐ ☐
   – Andere (beschreibe) ☐ ☐

4. ZÄHLZWÄNGE
   – Objekte, bestimmte Zahlen, Wörter usw. ☐ ☐
   – (beschreibe) ☐ ☐

5. ORDNUNGSZWÄNGE
   – Bedürfnis nach Symmetrie/Angleichung (z. B. Gegenstände in einer
     bestimmten Art aufzustellen oder persönliche Gegenstände
     in bestimmten Mustern anordnen ☐ ☐
   – Andere (beschreibe) ☐ ☐

6. ZWANGHAFTES HORTEN UND SAMMELN
   (Zu unterscheiden von Hobbies und Beschäftigung mit Objekten, die materiellen
   oder sentimentalen Wert haben)
   – Schwierigkeit, Dinge wegzuwerfen, Sammeln von Papierfetzen, Bindfaden usw. ☐ ☐
   – Andere (beschreibe) ☐ ☐

7. EXZESSIVE SPIELE / ABERGLÄUBISCHES VERHALTEN
   (Zu unterscheiden von altersgemäßen magischen Spielen)
   – Z. B. Verhalten wie bestimmte Stellen des Fußbodens betreten,
     ein Objekt/sich selbst als ein Routinespiel in einer bestimmten
     Häufigkeit berühren, um zu verhindern, dass etwas Schlimmes passiert ☐ ☐
   – Andere (beschreibe) ☐ ☐

8. RITUALE MIT EINBEZUG ANDERER PERSONEN
   – Das Bedürfnis, eine andere Person (meistens ein Elternteil) in Rituale einzubeziehen
     (z. B. ein Elternteil aufzufordern, wiederholt dieselbe Frage zu beantworten,
     die Mutter bestimmte Mahlzeitenrituale mit speziellem Besteck ausführen lassen)* ☐ ☐
   – Andere (beschreibe) ☐ ☐

9.   VERSCHIEDENE ZWANGSHANDLUNGEN
    – Mentale Rituale (andere als Kontroll- und Zählzwänge) ☐ ☐
    – Zwang zu reden, zu fragen oder zu beichten ☐ ☐
    – Methoden (keine Kontrollzwänge) zur Verhinderung von Selbstverletzung ☐ ☐
    – Methoden (keine Kontrollzwänge) zur Verhinderung von Verletzungen anderer ☐ ☐
    – Methoden (keine Kontrollzwänge) zur Verhinderung von schrecklichen Konsequenzen ☐ ☐
    – Ritualisiertes Essverhalten* ☐ ☐
    – Exzessives Erstellen von Listen* ☐ ☐
    – Bedürfnis, etwas zu berühren, anzufassen, zu reiben* ☐ ☐
    – Bedürfnis, etwas zu tun (z. B. zu berühren oder anzuordnen)
      bis es sich genau richtig „anfühlt"* ☐ ☐
    – Rituale unter Einschluss von Blinzeln oder Anstarren*
    – Trichotillomanie (Haarausrupfen)* ☐ ☐
    – Anderes selbst schädigendes oder selbst verletzendes Verhalten* ☐ ☐
    – Andere (beschreibe) ☐ ☐
    – Aktuell

ZIELSYMPTOMLISTE FÜR ZWANGSGEDANKEN

Zwangsgedanken (beschreibe in der Reihenfolge des Schweregrades, mit 1. dem schwersten, 2. dem zweitschwersten, usw.):

1. _____

2. _____

3. _____

4. _____

FRAGEN ZU ZWANGSGEDANKEN (MERKMALE 1 bis 5)

„Ich werde Dir nun einige Fragen über die Gedanken stellen, über die Du nicht aufhören kannst, nachzudenken."
(Fassen Sie für den/die Informanten die Zielsymptome zusammen und beziehen Sie sich darauf, während Sie die Fragen 1 bis 5 stellen)

1. ZEIT, DIE MIT ZWANGSGEDANKEN VERBRACHT WIRD

- Wieviel Zeit verbringst Du damit, an diese Dinge zu denken?
  (Wenn Zwangsgedanken kurz, sich intermittierend aufdrängen, scheint es unmöglich, die mit den Zwängen verbrachte Zeit in Stunden anzugeben. In diesen Fällen schätzen Sie die Zeit, wie oft sie vorkommen. Berücksichtigen Sie sowohl die Häufigkeit, mit der sich die Gedanken aufdrängen, als auch die Stunden des Tages, die mit Zwangsgedanken verbracht werden.)

- Wie häufig drängen sich diese Gedanken auf?

  [Achten Sie darauf, Ruminationen und Beschäftigungen auszuschließen, die im Gegensatz zu Zwangsgedanken ich-synton und rational (aber übertrieben) sind]

Aktuell	Am Schlimmsten		
0	0	keine	
1	1	leicht	weniger als 1 Std./Tag oder gelegentliches Aufdrängen
2	2	mäßig	1 bis 3 Std./Tag oder häufiges Aufdrängen
3	3	schwer	mehr als 3 und bis zu 8 Std./Tag oder sehr häufiges Aufdrängen
4	4	extrem	mehr als 8 Std./Tag oder fast konstantes Aufdrängen

1B. VON ZWANGSGEDANKEN FREIES INTERVALL
(wird nicht in den Gesamtwert eingeschlossen)

- Wieviel beträgt im Durchschnitt die längste Zeitspanne, in der Du nicht durch Zwangsgedanken belästigt wirst?

Aktuell	Am Schlimmsten		
0	0	keine	
1	1	leicht	lange symptomfreie Intervalle, mehr als 8 zusammenhängende Std./Tag symptomfrei
2	2	mäßig	mäßig lange symptomfreie Intervalle, mehr als 3 und bis zu 8 zusammenhängende Std./Tag symptomfrei
3	3	schwer	kurze symptomfreie Intervalle, zwischen 1 und 3 zusammenhängende Std./Tag symptomfrei
4	4	extrem	weniger als 1 zusammenhängende Std./Tag symptomfrei

2.   BEEINTRÄCHTIGUNG DURCH ZWANGSGEDANKEN

- Wie stark stören Dich die Gedanken, in der Schule oder wenn Du zusammen mit Freunden bist?
- Gibt es etwas, das Du wegen dieser Gedanken nicht machen kannst?
  (Wenn aktuell kein Schulbesuch, bestimmen Sie, wie viel an Leistung beeinträchtigt wäre, wenn der Patient in der Schule wäre)

Aktuell	Am Schlimmsten		
0	0	keine	
1	1	leicht	geringe Beeinträchtigungen bei sozialen oder schulischen Aktivitäten, aber insgesamt ist die Handlung nicht beeinträchtigt
2	2	mäßig	eindeutige Beeinträchtigungen bei sozialen oder schulischen Handlungen, die jedoch zu bewältigen sind
3	3	schwer	verursacht starke Beeinträchtigungen im sozialen und schulischen Bereich
4	4	extrem	handlungsunfähig

3.   DURCH ZWANGSGEDANKEN VERURSACHTER LEIDENSDRUCK

- Wie stark belästigen oder ärgern Dich diese Gedanken?
  (Berücksichtigen Sie nur die Angst/Frustration, die durch die Zwangsgedanken ausgelöst zu sein scheint, keine generalisierte Angst oder Angst in Verbindung mit anderen Symptomen)

Aktuell	Am Schlimmsten		
0	0	kein Leidensdruck	
1	1	leicht	selten und nicht zu störend
2	2	mäßig	häufig und störend, aber immer noch zu bewältigen
3	3	schwer	sehr häufig und sehr störend
4	4	extrem	fast konstant und behindernde Belastung/Frustration

4.   RESISTENZ GEGEN DIE ZWANGSGEDANKEN

- Wie stark versuchst Du die Gedanken zu stoppen oder sie einfach nicht zu beachten?
  (Beurteilen Sie ausschließlich den Grad des Widerstandes und nicht den Erfolg oder das Misslingen bei der Kontrolle von Zwangsgedanken. Das Ausmaß des Widerstandes gegen Zwangsgedanken muss nicht unbedingt mit der Fähigkeit, sie zu kontrollieren, zusammenhängen. Dieses Item soll nicht die Stärke der Zwangsgedanken, sondern eher die gesunden Anteile erfassen, d.h. die Anstrengung des Patienten, den Zwangsgedanken entgegenzuwirken. Demzufolge ist dieser Funktionsaspekt um so weniger beeinträchtigt, je mehr der Patient sich um Widerstand bemüht. Wenn die Zwangsgedanken minimal sind, mag der Patient nicht den Wunsch verspüren, ihnen zu widerstehen. In solchen Fällen sollte „0" markiert werden)

Aktuell	Am Schlimmsten		
0	0	keine	gibt sich Mühe, immer zu widerstehen oder Symptome sind so minimal, dass es nicht nötig ist, ihnen zu widerstehen
1	1	leicht	versucht, die meiste Zeit zu widerstehen
2	2	mäßig	macht einige Anstrengungen, um zu widerstehen
3	3	schwer	gibt allen Zwangsgedanken nach, ohne den Versuch sie zu kontrollieren, aber tut dies mit einigem Widerstreben
4	4	extrem	komplettes und bereitwilliges Nachgeben bei allen Zwangsgedanken

5.　GRAD DER KONTROLLE ÜBER DIE ZWANGSGEDANKEN

- Wenn Du versucht, gegen die Gedanken zu kämpfen, kannst Du sie dann besiegen?

- Wieviel Kontrolle hast Du über die Gedanken?
  (Im Gegensatz zu dem vorherigen Item der Resistenz steht die Fähigkeit des Patienten, seine Zwangsgedanken zu kontrollieren, in engerer Beziehung zur Stärke der Zwangsgedanken)

Aktuell　　**Am Schlimmsten**

Aktuell	Am Schlimmsten		
0	0	komplette Kontrolle	
1	1	starke Kontrolle	ist meist fähig, mit einiger Mühe und Konzentration die Gedanken zu stoppen oder sich abzulenken
2	2	mäßige Kontrolle	ist manchmal fähig, die Gedanken zu stoppen oder sich abzulenken
3	3	wenig Kontrolle	kann selten die Gedanken stoppen, kann sich nur mit großer Mühe ablenken
4	4	keine Kontrolle	erlebt Gedanken als nicht beeinflussbar, ist selten in der Lage, sich auch nur kurzfristig abzulenken

FRAGEN ZU ZWANGSHANDLUNGEN (MERKMALE 6 bis 10)

„Ich möchte Dir jetzt einige Fragen zu den Angewohnheiten, die Du nicht stoppen kannst, stellen."
(Fassen Sie für den/die Informanten die Zielsymptome zusammen und beziehen Sie sich darauf, während Sie die Fragen 6 bis 10 stellen)

6A.   ZEIT, DIE MIT ZWANGSHANDLUNGEN VERBRACHT WIRD

- Wieviel Zeit verbringst Du damit, diese Dinge zu tun?
- Wie viel länger brauchst Du durch Deine Gewohnheiten, um mit Deinen täglichen Aktivitäten fertig zu werden?
  (Wenn Zwangshandlungen kurz, intermittierend auftreten, kann es unmöglich sein, die mit den Zwängen verbrachte Zeit in Stunden anzugeben. In diesen Fällen schätzen Sie die Zeit, wie oft Zwangshandlungen ausgeführt werden. Berücksichtigen Sie sowohl die Häufigkeit, mit der Handlungen durchgeführt werden, als auch, wie viele Stunden täglich von Zwangshandlungen betroffen sind)

- Wie häufig gehst Du Deinen Gewohnheiten nach?

In den meisten Fällen sind Zwangshandlungen beobachtbare Verhaltensweisen (z. B. Händewaschen), aber es gibt auch Gelegenheiten, in denen sie nicht beobachtbar sind (z. B. schweigende Kontrollen)

Aktuell	Am Schlimmsten		
0	0	keine	
1	1	leicht	verbringt weniger als 1 Std./Tag mit Ausführung der Zwänge oder gelegentliche Ausführung von Zwangshandlungen
2	2	mäßig	verbringt weniger als 1 bis 3 Std./Tag mit Ausführung der Zwänge oder häufige Ausführung von Zwangshandlungen
3	3	schwer	verbringt mehr als 3 und bis zu 8 Std./Tag mit Ausführung der Zwänge oder sehr häufige Ausführung von Zwangshandlungen
4	4	extrem	verbringt mehr als 8 Std./Tag mit Ausführung der Zwänge oder fast konstante Ausführung von Zwangshandlungen (zu zahlreich, um noch gezählt zu werden)

6B.   VON ZWANGSHANDLUNGEN FREIES INTERVALL

- Wie lange gelingt es Dir, ohne Ausführung von Zwangshandlungen auszukommen?
  (Wenn notwendig, fragen Sie: Wie lange dauert die längste Zeitspanne, in der Deine (Gewohnheiten) Zwangshandlungen nicht auftreten?)

Aktuell	Am Schlimmsten		
0	0	keine	
1	1	leicht	lange symptomfreie Intervalle, mehr als 8 zusammenhängende Std./Tag symptomfrei
2	2	mäßig	mäßig lange symptomfreie Intervalle, mehr als 3 und bis zu 8 zusammenhängende Std./Tag symptomfrei
3	3	schwer	kurze symptomfreie Intervalle, zwischen 1 und 3 zusammenhängende Std./Tag symptomfrei
4	4	extrem	weniger als 1 zusammenhängende Std./Tag symptomfrei

7. GRAD DER BEEINTRÄCHTIGUNG DURCH ZWANGSHANDLUNGEN

• Wie stark stören Dich diese Gewohnheiten in der Schule oder wenn Du zusammen mit Freunden etwas tust?
• Gibt es etwas, das Du wegen dieser Handlungen nicht machen kannst?
(Wenn aktuell kein Schulbesuch, bestimmen Sie, wie viel an Leistung beeinträchtigt wäre, wenn der Patient in der Schule wäre)

Aktuell **Am Schlimmsten**

0	0	keine	
1	1	leicht	geringe Beeinträchtigungen bei sozialen oder schulischen Aktivitäten, aber insgesamt ist die Handlung nicht beeinträchtigt
2	2	mäßig	eindeutige Beeinträchtigungen bei sozialen oder schulischen Handlungen, die jedoch zu bewältigen sind
3	3	schwer	verursacht starke Beeinträchtigungen im sozialen und schulischen Bereich
4	4	extrem	handlungsunfähig

8. DURCH ZWANGSHANDLUNGEN VERURSACHTER LEIDENSDRUCK

• Wie würde es Dir gehen, wenn man Dich daran hindern würde, diese Handlungen auszuführen?
• Wie sehr würde Dich das aufregen?
(Beurteilen Sie den Grad der Belastung/der Frustration des Patienten, die er erfahren würde, wenn die Ausführung der Zwangshandlung plötzlich ohne Rückversicherung unterbrochen würde. In den meisten, aber nicht in allen Fällen führen Zwangshandlungen zu Reduktion von Angst/Frustration)

• Wie aufgeregt fühlst Du Dich, während Du die Handlungen ausführst, bis Du zufrieden bist?

Aktuell **Am Schlimmsten**

0	0	kein Leidensdruck	
1	1	leicht	nur geringe Angst/Frustration, wenn Handlungen verhindert werden, oder nur leichte Angst/Frustration während der Ausführung der Handlung
2	2	mäßig	Patient berichtet, dass Angst/Frustration steigt, aber immer noch zu bewältigen ist, wenn die Handlung ausgeführt wird
3	3	stark	hervorstechende und sehr störende Zunahme von Angst/Frustration, wenn die Handlung unterbrochen wird. Hervorstechende und sehr störende Zunahme von Angst/Frustration während der Ausführung der Handlung
4	4	extrem	jede Intervention, die die Handlung zu verändern droht, löst eine alles überwältigende Angst/Frustration aus. Während der Ausführung der Handlung entwickelt sich eine alles überwältigende Angst/Frustration

9. RESISTENZ GEGEN DIE ZWANGSHANDLUNGEN

- Wie stark versuchst Du, gegen die Angewohnheiten anzukämpfen?
  (Beurteilen Sie ausschließlich den Grad des Widerstandes und nicht den Erfolg oder das Misslingen bei der Kontrolle von Zwangshandlungen. Das Ausmaß des Widerstandes gegen Zwangshandlungen muss nicht unbedingt mit der Fähigkeit, sie zu kontrollieren, zusammenhängen. Dieses Item soll nicht die Stärke der Zwangshandlungen, sondern eher die gesunden Anteile erfassen, d. h. die Anstrengung des Patienten, den Zwangshandlungen entgegenzuwirken. Demzufolge ist der Patient hinsichtlich dieses Funktionsaspekts um so weniger beeinträchtigt, je mehr er Widerstand zu leisten versucht. Wenn die Zwangshandlungen minimal sind, mag der Patient nicht den Wunsch verspüren, ihnen zu widerstehen. In solchen Fällen sollte „0" markiert werden)

Aktuell	Am Schlimmsten		
0	0	keine	gibt sich Mühe, immer zu widerstehen oder Symptome sind so minimal, dass es nicht nötig ist, ihnen zu widerstehen
1	1	leicht	versucht, die meiste Zeit zu widerstehen
2	2	mäßig	macht einige Anstrengungen, um zu widerstehen
3	3	schwer	gibt allen Zwangshandlungen nach, ohne den Versuch, sie zu kontrollieren, aber tut dies mit einigem Widerstreben
4	4	extrem	komplettes und bereitwilliges Nachgeben bei allen Zwangshandlungen

10. GRAD DER KONTROLLE ÜBER DIE ZWANGSHANDLUNGEN

- Wie stark ist der Drang, die Gewohnheit(en) auszuführen?
- Wenn Du versuchst, gegen sie anzukämpfen, was passiert dann?
- (Bei älteren Kindern:) Wie viel Kontrolle hast Du über die Gewohnheiten?
  (Im Gegensatz zu dem vorherigen Item der Resistenz steht die Fähigkeit des Patienten, seine Zwangshandlungen zu kontrollieren, in enger Beziehung zur Stärke der Zwangshandlungen)

Aktuell	Am Schlimmsten		
0	0	vollständige Kontrolle	
1	1	viel Kontrolle	erlebt den Drang zur Durchführung der Handlungen, kann ihn aber gewöhnlich willentlich kontrollieren
2	2	mäßige Kontrolle	starker Drang zur Durchführung der Handlung, kann ihn nur mit Mühe kontrollieren
3	3	wenig Kontrolle	sehr starker Drang zur Durchführung der Handlung. Handlung muss bis zu Abschluss ausgeführt werden. Ausführung kann nur mit Mühe verzögert werden
4	4	keine Kontrolle	überwältigender Drang zur Handlungsausführung, die als unfreiwillig erlebt wird; ist selten in der Lage (auch nur kurzfristig) die Handlungen zu verzögern

11. KRANKHEITSEINSICHT IN ZWANGSGEDANKEN UND ZWANGSHANDLUNGEN

- Glaubst Du, dass die Gedanken oder Gewohnheiten wirklich einen Sinn machen? (Pause)
- Was, glaubst Du, würde wirklich passieren, wenn Du die Gewohnheit(en) nicht ausführen würdest?
- Machst Du Dir Sorgen, dass wirklich etwas passieren könnte?
  (Beurteilen Sie die Einsicht des Patienten in die Sinnlosigkeit oder in die Exzessivität seiner Zwangsgedanken und -handlungen auf der Basis der im Interview geäußerten Überzeugungen)

Aktuell   Am Schlimmsten

Aktuell	Am Schlimmsten		
0	0	keine	vollständige Einsicht, völlig rationales Denken
1	1	leicht	gute Einsicht: bereitwilliges Anerkennen der Absurdität oder der Exzessivität der Gedanken oder Handlungen. Patient scheint aber nicht ganz davon überzeugt, dass es nicht noch etwas außer der Angst gibt, worum er sich Sorgen machen sollte (d.h. hat anhaltenden Zweifel)
2	2	mäßig	mittelmäßige Einsicht: stimmt widerstrebend zu, dass Gedanken oder Handlungen unvernünftig oder exzessiv erscheinen, ist aber schwankend. Hat möglicherweise unrealistische Befürchtungen, jedoch keine feste Überzeugungen
3	3	schwer	wenig Einsicht; Patient behauptet, dass Gedanken oder Verhalten nicht unvernünftig oder exzessiv sind. Hat möglicherweise einige unrealistische Ängste, anerkennt aber die Gültigkeit einer gegenteiligen Evidenz (d.h. es liegen überwertige Ideen vor)
4	4	extrem	keine Einsicht; wahnhafte Verarbeitung; ist absolut überzeugt, dass Gedanken und Verhalten vernünftig sind, ist unempfänglich für gegenteilige Beweise

12. VERMEIDUNGSVERHALTEN

- Hast Du irgendwelche Dinge nicht gemacht, bist Du irgendwohin nicht gegangen oder bist Du mit jemanden nicht zusammen gewesen wegen Deiner sich wiederholenden Gedanken oder aus Sorge, dass Du dann Deine Gewohnheiten ausführen müsstest?
- (Wenn ja:) Wie oft musst Du etwas vermeiden?
  (Beurteilen Sie das Ausmaß, in dem der Patient versucht, bestimmte Situationen freiwillig zu vermeiden. Manchmal dienen Zwangshandlungen dazu, den Kontakt mit etwas zu vermeiden, wovor der Patient Angst hat. Zum Beispiel würde das exzessive Waschen von Früchten oder Gemüse, um Bazillen zu vernichten, als eine Zwangshandlung, nicht als ein Vermeidungsverhalten bezeichnet werden. Wenn aber der Patient aufgehört hat, Früchte und Gemüse zu essen, dann ist das ein Vermeidungsverhalten)

Aktuell   Am Schlimmsten

Aktuell	Am Schlimmsten		
0	0		kein absichtliches Vermeiden
1	1	wenig	minimales Vermeiden
2	2	mäßig	etwas Vermeiden ist klar zu erkennen
3	3	schwer	viel und hervorstechendes Vermeiden
4	4	extrem	sehr extensives Vermeiden; Patient tut fast alles, um symptomauslösende Situationen zu vermeiden

13. AUSMASS AN ENTSCHEIDUNGSUNFÄHIGKEIT

- Fällt es Dir schwer, kleinere Dinge zu entscheiden, über die andere nicht zwei Mal nachdenken (z. B. was Du am Morgen anziehen möchtest; welche Cornflake-Marke Du kaufen möchtest)?
  (Entscheidungsunfähigkeit aufgrund eines mentalen Wiederholungszwanges und Ambivalenz in objektiv schwierigen Entscheidungssituationen werden hier nicht berücksichtigt)

Aktuell	Am Schlimmsten		
0	0		keine Einschränkung der Entscheidungsfähigkeit
1	1	gering	einige Schwierigkeit, kleinere Dinge zu entscheiden
2	2	mäßig	berichtet freizügig über Schwierigkeit, Entscheidungen zu treffen, bei denen andere nicht zwei Mal nachdenken würden
3	3	stark	kontinuierliches Abwägen von Pro und Contra bei Unwichtigkeiten
4	4	extrem	unfähig, Entscheidungen zu treffen, behindert

14. ÜBERSTEIGERTES VERANTWORTUNGSGEFÜHL

- Fühlst Du Dich übermäßig für Dein Tun und seine Auswirkungen verantwortlich?
- Beschuldigst Du Dich selbst für Dinge, die außerhalb Deiner Kontrolle sind?
  (Zu unterscheiden von normalen Verantwortungs-, Wertlosigkeits- und pathologischen Schuldgefühlen. Eine von Schuldgefühlen getriebene Person erlebt sich selbst oder ihre Handlungen als schlecht oder übel)

Aktuell	Am Schlimmsten		
0	0	kein	
1	1	leicht	nur auf Befragung erwähnt, leichte Überschätzung der Verantwortlichkeit
2	2	mäßig	Patient äußert spontan übersteigertes Verantwortungsgefühl, klar vorhanden; erlebt übersteigertes Verantwortungsgefühl für Dinge, die eigentlich außerhalb seiner Kontrolle liegen
3	3	stark	übersteigertes Verantwortungsgefühl ist überdauernd und deutlich ausgeprägt vorhanden; ist fest davon überzeugt, für Dinge verantwortlich zu sein, die klar außerhalb seiner Kontrolle liegen. Schuldgefühle sind weit hergeholt und fast irrational
4	4	extrem	wahnhaftes Verantwortungsgefühl (z. B. wenn ein Erdbeben 3000 Meilen vom Patienten entfernt stattfindet, fühlt sich der Patient schuldig, weil er seine Zwangshandlung nicht ausgeführt hat)

15. ZWANGHAFTE LANGSAMKEIT / ANTRIEBSVERMINDERUNG

- Fällt es Dir schwer, etwas anzufangen oder zu beenden?
- Brauchst Du bei alltäglichen Dingen länger als nötig?
  (Unterscheiden Sie zwanghafte Langsamkeit/Antriebsverminderung von psychomotorischer Verlangsamung als Folge von Depression. Beurteilen Sie den erhöhten Zeitaufwand bei Routinetätigkeiten auch, wenn spezifische Zwangsgedanken nicht identifiziert werden können)

Aktuell	Am Schlimmsten		
0	0	keine	
1	1	leicht	gelegentliche Verzögerungen beim Beginnen oder Beenden von Tätigkeiten
2	2	mäßig	häufig Verzögerungen bei Routinetätigkeiten, Aufgaben werden aber meist beendet, oft spät
3	3	stark	durchgängig deutliche Schwierigkeiten beim Beginnen und Beenden von Routinetätigkeiten
4	4	extrem	unfähig, ohne massive Hilfestellung Routinetätigkeiten anzufangen oder zu beenden

16. PATHOLOGISCHES ZWEIFELN

- Wenn Du eine Tätigkeit beendet hast, zweifelst Du dann, ob Du sie richtig ausgeführt hast?
- Zweifelst Du, ob Du Sie überhaupt ausgeführt hast?
- Traust Du Deinen eigenen Sinnen (d.h. was Du siehst, hörst oder berührst) nicht, wenn Du Alltagsaktivitäten ausführst?

Aktuell	Am Schlimmsten		
0	0	kein	
1	1	leicht	nur auf Befragung erwähnt, leichtes pathologisches Zweifeln, die angegebenen Beispiele liegen möglicherweise noch im Normbereich
2	2	mäßig	spontan bestätigte Ideen, deutlich vorhanden und aus bestimmtem Verhalten des Patienten ersichtlich; der Patient ist durch ausgeprägtes pathologisches Zweifeln belästigt. Einige Auswirkungen auf Handlungen, aber noch zu bewältigen
3	3	stark	deutliche Unsicherheit hinsichtlich der eigenen Wahrnehmung oder des Erinnerungsvermögens. Pathologische Zweifel beeinträchtigen häufig die Handlung
4	4	extrem	Unsicherheit hinsichtlich der eigenen Wahrnehmung ist ständig vorhanden. Pathologische Zweifel beeinträchtigen nahezu alle Aktivitäten und bewirken Handlungsunfähigkeit (z.B. sagt der Patient „mein Vestand traut dem nicht, was meine Augen sehen")

17. GESAMT-SCHWEREGRAD DER STÖRUNG

Urteil des Interviewers über den Gesamt-Schweregrad der Erkrankung des Patienten zwischen „0" (keine Störung) und „6" (schwerste Störung).
(Berücksichtigen Sie den vom Patienten berichteten Leidensdruck, die beschriebenen Symptome und die Beeinträchtigung der Funktionsfähigkeit des Patienten. Das Urteil sollte diese Informationen sowohl mitteln als auch die Zuverlässigkeit und Genauigkeit der Angaben gewichten)

Aktuell	Am Schlimmsten		
0	0	keine Erkrankung	
1	1	gering	leichte Störung, Symptomatik nicht sicher oder vorübergehend, keine Beeinträchtigung des Funktionsniveaus
2	2	leicht	leichte Beeinträchtigung des Funktionsniveaus
3	3	mäßig	Funktionsniveau wird mit Mühe aufrechterhalten
4	4	mäßig bis schwer	Funktionsniveau beeinträchtigt
5	5	schwer	Funktionsniveau wird hauptsächlich durch fremde Hilfe aufrechterhalten
6	6	extrem schwer	völlig funktionsuntüchtig

18. VERLAUFSBEURTEILUNG

Beurteilen Sie den Verlauf insgesamt *seit der ersten Beurteilung*, unabhängig davon, ob Veränderungen auf die Behandlung zurückzuführen sind oder nicht.

Aktuell	Am Schlimmsten	
0	0	sehr starke Verschlechterung
1	1	starke Verschlechterung
2	2	geringe Verschlechterung
3	3	keine Veränderung
4	4	geringe Verbesserung
5	5	starke Verbesserung
6	6	sehr starke Verbesserung

19. ZUVERLÄSSIGKEIT

Beurteilen Sie die Gesamt-Zuverlässigkeit der vorgenommenen Beurteilungen.
(Faktoren, welche die Zuverlässigkeit beeinflussen können, beinhalten die Kooperation des Patienten und seine Kommunikationsfähigkeit. Die Art und die Schwere der Zwangsstörung kann die Konzentrationsfähigkeit, Aufmerksamkeitsspanne und seine Fähigkeit, sich spontan mitzuteilen, beeinflussen. Beispielsweise können manche Zwangsgedanken den Patienten dazu veranlassen, sich sehr vorsichtig auszudrücken)

Aktuell	Am Schlimmsten		
3	3	hervorragend	kein Hinweis auf eine Beeinträchtigung der Zuverlässigkeit der Informationen
2	2	gut	Zuverlässigkeit könnte möglicherweise durch bestimmte Faktoren beeinflusst worden sein
1	1	mittel	Zuverlässigkeit wird definitiv durch bestimmte Faktoren verringert
0	0	schlecht	sehr geringe Zuverlässigkeit

CY-BOCS   INTERVIEW ZU ZWANGSSTÖRUNGEN

Antwortblatt

Name _____   ID-Nummer ⊔_⊔_⊔_⊔_⊔_⊔

Heutiges Datum ⊔_⊔ ⊔_⊔ ⊔_⊔_⊔   Geburtsdatum ⊔_⊔ ⊔_⊔ ⊔_⊔_⊔

1. Zeit, die mit Zwangsgedanken verbracht wird □
2. Grad der Beeinträchtigung durch Zwangsgedanken □
3. Durch Zwangsgedanken verursachter Leidensdruck □
4. Resistenz gegen die Zwangsgedanken □
5. Grad der Kontrolle über die Zwangsgedanken □
    Summe der Zwangsgedanken (Merkmale 1 bis 5) ☐☐

6. Zeit, die mit Zwangshandlungen verbracht wird □
7. Grad der Beeinträchtigung durch Zwangshandlungen □
8. Durch Zwangshandlungen verursachter Leidensdruck □
9. Resistenz gegen die Zwangshandlungen □
10. Grad der Kontrolle über die Zwangshandlungen □
    Summe der Zwangshandlungen (Merkmale 6 bis 10) ☐☐

11. Krankheitseinsicht in Zwangsgedanken und Zwangshandlungen □
12. Vermeidungsverhalten □
13. Entscheidungsunfähigkeit □
14. Übersteigertes Verantwortungsgefühl □
15. Zwanghafte Langsamkeit/Antriebsverminderung □
16. Pathologisches Zweifeln □

17. Schweregrad der Störung □
18. Verlaufsbeurteilung □
19. Zuverlässigkeit □
20. Gesamtwert ☐☐

Anhang 15.1:
Material zur Diagnostik von Essstörungen

15.1.1	Körperwahrnehmung (KW)	15.1.5	Perzentilkurven für den Body Mass Index (kg/m^2) Mädchen 0–18 Jahre
15.1.2	Einstellung zum Essen (EAT)		
15.1.3	A.N.-Beurteilungsskala	15.1.6	Perzentilkurven für den Body Mass Index (kg/m^2) Jungen 0–18 Jahre
15.1.4	Anorexie-Verhaltens-Skala (AVS)		

Anhang 15.1.1: Körperwahrnehmung (KW)

(Steinhausen 1986)

Name: _____ geb.: _____ Datum: _____

Bitte beurteile deinen Körper anhand von gegensätzlichen Paaren von Eigenschaftswörtern. Kreuze bitte für jedes Paar von Eigenschaftswörtern unterhalb der Zahlen 1 bis 7 deine Beurteilung zwischen den beiden Begriffen an.

Beispiel:

Moderne Kunst

	1	2	3	4	5	6	7	
schön	–	✗	–	–	–	–	–	hässlich

Bei dieser Beurteilung wurde Moderne Kunst als ziemlich schön empfunden.

Mein Körper jetzt

		1	2	3	4	5	6	7	
1	fett	–	–	–	–	–	–	–	dünn
2	hübsch	–	–	–	–	–	–	–	häßlich
3	erwünscht	–	–	–	–	–	–	–	unerwünscht
4	schmutzig	–	–	–	–	–	–	–	sauber
5	weich	–	–	–	–	–	–	–	hart
6	proportioniert	–	–	–	–	–	–	–	unproportioniert
7	leicht	–	–	–	–	–	–	–	schwer
8	kräftig	–	–	–	–	–	–	–	schwach
9	angenehm	–	–	–	–	–	–	–	unangenehm
10	zerbrechlich	–	–	–	–	–	–	–	massiv
11	anziehend	–	–	–	–	–	–	–	abstossend
12	groß	–	–	–	–	–	–	–	klein
13	passiv	–	–	–	–	–	–	–	aktiv
14	fest	–	–	–	–	–	–	–	wabbelig
15	schlecht	–	–	–	–	–	–	–	gut
16	unbequem	–	–	–	–	–	–	–	bequem

Anhang 15.1.2: Einstellung zum Essen (EAT)

(Garner und Mitarb. 1982, bearbeitet von H.-C. Steinhausen)

Name: _____ geb.: _____ Datum: _____

Bitte kreuze bei jeder der folgenden Stellungnahmen die jeweils für Dich zutreffende Antwort an. Die meisten Fragen beziehen sich auf Essen und Nahrung. Bitte beantworte jede Frage sorgfältig. Danke!

	immer	sehr häufig	häufig	manchmal	selten	nie
1. Ich esse gerne mit anderen Menschen zusammen	O	O	O	O	O	O
2. Ich bereite Mahlzeiten für andere zu, esse aber nicht, was ich koche						
3. Ich werde vor dem Essen ängstlich	O	O	O	O	O	O
4. Ich bin sehr besorgt, übergewichtig zu sein	O	O	O	O	O	O
5. Ich vermeide Essen, wenn ich hungrig bin	O	O	O	O	O	O
6. Ich bemerke, dass ich mich hauptsächlich mit Nahrung befasse						
7. Ich esse heisshungrig, wobei ich das Gefühl habe, nicht mehr aufhören zu können	O	O	O	O	O	O
8. Ich schneide meine Nahrung in kleine Stücke	O	O	O	O	O	O
9. Ich achte auf den Kaloriengehalt der Nahrung, die ich esse						
10 Ich vermeide Nahrung mit hohen Kohlehydratgehalt (z. B. Brot, Kartoffeln, Reis usw.) ganz besonders	O	O	O	O	O	O
11. Nach dem Essen fühle ich mich wie aufgeblasen	O	O	O	O	O	O
12. Ich merke, dass andere es lieber sähen, wenn ich mehr essen würde	O	O	O	O	O	O
13. Ich erbreche nach der Mahlzeit	O	O	O	O	O	O
14. Ich fühle mich nach dem Essen entsetzlich schuldig	O	O	O	O	O	O
15. Ich befasse mich sehr mit dem Wunsch, dünner zu sein	O	O	O	O	O	O
16. Ich mache intensive körperliche Übungen, um Kalorien zu verbrauchen	O	O	O	O	O	O
17. Ich wiege mich mehrmals am Tag	O	O	O	O	O	O
18 Ich habe sehr eng anliegende Kleidung	O	O	O	O	O	O
19. Ich esse gerne Fleisch	O	O	O	O	O	O
20. Ich erwache früh am Morgen	O	O	O	O	O	O
21. Ich esse jeden Tag dieselbe Nahrung	O	O	O	O	O	O
22. Ich denke an den Kalorienverbrauch, wenn ich körperliche Übungen mache	O	O	O	O	O	O

Anhang 15.1.2: Fortsetzung

	immer	sehr häufig	häufig	manchmal	selten	nie
23. Ich habe eine regelrechte Monatsblutung	○	○	○	○	○	○
24. Andere Leute halten mich für zu dünn	○	○	○	○	○	○
25. Ich beschäftige mich vornehmlich mit dem Gedanken, zu viel Fett am Körper zu haben	○	○	○	○	○	○
26. Für die Mahlzeiten brauche ich mehr Zeit als andere	○	○	○	○	○	○
27. Ich esse gerne in Restaurants	○	○	○	○	○	○
28. Ich nehme Abführmittel	○	○	○	○	○	○
29. Ich meide Nahrung mit Zucker	○	○	○	○	○	○
30. Ich esse Diät	○	○	○	○	○	○
31. Ich meine, dass Nahrung mein Leben kontrolliert	○	○	○	○	○	○
32. Ich zeige hinsichtlich der Nahrung Selbstkontrolle	○	○	○	○	○	○
33. Ich habe das Gefühl, dass andere mich zum Essen drängen	○	○	○	○	○	○
34. Ich verwende zu viel Zeit und Gedanken für Nahrung	○	○	○	○	○	○
35. Ich leide unter Verstopfung	○	○	○	○	○	○
36. Nach dem Essen von Süßigkeiten fühle ich mich unbehaglich	○	○	○	○	○	○
37. Ich engagiere mich für Diät	○	○	○	○	○	○
38. Meinen Magen habe ich gerne leer	○	○	○	○	○	○
39. Es macht mir Spaß, neue reichhaltige Nahrung zu probieren	○	○	○	○	○	○
40. Nach dem Essen verspüre ich den Drang, zu erbrechen	○	○	○	○	○	○

Eine PC-Version (Windows) mit Auswertungsprogramm kann von H.-C. Steinhausen bezogen werden.

Anhang 15.1.3: A.N.-Beurteilungsskala

(Halmi und Mitarbeiter, unveröffentlicht, bearbeitet von H.-C. Steinhausen)

Name: _____ geb.: _____ Datum: _____

Anweisung: Die Beurteilung erfolgt aufgrund eines Interviews. Einige Items werden besser hinsichtlich des Schweregrades, andere besser hinsichtlich der Häufigkeit beurteilt.
Bedeutung der Skalenwerte:

1 = nicht vorhanden oder nie
2 = fast nicht vorhanden oder fast nie
3 = gering oder infrequent
4 = mäßig ausgeprägt oder gelegentlich
5 = deutlich vorhanden oder häufig
6 = schwer oder fast immer
7 = äußerst extrem oder immer

	1	2	3	4	5	6	7
1. Verleugnung oder Minimierung der Krankheit	1	2	3	4	5	6	7
2. Angst vor dem Dickwerden	1	2	3	4	5	6	7
3. Dünnes Körperideal	1	2	3	4	5	6	7
4. Appetitverlust	1	2	3	4	5	6	7
5 Wählerischer Appetit	1	2	3	4	5	6	7
6 Angst, ein zwanghafter Esser zu werden	1	2	3	4	5	6	7
7. Bedürfnis nach körperlicher Aktivität	1	2	3	4	5	6	7
8. Bedürfnis nach Kontrolle der Umgebung	1	2	3	4	5	6	7
9. Manipulativ gegenüber anderen	1	2	3	4	5	6	7
10. Depressive Stimmung oder depressives Verhalten	1	2	3	4	5	6	7
11. Zwanghaftes Verhalten	1	2	3	4	5	6	7
12. Psychosexuelle Unreife	1	2	3	4	5	6	7
13. Bedürfnis nach Abführmitteln und Diuretika	1	2	3	4	5	6	7
14. Übertriebener Optimismus und Heiterkeit	1	2	3	4	5	6	7

Anhang 15.1.4: Anorexie-Verhaltens-Skala (AVS)

(Slade 1973, bearbeitet von H.-C. Steinhausen)

Name: _____ Datum: _____

Beurteiler: _____

Anweisung: Die folgenden Merkmale bitte nur aufgrund von Beobachtungen auf der Station, im Zimmer und beim Essen in den letzten 2 Tagen beantworten. „Ja" nur ankreuzen, wenn das Ereignis selbst beobachtet wurde, nicht aufgrund von Hörensagen. Wenn das Ereignis nur vom Hörensagen bekannt ist, wird „nein" angekreuzt.

	nein	ja
1. Zögert so lange wie möglich, bevor sie/er zum Esstisch kommt	0	1
2. Zeigt beim Essen offensichtlich Zeichen der Spannung	0	1
3. Zeigt beim Essen zunehmende Aggressivität (gegenüber Personal oder Nahrung)	0	1
4. Beginnt das Essen durch Zerschneiden der Nahrung in kleine Stücke	0	1
5. Klagt über zu viel oder zu reichhaltige Nahrung	0	1
6. Zeigt stark ausgeprägte Mäkeligkeit	0	1
7. Handelt wegen der Nahrung (z. B. „Ich werde X essen, wenn ich Y nicht essen muss)	0	1
8. Stochert im Essen herum (z. B. isst das Innere von Kartoffeln oder Kuchen, lässt Krusten liegen)	0	1
9. Erbricht nach dem Essen	0	1
10. Versteckt Nahrung in Servietten, Taschen, Kleidung	0	1
11. Lässt Nahrung aus dem Fenster heraus, in Ascheimer, Spülen oder Toiletten verschwinden	0	1
12. Versteckt Nahrung im eigenen Zimmer (z. B. in der Schublade, Blumenvasen)	0	1
13. Zerkrümelt Kekse in ihrem Einwickelpapier	0	1
14. Reibt Nahrung in die Kleidung oder verschüttet Flüssigkeit über die eigene Kleidung	0	1
15. Lässt einzelne Nahrungsbissen auf den Boden fallen, z. B. Erbsen	0	1
16. Gebraucht ständig Abführmittel oder versucht, Abführmittel zu gebrauchen	0	1
17. Steht so viel wie möglich, statt zu sitzen	0	1
18. Geht oder läuft umher, wann immer es möglich ist	0	1
19. Ist so aktiv und eifrig wie möglich (z. B. Geschirrspülen, eigenes Zimmer)	0	1
20. Wählt bei Wahlmöglichkeit die anstrengendere Aktivität (z. B. Tischtennis eher als Fernseher)	0	1
21. Macht unnötige Wege, um zusätzliche körperliche Bewegung zu haben	0	1
22. Bewegt sich, wann immer möglich, körperlich (z. B. Kniebeugen usw.)	0	1

Anhang 15.1.5: Perzentilkurven für den Body Mass Index (kg/m²)

Mädchen 0–18 Jahre nach: K. Kromeyer-Hauschild, M. Wabitsch, D. Kunze et al.: Monatsschrift Kinderheilk. 149 (2001)

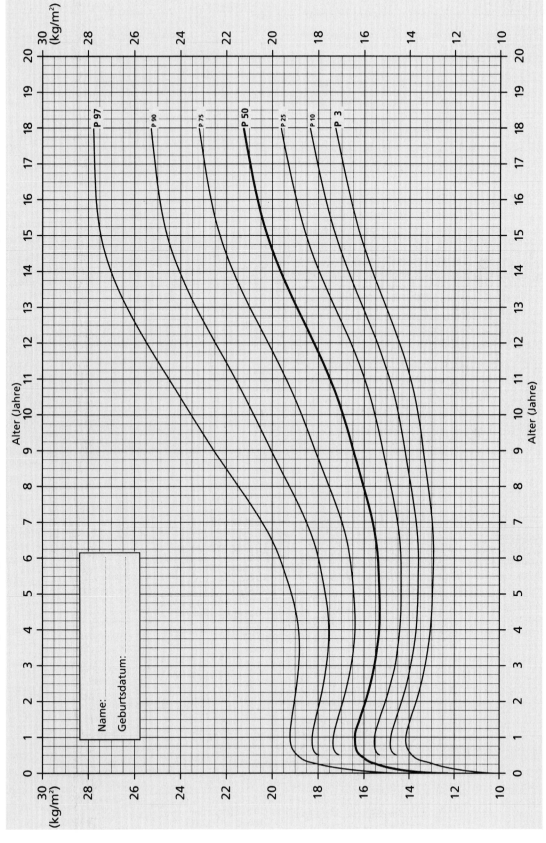

Anhang 15.1.6: Perzentilkurven für den Body Mass Index (kg/m²)

Jungen 0–18 Jahre nach: K. Kromeyer-Hauschild, M. Wabitsch, D. Kunze et al.: Monatsschrift Kinderheilk. 149 (2001)

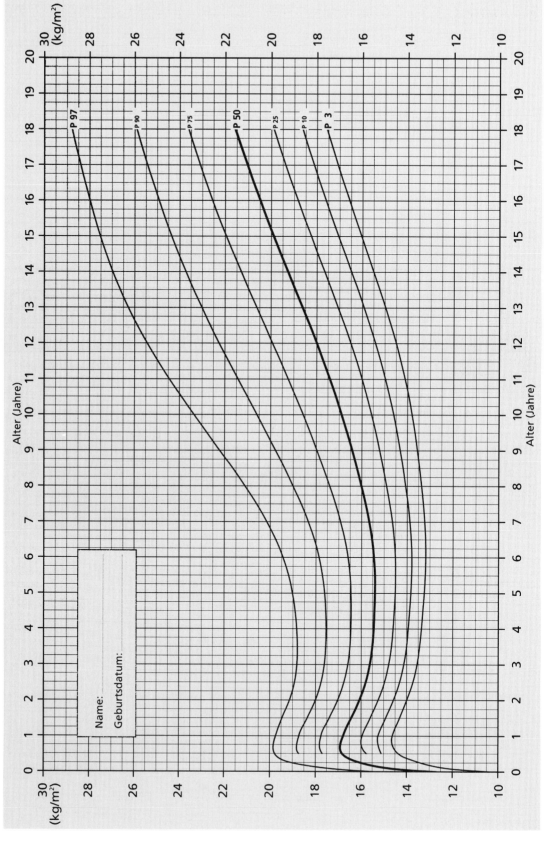

Anhang 15.2: Materialien zur Enuresis-Behandlung

(erarbeitet von H. Stewin-Rösch und I. Unger)

15.2.1   Liste über Einnässhäufigkeit
15.2.2   Training der Blasenkontrolle und Erläuterungen zur Liste über Einnässhäufigkeit
15.2.3   Voraussetzungen für die Behandlung mit dem Weckgerät und Anleitung für das Apparat-Vortraining
15.2.4   Behandlung der Enuresis durch Intensivnacht-Training
15.2.5   Behandlung der Enuresis durch die Kombination von Apparat und Intensivnacht

15.2.1 Liste über Einnässhäufigkeit

Name: _____ geb.: _____ tags/nachts

	Datum	nass	trocken	Bemerkungen
1 Mo				
2 Di				
3 Mi				
4 Do				
5 Fr				
6 Sa				
7 So				
8 Mo				
9 Di				
10 Mi				
11 Do				
12 Fr				
13 Sa				
14 So				

14 Tage

Anhang 15.2.2: Training der Blasenkontrolle

Diese Behandlung sollte mindestens 2-mal täglich praktiziert werden. Für berufstätige oder alleinstehende Eltern ist diese Form der Behandlung sehr schwer durchführbar. Manchmal empfiehlt es sich, dann die Kindertagesstättenerzieher einzubeziehen.

So verstärken wir am Tage

Das Kind soll tagsüber so oft wie möglich (mindestens 2-mal) Blasenkontrolle üben, indem es jedesmal, wenn es Harndrang verspürt und auf die Toilette muss, ihnen sofort Bescheid sagt.

Sie belohnen es, wenn es es schafft, das Harnlassen aufzuhalten, und zwar

in den ersten 3 Tagen für 3 Minuten,
in den folgenden 3 Tagen für *5 Minuten,*
in den folgenden 3 Tagen für *10 Minuten,*
in den folgenden 3 Tagen für *15 Minuten,*
in den folgenden 3 Tagen für *20 Minuten,*
in den folgenden 3 Tagen für *25 Minuten,*
in den folgenden 3 Tagen für *30 Minuten,*

(Minutenzahl bei Beginn nach „Probeanhalten" im Einzelfall variieren. Vorschlag: Stellen sie die jeweilige Zahl mit ihrem Küchenwecker ein.)

Regeln für die Durchführung

1. Erklären sie ihrem Kind vor Beginn, dass es jedesmal, wenn es die vorgeschriebene Zeit „anhält", 10 Pfennig bekommt.
2. Sprechen sie den gesamten Plan (auch, welchen Sinn er hat) vorher in Ruhe mit ihrem Kind durch.
3. Geben sie die Belohnung sofort nach Ablauf der Zeit (also wenn der Küchenwecker klingelt) vor dem Harnlassen und ohne dass das Kind sie dazu auffordern muss.
4. Schafft ihr Kind es nicht, die Zeit einzuhalten, bekommt es keine Belohnung (auch nicht weniger!). Es wird ihm auch von den vorher erhaltenen Belohnungen nichts abgezogen. Schimpfen sie bitte nicht, zeigen sie keine Enttäuschung, sondern sagen sie lediglich ruhig: „Nächstes Mal wirst du es schon schaffen, es ist auch nicht so einfach!" oder ähnliches.
5. Erreicht ihr Kind eine neue Anhaltestufe 2 Tage lang überhaupt nicht, müssen sie für den 3. Tag die Dauer des „Anhaltens" verkürzen, und zwar nach folgendem Schema (3 Minuten werden nicht unterschritten!):

   statt 5 Minuten nur 4 Minuten,
   statt 10 Minuten nur 7 Minuten,
   statt 15 Minuten nur 12 Minuten,
   statt 25 Minuten nur 22 Minuten,
   statt 30 Minuten nur 27 Minuten,
   schließlich auch 30 Minuten.

   In den auf die Verkürzung folgenden 3 Tagen gehen sie wieder nach dem ursprünglichen Programm, und zwar mit der im Programm vorgesehenen Anhaltezeit, vor.

   Beispiel: Ihr Kind kann den Harndrang schon 10 Minuten anhalten, schafft jedoch in der nächsten Woche 2 Tage hintereinander die 15 Minuten nicht. Sie gehen daher für den 3. Tag auf 12 Minuten hinunter, besprechen dies mit ihrem Kind und belohnen es, wenn es 12 Minuten schafft. (Die folgenden 3 Tage beginnen wieder mit der Übung von 15 Minuten.)

So verstärken wir nachts

Das Kind soll allmählich lernen, nachts bei Harndrang aufzustehen und zur Toilette zu gehen, bevor es nass ist. (Die Vorbereitung für die Wahrnehmung des Harndranges nachts schaffen wir durch das Tagestraining, bei dem das Kind zweierlei lernt: die Wahrnehmung des Harndrangs zu schulen und bei Harndrang mit Blasenkontrolle zu reagieren.) Das Kind soll für ein trockenes Bett belohnt werden.

Regeln für die Durchführung

1. Sie erklären ihrem Kind, dass es in jeder Nacht, in der es schafft, von selbst aufzustehen und auf die Toilette zu gehen, bevor es nass ist, unmittelbar danach zu ihnen kommen darf und ihnen diese erfreuliche Nachricht überbringen darf. (Da das nächtliche Aufstehen für ihr Kind die höchste Schwierigkeitsstufe darstellt, soll es von ihnen dafür ganz besonders viel Zuwendung erhalten. Wie sie wissen, ist die sofortige Verstärkung die wirkungsvollste, deshalb kommt es darauf an, dass sie ihrem Kind zeigen, dass sie sich bei einer so großartigen Leistung gern wecken lassen.) Bitte stehen sie kurz auf und lassen sie sich von ihrem Kind das trockene Bett vorführen. Seien sie (auch, wenn sie noch so müde sind – ihr Kind ist ja auch müde) sehr stolz, und verstärken sie ihr Kind ganz intensiv sozial!
2. Ist ihr Kind morgens trocken (d. h., es hat entweder trocken durchgeschlafen oder ist selbstständig zur Toilette gegangen), darf es ihnen das trockene Bett zeigen und erhält dafür eine Belohnung von 20 Pfennig (noch beim Anblick des trockenen Bettes!).

Das Kind braucht viel Mühe und Anstrengung, um sich die Belohnung zu verdienen. Es soll daher auch frei über das Geld verfügen dürfen.

Bitte haben sie keine Angst, zuviel Geld auszugeben! Denken sie an die Ausgaben für neues Bettzeug, Waschmittel oder Windeln beim nassen Kind!

Vergessen sie nicht, dass sie die materielle Verstärkung nur zum Aufbau der Blasenkontrolle anwenden und nicht lebenslang!

Erläuterungen zur Liste über Einnässhäufigkeit

1. Bitte tragen sie vom _____ bis _____ jeden Morgen sorgfältig in die anliegende Liste ein, ob ihr Kind nass oder trocken war (1 Kreuzchen). Sollten sie der Meinung sein, ihr Kind habe in einer Nacht mehrmals eingenässt, machen sie bitte entsprechend mehr Kreuzchen.
2. Nässt ihr Kind tags und nachts ein, führen sie bitte je eine Liste für tags und nachts.
3. Abends geben sie ihrem Kind bitte nach seinem Bedarf zu trinken. Schränken sie die Trinkmenge bitte keinesfalls ein!
   (Eine Einschränkung der Trinkmenge führt nicht zu weniger Einnässen und ist außerdem für die Kinder nur schwer zu ertragen.)
4. Nehmen sie ihr Kind *nachts nicht mehr hoch,* schicken sie es nur noch einmal vor dem Zu-Bett-Gehen auf die Toilette.
   (Ihr Kind muss lernen, das Harndrangefühl nachts wahrzunehmen und davon aufzuwachen. Das ist nur möglich, wenn die Blase voll ist. Bei nächtlichem Wecken kann aber nicht regelmäßig der Zeitpunkt von den Eltern abgepasst werden, zu dem die Blase voll ist. Deshalb ist nächtliches Wecken für ihr Kind keine Hilfe.)
5. Äußern sie sich morgens nicht mehr besonders zu dem Bettnässen, geben sie *keine Belohnung oder Bestrafung* mehr!
6. *Brechen sie bitte jede andere Art von Behandlung* (z. B. Medikamente gegen Bettnässen!) *ab!*

Ihr Kind darf von der Eintragung nichts merken!!!

Die Beachtung dieser 6 Punkte ist unbedingt erforderlich. Ihr Kind wird in dieser Zeit vielleicht häufiger als üblich einnässen.

Bitte lassen sie sich dadurch keinesfalls abschrecken; erst durch diese Liste wird die tatsächliche Einnässhäufigkeit erfasst!

Die Kenntnis der tatsächlichen Einnässhäufigkeit ist die wichtigste Voraussetzung für eine sorgfältige Planung und Durchführung der Behandlung ihres Kindes.

Anhang 15.2.3: Weckgerät und Apparat-Vortraining

Voraussetzung für die Behandlung mit dem Weckgerät

1. Mindestalter bei Behandlungsbeginn 6 Jahre.
2. Die Mitarbeit einer Bezugsperson muss gewährleistet sein. Das bedeutet über ca. 8 Wochen jede Nacht mit guter Stimmung erweckbar zu sein (Anfangsphase).
3. Die Behandlung darf nicht ohne begleitende ärztliche oder psychologische Führung durchgeführt werden. Mindestens ist ein Gespräch alle 14 Tage mit dem durchführenden Erwachsenen erforderlich. Das Kind muss nicht dabei sein.
4. Die Einnässfrequenz muss bei mindestens 3-mal pro Woche liegen.
5. Kein Behandlungsbeginn ohne Vorgespräch mit den Eltern und eine Demonstration des Gerätes unter Einbezug des Kindes.
6. Es empfiehlt sich, das Apparat-Vortraining (siehe Formular) durchzuführen.
7. Bei einem Rückfall ist erneute Behandlung möglich. Hat das Kind nach Abschluss der Behandlung 2 Nächte hintereinander oder 2-mal in einer Woche eingenässt, wird ab der 3. Nacht wieder der Apparat gegeben. Außerdem gibt es bei Rückfällen je nach Kind und bisheriger Behandlungsdauer andere Möglichkeiten der Weiterbehandlung.

Anleitung für das Apparat-Vortraining

1. Das Kind legt sich mit dem Apparat ins Bett – wie sonst vor dem Einschlafen üblich.
2. Das Kind löst das Signal mechanisch (d. h. nicht durch Einnässen) aus.
3. Das Kind verbalisiert alle folgenden Handlungen:

- Ich höre das Klingeln.
- Ich stehe auf.
- Ich gehe zur Toilette.
- Ich stelle den Apparat ab.
- Ich setze mich auf die Toilette und erledige mein Geschäft.
- Ich wechsle die Sachen aus.
- Ich stelle den Apparat wieder an.
- Ich hänge den Schlüssel wieder neben die Toilette.
- Ich gehe wieder in mein Zimmer.
- Ich lege mich ins Bett.

4. Dieses Vortraining wird möglichst 3-mal täglich an den 3 Tagen vor Beginn der Apparat-Behandlung vor dem Schlafengehen durchgeführt.

Anhang 15.2.4: Behandlung der Enuresis durch Intensivnacht-Training

Die Behandlung ist indiziert bei E. nocturna und E. nocturna in Verbindung mit Einnässen am Tag, sie ist nicht indiziert bei reinem Einnässen am Tag.

Am Nachmittag vor der Intensivnacht

1. Ab 15.00 Uhr soll das Kind soviel trinken, wie es möchte. Erinnern sie ab und zu daran.
2. Alle halbe Stunde probiert das Kind, zur Toilette zu gehen. Wenn es wirklich Wasser lassen muss, bitten sie es, noch ein wenig aufzuhalten.
   a) klappt das Aufhalten, bekommt ihr Kind ihr Lob
   b) kann es nicht mehr aufgehalten werden, soll sich das Kind auf sein Bett legen, sich vorstellen, es sei jetzt nachts, und es fühlt die volle Blase. Es spricht seine Empfindungen aus und geht dann Wasser lassen. Danach darf es erneut trinken.

Abends vor dem Zubettgehen

1. Einmal das Sauberkeitstraining für den Fall eines möglichen nächtlichen Einnässens üben: Bett abziehen, aufziehen, Wäsche wechseln.
2. 20-mal das „Positive Toilettentraining" durchführen:
   - das Kind legt sich auf das Bett, stellt sich vor, es ist Nacht und die Blase ist voll
   - es zählt mit geschlossenen Augen bis 50
   - es stellt sich sein Aufwachen vor, steht auf
   - es geht zur Toilette und probiert, Wasser zu lassen
   - es geht wieder ins Bett
3. Das Kind formuliert mit seinen Worten, was von ihm nach dem nächtlichen Wecken erwartet wird, im Fall des Trockenseins und im Fall des Nassseins.
4. Die Eltern sprechen dem Kind ihr Vertrauen aus und stellen eine Belohnung für eine trockene Nacht in Aussicht.
5. Das Kind legt sich schlafen.

Nachts

1. Von 20.00 Uhr bis 1.00 Uhr nachts wird das Kind stündlich geweckt, also insgesamt nicht mehr als 5-mal. Das Kind wird sacht berührt, und es wird gesagt: „Geh zur Toilette." Nur bei Nichterwachen stärkere Weckreize benutzen.
2. Das Kind steht auf, geht zur Toilette.
   a) Glaubt es, dort nicht urinieren zu müssen, bekommt es etwas zu trinken, ein Lob für die Anstrengung und legt sich schlafen.
   b) Glaubt das Kind, auf der Toilette urinieren zu müssen, wird es gefragt, ob es noch eine weitere Stunde aufhalten kann. Antwortet das Kind „nein", darf es Wasser lassen, bekommt etwas zu trinken und schläft weiter.
3. Vor jedem Hinlegen soll das Kind die trockenen Betten anfühlen.
4. Wird das Kind nass angetroffen, werden das Sauberkeitstraining und 20-mal das „Positive Toilettentraining" durchgeführt.

Anhang 15.2.5: Behandlung der Enuresis durch die Kombination von Apparat und Intensivnacht

Die Behandlung ist indiziert bei E. nocturna und E. nocturna mit E. diurna, sie ist nicht indiziert bei reiner E. diurna.

1. Intensivtraining (siehe Nacht)

(A) Eine Stunde vor dem Zubettgehen:

1) Dem Kind alle Teile des Trainingsprogrammes erklären.
2) Weckgerät anlegen.
3) Durchführung des „Positiven Toilettentrainings" (20-mal)
   – Das Kind legt sich zu Bett.
   – Das Kind zählt bis 50.
   – Das Kind steht auf und versucht, auf der Toilette zu urinieren.
   – Das Kind kehrt zum Bett zurück.

(B) Beim Zubettgehen:

1) Das Kind trinkt Flüssigkeit.
2) Das Kind wiederholt die Teile des Trainingsprogramms laut.
3) Das Kind legt sich schlafen.

(C) Stündliches Wecken:

1) Wecken des Kindes mit minimal möglichem Aufwand.
2) Das Kind geht zur Toilette.
3) An der Toilettentür *(vor dem Urinieren)* wird das Kind gefragt, ob es für eine Stunde weiterhin den Urin halten kann (nicht für Kinder unter 6 Jahren).
   a) Wenn das Kind den Urin nicht aufhalten kann:
      – das Kind uriniert in die Toilette
      – die Bezugsperson lobt das Kind für korrektes Urinieren
      – das Kind kehrt zum Bett zurück
   b) Wenn das Kind erklärt, dass es für eine Stunde aufhalten kann:
      – die Bezugsperson lobt das Kind für seine Kontrolle über die Blasenmuskulatur
      – das Kind kehrt zum Bett zurück
4) Vor dem Bett befühlt das Kind die trockenen Laken und soll laut feststellen, dass das Bett trocken ist.
5) Die Bezugsperson lobt das Kind dafür, dass das Bett noch trocken ist.
6) Das Kind bekommt etwas zu trinken.
7) Das Kind schläft wieder ein.

(D) Wenn spontanes Einnässen auftritt:

1) Die Bezugsperson weckt das Kind und beendet den Alarm.
2) Die Bezugsperson führt das Kind zur Toilette, damit es zu Ende urinieren kann.
3) Das Kind führt das Sauberkeitstraining aus:
   – Das Kind soll seine Nachtsachen wechseln.
   – Das Kind entfernt die feuchte Bettwäsche und bringt sie selbst zum Schmutzwäschebehälter.
   – Die Bezugsperson schaltet das Weckgerät ein.
   – Das Kind erhält saubere Wäsche und bezieht das Bett.
4) Das „Positive Toilettentraining" (20-mal) wird unmittelbar nach dem Sauberkeitstraining durchgeführt.
5) Das „Positive Toilettentraining" (20-mal) wird am folgenden Abend vor dem Zubettgehen wiederholt.

2. Nachsorgetraining (beginnt die Nacht nach dem Intensivtraining)

(A) Vor dem Zubettgehen:

1) Weckgerät wird angelegt.
2) Positives Toilettentraining wird angewandt, wenn:
   spontanes Einnässen in der Nacht vorher stattfand.
3) Das Kind wird daran erinnert, dass es wichtig ist, trocken zu bleiben und dass Sauberkeitstraining und „Positives Toilettentraining" durchgeführt werden, wenn spontanes Einnässen erfolgt.
4) Das Kind wird gebeten, Punkt 3) zu wiederholen.

(B) Wenn spontanes Einnässen erfolgt und vom Kind selbst bemerkt wird, führt das Kind Sauberkeitstraining und „Positives Toilettentraining" unmittelbar nach dem Einnässen *und* vor dem Zubettgehen am nächsten Tage (mit den Eltern bei jüngeren Kindern) durch.

(C) Nach einer trockenen Nacht:

    1) Beide Eltern loben das Kind für das Nichteinnässen.
    2) Beide Eltern loben das Kind mindestens 5-mal am Tag.
    3) Die beliebten Angehörigen des Kindes werden ermuntert, das Kind zu loben.

3. Routinevorgehen – Beginn nach sieben aufeinanderfolgenden trockenen Nächten

A) Weckgerät wird abgesetzt.

B) Die Eltern kontrollieren morgens das Bett des Kindes.

    1) Wenn das Bett nass ist, absolviert das Kind unmittelbar am Morgen und am folgenden Abend das Sauberkeitstraining und das „Positive Toilettentraining".
    2) Wenn das Bett trocken ist, bekommt das Kind ein Lob.
    3) Erfolgt zweimaliges spontanes Einnässen innerhalb einer Woche, dann wird das Nachsorgetraining von vorn begonnen.

Protokoll über Intensivtraining der Enuresis (eine Nacht)

Name: _____ geb.: _____ Datum: _____

Uhrzeit	Wecken + 0 –	Bett tr, n	Trink-menge	Sauberkeits-training	Toiletten-training f	Toiletten-gang ○ ●	Zeit-dauer	Bemer-kungen

Zeichenerklärung:
+ 0 = leicht, mittel, schwer zu wecken
tr, n = trockenes Bett, nasses Bett
f = Anzahl der Durchgänge
○ = kein Urin gelassen
● = Urin gelassen

Anhang 15.3:
Materialien zur Behandlung von Schlafstörungen

15.3.1   Untersuchung von Schlafstörungen
15.3.2   Schlaf-Tagebuch

Anhang 15.3.1: Untersuchung von Schlafstörungen

Name des Kindes: _____ Geb.-Datum: _____

Anschrift: _____

Untersucher: _____ Datum: _____

Familie
     Name   **Alter**   **Beschäftigung/Schichtarbeit**

Mutter: _____

Vater: _____

Geschwister: _____

_____

_____

_____

Andere: _____

_____

Wohnung: (Anzahl der Räume, Schlafzimmer, Schlafarrangement)

_____

_____

Medizinische a) Kind _____
Anamnese

_____

b) Familie _____

_____

Belastungen in der Familie _____

_____

Schlafplatz des Kindes	(Eigenes Bett; eigenes Zimmer; gemeinsames Bett/Zimmer)

Schlafenszeit und -ritual

Zeitpunkt des Zubettgehens: _____ des Einschlafens: _____

Art des Rituals: _____

Objekte (z. B. Spielzeug, Decke, Flasche, Daumen etc.) _____

Schlafplatz (eigenes/elterliches Bett, Sofa, sonstiges allein, mit dabeisitzendem Elternteil, mit Elternteil im Bett)

Probleme beim Schlafengehen in der abgelaufenen Woche: _____

Dauer der Störung: _____

Mögliche Auslöser: _____

Nächtliches Aufwachen

Durchschnittliche Nächte pro Woche: _____

Durchschnittliche Anzahl pro Nacht: _____

Verhalten (ruft nach Eltern, geht ins Zimmer/Bett der Eltern etc.) _____

Verhalten der Eltern (auf den Arm nehmen; Getränk geben; stillen; sich zum Kind legen; Kind zu sich ins Bett nehmen; ein Elternteil tauscht mit dem Kind das Bett; sich zum Kind ins Bett legen etc.) _____

Wer geht gewöhnlich zum Kind? (Mutter; Vater; abwechselnd; andere) _____

Wen zieht das Kind vor? _____

Zeitdauer bis zum Wiedereinschlafen: _____

Häufigkeiten, mit den Eltern pro Woche mit dem Kind schlafen:

	Mutter	Vater

Liegt beim Kind in der Nacht: _____

Kind kommt ins elterliche Bett: _____

Elternteil geht zum Kind ins Bett: _____

Elternteil tauscht mit Kind Bett: _____

Dauer dieser Störung: _____

Mögliche Auslöser: _____

Schlafmittel-einsatz (Substanz, Alter bei Einsatz, Dauer, Effekt) _____

_____

_____

Andere Maßnahmen _____

_____

_____

Schlaf am Tage (Zeitpunkt, Dauer, Schlafplatz, Einleitung) _____

_____

_____

Familien-leben (Babysitter, abendlicher Ausgang, Auswirkungen auf Familieleben und Partnerschaft, Übereinstimmung der Eltern hinsichtlich Umgang mit dem Schlafproblem)

_____

_____

_____

Eltern-reaktionen (Gefühle der Belastung, Verstimmung, Nervosität, Klagen von Nachbarn, andere Belastungen)

_____

_____

_____

_____

_____

Spiel- und Kontakt- bereich	_____
	_____
	_____
	_____
Weitere Probleme	_____
	_____
	_____
	_____
	_____
	_____

Anhang 15.3.2: Schlaf-Tagebuch

– Aufzeichnungen nach Möglichkeit über zwei Wochen nach dem Erstgespräch
– Unmittelbare Aufzeichnungen sind erforderlich (Zuverlässigkeitsproblem)
– Fortführung der Aufzeichnungen über die gesamte Therapiephase (Effektivitätskontrolle)

	Montag	Dienstag	Mittwoch	Donnerstag	Freitag	Samstag	Sonntag
Aufwachzeit am Morgen							
Zeit und Dauer von Schlaf und Tag							
Zubettgehzeit							
Einschlafzeit							
Zeit und Dauer des abendlichen Wach- seins einschl. elter- lichen Verhaltens							
Zeit und Dauer des nächtlichen Wach- seins einschl. elter- lichen Verhaltens							

Anhang 18.1: Screening-Interview für Störungen durch Alkoholgebrauch (AUDIT)

(WHO 1992, bearbeitet von H.-C. Steinhausen)

Name: _____ geb.: _____ Datum: _____

Kreuzen Sie die Wahl an, welche der Antwort des Befragten am nächsten kommt.

1. **Wie oft trinken Sie ein alkoholhaltiges Getränk (einen Drink)?**

   (0) nie   (1) 1 mal im Monat/   (2) 2–4 mal   (3) 2–3 mal   (4) 4 od. mehrmals
                   seltener   im Monat   in der Woche   in der Woche

2. **Wieviele Drinks nehmen Sie an einem typischen Tag zu sich, an dem Sie trinken?**
   Anzahl von Standardgetränken mit 10 g Alkohol (d. h. 1 Glas Wein, 1 Glas Süsswein, 1 Likör, 1 Glas Bier,
   1 Glas Schnaps)

   (0) 1 bis 2   (1) 3 bis 4   (2) 5 bis 6   (3) 7 bis 8   (4) 10 und mehr

3. **Wie oft trinken Sie 6 oder mehr alkoholische Getränke (Drinks) bei einer Gelegenheit?**

   (0) nie   (1) seltener als   (2) monatlich   (3) wöchentlich   (4) täglich oder fast täglich
                 monatlich

4. **Wie oft ist es Ihnen im letzten Jahr passiert, dass Sie nicht mehr aufhören konnten zu trinken, wenn Sie erst mal angefangen hatten?**

   (0) nie   (1) seltener als   (2) monatlich   (3) wöchentlich   (4) täglich oder fast täglich
                 monatlich

5. **Wie oft ist es Ihnen im letzten Jahr wegen Alkohol nicht gelungen, das zu tun, was man normalerweise von Ihnen erwartete?**

   (0) nie   (1) seltener als   (2) monatlich   (3) wöchentlich   (4) täglich oder fast täglich
                 monatlich

6. **Wie oft brauchten Sie im letzten Jahr am Morgen zuerst einen Drink, bevor Sie nach vorherigem starken Alkoholgenuss zu arbeiten anfangen konnten?**

   (0) nie   (1) seltener als   (2) monatlich   (3) wöchentlich   (4) täglich oder fast täglich
                 monatlich

7. **Wie oft fühlten Sie sich im letzten Jahr schuldig oder hatten Gewissensbisse wegen Alkohol?**

   (0) nie   (1) seltener als   (2) monatlich   (3) wöchentlich   (4) täglich oder fast täglich
                 monatlich

8. **Wie oft konnten Sie sich im letzten Jahr wegen Trunkenheit nicht daran erinnern, was in der Nacht zuvor geschehen war?**

   (0) nie   (1) seltener als   (2) monatlich   (3) wöchentlich   (4) täglich oder fast täglich
                 monatlich

9. **Wurden Sie oder jemand anders wegen Ihrer Trunkenheit verletzt?**

   (0) nein   (2) ja, aber nicht im letzten Jahr   (4) ja, im letzten Jahr

10. **War ein Verwandter oder ein Freund oder Arzt wegen Ihres Trinkens besorgt und hat er vorgeschlagen, dass Sie etwas kürzer treten?**

    (0) nein   (2) ja, aber nicht im letzten Jahr   (4) 4 ja, im letzten Jahr

Gesamtzahl der Punkte: _____

Ab 8 Punkten beginnt die Alkoholgefährdung. Hohe Werte bei den ersten 3 Fragen ohne hohe Werte bei den übrigen Fragen verweisen auf Alkoholgefährdung. Erhöhte Werte bei den Fragen 4–6 bedeuten das Vorliegen oder Entstehen einer Alkoholabhängigkeit. Hohe Werte bei den restlichen Fragen verweisen auf schädlichen Alkoholkonsum.

Anhang 21.1: Kinderspiele-Fragebogen

(erweiterte Bearbeitung nach Bates und Bentler 1973, von H.-C. Steinhausen)

Name: _____ geb.: _____ Geschlecht: m / w

Hier sind verschiedene Kinderspiele aufgeführt. Bitte kreuzen Sie an, welche Spiele Ihr Kind spielt. Dabei bedeutet „ja", dass Ihr Kind diese Spiele regelmäßig spielt, und „nein", dass Ihr Kind diese Spiele selten oder nie spielt. Beantworten Sie bitte jede Frage und lassen keine aus. Vielen Dank für Ihre Mitarbeit!

	ja	nein		ja	nein
1. Werken und Basteln	O	O	31. Soldaten	O	O
2. Ballett	O	O	32. Weltraum	O	O
3. Schlagball	O	O	33. Kaufmannsladen	O	O
4. Korbball	O	O	34. Puppen	O	O
5. Bauklötze	O	O	35. Elektrische Eisenbahn	O	O
6. Burgen- und Höhlenbauen	O	O	36. Weiche, ausgestopfte Spielzeugtiere (z. B. Teddybär, Kuscheltiere)	O	O
7. Camping/Zelten	O	O			
8. Kartenspiele	O	O	37. Fernrohr	O	O
9. Modellieren mit Ton	O	O	38. Spielzeugpistolen oder -gewehre	O	O
10. Klettern auf Bäumen	O	O			
11. Tanzen	O	O	39. Spiel-Werkzeug	O	O
12. Wurfpfeile	O	O	40. Spielzeugautos	O	O
13. Abwerfen (Ballspiel)	O	O	41. Cowboy und Indianer	O	O
14. Zeichnen und Malen	O	O	42. Rollenspiele (kleine Theaterstücke)	O	O
15. Verkleiden	O	O			
16. Angeln	O	O	43. Kasperlepuppen	O	O
17. Wettlaufen	O	O	44. Stafettenlauf	O	O
18. Fußball	O	O	45. Ringel-Ringel-Reihe	O	O
19. Mutter, wie weit darf ich laufen (Fischer, wie tief ist das Wasser)	O	O	46. Wippe	O	O
			47. Nähen	O	O
20. Wandern	O	O	48. Kinderlieder	O	O
21. Arme gegeneinander stemmen und drücken	O	O	49. Rutsche	O	O
			50. Schaukeln	O	O
22. Seilspringen	O	O	51. Arbeit mit richtigem Werkzeug	O	O
23. Turnen am Klettgerüst	O	O	52. Volleyball	O	O
24. Drachensteigen	O	O	53. Arbeit mit elektrischen Geräten/Maschinen	O	O
25. Murmeln	O	O			
26. Arzt	O	O	54. Ringkampf	O	O
27. Vater-Mutter-Kind	O	O	55. Völkerball	O	O
28. Sandkasten	O	O	56. Hüpfspiele	O	O
29. Krankenschwester	O	O	57. Probe (Ballkunststücke)	O	O
30. Schule	O	O	58. Fahrradfahren	O	O

Anhang 21.1: Fortsetzung

	ja	nein		ja	nein
59. Fangen	O	O	68. Puppenstube	O	O
60. Gummi-Twist	O	O	69. Skateboard	O	O
61. Versteckspiel	O	O	70. Polizist und Räuber	O	O
62. Abschlagen	O	O	71. Häkeln oder Stricken	O	O
63. Abzählspiele	O	O	72. Playmobil	O	O
64. Fischer-Technik (oder ähnliche Baukästen)	O	O	73. Auto-Rennbahn	O	O
			74. Rollschuhlaufen	O	O
65. Lego-Bausteine	O	O	75. Schlittschuhlaufen	O	O
66. Tele-/Computerspiele	O	O	76. Federball	O	O
67. Puzzle	O	O	77. Tischtennis	O	O

Auswertung der Kinderspiele-Fragebogen

Die Auswertung berücksichtigt außer dem Gesamtwert die drei Unterskalen von Bates und Bentler (1973). In Klammern sind einige Spiele zugeordnet worden, die bei einer Analyse ergänzender Items signifikante Geschlechtstrends zeigten (Steinhausen, unveröffentlicht).

Skala 1 (weiblich/Vorschule)

Items 2, 5, 9, 11, 14, 15, 19, 22, 23, 26, 27, 28, 29, 30, 34, 36, 42, 43, 45, 46, 47, 48, 49, 50, (60), (68), (72), (75), (76).

Skala 2 (männlich)

Items 1, 6, 7, 8, 10, 16, 20, 24, 25, 31, 32, 35, 37, 38, 39, 40, 41, 51, 53, (64), (65), (71), (73), (74).

Skala 3 (sportliche Spiele)

Items 3, 4, 12, 13, 17, 18, 21, 44, 54.

Anhang 21.2: Kinder-Verhaltens-Fragebogen

(Bates und Mitarbeiter 1973, bearbeitet von H.-C. Steinhausen)

Name: _____ geb.: _____

In diesem Fragebogen sind Feststellungen über das Verhalten und die Einstellungen von Kindern aufgeführt. Bitte beantworten Sie die Fragen so, wie Ihr Sohn am besten beschrieben wird. Hierzu sind Antwortmöglichkeiten vorgegeben. Wählen Sie bitte die am meisten zutreffende Antwort aus. Im ersten Teil des Fragebogens sind folgende Antwortmöglichkeiten vorgegeben:

immer	sehr oft	häufig	selten	nie
5	4	3	2	1

Im zweiten Teil des Fragebogens sollten Sie eine Beschreibung aus einer Liste von 8 Möglichkeiten auswählen:

8	täglich		4	2-mal pro Monat
7	3–4-mal pro Woche		3	1-mal pro Monat
6	2-mal pro Woche		2	1-mal alle 3 Tage
5	1-mal pro Woche		1	1-mal alle 6 Monate oder seltener

Beispiele:

Er isst Süßigkeiten.
Wenn Ihr Junge „1-mal pro Woche" Süßigkeiten isst, würden Sie die „5" ankreuzen, wenn er nie Süßigkeiten isst, würden Sie die „1" ankreuzen.

Bitte beantworten Sie jede Frage, und lassen Sie keine Frage aus.

Vielen Dank für Ihre Mitarbeit!

Teil I

	immer	sehr oft	häufig	selten	nie
1. Er muss sich in Spielen durchsetzen.	5	4	3	2	1
2. Er mag Menschen.	5	4	3	2	1
3. Er kann Frauen/Mädchen gut nachahmen.	5	4	3	2	1
4. Er ist bei anderen Jungen beliebt.	5	4	3	2	1
5. Er kämpft.	5	4	3	2	1
6. Er versucht, neue Freunde zu gewinnen.	5	4	3	2	1
7. Er ist herrisch.	5	4	3	2	1
8. Er ist in Spielen mit anderen Kindern der Anführer.	5	4	3	2	1
9. Er ist trotzig, wenn man ihm einen Auftrag gibt.	5	4	3	2	1
10. Er springt von Mauern herunter und über Gräben.	5	4	3	2	1

Teil I (Fortsetzung)

	immer	sehr oft	häufig	selten	nie
11. Er tanzt gerne.	5	4	3	2	1
12. Er gerät in Dinge, in die er nicht hineingeraten sollte.	5	4	3	2	1
13. Er ist auf der Seite seines Vaters, wenn es Auseinandersetzungen in der Familie gibt.	5	4	3	2	1
14. Er ist über längere Zeit körperlich aktiv.	5	4	3	2	1
15. Er mag Märchen wie Schneewittchen.	5	4	3	2	1
16. Er belügt seine Mutter.	5	4	3	2	1
17. Er hat Freude am Leben.	5	4	3	2	1
18. Er ist geduldig.	5	4	3	2	1
19. Er hat viel Sinn für Humor.	5	4	3	2	1
20. Wenn er wählen sollte, würde er lieber mit seiner Mutter als mit seinem Vater allein sein.	5	4	3	2	1
21. Er ist körperlich aggressiv.	5	4	3	2	1
22. Er hat weibliche Handbewegungen beim Sprechen.	5	4	3	2	1
23. Er ist neugierig und probiert Dinge aus.	5	4	3	2	1
24. Er gehorcht elterlichen Anweisungen und Ratschlägen.	5	4	3	2	1
25. Es macht ihm nichts aus, schmutzig und schmierig zu werden.	5	4	3	2	1
26. Offensichtlich ist er lieber in Gegenwart von Kindern als von Erwachsenen.	5	4	3	2	1
27. Er ist unruhig und überaktiv.	5	4	3	2	1
28. Romantische Liebesgeschichten machen ihm Spaß.	5	4	3	2	1
29. Er gehorcht seinem Vater.	5	4	3	2	1
30. Er würde auch mit zerrissener Kleidung weiterspielen.	5	4	3	2	1
31. Er lügt.	5	4	3	2	1
32. Er hat Spaß an Camping, Angeln oder Wandern.	5	4	3	2	1
33. Er ist lieber mit erwachsenen Frauen zusammen.	5	4	3	2	1
34. Wenn er einen teuren Gegenstand (z. B. ein Fahrrad) haben möchte, fragt er zuerst seine Mutter.	5	4	3	2	1
35. Er schmollt.	5	4	3	2	1
36. Er hat gemeinsame Aktivitäten mit weiblichen Verwandten.	5	4	3	2	1

Teil I (Fortsetzung)

	immer	sehr oft	häufig	selten	nie
37. Er weint leicht.	5	4	3	2	1
38. Er hat Interesse an richtigen Autos.	5	4	3	2	1
39. Er gehorcht seiner Mutter.	5	4	3	2	1
40. Er ist unkompliziert.	5	4	3	2	1
41. Er wackelt beim Gehen mit den Hüften.	5	4	3	2	1

Teil II

8	täglich	4	2-mal pro Monat
7	3–4-mal pro Woche	3	1-mal pro Monat
6	2-mal pro Woche	2	1-mal alle 3 Monate
5	1-mal pro Woche	1	1-mal alle 6 Monate oder seltener

42. Er bindet sich ein Hemd oder ein Handtuch wie einen Rock um die Taille.	8	7	6	5	4	3	2	1
43. Er hat Wutanfälle.	8	7	6	5	4	3	2	1
44. Er macht Frauen/Mädchen nach.	8	7	6	5	4	3	2	1
45. Er spielt „Vater-Mutter-Kind".	8	7	6	5	4	3	2	1
46. Er jammert und wimmert.	8	7	6	5	4	3	2	1
47. Er zieht sich Mädchensachen an.	8	7	6	5	4	3	2	1
48. Er hat seine Hose gern ordentlich und sauber.	8	7	6	5	4	3	2	1
49. Er trägt Dinge wie Perücken, Tücher und Hemden auf seinem Kopf.	8	7	6	5	4	3	2	1
50. Er zieht sich schlampig an.	8	7	6	5	4	3	2	1
51. Er spielt mit Puppen.	8	7	6	5	4	3	2	1
52. Er spielt kleine Theaterstücke.	8	7	6	5	4	3	2	1
53. Er spielt Seilhüpfen und ähnliche Spiele.	8	7	6	5	4	3	2	1
54. Er spielt in der Schule mit Mädchen.	8	7	6	5	4	3	2	1
55. Er spielt zu Hause mit Mädchen.	8	7	6	5	4	3	2	1

Sachverzeichnis